目次

第三部　資料紹介（ミッション年次報告）

第二章　北日本ミッション年次報告（一八八三年～一八九三年）

第四部 その他

はじめに

アメリカン・ボードが、この世から「消滅」して、半世紀が経つ。「去るもの、日々に疎し」とはいえ、今ではアメリカン・ボードが話題になる機会は、そう多くはない。

この団体は、会衆派（Congregationalism）というプロテスタント教派が主体となって創設した、アメリカ最古のミッション・ボードである。一八一〇年に創設されてから、百五十一年を経た一九六一年に至って、他教派のミッション・ボードと合同し、UCBWMと名を変えた。ついで、二〇〇〇年には、さらなる合同を重ね、今度はWCM of UCCと改称された。

最初の合併で名前が「消滅」するまでの百五十年間に、アメリカン・ボードが世界各地に派遣した宣教師の数は、多い。ざっと五千人を数える。派遣先も、三十数個の地域・国に上る（Fred F. Goodsell, *You Shall Be My Witnesses*, p.194, American Board of Commissioners for Foreign Missions, 1959, Boston）。

その中にわが日本が入る。入るどころか、一時は最大の受益者であった。日本での活動開始は、一八六九年である。以後、一九六一年まで九十余年にわたって、ボストンの本部から数多くの優秀な人材（男女とも）が日本に送り込まれた。一九五九年までの累計では、総数は三百四十六人に及ぶ（ibid.）。

彼らが、日本において、伝道、教育、福祉、出版、音楽、体育、医療などの分野で果たした役割は、特筆に価する。彼らの働きは、ただにキリスト教の歴史に貴重な遺産と実績を残しただけでなく、近代日本の文化史においても、華々しい光芒を放った。

とりわけ、その恩恵を最大限に享受したのが、京都、すなわち同志社である。当地における教育と伝道の働きは、日本各地に置かれた拠点中、ずば抜けている。それだけに、かつて同志社の中・高生徒として、宣教師たちから英語を学び、いまは神学部において日本のキリスト教史を講じる私としては、アメリカン・ボードの名前と存在を風化させないために、語り継ぐ責任を痛切に覚える。

アメリカン・ボードは、今からちょうど二百年前の今日（一八一〇年六月二十九日）、マサチュセッツ州ブラッドフォード（アンドーヴァー北部）で、産声《うぶごえ》をあげた。この日、外国伝道を開始するための組織を立ち上げるために、運営委員（コミッショナー）として、九人の牧師、信徒が任命された。アメリカン・ボードの英語名（American Board of Commissioners for Foreign Missions）は、この役職に因む。すなわち、「外国伝道」（Foreign Missions）を行なうための「コミッショナー」（Commissioners）が構成する「アメリカのミッション・ボード」（American Board）、それがアメリカン・ボードというわけである。

本書は、アメリカン・ボード創立二百年を私的に記念する出版物である。出版に込めたものは、アメリカン・ボードに対する感謝の気持ち、ならびにその功績を後世に語り継ぐ決意である。

もちろん、研究者としての願いも備わる。一定の質と成果を保持しながら、学界における新しい地平を切り開くことを心がけた。以上の意図により著わされたのが本書であり、その特色は、次の諸点にある。

本書は、アメリカン・ボードに関する総合的な研究、分析を手掛けたものではない。むしろ、それを視野に入れながらも、京都、ならびに北越という限定された地域の個別的な分析に力点を置く。その理由は、京都がアメリカン・ボード「日本ミッション」の、北越が同じく「北日本ミッション」の拠点だからである。これら両地点に焦点を合わせない限り、アメリカン・ボードによる日本伝道の分析は、十分な成果を上げ得ない。

本書の第一の特色は、この点にある。すなわち、アメリカン・ボードのかつての研究は、「日本ミッション」に集中していた。これに対し、本書は「北日本ミッション」との対比のもとに、両者を初めて並列的に取り上げる。アメリカン・ボードが、日本でふたつのミッションを立ち上げたことは、研究者の間でさえ、これまで等閑視されてきた。したがって、この面では本書は開拓的な意味を持つ。

第二の特色は、日本キリスト教史に新たな視点を提供する点にある。アメリカン・ボードの側から、日本のキリスト教情勢を分析する、という視点である。この点は、とりわけ、同志社史においては、貴重である。アメリカン・ボードはボストンに本部（事務局）を置き、そこから資金と人材を海外に送り込んだ。アメリカン・ボードの視点に立つことは、「ボストンから見た同志社」の消息を明らかにすることにほかならない。これまでは、主として資料の制約から、日本サイドの資料を駆使しての研究が、主流であった。

それに対して、「ボストンから」同志社を見た場合、あきらかに景観は変わる。同志社は「ミッション・スクール」の一面を帯び始め、設立者の新島襄にしても「宣教師」としての側面が、明確に浮かび上ってくる。

こうした視点に立って、私は先に『京都のキリスト教――同志社教会の十九世紀――』（日本キリスト教団同志社教会、一九九八年）を著し、京都における初期の会衆派教会、とりわけ同志社教会の分析を試みた。今回は、いわばその延長線上の作業である。教会に引き続き、会衆派の教育実践を取り上げた。両者相俟《ま》って、この分野での新局面を目指す。

第三の特色は、京都（同志社）におけるミッション活動は、ボストンにも何らかの感化を与えた、との認識である。つまり、「日本からボストンへ」の流れである。本部へのこうした反作用を明示することができれば、伝道地と本部との間には、一種の相互作用が見られたことになる。そうであれば、今後のアメリカン・ボードに関する総合研究にとって、日本における活動実態は、貴重な事例として無視できないであろう。

以上の願いと狙いをもった本書が、アメリカン・ボードの実証的な「検証」成果であるだけでなく、すぐれて「顕彰」的な要素を合わせ持った作品にも仕上がっていてくれれば、幸いである。

二〇一〇年六月二十九日

アメリカン・ボード創立二百年の佳《よ》き日に

本井康博

プロローグ

アメリカン・ボード
——源流から日本伝道へ——

ウィリアムズ vs アーモスト

新島襄は、宣教師である。所属ミッションはアメリカン・ボード（A. B. C. F. M.）と言い、全米で最も早く（一八一〇年）組織された。実は、このミッションには前史がある。

舞台はマサチュセッツ州西北部にあるウィリアムズタウン。典型的なカレッジタウンで、超名門校のウィリアムズ大学（Williams College）の所在地として広く名が通る。この大学は毎年、リベラル・アーツ・カレッジ部門で、アーモスト大学（Amherst College）と激しく首位争いを繰り広げる。今年は百点を取り、アーモストに二点差をつけて首位を確保した。

両校は、早慶並みのライバルである。距離が近いだけでなく、精神的（系譜的）にも同じ流れを汲む。アーモストはウィリアムズ大学から分離、独立した大学だから、教派も同じ会衆派（Congregationalism）である。

アーモストの誕生（一八二一年）は、ウィリアムズ（創立一七九三年）には、祝福というよりも、むしろ屈辱か呪《のろい》に近かった。なぜか。後者が、創設期に地理的な悪条件、資金不足などから経営難に陥った際、交通便利なコネチカット渓谷（Northampton）への移転案が浮上した。

しかし、反対意見が出て、学内は二分された。結局、移転派の首領、Z・S・ムア学長自ら賛成派学生を率いて、移転を強行。新大学学長に自ら就任した。これがアーモスト大学の始まりである。

以来、両校はライバル関係に立つ。が、一方では姉妹校である。新島が入学してもおかしくない。アーモストに決ったのは、たまたま養父とも言うべきA・ハーディが理事をしており、J・H・シーリー教授やW・A・スターンズ学長と懇意だったからにほかならない。

新島はこうした経緯を十分に認識していた。だから、同志社を「ウィリアムズかアーモスト大学のようにする」ことを表明している（『新島襄全集』六、二〇四頁、同朋舎出版、一九八五年。以下、⑥二〇四）。

胎動——ウィリアムズタウン

さて、アメリカン・ボードは、ウィリアムズ大学でその種が蒔かれた。主役は、S・J・ミルズである。牧師の息子で、一八〇六年の春、二十三才でウィリアムズに入学し、二週間に一度、祈禱会を開き始めた。一八〇六年八月のある土曜の午後、五人の学生で大学脇の楓の木立でいつものように祈禱会を開いていた。そこへ、突然の雷雨である。彼らはあわてて、山と積まれた近くの干草（haystack）の陰に難を避け、集会を続けた。

その日の祈りと語らいは、海外伝道、とりわけ中国伝道の必要性が焦点であった。卒業後には宣教師になろう、という夢が彼らの胸中に広がった。これが、アメリカン・ボードへの第一歩となった。世にいう「ヘイスタック祈禱会」である。

二年後の一八〇八年、ミルズは、学内に「兄弟団」（The Society of the Brethren）を結成し、将来の海外派遣に備えた。一八一〇年、アンドーヴァー神学校進学に伴い、サークルも神学校に移した。この年、彼らの提唱により、待望のミッション（アメリカン・

ボード）が結成を見た。この時の神学生の数は、五人ともいう（Joseph W. Phillips, *Jedidiah Morse and New England Congregationalism*, pp. 123, 204, Rutgers University Press, 1983）。しかし、「ヘイスタック祈禱会」の五人と完全に重なるわけではない。ちなみに、後年、この神学校に入った新島（宣教師志望であった）も、在学中、「兄弟団」に所属した（⑧一一四）。

現在、「ヘイスタック祈禱会」の跡地は、キャンパスに取り込まれ、一帯が「ミッション・パーク」と呼ばれている。その中心には、記念碑（Haystack Monument）が、そして背後には、ミルズ・ハウスを始めとする学寮が四棟立ち並ぶ。碑の竣工は、祈禱会から半世紀後、M・ホプキンズ学長の時である。

ヒンズデイル

ウィリアムズ大学の東南にはヒンズデイル教会がある。新島留学中の牧師は、E・フリントであった。ウィリアムズ大学を卒業後、高校の教員や校長を務めていたが、牧師に転身するためアンドーヴァー神学校に入学した。

その折、夫妻して新島の家庭教師を買って出た。たまたま高校生の新島とヒデュン家で同居していたからである。新島が、ほどなくアンドーヴァー神学校教会で受洗したのも、夫妻の指導が大きかったことであろう。

新島はアーモスト大学に進学後、長期休暇はヒンズデイルに出掛け、フリント夫妻としばしば旧交を温めた。新島が宿泊した牧師館も教会から少し離れた所に現存する。そこから、時にはウィリアムズ大学を訪ねたはずである。フリントは同校理事でもあったので、案内役を買って出たかもしれない。

当時の学長（M・ホプキンズ）は、アメリカン・ボード理事をも兼務していた。二度目の訪米の際、新島はミッションに対して、英文で「日本における高等キリスト教教育を訴える」（⑦三五九以下）を発表した（⑩三〇五以下に訳文）。ホプキンズはアメリカン・ボードの会長で、それに推薦署名した三人のひとりであった（他の二人は、シーリーとN・G・クラーク）（⑦xviii）。

誕生――ブラッドフォード

さて、ミルズたち五人の学生であるが、卒業後の進路は決して同一ではなかった。しかし、ミルズはイェールにしばらく行った後、牧師を目指して、一八一〇年、アンドーヴァー神学校に進学した。そして、兄弟団の会員と共に、海外伝道の必要性を訴え続けた。

その熱意に押され、ついに同年、アメリカ初のミッション（アメリカン・ボード）が結成されるに至った。アーモスト大学の創立に先立つこと十一年である。生まれた場所は、アンドーヴァーにほど近いブラッドフォード（Haverhill）にある会衆派系教会（Bradford Congregational Church）。神学生たちの熱意が、ここで開催された会衆派教会総会を動かしたのである。

現在、その教会跡は公園（Common）で、その真中に記念碑が立つ。アメリカン・ボードが創立百周年を記念して、一九一〇年に建立した。除幕式には、大勢の海外からの賓客に混じって、同志社からは原田助《たすく》社長（総長）と教員のC・M・ケイディが参列した。除幕のロープを引いたのは、ケイディの娘であった（*Centenary of the American Board*, p.5, A. B. C. F. M., 1910）。教会（First Church of Christ, Bradford）はその後、公園脇に移転したが、同志社大学教授であったO・ケーリ一家とは、縁《ゆかり》が深い。

なお、新島はアンドーヴァー神学生の折、岩倉使節団の田中不二麿をボストンからこの地の女学校（Female Seminary）に案内している。一八七二年（四月十九日）のことで、ハーディも同行した。道中、アンドーヴァーで、男子校（Phillips Academy）、女学校（Abbott Academy）、神学校（図書館で接待を受けた）を見学したばかりか、ローレンスの織物工場（Pacific Mill）にも立ち寄っている（⑥一〇八、⑦四四）。

起動——セイラム

さて、アメリカン・ボードの活動開始は、創設二年後の一八一二年二月である。最初の宣教師五人（いずれもアンドーヴァー神学校卒で、兄弟団のメンバー）と三人の夫人が、海外に派遣された。九日にボストン北部のセイラムからカルカッタへ二組、ついで十八日にはフィラデルフィアから三組が同地へ向けて出港した。出港の直前、彼らはここの教会（Tabernacle Congregational Church）で按手礼を受け、牧師となった。同教会の歴史室は、当時の歴史的資料を公開、展示する。

ところで、なぜ、セイラムか。ここは、かつて全米有数の港町、とりわけ極東貿易の拠点であった。さらに、アメリカン・ボード初代主事となったS・ウースターが、ここの会衆派教会牧師であった。そのうえ、町の資産家（J・ノリス）が一八一一年に死去し、未亡人から遺産の三万ドルがミッションに寄付された。

ちなみに、危険を顧みず、新島を函館から上海まで連れ出してくれたW・T・セイヴォリー船長は、当港出身である。新島は再三再四、同家を訪ねている。船長の所属教会（First Church in Salem, Uniterian）も現存する。E・S・モースやN・ホーソンも所属したというこの町最古の教会（創立一七一八年）である。なお、当地の有名な博物館（Peabody Museum）は、新島がM・E・ヒデュンに宛てた手紙などを所蔵する。

さらに、新島（神学生であった）がJ・D・デイヴィスに初めて会うのも、セイラムである。当地で開催されたアメリカン・ボード年会（一八七一年秋）の席である。デイヴィスによれば、「新島は群集をかきわけて私を見つけ出し」、質問攻めにした後、「私の手を握り、両眼に涙をうかべて」、「自分もまた遠からず帰りたいです」と言った（J・D・デイヴィス著・北垣宗治訳『新島襄の生涯』三九頁、同志社校友会、一九七五年）。

按手——ボストン

その三年後（一八七四年）、新島は帰国する。神学校三年生の新島は、四月にアメリカン・ボードの宣教師（厳密には準宣教師）に任命された。ついで、六月、卒業直前に牧師試験に合格し、九月にボストンのマウント・ヴァーノン教会で按手礼を受け、正規の牧師となった（⑩一二〇〜一二三）。

十月、いよいよボストンに別れを告げる時である。養父の家は、高級住宅街（Beacon Hill）にある。そこから徒歩二、三分の所にアメリカン・ボードの事務所（本部）が入っていたビル（Congregational House）がある。当時の理事会議長は、ハーディである。つまり、新島は理事会議長のあたかも「養子」（いわば息子）として、日本に送り返されることになったのである。そのことは、帰るに際して、養父からミドル・ネームを与えられ、改姓（Joseph Hardy Neesima）したことからも窺える。

懇請——ラットランド

なおひとつ、帰国前に新島が通過しなければいけない儀礼が、残っていた。アメリカン・ボード年会に出て、最終日に別れの挨拶をすることである。

第六十五回年会（一八七四年十月）の会場は、ヴァーモント州の元州都、ラットランドにあるグレイス教会であった。ちなみにこの年、日本に派遣されるのは、J・H・デフォレスト夫妻、A・H・アダムズ夫妻、そして新島であった。

新島はありきたりの挨拶に代えて、献金依頼という異例の挙に出た。「日本にキリスト教学校を」という、声涙共に下る熱烈なアピールであった。感激した会衆の中から、千ドル、三百ドル、百ドルと寄付予約が続いた。最低額の献金は、「貧しい農夫と寡婦」のそれぞれが差し出した二ドルであった。

後日の募金と合わせて、総額は五千ドルにも上《のぼ》った。新島はこれを「同志社の核」にして、これより一年後、京都に同志社英学校を立ち上げた。

ラットランドは「同志社の誕生地」とは言えないまでも、少なくとも「受胎の地」である。次に京都に至る道のりを見ておきたい。

ウィリアムズタウンから京都へ

そもそもアメリカン・ボードの日本伝道は、神戸（一八七〇年）から始まった。ついで大阪（一八七二年）、京都（一八七五年）である。このうち、京都は、新島やデイヴィスが同志社を開校した土地だけに、以後、アメリカン・ボード日本ミッションにとって、中軸的な地位を占めるに至る。ウィリアムズ・カレッジの学生たちが、ヘイスタックで夢見た海外伝道（アメリカン・ボード）は、およそ七十年の時を経て、日本（京都）において神学校へと発展する英学校を築くことに成功する。

ただ、京都開教は、至難の技であった。同志社と京都は、ある意味「ミスマッチ」であったからである。重なる悪条件がひとつずつ取り除かれた要因は、はたして何であったのか。

「西京《さいきょう》」・京都

明治維新後、京都では「第二の奈良にするな」を合言葉に「西京」なる呼称が広く使われた。新しい都、「東京」何するものぞ、との気概を込めて、である。

琵琶湖疏水、博覧会、水力発電、小学校、電車——近代化のための幾多の施策が、日本の先陣を切った。それらは、官民がともに一致協力して取り組んだ、「西京」復興プロジェクトの成果であった。特に知事のブレーンであった山本覚馬と明石博高《ひろあきら》との貢献は顕著である。

いち早く数名の「お雇い外国人」も教師や医師として京都に招聘された。

ただ、宣教師にとっては、京都は一種の「聖域」で近寄れず、もちろん伝道はご法度《はっと》（サンクチュアリー）であった。

一八七二年の春、開港地の神戸で伝道中のO・H・ギュリックは、同僚のD・C・グリーンとようやくこの地に足を踏み入れることができた。彼はスペインで伝道中の兄にこう書き送る。

「五月八日、水曜日の夕方、『大阪から歩いて』この有名な都市に入りました。これまで外国人は大変、慎重に排除されて来ました。このたび、この街が開放されたのは、日本の製造品や工芸品を展示したり販売したりするために盛大な博覧会『第一回』が開催されたためです」。

「博覧会は、ミカドの宮廷が江戸へ移転してしまったこと、ならびに他の〔開港〕都市が外国との交流や取引で興隆しているのに自分たちには交流が許されてないこと、とに憤慨している、この忠実な都市に住む人達を喜ばせるためです」。

「店に立ち寄ったり、寺を訪ねたりする時でさえ、私たちの周囲には何百もの人々が群がりますが、彼らはよくほほ笑み、私たちの観察に熱心です」。

「〔横浜の〕ヘボン博士が通訳と秘書とを兼ねて〔アメリカ駐日公使のD・〕デロング氏に同行して一年前、一日か二日、当地に滞在いたしましたが、これを唯一の例外として私たちはザビエル（三二二年前の一五五〇年に当市を訪問）以来、初めて京都に入った最初の宣教師です」（本書六六頁）。

この時の彼らの収穫は、伝道視察に終わらず山本覚馬や知事に接見できたことである。

「日本のボストン」

ギュリックに続いて、医療宣教師のJ・C・ベリーもこの年、アメリカから神戸に入港するや、真っ先に京都に向かった。六月一七日、ボストンのミッション本部に宛てて書き送った。

「この街は実に長期にわたって帝国の文人や精神的な支配者が居住していましたので、日本の『ボストン』と呼ぶのが正当だろうと思います」（本書七三頁）。

彼が、医師たちはもちろん、山本や知事からも大いに歓待されたことは言うまでもない。

その後も宣教師たちと山本覚馬や知事との交流は、博覧会ごとに深められ、山本のキリスト教への関心も高まった。ちょうどそこへ新島が帰国した。彼は京都でたまたま山本と巡り合い、キリスト教学校を創りたいという宿志を打ち明けた。

その結果、一八七五年秋に至って、山本の尽力で「仏教の首都」になんとキリスト教系の学校が誘致される迄にいたった。「同志社」という名称は、山本の命名によるという。

以後、京都（同志社）に派遣されてくる宣教師は、ニューイングランドを中心に十九世紀だけで延べ三十八人を数えた。彼らが「西京」復興に果たした役割は、地味ではあるが、貴重である。

こうして、「日本のボストン」である京都は言うにおよばず、アメリカン・ボードから日本各地に派遣された宣教師たちの功績は、大きい。西日本を拠点にしたアメリカン・ボードが、北日本（越後、次いで仙台）に「飛び地」のような伝道領域を確保するに至るのも、奇しきことである。

こうして、彼ら宣教師たちは、ボストンのミッション本部と繋がることにより、「豊かに実を結ぶ」（「ヨハネによる福音書」第十五章五節）一人ひとりとなったのである。

会衆派のアメリカン・ボードが、日本で設立、支援した教会は、教派としては、「日本組合基督《キリスト》教会」（組合教会）と呼ばれる。この教派が刊行した『日本組合基督教会とは何か』（日本組合基督教会、一九二一年）は、組合教会を形成した「三大要素」を次のように挙げる（六～七頁）。

①アメリカン・ボード宣教師、②新島襄、沢山保羅《さわやまぼうろ》、③「熊本バンド」。

見られるように、アメリカン・ボードあっての組合教会である。しかも、新島襄も①のメンバーである。

長老派や改革派、あるいはバプテスト派やメソジスト派といったプロテスタント諸教派と並んで、組合教会（会衆派）が近代日本の宗教界に果たした役割は、広く、また深い。その意味では、その主柱とも言うべきアメリカン・ボードの日本における活動は、究明する必要がある。

以下、本書は、その中でも京都と越後に置かれた拠点（ミッション用語では、ステーション）に焦点をあてて、彼らの具体的な働きの消息を、できるだけつぶさに検証してみたい。

第1部　日本ミッション

第1章　京都ステーション
第2章　宣教師たち
第3章　ミッションの伝道方針
第4章　神学館
第5章　体　育
第6章　長老派による京都伝道の開始

第一章　京都ステーション

一、アメリカン・ボードから見た日本伝道五十年

㈠　五十周年記念出版

アメリカン・ボード日本ミッションは、アメリカン・ボード発足五十九年後の一八六九年に設置された。一九一九年に創立五十年を迎えた際、記念誌（*Japan Mission Annual 1919 Semi-Centennial Number*, ABCFM, Dec. 1919, pp. 121〜150, Tokyo）が出版された。それには、五十年間の歩みを分析した「五十年の考察」（A Survey of Fifty Years）という論考（以下、本稿）が掲載された。筆者は、ラーネッド（D. W. Learned）である。

筆者としては、最適任者である。彼は、同志社英学校が、京都に創立された月（一八七五年十一月）に同校教員になるために来日した宣教師である。以来、半世紀を越えて、一貫して京都のステーション（宣教師が定住する伝道の拠点を指す）、つまりは同志社に所属し、ここで教育と研究・執筆活動に専念した学者である。一九二〇年に同志社大学が大学令に基づき創立された時、初代学長を務めたのは、ラーネッドである。

彼は学校の行政や管理よりも、研究、出版の方が圧倒的に優れていた。彼の記述は、いつも冷静で、その分析力は素晴らしい。一九二八年に同志社大学教授を退職し、アメリカに帰国するまで、半世紀にわたって現役であった。つまり本稿を記した創立五十周年の時点でも、いまだ第一線で活躍するメンバーでもあった。

ラーネッドは、日本ミッションのそもそもの成立に至るアメリカ国内の背景事情から説き起こし、日本での初期の動向、さらにはその後の各地の動き、といったミッション全体の流れを考察する。短いながら、いや、短編だからこそ、あらかじめ歩みを一望のもとに鳥瞰するプロローグとしては、格好の沿革史である。

そこには当事者にしか語れない、知りえないリアルタイムの歴史分析や諸々の秘話が散りばめられている。同時代の人たちからは神格化されやすい新島襄にしても、ラーネッドは、実に冷徹な目で分析を試みようとしていることが、本文から窺える。このように、他の資料にはない貴重な事実や公平な評価が、いくつも盛り込まれているので、資料としても実に貴重である。

実は、創立五十周年記念出版としては、より大部のミッション史（*Fragments of Fifty Years 1869—1919*, A. B. C. F. M., 1919）がすでに知られている。しかし、これの第一部「歴史」（General History）は、無署名のうえ、記述はずっと簡略である。資料的には、今回、ここで紹介する本稿の方が、明らかに重要である。そこで、前半部分だけでも、訳しておきたい。それは、今回の拙著（本書）にもっとも関係する箇所でもある。

あらかじめ、本稿の特色を六点、列挙しておきたい。

① アメリカン・ボードが日本伝道の開始を決断し、グリーン（D. C. Greene）を送り込んだ経緯、さらには関西を拠点とするに至った事情には、「入華宣教師」のブロジェットの存在が大きい。ラーネッドもこの点をあらためて強調する。この視点は、やはり大事である。日本伝道（ひいては、新島襄自身）が、先発の中国伝道の恩恵を豊かに受けているかを顕著に示す事例のひとつだからである。

ちなみに、グリーンは、日本赴任にあたってアメリカン・ボード本部にブロジェット（H. Brodgett、在中国）とフルベッキ（G. H.

F. Verbeck, 在横浜）の紹介状を送ってほしい、とあらかじめ依頼している。（茂義樹『明治初期神戸伝道とD・C・グリーン』二四頁、四〇頁、新教出版社、一九八六年）。

グリーンにしても、ボストンの本部にしても、当初の見込みは東京定住（占拠）であった。だから、神戸への転出は驚きであった。それだけ、グリーンにとっては「カウンセラー」（顧問）ともいうべきブロジェットの存在が大きかったことになる（同前、四〇頁）。

② アメリカン・ボードは、戦後も含めて、日本へ向けて、総勢三百七十四人もの宣教師を派遣した。このうち、ラーネッドは日本ミッション初期の功労者として、五人のメンバーを挙げる。グリーン、ギュリック（O. H. Gulic）、デイヴィス（J. D. Davis）、ベリー（J. C. Berry）、ゴードン（M. L. Gordon）である。

ここには、新島襄（英語名をJoseph Hardy Neesimaといい、アメリカン・ボード準宣教師であった）、さらにはラーネッド自身が入っていない。それぞれ理由があるとはいえ、この事実は、特記しておく必要がある。

ラーネッドは取り上げてはいないが、新島襄が日本ミッションの成立に果たした役割を見逃してはならない。さすがに、*Fragments of Fifty Years 1869－1919* (p. 2) には、次のように明記されている。

「一八六八年、アーモスト大学に在学中、新島はアメリカン・ボードの外国伝道担当幹事のN・G・クラーク（N. G. Clark）の家にひと晩、過したことがあった。家庭祈禱会が済んだ後、新島はクラーク博士に、宣教師を日本に派遣していただきたいと懇請した」。伝説によると、新島は「承諾した」の確約を貰うまで、クラークの手を離さなかったという。グリーンの日本派遣が決定するのは、翌年の秋のことである。

この新島はもちろん、ラーネッドが先に挙げた五人の宣教師は、ギュリックを除いて、いずれも京都ステーション（すなわち同志社）で勤務した実績をもつ。デイヴィスを始め、（ラーネッドをも含めて）それぞれが有益な業績を残したことは、言うまでもない。逆から見れば、同志社はいかに優れた宣教師を教員として擁することができたか、が窺える。

これに対して、ギュリックは神戸、大阪を皮切りに、数個のステーションを渡り歩いた。にもかかわらず、京都にだけは定住したことがない。実は彼は、京都博覧会会期中、一時的に仮住まいをしている。同志社開校以前の一八八二年のことである。つまり、京都での開教をもくろんで、最初に京都に「定住」した宣教師である。彼の特性とも言える開拓者としての面目が、躍如とする一面である。

けれども、京都定住の許可が取れず、神戸に戻らざるをえなかった。その後、京都ステーション（実質は同志社）が設置されたにもかかわらず、彼は転住する気持ちはなかった。レヴィット（H. H. Leavitt）と共に、反同志社派の急先鋒だったからである。

要するに日本ミッションだけを取り上げても、個別ステーション間の抗争（とりわけ、阪神地区対同志社）は、看過できない。ミッションは、決して一枚岩ではなかった。その意味で、ギュリックという人物は、京都ステーションの特色、とりわけステーション相互の攻防を語る場合には、欠かせない。

③ さらに、ラーネッドが挙げる五人の功績者中、ギュリックだけが、「日本ミッション」だけではなく、越後に拠点を置く「北日本ミッション」の開拓者（しかも、最初の定住者）でもある点に注目しておきたい。新規ステーションの開拓こそ、ギュリックの得意技

であった。

ラーネッドにならって、もしも私たちが北日本ミッションの功績者を選ぶとすると、しかも時期を問わないとすれば、スカッダー (D. Scudder) とニューエル (H. B. Newell) の二人に落ち着くであろう。前者は、北日本での働きに限定されたので、全般的な知名度は低いが、後者は、在日期間が長い上に、のちに日本ミッションでも活躍する。

④ 本稿の最大の特色は、ミッション（アメリカン・ボード）が日本各地に設置した「ステーション」の消息、ならびに評価を、それぞれバランスよく、ていねいに取り上げていることにある。ラーネッドはその数は十四個に及ぶというが、現実にこの時点（一九一九年）でステーションとして正当な活動をしていたのは、次の十二箇所（熊本と三重県の津は、これ以前に、すでに撤退）である。

札幌、仙台、新潟、前橋、東京、京都、大阪、神戸、鳥取、岡山（・津山）、松山、宮崎 (*Japan Mission Annual 1919 Semi-Centennial Number,*)。(pp. 49)。

このうち、新潟と仙台は、単なるステーションではないことに注目すべきである。それらは「北日本ミッション」に所属する。つまり、ラーネッドの記述は、関西地方（京阪神）に淵源を持つ「日本ミッション」の発足と発展だけでなく、東北地方に拠点を置く「北日本ミッション」の設置までを、バランスよく叙述している点で、特筆すべきである。なぜか。

これまで北日本ミッションは、きわめて影の薄い存在であった。アメリカン・ボードの日本伝道史からも、すっぽりと抜け落ちるのが常である。それ自体、単独で存在した期間が短く、最終的に日本ミッションに統合されていく、という事実を考慮すれば、分離して個別に論じられることが少ないのも、やむを得ない。さらに存在は知られているとしても、実質的には単独ミッションというよりも、ひとつのステーション（新潟ステーション、ついで仙台ステーションへと拡大するが）に過ぎない、と見なされやすい、という事情が、これに加わる。

けれども、そもそもは日本ミッションとは別の独立した組織として発足した、という歴史的経緯は、無視されてはならない。現実には、こうした事実を軽視、あるいは無視するかのように、まっとうな研究は皆無であった。それゆえ、日本ミッションとの比較検討も、まったくなされてこなかった。その点、簡略ではあるが、両者を合わせて総合的に記述、分析している点で、本稿でのラーネッドの着眼は、さすがに公平で、鋭い。

彼によれば、北日本ミッションの発足は、日本ミッションの伝道方針にとって、ひとつの画期となった。「分散路線」の定着をもたらしたからである。ラーネッドは、伝道方針を「分散」と「集中」という二つの類型に分ける。彼自身はどうやら後者の支持者であると考えられる。彼によれば、新潟や仙台にアメリカン・ボードがステーション（ましてやミッション）を設けたのは、「拡大」路線にほかならないが、実はそれは誤りではなかったか、と大胆な疑問を提示する。

なお、ラーネッドは、本稿の性格上、もちろん踏み込んではいないが、日本ミッションと北日本ミッションは、それぞれの財政政策を異にする点でも、興味深い。とりわけ、京都ステーション（同志社）との差異は、きわめて大きい（拙稿「アメリカン・ボードの日本伝道　一八八三〜一八九〇——日本ミッションと北日本ミッションとの抗争を通してみた——」、『同志社アメリカ研究』二四、一九八八年。本書三五八頁以下に再録）。

⑤ ラーネッドは「心中の方針」(the policy in mind) なるものの存在に言及する。いわば「暗黙の諒解」で、教派間での伝道地分割に関する紳士協定である。これは、記録された文書として残されていないので、表面化することがない微妙な問題である。

すなわち、会衆派系のアメリカン・ボードが、日本に最初の宣教師を派遣した際には、すでに他派(とりわけ長老派と改革派)が進出をしていた。アメリカン・ボードは、プロテスタント系ミッションとしては六番目の教派であり、グリーンは二十人目の宣教師であった(『明治初期神戸伝道とD・C・グリーン』一一七頁)。アメリカ最古のミッションとしては、信じがたいほど、遅れをとったわけである。

そのことはともかく、アメリカン・ボードは、先発隊である他派ミッションとの間で、種々の摩擦や競合を避けるために、伝道地分割に関する「不文律の協定」のようなものを要請された。このことは、すでに知られた事実であるが、ラーネッドもこれに言及する。京浜(関東)地方の伝道は長老派と改革派が担当する、それに対して阪神(関西)地方の伝道は会衆派が受け持つ、という取り決めである。

この点は、神戸移転を決める際に、グリーン自らが肌で感じ取ったことである。来日直後の彼は言う、「江戸の長老派宣教師の中には、アメリカン・ボードの江戸伝道に対して、感情的に反発する者もいる。一方、大阪のウィリアムズ監督(C. M. Williams, アメリカ聖公会所属)は、グリーンの神戸定住に大変、好意的である」と(『明治初期神戸伝道とD・C・グリーン』三五頁)。

来日五年を経ても、事態はさほど変化していない。一八七四年、聖書翻訳のために諸教派のミッションが共同の取り組みを始めることになった。アメリカン・ボードの委員として横浜に転住したのが、グリーンである。当然、横浜伝道の着手の可能性を探ることも、彼は心がけた。

けれども、彼の地でそれを歓迎しない他派の宣教師がいた。そのために、日本ミッションではわざわざ「当分、自粛」という内容の決議をせざるをえなかったほどである(O. H. Gulick to N. G. Clark, Oct. 31, 1874, Kobe)。

ラーネッドによると、この区割り協定の伝統(相互の約束)は、一八八〇年代に入って、仙台や越後へアメリカン・ボード(会衆派)が進出したことにより(それ以前の上州安中《あんなか》への進出と並んで)、反故になったという。以後、会衆派(アメリカン・ボードや組合教会)は、ある意味、活動領域が全国区となり、手軽にステーションや教会を、どこにでも設置する方向に進んだ、と見る。

逆サイドから見れば、協定の破棄は、関西、とくに長らく「会衆派の牙城」であった京都に他教派が入り込んでくることを意味する。新島が永眠した一八九〇年前後を画期として、聖公会や長老派は京都に乗り込んで、積極的な伝道を展開するに至る。教派間の競合と協調の時代が到来したのである(そのうち、長老派による京都開教については、本書三二一頁以下を参照されたい)。

なお、区割りに関する教派間の紳士協定については、*Fragments of Fifty Years 1869—1919* (A. B. C. F. M., 1919) が、興味深い記述をしている。とりわけ、協定が「破棄」された消息については、本稿よりも具体的に記されている。筆者はおそらく当事者のグリーンと思われる。彼によれば、新潟や仙台への進出以前に、すでに横浜、安中、さらには東京伝道が次々と開始されるに至って、協定がなし崩し的に「破棄」されて行く。それも、日本人が主導して、というのである。関係箇所を訳しておく。

「横浜　一八七四年にグリーン氏は〔神戸から〕横浜に転じた。

新約聖書の翻訳に参加するためである。彼は、この事業が終了する一八八〇年まで同地に滞在した。

彼は市内〔太田町二丁目〕に伝道所（chapel）を設置した。けれども、当時、アメリカン・ボードは活動領域に関し、自らは西日本に限定し、東日本は長老派や改革派に委ねる、と考えていた。そこで、グリーン夫妻は横浜に在住していた間はずっと、長老派の活動、とりわけ指路《しろ》教会（the Shiloh Church）を応援した。

横浜に組合教会が〔同志社系の〕日本伝道会社により設立されたのは、何年も後のことであった〔現紅葉坂《もみじざか》教会がグリーンらの支援で設立されたのは、一八九三年である〕（p. 12）。

「安中

〔前略〕この教会を〔一八七八年に会衆派が〕設立したことは、ミッション間でそれまで抱かれてきた期待（expectaions）にとっては、死活問題であった。東日本は長老派が自己の勢力範囲(sphere of influence）として教会政治（polity）を適用する一方、西日本は会衆主義者〔アメリカン・ボード〕に委ねる、という期待から見れば、安中は東京から八十マイルほどしか離れておらず、明らかに長老派に委ねられてきた地域に属した。

〔東京〕

一八七九年、東京に会衆派教会が設立されるという流れのなかで、古い了解（understanding）を破棄することが出来ないであろうか、ということが、さらに明白になった。この教会〔現霊南坂教会〕は、同志社を出たばかりの青年のひとり〔小崎弘道〕の指導により、設立された。

注目すべきは、こうしたことはすべて日本人主導で行なわれ、諸ミッションの願いと期待（expectaions）に反していたことである。

〔協定の破棄〕

この時から、会衆派教会を全国の特定の一領域〔西日本〕に限定することはできないということが、いよいよ明白になっていった。会衆派教会は、全国各地を移動することが多い人たちから主に構成されていた。宣教師たちが、他の〔教派の〕教会に加入するように、と彼らにどのように助言をしようとも、彼らは自分たちが慣れ親しんだ教派の教会を設立する方を選びたがる。そのうえ、彼らの日本人指導者〔牧師〕たちも、それを奨励する」（p. 18）。

以上、伝道領域に関するミッション間の暗黙協定が、破棄されて行く消息に関する叙述である。分析はグリーン（と思われる宣教師）である。

ここから判明するように、区割協定の破棄は主として日本人主導で行なわれた。日本ミッションはそれに追随する形で、関東進出を企てた。グリーンの東京派遣、すなわち東京ステーションの成立（一八九〇年）がその典型である。

ところが、ボストンの本部（運営委員会）は、それに対してすぐには承認しなかった。京都のゴードン（M. L. Gordon）はさっそく抗議した（M. L. Gordon to N. G. Clark, July 19, 1889）。「現在の運営委員会が、東京への宣教師〔グリーン〕派遣に反対する決議をしたことに大変驚き、心を痛めております。〔中略〕委員会は、長老派教会の宣教師も、私たちが東京で働くことを願っている、と確信していただきたいものです」新島学園女子短期大学新島文化研究所編訳『アメリカン・ボード宣教師文書—上州を中心として』（一六頁、新教出版社、一九九九年）。

本部の反対理由は、「私たち〔アメリカン・ボード〕と長老派教会員との間の信徒の礼譲〔comity〕にある、とゴードンは指摘する（同前）。「礼譲」は、ボストンでは一八九〇年の時点でも、まだ生きていたのである。「礼譲」（comity）というのは、キリスト教用語として使われた場合は、教派間の慣行を意味する。相互に他の教派に転向（教会）することを防ぐために、教派間で守られている慣習である。思い切って簡単に言えば、信徒の「横取り」はしない、というしきたりである。

長老派・改革派は関東、会衆派は関西という一種の棲み分け、あるいは区割協定をボストンは考慮したわけである。日本ミッションでは、すでになし崩し的にそれは消滅したのも同然であった。

当事者のグリーンによれば、この協定破棄が、数年後（一八八六年）の「日本組合基督《キリスト》教会」成立につながるという。この捉え方は、大変興味深いので、合わせて紹介しておきたい。

「組合

教会がこのように広く拡散していった結果、信徒たちは、他派と異なる独自の名称を採用することを余儀なくされた。最初、〔日本の一般〕信徒たちは、ただ一種類の教会しか知らなかった。その結果、彼らは当然のように教会名は『どこそこのキリスト教会』でまったく十分だ、と考えていた。

しかし、今や彼らは他の教会政治（polities）の存在を知り、ある程度、それらと競合するに至った。その結果、自分たち自身の組織には、ある独自の名前が必要だと認め始めた。彼らは、コングリゲーショナリズム（会衆主義）といった外国の名前で呼ばれたいとは、まるで思わなかった。なぜなら、ある外国組織の一部であるとか、あるいはその下部組織であるとか思われてしまう、との懸念があったからである。

その結果、一八八六年に彼らの年会で『組合』（Kumiai）という名前が、正式に採用された。英語では、『組み合わされた』（Associated）と訳せるだろう」（p. 18）。

⑥ 最後に、ラーネッドは日本伝道五十年の歩みの中から歴史の教訓を汲み取ろうとする。伝道方針の明確化である。従来、一度も協議されたり、認定されたりしたことはなく、どちらかというと、日和見主義（これにもそれなりの根拠があることをラーネッドは認めている）であった、という。

その後の半世紀はどうであったのか、は次の世代の課題である。つまり一九六一年に他派のミッションとの合同により、アメリカン・ボードが発展的に解消して、UCBWM（米国合同教会世界宣教委員会。現在はCGMB、共同世界宣教局）になるまでの四十二年間、伝道方針が策定されたのかどうか、である。ラーネッドはもちろん、この答えは用意していない。

凡例

一、小見出しと〔　〕内の注記は、本井が附したものである。

二、前半部は、「障害」（Difficulties）と題された項目を除いて、全訳した。

三、訳さなかった後半部分は、見出し（項目）だけを列挙する。
「仕事の広がり」（Varieties of Work）、「ミッション史への貢献」（Contribution to History of Missions）、「ミッションと組合教会所属教会との関係」（Relation of Missions to Kumiai Churches）、「教会合同」（Church Union）、「よき交わり」（A Goodly Fellowship）、「対照」（Some Contrasts）、「未来」（The Future）

㈡　ラーネッド「五十年の分析」

一八六九年十月七日に起きたこと

私の学生時代、すべての「善良な少年」にとって格好の権威は、旧い学校の典型的な牧師、J・トッド（John Todd）が作った『学生の手引き』であった。彼はピッツバーグで開かれたアメリカン・ボードの集会で年会説教をした。この集会は、アメリカン・ボードが同地で開催した唯一の集会であり、同州〔ペンシルバニア州〕での最後の集会でもあった。同時に長老派がアメリカン・ボードから脱退する前の最後の集会でもあった。法人会員として参加していた中に、有名な長老派牧師、A・バーンズ（Albert Barnes）がいた。

M・ホプキンズ〔Mark Hopkins, ウィリアムズ大学学長〕が、十二年間、アメリカン・ボードの会長を務めていた。上級幹事はトリート（S.B. Treat）で、二十二年間、その席に就いていた。N・G・クラーク（Nathmael G. Clark）は、今でも理想的な幹事だと思われている。会計のワード（Landon S. Ward）は、わずか四年の経験しかない。

この時の集会で、幹事のクラークは、月例コンサート（祈禱会に関する書類を読み上げた。祈禱会はすでに人びとの関心を失い、改革が必要であった。けれども、その折に出席した人たちは、五十年後にこうしてここ〔兵庫県有馬〕に集まっている私たち〔日本ミッションのメンバーと〕同様に、こう信じていた。年会のもっとも重要な話題は、トリート幹事が提起した「アメリカン・ボードは、日本にミッションを設置すべきであろうか」という問いだ、と。

トリートは、「罪びと」（"Man of Sin"）が日本列島を占拠するだろうという危険性を語った。「日本はあらゆる面で有望であるが、ただ人間だけが不道徳」だから、というのである。日本はアメリカの諸教会に特別な要請をしている、とも論じた。さらに、アメリカン・ボードがギリシャとハワイ諸島の伝道から手を引こうとしている今は、新規の事業に着手する時期でもある、と指摘した。

トリートのこの書面は、バートレット博士（S.C. Bartlett）が議長をしている委員会に回された。委員会は次のような勧告を出した。日本への招きは、「明白、かつ緊急」なので、新しいミッションが設置されるべきだ、と。この勧告は、全員起立で採択された。〔日本派遣予定のD・C・〕グリーン氏が紹介され、挨拶をした。ピアソン（A. T. Pierson）博士が祈りを捧げた。会衆は、賛美歌「収穫の夜明けは近い」（The Harvest Dawn is Near.）を歌った。

これは一八六九年十月七日のことだった。この日は、日本ミッションの誕生日と呼んでいいと思う。

大陸横断鉄道と太平洋航路が開通

もちろん、トリート幹事がこの書面を提示したのは、単なる個人的な考えからではない。運営委員会からそれを提示するようにあらかじめ指示されていた。日本ミッションの発足は、七月十三日の運営委員会で実質的に決定していた。北中国ミッションに加入することになっていたグリーン氏の辞任が、この会で再審議された。同時に、日本ミッション開始の承認をアメリカン・ボードから委員会がとるために、出発を一か月延ばすようにグリーン氏に要請することが、票決された。そして、国内担当幹事が日本ミッション開始に要する費用に関する書類を用意することになった。

これが一八六九年のことだった。南北戦争が終結してほんの四年後のことである。当時、アメリカは大いなる経済的な繁栄と拡張の最中にあった。グラント大統領の就任に伴い、議会とジョンソン大統領の間で繰り広げられた、長くて苛立《いらだ》たしい抗争は終わりを告げ、アメリカは希望と活力に満たされた。

この年のまさに七月に、太平洋と大西洋は、最初の大陸横断鉄道の完成により接合された。同じころ、太平洋郵便会社（Pacific Mail Company）が三隻の船（アメリカ号、チャイナ号、ジャパン号）を使ってサンフランシスコと日本、中国との間に月に一度のサーヴィスを開始した。（私はたまたま一八九一年七月に横浜に居て、これら三隻の最後の船、チャイナ号の最後の航海を見た）。

この結果、中国と日本は、以前よりはるかにアメリカに近くなった。以前なら日本に行くのに何カ月も必要であったが、旧式の外輪船でもサンフランシスコから横浜まで平均して四週間だから、比べ物にならない。

グリーンの来日

グリーン夫妻は一八六九年十一月三十日に来日した。その当時の日本が、私たちが住んでいる今の日本とは大違い、ということは言うまでもない。実に明治二年のことである。将軍は廃止され、天皇は京都から東京に転出した。

けれども新政府は依然として弱体で、それ自体、存続できるかどうか確かではなかった。サムライたちは、いまだ刀を二本差して出かけていたし、近代的な交通手段は何もなかった。人力車さえも、である。旧暦が依然として使われていて、一年は二月のどこかから始まった。月一回の母国からの便りは、領事館に運ばれ、私的な使者が配達をした。

キリスト教は、厳しく禁止されていた。まさに同じ年〔一八六九年〕、天皇の顧問であった横井〔小楠〕氏は、京都で暗殺された。「邪悪な意見を表明した」、すなわちキリスト教に傾いた、と疑われたからである。グリーン氏が来日してからでさえも、長崎地方で発見された数千のローマ・カトリック教徒が、厳しく処罰された。

それまで〔一八五九年以来〕十年間、プロテスタント宣教師は、日本で活動を続けてきた。けれども、洗礼を受ける人は実に少なく、たった十人だった。ほかに見るべき印も、きわめてわずかだった。

このように、私たちの〔会衆派〕ミッションは、〔長老派教会、改革派教会、アメリカ監督教会と並んで〕日本に進出した三つのパイオニア的ミッションのひとつ、と自慢することはできないまでも、最初の三つを除いては、他のどのミッションよりも伝統がある。だから、その端緒は古い時代に遡る。

東京志向

グリーン氏への指示は、次のようなものだった。「私たちは、貴兄が当初は江戸に行き、自分で努力して最終的な任地に関する所見を持てるようになるまで、しばらくそこに留まるように、と考えてきた」。グリーン氏の最初の結論は、依然として江戸と言われていたあの都市に定住することだった。彼の選択肢は、江戸、大阪、横浜、兵庫だけだった。このうち、横浜と兵庫は、商業港であるという理由で、却下された。そこでは、①不道徳な外国人の感化が、キリスト教的な活動の障害になる、②英語を使う誘惑が大きくて、わざわざ日本語をマスターする苦労をしない、③外国人コミュニティの仕事に関する要望が多くて、時間的に相当重い負担を課せられるだろう、という懸念があった。

大阪に関して言えば、江戸よりもずっと規模の小さな場所だった。すでに監督派〔のウィリアムズ〕がそこで活動を始めていたし、他にも進出を考えているミッションがひとつあった。

一方、江戸はいまだひとつのミッションしか占拠していなかった。それだけではなく、グリーン氏にはこう命じられていた。当面の主な仕事としては、「サムライたち、すなわち二本差しの男性」の間で行なうように、そのサムライたちは全国のあらゆる地方から江戸に集合している、と。もうひとつ、彼が江戸に傾斜した理由がある。①日本は大変に不安定な状態にある、②まもなく戦争が再発するのではないか、という期待が一般的にある、③そうなれば、横浜にいる外国の船や兵隊からはるかに遠いほうが安全である、という事実に気づいたからである。

首都は、全国的な活動のセンターとして最善の場所である。このことは、当時、誰の胸にも思いつかなかったようである。三週間経たないうちに、英語を学ぶ四人の生徒を確保した。それからすぐに自宅で日曜礼拝を始めた。その街〔横浜〕に住んでいる二十二人から二十人くらいの外国人が、参加した。

ブロジェットの勧めで神戸へ

けれども、ブロジェット博士は、アメリカン・ボードが日本伝道を開始するように導くのに、指導的な感化を奮った人だったので、グリーン氏の任地に関しても主な責任を持ち、彼の東京に留まるという決断をひっくり返した。私たちは、神戸が日本ミッションの母胎（the mother-station）となったことに関して、ブロジェットに感謝したい。

ブロジェットは、それまで中国のミッションで十五年間、奉仕をしたので、その判断力が若い宣教師に千鈞の重みをもったのは、自然なことだった。彼が来日したのは、〔帰国休暇を終えて〕中国に戻る途上のことで、グリーン氏が東京に落ち着いてから、わずか三カ月後のことだった。ブロジェットは、自分といっしょに神戸を訪ねることに同意するまで、グリーン氏にいやとは言わせなかったと思う。グリーン氏に〔神戸への〕移動を説得した主張は、以下の四点である。

①　神戸にはプロテスタント宣教師が不在であるし、同地は「完全なソドム」〔堕落した不道徳な街〕である。かの地の外国人コミュニティに対して礼拝を持つのは、信徒としての義務である。グリーン氏は、当初、自分がそうした仕事に向いているとは思わなかったが、すでに十分な素質があったことを立証した。

②　神戸と大阪は、帝国の人口に関して言えば、より中央的である。「ミヤコ、すなわち京都は住民によってそう呼ばれる」への距離も遠くはなく、まもなく外国人にも開かれることは、疑いない。これだけの人口に対して、大阪に宣教師がひとり、いるだけである。大阪のウィリアムズ主教は、ほとんど中国に居て、不在であるうえ、健康に不安がある。

③　神戸は東京よりもずっと健康的である。東京ではグリーン夫人の健康が、おりから始まる梅雨期にダメージを受けそうな嫌いがある。

④　グリーン氏が東京に来てから、長老派の宣教師がふたり、東京に住み始めた。グリーン氏が「彼らの活動の邪魔をする」ことに関して、母国の教会の何人かが神経過敏になっている、とブロジェット氏が注意した。グリーン氏は、二、三週間後に手紙にこう書いた。「江戸に住んで二、三週しか経っていないのに、長老派の存在に一度ならず当惑した。彼らの会議には、完全な調和はない。双方の側に塀を築く仕事は、時にずっとやさしい」。

こうして、グリーン家は一八七〇年三月に神戸に移った。注目すべきことは、この変化がなされた明白な意図と期待である。意図とは、長老派と改革派のミッションは、東京・横浜地区では〔他教派から〕邪魔されない、というものである。期待とは、一方、京都、大阪、神戸地区からなる京阪神に関しては、彼らは同様のことを私たちに対して行う、というものである。京阪神では、日本で活動するミッションは、アメリカ監督教会以外は不在なうえ、監督教会の力は微々たるものであった。

　つまり、これは心中のポリシー（the policy in mind）で、当時だけでなく、その後何年か守られた。これは、いくつかの国で実践されたポリシーで、異なるミッションの間で活動領域を分割するというものである。神戸は、当時、行政的には兵庫から分離しており、グリーンが移住するわずか二年前に、貿易と外国人居住に対して開かれたばかりである。したがって、依然として小さな街で、人口はおそらく一万くらいと思われる。

障害

〔省略〕

D・C・グリーン――五人の創立者たち――

　一八七二年の末までに（つまり最初の三年間に）日本ミッションに赴任した五人について、ここで一瞥しておきたい。彼らは「日本ミッションの父」あるいは、「日本ミッションの創立者」と呼べると思う。

　まず、グリーン氏であるが、最近数年間に赴任した者を除いて、ミッションのすべての者には良く知られている。彼は日本にやって来た私たちの何人かを歓迎した最初の人であり、〔関西から〕東京に出張した多くの者の世話をしてくれた人である。

　彼は私たちすべての者から、「ミッションの父」として愛され、尊敬された。ミッションの運営にも、少なからずよい役割を果たした。彼の共感は広く、関心も多岐にわたった。仕事も翻訳、教育、建築といった多様なものだった。けれども、たえず直接伝道にもっとも関心が深く、自身、できるかぎり伝道に熱心に取り組んだ。

　彼は「キリストの福音」を伝える最初にして一流の宣教師であった。けれども、他のミッションの人たちや外国人コミュニティ、国際関係面における日本国に対して奉仕する機会をたえず認め、それを押し広げた。彼は学者である。信仰の本質をいち早く把握するだけではなく、それを近代思想の作品で速やかに検証し、確実な結果を受け入れた。彼が私たちの中で最初に名誉博士号、しかも唯ひとり、名誉法学博士号（LL. D.）を受けたり、日本政府から勲章〔勲三等〕を贈られたりしたのは、公平なことである。

O・H・ギュリック――五人の創立者たち――

　ギュリック氏は、旧派の宣教師であり、旧いピューリタンの立派な子孫である。一方で典礼様式を、他方で近代神学を必要としない人である。一見かなり冷淡に見えるが、しかし心は温かい。彼の年代記（the Annals of No）中の有名な話に顕著に表れているように、穏やかなユーモアの持ち主である。

　彼は日本で最初のキリスト教的新聞〔週刊の『七一《しちいち》雑報』〕を発行した。〔日本ミッションの〕四つのステーション〔神戸、大阪、新潟、岡山、それに熊本も、である〕の礎を築く手助けをした。そして雄大な太平洋の広く散らばった諸島〔サンドイッチ諸島〕で、もろもろの経験を積んだ。

J・D・デイヴィス――五人の創立者たち――

　デイヴィス氏の精神は、彼が好んだ表現、「偉大な大砲」（Great Guns）によく示されている。この大砲が物質的であれ、精神的であれ、彼はたえず戦闘のただ中にいる（本書一六九頁参照）。

　今という時は、彼にはいつも危機だった。人生は「一分が百ドルの価値」に相当した。大成功、もしくは大惨事は、近未来のいつ、起きてもおかしくはなかった。

イメージを変えてみると、彼は大きな楽器〔パイプオルガン〕を奏でながら、「すべてのトップ栓を引き出そう」とするようなオルガニストだった。彼の人生は、彼が居るところはどこも、確かに真実で真剣だった。彼には旧い福音と旧い理想で十分であった。けれども、常に新しい形態や方法を受け入れるのに意欲的だった。彼の共感は実に大きかったし、友情も非常に大事にしていたので、生徒たちは神学や運営方法がどんなに彼と相違しても、彼を愛し、尊敬するのをけっして止めなかった。

デイヴィスは新島博士とは気質の点でまるで違っていた。けれども、新島氏の同僚や愛する兄弟となるのにもっとも相応しい人だった。

J・C・ベリー——五人の創立者たち——

ベリー博士の物腰の柔らかさと威厳のある身ごなしは、いまや私たちすべてには、お馴染みのものである。私たちは、初期の頃の疑い深くて、不親切な役人と応対するのに、それらがいかに有効であったかを容易に推測できる。同時に、ミッションのために友人を獲得したり、伝道の新しい門戸を開いたりするのに、彼がいかに相応しかったか、もである。

彼は、日本人に対して医学的な、あるいは社会的進歩の面で献身的な奉仕を種々、行なった。二、三年前、そのことが十分に評価されて、彼は叙勲された。

M・L・ゴードン——五人の創立者たち——

ゴードン博士は、アンドーヴァー〔神学校〕でグリーン氏と同時期の学生である。けれども、彼の初期の家庭〔ペンシルベニア州〕や大学生活は、ニューイングランドの影響が及ばないような地であった。その点は、「五人の創立者」中、最たるものである。けれども、心と精神の面では、彼らと全く一体だった。

日本に着いて以来、二、三年のことだったが、眼病のために暗黒の中で数週間、あるいは数カ月を過ごさねばならなかった。そうした体験の結果かどうかは分からないが、彼はとりわけ、見えない方（Him）を見て生きる人のように私には見えた。

デイヴィスが「宣教師の英雄」とするならば、ゴードンは「宣教師の聖人」である。〔これに対して、〕ベリー博士は「宣教師の紳士」、ギュリックは「宣教師のピューリタン」、グリーン氏は「宣教師の政治家」である。

デイヴィス大佐（Col. Davis）が南北戦争に従軍したしたことを知らない人はいない。けれども、ゴードン博士が、同じあの戦闘に三年従軍したことを全く知らない人が、少数いても不思議ではない。彼は五人中、趣向の面で言うならば、おそらくもっとも学者的だと思われる。ミッションの中では、広範囲にわたる仏教の研究をした唯一の人だと思う。

初期の女性宣教師

ミッション創設者五人のことを紹介したが、むしろ五人の女性を含めた十人がいた、と話すべきではなかったか。彼女たちは、先の五人の男性の仕事を実に豊かに、立派に支え、助けた。

もしも取り扱う三年の期間から数カ月延ばすと、女性による活動のパイオニアがふたり、ミス・タルカット（E. Talcott）とミス・ダッドレイ（J. E. Dudley）が確実に含まれる。

新島氏は自身、偉大な教師でも偉大な管理者でもなかったけれども、同志社の創設者としては、理想的だった。それと同じく、ミス・タルカットも主な仕事は学校以外の種々の領域や他の場所でなされたにもかかわらず、彼女の記憶は、最適にも神戸カレッジ〔今の神戸女学院〕の中に抱かれている。ミス・ダッドレイは、ごく自然にいつもタルコットと共に記憶されている。

　私たちはある意味でこう言える。これら聖女のようなふたりの女性の存在は、あれほど長く、また実に親密に相互に交わり、自分たちの精神を十分に共有した人として、今もなお私たちと共にある、と。

五人に続く者

　先の五人の男性以後、強力なリーダーたちが次々と継続してやって来た。ゴードン博士から二年遅れて、来日したのが、アッキンソン氏（J. L. Atkinson）である。彼は、四国で初めて福音を説いた人だった。外国人コミュニティに対する活動の面では、ミッションで一番熱烈であった。モーニング・ライト（Morning Light）〔不詳。朝の礼拝のことか〕の創設者でもあった。

　レヴィット氏（H. H. Leavitt）の自給論は、私たちの何人かには極論と思えた（今も依然としてそう思われる）が、彼はその主義のために確かに実に熱心に働いた。

　テイラー博士（W.Taylor）は、医療宣教師として長期にわたって非常に献身的に、絶え間なく働き、成功した。監督教会以外のメンバーとしては、日本で最後にその種の仕事をしたことになる。

　アダムズ博士（A. H. Adams）は、仕事を始めてすぐに召されてしまった。もしそうでなければ、能力も献身も同じように持っていたので、疑いなく同じような素晴らしい働きをしたはずである。彼は〔医療宣教師であったが、〕たまたまミッション会計のシステムを組織立てた人である。

　デフォレスト氏（J. K. H. DeFrest）は、ミッションで最初に叙勲された。日本と日本人に対するさまざまな奉仕が、正当に評価されたのである。

京都ステーションの開設

　次にミッションの活動、あるいは感化の領域について、簡単に紹介する。前に見たように、グリーン氏は東京を長老派に任せて同地を去り、神戸に参った。そこで、〔神戸はもちろん〕大阪も京都も私たちのミッションの領域であるので、できるだけ早く、両地とも占拠したいと堅く心中に決した。当時は、そしてその後もしばらくは、この〔京阪神〕地方全域では、監督教会を除いては、他派ミッションの活動は、全くなかった。

　こうして、これら三都市、すなわち京阪神は、相互に深く密接に関連し合い、日本の多様な生活と活動の実に大きな部分を共に擁するので、過去はもちろん現在も、私たちのミッションの発祥地であり、中央部と呼んでもいいだろうと思う。今もなお、管理部門と教育活動の大半は、〔アメリカン・ボードが支援する同志社系の教派である〕組合教会の中枢部と共にここに集中している。

　すでにギュリック夫妻は、一八七二年の五月に〔京都博覧会見学という名目で〕京都に〔博覧会期中だけ〕住んだことがある。彼は、〔博覧会後も〕引き続き同地に居住して、新しい伝道拠点〔京都ステーション〕を作ることができるのでは、という期待をもって喜んでいた。そかし、夫妻の夢は失望に終わり、川〔淀川〕を下って、大阪へ戻らざるをえなかった。こうして、大阪が、〔神戸に次いで〕ふたつ目のステーションになった。

　しかし、〔開港地でも居留地でもない内陸部にある〕京都が恒久的に占拠できるようになるのは、それからわずか三年後〔一八七五年十月〕のことであった。これは、他派のミッションが、条約で開港が認められた港以外〔すなわち、内陸地帯〕にステーションを構える何年もの前の話しである。

〔三番目のステーションである〕京都ステーションの領域は、最初から琵琶湖の湖東地方を含んでいた。しかし、この方面〔近江八幡、長浜、彦根など〕に活動を延長するのは、たやすいことではなかった。

四国・九州伝道

一方、神戸と大阪は、瀬戸内海西方のすべての地域と商取引の上で、共に相互に密接な関連があったので、ミッションが当初からその方面に新しい活動のための開拓地を求めるのは、自然なことであった。こうしてアッキンソン氏が、一八七六年に四国の松山と今治とを訪れた。一八七八年に岡山〔神戸の西、九十マイル〕に四番目のステーションが開かれたが、これは事業の拡張としては自然で、正当なものである。

もしも早い時点で、四国での活動開始に続いて、ひとつかふたつのステーションが四国で出来ておれば、岡山から同じ沿線にある次の中心地、広島に向けて、次のステップが踏まれていたであろう。同時に九州の福岡に向かっても、次の一歩が考慮されていた。福岡には二度にわたってステーションが出来るところであったが、実際にはミッションは熊本に向かった。ミッションは熊本とは実に密接な関係を有していたので、あともう少し人員を補強すれば、西日本におけるキリスト教勢力として中心的な力が保有できるまでになった

しかし、私たちはそれをしないで、幾年もかけて、ようやく岡山以西の地方にステーション、しかも全領域でたった三つ〔そのうちのひとつは、ついに放棄〕を設置するのが、関の山だった。その結果、九州地方ではキリスト教の運動は実に小さな力でしかなかった。

越後伝道

その一方で、私たちは〔一八八三年に、表面上は〕五番目のステーションを新潟に開くことになった。新潟は、西日本とは反対方向にある、しかも遠方に位置するので、ミッションのこれまでの固有な領域〔関西〕からは、まったく隔絶されている。それゆえに、〔ボストンのアメリカン・ボード本部の〕運営委員会〔いわば、理事会〕が、〔実質的には、日本ミッションに属する五番目のステーションではなく〕新しいミッション、すなわち北日本ミッションとすることにしたのは、正当な理由が十分あったことである。

〔新潟に続いて〕六番目のステーションが、同じく遠方の仙台に設置された。仙台はドイツ改革派の伝道が拠点だった。

〔こうした進出と共に、〕日本全域を長老派〔・改革派〕と共に区切る〔二分する〕という見解、あるいは期待〔例の the policy in mind〕は、安中と東京〔つまり関東〕に組合教会〔会衆派〕が創設されたことにより、まもなく白紙に返された。長老派にしても、〔会衆派の根拠地である関西、すなわち〕大阪、ついで京都へ宣教師を送り込んで来た。

伝道方針の転換

この結果、組合教会が、出来るだけ早期に、できるだけ遠方に至るまで全国を占拠するようになるのは明白なこと、とされるのに時間はそうかからなかった。けれども、ミッションが開いた十四のステーションが、全国をカバーしたり、会衆派を全国的な勢力にした

りするために、戦略的な地点に最初から意図されて設置された、とは言えない。

ミッションの業務が、こうした不規則な方法で散らばるようになった理由を考えてみよう。それは、一国のある重要地域を選ぶようにしたというわけではない。また、運動が全国に届くように適合させたわけでもない。これには、初期の期間を通してずっと、宣教師は好きな所に住む自由がなかったという事情を記憶すべきである。最善と思われるような戦略的な中心部を選び、そこを占拠することは、できなかった。

宣教師は、誰か日本人に雇用され、彼らのためにそこに住む許可を得て初めて、条約で許された地域以外〔内陸部〕に住むことが可能である。したがって、宣教師は実質的に「雇用者」として務めることができるような〔日本人の〕友人がいる場所しか、居住の権利を得ることができない。

この点、新潟は大変魅力的な場所のように思われた。日本人に雇われるという見せ掛けを用いなくても、また何かある特定領域の仕事に自分を限定させようとする必要もなく、外国人が自分の足で立てる開港地である。

したがって、一八八三年、この重要な地域の中心地〔新潟市〕に新しくステーションを開くことは、フリーであったふたりの宣教師〔O. H. Gurick & R. H. Davis〕には、福岡よりもずっと魅力的だった。これは不思議ではなかった。福岡か新潟か、という当時の選択は、見せ掛けにしか過ぎなかった。

一八八三年六月に神戸で開いた特別委員会で、〔新潟進出が決議されたが、〕ミッションは、自分たちがしていることをほとんど認識していなかった。ミッションが拡大方針を採ったことに対して責任を誰も感じていなかった、と告白しなければ、おそらくいけないと思う。

しかし、多少とも無意識であったかと思われるが、ミッションは集中よりも分散、あるいは特定の方針を形成するよりも日和見《ひよりみ》主義を選択したことになる。その結果、それより三年後に、仙台に行くという実に特別と思われる要請が来た時には、それは比較的、容易に受諾された。

この傾向は、その後、何年も続いた。札幌から宮崎まで、日本のどこであれ、宣教師一家族が、仕事を始めるのに相応しいと判断し、そこを占拠するのが神のお召しだと感じたならば、ミッションは同意した。こうして、私たちのステーションはすべてどこであれ、その設置はひとりか二人の判断で決まるようになった。

新潟や仙台進出は、はたして成功か

日本は断固としてひとつの国である。領土はさほど広くはない。けれども、緯度から見れば、大変に広域であるばかりか、気候の違いも実に大きい。したがって、社会的環境も非常に多様である。だから、ミッションの十四ものステーションが、全国的に共通した、全般的に同じ状況を共有しているとは言え、それぞれ大いに違った経験をし、成功の程度もまるで違っていたとしても、不思議ではない。

最初の四つのステーション（神戸、大阪、京都、岡山）は、それぞれが障害を公平に分け合ったが、おそらくもっとも成功したステーションだろうと思う。資金が潤沢であることも手伝って、最大級の教会を有し、宣教師の〔金銭的〕援助から比較的、独立している。このことは、おそらく、これらのステーションのメンバー〔信徒〕のかなりの部分が、教育、または公務（literary work）の仕事に就いているという事実から窺える。

〔これに対して〕新潟は、とりわけ困難な領域だということが、分かってきた。かの地では、すべての仕事が忠実に行なわれ、また一度《ひとたび》は絶好の機会と思われたキリスト教教育〔北越学館と新潟女学校〕のための仕事が提供された。にもかかわらず、すべてのステーションの中で、おそらく依然としてもっとも困難な場所である。ミッション全体でも大所帯の一つ〔同志社、すなわち京都ステーションに次ぐ人数〕であったかと思うと、かなりの長期にわたって宣教師が不在、という状態だった。

仙台に関しても、学校〔同志社分校の東華学校〕が開校して輝かしい希望が生まれたが、失望に終わった。新潟も仙台も、非信徒から寄附を仰いだ資金で学校を建設しようと努力する、という思慮の無さを示している。デフォレスト夫妻が仙台でかつて行ない、そしてミス・ブラッドショウ（Annie H. Bradshaw）が、今なおしているユニークな仕事を見れば、私たちは誰一人、仙台をミッション史の汚点と見たくはない。しかし、ミッションが仙台に進出したことは間違いではなかった、と言うことも困難である。

仙台を放棄したことは、残念なことである。けれども、仙台伝道を実にうまく展開している代表的な他のミッションにあそこを任せたことは、最善のように思われる。

各地の明暗

さらに熊本と津の二カ所も、かなり前に放棄されたので、現在、ミッションにいるメンバーの多くは、かつてはそれぞれのステーションに関して輝かしい希望があった、ということをほとんど知らない。同時に、不幸な環境が生じたために、それらはいずれも失敗に終わったことは、すっかり忘れられていると思う。

前橋は、新島博士の家族の関係が深い地域ゆえに、いつも特に関心が高い所だった。何年か前に、こう言われた。群馬では、日本の他のどの地域よりも、キリスト教の原則が地域全体を動かす力がある、と。松山と同様に、群馬は他より将来性のある地域のひとつ、と常に思われてきた。二か所とも、種々のキリスト教的な事業を活発に展開し、多くの業績を上げることができた。

鳥取と宮崎は、十四のステーションの中で一番最近に開かれたもので、鉄道の開通によって結びつけられた。社会生活と進歩の主要な中心地から、いくぶん隔絶されたコミュニティがもっている利点と欠点をふたつながら提示しているようにいつも思われる。

他方、札幌は距離的には遠隔なのだが、成長が早く、いつもとくに魅力に溢れた領域です。新しい移住者が実に大勢、やって来るが、彼らは新しい感化に比較的開かれている。真の開拓者的生活の労苦と喜びがたくさん見られる地域である。

確たる伝道方針を

ミッションの領域を分析してみると、答えるよりも質問するほうが楽な疑問がもうひとつ湧いてくる。それは、ミッションにとって、とりわけ将来性がなく、困難と分かった分野でどこまで頑張るのが賢明なのか、そして、そこでなされた仕事の影響が、やがてもっと遅れた地域で感じられるという希望がもてる、もっと良好な分野に力を集中させるのが、どこまでより良いことなのか、という問いである。

ミッションと組合教会の間で仕事を分けた場合、後者が比較的、容易な場所を選択しようとする、ということが、時にあったように見受けられる。つまり、自給教会が二、三年以内に期待できそうな場所を組合教会が押さえ、自給が遠い将来のことである困難な地域をミッションに託す、というわけである。

日本ミッションの伝道方針

日本ミッション自身の方針は、いつも定義することが簡単、というわけではない。何年か前、ゴードンは福井ステーションについて、こう言った。福井は、京都の伝道地 (outstation) としては困難なので、ミッションは力をもっと入れるか、それとも放棄するか、どちらかにすべきだ、と。

けれども、ミッションは、困難な地域にさらに勢力を注ぐことは不可能であるにもかかわらず、さりとて困難な地を切り捨てることもしたくない、という状態に主としてあった。

これに密接に関連するのが、伝道勢力を「集中、それとも分散」させるのか、という問題である。私のかつての級友のひとりに、夫人といっしょにボンベイですばらしい仕事をしたヒューム (Edward Hume) という人が、いる。私は、彼がこう主張するのを以前、聞いたことがある。ミッションの真の方針というのは、どこかボンベイのような大きな中心地に実に強力な実績を築き上げ、そして現地の教会に残りの地域へ光を運ぶことを託すこと、というのである。この所見は、昨年の視察団 (the Deputation) が私たちに出した勧告と、ほとんど符合している。

これは、私たちのミッションが過去一度も討議したことがない問題である。けれども、ミッションが現実にこれまで採ってきた方針は、分散方針だった、ということは、注目すべきである。それが極端な形で典型的に表れたのが、四十二年前〔一八七六年〕に京都の信徒五十九人を〔京都第一公会、京都第二公会、そして京都第三公会という〕三つの教会に分割したことである。

ミッションでは、それぞれのステーションの方針は、少数の強力な教会を作り上げるというよりも、できるだけ多くの場所で伝道を始めるほうにあった、と言ってもよいだろう。

双方の側にそれぞれ言いたいことが沢山あるのは、疑いない。長年、ミッションのメンバーの中で少なくとも何人かが、いつも抱いていた希望があった。もしもすべての働きが、いま少し長く継続されていくということがありさえすれば、より多くの資金を回すことにより、ミッションを正当に運営することができたであろう、という希望である。

しかし、近年、あらゆる部門のコストの激増に伴い、また視察団の勧告も手伝って、ミッションの方針は本来どうあるべきか、をもっと注意深く、考えることが優れて賢明である、という地点に私たちはとうに来たように思う。

すなわち、私たちが手がけた仕事のすべてを細々と継続するのか、それとも、もっと希望がもてるような外観を有する他の場所で、拡大できる方面に資金を集約させるのか、という選択である。

二、アメリカン・ボードによる東アジア伝道
——新島襄と上海、香港をめぐって——

中国ミッションと日本ミッション

アメリカン・ボード（American Board of Commissioners for Foreign Missions）による日本伝道の開始は、すなわち日本ミッション（Japan Mission）の創設である。一八六九年のことで、中国ミッション創設に遅れること、四十年である。

日本への進出は、ある意味、先発ミッションである中国ミッションの延長線上の出来事である。少なくとも、意図する、しないにかかわらず、日本進出の地ならしをしたものこそ、中国に派遣されていた宣教師たちであった。

後にアメリカン・ボード宣教師に任命される新島襄にしても、青年時代、中国伝道の恩恵に確実に預かっていたのである。すなわち、のちにアメリカにおいて、直接にミッション活動を見聞することになる彼も、密出国する以前の江戸において、自覚のないまま、中国にいたアメリカン・ボード宣教師のさまざまな業績に触れている。それなしには、新島の渡米は、そもそも考えられない。

留学中の新島が、アメリカン・ボードの幹部に日本伝道の開始を懇請したことも、忘れてはならない。彼はアメリカで、中国伝道に対するアメリカ人宣教師の働きが、いかに大きかったかをあらためて再認識させられた。一八六七年に日本人の旧友に書き送った手紙からも、そのことは明白に窺える。

「此国より十四、五年前〔一八五二、三年〕に、教師〔宣教師〕を支那に遣はせしに、当時は多くの支那人、昔な〔皆な〕孔孟を棄て丶、至聖の洋教〔キリスト教〕に入候故、国人には金を集め、国人には金を集め、十年を不出《いでざ》る内に、千人の教師を支那へ遣る事を企たり。但、その費用は、凡二百万ドルなるよし」（『新島襄全集』三、五三頁）。

楽観的な捉え方とはいえ、当時の新島には、中国伝道の前途は、さぞかし洋々たるものに見えたのであろう。それはそれとして、「ぜひ日本伝道をも」という彼のアピールがなければ、最初の宣教師、D・C・グリーン（D. C. Greene）の日本派遣は、さらに遅れたかもしれない。確認しておきたいことは、日本ミッションの発足（一八六九年）が、新島の留学期間（一八六五年～一八七四年）のまさに真只中で起きた、という事実である。この意味は、決して小さくはない。

入華宣教師

そこで、「入華宣教師」に関する小沢三郎氏や吉田寅氏などの先駆的な研究成果に依りながら、プロテスタントによる中国伝道が日本、ひいては京都や新島襄そのひとに伝道や教育の領域でどのような感化を及ぼしたかを究明してみたい。

まず、最初の日本派遣宣教師となったグリーンであるが、新島とは奇しくも誕生日がわずか一日違いの同年齢である。しかし、日本伝道に限定すれば、新島よりも五年早い先駆者である。

グリーンが、日本ミッション最初のメンバーになりえた要因は、明白である。自他共に認める、実に順当でまっとうな人選だからである。すなわち、彼の祖父、エヴァーツ（Jeremiah Evarts）は、アメリカン・ボードで会計や第二代目幹事（後の総幹事）を務めた有力者である。父（David Greene）もまた同じく幹事のひとりで

あった。

その意味では、グリーンは家系的にも外国伝道にもっとも宣教師になるに相応しい候補者でありえた。現にミッションの機関誌でも、日本に派遣予定のグリーンは、「前の幹事の子」で「エヴァーツの孫」、という触れ込みであった（*Missionary Herald*, Nov. 1869, p. 383）。

ジョン・T・ギュリック

ところが、実はグリーンではなくて、別の人物が第一号宣教師になる可能性があった。ジョン・トーマス・ギュリック（John Thomas Gulick、以下、ジョン）である。彼については、詳細な伝記、しかも日本語訳が出ている。渡辺正雄・榎本恵美子訳『貝と十字架』（雄松堂出版、一九八八年）である。本書（書評は、本書六〇七頁以下に収録）などに拠りながら、ジョンの略歴からその特徴を見ておきたい。

まず、注目すべきは、彼が個人的な資格ではあったが、グリーンに先立つこと七年前の一八六二年に来日し、しばらく横浜で暮らした点である。新島襄が密出国する一年前のことである。二人は一時、比較的近い距離で生活をしていたことになる。

ジョンは、宣教師の子どもとしてハワイで生まれた。グリーン家以上に一族に宣教師が多い家系で、スカッダー家（the Scudders）と並ぶような、アメリカン・ボードの名門である。

では、ハワイではなく、なぜ日本伝道のパイオニアを志望したのか。ホノルルに漂流した日本人漁民に接触したり、ペリー提督（Commodore Perry）の日本訪問の話しを聞いたりして、「アフリカにはひかれるものが多いが、日本にはもっと大きな興味を覚える」に至ったからである（『貝と十字架』一八九頁）。

日本伝道開始を模索

それだけにジョンは、在日中（一八六二年から翌年十月まで）、およそ一年にわたって自活しながら、日本伝道に従事できる道を模索した。すなわち、アメリカン・ボード日本駐在宣教師を志望したのである。

彼の夢が、もしこの時に実現すれば、アメリカン・ボードとしてはもちろん日本派遣第一号の宣教師である。

当時、横浜には成仏寺にブラウン（S. R. Brown）やゴーブル（J. Goble）が、その隣の寺院にはヘボン（J. C. Hepburn）が住んでいた（同前、一九四～一九五頁）。

トーマスは、成仏寺に寄宿することができたので、横浜在住の他の宣教師、バラ（J. H. B. Barragh）や江戸に駐留していたアメリカ公使のハリス（T. Harris）とも交流があった。

最初のプロテスタント宣教師が来日したのは、一八五九年である。一八六二年には総員で八人に増えており、そのうち五人が、横浜と隣村の神奈川に集中していた（同前、一九五頁）。

主として長老派（Presbyterianism）や改革派（Dutch Reformed）の宣教師であった。会衆派（Congregatinalism）のアメリカン・ボード宣教師は、いまだ日本には皆無であった。

結果的にジョンは、ボストン本部の許可がとれなかった。南北戦争後の不況期であったので、新たにミッションを開く財源がなかった。しかし、既設のミッションであれば、どこでも任命する、との回答であった（同前、二一七頁）。

もしも、この時、彼が宣教師として日本に残ることができたならば、同志社の立地は京浜地方になった可能性が、高くなる。会衆派の日本進出が他教派よりも十年遅れたことが、グリーンが関西（神戸）へ回らざるをえなかったひとつの要因だからである。

ロンドン宣教協会

ジョンは、アジアでアメリカン・ボード宣教師になる夢を諦めきれなかった。次善の策として、一八六三年秋に、日本に戻る道が開かれることを願って、「しばらくの間、香港へ行こうと決心した」(同前、二二七頁)。

香港では、イギリス人のレッグ (J. Legge) の住宅に仮寓した。レッグは、ロンドン宣教協会 (London Missionary Society) に所属する宣教師であった。

いまだ、アメリカン・ボードを始め、アメリカ系のミッションは香港に伝道拠点を構えておらず、したがってアメリカ人宣教師は誰もいなかった。

ロンドン宣教協会は、一七九五年に創設され、翌年、最初の宣教師二十九人をタヒチ島に送っている (Richard Lovett, *History of London Missionary Society 1795～1895*, Vol. 1, p. 127, Henry Frowde, 1899)。以後、アフリカ、マダガスカル、インド、西インド諸島、中国などに宣教師を派遣し続けた。

このミッションは、種々の点で、アメリカン・ボードのモデルとなった。両者に共通するのは、海外伝道にかける使命感だけでなく、教派も比較的、近かった。ロンドンのミッションは、イギリス国教 (Anglicanism) ならびに非国教徒 (Nonconformists) すなわち全体として見れば実質的には会衆派 (Congregationalism) であった。それに対して、後者のアメリカン・ボードは、設立当初は会衆派や長老派などの複数の教派が一致協力していたが、次第に会衆派主体に変貌していった。とりわけ一八七〇年には長老派が手を引いたために、会衆派単独の組織である色彩が極めて強くなった。

以上のことが要因と思われるが、純粋な会衆主義者である新島もロンドン宣教協会には、親近感を抱いていた。一八七二年に田中不二麿に同行してヨーロッパ各地の教育事情を視察した際に、新島はロンドンでわざわざこのミッションの本部を訪ねている。応対したのは、ミュランズ (J. Mullens) であった。彼は自身、インド伝道の経験者で、当時はミッション本部で外国担当幹事を務めていた (Richard Lovett, *History of London Missionary Society 1795～1895*, Vol. 2, p. 174)。

この幹事に向かって、新島は「函館にぜひ複数の宣教師派遣を」と懇請した。この要請を自身では、(聖書的な表現を使って)「最大級のマケドニアの叫び」と形容する。六月八日のことである (『新島襄全集』六、一一三頁、同朋舎、一九八五年)。

日本、それも関西にようやく拠点をもったばかりのアメリカン・ボードが、函館に新人を送ることは、とうてい無理であった。アメリカのミッションにさしたる期待がもてない以上、元祖とも言うべきロンドン宣教協会に要請するしかなかった。新島はそう考えた末に、ミッション本部に直訴したものと思われる。

その嘆願理由は、新島自身の言葉を借りると、「函館には、ロシア正教の司祭が独り居るだけで、プロテスタント宣教師は皆無です。私は、そこから出国するまで、彼に日本語を教えていました」である (同前六、一一三頁)。

それにしても、見方によっては、これは「ニコライ潰《つぶ》し」ともとられかねない依頼である。新島の場合、かつて函館時代に世話になった「恩師」への感情は、はたしてどのようなものであったのか。

R・モリソンと香港

さてジョンに話を戻す。一八六四年十月、念願かなってジョンは、晴れてアメリカン・ボード宣教師に任命された。ただ、任地は、かねて希望していた日本ではなく、北京を拠点とする北中国ミッションである。この間、ジョンは広東で按手礼（一八六四年八月二十二日）を受けた。翌月（九月三日）には、エミリー（Emily De La Cour）と結婚式を挙げた。花嫁は、「イギリス人学校」の教員であった（『貝と十字架』二一七〜二一八頁）。

おそらく「英華学院」（Anglo Chinese College）の教員であろう。この学校は、マカオにいたロンドン宣教協会のモリソン（R. Morrison.）が、一八一八年に同地で開校したものである。その後、一八四三年に香港転住に際して、学校も移転させた。現在も香港で「英華書院」（Ying Wa College）という校名で存続している。

なお、モリソンは一八〇七年に中国（最初はマカオ、ついで広東）に派遣された最初のプロテスタント宣教師（中国名は馬禮遜）である。自身の所属教派は、スコットランド長老派教会であったが、他教派の進出にも協力的で、アメリカン・ボードにも積極的に中国伝道を勧めた。

その結果、ボストンから広東に派遣されて来たのが、ブリッジマン（E. C. Bridgeman）である（F. F. Goodsell, You *shall be my witnesses*, p. 14, A. B. C. F. M., 1959, Boston）。モリソンこそ、まさに中国伝道のパイオニアである。

P・パーカー

モリソンと言えば、日本では「モリソン号事件」（一八三七年）でその名を知られる。この時、同船に乗船し、日本入国を狙ったひとりが、パーカー（P. Parker）である。彼は一八三四年にアメリカン・ボードから広州に派遣されていた医療宣教師であった。

アーモスト大学とイェール大学を出た彼は、一八三四年に広東に赴任し、ブリッジマンやウィリアムズ（S. W. Williams）らと中国伝道に取り組むことになった。とりわけ、この国の医療伝道は、パーカーの赴任を俟って、初めて本格化した（吉田寅『中国プロテスタント伝道史研究』二五七頁、汲古書院、一九九七年）。

彼の日本入国の希望は、幕府によるモリソン号打ち払いにより、結局、果たされることなく終わった。けれども、この時の失望は、後日、希望に転化する。新島襄への期待という形をとって、である。パーカーは、事件より三十七年後、新島襄のアピールに感激して、まっさきに手を上げて、千ドルを寄付した人物として、新島伝では周知の人物である。新島自身、同志社大学設立のための趣意書の中で、再三再四、「華盛頓《ワシントン》府の住人、医学博士パーカー氏」の寄附に言及する（『新島襄全集』一、三四頁、七四頁、九二頁）。「同志社学校の為め、第一番に金千弗《ドル》を寄附し呉れたる人」だからである（同前三、三四五頁）。

パーカーと新島の出会いは、これより二年前に遡る。一八七二年の三月、例の岩倉視察団の一員として、コネチカット州教育長官のノースロップ（B. G. Northrop）の案内を受けて、新島は田中不二麿と共に首都ワシントンを訪問、視察した。この時にパーカー夫妻の世話になっている。とりわけ新島は、パーカーの家族と教会の礼拝に参加している（同前七、三九頁）。

千ドルの寄附は、これより二年後のことであった。新島は、一八七四年の秋、アメリカ留学から帰国する際、ラットランド（ヴァーモント州）で開催されたアメリカン・ボード年会に出席し、「日本にアメリカのようなキリスト教主義学校を」と訴え、声涙ともに下るアピールをした。会場でまっさきに反応したのがパーカーで、「予、新島氏の学校の為に金千弗を寄附すへし」との彼の申し出が、会衆からの寄附を次々と誘う導火線となった（同前三、三四五頁）。

思うに、パーカーの眼には、若い日本の青年は、自分がかつて果たせなかった夢を代わりに果たしてくれる後輩、と映ったに相違ない。新島が帰国にあたって、ボストンからパーカーに礼状を出したのは、言うまでもない（同前七、三八〇）。

新島は二度目の渡米の際、首都ワシントンにパーカー（当時八十歳）を訪ねた。最初の訪問の際、宿泊するように要請されたので、五日後に再訪し、二泊した。この間、新島が十年前の礼を述べ、同志社の現況を報じたことは、言うまでもない。さらに、パーカーの息子に案内されてスミソニアン博物館を見学している（同前七、二三一頁、二三四〜二三五頁）。

新島はボストンに戻ると、さっそく礼状を記した。「まさに最初のあの寄附」がなければ、同志社の創立はありえなかったかもしれない、と感謝を再度、伝えた（同前七、三八一頁）。

相前後して新島は、留守宅の八重夫人にもこの件を伝え、パーカーの略歴をも記した。

「此老翁は、兼而《かねて》、支那に伝道に赴かれ、カントンに病院を開き、又、米国公使書記官と被成《なられ》、支那に於て甚た有功の人なり。且《かつ》、ワシントン府スタルソニアン〔スミソニアン〕・インステテュシュン（乃《すなわ》ち大博物館）創立にも甚た尽され、近来まで其《その》委員の列に加はり、先生の半身像を其館中に立てられし程の人なり。

先生、支那より帰られ、本国に住する二十七年、帰国の後、二年にして始めて男子を得たり。父の名を与えてピートル〔Peter〕と呼ひたり。今は二十五歳、未た基督の救ひの道を信せす。私辞し去る時、呉々も己れの息子の為に祈り呉れと被求《もとめられ》たり」（同前三、三四六頁）。

新島はこの「老翁」を目《ま》の当たりにして、「向来、日本の骨髄となる可き青年の内、幾人か此老翁の如きあるやと、暫らく物言ふ事も出来さりし」と述懐している（同前三、三四六頁）。

ちなみに、新島はパーカーと共にスミソニアン博物館で、パーカーの半身像をも実地に観察したことであろう。そして帰国後は、この息子が入信するように祈ることをも忘れなかったはずである。

なお、パーカーはアメリカン・ボードの宗教師としては新島の先輩格にあたるが、一八四七年に解雇されている。はたして、新島はこの事実を把んでいたのであろうか。

解雇の理由は、アメリカン・ボードの伝道方針から大きく外れる活動をしている、と判断されたからである。パーカーは伝道よりも医療活動や外交官活動に力を入れすぎる、という批判である。時は伝道重視路線への転換期であった。

後にも再述するが（本書二四七頁）、「パーカーの解雇は、アンダーソン〔総幹事〕を中心に、ボードが宣教方針を大きく転換していく象徴的な出来事」なのである。パーカーは、宣教師を解任されてからも中国で医療活動や外交官活動を続けた。（塩野和夫『十九世紀アメリカン・ボードの宣教思想Ⅰ　一八一〇〜一八五〇』一六四頁、新教出版社、二〇〇五年）。

思うに、もしも新島がパーカーと同世代人であったとしたら、教育活動の偏重は、立派に宣教師解任理由となりえたかもしれない。

ジョンが日本へ

さて、ジョン・T・ギュリックに話を戻す。ジョンは北京で中国語を学習した後、カルガン（張家口《チャンチャコウ》）で伝道に従事した。一八七一年、夫人の病気のため、一時帰国を余儀なくされた。帰国の途上、神戸に兄のオラメル（Orramel H. Gulick）を訪ね、半月近く滞在した。オラメルは、一八六九年のグリーンに次いで、同年のデイヴィス（J. D. Davis）と共に（時期はオラメルの方が、先である）、アメリカン・ボードの宣教師として神戸ステーションに派遣されていた（『貝と十字架』二五一頁）。かつて自分が夢見た日本伝道を見が実現していたのである。

その後、ジョンは中国で都合十三年間、伝道に従事した北中国ミッションには戻らず、一八七五年十月（同志社英学校開校の前月）に神戸に転じた。「私が日本へ戻った時には、今しも同志社が〔京都に〕創立されるところだった」と回想する通りである（同前、二七二頁）。

神戸では、兄のほかにも妹のジュリア（Julia）が宣教師として加わった。それ以外にも、彼らはハワイで引退していた両親をも招いて、共に住むようになった。ギュリック家は群れたがる、と時に揶揄される。

日本赴任以来、ジョンは神戸、大阪、新潟（北日本ミッション）などで二十五年にわたって活動した。とりわけ、進化論についてはは造詣が深く、ダーウィンとも親交があった。同志社や北越学館などでも講演をしている。なお、新潟時代（一八九〇年～一八九一年）については、本書四七〇頁を参照）。

アメリカン・ボードの中国伝道

さて、アメリカン・ボードの中国伝道に眼を転じてみたい。ここでも、イギリスのミッション（ロンドン宣教協会）からはるかに遅れた。最初の宣教師がボストンから広東に送られたのが、一八二九年であった。ついでアモイ（一八四二年～一八五八年）、福州（一八四七年）、上海（一八五三年）、天津（一八六〇年）へと拠点を拡大していった（吉田亮「総合化するアメリカン・ボードの伝道事業」九頁、『来日アメリカ宣教師』、現代史料出版、一九九九年）。

ボストンから次々と派遣された宣教師は、中国人のために漢文で種々のキリスト教関連著作を書き残した。それらが、禁教下の日本に持ち込まれ、識者の間で大いに読まれたことは、よく知られている。

なかでも『天道溯原《そげん》』（一八五四年）と『連邦志略』（一八六二年）は、その双璧である。前者は、W・A・P・マーチン（William A. P. Martin）が丁韙良という中国名でキリスト教入門書として漢文で出版した。後者はブリッジマンが裨治文と名乗って、アメリカ入門書として漢文で記した。

著者はふたりとも、アメリカン・ボードが中国に派遣した宣教師であった。ブリッジマンの派遣は、一八二九年のことで、アメリカン・ボードとしては最初の中国（広東）派遣に相当する。グリーンの日本派遣に比べると、四十年早い。

先の二冊は、いずれも幕末・維新期の日本人有識者に多大の感化を与えたことは、周知の事柄である。なかでも前者の『天道溯原』が、山本覚馬に及ぼした影響は、看過すべきではない。なぜなら、帰国した新島を京都に迎え、ふたりして同志社発起人となった背景には、この本の存在が大きい。

彼は同書をアメリカン・ボード宣教師、ゴードン（M. L. Gordon）から贈られて、精読したところ、それまで抱いていたキリスト教に対する疑問があらかた「氷解」した、という（『新島襄全集』一〇、二一六頁、同朋舎、一九八五年）。つまり、このキリスト教書は同志社が京都に立地できた要因のひとつなのである。

後者の『連邦志略』を新島は江戸で読んでいる。宣教師の著作だけに、単なるアメリカの歴史や地理の入門書、あるいは啓蒙書ではない。すぐれてキリスト教的な視点から記されている。ある意味、立派にキリスト教入門書であった。たとえば、アメリカの教会事情や、ミッションによる海外伝道の働きまで記述されている（『中国プロテスタント伝道史研究』三四八～三四九頁）。

その点、反キリスト教サイド（仏教徒たちの破邪陣営）は、さすがに冷静にこの側面を指摘している。『連邦志略』を始め、慕維廉

(W. Muirhead)『地理全志』、理哲（R. Q. Way）『地球説略』といった科学書すら、「皆ソノ宗トスル処、ミナ耶蘇ナルガ故ニ、各々其議ヲ出シテ、讃嘆シテアリ」というのである（小沢三郎『幕末明治耶蘇教史研究』二八八頁、亜細亜書房、一九四四年）。

新島は江戸で修行中、宣教師が漢文で書いたさまざまな書物から大きな感化を受けている。それらは、概してキリスト教色の濃厚な作品であるだけに、新島は知らず知らずにキリスト教についての知識や情報を入手していたことになる。

たとえば、新島は「ウィリアムソン博士のキリスト教の書物」や「中国におけるイギリスの宣教師のあらわした簡単な世界史」を挙げる（『新島襄全集』一〇、三七頁）。前者はロンドン宣教協会宣教師（A. Williamson）の『六合叢談』であると推定されている（同前一〇、三八五頁）。問題は後者である。あるいは先に紹介した『地理全志』かもしれない。著者のムアヘッド（W. Muirhead）は宣教師であるので、同書は地理学の専門書でありながら、冒頭に来るのは、なんと「創造天地万物記」である。「創世記」にある天地創造神話の抜粋である（『中国プロテスタント伝道史研究』三五八頁）。

新島はさらに、「上海か香港で発行された二、三冊のキリスト教の書物」が、「私の好奇心をもっともかきたてた」と回想する（『新島襄全集』一〇、三七頁）。残念ながら、いずれも特定できない。重要なことは、最初からキリスト教を求道するためにそうした書物を新島が手にしたわけではない、ということである。最初のきっかけは、「フト耶蘇教ノ書物ニ見当リ」と自身、述懐するように、まさに偶然であった。その時の反応は、「是コソ平生憎ム所ノキリシタン宗門」であるゆえに、その非を看破、読破しないではおかない、といった固い決意であった（同前一〇、三九一頁）。

『連邦志略』

しかし、結果は逆で、ミイラ取りがミイラになった。その中に、欧米文明、なかでもアメリカへの憧れをもっとも膨らませてくれた著作が、混じっていた。『連邦志略』である。新島がこの書から大きな刺激を受け、アメリカへの密出国を計る契機のひとつとなったことは、疑いない（『新島襄全集』一〇、三七頁）。

彼はこの本を読んで、「驚愕のあまり、脳みそが頭からとろけ出そうになった（my brain would melted out from my head）」と証言する（同前一〇、一一～一二頁）。驚愕の中には、キリスト教的要素に接触したことも、混じっていたであろう。先にも触れたように、本書は、宣教師の手になる、優れてキリスト教入門書でありえたからである。

渡米後、新島は、ブリッジマンの母校（アーモスト大学ならびにアンドーヴァー神学校）で学ぶ。そして、ブリッジマン同様にアメリカン・ボード宣教師に任命され、東アジア（ブリッジマンは一八二九年に広東、新島は一八七四年に日本）へ派遣される。ブリッジマンが辿った道を新島が追う格好になった。なんとも、奇しきことである。要するに、新島は密出国する以前から、アメリカン・ボード（宣教師）と間接に接触し、その恩恵に預かっている。見えざる導きを受けていたことになる

ところで、この『連邦志略』に関しては、さらに次のような伝承と推測がある。一八六一年に著者が中国で亡くなるや、ブリッジマン夫人は横浜を訪ね、同地のS・R・ブラウンに同書数冊を手渡した。ブラウンはこれらをあちこちに配った。新島が手にした同書は、そのうちの一冊に違いない、というのである（A. SHardy, *Life and Letters of Joseph Hardy Neesima*, p. 3~4, n.2）。

この可能性は、今の所、極めて低い。ブラウンと新島が横浜か江

戸で直接に接触したことを立証する記録がないうえに、「たくさんの中国語の書物」を友人が貸してくれた、と新島自身が証言するからである（『新島襄全集』一〇、三七頁）。友人と言えば、新島の周辺には、英語や海外事情に関心を抱く吉田賢輔のような友人がいる。吉田は、後になって一八六九年に『西洋旅案内外篇』（尚古堂）を編纂したり、レッグの『智環啓蒙』を吉田賢輔撰・香港英華書院訳（沼津学校）として同年に出版したりしている。

したがって、新島がこれら学習仲間からこの種の書物を入手する機会は、さして珍しくはなかった、と推測できる。それゆえ『連邦志略』も、意外に早いスピードで日本に輸入され、当時の読書人や学究の徒の間で大いに流通したと思われるので、新島は比較的早くに眼を通してはいないだろうか。

ちなみに、一八六九年のことであるが、『連邦志略』に関する情報は、アメリカでも正当に把握されている。その頃には、新島のケースがアメリカでよく知られるようになったためでもあろうが、アメリカン・ボードでも次のように理解されていた。「ブリッジマン博士の中国語の『アメリカ合衆国史』は、日本ですでに何年もよく読まれています」（*Missionary Herald*, Nov. 1869, p. 383）。

一方、『天道溯原』の著者、マーチンであるが、彼は長老派宣教師である。『天道溯原』と並んで、『万国公法』（一八六四年）をも著している。これまた、日本では広く流通した書物である。

はたして新島が、青年時代に『天道溯原』を読んだかどうかは、不詳である。確実なのは帰国後で、同書に触れている。同書に訓点を付して出版したものを、新島は直接、中村正直から贈られている。今も新島旧邸文庫に収蔵されている。

なお、マーチンは同志社を一度（一八七九年）、訪問したという（森中章光編『新島襄先生詳年譜』一四八頁、同志社・同志社校友会、一九五九年。ただし、典拠不明のため、月日は未確認）。事実とすれば、新島を始め、同志社の宣教師たちとの間で、さだめし話が弾んだものと思われる。

ブロジェットの働き

ところで、中国と日本ミッションとの関係で言えば、ブロジェット（Henry Blodgett）の働きも忘れられない。彼はアメリカン・ボードから北中国（北京）に派遣された宣教師である。

彼は一八六〇年に保養を兼ねて、上海から神奈川に来た。そして自ら見聞した日本の消息をアメリカン・ボードに送った。その中には、すでに他教派が優秀な宣教師を日本に送り込んでいる記述も、当然含まれる。詳細な彼の日本レポートは、三回にわたってミッションの機関誌に連載されたので、日本伝道について有益な啓蒙活動となったはずである（塩野和夫『禁教国日本の報道』四一～六一頁、雄松堂出版、二〇〇七年）。

ブロジェットは、ペンだけではなく、口でも日本伝道の必要性を説いた。彼は休暇で帰米中にも、日本伝道の着手をミッション本部に訴えた。同時に、グリーンの任地が、関西（神戸）に決定したいきさつにも絡む人物である。

当初、グリーンは北中国に派遣されるはずであった。それは祖父のエヴァーツが手掛けた領域でもあった。すなわち、祖父がアメリカン・ボードの幹事に就いていた時期は、インドを始め、セイロン、中国、ハワイ、中近東に伝道が広がった時期に相当する。それを主導した人物こそ、エヴァーツであった、と言われている（E. B. Greene, *A New-Englander in Japan*, p. 20, Houghton Mifflin Company, 1927）。

しかし、日本伝道がきゅうきょ開始されることになった。これには、アメリカ留学中の新島襄が、前年の一八六八年の夏、アメリカン・ボード総幹事、クラーク（N. G. Clark）に直訴していたことも、ひとつの契機になった。クラーク自身が、次のように証言する通りである。

「一八六八年、大学が休暇の折、彼はもうひとりの友人と共にわが家で一晩を過ごしたことがある。翌朝、家族祈禱会での司会を頼んだところ、その後、わが家で長く記憶に留まるような、慈愛あふれるやり方で、彼はそれを果たした。

それぞれの祈りが済むと、彼は私の手をとって、ぜひ自分の国へ宣教師を派遣してくれるよう、真面目そのものの熱意で懇願した。できるだけ早く実現可能な時期に、宣教師を派遣できるように努力をすると私が返事をするまで、彼は私を放そうとはしなかった。この約束は、翌年に果たされ、彼を大変喜ばせた」（*Missionary Herald*, Mar. 1890, p. 94, A. B. C. F. M.）。

クラークの「約束」が、どの程度のものであったかは、不明である。しかし、新島の直訴が何らかの効果をあげたことは、事実である。

アメリカン・ボードが日本伝道を開始

いずれにせよ、新島の要請にも応える形で、翌年、日本伝道の開始が実現することになる。日本伝道についての急速な展開を受けて、中国派遣が決まっていたグリーンは予定を一時、保留、延期して、待機した。最終的には当初の計画を変更して、日本赴任に備えた。他派ミッションから十年遅れたとはいえ、この機に日本進出が決定した要因は、次のふたつがまず挙げられるであろう。

ひとつは、明治維新（一八六八年）により外国（キリスト教）に対する関係が好転する見通しが立ったこと、いまひとつは、ボストン・横浜間の直通ルートの開通である。

後者について付言する。長老派や改革派の宣教師たちが、一八五九年に日本伝道着手のために東海岸から日本に向った際、喜望峰を回る大西洋航路を経たために、数カ月かけざるをえなかった。それが、大陸横断鉄道の開通により、約一カ月に短縮された。グリーンが、アメリカン・ボード宣教師の任命を受けてからわずか二、三週間後に、大陸横断鉄道が開通（一八六九年五月十日）したことは、まったく奇しきことである（*A New-Englander in Japan*, pp. 79～80）。

ちなみに、日本伝道の開始については、ブロジェットの「個人的な感化」が大きかった、とグリーン自身も次のように証言する。

「[日本]ミッションは彼抜きには考えられない」、なぜなら「一八六九年に休暇で帰国している間に、もしも彼がアメリカン・ボード運営委員会に圧力をかけなかったならば、アメリカン・ボードがあの時、日本にミッションを立ち上げていたかどうかは、大変疑わしい」。

これに加えて、運営委員会のメンバー（議長）にハーディ（A. Hardy）がいたことも、大いに幸いした、とグリーンは言う。彼が当時、世話していた青年こそ、「ジョゼフ・ニイシマ［後に新島襄］であり、まもなくアメリカン・ボードの傑出した日本人メンバーになる」からである（*ibid.*, p. 80）。

彼が一八六九年十一月三十日に横浜に着いた後、関西への赴任を勧めたのは、翌年二月に来日したブロジェットである。ブロジェットは、グリーンを追いかけるかのように、中国（北京）の任地にアメリカから戻る途上、横浜に入港した。そして、先に来日していたグリーンと面談して、彼の赴任地に関して、協議、説得することができた、というわけである。

ブロジェットはわずか一日滞在しただけで、中国へ帰っていった。グリーンは、「ブロジェットの助言に賛成して」東京を去ることを決意した。グリーンはブロジェットと兵庫を視察した後も一週間余、ここに滞在した。(*ibid.*, p. 99)。

グリーンの日本、ならびに兵庫（神戸）赴任に際して、中国派遣宣教師のブロジェットが果たした役割は、決して見落としてはならない。

ちなみに、グリーンはその後、一八八一年から一八八七年にわたって京都に居住し、同志社で教えた。その間の最大の貢献は、三つのレンガ造り建造物（彰栄館、公会堂、書籍館）の設計、施工、ならびに工事費の調達であろう。

上海と新島襄

次に、アメリカン・ボードの中国伝道であるが、日本にはるかに先行することは、言うまでもない。ブリッジマンが、アビール（D. Abeel）と共に広東に赴任した一八二九年に始まる。上海に拠点が作られたのは、それより二十四年後の一八五三年であった。

したがって、新島襄がベルリン号で上海に入港し、ワイルド・ローヴァーに乗り飼えた一八六四年には、すでに幾人かの宣教師は、上海に駐留していたことになる。もとより、それは新島の預かり知らぬ事であった。

けれども、新島の密出国に多大な影響を与えた『連邦志略』（一八五一年）が出版されたのは、ここ上海であった。新島は欧米行きの船が見つかるまでの間、上海港で待たざるをえなかった。さらには、新島を乗せたワイルド・ローヴァーは、上海の入出港を再三、繰り返したので、上海に上陸する機会は、少なくはなかった。しかし、目当てのない新島としては、上海はいまだ捉え所のない巨大都市であった。

新島の生涯にとって、上海はいわば分水嶺となった。新島にとっての上海は、イエスの使徒、パウロにとってのダマスコ（ダマスカス）に相当する。かたやサムライ（新島七五三太《しめた》）からクリスチャン（ジョウからジョゼフ）への変身、かたやユダヤ教徒のサウルから劇的な回心を経てキリスト教徒、パウロとなった転換点である。

新島が上海で無賃乗船を許されたワイルド・ローヴァー号は、ボストンを拠点とするハーディー商会の持ち船であった。船長のテイラー（H. S. Taylor）の紹介と推薦もあって、新島はボストンでオーナーのハーディを「養父」とすることができた。ハーディは篤信のクリスチャン（会衆派）であるばかりか、アメリカン・ボードの理事長であった。

新島がアメリカで八年にわたって恵まれた留学生活を享受し、牧師になれたこと、さらには、帰国時には、アメリカン・ボードの準宣教師に任命されたこと、新島が日本で取り組んだ教育事業と伝道が、アメリカン・ボードの経済的・人的支援を受けた会衆派系のものであること、これらすべては、ハーディに負う。帰国後の新島の英文名が、ジョゼフ・ハーディ・ニイシマ（Joseph Hardy Neesima）であることから分かるように、新島はハーディのいわば「養子」である。

いまひとつ、上海との繋がりで見落とせないのは、新島が長刀を手放し、ちょん髷を落としたことである。いずれも函館から出国する際に、持ち出した「武士の魂」であった。彼はこの後、香港で聖書を買うために小刀を手放している。サムライ魂との決別である。

要するに、東アジアで新島は一種の「精神革命」を遂げたのである。「サムライからクリスチャンへ」の脱皮である（詳しくは、拙著『千里の志』四五頁以下を参照）。そして、その延長線上にボストンでの留学生活がある。それは「クリスチャンから牧師へ」と成長する過程である。

なお、新島は二度目の渡米時（一八八四年）には、上海には立ち寄らず、香港に直行している。

上海と高杉晋作

新島より二年前に、上海を訪れた人に高杉晋作がいる。一八六二年のことである。高杉は、中国事情を探るために多数の漢文書籍を購入した。そのなかに出版されたばかりの裨治文『連邦志略』が含まれるのは、興味深い（小沢三郎『幕末明治耶蘇教史研究』三〇一頁、亜細亜書房、一九四四年）。

高杉に同行した中牟田倉之助（佐賀藩士）もそうである。『連邦志略』と同時に『地理全志』、『六合叢談』、『新約聖書』など大量の書籍を買い入れている（中村孝也『中牟田倉之助伝』二五三〜二五四頁、私家版、一九一九年）。

ちなみに、中牟田は、一八六一年の十一月から十二月（旧暦）にかけて、築地の軍艦操練所に一カ月ほど在籍し、算術や測量術を学んでいる（同前、七頁、一七九頁）。その当時、新島は同所で「世話役」を務めているので、あるいは中牟田とも顔見知りの仲であったかもしれない。

それはともかく、高杉に戻る。彼が、『連邦志略』を読了後に、種々の刺激を受けたことは推測できる。が、頭から脳髄がとろけ出そうになるほどのカルチャーショックを受けた、というと、どうも受けてはいない。読んだ人がすべて、新島のような強烈な衝撃を受けたわけではない。

『連邦志略』は宣教師が著した書物である。晋作がこれを購入したのは、「麦家園」という、きわめてキリスト教色が濃厚な場所であった。ここは、イギリスの宣教師、メドハースト（W. H. Medhurst）らがキリスト教伝道の拠点として構えた所で、しだいに印刷所（墨海書館）、病院、教会をも備えるようになった。今風に言えば、教会、キリスト教書店、ＹＭＣＡを合わせ持ったようなキリスト教センターである。晋作は、それと知りながら、何度も訪問しているのは、驚きである。

晋作には、名目、ないしは明確な目的があったのである。このセンターでムアヘッドと会談するためである。しかも、四度も、である。ただし、そのうち二度は不在で会えなかった。

このムアヘッドは、ロンドン宣教協会から一八四七年に派遣されてきた宣教師で、中国名を慕維廉という（『幕末明治耶蘇教史研究』三〇〇〜三〇一頁）。先に挙げた『地理全志』（一八五八年から翌年にかけて刊行された）の著者である。

高杉はおそらく、すでに同書を読んでいたから、直接、キリスト教について論議したかったのではなかろうか。先に推測したように、あるいは新島もこれを読んで感化を与えられた可能性がある。

それはともかく、高杉は「遊清五録」（上海日記）の中にこう記す。「朝、五代（友厚）と英人ミュルヘット（ムアヘッド）を訪ぬ。ミュルヘットは、耶蘇教師にして、耶蘇教を上海土民に施せり。域内の教堂は、ミュルヘットの関はる所なり。ミュルヘットの常に居る所も亦た、教堂と病院あり。施療院と謂《い》ふ」（高杉晋作「遊清五録」二一八頁、『開国』、岩波書店、一九九一年）。

二度にわたって宣教師からじかにキリスト教やキリスト教国の消息を聞き出したり、関係書籍を多数、購入したりしているのは、さすがである。しかも、高杉は新島よりも早くに宣教師に触れながらも、その後のふたりが描く軌跡は、大きく違った。それに、高杉が上海でピストルを買い込んだのに対して、新島は上海と香港で「武士の命」である大小の刀を手放している。この出来事もまた、端無くもそれ以後のふたりの前途を暗示する。

香港と新島襄（一八六四年）

新島襄は二度、香港（島）を訪れている。最初は一八六四年の密出国の時である。上海からボストンに向かう途上、ワイルド・ローヴァー号は十一月から十二月にかけて香港に停泊した。その際に、新島は上陸して漢訳の新約聖書を購入している。ワイルド・ローヴァー号のテイラー船長に、小刀を八元で買ってもらって、やっと買えたことは、よく知られている。しかし、定価はもちろん、八元（八ドル）が米ドルか香港ドルかは、定かではない。

それ以上に不明なのは、購入した聖書で、どの版のものか、特定できていない。原物の所在が、不明だからである。新島遺品庫に残るのは、見返し（表紙裏）と思われる白紙ページだけである。新島の自筆で日付と一文が書き入れられた一枚が切り取られて、表装されている。

墨で書き込んだ一文とは、「支那人尊己国祢中華然今其諸港為取奪空英人之管轄、嗚呼中華之意在于何処乎」である。続けて、香港でこれを元治元年十二月十一日（新暦では、十二月九日）に求めた、と添書する。

この見返しには、これ以外に次のように読める英文の書き入れがある。

What Neesima wrote me in his book to me at Andover. Jan.

何年のことか分からないが、新島はアンドーヴァーで世話になった関係者にこの聖書を贈呈したことが窺える。その後、聖書本体、あるいはこのページだけが同志社に戻ってきたので、現在のような表装が施されたのであろう。

いまひとつ、香港で見落とせないのは、ワイルド・ローヴァー号の油彩画である。現在、この船に関しては、設計図を始め、写真やスケッチは皆無である。ただ一枚、油彩画がマサチュッセッツ州コッド岬のチャタム（ハーディとテイラー船長の出身地）の博物館（The Atwood House Museum）に保存されているだけである。

興味深いのは、この絵の片隅に記された文言である。船名、船長名（テイラー）、それに日付（一八六四年十月二日）である。博物館に拠点を置くチャタム歴史協会（Chatham Historical Society）の話では、「絵は香港の画家に描かせた」との伝承があるという。もし、それが事実ならば、ハーディが（人を介してか）香港の画家に注文して描かせ、テイラー船長に献呈したことが、窺える。ハーディー商会は、アジア貿易上、香港との繋がりが密なので、あるいは香港在住のイギリス人画家にでも描かせたものか。

注目すべきは、制作年月日である。ワイルド・ローヴァー号が香港に入港するのは、十二月四日、出港は二十四日、すなわち十九日間の停泊である。

絵は十月二日にすでに完成しているので、テイラーはこの絵を積んでボストンへ帰港したと考えるのが、自然である。つまり、テイラーはこの時の航海で、上海では新島を「積み」、香港では絵を積み込んでボストンに帰ったことになる。

ワイルド・ローヴァー号は、新島の人生で分水嶺となった記念すべき船である。その唯一の油彩画と共にアメリカに運ばれるとは、まさしく奇遇である。

新島自身にとっても忘れられない船であるので、自宅（「新島旧邸」）の書斎にハーディ夫妻のポートレイトと並べて、船の写真を飾っていた。近年、チャタムの原画の忠実な複製（レプリカ）を作成する許可が得られたので、同志社は二枚、保有する。

香港と新島襄（一八八四年）

新島による二度目の香港訪問は、最初の寄港からちょうど二十年後の一八八四年のことである。今回はわずか四日間の滞在であるが、密度は濃い。しかも、その間の行動は、手紙（『新島襄全集』六、二二七頁）や日記（同前七、一三九頁以下）からおおよそ判明する。新島は香港に上陸するや、まずヘイガー（Charles R.Hager）をミッション・ハウス（必列者街二号）に訪ねた。そこには会衆派教会が併設されていた。そこを担当していたのがヘイガーで、前年に香港ミッションを「オーティス遺産」（本書三七七頁以下、六三〇頁を参照）で立ち上げたばかりのアメリカン・ボード宣教師であった。

彼は新島のために宿舎――クイーンズ通の矯風会館（Temperance Hall）を確保してくれたうえ、市内のあちこちを案内した。新島は日曜には、ユニオン・チャーチの礼拝（三度）に参加した。朝はコルヴィラ（J. Colvilla）牧師による英語説教、午後はチャルマーズ（Chalmers）牧師の中国語説教を聴いた。

ちなみに、この教会は、ロンドン宣教協会派遣のレッグ牧師（James Legge）が一八四三年以来、牧師を務めていた。彼は一八七三年に帰国して、オックフォード大学の中国語教授（初代）に就任している。同教会は、場所と会堂こそ当時とは違うが、現存して、活動を続けている。

レッグは、モリソンに次ぐキーパーソンである。一八四〇年にマカオへ派遣され、同地の英華学院校長に就任した。一八四三年には香港に転出し、ユニオン・チャーチ牧師となった。中国語にも優れ、理雅各の名で『智環啓蒙』（香港、一八五六年）を出版したことで知られている。

同書はすぐに日本にも入り、数種の日本版が出版されたり、教科書として利用されたりするなど、広く愛好された。もともとはパーカーが英語の入門書として著した英語読本をレッグが漢訳したもので、以後、原典に次々と加筆されて行った。宣教師の著作だけに単なる語学入門書ではなく、全編がキリスト教的な立場から記されているのが、特徴である。とりわけ、巻末（一九二課～二〇〇課）は「完全な基督教の宣伝」である。あるいは、「巧みにカムフラージュされた耶蘇教書」とも言える（『幕末明治耶蘇教史研究』一三五～一三八頁、一四六～一四九頁）。

つまり、早くに日本に入った宣教師たちにしてみれば、世俗的な知識を教えたり、広めることは、法に触れることはなかったので、「中国にいる同僚が用意してくれた漢文の教科書」は格好の教科書でありえた。彼らは、一見、非宗教的な一般書を最大限に活用して、盛んに啓蒙活動を展開したのである。こうして「巧みに偽装されたキリスト教についての知識」が、これらの書物を通して、教養のある日本人の間にじょじょに広まることになった（『貝と十字架』一九五頁）。

レッグもまた、無意図的にその一翼を担ったわけである。彼はメドハーストが創刊したキリスト教系雑誌、『遐迩貫珍』の編集をも担当した。この間、一八六五年（新島の香港寄港の翌年）には、長崎をも訪問している。

一八七三年には帰国し、オックスフォード大学で最初の中国語教授となった（同前、一三七頁、一四〇頁）。密出国前の新島は、江戸でこの『遐迩貫珍』も読んでいたかも知れない。

それはさておき、新島は、香港では、聖公会（CMS）の「ビショップ・ハウス」（聖公会会督府）を訪ねて、バードン司教（Bishop Burden）から香港のキリスト教の消息を聞き出している。新島は日誌に、年表風に「一八〇七年、モリソン牧師、広東でミッション事業を開始。一八五三年、ビショップ・バードン、香港に赴任」と記す（『新島襄全集』七、一三五頁）。

他にも新島が、香港で見物、視察した場所を上げれば、市庁舎（ガバナーズ・ハウス）、公園（香港動植物公園）、墓地（カトリック、イスラム教）、日本領事館、英軍駐屯所（現ハーコート・ガーデン）、中国人街（アヘン窟）などがある（同前七、一三五頁）。

若き孫文は会衆派信徒

このうち、興味深いのは、孫文が当地の会衆派教会で、新島が訪問する前年（一八八三年六月）に受洗をしていることである。洗礼簿には「日新」という名で記録されていて、二番目の受洗者である（後に「逸仙」と改名）。授洗者はヘイガーである。孫文は、当時十八歳の学生であった。

孫文がキリスト教に初めて触れたのは、ハワイであった。ハワイの開墾事業で成功した彼の兄を頼って、一八七九年に母親に連れられてハワイに渡った。カトリックの学校（イギリス系という）で主として英語の勉強をした後、セント・ルイス・スクール（アメリカ系のオアフ・スクール）に入った。彼はここで初めてバイブルを読み始めた。ここは一学期だけの通学で終わり、次にハワイ大学に進んだ。

この間、孫文はキリスト教に傾斜するようになったようである。そして、「完全なアメリカ文化の信者」と化した。こうした弟の「西洋かぶれ」が度外れしているのを憂慮した兄は、孫文を故郷に送り返した。帰省した孫文は、伝統宗教や偶像崇拝をめぐって、住民と衝突を繰り返したために、西洋かぶれの鼻つまみ者扱いされた。村にいられなくなった孫文は、学校へ行くという名目で香港に逃れた。

一八八三年、こうして彼はクイーンズ・カレッジ（抜萃書室）という学校に入学する。同時にアメリカン・ボードの宣教師にも近づいたのは、もちろんである。翌年、彼は友人のひとり（陸皓東《りくこうとう》）とヘイガーから洗礼を受け、正式にキリスト教に改宗した、というわけである（以上、鈴江元一『孫文伝』一〇六頁以下、岩波書店、一九五〇年。内藤陽介『香港歴史漫郵記』一二二～一二三頁、大修館書店、二〇〇七年）。

ちなみに、ハロラン・芙美子氏によると、孫文の学歴は次の通りである。

ハワイではイオラニ・ハイスクール（中学校）からセント・ルイス・カレッジ（現セント・ルイス・ハイスクール）を経て、オアフ・カレッジ（現プナホ・ハイスクール）に進学した。

このうち、セント・ルイス・カレッジだけがカトリック系で、残りの二校はアメリカ人宣教師が開校したプロテスタント系である。

孫文が、この間にキリスト教に傾斜したのを知った兄は、一八八四年にオアフ・カレッジに入学したばかりの孫文を中国に送り返した。孫文は香港の抜華書院に入学後まもなく入信した。

彼は翌年に再びハワイに渡り、オアフ・カレッジに再入学した。およそ一年間在籍したが。卒業には至らなかった。のち香港に戻り、医学を修めた（ハロラン・芙美子『ホノルルからの手紙—世界をハワイから見る』八六頁、中公新書、一九九五年）。

学歴に関しては、細部で食い違いが目につく。しかし、受洗の翌年の一八八四年から一八八六年までの間、香港に在住した時には、彼はミッション・ハウスの三階に住みながら、近くの学校で勉学を続けた。新島がミッション・ハウスを訪ねた時期は、孫文がそこで生活をしていた時期とまさに重なるのではなかろうか。

孫文夫妻と新島

つまり、一八八六年のどこかの時点で、新島は孫文青年とどこかですれ違っていたかも知れない。たとえ、そうでなくても、孫文という後の革命家が、一時、新島の世界ときわめて近い距離にいたことは、事実である。すなわち、両者は、アメリカン・ボードや会衆派教会ときわめて近い関係にあったのである。

ちなみに、その後の会堂であるが、一九〇〇年にアメリカン・ボードはここから他所に転出したので、会堂は取り壊された。現在は市場となっており、美国中華公理会佈伝道所旧址の案内板が立つだけである（Siu Kwok Kin & Sham Sze, *Heritage Trails in Urban Hong Kong*, p. 69, Wan Li Book Co., Ltd, 2001）。

その後、一八八六年に孫文が広東の医学校、ついで翌年には香港医学校に入ったことは、周知の通りである。前者は、アメリカ長老派牧師、ケル（John Kerr）が経営していたミッション・スクールであった（『孫文伝』一一三頁）。

孫文の後半生は、革命家に終始した軌跡である。けれどもその底流には、若き日のキリスト教信仰が消えずに潜伏していたと思われる。たとえば、中国基督教青年会（ＭＣＡ）での講演「国民は人格を以て国を救ふを要す」である。きわめてキリスト教的な色彩が濃い内容である。

そこには、次のような主張が展開されている。「余も曾《か》つて二、三十年前、此の団体と往来し、従って会員の友人は非常に多い」とか、（『孫文全集』五、一一九頁、第一公論社、一九四〇年）「中国の団体で立派な人格を有するのは、青年会である。故に、青年会は良好なる国家を造成し得る団体である」、「四億人の悉くを人格者たらしめんとせば、〔中略〕国家全体を変じて、青年会たらしめばよいのである」といった主張である（同前五、一二四頁）。これらは、単なる社交辞令ではない。彼の魂の底から発せられた叫びである。

「人格」（品格）を強調する点では、新島の文明観に近い。革命の時期に親交を結んだ日本人、それも牧師に丸山伝太郎がいる（『日本キリスト教歴史大事典』一三四四頁、教文館、一九八八年）。同志社神学校を出て、中国伝道に取り組んだ。

なお、孫文の二度目の妻、宋慶齢は、「宋家三姉妹」のひとりで、宋耀如（英語名はCharles Jones Soon）の娘である。彼女の父の人生は、驚くほど新島のそれに酷似する。

子どもの時に、ボストンで貿易商を営んでいた親戚の養子となり、ボストンに移住した。三年間にわたって商業の見習いをしたが、勉学に目覚めたためにボストン港から密航を企てた。乗船した船長の好意で、船で働くことになった。

やがて船長は、彼を南メソジスト教会の牧師に預けた。宋は洗礼を受けたばかりか、信徒たちの支援をうけてメソジスト・トリニティー・カレッジ、（マサチュセッツ州）、ついでテネシー州のヴァンダービルト大学（Vanderbilt University）の神学部で学ぶことができた。在米は十年に及んだ。

神学校を卒業後、彼はメソジスト派の宣教師として上海に派遣された。アジア人でアメリカのミッションから宣教師に任命されるのは、新島同様に非常にまれなケースである。

帰国に際しての志望は、次の通りである。「私は中国に帰ったら、アメリカで学んだ知識をその大地に十分に活かし、中国の人びとに希望を与え、道を導きたい。善を伝え、人を愛し、神を賛美し、人びとに善行を行わせることが、私の人生の目的である」。

ただ、宋の場合は途中で進路を変えた。のち聖書の出版を手始めに、実業に転じ、現在の浙江財閥の基礎を築いたことは、よく知られている。実業のかたわら、孫文の秘書となって革命運動のスポンサーともなった。

これに対して、新島の後半生は、終始、宣教師路線を貫徹した。見事なまでの、ぶれない軌跡であった。

なお、宋慶齢の母（倪桂珍《げいけいちん》）も、キリスト教信徒の名門の出身である。彼女の祖父は、徐光啓（一六〇三年に受洗した中国最初の信徒のひとり）の子孫、容閎《ようこう》であった（以上、沈潔『宋美齢』復刻版、一三～二一頁、大空社、二〇〇一年）。

宋家は、いわば「ピリグリム・ファーザーズ」の中国版である。

最初の中国人留学生・容閎《ようこう》

孫文夫人の縁戚に連なる容閎（一八一七年～一九一二年）という人物は、アヘン戦争から辛亥革命にいたる中国激動期に活躍した文化人として著名である。その活動は、新島襄とまさしく同時期である。個人的な交流はないけれども、ふたりの活動領域や交遊関係は、意外なほど重なりあう。

容閎は、新島より早く一八四七年に、十七歳でアメリカに留学した最初の中国人留学生である。渡米後すぐにモンソン・アカデミーに入学した。S・R・ブラウン校長はモリソンを記念してマカオに建てたモリソン学校（英華学院）で六年間、指導した容閎を、アメリカに帰国する際に、同伴して入学させたのである。モンソンでは寮ではなくて、ブラウンの実家に寄宿した（容閎著・百瀬弘訳『西学東漸記―容閎自伝―』一九頁、三一頁、平凡社、一九六九年。以下『容閎自伝』）。

ちなみにモンソン・アカデミーは、ブラウンの母校である。彼はここから近くのアーモストに進んだが、学費が続かなかったので、中退した。のち、イェールに進学した（北垣宗治『新島襄とアーモスト大学』四一四頁、山口書店、一九九三年）。

容閎が卒業した後のことであるが、このモンソン・アカデミーにはブラウンの紹介で薩摩の青年たちが留学して来る。新島はアーモストから何度か彼らに会いに出かけている。当時の校長は、フィリップス・アカデミー同様にリベラル・アーツ教育を理想としていた。つまり、「教育の目標は生徒の人格形成にあり、彼らを〔生徒〕を動く百科事典や知識のあるオウムに変えてしまうことではなかった」（『容閎自伝』三三頁）。彼は二年間の在学中に洗礼を受けて、信徒となった（同前、二七一頁）。

ついで容閎は、ブラウンの母校であるイェール大学に進む。入学の際、「宣教師となって帰国する」という条件つきの奨学金を受給できる可能性があったが、彼はそれを断固として拒否している（同前、三七頁）。新島が森有礼から出された国費留学生扱いの申し出を敢然と退けた出来事と対称的である。けれども、こと、宣教師に対する見解に関しては、両者はまるで対照的である。

在学中、容閎は次代の中国人に「私と同様な教育を受ける機会を与えること」、ならびに「西洋の教育を通じて、中国を更正、発展させて、強国にすること」を生涯の目的にする決意を固めた（同前、四一頁）。新島と違って、彼らは留学中にアメリカへ帰化（一八五二年）したばかりか（同前、二七一頁）、アメリカ人女性と結婚をした。

一八五四年、渡米後八年を経て、理学士（B.S.）の学位を得た。かくして「一流のアメリカの大学を最初に卒業した中国人」（というより最初のアジア人）として帰国する（同前、四七頁）。中国語の能力を回復するにしばらく時間がかかったけれども、やがて広州でピーター・パーカーの個人的秘書となった。

パーカーは、もともとはアメリカン・ボード派遣の医療宣教師であったが、中国での長い経験と語学力を買われて、暫定的に弁務官

（駐華全権公使代理）のポストについていた。彼自身は「しろうと外交官」であったが、妻の父（Daniel Webster）は国務長官を務めたことがある（同前、五四～五五頁、五九頁）。

ちなみに、パーカーはのちにラットランドのアメリカン・ボード年会（一八七四年）で、「帰国したら日本にキリスト教学校を建てたい」との新島のアピールに呼応して、千ドルを真っ先に捧げた人物である。

遣米留学生制度

容閎はその後、得意の英語を生かして、主として貿易業に従事する。そのかたわら、遣米留学生制度を企画した。一八七二年から一八七五年にかけて、中国人学生をアメリカに派遣する事業である。三十人を四期にわけて、それぞれ十五年間留学させようという壮大な計画である（『容閎自伝』一七四頁以下）。

注目すべきは、留学生の一行に中国人教師が帯同したことである。「中国文の知識を保たせるために中国人の教師をつけておくこと」を条件としたからである。この点は、アメリカで「公務に必要な教育を徹底的に受けさせること」、すなわち実務的・実用的な教育を主眼とするという狙いとともに、容閎の教育理念の質が窺える（同前、一五九頁）。

留学生を引き連れて渡米した容閎は、アメリカでは森有礼少弁務使（初代駐米公使）とも接触した。後に容閎自身も一八七八年にアメリカ駐在の欽差大臣（初代公使である）に就任するのは、奇遇である（同前、二六八頁、二七五頁）。

さらに、容閎は留学生の受け入れについて、（新島との交流に関して前述した）コネチカット州教育長官のノースロップの忠告に従って、ハートフォードの家庭に分宿させる方法を採っている（同前、一七五頁）。このノースロップは、もともと会衆派牧師で、のちに岩倉使節団（田中不二麿や新島）とも交流が見られる。

新島と容閎とは、母国の青年にキリスト教教育を受けさせるという目的は共通していても、方法が違った。新島は母国にアメリカ流の学校を建設した。「苟《いやしく》も国民たる者が、自家の子弟を教育するは、是《こ》れ国民の義務にして、決して避く可き者に非ざるを信ず」という信念からである（『新島襄全集』一、一三五一～三七頁）。

これに対し、容閎は青少年を直接、アメリカの学校に委ねる方法をとったのである。しかし、後者は為政者の方針転換により、中断を余儀なくされた。一八八一年に留学生九十四人が全員、中国に戻された（『容閎自伝』二〇四頁、二一七頁、二三〇頁）。

事業が蹉跌した要因に、留学生の何人かが、アメリカでキリスト教信徒となったことが大きかったのは、間違いない（同前、二七五頁）。それだけに、アメリカのキリスト教有識者から抗議の声が上がったのは、当然である。たとえば、イェールのポーター学長（N. Porter）やアーモストのシーリー（J. H. Seelye）学長である。とりわけ、ポーターは、中国外務省に宛てて、抗議文を送り、「彼らは品行方正であったし、彼らの振る舞いはきわめて丁重であり、上品であった」と留学生を弁護した（同前、二〇四～二〇七頁）。

容閎は中国社会に完全に受け入れられたわけではない。晩年、生活の拠点をアメリカに移したのも、自然である。一九一二年、ハートフォードで逝去する直前、孫文（中華民国臨時大総統）から帰国要請の手紙が来た。が、容閎には帰国する力はすでに残されてはいなかった（同前、二七八頁）。

S・R・ブラウン

日中両国の最初のアメリカ留学生である容閎と新島は、ともに母国の近代化に尽力しようとした点で、共通する。ふたりは、自ら体験したアメリカの文化を母国に移植しようとしたパイオニアである（伊原澤周『日本と中国における西洋文化摂取論』一五五頁、汲古書院、一九九九年。以下『西洋文化摂取論』）。

容閎は、マカオとアメリカでブラウンの世話を受けた。モンソンでは、ブラウンの実家に寄宿したので、ブラウンの母親（P. H. Brown）の感化は絶大であった。いわば「アメリカの母」であった。容閎は、青年時代にモリソンとブラウン（母子）から受けた恩恵に感謝して、長男をモリソン・ブラウン・ユン（容）と命名している（『容閎自伝』二三四頁、二四六頁）。

その意味では、「ブラウンと容閎との関係は、全く新島とA・ハーディとの関係である」と言えよう（『西洋文化摂取論』一八〇頁）。ただし、ブラウンと新島とは教派を異にする点からも、必ずしも一致してはいなかった。

ブラウンは、一八五九年に最初のプロテスタント宣教師として来日し、東京や新潟などで教育などに従事した。一八六九年五月にいたって、休暇で帰米したブラウン夫妻は、アーモストに留学中の新島を「見舞い」に来た。「色々と日本の事を小子と相談仕候」と新島が父親に報じているところから判断すると、帰国後の新島に伝道協力を要請した模様である（『新島襄全集』三、七五～七七頁。同前六、五二頁）。

新島はこの時受けたブラウンの印象を「兎角日本好の人」と記している。できれば実弟の双六《そうろく》にブラウンとの間で、英学と日本語の交換教授をさせたい、とも願った（同前三、七六頁）。さらに、この時の面談の結果を窺わせてくれる新島のメモがある。その一部を紹介する。

「若《も》しブラウン〔死〕したれば、小子何かせん」。

「小子、ブラウン氏の為にアメリカには参らず。只、独立一箇の教師と為り、国家人民の為、独一真神、神の子耶蘇の為に国を辞し、家を去り、アメリカへ参る論」。

「若し〔卒業の〕時を延し、雑費〔留学費用〕を払呉候ハヽ、他日帰国の後、経済いたし、僕の給金を以、返済せん事件」。

「貴殿〔ブラウンであろう〕のかくいはるゝは、金の為哉《か》。若し金の為ならば、ワしに金を借〔貸〕し下され。ブラウンの為ならハ、小子少し論〔異論〕あり」。

これらは、フィリップス・アカデミーで使った数学の教科書の余白に記されている。しかし、高校時代に書いたものではなく、「アーモストの二年生の後半」、すなわち一八六九年の春から夏と考えるのが、順当であろう（島尾永康「新島襄と自然科学」一五九～一六三頁、北垣宗治編『新島襄の世界』、晃洋書房、一九九〇年）。

要するに、メモはブラウンとの面談直後に記されたもの、と断定できる。「色々と日本の事を小子と相談仕候」と新島が報じた内容とは、帰国後の新島の働きに関するものであった。ブラウンは、新島に対して、留学費を負担するから、日本へ帰国した後は、共に伝道に従事しようではないか、といった働きかけをしたのであろう。それに対して、このメモは、新島がかなり強い拒否反応を示したことを立証する。

とすれば、容閎の反応とは明らかに相違する反応をブラウンは実感したはずである。容閎なら、喜んで受け入れたのに、といった戸惑いもあったかもしれない。

容閎と新島

要するにブラウンに対する姿勢は、新島と容閎とでは、天地の開きがある。ふたりが、共に似たような留学生活を送りながらも、帰国後のそれぞれの軌跡が、種々の点で対照的であるのは、ひとつにはこうした留学生活のポリシーの差が要因になっている。新島は早くから「自治自立」志向が強く、そのため帰国後も、主として教育や宗教の領域で「独立一箇の教師」として終始することを志した。

　それに対し、容閎は、教育や宗教の世界よりも、要人との人脈を結びながら、政治や外交の面での立身を目指した。だが、後者の成果はきわめて少なかった。むしろ「完全に失敗」と言ってもいい（『西洋文化摂取論』一五五頁、二〇六頁、二一五頁）。

　しかし、容閎が教育の面で何も残さなかったというわけではない。先に見た留学生のアメリカ派遣計画は、彼にとっては「最も誇らしい業績」であった。それ以外にも、一八七三年に私財（茶の取引によって得た大金である）を投げ打って郷里に学校（甄賢社学）を設けた。ただ、後者の教育内容は、聖書を教えるものの、西洋流の近代的学校ではなく、あくまでも基本を儒学に置く旧体制の学校であった（『西洋文化摂取論』二一一頁、二一二頁、二一七頁）。

　しかも、容閎自身はほとんど、政治活動に勢力を傾注したため、学校経営も他人任せであった。それゆえ、ある時点で、学校との関係を事実上、断ち切っている。同校は「甄賢学校」と改称された小学校として広東省珠海《しゅかい》市に現存している（同前、二一五頁）。同志社との差は、歴然としている。

　すなわち、彼が取り組んだ教育改革は、政治改革に比べると、まだしも「その影響力が大きい」のである（同前、二〇六頁）。

　彼ら二人の後半生は、個人的な資質や思想（ポリシー）の差に加えて、日中両国の客観的状況の相違も手伝って、「成敗が左右された」のである。もっとも厳しく評価してしまえば、「容閎は失敗者であるのに、新島は成功者である」という側面は、否定できない。要因は、容閎の力量不足というよりは、清朝政府の保守性にあった。彼は「儒教の犠牲者」でもあった（同前、二一五頁）。

　新島自身、中国はせっかくの留学経験が、まったく活かされない国であることを香港で鋭く指摘している。なぜなら、中国人は自尊心が高いので、「西洋のものは様式《マナー》だけではなく、科学をも採用する気がない」とか、「外国で教育を受けた人たちは、いかなる方法で発言しても、その力はまったくない。彼らは沈黙せざるをえないし、ヨーロッパに好意的なことは、何も言えない」から、と観察している（『新島襄全集』七、一三六頁）。容閎もけっして例外ではなかった。彼に比べれば、新島はむしろ恵まれた方だった。

　それにしても、新島襄をめぐる諸種の事柄は、日本伝道や同志社の動向と同様に、けっしてそれ自体、完結した世界の中で起きた出来事ではない。それらをひとつひとつ地道に究明して行くと、確実に判明することがある。それは、日本におけるキリスト教伝道の開始とその後の活動は、私たちの目には見えないところで、アメリカン・ボードによる東アジア伝道のネットワークの中にしっかりと組み込まれていた、という一事である。

　たとえば、容閎ひとりの功績を挙げてみても、彼がニューイングランドの学校、教会、ミッションなどの関係者に与えた感化は、計り知れない。アジアにおける教育や伝道に対して、彼らの関心をどれほど高めることができたか、を見逃してはならない。

　日本へのキリスト教（プロテスタント）勢力の進出は、ある意味、先発ミッションである中国ミッションの延長線上の出来事である。アメリカン・ボードの日本進出にしても、その地ならしをしたものは中国に派遣されていた宣教師たちであった。日本ミッションや新島たちの働きは、その恩恵を享受して初めて可能になった、と言えよう。

三、「京都ステーション」の特異性

(一)　新島襄と「京都ステーション」

新島襄の略歴

京都のプロテスタント伝道は新島襄に始まる。アメリカン・ボードによる京都伝道、すなわち「京都ステーション」（京都におけるミッションの伝道拠点）の設置も新島抜きにはありえなかった。

新島の略歴は比較的よく知られている。しかし、イギリス女性旅行家、バード（Isabella L. Bird）が直接に新島と会見して聞き出したものは、これまでほとんど注目されてこなかった。さすがにデイヴィス（J. D. Davis）は周知の新島伝でふたり会談には触れてはいるが（J・D・デイヴィス著、北垣宗治訳『新島襄の生涯』一八九頁、同志社大学出版部、一九九二年）、略歴は取り上げていないので、ここではそれを紹介してみたい。

ちなみに、彼女の一族にはイギリス聖公会系の伝道協会（CMS）の聖職者が多かった。父は牧師、母は牧師の娘、そして叔母やいとこには、宣教師がいた。このためバードは、日本各地のキリスト教伝道を視察することに多大な関心を抱いた。

たとえば、彼女にゆかりの深いエディンバラに拠点を置くミッション（Edinburgh Medical Missionary Society）から日本に派遣されていた医療宣教師のパーム（T. A. Palm）を訪ねるために、一八七八年にわざわざ新潟にまで足を運び、親しく彼の伝道消息を探った（I. L. Bird, *Unbeaten Tracks in Japan*, Vol. 1, p. 200, John Murray, 1880. 近年、初版本の翻訳本として、楠家重敏他訳『バード日本紀行、雄松堂出版、二〇〇二年が刊行された）。

彼女がその後、京都に足を運んだのも、伝道視察が主たる目的であったと推測できる。アメリカン・ボード幹事が彼女のために口利きさえしているからである（op.cit., Vol. 2, p. 217）。そのため彼女を迎えた女性宣教師には彼女の旅行は大きな刺激として受け止められた。たとえば、大阪にいたジュリア・ギュリック（J. A. Gulick）は、バードが日本語も知らずにアイヌの中へさえ飛び込めるならば、女性宣教師もどこへでも出かけ、よい仕事ができるはず、と発破をかけている（J. A. Gulick to N. G. Clark, 1878. 9. 14, Kobe. 石井紀子「研究会レジュメ」）。

バードは京都では同志社女学校の校舎に二週間宿泊して、男女各校の授業などを参観した。新島夫妻を今の「新島旧邸」に訪問したのは一八七八（明治一一）年十月二十九日であるが、かつてエディンバラを田中不二麿と視察したことのある新島とは話が弾んだのではないか。新島はエディンバラ市民に対する評価がことのほか高く、「英国帝国のボストニアン」と評している（『新島襄全集』六、一一三頁、同朋舎、一九八五年）。

ふたりの「ボストニアン」は宗教談義に花を咲かせた。彼女は新島から聞き出した入信経緯や経歴などを帰国後に公刊した。それにはこうある（〔　〕は本井による注。以下同）。

「新島氏はサムライ（*a samurai*）である。アメリカで按手を受けた〔正規の〕牧師であり、京都カレッジ〔同志社英学校〕では自然哲学（natural philosophy）などを教えている。洋服を着用し、長年外国にいたので着こなし方も心得ている。妻〔八重〕は女学校（the girls' home）で刺繍を教え、日本人らしい和装である。

新島氏の書斎は母国〔イギリス〕の学者たちの書斎とまったく同一で、壁は種々の分野の基本的な欧米文献ですべて埋め尽くされている。彼は非常な有力者たちと交流があり、自身、海外で政府〔派遣の岩倉使節団〕に仕えたことがある。

彼は神道信者として育てられたが、成長するにつれ無神論者(an atheist) となった」。

バードの記述に対しては、新島家の宗教は平均的な「神仏」崇拝であったと考えられるうえに、はたして新島が「無神論者」という文言を使ったかどうかも疑問が伴う。

「得られる限り最良の教育を受けてから東京に出て〔実は新島は江戸で生まれ育った〕オランダ語を学んだ。それはアメリカに行き、造船業を日本に取り入れる目的で航海術と外国の造船法を学ぶためであった。当時すでに造船業の隆盛が彼には実に大事だと思われた。

東京では漢文のキリスト教トラクトをいくつも読んで、創造主がすべての被造物を支配するという考えがあることを学んだ。日本人は強固な孝行意識を植え付けられて育てられる。彼も家を出たくとも両親が断固として反対するので、逆らえなかった。しかし、彼はもしもキリスト教の神が本当に自分を創ってくれたならば、自分が神に従う優先権を神は有するだろうし、自分には〔外国に〕行き、〔日本の〕繁栄を増進させるために努力する義務がある、と確信し始めた。これこそが創造主にとって非常に大切であるに相違ないと彼には思われた。

当時、日本人は出国を禁じられていた。これを破ると帰国の際に死罪〔実際は投獄だけ〕に処せられた。もっとも、貴重な技術を持ち帰った者には誰にもそうした処罰が課せられることはありそうにもなかった。

キリスト教を学びたい、アメリカに行きたいという目的を抱いて、新島氏は蝦夷〔箱館〕に行った。しかし、〔一八六四年〕やっとの思いで中国〔上海〕行きの船に乗りこむことができたものの、残念なことにアメリカ人船長が宗教についてまったく無知であることが分かった」。

「アメリカ人船長」とは、ベルリン号船長のセイヴォリー(W. T. Savory)である。箱館から密出国して上海まで航海する新島を生命がけで助けてくれた恩人である。それだけに、「宗教についてまったく無知」との発言はバードの誤解である、と新島は言う。出版された彼女の旅行記をアメリカで読んで立腹したセイヴォリーに対して、新島が釈明の手紙を認めたのは言うまでもない(『新島襄全集』六、二一三頁、同朋舎、一九八五年)。

ちなみにバードの日本旅行記はアメリカでも注目され、セイヴォリー以外にも旧知から読後感が、新島に伝えられている。たとえば、イェール大学長のポーター(N. Porter)は、「なかでもあなたを訪問した時の記述」に最高の関心を寄せた、と書き送っている(N. Porter to J. H. Neesima, 1881. 11. 28, New Haven)。

バードの新島会見記は、さらに続く。

「中国に上陸するや、新島は二本の刀を〔ワイルド・ローヴァー号のテイラー船長に〕売って新約聖書を購入し、キリスト教に関する知識を相当身につけた。同時にボストンまでの長い航海中に英語を取得したので、かなり自由に、すらすらとしゃべれる」。

この箇所もやや不正確である。新島が香港で漢文の聖書を買うためにテイラー(H. S. Taylor)に売ったのは、小刀の方で(八ドルで買ってもらっている)、大刀の方は上海で乗船した折に、船賃の代わりにすでに船長に差し出していた。このテイラーが新島をボストンまで運んでくれたのである。テイラーは新島の留学中に事故死するが、生前、新島から提供された刀は、夫人によってハーディに手渡され、後に同志社に寄贈された。

それはともかく、テイラー夫人もバードの日本旅行記を読んだひとりで、ハーディに同書で日本における新島の活躍を知ったと伝えている(S. E. Taylor to A. Hardy, 1882. 1. 23, Dannersport)。テイラーがボストン上陸後、船主のハーディ(A. Hardy)に紹介してくれたおかげで、新島はボストンの富豪である同家にいわば「養子」(もちろん法的ではなく、心情的)として受け入れられるという幸運に恵まれた。

ハーディは会衆派(Congregationalism)系のミッションであるアメリカン・ボードの運営委員会議長(いわば理事長)でもあった。後年、ハーディが死去した際、日本ミッションは弔慰を示したが、その中で新島を「養子」にしてくれたこと、すなわち「さらに我々の親愛なる兄弟であるJ・H・ニイシマ牧師を自身の息子として養子にし、薫陶することにより日本伝道をしようとしたこと」(A. W. Stanford,Minutes of the 15th Annual Meeting of the Japan Mission, 1887. 8. 7. 吉田亮「研究会レジュメ」)に対して感謝決議をした。

「ボストンでは彼はキリスト教が信条であるばかりか生活でもある〔ハーディのような〕人たち遭遇し、『回心』として知られる神秘的な変化を体験した。そしてそれまでの考えを一変させて造船法を捨て、それより十分でより本当の繁栄を自国にもたらす宗教を必ず広めなければならないと確信した。

アンドーヴァーで神学を五年間学び〔同地の滞在は通算五年ではあるが、フィリップス・アカデミーに足掛け二年、アンドーヴァー神学校に丸三年、在籍した〕、アーモスト〔カレッジ〕の普通課程(scientific course)に三年、学んだ」。

新島が入学した三つの教育機関はいずれも会衆派系の宗教教育が極めて盛んであり、新島のいわば「養父」、ハーディがその理事を務めていた。要するに、これらの教育機関はアメリカン・ボードとも密接な関係を有する。

「留学中、新島は一時、休学して、仮文部大臣〔岩倉使節団では文部理事官〕の田中〔不二麿〕氏に同行してイギリス、フランス、スウェーデン、デンマーク、ロシア、ドイツを訪ね、最後はベルリンにしばらく滞在した。

アメリカで按手されて牧師となって帰国するや、〔山本覚馬と二人で〕カンパニーを組織し、カレッジの教員〔宣教師〕を雇用した。そして自身は同胞のキリスト教化と〔精神的〕向上のために献身している。それも国民の精神的向上はキリスト教化があって初めて可能、との強固な信念からである」(*Unbeaten Tracks in Japan*, Vol. 2, pp. 232〜234)。

以上がバードによる新島の略歴である。会談は新島が帰国してから、まだ四年しか経ていない時期のものである。これより四年前の一八七四年、新島は日本に帰国するに当たって、「ジョゼフ・ハーディ・ニイシマ」(Joseph Hardy Neesima)と名乗り始めた(バードはMr.Neesimaとしか表記しない)。この名前には、ハーディ家の息子として日本伝道に従事したい、という決意がこめられていたはずである。この「ニイシマ」の帰国を待って初めて京都伝道は可能となるのである。

新島襄の特殊な身分

バードは、新島が按手礼を受けて正規の牧師になったことを明記する。けれども、実は新島は帰国の際、宣教師にも任命されている。その経緯は次の通りである。

永年の留学生活を終え、いよいよ日本への帰国が迫ると、新島の「帰えし方」(身分)がアメリカン・ボードでは問題視された。総幹事のクラーク(N. G. Clark)は日本ミッション〔神戸ステーション）のデイヴィスにこう伝える。

「私たちは新島氏を確保する重要性を十分に認知しています。彼を宣教師とするのではなく、独立した立場を彼に与えることにより問題を解決することができると思います。私たちはわが国生まれの人にはそうしたことをしたことはありません。〔中略〕どういう立場を与えるかは困難な問題ですが、私たちのやり方が信頼を失うことなく、しかも決して彼に失礼にならない形で、解決するよう努力してみます。どんな犠牲を払ってもアメリカン・ボードの要求と矛盾しないで彼を確保する必要があります。運営委員会議長〔ハーディ〕は彼のために何でもしてこられました。それゆえ引き続き私たちと連携する彼の正当性は明白です。大阪に行くか、神戸に留まるかは重要な問題です。いくつかの点で大阪に行くのがいいように見えますが、神戸にも十分に活動できる領域があることは言うまでもありません」（N. G. Clark to J. D. Davis, 1874. 2. 24, Boston. 森永長壹郎「J・D・デイヴィス宛N・G・クラーク書簡（一）」三四頁、『蕓《いらか》』二六、同志社女子中・高等学校、一九九五年）。

それより三か月後に、クラークは日本へこう書き送る。

「それから新島氏ですが、〔横浜在住の〕改革派の宣教師たちが、〔横浜の教会牧師に招聘しようして〕私たちから彼を取り去ろうと全力を傾けました。けれども、今秋に〔アメリカン・ボードから〕日本ミッションの準宣教師（a corresponding member）として派遣することになりました。投票権以外の権利や恩恵はすべて保持します」（N. G. Clark to J. D. Davis, 1874. 5. 15, Boston.「J・D・デイヴィス宛N・G・クラーク書簡（一）」三五頁）。

新島を日本に戻す時の身分は、「準宣教師」に落ち着いた。その間、相当の論議が交わされたはずである（詳細は拙著『京都のキリスト教』同朋舎、一九九八年を参照）。なにしろ、横浜のフルベッキ（G. H. F. Verveck）が言うように、「アメリカン・ボード、および〔わが〕長老ミッションは外国人、米国に帰化した外国人をミッションとしては採用しない」（一八六八年）のであるから（高山道男『フルベッキ書簡集』一二四頁、新教出版社、一九七八年）。

実は一八五四年にイェール大学神学部四年生のトルコ人留学生（Christopher Seropyan）が帰国する際、すでにこの問題が論議されている。伝道者として帰国することを歓迎し、支援を約束するものの、運営委員会は結局、トルコ人留学生を宣教師には任命しなかった（F. F. Goodsell, *You Shall Be My Witnesses*, p. 188, A. B. C. F.M., 1959）。

外国人に特例として宣教師に準じる身分を付与したのは、新島が初例なのである。いわば異例の待遇である。やはり「にいじま」（日本人新島襄）ではなくて「ニイシマ」（Joseph Hardy Neesima）として処遇された側面が強い。

けれども準宣教師はあくまでも準宣教師であった。彼を迎え入れる日本ミッションのメンバーの間でも疑問の声が上がったのは事実である（O. H. Gulick to N. G. Clark, 1874. 12. 30, Kobe. 茂義樹「O・H・ギュリック書簡（一八七一～一八七四）について」二二八頁、『梅花短期大学研究紀要』三三、一九八四年）。

当の新島自身も、時に自分の処遇について「生ハ通常之宣教師ニ非ラサレバ、アメリカンボールドハ生之申分を直ニ採用スル能ハズ、何事モ宣教師之手を経ザレハ、アメリカンボールドハ一切取合不申候」とか、「ミッションの事については、私は未熟な子どもにすぎない」と愚痴をこぼすことがある（『新島襄全集』三、三三九頁、同前六、二六〇頁）。

これがあながち新島の思い過ごしではないことは、次のクラーク書簡の一節が証明してくれている。「私たちは彼〔新島〕を宣教師にカウントしてはいない。名前を宣教師のリストに入れて公表もしていない」(N. G. Clark to J. D. Davis, 1876. 5. 12, Boston.「J・D・デイヴィス宛N・G・クラーク書簡（一）」二九頁、『甍』二七、一九九六年）。

神戸から京都へ

ところで、アメリカン・ボードの日本伝道は、もともと神戸から始まった。以後、神戸は「アメリカン・ボードの管轄下にある伝道活動の本拠地（the headquarters）」としての位置を確固としただけでなく、時には「開港地というよりもむしろミッション・センター」と見られたりした（*Unbeaten Tracks in Japan*, Vol. 2, p. 214）。

したがって、新島の赴任地も帰国前後の頃は、先にクラークが示唆していたように、神戸の可能性が高かった。本人も神戸に落ち着いて学校を設立する心積もりであった。

けれども、現実には帰国後、大阪赴任に変更されたために、学校設立運動は大阪で展開された。要するにアメリカン・ボードのステーションの分布から見ても、新島にとって神戸と大阪以外には学校の立地条件を満たす都市はなかった。しかるに、現実に同志社が立地したのは、同じ関西ではあったものの、意外にも京都であった。

実は京都への進出は、アメリカン・ボードの宣教師（神戸、大阪在住）にとっては早くから、すなわち新島が帰国する以前からの夢であった。最初のステーションが一八七〇年に神戸に設置されてまもない一八七二年五月一六日の日本ミッション総会で、O・H・ギュリック（O. H. Gulick）の京都転出（だめなら大阪に戻る）が決定された（J. D. Davis to N. G. Clark, 1872. 5. 16, Kobe, 森永長壹郎「J・D・デイヴィスの手紙（二）」五六頁、『甍』一三、一九八二年）。ところが京都府の承認が取れず、「早急退去」を命じられたので、やむなく大阪へ転じた。その一方で、五月に医療宣教師のベリー（J. C. Berry）が来日直後に京都を訪問した際、市の医者たちから招聘話が持ち込まれた（『京都のキリスト教』八～九頁、一一頁）。

翌年（一八七三年）にも再度、京都伝道の件はミッションで話題となった。京都進出を再検討するかしないかは、同地を訪ねたギュリックの判断次第、ということになった。（O. H. Gulick, Minutes of the Annual Meeting, Japan Mission, 1873. 2. 3, Kobe. 吉田亮「研究会レジュメ」）。秋になるとボストンではアッキンソン（A. P. Atkinson）を京都に派遣する案が練られた（D. C. Greene to N. G. Clark, 1873. 10. 3, Kobe. 茂義樹「研究会レジュメ」）。政府の許可が取れれば、アッキンソンと共にグールディ（M. E. Gouldy）をも京都へ派遣したいというのである（O. H. Gulick, Minutes of Special Meeting, Japan Mission, 1874. 7. 2. 吉田亮「研究会レジュメ」）。

しかしいずれも実現にはいたらず、結局、新島の帰国を迎えるにいたった。一八七五年一月に新島が大阪ステーションに赴任するや、同月二十九日にミッションが学校設立を決議したことや、その後の動きはすでに周知のものである。渡辺昇知事の反対により大阪での設立に新島が失敗した時、「やはり神戸に創るだろう」と予測する者もいた（M. L. Gordon to N. G. Clark, 1875. 3. 15, Osaka. 日比惠《えみ》子「研究会レジュメ」）。

けれども事態は、予想外の展開を見せた。新島は、たまたま市内見物に訪れた京都で、山本覚馬の協力を引き出すことに成功し、彼の所有地（京都御所北側の旧薩摩藩邸）を購入する手はずをとりつけた。ミッションは、すぐに次の回覧書簡（一八七五年六月十日付）を回した。

「ニイシマに六千坪を京都の御所の傍らに五百五十ドルで購入す

ること、ならびに建物を五百五十ドル以内で早急に賃借することを委任する」(O. H. Gulick, Circular Letter No. 11, Japan Mission, 1875. 6. 10, Kobe. 吉田亮「研究会レジュメ」)。これに同意の署名を寄せたのは、次の八名である。デイヴィス、ギュリック、ベリー、アッキンソン、テイラー（W. Taylor)、ゴードン（M. L. Gordon)、デフォレスト（J. H. DeForest)、それにアダムズ（A. H. Adams）である。

　これを受けてミッションは、六月二十一日（同志社開校五か月前である）に神戸でミッション会議を招集し、学校委員会（委員はデイヴィス、新島、ギュリック）の報告（要旨のみ）をギュリックに発表させた。それは協議のうえ承認された。議事録によれば、決議の内容は、次の通りである。

「日本ミッションのメンバーは、アメリカン・ボード運営委員会とアメリカの資産家に対して、日本におけるキリスト教大学設立のために早急で大規模な募金が必要と訴えたい。いつでもどの国でも、教育は宗教の防波堤である。とすれば、異教と懐疑主義に直面する日本ほど、キリスト教教育が必要な国はない。開明的な日本人は、欧米文明に接して以来、神道や仏教に存在意義を見出せないでいる。西洋科学と矛盾するからである。彼らは英語と科学を学びたがっているので、各地に官立学校が建てられ、欧米から教師が招かれた。

　けれども、外国人教師の大半は不道徳で非宗教的なうえ、教える科学も懐疑主義的である。その主義は、日本の知識人に浸透している。そのため、官立学校の教師を私たちは信頼できない。私たちは新島襄の見解に同意している。彼も私たちも、官立学校に匹敵する大学を日本に設立し、学生を神学校に入れる必要性を感じる。

　大学を強調するとはいえ、伝道師養成や聖書講義を過小評価したり、科学や文学に付随するものとは、考えていない。端的に言えば、新島がアメリカで受けたようなキリスト教教育を日本の青年にも施したい。新島も日本で募金に励むであろうが、立派な学校を設立するためにアメリカの資産家からの寄付を仰ぎたい」。

　日本ではとりわけ「教育は宗教の防波堤である」点が強調されている。さらに官学の非宗教性が力説されているのは、看過すべきでない。お雇い外国人でさえ、むしろ反キリスト教的な姿勢をとっている現状が、キリスト教学校の開校を必然化している、との主張に連動するからである。議事録はなお続く。

「私たちはすでに京都のミカドの御所の傍に、新島名義で土地を確保した。五百五十ドルであった。京都は長年日本の宗教的・教育的センターと考えられてきたので、大学設置の場所としてはもっとも相応しい。日本ミッションとしては、この土地の一画に神学校を設立し、残りを大学に当てたい。不動産の所有や学校基金、運営権については次のことを提示したい。

(一)不動産は日本人のカンパニーが、ミッションと合意のうえで所有する。日本での募金で校舎を建て、設備・備品を購入し、修理する。

(二)大学の運営や日本での募金の管理・運営は、理事会が行う。理事の大半は、最初の二十年間に関してはカンパニーと協議のうえ、ミッション任命の外国人とする。

(三)アメリカでの募金の運営に関しては、アメリカン・ボード運営委員会が承認した理事会が担当する」。

見られるように「内陸部」（後述）への対応が、大きな議題となっている。この後に次の補足が続く。

「大学の設立については三点をつけ加えておきたい。

(一)遅れれば遅れるほど危険性が高まる。

(二)アメリカは教員と資金の大部分を負担すべきである。私たちは伝道事業ですばらしい成果を挙げているが、新島も私たちも、教育事業を放置しておきたくない。

(三)大学は徹底的にキリスト教主義であるべきである。そのためには、大学は宣教師の指導の下に置くべきである。教授が宣教師でない場合は、準宣教師扱いとする。大学の方針などは、ミッション年次総会で協議され、ミッションの要求で決定される」(O. H. Gulick, Report of the Committee on a Christian College, 1875. 6. 21. 吉田亮「研究会レジュメ」)。

ミッションが管理するキリスト教学校、が基本であることがここで確認されている。半月後、次の回覧書簡(一八七五年七月七日付)がメンバー間で回覧された。

「学習院の建物を七百五十ドル以下で買う権限を新島(六月三十日の手紙で知らせてくる)に認める」(O. H. Gulick, Circular Letter No. 12, Japan Mission, 1875. 7. 7, Kobe. 吉田亮「研究会レジュメ」)。

御所の中に放置状態にあった空き家を買い取って薩摩藩邸跡に移築する手筈になっていたのか。現実にはこれは実現しなかった。あるいは公家から反対が出たのであろうか。

関連して言えば、新島は大阪のゴードン邸から京都に転じた当初は山本覚馬の邸にしばらく仮寓した後、市内に借家をする。アメリカの友人からの寄付金で自宅を新築するのは一八七八年のことである。一方、宣教師(外国人教員)用の住宅を借家する交渉も新島の仕事であったが、キリスト教に敵意と不信を覚える市民から借家することは容易なことではなかった。

その点、大阪や神戸は有利であった。新島が仮寓したゴードンの借家は、居留地傍の雑居地にあった。住所は西区本田三番町三十二番地で、家主は人見某、敷地は二九五坪四合六夕、建坪は三十五坪二合七夕であったので、ほぼ居留地の一区画(平均三百坪)に相当した(「明治十六年五月卅一日現在民有地家外国人江貸渡一覧表」ならびに同前「民有地地所明細表」、外交資料館所蔵)。

修繕費に二百七十五ドルもかけているのは、洋式に改築したからであろう(O. H. Gulick, Minutes of Special Meeting, Japan Mission, 1873. 6. 14, Kobe. 吉田亮「研究会レジュメ」)。家賃は年間百ドル以下であったが、すぐ傍に溝があり不健康であった(O. H. Gulick, Special Mission Meeting, Japan Mission, 1874. 12. 31. 吉田亮「研究会レジュメ」)。

彼は一八七九年に同志社教員となって京都に転じるが、借家ではなく二千ドルで新築している(D. C. Jencks, Circular Letter No. 55, Japan Mission, 1878. 10. 31. 吉田亮「研究会レジュメ」)。

さて、夏になって新島は地元の有力者、山本覚馬と二人で「私塾開業願」を府に提出した。九月に文部省で直接交渉の結果、認可を取ることが出来、十一月二十九日に開校(実際は仮開校)にこぎつけた。山本が府知事(槇村正直)の顧問格であったので、府庁から「誘致」された側面もある。要するに東京に首都を奪われた京都の復興計画の一画に組み込まれたのであろう。

それは校名にも反映しているように思われる。男子校(同志社英学校)、さらには翌年の女学校(同志社分校女紅場《にょこうば》)の名称は、京都府が設立した英学校(一八七一年)、ならびに新英学校及女紅場(一八七二年)に倣って付けられたのではないだろうか。その方が府の教育行政に合致しやすいと考えられるからである。さらにこれら四校のいずれの開校にも山本覚馬が関わり、そして彼が同志社の命名者と伝承されてきたことも無視できない。

開校に際して、仏教や神道勢力が反対運動を繰り広げたことは、デイヴィスの回想(後述)にある通りである。ただ仏教、特に西本願寺が槇村正直知事を始め府庁(木戸孝允派の長州閥が牛耳っていた）の首脳陣と連携している点は、看過されるべきでない。

ともあれこうして神戸、大阪に続いて京都に伝道の橋頭堡を築くことに成功したアメリカン・ボードは、以後、東日本に向かって伝道戦線を拡大して行く。一八八〇年の時点で京都ステーションの受け持ち区域は、とてつもなく広く、しかも拡散していた。ゴードンによれば、彦根、福井、安中《あんなか》（上州）、東京は「大阪や神戸から、というよりも京都から、意見や助言を仰ぐ必要があった」。阪神のステーションとは明らかに守備と責任の範囲が違っていた。しかし日本人たちは、新しい伝道地をミッション（ステーション）ではなく、自分たち（日本基督伝道会社）の支配下に置こうとするために、ミッションとの間でいわば綱引きが見られた（M. L. Gordon to N. G. Clark, 1880. 6. 28, Kioto. 日比恵子「研究会レジュメ」）。

具体的に伝道地を挙げれば、京都府下（北部は亀岡、宮津など。南部は伏見、八幡《やわた》、淀など）、滋賀（大津、彦根、八日市、長浜、近江八幡《はちまん》など）、北陸（敦賀、福井など）、群馬（安中教会など）、東京（霊南坂教会、番町《ばんちょう》教会、本郷教会）などである。すなわち東日本一帯をカヴァーする。京都ステーションの守備範囲は極めて広かった。

㈡　京都の特異性

「内陸部」京都

準宣教師の新島が、アメリカン・ボードの同僚たちの協力を得て同志社を開校した京都はいわゆる「内陸部」であった。「内陸部」に誕生した最初のキリスト教学校、それが同志社であった。それ以前のキリスト教学校は、一八六三年に横浜に生まれたヘボン塾を始め、横浜、築地、長崎、神戸、大阪といった「開港地」、もしくは「居留地」に限定されていた。それに対してこの同志社の開校を俟って、すなわち日本人校長（新島襄）に雇用されて初めて外国人（宣教師）は京都居住が可能となるのである。それが京都ステーションの始まりである。

京都を視察したバードもこう見る。「〔外界、とくに外国から〕厳格に隔絶されたこの都市での伝道は、実に興味深い。と言うのも伝道を始めたのは主として日本人であるからだ。〔中略〕外国人は日本人に雇用されないかぎり、誰も条約制限地域の外には住むことができない。京都の場合、日本人三人（うち信徒は一名）から構成されるカンパニー（Company）がカレッジ〔男子校〕と学校〔女学校〕の資産を保有し、デイヴィス氏やラーネッド氏（D. W. Learned）、スタークウェザーさん（A. J. Starkweather）と民間契約を結んで教師として雇用する。彼ら三人はカンパニーの雇われ人（servants）としてこの地に五年間住む権利を取得した」（*Unbeaten Tracks in Japan*, Vol. 2, p. 227）。

要する外国人（宣教師）にとっては、京都の居住権は、日本人の「サーヴァント」になる以外に取得する道はなかった。デイヴィスたちは法的には同志社カンパニー（社員会、今の理事会）の雇われ人であった。ただ、バードの記述はここでも不正確である。彼女が同志社を訪問した一八七八年の時点では、同志社の社員（理事）は新島襄と山本覚馬のふたりだけで、いまだ洗礼を受けていないのは山本覚馬であった。

さらに当時、校地所有は新島の個人名義であり、その後、一八八三年に社員が五人に増加した時点で、社員会名義に切り替えられた。

いずれにせよ、京都ステーションが即同志社である点は変わりない。いわば「教育ステーション」としての比重が決定的に高い。この点にこそ、このステーションの独自性が凝縮されている。ほとんどすべての面倒な問題は、ここから派生する。そのひとつが、学校の管理権をめぐる問題である。たとえばデイヴィスは、日本におけるキリスト教学校のあり方に三類型ある、と指摘する（J. D. Davis to N. G. Clark, 1880. 1. 19, Kiyoto.「J・D・デイヴィスの手紙（一四）」二二～二三頁、『蕓』二五、一九九四年）。

（一）日本人主導型

（二）ミッション主導型

（三）日米協力型（Union plan）

この分類に従えば、もちろん同志社は第三類型である。

したがって同志社に在職する宣教師、たとえばデイヴィスやラーネッドは、必然的に第三の類型を志向する。「内陸部」ではこれ以外の選択肢はない。

けれども、これは他のステーション、とりわけ開港地の神戸や、居留地を持つ大阪から見ると、異常に映ることも確かである。後述もするが、大阪のギュリック（O. H. Gulick）は第一類型を、そして同じく大阪のレヴィット（H. H. Leavitt）は第二類型を主張して譲らなかった。この点、京都ステーションは最初から、日本ミッション内部で紛争の種とならざるをえなかった。

日米協力型

日米協力型の同志社では、「協力」は一種の「綱引き」でもあった。どちらが主導権を握るか、という問題に常にとりつかれた。端的に言えば、代表者（校長）は新島襄なのか、それともデイヴィスなのか、である。前者であれば、「新島の学校」、後者であれば「ミッション・スクール」ということになる。政府から見れば、「日本人の学校」か、あるいは「外国人の学校」か、判然としないことになる。「内陸部」ならではの難事である。

従来、同志社側では「同志社はミッション・スクールにあらず」との認識と自負が濃厚であった。けれども初期に関する限り、アメリカン・ボードや日本ミッションは一般的には逆の認識を示していた。ラーネッドは明白に政府との関係上、表向きは新島を校長に立ててはいるが、「陰の校長」は明らかにデイヴィスである、デイヴィスこそ「学長」であり、「理事長」である、と断定している（拙稿「京都ステーションとしての同志社」二七〇頁、『来日アメリカ宣教師』）。たしかにデイヴィスは同志社をあたかも「シカゴにある学校」のように思い通りに操ることができた、と証言する（『新島襄の生涯』八一頁）。

その点は純然たる部外者である訪問客、バードの目にも同じように映じている。彼女の旅行記では、デイヴィスが男子校の「校長」（the head）、そして女学校はスタークウェザーが「女性校長」（the lady principal）、と断定されている。バードから見て、とりわけ女学校は「アメリカの女子ミッション・スクール」（the American Mission School for girls）にほかならなかった（*Unbeaten Tracks in Japan*, Vol. 2, pp. 226, 228）。

ボストンのクラークにしても、「新島が校長」との意識はもともと薄かった。ある時、クラークは反省を込めてデイヴィスに本心を打ち明ける。「京都府知事の〔同志社やキリスト教に対する〕反対が新島氏を窮地に追い込んでいることをあなたの手紙から知らされた。申し訳ないことに、トレーニング・スクールの校長としての新島の名前に私たちはさほど重要性を認めてこなかったし、〔新島が大いに苦労して結んだ〕官庁との取り決めにもっと慎重に従うように努力すべきであった。〔中略〕今後は我々の年次報告にせよ記録にせよ、新島氏の名前にしかるべき重みを持たせたい」（N. G. Clark to J. D. Davis, 1879. 4. 1, Boston. 森永長壹郎「J・D・デイヴィス宛N・G・クラーク書簡（二）」三七～三八頁、『蕓』二八、一九九七年）。

最初のカリキュラムの編成の場合も、実質的にはデイヴィスが原案を作成し、それが日本ミッション年次総会（一八七六年五月二九日）に諮られた上、決定されている（O. H. Gulick, Abstract of the Minutes of Annual Meeting of the Japan Mission, 1876. 5. 24～30. 吉田亮「研究会レジュメ」）。授業料、寮費の決定も同様で、当初は日本ミッション年次総会が原案を決め、京都ステーション（同志社）に助言するという形を取った（D. C. Jencks, Minutes of the Annual Meeting, 1878. 6. 18～6. 26. 吉田亮「研究会レジュメ」）。いずれの場合も新島の指導性は極めて弱い。

さらに「内陸部」特有の問題として、外国人には資産保有が認められていないことが挙げられる。これが同志社の設立、拡張にとって決定的なマイナス要因であることは、言うまでもない。開校二年目の一八七六年には早くも同志社はこの難題に直面する。

同志社英学校は設立二年目には校舎（借家）を明け渡す羽目に陥った。この際、かねて購入しておいた校地に校舎を新築したい、とミッションは願った。問題は、京都の場合、ミッションに不動産所有権がないことである。

日本ミッションは五月三十日の年次総会（大阪）で、京都のトレーニング・スクールに関し、三千ドルの範囲で校舎と土地（代金が未支払いだったのか）を購入すること、ならびに新島を含めて五人の日本人信徒がカンパニーを組織し、資産の保有者とすることをともかくも決議した（O. H. Gulick, Annual Abstract of the Minutes of Meeting of the Japan Mission, 1876. 5. 24～5. 30, Osaka. 吉田亮「研究会レジュメ」）。けれどもその後、デイヴィスがミッションのメンバーから受け取った二十通以上の書簡の中には、校舎建築の不安と疑念、ひいては同志社を京都に存続させるのは反対、との批判的内容が多かった。ステーション間で意見が大きく相違するのである。

こうした内輪からの反対論に対して、デイヴィスは「後ろから弾を撃つに等しい」と激しく糾弾する。「兵士にとって後方から砲火を浴びることほど、士気をくじかれることはありません。だがそれが、私たちに前進することを命じたミッションからの砲火だとすれば、それが私たちを傷つけたことは何ら驚くにあたらないことです」（マール・デイヴィス著、北垣宗治訳「宣教の勇者デイヴィスの生涯」一一、一八二～一八三頁、『新島研究』八八、一九九七年二月）。後述もするが、同志社（京都ステーション）は発足以来、たえず他のステーションから攻撃を受けた点で、デイヴィスにとっては一種の戦場にほかならなかった。

反対はあったものの、校舎の新築は夏に進められ、この年（一八七六年）九月には、新しい校地で竣工式が挙げられた。実質的にはこれが英学校の開校式である。翌月には女性宣教師（A. J. Starkweather）がデイヴィス邸で「京都ホーム」（同志社女学校の前身）を開設した（後者の消息については、本書一五三頁以下を参照）。

府庁の対応

「内陸部」のほかにも、京都特有の特殊性がある。反キリスト教的風土と保守主義である。とりわけ神戸や大阪に比べると、伝統的な宗教の影響やかつての「ミヤコ」（聖都）、すなわち天皇お膝元意識の高さもあって外国人、とりわけ宣教師や外来の宗教、キリスト教に対する反発は強かった（詳しくは拙稿「新島襄と仏教徒――初期の同志社をめぐる仏教界の動向――」、『新島研究』七七、一九九〇年一一月を参照）。

神戸から移り住んだデイヴィスは一年半近く経った時点で次のように慨嘆する。

「この京都での事情は〔前に居た神戸とは〕非常に違う。私たちが最初に京都に入った時、そのことが一万人から一万二千人の僧侶たちの猛り狂った怒りを呼び、火山の噴火のように爆発した。彼らの影響力は当市の知事には圧倒的なので、その日以来、知事はそれまでのように新島氏には好意的に会ってくれなくなった。新島氏が心配していたように、お八重〔山本覚馬の妹で、新島の婚約者〕は〔中略〕当地の公立女学校〔女紅場《にょこうば》〕から同じ頃に解雇された。以来、今日にいたるまで女学校の生徒は新島家はもちろん、我々宣教師の家にも出入りが禁止されている。私たちがここに住んで半年間というもの、女性は誰一人、わが家の敷地に足を踏み入れようとはしなかった。現在でも新島夫人が近づくと、近所の人は逃げ出す」(J. D. Davis to N. G. Clark, 1877. 2. 20, Kiyoto.「J・D・デイヴィスの手紙(一〇)」一〇頁、『甍』二一、一九九〇年)。

八重が解雇された女紅場(後の府立第一高等女学校、現府立鴨沂《おうき》高等学校)は、全国に先駆けて一八七二年に最初の府立女学校として開校されて以来、天皇からの下賜金で設立された経緯や、公家子女の入学者が多かったこともあって天皇や皇族の視察が相次いだ。特に昭憲皇太后は三度も訪問し、そのうち二度は寄付金を寄せている(『京都府百年の年表』五、七四頁、九四頁、一〇〇頁、京都府立綜合資料館、一九七〇年)。

こうした皇室との繋がりからも、キリスト教色は払拭すべきであった。女紅場より四年後に開校した同志社の女学校が、強力なライバルを前に苦戦を強いられる(逆にひとつのモデルを提示できた面もある)のも、容易に予想ができる。

さて、当初は同志社に友好的であった府知事の槇村正直も、こと宣教師による医療活動、あるいは医療伝道に関しては、始めから冷淡であった。この点、兵庫、大阪、岡山といった府県当局の姿勢とは明白な差があった。たとえば医療宣教師、テイラーに対する対応は府県により大きく相違するが、その点については後述する。

槇村は同志社設立の認可を下した後は、仏教勢力からの反発を恐れて同志社には徐々に冷淡になってきた。そのため日本ミッションは同志社の最初の校舎建設(一八七六年。費用は三千ドル)に対して躊躇せざるをえなかった。

そもそも京都では外国人に財産保有権がないうえに、府の建築認可が取れるとは思わなかったので、ミッションは「しぶしぶ」投資を決定したのである(J. D. Davis to N. G. Clark, 1877. 7. 7, Kiyoto.「J・D・デイヴィスの手紙(一〇)」三三頁)。以後、開港地や居留地への移転問題がたえず起きるのも無理はない。

同志社やキリスト教に対する府庁の態度がはっきりと豹変するのは、一八七九年である。すでに一月の時点でラーネッドは、知事には「ふたつの顔」があり、最近、一転して同志社に敵対的な顔を見せ始めたという。その結果、ゴードンの京都居住許可の申請が不許可になったばかりか、ラーネッドの居住許可延長も怪しくなったと見る(D. W. Learned to N. G. Clark, 1879. 1. 21, Kiyoto)。

五月に至って、府の学務課員が同志社を視察(実態は査察)し、報告書が槇村正直知事から外務卿に送付されている。六月の視察ではデイヴィスが聖書を教室で講義している現場を目撃され、新島は弁明書(始末書)を提出させられている。このためゴードンの京都居住許可がいよいよ難航した(『新島襄全集』八、一八七〜一九〇頁)。政府が同志社をアメリカの学校ではないか、と見なして新島に警告し、自己資金を確保するように「指導」されたのは、この夏のことである。いわゆる「八千ドル問題」の発生である(詳しくは拙稿「同志社とアメリカン・ボードの自給論」、『キリスト教社会問題研究』五三、二〇〇四年一二月、を参照)。

知事の姿勢転換については、デイヴィスに別の証言がある。この年(一八七九年)の秋頃、槇村は市内の六十四人の町内責任者(戸長)に対して、住民が宣教師住宅や教会に近づかないように通達を出したという(J. D. Davis to N. G. Clark, 1879. 11. 10, Kiyoto.「J・D・デイヴィスの手紙(一三)」九四頁、『蒐』二四、一九九三年)。

これはある面では、知事の「報復」であった。というのは、彼はラーネッドとゴードンの京都居住許可に否定的であったにもかかわらず、新島が個人的な関係を最大限に利用して外務省や政府に取り入った結果、知事の反対を無視して政府が認可した。知事はこれに激怒し、外務省が問題を政府に委ねたことを悪口雑言の限りを尽くして非難した(J. D. Davis to N. G. Clark, 1880. 5. 6, Kiyoto.「J・D・デイヴィスの手紙(一四)」三四頁)。デイヴィスは、「これは中央政府が、地方の知事の頭越しにキリスト教に有利な判断を下した最初のケースである」として、もちろん大歓迎した(J. D. Davis to N. G. Clark, 1880. 6. 14, Kiyoto.「J・D・デイヴィスの手紙(一四)」三六頁)。

その一方で槇村は同志社スタッフの活用(利用)という点で同志社に協力を要請している。同年七月初め、山本覚馬が知事と面談したおり、知事から次の要望が出されたという。すなわち同志社が市内公立小学校教員のために夜学校を開いてくれれば、市内六十四校の教員を受講させたいというのである。デイヴィスはこの件に前向きで、九月の秋学期には設けたい意向であった(J. D. Davis to N. G. Clark, 1879. 6. 14, Kiyoto.「J・D・デイヴィスの手紙(一三)」七七頁)。同志社は生き残りのためにも知事の期待を無下《むげ》に拒絶するわけにはいかなかったはずであるが、実際に実現した形跡はない。

さらにこの年、官憲の側で同志社に対する関係が冷却し始めるや、京都における宣教師の居住許可や財産権の問題が京都ステーションで再度表面化したことは確かである。

居住を継続させるために、また資産所有権が脅かされた場合に備えて、考えられる対策はふたつあった。ひとつは日本へ帰化することである。デイヴィスもラーネッドもその用意があった。いまひとつは、学校(College)を神戸に移転させ、今の校舎は日本人に譲り、神戸の学校(College)の予備校とする、という案である(J. D. Davis to N. G. Clark, 1879. 7. 5, Kiyoto.「J・D・デイヴィスの手紙(一三)」七五～七六頁)。

いずれも実現には困難が伴うが、ボストンのクラークの反応は、前者は「とても賢明とは思えない」であった。どうしても必要ならば、神戸へ同志社の全宣教師を転出させ、校舎を当分日本人に渡すことは可能、という(N. G. Clark to J. D. Davis, 1879. 4. 1, Boston.「J・D・デイヴィス宛N・G・クラーク書簡(三)」三八頁)。いずれにしても「内陸部」ならではの悩みであった。

ただ同志社にとって幸運だったのは一八八一年に知事の交代があったことである。この年の一月に、同志社への協力を渋り始めた槇村知事が元老院に転出し、翌月、代わりに北垣国道が土佐から赴任した。北垣は(キリスト教の理解者として知られる岡山県令の高崎五六ほどではないとしても)同志社やキリスト教に好意的な姿勢を示したので、教育、伝道両面で京都のキリスト教界は「冬の時代」から一転して「春の時代」を迎えるにいたった。

デイヴィスは知事の交代を捉えて、「五年間、我々と福音を押しつぶそうとした前の異教的知事は、移動しました。代わった知事は友好的です」。この交代は「十九世紀の奇跡のひとつ」とまで狂喜する（J. D. Davis to N. G. Clark, 1881. 8. 23, Kiyoto. 森永長壹郎「デイヴィスとクラークの往復書簡（二）」四八頁、『甍』三〇、一九九九年）。

もちろん新島も、諸手を挙げて北垣を歓迎した。新島は悦ばしげに、「京都府知事槇村正直は切に我教の蔓延せる事を恐れ、随って我校を廃止せしめんと企だて、百方手を尽し我輩の進路を経たんことを許ら〔れ〕しを以て止むことを得ず。同氏在任中は〔京都第二公会〕会堂の建築を見合せ、新知事北垣国道氏の来れるに逢ひ、諸事、自由任地主義なるを以て、〔一八八一年〕五月より此会堂建築に取懸り、九月を以て落成」と述懐する（『京都のキリスト教』一三〇頁）。

教会堂の建築が許可されたほかにも、キリスト教の公開集会が市内で開催できるようになった。この結果、街中の芝居場を借り切って、三千から四千もの市民を集めて同志社の教員や学生、宣教師が宗教講演（説教）を行えるようになった点で効果は絶大であった。「日陰者」に甘んじたキリスト教が、ようやく市民層に社会的「認知」される契機を摑んだのである。ただ、その反発も壮絶であった。仏教勢力（特に西本願寺）が対抗上、新たに仏教演説会を何度も開催して、「耶蘇退治」に乗り出してきた。京都ならではのキリスト教排撃である（詳しくは拙稿「同志社演説会――キリスト教と仏教一八八〇年～一八八一年――」、『キリスト教社会問題研究』三九、一九九一年三月参照）。

ただし、興味深いことに仏教側はキリスト教を排撃するだけではない。部分的にはキリスト教勢力を借用、もしくは模倣しようとする模索が見られた。その好例は、宣教師の存在が徐々に仏教勢力からも認知され始めた一八七七年に本願寺が経営する仏教系学校がデイヴィスに「形而上学」（一日一時間）の授業の依頼を申し込んできた一事である。デイヴィスとしても多少は乗り気であった。ただ週に「宗教」を二時間なら可能だが、それ以上は時間の余裕がとれなかった（J. D. Davis to N. G. Clark, 1877. 11. 14, Kiyoto.「J・D・デイヴィスの手紙（一一）」一六頁、『甍』二二、一九九一年）。

市民の対応

一方、槇村府政当時は、知事同様に市民の反応も冷たかった。八重が近所の女性たちから村八分的な冷遇を受けた、とデイヴィスが述懐していたのは前述したが、そのデイヴィスも住民からは嘲笑の的とされた。「この五年間、街を歩いていると公然と嘲笑の的にされることがしばしばであった」と告白する（J. D. Davis to N. G. Clark, 1880. 6. 14, Kiyoto.「J・D・デイヴィスの手紙（一四）」三五頁）。

したがって、京都では純然たる好奇心に基づくいわば冷やかしを別にすれば、キリスト教学校や教会、あるいはキリスト教集会に進んで接近する人は少なかった。「最初の五年間というもの市内からの入学生はごく稀であった」とのデイヴィスの証言にあるように（『新島襄の生涯』九一頁）、男子校にせよ、女子校にせよ、地元からの入学者は驚くほど少数であった。幸か不幸か、学校はいじれも寄宿舎を備えた寄宿舎学校（a boarding school）であったので、主流は圧倒的に地方出身の生徒（その代表格が「熊本バンド」であることは言うまでもない）であった。

そこで宣教師としては地元からの入学者は大歓迎であった。ところがそこに一種の落とし穴が生れる。クラークから地元生徒、とりわけ女生徒の受け入れについて次のような疑念が提出される。

「あなた方は〔女〕学校に貧しい女児を入れすぎるのではないか、との懸念に少しばかり襲われました。救いたいと思うような悲惨なケースや哀れなケースに今後何度か遭遇すると思います。私たちの伝道の歩みから言えば、そうした方向へ一途に向かうことには反対です」。換言すれば、「孤児院システム」(a system of orphanages) や「慈善学校」(a charity school) となる危険性は回避せよ、との忠告である (N. G. Clark to J. D. Davis, 1877. 1. 4, Boston.「J・D・デイヴィス宛N・G・クラーク書簡（二）」三二頁、『蕓』二七、一九九六年)。

「孤児院にするな」と言わんばかりの警告に対して、デイヴィスはこう反論する。「当地で孤児院を始めるのでは、とのご懸念は無用です」(J. D. Davis to N. G. Clark, 1877. 2. 19, Kiyoto.「J・D・デイヴィスの手紙（一〇）」二頁)。この点、デイヴィス伝はもちろんデイヴィスに同情的で、「クリスチャンたちの間でも極度に貧しい人たちからの入学希望が沢山あり、これを拒否するわけにには いかなかった。クラーク総主事はそんなに多くの貧しい少女たちを引き受けることは危険なことだという考えに傾いていた」と指摘する（「宣教の勇者デイヴィスの生涯」一一、一八六頁）。

入学者の少なさは、支援者の少なさに通じる。神戸時代にデイヴィスを経済的にも精神的にも助けてくれた地元の名望家、たとえば旧藩主・九鬼隆義のような人物が、京都では決定的に不在であった。あるいは後に岡山ステーションの発足に大きな力を発揮した岡山県令高崎五六と、槇村正直では明らかに差があった。この点はアメリカン・ボードが重視する「自給」政策（後述）と密接に関係する。大阪の信徒たちが開校と運営に尽力した梅花女学校の例を引き合いに、大阪の宣教師は同志社女学校の財政についてこう論評する。

まずベリーであるが、同志社女学校の校舎拡張問題に関して、「京都（同志社女学校）が大阪（梅花女学校）よりも負担を担えない特別な理由があるとは思えるのであるが」と断りながらも、あえて工費支出には慎重論を展開する。

またオルチン (G. Allchin) は京都の中心部に移転したうえで新築することを主張する。なぜなら、彼は「同志社女学校ですら、生徒確保ができない」との同校教師の発言に基づいて、現状では地元からの入学者が少なく寄宿生（学校の経済的負担が大きい）に頼らざるをえないことが、学校の自給を妨げているというのである (D. C. Jencks, Circular Letter, No196, 1886. 4. 5. 吉田亮「研究会レジュメ」)。地元の生徒が確保できない要因が、はたして学校の立地条件に因るのかどうかは、現在の立地が通学に決定的に影響するほど都心から距離があるとは思えないので、疑問が残るところである。やはり、別の要因を用意すべきであろう。

さらに、西本願寺を軸とする仏教勢力が、開校前後から同志社の行く手を阻んだことは先に見たデイヴィスの証言にある通りであるが、開校九年を経た一八八四年に至って反対運動が再燃している。すなわち、市内で仏教勢力が「大宮事件」とも言うべき激化事件を発生させたのである。同志社は一八八〇年以来、市中で「同志社演説会」なる公開講演会を定期的に開催してきたが、それが契機となって引き起こされたキリスト教と仏教との抗争が、ついに暴力事件にまで発展するほど「耶蘇退治」がピークを迎えたのである（拙稿「同志社演説会」参照）。

おりしもキリスト教国と条約改正交渉に臨んでいた政府は、事態を憂慮して仏教側に圧力をかけ、同志社攻撃に釘を刺した。こうして開校前後から同志社を悩まし続けたキリスト教攻撃は、ひとまず沈静化するのである（拙稿「同志社と条約改正」九七頁以下、『同志社談叢』一二、一九九二年三月)。

要するに京都は内外の宣教師に「遍く知られた面倒な所」("a proverbially difficult place") なのであった（坂本清音「アメリカ

ン・ボード女性宣教師と日本人の間のコントロールを巡っての戦い」六一頁、『キリスト教史学』五六、二〇〇二年七月）。

以上の負荷に対して「内陸部」の京都には実は利点もある。外国人、特に宣教師を排除し、容易に受け入れない京都は、すでに許可を得て入り込んだ宣教師にとっては、競争者が排除されたいわば「独占」が成立する恵まれた社会（happy land）でもある。一八七五年以来、アメリカン・ボード以外の他教派が京都に「侵入」することは絶えてなく、新島が死去する一八九〇年前後になって、ようやくカトリックや聖公会、長老教会（一致教会）等がまるで堰を切ったように入洛し、京都伝道に取り組み始める（長老派については、本書三二二頁以下を参照）。したがって京都の閉鎖性はアメリカン・ボードにとっては、功罪相半ばするのである。

アメリカン・ボードに対してだけ開放された京都は、後続者にとっても魅力的な伝道地にほかならなかった。一八八一年にグリーンの任地（神戸転出）が問題となった際、他の「内陸部」は「保養」（health）もしくは「学術調査」（science）以外の目的では旅行許可がおりないうえに、発展する同志社が教師を必要とするので、神戸を去って京都に行くべきだ、との意見が多く出された（M. L. Gordon to N. G. Clark, 1881. 10. 31, Kioto. 日比恵子「研究会レジュメ」）。きわめて妥当な見解である。

㈢　京都をめぐる抗争

ステーション間の確執

同志社の前に立ちはだかったのは、日本人だけではなかった。その行方を遮ろうとする宣教師がいたのである。たしかに「内陸部」を敬遠する雰囲気がミッションにあった。

寄宿舎学校として発足した同志社であるが、男女の各学校とも、創立まもなく寄宿舎不足に悩まされた。地元京都からの入学生が限定されていた反面、「熊本バンド」のように遠隔地からの入学生（特に教会関係者）には恵まれたからである。

一八七七年六月のミッション年次総会は同志社で開催され、二日（二十日と二十二日）にわたって校舎増築問題が論議を呼んだ。神戸のO・H・ギュリックが男子校、女子校の校舎建築費をミッション負担とすることに反対した。おそらく彼の要求の結果であろう、議事録にはそれぞれ「ギュリックは反対した」と明記されている（O. H. Gulick, Annual Meeting of the American Board's Mission to Japan, 1877. 6. 吉田亮「研究会レジュメ」）。

一方、ミッション記録には明文化されていないが、大阪のレヴィットも強力に反対論を張ったらしい。防戦に努めたデイヴィスは苦渋を込めて記す。「ドーン夫人に関する恐ろしい心労（strain）〔後述〕が過ぎると、ここ京都〔同志社〕で開催されたミッション集会〔年次総会〕でギュリック氏とレヴィット氏が私たちの仕事〔同志社〕に対して十字架砲を浴びせ始めました。私たちの仕事はあやうく壊滅するところでした」。デイヴィスが阪神の同僚たちから猛烈な攻撃を受けて、打ちのめされ心労を重くしたことは言うまでもない。同僚の「狂ったような突撃」はその後も継続し、一時は「ほとんど殺されかけた」と弱音を吐く始末である（J. D. Davis to N. G. Clark, 1880. 12. 16, Kiyoto.「デイヴィスとクラークの往復書簡（一）」四二頁、『黌』一二九、一九九八年）。

一難去ってまた一難が、デイヴィスを襲う。今度は「自給」をめぐる抗争である。大阪の同僚たちが信奉する「自給」原則に関して、デイヴィスは修正を加える必要を感じた。クリスマス明けに彼は、これをミッション特別集会（十二月二十六日～二十九日、会場は神戸のギュリック邸）に提出した。ただし議題は日本人伝道会社設立の件とした。協議の末、デイヴィスの提案は承認された（D. C. Jencks, Proceedings of a Special Meeting, Japan Mission, 1877. 12. 26～12. 29, Kobe. 吉田亮「研究会レジュメ」）。この結果誕生したのが「日本基督伝道会社」である。

だが、デイヴィスの真意は、実は別の所にあった。彼は「自給」と題する小論を用意し、この集会で発表した（「宣教の勇者デイヴィスの生涯」一一、一九七頁では年次総会とあるが、年次総会議事録には該当記事はない）。

その狙いは、自給を目標とするものの、「やはり金が必要であるような目標が存在」すること、すなわち日本人教会やキリスト教学校、ならびに経済的な困窮学生に対する援助の必要性をミッションに喚起しようとするものであった。とりわけ奨学生が大事であった。ミッションは「部分的にではあるが」このことを決議で確認した（ibid.）。「金食い虫」の同志社をめぐる自給論争（後述）は過熱せざるをえなかった。

こうした同志社をめぐるミッション内部の不一致は、一八七八年のミッション年次総会で明白に表面化する。デイヴィス伝にはこうある。

「一八七八年夏に有馬で開かれたミッションの会議において、同志社という植木のすり減った根が、またもや白日のもとにさらされて点検を受けた。ミッションにはふたつの派があり、一方は完全な自給を主張し、他方はミッションが学校を完全に掌握することを主張するものであったが、両者は結託して、これ以上京都を保持していくべきかどうかを問題にした」（「宣教の勇者デイヴィスの生涯」一一、一九一頁）。

前者の自給派を代表するのがレヴィットであり、後者のミッション主導派の代表がギュリックである。この年の年次総会では前年のギュリックに続いて今度はレヴィットが同志社攻撃の急先鋒となった。その結果、貧窮学生（神学生）への経済援助の件はミッション年次総会でまたもや否決された。

すなわちレヴィットは、学校委員長として「これ以上、アメリカン・ボードの基金から同志社学生への援助は無理。今後はミッション・メンバー銘々や日本人教会が行うべき」旨の報告をし、承認を取り付けている（D. C. Jencks, Minutes of Annual Report, Japan Mission, 1878. 6. 18～26. 吉田亮「研究会レジュメ」）。

自給政策をめぐる対立

ステーション間の対立で激しい論争を呼んだのが、一八七九年に起きたいわゆる「二千ドル問題」と「八千ドル問題」である。ミッション内部の不一致が爆発寸前にまで膨張した点で、この年は京都ステーションにとっては、最大の山場となった。要するに同志社財政が肥大化した結果、日本ミッションの財政方針が転換する画期となったのである。

これら二つの問題は、一八七九年にいよいよミッション全体を揺るがす問題にまで発展する。それは、京都ステーション（同志社）の存立そのものにかかわる大問題であった。同志社は、この難題を乗り越えた。その結果、ミッション財政政策は、必然的に転換を余儀なくされた。その意味で、極めて重要な出来事である。詳しくは、別の所（本書二二七頁以下）で述べるので、ここでは行論上、必要な限りの要点だけに絞りたい。

まず「二千ドル」問題の種は、デイヴィスが蒔いた。同志社を卒業生する神学生に対する経済的援助を、彼がボストンに要請したところ、アメリカン・ボード本部は、それを受け入れてくれた。これに対する反論が、大阪と神戸の宣教師から激しく巻き起こった。自給政策の侵害だ、というのである。

ついで「八千ドル問題」とは、日本政府が同志社を（主として財政的な面から）「アメリカの学校」と見なして、宣教師の京都入京・居住を認めないところから発生した問題である。新島は、政府からの批判をかわすために、送金方法の変更をアメリカン・ボードに泣きついた。今後は、ミッション会計（宣教師）ではなくて、直接、自分に送ってほしい、とアピールした。これに対しても、本部は、毎年八千ドルを新島に送ることを約束して、同志社のピンチを救った。

ところが、今回もまた、京都以外の宣教師たちから、強烈な反対論が起きた。とりわけ、京都ステーションと大阪ステーションの間で、激しい論争が繰り広げられた。その極、翌年（一八八〇年）には、もっとも強硬な反対論者、レヴィット（大阪）が宣教師を辞職する、という最悪の事態にまで発展した。

要するに、ミッションの基本方針である自給論に関しては、早くから再三再四、問題視されてきたものの、表面化することはなかった。ところが、一八七九年に至って、その根幹にかかわるような大事件が、同志社をめぐって起きた。翌年にかけて、大きな争点になり、再度、ステーション間の抗争が繰り広げられた。その挙句、ついに犠牲者が出るまでに至った。レヴィットの辞職である。その背景には、同志社財政の肥大、ならびに特殊性があった。

デイヴィスの心労

以上見てきたいずれの摩擦や論争の場合も、矢面に立ってこれを受け、反論したのは、京都ステーションではデイヴィスであった。抗争の激化に伴い、彼の疲労は一八八〇年に極限状況に達した。彼は入洛して四か月の段階で、京都での生活は、かつて従軍した南北戦争で最前線にいた時以上に「緊張する」(exciting)、とすでに述懐していた（J. D. Davis to N. G. Clark, 1876. 2. 15, Kiyoto.「J・D・デイヴィスの手紙（八）」四頁、『蕓』一九、一九八八年）。精神的ストレスは、その後もけっして低減しなかった。

京都における最初の五年間の働きは、デイヴィスも自認するように、恐ろしいまでの「過労」(strain) そのものであった。要因は三つあったという。彼が筆頭に挙げるのは（第二、第三は後述）、宣教師の京都居住（同志社への雇用）をめぐる官庁との折衝（直接の担当者は新島であるが）であった。既述のように、これは京都ステーション特有の問題で、神戸や大阪ではとうてい考えられない。最初の五年間の心労は「とてつもなく大きく、しかも増大し続ける」点で、母国で体験した四年間の軍隊生活をはるかに凌ぐほど重い、少なくとも十年を生きた心地がする、とまで述懐する（J. D. Davis to N. G. Clark, 1880. 6. 14, Kiyoto.「J・D・デイヴィスの手紙（一四）」三五頁）。

彼の心労の大きさに近いのは、女学校のスタークウェザーであろう。同校在職の八年間で二十歳も老けた、という。ただ彼女の場合は、日本人教職員との軋轢が最大の悩みであった。彼女にすれば、他都市のように宣教師が十分な働きを期待できない京都であるならば、ミッションは宣教師の派遣を止めるべきである、とまで提案する（坂本清音「同志社女学校初代婦人宣教師A・J・スタークウェザーの苦悩」三一三頁以下、三二〇頁、三二六頁、注二七、『来日アメリカ宣教師』）。

さすがにデイヴィスは、そこまでは言わないにしても、同志社初期の五年間は「軍人宣教師」(a soldier missionary) の異名を取る彼にとっては、戦闘そのものであった。それも正面ばかりか、自軍からの攻撃（後方から、また十字架砲の）をも警戒しながらの銃

撃戦とあれば、南北戦争をはるかに超える過酷な体験であった、と言っても過言ではない

その結果、彼の心労は限界に達し、日本の内外を転地旅行しながら長期の保養休暇を取ることを不可避とした。彼は一八七九年夏、神経衰弱（nervous exhaustion）と不眠症に陥り、仕事に不適応ではないか、との敗北感に襲われた。一八八〇年冬には、脳充血を懸念した同僚の医療宣教師の勧めに従って、清国へ旅行することを決意した（「宣教の勇者デイヴィスの生涯」一一、一二〇頁）。同志社初期の五年間は、明白に京都ステーションにとっても「冬の時代」であった。

一番目の対外的な要因（政府・府庁との折衝）に次いで、デイヴィスが過労の原因に挙げるのは、次の二つである。ひとつは学校（同志社）内部の問題、いまひとつは日本ミッションの伝道方針に関する問題である。

デイヴィスが第二、第三に挙げる要因は、実は学生への経済援助の是非が問題とされている点で、結局は同じ根に繋がる問題である。同志社は開校以来、学生への経済援助に関するミッションの方針をめぐって、揺れ動いてきた。先に見た二千ドル、さらには八千ドルの援助支給は、それへの対応策である。それで問題がすべて片付いたわけでなく、その直後でさえも、外国資金の使用をめぐっては、ミッションが「ひとつ」（unit）になった、とはとうてい言えなかった。

デイヴィスを始め同志社の宣教師にとって、他のステーションとの対立が頂点に達したのが、同志社の大阪、あるいは神戸への移転問題であった。それへの対抗措置として打ち出されたのが、一八八〇年春学期に新設された速成（短期）日本語神学科（Special Course）である。「熊本バンド」を卒業させた後の同志社は、「余科」（神学科）の在籍者がゼロになった。そこで、社会人神学生を大勢呼び込もうという対策案が、急浮上した。

二十名の入学者（大半が社会人）を迎えて、ようやく同志社はギュリックやレヴィットらが主張する移転論を押さえ込むことができた。同志社神学校の廃校の危機を乗り越えたデイヴィスは「この神学科が神の下で学校を救ってくれた」と安堵した。

もっともその代償も大きく、例の新島襄「自責の杖」事件（一八八〇年四月十三日）は、いわゆる「智徳論争」における「智論派」（science party）の学生たち――彼らは紛争の当事者でもある――が「徳論派」（新入神学生はこちらに組したはず）に追い詰められた結果、起死回生を狙って打って出た捨て身（make a grand charge and a sudden victory）の策であった。

学校は一時、「私たちのもっとも優れた二名の教師」（日本側の文献では市原盛宏と森田久萬人《くまんど》）が辞職を覚悟する、という窮地に陥った。結局は紛争（storm）の指導的な学生が六名（代表は徳富蘇峰である）、自発的に退学するという形で収まった（J. D. Davis to N. G. Clark, 1880. 6. 14, Kiyoto.「J・D・デイヴィスの手紙（一四）」三七～三八頁）。

初期同志社を震撼とさせたこの学園紛争は、京都にある神学校色の強いキリスト教学校ならではの出来事である。それだけに、新島やデイヴィスの心労を極限にまで膨らませたことは、容易に推測できる。ちなみに六人の退学理由が、「智徳論争」（science question）に起因すること（J. D. Davis to N. G. Clark, 1880. 8. 28, Kiyoto.「J・D・デイヴィスの手紙（一四）」四八頁）、ならびに紛争や事件の底流に、ステーション間の対立があることを指摘しているのは、デイヴィスだけである（紛争と事件について詳しくは拙著『新島襄と徳富蘇峰』第一章参照、晃洋書房、二〇〇二年）。

さて、デイヴィスが指摘する以上の三つの過労要因のほかに、実は授業面でのプレッシャーも無視できない。例の「熊本バンド」の俊才たちの指導は、主として彼に委ねられたが、彼がそのことにどれほど骨身を削ったかは、自ら述懐している通りである。これには第三者の証言もある。一八七八年十月に彼の授業を参観したバードは、言う。

「最初の三十分はデイヴィス氏が講義し、残りの三十分は生徒がデイヴィス氏に英語で質問をしたり、難問について自分の意見を主張したりする。彼らの質問、というより難問のひとつを挙げれば、形態抜きに色彩を認識する可能性に関するもので、朝の授業が二回、ほとんどこれに費やされた。明らかに生徒たちは教師からにせよ、教科書からにせよ、納得がいかなければ何も受け入れようとはしない。生徒の質問はよく準備されていて、実に手ごわい」。

授業を見たバードの結論は「これらの熱心な青年たちが出す難問を即座に処理しなければならない教師たちには同情する」であった（*Unbeaten Tracks in Japan*, Vol. 2, p. 229）。

ちなみに彼女は、生徒の外観を「実に醜い（ugly）」と評している（ibid.）。たしかに生徒のひとり（海老名弾正《だんじょう》）の回顧によれば、バードは生徒の風采があまりにも「野蛮」なのに一驚した、とデイヴィスに伝えている。このため彼は、この点でも「熊本バンド」等に苦言を呈さなければならなかった（『創設期の同志社』二九三頁、同志社社史資料室、一九八六年）。

さらに以上の公務以外にも、デイヴィスは私的な家庭問題として夫人や、彼女の姉で同居人のドーン夫人（C. H. Doane）の病気を抱えるだけに、過労はいやがうえにも「恐ろしい」ものにならざるをえなかった（J. D. Davis to N. G. Clark, 1880. 8. 28, Kiyoto.「J・D・デイヴィスの手紙（一四）」四九頁）。ちなみに、この姉妹の母親（在アメリカ）は、一八七七年に精神的な障害から発作的に自殺をしている（D. C. Greene to N. G. Clark, 1877. 4. 11, Yokohama. 茂義樹「D・C・グリーンの手紙（IX）」八三頁、『梅花女子大学研究紀要』四一、一九九三年）。このことは、ふたりの娘たちにも何らかの影響を与えたことであろう。

姉妹の病気に関連して、公的な過労に及ぶ宣教師の健康問題について補足しておくと、すでに入京二年目の一八七七年の時点で、テイラー夫人が発病している。神経病と推測される。京都特有ではないが、反キリスト教的風土が背景にあり、日本人から村八分にされたり、外国人との交流が極めて少ないといった孤立感が、要因らしい。放置しておくと、「大変な結果」が予想されるのでテイラー夫人は早急に（五月十日に）離日すべきである、と四人の医療宣教師が「総意」として判断した（O. H. Gulick, Minutes of Special Meeting, 1877. 4. 13. 吉田亮「研究会レジュメ」）。

このことはドーン夫人のケースにも、程度の差こそあれ該当しよう。熊本のジェーンズ（L. L. Janes）夫人（拙稿「スカッダー家の人びと」九一～九二頁、『同志社談叢』九、一九八七年二月参照）やアルブレヒト（G. E. Albrecht）夫人の例が、想起される。後者は前橋での孤立生活が、健康を害する要因となった（G. E. Albrecht to J. L. Barton, 1899. 7. 14, Maebashi）。

夫人だけでなく、男性宣教師の健康問題は、早くからミッション内部で討議されている。具体的に言えば、まず夏の避暑地の選定である。興味深いのは、バードの日本旅行記でエゾ（Yezo）情報を入手したボストンのクラークが、一八八一年に北海道を推奨していることである。避暑地として理想的に思えるので、帰国が最善と考えずに考慮してほしいとの願いである（N. G. Clark to D. W. Learned, 1881. 2. 3, Boston）。

さらに翌年には、今度は日本ミッション年次総会（一八八二年五月十五日）でウラジオストックが候補地に挙げられ、一八八二年の夏に視察・調査することが決まった。その委員には、カーティスと新島が指名された（D. C. Jencks, Minutes of the 10th Annual Meeting, 1882. 5. 9. 吉田亮「研究会レジュメ」）。

さて、一八八六年にはデイヴィス夫人の発病に対して、帰国が望ましい、との判断が下され、主治医による診断書が、ボストンのクラークに送付された（D. C. Jencks, Circular Letter, No191, 1886. 3. 17. 吉田亮「研究会レジュメ」）。翌月、彼女が帰国途上の船上で失踪（自殺）したことは森永論文（『アメリカン・ボード宣教師』所収、二〇〇四年）が詳しい。

さらに一八八七年には、夏の保養地の検討のため、年次総会で海岸保養地委員会が設置された（A. W. Stanford, Minutes of the 15th Annual Meeting of the Japan Mission, 1887. 8. 7. 吉田亮「研究会レジュメ」）。翌年にはベリーの北海道休暇の体験談が委員会で披露された（A. W. Stanford, Minutes of the 16th Annual Meeting of the Japan Mission, 1888. 8. 3. 吉田亮「研究会レジュメ」）。

続いて一八八九年には、山中湖畔の土地購入が年次総会で検討されている（Abridged Minutes of the 17th Annual Meeting of the Japan Mission, 1889. 7. 28～8. 3. 吉田亮「研究会レジュメ」）。

避暑地選定と並ぶ重大な休暇問題は、帰国休暇（sabbatical leave）である。デイヴィス自身、心労がピークに達していた一八八〇年に、「この気候では八年、ないしは十年に一度、転地のため帰国すべき、との強い思いがミッションにはある」と言っている（J. D. Davis to N. G. Clark, 1880. 8. 28, Kiyoto.「J・D・デイヴィスの手紙（一四）」四八頁）。

ラーネッドも早くからこの問題で提言を繰り返している。たとえば、一八八一年には「規定が必要。十年毎が妥当」とボストンに訴えている（D. W. Learned to N. G. Clark, 1881. 1. 2, Kiyoto）。

㈣　同志社の拡張

総合大学への動き

以上で、同志社（京都ステーション）の発足の経緯と初期同志社をめぐる軋轢の消息は、あらかた明示されたと思われる。次に発足数年以降の同志社の動向を見ておきたい。

まず目立った動きは、一八八二年に新島が念願の大学構想実現に向けて動き始めたことである。切っ掛けは、「大和の山林王」と呼ばれた土倉《どぐら》庄三郎による五千円の寄付であった。以後、新島は日本ミッション宣教師ばかりか、ボストンの関係者の理解と協力を取り付けるのに、相当の精力を費やすことになる。彼にとって残念であったのは、アメリカン・ボード運営委員会議長、というより「養父」に相当するハーディが、必ずしも賛成者でなかったことである。ハーディは言う。五千円の寄付があったことは喜ぶが、総合大学構想には反対である。ただし、日本人主導の事業計画に間接的に援助することは惜しまない。学校の目的は、「福音を説教することと教えること」であり、「神聖な金を一般教育に使いたがる」傾向には反対である、と（A. Hardy, News on Japan Items, 1883. 7. 2）。

ハーディはこの時点でも、永年アメリカン・ボードの伝道方針として鉄則のように遵守されてきた「アンダーソン主義」（教育よりも伝道中心）に忠実である。そう言えば、例のラットランド集会（第六十五回アメリカン・ボード年次総会）での募金演説の前日も同様であった。学校設立のための募金アピールに関して、新島はあらかじめハーディに相談して内諾を取ろうとした。けれども、ハーディは消極的であった（『新島襄全集』六、三六七頁）。

ちなみにハーディの教育観は、「日本はこのように教育競争の点で、我々に挑戦している。日本人に福音を与えることはさらに重要になっている。福音を欠けば、教育は永遠に最強の力を抜き取られる」という言葉によく表れている（A. Hardy, Education in Japan, *Missionary Herald*, 1880. 4, p. 129）。

大学構想が動き始めた一八八二年には、神学生の授業料無料化、ならびに邦語神学生にも全体の支援額の五分の四を超えない範囲でミッションが支援することが決定した（D. C. Jencks, Minutes of the 10th Annual Meeting, 1882. 5. 9. 吉田亮「研究会レジュメ」）。自給路線の一層の後退である。

ところで、先の「八千ドル問題」でボストンが同志社に直接送金することを決めたことは、前述した。現にこの年（一八八二年）、宣教師給与と学校予算は、他の資金と切り離して直接同志社に、それ以外はミッション会計へ送金されている。

この件に関して、神戸にいたミッション会計幹事のジェンクスは、他ステーションと同様にすべきと主張している。彼は、京都ステーションと日本ミッションやアメリカン・ボードとのこうした特殊な関係に我々は「満足していない」と不満を表明する（D. C. Jencks, Minutes of the 10th Annual Meeting, 1882. 5. 9. 吉田亮「研究会レジュメ」）。これも京都ステーション（同志社）と他ステーション間で軋轢が生じる要因のひとつとなった。

さて、同志社の大学設立運動は一八八四年に新島の欧米保養旅行で頓挫を余儀なくされた。けれども新島の在米中に、アメリカン・ボードでは重要な動きが見られた。それは、アメリカン・ボードのスミス幹事（J. Smith）が一八八五年の年次総会で高等教育の重要性を明白にし、教育路線を定着させるのに貢献したことである。

すなわち彼は、従来の伝道の他に教育、医療、女性への働きかけなどを重点課題とする必要性を訴え、アメリカン・ボードに「新局面」をもたらした。なかでも日本ミッション（京都を始め、もともと教育の比重が高い）に対して世界のミッションの中で「最も成功したミッション」との高い評価が与えられた（S. Judson, The future work of the American Board, pp. 438～443, *Missionary Herald*, 1885. 11）。

おりしも新島は在米中で、前年（一八八四年）のコロンバス年次総会に続いてこの総会（ボストン）にも参加できた。実はコロンバス年次総会の直後、新島は運営委員会に宛てて「日本伝道計画」（A scheme of the speedy Evangelization of Japan）を提出しており、「可能な限り最高のキリスト教教育こそ、日本を救う力」であると力説した（『新島襄全集』七、三五七頁）。続いてボストン年次総会の後でも「日本におけるキリスト教大学の要請」（Appeal for a Christian University in Japan）を提出した（同前八、三三〇頁、三五五頁。本文は同書七に収録）。

要するに、日本における伝道と教育に対する理解と支援を訴えるのが、新島の本意である。個人的な面談に加えて、こうした文書でのアピールが幹事の日本理解を促進したことは、疑いない。そればかりか、運営委員会における方針決定、すなわち「新局面」の開拓にも、何らかの影響を及ぼしたのではないだろうか。

新島は一八八五年にアメリカから帰国した。その翌年六月に、校内にレンガ造りのチャペルが竣工したのに伴い、京都第二公会を市中（寺町丸太町）からここに移転させ、「学園教会」（college church）として校内に同志社教会を新しく発足させた。グリーンによれば、一八八七年現在、全国の三十八の組合教会のうちミッションから経済援助を受けているのは同志社教会を始め四つに過ぎなかったが、同志社教会は将来的にも学園とミッションに依存し続けるであろうという。

もちろん彼自身は特別な場合を除き、牧師給与を自弁できない教会を組織することには反対である（D. C. Greene, Statement of the Financial Relation of the Japan Mission of the A. B. C. F. M. to the work of the Japanese Churches, 1887. 3. 31. 吉田亮「研究会レジュメ」）。すなわち、同志社教会は経済力の弱い学生主体という点で「特別な場合」に該当、しかも特例であり続けるのである。

自給路線を標榜する組合教会の中でも、学園同様に「金食い虫」の同志社教会は特殊な位置に置かれていたことになる。これまた「教育ステーション」の特異性である。

地方分校と医学・医療教育

一方、新島はかねてから同志社の「分校」（feeder）の開設に積極的であった。たとえば、一八八一年には福岡にキリスト教系の英学校、さらには病院を設立する話が持ち上がった。新ステーションの可能性が出てきたわけである（D. C. Jencks, Minutes of the 10th Annual Meeting, 1881. 5. 21. 吉田亮「研究会レジュメ」）。福岡ではすでに「熊本バンド」の不破唯次郎が、伝道に着手していた。

日本側の記録では、地元の八木和市、大神範造、安永寿らが「新島氏の勧めに従って」英学校設立に奔走したという（湯浅與三『基督にある自由を求めて』一六〇頁、私家版、一九五八年）。結果的には実現には至っていないが、こうした学校、いわば同志社「分校」設立計画はこの後、一八八〇年代後半に仙台、新潟、福井などでも進展する。

そのうち、もっとも成功した事例が、仙台である。一八八六年十月にキリスト教主義の宮城英学校（翌年、東華学校と改称）が開校した。新島は「同志社之分校」として位置づけている（『新島襄全集』三、四七一頁）。これはアメリカン・ボードにとっては「仙台ステーション」の新設にほかならない。学校がステーション開設の前提(受け皿)となったという点では、まさに同志社方式（京都方式）の再現である。

新島は仙台の学校のために宣教師派遣を要請したが、おりしもアメリカン・ボードではいわゆる「アンドーヴァー論争」のために「新神学」に共鳴する宣教師候補の海外派遣を拒絶するという事態が発生した。新島はその余波が日本に及ぶことに危機感を抱いた。さっそくクラークに対して、「アメリカン・ボードは、いわゆる新神学（Progressive Theology）の人を採用しないというほど狭隘なのですか」との疑問をぶつけている（『新島襄全集』六、三〇二頁）。新島は神学の中身はともかく、「アンドワ派之人物」がアメリカン・ボードから排斥されたり、彼らが同志社とは別に日本に宣教師を送ったり、学校を創設することに、明白に「反対論」を唱えた（同前三、四九三頁）。

翌一八八七年十一月十五日、京都看病婦学校と同志社病院の開校・開院式が京都で行われた。日本ミッションにおける教育の比重が、これにより一層増したことは、言うまでもない。アメリカン・ボードから見れば、「文明」（教育）路線の加速である。

同志社に大勢の学生を送り込む岡山ステーションのケーリは、「教育活動を直接伝道以上に評価する危険性」を承知しながらも、教育が日本では伝道上、すこぶる効果的であることをボストンに訴えた（O. Cary Jr. to N. G. Clark, 1887. 2. 12, Okayama. 守屋友江「研究会レジュメ」）。

なお医学教育については、本書一六四頁以降で言及する。ここでは、新島の見解にだけ触れておく。彼は当時の日本の医学教育には伝道の面からも批判的であった。すなわち、ドイツ医学偏重の東京大学からは、宗教に無理解、とくにキリスト教には批判的な医師が輩出しているために、伝道上でも「妨害」要素であった。この点では医師のベリーと新島は、完全に一致していた。さらに入学条件（入試）に「聖書の読解力」を入れることに府庁が反対したので、新島が釈明に及ぶという一幕もあった（M. L. Gordon to N. G. Clark, 1886. 8. 26, Kyoto. 日比恵子「研究会レジュメ」）。

　こうして同志社は、一八八〇年代後半には比較的に安定した時期を迎える。それを端的に象徴する出来事が、一八八七年末に起きた同志社の「独立」である。

　すでに拙稿（『来日アメリカ宣教師』二六三頁以下）で検証したように、同志社カンパニー（社員会）に同志社の管理・運営を一八八八年一月一日から「移管」させる、との決談が日本ミッションでなされた。

　それを受けて、同志社はこの年正月から、日本人理事会が学校の経営権を握るにいたったのである。ここに同志社は、名実共に「日本人の学校」になったわけである。とは言え、それ以前はトルコのロバート大学のようにれっきとした「アメリカの大学」であったわけではない。日米協調型の「ミッション・スクール」であった。

医療活動とキリスト教音楽

　最後に、医療活動と音楽教育についても、触れておきたい。まず前者であるが、京都、すなわち同志社における音楽教育はドーン（E. T. Doane）に始まる。課外とは言え、彼は同志社の生徒に対して「声楽」の授業を施した。さらに彼と新島（いずれも京都ステーション）は一八七六年のミッション年次総会で、かねて諮問の要請があった教会音楽について報告をした。おそらくドーンがペーパーを用意したもの、と思われる。

　ただし、その中味については不詳で、わずかにテイラー（W. Taylor）が、「われわれの教会音楽に関する改善法や日本にもっとも適応する形態《スタイル》と作法について」を提言したことが知られているに過ぎない（O. H. Gulick, Absract of the Minutes of Annual Meeting of the Japan Mission, 1876. 5. 24~30. 吉田亮「研究会レジュメ」）。

　次に京都における医療伝道であるが、同志社病院と京都看病婦学校を除けば、兵庫、大阪、岡山などの府県に比べて、極めて比重が軽い。ひとつは、府政の姿勢が非協力的であったからである。京都ステーションでもっとも医療活動に意欲的であったテイラーの場合、結局、挫折の末、大阪に転出せざるをえなかった。

　すなわち、彼は一八七六年に診療所開設を府庁に申請したが、不許可に終わった（O. H. Gulick, Annual Report of Japanese Mission, 1876. 5. 24）。診療所が地方当局によって認可されないというのは、関西ではさすがに例がない。その後のことは、彼が作成した報告書に詳しい。これは彼が一八七七年六月十八日、日本ミッション年次総会で読み上げた京都ステーション医療報告書（W. Taylor, Report of Kioto Staion Medical Work, 1877. 5. 28）である。同会で承認され、ボストン（クラーク）に送付されている（O. H. Gulick, Annual Meeting of the American Board's Mission to Japan, 1877. 6. 吉田亮「研究会レジュメ」）。京都が他地域と相違して、当初は医療伝道を歓迎しない都市であることを示す貴重な資料であるので、全文を次に訳す。

「京都ステーション医療報告」京都、日本、一八七七年五月二十八日

　昨年の医療活動には、報告すべき目立ったものはない。市内に診

療所を開設する試みは、面目ないことであるが、すべて失敗した。それぱかりか、私たちをたびたび訪ねて来た〔日本人〕医師全員を役人が一人ひとり呼び出し、これ以上は私に関わらぬように、と十二月前半に書面で命じた。

この結果、医師が誰も私に近づかなくなったばかりか、患者も恐怖心に取りつかれて、ひとりも来なくなった。

患者の恐怖心は次第に和らぎ、徐々に来始めた。すると、警官が日夜、忠実に見張りを始めた。このことが私の医療活動にどう関係したのか、断定は難しい。むしろ見通しは暗いように見えたし、すべての患者を再度、脅して蹴散らかす効果を生んだ。

次第に人びとは、警官が私たちの戸口に立っているのを見るのが当たり前になったし、警官の方も、何が起きているかについては、実に細かい神経は払うものの、誰が私に会いに来ても、少しも気にしなくなった。だから、患者たちは徐々に戻り始めた。その結果、現在では役人が私の仕事を監督し、人びとを私から遠ざけ始めた時と同数くらいの患者を診ている。けれども往診に呼ばれることは、極めて稀である。

彦根〔滋賀県〕での活動は、私の往復旅費を支払う資金が、かの地の診療所には不足するので、夏の始めに中断せざるをえなかった。丹波〔京都府下〕に診療所を設置することも同様の理由でできなかった。

京都における医療活動の貢献度は、人びとを教化するという大きな働きを増進させるという点では、あったとしてもほんの僅かである。ただ、〔同志社の〕学生に手当てを施したり、私の治療を受けたいとやってくる人たちの中に数名の友人ができたことは、利点である。貢献は薄いとは言え、将来はさらに大きなことができる希望があるので、私には医療活動を継続することが賢明であると思われる。

ワレス・テイラー」

なお、京都から転出後のテイラーについて付言すると、阪神地方の医療活動を一手に引き受けるほどの活躍振りである。バードの視察によれば、「兵庫も大阪も医療伝道（the Medical Mission）はテイラー博士が監督している」という（*Unbeaten Tracks in Japan*, Vol. 2, p. 296）。ただ彼女は、テイラーやベリーの医療活動の場合、新潟の医療宣教師、T・A・パームとは仕事の進め方を異にしている点に着目する。すなわちパームよりも、日本人医師の協力に依存する度合いは高く、また一見して宣教師らしくないという（ibid.）。

ところで、バードが関西を旅行先に選んだのは、たしかに神道の「聖地」（"holy places"）、伊勢神宮を見学するのがひとつの目的であったが（op. cit., p. 222）、それ以外にはアメリカン・ボードの関西伝道を視察することが大きな狙いであった。

「キリスト教」は彼女の旅行のキーワードであった（金坂《かなさか》清則「*Unbeaten Tracks in Japan* (1880) に描かれた新潟」二三一頁、藤岡謙二郎監修『北陸道の景観と変貌』古今書院、一九九五年）。視察を通して彼女は、同志社そのものが「日本における伝道活動の中で最高に興味深い特色」である、との結論に達した（op. cit., p. 227）。この点は注目すべきである。彼女にとって京都は、一種の「聖地」であった、と思われるからである。

ちなみにバードは、日本旅行から帰国するや、エディンバラの医師のプロポーズ（来日前は拒絶していた）を受け入れ結婚する。関西や新潟で実地に触れた医療伝道の崇高さに感化されたことが、多分に影響してはいないか。

晩年、肉親の死去後、亡き夫や、妹、母を記念する伝道病院をイギリス聖公会の事業の一環として海外各地に建設したり、莫大な遺産をミッションや(かつてパームを日本に派遣した)エディンバラ医療伝道協会に遺言で贈ったことが、それを傍証する（金坂清則「イザベラ・バード論のための関係資料と基礎的検討」五九頁、『研究報告』三、四四頁、五九頁、旅の文化研究所、一九九五年）。

バードは二度目の来日の際も、イギリス聖公会のリデル（H. Ridell）らが建てたハンセン病病院を視察するためにわざわざ熊本に立ち寄っている（同前二〇頁、注二五）。彼女の旅行は単なる「冒険・探検」旅行に終わらず、ある意味では「ピリグリム」であった。

彼女の日本旅行記を読んだボストンのクラークは、「パーム博士の〔新潟での〕働きを別格とすれば、日本で見た中では京都と京都伝道が最高の評価を受けているように思う」との感想をもらしている（N. G. Clark to D. W. Learned, 1881. 2. 3, Boston）。

彼女が他教派（会衆派）の京都伝道に着目した意味は、すこぶる大きいと言わざるをえない。

四、京都博覧会とアメリカン・ボード

始まりは「同志社の教会」

近代京都のキリスト教は、カトリック、プロテスタントを問わず、「同志社の教会」に始まる。その礎石を置いたのは、もちろん新島襄である。その意味で、京都市が刊行した『京都の歴史』（八、二三八〜二三九頁、一九七五年）にある次の指摘は、きわめて適切である。

「結論的にいうと、近代京都におけるキリスト教の活躍は、新島と同志社と、それが中心となった組合教会派の歴史に象徴されるといってもよい。それほど新島と同志社が京都に残した足跡は大きかった」。

「同志社の教会」は明治維新後の京都に生まれた最初の教会である。その誕生はフランシスコ・ザビエル（F. Zavier）が京都に入洛してから実に三百二十五年目の一八七六年のことである。

実は「同志社の教会」は三つの教会《ナンバー・チャーチ》（第一公会〜第三公会）から構成され、その前年に「仏教の首都」たる古都に開校したばかりのキリスト教系学校、同志社のいわば「衛星教会」でもあった。当初は同志社は宣教師たちから「京都トレーニング・スクール」、すなわち「京都伝道師養成所」と呼ばれたほど宗教色が濃厚であったので、教会とは一心同体であった。要するに両者の歴史は、不即不離の関係にある。

さらに「同志社の教会」は同志社の他にいまひとつ強力な支援団体を有していた。アメリカ最古の海外伝道団体（ミッション）である「アメリカン・ボード」である。つまり、同志杜、「同志社の教会」、それにアメリカン・ボードは、三位一体である。アメリカン・ボードあっての同志社であり、「同志社の教会」であった。

これら三者を結び付ける核として尽力したのが、新島襄であった。彼は自身、アメリカン・ボードの一員としてアメリカから帰国し、日本在留の外国人宣教師たちの協力を得て、同志社の学園と教会の設置に挺身した。そもそもアメリカン・ボードに日本伝道の開始を進言したのは、留学中の新島であり、それは奇しくも明治維新が断行された一八六八年のことである。その意味では、京都のキリスト教の歩みは「明治」とともに古い。

ところで、アメリカン・ボードの本部（運営委員会）のあるボストンの側から見れば、同志社の開校はとりもなおさず伝道の拡張、すなわち新しい海外伝道拠点の確立にほかならなかった。ミッション流に言えば、「京都ステーション」の開設であり、それは同時に京都におけるキリスト教の開教にほかならない。

ちなみに京都に足を踏み入れたある宣教師は、いみじくも京都を「日本のボストン」と呼んでいる（本書x頁）。以来、（本書でも多く紹介する）宣教師の書簡が、これらふたつの古都の間を実に頻繁に往来した。すなわち、二都を早くからとりもったのは、キリスト教である。現在、両都市は「姉妹都市」であるが、早くから奇しき縁《えにし》で結ばれていたのである。

「京都ステーション」（同志社）への道

さて、「京都ステーション」の開設は、新島が帰国する前から、すなわちすでに阪神地方に進出していた宣教師たちが夢見ていた事柄であった。とは言え、京都は外国人（特に宣教師）をまるで野蛮人扱いする「聖域」であるかのように彼らの出入りを厳重に規制したので、外国人は容易に近づけなかった。宣教師が入京するには特

別な機会が必要であった。そこへタイミングよく「京都博覧会」の開催である。

すなわち、同志社の学園と教会、ならびに「京都ステーション」が、京都に設置された背景（前史）として、京都博覧会の存在を忘れてはならない。たまたま同志社開校の直前に博覧会の開催が恒例化したことが、同志社や新島襄には好都合であった。アメリカン・ボードの宣教師が京都に入り、京都府顧問の山本覚馬と接触できたのも、この博覧会のおかげだからである。

実は第一回の博覧会が開催される前年の一八七一年に「京都博覧会」が組織され、十月十日から十一月十一日まで本派本願寺を会場に博覧会が開かれている。三十三日間の会期中、一万一千二百十一人の来観者があった。これは「京都博覧会ノ創始」であるばかりか、「全国博覧会タルモノノ魁首」でもあった。この分野で京都が全国の魁となれたのは、首都を「東京」に奪われ、衰退の憂き目に遭遇した「西京《さいきょう》」の対抗意識のためであった。

しかし、この時の展示品はわずか三三六品に過ぎず、しかも「悉皆古物ニ止リテ骨董会ノ感ナキニアラズ」。そのため、以後、博覧会の開催回数には含めないことになった。いわば、予行演習である（『京都博覧会沿革誌』上巻、一～二頁、京都博覧協会、一九〇三年）。

外国人の入京（見学）が認められたのも、翌一八七二年の第一回（三月十日から五十日間）からである。「博覧会ノ設ケハ汎ク内外国人ヲシテ入京縦覧セシムルニアリ」。そのため府は外国人の入京を政府（正院）に申請し、外務省の許可を得た。この時、府は受け入れ対策として「外国人入京規則」を作成した。

(1)　見学希望者は大阪、兵庫のそれぞれの自国の領事に「入京切手」を申請し、受給する。

(2)　滞在中は京都府の管轄外には出ない。ただし、琵琶湖周辺（東は彦根、南は草津、北は堅田まで）は遊覧が可能。

(3)　出品の希望者は領事を通して大阪、兵庫の官庁に申し出る（同前、八～一二頁）。京都府は初めて迎える外国人客の警護のために「ポリス」（警吏）を置くことにした。彼らは両袖に"GUARD"と記した記章をつけることになっていた（同前、一五頁）。

会場は本願寺だけでなく、あらたに知恩院と建仁寺とが選ばれ、外国人の入場料は通しで一両とした。またその宿泊所は、「公使貴族旅宿」が知恩院山内の塔中（五か所）に、また「外客相対宿」が知恩院、丸山、下河原辺の十九か所に設けられた。

料金は上、中、下の三段階に別れ、それぞれ一泊三食が四円、三円、二円と決められた。かなりの高額である。ちなみに朝食は共通のメニューで、パン、ミルク、コーヒー（下のみ南京茶）、棒砂糖である（同前、一八～二五頁）。

入場者は一般の日本人が三万一千百三人にも上り、ほかに府下の七千五百三十一人の学生、生徒（入場無料）が見学に訪れた。外国人は七百七十人で、その内訳は（本願寺の場合）イギリス人が百二十五人、アメリカ人が六十六人、フランス人が十七人、ドイツ人が十三人等となっている（同前、三七～三八頁）。

出品数は前年より大幅に増え、合計二千四百八十五点におよんだ。また出品者の中には六人の外国人（イギリス、フランス、プロシャ）が見られた（同前、二八頁）。博覧会のアトラクションとして、新しく企画された催しのなかでは、「都踊り」が現在も引き継がれている。

かくして第一回は盛会ではあったが、会場が三か所に分かれた点が見学者の不評をかった。そこで第二回（一八七三年三月十三日開会）は「鳳駕東遷以来、現時御不用品ニ属セル」御所の利用を願い出て許可された（同前、四八～四九頁）。当初は六十日間の会期を予定していたが、好評のためであろう、三十日間、延長され、閉会は六月十日であった。この間の入場者はなんと四十万人を越えたが、なぜか外国人は前回より減少し、六百三十四人に止まった（同前、五六頁、六〇～六一頁）。

第三回も御所を会場に一八七四年三月一日から六月八日までの百日間、開催され、外国人五百十七人が来場した（同前、六八～六九頁）。そして、同志社が設立された年の第四回は一八七五年三月（会期は前年と同じ）に開かれ、外国人の入場者は四百五人であった（同前、八一～八二頁）。

後述するように阪神に在住したアメリカン・ボード宣教師は、毎年の博覧会見学に熱心であった。

第一回京都博覧会に阪神の宣教師が入京

第一回の京都博覧会以前は宣教師に対しては京都はいわば一種の「聖域」であった。宣教師として最初にこの地に足を踏み入れたのは、アメリカン・ボードの宣教師であるが、それ以前に長老派の宣教師、J・C・ヘボン（J. C. Hepburn）が一八七一年に来たことがあるという（O. H. Gulick to L. H. Gulick, May 11, 1872, Kiyoto）。

ヘボンの入京が例外であることについては後述するとして、一般の外国人の入京（ただし一時的）は、翌一八七二年の第一回京都博覧会の時からである。会期は当初は三月十日から四月三十日までの五十日間（途中で延長）で、外国人も七百七十人が見物に訪れた。神戸のギュリック（O. H. Gulick）も伝道の下見を兼ねて入京した。京都に滞在中、彼はスペインの兄にこう書き送った。

「五月八日、水曜日の夕方、この有名な都市に入りました。これまで外国人は大変、慎重に排除されて来ました。この度、この街が開放されたのは、日本の製造品や工芸品を展示したり販売したりするために盛大な博覧会が開催されたためです。

日本政府は港〔開港地〕の領事や知事に五十日間の博覧会の会期中、京都の訪問を希望する外国人にパス〔許可証〕を発行することを許可いたしました。それは、ミカドの宮廷が江戸へ移転してしまったこと、ならびに他の都市が外国との交流や取引で興隆しているのに自分たちにはそれが許されていないこととに憤慨している、この忠実な都市に住む人たちを喜ばすためです。これまでに百人から百二十人の外国人がこの機会を利用して当市を訪問しました。

淀川の小さな川船（二隻が毎日、大阪と伏見とを結びます）を利用してもよかったのですが（便利なので、外国人は普通はこれを利用します。伏見は京都の南、八マイルにあり、川船の航路の最先端です）、この国と人々とをもっと観察したいために歩く方を選びました。

〔昨年、仮開校した仏学校の〕フランス語教師〔レオン・デュリー、Leon Dury〕の妻であるフランスの女性がひとり、政府の許可を得て京都に何か月か住んでおり、またこの一か月間に博覧会に来た外国人の中に女性が二、三人混じっています。これらの三、四人はグリーン（D. C. Greene）夫人やギュリック夫人と並んで京都に姿を現した最初の西洋の女性です。マスター・オリー（M. Ollie）とグリーン氏の二人の子供たちとはこの都市に現れた最初の西洋の子供たちです。

街のどこへ行っても子供たちは大変な注目の的です。この街の人たちのうち、開港地を訪ねたことのある人だけが以前、西洋の子供たちを見ており、私たちが会う何千もの人たちは外国の女性を見たことがありません。おそらく何百もの人たちは外国人をいまだひとりも見たことがないに違いありません。

店に立ち寄ったり、寺を訪ねたりする時でさえ、私たちの周囲には何百もの人々が群がりますが、彼らはよくほほ笑み、私たちを観察するのに熱心です。しかも実に親切で、振る舞いが礼儀正しいのです。博覧会の間、府庁は千人からなる特別な警察を設けていますが、警官は洋装で、各自のコートの袖には"guard"という字が見られます。

私たちが街を歩いたり、乗ったりすれば、思いがけなくも一人の警官が頑丈な杖をもって私たちの側を歩いたり、乗り物〔人力車〕の側を駆けたりいたします。彼が外国人の邪魔をすることは一切ありませんが、私たちが休んだり、店をのぞきこんだりするために立ち止まると、どんどん集まってくる群衆を穏やかに押しのけてくれます。動きたいと思った瞬間、彼の一言と杖の一振りとで飛ぶように逃げる群衆の間に道が開けます。

もしも車の速度が速かった場合、警官は二、三丁は側を小走りに駆けてきますが、次の受け持ち区域にいる別の警官に会うと、彼に伴走を委ね、外国人と彼とに礼をして私たちを置き去りにします。しかし、時間にして半分は護衛なしで世界でもっとも穏やかに振る舞う、行儀のよい人たちのなすがままにされます」(O. H. Gulick to L. H. Gulick, May 11, 1872, Kiyoto)。

O・H・ギュリックが借家に成功

京都からギュリックが兄へ出した書簡は次のように締めくくられている。

「要するに人々は皆、そして街も府庁も行儀がいいのです。彼らは外国人がこの都市を訪問する許可がおりたのは、自分たちが信頼できるかどうかを中央政府が試そうとしていると受け取っています。そして外国人(日本人も同様ですが)の印象では、これはこの都市に外国との交流を永久に認めようとする第一段階にすぎないように思われます。

〔横浜の〕ヘボン博士は通訳と秘書とを兼ねて〔駐日公使の〕デロング氏(C. DeLong)に同行して一年前、一日か二日、当地に滞在しましたが、これを唯一の例外として私たちはザビエル(三二二年前の一五五〇年〔実は一五五一年〕に当市を訪問)以来、初めて京都に入った最初の宣教師です。京都の人口は予想以上に多く、現在、三十万人〔実は約二十五万人〕です」。

二日後(五月十三日)のN・G・クラーク(N. G. Clark)——アメリカン・ボードの本部とも言うべきボストン事務室の総幹事——宛ての書簡では最初の入京はギュリックひとりではないことが判明する。

「グリーン氏と私とは〔博覧会という好機を利用して〕それぞれの家族と共に一週間前の今日〔五月五日〕、神戸を発ち、当地〔京都〕に三日後に到着いたしました。思っていた以上にずっと大きくてすばらしい街です。アジアの都市にしては道路は広く(幅は十五フィートから三十フィート)、実に清潔で、概してそれぞれ直角に交差しています。

最近の人口調査によれば、人口は三十万人です。家屋の大部分は二階建で、ほとんどが色を塗られているか、きちんと漆喰で塗られています。仏教の様々な宗派の多くの寺院は堂々としており、なかにはすばらしい仕上げのものがあります。

国の宗教である神道は数量、規模とも仏教の寺院に匹敵するほどの寺院〔神社〕をもってはいないように思います。仏教寺院で出会う群衆のほうが神道寺院のそれをはるかに凌駕しています。仏教が市民の宗教ならば、神道は国家の宗教です」。

実はこの直前にアメリカン・ボードの日本ミッションは、神戸に次いで大阪に伝道ステーションを設置し、ギュリックを転住させることを決定していた。ところが、ギュリックは実際に京都を視察するや、当初の予定を変更するにいたった。

「しかし、この都市を訪ねて以来、大阪は近い将来に他の誰かに任せて、もしもここに拠点を確保できれば、次のステーションとして当地を早急に占拠することが肝要であると思うにいたりました。当地は未開拓地です。ヘボン博士が昨年、一、二日間、当地に滞在したのを除けば、プロテスタントの宣教師は一人として足を踏み入れたことがありません。が、一度だけカトリックの宣教師が来ています。ザビエルが一五五〇年〔一五五一年〕に入京しています」(O. H. Gulick to L. H. Gulick, May 11. 1872, Kiyoto)。

三日後（五月十四日)、ギュリックは再度、スペインで伝道する兄に書簡を寄せて言う。

「今日、私は日本で一番、幸福です。昨日〔五月十三日〕、グリーン夫妻一家がアン・エリザ〔Ann Eliza，妻〕とオリーと一緒に川船で大阪と神戸とに向けて発ちました。私はこの街で借家できるかどうかを見るために残りました。

今朝、月額十ドルで実に良好な家屋を借りる契約を結んだところです。家は街の真ん中にあり、長く隔絶されたこの首都に住んでいる、群がってくる何千もの人にとっては中心でもあります。契約は一か月間だけですが、博覧会の期間（この間、当市は外国人に開かれます）より八日間、長くなります。おそらく、一か月の契約終了時には市議会は退去を強く要請してくると思います。が、〔いったん契約を結んだ以上〕無期限に留まる許可が得られることはほとんど疑いありません」(O. H. Gulick to L. H. Gulick, May 14, 1872, Kiyoto)。

後に見るようにギュリックのこの見通しは、あまりにも楽観的すぎた。

最初のプロテスタント集会

京都で借家の確保に成功したギュリックは、契約したその日のうちに神戸に戻った。

「月額十ドルで借家契約を結んで、京都から火曜日（五月十四日）に〔神戸に〕戻りました。

五月十五日の水曜日に〔わが家で〕ミッションの会議が開かれ、私の働き場所について協議し、次のことを満場一致〔グリーン、デイヴィス（J. D. Davis)、ギュリック〕で決議しました。

『決議—京都の一時的な開放に鑑み、ミッションのステーションとして京都を占拠すべく直ちに行動に移す、というギュリック氏の提案を承認。彼の地の拠点確保に失敗した場合は、彼の大阪居住を承認する』。

今日から一週間以内に家族と京都の借家に居を定めたい、と思っています。けれども大半の家具は当地〔神戸〕に置いて行きます。何週間か後に取り寄せます。その間に永住問題は解決すると思います」。

最後に「追伸」として彼は、政府が博覧会の会期を二か月延長すると発表したことに触れ、永住できる日も近い、との持論をますます確信している (O. H. Gulick to N. G. Clark, May 18, 1872, Kobe)。

五月二十四日にギュリックは一家して京都に戻った。「神戸から二十四時間の旅を終えて、昨日の正午に当市に着き、十日前に契約しておいた住宅に居を構えました」。家具はとりあえず半分だけ持参した。

この書簡の末尾に二十六日（日曜日である）に付記された一節には注目すべき事実が含まれる。同家で開かれた家庭祈禱会に日本人ふたりが参加しているのである。

「今朝の家庭祈禱会には、私の日本語の教師のほかに府庁の役人がひとり参加しました。ふたりは漢文の聖書を使って、私たちと一緒にマタイによる福音書の第二十三章を読みました。うれしいことに私がこの聖句に関して行ったコメントも理解してくれました。家庭祈禱会にふたりの会衆を迎えて、当市での種蒔きを開始いたしました」(O. H. Gulick to N. G. Clark, May 25, 1872, Kiyoto)。

公開（公的）の集会ではないとはいえ、これは京都で守られた最初のプロテスタント集会である点で、記憶に止めて置く価値がある。参加した「会衆」のうち、ギュリックの日本語教師は、後述する関忠蔵であるが、いまひとりの官吏（後述のツジ Tsugi、か）は不明である。

さて、ギュリック家やグリーン夫妻に続いて、他の宣教師たちも京都入りをした。

「同封いたしました五月二十五日の書簡以来、来客に恵まれました。五月二十七日に〔アメリカから〕神戸に着いたベリー博士夫妻(J. C. Berry) が〔神戸の〕デイヴィス氏とともに五月三十日に当地に着き、六日間、私たち〔ギュリック家〕と一緒にいて神戸に戻りました。

グリーン氏と義兄弟のルーミス〔H. Loomis, 横浜〕とは私たちと一緒に二、三日いて今朝、神戸に向かいました」(O. H. Gulick to N. G. Clark, June 15, 1872, Kiyoto)。

この書面には医師のJ・C・ベリーに関する興味深い記述が見い出される。

「ベリーが当地に到着するや、医者の一団から夕食のもてなしを受けました。医者たちが、彼から〔西洋〕医学を学ぶ機会を得て、多大の利益を得たい、と切望したのは明白です。彼は知事〔槇村正直〕に面談の件を書面で申し入れましたが、それは直ちに認められました。通訳の助けを借りて、彼は当地に診療所を開設することに関する所見を知事に伝えました。当地に建設を予定している病院のためにいまだ医師との契約を府が済ませていないのを知って、彼はポストを確保したい希望を少しばかり抱きました。そうなれば、伝道は進展するはずです」。

医療宣教師は、どこでも大歓迎であった。

O・H・ギュリックが、京都での滞在延長を交渉

日本に着くやいなや、京都に足を運んだ医師のベリーは、この地の知事や医者から大歓迎を受けた。当局者たちは、ベリーの招聘に前向きであった。ギュリックは続ける。

「市議会はすでに中央政府に外国人との交流が今後許されるように、との要請をしたと知事は言明いたしました。が、その回答はまだ来ておりません。病院医師の任命をベリーが受理するだろうと考える理由を知事は彼に説明し、彼の働きが望ましい場合には、さらに連絡を取ることを約束いたしました。

博士が神戸へ戻る際、確実なことは何も決定されませんでした。しかしながら彼の計画は、私たちが神戸で住んでいた家屋で当分は生活を始めることです。おそらく秋までそこに留まるでしょう」(O. H. Gulick to N. G. Clark, June 15, 1872, Kiyoto)。

ベリーについての消息は彼の書簡に詳しいので後述することにして、ここではギュリックのこの書簡に見える京都の生活の紹介を続けたい。

「当市の真ん中に位置する借家（家賃は月十ドル）での生活も三週間になります。日本人の知り合いとの交際の輪が毎日、広がり、また日本語をたえず使用するために話し言葉に急速に慣れ親しんでおります。外国人に開かれた会期はおよそ二十日間を残すだけとなりました。この会期の終了後、残留するために何をするのが必要なのか、それを見出すことはまったく不明です。

しかし、おそらく学校で教える、何らかの契約を府と結ばざるをえないと思われます。さもなければ、私が引き続き残留すれば前例となり、他の外国人は必ず府を立腹させてしまうに違いありません。私は無報酬で毎日、短時間、教えるという契約をあわててするつもりはありません。ただし、契約するとしてもここに滞在することを保証するのに役立つものであること、並びに絶対的にそれが必要であると思えること、とが条件です」。

ギュリックは、観光客とは言え、いわば（短期）滞在者であった。したがって、他から見れば、長期滞在者と思われても当然である。この年にたまたま京都に入った他教派の宣教師は、こう回顧する。

「一八七二年に最初に京都を訪れた時には、信徒は皆無でした。けれどもひとりの宣教師が私宅で小さなクラスを個人的に教えていました」（C. D. Loomis, *Henry Loomis Friend of the East*, p. 61, Fleming H. Revell Company, 1923）。

ちなみに、京都残留に関して、ギュリックは依然として楽観的であった。

「政府とのそうした契約でさえも、あるいはいかなる形の契約であれ、何か月か後に不必要になることは疑いありません。当市の支配者たちは私の滞在を可能にするためにできることはする用意がある、と表明し、私が望む目的を実現するために政府からなんらかの形だけの承認をとっては、と勧めてくれます」。

山本覚馬に接触

その際、京都府顧問の山本覚馬との接触は京都のプロテスタント史上、特筆すべき出来事である。五月三十日の入京直後のことと思われる。

「当市で第三番目のランクにいる官吏〔山本覚馬〕とベリー、デイヴィス、そして私との会見で、その官吏はこう言いました。府はいまだキリスト教の導入を許可してはいないので、貴方が人々に説教を始めるのは現在できない、と。私は次のように答えました。許可が降りるまで説教はできないが、人々が私の自宅に来れば、彼らにキリスト教について話すことができる、と。彼が答えて言うには、それはできるが、公に説教はできない。さらにこれに付け加えて、現在は駄目であるが、近い将来には日本はキリスト教に開かれるであろう、とも明言しました」（同前）。

このときの会見は、三年後の山本・新島会談の伏線として極めて重要である。同志社（学園と教会）の萌芽のひとつは、間違いなくここにある。注目すべきは、山本がすでにこの時点でキリスト教の解禁を予言していることである。

この点は、キリスト教を探索していた諜者（豊田道二）が太政官に送った報告書（一八七二年七月）でも確認ができる。報じられているギュリックの発言は、次の通りである。

「先日京都に逢うしときは、大形《おおかた》京都に止る事と思ひましたが、京都政府免《ゆる》さずして今月六日、京都を去りました。私しも何卒京都に止りたく、段々心配いたしました。山本覚馬さまも心配して申しました。外国に行きし岩倉〔具視〕さまの帰へる時は、必ず京都に居る事叶ひませう。夫まで待なされと申しました。夫故大坂は少しの間なれば、仮りに此家を借りております。京都に居れば多くの人来りて、大坂よりは宜しくあります」（杉井六郎《むつろう》「排耶のなかの私

学同志社の創業」六十頁、『排耶論の研究』、教文館、一九八九年)。

その後、七月に入って滞在期間が切れようとするころ、ギュリック家は京都から近江地方に入り、彦根(七月四日)と長浜(七月五日)とから報告を手書きの地図と共にボストンに送付している。宣教師の視察としては、おそらく滋賀県下で初めてのものであろう(O. H. Gulick to N. G. Clark, July 4 & 5, 1872, Hikone & Nangahama)。

O・H・ギュリックが京都から退去

さて、ギュリックの京都滞在の延長の件であるが、さきの諜者報告にあったように結局、当局からの許可が降りなかった。ギュリック本人によれば、その間の消息は以下の通りである。

「京都市は博覧会の期間中だけ外国人に開放されました。府となんらかの契約を結ぶか、あるいは府が認めるなんらかの契約を結ぶかどちらかでない限り滞在できない、と早くに知らされました。府と契約を交わしたい希望は私にはまったくありませんが、当市に留まれる特権がそれで得られるならば、喜んでそうするか、無償で英語を教えてもいいと思います。

それゆえに、ある団体に無償で英語を教えるという契約に署名するよう求められました。署名する前に、キリスト教を口にするのを禁じた条項を私が抹消しなければ、市議会の承認が得られたと思います。当局はこのように修正された契約を拒否しましたので、私は町から早急に退去するように命じられました」(O. H. Gulick to N. G. Clark, July 17, 1872, Osaka)。

ちなみに、ギュリックによれば、当時、京都府は英語教師として三人の外国人を雇用し、年俸として五千ドルから六千ドルという高給を支払っていた。彼らは当然、キリスト教禁止条項に異議を唱えなかったはずである。

諜者によるキリスト教探索

ところで、ギュリックは京都に残れる可能性として「ある団体に無償で英語を教える」ケースをあげていたが、どこかの私塾と契約する話でもあったものか。

いま少し確実なのは、地元の新聞社との契約の話である。当時、キリスト教を探索していた諜者(小池詳敬)の報告書からその消息が判明する。それによれば、小池はこの年(一八七二年)五月下旬に東京から神戸に赴いてキリスト教を探索した結果、「ギウレキ西京新聞社へ雇入願之件」を探り出した。雇入願は五月二十八日に提出されたが、京都府が六月二日に不許可としたためにこの人事を斡旋した「関某ナル者」が辞職した(「排耶のなかの私学同志社の創業」六十頁)。

西京新聞社がどういう目的でギュリックを雇用しようとしたのか、不鮮明であるが、同社は烏丸押小路を拠点にこの四月に木版の『京都新聞』を創刊したばかりであった(『京都府百年の年表』二、京都府、一九七〇年)。

興味深いのは、関という人物の周旋で宣教師を雇おうとした会社の幹部が、関や山本覚馬ともども諜者によってキリスト者と見なされている点である。小池の報告書の関係部分を引いてみる。

「西京異徒

警固方　関　唯三

周旋人　元会藩　山本覚馬

新聞会社長　山本双吉

同社中総代　山端庄七

博覧会ニ付入京　米国ノキウレキ夫婦

右之者新聞会社へ雇入度旨五月廿八日願書差出候処難承届附旨紙ニ成ル、尤前々下繕ヒ有之粗調熟之由ニ候処、右様相成ニ付京都ニ而重モ立候関唯三ナル者、教師へ対シ面目ヲ失候ヨリ辞職シテ大阪ニ至リ、旧好之官員へ談シ、彼地ニ而弘通ノ道ヲ開カントス云々」（『排耶のなかの私学同志社の創業』六一頁）。

ここでは特に覚馬の動向に着目したい。それまでにも京都府は主に彼の進言に従い外国人を何人か雇用してきたが、諜者の小池によれば、「西京ニ八雇入外国人も有之候得共、其内〔キリスト教の〕弘教ヲ志願者無之由」といった状況であった（同前、六一頁）。

そこへ宣教師の入京である。覚馬はいち早く接近をはかったために諜者からは「異徒」（キリスト教徒）と断定された。要するに「注意人物」であった。その点、（後述するように）キリスト教徒と目されて京都で暗殺された横井小楠の二の舞いを踏む恐れがなかったとは言い切れない。

「西京異徒」とされた残る三人のうち、「警固方」（のちに邏卒、巡査と改称）の関については、改めて述べるとして、新聞社のふたりについてはいっさい不明（とりわけ信仰面）である。

京都ステーションの開設に失敗

ともあれ、京都ステーション開設の望みは消えた。

五月十五日のミッション会議の決議に従い、ギュリックは七月十三日に京都から大阪に転じ、さっそく家賃八ドルの借家を捜し出した。京都滞在はほぼ二か月であった。ただし、京都を完全に放棄したわけではなかった。「門戸が開かれたなら、京都に戻ることを申し出ます。そこでは大勢の友人や知人が得られました」（同前）。

八月、ギュリックは英米人を従えて、京都で一か月間の興行権を得た、あるアメリカ人のサーカスの支配人について言及する。「府庁は明らかに宣教師とサーカスの芸人との違いがよく分かっています。一方を恐れますが、他方はそうではありません」（O. H. Gulick to N. G. Clark, Aug. 16, 1872, Osaka）。

さて、以上、見て来た経緯はM・L・ゴードン（M. L. Gordon）が後に編集したミッションの三十年史（*Thirty Eventful Years in Japan*, pp. 13~14, 1901）では次のように要約されている。

「一八七二年の春、古代の、ある意味では聖なる首都、京都で博覧会が開催され、それに関連して外国人が京都並びに隣接する琵琶湖地方の訪問を許された。この特権を利用した私たちの友人〔宣教師〕は、この都市の規模と美とに強く印象づけられ、人々との交流の輪を大いに広げた。

また彼らは、府庁の官吏たちから非常な歓迎を受け、ベリーは医学の教師や開業医として、そしてギュリックは英語の教師として彼の地に住むように強く懇請された。ほんどすべてが歓迎されていた。ひとり〔J・D・デイヴィス〕はそれを『熱烈な歓迎』と記し、こう付記していた。

『ある朝、目覚めたら日本全体が我々に開放されていて、日本中の人が我々のもとに来たがっている、というような日を私たちは望んでいる』

『我々には強力な力が必要。早急に彼の地に派遣するのに少なくとも三人の宣教師と一、二名の医師とがいる』。彼らは、知事の顧問である視覚障がい者の山本〔覚馬〕や高官たちと会談した。そこで言われたことは、公の説教は認められないが、自宅に来た人々にキリストを語ることはできる、であった。

博覧会はついに終了し、当市に残留する問題は決断を迫られた」。

「この失敗にもかかわらず、ミッションの側には失望も挫折もまったく見られなかった」。

J・D・デイヴィスと博覧会

アメリカン・ボードの在日宣教師は全員がすべて一八七二年に京都で開催された第一回京都博覧会に足を運んだことになる。そこでギュリックに続いて、神戸のデイヴィス、ならびにベリーの報告を見てみたい。

まず前者であるが、デイヴィスはすでに前年に「来春、京都が我々に開放されることを期待している」と訪問を心待ちにしていた（J. D. Davis to N. G. Clark, Dec. 15, 1871, Kobe）。そして念願の博覧会を見学してから神戸に戻って認められた書簡（J. D. Davis to N. G. Clark, June 15, 1872, Kobe）にはこうある。

「私たちの最近の京都訪問は熱烈な歓迎を受けましたが（それについては、ギュリック氏と医師〔ベリー〕とが書き送るはずです）、それから分かるのは、医療宣教師がここでは必要であり、影響力を及ぼせるということです。影響力の方は〔やってみれば〕最初の時点で都市全体から感じられると思います。ここからさらに次のことが言えます。

当地の人たちは、皆いつでも〔福音の〕真理に心を奪われようとしていますし、内陸部は世界に向かって開かれたいと思っています。そして、日本の南半分を私たちがキリストのために占拠することになれば、それを実行する人材が何人か早急に必要です。南部方面にある別の大都市が、世界に開放される準備として京都で今、開かれているような博覧会をまもなく開催するはず、ということをすでに耳にしております。

ある朝、目覚めたら日本全体が我々に開放されていて、日本中の人が我々のもとに来たがっている、というような日を私たちは望んでいます。いくつかの必要な中心地に投入すべき人材はどこにいるのでしょうか。ひとつの中心としての京都の重要性を過大評価してはなりませんが、同地は人口三十万人の内陸都市で、半径十マイルもしくは十五マイル以内に百万人を擁する中心都市です。強力な勢力を持つべきです。そこに投入するためには少なくとも宣教師三人と一、二名の医師との勢力が必要です」。

半月後にも彼はボストンに書簡を送っている。ここでも京都について言及する。

「ギュリック氏はライフ・ワークのために京都に残留したがっていますし、彼の地で彼と一緒に組むようにと私に強く迫っています。そこをセンターとして働く以上に崇高な仕事をする機会は日本ではほかにないと思いますし、私がギュリック氏と協調して働けるのは疑いありません」（J. D. Davis to N. G. Clark, June 29, 1872, Kobe）。

結果的には、京都をライフ・ワークの地としたのはデイヴィスの方で、ギュリックではなかったのは皮肉なことである。

ところで、京都ではかつての日本語教師に夕食に招かれた際、五十人ほどの医者が招かれていたという。残念ながら日本語教師の氏名は不詳である（J. M. Davis, *Davis Soldier Missionary*, p. 121, The Pilgrim Press, 1916）。信徒でなければ、求道者、あるいは少なくともキリスト教の理解者であるはずである。ともあれ、この日の夕食会はデイヴィスにとっては、京都が伝道上、有望な地であるのを実感した一時であったようである。それは京都の街を東山から見下ろした際の印象とも一致した。彼は言う。

「円山《まるやま》に立って、交通のざわめきが立ちのぼってくるのを耳にした際、私が受けた京都の印象はけっして忘れられないでしょう。環境の美しさには感動いたしました。四方を山や壮大な寺院、釈迦の大きな像、日本の素晴らしい美術品でとり囲まれており、私が今、初めて見るものです」（同前）。

J・C・ベリーと博覧会

次にベリーに移ると、京都を訪問後の六月十七日に書簡が認められている。五月一日にサンフランシスコを発った彼が投函した、日本からの第一信である。

「私たち〔夫婦〕は五月二十七日の朝早くに無事に大阪湾に着き、デイヴィス氏とグリーン氏との出迎えを受け、嬉しく思いました。彼らから暖かく歓迎されました。神戸に着くまえに京都（ミヤコ）が短期間、外国人に開放されることを知りました。同地は非常に長い間、隔絶されたミカドの居住地であり、少なくとも千年の間、日本の精神的な首都でした。

神戸に落ち着く前にこの街に行くのが最善である、とは思っていましたが、デイヴィス邸に着くや、ギュリック氏を通して京都の医者たちから彼らの街へ来てほしいとの招待を受けましたので、ますます行くべきだ、と思いました。誘致として住むべき家屋が無償で提供されます。当市は大阪から四十マイルの内陸に位置し、淀渓谷（景色は美しく、変化に富んでおり、これ以上のものをこれまで見たことがありません）の頭部にあたります。当市は実に長期にわたって帝国の文人や精神的な支配者が居住していましたので、日本の『ボストン』と呼ぶのが正当だろうと思います。

私たちが日本人から受けたもてなしは最高で、キリスト教の発展を求める者たちの心を喜ばせるのに十分なものがありました。私たちが来たことに真っ先に感謝を表明したのは医師たちで、着いた翌日に外国風の流儀で夕食を振る舞ってくれました。

このように歓待されたからと言って、宣教師が歓迎されたということにはまったくなりません。ただ、自分たちの好意を表すために彼らが選んだひとつの方法に過ぎません。それゆえに感謝の気持ちを顔に表して受け取っておけばいいことです。

日本人の医師たちは外国の医学知識を手に入れるのに大変、熱心であり、また、どの階層の人たちにも見られるのですが、アメリカの習慣に関する知識を得たいと強く望んでいます。そして彼らはそれをキリスト教の結果だと見なしています。こうしたことは皆、共通して顕著であり、励みとなります」。

ベリーは続いて、山本覚馬との会談へと話題を転換する。

「京都府庁の顧問、山本は、〔医師に〕次いで私たちのために公式会見の場をもってくれました。彼の力（私たちは彼が患っている病気の発作の対処法を教えましたので、彼の好意を得ることができました）で私は当市の知事と副知事とに会見することができました。これらの高官から私は敬意と親切な心づくしとに満ちた接待を受けました。

同時に、この街の貧しい病人が私の仕事に関連する診療所のサーヴィスから利益が得られることを感謝されました。現在は中央政府が彼らの街に外国人が恒久的に住むのを許可してくれないのは残念だ、との表明もありました。

『中央政府の規制が継続する場合、博覧会後にも私が当市にい続けることは認めてもらえるだろうか』と質問しましたら、当惑の表情とためらいとが一瞬、生じ、答える代わりに次の返事が返ってきました。『外国人が居住できるようこの都市を恒久的に開放できるように東京政府（江戸の中央政府）に懇請するアピールを送ったばかりです』」。

ベリーは医師であったので、それが山本覚馬との接触に大いに役立ったことが窺えて興味深い。それはとにかく、ベリーは結論に移る。

「もし京都を占拠したいならば、彼の地では少なくとも三人が必要です。六人なら好都合に働けると思います。この都市の半径十マイル以内には少なくとも百万人が住んでいます」(J. C. Berry to N. G. Clark, June 17, 1872, Kobe)。

さて、ベリーを含めて、博覧会を見学した四人の男性宣教師たちは、同年七月三十日に神戸で集会を開き、ボストンにその日、連名で会議の結果を報じた。京都に関しては、こうある。

「私たちは最近、京都を訪問し、明らかにねんごろなもてなしを受けた。また、支配者が私たちをキリスト教の教師であるのを知ったうえで応じてくれた会見は、楽しいものであった。いずれも希望がもてる事柄である。しかし、それ以上に特別なのは、あるメンバー〔ギュリック〕に示された友好的な配慮で、彼の滞在が延長されたことである。外国人に当市を開放する問題が決定された一方で、私たちはこの地域を放棄せざるを得なかったが、近い将来に恒久的に占拠できる道が備えられた、と思わずにはおれない」。

関 忠蔵をめぐる迫害事件

さて、ギュリックが京都で借家の確保に成功した日、彼はそれに関し次のように報じている。

「現在、私が京都で持っている日本人の友人は、彼の使った表現を借りれば府庁の下級官吏です。彼はこの家を借りるのに非公式なやり方で私を助けてくれました。博覧会の残りの期間、ここを借りるのに必要な、市議会の承認を彼は苦労して取ってくれました。取り決めが継続されるように、というのが彼の願いであり、私の願いでもあります。嬉しさで一杯です。喜びのあまり爪の先までゾクゾクします。三十万人の住民を抱えるこの都市で私は最初にしてただ一人の宣教師なのです」(O. H. Gulick to N. G. Clark, May 14, 1872, Kiyoto)。

ギュリックを有頂天にさせたのも、ある日本人の働きに負う所が大きい。その人物が後に処罰されようとは、ギュリックにはこの時点では予想もつかなかった。三か月後、ギュリックは不幸な事件が起きたことを記す。

「京都にいる間、大変、私たちの力になってくれ、彼の地での滞在中に住んだ家を借りるのを手助けしてくれた人物が逮捕され、京都市議会によって裁判にかけられました。この人は、関といいますが、私たちの京都滞在の後半は毎日、私たちと一緒におり、聖書を読みました。彼は市の警察の〔身分が〕ごく低い官吏でしたが、私たちが京都を去ろうとする際に当地〔大阪〕まで同行し、私たちの日本語の教師をする仕事に就きました。彼は市の職務から解職してもらうためと、妻と独り子とを大阪に連れてくるために私たちを置いて京都に戻りました。その地で彼は逮捕され、裁判にかけられました。容疑は、私たちと共に京都を〔キリスト教の〕福音に開放させたいと望んだ罪と、いろいろな面で私たちを手助けしたことです。

彼は妻子と共に自宅から出ることを許されていません。こうして自宅で囚人とされています。いつまで囚人扱いされるのかは、思いやりのあるお情けが冷酷そのものである人たちの好意と気まぐれしだいです。

やがては解放されて、当地で一緒になることがゆるされると思います。しかし、過去に逮捕された教師の経験上、そうした希望を持ち続けるのは至難の技です」(O. H. Gulick to N. G. Clark, Aug. 16, 1872, Osaka)。

従来、この事件は「その〔ギュリックの宿舎の〕斡旋をした一警察官は基督教伝道を援助したと云う廉で百四十日間禁錮された」とだけ伝承されてきたが(湯浅與三『基督にある自由を求めて』二九頁、一九五八年)。逮捕された人物は、さきに諜者報告書にあった関忠蔵（唯三）と言い、下級の警察官（警固方と呼ばれた）であった。彼は初期プロテスタント史上、高名な松山高吉（関貫三）のいとこにあたる（茂義樹『明治初期神戸伝道とD・C・グリーン』八九頁、新教出版社、一九八六年）。関がいたからこそ、ギュリックは入京五日目で借家契約ができたのである。

ちなみに、「過去に逮捕された教師」とは市川栄之介である。この前年の六月にギュリックが日本語教師として雇用していた人物である。それから一年もたたないうちに同種の事件が再発したことになる。しかも二例とも京都がらみである。『基督にある自由を求めて』（二二頁）によれば、ある宣教師は栄之介を「日本に於ける最初にして唯一の新教殉教者」と断定している。

当事者のギュリックにしてみれば、「この殉教者の血が教会の種子であるのを立証してくれるように」と祈らざるをえないのも分からないことではない（O. H. Gulick to N. G. Clark, Sep. 16, 1872, Osaka）。しかし、いまだ受洗前であるうえに本人の信仰の内実も不確かな点があるので、疑問は残ると言わざるをえない。その点は、関忠蔵が蒙った「殉教」の場合も同様であろう。

市川栄之介事件

「市川栄之介事件」は、純粋な信徒の殉教ではなかったとは言え、プロテスタントに係わる迫害としては最初の事例に相当する。彼はキリスト教の手引きをし、筆写した聖書を保持した容疑で妻とともに一八七一年六月三十日に神戸で逮捕され、一年半後の十一月二十六日に京都の二条城の北にある二条獄舎で病没（発病は拷問のためか）した。三十八歳であった。夫人（市川まつ）は夫とは別に伏見の牢屋敷に監禁されていたが、夫の死後まもなく釈放され、一八七四年に摂津第一公会（神戸教会）が設立された際、最初の会員のひとりとなった（『明治初期神戸伝道とD・C・グリーン』六十頁以下）。

事件の際、彼を日本語の教師として雇用していたのは、大阪のギュリックである。

一八七二年の暮れにギュリックは栄之介の消息を聞く。

「神戸の知事は、グリーンが提出した書面での照会に対して、こう回答しています。一八七一年六月三十日の真夜中に神戸で逮捕された、私の前の日本語教師である栄之介は、一年五か月間、禁固されたのち、先月〔十一月〕二十五日に京都の刑務所で死亡した、との連絡を京都の司法部からもらった、と。このようにして支配者たちは無実のこの人物を殺害するに及んだのです。〔中略〕栄之介の妻は依然として京都で捕らわれの身だということです」（O. H. Gulick to N. G. Clark, Dec. 16, 1872, Osaka）。

栄之介の事件は、宣教師を通して、外交問題ともなった。アメリカの駐日公使、C・デロングからグリーンが直接に聞いた証言によると、例の「岩倉使節団」がワシントンで条約改正交渉を行った際、デロングがこの事実を日本側に提起したという（『明治初期神戸伝道とD・C・グリーン』七一頁）。このことが、後日、「切支丹高札」撤去の一因になった、とはひろく伝承されている事柄である。

ギュリックやグリーンは外交官を動かして、事態の打開をはかろうとした。

「一年以上も教師として雇用された市川栄之介は、妻と共に真夜中に捕らえられ、どこかへ連行された。どこであるかは誰も言えなかったし、言おうともしなかった。県の当局者は帝国政府の秘密警察が逮捕した、と言うばかりで何も言おうとはしなかった。神戸のアメリカ領事〔P・フランク、P. Frank〕と東京のアメリカ公使〔C・デロング〕とが、囚人たちの行方を突き止めようとしていろいろと努力を重ねたが、すべて徒労に終わった」（*Thirty Eventful Years in Japan*, p. 12)。

一方、関忠蔵の方であるが、外交問題になったことを示す資料はない。宣教師たちは、栄之介事件の時のように政治的には動かなかったのであろうか。それはそれとして、逮捕後の関の動向であるが、先のギュリック書簡にはこうある。

「京都の警察官である関は、この春に私たちが京都に在留していた間、手助けしてくれた人物ですが、そのために百十日間、監禁されたうえ、裁判にかけられ、禁固がさらに三十日間、延長されました。十日前〔の十二月六日〕に百四十日間の禁固が解け、自由の身になるや、ただちに大阪に来て借家を見つけ、私の日本語の教師になるための手筈を整えました。

今年の七月に私たちが京都から〔大阪へ〕初めて移転した際に彼はそうしたいと思っていたからです。手筈をすべて整えてから先週、彼は家族と身の回り品とのために京都へ戻りましたが、京都の当局から再度、咎められ、大阪に行ったことを非難されたうえ、都市を去るのを禁じられました。この程度のことで彼は再び、不定期間、囚人になりました」。

ちなみに京都におけるキリスト教をめぐる事件と言えば、「横井小楠殺害事件」も忘れられない。彼は、幕末の肥後藩の思想家として、佐久間象山と並び称せられる開明的な人物ではあるが、キリスト教の信徒とはもちろん言えない。しかし、キリスト教に同情を寄せたとして、一八六九年二月十五日に京都（寺町通河原町下《サガ》ル）で刺客により殺害されている。のちに彼の子供たちが熊本から同志社（英学校は横井が刺殺されたすぐ近くの河原町寺町上ルに開校された）学ぶようになるのは、奇しきことである。

すなわち、娘である横井みやは同志社女学校在学中に新島襄から洗礼を受け信徒となったばかりか、牧師（同志社出身の海老名弾正）の妻として一生を終えた。一方、息子の横井時雄も英学校（神学校）を卒業後、牧師となり、同志社社長（同志社教会牧師）としても活躍した。

第二回京都博覧会

さて、博覧会に戻ると、第一回京都博覧会は日本ミッションの宣教師全員（四人）が京都に初めて足を踏み入れる好機会であったばかりか、山本覚馬との邂逅をもたらした点で、実に大きな意義をもつ。翌年（一八七三年）、引き続き第二回博覧会が開かれた。O・H・ギュリック（大阪）は一八七二年末の書簡の中でそれに触れる。

「京都市は来年の三月十三日から六十日間、〔外国人に〕開放されることになっています。その間、今春の博覧会と同種の博覧会がまた開催されます。そうなれば、私たちのなかで当市を訪問する者が、何人かいるはずです」(O. H, Gulick to N. G. Clark, Dec. 16, 1872, Osaka)。

ギュリックが言うようにこの度も宣教師たちは二度目の訪問を試みた。「日本ミッション年次報告」(Annual Report of the Japan Mission, May 24, 1876) は、この年も山本覚馬との再会が実現したことを示唆している。が、初回ほどの関心を呼ばなかったのか、公式記録ではこの年の「日本ミッション年次報告」(Annual Report of the Japan Mission, June 16, 1873) の中で軽く触れられている程度である。内陸部の都市が開放される時期はもとより定かではないが、（第二回）博覧会で京都に行った折りの印象では、その兆しだけは十分に感じとれた、という内容である。

書簡で報じた者は神戸のJ・D・デイヴィスと大阪のO・H・ギュリックである。まず、前者であるが、一八七三年の春に彼はボストン宛にこう記す。

「三日前に慌ただしい手紙を書いた際、ただちに京都の博覧会に駆けつけたいと思っていましたが、博覧会が六月一日まで延長されることになったと聞きましたので、待ちます」(J. D. Davis to N. G. Clark, Apr. 18, 1873, Kobe)。

そして五月の下旬に京都を再訪した彼は、神戸から次のように報告する。

「この一、二週間、ミッション全員は京都博覧会の見学に行っておりました。ほとんどの者が、琵琶湖盆地の向こうの地域まで行きました」(J. D. Davis to N. G. Clark, May 31, 1873, Kobe)。

京都に関しての記述はわずかこれだけである。「外の人たちが詳述するでしょうから」と抑制したからでもあるが、結局、他にはギュリックが報じただけである。山本覚馬との再会が実現したのか、興味をそそられるが、ここでは何の記述もない。

むしろ、宣教師の関心は初めて（ギュリックだけは二度目）足を踏み入れた琵琶湖盆地と住民とに移ったかのような感がある。デイヴィスは「日本のこの地域が人口綴密であるという事実」や「自分たちに対する人々の気質が親切であること」に「なによりも大いに心を動かされました」と記す。また、彼は実際に大きな日本地図で琵琶湖盆地の村落の数を数え上げ、全部で千二百もあった、と驚嘆している（同前）。

要するに「一八七三年の春、京都と近隣の琵琶湖盆地を再訪したことが、内陸部に人材を派遣する必要があるとの彼の確信を強めた」のである (*Davis Soldier Missionary*, p. 133)。

次にギュリックの報告であるが、前年との比較が興味深い。

「私たちは、昨年に探検〔視察〕した現場、すなわち京都市と近江地方（琵琶湖の南部には大津、東部には彦根という大きな街があります）とを十日間にわたって訪問して、先週、戻って来ました。去年同様に、今年もどこでも人々から歓待されました。しかし、外国からの訪問者に対する、京都府の姿勢には歴然とした相違が感じ取れました。

昨年は京都博覧会の期間中、何百人もの特別な警官が雇われ、外国人が市内を巡り歩くに従い、どんな外国人にもあちらこちらへと同行するのが仕事でした。外国人へのこうした警戒と保護とは、今はすべて中止されたようです。一見して警官と分かるような衣服を着用している者は誰もおりませんし、私たちの後を尾行する者も皆無でした。〔中略〕宿泊も自由で、去年のように外国人用に指定された所定のホテルに制限されることなく、泊まりたい日本のホテルを探すことが許されました」(O. H. Gulick to N. G. Clark, May 31, 1873, Osaka)。

第三回京都博覧会

一八七四年は第三回京都博覧会である。「日本ミッション年次報告」(A. B. C. F. M., Annual Report of the Japan Mission, May 24, 1876) からは、今回もこの催しを阪神の宣教師が見学する一方で、山本覚馬と交流したことが窺える。

閉会後の七月二日に大阪のゴードン邸で日本ミッション特別会議が開催された。その議事録（書記はO・H・ギュリック）には京都の伝道着手に関する決議が見出される。

「決議、政府の許可が降りた場合、ミッションはJ・L・アッキンソン (J. L. Atkinson) が家族と共に〔神戸から〕京都に移ることを承認する。

決議、政府の許可が得られた場合、ミッションは〔大阪の〕ミス・M・E・グールディ (M. E. Gouldy) が京都に転じることを承認する」。

　候補にあがった者たちは、いずれも新人で、前者は前年の九月に、そして後者は同じく十一月に来日したばかりである。ギュリックの見るところ、許可が降りる可能性は高く、九月にも彼らの転住が実現する見通しであった（O. H. Gulick to N. G. Clark, July 11, 1874, Osaka)。

　彼はまた、こうも回顧する。「三年前〔一八七二年〕、相当の確信を抱いて、京都に居住する試みを私が行いました。昨年〔一八七四年〕、グリーン氏に手助けされて、アッキンソン氏が試みました。早期に実現するとの確信を大いに得て、彼らは戻って来ました」(O. H. Gulick to N. G. Clark, Aug. 6, 1875, Kobe)。

　当のグリーンの感触はやや違った。

「ミッションの要請を受けて、アッキンソン氏と私とは京都を通り、琵琶湖近辺の大津と彦根とへ行ってきたばかりです。〔中略〕アッキンソンの家族とグールディとが京都に行く取り決めを今でも出来るとは思います。しかし、私たちは疑い無く教師として三、四か月の間、私的な団体に雇用される形で彼の地〔京都〕に住める許可がとれる、と二人の重鎮が言ってくれたにもかかわらず、より早く当市に接近できる見通しは〔彦根の場合ほどには〕ありません」(D. C. Greene to N. G. Clark, May 9, 1874, Kobe)。

「重鎮」のひとりが覚馬であることは、まず疑いない。また、これによれば、神戸教会の有力信徒、鈴木清がグリーンに同行している。彼らは四月の下旬に京都に入り、五月の一日頃から三日まで彦根に滞在した。結局、この時は、政府の許可が降りず、京都ステーション開設の夢は幻に終わった。その間の消息をアッキンソンはこの年の八月十日に神戸から報じる。

「もちろん今、京都に入るのは問題外です。私たちは先週、静けさを取り戻しました。もし、私が宣教師でなければ、京都に住んで、学校で教え、またおそらくキリスト教も教えてもよい、と言われました。が、宣教師なので、そこに住めませんでした。内陸部のここかしこに居住が許されている宣教師の事例がきっと少しはある、と思います。これを考慮に入れれば、この件で交渉してくれた日本人信徒のツジ（Tsugi）（当地の日本人信徒のひとりで、京都に一軒、家屋を所有しています）は、中央政府に宛てて書簡を認めて、事実を述べ、なぜ宣教師が同じように入京できないのか、と照会してくれました。

　その種の文書は、書き手の家が所在する都市の区の主任の印（これにより内容が事実であるのが証明されます）がなければ、この国のどの官吏も中央政府に差し出すことはできません。それゆえ、この文書は京都に送られました。結果はこうです。この前の日曜日に先の官吏からツジは長文の手紙を受理し、『区長』がその文書に捺印する勇気がないのを知らされました。手紙にはさらに、事態を進展させて行けば、ツジの母親やその他の親戚が危険な目に遇うかもしれない、とありました。

　このために当分はこの方面は完全にストップさせることにしました。京都府が神戸・兵庫府に書簡を送り、なぜ宣教師がそこでは仕事を続けることが認められているのか、と照会したことが私の耳にも入って来ました」(*Missionary Herald*, Nov. 1874, p, 363)。

第四回京都博覧会

　さて、いよいよ第四回の博覧会は一八七五年の春、すなわち京都ステーション設置の半年前に開かれた。これに関しては神戸のギュリックがすでに前年、次のように注目している（O. H. Gulick to N. G. Clark, Oct. 31, 1874, Kobe)。

「京都は来春、博覧会の期間中、これまでのように外国客に対して開放されるだろう、との発表がなされました。この結果、この特典が四度、巡ってくることになります」。

今回の博覧会見学がそれまでの三回のものと決定的に違うのは、すでに新島襄が帰国しており、この年の一月以来、大阪ステーションを中心にキリスト教主義の学校建設への取り組みが始動していることである。（後述するように）翌年の第五回の博覧会では伝道の場として博覧会を利用した新島であるが、このときは準備不足であったのか、目立った動きがない。

さらに、第四回で着目すべき点は、ギュリックを始めとする宣教師と山本覚馬との面談である。前者が後者の心をいよいよキリスト致へと傾斜させたのである。これにより、同志社開校、すなわちキリスト教の開教への道が大きく広げられることになる。その間の消息は、当のギュリックが認めた「日本ミッション年次報告」(Annual Report of the Japan Mission, May 24, 1876) に窺える。

「この報告書に目を通せばお分かりのように、O・H・ギュリック牧師は家族と共に一八七二年に春と夏とを通して〔五月から七月まで〕二か月をこの都市で過ごした。当時、京都府の顧問である、視覚障がい者の山本の知遇と信頼とを得た。続く二年間〔一八七三年と一八七四年〕にもギュリック、並びにミッションの他のメンバーはこの都市を訪問したが、滞在中にこの交誼は継続され、強化された」。

ここからも、日本ミッションの宣教師たちが、博覧会で入京するたびに、毎年（つまり三年連続して）覚馬と面談する機会に恵まれたことが判明する。その間、徐々に覚馬のなかでキリスト教に対する共鳴が萌し始めていたと考えられるが、それが決定的なものとなるのが、実はこの年の第四回の博覧会である。

「一八七五年〔昨年〕の春、〔大阪のM・L・〕ゴードン博士は当市〔京都〕で何週間か過ごしたが、〔北京の長老派宣教師のマーチン博士〔W. A. P. Martin〕が中国語で記した〔『天道溯原』。英文表記にすると〕『キリスト教の証拠』(Evidencies of Christianity) を一冊、山本に進呈した」(Annual Report of the Japan Mission, May 24, 1876)。

この『天道溯原』が覚馬のキリスト教理解に与えた影響は、決定的であった。従来、両者の邂逅については、ミッションの側では、O・ケーリ (O. Cary) が明記（ただし、出典を明示せずに）するだけであったが (O. Cary, *A History of Christianity in Japan, Protestant Missions*, p. 117, Fleming H. Revell Company, 1909)、その根拠は、ここにある。

ところで、同書は最初から漢文で『天道溯原』（一八五四年）と題して記述され、日本語のキリスト教関係の書物が出版される以前には日本でも版を重ね、知識人たちに大きな影響を与えた書物である。おりしもこの年十一月には、中村正直（敬宇）による最初の日本語訳である『訓点天道溯原』（最初は三分冊）が一冊に合冊されて出版されている。中村は、同月に北京に公使として赴任する森有礼に託して、翻訳本を著者に贈呈している (M. L. Gordon, *An American Missionary in Japan*, p. 191, Houghton, Mifflin and Company, 1892)。が、ゴードンが京都に持参したのは、翻訳が出版される前であったので、中国語の原本であった。ともあれ、この一冊が覚馬の心眼を開くのに大きな力を発揮した。

「この書を学んだ結果、目が不自由なこの人物はキリスト教への関心を著しく高め、その精神はキリスト教へと傾斜した。彼の関心は、一八七五年の夏に当市に居を構えた新島氏との交際により深められた」（同前）。

山本覚馬と『天道溯原』

ギュリックが京都で蒔いた種をゴードンと新島とが成長させたことになる。ゴードンの入京は、実は療養をも兼ねていた。三月に名古屋、彦根、敦賀、津、京都などの都市（いずれもミッションが占拠を希望する候補地であった）を視察したあと、「夫婦で一、二月の間、京都で過ごしたいと思います。三月一日から六月一日まで恒例の博覧会が開かれる間、外国人に開放されます」（M. L. Gordon to J. R. Worcester, Mar. 15, 1875, Osaka）。

残念なことに最初の京都訪問については、ゴードンは自己の名前を出すのを慎重に避けている。後にもその例を具体的にあげるが、例えば彼が執筆した中にこうある。

「この本〔『天道溯原』〕の威力を挙げてみるのは、実に興味深い。一八七五年の春、我々の一員〔実はゴードン本人〕が京都で一か月を過ごした。滞在中、彼は視覚障害を持つ山本と面談したが、山本のことは新島とともに同志社を創立した人として〔本書の〕あちこちで言及されているし、今〔一八九二年〕も同志社の最も有力な理事のひとりである。少し遅れて入京した新島氏はこう記している」として、以下、山本がいかに『天道溯原』に感銘を受けたかが、縷々、述べられている（*An American Missionary in Japan*, p. 189）。

ここにある「我々の一員」とあるのを典拠に、森中章光氏は「天道溯原を山本に呈した人物はゴルドンに非ず」と断定されるが（森中章光『「天道溯原」を読む』一七一頁、かもがわ出版、一九九六年）、ここはゴードンが客観的な叙述をとろうとした、と解釈すべきであろう。

新島に邂逅する前に、山本がすでに『天道溯原』を読んでいることから見て、ゴードンが贈呈したのは動かない事実である。ゴードンによれば、新島が覚馬を訪ねたときは、「彼〔山本〕は某博士〔実はゴードン本人〕から書物〔『天道溯原』〕をもらって間もなかったが、すばらしい書物だ、と語った」という（同前、p. 190）。ケーリも「このこと〔書物の贈呈〕があって後しばらくして、新島は山本に会った」と記している（*A History of Christianity in Japan, Protestant Missions*, p. 117）。

このとき、新島は山本の所見を聞いて、一説には「山本氏は已に基督教に賛成せられ居候」と断定した、とも伝えられている（青山霞村『山本覚馬伝』改訂増補版、三三〇頁、京都ライトハウス、一九七六年）。おそらくそうであろう。その点は、覚馬の妹（後の新島夫人）、八重の回想からも首肯できよう。

「その前から私はゴルドンさんのお宅へ、聖書〔マタイ伝〕を習いに行って居りました。ゴルドンご夫婦は、病気のため京都に来て居られたので、木屋町の小さい家の座敷を借りて居られました」と言う。ちなみに八重が初めて新島に出会ったのもゴードンの借家であった（永澤嘉巳男《かみお》『新島八重子回想録』四四～四五頁、同志社大学出版部、一九七三年）。

ゴードンと覚馬との交流の一端がここからも窺える。妹に聖書の学習を勧め、それを実際に実行させている点からも覚馬はすでに相当程度、キリスト教に心酔していたことが判明する。一説には『天道溯原』だけでなく、漢訳聖書も宣教師から与えられた、というので（『基督にある自由を求めて』一九頁）、覚馬自身が直接に聖書に触れていたのであろう。

後にゴードンは、ある人物（美軒子）に次のような回顧を披瀝している。

「明治八〔一八七五〕年の頃なりけん。師〔ゴードン〕が大阪に住まれし頃、偶ま疲労を得て身体の衰弱を来せしかば、地を京都に転じて痾を養はれき。当時基督教書類中最も不信徒を感化するの力あるものは天道溯源〔溯原〕なりき。師時に其数冊を携へ来りぬ。是より先き数人の宣教師已に此地に来て山本翁を訪問せり。ゴルドン師亦翁を訪ひ、談話の末天道溯源〔溯原〕一部を贈られき」（美軒子「翁と基督教と」、『山本覚馬伝』三三〇頁）。

一方、新島の動向であるが、彼が入京したのは四月五日で、三条木屋町三条上ル十二の宿所に訪ねた後（『新島襄全集』七、一一六頁、同朋舎、一九九六年）、二十四日までおよそ二十日間、京都に滞在した。後半は八重の回想にあったようにゴードンの借家を宿所としたのかもしれない。

山本覚馬と新島襄との出会い

新島の京都旅行の第一の目的は、もちろん保養であるが、新島が京都を選んだのは彼が言うように「西京之博覧会見物」のためである。当初の予定は、「彼所〔京都〕ニ八六七日逗留可致」であったが、大阪への帰宅が同月二十四日であるので、「二十日程滞留」したことになる。滞在期間が当初の予定の三倍になったのは、（後述もするように）「京師中指屈〔折〕り之人物」である覚馬（『新島襄全集』三、一三六頁、一九八七年）に面会できて、意気投合した結果ではないだろうか。あるいは、覚馬の要請で、「漢文の聖書を読みきかせて道をといた」結果だったかもしれない（『山本覚馬伝』一五一頁）。

また、大参事（宣教師は「知事」とも「副知事」とも呼ぶ）の槇村正直にも「度々面会」し、「学問を進むる等の事件相談」したり、「京都府博物館用懸」の就任をも依頼されたりしている（『新島襄全集』三、一三一～一三五頁）。学校設立に関する感触は相当に良好であったようである。

最初の京都訪問時に新島が槇村や覚馬に面会できたのは、（前者については）木戸孝允や（後者については）勝海舟の紹介があったから、というが（『山本覚馬伝』一五〇頁。『基督にある自由を求めて』四六頁）、木戸はともかく、海舟については、宣教師たち、とりわけ同時に京都に滞在していたゴードンの手引きがあったと考える方が、自然である。初対面のおりには、あるいはゴードンが同行したのかもしれない。

さらに、新島はこの時、英文のガイド・ブック（K. Yamamoto, *The Guide to The Celebrated Places in Kiyoto & The Surrounding Places*, 1873）を頼りにした、と推測されている（吉田曠二「新島襄を京都に導いた一冊の本」、『新島研究』八一、一九九二年十一月）。同書が覚馬によって作成されているだけに、事実ならば実に興味深い。しかもそれはもともと京都博覧会のために一八七三年に出版されたものである。おそらく、第一回の博覧会のおりに案内書の必要性が痛感されたに違いない。したがって、早ければ第二回、遅くとも第三回の博覧会には外国人の利用が可能となっていたので、宣教師たちもこれを利用したに相違ない。

その折りの一冊が宣教師から新島に渡ったのであろう。新島は京都に旅立つ四月一日の「英文日記」に「宣教師の友人たちの助言に従って大阪を発った」と記している（『新島襄全集』七、一一二頁）。「助言」の中には、旅行の経路も含まれていたのかも知れない。京都ばかりか、琵琶湖の遊覧も外国人には可能であったので、この小冊子には京都の他にも大津や堅田、唐崎、石山などの案内も収録されている（「新島襄を京都に導いた一冊の本」一〇八頁）。新島は滋賀県から比叡山を越えて京都に入る経路をとった。

さて、京都に着いた翌日（六日）、新島はさっそく博覧会を見学した。これが、京都旅行の主目的であった。事前にあれこれと宣教師たちから評判は聞いていたはずである。が、何と言っても重要なのは、知事（槇村）や覚馬に面会できたことである（『新島襄全集』八、一四二頁、一九九二年）。デイヴィスによると、初対面の覚馬は新島に『天道溯原』について次のように語ったという。

「その本はわたしにとても有益だった。キリスト教についての多くの疑問を氷解してくれたし、長年わたしを苦しめてきた疑問をも解いてくれたのだ。若い頃わたしは何とかして国家につくしたいと思い、そのために兵学の研究にうちこんだ。しかしこれだけではあまりにも小さすぎると感じたので、人民のために正道が敷かれることを願って法学に関心を向けた。けれども長い間研究と観察を重ねた末、法律にも限界力があることをさとった。法律は障壁を築くことはできても、それは心を入れかえることができないからだ。心のなかの障壁がなくなるとすぐ、ひとは盗んだり、嘘をついたり、殺したりするようになる。法律は悪しき思いを防ぐことができぬ。しかしわたしにも明け方の光がさしてきた。今やわたしには、以前には全くわからないでいた道が見える。これこそは長い間、無意識のうちにわたしが探し求めてきたものなのである」（『新島襄全集』一〇、二一六～二一七頁、一九八五年）。

山本覚馬がキリスト教に開眼

ところで、この部分はM. L. Gordon, *An American Missionary in Japan* (p. 190) に再録されたうえ、同じ著者の *Thirty Eventful Years in Japan* (p. 21) にも収録されている。しかし、なぜか、後者では一部、手が加えられている。

同じことを新島はA・ハーディ（A. Hardy）宛てと思われる（『山本覚馬伝』三三〇頁）書簡でも伝えたようである。『新島襄全集』にも未収録なので、紹介しておきたい。ゴードン自身が編集した *Thirty Eventful Years in Japan* (p. 21) に採録されているもので、新島が「ゴードン博士」と記す箇所は、例によって本人自ら匿名扱いにしている。

「某博士〔ゴードン〕は〔私と〕同じころ保養のため京都におられ、知事〔槇村〕の顧問である山本と近付きになられました。博士は彼にキリスト教のことはくどくどしく言わずに、ただ『天道溯原』（北京のマーチン牧師による『キリスト教の証拠』）を一冊、贈呈しただけだと思います。同書はとても興味深く、説得力のある書物です。日本では人々を改宗させるのに聖書そのもの以上に力を発揮してきました。というのも、聖書〔そのもの〕を理解するのは困難だ、と思われているからです。『天道溯原』は、日本の懐疑的な知識人が福音の真理に関心を寄せ、光と生命とを探求するのにまさに相応しい、挑戦的な書物です」。

「某博士は教養の高い最良の思想家のひとりにこの説得力のある書物を進呈することで、的を射止められました。興味深いこの人物についてはもっと申し上げなければなりません。彼は京都府庁に来賓、並びに助言者として迎えられています。彼は歩行ができず、目も不自由ですが、その精神は明晰で鋭敏です。『天道溯原』について私にこう言いました。

『この書は私には大変に有益でした。キリスト教に関する疑問を氷解させてくれたばかりか、長年、心にあった難問を解いてくれました。最初、私は軍人としてお国に仕えようと努めました。ついで、法学を研究したり教授したりして、人々への正義を得ようとしましたが、すぐに限界があることに気づきました。法律は外面的な行為に刑を下したり、正当化したりはできますが、心の中の邪悪な思いを防止することはできませんでした。嬉しいことに今や難問を解く手段を見出しました。

キリスト教だけが人間の心の源泉そのものに接近し、それを改造できるのです。私には夜明けが始まったのです。その結果、無意識のうちに探求して来た、私にはまったく未知であった道を見ることができます』」。

「そして、筆者〔新島か〕が証言できるように何日も、何か月も彼の会話の悩みは『人々の心は変わらねばならない。キリスト教はそれを可能にする』というのでありました」。

四月の新島に続いて、六月にはデイヴィスが入京した。神戸に戻った直後、彼は伝える。

「大急ぎで京都を訪ねて帰宅したばかりです。時間がありませんので、船便が出る前に一言申しあげます。

三年前、ギュリック氏は視覚障がい者の山本の知遇を得ました。それから二か月〔二年〕とたたないうちにマーチン博士の中国語の『キリスト教の証拠』を一冊、ゴードン博士が彼に贈呈いたしました。また新島博士は誠実に彼と前進いたしました。

〔その結果〕山本は自分が必要とし、国家が必要とする光を見ています。彼は日夜、ほとんど眠ることも休むこともできません。他の何冊かの書籍のほかに中国語の新約聖書を一回通読し、今また半分、読ませています。府庁のブレーンである山本とほとんど同様に副知事〔槇村〕も関心を示しています」（J. D. Davis to N. G. Clark, June 10, 1875, Kobe. 日付は *Davis Soldier Missionary*, p. 142による）。

なお、この時の山本・デイヴィス会談では、前者からキリスト教女学校の設立希望まで出された、という（J. D. Davis to Young Ladies of the Japan Mission, 1875）。のちにデイヴィスは女学校（同志社女学校）の設立に意欲を燃やすようになるが、かねての彼の計画に一層の弾みを与えたのがこの時のデイヴィス・山本会談であったと考えられる。

山本覚馬とキリスト教系学校

さらに覚馬とキリスト教とについて、デイヴィスは別の所でこう述べる。

「この春に某博士〔ゴードン〕が当市に来られたとき、彼は視覚障害者の山本にマーチン博士の手になる『キリスト教の証拠』に関する、中国語の小さな本を進呈されました。目の不自由なこの人は、同書を人に読ませることを夕方から始めました。次第しだいに興が乗り、来て一緒に聞くように、と当市の知事〔槇村〕を呼びに行かせました。知事が来て、ふたりは驚嘆する書物について、読んだり、話しあったりして、深更に及びました。

このころ、新島氏が当市に来て、視覚障がいの人物と知事とに頻繁に面談いたしました。山本ほマーチン博士の本や日本語の福音書、それに中国語の新約聖書ももっており、それらを何度も何度も読ませていました。最初に興味を抱いた小冊子〔『天道溯原』〕を彼は四十五冊〔四、五冊か〕、購入し、京都やその周辺の友人に配布いたしました。この本を贈呈する前に、友人たちに半時間も説教するときもあります。

このように精神的な準備がなされていた山本は、新島氏が立案中の学校の位置を当市に定めるように心から熱心に勧めました」（*Thirty Eventful Years in Japan*, p. 22）。

翌月にもデイヴィスは報じる。覚馬などの協力でいよいよ念願の「トレーニング・スクール」（伝道師養成学校、すなわち同志社）の見通しが立ち始めたのである。

「たぶん今秋には〔神戸から〕京都へ移れると思います。京都府顧問で視覚障がい者の山本は、この三年間、ミッションの友人ですが、〔キリスト教の〕真理に多大の関心を寄せるようになり、京都を福音に開放したく願っています。とりわけキリスト教の学校が設置されるべきであると願っています。彼と新島氏との感化で副知事〔槇村〕もまた関心を示し、おそらく今秋、彼の地に私たちのトレーニング・スクールを開校することが許されるでしょう」(J. D. Davis to N. G. Clark, July 10, 1875, Kobe)。

興味深いのは、ギュリックの見通しである。デイヴィスの楽観的な見通しに比べると、あまりにも暗すぎる。「今年〔現在〕、デイヴィス氏と新島氏とが、〔京都での居住を〕試みているところです。今年は成功しないと思います。トレーニング・スクールはさしあたっては神戸に設けざるをえないと思います」という(O. H. Gulick to N. G. Clark, Aug. 6, 1875, Kobe)。

しかし、ギュリックの予期に反して、新島たちの試みは成功した。ここに、京都ステーション(同志社)開設への道は、確実に開かれたのである。ボストンのクラークも日本ミッションの計画を知らされて、「京都に入れそうな見通しがある、と聞いて、大満足であることをお伝え」したい、とこの夏、ギュリックに書き送ってきた(N. G. Clark to O. H. Gulick, July 9, 1875, Boston)。さらに、秋の書簡には「京都にトレーニング・スクールを設置しようとする新島の努力がどうなったのか、私たちは関心を抱きながら待っています」とある(N. G. Clark to O. H. Gulick, Sep. 15, 1875, Boston)。

新島の成功に関して言えば、後年、デイヴィスをして「京都に宣教師団〔京都ステーション〕が存在できるのはおもに山本氏のおかげなのです」とまで言わしめた覚馬の協力は(『新島襄全集』一〇、二二五頁)、どんなに強調しても強調しすぎることはない。

この点に関してデイヴィスの伝記は、こう記す。「京都は〔新島が入京する〕二年前より市の産物と商品とを展示するために百日間、夏の間、開放されていた。この博覧会を見学した〔日本〕ミッションの何人かは、京都府の顧問で視覚障がいをもった山本覚馬氏に面談し、キリスト教の真理への関心を抱かせた。

そこへ、新島氏が京都にキリスト教の学校を設立する計画を提示したところ、この有力者は暖かく受け入れてくれた。彼はさらに進んで、この市の知事の関心を計画に向けさせた。しかし知事の槇村は、学校に対する中央政府の許可が取れるかどうか、疑問を表明した」(*Davis Soldier Missionary*, pp. 142~143)。

なお、『天道溯原』でキリスト教に開眼した覚馬ではあるが、正規に洗礼を受けるに至るには、後述もするように、なお十年の歳月が必要であった。

山本覚馬による「西京」復興プロジェクト

後年の回想ではあるが、デイヴィスのペンを借りて、博覧会、並びに山本覚馬と宣教師(キリスト教)との係わりを要約しておきたい。

「京都の物質的繁栄は政府の〔東京〕移転によって打撃を受けた。そこで、産業を活発に押し進め、消え去った宮廷の魅惑力の代替物を与えるために、寺院の境内や建物を会場として、国内各地の産物を出品する博覧会が、〔一八七二年以来〕何度かにわたって開催された。

〔中略〕

外国人には京都を訪問する許可はめったに与えられなかった。ただし、こうした博覧会のときには〔数十日から〕百日間にわたって〔外国人にも〕町が開かれたために、新島の計画が達成される道が備わったのである。

当時、京都には京都府顧問の山本覚馬がいた。非常に教育のある人だったが、盲人で、麻痺した体のために歩くことができなかった。宣教師団〔ミッション〕の中の何人か〔実はほとんど〕は、京都が外国人に開放された時に彼と知り合いになっていた。そして宣教師のひとり〔ゴードン〕は『キリスト教の証拠』という書物〔『天道溯原』の中国語訳〔実は原本〕を彼に贈った」。

覚馬に関するデイヴィスの回想はさらに続く。

「こういうわけで、四月になって新島が京都の知事に彼の計画を披瀝した時には、山本がその案に暖かい支持を与えたのであった。山本の影響力を通して、知事はのちほど、科学とキリスト教を教える学校の設立を認可するようになった」（『新島襄全集』一〇、二一六～二一七頁）。

東の新首都・「東京」に対抗するために京都府が取り組んだのが、西の首都たるべき「西京」復興プロジェクトである。山本覚馬は槇村の「ブレーン」として明らかにその首唱者であった。同志社英学校自体が、その一環として府庁から「誘致」された一面を有することが、最近しだいに明白になってきている。ここで見た博覧会がこのプロジェクトの中の重要なイヴェントのひとつであることは言うまでもない。そしてこの企画の分析は、「西京」と同志社とが期せずして緊密な関係で結ばれたことの傍証ともなりえる。

同志社がなぜ、「仏教の首都」たる京都をあえて建設の地に選んだのか、その秘密を解く鍵もここに隠されている。「希望に溢れる新島でさえも、『京都はキリスト教に開放されるとしても最後の場所、と考えていた』」位である（*An American Missionary in Japan*, p. 158）。

宣教師の入洛に関し、年次別の見学者をまとめておくと、次の通りである。

●第一回：D・C・グリーン一家、O・H・ギュリック一家、J・D・デイヴィス（夫妻?）、J・C・ベリー夫妻、H・ルーミス。

●第二回：J・D・デイヴィス、O・H・ギュリック。

●第三回：J・L・アッキンソン、M・E・グールディ、D・C・グリーン（鈴木清）、O・H・ギュリック。

●第四回：M・L・ゴードン、O・H・ギュリック、新島襄。

なお、付記すれば、同志社の開校後に開かれた、最初の博覧会（第五回京都博覧会）でも両者の係わりは続いている。つまり、第五回京都博覧会の会期中にギュリックが認めた「日本ミッション年次報告」（一八七六年五月二十四日）には、その消息が次のように記されている。

「さる三月に新島氏は他の諸書と共に何冊かの聖書をミカドの元の宮殿で開催される恒例の博覧会に出展する許可を得た。またアメリカ聖書協会の代理人である〔横浜の〕L・H・ギュリック博士は、四十か国の言語で書かれた聖書〔本体〕、もしくは抄訳〔一部分〕を確保し、博覧会に出展した。

そして学校〔同志社〕に在籍する信徒の青年がひとり、日曜日以外は毎日、〔交替で〕顔を出し、連日、博覧会に詰めかける平均して千五百人の日本人の何人かに、聖書を注目させたり、聖書を説明したりしている」。

また、外国人の入京を拒む府に対して、博覧会は依然として入京の貴重な機会であった。つまり同志社への赴任許可が降りない宣教師にとっても博覧会のパスは魅力であった。同志社のデイヴィスが神戸で待機するW・テイラー（W. Taylor）やラーネッド（D. W. Learned）に対して、博覧会の期間に入京することを勧めているのはその一例である。ラーネッドの見るところ、テイラー家はそれを受け入れそうであった（D. W. Learned to N. G. Clark, Feb. 18, 1876, Kobe)。

結局、前者が入京したのはこの年の三月十六日であり（W. Taylor to N. G. Clark, May 10, 1876, Kioto)、後者のそれは四月一日であった（D. W. Learned to N. G. Clark, Apr. 14. 1876, Kioto)。

ちなみに一八七二年の第一回から始まった博覧会は一九二八年の第五十六回まで、ほぼ毎年、開催され、市民の啓発に大きな役割をはたした。

五、宣教師・新島襄の誕生

アメリカン・ボードの日本伝道

アメリカン・ボードの日本伝道の開始は、一八六九年であった。アメリカ最古の海外伝道協会（設立は一八一〇年）にしては、出遅れた感は免れない。すでに長崎や横浜などには監督教会（C・M・ウィリアムズ〈C. M. Williams〉等）や長老派（J・C・ヘボン）を始め、いくつかのプロテスタントのミッションが進出していた。

アメリカン・ボードが日本伝道に着手することを決議するにあたっては、当時、アメリカ（アンドーヴァー神学校）に留学中の新島襄の進言がひとつの契機となったのを忘れてはならない。そのことに関しては、このボードの総幹事を永年務めたN・G・クラークの証言（新島の追悼文）が、最も信頼できる。

「一八六八年、大学のある長期休暇〔夏季休暇〕に彼〔新島〕はひとりの友人を同行して、わが家で一晩を過ごしました。朝の家庭祈禱会のおり、彼に最初の祈禱を頼んだところ、実に心を込めて祈ってくれました。そのことは、わが家ではその後、ながく記憶に留められていました。

祈禱会がすむと、彼は私の手を握って、母国に宣教師を派遣してほしい、とそれは実に熱心に懇願いたしました。私が、できるだけ早期に派遣できるよう努力をしてみる、と約束するまで、彼は私を放そうとはいたしませんでした。その約束は翌年に果たされ、彼は大満足でした」（*Missionary Herald*, Mar 1890, p. 94）。

もちろん、新島の保護者であったA・ハーディが、アメリカン・ボードの有力者（運営委員会議長）であったことも大きかった。運営委員会に直接、日本伝道を提案したのは、中国に派遣されていた宣教師、H・ブロジェット（H. Bloagett）であった。提案理由のひとつに、ハーディが援助をしている新島の進言とそれに対するハーディの資金提供の可能性が挙げられている（茂義樹『明治初期神戸伝道とD・C・グリーン』二一頁、新教出版社、一九八六年）。

こうして、一八六九年七月二十三日、運営委員会は最初の派遣宣教師としてD・C・グリーンを任命した。夫妻の横浜入港は十一月三十日のことであった。プロテスタントでは六番目の教派、宣教師としては二十八人目であった（同前、一九頁、二七頁）。

夫妻が最終的に神戸を伝道拠点と定めたのは、京浜地区に対して同地がキリスト教にとっては未開拓であったからである。そしてこのことが、新島の任地、ひいては同志社（教会をも含めて）の建設地をも決定づけることになるのは、言うまでもない。

帰国を前にして

後に詳述するように同志社教会は新島襄の「家の教会」として発足した。いわば両者は一心同体であった。その意味では、その芽は、彼が宣教師として身を立てた時に胚胎したといえよう。新島はおよそ十年近いアメリカでの留学生活を終えて、一八七四年十一月二十六日に横浜に帰港したが、その時の身分は、ミッション（アメリカン・ボード）所属の宣教師であった。

では、新島はいつ宣教師として帰国することを決意したのであろうか。

一八七四年二月の時点では、すべてが白紙の状態であった。おそらく、この時には彼の手元には同年一月一日付けでアメリカン・ボード日本ミツション（八名の宣教師が連署）が発信した、早期の帰国を促す要望書が届いていたものと推定できる。

当時、日本ミッションは関西、すなわち神戸と大阪とにステーションを設置しており、そこでは次の十一名の宣教師が活動していた。

●神戸ステーション

J・C・ベリー、J・D・デイヴィス、H・H・レヴィット(H. H. Leavitt)、D・C・グリーン、J・L・アッキンソン、W・テイラー、J・E・ダッドレー(J. E. Dudley)、E・タルカット(E. Talcott)。

●大阪ステーション

G・M・デクスター(G. M. Dexter)、M・L・ゴードン、O・H・ギュリック(帰米中)。

このうち、帰米中のギュリックを除く男性八名が、要望書に連署した。これに対して、新島は当時の気持ちを正直に告白する。

「日本での自分の将来の運命がどうなるのか、まだわかりません。どこに落ち着くことになるのか、どのように生計を立てるのか、まだわかっておりません」と(『新島襄全集』六、一三五〜一三六頁、一九八五年。同前一〇、一八二頁)。

日本ミッションにしてみれば、最初の宣教師、グリーンが神戸に拠点を構えてから五年が経つというのに、日本人教会はいまだひとつも実現していなかった。すべてはこれからであった。最初の教会はこの年、四月に神戸(仮牧師はグリーン、ついでデイヴィス)に、次いで大阪(仮牧師はゴードン)に建つことになるが、神学校はもちろん、日本人牧師は皆無であった。宣教師はいずれも日本語の習得に大変な労苦を払っていた。

大阪で仮牧師を務めるゴードンもそのひとりであった。彼は個人的に前年(一八七三年)十二月十六日付けの書簡で、直接に新島に対して早期の帰国を促した(同前八、一一五頁)。ゴードンはクラークに対して、「もっと人材が必要です。ニイシマは大阪に来なければなりません」と訴えている(M. L. Gordon to N. G. Clark, June 25, 1874, Osaka)。ただ、ゴードンは、新島が日本ミッションで宣教師たちの同労者になれるが、その一方で日本人たちも彼を熱心に欲しがっている、と見ていた(M. L. Gordon to N. G. Clark, Sep. 26, 1874, Osaka)。

このゴードンは、デイヴィス同様にアメリカですでに新島と旧知であったためか、新島の帰国問題に関しては、日本ミッションの窓口となっていたようである。そのことは、彼のN・G・クラーク宛て書簡に窺える。

「私たちがニイシマ氏に書簡を送ったことを先生にお伝えし、また宣教師としてニイシマ氏が私たちの同労者として帰国することについてハーディ氏に書簡を送ったことを伝言するようにミッションから要請されました。アメリカで彼が準備した進路に合致するような形で、ボードが早急に彼を任命し、当地に派遣して下さることを希望いたします。私たちの何人かは彼を〔実際に〕知っておりますが、彼のような人材が彼の自国の人たちの間で必要だ、ということは、いくら強調しても強調しすぎることはありません。百人欲しいくらいです。

彼を説得して横浜に立ち止まらせ、彼の地の教会〔横浜海岸公会〕の牧師にさせようという努力がおそらく試みられるでしょう。彼が彼の地で立派な仕事をするのは疑いありません。日本のどこかで彼が仕事につくのを見るのは喜ばしいことですが、一方、この重要な地域〔関西〕で彼の援助を得るのが私たちの最高の願いです」(M. L. Gordon to N. G. Clark, Jan. 8, 1874, Osaka)。

ここで注目すべきは、「宣教師として」新島を派遣してほしい、と日本ミッションが一致して、ハーディ(アメリカにおける新島の養父であると同時に、一八七三年にアメリカン・ボードの運営委員会の議長に就任した）に依頼に及んだこと、ならびに横浜の教会の牧師になる可能性、すなわち長老派の牧師として活動する可能性が認識されていること、これらふたつの事実である。前者については、追い追い問題が明白になるはずであるが、さきに後者の横浜海岸公会牧師をめぐる人事についてその消息をみてみたい。

横浜海岸公会の牧師人事をめぐって

横浜海岸公会は日本で最初の日本人教会として一八七二年三月十日に設立されたが、日本人牧師の有資格者がいないために宣教師に指導を委ねていた。そこへ新島襄の帰国を聞き付けた教会は、一八七四年二月十五日に「在米国新島氏ヲ牧師ニ依頼スル事ニ決シ書面ヲ発」した。そして同月二十四日に招聘状を米国郵船に託して新島に発送した（『新島襄全集』八、一一六頁）。

招聘の主要な理由のひとつは、「無教派主義」（「公会主義」とも呼ばれる）を貫徹するために外国人宣教師頼むに足らず、と見たからであったという。招聘状は奥野昌綱が認めた長文のものであるが、「耶蘇基督ノ名ニ由テ建テル本邦横浜初実公会ニ在ル耶蘇基督ノ僕タル者、謹デ短箋ヲ修メ、美国留学大徳望、新島愛兄ノ坐下ニ呈ス」で始まる。そこには、宗派に関して、以下のようにある。

すなわち、教会はS・R・ブラウン（S. R. Brown）や、J・H・バラ（J. H. Ballagh）、それにA・C・タムソン（A. C. Thompson）に協力を依頼しており、「定マレル教師」が不在の状態である。これらの宣教師は、いずれも「宗派ヨリ出ルノ伝道者」であるので、彼らを牧師にすると、教会が「三氏ノ宗派ニ属スル者」のようになって、「他ノ宗派ヲ主張スル者」との間に議論が生じかねない。愛兄は既に「一宗派ニ属スル人」であり、帰国のうえは「一致ノ会」を喜び、「一体一霊」を努めれば、ついに諸教会をして「一ニ帰スルノ基礎」とすることができよう、というのである。教会は他に具体的な理由を七つ列挙して、新島に牧師就任を懇請した。ちなみに、月給は、「微々なる教会としては大々的奮発」の二十五円であった（佐波亙編『植村正久と其の時代』三、六二六～六三一頁、教文館、一九七八年）。

この招聘状が、長島屋という学生の合宿所（横浜石川河岸）に集合した教会員たちの前で朗読されたときには、青年信徒たちの意気はすこぶる盛んで、将来に大なる希望を抱いたという。だが、期待した返事は待てども来ず、音沙汰はなかった（同前三、六三二頁）。要するに「終ニ其承諾ヲ得ザリシ」という結果に終わったのである（『新島襄全集』八、一一六頁）。

新島は、たしかに承諾をしていない。なぜか、手紙の行き違いで、新島の元には教会からの書簡も招聘状も届いていないことが、後に判明した。その間の消息は、『井深梶之助とその時代』（二、四～五頁、明治学院、一九七〇年）によると、次の通りである。

「新島襄氏、尚お米国に在りしとき、横浜の基督信徒、書を氏に寄せて、帰朝の日は横浜海岸教会の牧師たらんことを乞い求めたり。蓋し、其の文は奥野昌綱氏の立案にして、衆議、祈禱を以て之を可決し、遙かに之を新島氏に送れり。

然るに月を累《かさ》ぬるも、余輩、其の返事に接せず、望天の懐い、幾分か失意の情なきを得ざりき。

氏が帰朝せられしとき、海岸教会員は之に質するに彼の書面の要領を以てし、其の横浜に止まりて、牧師たらんことを求めたりしとき、思わざりき、彼の書状は未だ曾て新島氏の手に達せざりしとの事実を確かめ得たり。新島氏の精神は、〔中略〕外国の宗派に関係なき教会を不可とするに在りしを以て、設〔たと〕え其の書状に接したりとするも、到底、横浜教会の牧師となり、長老派にもあらず、会衆派にもあらざる日本基督教会の牧師とはならざりしならん。海岸教会の有志者が氏に面して、教会の前途を談ぜしとき、氏は実に確乎として宗派説を維持せられたるなり」。

横浜に新島を迎えた横浜海岸公会の有志は、直凄に新島に面談して、牧師就任を要請したようであるが、新島はすでに「宗派説」に固まっていたために、彼に固辞されたという。有志のひとりは、こう回顧する。

「明治七〔一八七四〕年、新島襄氏、帰朝す。予等は同氏帰り来らば、必定、無宗派の主義を賛成し、非常に大なる援助を与えらることならんと楽しみ居りたるに、豈図らんや、氏は大いに無宗派主義を非難し、外国の宗派に属するに非ざれば、事業挙がらず、伝道の前途、望みなし、とて飽くまでコングリゲーション主義を固執し、宗派的の運動をなすべし、と明言せり。神戸、大阪の諸教会、是より漸く約束を解き、純然たるコングリゲーションの旗識を掲ぐるに至れり」（『井深梶之助とその時代』二、四頁）。

言われるように、はたして新島がこの時点で「コングリゲーション主義を固執」したかどうか、新島の側からは立証することができない。ただ、アメリカン・ボードとの関係や、すでに学校設立の志を固めていたことなどからして、躊躇があったのは推測できる。

そのことは、同志社の最初の入学生のひとりである、本間重慶の次の回想からも明らかである。「〔新島〕先生は帰朝せられたれば、早速〔横浜海岸公会は牧師就任の〕其諾否如何を尋ねたるに、先生は初耳にて未だ何等の書簡も受取居らずとのことにて、公会は案外に思ひ、是非、吾人の請を容れて、牧師の職に就かれたし、と只管、依頼したるも、先生は何分、初耳のことにて、速答〔即答〕は出来難く、且、自分は他にも考もあることなれば、折角ながら承諾は致し兼ねる、と素気なく謝絶せられたれば、公会は慈に大に失望した。之にて公会と先生間の好感に一種の亀裂を生じたりと云ふ」（『追悼集』四、二九〇～二九一頁、同志社社史資料室、一九九三年）。

それはそれとして、この人事の斡旋者としては、（さきの招聘状にもあったように）この教会に関わっていたブラウンやバラが挙げられよう。前者は、すでにアメリカで新島と面識があったし（詳しくは、拙稿「越後の宣教師たちと新島襄」、『潟』十三、日本キリスト教団新潟教会、一九九六年十二月）、後者とは新島はかねて日本（両親ら）との手紙のやり取りで世話になっていた。

バラは、横浜の教会とは別に新島に対して個人的に書を送り、横浜の教会が新島を招いていることを伝えた。新島がこの書簡を受け取ったのは四月三日であるが、二月の書類がまったく届いていなかったので、新島はこの時点で初めてこの件を承知したと考えられる。

後に見るように、新島とアメリカン・ボードとの間では、すでに三月にボードのメンバーとして日本に赴任することが、内定していた。そのため、他教派の教会（横浜海岸公会は無教派を標榜するものの、実質は長老派色が強かった）の牧師になる、という可能性はきわめて薄かった、と見るべきであろう。そればかりか、新島はアメリカン・ボードが支援して創設した関西の教会（新島の帰国前にふたつの教会が設立され、それぞれ宣教師が仮牧師を務めていた）の牧師に就任することもほとんど考慮に入れなかった、とさえ考えられる。

ところで、新島はアメリカにいる時、四月三日に続けて、同月二十九日にもバラからの書簡を受理した。新島は五月二十七日に及んでようやくバラに返信を認め、横浜海岸公会からの招聘を正式に断った（『新島襄全集』八、一一八～一一九頁）。

しかし、前にも見たように横浜の教会はあきらめ切れず、教会員たちは新島が帰国した直後（一八七四年十二月）にも新島に書を送り、横浜に留まって牧師に就任するように要請した（『井深梶之助とその時代』二、五頁）。新島の横浜上陸を出迎えた宣教師のなかには、バラの姿も見られたので（『新島襄全集』八、一三〇頁）、彼が側面から援護射撃をしたことも考えられる。

ところが、実際に新島の形骸に接した横浜の信徒たちは、失望の色を隠さなかった。牧師招聘の声は急速に萎んでいった。新島は大阪赴任の途上、一八七五年一月十日と十七日の日曜日に横浜で合計五回の説教を日本語と英語とで披露しているが、日本人信徒たちの辛辣な「批評の的」となった。新島、頼むに足らず、との印象が強かったという。

その一人、植村正久の回想（日時は不正確である）を引いてみたい。

「朝の九時頃、〔横浜〕海岸裏通り、谷戸橋畔三十九番、ヘボン診療所に集会せる日本人の礼拝に列つて、〔新島は〕説教やうの話をした。題は種蒔きの譬《たとえ》であった。青年等は左程に感服しなかった。然し、此は余り長く外国にゐたのと、帰国早々、間もないので止むを得ざる結果だらうと説明したであろう。

其の日〔一月十七日か〕、彼はまた数名の海岸教会員等と会合して、始めて日本語でする祈禱会に列した。彼も祈禱すべく求められたが、其の日本語の祈りは、例すれば神のことを汝と言ひ、あなた様といふ等、一寸異様の感を与へたが、之は余り長く外国語ばかり使つてゐたので、密室の祈りも日本語でなかった為だらう、と弁解を試みる人もあった。

否、其れは妙だ。本統〔本当〕の祈りは必ず父母の教へた言葉でなければ出来ない筈でないか。我がバラ先生でも日本語よりも英語の祈りの方が好く出来る、と不承知を称えた腕白の少年もあったらしい。新島は帰朝早々、随分、批評の的に立った。」また、「日本語では祈りの出来ぬまで英語に熟達した人であると云ふほどには、〔説教は〕聴かれなかった」との批評もあった（『植村正久と其の時代』三、六二一～六二三頁）。

新島の神学に対しても、「甚だ旧式なもの」であるとか、「余程保守的だった」との批判が加えられた。植村は述懐する。

「説教そのものは孰れかと云ふと、余り窮屈な、甚だ旧式なものであった。彼が贖罪の引例とした話を見てもよくわかる。曰く、或王が国内に姦淫の罪悪、盛んに行はるるを憂ひ、其の露顕する場合には犯罪者の両眼を抉り抜くべしといふ法律を定めた。所が、真先に其の犯罪のため、新法に依って処罰せられることになったのは、王の子であった。然も、親子の情、忍び難く、王は己が一眼と子の一眼とを抉り抜いて、法律の体面を保つことを得た。

此は、支那の基督教書なる職道伝にも見えて居る話だが、政治的贖罪論の極めて陳腐な引例で、余り道理にも適合して居らぬ。其れで此の説教を聴いた日本人等には批評とりどりで、中にはあんな話は聞くも厭だ、と敦圉《いきま》いた者もあったが、此れはアンドヴアル神学校でエドウヲルド・パアク教授の神学に育てられた結果、其ままとしては余り不思議では無かったらう。

当時、新島の神学は余程、保守的であったに相違ない」（同前三、六二三頁）。

留学中、新島がニューイングランド神学のなかでもアンドーヴァー神学校のE・パーク（E. Park）教授の影響を最も強く受けていたのは事実である。ちなみに、新島が贖罪論の例に引いたある国王の話しは、実は新島が帰国前にレキシントンで行った英語説教のなかでも引用されている（『新島研究』一二一、八頁）。説教（ともに英語）のテキストが両者に共通するところから判断すると、どうやら新島はレキシントンでの説教を横浜でそのまま繰り返した可能性が高い。

新島の宣教師任命をめぐって

次に、帰国後の新島の任地と身分とに関する問題であるが、アメリカン・ボードとしても「ニイシマ氏の問題」は慎重に考慮すべき問題には違いなかった。

この年（一八七四年）の二月に認められたゴードンへの返信のなかで、アメリカン・ボードの幹事であるN・G・クラーク（ボストン在住）は言う。新島の任地は大阪が望ましいとしながらも、決定は日本ミッションに委ねられる、と（N. G. Clark to M. L. Gordon, Feb. 25, 1874, Boston）。関西、というよりも阪神に勢力を集中させていた日本ミッションの特殊性から見て、新島の赴任地はさしあたっては神戸か大阪に限定されざるをえなかった。

任地の問題以上に苦慮すべきなのが、新島とアメリカン・ボードとの関係であった。要するに「宣教師」として日本に送り返すことが可能かどうか、である。二月にクラークは神戸のJ・D・デイヴィスに対して、心中の苦悩をこう伝えた。

「私たちは、ニイシマ氏を確保する重要性を十分、認識しております。彼に独立した立場を確保することで、事態を乗り切れるものと考えますが、彼を宣教師にするわけにはまいりません。私たちはこれまで、外国のネイティヴを宣教師にしたことは一度もありません。私たちは、宣教関係が終わることを望みながらも、その国では暫時、巡礼者であり、他人であるに過ぎません。

ネイティヴ〔外国人〕を宣教師の地位に取り込んでしまうと、その関係は永続いたします。ひとりを受け入れれば、他の人も同様の立場を期待するはずです。そうこうするうちにネイティヴの方が数のうえでアメリカ人を凌駕し、金銭の支出に関して、ゴタゴタが必ず起きてきます。自分たちの評判を落とすことなく、また本人の気分を思慮深く配慮して、害することなく、いったい、どのような立場をニイシマ氏に与えればよいのか、これは困難な問題です。

現在、解決策を模索中です。どんな犠牲を払ってでも、私たちの事業の要求に矛盾しない形で彼を私たちの側につなぎ止める必要があります。

〔運営〕委員会の議長〔A・ハーディ〕は彼のためにあらゆる努力を傾けてきました。それゆえ、私たちとの関係を継続しようとする、ニイシマ氏の明白な妥当性がえられるものと思います。彼が大阪に行くか、それとも神戸にとどまるかは、重要な問題です。いろいろなことを考慮すれば、大阪で強力な地位を確保するには大阪に行く方がいいのですが、彼が広範囲に活動する機会がある、という点では、疑い無く神戸です」(N. G. Clark to J. D. Davis, Feb. 24, 1874, Boston)。

これによれば、アメリカン・ボードにはわずかではあったが、当初、新島を正規の宣教師として任命する意向があったことが判明する。ただ、それには、彼が「外国のネイティヴ」（すなわち日本人）である点が、唯一の障害となった。

特例として彼を宣教師に任命する道が残されていないわけではないが、今後のことを考慮すれば、特例が一般化することが十分に予想しえたので、新島だけを特別扱いするわけにはいかなかった。それゆえに、新島の場合は、宣教師としての形態は捨てても、宣教師としての実質をとる道が模索されたことになる。内容の点では、新島はアメリカ人の宣教師と比較しても、一歩も劣らなかった。

三月にはアメリカン・ボードの側で、ある程度のメドがたったのか、新島との折衝が開始された。これより前、神戸にいたグリーンは、N・G・クラークに書を送り、早急に新島を日本に帰国させ、伝道にあたらせてほしい旨を願い出ていた。これを受けてクラークは早速、アンドーヴァー神学校の卒業式（七月二日）を控えた新島を呼び出し、グリーンの手紙を見せながら、「日本での伝道にあたる意志があるかどうか」を問いただした。もとより新島に異存のあるはずはなかった（『新島襄全集』六、一三六頁。同前一〇、一八二頁）。おそらく、この席で宣教師となって帰国する是非についても、話題になったに相違ない。四月にははやばやと任命が決定した。

同月六日に、クラークは神戸のO・H・ギュリックに宛てて「運営委員会はニイシマ氏がこの秋にあなたがたの〔日本〕ミッションに行くことを約束いたしました」と報じている（N. G. Clark to O. H. Gulick, Apr. 6, 1874, Boston）。神戸のJ・D・デイヴィスも同様の知らせをクラークから受け取ったひとりで、「ニイシマ氏などに関するお手紙を感謝いたします。我々には彼が必要ですし、なんらかの方法で彼を確保する必要があります」と返事を書き送った（J. D. Davis to N. G. Clark, May 18, 1874, Kobe）。

懸案の身分の件はどうなったのであろうか。四月十四日に開催されたアメリカン・ボード運営委員会は、最終的に新島を「準宣教師」にすることでこの難問の決着をはかった（A. B. C. F. M., Minutes of the Prudential Committee）。

決議は、幹事のひとり、S・B・トリート（S. B. Treat）により新島にただちに報じられたようである。あまりの処置の早さに当の新島がびっくりしたほどである。というのは、新島としては宣教師に任命されること（あるいはその時期）については、多少、逡巡する気持ちがあり、この年の七月あたり（すなわち卒業時）を希望していたからである。思わぬ事態の急変であった。新島は述懐する。

「クラーク先生にお手紙を差し上げたときには、任命を志願する用意が十分にできていないのでは、と幾分、懸念しておりましたし、来る七月までそれを延ばしたいと思っておりました。〔それだけに〕二週間前〔四月十七日ころ〕に、〔運営〕委員会はただちに私を日本ミッションの準宣教師に任命する手続きをとった、とトリート博士からお聞きし、驚いております。

〔幹事の〕皆様がそれほど私を信頼してくださっていることに大変、感謝しております。皆様方のご期待に満足に応えられないのではないか、と大いに懸念いたします。それでも私は主が自分のブドウ園で私が忠実に働くのを助けてくださることを信じます」（『新島襄全集』六、一三八頁）。

新島の狼狽ぶりから判断して、（また、後にも見るような書類上の手続きからして）新島が正式に応募する前に彼を準宣教師に任命する決定が先行した模様である。

それにしても、準宣教師とはいったい、どういう性格をもった宣教師なのであろうか。運営委員会の当日（四月十四日）の会議の議事録にはこうある。

「日本人であり、長年、アメリカで生活をしたジョゼフ・ニイシマ氏に関して複数の推薦書が読まれ、その後、以下の理解のもとにボードの日本におけるミッションの準宣教師（a Corresponding Member）に任命された。

(1)　ミッションの会議に参加し、そこでの討論に遠慮なく加わることは自由にできる。しかしながら、投票の責任は免除される。

(2)　自国のひとたちがサポートを引き受けるまでボードの会計から必要なサポートを受け取る権利を有する」（A. B. C. F. M., Minutes of the Prudential Committee）。

どういう人物が新島のために推薦書を書いてくれたのかは不明であるが、クラークやA・ハーディ、それにJ・H・シーリー（J. H. Seelye）といった、かねて新島と交流の深かった人たちが、いずれもボードの有力者であったことから（とくにハーディは運営委員会の議長であった）、新島の宣教師任命にはなんの抵抗もなかったものと推測できる。問題があったとすれば、新島が帰国する際の身分に関する一件であろう。

これに関しては、ボードや日本ミッションの間でもかなりの論議が重ねられたようであるが、最終的に決まったのは準宣教師という資格であった。議決権がないことが、唯一のハンディキャップで、あとはほぼ正規の宣教師と同じ権利が与えられている。

この準宣教師という身分については、従来から多少の混乱があった。まず、なぜ宣教師ではなく準宣教師か、という点に関してであるが、前にも見たように、「ネイティヴ、つまりアメリカ人でないから」ということになる。アメリカン・ボードは、アメリカ人以外を宣教師に任命したことはなかった。新島の場合も論議のすえ、準宣教師扱いとすることに落ち着いた。

したがって、「新島は日本人であったので、正式の宣教師の資格はかえって躓きを招きやすいという配慮から、アメリカン・ボードがこのように決定したものと推定する」とされるのは、正確ではない（『新島襄全集』一〇、四一四頁）。

さらに、「少なくとも新島の生前では、corresponding member としての宣教師は新島一人だけである」との理解も不正確である（同前）。

なぜなら、一八八八年に北日本ミッション（新潟ステーション）に着任したH・M・スカッダー（H. M. Scudder）夫妻もまた、準宣教師扱いである。彼らはもちろんアメリカ国籍ではあったが、自費で来日した宣教師であった点が、新島とは異なる。議決権がない点は新島と同様である。

新島の宣教師応募書類

ところで、時期的には相前後するのであるが、新島は任命後、半月を経た五月一日にボードの幹事たちに宛てて、次のような二種類の書類（四月三十日付け）を送付した。内容から見て、いずれも任命を決定する際に必要な応募書類であったと思われる。それがこの時点で提出されたということは、新島の場合は、推薦書だけで、すなわち本人が用意すべき必要書類が揃わない段階で任命の決定が先行したことも考えられる。

まず、最初の書類の内容は次の通りである。

「私がどのような初等教育をうけたのか、そして、のちにどのようなキリスト教的な経験をしたのか、とりわけ日本での伝道活動に献身しようとする動機がなにかについて、手短かに書き記すことをお許し願いたいと思います。

私は仏教の信仰のなかで育てられ、儒教の徳育をも受けてきました。その後、私には仏教は不快なものに、そして儒教は不満足なものになりました。こうした影響のもとで私は幾分、懐疑的となりました。にもかかわらず、なにか一層、高尚で善良なものへの憧れを抱いたことも時にはありました。

そのような精神的状態のおりに、中国にいたアメリカ人宣教師が書いた聖書の歴史の中国語訳に出くわしました。そこには神に関するはっきりとした見解が述べられていましたので、さらに突っ込んで神のことを探求するに至りました。この目的を抱いて私は家を離れ、アメリカへ渡りました。

アメリカまでの道を導き給うた摂理は、ボストンで友人を備え給い、その方々のご援助でこれまでの教育を受けてきました。私の回心は、アメリカ到着後、まもなくして起こりましたが、神の言葉を読んだその時から、私は神とその光とをずっと捜し求めてきました。

新しい経験をするにつれて、自国の人たちの間で福音を述べ伝えたい、との欲求が生まれてきました。自分自身をこの仕事に捧げたいという動機は、私の国がそれを必要としていることへの共鳴からであり、また滅び行く魂への愛に基づきます。とりわけ、キリストの愛が私をこの仕事につなぎ止めてしまったからです。

この夏で学業を修業するつもりです。借金はまったくありません。日本では健康は良好でしたが、アメリカに来てからは、幾分、優れません。しかし、今ではよくなりつつあります。当分は独身でいたいと思います」（『新島襄全集』六、一三六〜一三七頁。同前一〇、一八三〜一八四頁）。

次に二番目の書類は、アメリカン・ボードが応募者のために作った手引書（『宣教師応募の手引』）にある質問に新島が回答したものである。

ちなみに質問事項は、（改定が少しはあるものの）一八七九年版のものが参考になるであろう。

(1)　聖書の教理に対する見解。
(2)　アメリカン・ボード関係の教会の教義に疑いをもったことはないか。
(3)　キリスト者である体験はどのようなものか。
(4)　何年間、教会に所属しているか。
(5)　なぜ、外国伝道に当たるのか。
(6)　忍耐、困難、危機をどう考え、どう対処するか。
(7)　宣教師になることと人生の目的との関係はなにか。
(8)　年齢。
(9)　出生地。
(10)　住所、教育、健康状態。
(11)　親族の生計は誰が支えるのか。
(12)　妻の協力と理解とがあるか。
(13)　アメリカン・ボードの規則を守るか（『明治初期神戸伝道とD・C・グリーン』一九頁）。

以上の質問に対する新島の回答は、以下の通りである。

「宣教師候補者のための手引書にある質問六への回答は次の通りです。

(1)　私の見解では聖書の主要な教義は、次の通りです。唯一の真の神の実在、聖書は霊感によって成ったものであること、三位一体、神の永遠の意図、意志の自由、人間の完全を堕落性、贖罪、再生、信仰による義認、死者のよみがえり、最後の審判、以上です。

(2)　私はアメリカン・ボードの下で伝道事業を維持している諸教会が共通に抱いている教義のいずれに関しても、一点の疑念も持ちません。

(3)　私の回心が真実のものであるという確信を証明するものは、キリストに対して日々、高まっていく信頼と、真理に対して日々、増し加わっていく共感です。

(4)　私は七年近く、アンドーヴァー神学校教会の会員です。

(5)　牧師の義務については、人間の救いのために福音を宣べ伝えることである、というのが私の見解です。牧会に入りたいという私の欲求は、日本で今、それが必要であるということと、その必要を満たすに当たって役立ちたいという私自身の希望とに由来いたします。

(6)　困難と試練とに遭遇することは、もとより覚悟の上です。しかし、キリストを信じるのみならず、キリストの御名の故に苦難を受けることもまた、すべて喜びである、と考えます。

(7)　この仕事のために生命を捧げることこそが、私の目的です。

(8) 年齢は三十歳です。生まれは日本の江戸です。かつて日本のあるプリンス〔藩主〕に仕えておりました。

(9) 母国では日本語、中国の古典、オランダ語、初等数学の原理を学習いたしました。この国に来てからは、フィリップス・アカデミーで二年間、アーモスト大学で三年間、学びました。後者では私の将来の働きに必要と思われるものを主として勉強いたしました。現在、二年間以上アンドーヴァー神学校に在学しております。

(10) 健康な身体を受け継いでいる、と思います。

(11) 年とった両親と病弱な姉がひとり、おり、幾分、私に生計を依存しております。彼らを支えるのに貴ボードにご負担をかけることは一切ないものと思います。

(12) 結婚の準備はまったくしておりません。しばらくは独身でいるつもりです」（『新島襄全集』六、一三七～一三八頁。同前一〇、一八四～一八五頁）。

以上、いずれの書類も当時の新島のキリスト教観や信仰観、使命観、それに結婚観などが窺えて興味深い。これらの書類が出揃った段階で、ボードは正規に新島を準宣教師に任命するという手続きをとったのであろうか。五月五日の運営委員会で、「ジョセフ・ニイシマ氏からのその後の通信が読み上げられた」と議事録にあるのは、以上の書類のことを指すものと考えられる。ただし、具体的な措置がなされた形跡はない。おそらく、「事後了解」されたのであろう。

新島襄の帰国

帰国に向かって

以上のような経緯を踏まえて、一八七四年の六月にクラークは日本ミッションに宛てて、新島がまもなくミッションに加わる見込みと保証とを約束した（J. D. Davis to N. G. Clark, June 1, 1874, Kobe）。クラークはこれより先の五月十六日に神戸のギュリックに宛てて、次のような連絡を書き送っていた。

「ミッションの準宣教師にジョゼフ・ニイシマ氏を任命したばかりです。彼はミッショシのすべての権利と義務とを共有いたします。ただ例外は、投票の責任で、ミッションのメンバーの側に立って純粋に個人的に事柄を考慮することになります。彼は私たちに協力はいたしますが、〔彼の立場は〕むしろ自国の人たちとの関係が中心です。そしておそらく牧師として自国の人たちから完全に生活を支持されるまでは、ミッションを通してボードから、彼の生計の支えに必要で、最高度に有用な贈与（grants in aid）を受け取ることになると思います。

おそらく来たる九月に帰国の用意ができると思います。すばらしい才能や愛すべきキリスト教的な精神、そして豊かな感受性の持ち主です。〔D・C・〕グリーン氏が横浜へ行かねばならない、ちょうどその時期に皆さんの助っ人となるべき人材です。ニイシマ氏が、多分、現在、組織されるはずの教会のひとつで説教者として、また彼が取り組めるような〔聖書翻訳などの〕文書的な働きの面で、一時も早く牧会に入ってくれることを望みます。

けれども、他のミッションでは流行のようになっていますが、決して彼を横浜へ追いやって、文書面での仕事に最も有能な人材を飲み込まれるようなことはしないでいただきたい。我々としては〔グリーン〕ひとりを割譲するだけで十分です。できることならば、ニイシマ氏に牧師としての給与を教会から受け取らせるようにしてください。必要な場合、例えばミッションの指示を受けて行なえるような他の労働に対しては、埋め合わせをするようにしていただきたい。最初が肝心です」(N. G. Clark to O. H. Gulick, May 16, 1874, Boston)。

A・ハーディも新島の件を日本ミッションに報じたらしく、五月の日本ミッション年会では三十日にこれが報告議題となっている。すなわち、ハーディとクラークとから、新島の帰国が九月であることを知らされた、というのである (Japan Mission, Minutes of the Annual Meeting, May, 1874)。日本ミッションは、これを受けて、はやばやと新島の受け入れ態勢を協議し、八月三日、すなわち彼の帰国が現実のものとなる前から、この秋に会合が予定されている教派合同の委員会の交渉委員のひとりに彼を任命するほどであった。さらにこの会議では、新島の任地は、同時に来日するJ・H・デフォレスト (J. H. DeForest) やA・H・アダムズ (A. H. Adams) とともに大阪と決定されている (Japan Mission, Minutes of Mission Special Meeting, Aug. 3, 1874)。

ただ、少々、不可解なのは、新島が帰国して郷里の安中に滞在中、日本ミッションは臨時の集会を持ち、任地問題を再考していることである。すなわち、アダムズの任地に関しては、新島が大阪に赴任してから決定する、というのである。ちなみに、この席では三人委員会（テイラー、ゴードン、デイヴィス）が組織され、新島に次のことを伝言する件も決議されている。「ニイシマ氏が仕事の計画を立案したり、実行する前にこの地域〔関西〕に直行するのが大切であること、ならびに両親への訪問が終わったら、われわれと一緒に働くのを熱烈に歓迎するということ」(Japan Mission, Minutes of Special Mission Meeting, Sep. 31, 1874)。

結局、最終的には新島、デフォレスト、アダムズの任地はいずれも大阪になるのであるが、横浜までは同一行程でも、大阪赴任の時期は三者三様であった。すなわち、デフォレストが一番早くて、十二月五日 (O. H. Gulick to N. G. Clark, Dec. 18, 1874, Kobe)、そして十五日遅れてアダムズが二十日 (O. H. Gulick to N. G. Clark, Dec. 30, 1874, Kobe)。そしていちばん最後が新島で、翌年の一月二十二日であった（『新島襄全集』六、一六一頁）。

さて、帰国前の新島に戻ると、五月十日の日曜日に彼は初めて教会で説教を試みた。場所はマサチューセッツ州レキシントンにある、E・G・ポーター (E. G. Porter) が牧会するハンコック教会で、「ヨハネによる福音書」第三章十六節をテキストに彼は説教した（『新島襄全集』一〇、一八五頁）。この時の説教草稿は、幸いなことにほぼ完全な形で保存されており、日本語訳（要約）でも紹介されている（『新島研究』二一、一頁以下、一九六〇年四月）。

ところで、ポーターはフィリップス・アカデミーとアンドーヴァー神学校とで新島の先輩に当たる牧師であるが、直接の接触は、これより三年前の一八七二年五月に、新島が田中不二麿に随行してアメリカから船でヨーロッパに渡ったとき、たまたま同船した時に生まれた。

さらに興味深いのは、このとき、新島の学校建設案に対して、最初ともいうべき献金（二十五ドル）が、捧げられたことである（『同志社文学会雑誌』一八、二頁、一八八八年二月二五日）。事実とすれば、後述するラットランドの年会のものよりも五か月も早い。

一方、日本の側では新島の帰国の時期が近くなるにつれて、彼に対する期待が、日本ミッションでは高まった。たとえば、O・H・ギュリックは言う。

「もしもニイシマ氏が母国語の知識を忘却せず、また宣教師の精神を有しているならば、大阪という大都会において彼の前には壮大な活動領域がただちに広がると思います。すばらしい仕事が彼に用意されている、と私たちが楽しみにするのも無理はありません。彼は母国と、特に日本のこの地域とに最高に歓迎されると思います」(O. H. Gulick to N. G. Clark, Oct. 31, 1874, Kobe)。

準宣教師として帰国

彼への期待とともに、日本では実は「微妙な問題」も浮上していた。ほかでもない、派遣される新島の身分に関する問題である。O・H・ギュリックが正直にそれをボストンに書き送った。

「先生が書簡のなかで書かれている特別の取り決めを結んで新島氏を任命することは、現在、おそらく解決の困難な問題になりつつある、と思います。大阪〔ステーション〕のメンバーたちはこの都市で新島は自分の働き場所を見つけるだろう、と考えています」(O. H. Gulick to N. G. Clark, July 11, 1874, Osaka)。

この書簡では内容が今ひとつ不透明であるが、ミッションから離れた別種の、あるいはミッションが行う伝道とは別個の働きを新島が大阪で望んでいる、との見通しでも立てられていたのであろうか。

これに対するクラークからの返信は以下の通りである。

「ニイシマ氏が帰国することで、微妙な問題がいくつか起きることについて言及されていますね。彼は投票権のない、ミッションの準宣教師として帰国いたします。彼はどんな仕事にでも当たれるように備えられています。円熟した学徒であり、熱心で献身的な信徒です。また、あらゆる意味で、日本人の感受性と天性の礼儀正しさとを兼ね備えた紳士です。私たちは彼が日本ミッションの大きな戦力になってくれるものと判断しております。

彼は、当初、〔さしあたって〕必要なもの以外はボードに求めるのではなく、できるだけ早期に生計の支えを自国民に求めるという立場を受け入れています。このことを貴兄は彼や私たちのために、そして〔なによりも〕大義名分のために記憶し、堅持する必要があります。〔アメリカ人以外の〕他の日本人を、一般的な事業〔伝道〕に関して開会中の年会に招いて同席させることに私は全く異議を唱えません。むしろ大いに賛成です。ただ、個人的な事柄が討議される場合は別です」(N. G. Clark to O. H. Gulick, Aug. 31, 1874, Boston)。

準宣教師という名の宣教師、それもネイティヴを初めて迎え入れようとする日本ミッションの側に、多少の戸惑いがあったことが、ここから推測される。準宣教師というこの「微妙な問題」は、現実にははたしてどうであったのか。新島が実際に日本ミッションで働くときに現実に生じたのであろうか。

新島の側でいえば、具体例は誠に少なく、それだけに心情的にはともかく、表面的に見る限り、普段はさしたる支障はなかった、と考えられる。ただ、一度だけであるが新島自身が、「生ハ通常之宣教師ニ非ラサレバアメリカンボールドハ生之申分を直ニ採用スル能ハズ」と慨嘆してみせたことがある(『新島襄全集』三、二三九頁)。「通常之宣教師」と相違して、投票権以外にも、やはり差別があることを自覚せざるをえない時があったのであろう。

一方、同僚の側では、多少の違和感が最後まで消えなかったと考えられる。たとえば、「警醒社援助問題」(詳細は、拙稿「新島襄の教派意識」、『日本プロテスタント諸教派史の研究』、教文館、一九九七年に所収、を参照)のさいにデイヴィスは、新島の準宣教師としての立場を暗に批判した。要するに、新島がボード(ミッション)と日本人との狭間に立って日本人寄りの姿勢を強めたことを捉えて、新島は「非常に特殊な関係」にある、と指摘するのである(J. D. Davis to N. G. Clark, Feb. 13, 1885, Kioto)。

ところで、準宣教師と宣教師との差異はなにか。主たるものはふたつある。ひとつは、財政上(給与の支払い)の問題、いまひとつは、会議での同席である。投票権こそ奪われているものの、それ以外は正規の宣教師とまったく同一の権限が与えられるだけに、同席を拒むことはもちろんできない。しかし、彼が出席する会議の席で、彼の同僚たる日本人に直接、関係する事柄をまっとうに論議することがはたして可能かどうか、といった懸念が、宣教師たちの胸をよぎったとしても不思議ではない。

後者の権限に関しては、クラークからの回答を得ても、ギュリックには依然として疑問が残った。従来は、幹事としてギュリックが受理したクラークからの書簡は、すべて日本ミッションのメンバー全員が披閲してきたが、「ニイシマ氏にも披閲させることになるのだろうか」との疑問である（O. H. Gulick to N. G. Clark, Oct. 31, 1874, Kobe）。

これに対する本部からの回答は、「イエス」であった。つまり、「ミッション宛の幹事からの書簡はすべて、それ自体、他の人の場合と同じく、彼にも見せることになる」というのである（J. R. Worcester to O. H. Gulick, Dec. 12, 1874, Boston）。

以上のことから、準宣教師の内実がおおよそ判明したと思うが、これを「日本伝道通信員（正式の宣教師ではなかった）」と直訳するのは（加藤延雄・久永省一『新島襄と同志社教会』四頁、同朋舎、一九八六年）、事態の正しい把握を遠ざけることになる。

新島の給与をめぐって

一方、前者の給与の問題に関しては、解決に今少し時間が必要であった。新島の給与が「贈与」（grants in aid）という形をとることとは、クラークが先に明らかにしていた通りで、いずれ日本人が支払うことができるまでの暫定的な処置、と考えられていたようである。この点は、他の正規の宣教師と比べてかなり特殊な形態であると言わねばならない。

ちなみに新島の「分け前」（contingent）は、当初はデフォレスト（夫妻）やアダムズ（夫妻）の給与（allowance）の半額（年俸五百ドル）である（N. G. Clark to O. H. Gulick, Nov. 11, 1874, Boston）。問題は、その金額（独身女性宣教師は男性の三分の二）と出所とである。

新島の結婚に際して、デイヴィスは新島の贈与（grant in aid）を年俸七百五十ドルに増額するようミッションを代表してボストンに申し入れた（J. D. Davis to N. G. Clark, Mar. 14, 1876, Kioto）。これを受けてクラークはただちに行動に移った。

「昨日、新島氏のケースを〔運営〕委員会にかけたところ、ハーディ氏はただちにその件を私から取り上げて、新島氏のために資金を提供したい、と言われました。氏は今後、ボードに対する通常の献金を増額して、新島氏の件がまったくボードの負担にならないようにこの特別出費をカバーしたいというのです。実際にすでにかなり増額されています。

先例では損害が出たのですが、新島氏は援助が必要とするかぎり、古くからの献身的な友人であるハーディ夫妻から確実に自分の生活費を受け取ることができると思います。それゆえ、これで事態は整えられたと思います」（N. G. Clark to J. D. Davis, May 3, 1876, Boston）。

九日後、クラークは追いかけるようにしてデイヴィスに対して「内密に」次のような内容の書簡を送って来た。

「ハーディ氏は、ちょうど彼〔新島〕にイギリスの十ポンドの小切手を送ったところだ、と昨日、私に言われました。それは〔新島が〕現在、受け取っている割り当て金（allowance）以上に必要なものを補充するために使用するためのものです。ハーディ氏は新島氏に、今度の送金は少なくとも二年かそれ以上は間に合うだろう、という内容の、大変に率直な手紙を書かれたところです。が、彼は私からあなたに、出費の件で新島氏を励ましてくれるように、と伝えてほしいと希望されています。

新島氏はこの国に留学してくる青年に関して私たちが経験したなかでは例外です。この国で教育を受けた数十人ものギリシャ人やアルメニア人、その他の人たちのなかで私が知っているかぎり、彼は帰国する際にどの仕事にとってもまったくスポイルされていない、第一級の人物です。新島氏は多くの点で疑い無く優れた人物です。しかし、思慮深い友人であるハーディ夫妻以外の他のひとの手にわたっていたら、彼もまたスポイルされていたかも知りません。

夫妻はいつも彼にわずかな資金手当しか持たせない状態にしておき、自分たちはもちろん、他の人たちにも彼をペット扱いすることを許しませんでした。夫妻は彼にいつも十分なお金を持たせないとか、また彼を正当な境遇以下〔の状態〕においていた、と非難されました。

とりわけ、彼が〔高い〕能力や熱心な信徒としての性格の兆候を示し始めてからは、そうです。思慮の欠けた人たちから彼を遠ざけることは、真の友人の側では、並大抵の努力ではありませんでした。

ハーディ氏は現在、新島氏夫妻の生活費のために年間、二五〇ドル〔の増額〕を、との〔日本ミッションからの〕要請にいくぶん悩んでおられます。ハーディ氏は依然としてすっかり満足されたわけではないのですが、あなたが彼を大事にしすぎているのでは、と懸念されています。つまり、個人的に高潔な人物として尊敬し、愛するあまり、彼を前面に押し出しすぎるのではないか、というのです。それゆえハーディ氏が私に頼まれるのは、この件であなたに慎重な配慮をぜひお願いしたいということです。

彼は新島氏ができるだけ早く自国の人たちから生活費を受け取るのが望ましい、とお感じになられています。彼は自分とハーディ夫人とが健在でいる間は現在の割合で彼の生活を支え続けて行くおつもりですが、それはおそらくあと数年、よくて数年です。新島氏をしてアメリカン・ボードから生活費を受け取らせることは、望ましくない、とハーディ氏は考えられているし、私たち全員も同意見です。彼は不幸にも新島氏をアメリカン・ボードの宣教師と呼んでこられましたし、その旨を彼にも書き送っておられると思います。この点は彼の用語の間違いを正すのに私は全力を尽くしてきましたが、それにもかかわらず、いつのまにか入り込んでいます。

私たちは新島氏を宣教師にカウントしてはおりません。宣教師リストには彼の名前を公表しておりません」(N. G. Clark to J. D. Davis, May 12, 1876, Boston)。

クラークは同日、同じことをギュリックにも伝えた。「彼ら〔ハーディ夫妻〕は彼を決してペット扱いせず、決して前面に押し出さず、決して他の人にそうはさせませんでした。かわりに、彼が当地でスポイルされないように、いつも限られた資金しかもたせない状態で、つつましい生活様式を持つようにしておきました。日本でも同様の扱いを続けるように注意を払っていただき、できるだけ早く自国の人たちに渡して、彼らから生活費を受け取るようにしていただきたい」(N. G. Clark to O. H. Gulick, May 12, 1876, Boston)。

これら二通の書簡は、ハーディ夫妻の子育ての哲学(時には周囲から誤解や非難を招いたようである)が窺えて、きわめて興味深い内容となっている。留学中の新島が、金銭的にも節制を心掛けたことは周知の事柄であるが、彼は質素、倹約に努めて、夫妻の期待によく応えた。

それにしても「準宣教師」としての給与問題は、複雑である。そして、それゆえに新島は正規の宣教師とは認められず、会計上ではリストからも除外されるという。この点はギュリックに対しても次のように明言されている。

「〔聖書協会が負担するために〕割り当て金のリストからグリーン氏の名前は省かれます。〔中略〕ハーディ氏から生活費を受け取ることになっているために、新島氏の名前もまた省略されます。ハーディ夫妻は、彼が五百ドルの贈与（grant in aid）を当初の票決通り、日本ミッションの会計から受け取るべきであるし、その種のなんらかの取り決めがなされることを期待するとおっしゃっています」(N. G. Clark to O. H. Gulick, Nov. 18, 1876, Boston)。

この問題は、翌年にも尾を引いている。一八七七年の初頭にクラークはギュリック宛てに次のような運営委員会の決議を伝えてきた。

「新島氏に年額、五百ドルの給与（salary）を支払うことを日本ミッション会計に認めます。それと同額がハーディ氏よりボードの会計に提供されます。ハーディ氏と当地の他の何人かの友人は、新島氏がボードの会計から毎年、五百ドルを受け取るのがよいのでは、と感じています。

ハーディ氏は、新島氏の快適な生活や健康に必要なこの額を折に触れて補充されると思います。きっとすでに幾分かは彼に送られ、新島氏はボードの会計を通した割り当て金を補充するために、現在それを使っていると思います」(N. G. Clark to O. H. Gulick, Jan. 18, 1877, Boston)。

これに伴い、ハーディ氏は新島に給与の件を書き送ったが、ここで誤解が生じた。取り決められた五百ドルはボードの会計から、そして残りはハーディ氏が支給する、との内容が、「五百ドルに減額にする」、と新島には受け取られてしまったのである。

新島はただちにハーディに「あなたが私に何の予告も説明もなしにそんなことをなさるのは、かなりおかしいと思いました」と苦情を申し立てた。彼は減額された五百ドルの「給与」（salary）では家計が苦しいことを綿々と書き綴った。

ところが、同僚のデイヴィスに打診して初めて誤解であるのを新島は知った。しかし、そこは「いつもあなたの忠実な息子」であろうとする彼のことである。最終的には、いくらになろうともハーディ（運営委員会）の決定に従い、たとえ五百ドルでも辛抱する覚悟を披瀝し、一層の節約を約束した（『新島襄全集』六、一八三〜一八四頁）。

このときの新島の書簡を受け取ったハーディは、新島の生活改善、とりわけ家屋新調の必要性を感じて、それを運営委員会に提出した。篤志家の献金により、さらに健康的な新居が緊急に必要である、というのである（A. B. C. F. M., Minutes of the Prudential Committee）。

のちに（一八七七年十一月に）J・M・シアーズ（J. M. Sears）という人物から、教会と自宅との新築費用が四百ポンド、送金されてくるのは、この延長線上のことであろう（『新島襄全集』八、一六九頁）。

新島襄の按手礼

さて、次に帰国前の新島の動向で見ておくべきは、彼の按手礼である。九月二十四日、ボストンのマウント・バーノン教会で行われた。これにより新島は正規の牧師職となり、名実ともに宣教師となれたわけである。同日、アメリカン・ボードからはR・アンダーソン博士（R. Anderson）、トリート博士、クラーク博士が参列した。記念説教はアーモスト大学のシーリー教授が、「わたしは地上から上げられるとき、すべての人を自分のもとへ引き寄せよう」（「ヨハネによる福音書」、第十二章三十二節）という聖句に基づいて行った。歓迎の握手はE・フリント牧師（E. Flint）、激励の言葉を述べたのはA・C・タムソン博士であった（『新島襄全集』一〇、一八五～一八六頁）。

このときの説教は、新島への「勧め」（Charge）とともに記録に値するものであったようで、五日後の運営委員会で、なんらかの方法で出版する件が議題となっている。さしあたっては『コングリゲーショナリスト』紙が全文を掲載してくれるのが望ましかったし、それとは別にパンフレットの計画もあった。出版委員には、ハーディとタムソンとが任命された（A. B. C. F. M., Minutes of the Prudential Committee）。

按手礼について、十月九日にラットランドでのアメリカン・ボード年会（第六十五回）で起きた周知の事柄も見落とせない。「日本にキリスト教主義の学校を建てたい」との新島の熱烈なアピールにより、この場でたちどころに五千ドルの献金が集まったことは、あまりにも有名である。しかし、のちに見るように、現実には献金は今少し、少額であったうえに、献金（資金）の性格も必ずしも明確ではなかったことが、指摘されねばならない。

後者に関してあらかじめ触れておけば、この席で新島が集めた学校資金は、はたして新島個人のものであるのか、それともボードのものであるのか、日本ミッションでは混乱が生じている。確かなことは、基金の管理がハーディに委ねられたことだけである（『同志社百年史』通史編一、二〇頁、同志社、一九七九年）。

さらに学校の候補地に関しては、当初は神戸であるとボード側では理解されていた。十一月三日の運営委員会の議事録には、幹事のひとり、ウースターから「ラットランドで始められた、神戸の伝道師養成所（a training institution）の資金に関して、所見が提出された。彼はそれをボードの機関誌である『ミッショナリー・ヘラルド』に載せることを提案した。この件は、ハーディ、ウースター、幹事たち、それに会計とに委ねられることになった」とあるからである（A. B. C. F. M., Minutes of the Prudential Committee）。

注目すべき点がふたつある。学校が「トレーニング・スクール」（伝道師養成所）と性格づけがなされていること、ならびに設置場所が神戸とされている点、とである。

上州・安中へ帰省

さて、十年ぶりに帰国した新島はただちに安中へ帰省して、懐かしい家族や旧友たちとの再会を楽しんだ。しかし、彼にとって伝道は忘れるわけには行かなかった。短期間のうちに福音の種蒔きが故郷で多大の効果をあげた。新島は横浜にいるグリーンに対して、その成果を書き送った（O. H. Gulick to N. G. Clark, Dec. 18, 1874, Kobe）。新島としては、グリーンから滞在の延長許可をとりつけたかったが、グリーンは次の日曜日（十二月十二日か）になって、できるだけ早く大阪に赴くように新島を促した。新島からすれば、安中は大阪や神戸以上によき伝道地であった（『新島襄全集』六、一五五～一五六頁）。

新島が両親たちを訪問するために東京と横浜に留まることは、彼の帰国前からもちろん関西の宣教師たちも承知していた。興味深いのは、京浜での新島の将来性について彼らが高い評価を与えていたことである。すなわち、ギュリックは記す。「彼のキリスト教〔理解〕と、キリスト教の代弁者になれる彼の適性とに関して言えば、彼がそこに長く留まって訪問の好機を活かせば、それらに対する私たちの評価は減少するどころか増大するだろう、と思います」（O. H. Gulick to N. G. Clark, Nov. 18, 1874, Kobe）。

宣教師の側からの評価は、現地の日本人信徒からの評価とは相違して、相変わらず高いことが判明する。

ところで新島の帰国が生み出した副産物のひとつに、前田泰一（神戸公会長老）の渡米留学計画がある。帰国するＨ・Ｈ・レヴィットに同行して渡米しようというのであるが、宣教師たちの助言を聞かずに、自費で留学する計画である。二年以上も前から暖めていた計画であったが、新島の帰国が最終的に計画を早め、実行に移させることになったという（O. H. Gulick to N. G. Clark, Dec. 30, 1874, Kobe）。

さて、大阪に新島を迎える宣教師たちの期待は、いよいよ高まった。すでに新島の帰国前にゴードンは、新島の受け入れを買って出た。「宿泊の世話をする分担をよろこんで負いたいと思っています。少なくとも当分の間、（レヴィット氏のほかに）ニイシマ氏をわが家に引き取るつもりにしております」（M. L. Gordon to N. G. Clark, Nov. 11, 1874, Osaka）。そして、いよいよ新島の到着が近づくと、鶴首して言う。「〔Ｈ・Ｈ・〕レヴィットの病気と私の目の弱さが長引いているために、現在、毎日の礼拝を休止せざるをえません。ニイシマ氏が来たら、二、三週間のうちに再開したいと思います」（M. L. Gordon to N. G. Clark, Jan. 8. 1875, Osaka）。

神戸のギュリックも新島の動向に敏感にならざるをえなかった。

「ニイシマ氏は、北へ百マイルの所にある両親のいる故郷から江戸へ戻った、とのことですが、当地にいつ迎えられるのかは知らされておりません。〔中略〕諸般の事情からして、〔開港地や居留地以外の〕内陸部のどこかか、非開港地かに進出する問題は、当分、延期です。少なくともニイシマ氏の到着までは、です」（O. H. Gulick to N. G. Clark. Jan. 13, 1875, Kobe）。

旅行や居住が制限された宣教師と相違して、自由に国内を移動して伝道できる新島は、まことに強力な助っ人であった。

大阪赴任

一八七五年に入って、一月二十二日に新島はようやく大阪に赴任した。彼を迎えたギュリックは記す。

「ニイジマ（ニイシマ）氏は先週、日本の船で大阪に到着し、一両日のうちに神戸を訪ねるはずです。外国語〔日本語〕を一生懸命に学習してつぶれてしまう危険性がまったくない人物を同僚として迎えるのは私たちにとって大変に感謝すべき事柄です。外国語を学ぶ最も優秀な学生でさえも、獲得するのに少なくとも五年はかかるような〔福音の〕真理を伝える能力の地点から、誰がただちに自分の仕事を始められるでしょうか」（O. H. Gulick to N. G. Clark, Jan. 27, 1875, Kobe）。宣教師たちがいかに日本語の習得に労苦しているかが、よく伝わってくる内容である。

大阪入りした新島は、かねての予定通り、とりあえずゴードン家に仮寓した。「私はゴードン氏の家庭に歓迎され、現在、とても快適に住んでおります」と新島は記す（『新島襄全集』六、一六二頁）。同家には先に大阪に赴任していたデフォレスト夫妻も同居していたはずである（O. H. Gulick to N. G. Clark, Dec 18, 1874, Kobe）。

ただ、先客のレヴィットは新島と入れ違うようにして帰米していた。なお、新島は大阪に来る前に、帰国するレヴィットと一月七日に横浜で面談している（『新島襄全集』六、一六〇頁）。

ゴードンにとって新島は大切な助っ人となってくれたが、心配は新島の健康が優れない点であった。京浜地方や安中での過労がたたったようで、新島は日本での第一歩から体調が万全ではなかったことになる。ゴードンは当時の新島について、以下のように記す。

「ニイシマ氏が来てくれたおかげで以前よりも休息の機会が増えました。つまり健康が増進したのです。彼に関して言えば、もしも健康さえ確保できれば、有能を働きをすることは請け合いです。けれども彼は過労状態でここにやって来ましたので、休息が絶対に必要です」(M. L. Gordon to N. G. Clark, Mar. 15, 1875, Osaka)。

翌年六月の時点での医師、J・C・ベリーの見立てによると、新島の健康状態は次の通りであった。

「ニシマ(もしくはニイシマ)氏は、神経系統の疲労状態に基づくと考えられる頭痛と不眠症とに悩んでいます。リン酸塩をとって休息すれば、楽になると思います。彼はミッションに加入した時も同じような状態でした」(J. C. Berry to N. G. Clark, June 9, 1876, Kobe)。

思うに、帰国後の新島の歩みは、病魔との絶えざる闘いでもあった。しかし、(後述するように)この病気が、彼を京都へと誘い、結果的に同志社が京都に建設されることになるのは、なんとも奇しきことである。

新島はこうした病体でありながらも、一方で伝道に着手し、他方で念願のキリスト教主義学校の建設に向かって着実に布石を打ち続けた。前者に関しては、ゴードン邸に書生を集めて、デイヴィスが書いたトラクト(伝道用小冊子)、『真の道を知るの近道』を教えたという(『創設期の同志社』一二一頁、同志社社史資料室、一九八六年)。こうした直接伝道については、宣教師側の記録に「ニイシマ氏は、言葉の賜物を待つまでもなく、ただちに人々に向かって説教をする仕事と信徒たちの教育にとりかかった」と記されている。そして、ここでもネイティヴの強みが次のように強調されている。よほど日本語の習得が宣教師たちの重荷になっていたかが、よく了解できる一事ではある。

「〔今年の新来者の〕ひとりはニイシマ氏であるが、彼は外国人宣教師に要求される最大級の労働、すなわち言葉の学習から天性、生まれつき免除されているという点で、私たちのほとんどのメンバーにとっては例外〔的な存在〕である」(O. H. Gulick, Annual Report of the Japanese Mission, May, 1875)。

キリスト教主義学校の位置をめぐって

新島を大阪に迎えた直後から学校の建設、ならびにその位置のことはミッションの話題(同時に課題)となったようである。はやくも一月二十七日(新島が着任した五日後である)の時点で、ギュリックは次のように伝えている。

「ニイジマ氏が到着したことで、また状況から見て必然性があるために、将来の日本人伝道者を養成するための神学校(a theological seminary)、もしくはトレーニング・スクールを発足させるというデイヴィス氏の見解が、活発に論議され始めました。

この学校(institution)を大阪に設置するという強い意見が出されています。大阪は日本の地方にとっては最も中心的な地点にあると考えられています。ということは私たちの伝道活動にとっても活動領域だと言うことです。学生たちが各地の伝道地に行くには、ほかの地点よりも大阪からの方が容易であるという議論がなされています」(O. H. Gulick to N. G. Clark, Jan. 27, 1875, Kobe)。

ここで着目すべきは、新島だけでなく、デイヴィスもまた学校設立計画をかねて練っていたということ、いや、ミッションにとってはむしろデイヴィス案が新島の帰国によって実現性を持ち始めた、とさえ受け取られている点である。

新島が赴任して一週間後の一月二十九日に日本ミッションは臨時の委員会を開催し、さっそく学校建設の件を討議している。議事録は「それから日本人伝道者を育成するためのトレーニング・スクール問題が、ニイシマ氏の見解で口火を切られた」という一文で始められている。この席での決議は、デイヴィスの動議によるもので、主として次の四点である。

(1) ミッションのトレーニング・スクールのために五千ドルを要請する。

(2) 学校はトルコにあるボードの学校 (Collegiate Theological Institute) をモデルとし、科学と神学とを合わせて教授する。

(3) この件に関しては新島、デイヴィス、ギュリックの三人を委員に任命する。

(4) 候補地は大阪とし、早急に用地を確保する (O. H. Gulick, Minutes of Special Meeting, Jan. 29, 1875)。

のちに同志社として開校される学校が、当初からトルコにあるボードの学校をモデルとしたことは、記憶すべき点であろう (本書二四五頁以下を参照)。

さて、学校設立を議論するにあたってデイヴィスが動議を出していることに窺えるように、設立運動の主導権は彼が握っていたようである。そのことは、二十九日の会議の議事録をボストンに送付した、次のギュリックの書簡 (O. H. Gulick to N. G. Clark, Feb. 6, 1875, Kobe) にも明白に表れている。

「一月二十九日のミッション会議の議事録を同封いたしましたので、お受け取り下さい。多くの処理や変更の提案の記録が含まれておりますが、最重要のものは大阪に設立予定のトレーニング・スクールの位置と、その学校の連合責任 (the associate charge) をデイヴィス氏に持ってもらうことにした点とです。」

続いて、ギュリックは学校の位置問題に移る。

「私たちは京都や琵琶湖、それに私たちの東部に隣接する湾にあるいくつかの大都市の方面に事業をほどなく推し進めて行きたいと願っていますが、もしそうなれば、大阪は最高の文化的なセンターとなり、かつトレーニング・スクールに最もよく適合した地点となると思います。学校を大阪に作ることに反対する議論は、外国人が居住しなければならない〔外国人〕居留地が健康によくないこと、と大阪の〔渡辺昇〕知事が神戸の〔神田孝平〕知事と比べて、〔キリスト教に対して〕偏見が強く、また不寛容であることとにあると言えます。

もしも学校を大阪西部の高燥な土地に建てることができるならば、健康的でないという問題は解消されると思います。」

大阪と神戸との相違は、学校の位置問題に意外に大きな波紋を生むことになる。ギュリックは続ける。

「私たちの会議が終わって一週間も経たないうちに、ニイシマ氏は内務大臣の伊藤〔博文〕氏と先の〔欧米派遣岩倉〕使節団の高官のひとり〔木戸孝允〕との紹介状をもって、大阪の知事と会見いたしました。知事がニイシマ氏に言うには、彼の学校で外国人を雇用することは許可されるが、ただし、宣教師はだめである、とのことでした。

知事の気持ちが何であるかは、明白です。彼は数年前にローマ・カトリック教徒〔キリシタン〕を長崎であのように厳しく取り扱った当局者のひとりでした。ニイシマ氏はローマ・カトリック教とプロテスタントとの間には大きな相違があることを彼に知らせました。知事は、相違は承知しているが、たとえプロテスタントの宣教師であっても教師として雇用することはできない、と語りました。

それに対してニイシマ氏は、東京では宣教師たちは現在、そして今までも教師として雇用されているという事実をあえて述べました。知事が答えて言うには、東京（江戸）で雇用されたのはその通りである、ただし首都以外ではどこにもまったくない、とのことでした。この独裁的な知事が不寛容なためにたとえ、より恒久的な位置でなくても、学校の現在の位置を神戸に変える必要があるかもしれません。両都市間は〔人力〕車でたった一時間ですから、最終的には相違はたいして重要な要素ではありません。けれども私は学校の位置として大阪が最良と判断してきました」。

渡辺知事にくらべれば、兵庫県知事の神田孝平は、新島と間接的なつながりがある点だけでも有利であった。つまり、神田は新島が留学時代にアメリカで知り合った神田乃武（のぶたけ）の父親であった。新島は最初に神戸を訪ねた際、乃武から託されたメモを知事に手渡している（『新島襄全集』六、一六六頁）。

くわえて、神田はキリスト教に対して、多少の理解があった。ギュリックは引き続き彼についてこう伝える。

「神戸の知事は、〔渡辺よりも〕より開明的で、宣教師との交流に関しては臆病ですが、聡明さを有しています。もしも神戸に学校を設けても、大阪の知事が現在、示しているような狭量な頑迷さに妨害されるようなことは、まったくなさそうです。しかし、時間と事業とがまもなくこれらの問題のいくつかを解決してくれるものと思います」。

新島襄の評判

次いで、宣教師たちの新島評である。

「ニイシマ氏については、これまで見て来たことに全員が大変に満足しております。彼は、四方八方から尊敬と注目との目で見られますが、謙虚で控えめに見えます」。

ちなみに、興味深いのは、宣教師たちから好感をもって受け入れられた新島も、日本人信徒からは必ずしも高い評価を受けてはいないという点である。前にも見たような、横浜の日本人信徒の受け止め方に共通するものが、阪神間の信徒にも見受けられた。本間重慶の回想にはこうある。

「神戸公会は、先生〔新島〕の帰朝を予てより承知し、且大に先生に嘱望して、或は牧師に迎へん杯と色々協議を凝し居たる際なれば、兎も角、先生の説教を拝聴すべく願ひ出た。

然るに、先生は久しく海外に在て、永く邦語を使用せず、随て邦語の説教は不慣の様子。且先生は万事、控へ身の人にて、其挙動、甚謙遜にして、又能弁家でもなく、極地味なる説教をせられたれば、一同は案外に思ひ、幾分、失望の気味ありて、之なれば何も新島さんを煩さずとも、当教会の前田〔泰一〕、小野〔俊二〕二君抔は却て雄弁のことなれば、強て新島さんを牧師に頼まずとも可でないか、と云ふ人さへ現はれ、結果は面白く無く、先生に対する期待は自然に消滅した」。

日本語の説教や祈禱に不慣れである、という点を差し引いても、新島の説教は横浜の場合と同様に、信徒たちの心を摑むまでにはいたっていないことが、判明する。日本人信徒の失望は、これだけではなかった。

「其外、先生は常に宣教師宅に寄寓せられて、彼等とは親交せられたれども、公会員とは格別、懇意に交際もせられず、又会員の宅抔へ訪問せらるゝ等のこともなければ、自然、何時とはなく先生と公会員との間に一種の溝が現出し来て、信者の心は次第に先生に対し、冷淡に成り来る傾きがあった。〔中略〕余り先生を心から尊敬する人も見へ無かった。之れ先生当時の苦境の様であった。帰朝早々、横浜にて公会に満足を与へず、次に神戸、大阪にても余り好況でなく、甚だ苦しき境遇であった」（『追悼集』四、二九一頁）。

たしかに新島は日本人との交際よりも宣教師との交流の方が、密であった。横浜に上陸した日も、旅装を解いたのは彼の地の宣教師、H・ルーミス（他教派であったが、妻がD・C・グリーンの妹）の住宅であった（『新島襄全集』八、一三〇頁）。また、大阪では、京都に移るまで、半年以上もゴードンの住宅に仮住まいを続けた。学校設立問題（ミッション内部での調整がひとつの重要な作業であった）が主たる課題であったことも手伝い、新島の交流の輪は、宣教師中心であったようである。

それが、新島には災いした。阪神地方で、新島に協力的な日本人信徒が少なかったことが、彼の学校設立運動にも微妙に影響し始めたに相違ない。

新島が大阪公会で仮牧師

けれども、新島が地元の伝道に非協力的かといえば、決してそうではない。大阪に着任直後（三日後である）の一月二十四日に大阪公会（梅本町公会）で関西での初めての説教を披露している。新島は「この前の日曜日に私たちのチャペルで説教をしましたが、会衆は非常に上品でした」と記す（『新島襄全集』六、一六二頁）。

さらに、四月の時点では、「当地〔大阪〕で仮牧師（an acting pastor）として働いており、多くの面で働いたり、経験したりして仕事のやり方を学んでおります」と告白しているので、学校設立運動を始動させる一方で、大阪公会の牧会に従事していた（同前六、一六六頁）。

七月四日には、大阪公会において説教をしたあと、二人（ひとりは伏見の医師・大村達斎であり、いまひとりは上代《かじろ》知新である）に洗礼を授けている（同前八、一四五頁）。これは、新島が生涯で行った最初の授洗であろう。ちなみに大村達斎はのちに自分が関係する病院を同志社（新島）に寄附する話しを新島に持ちかけたが、うまく運ばなかった（拙稿「新島襄と大村達斎」、『同志社談叢』二八、同志社社史資料センター、二〇〇八年三月を参照）。

この公会における新島の責任は、彼が京都に移ってからもしばらくは続いたようで、九月に入ってからも説教の責任は負っていたと思われる。というのは、彼は出張先の東京から同公会の高木玄真に書を送り、大阪に戻るまでの間、日曜礼拝の説教を担当してもらいたいと依頼に及んでいるからである（同前三、一四一頁）。

学校の位置問題

さて、学校の位置問題に戻ると、三月中旬になっても、依然として流動的であった。それまでの大阪に加えて、神戸の可能性が俄然、高まって来たからである。

三月十五日にゴードンは、「ニイシマ氏が政府から『貴殿の学校で宣教師を雇用することは許されない』との通達を受けましたので、学校はおそらく神戸に落ち着くと思います」と報じる（M. L. Gordon to N. G. Clark, Mar. 15, 1875, Osaka）。同じころ、新島もまた、「デイヴィス氏が神戸でトレーニング・スクールを始めたら、私はそれに加わって、そこで教えるつもりです」と述懐する（『新島襄全集』六、一六五頁）。

同月十六日のミッション会議でも意見は真っ二つに分かれた。会議録に付した書簡でギュリックは記す。

「この会議を緊急に招集した理由は、何人かのメンバーに、計画中のトレーニング・スクールの位置を早急に決定することが最重要であるとの感情があったからです。それは、〔ボストンの本部に〕要請した〔五千ドルの〕充当金の贈与が届きしだい、今年度の季節が遅くならないうちに建物をいくつか、ただちに建築しなければならないためです。

ミッションのメンバーが集まってみると、一部の者はトレーニング・スクールのために神戸に恒久的な建築物を建てることに激しく反対しました。その一方で、大阪の外国人居留地は、身持ちの悪い外国人とあまりにも近接し過ぎるので、そこを学校の位置とすることに同様に反対する者が一部、おりました。

一月二十九日にミッションの特別会議でトレーニング・スクールは大阪に位置すべき、との票決をいたしましたが、〔そのときは〕ニイシマ氏の名義で外国人居留地から離れた大阪のどこかに学校用地を入手するとの理解でした」(O. H. Gulick to J. R. Worcester, Mar. 20, 1875, Kobe)。

ちなみにここにもあるように、当初の学校候補地は居留地の外であった。すなわち一月二十五日の時点で、新島とデイヴィスとは、ゴードンの案内で大阪の南東部に早くも敷地を求めて視察に赴いているが、彼らが目星をつけたその場所は「まったく外国人居留地の外」であった（『新島襄全集』六、一六二頁）。

ギュリックの手紙はさらに続く。

「けれどもクラーク博士に二月六日付けでお伝えしたように、大阪の知事はニイシマ氏に学校に宣教師を雇うことは許さない、と通達いたしました。ニイシマ氏は以前、按手礼を受けた人物〔牧師〕を学校に雇うことはできても、宣教師を雇うことは許可さないだろう、と文部省から公式に知らされておりました」。

ギュリックは、日本ミッションでは宣教師という肩書を外してまで教師（たとえ大学教授であっても）になりたいと思う者は皆無である、とここで断言する。それほど彼らにとっては、宣教師という身分は決して譲れない最後の一線であった。

ギュリックは、大阪のある資産家が六千円を新島が計画するカレッジのために献金したことを報じながら、この支持者が異教徒である点に不安を隠さない。なぜなら、この献金にはふたつの条件がつけられているからである。ひとつは建設地（大阪）であり、いまひとつは「異教徒の政府と、キリスト教嫌いの異教徒の知事との指図を受ける」という条件である。ギュリックには、ミッションのなかでは新島だけがこうした献金を受理することにためらいがないのではないか、との不安があった。

新島に関するこうした懸念に関して、ギュリックはこう漏らしている。

「カレッジという問題でニイシマ氏がミッションから飛び出してしまう危険性がいくらかあります。彼が神学校（a Theological School）と一体化し、青年を教育して福音を宣べ伝えるようにするのに、持ち前の最高の有用さを達成してほしいというのが、以前からの私たちの願いです。

私たち全員とまったく同じように、彼もまたキリスト教主義のカレッジは神学校に学生を送り込む最上の学校（feeder）だ、と考えています。私たちが疑問に思うのは、異教徒の献金者や大阪の異教徒の知事が、はたしてキリスト教主義カレッジのパトロンになるだろうか、あるいはなれるだろうか、という点です」。

新島が異教徒と組んで、ミッションとは別に、つまり宣教師抜きのカレッジを作るのではないか、とのギュリックの不安については後述するが、新島とミッションとはいわば同床異夢の関係にあったと彼が認識しているのは、まことに興味深い。

京都立地案が浮上

結局は新島は大阪での学校作りをあきらめざるをえなかった。しかし、神戸に作ることもしなかった。神戸案が実現しなかった理由は、定かではないが、あるいは、それが具体化する以前に新島と山本覚馬との出会いがあった、ということなのか。

もし、そうだとすれば、それをもたらすことになる新島の京都旅行（この年四月のことである）の意義は、けっして小さくはない。怪我《けが》の功名というべきか、新島は休養のために転地、あるいは保養の旅行が必要であった。新島は学校の位置問題を討議した、三月十六日の大事なミッションの会合にも出席できないほど、体調を損ねていたからである。このころの新島に関して、「彼は大阪に到着して以来、ずっと不眠症に悩まされています」とギュリックは述べている（O. H. Gulick to J. R. Worcester, Mar. 20, 1875, Kobe）。

新島が帰国以来、頭痛と不眠症とに苦しめられていたことは、（先にみた）医師のベリーの証言にある通りであるが、この点は、本人も自覚済みの事柄であった。「私はずっとリューマチと、とりわけ厄介な頭痛と不眠症とに苦しめられてきました。仕事を投げ出して、三週間、当地の周辺地域へ旅行をせざるをえませんでした」と彼は記す（『新島襄全集』六、一六四頁）。これが奈良、宇治、京都、さらには滋賀への小旅行であった。

ラットランドでの寄付をめぐって

ところで、先のギュリックの書簡は、新島がアメリカで得た寄付についても、興味深い事実を明らかにする（O. H. Gulick to J. R. Worcester, Mar. 20, 1875, Kobe）。

「日本の学校のために、コネチカット州〔実はヴァーモント州〕ラットランドで集められた三千三百六十ドルに関して、誰かが（ニイシマ氏本人ではありません）ニイシマ氏の金だ、とか彼自身が集めた金だ、とか言っております。〔ここで〕疑問が生じます。あの金は、学校の学則そのものによって宣教師を排除することになるカレッジの建築のために〔私たちの手の届かないところで〕使われるのでしょうか。

この問題は、ミッションの問題ではなく、アメリカン・ボードとその資金を管理する人たちの問題です。

クラーク博士の十一月六日付けの手紙は、ニイシマ氏が教育機関（an educational establishment）〔の設立〕を自発的に呼びかけて集めた資金に関して、『その管理は私たちに任されるでしょう。私はミッションの意見をうれしく思います』とあります。

この誘いに応える形で、宣教師たちは一八七五年一月二十九日の特別会議でミッションのためのトレーニング・スクールを恒久的に設置するのに五千ドルの充当金を請求したのだと思いました。学校はトルコにあるボードの四つの同様の学校〔傍点は本井〕と同じく、高等神学校（Collegiate Theological Institute）のようなものになるはずです。

しかし、三千三百六十ドルの特別資金に関しては、ミッションからは何の発言もなく、もし五千ドルの充当金が与えられた場合、そのなかにこの特別資金が含まれるのかどうかについて知ることすらできません」。

ところで、問題のクラークの書簡では、ラットランドでの新島の呼びかけは、「私たちには大きな驚きでありました」とある。よほどの予想外の出来事であったことが推測できる。ちなみに、新島の追悼文のなかでもクラークはこう回顧する。「彼はラットランドでのアメリカン・ボードの年会で、キリスト教的なカレッジのために雄弁に訴え出て、私たち全員を驚かせました」（Missionary Herald, p. 94, Mar. 1890）。

この点は、当時のアメリカン・ボードの記録からも明白である。すなわち、「確かに言えることは、これはボードそれ自体の行為ではなく、書記の議事録にもまったく載せられない。それはまったくあらかじめ計画されたものではなく、予期せぬ個人的な運動であった。新島氏が明言したように彼自身はそうした学校の重要性を痛感し、そのことについて熟慮し、大いに祈りはしたが、おそらく新島氏個人にとってもまったくの驚きであったはずである。〔中略〕しかし、事前に誰とも相談することなく行われたとは言え、運動は摂理に適ったものと見なされ、明白に伝道の関心に添うものである」とある（同前、p. 15, Jan. 1875）。

さらこ先のクラーク書簡から判明するのは、一八七四年のこの時点で彼が想定していたのはごく小規模の学校であったことである。彼は記す。「彼〔新島〕の考えは、むしろ伝道師を養成するためのトレーニング・スクールです。これは私たちの考えでもあります。おそらく授業のためのいくつかの部屋と複数の寮とを用意する、ささやかな規模のものです。青年たちは、現在行っているように自活すべきですから、三千ドルから五千ドルを超えるような大きな出費には反対すべきです。建物一棟と教師たちとを提供するだけで十分です」（N. G. Clark to O. H. Gulick, Nov. 6, 1874, Boston）。

クラークは新島の構想を正しく理解していないことになる。新島がラットランドで要請したのは「トレーニング・スクールに加えて高等教育機関（a collegiate institution）」であるのに、ミッションは「トレーニング・スクールだけに」資金を使いたがっている、と新島は慨嘆するが（『新島襄全集』六、一六三頁）、クラークもまたミッションの理解と同列であったことになる。それはそれとして、ギュリック書簡に関しては、ここでふたつのことに着目しておきたい。

ひとつは、ギュリックが、ラットランドでの献金は三千三百六十ドルであった、と書簡で断定している点である。新島の回想に共通する金額（五千ドル）とは、かなりの開きがある。運営委員会の議事録（一八七五年四月十三日）では、「〔学校設立という〕この目的のためにラットランドで献金された、気前のよい予期せぬ金額（およそ四千ドル）」とあるし（A. B. C. F. M., Minutes of the Prudential Committee）、別のミッション資料にも「ラットランドでの寄付四千ドル」とある（Grants to Doshisha）。一方、デイヴィスは「新島氏は日本の学校のために三千ドルを確保した、と聞いておりました」と記す（J. D. Davis to N. G. Clark, Dec. 28, 1874, Kobe）。

当時の新聞報道にも「その場でおよそ二千五百ドルが約束された」とあるので（*Congregationalist*, Oct. 15, 1874）、やはり五千ドルは過大であろう。ギュリックが挙げる数字に一番、近いのは三千三百六十七ドルで、その明細――「匿名」者が二ドルを捧げているのは、新島が好んで取り上げる例の「農夫」であろうか――も明示されているからもっとも信頼できる金額と言えよう（*Missionary Herald*, p. 15, Jan, 1875）。

後年、新島があちこちで五千ドルという金額を挙げるのは、差額をアメリカン・ボード、あるいはハーディが埋めた額であるか、さもなくば日本ミッションがボストンに請求した金額を指している、と見なすべきであろう。差額を埋めるためには、あらたな献金に依存したかも知れない。この点に関しては、八月の運営委員会で次のことが決定されているので、場合によっては募金活動の件が話題になったのかもしれない。

「〔八月三十一日。〕外国幹事〔クラーク〕は、キリスト教カレッジに関する日本ミッションからの報告を自分の答弁とともに読みあげた。審議を尽くしたうえ、彼の判断にしたがって、『ミッショナリー・ヘラルド』にこの件に関して公表することをクラーク博士に委ねた」（A. B. C. F. M., Minutes of the Prudential Committee）。

翌年の一月にも運営委員会はカレッジ一般の件を次のように議題

にしているが、日本ミッションの企画が呼び水になったのではないだろうか。

「［一月四日。］外国幹事は『ミッショナリー・ヘラルド』のために彼が準備した論説を読み上げた。論説は、ミッションの土地にある複数のカレッジの基金のために富裕なひとたちに向けて訴えるのが狙いであった。委員会は論説の所見には同調する意見を表明したが、出版は延期する方がいいと考えた」（同前）。

出版を差し止められたクラークは、なおもあきらめ切れず、同月十八日の運営委員会にも同じ論説を提出し、非公式の署名のもとに個人的な印刷物として出版、配布することが認められている（同前）。彼の脳裏を最も広く占めたのは、日本ミッションの学校建設の件ではなかったか。

献金の金額とならんでいまひとつ、問題にすべきはその性格である。ラットランドで集められたこの時の寄付が、どういう性格のものであるのか、はっきりしない現状では、今後の学校建設に関して混乱が生じる恐れがある、というのが、ギュリックの不安であった。

「一方ではミッションのトレーニング・スクール（Theological Mission Training School）、他方でニイシマ氏が係わっているカレッジ、というふたつの異なった学校〔案〕が現在、生まれていますが、後者からは宣教師は排除されています。両者のどちらに問題の資金は適用されるのでしょうか。

この問題に関しては、これまで私たちの間で白熱した議論がまったくなく、またニイシマ氏と議論したこともありません。彼の動機の純粋さを信頼することに、私たちにはいささかも揺れがありませんが、先生のご指示をいただくために事態の事実をお伝えすることだけを心掛けました」。

新島と日本ミッションとの間で繰り広げられた「トレーニング・スクールか、カレッジか」というこれまで知られてきた論争は、実は資金をめぐる「ふたつの異なった学校」問題という側面を秘めていたことが、ここから窺える。

京都設置案をめぐって

さて、（前述したように）六月に入って、学校の建設予定地として京都が浮上してきた。同月の五日から七日まで開催されたミッション年会でも、主要議題は新聞の創刊の件（『七一《しちいち》雑報』として年末に日の目を見る）とならんで学校設立問題であった。

異教徒と組んで大阪で、という計画がこの時点では完全に消滅したこともあって、学校（Collegiate Theological Institute）の「早急な開校」が急がれた。ギュリックは書簡（O. H. Gulick to N. G. Clark, June 10, 1875, Kobe）で報じる。

「カレッジは今後の課題になるに相違ありません。私たちの委員会が漏らしたところでは、学校の基金のためにアメリカのキリスト教界に向かって、趣意書とアピールとをどんなに早く送りたがっているか、がわかります」。

「学校は京都か神戸かに早急に設置することが提案されています。この学校の利益を、キリスト教の伝道を正規に志願しようと思っている者や、ましてキリスト教の信徒だけに限定することは考えられておりません。そうではなく、性格がよくて、課程の学習を意欲的に追求する者や、そして自分の食費を負担しようとする者には誰にでも、開放することを考えております。これはトルコの同種の名称の学校〔傍点は本井〕が設立された〔のと同じ〕計画である、と私たちのメンバーの何人かは考えております」。

ところで、神戸でギュリックがこの書簡のためにペンを走らせていた時期は、京都で新しい展開がまさに同時進行していた時期でもある。

「デイヴィス氏がこの学校についてはもっと詳しく先生にお伝えすると思います。彼は今、ニイシマ氏と京都にいて、そこに伝道者の学校を作る許可をとる術を模索中です。

今日、知ったことですが、京都の地方当局は計画に好意的で、ニイシマ氏は学校の敷地を保有することが許されるだろう、とのことです。地方当局がそこに学校を開くことに心から賛成してくれれば、中央政府の同意が得られるのは疑いありません」(O. H. Gulick to N. G. Clark, June 10, 1875, Kobe)。

同じころ、運営委員会は日本ミッションの学校の教授のために新人をひとり確保しようとしていた。セイヤー大学の若き教授、D・W・ラーネッドである。六月十五日の運営委員会で早くもこの人事が議題に上り、幹事がラーネッドを説得することを決めている(A. B. C. F. M., Minutes of the Prudential Committee)。

ラーネッドからは快諾が寄せられた。同月二十九日の運営委員会には、推薦書とともに彼(セイヤー大学教授)から応募の申し出があり、日本への宣教師として任命されることが決定した(同前)。彼は一八七六年の四月から半世紀にわたって、京都(同志社)で教師として働く一方で、伝道にも大きな力を振るうことになる。

なお、このラーネッドに関して付言すると、十一月一日に日本に向かう予定のラーネッドにはふたり、ないしは三人の独身女性宣教師が同行する見込みになっていた。彼女らは、大阪でもうひとつの「ホーム」(寄宿舎女学校)をつくるための人材であったが、注目したいのは「最良と思えるならば」大阪ではなくて京都に「ホーム」を形成する可能性が指摘されていることである(N. G. Clark to O. H. Gulick, Sep. 1. 1875, Boston)。結局、ラーネッドと前後して京都に入京したのは、A・J・スタークウェザー(A. J. Starkweather)ただひとりであった。彼女はデイヴィス家に同居したので、独立した「京都ホーム」(同志社女学校)の建設は、いますこし時間を要した。

いよいよ京都に同志社が開校

さて、新島であるが、六月末に大阪から居を京都に移し、いよいよ学校建設に本格的に取り組むことになった。ボストンのクラークにしても京都の開教は注目の的であった。

「今は他の事柄にはお答えしようとは思いませんが、ただ京都に入る見込みを聞いて大変に満足していることだけをお伝えしておきます。日本ミッション行きのためにD・W・ラーネッド教授夫妻をちょうど任命したところです。この件はおそらく公式にお伝えすべきでしょう。きっと九月には出発されると思います」(N. G. Clark to O. H. Gulick, July 9, 1875, Boston)。

「京都にトレーニング・スクールを創るためのニイシマ氏の努力の結果を注目しながら待っております。ご推測の通り、現在、私たちがそこに足場を確保するのは、あるいはどんな外国人であれその地域に入れるのは、摂理にかなった計画でありましょう」(N. G. Clark to O. H. Gulick, Sep. 15, 1875, Boston)。

たしかに、アメリカン・ボードや日本ミッションにしても、内陸部、すなわち開港地でない京都に外国人、しかも宣教師が入り込むことは、新島による学校建設を抜きにしては考えられなかった。それだけに京都の開教は、トレーニング・スクールの開設しだいであった。

そのトレーニング・スクールの開校は、この年の秋には実現しそうであった。デイヴィスはクラーク宛に山本覚馬の存在が大きいことを報じる。

「現在の見通しでは、おそらく京都にはこの秋に行けそうです。京都府知事の顧問である視覚障害者の山本氏は、この三年間、ミッションの友人ですが、〔キリスト教の〕真理に大変な関心を示すようになり、京都を福音に開放し、キリスト教系の学校がそこに開校されるべきである、と願っています。

彼とニイシマ氏との協力で、副知事〔槇村正直〕も関心を抱いています。おそらくこの秋にはそこにトレーニング・スクールを開くのが許されると思います。もちろん、江戸から完全な許可を受け取るまでは、確かなことはわかりません」（J. D. Davis to N. G. Clark, July 10, 1875, Kobe）。

十月五日にいたってギュリックは、ボストンに宛てて次のように報じる。

「デイヴィス氏は、政府の許可を受け取りしだい、家族とただちに京都に移転する準備をしております。京都では学校で教えるという雇用関係を名目的にニイシマ氏と結びますが、その学校が、計画されていた日本人伝道者のためのトレーニング・スクールとなります。デイヴィス氏が言うには、ニイシマ氏は世俗的な教育に大きな力点を置きたがっています。もしそうならば、八月十九日付けの先生の書簡にある忠告は、一部の人たちには必要がないと思われていますが、他の人にとってはタイムリーです」（O. H. Gulick to N. G. Clark, Oct. 5, 1875, Kobe. 傍点は本井）。

前半はともかく、気になるのは後半の内容である。通常、同志社の建設に関してはデイヴィスは他の宣教師と相違して、常に新島と一心同体である、と伝承されてきた。けれども神学教育（伝道師養成）と一般教育（科学を教えるという点で世俗的教育）とのバランスに関して言えば、新島はデイヴィス以上に後者を重要視していたことになる。

なお、ここで言及されているクラーク書簡（日本ミッション宛て）にある「忠告」とは、次のことを指す。

「〔私たち〕全員は、皆さんがミッション〔の仕事〕をあまりにも広げ過ぎる、という大きな危険性に陥っていると感じています。」

ボストンから見た場合、日本ミッションはたえず伝道の開拓と拡張とを求めて手を広げようとするように見受けられたが、日本人の伝道者、ないしは信徒が育つの待って、彼らに任せるべきだ、とする。同様のことは、「カレッジ問題」にも言えた。

カレッジはたしかに早急に建設すべきではあるが、当面の緊急事である「伝道を放り出す大きな危険性」を感じる、というのがボストンの見解であった。とりわけ、クラークは個人的にはカレッジを評価するものの、伝道機関としての価値は決して直接伝道の比ではない、と断言する（N. G. Clark to the Japan Mission, Aug. 19, 1875, Boston）。

このうち、前者の危険性については、十月二十日の日本ミッション特別委員会で議題に挙げられている（Japan Mission, Minutes of Special Meeting, Oct. 20, 1875, Osaka）。

また、後者については、ギュリックが先の書簡で取り上げて、反論している。すなわち、「将来のカレッジと計画中のトレーニング・スクールとは、別々の異なった機関（institution）だ、と全員が明白に理解しています。カレッジの創設を提案するミッションの書類には明確にこうあります。『費用の大部分だけでなく人材もアメリカから送られるべきである。私たちは当地で非常に大切で、差し迫った伝道事業に従事しているので、ニイシマ氏を始めミッションの誰ひとり、カレッジの仕事のために〔現在の伝道を〕喜んで放り出したいと思う者はいない。』すべてのメンバーはこの意見に完全に同感していると確信いたします」と述べる。

カレッジのためには、日本ミッションの現有勢力では不十分であり、新規に応援部隊が必要であった。そのひとりであるラーネッドが早々と任命されたことは前述したが、さしあたってはデイヴィスや新島が、学校に係わることになっていた。それにしても、同志社（トレーニング・スクール）の開校を翌月に控えた時点で、ボストンと日本との間でこうした見解の差異が見られることには、多少、奇異の感を抱かざるをえない。ここには「カレッジか、はたまたトレーニング・スクールか」との論議に発展する芽のひとつが潜伏しているように考えられる。

ちなみに、学校の性格をめぐるクラークの懸念は、翌年になっても消えなかった。「とにかく、日本ミッションの宣教師やニイシマ氏が、彼らの仕事の中で、単なる知的で科学的な関心を追求するのを過大に重要視することがないように注意していただきたい。あらゆる教育事業において私たちが常にさらされている危険性は、人々の精神を導こうとしないで、知性の訓練に最上の能力を注ぎ込もうとすることです」(N. G. Clark to O. H. Gulick, Sep. 6, 1876, Boston)。

新しい人材の派遣

学校のための人材に関して言えば、開校の間際に、すなわちデイヴィスが京都に赴任する前日に大阪で開かれた特別委員会で、日本ミッションは京都に開くトレーニング・スクールのために新たに教師が必要なことについて協議し、岡山の医療宣教師、W・テイラーが（政府の許可がおりしだい）京都に移転するのを承認した(Japan Mission, Minutes of Special Meeting, Oct. 20, 1875, Osaka)。本来ならば、本国から新規に人材を招聘すべきであった。

十月には、クラークは「京都での業務がどのように展開しているのか、その地区では貴兄〔デイヴィス〕の夢が実現しているのかどうか、知りたくてたまりません」と書き送ってきた(N. G. Clark to J. D. Davis, Oct. 20, 1875, Boston)。

十一月に入って、日本ミッションはさしあたってはひとまず新島とデイヴィスとで学校を開校することを決定した。ギュリックは記す。

「十月の二十一日〔十九日〕にデイヴィス氏は家族と京都に落着きました。ニイシマ氏に名目的に雇用される形をとります。デイヴィス氏とニイシマ氏とが管轄するトレーニング・スクールは、来月二十九日に最初の学期を開講いたします。神戸教会のもっとも優秀な四人の青年が、その学校に入学いたします。

テイラー博士と家族とが京都に住む許可の申請も当局に提出済みです。彼も名目的にはニイシマ氏に雇用されます」(O. H. Gulick to N. G. Clark, Nov. 20, 1875, Kobe)。

デイヴィスは京都に移転後は、先に（六月末）京都に転住していた新島と協力して、学校開設準備をすると同時に、伝道の戦略をあれこれと立てたことであろう。その際、神戸公会から京都に転じた数名の新入生たちが、大きな助っ人になったはずである。彼らは最初の入学生八名の一部であり、本間重慶や二階堂（横山）円造、杉田（元良）勇次郎が含まれていた。彼らはすでに神戸公会で洗礼を受けており、教会生活も経験済みであった。それだけに後に形成される京都の教会でも彼らの働きは不可欠なものであった。あるいは、京都の教会は神戸公会をひとつのモデルとしたことも考えられる。

さて、新島とデイヴィスとに続いてE・T・ドーン(E. T. Doane)が一八七五年十二月に、そしてテイラーとラーネッドとが翌年の三月中旬から四月にかけて、それぞれ入京した。三月六日に大阪で開かれた日本ミッションの特別委員会では、彼らの住宅を調達する費用として五百五十ドルがボストンの本部に請求されている。そこでは同時に新島への給与の増額とオルガン（メーソン・ハムリン社製）一台とが請求されているのが目を引く。

オルガンと「音楽」の授業

後者に関しては、すでにこれより二年前（一八七四年）に複数のオルガン（一部は輸送中に破損）が大阪に送られて来ているし、ミス・グールディも女性伝道団体にオルガンを申請してもいる（N. G. Clark to O. H. Gulick, Oct. 3, 1874, Boston）。さらに一八七五年の春になって、運営委員会は日本ミッションが大阪のチャペル（大阪公会）とミス・グールディの学校とに一台ずつ、オルガンを購入することを認めている（A. B. C. F. M., Minutes of the Prudential Committee）。H・H・レヴィットがミッションを代表して申請していたものである（N. G. Clark to J. D. Davis, Apr. 15, 1875, Boston）。

当時、日本ではオルガンは極めて珍しく、各地でオルガンが備え付けられたのは、まず教会、次いでキリスト教系の学校であった。それだけにその効用は伝道上、絶大であった。「オルガンは、いまだ人々の心に〔キリスト教への〕関心が深く湧いていない場所では、聴衆を引き付けるのに実に貴重な助けとなることが分かりました」という。したがって「京都にオルガンが必要」なのであった（O. H. Gulick to N. G. Clark, Mar. 20, 1876, Kobe）。

ちなみに、京都に最初に持ち込まれたオルガンは、デイヴィスが神戸から持ち込んでいないとすれば、このあとE・T・ドーンが持参したのが、最初のケースである。彼は同志社英学校で最初に「音楽」を教えた宣教師だからである。ラーネッドも「〔ドーン〕夫妻は非常に音楽が好きだった。京都へ持って来られた最初の外国楽器はオルガンであった」と証言する（D・W・ラーネッド『回想録』四三頁、同志社、一九八三年）。

ただし、次のデイヴィス書簡によれば、学校にはまだ一台のオルガンも備え付けられていないことが窺われる。

「ドーン氏は当地のトレーニング・スクールで十人の青年に音楽を教えておられ、この国の唱歌のために立派な仕事をされています。が、この仕事の助けとなり、学校の朝の礼拝でも使用できるようなオルガンが彼には必要です」（J. D. Davis to N. G. Clark, Mar. 8, 1877, Kiyoto）。

ミッションとしてはこれまでのものとは別にアメリカからさらに一台、送られて来ることを期待したわけである。おそらく、一般の伝道用とは別に学校（礼拝や授業）で使用する必要があったのであろう。五月二日の運営委員会は、京都にスミス社製を一台（同社からの献品）送ることを決定した（A. B. C. F. M., Minutes of the Prudential Committee）。

翌日、クラークは、五月三日にオルガンの荷造りが終わったので近日中に発送予定、との連絡をデイヴィス宛てに伝えた。ただしメーカーは、京都が希望するメーソン・ハムリン社ではなくて、スミス社のもので、社長が定価の半額でわけてくれたという（N. G. Clark to J. D. Davis, May 3, 1876, Boston）。

六月にデイヴィスが受け取ったのは、このオルガンに相違ない（J. D. Davis to N. G. Clark, June 18, 1876, Kioto）。ボードの正規の寄付記録（Grants to Doshisha）の上でオルガンのための寄付（一千ドル）が出てくるのは、一八八八年十月十六日であるが、現物はそれ以前に何台も来ていたはずである。

それはともかく、デイヴィスに次いで京都ホームの女性宣教師、スタークウェザーも一八七七年にハートフォード在住の女性たちにオルガンの寄付を訴えた。これに関しては、奇しき話が伝えられている。

すなわち、彼女らがこの件を二月下旬にクラークに要請をしたので、彼は運営委員会に上程するため関係書類を準備したところ、その数時間後に雑誌（サンフランシスコで出版されている『パシフィック』の告知欄でオルガン（次の船便で輸送）を譲りたい、というサンフランシスコ在住の女性のことをたまたま知ったというのである。もちろん、クラークは資金が節約できたことを喜んだが、彼によれば、「これは実際に起きえることのほんの一例にすぎない。こうしたことはいままでに繰り返し、繰り返し起きている」という（N. G. Clark to O. H. Gulick, Mar. 1, 1877, Boston）。

三月の始めに、これより一年前に京都ステーション用に要求したオルガン（スミス・アメリカン社製）が届いているが（J. D. Davis to N. G. Clark, Mar. 8, 1877, Kioto）、京都ホーム用にしては早すぎるので、おそらく別のものであろう。さらに同時期にラーネッドは予期せぬ遺産が入ったので、クラークに「京都ステーションに送られたもの」と同種の「キャビネット・オルガン」（予価八十ドル）を一台、購入して、送付してくれるように依頼している。

「オルガンはわが家にある教会〔後述する京都第一公会〕の集会と私たち自身の〔家族の〕使用と楽しみとのためのものです。だから自費で支払いたいのです」（D. W. Learned to N. G. Clark, Mar. 24, 1877, Kiyoto）。

とすれば、このころ、京都の学校（男子校と女学校）や教会のためにオルガンが次々と送り込まれて来たことになる。ラーネッドの手になる「京都ステーション第二年次報告」（一八七六年六月一日～一八七七年六月一日）には、この年度には複数のオルガンが京都に届き、いずれもスタークウェザーが十分に活用した、とある。

ちなみにラーネッド家にオルガンが到着したのは翌年（一八七八年）二月のことである。彼自身は、教会ごとにオルガンを据え付けることには疑問を感じた。ボードの負担を増大させることになるうえに、日本人の集会では手助けになることが少なくなってきた、と見るからである。日本人が現在よりも歌唱力をつけない限り、日本人にオルガンを習わせることも賢明とは思えない、という（D. W. Learned to N. G. Clark, Feb. 19, 1878, Kiyoto）。

一八七八年の春にはさらにもう一台のオルガンが京都に届いた。毎朝、学校の礼拝でH・F・パーミリー（H. F. Parmelee）が弾き、百人ほどの学生の歌唱力の向上に大いに役立った（J. D. Davis to N. G. Clark, Mar. 8, 1878, Kiyoto）

京都伝道の開始

ところで、京都での伝道の端緒については、後に詳述するが、ギュリックが二月末ころに京都に赴いた際には、デイヴィス家での日曜礼拝には七十人が、そして新島家では五十人が集まっていたという（O. H. Gulick to N. G. Clark, Mar. 20, 1876, Kobe）。そして、六月十八日の日曜礼拝の場合、いくつかの宣教師住宅に合計、五百人もの人たちが詰めかけた（O. H. Gulick to N. G. Clark, June 20, 1876, Kobe）。

滑り出しは上々と言いたいところであるが、テイラーは、今少し控えめな数字を挙げる。彼によれば、デイヴィス家での日曜礼拝（午前十時）には約百人（ほかに金曜日の夕方には祈禱会）、新島家での日曜礼拝（午後三時）には約八十人、ドーン家での日曜礼拝の場合、午後八時の集会には約六十五人、午後十時のそれには約二十人、ラーネッド家の日曜礼拝（午後八時）には約百人が、それぞれ集合するので、延べで三百人から四百人に上る。ただし、ふたつの集会に出席する者もいるので、日曜礼拝の出席者は実質で二百五十人から二百七十五人、という。

以上の四か所のほかに、さらに日本人信徒の住宅でも、不定期ではあるが、数名が私的に集まって集会を開いているのが目に付く。一方、テイラー家だけは、日曜礼拝がない。「私の家はデイヴィスの家にあまりにも近すぎるので、礼拝を持たない方が賢明です」とテイラーは述懐する（W. Taylor to N. G. Clark, June 27, 1876, Kiyoto）。

ちなみに、ドーン夫妻の借家は、東竹屋町九十四番地にあり、大家の木村源三郎から四円五十銭で借家したものである（『新島襄全集』一、三〇四頁、一九八三年）。「人家のまばらであった東竹屋町の川に沿った小さな家」であったという（ラーネッド『回想録』四三頁）。後の平安教会の発祥の地ともなる記念すべき場所である。

そして年末にはいよいよ、教会設立の機運が高まり、市内に三つの教会が、ほぼ同時に設立されるにいたる。デイヴィスからそれを知らされたクラークは記す。

「すでに京都でなされたことに大きな励ましを受けています。あなたの提案どうり、別々の区に複数の教会（来年、もしくは再来年中に十、二十、もしくは三十の教会）を設立することができ、当地の神学生が教会の面倒をみて、学習と実習とを結び付けることができるならば、歓喜と感謝の祈りとが関係者の間で生まれると思います」（N. G. Clark to J. D. Davis, Nov. 2, 1876, Boston）。

他教派の京都進出をめぐって

同志社の神学生が、学習と実習とを結合する場として、市内の教会の牧会を担当することが想定されている以上、教会は学園（同志社）にとっては、医学生のインターン実習のごとき場、すなわち医学校に対する付属病院のような位置を最初から期待されていたことになる。

そればかりか、教会の設立は学校のそれとならんで、クラークには伝道の拠点であるだけでなく、他教派に対する強力な防波堤になりえた。彼はドーンに次のように伝える。

「京都にいくつかの教会を組織することについての所見に注目いたします。私はデイヴィス氏の書簡にある提案に大変、心を打たれました。その通りに実行され、京都に入り込むのを計画中と聞いている他の協会〔ミッション・ボードのこと〕より、先手を打ってほしいと思います。一層、重要な、いくつかの区にたくさんの教会を組織して、その地を占拠するのが、今後、最も重要になると思います」（N. G. Clark to E. T. Doane, Dec. 2, 1876, Boston）。

一八七七年二月にラーネッドはクラークに次のように応答する。

「私は先生と同意見ですが、他教派が当地に入り込んでくるのは大変に残念です。けれども彼らが、当市が開かれるまでは入り込むのが簡単だと思うかどうか、大変に疑問です。私自身はこの国が外国人に早急に開かれるとは思っておりません」（D. W. Learned to N. G. Clark, Feb. 3. 1877, Kiyoto）。

結論を先取りして言えば、プロテスタントに関する限り、新島の死去（一八九〇年一月）の直前まで、京都にはアメリカン・ボード（つまり同志社）と関係を持たない教派は進出しなかった（その間の消息については、本書三二二頁以下を参照されたい）。

六、「京都ステーション」としての同志社
——日本ミッションのトレーニング・スクール——

はじめに

同志社英学校はアメリカン・ボード日本ミッションの強力な支援のもとに、一八七五年に京都に開校した。校長の新島襄自身は、同ミッションの「準宣教師」(corresponding member) であった。したがって、給与もアメリカン・ボードを通して、「養父」とも言うべきハーディ (Alpheus Hardy) から送金された。新島がミッションの派遣により帰国したことを考えると、同僚宣教師の協力は当然、かつ不可欠であった。

一方、日本ミッションから見た場合、「内陸部」(外国人には居住権、財産権が与えられなかった) の京都に、伝道拠点である「ステーション」を設置することは、同志社の開校を抜きにしては考えられない。宣教師 (外国人教師) たちは、日本人である新島に雇用される形をとって初めて、内陸部での居住が認められたからである。すなわち、「京都ステーション」(日本ミッションのステーションとしては神戸、大阪についで三番目) のメンバーとなるためには、同志社の教員に雇用されるほか、なかったわけである。

その意味では、日本ミッション (宣教師) と同志社 (新島襄) とは、相互にその存在を依存し合う点で不可欠の、堅く結ばれたパートナー (共棲者) であった。にもかかわらず、同志社の開校と運営とが前者の視点から考察されたことは、これまでそう多くはない。先行研究としてはわずかに次のものを数えるにすぎない。

・P. F. Boller. Jr., The American Board and the Doshisha, thesis, Yale Univ., 1947 (北垣宗治訳「アメリカン・ボードと同志社 (一八七五～一九〇〇)」一、二『同志社談叢』一八～二〇、一九九八年～二〇〇〇年)。その後、新教出版社より二〇〇七年に出版された。

・P. V. Griesy, *The Doshisha:1875-1919, The Indigenizations of an Institute*, thesis, Columbia Univ. 1973.

・隅谷三喜男「同志社問題とアメリカン・ボード」(同『日本プロテスタント史論』、新教出版社、一九八三年)。

・吉田亮「アメリカン・ボードの日本伝道・教育観——アメリカン・ボードから見た京都トレーニング・スクール設立の意味」(松下鈞《ひとし》編『異文化交流と近代化——京都国際セミナー一九九六』、大空社、一九九八年)。

・拙稿「同志社は誰のもの——第一回英学校卒業式をめぐって——」(『同志社時報』一〇一、同志社大学、一九九六年三月。なお、本稿の一部は、この旧稿に加筆したものである)。

そこで、本稿では「京都ステーション」としての同志社——ミッション流に言えば「京都トレーニング・スクール」(Kyoto Training School) ——という視角から、同志社英学校の初期の消息、とりわけ、ミッション内部の教育観の差異、あるいは、ミッションと同志社 (日本人) との衝突や摩擦などをとりあげてみたい。それは同時に、ミッションの視角からあらためて日本側、とくに同志社の資料を読み解くことにもつながる。

なお、このステーションのメンバーの主要な任務は、当然のことながら同志社における教育活動であるので、他のステーションのように伝道活動を第一義的に考えることはできない。ここに京都ステ

ーションのひとつの特色が存在する。もちろん宣教師の来日動機が本来、伝道にある以上、当地においても副次的ではあるが、伝道が手掛けられている。(1)

京都トレーニング・スクール

京都ステーションは、ステーションとして特殊であった。「開港地」でも「居留地」でもない、いわゆる「内陸部」に生まれた、キリスト教（プロテスタントの教派を問わず）の最初の伝道拠点（ステーション）である。(2) 同時に、その存立の基盤がひとえに学校に依存するステーションである。

半世紀以上、京都ステーション（同志社）に在籍したラーネッド (Dwight Whitney Learned) の回想には、「学校は当時のステーションの主要な業務であったので、教授会とステーション〔会議〕との間には何らの差異はなかった」とある。(3)

まさに京都ステーションと学校とは一心同体であった。そればかりか、同志社そのものも学校として見た場合、特異であった。

創立当初、アメリカン・ボードの宣教師たちは、京都の男子校を「同志社」と呼ばずに、しばしば「トレーニング・スクール」（伝道者養成所）と呼称したことは、広く知られている。一方、新島はあくまでもより高度な「カレッジ」(college) を目指した。そのため、両者の間で「同志社はトレーニング・スクールか、それともカレッジか」の論争が展開された、との伝承も一般的である。

いま、トレーニング、スクールやカレッジの内実についてはひとまず置くとして（この点に関しては前出の吉田論文を参照されたい）、ミッションの側からいえば、「誰の」トレーニング・スクールであるのか、という争点も無視できない。

たとえば、神戸ステーションのギュリック（Orramel Hinkley Gulick）である。彼は京都の学校問題に関して、京都ステーションのデイヴィス（Jerome Dean Davis）と全面的な対立を続けた宣教師である。(4) ギュリックは、開校当初から京都の学校を「ミッション・トレーニング・スクール」と呼ぶのは間違いで、「新島氏の学校」と呼ぶべきだ、と主張する（O. H. Gulick to N. G. Clark, 1876. 12. 12）。

この点に関しては、ラーネッドも次のように証言する。「ここの学校は、ミッションが理想とするトレーニング・スクールには程遠いとの思いが、ミッション内の一、二の者にたえずありました」と (D. W. Leared to N. G. Clark, 1879. 11. 15)。「一、二の者」とは神戸のギュリックと大阪ステーションのレヴィット（Horace Hall Leavitt）とを指す。レヴィットが、日本ミッションの中ではもっとも純粋な自給論者であることは、よく知られている。

前者は、学校はあまりにも日本人の主導性が強すぎる、つまり宣教師軽視の学校であると見なし、後者は逆に日本人の主導性が弱すぎる、すなわちミッションの支援を仰ぎすぎる学校と見る。

その結果、一方は学校（神学科）を神戸へ移転させ、宣教師主導の純粋な「ミッションの」トレーニング・スクールにせよと迫り、他方は大阪へ移転させ、日本人が経費をすべて負担する完全自給型の「日本人の」トレーニング・スクールに改組すべき、と主張する。後者の主張の背景には、レヴィットと並ぶ自給論者の沢山保羅《ぼうろ》が創設した、日本人主導型（ミッションから見れば、自給型）の梅花女学校（大阪）の存在が大きい。

したがってレヴィットは、ミッションの資金で京都に女学校を開くことにも反対であった。「京都の女学校のためにアメリカから一セントたりとも送金されないことを心から望む」と言ってはばからなかった（H. H. Leavitt to N. G. Clark, 1877. 2. 28）。

同志社英学校第一回卒業式をめぐって

さて、同志社に対してギュリックが（さきに見た）不満を爆発させたのは、同志社英学校の第一回卒業式（一八七九年六月十二日）が契機であった。十五人の「熊本バンド」（余科）が卒業した晴れの式典の場が、同時に激しい論戦の種を産んだのである。

「昨日は京都トレーニング・スクールにとって、まさに歴史的な一日」とラーネッドが伝える式典には、十五人の卒業予定者のうち、名前は不明であるが、一名が欠席した。十四人の演説のあと、「卒業生総代」（日本語の式次第では「離別ノ詞」）の伊勢時雄が別離の挨拶を述べた（D. W. Learned to N. G. Clark, 1879. 6. 13）。

次いで、日本語の式次第には掲載されてはいないが、山本覚馬が「青年たちに激励の言葉を短く述べた」。さいごに新島校長が式辞を述べた後、卒業証書の授与をした。「阪神から大勢の日本人〔信徒〕が参加したばかりか、〔京阪神の〕ミッションのほとんどの者が列席しましたので、普段はチャペルとして使用している、いくぶん狭い部屋は満員で、人で溢れかえりました。大勢の者が入り口や窓から中をのぞき込んでいました」（D. W. Learned to N. G. Clark, 1879. 6. 13）。

式場は、毎朝の礼拝で使う「第二寮」の階下の教室が使用された。二つの教室を合わせても、百人前後を入れるにはあまりにも狭すぎた。この会場の狭さが、先述のプログラムとともに後日、大きな問題になろうとは誰が予想しえたであろうか。ちなみに、この年末までに同志社は、独立したチャペル（木造）と体育館とを竣工させており、翌年の卒業式は新築の体育館で挙行されている（D. W. Learned to N. G. Clark, 1880. 7. 3）。

さて、論戦の発端は、卒業式のもち方にギュリックがつけた激しいクレームであった。

「宣教師の教師たち〔三名〕には、式典でなんの役割もありませんでした。新島氏と山本〔覚馬〕氏とは、学校の理事（trustee）として演壇に上りましたが、宣教師の教師たち〔の席〕は日本の〔官立〕学校のお雇い教師扱いと同じで会衆の中でした」。それは府庁や学校に関係する日本人たちの「妬み」が原因で、とりわけ前者の知事〔槇村正直〕は、「ユダヤ人に急《せ》き立てられたピラト」同然である。京都では財産所有権のないミッションが、京都の学校に投資した二万ドルの不動産を、そうした「嫉妬深い」知事ひとりの手に委ねるのは実に危険である、と指摘する（D. W. Learned to N. G. Clark, 1879. 11. 13）。

ギュリックは、かねてからコンスタンチノープル（現イスタンブル）での出来事（地元の信徒たちがミッションの資産を宣教師の支配から奪い去ったという事件）が、日本でも再現しかねない、との懸念にとりつかれていた（O. H. Gulick to N. G. Clark & I. R. Worcester, 1876. 6. 20）。

ところで、彼が言いたいことは、すでに（次に紹介する）「前便」で述べられている。

「前便で、京都の学校のことを『私たちのトレーニング・スクール』として話すのは間違いで、新島氏の学校として論じたり、記述したりする方がボードやその支援者に対して報告するのにより正確である、と申し述べました（O. H. Gulick to N. G. Clark, 1879. 10. 7）。

これを伝え聞いた横浜のグリーン（Daniel Crosby Greene）は、自分たちがなぜ学校を「ミッション・トレーニング・スクール」と呼びたいのか、と反論する。学校が厳密な意味でミッションの学校であることは、自明だからである（D. C. Greene to N. G. Clark,

1879. 8. 12)。

一方、ボストンにいる、アメリカン・ボードの総幹事のクラーク（Nathaniel George Clark）は、ギュリックに対し、「今年の年次報告を作成するにあたっては、同じミスを避けるように努力します。学校を直ちに新島氏の学校と呼び、今後もそうするつもりです」と書き送る（N. G. Clark to O. H. Gulick, 1879. 9. 1)。ギュリックの投じた一石は、ボストンの本部（Prudential Committee）にも波紋を投じたことになる。ただ、クラークはレヴィットに対しては、返信の中で「京都の〔教育〕事業への批判は残念である。彼らはよくやっている」と京都ステーションを弁護している（N. G. Clark to H. H. Leavitt, 1880. 1. 8)。

ところでギュリックは、校内における聖書の授業禁止や外国人の財産所有権の欠如などの点で、同志社にはかねてから批判的であった。その姿勢は、日本ミッションを離脱する一八九二年まで一貫した。[5]とりわけ一八七九年の夏は、いくつかのことが重なった。

京都ステーション（同志社教員）のゴードン（Marquis Lafayette Gordon）の住宅を校地内に建築するのを理事の山本覚馬から拒否されたこと。京都女学校（同志社女学校）のミス・スタークウェザー（Allice Jennette Starkweather）に何の相談もなく（この点は彼の誤解で、後に謝罪して訂正）、同志社卒業生の宮川経輝の同校就任が決定したこと（O. H. Gulick to N. G. Clark, 1879. 12. 8)。さらにその宮川が、スタークウェザーを無視して、女学校（寮）の部屋割り等を断行し始めたこと。

これらはいずれもミッションには「屈辱的」な事柄であった。女学校の支配権をめぐっても、男子校とまさに同じ問題が発生している、と見るわけである（O. H. Gulick to N. G. Clark, 1879. 11. 13)。すなわち、ミッションから見れば、新島の女学校長職はあくまでも名目的なものに過ぎず、スタークウェザーが実質的に校長である、との理解である。ギュリックの予測によれば、ミッションが自前のトレーニング・スクールをもつまでは、「京都学校〔同志社〕の目的をめぐる衝突」は、今後も末長くアメリカン・ボードと同志社との間で繰り返されるに相違なかった（O. H. Gulick to I. R. Worcester, 1879. 12. 30)。

ギュリックは同志社批判を展開した、ボストン宛ての先の私信を、日本ミッションのメンバーにも回覧した。

これに対してラーネッドは、彼の見解は「間違いだらけ」、との反論をさっそくボストンに書き送った。彼によると、卒業式の会場が狭く、演壇もひとりが乗るのがやっと、という狭さであったために新島とラーネッドとが、それを挟む形で演壇の側に座った。同僚教師のデイヴィスは、来賓の接待で多忙であった。校長の新島が、卒業証書を手渡し、山本覚馬が祝辞を述べたが、後者は全くデイヴィスの勧めによったものである。

「これを見て、外国人教師が冷遇されたと見るか、それとも日本人を持ち上げ過ぎたと見るかは、先生には明白ですね。デイヴィス氏と私は、もっと目立つべきだったと〔今になって〕幾分、思いますが、もし私たちが間違っておれば、それは私たちのミスか、控え目過ぎたかのどちらかです。それにしてもこれが、この学校の外国人教師には力や影響力が全くない、という表われの典型と見なされた〔実態な〕のです」（D. W. Learned to N. G. Clark, 1879. 12. 5)。

デイヴィスもまた、九項目を列挙して、ギュリックの「誤解」を反駁する。

「新島氏は二、三度、式典での役割を私に頼み、しきりに勧めてくれましたが、私は断りました。〔中略〕『演壇』も六フィート平方しかありません」。

宣教師のほとんどは、できるだけ演壇の近くに座った。山本の席も会衆席の中であったし、デイヴィスの提案である山本の登壇は、新島や山本には予期せぬことであった。それにギュリックに言われるまで、宣教師の出番が少ない理由が、日本人の「嫉妬」や「敵意」にあった、とはまったく予想もしなかった、等といった具合である（J. D. Davis to N. G. Clark, 1879. 11. 20)。

ギュリックも、負けてはいない。自分は宣教師が式典の役割をもつべきだった、と主張したのではなく、歌を歌ったり、「新島氏の要請で」閉会祈禱をしたほかは、宣教師の役割が皆無であったことは、百人前後の参加者には明白であった、との事実を主張したかった」。

それに、「演壇は当日、十七人が乗れるほどの広さが、十分にありました」。たとえ会場に演壇が全くなかったとしても、問題は残った。要するに、学校の「最終的な管理」がどこにあるのか、それを示したかったのだ、と（O. H. Gulick to N. G. Clark, 1879. 12. 8)。

同志社は誰の学校か

要点は同志社を誰の学校と見るのか、である。それは同時に、同志社を何と呼ぶべきが、の問題につながる。ちなみにラーネッドは、「英語でこの学校をどう呼ぶかは、比較的にささいなことだと思います。『京都トレーニング・スクール』あたりが最善でしょうが、ここの学校が真のトレーニング・スクールであるかどうかは、別の問題です」と言う（D. W. Learned to N. G. Clark, 1879. 12. 5)。

一般的にトレーニング・スクールという呼称は、京都（同志社）の宣教師をも含めてミッションでは通例であった。その一例として挙げられるのは、最初の入学生の本間重慶が、同志社を中退するときに、英文の修了証書（一八七八年八月九日付）を新島ではなくてデイヴィス（肩書は「アメリカン・ボード宣教師」）が作成していることである(6)。

作成目的が不明であり、しかも手書きのものに止まるので、断定は避けなければならない。ここではデイヴィスは、同志社ではなく、"Training School of our Mission in Kiyoto" という校名を用いている。ただ、翌年の第一回卒業式のさいの証書（印刷物）は、「同志社英学校校長」新島襄の発行である。場合によっては、この点もギュリックからすれば「宣教師不在（無視）」との不平の種になりかねなかった。

彼にしてみれば、ボードの機関誌である「『ミッショナリー・ヘラルド』（*Missionary Herald*）の十月号には『京都トレーニング・スクール』との表現が五回も出て来ます。そういうふうに呼びたい誘惑は、実に強いようです」となる（O. H. Gulick to N. G. Clark, 1879. 11. 13)。

かくしてギュリックは、「新島氏の」学校に対してあくまでも反発し、「ミッションの」学校、すなわち「ミッション・トレーニング・スクール」を神戸に創設するためにこの秋、本部に六千ドルの予算を請求したい、と陳情するにいたる（O. H. Gulick to N. G. Clark, 1879. 11. 13)。もっとも彼の提案は、日本ミッションで二名の支持しかえられなかったので（O. H. Gulick to N. G. Clark, 1879. 12)、実現せずに終わった。

一方、これと並行して（先に見たように）レヴィットが、「ミッションの」学校であることに反対し、学校を大阪に移転させ、純粋に自給型の伝道者養成学校（「新島氏の学校」型！）にすべきことを主張する。

同志社は、第一回の卒業式後、他のステーション、具体的には神戸のギュリックと大阪のレヴィットとから、両面攻撃を仕掛けられたわけである。さらに「余科」（神学科）の十五人（「熊本バンド」）を卒業させたことにより、神学生が校内で皆無となったこともあって、同志社は対策を迫られた。結論だけを一言すれば、それが、翌年（一八八〇年）春学期に急きょ、新設された「速成邦語神学科」（三か月コース）である。[7]

「ミッション・スクール」としての同志社の側面

ところで、以上の論争は最終的には同志社が、「ミッション・スクール」であるかどうかをめぐるものである。「ミッション・スクール」とは、さしあたっては設立要因（動機）が伝道であれ、教育であれ、ともかくも「ミッションが支配し、支援する学校」(mission-controlled and mission-supported school) を指すものとする。[8] 同志社サイドでは、これまでは「記録に従へば、同志社は名目上宣教師団〔ミッション〕にとっては伝道師養成学校〔ミッション・トレーニング・スクール〕であり、日本人にとっては普通学校であ」ったとか、[9]「財務面は全くミッションスクールに似た態勢に在った」けれども、同志社は「所謂ミッション・スクールと性格を異にして発達」した、とかいった見解[10]が支配的であった。

けれどもミッションから見れば、（ギュリックのような例外を除けば）同志社は、実質的に「ミッション・スクール」である。そのことは、先に見たグリーンの発言（一八七九年）――「学校が厳密な意味でミッション・スクールであることは、明白」――からしても、ほぼ自明のことであった。新島自身も外国の友人には京都に「ミッション・スクールを開いた」と報じるほどである。[11] この背景には、デイヴィスの存在がきわめて大きい。ミッションから見た場合、京都のトレーニング・スクールにおける主役は、新島ではなくて、デイヴィスであるとさえ言える。後者の働きは、神戸で従事した教育事業の経験を基盤とした。

すなわち一八七四年初頭に彼が、「神戸の何人かと三田《さんだ》出身の一、二名の者とが、まもなく〔神戸で〕ささやか規模で私が始めるトレーニング・スクールの核となると思います。それは私の特権です」と記すように（J. D. Davis to N. G. Clark, 1875. 1. 10）、彼が開いた伝道者養成のためのクラス（ステーション・クラス）は、当初からトレーニング・スクールとしての性格を合わせもっていた。このクラスこそ、翌年に京都のトレーニング・スクールの「中核」(nucleus) となった、との見方が、ミッション内部では強かった。

なぜならデイヴィス自身が、このクラスの充実、すなわち「完全なトレーニング・スクール」をもくろんでいたちょうどその折りに、キリスト教学校創立の夢を抱いて新島が帰国したので、新島が開始した設立運動にデイヴィスも共鳴して、それに「合流」した、と言えるからである。[12] 新島自身も（一八七五年四月の時点で）、「デイヴィス氏が神戸でトレーニング・スクールを開始するならば、そこに加わって教えるつもりである」と心中を打ち明けてもいる。[13]

要するに、同志社開校時の八名の学生の大半（数名）が、神戸のデイヴィスの教え子であった事実に、ミッション内部でのデイヴィス、さらには同志社の位置づけがおのずから規定される。同志社は当初から（やや誇張して言えば）「デイヴィスのトレーニング・スクール」であることを運命づけられていた。

後述もするようにデイヴィスは、日本人（新島と山本）に気兼ねすること無しに、あたかも本国にいるかのように、自由に学校を運営することができた。日本人教師の給与の額を決定することさえも、外国人教師（宣教師）の裁量にまかされていた。

かくして、同志社開校当初には、アメリカン・ボードはこの学校を「ミッション・トレーニング・スクール」と呼ぶのが通例であった。アメリカン・ボードの機関誌を例にとれば、開校の際の報道は「ミッション・トレーニング・スクール」(training school for the mission, mission theological training school, theological training-school of the mission etc.) であった (*Missionary Herald*, 1876. 1, pp. 9, 18, 19)。

さらに一八七八年ころに公刊されたと考えられる同志社に関する小冊子 (*For Sabbath Schools Contributing to the American Board of Commissioners for Foreign Missions, Mission Training School, Kioto, Japan*) でも、タイトルには同じ呼称が使用されている。

これは多分に、アメリカ国内での募金のことを考慮に入れた処置とも考えられる。しかし一方で、同志社開校前の委員会(一八七五年六月一日)で日本ミッションは、京都にトレーニング・スクールを設置することを決めると同時に、デイヴィス、新島、ギュリックを委員に任命して、カリキュラムと会計を含む学校に関するあらゆる事柄を決定させることを決議している (Japan Mission, Minutes of Annual Meeting)。すなわち学校は計画段階から全く(新島を含めた)ミッションの管理下にあったことになる。

したがってこの決議について後年、次のような指摘がなされるのもきわめて自然である。

「将来の発展の見地から十分に注目すべきことであるが、これらの決議が明白に示すのは、疑い無くミッションは計画された学校を自己の (its own) ものと、また問題なく自己の支配下 (control) にあるものと見なしていたことである」(14)。

この点に関して、初期の京都ステーション(同志社)の大黒柱であったラーネッドの回顧は一層、重みがある。

「同志社は、〔設立〕当時に於てもミッション・スクールと称すべきものではなかったが、学校の維持は全く外国に仰ぎ、教師は悉くアメリカン・ボードの宣教師であった」。「アメリカン・ボードは十一〔実は十二〕年間、ミッションを通じて学校を管理」した(15)。すなわち実質的にはミッション・スクールである、と言わんとする。この点は、彼の次の回想からも明白である。

「同志社はミッション・スクールではない、とどんなに日本人が言いたがろうとも、史実として同校は数年間、ミッションの管理下にあった。同校がどのように、またいつ、独立を達成したかについては、後述する」(16)。

同志社はいつから同志社か

では、ラーネッドが問題にするように、同志社はいつミッションから「独立」したのか。いつから名実ともに日本人主導の同志社になったのか。すなわち、「同志社はいつから同志社になったのか」、である。この問いは、日本側では問題視されることは当然のごとくまったくないが、ミッションとしては無視できない問題であった。

ミッションの側には、一八七九年九月とする見解がある。すなわち、それまでの同志社は(新島を含む)京都ステーションの「業務 (station work) の一部として」、ミッションの管理下に置かれており、それ以後はミッションが学校の管理 (control) から手を引いた、とする(17)。

ここでは、典拠が示されていない。おそらく、同年六月に卒業した、例の「熊本バンド」から三名(山崎為徳《ためのり》、市原盛宏、森田久萬人《くまんど》)が、日本人スタッフとしてあらたに九月から始まる新年度に加わったことを指しているのであろう。それ以前は、新島校長のほかには日本人教師はおらず、宣教師三名が準宣教師の新島とともに学校の管理と運営にあたっていた。

ラーネッドも（後述するように）学校の教務的な運営に関しては、一八七九年（九月）以降、「教授会」が実権を握ったことを認める。ところが、経営に関して彼が画期と見るのは一八八七年である。

「この年〔一八八七年〕、ミッションは年次総会で年末に〔実質的には一八八八年一月から〕同校の財務上の支配を〔日本人〕理事(trustee) に引き渡すことを票決した。これは京都ステーションを通して私が提案したことであった。この結果、同志社はミッション・スクールであることを止めた〔傍点は本井〕。もっともアメリカン・ボードには依然として毎年、補助金を依存していたし、外国人教師の援助にも頼っていた[18]」。

すなわち、ラーネッドにしたがえば、同志社は一八七五年の創設時から一八八七年にいたるまでの十二年間は、れっきとしたミッション・スクールである。これは明らかに日本（同志社）側の捉え方とは相違する。が、ラーネッドは別の回想録でも同じことを主張する。

「事実、一八八七年までは奇妙な両頭政治（dyarchy）の類いが見られた。すなわち、法的には、そして政府との関係では学校〔同志社〕は新島氏（と彼の協力者たち）の学校であり、宣教師は単に彼に雇用された者にすぎない。一方、実際には学校は真に『ミッション・スクール』であり、アメリカン・ボードに支援され、理事(trustee) としてミッションに支配されていた。その間、運営は〔一八七九年以後〕教授会（Faculty）が握っていた。同志社法人(Doshisha Company) の新島氏の協力者たち〔日本人理事〕は、純粋に名目的であった。

前に述べたように一八八七年〔実質的には一八八八年〕以後も、学校はアメリカン・ボードに毎年、補助金を依存してはいたものの、政府に対する責任と学校の維持とは、理事（trustee）に引き渡された。理事たちは、いまや真の理事会（Board of Trustees）となった[19]」。

先に見た同志社の「奇妙な立場」とは、ラーネッドがここで言う「両頭政治」のことであった。

彼は同志社がそもそも初発から「ミッション事業の一部」でありながら、日本人には「新島氏の事業」と見なされるという「あいまいな立場」にあったことを認める。こうした「二重の関係」こそ「両頭政治」にほかならず、日米双方から支持と援助とを得る点で長所を発揮できたが、その反面、深刻な紛争の種になったことも事実である。

「実際、長年にわたって同志社は、現実に日本人を名目的な校長として、および政府に対する代表者として擁するミッション・スクールであったが、〔二十世紀の〕いまや、長年にわたって真に日本人の学校である、と言えよう[20]」。

こうした背景から、「学校は〔一八八七年に〕『ミッション・スクール』であることをやめ、日本のキリスト教学校となった」とか、「学校は一八八八年まで、同志社というよりも京都トレーニング・スクールと呼ばれた」とグリーシィ（Pall Val Griesy）は、博士論文の中で断定する。

もっとも彼は、後者の場合、その根拠を同年の日本ミッション年次報告で初めて同志社なる名称が現れたというきわめて表面的な事実に求めているだけで、それ以上の根拠については触れていない[21]。

ちなみに、ボストンのミッション本部の公式記録に同志社（ただし、“Doshisha Training School”）という名称が初めて登場するのは、一八八七年五月十七日の運営委員会である。が、“the Doshisha”として定着するのは翌年の四月三日以降のことである（A. B. C. F. M., Minutes of the Prudential Committee）。

「同志社カンパニー」の誕生

ミッションから見た場合、「ミッション・スクール」から「同志社」への転換の契機は、学校の実権（特に経営権）を日本人理事会へ譲渡したときを指していることが、判明した。同志社が開校された当初（一八七五年）、学校資産はふたりの日本人（新島襄と山本覚馬）の名義——実質的には新島の個人所有の形——になっていた。けれどもミッションからすれば、ふたりは「まったく名目的な所有者」(only nominal proprietor) にすぎなかった[22]。

だからこそ、ミッションは新島（と山本）を信頼して、京都にミッション資金を投下して、学校設立を図ったのである。が、開校前の企画では、安全弁として実質的に理事会を外国人が掌握する道が、ミッションの側で模索されていたことも事実である。

たとえば、デイヴィスによれば、アメリカン・ボードはトルコに設立した高等神学校（Collegiate Theological Institute）をモデルに京都での学校設立を計画していたので、学校管理の面でもトルコのケースを踏襲することが当初は考慮されていた。すなわち、国外で集められた基金についてはアメリカン・ボード運営委員会（Prudential Committee）が任命する理事（trustee）が開校後、二十五年間にわたって管理責任を保有する。一方、伝道地での実際の管理者（manager）は、現地教会が任命した現地人代表者と宣教師からそれぞれ半数ずつ選ばれる、というのである（J. D. Davis, How to Train the Native Ministry, July 10, 1875）。

現実にアメリカン・ボード系の中央トルコ大学（Central Turkey College）の場合、たとえば（同志社にも理解が深かった）N・G・クラークは、ボストンにいながらも理事の一員であった[23]。

さて、一八七六年春になって、テイラー（Wallance Taylor）とラーネッドが京都ステーション（同志社）に赴任するさいに、ミッションはあらためて同志社との関係を明確にするために、今少し正式な取り決めを結ぶことを要請した。すなわち、この年のミッション年次総会で、学校資産の保有と学校運営について、新島に対してミッションは次のように要望した。

「新島を含む、少なくとも五名——そのうち少なくとも三名は日本人教会から——からなる法人（Company）をできるだけ早急に組織し、京都における新島名義のミッション資産の全部をその法人へ移す」ことが望ましい、というのである。

この結果、新島と山本のほかに、あらたに関西（神戸、大阪、三田）の三教会（アメリカン・ボード系）から代表者がひとりずつ加わって、「同志社と言う名の法人」(holding company, the Doshisha) を組織することになった[24]。

これに対しては、宣教師がひとりも含まれていないとの理由から、ミッション内部で反対が起きたのも頷ける。デイヴィスは反論に答えて、最終的な管理は依然としてボードが掌握している、と断言した。

同年（一八七六年）の秋に、彼がクラークに報じたところによると、新島と山本は喜んで「まったく名目的な所有者」の立場を受け入れているし、現実に自分たちが山本に相談をもちかけたことは一度もない。山本も学校のことに関しては、めったに口出しはしない。その結果、「学校の管理に関しては、まるでボストンにある学校のように自分たちは自由である」。校長の新島に関しても、学校の規則や学習、時間などを提案するのは、自分たちの側であり、当の新島は「小さな子供のように」自分たちの提案をただ受け入れるだけである。新島はアメリカから受け取った寄付に関しても、かならず自分たちと相談をしてからでないと、一セントたりとも使わない

(J. D. Davis to N. G. Clark, 1876. 10. 16)。新任の三名も、京都以外に住んでいることもあって、学校との関係は薄く、いわば法人の「だんまり理事」(silent members)である、という[25]。

この点は日本側の記録でも確認できる。「同志社記事」の一八七六年六月二十八日の条に、「神戸公会之者今村謙吉、三田《さんだ》公会之者沢茂吉、〔大阪の梅本町公会の〕前神醇一、我輩ラ社之議員ニ加レリ」とある。同時にこれらと並行して、同志社新キャンパスの校舎建築が始められている[26]。巨額の建築資金(後述するが三千ドル)を負担するためにミッションとしては、そのための受け皿が整備される必要があった。すべてはミッション主導の動きである。

ただ、ミッションはこれ以上の法的規制は求めなかったようである。と言うのは、たしかに二か月後の八月七日になって、同志社は「同志社規則」を政府に提出しているが、その内容は「寄付行為」ではなく、単なる学生規則に止まる。そのうえ、提出者が新島(社長)と山本(結社人)の二名の名義になっている[27]。外国人教師(宣教師)との契約書(英文)でも理事(Trustee)は、これら二名となっている[28]。要するに今回は「理事」ではなく「議員」の量的拡大だけに終わった、と考えられる。なお、このときの「同志社カンパニー」の法人格と新人三名の法的立場に関して、疑問が残る点については、さらに後述する。

「四ヶ条ノ社則」

次に資料面で組織化が確認できるのは、一八八三年二月十三日の「社員会」(理事会)である。それまでの新島、山本のふたりのほかに、あらたに伊勢(横井)時雄、松山高吉、それに中村栄助の三名が「社員」(理事)に任命された。三名の「だんまり理事」がそっくり交替したことになる。そしてこれを契機に「四ヶ条ノ社則」が制定され、「同志社ノ財産ヲ〔所〕有〔ス〕トスル」ことなどが盛られた[29]。

これは同志社にとっては、「最初の憲法」(寄付行為)であり、一八七六年のミッションの理事会案がようやく実質的に実を結んだものである[30]。したがって、日本側ではその制定は「内外国教員ト協議ノ上」とされるものの[31]、実質はむしろ外国人主導である。

すなわち同志社側の資料には、ただ「生徒年々加員シ社務随テ繁ク、且社有之財産モ亦加増シタルヲ以テ、今回社員ヲ増加シ益学校ノ隆盛ナラン事ヲ希図シ」とあるだけで、特に必然的な理由は見つけがたい[32]。それに対して、宣教師から見れば、学校の個人的な性格を是正し、同時に日本人の経営責任を高める点で、理事会が実質化することは必然であった。ただ、同志社が理事を「議員」とか「社員」とか称したことが、ミッションとの間に微妙な解釈の差異を生じる結果を生むことは、後述する。

さて、こうした新理事会の発足は、いったい誰の発意によるのか。答えは、ラーネッド書簡に明白である。

「私たちは新島氏の死去のさいに紛争が起きないために、学校を所有する法人(company)を強化し、五人の信頼できる人物(新島氏はもちろんその一人)から成る真実の法人とするために現在、手配中である」(D. W. Learned to N. G. Clark, 1883. 1. 22)。

依然として外国人主導であることは、あらたに制定された社則の次の条文からも十分に窺える。

まず、第一条は「社員」たちの任務を定める。「同志社ハ五人ヲ以テ組織シ、此五人ハ社ノ財産ヲ所有シ、基督教主義ヲ以テ学校ヲ維持スルヲ務メ、且学校ト政府トノ間ニ生スル百般ノ事務ヲ弁理スベシ[33]」。

ここでは、学校の建学の精神として「基督教主義」であることと、

（学校資産の所有権が法的に認められている）日本人、それも個人ではなく日本人組織が経営する学校であることの二点が、宣言されている。[34] これら両者は、同志社史上、初めて明文化された。それも、後者は前者を前提とすべきことをミッションから厳しく求められた結果と考えられる。

ともあれこれを受けて、同志社は同月二十六日に、同志社の所有地の名義を「新島氏ノ名義」から「本社ノ名義」、すなわち同志社のそれに書き換えたい旨の願いを京都府に申し出た。[35] これは、それ以前の所有形態（一八七六年に拡大された理事会をも含めて）が、新島の個人資産のままになっていたことの証左である。

残りの条文も、すべて外国人に関係する。第二条では、「社員」に欠員が出た場合は、残りの（日本人）「社員」がこれを補充する、校長（日本人）は「社員」の中から互選される、と規定する。ちなみに、前者の選考方法はアメリカの私学に通常、見られるので、[36] これまた宣教師の発想かと思われる。

次に第三条であるが、校務は「内外ノ教員」や校長と協議のうえで決定すべき、と規定する。

そして最後の第四条は、外国からの寄付金は、「外国教員若クハ他ノ委托者」が（日本人）教員と協議のうえで支出する、とする。[37]「委託者」とは、ミッションの側では語の本来の意味での「理事」（Trustee）を指す、と解釈していたはずである。

この第四条は、注目すべきである。日本文では「外国ヨリ寄附シタル金ハ、外国教員若クハ他ノ委托者ヨリ各校ノ教員ト協議ノ上支払フベシ」とある。[38] これに関しては、解釈が微妙に分かれる。すなわち、引き続きミッションが経営権を掌握することを同志社（日本人理事会）が保証したとも、逆にミッション資金の使用に関して日本人の権限（発言力）を強めたとも解釈できる。

従来、同志社側では後者の解釈、すなわち同条は「財務を主として握っている宣教師の専断を廃し、寄付金の使途に付き教員側の要望を徴することを規定したもの」と読んでいた。[39]

しかし、（後述するように）ミッションが経営権を日本人に完全に譲渡するのは、一八八八年であるので、基本的には第四条の解釈は前者をとる方が自然であろう。この点は、英文――訳者はD・C・グリーン――に直した場合の条文が参考となる。「外国の友人から学校へ送金された金は、外国人教員または寄附者の他の代表者の指図のもとに、〔日本人の〕学長および各校の教員と個別に協議を行った後、支出されるべきである」との文言が、端的に内容を明示する。[40]

事実、ラーネッドはこの理事会の「再編」（reorganization）に関して、「校務は教師――外国人と日本人――の掌中にあるが、外国からの資金の使用は、外国人教師が管理する」と断言する（D. W. Learned to N. G. Clark, 1883. 2. 25）。別の書簡にも「外国からの資金を支出するという問題はすべて、（これまで常にそうであったように）外国人教師が決定することになっている」とある（D. W. Learned to N. G. Clark, 1883. 1. 22）。

けれども、このとき生まれた「社員会」は、アメリカン・ボードから見た場合、厳密な理事会にはまだ遠い存在であったに相違ない。後年、ある宣教師（Frank Alanson Lombard）は、それを「理事会のようなもの」（a kind of Board of Trustees）と評している。[41] さらに、一八八四年に結ばれた外国人教師との契約書（英文）では、なぜか理事（Trustee）として名前が挙がるのは、新島、山本、中村の三名だけである。[42]

ともあれ、この改定を契機に、全体的には日本人理事の働きと責任が、以前に比べると増大し、宣教師に取って代わる部分が増えたことは、十分に首肯できる。その結果、学校に関する日本語による最古の庶務記録が、ようやくこの年から同志社に残されることになる（公文書類はさらに遅れて一八八六年以降）。それ以前は、ミッション（ステーション）の記録が、同時に学校の記録でもあった。[43] 初期には教授会とステーション会議との区別は、まるでなかったからである。

ミッション主導のこうした理事会編成に関しては、これまで、「デヴィス先生の忠言に基き」とされてきたが、[44] おそらく（後述する一八八八年の場合から推測しても）、ラーネッドが大きな働きをしたのではないか。事実、新理事会について、ボストンから次のような照会が日本ミッションに対してなされたとき、その回答はラーネッドが担当した。何が問題視されていたかを知るために、日本ミッションの回答（Copy from D. W. Learned, 1883. 2. 27）を各問の後に丸カッコ内に付して紹介しておきたい。

(1)　新理事の中村栄助は信徒か（イエス）。〔二月一八日に受洗したばかりである〕。
(2)　理事の任期はどうか（終身）。
(3)　理事たちは将来、新理事会にとって代わられるのか（ノウ）。
(4)　七年前に任命された三人はどうなったのか（理事会の一員になったことは一度もない）。
(5)　誰がこれらの三人を任命したのか（従来の理事である新島襄と山本覚馬）。
(6)　新島と山本には、三人の罷免権があるのか（ない）。
(7)　理事会の権限はなにか（学校資産の保有権、政府に対する代表権、学長選挙権）。
(8)　理事会として政府に認可されるか（イエス）。
(9)　法的には学校資産の保有者か（イエス）。
(10)　不動産と動産を所有するのか（イエス、と自分は理解する）。
(11)　誰の名義で証書が保有されるのか、という点は明白か（イエス。同志社法人）。
(12)　学校は、ミッションの事業ではない、と考える者がいるか（京都ステーションにはいない）。

このうち第四問は、一八七六年に組織された「同志社カンパニー」が、名目的であったことを明示する。三名の「だんまり理事」は、正規の理事会メンバーではなかったことになる。そう言えば、当時、理事会の組織化に伴い、今回の社則のようなものが制定されたわけではないので、法的には意味をなさなかったのであろう。

また第七問の回答によれば、学校の経営権は従前通りである。すなわち、ミッションが財務上の権限（たとえ一部でさえも）をあらたに理事会に与えるとは、されていない。

「同志社通則」

一八八三年制定の社則は、五年後の一八八八年九月に改定されて「同志社通則」となった。同年一月九日に、同志社の「社員会」があらたに四名（小崎弘道、湯浅治郎、宮川経輝、大沢善助）の「社員」の増員を決定していたことを受けてのことである。[45] 新人理事の半数（湯浅、大沢）は、実業家である。

一八八八年の改定の場合は、一八八三年にも増してミッションの発議が大きかった。「私の勧めにより、ミッションの方から同志社の管理権を全然社員に一任する事になりました」と自身、断言するように、[46] 提案者は日本ミッションの会計をも担当していたラーネッドであった。

したがって、その背景には今後、同志社の財的規模がますます増大する傾向に対して、ミッションによる学校への財的援助を押さえ込むために、日本人による募金活動を奨励する必要がある、との思惑が強かった。その他、日本人に対し、学校運営に関する責任を増大させることや、日本人教師の給与の調達を外国人教師が行なうことをやめることも、狙いの中に含まれていた（D. W. Learned to N. G. Clark, 1887. 8. 17）

彼の提案は、京都ステーションからミッションに持ち込まれた。後者は一八八七年夏に開催された年次総会で、「京都トレーニング・スクールの財務運営を外国人教師から〔日本人〕理事会に移管させる件」を討議し、次のことなどを決議した。

(1) 同志社法人に一八八八年一月一日を期して財務の責任と、授業料と外国からの寄付のほかに、日本人から必要な資金を募金する責務を要請する。

(2) 本部に対して、前年を下回らない額の一八八八年度の学校予算を要請する。ただし、ミッション資金で建てた建築物の修理を除いて、将来的には予算軽減に努める。

(3) 同志社法人に理事の拡大を要請する。そのうち三名は、ミッション代表者（そのうち一人は学校教師）として準理事（corresponding member）とする。

以上の三点は、いずれも同志社に受け入れられ、一八八八年初めに通則が発効した（A. W. Stanford, Minutes of the 15th Annual Meeting of the Japan Mission, A. B. C. F. M., *Fifty Years in the Japan Mission of the A. B. C. F. M., 1875～1925*, p. 142）。

この点は、別の記録からも確認が可能である。「アメリカン・ボードの助成金の助けを借りて、〔日本人〕理事（Trustee）たちが学校の財務を管理する（manage）という計画は、昨年〔一八八七年〕の夏、理事たちに受け入れられた」（Thirteenth Annual Report of the Kyoto Station, 1888, p. 21）。

こうしたミッションの動きは経済的な要因だけではなく、（一八八三年の社則制定と同様に今回も）同志社法人の「社長」である新島の死去という差し迫った非常時への対応策という面も無視できなかった（D. W. Learned to N. G. Clark, 1888. 2. 6）。

現実にラーネッドが理事会の再編に取り組んだのは、一八八七年六月一日付のクラーク書簡を受理してからである。クラークから、「新島氏の死去に備えて、同志社カンパニーに教会代表者を入れる取り決めをして、混乱を未然に防ぐように」との指示を受けたのである。かねて財務的に日本人理事会の権限拡充に意欲的であったラーネッドは、この件を理事のひとり、伊勢（横井時雄）と協議したところ、同意が得られたので、夏の年次総会に提案することを決意した（D. W. Learned to N. G. Clark, 1887. 7. 16）。

さらにラーネッドを動かしたものに、次の出来事がある。日本人教師たちが従来、外国人教師（宣教師）たちが査定していた金額にくらべるとはるかに高い給与を用意して、あらたに日本人教師（漢文学・日本文学）を雇いたい、との要望を外国人教師に要請してきた（D. W. Learned to N. G. Clark, 1887. 8. 23）。

これに対して、ミッション（宣教師）は、日本人の同僚教師の給与を決定するという「微妙で不愉快な」作業から解放されることを願ったばかりか、日本人理事会に学校の経営権を譲渡することで、日本人に募金活動を奨励することになれば、アメリカン・ボードの寄付を漸次、低減させられるはず、とラーネッドは踏んだ（D. W. Learned to N. G. Clark, 1887. 8. 17）。この案にふたりの理事（新島と山本）が心から同意した（D. W. Learned to N. G. Clark, 1887. 10. 26）。

　こうした再編化の流れは、ラーネッドからすればきわめて自然である。「初期の同志社は通常、『ミッション・スクール』に見られるように、まったくミッションの支配下にあったが、真の日本の学校になるようにたえず期待されていた。この意図にしたがって、一八八七〔一八八八〕年の始めに財務的な管理（management）は〔日本人〕理事会に移管された。まもなくその理事会は、監督機関としての機能を完全に果たすようになった」とラーネッドは記す[47]。とすれば、「ミッション・スクール」からの脱皮は、同志社サイドの働きの結果、というよりも、明らかに外国人（それも京都ステーションの宣教師）の発動であった。この点に関しては、クラークの指導性は決して大きくはない。前にも見たように彼の関心は、もっぱら財産の所有形態に注がれていた。

　したがって理事会が再編されたという報告を受けたさいも、日本ミッションが目指す方向は正しいと認める一方で（N. G. Clark to D. W. Learned, 1887. 12. 3）、「拡大された同志社カンパニーが、財産を所有することを正規に文書で取りきめたのか」どうかをもっとも問題視した（N. G. Clark to D. W. Learned, 1887. 11. 11）。ちなみにラーネッドはこれに対してその必要性を認めなかった（D. W. Learned to N. G. Clark, 1888. 2. 6）。

　この件に関しては、運営委員会はクラークよりもさらに受動的である。理事会の改組に関する積極的な動き（たとえば指導とか勧告の事実）はまったく見られず、ただ「同志社通則」が制定されたことだけが、（事後?）報告されているにすぎない（Minutes of the Prudential Committee）。

　かくてここに来て、日本人理事会（「社員会」）は、一八八三年の「理事会のようなもの」から脱した。名実ともに同志社の顔――ラーネッド流に言えば「真の理事会」――になったわけである。それ以前の理事会は、資産の法的所有者として「単に名目的な存在」にとどまっており、実際の経理は、京都ステーション会計でもあったラーネッドが担当していた[48]。

　ミッションからの提案を受けて、同志社「社員会」は一八八八年一月九日の会合から、初めて議事録（それも日本語である）をつけ始める[49]。それによれば、同月二十四日の第二回の「社員会」では、財務が中心的な議題であった。なかでも、「外国寄付金二千七百円ヲ受テ同志社ノ諸事悉皆社員ニテ負担スル事　但シ校舎等ノ建築等ニ諸営繕ハ外国ノ手ニ委ヌル事」が、最重要課題であった（ここで、校舎の修繕が、ミッションの責任とされていることに着目したい。それは主としてラーネッドの発議であった）。

　つづいて「出納ハ社員ニテ監督スル事」、「商工銀行ニ金員ヲ委托スル事」、「学校賄ヲ身元慥ナル商人ニ托スル事」、あらたに日本人教師（木村熊二）を月給四十円で招くことなどが、討議された。理事会がミッシヨンに代わって経営責任を担おうとする姿勢が、みごとに反映している[50]。

　新「社員会」が制定した「同志社通則」（三六条より構成）では、「社員」の定員は二十名に拡大された。そこでは、全「社員」が構成する「評議会」（理事会）が、「経費ノ予算」と「決算ノ調査及ビ認可」の権限を有することが規定（第二〇条）されているのが、目を引く[51]。

　ところで、今回の経営権（財産権をも含めて）の譲渡については、前回（一八八三年）のような批判が、ミッション内部で起きた形跡はない。増員理事の中に、ひとりの宣教師も含まれない、にもかかわらず、である。ただし、通則の第十条で、「本社ハ内外ノ名士ヲ推薦シテ、本社ノ名誉員トナスコトアル可シ」（第三二条にしたがえば、「名誉員」には学校の経理に関し、いつでも会計帳簿の閲覧が認められていた）とあるのを受けて、[52]一説には日本ミッションの全員が「準会員」(associated member) ――訳文では「名誉員」――に挙げられた、という。[53]あるいはこれは、先にミッションが三名の「準理事」を要求したことへの回答であるとも思われる。ただし、一八八九年度の英文の学校案内（Catalogue）では、「名誉員」(honorary member) には該当者がなく、ただ三名の外国人が「社友」(associate members) とされているだけである。[54]

それはともかく、こうした配慮が宣教師側の不安を解消する働きをしたのか、あるいは、日本人（理事会）に対する信頼が深まったのか、それとも、ミッション資金の援助額が低減される可能性の方が、重視されたからであろうか、いずれにしろ、表立った批判は見当たらない。むしろその変更は、宣教師たちからは「単たる同意だけでなく、心からの支持を受けて」歓迎され、「たいへんスムーズに」行なわれたのである。[55]

その背景としては、「理事」(Trustee) を「受託者」とみなす解釈が、宣教師には支配的であったことも、忘れてはならない。これに対して同志社では、理事は「議員」、ついで「社員」と称された。そこから、寄付は同志社に対して行なわれたので、「社員」は学校を管理するために、自主的にそれを運用すればよい、と日本側は判断する。これに対して、理事というものは「受託者」としてあくまでもアメリカン・ボードの意向に沿って資金を使用すべきものである、とミッション側は考えた。後者の見解は、宣教師側に安心感を与えたはずである。

ちなみに、こうした日米間の解釈の相違は、他日、紛争の種となる。それが一八九八年の「同志社綱領削除問題」である。[56]このときアメリカン・ボードから日本に派遣された調査団に対して、日本の高官は、「キリスト教国で理解されているような受託（Trusteeship）の意味は、日本には存在しない」と言明した（*Missionary Herald*, 1896. 11, p. 462）。両者の開きは大きい。

「新島氏の学校」

ところで、同志社が「新島氏の学校」か、それとも「ミッション・スクール」なのか、をめぐる問題は、例のラットランド資金 (Rutland Fund) に始まる。ラットランド（ヴァーモント州）で開かれたアメリカン・ボードの年次総会（一八七四年）で、帰国を前にした新島は募金アピールを敢行した。その結果、「五千ドル」の資金（席上「献金」は予約を含めても三千三百六十ドルであったので、以後の「寄付」をも含む）が寄せられた。これが同志社開校の資金となったことは、よく知られている。

これは（先に述べた）同志社の理事（社員）は「受託者」であるかどうかをめぐる問題の端緒でもある。従来、同志社の側では寄付金は明らかに新島、あるいは同志社に対して行なわれたものであるとの理解が、支配的であった。もしもアメリカン・ボードに対するものであったとしたら、同志社は「単に新島を名義人と」した米国伝道会社［アメリカン・ボード］の学校」になるからである。[57]

これに対して、当のアメリカン・ボードの見解は明らかに異なる。

グリーシィにしたがえば、アメリカン・ボードは神学校（seminary）以外の学校が、はたして伝道上の機能を果たすのか、確信がもてないにもかかわらず、当の年次総会の直後に、新島に学校設立の許可とそのためのラットランド資金を与えた。同時に、クラークが日本ミッションにその旨を伝えた、という。[58]

たしかに帰国した新島を迎えて、最初に開催された日本ミッションの委員会（一八七五年一月二十九日）は、「新島がアメリカで得た募金が今、私たちの指図をまっている」と決議した（Japan Mission, Minutes of Special Meeting)。

けれども、資金の性格に関して、異論がなかったわけではない。その後に疑問の声が、一部にあがっているからである。たとえば、同志社に批判的なギュリックは、この資金を問題視し、ラットランドで得られた寄付金は「新島の金」か、それとも「ミッションの金」かを明白にすべきだ、と問う。ギュリックにしてみれば、寄付金は明白に「新島の金」であった（O. H. Gulick to I. R. Worcester, 1875. 3. 20)。

一方、クラークはこう見る。「ラットランド資金」は、ミッションが計画する学校のための資金であって、決してミッションと無関係に新島が始める学校のための資金ではない、したがって学校はミッションと運営委員会との管理下におかれる、と（N. G. Clark to O. H. Gulick, 1875. 5. 6)。

ラーネッドもまた、「アメリカン・ボードの金」であると明言するひとりである。[59]「実際、新島氏に個人的に金を捧げた、と思う者はひとりもいなかった。金はミッションの管理下におかれ、ミッションの指示のもとに使われた」[60]。

ただ、ラーネッドにしてもその見解は、次に見るように必ずしも一貫しているわけではない。

同志社の最初の資金を寄付してくれた人たちは、それを誰に捧げたのか、ということが、問われてきた。彼らはそれを新島氏がよしとする方法で、日本に学校を設立するために使うように彼に与えたのか。それとも彼らは、アメリカン・ボードが、新島氏が願っていたような学校を設立するために、アメリカン・ボードにそれを与えたのか。

新島氏が言おうとしたのは、「学校を設立する資金を私にください」であったのか、それとも「アメリカン・ボードが、私の母国にキリスト教の学校を設立できるようにしてください」であったのか。

答えは簡単ではないであろう。おそらく、寄付者はけっしてそのような疑問を感じなかったに相違ない。そのうえ、それに答えてくれるような記録が、存在することは、まったくありえない。けれども、ミッションの記録から明白なのは、その資金がキリスト教教育に使用――ただし新島氏と協力して――されるために、ミッションの手の中に置かれたことは、疑いない、ということである。

もしも彼が、ミッションが受け入れがたいような方法でそれを使いたがった場合、どういうことになったのか、は答えられない。なぜならそうした偶発的なことは、かつて起きなかったし、〔今後〕また起きるとは、一度も思われなかったからである。

けれども初期の同志社が、あいまいな状態にあったことは、次の事実によく表れている。つまり、レヴィット氏は、学校は日本人が支援すべき日本人の学校であるべきだ、と主張する。その一方で、ギュリック氏は、この学校は外国の資金で設立され、維持されているにもかかわらず、学校に対する外国の支配が十分には認められていない、との不満を漏らした。〔京都〕ステーション（いつも新島氏が含まれる）は、まるで学校と自分たちがいる場所が、シカゴであるかのように存分に学校を支配した、とデイヴィス氏がギュリック氏に答えたのを私は覚えている。[61]

「ミッション・スクール」の変種

「あいまいな状態」と言う表現こそ、初期の同志社の「特異な立場」をよく物語っている。ミッションは、新島を単なる「名目的（法的）な校長」と見なす場合さえあり、一方、新島も校務をデイヴィスに委ねることに「完全に同意」していた、という。[62] ここにデイヴィスが、現実の校長である新島を凌ぐような「活躍」をする余地が、残されていた。

ラーネッドは、「同志社にはふたりの創立者がいた、とも言えよう。ジョゼフ・ニイシマ〔新島襄〕とJ・D・デイヴィスである。ともに同じアメリカン・ボードの支援を受けていた」と認める。[63] さらに彼はデイヴィスに関して、「初期の同志社にあって彼は、実に学長（executive head）であると同時に、理事長（business manager）でもあった。同時に、アメリカン・ボードと母国の諸教会に対しては、代表者でもあった。Jerome Dean Davis は、Jerome Davis the Dean（デイヴィス学長）と書かれるべきかもしれない」とも発言する。[64]

一八七九年四月の時点で、クラークもデイヴィスに対して、「私たちはこれまで、トレーニング・スクールの校長として彼〔新島〕の名に重きを置いてこなかった」と反省するほどであった（N. G. Clark to J. D. Davis, 1879. 4. 1）。デイヴィスは、いわば陰の校長であった。再述すれば、学校は一面では「デイヴィスのトレーニング・スクール」でもあった。とすれば、学校運営はまさに二頭支配（両頭政治）である。

そのことは、すでに創立資金の性格の捉え方にも反映していた。ラットランド資金の管理者となったのは、（それを集金した本人の）新島ではなくて、アメリカン・ボード、具体的には運営委員会議長のハーディであった（*Missionary Herald*, 1875. 1, p. 15)。この件は当初から新島も了解していた。[65] したがって新島と言えども、アメリカン・ボードの許可なしには、それを自由に使うことはできなかった。要するに、彼は当初から「受託者」なのである。一八七五年四月にいたってボードは、日本ミッションに対して、ラットランド資金の送金を正式に通知した。[66]

かくして新島が、学校用地と校舎を取得するさい、最終的な判断は、ミッションに委ねられた。すなわち、「新島が六千坪の地所を御所の北側に五百五十ドルで購入し、建物を五十ドル以内で借家すること」は、ミッションの決議を要する事項であった（Japan Mission, Circular Letter, No. 11, 1875. 6. 10)。

こうした状態は、開校後もしばらくは、基本的には不変であった。翌年（一八七六年）に、自前の校舎を建築する必要性に迫られたさい、ミッションはあらたに三千ドルの予算を認めた。ただし、変則的な所有方法を考慮すれば、それは一種の冒険でもあるので、「不承不承」の賛成であった（J. D. Davis to N. G. Clark, 1877. 7. 7)。

ミッションの主導性は当然、教育面にも反映した。当分の間、同志社は「特異な立場」に立たされるのであった。ミッションから見て、通常、ミッションが関係する学校は、二種類に分けられる。すなわちミッションが、全面的に支援・管理する型（言うならば「神戸女学院型」）と、宣教師は教師としてかかわるだけで、日本人が学校を維持・管理する型（言うならば「北越学館型」）である。そのうち同志社はどちらの型にも収まり切れない、と言う意味で、「特異な立場」（peculiar postion）なのである。[67]

要するに同志社は、表面的には日本人の学校でありながら、実質的には外国人（ミッション）の支援・管理を受けざるをえなかった。そのため、創立初期にはさまざまな軋轢に苦しんだ。学校の呼称、あるいは性格ひとつをとってみても、複雑であったのは、まさにこのためである。

そして着目すべきことに、こうした変則を政府（中央だけでなく地方も）は見逃さなかった。まず、中央政府であるが、一八七八年四月二十七日に、新島は外務省（寺島宗則外務卿）へ政府の「御懸念」（詳細は不明）に対して、次のような「弁明」を文書で提出している。すなわち、同志社は「悉皆《しっかい》」アメリカ人の寄付金で設立されたとは言え、現在はけっして「米国人ノ同志社」ではなく、歴とした「日本帝国内ノ同志社」である、と。[68]

けれども、外務省の懸念は消えず、翌年六月二十日、京都府知事（槇村正直）に対して、同志社が「米国教会ノ補助」を受けた「同教会ノ出張所ト同様ノモノ」であるかどうか、「御探偵」するように、との通達を送っている。[69]

京都府はこれより早く五月二十八日（以後、月例化）に、同志社を視察（査察）したうえで、激しく同志社を突いてきた。「同志社の宣教師の給与は、雇用主たる新島が支払う」との開校の折りの約束を新島は守っていない、それでは同志社は「外国の」学校ではないか、と批判する。かくして新島は、政府を欺いたために「詐欺罪」（禁固十年の刑）で逮捕される、そうなれば同志社は廃校を免れない、との噂が広まり、ミッションに一種のパニックが生じる結果になった。

これに対して新島は、最後の手段としてアメリカン・ボードの運営委員会に直訴して、京都ステーション（同志社）への送金を日本ミッションの会計ではなく、直接に自分あてにしてくれるように――いわば「ハーディ・新島方式の支出法」へ転換するように[70]――懇請した。ボストンは、新島の願いを聞き入れ、同志社の危機を救った。[71]

しかし、これは財政的に京都ステーションだけをミッションから切り離す、という異例の措置である。こうした根本原則からの変則的な逸脱が、かねて学校に批判的であったギュリックやレヴィットの怒りに新たな油を注ぐ結果につながったことは、言うまでもない（O. H. Gulick to N. G. Clark, 1879. 7. 5）。

外国人（ミッション、宣教師）と日本人（政府、日本人教師）との狭間で労苦するのは、いつも新島であった。新島（Joseph Hardy Neesima）自身が、外国人（宣教師）と日本人との両面性を有していた関係上、彼以上の調停役は、見当たらなかった。彼は、外国人と日本人の混合をけっしてマイナス材料とは考えなかった。むしろかえって両者の「幸福な協力」（happy cooperation）こそが、同志社が他のミッション・スクールと違って信頼を受ける基になっている、と考えていた。[72]

日本ミッションが、京都に開いたトレーニング・スクールの性格は、この新島の両面性（それは主導性でもあった）に基本的に基づく。彼が中軸となってはじめて、学校の管理において「善意と友好との両頭政治」が可能であった。[73]

こうした新島の特殊な存在に加えて、京都の地理性（立地条件）にも学校は大きく制約された。ラーネッドは、「たとえ新島氏のような人がいなくても」、ミッションは神戸に女学校（神戸女学院）を（ミッション・スクールとして）創立したように、神戸に男子校を創設したに相違ない、と回顧する。[74]その場合、男子校が純粋な「ミッション・スクール」となったことは、容易に想像できる。

しかし、京都は神戸ではなかった。（準）宣教師にして日本人、という新島の指導力と存在を必要とした。その意味では、ミッションからすれば、「京都トレーニング・スクール」は、当初から完全なミッション・スクール型の「変種」たらざるをえなかった。

おわりに

以上、見てきたように、日本人が同志社において教育面の管理権を掌握したのは、一八七九年九月であった。そして経営面の管理権が、ミッションから日本人に全面的に（ただし「受託者」として）譲渡された——その主導権は（さきに見たように）「ミッションの方から」取られた——のは、一八八八年の初頭のことであった。それは、名実ともに「新島氏の学校」、すなわち「同志社」の誕生を意味した。それまでの同志社は、（ミッションにとっては）「京都トレーニング・スクール」であり、「ミッション・スクール」にほかならなかった。

おりしも新島は、念願の「カレッジ」（当初は明治専門学校、ついで同志社大学）建設のために挺身中であった。「変種」とは言え、「ミッション・トレーニング・スクール」でなくなった同志社は、ようやく独自に「カレッジ」を目指せる条件を手に入れたのである。その結果、新島のカレッジ構想に対しては、アメリカン・ボード（本部も日本ミッションも）からの特別の注文、ましてや干渉は全く影をひそめた。その反面、アメリカン・ボードからカレッジ建設資金としての寄付も、皆無であったし、（健康上の配慮もあって）新島が渡米して、アメリカ国内で募金活動をすることにも、本部は「激く抗議した」[75]。

なお、宣教師（三名）が同志社理事会の正規のメンバーに加えられるのは、条約改正後の一八九九年のことである[76]。ただし、以後、アメリカン・ボードは、神学部と女子部を除いて、財政的な援助を同志社にすることはなかった[77]。

ちなみに、一九〇二年の時点でアメリカン・ボードは、（中央トルコ大学を始め）九か国にミッション系のカレッジを全部で十八校——日本では同志社と神戸カレッジ（神戸女学院）——保有する。経営形態をみれば、そのうちの十校は、神戸カレッジのようにボストンの運営委員会が直接、管理する方式を取る。残りの九校は、法人化されている。

それら九校は、同志社を除き、すべてアメリカの国内法（ニューヨーク州かマサチュセッツ州の法律）に基づいている。同志社以外は、完全に「ミッション・スクール」であり、すべてアメリカ人が学長を務める。たとえば、C・M・プリンプトンである。同志社女子大学に「プリンプトン寮」を寄贈したことで知られるプリンプトン家の一員である彼は、アーモースト大学の学長を務めたあと、レバノンに渡り、同地のアメリカン大学（AUB）の学長を務めた。

それに対して同志社は、アメリカン・ボードから見れば一八九九年以後も、相変わらず特異な立場に立ち続けた[78]。当初からアメリカン大学や神戸の女学校（神戸女学院）などとは、鮮やかな対照を示したのである。

〈注〉

(1) 詳細は、拙著『京都のキリスト教』、同朋舎、一九九八年を参照されたい。
(2) A. B. C. F. M., *Fragments of Fifty Years, 1869~1919*, p. 58.
(3) D. W. Learned, Three Scores and Ten, p. 122, 1920, unpublished. 〔 〕は本井、以下同じ。
(4) D. W. Learned, Fifty Years in the Japan Mission of the A. B. C. F. M., 1875~1925, p. 23, unpublished.
(5) *The Doshisha:1875-1919*, p. 110.
(6) 『同志社五十年史』カニヤ書店、一九三〇年、口絵ページ。
(7) 詳しくは拙稿「同志社速成邦語神学科の第一期生たち——長田《おさだ》時行とその同級生——」、『潟』一一、一九九四年一二月を参照されたい。
(8) *The Doshisha:1875-1919*, p. 85.
(9) 青山霞村『同志社五十年裏面史』からすき社、一九三一年、二四頁。
(10)『同志社九十年小史』同志社、一九六五年、三三頁、三七頁。
(11)『新島襄全集』六、一七一頁、一七二頁、同朋舎、一九八五年。
(12) *Fragments of Fifty Years*, pp. 55~56.
(13)『新島襄全集』六、一六五頁。
(14) F. A. Lombard, A History of the Japan Mission of the American Board, p. 434, unpublished. 下線は原文。
(15) D・W・ラーネッド『回想録』同志社、一九八三年、一〇頁、一九頁。
(16) D. W. Learned, Notes on my life, 1848~1940, vol. 2, p. 48, unpublished.
(17) *Fragments of Fifty Years*, p. 61.
(18) Notes on my life, 1848~1940, vol. 3, p. 7
(19) *Fifty Years in the Japan Mission of the A. B. C. F. M., 1875~1925*, pp. 278~279.
(20) Ibid., pp. 45~46.
(21) *The Doshisha:1875-1919*, p. 82, p. 140.
(22) Ibid., p. 109.
(23) 吉田亮「アメリカン・ボードの日本伝道・教育観」九六頁。
(24) *The Doshisha:1875-1919*, pp. 108~109.
(25) Ibid., p. 109.
(26)『新島襄全集』一、三〇二~三〇三頁、一九八三年。
(27)『同志社百年史』資料編一、六八~七〇頁、同志社、一九七九年。
(28) 同前、資料編二、巻末六六~六八頁。
(29)『新島襄全集』五、一九四頁。
(30)『同志社五十年裏面史』九九頁。
(31)『新島襄全集』一、一六四頁。
(32) 同前一、一三六頁。
(33) 同前一、一六四~一六五頁。
(34) 同前一、六一六頁。
(35) 同前一、三二九頁。
(36)『同志社九十年小史』四一頁。
(37)『新島襄全集』一、一六五頁。
(38) 同前一、一六五頁。
(39)『同志社九十年小史』四一頁。
(40) A History of the Japan Mission of the American Board, p. 434.
(41) Ibid., p. 458.
(42)『同志社百年史』資料編二、巻末六九頁。
(43)『同志社九十年小史』三三頁。
(44)『同志社五十年史』八三頁。
(45)『新島襄全集』八、四二三頁、一九九二年。
(46)『回想録』一四頁。
(47) *Fifty Years in the Japan Mission of A. B. C. F. M., 1875~1925*, p. 63.
(48) Ibid., p. 142.
(49)『同志社百年史』資料編二、一二五一頁。
(50) 同前、資料編二、一二五一~一二五二頁。
(51) 同前、資料編一、一二一一~一二一二頁。
(52) 同前、資料編一、一二一一、一二一三頁。
(53)「アメリカン・ボードと同志社」一、八〇頁。
(54)『同志社百年史』資料編二、巻末七一頁、七七頁。
(55) *The Doshisha:1875-1919*, pp. 139~140.
(56)「同志社問題とアメリカン・ボード」二〇九頁。
(57)『同志社五十年裏面史』二〇~二一頁。
(58) *The Doshisha:1875-1919*, p. 80.
(59)『回想録』一〇頁。
(60) *Fifty Years in the Japan Mission of the A. B. C. F. M., 1875~1925*, p. 56.
(61) Ibid., p. 278. 傍点は本井。
(62) Three Scores and Ten, p. 122.

(63) *Fifty Years in the Japan Mission of the A. B. C. F. M., 1875～1925*, p. 55.
(64) Ibid., p. 23.
(65) 『同志社百年史』資料編一、九頁。
(66) *The Doshisha:1875-1919*, p. 104.
(67) *Fragments of Fifty Years*, pp. 54～55.
(68) 『新島襄全集』一、九～一〇頁。
(69) 『同志社百年史』資料編一、五七頁。
(70) 「アメリカン・ボードと同志社」一、七八頁。
(71) 詳しくは、拙稿「新島襄、詐欺罪で逮捕か」一、二、三、『基督教世界』一九九六年五月一〇日、六月一〇日、七月一〇日。
(72) 『新島襄全集』六、三三三頁。
(73) *Fifty Years in the Japan Mission of the A. B. C. F. M., 1875～1925*, p. 201.
(74) 『回想録』九頁。
(75) 『新島襄全集』六、三三九頁。
(76) 「同志社理事会決議録」一一二頁、『同志社談叢』二、一九八二年二月。
(77) *Fragments of Fifty Years*, p. 63
(78) A. B. C. F. M., *The Higher Educational Institutions of the American Board*, pp. 3～6, 1903.

七、ミッションから見た同志社の五十年

同志社はミッション・スクールか

ミッションには、同志社ははたしてどのように映じたのか。公的な見解、あるいは一般的な史観を知るには、アメリカン・ボード日本ミッションの創立五十周年記念誌（*Fragments of Fifty Years 1869—1919*, pp. 55~65, A. B. C. F. M., 1919）の記事を見るのが、便利である。

「同志社」（The Doshisha）と題したその記事は、無署名である。けれども、内容から見て執筆者がD・W・ラーネッドであることは、間違いない。彼の回想（河野仁昭編『回想録　D・W・ラーネッド』（同志社、一九八三年。以下『回想録』）と内容が一致するものが、含まれているからである。

本稿で重要なのは、初期同志社の基本的性格の捉え方である。ラーネッドは、ミッション・スクールである、と断定する。「ミッションの学校」（J・D・デイヴィスの学校）か、それとも「日本人の学校」（新島の学校）か、を問うた場合、史実に適合するのは前者である、と回答する。ラーネッドが出した結論は、次の通りである。

「これまで述べて来たように、初期の同志社はまったくミッションの支配下にあった。『ミッション・スクール』と言っても過言ではない。けれども、真に日本人の学校になろうとする期待が、いつもあった。そうした意図に従って、一八八七年の初めに、財政的な管理が〔日本人の〕理事会に譲渡された」（原書、六三頁）。

それ以前の同志社では、現実には「学校の管理者」（校長）は、新島ではなくてデイヴィスである、とラーネッドは力説する。アメリカン・ボードが、神戸に創った「神戸ホーム」（現神戸女学院）と相違して、京都ではデイヴィス校長の実現性は、ゼロであった。日本人の新島襄に校長を託さざるをえなかったのである。ラーネッドが指摘するように、京都ステーション（同志社）は、内陸部にできた最初の「ステーション」である（原書、五八頁）。開港地でもなく、居留地でもない京都の特殊性は、これに起因している（詳しくは、本書四五頁以下を参照）。

以上の点は重要なので、ラーネッドの『回想録』（二八頁）から補っておきたい。彼は、初期同志社を代表する人物は、新島とデイヴィスであった、と見る。しかし、どちらかと言うと、デイヴィスの方が実質的な校長であった、とする。「新島先生は、政府当局に対し、日本の社会に対し、学校を代表して居られた」。一方、「デビス先生は、創立当初、宣教師と米国伝道会社〔アメリカン・ボード〕に対して、学校を代表して居られ、尚、数年間、学長〔原語は不明〕をして居られた」と言明する。

デイヴィスの見解

ここで「学長」と呼ばれたデイヴィスは、同志社の管理に関して、ボストンの本部にこう伝える。

「新島氏と山本氏は、学校の名義上の所有者として、われわれの学校管理に干渉するどころか、はじめからずっと、一切をわれわれの手に委ねてきたのです」（J・D・デイヴィス著・北垣宗治訳『新島襄の生涯』八〇頁、傍点は本井、同志社大学出版部、一九九二年）。

「われわれは、この学校にはじめて関係して以来、あたかも日本人の所有者が存在しないかの如くに、あたかもそれがシカゴにでも

あるかのように、われわれの意のままに、自由に運営してきたのであります」（同前、八一頁）。

同志社の場合、問題を複雑にする要因が、もうひとつある。学校運営の主導権をどちらが握るか、という問題以外に、校長としての新島の姿勢、あるいは人格が占める要素も無視できない。要するに校長権力の行使に関して、新島の場合は、正当な権利の行使さえも自己規制する。ましてや、その濫用はおよそ考えられない。これに関しては、デイヴィスの証言がある。

「彼〔新島〕は、自分自身の意見をいつでも譲るつもりがあった。これは彼の一つの欠点といってもよいほどのものであった。彼は時としては、他人の意見に余りにも簡単に同意するのであった。

同志社の社長、また校長として、学校に関係していた期間の全体にわたり、私の知る限りでは、新島は教師たちの意見に自分の意見を対立させたことがなかった。彼はいつも彼らに同意し、彼らと調和して働くのであった」（『新島襄の生涯』一九一頁）。

デイヴィスが新島に代わって、「影の校長」として振舞わざるをえない背景が、よく窺える。デイヴィスから見て、「表の校長」は、影が薄かった。デイヴィスはこうも見る。

「彼は最初から学校の長であった。しかし、あのすべての期間にわたり、彼は常に背景の方に身を隠し、社長としての権限を主張したことはなかった。チャペルの壇上で、社長の席に彼を座らせることは、なかなかむずかしいことであった」（同前、一九二頁）。

こうして当初、同志社の経営を主導したのがデイヴィスであったことが、よく窺える。こうしてミッションは、同志社の経営を一手に引き受けた形となった。その後、他でも述べたように（本書一二四頁以下を参照）、一八八七年末に学校の経営権は、アメリカン・ボードから日本人理事会に移された。これを提案したのは、当のラーネッドである。ラーネッドの証言を念のために再度、引いておく。

「同年〔一八八七年〕、私の勧めにより、ミッションの方から同志社の管理権を全然、社員〔日本人理事会〕に一任する事になりました」（『回想録』一四頁）。

ところで、同志社がミッションスクールであることは、けっして自明ではない。広く承認されているわけでもない。現にラーネッド自身も時に持論とは違う発言をすることがある。たとえば、開校当初の「同志社は、当時に於てもミッションスクールと称すべきものではなかったが、学校の維持は全く外国に仰ぎ、教師は悉くアメリカン・ボードの宣教師であった」とする（『回想録』一九頁）。

「熊本バンド」の見解

これが、同志社・日本人サイド、とりわけ「熊本バンド」になると、受け止め方や立場は逆転する。典型として、小崎弘道の見解を紹介する。「同志社はキリスト教の学校ではあるが、ミッションスクールではない」とする。詳しく彼の見解を引くと、次の通りである。

「同志社の教育主義を実行する上に於て、宣教師等の意見はミッションスクール主義で、之《これ》を以て伝道の方便と為すにあったが、社員〔同志社理事〕や教職員等の側には、基督教主義教育の何たるを理解する者少く、兎角、〔日本〕内外教授の間に意見の一致を欠く事があった。

世間では、ミッションスクール主義と基督教主義とを同一なるが如く看做す者が多いが、実際は此間に大なる懸隔があって、決して混同してはならぬものである。日本に於ける基督教の学校は、多く其始め、ミッションスクールで、各ミッションが伝道の機関として設立したものであれば、ミッションは之を維持し、生徒より授業料を徴収しないのみか、其学資全部迄も補助したものがある。然るに、同志社の設立は、設立趣意書に明言してある如く、創立者新島襄先生が、米国ニュウイングランドに於て、彼《かの》国の教育制度に深く感服し、我国にも之と同様の学校を設立せんと欲し、有志に訴へて募金したるに基くもので、他のミッション・スクールとは趣きを異にして居る。

故に私共は、常に同志社を以てミッションスクールと同視することに反対した。第四回夏期学校が箱根湖畔に開かれた時、各学校より来会した代表者の間にも、此点に就き頗る激烈なる議論があり、同志社の代表者は、同校を以て基督教の学校ではあれど、決してミッションスクールではない、と争ふたことがある」(『小崎全集』三、六一～六二頁、同刊行会、一九三八年)。

こうした見解に立つ小崎は、したがって、アメリカン・ボードと抗争した際も、「この学校は最初から、独立した日本人の学校として出発し、そのようなものとして成長してきた」と直接、申し入れる(P・F・ボラー著、北垣宗治訳『アメリカン・ボードと同志社』一四五頁、傍点は本井、新教出版社、二〇〇七年)。

同志社が一貫して非ミッションスクールであることが、彼らには「輝かしい名誉」であった、とラーネッドは証言する。しかし、ミッション側では、こうした捉え方がなかなか理解できなかった。

たとえば、一連の同志社とアメリカン・ボードとの対立が、ひとまず終結した一八九九年の時点のことである。アメリカン・ボード本部のバートン総主事(N・G・クラークの後任)が、「人種の線を乗り越えて、なぜ同志社はアメリカン人社長を選ぶことができないのか」という不満と疑問を同志社の宣教師にぶつけてきたことがある。ラーネッドはこう回答した。

そのような提案は、「あなたが日本に住まわれたことがないことを示すだけです」。「日本人の観点からいたしますと、この学校がミッションの学校でなく、日本人が建てて、経営してきたということが、常に輝かしい名誉だったのです。日本人としては、外国人がこの学校に参加しているという事実を心の隅に押しのけて、同志社を完全に新島氏の学校と見做しがちでありました」(同前、一二二頁、傍点は本井)。

W・T・トーマスの見解

こうした日本人主導説は、時に外国人研究者にも見受けられる。たとえば、代表的なものは、トーマス(Winburn T. Thomas)による次の見解である。

「日本のミッションスクールについては、どう考えても同志社が最初である。最大規模であり、内容ももっとも総合的である。一八九〇年までに大学(university)のステイタスを得たのは、同志社だけである。

厳密に言えば、同校はミッションスクールではない。アメリカン・ボードに関係する宣教師たちが、神学校を創るという自分たちの計画を新島襄の計画と合併させた。新島は、ニューイングランドにあるいくつかの指導的なカレッジが、アメリカに対して有するものを、日本に対して持つような学校のヴィジョンを抱いていた。

かなりの数の宣教師が、京都で同志社を作り上げるのに、スタッフとして新島に協力した。けれども、一八七五年十一月のそもそもの始めから、同志社は日本人の学校だった。アメリカ人教員が〔神戸や横浜のような〕条約港以外で住むための許可を取るためには、ミッションスクールと言うよりも、むしろ日本人としてのステイタスが当然、前提となった。

管理だけでなく、支援の点でも、同志社はまた他のミッションスクールとは、違った。しかしながら、新島が〔アメリカン・ボード〕日本ミッションの協力宣教師（associate missionary）として給与を貰っていることも忘れてはならない。〔一八七五年の開校から〕一八九〇年に至るまでずっと、学校の管理に関しては、D・C・グリーンやM・L・ゴードン、J・D・デイヴィス、そしてD・W・ラーネッドが、重要な働きをした人たちであった。

同志社の力は、一面では、多数の外国人教員に帰すことができる。彼らは、多くは英語であるが、優れた型の教育を提供した。けれども、他面では、同志社は日本人の学校である。新島が創設者である」（Winburn T. Tomas, *Protestant Beginnings in Japan*, p. 101, Charles E. Tuttle Company, 1959）。

以上の相反する説を総括する見解としては、『同志社五十年裏面史』（二四頁、からすき社、一九三二年）がある。「記録に従へば、同志社は名目上、宣教師団〔ミッション〕にとっては伝道師養成学校〔トレーニング〕であり、日本人にとっては普通学校であり、事実によれば、両者合体の学校であった」とする。

「ミッションの学校」か、「日本人の学校」か、をめぐる見解の相違は、どこから来るのか。経営主体を重視するか、設立目的に力点をおくかで、ミッションスクールの定義や中身に大きな差異が生じてくることを認識すべきである。そのためには、整理が必要である。ラーネッドは明らかに前者に傾き、小崎らは後者に重きを置く。

最後に、ラーネッドは本稿を体育で締めくくる。初期の同志社では、体育やスポーツに対して、「異常に高い関心」（the very much greater attention）が、払われてきたという。ラーネッド自身が、神学者であるにもかかわらず、最初の体育教師であることに注目すべきである。また、同志社が体育の先進校であったことは、本書の二八八頁以下、ならびに六一二頁以下でも詳述する。

さて、解題は以上で終え、ラーネッドによる記事の訳出に移る。以下、私訳である。

ラーネッド「同志社」

創立者たち

ヨルダン川がそうであるように、同志社にも三つの源流がある。アメリカン・ボード、新島襄、そして熊本バンドである。

アメリカン・ボードは、永年にわたって学校の支援を全面的に行なった。現在もなお、毎年、神学校と女子部（女学校）へ相当の援助をしている。最初から、アメリカン・ボードは宣教師たちが教員として奉仕してきた。現在では、その数は通常、九人か十人である。アメリカン・ボードは、学校の初期の歴史において一貫して、〔日本〕ミッションを通して、学校を支配してきた。

新島が母国に戻ったことが、学校がすぐに開校される機会となった。彼がいなければ、京都に設立されることは、ありえなかった。学校は彼の名前によって設立され、現実に日本人の学校としだいになるまで、最初からそうであった。

学校が始まって二年目に、熊本バンドが来たことが、学校の発展に実に大きな影響を与えた。新島氏が永眠して以後の学長〔社長、総長〕は、ほとんどこのグループから出た。

あるいは、同志社の創業者はふたり、と言うことも可能である。ジョゼフ・ニイシマとJ・D・デイヴィスである。ふたりとも同じくアメリカン・ボードに支えられた。

新島は、〔ラットランドで得た〕最初の資金（額は本当に少なかったが）を確保して、直接的な刺激を開校に及ぼした。彼は日本政府と日本人に対して学校を代表した。冒険小説にあるような経歴で、進取の気性を好むアメリカの友人たちをひきつけ、日本における有力者の一大サークルの中で信頼をじょじょに勝ち得た。彼は、欧米を共に旅行した日本大使〔田中不二麿〕の信頼をそれ以前にすでに得ていた。新島は、学校の生徒たちに、大事な思い出と実に貴重な例をこれから先いつまでも残した。

デイヴィスは、主としてミッションとアメリカの支援団体〔アメリカン・ボード〕に対して、学校の代表であった。長年にわたって、彼はジェローム・ディーン・デイヴィスという名で、現実には学校の管理者（the actual executive head）であった。実際、彼は学校の学長（Dean）に期待されるものを遙かに超えた存在であった。全身全霊を学校、ならびに学生のために捧げた。

新島氏が帰国する前から、デイヴィスはすでに神戸で青年のためにクラスをひとつ設けていた。彼はそれを時にトレーニングスクールと呼んでいた、それが後に京都でトレーニングスクールと永く呼ばれるようになる学校〔同志社〕の核になった。

〔同志社開校前〕神戸で一八七五年に女学校〔今の神戸カレッジ〕〔神戸女学院〕が、ちょうど開校したさい、〔男子〕青年のための恒常的な学校が、すぐに開校されることは、疑いないことであった。しかし、新島氏がやって来たので、この方面のミッションの動きは、彼が始めた運動と提携することになった。その結果が、同志社の創立であった。

最初の資金

新島氏は十年前に渡米しました。神について学びたいという強い希望を動かされて、東京〔江戸〕かた函館に行き、そこから上海まで密かにアメリカの帆船に乗り、ついでボストンへ渡った。

かの地で、彼はアルフィーアス・ハーディ氏に養子として〔養子のように〕引き取られ（adopted）、教育された。ハーディは、アメリカン・ボードの運営委員会〔いわば理事会〕のメンバーであった。

新島はアーモスト大学を卒業すると、アンドーヴァー神学校に進んだ。その間、一八七二年の岩倉使節団に数カ月、協力して働いて、アメリカの多数の都市だけでなく、ヨーロッパの様々な国を見た。また、日本の指導者となるはずの数人、とりわけまもなく文部大臣〔文部大輔〕となる田中不二麿から評価と好意を得た。

新島は、母国が主として必要とするもののひとつ、そして日本で純粋な宗教が発展するのを促進する主要な手段のひとつは、キリスト教の高等教育機関の設立だ、ということを深く確信するようになった。そこで、一八七四年十月九日にヴァーモント州ラットランドで開かれた年会の最後で、話す機会が与えられると、彼はこの目的を成就させる手段について、懇願した。前夜、彼は大半の時間を「〔悪魔と戦った〕哀れなヤコブのように戦いながら」〔ヤコブ書、第四章七節〕時を過した。

いくつかの報告によれば、ピーター・パーカー卿が最初に反応した。他の報道によれば、この名誉をヴァーモント州の前知事、ページ氏に与える。いずれにせよ、これら二人とさらにＷ・Ｅ・ドッジ氏も気前のいい寄附〔それぞれ千ドル〕をしたので、最終的には五千ドルもの金額が寄附された。この額は、高等の学校を創るには、むしろ小額すぎた。せいぜい、最初の土地を購入し、最初の簡単な建物を建てられるくらいである。

もしもアメリカン・ボードとミッションが、計画を採用せず、学校を何年も援助しなかったならば、そこからは何も生じないか、生じてもほんの少しである。援助額は、〔宣教師が教員として働いた貢献分は除いて〕総額で十万ドルをはるかに超える。現実には、ミッションは学校を早急に始める決断をしたし、学校の中で新島氏を人目につく指導者にした。その結果、一般の日本人たちは、学校は真に日本人の学校〔傍点は本井〕だ、と見なしたり、そうした想いを抱いたりできた。

けれども、正確に言えば、誰も新島氏に個人的に金銭を供与することを考えない。給与を支払うことは、ミッションの責任であり、ミッションの指示によって支出された。

敷地の選択

新島氏は、一八七四年十一月始め〔実は二十六日〕にミッションの協力メンバー（an associate member）として日本に着き、心から歓迎されて交わりの中に加わった。デイヴィス氏が、新規事業で彼の協力者（his associate）に指名された。

当時、神戸は全国的には名も無き小さな町に過ぎなかったので、全国的な感化をもつべき高等教育機関の立地としては、適当とは思えなかった。そこで、設立者たちの思いは最初、大都市の大阪に向けられた。しかし、大阪の〔渡辺昇〕知事は、教育には友好的ではあったが、宣教師が教鞭をとる学校の設立に対しては、認可を下そうとはしなかった。

ついで、旧首都の京都という考えが、浮上した。同市は多くの点で、高等教育機関の立地としてはすぐれて適合的である。そのことは、後年、二番目の帝国大学〔京都帝国大学〕の設立で立証された。けれども、京都は非常に保守的な古い街であり、最強の仏教諸宗派の中枢であった。それ以上に、条約で〔外国人居住〕制限外とされた地帯であった。

新しい条約が一八九九年に実施〔改正〕されるまで、外国人はそこに住む権利さえ、まったくなかった。日本人から雇用されて初めて、街に入ることができ、滞在する許可が取れた。その許可とて、三年、もしくは五年ごとに、更新する必要があった。〔ある宣教師の言葉を借りると、そうした街に学校を建てることは、「危険極まりない計画」にほかならなかった（C. B. DeForest, *The Evolution of a Missionary*, p. 158, Fleming H. Revell Company, 1914)〕。

デイヴィス氏が言ったように、『私たちはやっとのことで入京し、まぶた一枚でようやくぶら下がっている』ようなものだった。けれども当時は、視覚障がい者のK・山本〔山本覚馬〕氏が、府知事に巨大な感化力を有していた。山本氏は、それ以前から、毎年春に博覧会が開かれた京都を訪れていた宣教師〔M・L・ゴードン〕により、キリスト教への関心を呼び覚まされていた。

新島氏は、彼の知遇を得て、ついには彼の妹〔山本八重〕と結婚した。そして山本氏の指導力で、学校を開き、宣教師を教員として雇用する許可を府庁から得た。一八七五年の六月、同志社の主要なキャンパスとするために、五・五エーカーの土地を山本氏から非常に低い価格で購入した。

こうして学校は、立地する土地を確保できた。そこは、実に素晴らしい場所であったが、時が経つにつれてますます素晴らしい場所となった。御所の周囲にある御苑（当時は、公園ではなかった）と静寂な古刹〔相国寺〕の境内との間に挟まれた土地で、市の静かな地帯にある。けれども、今では鉄道の駅〔京都駅〕や街のどこからでも、電車〔市電〕で容易に近づくことができる。

学校の始まり

けれども、府庁の許可を取ったり、土地を購入したりすることは、必要なことのすべてでは、けっしてなかった。東京政府から認可を取ることが、なお残されていた。そこで、新島氏は、人力車（当時は、東京に行くのに、これより早い手段はなかった）でできるだけ早く東京に行かねばならなかった。なぜなら、即座に却下されないために、申請が届く前に着く必要があったからである。

必要な認可を得るために、新島氏は田中〔不二麿〕氏や当局にいる他の官吏たちへの影響力がすべて行使する必要があった。新島氏は、成功した。

一八七五年十月〔十九日〕にデイヴィス氏は京都へ移った。同志社〔英学校、the Doshisha〕は、十一月二十九日の月曜日に、古い借家〔中井屋敷〕で正式に発足した。〔翌年、今出川に移転した後、その跡地に〕新島氏は、自宅〔今の新島旧邸〕を建てた。

〔開校当初の〕生徒は八人で、そのほとんどが神戸時代のデイヴィス氏の青年〔生徒〕でした。その数は、冬の間に三十人くらいには増えた。デイヴィス氏についで、まもなく義弟のドーン氏〔E. T. Doane〕が京都に入った。〔翌年〕三月には、冬中、待たされていたテイラー（Taylor）とラーネッド（D. W. Learned）も、パスポートを受理して、学校のスタッフに加わった。

けれども、最初の年の学校を学校と呼ぶのは、相贔屓《ひいき》である。なぜなら、学校には機器もカリキュラムもなかった。あるのは、ただ少数の英語と簡単な算術のクラスだけであった。三十人前後の生徒中、のちに二人が教育界で高位〔帝国大学教授〕に就いた者〔中島力造と元良勇次郎〕がいたけれども、全課程を修了したのはただひとり〔本間重慶か〕であった。

当時、学校は規模があまりにも小さく、外見からも将来の希望が感じられなかったので、少なくとも〔京都〕ステーション〔同志社外国人教員〕のひとりは、主として京都で伝道の足がかりをつかむための手段としては有用だ、と考えていた。それも、このステーションが、どのミッションであれ、開港地以外に開かれた最初の宣教師ステーションであったからである。

校舎

学校が借りていた古い建物〔中井屋敷〕は、翌年〔一八七六年〕の夏に取り壊された。自前の建物を持つ必要性は明白であった。そこで、一八七六年五月に大阪で開かれたミッションの年会で、ミッションはその目的のために三千円の支出を認めることを一致して決めた（その際、注目すべきことは、ラットランドで新島氏のアピール応えて与えられた〔五千ドルの〕資金をミッションが管理するかどうかは、問題にされなかった点である）。

夏の間に、簡素ではあるが、実質的な建物〔第一寮、第二寮、台所・食堂の三棟〕がキャンパスに建てられた。その場所は、神学館〔クラーク神学館。現クラーク記念館〕が立っている所である。一棟〔第二寮〕は、一階がいくつかの教室であった。女子部のキャンパスに新島館（Neesima Hall）として、今も使用されている。第二寮〔実は第一寮〕は、全体が寮として使われた。三棟目は、食堂である。

聖なる都市、京都にキリスト教学校が設立されるという噂が、僧侶たちの間に激しい反対を巻き起こした。新島氏は、校内では聖書を教えないという約束を〔府庁に〕せざるをえなかった。そのため、通りの向こうにあった小さな古い建物〔元豆腐屋の廃屋〕を新島名義で購入した。およそ五年間、聖書の授業はそこ〔いわゆる三十番教室〕で行なった。聖書の授業が、通りの向こうで行われている限り、主たる教室でキリスト教をどれだけ教えようが、まったくよかった。

新しい学校年度は、これらの教室において、一八七六年九月十八日の月曜日に始まった。生徒は寮生が四十七人（ほかにごく少数の通学生〕、カリキュラムも確定した。熊本からの青年たち〔いわゆる熊本バンド〕が入学したことにより、学校としての同志社が真に始まった。

「熊本バンド」

元アメリカ陸軍のL・L・ジェーンズ大尉（Captain L. L. Janes）が、九州にある熊本市で、一八七一年から英語の教師として雇用されていた。ジェーンズ夫人は、〔アメリカン・ボード宣教師として有名な〕H・M・スカッダー（H. M. Scudder）の娘であった。

彼女は、自分たちが直接伝道をまったくしていないことに不満足であった。ジェーンズが自宅で、参加したいと思っている生徒たちのためにバイブルクラスを始めたのは、彼女の助言に従ったことであった。

参加した生徒のひとりが書いている。

「我々は、依然としてキリスト教を蛇のように嫌っていた。けれども、教師〔ジェーンズ〕を尊敬していたので、集会に出た。漢文の教師は、キリスト教を信じるためではなく、キリスト教に反対する目的で、その長短所を研究するためにキリスト教を習いに行ってもよい、と言われた。一年後、一八七五年になって、何人かが福音に真に心を打たれた。

その結果、学生たちは、二つの派に分かれた。キリスト教に好意を抱く派と、反対しようとする派である。集会に参加している学生は、全員が漢文の教師から儒教道徳を習っていた。だから、六カ月間ほど我々はキリスト教派と儒教派とに分かれた。けれども、年末になるまで一、二名を除いて全員が、キリスト教を信じる点で一致した。

新学期が始まると、これらキリスト教的学生は、火のように燃える信仰を抱くようになった。その結果、友人の学生たちにキリスト教を説かないではおられなかった」。

一八七六年一月の最後の日曜日〔三十一日〕、これらの学生のうち三十五人が熊本郊外の丘〔花岡山〕に行って、神に奉仕することに献身し、『たとえ殺されても、福音を説くことによって日本帝国の暗さを明るくする』努力をする約束をした。

青年たちは、仲間の学生たちだけでなく、自分自身の家族からも過酷な迫害を受ける的《まと》となった。ある寡婦〔横井時雄の母〕は、一家に彼がもちこんだ不名誉を雪《そそ》ぐために、息子に向かって父親〔横井小楠〕の刀で自殺しなければならない、と命じた。彼がそれを拒むと、母は刀をつかんで自殺を図ろうとした。息子は、力ずくでそれを止めた。ある父親は、刀を抜いて、息子を切り殺すと脅した。息子は、身をかがめて、父親の一撃を受けようとした。

学生の何人かは、迫害に負けたが、大半の者は堅く信仰を守った。ジェーンズ大尉が、デイヴィスと手紙のやりとりをした結果、一八七六年九月〔の新学期に〕三十人ほどが同志社に入学した。熊本を去らなければならないちょうどその時に、同志社は彼らを受け入れようとした。

カリキュラム

熊本からやって来たこれらの青年たちは、寮生の実に三分の二を占めた。とりわけ上級生の大半は、そうであった。このことは、ある程度、学校の発展にとって彼らがやって来たことが重要であったことを示す。それ以上に、彼らのうち、十二人ほどの学生が、下級生クラスの教員に適していた。こうして、学校の授業のかなりの部分が、最初から彼らによって行われた。最終的に〔卒業後、バイブルクラス十五人中、〕七人が〔同志社の〕教員、四人が学長〔総長〕になった。

十五人は、すでに予科過程を終えて〔熊本洋学校を卒業して〕おり、〔同志社〕では最初の神学クラス〔名前は余科〕を組織した。学校はその当時だけでなく、その後も何年もの間、外国の友人たちの間では、トレーニング・スクール（Training School）として広く語られていた。

その理由は、伝道を志願する者だけに限定したいと望んだからではなく、卒業生の大半が生涯をそうした仕事に捧げてくれることを希望し、期待したからである。

それゆえ、この時点で作成されたカリキュラムは、神学を含む『正規の』〔本科〕五年コースと、それを取りたいとは思わない者のために、少し短い四年コースを用意した、けれども、始めてすぐに、完全なコースのためにもっと時間を費やす方が望ましいことが分かった。

そこで、学校は長年、神学を三年学んだ後、入学できる五年の一般コース〔普通課程〕を提供してきた。十五年以上にわたって、一般課程〔普通学校〕は継続された。

卒業生の大半は、一般課程を出てから、神学のために三年長く、学校に留まる。満足できる日本語で書かれた教科書が、当時は無かった。そこで、ほとんどあらゆる教科は、英語で教えた。今よりも英語の授業のやり方が、形式的ではなかったので、学生たちは、現在の学生よりも、話すことや聞く力をつけることができるようになった。

障害物

けれども、〔自前の〕校舎や熱心な学生たちを持ち、カリキュラムも制定されたけれども、同志社はけっして危機を脱したわけではなかった。三年間かそれ以上、学校の将来は、不透明であった。

置かれている状況が厳しかったことは、次の事実が示す通りである。新しい校舎が竣工してからまもなくして、アメリカから来た訪問客が、〔フィラデルフィアでのアメリカ独立〕百年記念博覧会の話を写真を使ってしたところ、歩行と目が不自由だったにもかかわらず、山本〔覚馬〕氏が学校に姿を見せ、講師に警告するという一幕があった。キリスト教のことをいっさい言わないでいただきたい、学校に致命的なものになるかもしれないような反対を呼び起こすといけないから、というのである。前にも述べたように、同志社は五年にわたって幾分かは神学校（ただし、聖書を校内で教えてはいけない）として唯一の立場にあった。

このために、ミッションのメンバーの中には、当然、不満を覚える者がいた。しかし、大多数は、いつも置かれた状況の困難さを理解し、喜んで新島氏とデイヴィス氏が、最善に物事を処理できるようにした。

さらに深刻なのは、政府が学校の認可を取り消す、あるいは少なくとも学校で外国人が教える許可を拒否する、という危機であった。デイヴィス氏の〔京都居住〕許可は、実際に五年間、更新されたが、ドーン氏は、夫人の病気のために日本を去らざるをえなかった。テイラー博士は、治療を受けるために彼のもとにやって来た人たちに医学上の手助けをした、という理由で市外追放を命じられた。ゴードンは、京都に在住する許可を拒否された。ラーネッド氏の三年の期限が切れるのは、一八七九年の始めころであった。時間延長が拒否されることは、ほぼ間違いないように思えた。そうなれば、デイヴィスはただひとり残されて、新島氏とふたりになる。デイヴィスのパスポートが、期限切れになったら、順番に〔他のメンバーが〕送られて来るべきである。

もしも新島氏に、政府の官吏たちとの個人的な交遊がなければ、おそらくその結果は、こうなるに違いない。彼は再び東京に行き、ラーネッド氏のパスポートの更新をうまく成し遂げたばかりか、これが前例をなりそうであった。なぜなら、そのすぐ後、ゴードンに対するパスポートが、申請と更新ともにうまく行ったからである。

これ以後、この種のトラブルは、もはや一切なくなった。もっとも、これらのパスポートは五年ごとに更新されたり、京都への鉄道切符を買うときに、使用されたりされねばならないことは、あるけれども。

一八七六年～一八八三年の発展

数年間というもの、学校は京都の生徒を惹き付けることはなかった。名声が広く広がることは、まったくなかった。それ以上に、高等教育への需要が、いまだそれほど高くはなかった。

だから、熊本から青年たちがやって来なければ、生徒の数はしばらくは大変少数であったであろう。学校の成長ペースも、ごく遅くでしかなかった。けれども、一八七六年から一八八二年にかけて、寮が三棟、小さなチャペル、それに体育館が加わった。

女子部には、一八八二年に大きな校舎が建てられた。女子部〔同志社女学校〕は、この前年、スタークウェザー（A. J. Starkweather）が、ささやかなやり方で始めた。これは、最初の校地からそう離れていない土地の上に建てられた。

〔男子校と女子部という〕ふたつの校地の間に横たわるすべての土地は、異常に安い値段で購入した。この地区の土地は、ほとんど何の市場価値も持たなかった。

けれども、新島氏は、もしも同志社がそれほどたくさんの土地を買い占め、そしてこの土地を後に三十倍になった価格で買うために、土地を学校のために残すとなれば、反対が起きるのを懸念した。

一八七九年に、最初の神学クラス〔余科〕が卒業を迎えたので、大躍進するための大きなステップが見られた。というのも、このクラスの中から三人が教師として残った。さらに二人が、女学校の教員になった。今や、定例の教員会議が、教育と運営を担当する七人で組織された。これが組織だって学校の事務や校務を分掌した最初である。

この時まで、学校はミッションの支配の下で、〔京都〕ステーション（新島氏を含んだステーション）の業務の一部として運営されて来た。それぞれのメンバー〔外国人教員〕は、どんな科目であれ、自分が担当するのに好都合なものを教えていた。

今や、教師陣の中の若い日本人教員が、それぞれの権威ある仕事を十分に分担し合うので、ミッションは次第に学校の支配からじょじょに退却し始めた。

一八八二年、グリーン氏（D. C. Greene）がスタッフに加わり、〔英語で学ぶ本科とは別に、〕三年課程の日本語神学コース〔別科神学コース〕が設置された。これは、英語が読めなかったり、英語の教科書で授業を受けられなかったりする青年のためのクラスである。〔以後、英語コースと日本語コースという〕ふたつの神学部が、およそ十年間、相並んで継続した。

さらに、二年間、春学期に伝道師のための特別クラス〔速成邦語神学コース〕が設けられた。

これら初期の期間を通して、青年のための学校はひとつだった。一組の教師陣のもとに、上級生も下級生も〔交じり合って〕同じ部屋〔寮室〕で生活した。全校は、〔京都〕ステーションの伝道事業と実に緊密に結び合わされていた。

一八八四年

一八八四年は、同志社初の恒久的な建物が始まった年である。市内では鉄道駅〔京都駅〕を除けば、最初のレンガ造りの建物〔彰栄館〕をグリーン氏が、設計した。

まさにちょうど同じ頃、ケイディ氏（C. M. Cady）が仕事に着手した。彼は、英語を教えることを専門とする最初の教師である。数週間後、ゲインズ氏（M. R. Gaines）が、到着した。

彼は学校で科学を教えるためにわざわざ派遣された最初の教員である。それ以前では、英語と科学を教えることは、伝道のために来たと思われている人間〔宣教師〕にとっては、本業以外の一種の副業のようであった。

その後何年間も、一般課程の業務のうちいくつかは、依然として宣教師が英語の教科書で行なった。けれども、一八九二、三年頃までには、英語の授業を除けば、すべての教科は日本人教師が日本語の教科書を用いて行なった。それ以来、英語の授業を除けば、外国人の仕事は神学部の仕事に限定された。神学部でさえも、仕事の大半は今では日本人教授が受け持っている。

一八八五年から一八九〇年

一八八五年から一八九九年までは、外国人の思想が大変人気があった時期である。それより少し後でさえ、すべてのキリスト教事業が全般的に繁栄したことから、同志社ももちろん、その恩恵に預かった。学生と教員数は急増し、新しい校舎がいくつも建設された。新しい学部も複数、設置された。

一八八七年、同志社病院と看護学校〔京都看病婦学校〕が、医療事業の章〔本書一六四頁以下〕で語られたように、ベリー博士（J. C. Berry）の指導のもとに開かれた。初期の頃〔槇村正直〕知事が敵対的な態度をとったことを経験している人たちにとっては、当時の進歩的な〔北垣国道〕知事が、開会式に参加したのを見るのは、素晴らしいことだった。

一八九〇年には、自然科学部〔ハリス理化学校〕が、設置された。資金を出したのは、コネチカット州ニューロンドンに住むＪ・Ｎ・ハリス（J. N. Harris）であった。同じ年、ロースクール〔政法学校〕が開かれた。同志社大学の始まりである。大学設立の募金のために新島氏は生涯の最後を捧げた。その運動の中で、彼は力を使い果たし、ついに一八九〇年一月二十三日に永眠した。

暗黒の日々〔三年間の断絶〕

一月の雨の降った日〔二十三日〕、学生たちは自分たちの愛する学長〔新島社長〕の遺骸を担いで長い列を組み、市内通りを抜けて、山の上の霊園まで達した。その日は、同志社のすべての友人たちにとって、実に暗くて悲しい一日だった。その後の日々は、それ以上に暗かった。

一時、亡くなった人の貴重な思い出が、学校を継続して繁栄させるために、すべての者を導いて、一致した行動をとらせた。しかし、すぐに基本金の資金調達ができるようなやり方で、市民に信頼を起こさせるような人が誰もいないことが、判明した。神学的な不安と宣教師の独立を示したいという欲望が、どのような結果を生むかは、すでに言われて来た。

指導的な教授のひとり〔浮田和民〕が、〔『国民之友』という雑誌に発表した「外国人宣教師論」で〕外国人教師を偶像崇拝者と非難した。というのは、彼らは個人的な神を教えているから、というのである。

理事者たちは、宣教師の家屋について完全な所有権がある、と権利を主張し始めた事実についても、すでに語られている。理事たちは、学校の初期の成り立ちについては、直接的な情報をまるで持っていなかった。

とりわけ、アメリカン・ボードが京都で種々の物に対して、いかに資金を注いでいたか、また、その目的については、まったく無知であった。彼らは、ベリー博士を、病院と看護学校の長（Director）の立場から奪い去った。これら二つの設立と繁栄は、ベリーに帰属すべきものであった。

主にこのようなさまざまな難事のために、一八九五年に視察団が〔ボストンのミッション本部から〕送られて来た。しかし、その結果は単に、アメリカン・ボードは一八九八年の年末に、依然として学校に送られていた毎年の補助金を中断することを決めただけであった。

もっとも、学校全体の管理は、何年も前に〔一八八七年末に〕理事会に譲渡されていた。理事たちは、その代わりに、人にしろ、金銭にしろ、それ以上の援助を受けることを辞退することを票決した。これは、資金に関する限り、現在保有しているもの以上は自発的に放棄することを彼らが見せびらかせたことになる。

後に説明されたように、理事会の希望と欲求は、外国人教師は宣教師としてではなく、個人として学校に残る、というものであった。もちろん、これは不可能である。こうして三年近くの間、ミッションは同志社との協力を中止した。

けれども、一八九九年に、再組織がなされて、関係は満足すべき土台の上に修復された。もっとも、それ以来、アメリカン・ボードは神学部と女子部以外には、経済的支援を学校に対して行なっていない。

再建〔原田助《たすく》時代の興隆〕

すでに〔ハリス〕理化学校と病院、看護学校は、閉鎖されていた。他の部門も大幅に生徒数は減少したので、学校を再び建て直すのは、実に困難なことであった。社会的な信用は、あらかた失われた。

学校の長となるべき、ぴったりの適任者を見出すのは、実に大変であった。キリスト教学校として、同志社は〔アメリカの〕国民的な学校制度の枠外に留まらざるをえなかった。こうして学生たちには、さまざまな障害が生じた。少数の学生は、財政上の悩みを抱えた。

けれども、しだいに隆盛が戻って来た。一九〇五年に学校創立三十周年の祝賀を行った時、同志社のすべての卒業生と友人とが喜ばしい再会をした。一九〇七年に原田助牧師が学長〔社長、後に総長〕になってから、学校の発展は急速だった。

一九一二年、高等部は政府によって正式にダイガク、すなわち大学として認められた。このグレイドのものとしては、最初のキリスト教学校である。

一九一五年、学校が行なってきたことが評価されて、三千円の寄附が学校に対して天皇〔宮内省〕からなされた。翌年、学園〔普通学校〕は中学校（Middle School）のステイタスを持っている、と当局によって認められた。中学校〔同志社中学〕の生徒は、官立の中学校の生徒と同じ特権を持つ。

この時期、外国資金で静和館（Pacific Hall）〔一九一二年〕とジェームズ館（James Hall）〔一九一三年〕が建てられた。そのほかにも、学校の資金で大学校舎（College Hall）〔到遠館、一九一六年〕が建てられた。一九一八年から一九一九年は、考慮に値する最初の建物〔図書館〕〔啓明館〕が、ひとりの日本人の友人〔卒業生の山本唯三郎〕により建てられた点で、めざましい時期であった。

現状〔一九一九年〕

これまで述べて来たように、初期の同志社はまったくミッションの支配下にあった。「ミッションスクール」と言っても過言ではない。けれども、真に日本人の学校になろうとする期待が、いつもあった。そうした意図に従って、一八八七年の初めに、財政的な管理が〔日本人の〕理事会に譲渡された。ほどなく、理事会は管理団体の完全な機能を遂行し始めた。

最初は、完全な理事（full members）に関する限り、構成メンバーは日本人だけで、宣教師二人が準メンバー（associate members）として加わるだけであった。けれども、一八九九年に〔条約改正の結果、外国人の財産所有権が、京都でも認められたのを受けて〕再組織され、三人の宣教師を完全な理事とする条項が作られた。

長年の間、生徒全員は、共通の規則をもち、共通の朝の祈りが捧げられたひとつの学部（Faculty）で管理されて来た。けれども、近年の学校の大急激な増大により、種々の部が大部分、相互に分離してゆくことが、避けられなくなった。それ以上に、学校は今や若い生徒たちだけでも、一カ所に集まれる大きなホールがない。それぞれの学部には学部長や自分たちのスタッフ（Faculty）がおり、自分たちの校舎がある。もっとも、卒業式だけは、ある程度、共通である。

五年の普通課程は、そもそもの最初から開設されてきたものだが、いまでは中学校である。国立の中学校のカリキュラムを厳密に踏襲する義務はないが、同じグレイドを持つ。アメリカのハイスクールに十分、相当する。

生徒の半分は市内から、半分は市外である。

朝の礼拝では、生徒でチャペルは一杯になる。使用する教室は三つ、寮は五棟で、それ以外に寮に付設された食堂がある。これらは、キャンパスの西部に位置する。さらに学校ＹＭＣＡの建物〔聖山寮〕もある。

ダイガク（カレッジともユニヴァーシティとも訳すことができる）は三学部である。神学、文学（青年に教師になる準備をさせる）、そして政治経済（特に実業に就く準備をする）である。各部とも、中学校の卒業生を受け入れ、五年のコースを学ばせる。

大学としては、〔クラーク〕神学館、二棟の専用校舎（College Halls）、四つの寮、食堂、そして図書館〔啓明館〕を保有する。しかし、寮の収容力を大幅に増大させる必要がある。これらの建物は、大半がキャンパスの中央部に集中している。

女学校にはアカデミーとカレッジ、家政学コースがある。キャンパスの東部に位置し、静和館、ジェームズ館、家政館、二棟の寮、食堂、体育館、音楽ホールがある。スタークウェザー（A. J. Starkweather）が、同校に五年間、係わって離任した後、期間は長短あるが、多くの女性宣教師が奉仕をした。

けれども、もっとも関係が深いのは、デントン（M. F. Denton）である。彼女は、一八八八年に来日して以来、ほとんどの時間をこの学校で費やした。もっとも、その間、学校が校長（Dean）を必要とする時には、校長はいつも日本人であった。

生徒たちはいつも活発にキリスト教活動をした。全面的であれ、部分的であれ、彼女たちは日曜学校を数校、運営している。

〔体育〕

同志社が開校してから日本の学校でもっとも顕著な変化は、学生の体格を向上させる効果を生む体育への異常に高い関心（the very much greater attention）である。

〔同志社では〕一八八〇年から外国人教員のひとり〔本稿の筆者であるラーネッド自身〕が、男子校の〔木造〕体育館で定期の授業を受け持った。しかし、今日、すべての中学校の生徒に必須の軍事教練（military drill）に取って代わられた。

〔同志社では、体育の授業と〕同様に少年たちは、実に熱心に野球、フットボール〔サッカー〕、テニスに取りくんできた。学校には現在、広い運動場があり、ここで毎年秋に、一日を使って陸上競技会〔運動会〕を開いている。琵琶湖には艇庫があり、毎年五月には、ここでボートレースが行われる。少女たちも、女学校の体育館で定期の体育授業を受ける。彼らもまたテニスを愛好する。

〔学費と資産、生徒数〕

神学部の学生を除いて、すべての学生は授業料を納入している。奨学生は実際、ごく少数である。昨年の同志社財政報告によれば、食堂の経費を除いて、学園全体の年間予算は、十万八千六百八十五円である。学生の納入金は、寮生の食事代を除いて、五万九千百六十七円であった。

その差額は、ほとんど資金投資の利子で埋め合わされた。学校が所有する土地の広さは、十七・四分の三エーカー。資金総額は、百三十万三千七百円である。

昨年度に登録された学生の数は、神学校が五十四人、ふたつの大学の学部が七百二人、中学校が七百三十一人、女子部の大学に七十六人、女子部の普通校（Academy）に二百八十人、総数は千八百四十三人である。

昨年の卒業生は、神学校が十四人、大学の二学部は四十五人、普通校（Academy）が百四人、女子部の大学が二十一人、女子部の普通校が三十一人で、総数は男が千九百四十五人、女が五百四十六人である。教員の数は八十六人で、このほか、相当な数の〔非常勤〕講師がいる。

学校の急速な発展は、実に深刻な問題をいくつかもたらした。おそらく、過去の歴史で遭遇した問題とまったく同じくらい重要な問題であろう。これらの問題に加えて、原田総長が辞任したので、学校の新しい指導者〔総長〕を見つける必要が生じて来た。それ以上に、もしも新しい規制のもとで、学校がダイガクとしてのランクを保持しようとするならば、大規模な寄付を募金する必要がある。

八、同志社女学校とJ・D・デイヴィス

はじめに

本書は、京都におけるアメリカン・ボードの活動を、教会や男子校に焦点を合わせた論考や資料を中心に編んだ。そのため、同じ教育の分野でも、看護師養成教育（同志社病院、京都看病婦学校）や女子普通教育（同志社女学校）などについては、正面から考察していない。

理由のひとつは、京都ステーション（同志社）に独身女性宣教師(ladies と呼ばれる）を派遣したのは、アメリカン・ボードというよりも、その女性部ともいうべき女性ミッション（Womens' Board）であるので、独自な資料と視点を必要とする。

本書のこの面での不備を幾分かでも補うために、女子教育（同志社女学校）に関する資料（回想、分析、見取り図）を三編、紹介する。いずれも、当事者による記録である点で、優れて貴重である。

最初のものは、㈠J・D・デイヴィス、次のものは、㈡M・F・デントンの手になる。二つの資料はともに、開校二十五年目を迎えた一九〇三年に公表された。三番目のものは、㈢女学校最初の校舎の見取り図である。この図は、同志社五十年史を編むために収集された資料のひとつで、同志社英学校卒業生（堀貞一）の記憶に基づいて作図された。この校舎は、実はデイヴィスが借家した公家邸の一部である。

このことからも、デイヴィスが女子教育に果たした貢献は、新島襄以上に大きい。彼は同志社以前に神戸で、「神戸ホーム」と呼ばれた女学校（現神戸女学院）の設立に深く関与した。この一事からも、彼の働きは、明白である。

京都に来てからも、そうである。「京都に来ると、同志社内に十分に設備の整った女子部をどうしても持ちたい、と願うようになった」（マール・J・デイヴィス著・北垣宗治訳『宣教の勇者　デイヴィスの生涯』二〇四頁、同志社、二〇〇六年）。

同志社女学校の前身である「京都ホーム」は、彼の借家（柳原前《さき》光《みつ》邸）で、同じく京都看病婦学校（同志社系看護学校）は、彼の自宅近くで始まった。同志社女学校の歴史は、デイヴィスの京都生活とまさに重なる。その点で、生き証人でもある。

それに対して、一方のデントンは、着任が一八八八年の秋、すなわち女学校開校十二年目のことである。したがって、女学校の初期二十五年間の歩みに関する限り、デントンはその後半の時期についてのみ、発言権を有するに過ぎない。したがって、今回の資料は、デイヴィスが開校前後の歴史的な消息を生々しく伝えるのに対し、デントンは学校の現況を伝えることに徹する。

デントンのその後の活動と貢献については、多言の必要はないであろう。デイヴィス、ならびA・J・スタークウェザーを同志社女学校の両親、あるいはスタークウェザーを産みの親、とするならば、デントンは女学校の育ての親（母）である。彼女が占める位置は、さながら「男子校における新島襄」である。男子校（同志社大学を含めて）のD・W・ラーネッドと共に、半世紀以上にわたって同志社に奉職した外国人教員（宣教師）としては、類例をみない。

なお、㈠、㈡の資料二編の出典は、*Doshisha Girls' School 1876−1903, Kyoto, Japan*, Japan Mission of A. B. C. F. M, 1903 である。同書は、アメリカン・ボード日本ミッションが、一九〇三年に日本で刊行したと思われる小冊子（本文十一頁）である。同志

社女学校が開校した一八七六年は、奇しくもアメリカ独立百年年目に相当する。独立を記念して一八七六年に巨額の寄付が、女子教育のためにニューイングランドから京都に寄せられたのが、起点となったからである。それを受理するにあたって、アメリカン・ボード日本ミッションが、おおいに躊躇《ためら》ったことをデイヴィスは、ここで明らかにしている。

この書は、アメリカ独立百年募金に感謝する意味もこめ、女学校二十五年の歩みを取り扱う。本稿では、そのうち、三〜九頁を訳出する。なお、二編の原文（英語）は、『同志社百年史』資料編二、横組み一七一〜一七八頁、同朋舎、一九七九年）で活字になっている。デイヴィスのものは、委員会編『同志社女子部百年』（一一九〜一二一頁、同志社女子部創立百周年記念誌編集委員会、一九七八年）にも採録されている。

以上の二編に加えて、関連する柳原旧邸資料を(三)として合わせて紹介する。同邸はデイヴィスやスタークウェザー（A. J. Starkweather）が、最初に住んだ住宅である。そればかりか、同志社女学校の発祥地であるだけに、歴史的に注目すべき建物である。これまで資料不足のために、建物内部の消息は不明であった。

(一)　J・D・デイヴィス「同志社女学校の設立、現状、必要性」

二十七年前の一八七五年十一月二十九日、同志社は新島襄とJ・D・デイヴィスにより、京都の借家で開校された。生徒は八人であった。〔元良《もとら》勇次郎を始め、〕ほとんど〔数人〕が神戸からやってきた青年で、彼《か》の地ではデイヴィス氏の生徒であった。

京都は、千年以上にわたって、ずっと日本の宗教的センターであった。キリスト教学校が開かれたために、市内の仏教や神道の僧侶、神官、指導者たちは、必死になって学校を潰《つぶ》そうと努めた。反対運動が実に激しく、また広く展開されたので、京都府の知事や官吏たちは、学校に敵対する姿勢をとるようになり、種々のやり方で邪魔をした。とりわけ、学校に必要な外国人教員〔アメリカン・ボード宣教師〕を雇う許可を東京政府〔外務省〕に申請することを認めなかったりした。

こうした反対は、〔一八八一年に知事が槇村正直から北垣国道に代わるまで〕六年間続いた。女学校は、こうした反対の真っ只中に、しかも最高潮に達した時に、誕生した。

ミス・A・J・スタークウェザーは、一八七六年四月七日に日本に着いた。すぐに京都にやって来て、御苑の東側にあった柳原の古い屋敷（*yashiki*）に住んでいたデイヴィス一家と同居した。このお屋敷は、五十以上の部屋があった。スタークウェザーは、そのうち、住宅の裏にあるきれいな庭に面した、もっとも広い最良の部屋を三つか四つ、占めた〔本書一六二頁参照〕。

同年秋に、私たちは九鬼〔隆備〕氏と知り合った。氏は、京都から六十マイル離れた西北にある綾部藩の元大名で、当時は京都に住んでいた。彼は十二歳くらいの自分の娘を英語やその他の勉強を私たちの家で受けさせたいと思った。スタークウェザーは、喜んで教えることにした。

この娘は、翌年の冬に亡くなった。〔アメリカン・ボード〕京都ステーション〔同志社〕に所属する独身女性〔宣教師〕たちは、縁取りをした棺を用意して、遺体をその中に横たえた。

同じ年の秋に、熊本バンドの学生たちが九州から同志社にやって来た。そのひとりが、下村〔孝太郎〕氏で、最初の同志社神学科〔いわゆる余科〕に入学した。

彼は、六人の姉妹と夫に先立たれた母の面倒を見ていた。彼は、姉妹のうち二人〔すえ、ちき〕が京都に来て、教育を受けることを望んだ。スタークウェザーは、二人を家に引き取り、教え始めた。まもなく、市内〔伏見〕に住むクリスチャンの医師〔大村達斎〕が、娘の入学を希望したので、彼女も受け入れられた。〔こうして、〕翌年の春になるまでに、八人か十人の少女を住まわせ、いっしょに生活をしながら、教えた。新島〔八重〕夫人もまた、この学校で教師としてスタークウェザーを助けた。

一八七七年の暮れ近く、あるいは一八七八年の年頭だったかも知れないが、私たちはニューイングランドの女性〔信徒〕たちが、こう言っているのを聞いた。自分たちは、青年のための学校が京都で開校したと聞いて、それならば古い首都においては、若い女性のためのキリスト教教育も必要だ、と感じた。そこで、その目的のためにすでに三千ドルを集めた。そうした学校を開校させるのに、ただちに使用できる、と聞いている。

こうした要求に関しては、これまで当地の誰も、一言も書いていない。私たちすべては、その要求を十分すぎるほど痛切に感じてはいたが、反対が大きいだけに、すでに始めた学校を残し、継続することが許されるかどうか、私たちには分からなかった。どうすべきか。この件に関して、十分に協議し、祈った後、私たちが求めることなしに、こういった素晴らしい方法で金が来たゆえに、もしも校地が入手できるならミッションは女学校の校舎建築を認めることをしぶしぶ票決（a reluctant vote）した。

前にも述べたように、同志社への反対は、最高潮に達していた。当市では、同志社のため、とか宣教師の住宅のためだと分かれば、土地も家屋もいっさい買ったり、借りたりはできなかった。

当時、ある材木商〔堀井利慶〕が、現在は女学校の校地になっているが、校地の南西角に住んでいた。彼と交渉した結果、彼はついにこの土地とD・W・ラーネッドの家が建っている土地を買うこと、そして同志社への〔所有権〕移転ができるまで、それを同志社のために保有することに同意した。それは大きな信仰の働きであった。

そのような人間をこういった形で信用し、〔ミッションの費用で〕彼の土地に校舎を建てるのは、ほとんど危険極まりないことと思う人がいるかもしれない。けれども、これは実行に移された。学校の中心的な校舎と用務員たちのいくつかの住宅が建てられた。土地〔所有権〕も、滞りなく同志社に移転された。学校は、一八七八年の秋〔新学期〕に、新築校舎で開校された。

スタークウェザーが学校を始めて以後、二十五年以上が経過した。この間は、日本人であれ、外国人であれ、献身的な教員が多数いた。この間、資金と校舎の不足にたえず悩まされてきた。二階がチャペル、一階には複数の小教室がある安物の建物一棟は、すでに狭隘である。一部屋か二部屋〔一九〇三年に男子校から女子部に移転し、新島館となった旧第二寮のことか〕が校地に寄贈され、移転され、そして再建された。

これを除けば、校舎は　ニューイングランドの女性たちが二十五年以上前に捧げた三千ドルで建てられたものだけである。これは、長年、学校に関係する独身女性〔宣教師〕の住宅、あるいは女子寄宿舎として利用された。同様に、現在は他のチャペルを教室に使わざるをえないので、チャペルでもある。

同志社の男子校校舎の建築のためには、五万ドル以上が与えられ、使われて来たが、女学校のためにはゼロに等しい。同志社の理事たちは、全力を尽して限られた手元資金で、管理下にある諸学校の経営にあたって来た。この数年、彼らは女学校の経営では赤字を出している。不足分は、他の目的に必要だった資金から埋めている。

同志社が完全に〔日本〕ミッションやアメリカン・ボード〔ボストン〕と決別した期間〔一八九六～一八九九年〕は、学校と関係する外国人教員は誰もいなかった。そうした辛い経験を味わった期間を通して、女学校はキリスト教の信仰と精神をすばらしい方法でずっと維持し続けた。それが、ほとんど唯一、しばらく残っていた明るい点である。

同志社憲法〔一部が削除された同志社綱領〕が復元され、徹底的にキリスト教的な基盤の上に再組織されてから、また、とくに元教師のミス・デントンが学校に復帰してからというもの、学校は急速に生徒数を増大している。生徒の大半は、信徒でなければ、熱心にそうなりたいと求めている。

この二年、太平洋女性ミッション(Woman's Board of the Pacific)から年間五百ドルの寄附があった。これは、学校に関係するすべての者に、新たな勇気を与えてくれた。プリンストン神学校を出て、同志社神学部教授となった青木〔澄《ちょう》十郎〕牧師は、多くの時間を日本人校長として女学校のために割いたり、生徒への宗教活動に充てたりした。

現在の生徒数は、百人以上である。寄宿舎と教室は、狭隘である。こうした学校の必要性は、おおいにある。日本政府は、青年の高等教育にはずいぶん力を入れてきたし、今も入れている。けれども、その一方で、女性の高等教育はほとんど無視されている。一国の家庭を形成するために、人格形成にとってもっとも必要なキリスト教的教育が、官立の女学校には欠けている。

この二十五年間、私たちの女学校を卒業した者は、百二十四人いる。そのうち、百人以上が、自分の家庭に入っている。それらの家庭は、ほとんどがキリスト教的な感化のセンターである。その他、多くの者は教育や他の職業に従事している。彼らは、日本の発展途上のこの時期に、人を善に導く大きな感化を発揮している。

筆者にとって、本州ばかりか、北海道、四国など、日本のあちこちでこの女学校の卒業生に会うのは、大きな喜びである。彼らの実に多くが、牧師の妻、あるいは家庭の主婦、さらには信徒の教師として、善への感化を及ぼしているのを知るのも、同じである。

二十五年前、最初の校舎のために寄附しようと最初に思われた何人かの人たちから、熱心な祈りや金銭的な援助を〔再度〕この学校にしていただけないだろうか。他にも、これほど有望な投資に関心を持ちたいと願うそれ以外の方たちにも、支援をお願いしたい。

学校が必要とするものは、何であろうか。

一、毎年の学校の出費に必要な資金。さらに有能な教師〔日本人〕を雇い、自分を忘れて、学校のために現在、忠実に働いている教師に、もっと相応しい給与を支払うための資金。

二、校舎拡張の資金。新校舎がいくつか、絶対に必要である。教室不足のため、学校の働きは大いに阻害されている。

三、毎年、学校に対して、恒常的に援助できるための基金。アメリカン・ボードや女性宣教師ミッション支部のひとつに資金を喜んで託する人はいないであろうか。利子は毎年、教育や日本の家庭の娘たちの向上のために使われる。

四、この学校でミス・デントンに協力する独身女性が、ひとり、あるいは複数、いないであろうか。これは緊急を要する要請である。ミス・デントンを知っていて、このもっとも重要な仕事を彼女といっしょにするために、喜んで来てもらえる女性が、ひとり、ないしは二人、いないであろうか。

五、学校への一致した祈り。日本の何百万人に神の恵みとなるために、学校が完全なものになるように、また、上述のすべての方法で支援されるようになるように、という祈り。

京都、一九〇三年三月

(二)　M・F・デントン「同志社女学校年次報告　一九〇二年〜一九〇三年」

不十分なスタッフ、狭隘な校舎、日常の必要性を満たすのに不足する資金、これらのために、今年の業務は、この年代記が必要とする以上に困難であった。

生徒数は増大し、百二十人の少女が在籍をした。〔中略〕。

だらしない秩序を克服する習慣やもっと徹底したクラス分け、真の知的向上、精神的な生活の向上や教師、生徒の間で献身を進めることなどは、私たちの最善の希望からすれば、まだまだであった。「あなたの信仰にしたがって」との聖句は、この年を私たちにもたらせてくれた以上であった。

学生たちの健康は、昨年よりも良好である。ミス・ラーネッドの体育〔の授業〕やテニス・コート、弓道の結果である。テニスや弓道をする場所は、主としてウッドフォード陸軍大将夫妻の気前のいい寄附により備えられた。夫妻の来校は、今年の恵みのひとつであった。

ほぼ一年間を通して、京都ステーション〔同志社〕のほとんど全てのメンバーは、何らかの方法で学校の働きを支えてくれた。けれども、英語授業のほとんどを、ミス・デントンとミス・ラーネッドが行なった。

年間、十五人の少女が、洗礼を受けた。その結果、今では上級クラスのうち、三つのクラスの生徒は、全員が信徒である（この中には、信徒で最上級生の少女がひとり含まれているが、両親が依然として娘の洗礼を認めていない）。

以前、生徒であった関〔多喜子〕さんが、七年間、名古屋で伝道に従事してから、伝道師（a Bible worker）として学校に戻って来た。彼女の着任は、今年、入学した七十人以上の非信徒の少女たちと面談するのに、最大の助けである。

十一月には専門科の学生のひとり、日高〔つる子〕さんは、日本古典に関する難解な国家試験〔文部省高等女学教員国語漢文科検定試験〕を受け、見事に合格した。こうした専門分野では、私たちの学校は徹底した教育を実施できていない、と時に論議される。それゆえ、このような合格は、私たちが真にカレッジの仕事をしていることの証である。

少女たちは、音楽に関心を持ち、練習をするが、その進歩は明白である。山口〔義子〕さんは、この分野で手助けが大いに必要である。オルガンとピアノが、一台ずつほしい。

学校は、千葉〔勇五郎〕牧師の働きを確保できて、幸福であった。彼の〔教頭〕赴任により、この数年、学校の悩みであった頻繁な教員交代に終止符が打たれてほしい。

女性教員スタッフは、それぞれが甘い言葉で他のポストへもっと高い給与で誘われたけれども、誰も止めずに、一年前のまま残っている。私たちの教員給与を他の数校の教員給与と比較してみれば、私たちの方が、二十五％から五十％低い。私たちの女性教員は、全員が仕事のために真に奉仕する精神に満たされている。

学期最後の方の週には、チャールズ・カスバート・ホール博士（Charles Cuthbert Hall）が六回の講演を聴くという又とない幸運な機会に恵まれた。講演は、キリスト教原理に関する雄弁で学問的な解説で、末永く忘れられないものであった。上級生たちは、最大の関心を抱いて拝聴した。博士夫妻と子どもたちが、日常、生活している「福音」は、私たちの生徒には、聖霊の果実がいかに愛、喜び、平和、忍耐、親切であるかを示す好例となった。

一九〇三年六月には、二人の学生が上級課程を、そして五人が普通課程を卒業する。卒業式に、〔私を派遣してくれている〕太平洋女性ミッションの副会長として、ガラン・フィッシャー夫人(Galen Fisher)が臨席されるのは、大変な光栄である。女学校は、卒業式に合わせて、いわば銀婚式に相当する第二十五回卒業式を祝うので、太平洋女性ミッションの代表を迎えるのは、特別に相応しいことである。

この学校が、女性宣教師ミッションからの自発的な寄付で出来たことをここで思い起こすのは、当を得たことである。独立百年の寄付」と記された「寄付者名簿」(Roll of Honor)は、チャペルの壁に掛けてある（そのコピーは、この書類の中に含まれる〔本稿では省略〕）。

二十五年間に百二十五人の学生が、この学校から巣立った。「同じ窓を通して見る団体」(Looking-Through-One-Window)という意味の同窓会には、卒業生のほかに、卒業はしていないが、引き続き学校に関心を持つ人たちが入っているが、メンバーは百六十三人を数える。東京、大阪、神戸に支部が作られ、毎月、例会を持つ。六月には京都で総会が開かれる。

同窓会の価値は、年々増大する。メンバーが「同志社精神」を維持したり、学校の発展する生命にたえず接触したり、あるいは、自分たちの生活を向上させたりするのに大いに力になっている。母校との絆を強めてもらうために、銀婚式には同窓会員を招いて、学校で三日間、過ごしてもらうようにしたい。紙幅がないので、同窓会の個々のメンバーのことを特別に述べることが、できない。しかし、次の要約は、興味を呼ぶであろう。同窓会員のうち、五十四人は未婚で、内訳は次の通りである。

学生　十三人、教師　二十三人、博士　二人、伝道師　三、
実家　十三人。

既婚者は百人を越え、夫の職業は以下の通り。

芸術家　一人、　銀行員　八人、　警察官　三人、
軍人　　四人、　編集者　三人、　技師　　二人、
弁護士　二人、　牧師　十九人、　外交官　三人、
政治家　二人、　商人　二十人、　市長　　一人
日赤理事　二人、　医師　九人、　農民　　三人、
教師　　二十人。

教師である二十三人のほとんどは、各地のミッションや政府、他の学校で影響力の強いポストに就いている。何人かは、私たちがぜひ必要としている働きをしているし、本人も母校に戻りたがっている。

けれども、他の学校で現在占めている責任のある立場を離れることは、許されない。彼女たちが、それほど貴重で、感謝されているという事実は、もし迷惑でなければ、快い。

なかでも大部分の者が、教会の活発な会員であったり、日曜学校の教師であったりして、キリスト教世界で活躍している。関東や関西のあらゆる場所に、時には中国の国境辺りまで、広く散らばっているので、彼らの善悪への感化は、多くの種類の人たちの境遇に接触せざるをえない。

女性宣教師ミッションや太平洋女性ミッション、その他の団体は、二十五年間を通して、寄附や祈りでずっと学校を支えて来たので、自分たちが努力して来た今回の百年記念寄附は、日本に支援と恵みをもたらしたと思っている。

この銀婚式は、熱心な感謝をするための時と思うのが当然で、決して新しい献身や、さらなる努力をするための時である、とは思わない。

メリー・フロレンス・デントン

㈢「京都ホーム」の消息

柳原前光《さきみつ》の屋敷

同志社女学校は、一八七六年に「京都ホーム」から始まった。デイヴィスが今の京都御苑の中に借家した旧柳原前光邸において、寄宿していたスタークウェザーにより着手された。その後、この建物は、御苑整備計画のために取り壊された。同地には一九二八年に至って、天皇即位のために饗宴場が設置された。式典後、建物は関西大学に払い下げられ、更地となった。以後、跡地は「饗宴場跡グラウンド」として市民に利用されるようになった。

二十一世紀になって、そのグラウンドに新たに建てられたのが、今の京都迎賓館（二〇〇五年竣工）である。洋風の赤坂迎賓館に対して、和風を主体としたために、往時の公家屋敷（柳原邸）の面影をわずかでも窺える構造になっている、と言えなくもない。かつて柳原邸に住んだデイヴィスの伝記は、この公家屋敷をこう伝える。

「宣教師一家の住む荒れ果てた御殿の百の部屋は、学校にはもってこいであった」と言われる（マール・J・デイヴィス著・北垣宗治訳『宣教の勇者　デイヴィスの生涯』二〇六頁、同志社、二〇〇六年）。はたしてそうか。内側はともかく、環境から言えば、当時の御苑は、けっして女学校に相応しい、とは言えなかった。かつて徳富蘇峰は学生時代（一八七七年）に旧柳原邸で夏休みを上級生（中島力造）と二人で過したことがある。その時を回顧して、こう言う。

「併《しか》し、二人で暮らしてみれば、随分心細かった。当時の御所内は、至る所に軒傾き、壁崩る丶廃屋や、昔ながらの公家の庭園跡にて、気儘《きまま》に成長した老木があり、昼さへも明るき気持ちはしなかったが、夜は寔《まこと》に静かであった。

幾つとなく空き間があり、廊下があり、然(しか)も半ば破れたる柳原家の旧邸に、中島氏と二人、留守する事は、夜などは余りに淋しく感じない事もなかった」（徳富猪一郎『蘇峰自伝』九四頁、中央公論、一九三五年）。

夜など、男子学生でも怖かった。ひとつは、屋敷自体が、広大であったからである。神戸でもデイヴィスの家には、最低でも十一人が暮らしていた。デイヴィス夫妻とふたりの娘、妻の姉（叔母）のドーン（E. T. Doane）夫人、ダッドレイ（J. E. Dudley）、徳蔵夫妻（料理人）、源介（石橋源助）夫妻（牛馬飼育係）、甲賀ふじ子（養育係）、杉田（元良）勇次郎（書生）である（『同志社校友同窓会報』十二、一九二七年九月十五日）。

このうち、大半を引き連れて、デイヴィスは京都へ乗り込んできた。宣教師や信徒に家を貸す市民は、京都では稀であった。この点、公家たちが、広壮な屋敷を空にして、天皇の転出に伴って東京へ移転したことが、アメリカン・ボードや同志社には幸いした。

デイヴィスが借りた時の柳原邸は、損傷が酷かった。「百の部屋と三百五十の戸〔ふすま、障子〕や窓を誇る」堂々たる造りではある。が、天皇が東京に移転以来、八年間も締め切ったままになっていたために、荒れ果てた状態であった。畳は虫に食われ、床も敷居も柱も腐っていたという（『宣教の勇者』一七六頁）。

一方で、初期の学生、徳富（湯浅）初子によれば、柳原邸は全体が畳敷きではなくて、「荒れ果てた板敷ばかりの家」であった、という（『創設期の同志社』三二五頁、同志社社史資料室、一九八六年）。これは、デイヴィスがフローリングに替えた後かも知れない。

さらに、伊勢（海老名）みやの回想には、こうある。

「私が同志社〔女学校の前身〕へ入学しました時は、未だ学校と云ふ体裁が無く、柳原邸の旧邸を借りて寄宿舎の様にし、十一、二歳から十八歳位の女学生六、七人が、スタークウェザー先生を中心として、若い者達が、自治生活をして居りました」（『創設期の同志社』四一九頁）。

彼女には、もうひとつ、回想がある。

「それは実に古い家で、其処《そこ》にデビス先生、及び其家族とミス・スタークウェザーと云ふ女教師の宅があります。その女教師の応接間とも云ふべき一部屋を中心にして、畳をひいた縁側に、私どもは寝起きもし、勉強もしました」（『同志社時報』一九二五年十一月一日）。

部分的に、畳が敷かれていたようである。広縁に畳を敷いて、即席の教室や寝室にしたのであろうか。

ともあれ、生徒ひとりから始まった私塾は、まもなく二十人ばかりの生徒を抱えるようになった。彼女たちの面倒をみたのが、スタークウェザーである。「彼女は、女生徒たちを自分の部屋（原文は複数形）に住まわせ、寝食を共にした」（『宣教の勇者』二〇六頁）。通学生もいたが、学校の基本は寄宿舎学校である。

京都ホームから同志社女学校へ

この私塾をミッションは「京都ホーム」と呼んだ。やがてこれを同志社が吸収して「同志社女学校」と改称し、一八七八年に現在地に自前の校舎を建築して、移転する。

移転の理由は、自発的ではない。「強制立ち退き」を府から命じられたのである。デイヴィス伝には、こうある。

「〔同志社やキリスト教に対する〕危機的な時期の真っ只中に、京都の城〔二条城に拠点を置いていた府庁のことを宣教師は『城』と呼んだ〕から、御所の周辺の全家屋は、公園〔御苑〕を作るため取り壊すという指令が、届いた。宣教師の家族と女学校が入っている古い『屋敷』は、他の家々と共に壊されなくてはならなかった。市内を探しても、借りられる家は、なかった」（『宣教の勇者』二一〇頁）。

開校三年を経ても、校舎を借家できる可能性は、ゼロであった。後は、新築しかなかった。しかし、これはこれで、大問題だった。資金が得られない、という見通しもさることながら、それ以上に、日本ミッションの宣教師たちの一致が得られる見込みがないのである。

「ミッションでは、京都に『臨時的に』であれ、半永久的な家屋を建てるための支出が可決されることは、まず考えられない」という状況であった（同前、二一〇頁）。

最終的に、デイヴィスはミッション資金を当てにせずに、私費で新築を決意する。こうして彼は、御所の西側に自宅を新築する。問題は、校舎である。結論を先に言えば、旧二条家の敷地の一部を同志社が購入して、女学校を移転させた。現在の同志社女子部今出川キャンパスである。この時、同志社や新島に土地を売ってくれる市民はいなかった。そのため、一般住民をダミーにして、ようやく土地を入手したことは、先のデイヴィスの記事にある通りである。

こうして、自前の土地と自前の校舎を持つにいたった女学校は、ハード面では、ひとまず安定した環境が整ったことになる。したがって、それ以前の柳原邸時代は、いわば「助走」期間である。

要するに、柳原邸は仮校舎である。しかも、デイヴィスの私邸を兼ねる。それだけに、その詳細については、かなり複雑で、不明なことが多い。細部を見る前に承知しておかねばならないことは、デイヴィスが借りたのは、屋敷の一部であって、全部ではない、ということである。したがって、家主たる柳原が依然として居住していた、との記録もある。同志社英学校の最初の入学生のひとり、本間重慶の回想分である。

「此邸は勿論、平屋なるも、随分大なる家屋にして、前部の数室には、〔デイヴィス〕先生御夫妻と家族全部が住ひ、後ち市中に三個の公会〔教会〕の出来る迄は、表の応接の間と食堂室を打ち開き、日曜、及び金曜の集を致された」（『同志社校友同窓会報』十二、一九二七年九月十五日）。

借家は、半ば私的（個人住宅）、半ば公的（集会場）であことが、分かる。私的といえば、デイヴィス夫妻の長男（Mearl）が、生まれたのも、ここであろう。

公的な集会に関して言えば、当初のキリスト教集会がそのまま教会組織へと発展しても、少しもおかしくなかった。しかし、実際は違った。京都初のプロテスタント教会（当時は、公会）が市内で発足するのは、一八七六年末のことで、相次いで三つの教会が組織された。いわゆる「家の教会」である。ラーネッド、新島、そしてドーンの家庭が、教会となり、デイヴィス家には、教会は設置されなかった。場所が他の宣教師宅（教会）と近接していたことが、一因であろう。しかし、もっと大きな要因は、すでにスタークウェザーがここで女子塾を始めていたことが、挙げられようか。

柳原邸に関する本間の回想は、次のように続く。

「其次の二、三室には、スタクウエザル女教師が住し、尚ほ一番奥の数室には、柳原老公が住居せられ、此処へは折々、東京より大正天皇の御生母たる従《じゅ》二位の局《つぼね》、柳原愛子《なるこ》典侍《てんじ》が来り居らるを見受けた。

其後、〔デイヴィス〕先生は上《かみ》長者町の新築出来て、之に移転せられた」（同前）。

当主の柳原が京都に残った、とはにわかに信じがたい。しかし、広大な屋敷だけに、彼らが住むスペースは十分あったのであろう。

それはそれとして、ここでまず注目しておくことは、スタークウェザーが複数の部屋（二、三室）を占有していたという事実である。彼女の日本語教師として、「毎日、同邸に出入せし」本間の証言だから（同前）、信頼性は高い、と言うべきである。

これ以上のこととなると、建物の指図《さしず》がないので、不透明なことが多い。和風迎賓館建設のために京都市埋蔵文化財研究所が、旧柳原邸を含む公家屋敷群の発掘調査を一九九七年以降、数次にわたって行なった。結局、建物跡を検出するまでには、至らなかった（角谷江津子「旧柳原家遺構と草創期の同志社女学校」、『考古学に学ぶII』、同志社大学、二〇〇三年一〇月）。他の資料に寄らざるをえない。

見取り図はないが、間取りに関して、手がかりになりえるのが、当時、デイヴィス邸に出入りしていた同志社の男子学生、堀貞一の記憶である。彼は、六十数年後に、記憶を頼りに見取り図を描いた。原図（同志社大学蔵）は「旧御苑内柳原邸の間取りの図」と題され、「堀貞一先生の心覚え　昭和十七〔一九四二〕年四月廿二日」と注記されている。

本稿では、原図を分かりやすく描き直したものを次頁に掲げる。それによれば、五十とも百とも言われた部屋数からすれば、あまりに少なすぎる。おそらく、デイヴィスが借りた部分だけを図面で再現したと思われる。

堀は、主な部屋にアルファベットを振り（本稿では算用数字に変えた）、それぞれに次頁下段にあるような、説明を付している。問題とすべきは、いったい「京都ホーム」の教室はどこか、である。

残念ながら、堀はそれを明示していない。

J・D・ディヴィスの借家（柳原前光邸）

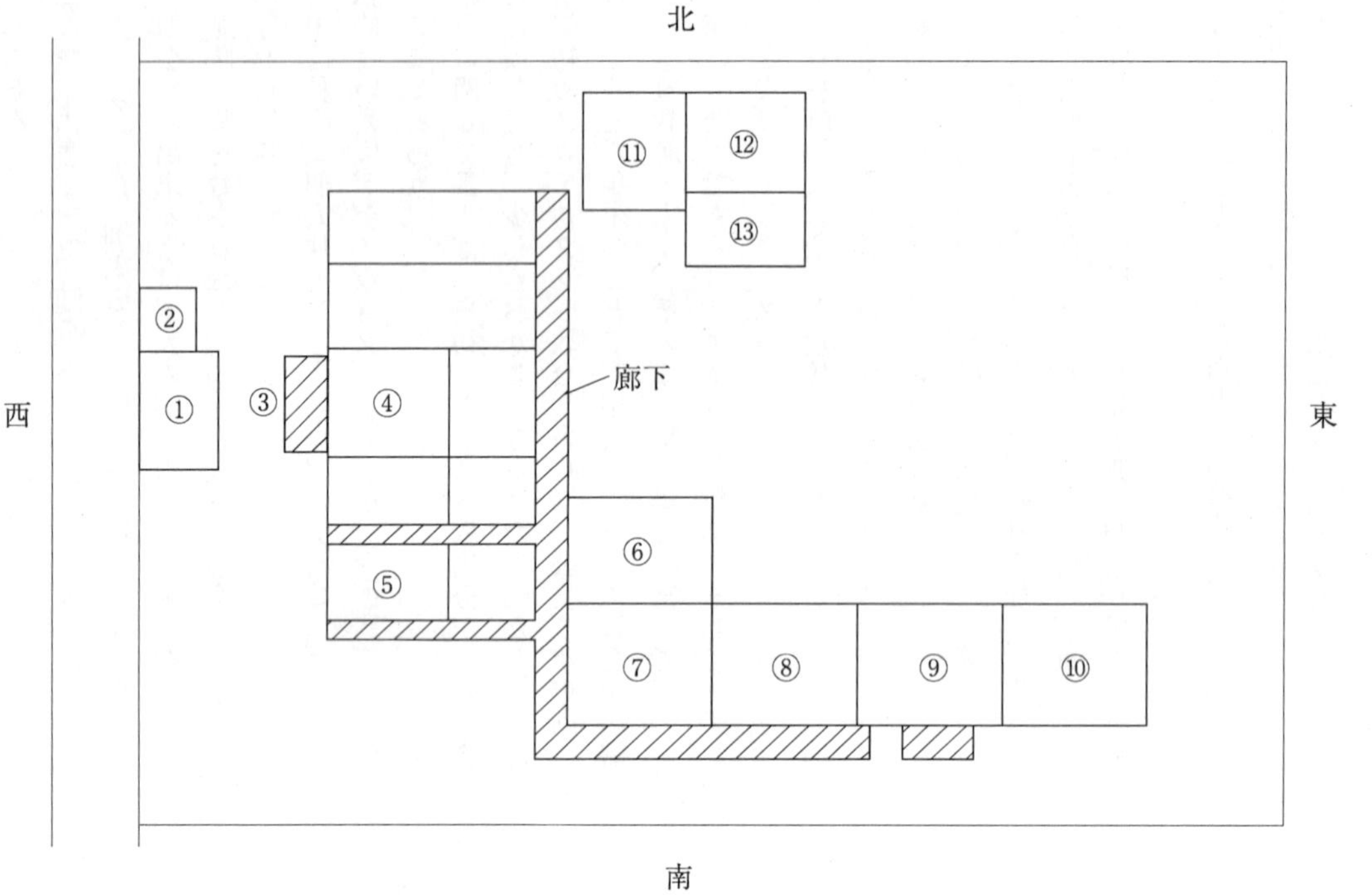

上は、ミッションが女子塾（京都ホーム）を開設した当時の柳原邸の間取図（1942年、堀貞一が記憶に基づき作成したメモを書き直した。右の①〜⑬は、各部屋の説明で、〔　〕は本井による注である）。

① 門
② 門衛所でD〔デイヴィス〕先生の書斎
③ 本玄関
④ 客間パーラー
⑤ D先生の寝室（此《こ》処《こ》で〔長男の〕Mearlが病気したとき、堀氏と元良〔勇次郎〕とで、看護した）
⑥ 〔H. F.〕Parmelee とStarkweatherの室
⑦ 同前
⑧ 〔未記入〕
⑨ 同前
⑩ E. T. Doane氏〔夫人〕の室
⑪ Kitchen
⑫ 土間（Cookは、徳三〔徳蔵〕夫婦。当時、石橋〔辻橋〕源助はヤード・ボーイなり）
⑬ 同前

そこで、次に女学校卒業生の記憶に頼ってみたい。ある卒業生は、「その女教師〔スタークウェザー〕の応接間とも云ふべき一部屋を中心にして」と回顧している。やはり、一部屋ではない。

堀自身は⑧と⑨に関しては、何の記述もしていない。デイヴィスは先の回想で、「スタークウェザーは、そのうち〔多数の部屋のうち〕、住宅の裏にあるきれいな庭に面した、もっとも広い最良の部屋を三つか四つ、占めた」と証言しているので、庭に面する四つの部屋の大部分を、彼女は使用したのであろう。

前に、柳原邸での彼女の「部屋」が、英語では複数形扱いであったことを思い出していただきたい。そのうちのひとつが、応接室として利用されていたのであろう。

南向きの四部屋

したがって、連続する南面の四つの部屋（⑦から⑨）のどれかひとつが、あるいは複数の部屋が、最初の教室になったことは、確かである。

ところで、堀は、⑦をパミリー（H.F.Parmelee）の部屋、とするが、実は、女性宣教師の在職期間については、堀の記憶は不正確である。そもそも柳原邸で授業が行われたのは、一八七六年十月二十四日から、現在の校地に移った一八七八年夏までである。この間、教師を務めたのは、スタークウェザーとドーン夫人だけである。パミリーの赴任は、一八七八年六月なので、彼女はここに住んだことがない。

さらに、ドーン夫人であるが、確かに彼女は実妹であるデイヴィス夫人を頼って、単身ポナペからで来日しただけに、最初から柳原邸に住んだひとりである。しかし、ポナペから一八七五年九月にドーンが同志社に赴任してからは、鴨川東に町屋を借家してからは、夫妻して住んだはずである。京都ホーム開設の一か月前である。

したがって、京都ホームが開設された時点では、⑩の部屋は空いていた、あるいはスタークウェザーが使っていた、と見るほうが、事実に近いであろう。

さて、初期の学校は、建物や設備が貧弱なばかりか、教育の中身も、けっして学校と呼べるようなものではなかった。「全く寺子屋式」の私塾であった（杉田いそ「婦人は静かでしとやかであれ」二七三頁、同志社校友会編『新島先生記念集』同志社校友会、一九六二年）。

デントンが伝える二十五年後の女学校の姿とは、隔世の感がある。その間の女性宣教師たちの努力が、偲ばれる。デントンは、「マウント・ホリヨーク方式」に従って女学校は拡張された、と証言する（『同志社時報』一九三一年八月一日）。

九、同志社病院と京都看病婦学校
――ミッションの記録に見る――

(一) はじめに

京都ステーションの活動でユニークなのは、医療教育である。最初の宣教師のひとり、テイラー（W. Taylor）は、同志社教員の傍ら、市内で医療活動をしたことが、問題となった。

新島襄は、京都府庁に弁明書を差し出した。さらに医療行為の許可申請を行なったが、効果はなかった。ついにテイラーは、一八七七年に追放される形で京都（同志社）を去らざるをえなかった（『新島襄全集』一、三〇五頁、同朋舍、一九八三年）。

その後、京都ステーションは、医療宣教師が不在となった。ようやく、一八八六年に及んで、二番目の医療宣教師、ベリー（J. C. Berry）を迎えることができた。新島の大学構想に医学部が組み込まれ、その準備として病院と看護学校が、開かれたからである。これが「同志社病院」、ならびに「京都看病婦学校」である。

本稿は、医療面での活動については、正面から論及しない。しかし、総合的な分析には欠かせない領域であるので、ミッション資料から必要な限り、該当記事を私訳で紹介してみたい。前にも一部を訳出したが、アメリカン・ボード日本ミッションの創立五十周年記念誌（*Fragments of Fifty Years 1869—1919*, pp. 107~110, A. B. C. F. M., 1919）に見る関係記事（Doshisha Hospital and KyotoTraining School for Nurces）である。

無署名なので、筆者は特定できない。最適任者は、もちろんベリーである。彼は一八九三年に帰国し、この当時（一九一九年）は故郷のウースター（ボストン西郊）で医業に従事していた。もしそうであれば、わざわざ彼に原稿を依頼したことになる。

開設の記述と比べて、閉鎖の記述が簡単すぎるのが、惜しい。筆者がベリーであれば、彼はその当事者であった。彼が病院長を「解職」された形で辞職をしているだけに、病院や看護学校が閉鎖された経緯や理由は、描き辛かったに相違ない。同志社とアメリカン・ボードとの抗争が激化した結果、病院も看護学校も、立ち行かなくなったからである。

なお、ここで紹介されている中村栄助（同志社理事）の報告は、日本語文献にもなく、貴重である。北垣国道（京都府知事）の祝辞の方は、『同志社五十年史』（八一頁、カニヤ書店、一九三〇年）に不十分な抄訳で紹介されているだけである。

(二) 「同志社病院と京都看病婦養成校」（私訳）

起源

一八八二年の夏、新島牧師とS・松山牧師〔松山高吉〕は、有馬〔で避暑中〕のベリー博士を訪ね、医学校を開校する手段を講じてほしいと依頼に及んだ。医学校とは、医学を学びたいというミッション・スクールの卒業生たちが、当時、官立学校では一般的に広く見られたドイツの不可知論に影響されずに、〔英米風の〕医学が学べるような、キリスト教的な感化のもとにある学校である。

これには病院が必要であった。ベリー博士は、日本には皆無なので、看護学校も緊急に必要だと力説した。そこでこれら三つの事業を立ち上げる努力が払われた。けれども、医学校構想は、最終的に放棄された。

一八八五年に入るや、アメリカン・ボードと女性宣教師ボード

(Woman's Board of Missions) が、同志社と協力して、京都に病院と看護学校を作ることを決めた。

ベリー博士がこの事業の責任をもつことになった。当時、ボストン市立病院看護学校の校長 (Superintendent) であったリンダ・リチャーズ (Linda Richards) が、奉仕することを申し出た。

彼女の申し出は聞き届けられ、日本ミッションの一員に順当に指名された。

二人はその年の秋に京都に着いたが、新島博士がヨーロッパに行って不在であったので、日本人サイドから寄附を募る試みが、まったくなされなかった。このことが、事業をいくぶんか遅らせることになったが、新島博士が戻るや、中村栄助氏が新島に協力して、資金集めに加わった。

同志社諸学校に医学校を付設するという世論は、京都ですぐに効果を表した。そのことは、一八八六年八月に中村氏が出した次の報告に明らかなように、有益であった。

「京都市民から同志社のために資金を懇願することは、これまでやったことがないので、私たちは結果に満足している。社会的な地位の高い、裕福な人たちが、看護学校に対する社会的な関心のゆえに、二カ月前に好意的な気持ちを表明した。彼らは、それまでは同志社や同志社諸学校がキリスト教と関係しているとか、私〔中村栄助〕がキリスト教に公的に係わっているとか言って、同志社や私に厳しく反対してきた。

今までなら、『欠席』とか『病気』といった言葉が返ってくる家庭でも、驚いたことに客間に通され、賓客として遇されたり、事業についての私の話を大変興味深く聞いてくれたり、支援の要請に対して、にこやかに応じてもらえた。今後、同志社諸学校用に寄附で資金を集めることは、可能に思われる」。

建物が建築されている間は、以前デイヴィス氏が住んでいた住居が、事業のために使用できた。もっと大きな建物が竣工するまで、最初の冬の間中、ここで治療が行なわれた。

開校

一八八七年十一月十五日に施設は医療検査を開始した。五百五十人に上る日本人寄付者が、献堂式〔竣工式〕に出席するように招待された。三千人を越える人たちが、建物を実見した。中には、医師や医療関係の官吏がいた。続いて、〔別のキャンパスに移動して〕同志社チャペルで献堂式が行なわれた。最後に新しい図書館〔現有終館〕で茶菓が供せられた。

北垣〔国道京都府〕知事が祝辞を披露したが、会計報告を聞くとすぐに、読んだばかりの祝辞を公開〔印刷〕することを差し止め、代わりのものを送ると言った。その内容は、次の通りである。

『私たちは今日、次のことを知るに至りました。京都看護学校と同志社病院が、同志社の監督のもとに、アメリカの慈善家の方々〔philanthropists〕の気前のいい寄附により、当市に設立された、ということです。この機関の尊い働きは、我々の心と身体の双方に恩恵をもたらせてくれる点で、実に大きなものになるだろうと思います。〔京都は〕わが国の内陸部にある大都市のひとつでありますから、外からの恩恵を受け取るのは、まず第一に、そして主として私たちだと思います。

今や、アメリカの慈善家の方々は、これらの施設を作るために巨額の富を割《さ》いて、捧げて下さいました。彼らはわが国民を愛し、自分の国でもないわが国に対して、なんと深い共感を抱いて下さっていることでしょう。

けれども、厚意と恵みに満ちたこの行為を認める一方で、私はこの機会にわが同胞に向かって、未来への想いと希望を表明せざるをえません。私たちは、慈善の精神によって動かされると主張したり、熟練した看護婦を養成する学校が素晴らしいことも知っております。けれども、その種の学校を、個人的に努力をして〔私立学校として〕、私たちの中に作る話を聞いたことは、これまでなかったと思います。

それゆえ、これはわが国において、この種のものとしては最初の学校と見なすべきです。もしも、誰の尽力で実現したのか、あるいは誰の慈善で建てられたのか、を問うならば、アメリカ人の手によって、と認めざるをえません。彼らはこの事業を前進させました。一方、わが国民は、ほんの従属的な働きしかしておりません。

私たち国民に、与える精神（a spirit of giving）が欠けているからでしょうか。それとも、高度で倫理的な目的が欠けているからでしょうか。どちらにしても、恥かしく思わなければいけないのは、私たちです。それゆえ、私の希望は、将来、私たちが崇高な目的や慈善の精神を抱いて、この事業や他の崇高な尽力を前進させるのを手伝うことです。

これが出来れば、アメリカの友人たちが、私たちにして下さったことに皆で感謝したいと思います。同時に国民への義務を果たしていただきたい。

今日、私はこの気高い学校の開校にあたり、祝辞を申し述べる、というよりも、私の希望と想いを述べさせていただきます』。

このように運よく献堂された建物は、御所の西に位置しており、看護婦用の大きな二階建ての建物と校長住宅、手術、薬局、電気室、外来棟を含む中心的な建物や一般病棟、産婦人科棟から成り立っている。この他にも、台所、便所、付属屋などがついた住み込み医員や歯科医の住宅がある。敷地は、全体のブロック（街区）の半分近くを占める。翌年には、外国人患者用の病棟が、増築された。

知られる限り、これはどのミッションの領域であれ、ミッション機関として設立された最初の看護学校である。リチャーズの監督のもとでなされたこの組織化と運営は、素晴らしかった。県立病院と連携して、看護学校を設立したいと望む医師や官吏たちが、折に触れて、見学に訪れた。

四年経たないうちに、看護学校が日本国内で五つ、開かれた。さらにもう二校が、開校間近である。志願者には、いかなる宗教的な条件も課してはいないが、学校の宗教的な生活が明白なので、どの生徒も卒業前には、信徒になる。

日本の教会は、そのように訓練された働き手の価値を高く評価して、地域や教会で活動する見込みの高い女性を自分たちの会員から選抜して、学校に送り、支援している。

病院の内であれ、外であれ、キリスト教的な活動の機会が少ないことが、リチャーズの胸を強く打った。教室で教えるほかに、病院で手術の準備をしたり、病棟でやらなければならないことを看護婦に指導したりする一方で、彼女は生徒や患者（入院患者だけでなく、退院して当市の家庭に戻った患者も）のために多くの時間を宗教的な活動に注いだ。

これが、彼女の健康を損ねたほど、大きな負担となった。そこで、六年間勤務した後、辞職した。ヘレン・フレイザー（Helen Fraser）が後継者になったのは、一八九一年十月であった。彼女の手腕で学校は栄えた。彼女は引き続き、敏腕を振るったが、一八九六年八月に辞職した。この時、同志社理事会とアメリカン・ボードとの間で緊張した関係が生じたことが、彼女の辞職に繋がった。

折りしも休暇でアメリカに戻っていたベリー博士も、同じ理由で辞職した。学校はまもなく閉校された。フレイザーが勤務していた期間、主としてタルカット（E. Talcott）が、学校の宗教活動を献身的に行なった。

リチャーズは、アメリカン・ボードが派遣した最初の看護婦である。現在〔一九一九年〕では、アメリカン・ボードは、様々なミッション領域において、資格を有する看護師十六人と、ミッションの病院と関係する看護学校を十二校、擁している。もっとも、このうち六つは戦争〔第一次世界大戦〕のために一時的に閉鎖された。

第二章　宣教師たち

一、J・D・デイヴィス

「影の恩人」による伝記

J・D・デイヴィスは、同志社の創設者のひとりである。アメリカン・ボードから京都（同志社）に派遣された宣教師としては、まずまっ先に名を挙げるべき人材である。

しかし、その生涯は、名前ほどには知られていない。近年、ようやく彼の唯一の伝記が翻訳された。原書は、長男によるJ・D・デイヴィス伝（*Davis, Missionary Soldier*）で、早くも一九一六年に出版されている。

この書を手がかりに、以下、デイヴィスを紹介してみたい。

今回、日の目を見た日本語訳は、J・マール・デイヴィス著（北垣宗治訳）『宣教の勇者　デイヴィスの生涯』（同志社、二〇〇六年二月。以下、『デイヴィスの生涯』）である。原書刊行九十年を経た二〇〇六年に、同志社創立百三十年記念として出版された。

著者のマール・デイヴィス（Merle Davis）は、実は同志社の隠れた恩人である。マールの誕生が、同志社創業直前の京都でなければ、デイヴィスは新島襄を見捨てて京都から撤退したであろう。新島が京都府知事（槇村正直）に「校内では聖書を教えない」と妥協したことを怒って、デイヴィスは神戸に戻ろうとした。が、妻子の体調がそれを許さなかったのである。

デイヴィスが、同志社英学校の教員に着任するために、最初のアメリカン・ボード宣教師として、神戸から京都に赴任したのは、一八七五年の十月十九日のことである。紆余曲折があったものの、山本覚馬などの支援を受けて、ようやく翌十一月二十九日に仮校舎で開校、というところまで、漕ぎ着けた。

ところが、十一月に入って、それまで協力的であった府知事の態度が急変し、さまざまな圧力が新島襄に降りかかってきた。仮校舎の借家契約の破棄や、聖書授業の禁止は、そのひとつである。とりわけ、デイヴィスは後者に関し、新島が知事と妥協したことに対して、新島に猛烈に反発した。「自分の右手を切り落とす方がよい」とまで思い込んだ結果、「衝動的に荷造りをして」神戸に帰ろうとした（『デイヴィスの生涯』一八〇頁）。

しかし、彼の息子、マールが、同志社を救ったのである。借家をしていた旧柳原邸で「二、三日前に」（実は、十一月一日に）長男のマールが、誕生した直後であったからである（同前）。妻子の体調を考えると、その時点での旅行は、無理であった。そのうえ、彼は京都では、新島の「雇われ人」であることを、再認識せざるを得なかった。京都の特殊性である。京都（内陸部）は、神戸（開港地）ではなかった。

以後、彼は古都に定住し、影の校長として同志社を仕切った。その意味では、マールは同志社にとって「影の恩人」である。その恩人が、同志社に対して、もうひとつの奉仕をした。

それが、本書である。

初期の同志社にとって、新島とデイヴィスはまさに最高のコンビであった。本書でも「同志社の父母」と称される（同前、二五九頁）。デイヴィスが新島の伝記を書き、デイヴィスの息子がデイヴィスの伝記を書いたことにより、われわれは、同志社の父母の働きを容易に知ることができるようになった。本書は、従来の新島伝や同志社史の中で、不透明であった部分を父親の日記等から明確にする点でも、貴重である。

「闘う宣教師」の戦績簿

『デイヴィスの生涯』は、二十四章からなる。そのうち日本での活動を扱うのは、十章以下である。つまり、九章までは、来日するまでのアメリカでの生活を活写する。一、二章が家系、三章から九章までが大学・軍人時代である。

デイヴィスの出自を扱う最初の部分で明らかにされたことは、何か。デイヴィスが「開拓者と軍人のミックスした家系の出であったこと」である（三四一頁）。しかし、叙述の力点は、それ以後の軍人時代である。デイヴィスは大学（Beloit College）を休学してまで、四年間もの間、南北戦争で北軍兵士として闘った。最後は陸軍大佐であった。

この構成からも分かるように、著者の力点は、南北戦争に従軍した経験を「十分に扱った」ことにある（五頁）。日本人読者には、記述が細かすぎて、冗長という印象を与える。なぜ、ここまで戦争体験を重く見るのか。それは、軍人としての要素を抜きにしてはデイヴィスの生涯は語れない、と長男は判断するからである。

著者は、父を「闘う宣教師」（*Davis, Soldier Missionary*）と捉える。神学校を終え、牧師、宣教師となり、銃を聖書に持ち代えてからも、「デイヴィス中佐」の闘いは続く。とりわけ、同志社という砦を死守するための初期の戦闘は、自身で「さながら南北戦争時のアラトゥーラ峠の戦いのようだ」と自身で告白するほど壮絶であった（二一二～二一三頁）。

除隊後のデイヴィスは、大学に復学する。「筋金入りの復員軍人」であったという（一二七頁）。だから、「クリスチャンとしての性格の中に、兵士として示した諸特質を所有して」いたのである（一二七頁）。この特性は、生涯、消えなかった。著者は、『デイヴィスの生涯』の末尾で、父親を「偉大な兵士の精神」（great soldier-spirit）の体現者であった、と締めくくる（三九九頁）。同書の書名（*Davis, Soldier Missionary*）は、ここに由来する。実にデイヴィスは、「闘う宣教師」であった。

あるいは、「霊界の軍人」とも言える（『同志社五十年史』二三八頁、カニヤ書店、一九三〇年）。彼と親交のあったヴォーリズ（W. M. Vories）は、弔辞の中でデイヴィスの信仰をこう紹介する。「彼の信仰は、彼を知る人すべてに信仰と勇気を与える男らしくて、頼もしい、闘争心あふれるもの（militant faith）であった」と（W. M. Vories, In Memoriam, *The Omi Mustard-Seed*, Dec. 1910. 芹野与幸氏提供）。

これらを考慮した場合、『デイヴィスの生涯』の日本語書名を「宣教の勇者」とすることには、多少の違和感が生じる。この訳語では、著者の想いが読者に通じ難くなりはしないだろうか。たとえば、軍人と無縁のラーネッドとて、「宣教の勇者」と言えるであろうから。

ちなみに、ラーネッドは同僚をこう見る。「デイヴィス氏の精神は、彼が好んだ表現、『偉大な大砲』（Great Guns）によく示されている。この大砲が物質的であれ、精神的であれ、彼はたえず戦闘のただ中にいる」（本書一一二頁）。

ビロイト大学

大学生活は、デイヴィスにとって二つの意味で重要である。ひとつは、南北戦争、ひとつは伝道師への献身である。「福音を述べ伝える」ことを生涯の仕事にするという考えは、入学前からすでにあった。それが大学生活一年目で確信に変わった（『デイヴィスの生涯』三〇頁)。

この大学はウイスコンシン州南部にあるリベラル・アーツ・カレッジで、一八四八年の創立である。学内はキリスト教な校風に溢れており、礼拝や祈禱会への出席も全学生に期待されていた。デイヴィスは、そうした集会に出席することはもちろんであるが、サークル活動も宗教的な「ミッショナリー・ソサイエティー」を選んだ(同前、二九頁)。アーモストにおける新島のサークル活動と期せずして同じ名前である点が、興味深い。

この大学からは、創立四十年間に二十人が、宣教師として巣立っていった。大学のホームページ(Beloit's International History)には、そのうちの三人を傑出した卒業生として紹介する。デイヴィスはその筆頭である(残り二人は Henry D. Porter と Arthur H. Smith である)。最近の評価という点で、同書以後の資料であるので、参考のために、次に訳しておきたい。

「ジェローム・D・デイヴィスは、一八六二年クラスの一員である。だが、南北戦争応召で学業が中断され、復学後に一八六六年クラスと卒業生した。卒業後、シカゴ神学校で学んだ。ワイオミング州シャイアン(Cheyenne)で二年間、伝道に従事してから、一八七一年にアメリカン・ボードにより日本への宣教師に任命された。最初の働きは、神戸であった。ただちに彼は母校の新聞(*The Round Table*)を通して大学と通信を交わし始めた。翌年には、「日本あちこち」("Rambles in Japan")と題した連載記事を寄せた。大阪港到着、自分が見た日本人、日本で最初のプロテスタント教会などが、話題として取り上げられている。

彼の三通目の記事には、日本では英語を教える〔外国人〕教師が大変、不足するので、宣教師たちがその要請に応えている、と記されている。彼は神戸に一八七五年まで住んだ。その年に、彼とジョゼフ・ニイシマ〔新島襄〕は、京都に同志社大学〔の前身校〕を開校した。

〔デイヴィスが亡くなった時、〕K・リチャードソン教授は、同窓会機関誌(*The Beloit Alumnus*)の一九三一年版にベロイト出身宣教師たちへの追悼文を寄せた。

『デイヴィスは、父母共に開拓者の家系である。それは、燃えるような熱意を、厳格で冷静な判断で抑制する、と特徴づけられる。ワイオミングで国内伝道の経験を積んだ後、日本伝道のためにアメリカン・ボードに受け入れられた。出発前に〔セイラムのアメリカン・ボード年会で〕ジョゼフ・ニイシマ〔新島襄〕と会い、その後、ほとんど勝ち目のない状況であったにもかかわらず、ニイシマと同志社を創立し、学校を方向づけた。

『同志社』という名前は、英語では"One Purpose Company."である。当時は、日本で唯一のキリスト教大学であった。デイヴィスとニイシマは、キリスト教学校の開校とキリスト教の拡大に対する大きな反対に対して、闘わねばならなかった。同志社を開校する許可を取るのが大変だった。加えて、仮校舎を確保するのに苦慮させられた。一軒の家を借りる契約をうまく結ぶことに成功した後の一八七五年十一月十九日に、デイヴィスは日記にこう記した。

『これらすべての結果が、これからどうなるのか、神のみが知り給う。けれども、ビンの中のどんぐりは、やがて神の祝福を受けて、ビンを割るだろう。――神の御業《みわざ》にすべてを委ねることができるのは、大きな慰めである。

昨日は、朝〔の礼拝〕に十三人、夕方には十二人が参加した。三人の僧侶が朝の礼拝にやって来たが、そのうちのひとりが大変、興味を示した』。

宣教師としての生涯を通して、デイヴィスは母校の大学と緊密な連絡を保った。折に触れて、大学の教授や友人に手紙を書いた。彼らはもらった手紙の一部を機関紙（*The Round Table*）に投稿した。デイヴィス自身が、記事を直接送ることもあった〔たとえば〕一八八四年には、彼は『宣教師になることは、引き合うか。回想と訴え』という記事を書いた。

外国伝道の領域で宣教師が足らないことに触れて、デイヴィスは伝道の賛否、ならびに価値について次のように書いた。

『神がミスを犯すことは、ない。神、われわれひとりひとりが、目的なしに、惑星に住むすべての人類の、いわば鼓動を聴くことができるように、すべての国々を福音に開いたり、聖書をすべての国の言語に翻訳したり、社会や体験を積み重ねたり、蒸気船ですべての大洋を狭めたり、全世界を電流の回路でつないだりする方法を備えて来られたわけではない。

これらは、すべて神の声である。今日、間違った宗教制度を信じている、ほとんど何十億もの兄弟たちの声とひとつになる声である。真実を待ち、呼んでいる声でもある』。

一八九〇年の年始にジョゼフ・ニイシマは同志社の学長をデイヴィス〔実は金森通倫〕に委ねて、死去した。デイヴィスの許で、学校は外見的に増大したばかりか、学生数も増えた。ジェローム・デイヴィスは、他のビロイト卒業生が追随してほしいモデルを打ち立てた」。

身内の敵と闘う

デイヴィスは、ビロイト大学に在学中に、信仰と戦争の両面の体験を積んだ。生涯を通じた骨格は、この時代に形成されたと見ていいだろう。その場合のキーワードは、「闘う」である。

デイヴィスの伝記たる本書は、一面では「闘う宣教師」の戦績簿である。彼にとって、たとえ平和時であっても、この世の戦いは、なくならない。よき同僚であったD・W・ラーネッドは、デイヴィスにとって、「人生は大砲に取り囲まれた戦場」にほかならなかった、と喝破する（『デイヴィスの生涯』三六九頁）。それを裏書するかのように、デイヴィスの十八番《おはこ》もまた、南北戦争の「戦争談」であった（同前、三四七頁）。この点は、新島八重の戦争談（戊辰戦争）と双璧をなす。

デイヴィスにとっては、教育も伝道も戦争であった。「この世の王国を私たちの主《しゅ》、ならびにキリストの王国にするための闘争」であった（同前、三八二頁）。

学校や教会外部の政府（外務省や文部省）、あるいは府庁や京都の神官、僧侶、仏教徒などの反発は、デイヴィスとて織り込み済みのことであったであろう。現実に、デイヴィス一家の入洛は、市民や伝統宗教サイドから手洗い歓迎を引き起こす結果になった。デイヴィスが神戸から連れてきた料理人（徳蔵）は、按摩の順番を待っている折に、デイヴィスの悪評を聞いている。「今度、やって来たヤソ教の坊主らは、あらゆる魔法を使う。馬にもしゃべらせている」といった具合である（同前、一八七頁）。

けれども、反対勢力は、外部だけではなかった。宣教師仲間も例外ではない。同志社創立をめぐって、日本ミッション内部にも抗争が生じた。時には、外部勢力以上に、身内から抵抗勢力が現れる。

デイヴィスには、内外のそうした敵から同志社を守ることが、「同志社のための戦い」であった。マールはこの文言を第十二章のタイトルとする。なぜ、同志社か。同志社は、この世の王国をキリスト教の王国にするための働き人、すなわち福音の兵士を世に送り出さねばならない。そう考えるデイヴィスにとっては、同志社は「ウエスト・ポイント」（陸軍仕官学校）にほかならなかった（同前、二七八頁）。

身内の敵とは、ひとつは同僚である。同じアメリカン・ボードに所属する宣教師である。たとえば、そもそも同志社の創立や立地に批判的な宣教師が、神戸や大阪にはいた。これに対して、新島襄やラーネッドはデイヴィスのよき戦友であった。教育理念にしろ、伝道方針にしろ、基本的な所での一致があった。そうした京都（同志社）の宣教師たちが、「後方から砲火を浴びる」場面が、幾度となくあった。

とりわけ兵士を自認するデイヴィスにとって、後ろから弾《たま》が撃たれた衝撃は、大きかった。「兵士にとって、後方から砲火を浴びることほど士気をくじかれることはありません。だが、それが私たちに前進することを命じたミッションからの砲火だとすれば、私たちを傷つけたことは、何ら驚くにあたらない」とは、デイヴィスの本音である（同前、二〇三頁）。

「熊本バンド」との死闘

身内の敵は、校内にもいた。「熊本バンド」である。俊才揃いの学生たちである。学校見学に来たある宣教師の目には、こう映じた。「彼らは、イェールの連中よりも頭がいい。そして、たいていのイェールの学生たちが、かつてアメリカに貢献したよりも、同志社の学生たちの方が、これからの日本でいい働きをするであろう」（C. B. DeForest, *The Evolution of a Missionary*, *p.* 62, *Fleming H. Revell Company, 1914*）。

彼らの指導（とりわけ熊本洋学校を卒業した学生のクラス。いわゆる「バイブル・クラス」の学生たち）を主として受け持った教員こそ、デイヴィスであった。

クラスのリーダー格とも言うべき小崎弘道は、当時の自分たちをこう追憶する。「当時、私共は熊本より出で来たった荒武者の如きもので、理想のみ高く、実際の生活には至って疎く、且《か》つ粗豪傲慢、至って御し難き学生であった。されば、執《いず》れの教授に対しても、不平不満のも多く、何一つ満足したことはなかった」（住谷悦治『ラーネッド博士伝』五二〜五三頁、未来社、一九七三年）。

彼らの「餌食」に祭り上げられたのが、デイヴィスであった。「デイヴィスが根本原則と考えた少なからぬ諸真理に関して、このクラスの多数の人たちは、デイヴィスとは絶対的に意見を異にした」（『デイヴィスの生涯』二二七頁）。具体的に言えば、「デビスの神学は保守的オルソドックス、我々の方はゼンス（ジェインズ）やピーチャーの仕込みで、自由神学だったから、その衝突は免れない」（金森通倫『回顧録——金森通倫　自伝——』六六頁、アイディア出版部、二〇〇六年）。

だから、授業はまさに苦行であった。彼らの容赦ない質問や攻勢には、手を焼かされ続けた。授業は「格闘《バトル》」と化した。討論会場となった教室では、ろくに講義ノートを取る者はなかった（同前、六六頁）。

デイヴィス自身の回想が、それを裏付ける。「あのクラスを教えることは、ちょうど二匹の暴れ馬にまぐわを取り付けて、田んぼを耕し始める西洋の農夫のようなものでした。その馬どもを制御して、望むままに導くことは、まったく不可能だったのです。ですから、農夫は手綱《たづな》を握るだけで田の上を引き回され、まぐわが切り株にあたって、馬どもが突然、停止すると、農夫は声の限り、『おーら！』となるしかありませんでした」（同前、二二八頁）。

デイヴィスの保守的な神学思想が、学生から反発を受けた顕著なエピソードが伝わっている。彼の神学クラスで「贖罪《しょくざい》」（*atonement*）をめぐる神学論争（しかも、英語である）が、一カ月続いたことのである（当時の時間割は、すべてアメリカ式で、月曜日の時間割が、そのまま金曜まで続いた）。バンドのひとりは、このクラスを回顧して、こう言う。

「ある日、われわれは贖罪について、デイヴィス博士（神学博士号は、まだ受領前）と議論した。どんなに詳しく説明されても、先生はわれわれを納得させられなかった。先生は、実に真面目にこの議論に飛び込んでこられたが、議論は三十日、続いた。

先生は、毎晩、この問題について祈り、研究を重ねられた。われわれは、論争を重ねた。つぎつぎに理論が紹介されたが、われわれはそれを論破した。われわれは意見を変えはしなかった。

最後には、母親がその子どもらのために命をささげるように、キリストは人間のために命をささげた、という点で、相互に合意することで、論争に終止符を打った。

この論争の終わりごろに、デイヴィス先生は病気になった。しかし、こうした議論や論争でもって、先生と生徒の間の愛情は、日々増し加わり、長い生涯にわたって続いたのである」（同前、二二七頁。訳文を一部改作）。

金森通倫も、同様の回想を残す。

彼によると、「毎日毎日、神学校場は先生と生徒の討論会場だった」という。デイヴィスの説く神学が「保守的オルソドックス」であるのに対し、「熊本バンド」が信奉するのは「自由神学」であったのが、その要因であると分析する。ある宣教師がデイヴィスに対し、「なぜバンドの連中をもっと正統的な神学に引き入れなかったのか」と尋ねたところ、デイヴィスはこう答えたという。

「どうして中々、丸で十五匹の荒馬に乗って走るようで、引き裂かれなかったのが、勿怪《もっけ》の幸いだった」と（金森太郎編・濱潔改訂『回顧録―金森通倫　自伝―』（六六～六七頁、アイデア出版部、二〇〇六年）。

伝承によれば、デイヴィスを病気欠勤に追い込んだ学生たちは、「贖罪病」という病名を恩師に奉った。それでも、当事者のひとり海老名弾正）は、師の額《ひたい》に「勇敢な兵士の残り香」を嗅ぐことだけは、忘れていない（『デイヴィスの生涯』三三二頁）。

デイヴィスの神学は、あまりにも保守的過ぎるとして、攻撃を加えた急先鋒は小崎弘道であった。彼は次のようにデイヴィスを酷評する。

「系統神学の教師、デビス氏は、初めは寛大なる意見を持ち、進歩主義の様に見えたが、生徒の批評、愈《いよいよ》猛烈を加ふるに従ひ、漸次、硬化し、遂に聖書無謬説を唱ふるに至り、聖書を批評するなどとは、以っての外の不敬と云ふ様になった。

惜しむらくは、彼に哲学の素養乏しく、又、近世思想の変遷に暗かった為、斯《かか》る変化を来したのであらう。組合教会に於て、兎角、新神学や過激思想の歓迎せらるゝ一原因は、彼の神学に対する反動と認めねばならぬ。されど、其信仰、人格は、ドウン（E. T. Daone）以上、何人も尊敬せざるはなかった」（『小崎全集』三、三二頁、小崎全集刊行会、一九三八年）。

学識の点で物足りなさを感じたのは、「熊本バンド」だけではなかった。とりわけ、ラーネッドと比較されると、デイヴィスは実に不利であった。

学生からの一方的な人物評を紹介すると、たとえば、「デビス先生は、学者では無なかったが、感情家で熱烈な人であった」という見方である（『創設期の同志社』一五五～一五六頁、同志社社史資料室、一九八六年）。さらに「最初は同志社先生中、一番、学問は劣って居った」という辛辣なものさえある（同前、一一〇頁）。

デイヴィスの評価

ところで小崎は、後に新島襄の後を襲って同志社第二代社長に就任した折、渡米して、ボストンのアメリカン・ボード本部で総主事のクラーク（N. G. Clark）と面談する機会があった。小崎は、同志社神学校に新進のアメリカ人教授三人の派遣を要請した。クラークは、「現在の同志社教授は、その人ではないか」と反論した。「いや、学生たちが満足していないので、何とか適当な人材を」と小崎は迫る。クラークの結論は、こうである。

「デイヴィス博士のような人に満足できないとあれば、その希望に応じることは、とうてい不可能である」（同前二、八八頁）。

似たような発言が、ほかにもある。新島がデイヴィスの母校（ビロイト大学）を訪ね、学長に「アメリカの教会は、なぜデイヴィスのような人をもっと日本に送ってくれないのか」と質したことがある。学長の答えは、「デイヴィス博士のような人は、アメリカにも沢山はいないんですよ」であった（『デイヴィスの生涯』三六一頁）。

アメリカでの評価は、実に高い。熊本バンドからの評価との落差は、結構大きい。熊本バンドの一部は、同志社卒業後、日本の組合教会で新島襄を凌駕するほどの影響力を持った指導者に成長した。すなわち、「熊本バンド」のうちで牧師となった者たちは、卒業後も、「教会合同運動」では新島襄だけではなく、デイヴィスに向かっても攻撃を加えた。急先鋒は、ここでも推進派の論客、小崎弘道であった。

彼は、同志社の恩師に向って、「新島、デビス等の、合同に反対したる行動に、甚だ公明正大を欠く点があったのは、私共の大に惜む所である」と厳しく糾弾する（同前三、五七頁）。一方のデイヴィスは、「私が日本人によって批判されるのは、新しい経験である」と概嘆する（『デイヴィスの生涯』二六七頁）。

同志社独立戦争

「熊本バンド」は、教育の領域でも、壮大な力を発揮した。新島の死後、同志社でその後継者となったのは、彼らである。彼らは、社長（今の総長）や有力教員となって同志社を牛耳った。そうした彼らが、日本ミッションに挑んだのが、アメリカン・ボードからの独立であった。すなわち、同志社の「独立戦争」である。

これは激戦であった。日本人からの批判や攻撃に対して、アメリカン・ボードの側からは、日本での事業を終結すべき時が来たのではないか、との声が上がる。デイヴィスはこれには、真っ向から反対した（『デイヴィスの生涯』二七三頁）。「学校を救うための戦い」に挺身した。批判者に向かって、彼は銃弾に代えて、「とどめの一撃」と題する抗議書を撃った（同前、二八九頁）。

戦闘はついに同志社とミッションの破局に及ぶ（同前、二八五頁）。この辺りの描写は、『デイヴィスの生涯』の白眉である。もちろん、デイヴィスが戦闘心に満ちた兵士であると同時に、愛敵精神を持つ兵士であることも、本書は伝える。

デイヴィスたちの尽力で、同志社を守る戦いは、ともかくも終結した。「偉大な闘争が、終わった。神はわれわれに勝利を給うた」のである（同前、三二〇頁）。傍でデイヴィスの戦い振りを目撃していたD・C・グリーンは、言う。

「恐らく彼が巻き込まれたもっとも困難な仕事は、一八九〇年代における同志社のための戦いだった。彼と新島が、共同の創立者だったが、学校を巣くったのが、彼だけであった。あの裂目に立って、勝利を得ることは、他の誰にもできなかったことだ。あのとき、彼が示した道徳的な勇気は、南北戦争やその他いかなる場所においてであれ、彼が示したいかなる勇気にも勝っていた。彼が深く愛していた昔の学生たちと対立しなくてはならなかったとき、彼のハートは、血を流した。あの戦いの傷口はいやされたけれども、その傷跡は、墓場までついて行くのだ」（同前、三六六〜三六七頁）。

勝利した後の課題は、相互の関係を修復し、信頼関係を回復することである。ここで、デイヴィスに出番が訪れた。紛糾の責任をとって辞任した社長の後任人事である。理事を始め、関係者の中では、小崎弘道（二代目社長）の返り咲きが、有力であった。デイヴィスはこれには、頑固に抵抗した。即座に「私は、学校を閉鎖する方が、ましだと思う」とその案を切り捨てた（同前、三一二頁）。

こうしてデイヴィスは、「熊本バンド」を避けて、同志社「外部」から西原《さいばら》清《きよ》東《き》を同志社社長に迎えた。続く人事も「外部」の片岡健吉である。いずれも土佐出身で、板垣退助の門下生である。これら二人の土佐出身者が、紛争後の同志社内部を沈静化、正常化した後、再び「熊本バンド」の社長が、続く。社長（総長）人事で見ると、新島以後の七人（二代目から八代目）は、土佐人二人を除けば、残りの五人は、すべて「熊本バンド」主体である。

従来、なぜ同志社の卒業生でもなく、同志社との関係が薄い「外部」の者が、社長に就いたのかは、不明な部分が多かった。西原（会衆派信徒）はともかく、片岡は他教派（長老派）の信徒であった。しかし、本書はその秘密をみごとに明かす。大隈重信や伊藤博文などの助言を得ながら、デイヴィスが仕組んだ人事である（同前、二八五頁以下）。『デイヴィスの生涯』の価値のひとつは、ここにある。

さらに、デイヴィスは女子教育に対する貢献者である。神戸時代に「神戸ホーム」（神戸女学院）の立ち上げに力を貸し、京都では、自宅（柳原邸）に「京都ホーム」を設置した（同前、二〇六頁）。男子校（同志社英学校）だけでなく、女学校（同志社女子部）にも応分の力を注いだ男性宣教師は、彼だけである。

これほどさように、デイヴィスは同志社、いや日本を愛した。条約改正が実現する前のことであるが、外国人として京都に居住するためには「米国ヨリ戸籍ヲ移シ、日本人トナラント欲セリ」と同僚のグリーンにもらした、という（『池袋清風日記』上、六七頁、同志社社史資料室、一九八五年）。帰化してまでも、と考えるところは、まさにラーネッドと軌を一にする。

なお、本書の訳文であるが、訳者の北垣宗治名誉教授（同志社大学）は、英文学の専門家であるとともに、屈指の新島研究家である。とりわけ、英文新島伝の翻訳家としても定評がある。本書は十一年にわたる同氏の労作の結晶である。面倒な索引作成と共に、そのご労苦を多としたい。

ただ、「五人を委員として」を、「五人の学生を委員として」（同前、二二一頁。実は委員は宣教師）といったような「筆が滑る」訳（本書二三〇頁参照）が稀にあるのは、残念である。

二、D・W・ラーネッド

同志社の三源流

「ヨルダン川に三つの源があるように、わが同志社にも源が三つある」。

五十三年間にわたって、同志社で教鞭をとった宣教師、D・W・ラーネッド（D. W. Learned）は、こう回顧する。三つとは、（一）新島襄、（二）ミッション（アメリカン・ボード）、（三）「熊本バンド」（特に同志社第一回卒業生たち十五人）である（河野仁昭編『回想録　D・W・ラーネッド』同志社、一九八三年）。

ラーネッド自身、アメリカン・ボードから日本ミッションに派遣された宣教師である。このミッション抜きに、同志社や日本組合基督教会、ひいては日本のプロテスタント史は、語れない。

最初の宣教師、グリーン（D. C. Greene）が横浜に派遣されて以来、次々と宣教師が、主として関西に送り込まれて来た。一八七五年に赴任したラーネッド夫妻は、二十九人目と三十人目であった。新島が「準宣教師」として日本に戻されたのは、その前年、一八七四年のことであり、ラーネッドたちが来日したのは、ちょうど同志社が開校した月であった。

彼らを日本に送り込むのは、アメリカン・ボードがボストンに構える事務局（本部）であるが、それを取り仕切っていたのが、理事長ともいうべきハーディ（A. Hardy）と、現場の事務局長（総幹事）、クラーク（N. G. Clark）であった。ふたりは、共に新島にとって不可欠の支援者であった。

とりわけ、前者は、「アメリカの父」ともいうべき大きな存在であった。また、前者も留学中の新島から日本伝道を開始してほしい、との直訴を受けて、グリーンの派遣を決断した、という経緯があった。新島は一八六八年のある日、友人とクラークの家に泊めてもらったことがある。朝の家庭礼拝が終わると、新島はクラークの手を取り、日本にも宣教師を派遣するよう、懇請した。

新島は、クラークから「早急にできるだけの努力をする」という確約を貰うまで、クラークの手を離そうとは、しなかった。この時のクラークの約束が果たされるのが、この翌年のことである。クラークが一八九六年に永眠するまで、日本に派遣した宣教師は、総勢百四十二人にも上った。臨終の言葉は、「日本に神の祝福あれ」（God bless Japan!）であった（*Missionary Herald*, p. 53, Feb. 1896）。

同志社に勤続、半世紀

ラーネッドは学者、あるいは教授としてのイメージが濃厚である。自身も、「ただギリシャ文学を研究する事が好きで、ギリシャ語の教師として、生涯を送らんとのみ考えた」と述懐しているくらいである（『回想録』五頁）。

しかし、その一方で、按手礼を受けたれっきとした牧師であった。彼は、日本へ行くように頼まれた「その日に、結婚するとともに、按手礼を受けた」と明言する（同前、二二頁）。

来日前の前職は、ミズリー州のセイヤ大学（Thayer Collge）でギリシャ語を教える教授であった（セイヤ大学については、大越哲仁「ラーネッドとセイヤーカレッジ」、『新島研究』九九、同志社社史資料センター、二〇〇八年二月を参照）。彼の身分の身分に関し、宣教師は宣教師であっても、「説教宣教師」（a preaching missionary）ではなくて、「教育宣教師」（a missionary teacher）であった、と区別する。「だから、直接伝道に係わったことはまったくない」とも断言する（住谷悦治『ラーネッド博士伝』一六六頁、未来社、一九七三年）。

しかし、赴任当座は、伝道、説教はもちろん、洗礼を授けることもした。この点は、見逃してはならない。しかし、主たる業務が、最初から最後まで同志社の教員に終始したため、伝道の仕事が副次的であったことは、否めない。同志社での勤続年数は、半世紀を越えた。これに匹敵するのは、同志社女学校のデントン（M. F. Denton）だけである。

ラーネッドは在職中、帰国したのはわずか二回だけであった。終始、同志社で奉仕したが、とりわけ最も困難であった学校の草創期に、学園と新島襄を同僚のデイヴィス（J. D. Davis）と共に支え続けた功績は、大である。

新島が夢にまで見た同志社大学（大学令による）が実現したのは、新島の死後、三十年を経た一九二〇年のことであった。海老名弾正総長のもと、初代学長に抜擢されたのも、ラーネッドであった。

ラーネッドはイェール大学の俊才であった。彼自身は、同期の卒業生は百二十人ほどで、中でもそのうち、自分を含む五人の成績が優秀で、将来を嘱望されたという（『回想録』一七頁、二一〇頁）。しかし、同級生によると、ラーネッドは「嶄然《ざんぜん》頭角を顕し、常に首席、又は次席を占め、それ以下に下ったことはまい」（『ラーネッド博士伝』八～九頁）。

興味深いことに、彼の家系には、牧師や教授になった人材が多数、含まれる。とりわけ、イェール大学の学長を三人も出している。ラーネッド自身が、同志社大学の初代学長に就任していることを合わせると、極めて特異な家系であることが、窺える。ちなみに、イェールと同志社は、新島以来、極めて近い関係にある。いわば、初期は姉妹校と言っても過言ではない（拙稿「イェールと同志社」上、下、『同志社タイムス』二〇〇九年七月十五日、九月十五日）。

「同志社第一の学者」

それはともかく、ラーネッドの学識は、同志社の教員中、群を抜いていた。「同志社第一の学者」であった（『創設期の同志社』一一〇頁、同志社社史資料室、一九八六年）。教え子の中でも、俊才揃いの「熊本バンド」の面々は、講義中、難解で込み入った質問で新島やデイヴィスなどに投げかけ、教師を散々手こずらせた。けれども、ラーネッドは別格であった。彼は、意地悪な質問や、質問のための質問には、一切、取り合わなかった。学問的な誠意をこめて、ひたすら「分かりません」（I don't Know.）で押し切った。

同志社第一期生の小崎弘道（後に同志社第二代社長）は、「私共が最も尊敬しておったのは、ひとりラーネッド教授のみ」と言って幅からなかった（『ラーネッド博士伝』五三頁）。この点は、後輩の徳富蘇峰による評価と完全に一致する。「足掛け五年間、京都同志社在学中、幾多の外人教師に接したけれども、真に吾師といふを敢てするものは、只ラーネッド先生一人あるのみ」（同前、五七頁）。

ラーネッドは誰が見ても「頭脳明晰の学者で、頭の人」であった。要するに、「ラーネッド先生は学問は深い、と評判されて居た。諸教師中、最も学者だと云ふ評であった」と言う点では、衆目の一致するところであった（『創設期の同志社』一九一～一九二頁、三〇三頁）。

さらに小崎は、ラーネッドに関し、「彼はいつも謙遜なる学者の態度を保ち、人と争ふことなく、知らざるを知らずとし、多くの質問に対しては、アイ・ドント・ノーといふを常とした事は、私共生徒の感服して居た所である」とも追慕する（『小崎全集』三、三二頁。小崎全集刊行会、一九三八年）。

教え子の徳冨蘆花《ろか》が書いた小説『黒い眼と茶色の目』にも、「協志社宣教師の中で、学者と名のあるラールニングさん」が登場する（『黒い眼と茶色の目』三〇頁、新橋堂、一九一四年）。村井知至《ともよし》もまた、「同志社切っての学者」であるばかりか、「寡言直情、温厚篤実、聖人のやうな徳望家であった」と回顧する（村井知至『蛙の一生』四三頁、警醒社、一九二七年）。

新島、デイヴィスと

ラーネッドは、新島、デイヴィスに協力して、同志社の基礎造りに大きな功績を果たした。これら三人を初期同志社の柱石とすることに異論を挟む人は、まずいない。新島を「意志の人」、デイヴィスを「情の人」とするならば、ラーネッドは「知の人」である（『ラーネッド博士伝』五頁）。その際、「熱の人」デイヴィスと比較されると、ラーネッドは時に「頭脳の冷や、な」点が、「熱のない人」とか、「無愛想」と評される場合がある（『創設期の同志社』五七～五八頁、一三九頁）。

それはともかく、彼ら三人は、同志社内外の反対者に対しても、スクラムを組み、抵抗と説得を続けた。とりわけ、京都にキリスト教学校を開校させることに反対する日本ミッションの同僚に対しては、最大の防波堤になりえた。

大阪ステーションのギュリック（O. H. Gulick）とレヴィット（H. H. Leavitt）の二人は、特に強敵であった。身内の京都ステーション（同志社）にも、「獅子身中の虫」がいた。テイラー（W. Taylor）である。医療宣教師でもあった彼は、自由な医療活動が京都では禁じられたことも手伝って、熱意はいつしか敵意に変化した。ボストンへの手紙（W. Taylor to N. G. Clark, May 27, 1878, Kyoto）で、「われわれがミッションとして京都にトレーニング・スクールを作ったことは、間違いであったという確信が、徐々につのってきました」と言って憚らなかった（P・F・ボラー著、北垣宗治訳『アメリカン・ボードと同志社』五二頁、新教出版社、二〇〇七年）。

こうした所見に対しても、ラーネッドやデイヴィスは怯《ひる》まなかった。それには、理念や主義、信仰に関して、基本的な一致が見られたことが、大きい。けれども、一方で、時に意見を異にし、相克の関係に立ったことも事実である。

新島とデイヴィスは、気質的に近い存在であった。その分、ふたりともラーネッドには遠かった。「デビス先生を以て熱情の権化であり、疾風迅雷であり、狂瀾《きょうらん》怒涛でありとすれば、吾がラーネッド先生は、泰然として動かざる山である。雨降らば降れ、風吹かば吹け。ラーネッド先生こそは、千秋万古、高く塵界を抜いて、雲外に静立する大岳秀嶺である（『ラーネッド博士先生伝』五頁）。

たしかに、ラーネッドとデイヴィスは、性格が「全く相反して」いた点は、衆目が一致する。生徒の指導にしても、「デ博士はよく生徒を叱り、ラ博士はすて、おいた」（青山霞村《かそん》『同志社五十年裏面史』二九〇頁、からすき社、一九三一年）。

両者には小さな不和が時に生じた。一八九〇年台後半に同志社とミッションが対立した際、アメリカン・ボードはボストンから使節団を送り、同志社に対して訴訟をも辞さないという姿勢を示した。

ここでラーネッドは、デイヴィスとは所見を異にした。ラーネッドは、訴訟には反対であった。デイヴィスは、一貫して訴訟という強硬手段で同志社に圧力をかけてきた手前、ラーネッドの脱落は、「不道徳」と思われた。まるで「こけおどしの芝居」の土壇場で引っ込むようなものだからである（『アメリカン・ボードと同志社』一九六頁）。

もうひとつの相違は、教会合同運動における対応である。新島がふたつの教派（会衆派と長老派）の合同に批判的であったことは、よく知られている。デイヴィスは新島に組みし、ラーネッドはこれに抗した。新島たちの反対運動は、ラーネッドにとっては、後々に至るまで、痛恨事であった。

「私が日本で経験した最も大なる失望の一つは、四十年前、組合教会と当時の一致教会〔長老派〕との合同運動が、失敗に帰したことである。自分は、組合教会の或る兄弟達が、余りに彼等が馴れ来った方法を其侭、維持せんとする傾向を持ち過ぎて居たと思ふた」（『回想録』五九頁）。

新島とは、そのほかにも、対応の相違が生じた。

「自責の杖」事件の際の対応、ならびに教会合同運動における立場の違いである。「自責の杖」事件をめぐる新島の対応に関しては、本書（一八二頁以下）で後述する。教会合同運動における新島の働きに関しては、拙稿「新島襄と教会合同運動――新島書簡に基づいて――」（『キリスト教社会問題研究』四五、同志社大学人文科学研究所、一九九五年一二月）、ならびに拙稿「新島襄の教派意識――一致教会との協調と確執――」、同志社大学人文科学研究所編『日本プロテスタント諸教派史の研究』教文館、一九九七年）を参照されたい。

著作と担当科目

ラーネッドの著作は、四十冊を超える。大半が、専門のギリシャ語を活かしたキリスト教関係の著作である。とりわけ聖書注解は、日本人助手（同志社の学生を含む）を使いながら、旧新約聖書全巻にわたって作成された偉業である。徳富蘆花も学生時代、アルバイトにラーネッドの『天主教論』（一八八五年）などの翻訳を手掛けている（『黒い眼と茶色の目』三一頁）。

新約聖書の場合、「ヨハネによる福音書」講解である『約伝福音書集註』上巻（米国派遣宣教師事務局、一八八三年）を手始めに、「マルコによる福音書」の講解、『馬可伝註釈』（同前、一八九一年）におよぶ十六冊を数える（塩野和夫「ラーネッド書簡に見る新約聖書の初期注解書」二二〇頁、注三、『来日アメリカ宣教師』現代史料出版、一九九九年）。

以後も、改訂に努めた結果、一九三一年までに前後三回にかけて、新約聖書全巻の注解を完成させている。驚異的な業績である。まさに、「日本最高の新約注解者」であった（原口尚彰「日本新約聖書学史とD・W・ラーネッド『新約聖書　共観福音書講解上下』」四四頁、『基督教研究』六一の一、同志社大学神学部、一九九九年六月）。

その特色は、非常に平易な文体を用いて、伝道の現場で働く伝道師、牧師たちが、説教を準備するさいの即戦力となるような実践的な性格を有している点にある。その一方で、世界の先端に位置する聖書学の最新の動向と成果を伝えた点も見逃してはならない（同前、四四頁、五一頁）。

こうしたキリスト教関連以外にも、注目すべき著作がある。『経済新論』（宮川経輝訳、一八八六年）と『経済学之原理』（浮田和民訳、一八九一年）である。それぞれ「熊本バンド」が翻訳に当たっている。ラーネッドは、熊本から転入学して来た俊才たちを相手に、早くも一八七九年に「経済学」や「政治学」を講じていた。

ラーネッドは母校のイェールで、叔父のT・W・ウールジィ教授（当時、学長）からギリシャ語だけでなく、政治・経済学を学んでいるので、社会科学も担当することができた。この面では、日本における開拓者である。自身の回顧には、「明治十一（一八七八）年から学生の希望により、私が経済学を教へることになりました。之《これ》は、私がエール大学の敬愛するウールセー先生から学んだ所のもので、私は大なる興味を以て教へたのであります」とある（『回想録』一二～一三頁）。

彼の講義の特色は、網羅的な概説にある。それだけに、学生の中には「先生の講義は乾燥無味である」と即断して、「余り好かない」者もいたという（『ラーネッド博士伝』七九頁）。聖書学で言えば、時代的な制約も考慮すべきではあるが、「自ら聖書解釈上の何か新しい貢献をしようとしている訳ではない」と評される（「日本新約聖書学史とD・W・ラーネッド『新約聖書　共観福音書講解説上下』」五二頁）。

社会科学

社会科学の場合も同様で、社会主義や国家による救貧政策といった事柄も、すでにカバーしているが、彼独自の主張や見解が前面に出る訳ではない。しかし、それにしても、当時の先端的な学問成果の理解と紹介は、日本の経済学史上、特筆すべきである。教え子の中から、徳富蘇峰のようなジャーナリストや、安部磯雄、村井至知、岸本能武太、新原俊秀といった初期社会主義者が生まれている点と合わせて、評価される。

留岡幸助（家庭学校の創設者）によれば、ラーネッドは日本赴任の目的を「右手にバイブル、左手に経済学」という「二つの武器」で日本を教化することであった、という（『ラーネッド博士伝』七二頁）。

ラーネッドは、ギリシャ語とギリシャ文学、さらに聖書学が専門であった。にもかかわらず、教える教科に関しては、「何でも屋」であった。語学や人文科学は言うにおよばず、社会科学、自然科学まで、担当した教科は三十におよぶ。けれども、社会科学の面での先駆性は、群を抜いている。

この面の研究書としては、住谷悦治『ラーネッド博士伝』にまさるものはない。しかし、ラーネッド自身の総合的な研究という点になると、現段階では大きな限界が目立つ。典拠となった文献が、同志社サイドの資料、すなわち日本語文献に偏っている。海外資料、とりわけアメリカン・ボードの英文資料や、彼自身の手紙や報告類、記録などが、十分に活用されていない。

社会科学以外で先駆性が目立つのは、体育である。健康管理と規則的な生活には、人一倍の神経を払うので、そうしたことにまったく無頓着な同志社の生徒たちに、あえて体操（体育）を教えた。同志社が開校して半年後（一八七六年秋）のことである。三年後には、体育館（屋内体操場。時に運動場《うんどうば》と呼ばれた）まで実現させている。同志社は体育に関して、東の体操伝習所（現筑波大学）と並ぶ西の先進校である（本書二八八頁以下、六二三頁以下を参照）。

万能と思われがちなラーネッドであるが、さすがに音楽は無理であった。

記録者・歴史家

ラーネッドは長く京都ステーション（同志社）の書記を務めたり、同志社教授会の記事録記録も担当している。アメリカン・ボード本部との手紙のやりとりも、あくまでも規則的である。手紙の送信回数、内容とも他を凌駕する。全般的に「京都の生活に関する最良の報告」である点は、自他ともに認めるところであろう（『アメリカン・ボードと同志社』二三六頁）。

手紙だけを見ても、貴重面な彼は一年に数十通の手紙（私信は別にして）をボストンの本部に出す。生々しいリアルタイムの記録だけに、資料価値は、絶大である。教授会記録にしても、彼は優れた書記であった。近年、翻刻（*Faculty Records*, Doshisha, 2005）が出版されたので、一段と活用しやすくなった。

記録を重んじるラーネッドは、歴史分析にも卓越した力を発揮した。本書でも訳出したアメリカン・ボード日本ミッションや同志社の歴史は、彼ならではの公平な目配りと分析が光る作品である。

キャンパスの景観

ラーネッドはまた、キャンパスの景観にもっとも配慮した教師である。後々までも彼は、「只美しい校庭を持つと言へないのは、遺憾である」と慨嘆している（『回想録』五三頁）。

現在、今出川キャンパスに立ち並ぶ五棟のレンガ造り校舎が、国から重要文化財に指定されている。バラックではなく、堅固で美麗なレンガ造りを最初から主張したのも、ラーネッドである。これはすべて海外からの資金（寄付）で建てられたことを忘れてはならない。三棟はアメリカン・ボードの寄付（オーティス遺産）、そして残る二つはミッションゆかりの個人（アメリカ人）の寄付による。アメリカン・ボードの果たした役割は、キャンパスの美観にとっても決定的であった。

ちなみに、五棟のひとつ、四番目に建てられたハリス理化学館は、ラーネッド家にゆかりの深いハリス家（コネチカット州ニューロンドン）の寄付である。

一九八六年に新設された京田辺キャンパスは、さすがに最初から景観に配慮した設計である。その中央にある芝生広場（アメリカの大学であれば、Quad と呼ばれる広場）に面した建物は、ラーネッド記念図書館である。当時から今に至るまで、京田辺キャンパスの顔、ないしはランドマークである。

その正面の壁には、ラーネッドのモットー、「生きるために学べ。学ぶために生きよ」（Learn to live and live to learn.）が英文で刻まれている。

墓は、洛東の若王子《にゃくおうじ》山頂にある「同志社墓地」に設けられている。新島襄の墓をとり囲むように、四十基ばかりの墓が立つ。その中に、ラーネッドの墓は、同僚であったデイヴィスやグリーンの墓と共にある。

同志社に貢献した初期の男性宣教師として、これら三人だけが単独の墓を持つ。他の宣教師は、単独の共葬墓である。

三、D・W・ラーネッドが見た「自責の杖」事件

「事件」の批判者

新島襄「自責の杖」事件（以後、「事件」）の究明は、今日、新局面を迎えている。

現在、「事件」の細部や背後の消息が、徐々に明白になりつつある。それに伴い、これまでのいわば「通説」ともいうべき伝承とは異なった相貌が、大きくその姿を現し始め、「事件」ならびに学校紛争の真相が浮き彫りにされようとしている。その結果、研究史上、「事件」の本質を捉え直すことを不可避とする転換点にすでに到達した、と言っても過言ではない。

「事件」は時に「新島精神」の精髄、とされる。そうした捉え方が形成されるに当たっては、いくつもの要素が考えられるが、とりわけ堀貞一の働きは別格である。それは、同じく事件の現場にいた徳富蘇峰（猪一郎）が、主として文筆で「事件」を（自己の同志社退学とからめて）喧伝したのと双璧をなすが、その影響力は蘇峰以上ではないであろうか。

堀は直接に伝道の一環として、師の言動と人格とを説いてまわった。そのさい、「事件」を伝えるというよりも「新島精神」の「語り部」としての自覚が基底にあった。堀の場合、事件の現場で拾い上げた杖の破片を手にしながらの、迫真の語りが、大勢の人に言い知れぬ感動を与えたのは、事実である。

それが最高潮に達したのは一九二七年のことで、彼の特別伝道は同志社や梅花女子専門学校、松山で一種の「リヴァイヴァル」（信仰復興）を生んだ。その結果、合わせて七百三十人を越える受洗者が一度に輩出したことは、今でも語り種となっている。

最近、菅井吉郎『堀貞一先生』（基督教書類会社、一九四四年）が大空社から復刻された。同書でももちろん「事件」は取り上げられている。ただし、それに関しては「様々に伝へられてゐる」ために（混乱が生じているので、この際）「〔堀〕先生直伝の真相」を伝えておきたい、との断りがある（同書、五十五頁）。

それによれば、「事件」の際、現場にいた者（教師は新島のほかに六名、そして学生は数十人）は「誰一人として声を発する者はなかった。只非常な感激に打たれ、暗涙に咽んで首を俛れるばかりであった」と言う（同書、五十八頁）。大筋では、その通りであろう。他の諸記録もこの点ではほぼ一致する。

けれども、なかには「非常な感激」とは無縁の者もいたはずである。そのことは、ある新島伝の次の一節、すなわち、「精神の深味に徹しない某教師は、〔事件が起きた〕礼拝堂〔実は集会室〕から去った後に軽率な批評を加えて満足した」（魚木忠一《ただかず》『新島襄　人と思想』一七八頁、同志社大学、一九五七年）との一節からも窺える。

「某教師」とは、ラーネッド（D. W. Learned）であろう。元同志社総長の住谷悦治氏は、「例の『自責の杖』の問題も、同席した冷静なラーネッド博士も苦々しい顔をして〔新島の行為を〕見ておられたと、いう批評もされている」と証言する（永沢嘉巳男《かみお》編『新島八重子回想録』三八頁、同志社大学、一九七三年）。大著、『ラーネッド博士伝』の著者のことである。おそらくラーネッド自身からの直接情報に基づくのであろう。

同じような証言は、同僚のダウンズ（D. Downs）がラーネッドから直接に聞き出してもいる。「あの一件はセンチメンタルな厭世

主義のあらわれで、いやしくも同志社校長のとるべき態度ではない」というのである（拙稿「事件の謎」下、一〇七頁）[1]。

ラーネッド「教師会議事録」

どうやら、ラーネッドに関しては、「事件」の批判者としての人間像と立場とが、不十分な資料（というよりも伝承）の中から、おぼろげながら浮かび上がってくる。しかし、肝心のラーネッド自身のペンによる証言、すなわち一次資料は、紹介されたことがない。ラーネッドの『回想録』[2]のなかでは、この件に関しては、いずれの回想もほぼ完全に沈黙を守り通している。記録者として類い希な資質を備えたラーネッドにしては、不可解な現象である。むしろここでは、彼の沈黙は一体、何を物語ろうとしているのか、が問われなければならないであろう。

　ラーネッドは「事件」当時、現場に居合わせた教師（六人）のひとりであった、目撃者として彼は「事件」を客観的に伝えることができる、重要な役割を持つ一人であった。他の件に関しては、大量の情報を残しながらも、これに関しては沈黙を通した。

　だが、幸いにも、彼は当時、教師会の書記であった。彼のペンで丹念に綴られた「教師会議事録」(Doshisha Faculty Records)―期間は一八七九年九月～一八九五年三月―が同志社に保存されており、松井全《あきら》氏により未発表部分の一部が公表された（松井全「あの日のこと」、『新島研究』八七、一九九六年一月）。一部とは「事件」にまつわる記述がなされているところである。

　ついで、全文が北垣宗治氏の監修で、二〇〇四年に同志社大学社史資料室から刊行された。行論上、興味深いばかりか、きわめて大切であるので、関係箇所の原文を訳出しておきたい。

「一八八〇年四月七日、水曜日午前　二年生の下級組（the lower division）を上級組（the first division）と一緒にする（join）ことを認める票決をした。

　一八八〇年四月九日、金曜日　午後四時半、第一教室にて。全員出席。〔中略〕三日間、授業を欠席している二年生〔上級組〕のクラスの学生たちを一週間、校内に禁足することを票決した（この決議は四月十二日に取り消された）。

　一八八〇年四月十六日、金曜日　午後四時半、第二教室にて。新島氏と山崎〔為徳《ためのり》〕氏以外、出席。月曜日〔四月十九日〕の午前中に会合を持って、学校の会議（board）の改善が可能かどうか協議することを票決。市原〔盛宏〕氏を通じて、委員会は新島氏に休養を取ることが必要である、との教師たちの意向（feeling）を伝えることを票決した。〔後略〕」（「あの日のこと」二八頁）。

　以上である。「事件」が起きたのは、四月十三日の火曜日である。その日は教師会が開かれていないので、当日に関してはもちろん何の記入もない。しかし、その前後の記述が「事件」にまつわるものであることは、一目瞭然である。

「教師会議事録」に見る「事件」

　松井氏も指摘されるように（「あの日のこと」二九頁）、この「教師会議事録」は新しい事実をいくつか提供してくれている。整理してみると次のようになろう。

(1)　まず、これによれば、「事件」の切っ掛けとなった二年生のクラス合併決議は、四月七日、すなわち三学期の始業後になされた。したがって慣例にしたがい春学期の始業日の当日、すなわち四月五日にクラス合併の件が学生に公示されたのでは、との以前の推定（拙稿「事件の謎」上、六二頁）をここで訂正しておきたい。

　それにしても始業日ではなく、その二日後の発表とは遅すぎはしないか。二年生にとってかなり重大な決定が、始業後の会議でなされるのは、どうみても不可解である。なにかの理由で手間取ったのであろうか。さほど重大ではないにしろ、新しい疑問ではある。

七日の決定、とすれば、「事件」のわずか一週間前である。二年生上級組から、クラス合併の件を学校当局に問いただす、という例の「御伺書」（いわば公開質問書）[3]が出されたのも、この日であることを考え合わせれば、当日、ただちに公示された、と推測するのが、ひとまず妥当であろう。

ただ、依然として疑問が残るのは、同日付けの「御伺書」には、クラス合併の件は、「未タ御伝達ハ無之候得共、遙ニ伝聞仕候」との一節が見られることである（拙稿「事件の謎」上、三十七頁）。とりわけ、教員会はこの日の午前中に開かれているだけに、公示以前に作成された、と推定できる「御伺書」との関係に疑問が伴う。合併の噂を聞きつけた二年生が急きょ、午前中に（すなわち公示前に）作成し、その日の午後（場合によっては公示後）にでも当局に提出したのであろうか。

いずれにしろ、以前に示唆したように（拙稿「事件の謎」上、七十五頁）、学生ストの開始は、この日（七日）以外には考えられない。やはり「御伺書」こそストの宣戦布告書であり、紛争の発火点であった。したがって、それ以前の校内は（伝承とは相違して）比較的、平穏な雰囲気に満ちていたことになる。

(2)　ストを行った学生を処分する教員会議が開催されたのが、九日であることが、あらたに判明した。そしてこの時点で、ストが「三日間」に及んでいる、との指摘が目に付く。ここからも、紛争（スト）の開始が七日であることが、傍証できる。この結果、ストがいつ開始されたかをめぐっての従来の混乱は、これで最終決着がついたことになる。紛争は三月中、あるいは始業前（春休み）に発生したとの伝承は、ここでその根拠を失うことになろう。

(3)　次にこの記録から、合併を決議した七日の教員会議には新島も参加していたことが、ほぼ確実になってきた。この日の「教師会議事録」には、出席者名の明記はない。だが、新島が欠席した、という記入もない。おまけに始業日以降、出張したとの諸記録が、（この「教師会議事録」にはもちろん他にも）ないうえに、次に見るように新島は、この前後は在校（在宅）していた、と考えられる。

四月四日（日）京都第二公会で説教。
五日（月）始業日。
六日（火）府庁に宣教師の雇い入れの件で催促願を提出。
七日（水）〔教員会で合併を決定。〕二年生上級組が新島宛に「御伺書」を提出。
八日（木）ストに入った学生を新島自ら説得（以上、『新島襄全集』八、二〇一頁、同朋舎、一九九二年）。

したがって、七日の教員会議を新島抜きで行う根拠は、何ひとつない。新島はクラス合併を決めた教師会に顔を出していた、と推定できる。仮に新島抜きであったとすれば、外国人教師（三名）と若い日本人教師たち（三名）とが、新島の意向を受けて決定したか、あるいは新島からすべてを委任されたうえで決定を下したか、のどちらかである。いずれにせよ、新島の判断（意向）が介在していることは、間違いなかろう。そうであれば、紛争は新島が岡山に出張中の出来事で、もし「新島が毎日学校に顔を出しておれば、起こらなかった」（和田洋一氏）とする見解は、いよいよ妥当性を失う（拙稿「事件の謎」上、四二頁）。

ちなみに、新島の岡山出張中に学校騒動が勃発、との伝承は蘇峰の回顧に淵源するが、それが彼の完全な記憶違いであることは、すでに立証したとおりである。新島は当時、とっくに、すなわち紛争の一か月前に早々と岡山から帰宅している（拙稿「事件の謎」上、四八頁以下）。

要するに、紛争は新島がいたにもかかわらず、起きたのである。しかも、彼は紛争の最初から（最後まで）渦中の人であった。どこから見ても、校長責任は免れない。そうであれば、彼は（自分の留守中に判断ミスを犯した）若い教師の責任を一身に引き被って「事件」の挙に走った、との従来からの把握は、史実と少しく様相を異にしないか。やはり、心底から全責任を痛感したからこそ、本気になって、おのれの掌を杖で打ちつけたのではなかろうか。

(4)　九日（スト三日目である）にいたって、スト（集団欠席）を決行した学生たち（二年上級組）を学校当局は、一週間の禁足処分にした。処罰する代わりに「事件」を起こしたような印象が、これまでは支配的であったが、当局は毅然とした姿勢を示したわけである。「違反者の誰をも罰しないで、自分自身に笞を加へる—そこに最も厳粛な十字架の道がある」といった捉え方（鑓田《やりた》研一編・新島襄著『わが人生』二二八頁、全国書房、一九四六年）は、正鵠を得ていない、というべきである。

そして、この席にも新島は顔を出していることが、「教師会議事録」から判明する。学生の処罰に対する新島の思いと姿勢とがどうであれ、とにもかくにも、新島は処罰の決定に参画したのである。しかも校長として、である。

この事実は、行論上、決して看過してはならない。このことはすでにハーディ（A. S. Hardy）の新島伝の中で、すでに次のように触れられていた。すなわち、新島は「事件」前に一度は「教員会議がきめたりに〔学生を〕処罰することに同意した」というのである（拙稿「事件の謎」下、一〇七頁）。はからずもこの点が今回、資料的に立証されたことになる。

(5)　さらに、新事実として浮かび上がって来たのは、この処罰決議が、十二日にいたって「取り消された」、とラーネッドにより後日（もちろん、十二日以降である）、付記されていることである。その間、教師会が開かれた様子は、（記録の上では）まったく感じ取れない。カッコで括られたこの付記は、教師会の席ではなくて、それ以外の何らかの方法で決議が取り消されたことを暗示する。そうだとしたら、一体、どういう手段が取られたのか、これまた新しい疑問である。

この疑問は、次のように解くべきではないか。すなわち、十二日といえば、「事件」の前日であり、新島がスト中の学生たちを蘇峰とともに自宅に呼んで、説得を試みた日である。学生たちは新島の説得に応じて、ストを解き、翌日から登校することを校長に約束した。ここまでは、従来からの既知の事柄である。

問題は新島の対応である。学生のスト終結宣言を受けて、あるいはそれを引き出す過程で、「君たちの責任はこれ以上、問わない」とか、「教師たちへの説得は、自分に任せてほしい」といった趣旨の発言が、新島の口から飛び出しはしなかったか（拙稿「事件の謎」下、一〇八頁）。あるいは、学生たちにクラス合併を飲ませる「見返り」に、処分を撤回（中途解約）する旨の約束が、新島の口からなされはしなかったか。

これらは推測の域を出ない。ただ、「教師会議事録」から確実に言えることは、処罰は（禁足処分が出てから四日目にあたる）この日、なんらかの方法で解除された、との一点である。その陰には上述したような「校長裁定」が、考えられないであろうか。とすれば、禁足の解除まで三日を残す、特例的な処置であったことになる。この種の個人的な裁定を想定すれば、蘇峰の当時の日記にある記述、すなわち、「一同禁足ノ御判決」が当局からいったんは出されたものの、新島の「御英断」により「取リ消サレタ」、とする内容とも完全に符合することになる（拙稿「事件の謎」下、一〇八頁）。

(6)「校長裁定」がなされたとすると、その後の新島に残された課題は、この私的処置（禁足解除）に関して、教師たちを説得すること、少なくとも十分な説明をすること、この一件である。あれこれ思いあぐねた新島は、処分中の学生たちを呼んで、処分の取り消しを約束した、と思われる十二日の翌朝になって、いよいよ事前に誰にも相談することなく、苦悩の末に選び取った方法を実行する決意を固めた。すなわち、その日（十三日）の礼拝の席上で、自らの掌を杖で打ちつける、という挙に出ようと思ったのではなかったか。

要するに、自分も加わった教員会議でいったんは決めはした処置を、新島は全校の学生と教師との目前で、自責の行為により、一挙に覆そうとした、とは考えられないであろうか。伝承では、新島は打掌する前に、「教師諸君、ご免」とも、「宣教師諸君、ご免」とも言ったという（拙稿「事件」下、一〇六頁）。教師たちを納得させるにはこの種の一言の断りが、必要不可欠であったはずである。新島の目は、学生だけではなく、礼拝に出席していた教師たち（六名全員が出席）にも向けられていたはずである。その意味では、「事件」のステージとしては、全校が集う礼拝の場以外には、考えられなかったに相違ない。

(7)「事件」が礼拝の場を選んでなされたことには、少なくともふたつの意義が秘められていた、と考えられる。学生に対してばかりか、教師に向けても、新島はメッセージを発信する必要があったからである。

まず、学生に対するメッセージである。諸記録が一致して挙げていることは、規則を遵守することの大切さを彼らに諒解させる、との一点に集約される。たとえば、一学生（原田助）がこの日の日記に記すところでは、なぜ紛争を起こした学生たちを罰しないのか、処罰しなければ、「学校ノ規則ハ無益ノモノ」といった批判が、学生から上がっていたことを、新島はこの席で告白している。そして、打掌の行為が終わった後、新島は再び規則の重要性に触れ、「我今我ヲ罰ス願ハクハ諸君モ規則ヲ守ラレヨ」とつけ加えたという（原田健編『原田助遺集』五頁、一九七一年）。

一方、教師たちへのメッセージは、と言えば、規則が決して万能ではないこと、すなわち超法規的な運用が時にはあり得る、という内容ではなかったか。彼は無言のうちに（どの伝承にもこの点に関する新島の発言は、一切ない）、これを部下（彼にとっては同僚）に伝えたかったに相違ない。

もしそうであるならば、全校の前で自らを罰する行為は、彼にとってはぎりぎりの選択だったことになる。「事件」は校長として「規則を守れ」と学生たちに迫る一方で、自らその規則を破らざるをえない、と言ういわば自己矛盾、あるいは背反行為（ジレンマ）にほかならない。学則の遵守を巡って、新島の苦悩は「事件」で極点に達したはずである。

(8)「教師会議事録」は、「事件」の三日後（十六日）に次の票決、すなわち「月曜日（四月十九日）の午前中に会合を持って、学校の会議（board）の改善が可能かどうか協議することを票決」したことを明示している。ここで言われる「学校の会議」が、何を指すのかは定かではないが、何らかの機構改革が必要である、との感触が教師たち（ただし、新島と山崎とは欠席）に共通に感じ取れる。とすれば、「事件」が、彼らに与えた深刻な影響を読み取るべきであろう。なぜなら、正規の手続きを経ないで、校長の「大英断」（いわば「独断専行」とでもいうべき形で物事の処理がなされた（と考えられる）以上、その反省を活かし、「事件」（というより同種の事態）の再発を防止する道が模索されねばならない、と受け止められたのではないか。

　当時の教師会はすべて合議のうえで決定することが原則であり、通例であった（「あの日のこと」一一七頁）。現にラーネッドも「校務は七名の教師たち（新島氏、三人の外国人、三人の日本人）により毎週、会議を開いて運ばれています」と報じている（拙稿「事件の謎」上、五四頁）。それだけに、今回、新島が取った（と考えられる）強権発動は文字通り異例であった。[9]

　「事件」後に新島が吉野に遊行したことは、従来から知られていた。新島が休暇を必要としたことは、教師全員の総意であったことが、あらたに判明した。紛争処理はそれほど新島の神経を擦り減らした、ということを物語っている。

　以上、教師会の記録の諸点から浮かび上がって来たいくつかの事実は、ラーネッドならずとも教師の側からの反応が、決して同意ばかりではなかったことを窺わせる。そうであればこそ、ラーネッドが「事件」の現場で、「苦々しい顔」をしていた真意も、少しは読めてくるというものである。

ラーネッドの自叙伝・回顧録に見る「事件」

　「教師会議事録」に加えてさらに衝撃的なのは、最近その存在が確認されたラーネッド自身の自叙伝と回顧録の記述である。既刊の『回想録』に収録されたものは、いずれも短文で断片的である。それに対して今回、ハーヴァード大学ホートン図書館で見つかった自叙伝草稿は、すこぶる長文で、しかも二種類ある。その他にも回想録草稿の存在が明白になった。

まず自叙伝の方であるが、最初のものは、一九二〇年一月の、そして二番目のものは一九四〇年以降の執筆である。前者は同志社在職中に京都で、そして後者は引退先のクレアモントで最晩年に作成された、と推定される。

　次に回想録は、両者の中間、すなわち一九二五年から一九二八年の間に作成されたと考えられる。彼が半世紀にわたって奉仕した同志社を去ったのが一九二八年三月であるので、この草稿はその前後に書かれたものであろう。体裁はいずれもタイプで打たれた未公刊資料（草稿）である。[4] その中から、「事件」に関連する記述だけを紹介（私訳）してみたい。まず、一九二〇年に作成された自叙伝から、である。

　「〔一八八〇年一月からの〕冬学期の間、二年生クラスの地理の授業は〔上級組と下級組とに〕二分されていました。一方は他方よりも少し進んだ教科書を使用していました。コースの最後〔春学期終業の六月〕までクラスを二分して、授業の時間を倍にするほどの差はたいしてない、と思えましたので、春学期の始業〔四月〕から、クラス全体で一冊の自然地理学の教科書を使うことにしました（他の教科では、ともかくにも合同授業でした）。

　このことが、進んだ教科書を使用している〔上級組の〕学生たちを激怒させました。ヨリ劣った教科書を使っていた〔下級組の〕者たちが、自分たちと同じ自然地理学をとると見なされたことは、彼らにとっては名誉の侵害と思えたのです。そこで学校から逃げ出しました。数日後には戻って来ました。

　これが、我が校での最初の紛争でした（もっとも、もしも〔熊本バンドの育ての親である〕ジェーンズ大尉〔L. L. Janes〕の感化がなければ、おそらく〔とっくの昔に〕熊本からの学生たちと一戦を交えていたことでしょう）。そして新島氏の自責の機会となりました。それは、うまく行かなかったものに対してはなんであれ、指導者に責任がある、そして紛争のような歓迎されざることが起きた場合、それはたいてい学校のミスであり、校長が責任を負わねばならない、という原理に基づいていました。

新島氏の自責の行為は、目撃していて愉快なものではありませんでした。だからそれに関して私は一切、記録を残してはいませんが、たしか四月十日の土曜日〔実は十三日の火曜日〕であったと確信いたします。

私たち全員は最初、ショックのあまり沈黙していたように思いますが、やがて〔四年生の〕上原〔方立《まさたつ》〕さんが進み出て、校長を止めました。後日、教員会議で〔同僚教師の〕市原〔盛宏〕さんが『新島氏の行為は、学校によい影響を与えなかった』との意見を述べた事を記憶しています。しかし、学生たちが実際にそれについてどう思っているのか、私は全く知りませんでした」（D. W. Learned, Three Score Years and Ten 1846 – 1916, pp. 170-171, 1920）。

次はそれより後に記された回想録である。

「一八八〇年　この年の春、日本の学校では珍しくもない経験を我々は初めて致しました。学生の反乱です。今回のは、馬鹿馬鹿しい奴ですが、有名な事件を巻き込んでいます。冬〔学期〕の間、二年生クラスの地理は、ふたつに分かれて授業をいたしました。片方はもう一方よりも少し進んだ教科書を使用していましたが、クラス〔全体〕の学生数は、たった三十名程でしたから、授業を二度続けてやるのは不必要、と思われました。

そのため、コースが終了する〔六月〕までの春学期に、二つは合同されました。しかし、ヨリ進んだ教科書を使用していた〔上級〕組は、大いに感情を害し、自分たちが他の〔下級〕組と同等なものと見なされることから、自分たちの『名誉』が大いに侵害された、と受け止めました。

新島氏はそれを大変に苦にし、そうした紛争〔学生スト〕の責任をとる必要がある、と感じました。その結果、朝の祈り〔礼拝〕の際、小さなステッキで自分を痛めました。新島氏のこの行為の前だったのか、それとも後だったのかは覚えていませんが、〔ストをした〕学生たちは、数日後に復校しました〔実は事件の当日に復学〕。覚えているのは、市原さんが数日後の教員会議の席で言ったことです。『学校への影響はよくなかった、と思う』という発言です。しかし、最終的な影響がどうであったのかは、私には分かりません。〔ただ、紛争が〕繰り返されなかったことだけは、確かでした」（D. W. Learned, Fifty Years in the Japan Mission of the ABCFM 1875 – 1925, pp. 118 – 119）。

ちなみに一九四〇年以降に執筆された二冊目の自叙伝には、「事件」関係の叙述は一切ない。

ラーネッドから見た新島

以上、ふたつの草稿資料は、新しい史実を含めて、いくつかの大切なポイントを提示している。それらを手掛かりに、紛争や「事件」を再検討してみると、次のようになろう。

(1)　これは同志社における「最初の紛争」であるばかりか、「有名な事件」を巻き込んでいる。ただし、学校紛争に関して言えば、それ以前に「熊本バンド」――その中軸である同志社第一回卒業生の十五人は、これより十か月前にめでたく卒業していた――が紛争を起こす可能性は、極めて高かった。「ジェーンズの感化」で避けられた、とあるので、これは彼らが入学直後に、同志社に不満を抱き、総退学を決行しようとした前後のことであろう。ちなみに、ジェーンズが京都のデイヴィス邸で彼らを説得したのは、一八七六年十月（末か）のことである（拙稿「大阪のL・L・ジェーンズ」一四七頁、『英学史研究』二十一、一九八八年）。

今回の紛争も、実は「熊本バンド」がらみであった。なぜなら、紛争の根は、彼らの有志が組織した「同心交社」という学内サークルにおいて「智徳論争」が華々しく、そして激しく展開されたことにあるからである（拙稿「事件の謎」上、八六頁以下）。また、紛争の当事者である、一方の教員、市原盛宏、そして他方の最上級生、徳富蘇峰が、いずれも熊本洋学校の出身者であることは、言うまでもない（同前、八三頁以下）。

⑵　二年生の授業は冬学期の場合、「地理」だけが二組に分かれた二部授業で、それぞれ程度の違う教科書を使用している。しかし、その差が縮まったのか、春学期にいたって合併され、共通の教科書（自然地理学）―上級組がそれまで使用していたものか―を用いようとした。上級組がこれ（下級組の引き上げ）に反対したことが、紛争の発端である。

三月末の時点では、四月からの春学期も「地理」は二クラスで行う見込みであったので（拙稿「事件の謎」上、七三頁）、合併授業は四月にあらたに（突如として?）浮上した計画であることが分かる。

それにしてもこれまでは、上級組と下級組とは完全な二部授業であった、との印象が支配的であったが、事実は「地理」だけが二組に分けられ、「他の教科ではとにもかくにも合同授業」が行われていたことになる。それだけに学校当局としても、「地理」の場合も「とにもかくにも」合同授業がそろそろ可能、と判断したわけである。

ただ、ラーネッドの回想には多少の疑問が残る。なぜなら、「地理」に関しては、森田久萬人が受け持つクラスで合同授業が行われたのに対し、下級組はそれとは別に山崎為徳クラスの「地理」を受けていたのではないだろうか。変則的な二部授業であった、と考えられる。その根拠は、ラーネッドの今回の回想でも完全には突き崩されたとは言い難い（詳しくは拙稿「事件の謎」上、七二頁）。

さらに冬学期の試験が、「地理」（山崎為徳）、同（森田久萬人）、「算数」（同）、「算数」（同）、「修辞学」、「音楽」（M・L・ゴードン）、「体育」（ラーネッド）であることは（当時のラーネッドの書簡から）明白であるので（拙稿「事件の謎」上、五九頁）、「算数」も二部授業であった可能性を否定できない（「音楽」と「体育」とは選択のうえ、学年指定がない教科であったようである）。いずれにしても、完全な分断授業ではなかったことだけは、確実である。

疑問といえば、さらに「クラス〔全体〕の学生数はたった三十名程でした」とする数字についてである。この「クラス」とは、ひとまず「地理」を指すものと考えられるが、「二年生クラス」と取ることも可能である。ところが、当時の記録を種々、考証する限り、三十名は多すぎる。せいぜい二十名足らずである（拙稿「事件の謎」上、七二頁）。ラーネッドの誤解は、「事件」に関して一切、記録を残さず、ただ記憶だけに頼ったせいであろう。

⑶　新島の自責の行為は、極めて唐突であったために、周囲の者は「ショックのあまり沈黙していた」。しかし、ラーネッドにとっては、目撃するにはあまりに「不愉快」な出来事であった。それゆえ、他の面ではあれだけ几帳面に記録を残した彼であるのに、この件に関しては関係記録を一切、（それまで）残さなかった、という。

よほどの悪印象を残したようである。

メモ魔ともいうべきラーネッドが、「事件」の起きた（歴史的な、と皆が思った）その日のことを間違って記述していることは、メモや日記の記述が欠如している証左となる。それにしても、彼が「事件」の日をよりによって四月十日と特定し、さらに「土曜日」であったとしているのは、不可解である。当時は週休二日制（土曜休業）が普通であったので、土曜日に礼拝があるはずはなく、したがって「事件」も起きようがないのである。ラーネッドも老いたり、というべきか。

また、彼は「事件」に関しては、意識的に沈黙を守った、と回想するが、実は「事件」を匂わす（次のような）記述を一八九〇年の冬、すなわち新島の死去の直後、残している。

「学生たちに対する新島の態度は、何年も前〔十年前〕のある時〔春学期〕に、学内で起こった反抗心に対抗したやり方に鮮明にあらわれた。彼は感情を一杯込めて、この反抗には自分の学校管理になんらかの点で欠陥があった証拠である、したがって自分こそが処罰を受けなければならない、と言明した」（拙稿「事件の謎」下、一〇九頁）。

たしかに打掌の消息と事実を伝える記述は、ここにはない。しかし、明らかにこれは「事件」を指している。名指しこそされてはいないものの、ラーネッドとしては新島への追悼文であることを意識して、自ら沈黙を破った、精一杯の一節（すくなくとも活字となった唯一の）といえよう。

ちなみに、「事件」を目撃した学生のひとり、堀貞一はラーネッドとは対照的に、卒業後も早くからこの事実を喧伝することに熱心であった。たとえば、青年牧師時代、第二の赴任地である新潟でも、彼は新島の自責の行為をよく語った（拙稿「事件の謎」上、一〇六頁、注二）。堀は語り、ラーネッドは黙したのである。

(4) 紛争（「学生の反乱」）は、日本の学校では「珍しくもない」出来事で、今回、同志社で起きた紛争も「馬鹿馬鹿しい」もの、とラーネッドは断じている。総じて、学校紛争は校長の責任、という（日本の学校でよく見られる）考えは誤りである、とも指摘している。そうであれば、「事件」を引き起こした新島は、こうした間違った日本特有の学校観がもたらした犠牲者であった、ということになろう。ラーネッドと新島の決定的な見解の差異は、基本的には彼らの抱く教育観（校長観）の相違に起因するのかもしれない。

(5) 市原は、「事件」後の教員会議（四月十六日であろう）で、校内には「事件」の好ましくない影響が残されている事を指摘した、という。彼が「学校」への悪影響を言う場合、それが学生を指すのか、はたまた教師を意味するのか、判然としない。あるいは両者を含む可能性もある。いずれにしろ、ここではそうした発言をした当の市原が、高圧的に学生たちと正面からぶつかった人物であり、ストの黒幕たる蘇峰からは最大の攻撃目標と目された教師であることだけを指摘しておきたい。

紛争の処理、とりわけ学生との対応にあたって、「若い教師の手落ち」があったことは、新島自身が認めざるを得ない点であった。その場合、「手落ち」は、（伝承が言うような）新島の留守中に見られた、教師の失策では決してない。学生への対応の際の不手際、と取るべきであろう。「若い教師」とはさしあたっては、市原を指すはずである。新島が「事件」後に、今回の紛争は「幹事ノミ之罪」にあらずして、「我輩一統之手抜」と分析しているところから判断すると、「幹事」（日本人教師）たる三人の責任、とりわけ紛争の中枢にいた市原の責任が、現実には問われてしかるべきであったようである。「手抜」の失策とは、新島によれば幹事との「相談之不行届」であった（『新島襄全集』三、一七六頁）。

市原は学生に対してのみならず、校長に対しても、急先鋒ではなかったか（拙稿「事件の謎」上、九〇頁）。教員会議での先の発言は、そのことを窺わせてくれる。彼もまた、ラーネッド同様に新島流の紛争処理には批判的であったのであろう。

そもそも、今回、ストの学生たちに初めて適用された処罰規定は、無断欠席が二日以上の場合、「相当ノ処分」に処す、というもので、この年度の始めに制定されたばかりの学則の中に盛り込まれていた。この草案は、市原の手にかかったという。しかも紛争中に、なぜ集団欠席の学生を処罰しないのか、との「教員ノ不平」（場合によっては、学生が抱く「教員への不平」と読めなくもないが）があったとされる、その「教員」とは、これまた市原と考えるのが、妥当ではなかろうか（拙稿「事件の謎」上、九〇頁）。

⑹　これに関連して言えば、処罰を決める教員会が、スト開始から三日目に開かれたのも、偶然ではなかろう。無断欠席がすでに二日以上にわたっているからである。席上、処罰を強硬に主張する若い幹事に対して、新島は一週間の禁足処置を初めて適用することになる、今回の処置におそらく気が進まなかったことであろう。

それはともかく、先に見たような「学校の会議」の改革問題が、この日の教員会（山崎と新島とは欠席）の議題にのぼったことを、ここでも想起すべきである。再発防止のための機構改革が、話題になったのである。この時も市原の発言力が、大きかったはずである。

この時の会議の詳しい消息は、不明であるが、実際に討議の必要性が教師間で確認されたとしたら、校長権限の範囲、あるいは決議の方法などが、協議のテーブルに乗せられたのであろう。少なくともラーネッドや市原は、そのことを問題視したことであろう。そうであれば、紛争処理は「事件」で一件落着せずに、思わぬ余波を教師スタッフに及ぼしたことになる。「教授会対新島の視点」（「あの日のこと」二九頁）もまた、「事件」を捉える大事な視点となる。教員の目で「事件」をあらたに捉え直すことが、迫られる。

ラーネッドの新島観

最後に「事件」に関連して、ラーネッドの新島観を瞥見しておきたい。

彼が「事件」の批判者であることは、行論上、否定できない。が、さらに衝撃的な告白がある。それは、先に引用した彼の記述――「学生たちに対する新島の態度は、何年も前（十年前）のある時（春学期）に、学内で起こった反抗心に対抗したやり方に鮮明にあらわれた」のくだりを想起されたい――に続く一節である。同志社以外の普通学校（common school）において、新島が校長として成功したかどうかは、おそらく疑わしい、というのである（拙稿「事件の謎」下、一〇九頁）。ボストンに宛てられたこの報告書は、日本人の目には触れないだけに、ラーネッドの本音が披瀝されている。とは言え公式文書のなかである。単なる私情の発露ではなく、なんらかの事実と確信に裏づけられた、信憑性の高いもの、と見なされなければならない。

それはそれとして、「普通学校」は、ここでは「公立学校」と解するのが妥当ではなかろうか。同志社のような「人格教育」あるいは、キリスト教に基づく「精神教育」を目指す、特殊な私塾は別にして、たしかに「管理教育」主体の公立学校では、新島流の学校運営は通用しにくかったに相違ない。日頃から新島は、「校長」であることを自ら拒否しようとする。したがって、「規則」で学生をしばり、強圧的に権力で従わせる、もしも違反者が出た場合は厳罰で臨む、といったような「管理者」であることを誰よりも嫌った。

ラーネッドの目には、こうした教育観に立つ新島は、校長としての資質に欠ける所があったように映っていたようである。後年の回想のなかでラーネッドは、こう述懐する。

「デイヴィス氏は、学校の運営全般にわたって指導性を発揮しました。新島氏はそれに関しては全く関心がなく、また才能もほとんどなく、法的な責任者として常にデイヴィスに十全の敬意を払っていました」(Notes on My Life, pp. 48-49)。

「関心」と「才能」を新島は持ち合わせていなかった、と見る。具体的な典拠は、ここでは示されていないが、かりにそうであったとすると、新島の教育(学生)観は、どのようなものであったのであろうか。

「規則」(管理)の前に「人格」(教育)を置く。これが彼の教育姿勢ではなかったか。学内食堂の乱れを懸念した一学生(松尾音次郎)が、思い余って「食堂規則」を起草して、規則の制定を新島に進言したところ、「同志社は自治が特色なので、そうした規則を設けるのはよろしくない」との返事であった。しかし、そこは新島である。なおも必要性を力説してやまないこの学生に対して、「食堂に貼るのはいいが、同志社はそんな規則を喜ばない」ときっぱりと断言したという(『追悼集』二、三〇五頁、同志社社史資料室、一九八八年)。

たかが食堂規則にしてもこうである。まして、厳しい処罰規定には他の(例えば市原やラーネッドのような)教師とは若干違ったスタンスを日頃から保っていたのではなかろうか。少なくとも機械的な適用には、どこかで違和感を抱いていたと考えられる。この差が、今回の学校紛争の処理に出たのではないだろうか。

処罰規定の草稿を作成した市原は、ひとまず置くとしても、ラーネッドも規則順守という点では、市原に決して劣らなかったはずである。伝説ともなっているラーネッドの(やや病的とも言える程の)「時間厳守」を想起するだけでも、新島との規則観の差異は明瞭である。合理主義者のラーネッドの目には、新島のとった紛争処理の方法は、あまりにも「センチメンタルな厭世主義のあらわれ」と映らざるをえなかった。

前に見たように「事件」の描写に続けて、新島の校長としての適性に疑問を投げかける一節をラーネッドが記述していることは、「事件」がそうした疑問を生むひとつの、しかし大きな要因と考えられていることを示唆している。あのようなやり方は、「いやしくも同志社校長のとるべき態度ではない」とラーネッドは思った。それ故にこそ、彼は同志社や新島にとって「有名な事件」であるにもかかわらず、この件に関しては、生涯、ペンをとろうとはしなかったのであろう。

しかし、「事件」から四十年後、同志社を去るに際して、彼はついに沈黙を破った。それが、前述の回想である。

ちなみに、新島に対してラーネッドの不満がさらにあるとすると、「教会合同運動」(一八八〇年代末)の折りに新島がとった姿勢である。この問題は本稿の主題から外れるので、深入りはしない。

結論だけを言えば、ラーネッドが合同に賛同したのに対して、新島はあくまでも慎重(むしろ反対)であった。合同失敗は、ラーネッドには生涯にわたる悔いとして残ったようである。

「私が日本で経験した最も大なる失望の一つは、四十年前(一八八八年)、組合教会と当時の一致教会との合同運動が、失敗に帰したことである」と無念さを隠さない。とはいえ、小崎弘道のように、その主因を新島に求め、彼を名指しで非難するということは、しなかった。

新島への敬意

このように見てくると、ラーネッドと新島とは、根本的に相互にあい容れない関係のように受け取られがちである。それは公平な見方ではない。ラーネッドは、新島に対して気質や見解の相違を認めながらも、それを越えて、新島を心から尊敬していた。

新島が死去した時、その二日後にいち早く伝記の作成をボストンの本部に宛てて要請したのは、ラーネッドであった。そればかりか、彼は日本ミッションの決議に従い、新島の業績を紹介する一文をアメリカン・ボードの機関誌、『ミッショナリー・ヘラルド』（*Missionary Herald*）に寄せた。送稿は新島の死後、二週間後という早さであった。ラーネッドによれば、この時点でデイヴィス（J. D. Davis）が、新島伝の執筆をすでに開始している(5)（拙稿「新島襄と山室軍平」二八頁、『新島研究』七九、一九九一年一一月）。

ラーネッドは、デイヴィスこそ新島伝の最適の執筆者と考えていたようである。「新島先生の右腕」たる存在、と目していたからである（『回想録』四五頁、五〇頁）。たしかに新島とデイヴィスのふたりこそ、その気質においてまさに肝胆相照らす間柄にあった。

それに比べれば、新島とラーネッドとは、気質を異にした、と言わざるをえない。それだけに、もしもラーネッドによる新島伝が作成されていたら、その後の新島像の形成も多少、違った方向をとったのではないだろうか。しかし、気質の差は、二人の信頼を損ねるものでは少しもなかった。本国宛の書簡（私信をも含めて）の中で、見解の相違は別にして、ラーネッドが新島を個人的な感情から攻撃することは、まったくない。いずれも終始、信頼に満ちた目で新島を眺めている内容である。

たとえば、ラーネッドには、外務省からパス（居住許可書）の許可が取れそうにないために、一時は京都を去らねばならない、と覚悟した時（一八七九年）があった。同志社に残るために彼は、アメリカ人である外交特権を捨て、日本に「帰化」することまで真剣に考えたほどである（拙稿『外国人の目に映った百年前の同志社』六〇頁、同志社大学、人文研ブックレット二、一九九五年）。新島への不信感があれば、そういった選択は最初から問題外であったはずである。新島も彼の要請を受けて、府庁や外務省を相手に粘り強く交渉し、時には東京に急行するなど、パスの取得に奔走した。その結果、ついに森有礼を動かして取得に成功している。

興味あることに新島は、この前後にラーネッドの帰化の件で（津田仙を通して）官庁に実際に打診さえしている。その時の外務省の対応であるが、「伝教師等之転籍〔帰化〕ハ事実は此上も無き美事」ではあるが、（前例がなかったからでもあろう）「評議中」と回答するに止まった（『新島襄全集』九上、九三頁）。

新島への信頼、という点では同じことが、アメリカン・ボードの送金方法の変更問題でも言える。一八七九年にボストンからの送金が同志社（すなわち京都ステーション）に関してだけは、ある理由から日本ミッションの幹事―神戸在住のジェンクス（J. C. Jencks）―ではなく、直接に新島宛てにするように変更された(6)。これに関して、ただちに賛意を表明したのが、ラーネッドである。その根拠は、新島が信用に値する人物である、という一点にあった。受取人がほかの日本人では、とうてい考えられない措置であった。新島だけは「例外」、とラーネッドは強調する（D. W. Learned to N. G. Clark, Dec. 26, 1879, Kioto）。

こうしたラーネッドの新島観は、次の回想に尽きる。

「新島先生には、決して名誉を求むるの心なく、又同志社の校長として権力を振り廻はすといふ心も決してなかったので、全く利己心を捨て、人の為に働くといふ心を以て、学校の為に生涯を費されたのであります」（『回想録』一一頁）。

また、同志社の創立四十年記念会（一九一五年十一月十二日）の席上、ラーネッドはスピーチを披露した。それが中瀬古六郎によって筆記されたのが、公表されている。おそらくラーネッドによるものとしては、新島についての最もまとまった回想であろう。『回想録』にも収録されていないので、ここで要旨を紹介しておきたい（『追悼集』二、二三二～二三三頁）。

そこでは新島についての所感が、次の三点に集約されている。

(1)「利己心」なき人で、ひたすら国家、学生、人民のために尽くした。

(2) 見えざる神の導きを信じる「確信」の人である。

(3)「同心協力」の精神の持ち主で、有志者や同僚と共に協力しあった。

新島への熱き思いが伝わってくる内容ではないか。

「新島先生を知り、先生と共に十四年間も仕事をしたといふ事は、大きな収穫であった」とラーネッドは振り返る。彼は新島のような人物に出会えたことを生涯の幸福と考えた。「先生は先生の絶えざる誠実と、完全なる自己忘却とによって、学校に最も尊い記憶と模範とを残された」のであり、「私たち〔夫妻〕は、〔先生との出会いの〕始めから、非常に先生を尊敬してゐたのである」（『回想録』二四頁、二八頁、五一頁）。

しかるに、こと「事件」と「教会合同運動」に関してだけは、両者の見解は大きく食い違った。もちろん、人格的な対立ではない。まして根源的な確執では、さらにない。単なる意見の相違である。

それゆえ、これらふたつの問題は、ラーネッドの見解（回想）抜きには、多面的な把握は不可能である。ラーネッドが残した一次資料が披閲可能となった現在、「事件」を総合的に究明する道が、ようやく拓かれ始めた。「事件」は「當にキリストの十字架と同じこと」と断ずる堀の史観（『堀貞一先生』五九頁）に代表される古典的な「事件」のイメージ、ひいては一種の「新島神話」[7]に関しては、再検討が必要な時が、いよいよ迫って来た。

〈注〉

（1） 本井康博「新島襄『自責の杖』事件の謎」（下）、『同志社談叢』一四、同志社社史資料室、一九九四年。本稿では拙稿「事件の謎」として引用。なお、同前（上）は『同志社談叢』一三、一九九三年に収録されている。上下とも、その後、拙著『新島襄と徳富蘇峰』（晃洋書房、二〇〇二年）に再録。

ちなみに、同稿以後の関連拙稿は次の通りである。

・「新島書簡の落とし穴―『自責の杖』事件を読む―」（『新島研究』八四、同志社新島研究会、一九九四年五月）

・「『自責の杖』事件のミステリー―新島伝説を追う―」（『月刊チャペルアワー』一九九、同志社大学キリスト教センター、一九九四年）

・「『自責の杖』事件の真相―日本組合基督教会物語（十五）―」（『基督教世界』三五五一、基督教世界社、一九九六年四月）

・「解説」（菅井吉郎『堀貞一先生』復刻版、大空社、一九九六年）

（2） ラーネッド『回想録』は、彼が生前に学内の機関誌や新聞などに寄稿した種々の回想五種類（一九一九年～一九二八年）を河野仁昭氏が一九八三年に一本に編集したものを、『回想録』の名を付して同志社が刊行した。ラーネッド自身のペンになるものとしては、唯一のものであった。残念ながらいずれも短文である。これ以外に、後述する「ラーネッド教授の演説」が活字となっている。これまた短文であるが、新島についてのまとまった記述としては、これが一番長い。

（3） 全文は拙稿「事件の謎」上、三六頁以下を参照されたい。

(4)　最初の自叙伝草稿には『七十年　一八四八年～一九一六年』(Three Score Years and Ten 1848～1916) とのタイトルとともに、「娘に」(To My Daughter) との献辞が、本文と同じタイプで打たれている。さらにその他に、手書きで表紙に“Grace Whitney Curtis from Father Jan. 1, 1920”と記されている。いったん、G・W・カーチスの手に渡った同書は、のちに彼女からアメリカン・ボードへ寄贈されたのではないだろうか。執筆開始は、七十歳を迎えた一九一八年から翌年あたりにかけてではなかったか。内容は誕生（一八四八年）以来の生涯の回想である。

もう一冊の自叙伝は、『わが人生ノート　一八四八年～一九四〇年』(Notes on My Life, 1848～1940) と題され、全三巻の構成である。彼にしては珍しく、執筆時期の記入がない。一九四〇年五月に、彼は妻をなくしているので、あるいはそれを人生の一区切りと考えたのかも知れない。前の著作（自叙伝草稿）から二十余年が、経過した九十二歳のおりの作品である。あらためて自叙伝を残す（書き直す）気になったのであろう。彼の死は、それより三年後の一九四三年のことで、享年九十五であった。

さらに回想録の草稿は、『アメリカン・ボード日本ミッションでの五十年　一八七五年～一九二五年』(Fifty Years in the Japan Mission of the ABCFM 1875～1925) と題されてはいるが、これまた作成年月日の記入がない。一九二五年からそう遠くない時点での執筆、おそらく一九二八年に帰国する時までの執筆と考えられる。これら三種の草稿の入手に当たっては、安田寛助教授（山口芸術短期大学）ならびに吉田亮助教授（同志社大学）のご尽力があったことを記して、感謝したい。

(5)　新島伝に関して付言すれば、デイヴィスによる英文の新島伝に呼応して、日本語による新島伝の執筆者には早くから蘇峰が内定していた（拙稿「新島襄と山室軍平」二八頁）。蘇峰によれば、伝記の編纂は「〔新島〕先生の遺命に依り」、と言う（『新島先生就眠始末』三七頁、一八九〇年、警醒社）。先輩にして錚々たる牧師連中の多い「熊本バンド」を差し置いての抜擢である。「事件」後に、新島の慰留を振り切って同志社を中退し、「洗礼返上」まで申し出た蘇峰が、執筆者に指名されるというのは、真に興味深い。

さらに、蘇峰の親友で、先に同志社を大久保真次郎と共に退学していた、同じ「大久保派」の家永豊吉も、新島伝（ただしアメリカ人向けの英文である）作成の希望を早くから（新島の在世中に）抱いていた。一八八九年八月のことである（太田雅夫「米国における帝国憲法発布記念祝賀会」二五頁、『桃山学院大学教育研究所研究紀要』四、一九九五年三月）。

なお、「熊本バンド」のなかでは、浮田和民（新島に対するスタンスという点では、ラーネッドに通じるものがある）にも伝記執筆の機会があった。「先年私〔浮田〕は改造社から頼まれて、先生の伝記を或は書く積りで、資料を蒐めかけたこともある」と浮田は述懐する（浮田和民「私の新島先生観」一四五頁、『新島先生記念集』、同志社校友会、一九六二年）。

(6)　その背景については、拙稿「新島襄、詐欺罪で逮捕か」(一)～(三)、『基督教世界』三五五二～三五五四（一九九六年五月～七月）を参照されたい。

(7)　「新島神話」の形成は、新島の死去の時点で、すでにある程度の形をなしている。たとえば、巌本善治の次の記述はその好例である。「先生の愛は博《ひろ》くして切なりき。曾て同志社生徒が、洋教師及び幹事の行為に付きて平ならずに、俄に退校せんとしたるとき、先生之を留めて説術すること、数時に渉り。其間、木片を取り、語り且つ自ら鞭うつ、連鞭連下、中ころ木片、両つに折れ、折尖、掌を破り、流血淋漓《りんり》たり。書生大に驚き、且つ太たく悔ひ、遂に退出するを止め、彼の両木片を組みて十字架形を造り額をなすもの尚ほ現に存すると言ふ」(『女学雑誌』一九八、六四五頁、一八九〇年二月一日)。

四、Ｊ・Ｈ・デフォレストと新島襄

――ラットランドから仙台へ――

在来中の夢――ふたつのキリスト教学校

十年七か月振りの帰国であった。明治維新をはさんで、日本の情勢は一変していた。その変化は、横浜港に降りたった新島襄の目にも歴然としていたにちがいない。

とはいえ、ことキリスト教に関しては、旧態依然たる状態のままであった。わずかに政府により黙許されたばかりの時であった。アメリカン・ボード（A. B. C. F. M.）の「準宣教師」という資格で帰国した新島は、したがってそのために負うべき労苦は、もとより覚悟のうえであった。

住み慣れたボストンを去るにあたって、新島は単身者用のマットレスを日本への土産として購入した。それはキリスト教のゆえに結婚を断念せざるをえないばかりか、生命をも奪われかねないとの「殉教者精神」（a martyrlike spirit）から出た行為であった（『新島襄全集』六、三五七頁、英文、同朋舎、一九八五年）。

キリスト教の伝道とキリスト教に基づく教育――このふたつが日本の近代化にとって不可欠である、との確信に彼は立っていた。とりわけ後者は、キリスト教系の高等教育機関の建設、という形で彼の中で具体的な姿をとり始めていた。留学期間が終りに近づくにつれて夢はますます膨らみ始めた。そして、それがついに横溢したのが、周知のラットランド（Rutland, VT.）でのアピールであった。

横浜に上陸するや、新島はただちに動き始めている。おりしもこの地で聖書翻訳事業に従事中の松山高吉に、「学校はどこがよかろう。伝道はどういう風にやったらよかろうか」と問うたという（『追悼集』四、二八一頁、同志社社史資料室、一九九一年）。新島の夢が、同志社英学校としてともかくも実現するのは、これよりちょうど一年後のことであった。

開校より十年後の一八八五年十二月十二日。この日、新島は再び横浜に上陸した。アメリカでの療養を終えて、一年八か月振りの帰国であった。ただちに東京に足を運び、松山高吉の家で旅装を解いた（『新島襄全集』五、二六〇頁、一九八四年）。

今回の渡米中、新島の心をとらえたのは、東北伝道策であった。とりわけ、仙台か福島のいずれかに、同志社の分校を建てたい、との夢が、胸中に大きく萌していた。そのためアメリカに滞在中から、彼は東京の松山や小崎弘道にその緊急性を訴えていた。これに対して、松山（越後出身である）は東北伝道に関する新島の所見に、ほぼ全面的に共鳴し、「皆愛兄ニ同じ」と書き送っている（『同志社百年史』資料編一、二四九頁、同志社、一九七九年）。

したがって、新島は帰国後、松山宅でさっそく東北伝道策を協議したはずである。が、新島の東京滞在は二日間の猶予しか許されなかった。新島の復校をまって同志社では、創立十周年の記念式が予定されていたからである。

時間を惜しんで新島は、二日目（十四日）には富田鉄之助――仙台出身の日本銀行副総裁で新島の旧知――を訪ね、東北地方（仙台）に学校を設立するための協力を要請した。この富田たちの支援をえて、仙台に同志社の分校（宮城英学校。翌年、東華学校と改称）が日の目を見たのは、これより九か月後（一八八六年九月）のことであった。

かくして、新島の二度にわたる渡米のいずれもが、キリスト教学校の設立という夢を新島に抱かせることにつながったのは、実に奇しきことである。ラットランドでのアピールが、京都に同志社を産み、その同志社が校長の渡米を契機に仙台に分校を産んだのである。その意味では、仙台の学校もまた、その淵源は、遠くラットランドにまで遡及することができる、と言えそうである。

　ラットランドと仙台は、実は一本の細い径でつながっている。この径を開削したのはもちろん新島である。が、この径を彼と歩んだ[2]人がもうひとりいたことを看過してはならない。デフォレスト（J. H. DeForest）である。

ラットランド

　日本にキリスト教系の高等教育機関を、との夢を新島が初めて公表したのは、ラットランド集会（アメリカン・ボード第六十五回年会）におけるあの歴史的な演説であった。それを身近かで聞くことができたひとりが、若きデフォレストであった。この時、デフォレストも、日本に赴任するための告別の辞を新島と並んで、壇上から告げたのであった。新島の出番はデフォレストの次であった。一八七四年十月九日のことである（『同志社百年史』通史編一、九頁、一七頁、一九七九年）。

　大会を報じた地元紙（*Rutland Weekly Herald*, Oct. 15, 1874）によれば、デフォレストの持ち時間は、わずか五分間であった。彼はこの席で自分の父親が、子供たちの命名にあたっていかに変った方法をとったかを、ユーモラスに紹介した。そのあと、「たとえ家族が反対したとしても、たとえ教区の人たちが抗議行動に走ったとしても、またたとえ友人たちと別れなければならないとしても、私は行かずにはおれない」と力強く断言した（オーティス・ケーリ「ラットランドと新島襄と同志社」二〇六頁、北垣宗治編『新島襄の世界――永眠百年の時点から』晃洋書房、一九九〇年）。

　一方、これに対して新島の演説は、涙でとぎれた二、三分間の中断をはさんで、十五分近くかかっている（『同志社五十年史』四二頁、同志社校友会、一九三〇年）。

　新島の訴えがひきおこした感動的な情況をデフォレストは、直接に目撃することができた。彼の回顧は言う――

　「幸運にも十二年前、〔アメリカン・〕ボードの年会で、私はラットランドに居合わせておりました。この時、新島氏は日本にキリスト教の学校を建てるのを援助していただきたい、とのアピールを効果的に行ないました。ご存知のようにこれをきいた人たちは、彼の心底からの熱烈さにあおられて、たちどころに五千ドルを献金いたしました。[3]彼はこれを携えて、喜び勇んで〔アメリカを〕去り、学校をたてる計画をただちに練り始めました。」(J. H. DeForest to N. G. Clark, Oct. 11, 1886, Sendai.〔　〕は本井、以下同)

　新島とデフォレストとはこれ以前にすでに面識があったと考えられる。

　デフォレストは、コネチカット州のマウント・カーメル（Mt. Carmel）で牧会に従事していたが、日本伝道に従事するためにこの年七月に教会牧師を辞任していた。実はこの時、彼は新島を教会に呼ぶ計画をたてた。新島に説教を依頼するかたわら、個人的に日本の情報を集めるためである（J. H. DeForest to N. G. Clark, July 10, 1874, Mt. Carmel）。ただし、これが実現した形跡はうすい。

　ふたりが面談する機会は、九月に訪れた。デフォレストは、九月二十三日の結婚式（ibid, Sep. 4, 1874, New Haven）の翌日に、ボストンの教会で行なわれた新島の按手礼に臨んだと考えられる。デフォレストにとっては、アーモスト大学のシーリー教授（J. H. Seelye）の説教に触れることができるばかりか、新島と「知りあえる」絶好の機会であった（ibid., Sep. 10, 1874, New Haven）。

ラットランドの大会は、それより二週間後のことであった。大会の翌週、新島とデフォレスト夫妻は、いま一組の宣教師（A. H. Adams）夫妻とともに日本に向かった。

ただし、東部からサンフランシスコまで団体行動をとったわけではなく、西海岸で落ち合うことになっていた。が、新島とデフォレストとは、十月二十六日にワイオミング州のグリーン・リバー（Green River）の駅前食堂でばったりと出食わし、お互いにその奇遇を喜んだ（『新島襄全集』八、一二八頁、一九九二年）。

サンフランシスコで乗船したコロラド号の船客の中には、新島が心を開いてうちとける客は、宣教師以外には見当らなかった。享楽的な連中ばかりであったからである。ある時など、新島はそのうちの二人（ドイツ人であった）と熱い口論をして、とっちめた（同前六、一四九―一五〇頁）。

デフォレストが打ち明けるところによれば、この時の口論の内容は、おおよそ次のようである。新島はドイツ商人から、日本人女性のくどき文句を日本語で教えてくれと依頼されたが、「自分はキリスト者であるから」ときっぱり拒否した、という（J. H. DeForest to N. G. Clark, Dec. 12, 1874, Osaka）。

横浜上陸は十一月二十六日であった。「一八七四年の秋、ジョゼフ・ニイシマは、自分がアメリカで教育を受けたようなすぐれたキリスト教の学校を設立する、という目的に心を燃やして、母国にたどり着いた」とはデフォレストの後年の回顧である（Jinzo Naruse, *A Modern Paul in Japan*, p. 5,『成瀬仁蔵著作集』一、日本女子大学、一九七四年）。

太平洋の波にゆられながらも新島は、デフォレストに向かって、自分の夢をなんども語ったにちがいない。したがって、デフォレストは訪日後、新島の志と事業に対して、よき理解者たりえたはずである。

もっとも、かれらふたりが働きの場（拠点）を同じくしたのは最初の半年（大阪）だけで、以後は別々のステーション――新島は京都、デフォレストは大阪、ついで仙台――に所属した。そのため、直接的な交流は密であった、というわけではなかった。

おまけに両者の立場（見解）が、常に一致していたというわけでもない。時には対照的となり、相互に鋭く対立することさえあった。もちろんそのために、二人の友情に罅《ひび》が入ることはなかった。

本稿では二人の交流のうち、周知の友好的関係ではなく、これまで知られなかった二人の相克の一面――あくまでも一面である――にあえて焦点をあててみたい。新島の人物像と思想に肉迫できる効果的なひとつの視点となりえるからである。

自給論をめぐって

同志社開校五年目（一八八〇年）にして、新島はかつてない窮地に立たされた。学園内外のさまざまな圧力が、新島を押しつぶそうとしたのである。なかでもアメリカン・ボード日本ミッション内部での対立は、同志社を存亡の危機に落とし入れた。

「私たち〔京都ステーション、つまり同志社〕は他のステーションの兄弟たち〔宣教師〕の何人かから、こっぴどくやられました」と新島は書き残す（『新島襄全集』六、二〇九頁、英文）。衝突の内容については、彼は黙して語らない。が、神戸のギュリック（O. H. Gulick）や大阪のレヴィット（H. H. Leavitt）を先峰とする自給論者たちから、京都ステーションの教育事業（同志社）が攻撃の的とされたと見て、まずまちがいなかろう。

要するに大阪側の主張は、ミッションの資金を日本人伝道者や日本人の教育（とくに普通教育）事業への援助に投入することは、アメリカン・ボードの伝道方針に反する、というのである。かれらの批判は今に始まったことではない。

新島は前年（一八七九年）に、すでにこう慨嘆している。「悲しい現実」ではあるが、「彼ら〔レヴィットたち〕は、他人が築きあげている仕事を引きずり降ろそうとしているように思える時がある」と（同前六、二〇四頁、英文）。

一八八一年にも新島は、大阪ステーションから厳しい批判にさらされた。レヴィット（すでに自給論のゆえにミッションを辞任）の流れをくむカーティス（W. W. Curtis）が、自給論の立場から次のように新島を批判したのである。

日本の信徒たちを自給の方向に導くにあたって、「新島はいかなる意味でもまったく助けとなることはない。どんな意味でもあてにはならない。」なぜなら「自分の生計と学校のために彼が受けとっている金銭が、この問題全体にわたって彼の口を完全に閉ざしてしまっている」からである。「一般的に言って、外国から金銭の援助を受けている者が、自給の問題を人びとに提示できないのは、明白であると思います」（W. W. Curtis to N. G. Clark, Feb. 23, 1881, Osaka）

カーティスの希望で、事前にこの書簡に目を通したデフォレストも、カーティスの主張を弁護する。

「カーティス氏が書簡の中で述べていることはすべて、とりわけ新島氏に関する〔先の〕箇所は、まさにその通りですから、私も支持したいと思います。新島氏は偉大な人（fellow）ではありますが、私は完全に失望させられました。したがって、これから援助〔の問題〕に関しては、どんなことでも彼に口を開いてもらおうとは、金輪際思いません。その種の問題については、彼はなんの役にもたちません」（J. H. DeForest to N. G. Clark, Feb. 24, 1881, Osaka）。

レヴィットと新島が、自給の件で相互に対照的な立場にあったことは、つとに周知の事実である。レヴィットの同調者が、ほかにもいたことも、見逃してはならない。デフォレストはカーティスと並んで、明白に自給論の主張者であった。カーティスは、新島ではなくレヴィットこそが、自分にとって常に「頼りになる人」（a tower of strength）であった、と告白する（W. W. Curtis to N. G. Clark, Feb. 23, 1881, Osaka）。

新島のもっとも傍にいた同志社のデイヴィス（J. D. Davis）は、こうしたミッション内部の抗争や新島の苦悩を誰よりもつぶさに見聞していた。

「新島の最も親しくしていた何人かの友人たちは、(4) 新島が恩人ハーディ氏から生活費を出してもらうことによって彼の影響力をそこなっている、と告げた。だから、もうその金は辞退して自活するようにすべきだ、と忠告したのであった。彼は一度、友人たちの批判に屈し、ハーディ氏からの恩恵をこれ以上受けることをやめようと考えた」（J・D・デイヴィス著・北垣宗治訳『新島襄の生涯』九二頁、同志社大学出版部、一九九二年、傍点は本井）。

デイヴィスは、おそらく新島からこの件で相談をもちかけられたにちがいない。同志社のために、ボストンからの送金をひき続き受けとるように、と説得したのも彼であったと思われる。

大阪ステーションからの批判は、同志社の開校からほぼ六年間にわたって続いたという（同前）。

会衆主義をめぐって

自給論と並んで今ひとつ、新島とデフォレストを分かつものがある。教派観である。新島があくまでも組会教会、もしくは会衆主義

(Congregationalism) にこだわり続けるのに対し、デフォレストはきわめて寛容である。つねに他教派、とりわけ一致教会、すなわち長老主義 (Presbyterianism) に協調的であろうとした。

二人の教派観の相違は、たとえば東北伝道の進め方やいわゆる教会合同問題などに明瞭にあらわれている。これらふたつのケースは、それぞれが個別にとり扱われるべき大きな問題であるが、今は行論上に必要な限り、二、三点の指摘にとどめておきたい。

まず前者であるが、越後地方の信徒集団——いわゆる「パーム・バンド」[5]——の分裂に伴い、組合教会（会衆派）の独占体制がくずれ、対立関係にあった長老派（一致教会）があらたに越後に進出するという事態が生じた。そこで組合教会は、デフォレストと海老名弾正（後述するように新島襄の代理）を現地に派遣して、信徒の分裂をくいとめようとした。

ところが、調停は遅きに失し、結局は失敗に終った。分裂は好ましいことではなかったが、実はデフォレストにとっては、長老派は決して招かざる客ではなかった。彼の持論は、「長老派が新潟に進出するのに、悪魔的な (satanic) ものはなにもない」とか、「かれらが〔越後に〕行くことは『呪われた』("cursed") ことでもない」という信念に基づいていた。したがって、あくまでも長老派を排除しようとする越後の宣教師、たとえばR・H・デイヴィス (R. H. Davis) は、デフォレストの目には、「会衆主義者中の会衆主義者」と映じた (J. H. DeForest to N. G. Clark, July 16, 1886, Hieizan)。新島も会衆主義者として、長老派の進出（彼にとっては「侵出」）は、断固として防ぐべき事柄と受けとめていたはずである。

また、後述もする仙台進出問題にしても、長老派に対する態度が「寛容すぎる」としてデフォレストは、ミッション本部（N・G・クラーク）から疑念を表明されたりしている。この時の弁明は次の通りである。「個人的には会衆主義者であることに喜びを感じてはいる」ものの、自分はそれに固執しない。キリスト者を産み出すことが先決であって、会衆主義者を作ることはきわめて二次的な問題にすぎない (J. H. DeForest to N. G. Clark, Dec. 15, 1887, Sendai)。

一方、クラークは仙台問題にまつわるデフォレストの言動から、デフォレストが「長老派に走った」("swing off into Presbyterian") 印象をどうしても拭い去ることができなかった (J. H. DeForest to N. G. Clark, Apr. 20, 1888, Sendai)。

こうしたデフォレストの寛容さは、組合教会と一致教会（日本基督教会）との合同問題でも一貫した。彼は積極的な合同推進論者として、反対派の新島と対立した。デフォレストは新島に書簡を寄せ、合同に賛成する立場に立つよう熱心に説得した。が、新島は動かなかった。あくまでも合同に慎重であった（『新島襄全集』六、三四八頁）。合同はアメリカン・ボードからの経済援助を絶つのではないか、との懸念が、新島の反対理由のひとつであった（同前、三四〇頁）。そこでデフォレストは、合同後も支援は継続する、とのミッション本部（クラーク）からの回答（一八八九年一月四日付）を『基督教新聞』（一八八九年四月一〇日）に公表し、新島の不安を除こうとした。

要するに新島は、「意固地なまでに偏狭なセクト主義者、と私を非難する人が何人かいました」と自身で告白する（『新島襄全集』六、三五五頁、英文）ほどの会衆主義者である。これに対してデフォレストは、新島を非難しても不思議ではないほど教派に関しては寛容であった。

デフォレストは、次のように見ていた。「〔組合〕教会の偉大な指導者たち——ただし新島氏と熊本の海老名〔弾正〕は除きますが

――は、アメリカの会衆主義者たちが抱く懸念にまどわされることがまったくありませんでした。〔中略〕日本には組合教会はひとつもありませんし、長老教会もまったく存在しません。もっとも、これらの言葉が教派（sect）を意味するかぎりのことですが」（J. H. DeForest to N. G. Clark, Dec. 1, 1888, Kobe-Maru. 傍点部は原文では下線）。

超教派的活動（大阪ＹＭＣＡ）をめぐって

デフォレストのこうした教派意識は、ひとつには来日後に最初にとり組んだ仕事によって育まれたように思える。彼は超教派的な団体である大阪基督《キリスト》教青年会（ＹＭＣＡ）の熱心な主唱者であった。

大阪の基督教青年会館――アジアで最初のもの――が海外からの巨額の献金で建てられたものであることは、比較的知られている。実はデフォレストの貢献を抜きには、考えられなかった。

当時、アメリカン・ボードは、日本に四つの伝道拠点（ステーション）を設置し、それぞれに宣教師を定住させていた。京阪神と岡山を合わせた四箇所である。このうち京都と岡山の両地方の伝道は、アメリカン・ボード（組合教会）の独占であった。

これに対して神戸は、組合教会と日本聖公会（ミッションとしては英国教会伝道会社〈CMS〉）が入り混る。大阪にいたっては、さらに複雑である。五つのミッションが混在し、しかも相互に連携し合って（side by side）伝道をする。大阪に特有のこの特殊性こそ、着目すべきである、とデフォレストは主張する（J. H. DeForest to Dr. Judsonsmith, Feb. 5, 1885, Osaka）。

これら五つのミッションをひとつに結び合わせるものこそが、ＹＭＣＡであった。一八八四年に建てられた当初の会館の建築資金計画は、それぞれのミッション本部に融資を依頼しよう、という内容であった（J. H. DeForest to N. G. Clark, Dec. 29, 1884, Osaka）。ミッション側からの申し出を受けた青年会は、翌年一月十二日に役員会を開き、デフォレストらの斡旋を受け入れることを決定した（世良田元『大阪ＹＭＣＡ史』二四頁、大阪キリスト教青年会、一九六九年）。

その後、カンバーランド長老教会（CPP）のヘイル（J. B. Hail）の提案に基づき（J. H. DeForest to Dr. Judsonsmith, Feb. 5, 1885, Osaka）、依頼先はロンドンとニューヨークのＹＭＣＡへと変更された（J. H. DeForest to N. G. Clark, Jan. 12, 1885, Osaka）。

ニューヨークＹＭＣＡの国際委員会幹事であるモース（R. C. Morse）とアール（E. Uhl）に宛てて、五派の代表者が連名で融資の要請書を発信したのは、一月二十一日のことであった。名を連ねたのは、アメリカ監督教会（PECUA）のチング（J. S. Tyng）、英国教会伝道会社（CMS）のエヴァントン（H. Evington）、アメリカ長老教会（PCUSA）のアレクサンダー（T. T. Alexander）とヘイル、それにデフォレストの五人である。

同書の起草者は、デフォレストと考えられる。文中、オーストラリア在住のディクソン牧師（J. M. Dixon）――元東京大学教授――の尽力により、同国で千五百ドルの寄附が期待できる見通しである、ともある。

デフォレストはこの要請書とは別に、モース宛ての私信で私的な助言を書き送っている。当時、おりしも渡米中の新島と帰国中のW・W・カーティスとも、モースが連絡をとって、彼らから大阪の情報をじかに入手してほしい、といった内容である（J. H. DeForest to R. C. Morse, Jan. 31, 1885, Osaka）。

在米のカーティスは、おそらくデフォレストから会館計画を知らされたのであろう。「実に望ましいプロジェクトで、失敗させてはならない」との評価と決意を下している（W. W. Curtis to N. G. Clark, June 12, 1885, Clifton Springs）。

一方の新島の側の反応や動向は、いっさい不明である。興味深いのはデフォレストが、モースに次のように書き送っていることである。

「新島氏は、もっとも有能で熱心な日本人のひとりです。ボストンのハーディ氏気付で書簡を送れば、照会が可能ですが、必要ならば彼が〔そちらへ〕出向くこともできましょう。もっとも、健康がすぐれませんので、早急に出向かせるのは賢明ではなかろうと思います。彼は大阪の必要性について説明できるとは思いますが、当地のYMCAにはこれまでまったく関係しておりません。けれども青年たちのことを十二分に知っておりますので、この連合体を多少とも支援する〔この建築計画の〕ために熱心に弁護してくれるものと思います。」（J. H. DeForest to R. C. Morse, Jan. 31, 1885, Osaka. 傍点は本井）

新島が超教派的な活動体である大阪YMCAにいっさい関係していない、とのデフォレストの指摘は、京都では他教派の活動が皆無である、との先の指摘とともに、行論上、記憶に値する。

カーティスや新島の働きかけがあったかどうかは、定かではないし、また、ニューヨークから大阪へは、なんの連絡も入らなかった。痺れをきらしたデフォレストは、九月に再度、書簡を送った（J. H. DeForest to R. C. Morse & E. Uhl, Sep. 22, 1885, Osaka）。

モースから待望の回答があったのは、十一月に入ってからであった。少なくとも千ドル以上の献金が集まった、との朗報であった（J. H. DeForest to N. G. Clark, Nov. 29, 1885, Osaka）。最終的な寄附金は、イギリスから千五百ドル、オーストラリアから三百ドル、そしてアメリカからは二千六百七十五ドルであった（J. H. DeForest to N. G. Clark, June 16, 1886, Osaka & July 16, 1886, Hieizan）。

これらの海外献金をもとに、会館が土佐堀に竣工したときには、デフォレストはすでに仙台に移っていた。それは、いわば彼の置土産となったことになる。一八八六年十一月三日の奉堂式には、仙台から祝文（中江汪《おう》が代読）を寄せたことは、言うまでもない（『基督教新聞』一八八六年一一月一〇日）。

仙台の学校設立をめぐって

大阪でのYMCA活動に典型的に示されるように、デフォレストは他派との競合に代えて、協調を第一義とした。この点が、あくまでも会衆主義に基づく自治教会作りに邁進した新島との差を生む。このことが顕著にあらわれたのが、組合教会の仙台進出問題である。新島が企図する「進出」は、デフォレストには「侵出」にほかならなかった。

二度目の渡米中、新島が東北伝道の将来に大きな期待を寄せたことは、前に触れた。かの地での療養中、（後述するように）医者から読書を差し止められたこともあって、彼は日本地図を前に開いて、ひたすら伝道策をあれこれと思いめぐらした。その執心ぶりは、周囲から「気が狂ったのではないか、と思われるほど、伝道拡張に熱心」と思われかねない、と自分でも認めるほどである（『新島襄全集』六、二五三頁、英文）。

仙台もしくは福島を確保するための人材として、新島は次の人たちを考慮した。日本人伝道者としては長谷川（中島）末治、辻密太郎、長田《おさだ》時行の三人、宣教師としてはアッキンソン（J. L. Atkinson）かデフォレストである（同前、二四八～二四九頁、二五二頁）。

これに対して、当のデフォレストは、新島の拡張計画は伝道勢力の分散につながるばかりか、日本人伝道者へのミッション資金の援助支出を増大させる点で、賛成しかねた（J. H. DeForest to N. G. Clark, Mar. 9, 1885, Osaka）。おまけに、仙台の場合はすでに他教派が伝道に手を染めている。競合の心配が高い地域である点も、彼には気がかりであった。

　新島が企図する仙台進出計画とは、端的にいえば同志社分校の設置案であった。問題の複雑さは、先に仙台に進出していた一致教会（ドイツ改革派ミッション〈RCU〉を後ろ楯とする押川方義《まさよし》が中心人物）もまた学校設立を立案中、という点にある。

　すでに別稿[6]で明らかにしたように、デフォレストはこの間終始、押川や他教派（他ミッション）に同情的であった。したがって、彼にとって選択すべき道は、組合教会（同志社）が仙台をあきらめ、一致教会に学校設立計画を譲るか、さもなくば一致教会と連合して学校を始めるか、のふたつにひとつしかなかった。

　この基本方針に基づいて、デフォレストは彼なりの努力を重ねることになる。それについては、こうも告白する。

　「最初、私はそれ〔新島の学校設立案〕には反対でした。長老派がまず最初の機会〔優先権〕をもつべきだ、と思いましたので、できるだけの努力を傾けて、私たち〔組合教会〕のところへもちこまれた申し出を、かれらに譲渡しようとしました。

　もしこれがうまくいったら、ボストンの激しい怒りを買うことはまちがいない、とも承知しておりました。しかし、〔すでに仙台の〕現場にいるかれら〔長老派〕がまず享受してしかるべき、と思いました。私がしたことはかれらが知っております」（J. H. DeForest to N. G. Clark, Oct. 18, 1886, Sendai. 傍点は原文では下線）。

　デフォレストの努力が結実した場合、激怒するのは、ボストンのミッション本部だけではなかったであろう。新島もまた、憤慨するか、さもなくば落胆したはずである。

　では、なぜデフォレストは、自己の主張を貫くことができず、途中で自分の主張を放棄せざるをえなくなったのか。

　仙台の有力者が、発起人としてキャスティング・ボートを握っていたからである。デフォレストの思惑とは別に、彼らは最終的には押川方義ではなく新島を選んだ。学校を「同志社の分校」（田村直臣『信仰五十年史』一五二頁、警醒社、一九二四年）とする方を選んだのである。

　かくして発起人たちは、「新嶋襄氏に依頼し、同志社の如き一大英学校を設立」したいと望むに至った（『基督教新聞』一八八六年一一月三日）。事ここにいたっては、さすがのデフォレストも、長老派との連合や協調策を引っこめざるをえなかった。

　興味深いことに、ひとたび組合教会の単独事業として開校するや、彼は大阪から仙台へ移り、閉校にいたるまでスタッフの主軸として挺身した。そればかりか、閉校後も同地に留まり、ついには仙台が彼の終焉の地となった。

会津若松伝道

　仙台に学校を建設する運動には副産物が生まれた。新島、デフォレストによる会津若松伝道である。その経緯は、次の通りである。

　一八八六年五月、ミッションを代表して仙台視察委員に選ばれたのは、デフォレストであった。グリーン（D. C. Greene）と並んで、長老派との軋轢をもっとも懸念する立場にいたからであろう。

　新島がこの件を「米人宣教師出京」と東京の富田鉄之助に報じたところ、富田は電報で「同道出京セヨ」と新島の同行を求めた。翌五月十一日、新島は「十四日出京予定」と折りかえし返電した。新島は予定を差し繰って、デフォレストのあとを追うように東行し、十七日から二十日まで東京に滞在した（吉野俊彦『忘れられた元日銀総裁――富田鉄之助伝――』二五一頁、東洋経済新報社、一九七四年）。

東京で必要な協議をすませ、二人はいよいよ仙台へ向かうことになる。が、直行せず会津へ廻った。しかも別行動である。

まず新島であるが、二十日に東京を発ち、二十二日に会津若松に入った。同地には二十四日まで滞在したが、その間の二十三日には洗礼式をとり行なっている。(7) その後、喜多方、米沢、福島を経由して、仙台に入った（『新島襄全集』五、二六八～二七一頁、二八三～二八六頁）。

次にデフォレストであるが、新島に続いて会津若松に立ち寄り、三十日に同地で演説「キリスト教の真理」を披露している（「若松キリスト教会ノ略史」）。

新島の会津訪問は、これが最後となった。一方、デフォレストはこの後も仙台から、しばしば応援にかけつけている。新島の死後、数年を経て再訪したおりには、デフォレストは新島夫妻について興味ある秘話を紹介している。

「五年ほど前〔一八八六年〕、北部〔東北地方〕の視察旅行の途次に新島博士は、若松をどうしても訪ねてもらいたいと〔土地の人たちから〕懇請されました。新島が京都で果たしている大きな働きを知る人が、同地の有力者の中に何人もおり、(8) 彼のキリスト教の伝道法をとり入れたいと考えていました。おまけに新島夫人が、この町の出身者でした。維新の戦争〔戊辰戦争〕のおり、彼女が同地にいたことは、お聞きになっていると思います。

北部〔東北地方〕の大半は〔政府に〕反対する側に立ちました。その中のひとりに、のちに新島夫人となる女性〔山本八重〕が混じっていました。彼女はその時の様子を私に直接話してくれたことがありますが、往年の女性用の長い槍〔なぎなた〕を手に、お国のために戦う（と彼女は思ったのですが）ために、戦場の最前線まで前進いたしました。

この北部における一連の戦争から、不思議な話しがいくつか生まれました。そのひとつに、新島夫人が負傷者の手当てをしたことが、挙げられます。あるひとりの勇敢な青年は、手首に銃弾が貫通し、むごい弾道のためにすべての靭帯がぶらぶらする、という状態になってしまいました。看護婦は最善をつくしましたが、傷が癒されても、指はほとんど硬直して、使いものにならなくなりました。

〔最近、仙台での〕一夕、私たち〔仙台の学校のスタッフか〕は仙台市長や銀行家、それに有力な市民と夕食をとったことがあります。そのおりの会話中、銀行家――私たちが教えている〔宮城英学校に一万円を寄附してくれた人です――が醜く変形した右手を見せながらいいました。若松での維新戦争のおりに、新島夫人が私のために包帯をしてくれたのです、と。

筆が走りすぎました。新島博士はこの町を最初に〔実は二度目に〕訪ねたおり、十四人ほど〔正確には十四人〕の人に洗礼を授けました。五年を経て、およそ百人の会員と二つの伝道所をもつまでに成長いたしました」（J. H. DeForest to N. G. Clark, May 23, 1891, Sendai. 改行は本井）。

一万円を「維持資本として」寄附してくれたのは、第七十七銀行社長の遠藤敬止である。彼との会談は、一八八七年二月から三月にかけての懇親会の席上と思われる（『基督教新聞』一八八七年三月九日）。

デフォレストは、同志社にも遠くない将来、「遠藤のような人」(an Endo) があらわれるだろうとか、仙台の学校を真似たがっている新潟のキリスト教教育（のちの北越学館）にも、よい刺激となりえるだろう、といった強い期待感を表明している（J. H. DeForest to N. G. Clark, Mar. 3, 1887, Sendai）。いずれにせよ、山本八重の包帯が、一万円を生みだす大きな源となったことだけは、まちがいない。

宮城英学校の開校

さて、新島とデフォレストは、会津からそれぞれ別個に仙台へ入った。前者は五月二十九日に、そして後者は六月一日に、である（『新島襄全集』五、二七一〜二七二頁）。

ふたりがはるばる関西から足を運んだ効果は、すぐにあらわれた。デフォレストの翌年の回想を借りれば――

「〔富田鉄之助からの申し出は、好条件であったので〕それゆえ新島氏と私とは、昨年の春に私たちのミッションから〔仙台へ〕派遣されました。申し出が現実にどのような内容であるかを知ることと、もちろん学校のキリスト教的な姿勢に関して、完全な了解をとりつけることが目的でした。知事やその他の有力者が、ねんごろに迎え入れてくれました。歓迎会の席で、新しい学校のために五千円が約束されていることが、知事から発表されました。学校の宗教的な基盤も京都の学校と同じであることが保証されました」（J. H. DeForest to N. G. Clark, Oct. 11, 1886, Sendai）。

かくして、学校の基礎は固められた。新島にとっては予想外に早い展開であった。仙台からの帰途、ふたりは越後へまわることになっていた。さきにも触れた「パーム・バンド」の分裂騒動の調停のためである。新島にとっては、長老派が越後侵出をはかろうとするのを阻止する対策にほかならなかった

けれども、京都の老父が急病に陥ったため、新島は京都に直行せざるをえなくなった。新島の代理として、前橋（デフォレストは安中と書き残すが）の海老名弾正が、デフォレストに同行することになった（詳しくは拙稿「J・H・デフォレストと越後伝道」参照）。

新島たちが仙台から戻るや、学校設立運動はいよいよ最終局面を迎えた。仙台に派遣する教師の人選が、始まる。外国人教師（複数）については、デフォレストのほかに、W・W・カーティスとホワイト（F. N. White）を送りこむことをミッションは考慮した。

結果的には、当初のこの意向がそのまま実行される。ただし、ホワイトの着任までは、オルチン（G. Allchin）がつなぐことになった。新島は、この人選には批判的であった。「デフォレスト氏のような経験者とほかに新人ふたり」を組み合わせることが最善であって、カーティスは不適格であった。彼よりも若い人が望ましい。だから「カーティス氏をどうか仙台に送らないでいただきたい」と願った（『新島襄全集』六、三〇一〜三〇三頁、英文）。

これを見ると、デフォレストは新任地の開拓者として、新島から高く評価されていたことがわかる。学校計画が具体化するはるか以前から、東北伝道のパイオニアとしてデフォレストは、アッキンソンと並んで新島の意中の人であったことは、前に見た通りである。このデフォレストの派遣が、正式に決定するのは、八月初旬の日本ミッション年会においてであった（Minutes of the Fourteenth Annual Meeting of the Japan Mission of the A. B. C. F. M., Aug. 10, 1886, Hieizan）。

日本人教師としては校長（当然、新島が就任予定）の代理として、同志社教授の市原盛宏に白羽の矢が立てられた。彼が「千思万考ノ末、遂ニ其求メニ応ジテ」同志社教授を辞任するのは、九月に入ってからであった。同月十七日、同志社のチャペルで送別会が開かれた（『同志社百年史』資料編一、七三七〜七三八頁、一九七九年）。

この日、送別会を夜に控えた新島は、デフォレストに宛てて書を

認め、大阪を去ろうとするデフォレストにはなむけの言葉を送った。迷える魂を安全な天上に導くための「灯台」（Beacon light）を仙台に建てていただきたい、と。翌日、市原は仙台赴任の途に上った（『新島襄全集』六、三〇五頁、英文）。五日後の二十三日、デフォレストも市原のあとを追って、仙台に向かった[9]（J. H. DeForest to N. G. Clark, Oct. 5, 1886, Sendai）。

なお、市原を副校長に指名したのは、新島であった。市原は三年間の創業期を終えたら、後任者に任せて留学する、との条件を当局と取りつけて赴任した（『上毛教界月報』一二三、一九〇九年二月一五日）。

学校は一八八六年十月十一日に宮城英学校として仮開校された。開校式に新島は姿を見せなかった。

開校直前の消息は、次のデフォレスト書簡から窺える。

「学校は、次の日曜日の十月十一日に開校されます。すでに九十六人[10]の志願者があり、〔副校長の〕市原氏も全体的な応募状況に大いに満足しています。日刊紙は私たちの来任に大変好意的で、新しい学校の設立運動を高く評価しています。

さらに同紙は、カリキュラムの全体をも発表し、朝の礼拝は自由参加であること、週に一、二度、聖書の授業（京都の同志社〔原文は下線〕とまったく同じ）があることを伝えています。公立学校のひとクラス全員（六、七人）が、この学校に入学するために退学した、とのことです。

知事は、この地域での長期間にわたる働きを祝して今夜、公的な祝宴を張ります。オルチン氏、市原氏、それに私も招かれています」（J. H. DeForest to N. G. Clark, Oct. 5, 1886, Sendai）。

発起人たちが開校を急ぐあまり、「なにもかもが暫定的」だった。したがって、校舎もにわかづくりの間に合わせであった。二棟のあばら屋（shanties）は、外国人教師の目にも「仮設の言葉にさえ値しない」ほどのみすぼらしさであった（A. B. C. F. M., Sendai Report, 1886~1887. 傍点は原文では下線）。

さらに、開校式当日のデフォレスト書簡によれば、式典はこの「きたならしい小屋（shed）」で行なわれた。スタッフは、日本人教師が四人（うちキリスト者は三人）、外国人教師が二人、そして新入生は百二十人をこえた（J. H. DeForest to N. G. Clark, Oct. 11, 1886, Sendai）。新聞は「開業の日より聖書を読み、祈禱をなし、修身講話をなすこと、更に同志社と変はることなし」と報じた（『基督教新聞』一八八六年一一月三日）。

東華学校の開校

仙台の学校は、仮開校の翌年（一八八七年）六月十七日に正式の開校式を挙行した[11]。校名も東華学校と改称された。もちろん新島校長は、今度は京都から東北へ足を運んだ。

新島の出席は直前まで決まらなかった。デフォレストは危惧する。

「学校は来月、正式に開校されます。式典には日本の文部大臣、森〔有礼〕氏が参加されるはずです。富田氏も来られると思います。新島氏は健康がすぐれませんが、来られることを願っております。彼は大変な仕事を負わされて消耗寸前です」（J. H. DeForest to N. G. Clark, May 24, Sendai）。

新島の東上は病軀を押してのことであった。森（当日は結局、欠席）や富田が臨席する以上、校長不在ではおさまらなかったはずである。

開校式のプログラムは、東京で富田と松平定信（宮城県知事）とが作成した。「われわれの方からは、いっさい提案していないにもかかわらず」祈禱と讃美歌がくみこまれていることにデフォレストは喜びを禁じていない（J. H. DeForest to N. G. Clark, June 9, 1887, Sendai）。

新島が式辞を担当したのは、いうまでもない。式場にいたカーティスは、新島のスピーチについて詳しく報告におよんでいる。

「演説の中で、彼は二年前の渡米のおり、医者が読書を禁じたために、愛する母国の地図をベッドの脇にどのようにつるして、眺めていたかを語りました。仙台の位置は、帝国のこの地方全体の最重要地点として、つまり現実に東日本への鍵として新島の胸に大いに印象づけられました。そのためここに学校を建てたい気持が固められました。

すでに日の目を見ましたが、仙台への熱烈な期待を新島が語るのを、しかもこみ上げて来る熱い思いのために声をふるわせながら語るのを聞くと、少くとも私たちのひとりは、ラットランドでの〔アメリカン・〕ボードの集会にひき戻され、彼が京都の学校のために訴えるのを聞くかのような思いになりました。〔中略〕

新島氏の演説は〔全部のスピーチの〕最後で、内容はすでに申し上げた通りです。表にあらわれた感情、一見してわかる病弱さ、強烈な熱意、これら三者があいまって、演説を実に印象的なものにしていました。心の底から、大いなる希望を抱いて、彼は語りかけました。

もっとも、この学校が数多くの魂にキリストをもたらし、この地方を教化する力になってほしい、という心が燃えるような彼の〔宗教的な〕願い[12]については、直接触れるようなことは、いっさいありませんでした。

新島が言うには、学校は非常に恵まれた情況の中で産み出されました。よき場所、よき時、そしてよき協力（諺によれば、以上三点は成功の三要素です）に恵まれたというのです。

けれども、彼はさらに、すべては好条件のもとにあるが、〔学校の〕成功は学生一人ひとりの努力しだいである、と語り、だから、小さな成功に満足することなく、教えられたところの歴史上の人物を見習うように、と説き勧めました」（W. W. Curtis to N. G. Clark, July 15, 1887, Yokohama. 改行は本井）。

ラットランドの集会[13]の現場にひき戻された、とここで言われた「私たちのひとり」とは、一体誰か。もちろんデフォレストである。

東華学校理事でもあったデフォレストは、この式典でも新島と同じ壇上から外国人教師を代表してあいさつを行なった。彼はふたつの国がひとつの事業を共同で行なう困難さと双方を同時に満足させられないかもしれない懸念を正直に告白した（W. W. Curtis to N. G. Clark, July 15, 1887, Sendai）。結末を先どりして言えば、東華学校が数年にして閉校に追いこまれた要因のひとつが、まさにここで指摘されている。

そのことはともかく、開校式に戻ると、デフォレストにとっては東華学校もラットランドを起点とする点で、同志社と軌を一にしていた。彼は断言する。

「もしもラットランドでの集会が、京都のキリスト教学校のために五千ドルを新島氏に献げなかったならば、仙台の人たちもまた、アメリカン・ボードの宣教師たちが関係するキリスト教学校〔東華学校〕を始めるために、五千円を献げはしなかったと思います」（J. H. DeForest to N. G. Clark, Oct. 11, 1886, Sendai）。

十三年前、ニューイングランドの小都市で、日本伝道と学校建設の夢を語り、献金のアピールをした新島襄。そして同じ壇上で告別のあいさつをして新島と共に来日したデフォレスト。以来、両者は時には相克や衝突を見せながらも、同じ夢を追う点で得がたい同志であり続けた。奇しきことに、学位を得たのも同時であった[14]。

新島の死後、デフォレストは敬愛する同志を称えて言う。「不在の校長であったにもかかわらず、新島の名は力の源泉であり続けた」と（C. B. DeForest, *The Evolution of a Missionary, A Biography of John Hyde DeForest*, p. 181, Fleming H. Revell Company, London and Edinburg, 1914）。

〈注〉

（1）これより前、東京に「同志社分校の設立」を画策することが、在京の元良勇次郎と和田正幾（いずれも新島の教え子である）によって試みられたことがある。一八八〇年に新島が東京に来たのを好機として、具体化されようとしたが、成功するにはいたらなかった。ちなみに和田はその後、同志社分校たる東華学校（後出）で一八八六年十二月から一八九二年五月まで教鞭をとっている（和田正幾「私の回顧」七三～七六頁、比屋根安定編『青山学院五十年史』青山学院、一九三二年）。

（2）J・H・デフォレスト（アメリカン・ボード日本ミッション宣教師）は、在日期間が三十七年間（一八七四年～一九一一年）におよび、ほとんど一生を日本伝道に献げた。にもかかわらず、彼に関する研究は少なく、わずかに次のものを数えるにすぎない。

内海健寿『会津のキリスト教――明治期の先覚者列伝』（キリスト新聞社、一九八九年）

本井康博「J・H・デフォレストとD・スカッダー――越後の伝道と教育をめぐって」（『潟』九、日本キリスト教団新潟教会、一九九二年一二月）

同前「J・H・デフォレストと越後伝道――『パーム・バンド』の分裂と教会形成とをめぐって」（同前）

若山晴子「J・H・デフォレストと新島襄」（『同志社時報』九四、同志社、一九九二年一一月）

同前「『米国伝道会宣教師文書』に関する様々な報告(一)――J・H・デフォレスト書簡雑録――その(一)　索引『新島襄』」（『学院史料』八、神戸女学院史料室、一九九〇年三月）

なお、本稿で使用するデフォレスト書簡の検索については、若山晴子氏の先の報告書に負うところが大きい。

（3）ラットランドの大会での寄附者としては、ページ（J. B. Page）やパーカー（P. Parker）の名がまず浮かぶ。とくに後者は新島自身が、「京都の学校に最初に献金してくれた」人として、二度目の訪米のおりにはわざわざ表敬訪問しているほどである（『新島襄全集』六、二六四頁）。

ところが、最初の献金者はツイング（E. P. Thwing）である、との異説を彼の子息（E. W. Thwing）が主張している。この子息は、ハワイで『フレンド』誌（*The Friend*）の編集長をしているおり（一九〇五年三月）、訪日し、同志社チャペルでスピーチを披露したことがある。この時、外国人教師のひとりが、ラットランドの集会をひき合いに出して来客を紹介したのに続いて、子息が語るところによれば――

「父は新島氏がカレッジを始めるにあたって、最初の寄附をした（傍点は本井）人なので、自分はかねてより同志社に関心を寄せていた。あの時、「〔新島の〕スピーチが終るや、父のE・P・ツイング牧師が立ちあがり、日本でこのキリスト教カレッジを発足させるために、最初の献金を少々ではあるが喜んで献げたい、と述べた。ワシントンのP・パーカーやバーモント州前知事のページ、ニューヨークのドッジ（W. E. Dodge）などの人たちも、あとに続いて多額の寄附を行なった。たちまちおよそ五千ドルが、日本にキリスト教大学を創設するのに集まった。同志社はこれを起点として生まれ、これまでに日本各地はもちろん、ハワイ伝道のためにも、人材を送りつづけている」（*The Friend*, June 1905）。

事実とすれば、少額のためかツイングの名は閉却されたことになる。が、今は確認の手立てがない。

最初の寄附についてはさらにポーター（E. G. Porter）が興味深

いエピソードを紹介している。

「ジョゼフ・ニイシマは少年のころにアメリカに逃亡し、改宗した。すばらしい教育を受け、レキシントン（Lexinton）のポーター〔私〕の教会で最初の説教をした。レキシントンでの送別会の席上、青年たちは署名（autographs）に対して、それぞれ十五セントを彼に支払った。こうしてできた少額の資金で、新島氏は京都に学校を開いた。この学校は今では大きなカレッジになり、八百八十九人の学生と八十二人の神学生とを擁している」(ibid., July, 1889)。

新島が、レキシントン（マサチュセッツ州）のハンコック教会(Hancock Church)で初説教を試みたのは、一八七四年五月十一日のことである（『新島襄全集』一〇、一八五頁、四〇七頁、一九八五年）。現実にこの日、教会の青年たちが新島のために献金したとするならば、同志社への最初の寄附金は、ラットランドの大会よりも五か月ほど早いことになる。

ちなみにこのポーターは、一八八八年に来日し、京都や安中《あんなか》を訪ねている。新聞報道では、「同氏ハ新島襄氏が米国に居らる、時分、ハヂー〔A・ハーディ〕氏と与《とも》に新島氏を世話し、又米国にて初て新島氏を自己の教会に招きて説教せしめたる人」と紹介されている（『基督教新聞』一八八八年一二月二六日）。

（4）この「友人たち」は、原文では“some of his best Japanese friends”とある（J.D.Davis, *A Sketch of the Life of Rev. Joseph Hardy Neesima*, p. 75, 1890）。この点を捉えて、和田洋一『新島襄』（二〇一―二〇二頁、日本キリスト教団出版局、一九七三年）は、「友人たち」を「おそらく同志社の生徒のこと」とする。つまり、ハーディからの送金に「まっ先にこだわりを感じた」のは新島の教え子であった、というのである。

しかし、なにごとにも批判的であった「熊本バンド」が、この点を公言している資料は皆無である。そのうえ、行論上明らかなように新島に苦言を呈したのは、まず宣教師たちである。ついで日本人中に可能性があるとすれば、同志社学生よりもむしろ沢山保羅《ぽうろ》、成瀬仁蔵あたりの自給論者である。新島としては、宣教師仲間からの攻撃の方こそ、身にこたえたはずである。

それゆえ、デイヴィスが「友人たち」を“Japanese friends”に限定したのは、不正確な表現ではなかったか。あるいはミッションに対する遠慮が働いたものか。すくなくとも、日本人だけでないことは、認めなければならない。

最近の北垣訳と同様に、最初の村田勤・松浦政泰訳『新島襄先生之伝』（七九頁、大阪福音社、一八九一年）も、「先生の朋友等」の訳語を当てている。結果的にこの方が史実に近い。

（5）さしあたっては、拙稿「『パーム・バンド』の生成と分解――越後におけるプロテスタント教会の形成――」（『キリスト教社会問題研究』三八、同志社大学人文科学研究所、一九九〇年三月）を参照。

（6）拙稿「宮城英学校――新島襄と押川方義――」（『新島研究』八〇、同志社新島研究会、一九九一年五月）、ならびに拙稿「J・H・デフォレストと越後伝道」。なお、新島と押川をめぐる確執については、さらに拙稿「新島襄と押川方義」（『新島研究』八一、一九九二年一一月）、拙稿「福島伝道にかける夢――新島襄と松田順平――」（同志社編『新島襄――近代日本の先覚者――』、晃洋書房、一九九三年）をも参照されたい。

（7）新島は、「十二人ノ兄姉」に対して受洗のための試問をした、と記録する。その一方で、十四名の氏名を列挙する（『新島襄全集』五、二六八～二六九頁）。教会の史料では受洗者は（十二名ではなくて）十四名であり、新島が挙げた人名とすべて一致する。教会では今回の新島の応援を「奥羽地方巡回」の一環とみていた（「若松キリスト教会ノ略史」、「湯浅与三関係資料」A三二―二、同志社大学人文科学研究所蔵）。なお、二度にわたった新島の会津伝道については、河野仁昭「新島襄と会津」（同『新島襄への旅』京都新聞社、一九九三年）を参照。

（8）その代表は、「キタ方ノ有志家　元郡長」の安瀬敬蔵のようである（『新島襄全集』五、二七〇頁）。安瀬は他の有志とともに、これより三か月前に会津若松から杉田潮と星野光多《みつた》を招いて、喜多方伝道の端緒をひらいている。翌月（三月）には仮講義所が設立された（「会津地方伝道」、「湯浅与三関係資料」A三二―一）。このほかにも会津若松の中村舡蔵と長田《おさだ》時行（伝道師）の二人を挙げるべきであろう。両名は今回の新島による会津若松伝道中、彼とたえず行動を共にした。中村夫妻は、新島から受洗した（『新島襄全集』五、二六八～二七一頁）。ちなみに、長田は同志社の邦語速成神学科に学んだことがある。なお、新島と長田による会津伝道については、拙稿「新島襄と長田時行」（『潟』一〇、日本キリスト教団新潟教会、一九九三年一二月）を参照されたい。

(9) 市原に続いて、この年（一八八六年）十二月には東京英和学校から和田正幾（市原と同じく「熊本バンド」の一人）が赴任する。前述もしたように、彼は閉校にいたるまで在職し、その後は再び東京英和学校に戻った（和田正幾「私の回顧」七六頁）。

(10) この数字は、「およそ六十人」が消された上に書き加えられている。最新の数字に書き改められたのであろう。実際に授業が始まった十月十八日の時点では、入学者は百二十二名にのぼった（G. Allchin to N. G. Clark, Oct. 18, 1886, Sendai）。その後も志願者は続出した。十一月に百三十名をこえた時点で、「一先謝絶」したという（『基督教新聞』一八八六年一一月三日）。

(11) この間、一八八六年十二月には夜学校が講義所（伝道所）に設置されたのが、目につく。県議会の有志（議長を含めて三人）の勧めによるもので、たちどころに八十名の入学者があった。英学の人気ぶりが窺える（J. H. DeForest to N. G. Clark, Dec. 18, 1886, Sendai）。宮城英学校への入学準備のため、この夜学校に入学（翌年三月）したのが、日野真澄（のちの同志社大学神学部教授）である。彼によれば、教師は昼のスタッフが兼務した（日野真澄「最も印象深かりし東華学校時代」六六頁、『新人』二〇―六、一九一一年六月）。

(12) 新島にとっては東華学校の開校は、アメリカン・ボード日本ミッションの仙台ステーションの設置、すなわちとりもなおさず東北伝道の橋頭堡の確保にほかならなかった。新島は在仙中の日曜日に、早くも六人に洗礼を授けている。そのうち四人は、東華学校の学生であった（F. N. White to N. G. Clark, June 27, 1887, Sendai）。

一方、デフォレストも、教育に従事するかたわら、教会（宮城組合教会）を設立して伝道にも励み、新島の期待に応えた。ただし、彼の場合、この分野においても、他派からの「信者の横盗り」(sheep-stealing) だけは避けたい、との気持が強かった（J. H. DeForest to N. G. Clark, Dec. 18, 1886, Sendai）。

(13) ラットランドの集会は、新島襄「同志社設立の始末」（一八八三年）で江湖に知られるようになった。学内では、それより四年前の同志社第一回卒業式（一八七九年）の式辞の中で、新島は熊本洋学校とともにこれに言及している（D. W. Learned to N. G. Clark, June 13, 1879, Kioto）。堀貞一によれば、その日こそラットランドの件が「初めて公に語られた日」であった（『追悼集』六、三一〇頁、一九九三年）。「熊本バンド」にとっても在学中の「三年間聞いた事がない演説」で「非常ニ深い感動」を受けている（『創設期の同志社――卒業生たちの回想録――』二九四頁、同志社社史資料室、一九八六年）。

(14) 一八八九年七月、アーモスト大学は新島に名誉法学博士号（LL. D.）を、そしてイェール大学はデフォレストに神学博士号を授与することを、それぞれ決定した（『基督教新聞』一八八九年九月一一日）。

五、W・S・クラークと新島襄

――アメリカン・ボードと「札幌バンド」をめぐって――

はじめに

「もし新島がニューイングランドへ行かなかったらと考えますと、果してアマスト〔Amherst〕にあったマサチュセッツ農科大学が北海道開拓の指導者養成校としてのモデル校になりえたかどうか、その学長クラークが、日本へ呼ばれることがありえたかどうか」（大山綱夫「新島襄と札幌農学校の人々」六三頁、『新島研究』七八、同志社大学、一九九一年。〔 〕は本井、以下同）。

もとより、誰も確答できない。が、確かに新島襄はクラーク（W. S. Clark）の来日に絡んだひとり、しかも、クラークとの繋りは想像以上に濃密である。とりわけ、ミッション（アメリカン・ボード）や「札幌バンド」をめぐっては、そうである。

新島はアメリカ留学を終えて帰国する際、このミッションから日本伝道のために派遣された宣教師（正確に言えば、準宣教師）であることをまず銘記すべきである（詳細は拙著『京都のキリスト教』三五〜三九頁を参照、同朋舎、一九九八年）。この点は従来の認識とは必ずしも一致しないが、新島を日本に「送り返す」立場のアメリカン・ボードから見れば、当然であった。

たとえば、アメリカン・ボード運営委員会（Prudential Committee）議長（いわば理事長）であり、新島の「養父」ともいうべきA・ハーディ（A. Hardy）の次の発言（ボストンに留学中の金子堅太郎に対する）は、当時のミッションの見解を鮮やかに代弁している。

「其修業の熱心に感じ、学資を供与して学校に通はしめ、終《つい》に今年日本に耶蘇教伝道の為め、其牧師として派遣せしむる」（金子堅太郎「自叙伝」〈草稿〉国会図書館憲政資料室所蔵）。

クラークの場合も、ミッションとの繋がりは、従来、看過されてきた。けれども、新島ほどではないが、明白な関連が見出せる。本稿はこの点に焦点を当て、「宣教師・クラーク」の側面をも浮き彫りにしてみたい。彼はもとより（本書で取り上げてきた）J・D・デイヴィスやD・W・ラーネッド、J・H・デフォレストのような宣教師ではなかった。けれども働きは、宣教師並みであった。

出会い

クラークは新島を「私の最初の日本人学生」（my first Japanese pupil）と呼ぶ（佐藤昌彦他編訳『クラークの手紙』一六頁、二七〇頁、北海道出版企画センター、一九八六年）。彼らの出会いは、会衆派（Congregationalizm）の「牙城」とも言うべきニューイングランド、それもアーモスト（Amherst）である。

アーモストは典型的な大学町で、町を代表するアーモスト大学は当時、会衆派の宣教師・牧師養成校と見なされるほど宗教色が濃厚であった。クラーク（一八四八年卒）も新島（一八七〇年卒）も、ここで学んだ。とりわけ新島は、一八六七年に入学するや、「宣教師バンド」（Missionary Band）というサークル活動に加わり、将来の海外伝道（彼の場合は日本伝道）に備えた。

一方、クラークは、一八五二年にドイツのゲッチンゲン大学で在外研究を積んで帰国するや、母校の教授に迎えられた。その翌年、ハリエット・リチャーズ・ウィリストン（Harriet Richards Williston）と結婚した。彼女は、典型的なニューイングランド世界に生きる家系の人、住民であった。

すなわち、彼女の実父（William Richards）は、会衆派系のウィリアムズ大学（一八一九年卒）とアンドーヴァー神学校（一八二二年卒。新島もここに学んだ）に学んで宣教師となり、一八二二年にハワイ王国（マウイ）に派遣された。ハリエットが生まれたのもハワイであるし――彼女のミドルネーム（Keopuolani）にその痕跡が認められる――、父もホノルルで死去するまでハワイに留まった（*Dictionary of American Biography*, Vol. 4, p. 147, Vol. 15, p. 560, Charles Scribner's Sons, NY, 1930, 1935）。ハワイでは王室との関係も深く、王政にも積極的に関与した（D. Dole, Funeral Sermon, *The Friend*, Dec. 2, 1847, Honolulu）。

さらに叔父（父の兄、James Richards）は、ウィリアムズ大学在学中に突然の雷雨を避けるために干草の山の陰に避難した際、「アメリカで最初の宣教師になろう」と決意した数人の学生のひとりである。この出来事が、後に「ヘイスタック祈禱会」（Haystack Prayer Meeting）と呼ばれたことは、よく知られている。

彼らは、大学卒業後の一八一〇年に、アメリカで最初のミッションであるアメリカン・ボードが創設されることに貢献した。ハリエットの叔父は、学生時代の決意を忘れず、一八一六年には自身、セイロンへ派遣された最初の宣教師となった（ジョン・エム・マキ著・高久真一訳『クラーク――その栄光と挫折――』一五～一六頁、三〇一頁、北大図書刊行会、一九七八年。以下、『クラーク』）。

ハリエットは子どもの時、ウィリストン（Samuel Williston）という実業家の養女になったが、養父の父（Payson Williston）も祖父（母方も父方も）も、そろって牧師であった（W. S. Tyler, *History of Amherst College*, p. 565, Springfield, MA, 1873）。

したがって、ウィリストン自身も、当然のように牧師を目指して会衆派系のフィリップス・アカデミー（新島もここで学ぶ）に入学した。けれども病気のために中退したので、牧師となることを諦め、実業界に転身した。彼はボタン製造業者として成功し、得た巨富を社会に還元する、いわゆるフィランソロピストとしての生き方を貫いた。種々の団体に寄付した総額は、二百万ドルにも上ったという（ibid., p. 565）。

アーモスト大学やウィリアムズ大学はもちろん、マウント・ホリヨーク・セミナリーやアメリカン・ボードも、多額の寄付を受けた。なかでもアーモスト大学は、大学の財政的危機を救ってくれた彼の大口寄付に感謝して、大学名を「ウィリストン大学」（Williston College）に改称する案が出たほどである。同大学のタイラー教授（W. S. Tyler）は、「アーモストは彼の養い子（his foster child）であり、彼はアーモストの養父（her foster father）である」とまで絶賛する（C. M. Fuess, *Amherst The Story of a New England College*, p. 130 n. 1, Little, Brown, and Company, Boston, 1935）。

このウィリストンの養女となったのが、ハリエット（クラーク夫人）である。養父からは溺愛され、クラークによれば「ウィリストン家の最高の宝石」（the brightest gem）であったという（J. M. Maki, *William Smith Clark, A Yankee in Hokkaido*, p. 52, Hokkaido University Press, 1996）。それはともかく、彼女を始め彼女の家族が住む世界は、新島のそれと重なり合う部分が非常に多い、と言うべきである。このように、一族の中に牧師や宣教師を多く抱えるクラークが、こうした近親者の生き方から何ほどかの宗教的感化を受けたことは、十分に推測できよう。

さて、クラークは一八六七年にアーモスト大学から新設のマサチュセッツ農科大学（現マサチュセッツ州立大学）学長に転出した。後者は地理的な距離（一・五キロ）だけでなく、宗教的、人脈的にも前者とは非常に近い。そのためアーモスト大学の大学史は、農科大学を「アーモスト大学の娘」と認知する（*History of Amherst College*, p. 426）。したがって、農科大学の学風も極めて宗教的である。学生は日曜日には教会の礼拝か聖書研究会のどちらかに出席することを義務づけられていた。ただ、最初の数年間は施設の不備もあって、学生は、近くのアーモスト大学のチャペルまで歩いて通ったという（『クラーク』一一六頁）。

クラークの精神性、とりわけ宗教性は、こうした背景を十分に理解することなしには、とうてい把握できない。さらにそれを踏まえた農科大学や札幌農学校における彼の教育活動を見るうえで、ドイツ時代の彼の所信は、看過すべきではない。すなわち、「確かに私達は科学の分野におけるドイツの優秀さを認めるものではありますが、他方、ニューイングランドを宗教の中心地とすることができると思います。真に敬虔な信仰と最高の科学とが、一緒になってその地に育つとしたら、何と幸せなことでしょう」と書き残す（同前五六頁、傍点は本井）。信仰を有する化学者として、科学と宗教の共存を理想とする、というのである。

さて、クラークが新設大学に転じた年に、新島はアーモスト大学に入学した。時期的には前者が先（八月）で、後者が後（九月）である。したがって、形の上では「すれ違い」である。けれども、先に見た宗教活動の交流のほかにも、アーモスト大学のスタッフは、農科大学でも教えたし、農科大学生はアーモスト大学の図書館や鉱物・地質標本、講義などを利用できた。

その見返りに、アーモスト大学の学生は、農科大学の科学研究施設などを使うことが許された。要するに「相互乗り入れ」である（*History of Amherst College*, p. 426）。おまけに両大学合わせても、学生総数は三百人以下である。新島やクラークが、相互に接触する機会は、日常的にいくらでもあったはずである。

現に新島は、アーモスト大学ではクラークから「化学」、あるいは「植物学」を習った、とこれまで伝承されてきた。たしかにクラークは、「化学」と「動物学」を一八五二年から一八六七年まで、そして「化学」を一八五二年から一八六七年まで担当している（*Amherst College Biographical Record of the Graduates and Non-Graduates*, p. 72, The Trustees of Amherst College, Amherst, 1939）。はたして事実は、どうであったのか。

一八六七年といえば、新島がアーモスト大学に入学した年である。新島が入学した九月には、クラークはマサチュセッツ農科大学へ学長として転出した。しかし、十月十五日まで引き続き化学をアーモスト大学で講じている。そのあとは、イートン（J. H. Eaton）という若手教員がつなぎの講師として化学を受け持った。つまり、新島は最初の学期にこの二人から化学を学んだことになる。（ダリア・ダリエンゾ著、北垣宗治訳「アーモストの輝かしい息子—新島襄のアーモスト大学時代—」三五三頁、三七八頁　注四〇、『新島研究』九八、二〇〇七年二月）。

岩倉使節団

次に二人の交流を深めたのが、岩倉使節団である。一八七二年に岩倉使節団が訪米した際、新島は森有礼《ありのり》少弁務使（駐米公使）や田中不二麿（文部理事官）のたっての懇請を受けて、使節団に協力した。彼は「三等書記官心得」、ついで「（文部理事官）随行」として使節団の一員に加わり、ニューイングランド、さらにはヨーロッパ各地に団員を案内した。新島は当時、アンドーヴァー神学校に在学中であったので、わざわざ一年間、休学しての「ご奉公」であった（新島が官に仕えたのは、この時の学生アルバイトだけである）。

この時、新島が田中を案内してマウント・ホリヨーク・セミナリーやマサチュセッツ農科大学を視察した際、ガイド役を買って出たのが、マサチュセッツ農科大学のクラーク学長とアーモスト大学教授、J・H・シーリー（J. H. Seelye）というゴールデン・コンビであった（『新島襄全集』七、四四頁、同朋舎、一九九六年）。なお、岩倉具視その人も、マサチュセッツ農科大学を別の折に見学しているが、新島が同行した形跡は薄い。

ところで、岩倉使節団に関するクラークの発言は、従来ほとんど知られていなかった。新島に贈呈されたと思われるクラーク自身の著作（新島旧蔵）の中には、次のような記述が見出せる。

「一八七二年に日本の大使節団がわが国を訪問した際、一行は欧米諸国の農産物の膨大な生産量と巨大な価値に一驚した。〔中略〕一行はマサチュセッツ農科大学を見学して、大学の計画や目的に精通し、学生が図書館で学習したり農場で作業をしたり、あるいはライフル銃や大砲を使って教練しているのを見て、即座にこう言った。『これこそ日本にぴったりの学校だ。国民を養うと同時に、国民を守ることをわが国民に教えてくれるからだ』と。その時点から、自国の農業を改善するために異常なほどの努力が注がれた」。

ただ残念なのは、大学を訪ねた「一行」の個人名が、ここからは特定できないことである。

それはともかく、この視察結果を受けて、その後モデル農場が日本各地に新設され、「マサチュセッツ農科大学で教育を受けた官吏」の管理下に置かれた。しかし、日本の「政府は、日本農業の急速な成功のためには高度な教育を受け、徹底的に知的な人材が大勢必要であることにすぐに気づいた。そこで一八七六年に札幌農学校が設立された」（W. S. Clark, *The Agriculture of Japan*, Rand. Abery, & Co., Printers to the Commonwealth, Boston, 1879）。

新島らが視察したマウント・ホリヨーク・セミナリーは、アーモストのすぐ南のサウス・ハドレーにある女学校で、現在のマウント・ホリヨーク・カレッジである。アメリカ最古の女子大学として名を知られ、宗教的にはアーモスト大学やマサチュセッツ農科大学と同じく会衆派に属する。すなわちこれら三校は宗教的、理念的には言うならば同一家系なのである。したがっていずれも会衆派のミッションたるアメリカン・ボードの強力なサポーターでもある。

アメリカン・ボードの男性宣教師（牧師）を最も多く輩出した男子校が、アーモスト大学であるのに対して、マウント・ホリヨーク・セミナリーは女性宣教師を最も多くミションに送り込んだ。したがってアーモスト大学の場合、現役の学生がアメリカン・ボードの集会（特に年会）に大挙して参加するのが、いわば年中行事であった（北垣宗治『新島襄とアーモスト大学』二九四頁、山口書店、一九九三年）。

要するにミッションと大学とは、一心同体であった。新島はいわば所定のコースを踏んで宣教師になったひとりであるが、後述するように、クラークにも程度の差こそあれ、同様の痕跡が見られる。

ところで、森有礼はアメリカ赴任の際、日本から同伴した一青年――内藤（堀）誠太郎である――をマサチュセッツ農科大学に入学させるために、一八七一年にアーモストを訪問したことがある。その時、森は、新島をアンドーヴァーから呼び出し、入学の斡旋を要請している（『新島襄全集』六、八四頁、一九八五年）。

新島の推薦が効いたものか、内藤はめでたくクラークの「二番目の日本人学生」になることができた。内藤は帰国後、札幌でもっぱらクラークの通訳（実質的には陰の教務主任か）を務めた。堀の息子、中井（内藤）猛《たけ》乃進が植物学者（東京大学教授、小石川植物園長）となったことにも、クラークの間接的な感化が窺える（ちなみに猛乃進の息子、中井英夫は作家となった）。

なお、マサチュセッツ農科大学を最初に（一八八二年に）卒業した日本人は、橋口文蔵である。彼は在学中、「大学キリスト者同盟」(College Christian Union) の会員であった。帰国後、一八八八年から一八九一年まで、札幌農学校の校長を務めた（『クラーク』一五〇頁、*William Smith Clark*, p. 124）。ことほどさように、当時のアーモストは札幌に直結していた。

札幌農学校の教頭人事

こうした事情、ならびに次の事柄を考慮に入れれば、新島が札幌農学校の開校に関与する可能性は、大いにありえた。新島が森と接触し始めた頃、森はニューイングランド・スタイルによる官立中等教育機関を日本に設立（いわば移植）する計画を暖めていた。そこで、アーモストに新島を呼んだ際、「彼〔森〕はアメリカ方式にならって、いくつかの学校を建てることを計画し、私〔新島〕にその監督をしてほしいと希望した」という（『新島襄全集』六、八四頁）。仕官を嫌う新島は、これを謝絶した。仮に新島が受諾していたら、あるいは文部大臣や札幌農学校初代校長などのポストが、将来的には用意されたのではないか。とすれば、クラークはある意味、新島の身代わり校長ということにもなる。

クラークは森たちの期待に応えて、札幌農学校をニューイングランド・スタイルで発足させることを「使命」と受け止め、教頭（実質はプレジデント、すなわち校長）として全力を傾注した。彼は、「私は実際、地球の反対側でマサチュセッツ農学校を少し変えて、出来るならば幾分ましな形で建てなおすことをやっている」との自負を披瀝する（太田雄三『クラークの一年』一二七頁、昭和堂、一九七九年）。

実はクラークの教頭就任にも、新島は多少絡んだ形跡がある。人選のキーパーソンは、B・G・ノースロップ（B. G. Northrop）である。森がワシントンで初めて彼と面談した際、同席したのは、新島である（『新島襄全集』六、一〇七頁）。新島とノースロップとは同じ教派（会衆派）に属し、両者の交流はこれ以後も深められている（同前六、一〇九～一一〇頁、同前七、四六頁、九三頁）。

新島は神学生（牧師志願者）、一方のノースロップは元牧師（現職はコネチカット州教育委員長）、そしてノースロップが（あるいは新島も）推薦したクラークは信徒であるが、彼ら三人はそろって同じ教派に属した。

したがって、恩師であるクラークの日本招聘に関して、新島が何らかの相談に預かったとしても、不自然ではない。

ちなみに森はノースロップの教育観に共鳴して、彼を日本に招きたいと考え、文部行政の根幹を構築する大役（学監）に指名した。しかし、拒否されたために、代わりにD・マレー（D. Murray, 教派はオランダ改革派）に白羽の矢を立てたことは、比較的よく知られている。

さらに、新島の旧友である津田仙によると、新島には開拓使に入る可能性があったという。すなわち、在米の森が開拓使次官の黒田清隆に新島のことを書き送ったところ、黒田は新島を開拓使の通弁に頼みたいと考え、かねて江戸で新島と交流があった津田を通じて、留学中の新島に打診を試みた。

けれども、この時の返事は、「否」であった。だが津田は、黒田に頼みこんで、「新島氏の籍を開拓使に入れて貰った」という（拙稿「新島襄と津田仙」九七～九八頁、『キリスト教社会問題研究』五〇、同志社大学、二〇〇一年一二月）。籍はともかく、新島は仕官への門戸をあえて自ら閉ざし、あくまでも在野の教育者、宗教者として生きたかった。

「宣教師・クラーク」の一面

さて、クラークが札幌農学校教頭に赴任するために来日したのは、一八七六年である。新島はすでにその二年前に帰国していて、一八七五年に私塾の形態で「アメリカ方式にならった学校」、すなわち私立同志社英学校を京都に立ち上げていた。官・私立の差異こそあれ、札幌の学校がマサチュセッツ農科大学を、そして京都の学校がアーモスト大学をそれぞれのモデル校としたことは、言うまでもない。札幌の学校の英語名、Sapporo Agricultural College は、もちろん Massachusetts Agricultural College に由来する。

アーモスト大学卒の新島は、教育者であると同時に牧師（アメリカン・ボード日本派遣宣教師）でもある。したがって、彼の給与は同志社の負担ではなく、ボストンのミッション本部が支給する宣教師給与にほかならなかった。それだけに新島は、伝道にも力を傾注し、各地に教会（会衆派は日本では、組合教会派と呼ばれた）を設立した。

その点で重要なのは、いわゆる「熊本バンド」である。一八七六年に廃校になった熊本洋学校から卒業生と元在校生が、四十名近く開校直後の同志社に入学し、学校の基礎作りに多大の貢献をした。彼らの大半は、信徒であった。

それだけに、同志社英学校は一挙に神学校の様相を呈し始めた。彼らは後年「熊本バンド」と呼ばれる信徒、牧師、組合教会指導者の一群となり、新島を助けることになる。

これに対して、クラークが札幌で起した信徒学生の集団が、世にいう「札幌バンド」である。官学でキリスト教を教えることには、もちろん開拓長官の黒田清隆始め抵抗があった。クラークとしてはニューイングランド・スタイル、とりわけアーモスト方式の学校を目指す以上、教育実践はキリスト教抜きには考えられなかった。岩倉具視にしても、こと軍事教練に関する限り、農学校には不可欠との判断だった。ミリタリー・ホール（現札幌時計台）の竣工時には「演武場」の館名を自ら揮毫している。

ところで、クラークが札幌で一期生に聖書を配布したことは、よく知られている。実はその聖書は、来日後、クラークがたまたま入手したものである。すなわち、横浜にいたアメリカ聖書協会日本支社長、L・H・ギュリック（L. H. Gulick）が、クラークに聖書三十冊を無償提供した。前者はアメリカン・ボードでは名だたる宣教師家系の一員で、元来は宣教師志願であった。現に彼の兄弟や姉妹――その代表格は、O・H・ギュリック（O. H. Gulick）であろう――は、いずれもアメリカン・ボードによって日本へ派遣された宣教師として関西や同志社を中心に活動し、ついには宣教師を引退していた老いた両親をも、ハワイから神戸に呼び寄せたくらいである。

伝道に関する限り、クラークは札幌では宣教師顔負けの「業績」を挙げた。クラークは学校のハード面だけでなく、ソフト面の充実、とりわけ精神教育の実践に意を用いた。たとえば、農学校の図書館のために「宗教的読み物」を一箱送ってくれるように在米の弟に依頼した。また授業は聖書の一節を朗読し、クラークが短く講釈した後、全員で「主の祈り」を唱和してから始める（クラークは黒田に遠慮したのか、後半はこれを取りやめたという）。

さらに学生全員に旧約聖書の一節（「出エジプト記」第二十章前半）の暗記を求めた。また毎日曜日の午前中には、農学校で堂々と聖書を一時間教える（『クラークの一年』一五一頁、一六四頁）。完全にマサチュセッツ農科大学方式である。

周知の「イエスを信ずる者の誓約」に一期生全員が署名を寄せた日（一八七七年三月五日）、「私がこんなすばらしい伝道の機会をみすみす見のがしはしないことは、信じてくれて結構です」とクラークは妻に書き送る（『クラーク』二三二頁）。先に見たように、クラーク夫人が宣教師家系の一員であるということが、この通信の内容に反映していないはずはない。気分はすでに宣教師である。官学でありながら、ソフト面はまさに「耶蘇学校」に近い。

その意味ではクラークの立場は、同志社の新島にいくぶん近い。新島の二面性（教育者にして牧師・宣教師）に匹敵するとも言える。とすれば、アーモスト大学とマサチュセッツ農科大学が、血縁関係にあったように、札幌農学校と同志社も、精神的には立派に兄弟校たりえる。要するに、初期の両校はアーモスト大学卒業生に特有の「宣教師魂」を共有する。

札幌以前のクラーク

ところで、クラークの信仰に関しては、札幌以前と以後とでは様子がずいぶん違う。教え子で「札幌バンド」の牧師、大島正健《まさたけ》はこう証言する。

「米国に於けるクラーク先生は、宗教的にはキリスト教の平《ひら》信徒たるにすぎなかったが、札幌滞在八カ月間に遺された宗教的感化の如何に大きかったかは、改めて述ぶるまでもない。ただし、本国にあられた頃の先生の信仰状態が、如何であったかは知る由もないし、先生が直接伝道に従われたとか、教壇〔説教壇〕に立たれたというような記録は、全くない。元来、アマスト大学は神学校ではなく普通の大学課程のカレッジである。先生は神学とは全く無関係ではあったが、伝統の清教徒的信仰を堅持して居られたことは、恩師ヒッチコック博士の筆になる『アマスト大学懐旧史』〔E. Hitchcock, *Reminiscences of Amherst College historical scientific biographical and autographical*, Bridgman & Childs, 1863〕に明示されている」（大島正健『クラーク先生とその弟子たち』改訂増補版、七三頁、新地書房、一九九一年）。

ここでクラークが堅持したとされる「伝統の清教徒的信仰」は、行論上、明白なように会衆派のそれであり、アメリカン・ボードに特徴的に表れる海外伝道精神に通じる。ただ、クラークには横浜の宣教師から聖書を差し入れられるまで、聖書を教材（教科書）にするという発想は、なかったであろう。この点、『北大百年史』（通説篇六六頁、北海道大学、ぎょうせい、一九八二年）の次の指摘は、正鵠を得ている。

「クラークは最初からキリスト教の伝道を意図して来日したわけではなかった。彼が生徒たちに配った聖書も、当時アメリカ聖書協会から日本に派遣されていたL・H・ギュリックよりたまたま受け取っていたものである」（傍点は本井）。

つまり、札幌が牧師・宣教師不在の「異教の地」（クラークの文言、『クラーク』二三二頁）、すなわちキリスト教的にはまったくの未開拓地であったためか、また農学校の学生たちの真摯な求道生活に触発されたのか、あるいは新島の京都での実践が頭を過ったのか、いずれにせよ来日後、キリスト教教育の実践が必要である、と初めてあるいは改めて確信したようである。

クラークの「変身」

やや誇張して言えば、クラークは札幌で「変身」したのである。それまでは宣教師になるなどという考えは、彼にはまず無かった。アメリカでは極めて平凡な一信徒で、酒も適当にたしなんでいた。その彼が札幌では「禁酒禁煙の誓約書」を作成して、学生に署名を求め、自らも進んで署名をする。それを契機に、率先して禁酒を断行し、アメリカから持ち込んだ何ダースかのブドウ酒のビンをも進んで処分した（『クラーク』二一七頁）。

したがって日本で伝道上、大成功した事実は、日ごろの彼の教会生活を知るアーモストの人たちには、不可解そのものであった。要するに、「とりたてて信仰熱心にも見えなかった」男であり（『クラークの一年』二四五頁）、どこから見ても「極めて普通のクリスチャン」にほかならなかった（『クラーク』二一八頁）。

この点は、クラークを良く知る内村鑑三にも証言がある。アーモストに留学した際の現地情報に基づいての結論であろうが、「日本に来る迄の間は、善《よ》き基督教徒としての外は、何等伝道的の人としては認められて居られなかった」という（『内村鑑三全集』二〇、四二〇頁、岩波書店、一九八二年）。同時にアメリカン・ボードの関係者からも、「札幌に行ってバイブルを教えたのは、クラークにしては上出来である」との評価を聞き出している（同前二〇、四二〇頁）。その内村は、新島その人もクラークの変身振りに驚愕したひとりであった、と証言する。

「〔クラーク〕先生が、札幌に於《おい》て身は日本政府の御雇教師でありしに拘はらず、職業的宣教師がとても為す能はざる伝道的事績を挙げたと聞いて、先生を知る者は皆驚いて云うたのであります、『何んだ、あのクラークが』と。私は故新嶋襄君が、同一の語気を以て先生に就いて語るを聞きました」（同前三〇、九〇～九一頁）。ただこの点は、新島サイドの記録からは、立証できない。

要するに、札幌のクラークはそれまでの彼とは「別人」であった。彼はアーモスト大学在学中に一度、信仰上の覚醒を経験したことがあったので、札幌では言うならば「第二次覚醒」を経験したことになる（『クラークの一年』一六八～一六九頁）。体内に蓄積されていた「伝統の清教徒的信仰」が、何かに触発されていきなり顕在化したかのようである。換言すれば、アーモスト大学に充満していた「宣教師魂」（外国伝道心）が、ここに来て彼の中でも頭をもたげ始めたのであろう。

その結果、「クラークは宣教師として日本に残留する」とのニュースが、一時アメリカで流れたほどである（『クラークの手紙』五五頁）。アメリカン・ボードも札幌での彼の伝道に関して注目を怠らない。一八七七年の年報（Sixty-seventh Annual Report of the American Board of Commissioners for Foreign Missions, p. 63, n. 1, Boston, 1877）で、熊本洋学校のジェーンズ（L. L. Janes）と並べて「〔熊本と〕似たような霊的な結果が、今ひとりの平信徒、アーモスト農科大学のクラーク学長の働きにも見られた。彼は短期間の滞在で、帝国北部の蝦夷島に農学校を創設した」と紹介する。さらに、「聖霊のしるしが数多くの方法で日本のキリスト教化の働きのうちに現れている」ともある（大山綱夫「札幌農学校とキリスト教」五五七頁、『北大百年史』通説篇）。

一方、クラーク本人にも宣教師意識が多少あったことは、妻宛の書簡からも窺われる。たとえば、周知の「イエスを信ずる者の誓約」を自ら用意し、学生全員に署名させたその日、クラークは札幌から妻に宛てた書簡の中にその写しを同封し、「私がこんなに優れた伝道者（a successful missionary）になるなど、誰が考えたでしょう！」と自画自賛する（『クラーク』二二二頁、傍点は本井）。

さらに帰国の船中で妻に宛てた書簡でも、「その〔乗客〕中には私自身の外に五人の帰国途上の宣教師がいます」とわざわざ記す（『クラークの一年』二〇四頁、傍点は原文）。この一文は「宣教師が五人乗船している」と読むのが順当であろうが、「自分を含めて六人」と読めなくもない。外国人（たとえアメリカ人に限定しても）は大勢、乗船していたはずなので、なぜ彼は、わざわざこういう書き方をしたのか。やはり宣教師気分に染まっていたのであろうか。

クラークの宣教師志向

その点は、帰国後のクラークの言動からもある程度、検証が可能である。たとえば、札幌で禁酒禁煙活動に力を入れただけに、帰宅してからもアーモストの町の「リフォーム・クラブ」（生活改善クラブ）に加入して、自ら禁酒の誓約に署名している。また、日本で宣教師の活動に改めて目を開かれたために、ミッションの活動にも積極的に参加し始めた。

その結果、「アメリカン・ボードが〔自分を〕宣教師として認めてくれるならば、海外派遣を志願する」とアメリカン・ボードへ売り込みさえ図っている。さらにアメリカン・ボード年会で講演を行なった際、興味深い発言が飛び出している。新聞報道（*The Congregationalist*, June 5, 1878）によれば、「農業を教えるために日本に行ったアマストにあるマサチュセッツ農学校のクラーク学長は、彼がいかにしてしばらくの間、宣教師となることになったかについて語った」というのである（『クラークの一年』二四〇頁）。

ここからも「札幌では宣教師になった」との自覚が確実にあったことが、裏づけられる。一つには、これは周辺からの評価と期待に応えようとする姿勢の表れでもあろうが、彼にとってもまんざら捨てたものではなかったはずである。

いずれにせよ、立派な「宣教師気取り」である。それだけ札幌の八か月間は、彼には予想をはるかに越える人生の「蜜月」であったことになる。内村が伝えるクラークの臨終の言葉は、「余の生涯の事業にして、一つとして誇るに足るべきものあるなく。ただ日本札幌における八カ月間のキリスト教伝搬こそ、余が今日、死に就かんとする際、余を慰むるに足る唯一の事業なり」であった（鈴木範久『内村鑑三日録』八、三一八頁、傍点は本井）。

今に伝わるクラークのこの最期の遺言は、あるいはタイラーが直接、クラークの臨終の床で聞き出したという言葉、「生涯中のいかなる仕事よりも、日本で行なった伝道者としての仕事（missionary work）に満足を覚えている」に基づくのであろうか（『クラーク』三四三頁、傍点は本井、*William Smith Clark*, p. 286）。

それにしても、「キリスト教伝搬」、あるいは「伝道者としての仕事」に挺身した八か月間の日本滞在こそ、生涯で登り詰めた最高峰、との認識は無視できない。クラークの生きがいは、取りも直さず宣教師としてのそれにほかならなかった。

要するに、クラークは札幌で「宣教師」にがぜん開眼したのである。したがって、農学校の将来と共に「札幌バンド」の動向と行方は、帰国後の彼の頭のなかでも大きな位置を依然として占め続けた。業務上、前者は「職務」（本務）であったので当然である。一方の後者は当初、誰（本人？）もが期待しなかったいわば「オプション」（業務外）、ないしは「奉仕」（ボランティア活動）にすぎない。けれどもクラークにとっては、「奉仕」は「職務」にけっして劣るものではない。この辺りの消息は、妻宛のクラーク書簡にも窺える。「ここ〔札幌〕では骨を折るような仕事を進んでやろうという気になるから、不思議です。ここは百五十マイル以内には一人の牧師もいません。私達は異教徒の只中に住んでいるのです」（『クラークの一年』一七六頁）。

同志社訪問

ところで、自分がいなくなった後の「札幌バンド」の育成方法に関して帰国前後のクラークはどう考えていたのか。結論的に言えば、日本における会衆派の関係者、すなわち新島襄やアメリカン・ボード宣教師、それに同志社の信徒学生、すなわち「熊本バンド」との連携を期待した。そのためには帰国前に京都に足を運び、新島らと段取りを打ち合わせることが望ましかった。

かくしてクラークは、横浜からアメリカへ出航する前に、わざわざ関西に立ち寄った。それに関連して、彼は妻宛の書簡に「私は五月に京都にいる新島さんを訪問したいと思っています」（『クラークの一年』一九一頁）と記した。

会見が実現した後でクラークは、「京都で私はジョゼフ・新島師夫妻と一緒に食事をし、その地にいる〔アメリカン・ボードの〕宣教師をみな訪問しました。J・D・ラーネド師〔実はD.W. Learned〕のところでお茶を飲みましたが、この人はJ・D・ホイットニー〔J.D. Whitney〕の甥ですから、私達の親類なわけです」と報じる（同前、二〇三～二〇四頁）。

クラークの来校を新島は、さっそく恩師のJ・H・シーリー教授（アーモスト大学）に知らせた。「アーモスト農科大学のクラーク学長は先月〔実は先々月〕、私たちの所〔同志社〕に立ち寄って下さいました。大変楽しかったです。今頃は帰宅されていると思います。クラーク先生から、その感化を直接受けた学生たちの間で行なわれたすべての経験と大成功したキリスト教的なお働きをお聞き下さるとうれしく思います」と（『新島襄全集』六、一八六頁）。

新島の場合も、クラークが札幌で「大成功」したのは、教育実践よりもむしろ「キリスト教的な働き」による、との理解なのである。ちなみにシーリー（一八四九年卒）はアーモスト大学でクラーク（一八四八年卒）とほぼ同期であるばかりか、アメリカン・ボードの有力会員でもあり、新島がもっとも敬愛する恩師であった。

もちろん、縁戚関係にあるラーネッド（D. W. Learned）も、ボストンのアメリカン・ボード本部に宛ててクラークの件を次のように報じた。

「アーモスト農科大学のクラーク学長が、私たち〔同志社〕を訪問されました。先生は蝦夷での働きに関して、大変に興味深い話をして下さいました。先生は同地に何か月か滞在されて、農科大学設立に従事されました。十六人からなるクラスの全員が信徒になり、キリストへの信仰を告白した誓約書に署名をいたしました。彼らはキリスト教的な生活を送ること、ならびにできるだけ早い時期に教会に入会することを約束いたしました。

クラーク先生は最初、〔黒田清隆〕長官から学生たちに聖書を与えることさえ禁止されましたが、クラーク先生が、聖書抜きでは倫理を教えられないことがわかると、禁止は取り除かれました」（D. W. Learned to N. G. Clark, May 9, 1877, Kioto. *Missionary Herald*, Aug, 1877, p. 257にも採録）。

この通信自体が、そしてそれが機関誌に取上げられることが、（先の年報での報道と並んで）アメリカン・ボードにとってもクラークの日本出張が、けっして他人事ではなかったことを明示する。それにしても、クラークが語ってみせた札幌での宗教的な働きは、同志社の（職業的！）宣教師を驚かしたに相違ない。

ちなみにラーネッドは、アメリカン・ボードが派遣した宣教師（同志社教授）のひとりで、後年、同志社大学（大学令による）の初代学長となる人物である。遠縁に当たる彼を訪ねることも、クラークの同志社訪問の狙いであったはずである。

ラーネッドはクラークが卒業したウィリストン・セミナリー（Williston Seminary, 所在地はアーモスト近くのイースト・ハンプトン）の卒業生（後輩）であるばかりか、ラーネッドの母親は、同校創立者、S・ウィリストンの姪でもあった。クラークがS・ウィリストンの養女、ハリエット（ウィリストン・セミナリー卒）と結婚していたことを考慮すると、血縁的にも同志社は、クラークに近い。

一方、クラークを迎えた同志社の学生、特に「熊本バンド」の面々の反応は、どうか。さいわい二人の回顧文が、残されている。まずは亀山昇である。

「嘗《かつ》て札幌農科大学に聘せられたクラーク博士が、米国に帰る前であったか、一度同志社にやって来たことがある。其時彼は、〔新島〕先生のことを『マイ・ボーイ』と呼んでいた。彼はアーモスト大学で植物を教へてゐたそうだが、新島はアーモスト在学時代には非常に真面目な学生であったが、今でも真面目であるかなど云って、全く先生を親しいボーイ扱ひにしていた。其時彼は先生に案内せられて、校内を巡覧しながら、一つ一つの建物に、少し宛の金を寄付して行ったと云ふことである」（亀山昇「親心の教育」一五五頁、『新島先生記念集』、同志社校友会、一九六二年）。

次いで徳富蘇峰（いまだ十四歳）の回顧である。

「余は不幸にしてクラーク先生に接する機会を得なかった。然《しか》も新島襄先生を通じて屢《しば》ば先生に就いて聴いた。而《しこう》して先生が日本を去らんとして、同志社を見舞はれたる際、余所《よそ》ながらその風貌を眺めた記憶がある。当時先生は、同志社のデヴィス〔J. D. Davis〕師に向て新島のことは、宜しく頼むと云はれたと噂を聞き、扠《さて》もエライ先生かなと、少年の頭脳に深く印したことを、今尚想起する。蓋《けだ》しクラーク先生は、新島先生の在米中、旧師の一人であったのだ」（徳富蘇峰『人物景観』三〇六～三〇七頁、民友社、一九三九年）。

「デヴィス師」とはアメリカン・ボードが日本に派遣した宣教師で、新島を助けて同志社を立ち上げた功労者である。と同時に、ラーネッドと共に、初期の同志社教員として永年、有力な働きをした。

関西でのクラーク

クラークは京都でデイヴィスやラーネッドら宣教師（同志社教員）全員に会っただけでなく、大阪でもアメリカン・ボード所属の宣教師たちを訪ねて廻った。幸いにも、前年に横浜で世話になったL・H・ギュリックが、たまたま神戸に来ていたので、かつて寄贈された三十冊の聖書の使い道を報告することができた。ギュリックは好結果に驚嘆し、聖書をさらに三十冊、クラークに贈呈した。それらは札幌に送られ、内村鑑三ら札幌農学校第二期生に配布されたことは、言うまでもない（『クラークの一年』二〇三頁）。

クラークはギュリック一族（五人）とはもちろん、J・H・デフォレスト（J. H. DeForest）夫妻にも会えた。特にデフォレスト夫人はクラークの妹、イサベラ（Isabelle）の教え子であった（『クラーク』二四八頁）。「ここ〔大阪〕にも、賢明にもアメリカン・ボードの宣教師たちがいます。そして彼らは、非常に立派な仕事をしています」とクラークは妻に報じている（『クラークの一年』二〇二～二〇三頁）。概してクラークによるミッションへの評価は、極めて高い。関西ではクラークはもちろん、教会、それもアメリカン・ボード系（すなわち同志社系）をも訪ねた。そのうち、浪花教会では十ドルの献金をしている（W. S. Clark to N. G. Clark, July 18, 1877, Arima）。

横浜へ向けて出航する神戸で、クラークは佐藤昌介《しょうすけ》（「札幌バンド」のひとり）に関西におけるキリスト教情報を送っている。

「会衆派のミッション〔アメリカン・ボード〕は、京都、大阪、神戸に二十一人の宣教師を擁している。五十箇所以上で定期的に説教が行われ、学校も当地〔神戸〕には五十五人の生徒がいる女学校が、そして京都には神学校がある。後者は私の最初の日本人学生であるJ・H・ニイシマ牧師〔英文の場合、新島はJoseph Hardy Neesimaと署名する〕が設立した。現在の学生は六十五人で、大半が伝道師を目指している」（『クラークの手紙』二六九～二七〇頁、原文は英文）。

宣教師意識がやや過剰なのか、クラークの目には「ニイシマ牧師」が創設した同志社（あくまでも英学校、すなわち普通学校である）は、「神学校」と映ったようである。たしかに「熊本バンド」の最上級生を受け入れるために「余科」（神学科）を併設してはいたが、全体的にはあくまでも普通教育（リベラル・アーツ）を施す英学校であることに変わりはない。

またクラークは、「五十五人の生徒がいる女学校」にも注目している。現在の神戸女学院で、同志社同様にやはり会衆派系の「耶蘇学校」である。「そこではサウス・ハドレー出身の教師が二、三人働いています」とクラークは付記する（『クラークの一年』二〇三頁）。

サウス・ハドレーはアーモスト南隣の町で、マウント・ホリヨーク・セミナリーの所在地として知られている。先述したように、同校はアメリカン・ボードの女性宣教師を最も多く輩出した女学校である。そこの卒業生が立ち上げた神戸の女学校は、同校をモデルとして一八七五年に開校されたばかりであった。

「札幌バンド」と「熊本バンド」

繰り返して言えば、クラークは自分が札幌を離れた後の「札幌バンド」の宗教的指導を、できれば自派（会衆派）の指導者、つまり関西のアメリカン・ボード宣教師や同志社の新島、さらには「熊本バンド」に託したかった。

帰米直後にクラークは、佐藤昌介に宛てて発信する。「彼ら（関西の宣教師たち）が、これからも君たち（札幌バンド）のことを熱心に祈ってくれるでしょう」と書き送る背景には、こうした事情が介在していたのである（『クラークの手紙』二六九～二七〇頁、原文は英文）。同時にクラークは新島に宛てて、札幌の教会にはかねて「上方《かみがた》ニアル兄弟（組合教会信徒）ト連絡ヲ通シ、向来ノ伝道ヲ計ルヘシ」と勧めているので、新島の指導を乞う、と懇請する（『新島襄全集』三、三三七頁）。

帰国後のクラークの関心事は、札幌と京都であった。それは言うまでもなく、海外伝道への関心の高まりの反映である。帰国してすぐの一八七七年九月二日にクラークは、アメリカン・ボードを支援するある教会の集会で講演をした。新聞報道によれば、「クラーク学長は彼の講演を一八七〇年にアマスト大学を卒業したジョセフ・ニイシマについての興味深い話でしめくくった。学長は（中略）本を買うためのお金として、新島に百ドル送りたいと言った。聴衆が解散している間にその訴えは満たされ」た（『クラークの一年』二〇九頁）。

一方、「札幌バンド」のメンバーである内田瀞《きよし》には、「京都の新島牧師に日本語書籍の、そして横浜のL・H・ギュリックに日本語聖書等の送付を依頼するように」との指示を出すことをクラークは忘れない（『クラークの手紙』五五頁）。

内田がさっそく新島に協力要請を行なったことは、言うまでもない。新島は内田への返書で、「錦地《きんち》（の）学校も益益大ニ赴キ、且真神ノ道モ竝《とも》ニ進ム事《こと》、実ニ見事《みごと》ト云ヘシ」と激励を惜しまなかった（『新島襄全集』三、一六一～一六二頁）。

その後もクラークは、同志社や阪神地方の宣教師と交流を続けたようである。そのことを立証するのが、現在も同志社（新島遺品庫）が収蔵する演武場竣工式写真を始めとする第一期生集合写真、第二期生集合写真など初期札幌農学校の写真数枚である。それらはもともと宣教師旧蔵のもので、付された説明も英語で記入されている。あるいはクラーク経由で送られてきたものか。

アーモストで再会

クラークと新島のその後であるが、京都で旧交を温めてから八年後の一八八五年にアーモストで再会する。保養のため二度目の渡来をした新島が、クラークを自宅に訪ねたのである（『新島襄全集』七、二一七頁）。クラークはすでに大学を退職し、種々の事業に手を出すものの、悉く失敗し、不遇のうちにいた。そうした彼には新島の訪問は、何よりの清涼剤となったはずである。

種々の積もる話が交わされた中で、「札幌バンド」や彼らの拠点、札幌教会（現札幌独立基督教会）の動向も、もちろん話題となった。会見後、新島は「熊本バンド」の代表者格、小崎弘道（霊南坂教会牧師）に書を寄せ、クラークのことを「日本好キノ人」とか、「札幌大好物ノ人」、「札幌ニハ甚熱心ノ人」と呼んだ。クラークは依然として札幌への熱き想いに捉えられていたのである。

ここでも札幌の信徒たちに「上方《かみがた》ニアル兄弟」と連絡を取らせたい、とクラークは再度、持論を展開し、新島に協力を懇請した。恩師のそうした願いに応えるために新島は、今ひとりの「熊本バンド」の有力者、金森通倫《みちとも》（岡山教会牧師）をせめて夏だけでも札幌伝道に出張させたい、と小崎に伝えた。ただし、海老名弾正、横井時雄、宮川経輝といった他の主要な「熊本バンド」のメンバーが賛成すれば、と断ってはいる（同前三、三三七頁、三四二頁）。

クラークと新島は、札幌教会の「独立」（無教派）という点では、完全に一致していた。内田に対してクラークが、「京都の神学校の創立者で校長であるジョセフ・ニイシマ牧師が最近、私に会いに来て、君の〔札幌〕教会の独立について私の考えに同意していました」と書き送っているからである（『クラークの手紙』一二五頁、一九九頁）。それより一年後、クラークは不遇から立ち直る間もなく、世を去った。以後、札幌教会の「独立」は、クラークの遺志となった。

ちなみに新島は、この時の訪米中にジョンズ・ホプキンズ大学で、「札幌バンド」の有力者、佐藤昌介や新渡戸稲造と接触している。新渡戸（当時は太田）は友人の内村鑑三が直面している問題を新島に伝え、援助を要請した。新島と内村のその後の周知の交遊は、こうして始まったのである。

この時、新島は新渡戸に同志社への招聘を持ちかけたが、断られている。新島の期待に応えられなかった痛みが、いつまでも新渡戸の心中から消えなかったためか、新渡戸は新島の死後、（親友の佐伯理一郎の推挙と要請もあって）同志社の理事を一時引き受けている（拙稿「新渡戸稲造」五四～五五頁、同志社山脈編集委員会編『同志社山脈』、晃洋書房、二〇〇二年）。

帰国後のクラーク

さて、札幌で伝道に開眼したクラークであるが、帰米後、にわかにアメリカン・ボードに接近し始める。ミッションのよき理解者となったばかりか、関連の集会にも積極的に参加し始めた。日本での宗教的体験を「伝道集会で何度も話す機会」に恵まれたのである（『クラークの手紙』八四頁）。

そのひとつが、一八七七年九月二日に開催されたアメリカン・ボードを支援するための教会集会で、クラークは日本の「ミッション・スクール」、すなわち同志社の図書充実のために百ドルの寄付を呼びかけ、集金に成功しているばかりか、次のような大胆発言まで飛び出している。「アメリカン・ボードが自分のような人間でも、宣教師として認めてくれるならば、海外派遣を希望する」とまで公言する（同前二四二頁）。ここには内村の嫌う「職業的宣教師」への変身願望が、鮮明に表明されている。あるいは日本への赴任（復帰！）を密かに希望していたのであろうか。

先の百ドルの寄付に関しては、受理した側に記録が残されている。すなわち、アメリカン・ボード京都ステーション（要するに同志社）の年報に、「百ドル以上に相当する書籍が、クラーク学長やアーモストの他の友人たちから送られてきた」とある（Annual Report of the Kioto Station, June 1, 1876-June 1, 1877）。

さらに翌年（一八七八年）にも、クラークは書籍を送ってくれている。アメリカン・ボードの理事長ともいうべきハーディ（A. Hardy）も協力していることが、アメリカン・ボード総主事のクラーク（N. G. Clark）の書簡から判明する。クラークはデイヴィスに次のように問う。

「書物の送り状をクラーク学長から受け取りましたか。前の火曜日の〔運営〕委員会でハーディ氏は、クック氏の寄付〔同志社への献本〕に言及した際、クラーク学長が京都にかなりの書物を送ったことに触れました。ハーディ氏も、これに何冊かを加えました。私はそうした寄付があったことは、まるで知りませんでした」（N. G. Clark to J. D. Davis, Dec. 26, 1878, Boston）。

これに対してデイヴィスは、クラークに次のように返書した。

「クラーク学長から書籍などの送り状を受理したかどうか、お尋ねですが、新島氏は昨年、学校図書室のためにクラーク学長から何冊かを受け取っています。この件について私は、個人的には何も知らなかったのですが、ただクラーク学長が、同志社のために送って下さった、と語りながら、新島氏が本を図書室に並べていたのは、知っております。新島氏は、クラーク学長に受領書を認めたと思いますが、確かめてみます」（J. D. Davis to N. G. Clark, Feb. 25, 1879, Kiyoto）。

クラークは、一八七八年五月二十九日に開かれたアメリカン・ボード年会でも講演を行なった。会衆派系の宗教新聞（*The Congregationalist*, June 5, 1878）の報道によれば、それは驚くような意外性に富んでいる。すなわち、「一、二年前、農業を教えるために日本に行った、アマストにあるマサチューセッツ農学校のクラーク学長は、彼がいかにしてしばらくの間、宣教師になったかについて語った」というのである（『クラークの一年』二四〇頁、傍点は本井）。

札幌では間違いなく「宣教師・クラーク」であった、というのである。こうした彼の「変貌」振りを半ば揶揄するかのように、報道記事が、「日本に行った時、彼〔クラーク〕は宣教師になる考えは全然なかった」点を読者にあえて知らせているのは、興味深い（同前二四〇～二四一頁）。

この点、内村鑑三もアメリカン・ボードの関係者から、札幌における「宣教師・クラーク」の予想外の「功績」に関して、次のような発言を直接耳にしている。「米国の伝道会社〔ミッション〕の人などが、『ウヰリアム、エス、クラークが札幌に行ってバイブルを教へたのは、大出来である』と云った位ひでありました」（『内村鑑三全集』二〇、四二〇頁）。ついで内村は、「有力なる伝道師」、クラークの心事を推測する。ただし、その変心の契機（後半部分）については、的外れであろう。

「先生も自身の為されし事に驚いたのであります。日本に於て斯《か》かる事を為し得やうとは、先生自身が期待しなかったと思ひます。私は思ひます。先生を運びし汽船が、太平洋を横断して、日本の岸に近づきし時に、先生は急に伝道心を起したであろうと。不思議なる能力が先生に加はりて、先生を駆って有力なる伝道師と為したのであろうと」（同前二〇、四二〇頁、傍点は本井。原文では第四、第五文全体に圏点)。

このクラークと対照的なのが、相前後して文部省学監に招聘されたマレー(D. Murray)である。彼は来日以前は宣教師ではないものの、アメリカでそれに匹敵するような宗教的活動(教派は長老派、ついで改革派)を展開した。にもかかわらず、在日(一八七三年〜一八七九年)中は、影響力の強い地位についていながらも、キリスト教的活動は努めて禁欲した。

ただ、文部行政のトップにいた田中不二麿から、「学生に道徳心(morality)を教えるには何が重要か」と聞かれた際には、はばかることなく「聖書」と断言してはいる。マレーは帰国後には、ごく自然に宗教的活動を再開している(古賀徹「日米教育交流と近代化との関係――キリスト教(宣教師)の活動から、学校制度への転換に注目して――」一七二〜一七三頁、『教育学雑誌』三四、日本大学教育学会、二〇〇三年三月)。

札幌教会と新島襄

ところで、新島とクラークの交信が最も頻繁になるのは、実はクラークの帰国後のことである。現在、同志社大学の新島遺品庫には新島宛のクラーク書簡が七通所蔵されている。その主たるテーマは、「札幌バンド」の動向と指導法をめぐるものである。他には同志社への書籍贈与、植物種子の交換、隕石、京都府農牧学校の外国人教師(W. G. Lee)推薦など、多岐にわたる。クラーク書簡の一通には、「アメリカのクリスチャンたちは、日本の伝道活動に大きな関心を払っています」ともある(W. S. Clark to J. H. Neesima, Feb. 11, 1878, Amherst)。

新島は一八八四年にいたって、「札幌バンド」の拠点たる札幌教会(創設は一八八二年十二月)の牧師人事について相談に預かった。東京で札幌サイドの窓口となったのは内村であった。彼は東京に出張してきた新島に再三再四、接触し、大島正健(札幌農学校教授の傍ら札幌教会牧師を兼職)と交代するために、金森通倫《みちとも》を専任牧師として札幌に派遣してほしいと要請した(『内村鑑三全集』三六、九九頁。『新島襄全集』五、二四六頁)。交渉には、時に渡瀬寅次郎(札幌農学校第一期生)が同席することもあった(『新島襄全集』五、二五九頁)。

クラークの死から二年を経た一八八七年の夏、新島は保養と避暑を兼ねて、妻と共に札幌で二か月間静養した。七月七日に札幌に着いた新島夫妻は、福士成豊《なりとよ》(かつて新島が箱館から密出国を敢行した際、新島を義侠的に幇助した友人)、大島正健らに駅で出迎えられ、それから福士の持ち家(現在も札幌市厚別の北海道開拓村に保存されている)に入った。以後、同家を借家して九月まで長期滞在した(同前三、四七二頁。同前五、二九五頁)。

翌八日、大島、小寺甲子二(札幌農学校第五期生)らが訪ねて来た。彼らは札幌教会の独立問題などをめぐって新島と意見を交わした(同前五、二九六頁)。今では新島はクラークに代わって、指示を出す立場に置かれていた。九日には札幌農学校長の佐藤昌介が会いに来た。一八八五年にジョンズ・ホプキンズ大学で面談して以来の再会であった。十日には札幌教会の日曜礼拝に参加し、大島の説教の後、会衆に奨励を行なった(同前五、二九六〜二九七頁)。新島の目にはこの教会は、亡きクラークの「忘れ形見」と映ったはずである。

十一日、新島は「熊本バンド」の一人で教え子の、宮川経輝《つねてる》(大阪教会牧師)に書簡を寄せ、大島から「上方地方より是非壱人加勢となるへき人を招き度」との依頼を受けたことを伝え、人選を要請した(同前三、四七三頁)。続いて十二日にも同志社の卒業生、金森（岡山教会牧師から同志社教会牧師に転身していた）に同じ内容を書簡で伝え、馬場種太郎（同志社出身者）に札幌行きを勧めてほしいと頼みこんだ（同前三、四七四〜四七五頁）。新島は「教会顧問」役よろしく、「札幌バンド」の指導者の人選と派遣を「熊本バンド」にしきりに頼みこんだわけである。

十四日、佐藤昌介の案内で新島は、札幌農学校を初めて視察した（同前五、二九八頁）。創立十年を経て、かつての宗教的なテンペストはさすがに「台風一過」状態であったはずである。

それでもここは恩師のクラークが、札幌に残した今ひとつの「忘れ形見」であった。クラークが基盤を築いたこの「アメリカ方式にならった学校」、さらには「札幌バンド」の発祥地となった農学校は、新島の目にはどう映ったことであろう。ここは日本国内でありながら、洋風と洋式が支配する世界、すなわち「あたかもニューイングランドの一部を切り取って当てはめたような、西洋的空間」であった（『内村鑑三日録』一、六五頁、一九九八年）。その点は、まさに同志社にも当てはまる。

この日、新島は農学校の演武場に掛けられた額面に、思いがけずも遭遇した。それに関して新島は、「岩倉（具視）君ノ額面アリ」とわざわざ日記に書き留める（『新島襄全集』五、二九八頁）。新島の胸中には、若き日の森有礼の相貌、さらには岩倉使節団の田中不二麿を案内してアーモストを訪ねた日のことなどが、千千《ちぢ》に去来しなかったはずはない。このほか、新島は札幌以外にももちろん足を伸ばした。大島の案内で、市来知《いちきしり》伝道所を出張訪問したり、大島らと定山渓《じょうざんけい》へ遊行し、二晩宿泊もした（同前三、四七七頁）。

新島が九月に札幌を引き揚げた後、十月になって馬場が、札幌教会に伝道師として赴任した（同前三、四八四頁）。新島はさぞかしほっとしたことであろう。ちなみに馬場の後任も、同志社出身者の中江汪《ひろし》である。

その後も新島は、引き続き札幌教会の独立問題に深く係わる。平信徒である大島正健が、牧師代理として教会運営を担うのは問題があるために、新島は大島が正規の牧師となる手続き（按手礼《あんしゅれい》、一八八八年）を踏むことができるように配慮を惜しまなかった。

大島はその後、札幌農学校から同志社に転出する。その背景には、同じ「札幌バンド」の佐藤昌介（札幌農学校長心得）から「追放」された形跡がある（大島智夫「大島正健の札幌農学校辞任と佐藤昌介」二二頁、『札幌独立教報』三〇三、札幌独立教会、二〇〇三年六月一日）。これを大島転身の「PUSH」要因とするならば、「PULL」要因は、明らかにかつての新島（すでに死去していたが）による指導への感謝と新島への敬慕にあると考えられる（詳細は拙稿「人物点描・大島正健」、『同志社時報』一一五、同志社、二〇〇三年三月）。これは馬場や中江とは逆の動きであり、いわば「相互乗り入れ」である。いずれも新島にしてみれば、クラークへの恩返しでもあったであろう。

熊本と札幌で生まれたふたつの信徒集団（バンド）は、京都を媒介としてひとつに結ばれたのである。クラークと新島は、もともと「アーモスト的世界」、すなわち会衆派教会やアメリカン・ボードが支配的な世界に生きた人間であった。一方は「札幌バンド」の産みの親となり、他方は「熊本バンド」の育ての親になる土壌に恵まれた。

そのうえ、両バンドはクラークと新島を連携させた。新渡戸流に言えば、ふたりは両バンドの「懸け橋」となりえたのである。彼らは心中密かに「北海道を日本のアーモストに！」を合言葉に共働したのではないか。

ふたりはたしかに、宣教師としての因子を共有する。

第三章　ミッションの伝道方針

一、自給論をめぐる同志社とアメリカン・ボード

――「二千ドル問題」と「八千ドル問題」の攻防――

はじめに

アメリカン・ボードの伝道方針、とりわけ財政政策は、当初から「自給論」を海外伝道の基本におく。現地で新しく生まれた信徒や教会、学校などに対して、ミッションからの経済的な支援をあてにしないで、できるだけ経済的な独立を保っていくように指導する、という方針である。

ところが、一八七九年にいたって、大きく方針を変更させた。「自給路線」から「協力路線」へと大幅な軌道修正がなされた。経済的独立から経済支援への傾斜である。この方針の大転換が敢行されるにいたった契機は、日本ミッション、とりわけ京都ステーションをめぐる「二千ドル問題」であった。

このことは日本では、吉田亮《りょう》「ステーション間の相互作用とアメリカン・ボードの日本伝道――神戸・大阪・京都の事例」（同志社大学人文科学研究所編『アメリカン・ボード宣教師』教文館、二〇〇四年。以下「相互作用」）が初めて明らかにしたことで、日本ミッション研究史上、画期的な開拓研究となった。

この問題の所在そのものに関しては、私は創立当時の同志社教員、D・W・ラーネッド（D. W. Learned）の手紙で初めて知り、一九九一年に発表したことがある。同年の同志社大学人文科学研究所の研究会で「二千ドル援助問題」と仮称して紹介したのが、それである（同研究会レジュメ、一九九一年一月二五日。以下、「レジュメ」）。以来、関心はあったものの、これをアメリカン・ボード自給論の流れの中に位置づけるまでには、いたらなかった。

そこで本稿では、吉田論文に依拠しながらも少し角度を変え、「二千ドル問題」の消息をもっぱら京都ステーションの立場に即して、論及してみたい。端的に言えば、新島襄や外国人教員、「熊本バンド」などを含めた同志社の視点からの考察である。

同志社の側からアメリカン・ボードの動向を考察した場合、意外にもアメリカン・ボードの伝道方針の決定に同志社の内部事情が、少なからず絡んでいることが、判明する。同時にそれは、同志社の学園史をアメリカン・ボードの側から読み解くことにも繋がる作業である。

ただ、アメリカン・ボードの方針転換と言っても、本稿はひとまず財政的な面の分析に限定したい。その点、吉田論文は、伝道部門と非伝道部門の比重転換をいまひとつの重要な変貌、と位置づける。この件に関しても、本稿同様に同志社側からの分析が必要である。それについては別稿「アメリカン・ボードの伝道方針と新島襄」（本書二四一頁以下）を参照されたい。

さて、すでに旧稿で明らかにしたように、初期の十数年間に限って言えば、同志社は「ミッション・スクール」（厳密に言えば、その変種）にほかならなかった（拙稿「京都ステーションとしての同志社」、同志社大学人文科学研究所編『来日アメリカ宣教師』現代史料出版、一九九九年）。

つまり同志社は当初、京都ステーションと同義語であり、その限りアメリカン・ボードや日本ミッションとは不即不離の関係にあった。そのために、それぞれの動向は、ただちに相互に影響を与え合

う、という関係が生じた。さらに新島襄が、アメリカン・ボードの準宣教師であったことが、両者の緊密性に一層、輪をかけることになった。

こうした相互作用の典型が、一八七九年に同志社を舞台にして起きた「二千ドル問題」である。この問題は、ただちに同年にいまひとつの財政問題、「八千ドル問題」を喚起した。両者は同じ土壌から生まれ、その働きや効果も相似する。両者は一連のものとして捉えられるべきである。八千ドル援助の事実そのものは、吉田論文も言及するものの（「相互作用」四二四頁）、「八千ドル問題」としてまとまった分析の対象にはなっていない。同志社はこの問題でもいわば主役である関係上、「二千ドル問題」と合せて検討することが可能、かつ必要である。

同志社学生への経済支援

一八七九年の時点で、アメリカン・ボード日本ミッションには、四つのステーションが存在した。京阪神にある三つと新設の岡山ステーションである。時にはこれらステーション間で、衝突や論争が生じた。よく知られているのは、阪神在住の宣教師たちが展開した同志社の開校（一八七五年）をめぐる論争である。

開校四年後の一八七九年にも、第一回の同志社卒業式（六月十二日）を契機に激しい論戦が、日本ミッション内部で沸き起こった。「余科」と呼ばれた神学科から十五人の卒業生が出たのが、同志社英学校にとっては最初の卒業生である。この時、晴れの卒業式には、阪神地区の宣教師も当然招かれた。

そのひとり、神戸ステーションのO・H・ギュリック（O. H. Gulick）は、同志社批判という点では、かねてから大阪ステーションのH・H・レヴィット（H. H. Leavitt）と双璧であった。果たせるかな、ギュリックは式典が日本人主体に運ばれ、京都ステーションの宣教師（同志社教員）が軽視されている、との印象を受け、大きな衝撃を受けた。これでは「ミッション・スクール」ではなく、「新島氏の学校」、日本人の学校ではないか、というのである。

そこで、彼はボストンのアメリカン・ボード本部に対して、同志社の神学校（トレーニング・スクール）を神戸に移転させ、純然たる「ミッション・スクール」とするために開校資金、六千ドルを要求するに及んだ（詳しくは拙稿「同志社は誰のもの――第一回英学校卒業式をめぐって」、『同志社時報』一〇一、一九九六年三月）。これは後述もするレヴィットによる同志社大阪移転論と同じ根に繋がる問題提起である。

「熊本バンド」、とくに「バイブル・クラス」の十五人を送り出す卒業式（第一回）が、他のステーションに同志社攻撃の材料を与えた、という一事は象徴的である。相前後して発生した「二千ドル問題」もまた、彼らを各地に伝道者として派遣することに起因するからである。彼ら「バイブル・クラス」の卒業は、財政的には暗雲の中の船出であった。

彼らが卒業した前後という時期は、同志社移転問題がようやく沈静しかかった頃でもある。しかし、一八七九年中盤にいたって、問題が別の形で再燃した。今度は京阪神の三ステーション間という、さらに広いステージで激しい論争が展開されるにいたった。それが「二千ドル問題」、ついで、「八千ドル問題」であった。

これらは、ミッション内部の不一致ぶりが改めて浮上し、爆発寸前にまで膨張した大問題であった。その意味では、この年は京都ステーション、ひいては同志社の存続にとって最大の山場となった。結果的には、京都ステーション（同志社）はこの危機を乗り切ることに成功し、以後、京都での教育活動が、日本ミッション内部でいわば「認知」されることになる。

一方、この出来事は、日本ミッションの側にも大きな影響を与えた。京都ステーション（同志社）財政の肥大化が、アメリカン・ボード財政方針の転換をもたらすからである。

その突破口を開いたのが、まず「二千ドル問題」である。先の同志社移転問題とは逆に、今回は京都ステーションが仕掛けた形になった。同志社教員のJ・D・デイヴィス（J. D. Davis）が口火を切って、ボストンに対して同志社学生への経済支援を要請した。

そもそも、同志社の宣教師たちにとって、学生、とりわけ神学生に対する経済援助は開校以来の懸案事項であった。全体の予算不足に加えて、奨学金支給となれば、アメリカン・ボード財政方針の根幹にある自給問題へと波及することは、必至であるだけに、取り扱いは面倒であった。

一八七七年度の場合、同志社英学校では十一名に各々月三・六三ドル（計月四十ドル）が、そして十二名の「熊本バンド」（「助教」）に月四ドル（前年は三・五〇ドル）が支給されている（J. D. Davis to N. G. Clark, 1877. 10. 12, Kiyoto. 森永長壱郎編「J・D・デイヴィスの手紙（一一）」七頁、『蕓』二二、同志社女子中・高等学校、一九九一年。以下「デイヴィスの手紙」）。学生総数は八十七名であったので、支給率は二十一％である（J. D. Davis to N. G. Clark, 1877. 10. 17, Kiyoto.「デイヴィスの手紙（一一）」一一頁）。

一八七九年六月には、先述したように最初の卒業生が出た。十五人全員が神学生であり、その大半が伝道師を目指し、地方赴任を望んだ。そのことが、新たな経済支援問題を引き起こす結果となった。なぜなら、京阪神の都心部以外は、キリスト教、とくに組合教会やアメリカン・ボード宣教師とは、いまだ無縁の土地がほとんどであった。牧師や伝道師を雇える、経済的に自立した自給教会など、最初から望むべくもなかった。要するにゼロからの出発、という開拓伝道が、圧倒的に支配的であった。

そのため、地方の教会や伝道所は、牧師や伝道師（同志社卒業生）を確保するためには、何らかの経済援助を不可欠とした。ところが、そのために組織されたはずの日本基督《キリスト》伝道会社からの援助は、発足直後ということもあって、多くは期待できそうにもなかった。同社の委員、今村謙吉は、卒業する「熊本バンド」の学生に対して、「当社が支給できるのは二人だけ」と通告した。これを伝え聞いた同志社の下級生たちは、失望のあまり次々と帰郷したり、東京に転出するなど、退学する者が続出した。

こうした事態に直面したデイヴィスは、「青年たちに福音伝道で生活できる、との確信を与えるために何かをしなければ、この学校は牧師養成のための学校（a training school of Ministers）であることを止めてしまう。〔中略〕これが今、学校の抱える大きな危険である」と危機感を強めた（J. D. Davis to N. G. Clark, 1879. 6. 16, Kiyoto.「デイヴィスの手紙（一三）」六九頁。〔　〕は本井）。神学校（同志社）の存続に関わる死活問題である。

同志社へ二千ドルの支援

思い余ったすえ、デイヴィスはボストンの本部に個人的に訴え出た。東京の長老派・改革派系神学校が、在学生に経済支援を行なっていることを盾にとって、経済援助の必要性を必死に説いた。同校ではすべての学生に対して、習熟度に応じて六ドルから三十ドルを支給している、というのである。デイヴィスは自給を基本とするアメリカン・ボードの財政方針は、「神学的には最善」なので反対ではないが、と断りながらも、自給方針が長老派などの方針と「まさに逆」（antipodes）である点に再考を促そうとする（J. D. Davis to

N. G. Clark, 1879. 4. 5, Kiyoto.「デイヴィスの手紙（一二）」一四二〜一四三頁）。

デイヴィスの主張は、その後、変化する。同志社の発展のためには「我々〔アメリカン・ボード〕の方針の変更」が必要であるとか（J. D. Davis to N. G. Clark, 1879. 5. 26, Kiyoto.「デイヴィスの手紙（一二）」一四八頁）、さらには「ミッションの方針には反対」する、といった具合に、しだいに批判的な色彩を強めて行く。日本で活動する他教派ミッションを見た場合、金額の多寡はともかく、日本人伝道者のために自己資金を使わないミッションはない、との認識がこの背景にはあった（J. D. Davis to N. G. Clark, 1879. 6. 16, Kiyoto.「デイヴィスの手紙（一三）」六六〜六七頁）。

デイヴィスの個人的直訴は、功を奏した。ボストンのアメリカン・ボード運営委員会は、彼の要請を受け入れ、同志社に対する二千ドルの援助を決定した。要点は、

（一）ミッションが新設する委員会が、「京都トレーニング・スクール〔同志社〕の卒業生」を「雇用」する、

（二）資金の管理は、五人のミッション・メンバーが構成する委員会が行う、

の二点である（Minutes of Prudential Committee, 1879. 5. 6.「相互作用」四二二頁）。この間の経緯を当事者のデイヴィスはこう述懐する。

「[日本基督伝道会社からの経済援助が少ないことに心痛したバイブル・] クラスの学生たちは、大変困った末、私のところに来ました。私たちは一時間にわたって祈りを捧げ、その問題を話し合いました。私は最後に彼らに言いました。自分としては諸君が福音を宣べ伝える道を主が備えて下さることを確信している。だから、主に信頼して前進しなさい、と。

彼らが生涯をかけた目的を果たせなくなる前に、私は最後の糧を彼らとともに分け合うことを約束しました。しかしながら、私としては、どのようにして問題を解決したらよいのか、わかりませんでした。二、三日かけてその問題について祈ったあとで、私は〔アメリカン・〕ボード宛てに手紙を書き、事実を正確に知らせました。私はミッションを批判したり、困難から抜け出る道を示唆することは一切しませんでした。

ひと月たつとボストンから電報が届きました。『ワカモノタチヲシゴトカラハズスナ。フミマテ』〔'Hold young men for work; await letter.'〕とありました。

もうひと月すると次の手紙が届き、現場での伝道事業を監督させるために、先ず五人〔の宣教師〕を委員に任命する、という趣旨です。このために委員が使用できるように、と二千ドルを送ってきたのです」（M・デイヴィス著・北垣宗治訳「宣教の勇者デイヴィスの生涯（一一）」一九九〜二〇〇頁、『新島研究』八八、一九九七年二月。改行と一部改訳は本井。以下「宣教の勇者」）。

ちなみに、ここで「シゴト」と訳された原語（work）は「伝道」を指す。つまり「卒業生を伝道界から追いやるな」がボストンの強い指令であり、二千ドルの特別援助は、そのための資金とされた。また、「五人の学生を委員として」と訳された一句の原文には「学生」の文言はない。先の議事録にあるようにメンバーは学生ではなく、あくまでも「ミッション・メンバー」、すなわち宣教師である。

それはともかく、ボストンからの援助情報と送金は、ミッションはもちろん、デイヴィスにも「驚き」であった（J. D. Davis to N. G. Clark, 1879. 6. 16, Kiyoto.「デイヴィスの手紙（一三）」六五頁）。新島もまた「我を忘れるほど狂喜」した。彼はボストンから通知が来る前は、地方伝道に人材（卒業生）を新たに派遣するのは

とうてい無理、と断念していた。それだけに新島は、この資金を活用すれば、多額の費用を要する遠隔地の伝道も可能、と判断した。さっそく「熊本バンド」のひとり、小崎弘道を同行して六月十九日に九州へ出発することにした（J. D. Davis to N. G. Clark, 1879. 6. 16, Kiyoto.「デイヴィスの手紙（一三）」七二頁）。

六月十九日の出発、とは実にすばやい対応である。最初の卒業式を済ませてから、わずか一週間後である。逆に言えば、それほど二千ドルの威力は大きく、有効性と即効性に富んでいた。新島が、卒業したばかりの小崎を連れて試みたこの時の伝道は、日本人による最初の本格的な組合教会による九州（宮崎・鹿児島）伝道となった。

ただ、新島は出張予定が完了しないうちに、九州から同志社に呼び返されたので、小崎を置いて七月二十日に先に帰宅した。新島の九州伝道は中断されたとはいえ、特別援助のおかげで一か月以上にわたる九州出張が、可能だったのである（『新島襄全集』八、一八九〜一九一頁、同朋舎、一九九二年）。

一方の小崎であるが、九州滞在はさらに長期化した。「新島先生は学校の用務の為、三週間にて辞し去られたが、私は一人止《とどまっ》て伝道し、又宮崎、佐土原《さどわら》、高鍋、本庄〔国富〕、竹岡、都城等を巡回し、殊に高鍋には一箇月許りも滞在して、毎日聖書の講義をした。後日、同地と宮崎とに教会の設立せられたのは、之《これ》が遠因となったのである」（小崎弘道『七十年の回顧』四八頁、警醒社、一九二七年。傍点は本井）。

「二千ドル問題」をめぐる攻防

小崎の回顧が事実ならば、高鍋と宮崎の教会形成は、「二千ドル問題」の果実、ということになる。それはともかく、新島が呼び返された「学校の用務」に関しては、小崎は何も言及していない。実は、これは後述するようにアメリカン・ボードが絡んだ事件である。

さて、ボストンからデイヴィスへの先の返信は、彼や新島にとっては、あたかも「天の声」のごとくに響いた。その一方では、この時のボストンの処理方法は、日本ミッションに新たな火種を持込むことになった。

アメリカン・ボードの側で、この問題の処理上、もっとも指導力を発揮したのは、言うまでもなく総幹事のN・G・クラーク（N. G. Clark）であった。彼は運営委員会に諮って、同志社第一回卒業生を伝道界に留めるために、あえて特別措置を取ったのである。日本ミッション、特に阪神地区の宣教師にしてみれば、ミッション全体の意見を聞くことなしに、デイヴィスひとりの個人的な進言をアメリカン・ボードが受け入れたことは、不可解であった（「宣教の勇者（十一）」二〇〇頁）。

新島・小崎による九州伝道のさなか、六月下旬に日本ミッション年次総会が神戸で開催された。会議では当然「二千ドル問題」が議題に上った。熱心な論議の結果、六月二十四日に感謝決議がなされて、ひとまず終止符が打たれた。しかし五人の管理委員を一方的にボストンが任命した一点だけは、最後まで不満が消えなかった。

そこで、ミッション・メンバー各自の民主性と平等性を尊重するために、またボストンとの間に同種の誤解が生じないためにも、「ミッション内部の事柄については、常にミッション・メンバーの決定に委ねてほしい」との決議が附帯された（D. C. Jencks, Minutes of Seventh Annual Meeting, Japan Mission, 1879. 6. 17〜26. 吉田亮訳「レジュメ」）。

要するに、「カドの立たない程度の抗議の手紙」を送ることで、ひとまず決着が図られた（「宣教の勇者（十一）」二〇〇頁）。けれども、「二千ドル問題」はこれで収束したわけではなかった。

翌年にレヴィットの辞任騒動（後述）を惹起するという点で、嵐の前触れであった。彼は、こちらから「求めてもいない」のにボストンは二千ドルを一方的に日本に送りつけてきた、とクラーク追求の手を緩めない（H. H. Leavitt to N. G. Clark, 1880. 7. 21, Arima. 茂義樹訳「レジュメ」）。

一方の同志社にして見れば、二千ドルはいわば虎の子であった。「熊本バンド」の出張費用や伝道手当てばかりか、一八八〇年春に新設した速成邦語神学科（後述）の新入生、二十人の授業料免除に使うことができた（*Faculty Records*, p. 15, Doshisha University, 2004）。奨学金の点でようやく東京の神学校並みになったわけである。

これらは、すべて同志社「余科」（バイブル・クラスとも呼ばれた神学科）から最初の卒業生十五人が出たことに始まる。彼らは、期せずして、アメリカン・ボード財政政策の転換に手を貸したことになる。

そもそも日本ミッションは、日本伝道の開始にあたって、教会の「自治」（self-governing）と「自立」（self-supporting）を基本とした。この大方針に基づく「自給主義」が、一八七九年の後半にいたって、大きく変化したのである。その契機となったのが「二千ドル問題」であった。

この「二千ドル問題」に関してラーネッドは、発生十四年後にこう回顧する。いみじくもケーリ（Otis Cary）が言ったように、これはアメリカン・ボードに、財政的な「政策転換」（"the change of policy"）をさせた点で画期となった。ただケーリは、「ひどい結果（evil）を生んだ」とマイナス評価をするが、自給論という「極端な見解」（その典型はレヴィットであるが）を打破するのに、プラスの面で大きな威力を発揮したことは、事実である、とラーネッドは評価する。

以後、紆余曲折はあるものの、ミッションが一貫して取り続けたのは、それまでの「自給政策」ではない。日本人伝道を資金的に援助する、という新たな「協力政策」であった。ラーネッドは、日本の教会が一八七九年以後、急速な発展を遂げるのは、この方針転換に依るところが大きい、との結論を導き出している（D. W. Learned to N. G. Clark, 1893. 9. 21, New London. 吉田亮訳「レジュメ」）。

ミッション公的記録に見る「二千ドル問題」

以上が「二千ドル問題」のあらましである。分析を終えるにあたって、最後に、ミッションによる公的な総括を紹介しておきたい。問題発生からちょうど四十年を経た一九一九年に、ミッションは創立五十年史を出版した。このミッション略史の中に、この問題が次のように把握されているので、私訳する。

自給

〔前略〕新島氏は、この頃、手紙のひとつにこう記す。同志社からミッション資金を引き揚げようとする運動が、どれだけ身体にこたえるか、と。〔中略〕ミッションの感情は、レヴィット氏の見解を極端視する人たちと、多少とも彼に同感する人たちの間で、おそらく半々くらいに分かれていたであろう。

一八七九年の新出発

この問題は、一八七九年に実に予期しない方法で決着の時を迎えた。この年〔六月に〕、十五人から成る最初のクラス〔余科〕が、同志社から卒業しようとしていた。何人か〔五人〕は同志社に教師として残ることになっていた。何人かは、宣教団体（Missionary

Society）か、彼らの働きを享受する人々が〔経済的〕支援をすることになっていた。

しかし、残りの卒業生たちは、自分たちが伝道に従事するのに、どのような方法が用意されているのか、を知って困惑した。他の職業に従事して、その傍らに半端な時間を伝道に割くことが許されるのか、それとも、自分たちが必要とするものを供給できる教会を設立するまで、ミッションが活動補助をしてくれるのか、という戸惑いである。

デイヴィス氏は、〔神戸ステーションにいた〕五年前にはこう記した。『これらの信徒たちは、外国からの援助から独立したいと思っている』。その彼が、〔同志社で教えている〕今では、外国からの援助の必要性を認めている。〔変化の要因としては、〕初期の頃は、誰も〔援助が必要だという〕こうした状況を予見できなかったし、学生たちにはすでに次のことを伝え、約束したという。すなわち、主《しゅ》は何らかの方法で、君たちが福音を伝える方法を備えて下さることを自分は確信するし、君たちの生涯の目的を実行できなくなる前に、最後のパンを君たちと裂くことを約束した。

この件に関して数日祈ってから、デイヴィスはボストン〔のアメリカン・ボード本部〕に状況を説明する手紙を書いた。三か月前であったならば、まったく無益だったであろう。しかし、アメリカン・ボードはその時、〔百万ドルに上る〕オーティス遺産（Otis Legacy）の寄贈を受けて、資金は潤沢であった。

デイヴィスの手紙から一か月後に、日本ミッションはアメリカン・ボードから電報を受け取った。『京都の卒業生を用いよ。必要な資金を使え』。しばらくして、手紙が届いた。文面はこうである。〔本部の〕運営委員会は、ミッションにとってこれらの青年を失うことを防ぐために、伝道師と神学生を支えるために二千ドルを支給する。この資金を『最善と思われる形で』使用するために、ミッションの宣教師から年配者を五人〔選び、委員に〕指名する。

これは、二つの点でミッションには実に大きな驚きであった。ひとつは、ミッションが要請もしていない資金が認められたこと、もうひとつは、委員会〔最初はCommittee Five、後にEvangelistic Committee〕の委員を指名して来るという形で、ミッションの自治（autonomy）に干渉したこと、である。その直後に開催された年会で、活発な議論が沸き起こった。

そうした援助をミッションが要請しよう、と意見が一致することは、ほとんど考えられなかった。けれども、すでに送られてきた資金の受け取りを拒否することは、別の問題であった。もっとも、何人かはそうしたかったであろう。さらに、グリーン氏〔後述〕は、かつては極端な自給論に賛成したいと考えていたが、今はそうではなかった。外国の援助は賢明な方法で〔日本人に〕与えることができる、と独自に確信するようになった。彼の感化は、重きをなした。

二日半、議論した結果、金を受け取って、伝道師の支援や弱小教会の牧師の支援のために使うことを決議した。こうして、よかれあしかれ、ミッションは新しい政策を採ることになった」（*Fragments of Fifty Years*, pp. 24～25, A.B.C.F.M.,1919）。

以上である。一点だけ付記すると、「二千ドル問題」の背景に、「オーティス遺産（Otis Legacy）」なるものが存在することは、これまでの日本側の資料だけでは摑《つか》めなかった。この遺産は、同志社今出川キャンパスに残る五つの煉瓦校舎のうち、最初の三棟（彰栄館、チャペル、有終館）の建築資金となった、というだけでも、忘れてはならない特別寄附である。

それだけでなく、後述するように、次の「八千ドル問題」でも解決を左右するほどの重要な要素となる。つまり、この遺産は、京都ステーション（同志社）の存続と発展にとって、決定的とも言うべき働きをした実に重要な資金である。

同志社へ八千ドルの支援

「二千ドル問題」に続いて、自給政策から協力政策へ、という「政策転換」をさらに加速させたのが、「八千ドル問題」である。これも同志社がステージとなった。宣教師の同志社雇い入れが、発生要因であった。

一八七九年六月二日、新島はM・L・ゴードン（M. L. Gordon）の「雇入願並免状之願書」を政府に提出した。新島は旧知の森有礼へ同月十六日に手紙を送付して、協力をとりつけようとした。強敵は外務卿の寺島宗則であった。彼は、外国人が京都でも財産所有権を主張することに危惧の念を抱いていた。しかし、「外務省で寺島に次ぐポストにいた森」の保証で、ようやく認可が降り（J. D. Davis to N. G. Clark, 1879. 7. 14, Kiyoto.「デイヴィスの手紙（一三）」七七頁）、二十六日（新島の九州出張中）に許可が同志社に届いた（『新島襄全集』一、三二二頁、一九八三年）。

こうした一連の動きから判明することは、この申請を契機に、政府が同志社への猜疑を深め始めた、ということである。自己資金に苦しむ弱小私塾、同志社が大金の必要な外国人教員を開校以来、次々と雇い入れてきたことに、かねて府庁や政府は不審感や不快感を募らせていたのであろう。ここに来て、京都府知事や寺島宗則、森有礼といった要人が、同志社の「国籍」を問題視し始めた。同志社はやはり宣教師が支配する学校（ミッション・スクール）ではないか、との観測を強めたのである。

その結果、彼らは、「はたして学校財産は、同志社カンパニー〔日本人理事会〕の所有になっているのか」との疑問を抱くにいたった。対応を間違うと廃校という最悪の事態を招きかねない、と憂慮した同志社は、小崎を同伴して九州伝道に出かけていた校長の新島を九州から急ぎ電報で呼び返すことにした（J. D. Davis to N. G. Clark, 1879. 7. 14, Kiyoto.「デイヴィスの手紙（一三）」八一頁。同稿では発信日が一八七七年七月十四日、とあるが、一八七九年が正しい）。先に小崎が言及した「学校の用務」とは、これを指す。

別稿（「新島襄、詐欺罪で逮捕か」一～三、『基督教世界』一九九六年五月一〇日～七月一〇日）でも紹介したように、この夏、政府は、「同志社は外国資金による学校」との嫌疑を同志社に掛け始めた。そのため、「日本人の学校」であると主張（誓約）したうえで設立の「官許」を取得した新島を、政府は「詐欺罪」で逮捕するかもしれない、との危機感が宣教師間に広まった。そのため新島は再三、電報で帰宅を促された。その結果、やっと実現した九州伝道ではあったが、新島はやむなく中断して京都、ついで東京に急行せざるをえなかった。

この件は、従来、日本側の資料では「創立の際、新島先生が一通の電報で、投獄の難を免かれられたといふ危機一髪の事変」として知られるだけであった（松浦政泰『同志社ローマンス』一五二頁、警醒社、一九一八年）。詳細はミッション資料で初めて把握が可能である。たとえば、この時、新島の逮捕を一番懸念したのは、東京に居たD・C・グリーン（D. C. Greene）で、彼が必要な東京情報を同志社に送った（D. C. Greene to N. G. Clark, 1879. 7. 2, Yokohama. 茂義樹「D・C・グリーン書簡（要約）一八七九年五月～一二月」七頁、『梅花女子大学文学部紀要』三一、一九九七年）。

要するに、府庁や日本政府が同志社の資金源を問題視し始め、同志社は日本の学校（「新島の学校」）ではなく、外国の学校（「アメリカン・ボードの学校」）である、との結論を下そうとしたのである。実際、日米両国の要素が複雑に絡み合った点で、同志社の複雑さは、類例を見ないほどであった。アメリカン・ボードから見た場合、同志社の「モデル」のひとつはロバート大学（Robert　College）である。同校はコンスタンチノープル（トルコ）にありながら、純然たる「アメリカの大学」でありえた（*The Story of Robert College Old and New*, p. 14, The Trustees of Robert College of Istanbul, 2001）。

これに対して同志社は、「内陸部」の京都に位置する関係上、表面的には誰が見ても「日米協力型」学校でありながら、法的にはあくまでも「日本の大学」であらねばならなかった。京都においては、基本的に外国人には居住権や財産権が認められていなかったからである（拙稿「京都ステーションの特異性」、『アメリカン・ボード宣教師』参照）。

逮捕と廃校の危機に直面した新島は、旧知の森の助言に従い、それを回避する道は、「自前の」基本金を潤沢に保有する以外にないと考え、少なくとも十万ドルは確保したい、とボストンに泣きついた（J. H. Neesima to A. Hardy, 1879. 9. 4, Kiyoto,『新島襄全集』六、一九九頁、一九八五年）。

要請を受けた運営委員会は、京都の教育事業のために

（一）「オーティス遺産」（Otis Legacy）から毎年八千ドルの贈与を行う、

（二）送金は新島の管理下に置く、

という二点を急きょ決定し、その旨を京都に通達した（Minutes of Prudential Committee, 1879. 10. 28.）。さらに後日、クラークはこの資金援助に関連して、（三）同志社（新島襄）の経済的自立性を保持するために同志社会計、すなわち京都ステーション会計を日本ミッションから分離することをも運営委員で決定した（W. W. Curtis to N. G. Clark, Dec. 19, 1879. 12. 19, Osaka. 安田寛訳「レジュメ」）。

要するに政府への対抗上、同志社を財政的にはアメリカン・ボードから独立（たとえそれが一種の見せ掛けであったとしても）させることが肝要である、と踏んだわけである。そのためボストンからの資金は、神戸にいたミッション幹事（会計でもあった）のD・C・ジェンクス（D. C. Jencks）を通さずに直接、新島に送金されることになった。あくまでも「同志社が保有する自己資金」にするための、異例の特別措置である。「二千ドル問題」との差は、実にここにある。

換言すれば、京都ステーションは、ミッションの財政的統制が及ばない「特権的地位」を確保した。もっとも、さすがにこの処置は他ステーションから強い反対に遭って、一八八三年には廃止される（「相互作用」四二四頁）。

ちなみに特別援助に関して、同志社にとって幸いであったのは、特別寄付の存在であった。当時、アメリカン・ボードは財政難に直面していたものの、おりしも「オーティス遺産」として約百万ドルの寄贈があった。そのため、各国ミッションへの支援が可能になったことである。遺産の使途として、海外での「教育」活動に二十万から二十五万ドルを投資することを運営委員会は、先に決定していた（拙稿「アメリカン・ボード北日本ミッション」九八頁、『来日アメリカ宣教師』）。同志社はさっそくこの恩恵に預かったわけである。実に幸運であった。

なおこの決定は、「アンダーソン主義」（後述）の適応外資金とされたためか、結果的にアメリカン・ボードの伝道方針が変化する、すなわち「文明（教育）」路線へ傾斜する契機となる点でも、重要である。

つまり、「八千ドル問題」は、先の「二千ドル問題」に等しい影響力をアメリカン・ボードに及ぼしたのである。同時に同志社の存在と教育活動は、日本ミッションの中で確固とした地歩を確保できた。そればかりか、この「オーティス遺産」からの「輸血」で、同志社は官憲による学校「取り潰し」の危機を回避し、存続をひとまず安泰にすることができた。

したがって、ボストンの決定を京都ステーションのメンバーは、概ね歓迎したが、中にはゴードン（同志社教員である）のように批判的な者もいた。彼にとって同志社は「ミッションの学校」である以上、ミッション（具体的には、会計のジェンクス）を通さずに新島に直接送金することは、不当と考えられた（M. L. Gordon to N. G. Clark, 1879. 12. 26, Kioto. 日比惠子訳「レジュメ」）。ゴードンは同時に、同志社はもはや「トレーニング・スクールではなくなった」との不満も表明している（M. L. Gordon to N. G. Clark, 1879. 12. 8, Kioto. 日比惠子訳「レジュメ」）。彼が同志社ではやや異色のスタンスを保っていたことは、後述もするが、京都ステーションひとつを取ってみても、ミッションは決して一枚岩ではなかった。

新島裏の人脈

さて、以上から判明するように、同志社の窮地を救ったのはボストンからの多額の資金援助である。他面では新島と運営委員会とが、太いパイプ（信頼関係）で結ばれていたことも、無視できない。新島が直訴したアメリカン・ボードにおいて、総幹事のポストに就いていたのは、クラークである。新島は彼とは、留学中から親密な交誼があった。アメリカン・ボードが日本伝道を一八六九年に開始した背景には、アーモスト大学に留学中の新島が、クラーク宅に世話になった時に、クラークに直接、その重要性と必要性を訴えたことが大きかった、という経緯がある（拙著『京都のキリスト教』二四頁、同朋舎、一九九八年）。

アメリカン・ボードの対外的な窓口であるクラークは、新島からの援助要請をただちに運営委員会に取り次いだ。この委員会で議長（いうならばアメリカン・ボード理事長）を務めていたのは、新島の「養父」とも言うべきA・ハーディ（A. Hardy）であった。クラークといい、ハーディといい、新島、ひいては同志社（京都ステーション）は、願ってもない理解者をアメリカン・ボード本部に有したものである。

事態の打開に労苦したデイヴィスにとっても、新島あっての解決策と思われた。「新島氏が占めている位置を占められる人物は、日本にはいないと確信する」とまで断言する（J. D. Davis to N. G. Clark, 1879. 11. 21, Kiyoto.「デイヴィスの手紙（一三）」一〇二頁）。新島（しかも準宣教師）だからこそ、ボストンの信頼を勝ち得たのである。

こうした個人的な要素に対しては、もちろん批判が伴う。たとえば、他ステーションの複数のメンバーから、今回の措置は異例なだけに、財産管理や経理をひとりの人物、それも日本人（新島）の掌中に委ねることに関しては、書類できちんと「条件」（restriction）を付すべきだ、との意見が出た。

しかし、新島と特殊な友好関係に立つクラークは、そうした提案を「賢明とは思わぬ」と一蹴している。「この件で私は新島氏の行動に、いかなる制限（limits）を付す気持ちはなかった。私は彼を信頼していた」とクラークは自信たっぷりに言う（N. G. Clark to J. D. Davis, 1880. 2. 21, Boston.「デイヴィス宛クラーク書簡（三）」四〇頁、『蕢』二八、一九九七年）。

日本、とりわけ京都に着目するクラークとの信頼関係は、新島には何よりの財産であった。神戸のある宣教師が、クラークに母国の知人の名を挙げて日本への派遣を懇請した際、クラークは、日本ばかり手厚く保護されているという「やっかみ批判」が、他のミッションにあるので、「これ以上、日本にばかり派遣するわけにいかない」と回答しているほどである（R. H. Davis to N. G. Clark, 1879. 1. 2, 10. 23, Boston. 石井紀子「レジュメ」）。

新島にとっては、幸運が続いた。永年、アメリカン・ボードの総主事や運営委員として同ボードを牛耳ってきたR・アンダーソン（R. Anderson）が、一八七五年（奇しくも同志社開校の年である）に引退し、後事をクラークに委ねた。この「代替わり」は、それまでのアメリカン・ボードの伝統的な伝道方針、「アンダーソン主義」の変質を可能にした。

以後、アンダーソン時代に一貫して基本路線として信奉されてきた「伝道」主体路線が後退し、その分「文明」（教育、医療など）重視路線が前面に押し出されるに至った（「相互作用」参照）。誇張して言えば、同志社はクラーク時代の「申し子」と言えなくもない。

要するに、京都ステーション（同志社）は、ボストンのハーディやクラークといったキーパーソンを知己に持つ新島を擁するという点で、他ステーションよりもはるかに有利な地歩に立った。新島あっての京都ステーションであった。同志社の宣教師は口を揃えて次のように言う。

「私たちのトレーニング・スクールは、他のほとんどすべてのミッション・スクールのように、外国人が完全に管理権を持ち、日本人の出入りが禁止されている憎むべき『外国人居留地』ではなく、内陸の街の中にある。アメリカ人教師は特別許可を政府から取り、日本人に雇用されて初めて居住できる。けれども、そこではすべての学校資産は法的には日本人の法人（company）が所有する。学校には日本人理事がおり、日本人教員を含めた教師陣が運営する。これまでの歴史が示すように、これらの〔外国人〕教師たちに反する形で重要な決議が行なわれたためしは無い」と（M. L. Gordon, J. L. Atkinson, J. H. DeForest and O. Cary Jr. to N. G. Clark, 1885. 8. 31, Kiyoto. 吉田亮「レジュメ」、傍点は本井）。

自給論争の渦中にレヴィットが辞任

さて、一八七九年に起きた「二千ドル問題」と「八千ドル問題」であるが、煮詰めれば自給問題である。自給論に関しては、早くから日本ミッション内で再三再四、問題視されてはいたが、大きな争点となったのはこの年である。そして翌年には積年の諸問題が、ステーション間の自給論争に発展し、その挙句、レヴィットがミッションを辞任する、という結末を迎える。

論争は主として京都（同志社）と大阪のステーション間で行われた。デイヴィスはそれを「分裂」と捉えた。「長い間恐れていたことが、現実のものになりました。日本ミッションは事実上、二つのミッションです。日本人信徒も二分され、伝道会社は二つになりました」とデイヴィスは報じる。彼はかねてレヴィットから、「大阪ステーションはそれ自体、単独のミッションを目指す」と告げられていたという（J. D. Davis to N. G. Clark, 1880. 7. 23, Kiyoto.「デイヴィスの手紙（一四）」四〇頁）。

レヴィットは、日本ミッションの中では典型的な自給論者である。ミッションが同志社へ資金援助をすることに一貫して反対してきた。結局、持論が日本ミッションに受け入れられなかったために、辞表を提出した（H. H. Leavitt to N. G. Ckark, 1880. 10. 28, Osaka. 茂義樹「レジュメ」）。これに対してクラークは、「自給論には基本的には賛成だが、極論にはついていけない」との判断から運営委員会でレヴィットの辞表を受理した（N. G. Clark to D. W. Learned, 1880. 12. 18, Boston）。

かくして、自給論に抵触する「二千ドル問題」が直接の契機となって、レヴィットは辞任した（D. W. Learned to N. G. Clark, 1881. 2. 19, Kiyoto.）。かつて一八七七年にウーマンズ・ボードが京都の女学校校舎新築のために、六千ドルをアメリカから送金してきた時も、彼は、「むしろボストン湾に投げ入れた方が賢明」とまでクラークを批判していた（H. H. Leavitt to N. G. Clark, 1877. 7. 18, Arima. 茂義樹「レジュメ」）。

また、「レヴィットの辞任は残念」ではあるが、ある意味「愉快なこと」とラーネッドは、正直に告白する（D. W. Learned to N. G. Clark, 1881. 4. 11, Kiyoto.）。ラーネッドがこの時、ボストンに伝えた見解は、大阪ステーション以外では、我々は最良と思えるやり方で事を進める、その結果、相互に分離が生じたとしても、少々の忍耐があれば危険はないであろう、それぞれのやり方で活動するのを相互に尊重したい、という内容であった（D. W. Learned to N. G. Clark, 1880. 11. 3, Kiyoto.）。

デイヴィスも、レヴィットを批判して言う。「レヴィット氏は一セントたりとも、外国資金を日本人のいかなる組織や学校に使うべきでない、と確信している。彼を満足させるためには、我々は今行なっていることをすべて放棄しなければならない」と（J. D. Davis to N. G. Clark, 1880. 7. 23, Kiyoto. 「デイヴィスの手紙（一四）」四四頁）。

デイヴィスに従えば、レヴィットが主張するような「極端なやり方」（ultra course）、あるいは「過激策」（radical policy）は、日本人信徒にも混乱と分裂をもたらし、諸教会を「粉砕」（crush）しかねなかった。それだけに、レヴィットの辞任は救いでさえあった。

「レヴィットの辞任は日本人に燦燦《さんさん》たる光をもたらしたので、分裂は回避されたと確信します。私には彼の精神は、少し平衡を欠いているように思えます。彼はこの問題で、偏執狂（a monomaniac）になる危険性もあります」と手厳しい（J. D. Davis to N. G. Clark, 1881. 8. 23, Kiyoto. 森永長壹郎「デイヴィスとクラークの往復書簡（二）」四九頁、『甍』三〇、一九九九年）。

同志社女学校の女性教員も、レヴィットには同意しかねた。A・J・スタークウェザー（A. J. Starkweather）は、レヴィットが自給論のモデル校として最大限の評価を惜しまなかった大阪の梅花女学校に対して、優れて「理想的」と見做す彼の見解を、失礼ながら私は支持しない、と突き放す（A. J. Starkweather to N. G. Clark, 1882. 1. 7, Kiyoto）。

また、パーミリー（H. F. Parmelee）も、「日本人は自給を好む、というレヴィットの見解を、アメリカン・ボード〔ボストン〕は受け入れているようですが、実際は異なります。〔中略〕大阪の〔梅花女〕学校を基準にして、物事を判断していただきたくはありません」と訴える（H. F. Parmelee to N. G. Clark, 1882. 1. 7, Kiyoto. 坂本清音「レジュメ」）。

一方、レヴィットが所属する大阪ステーションの宣教師の立場は、異なった。たとえばカーティス（W. W. Curtis）は、レヴィットの自給論に同調し、彼の解任に抗議して、ボストンに訴えた。

「京都のようなステーションには、金が必要であるに違いありません。おそらく他でもそうでしょう。けれども、我々の〔大阪〕ステーションは、そうではありません。なによりも大阪の〔浪花〕教会は、資金援助なしでやっていけますから、援助を頼んだこともありません。二千ドルもの大金が、必要な時に次々と送られてくるようでは、仕事のやる気が失せてしまう、と確信いたします」（W.

W. Curtis to N. G. Clark, 1880. 11. 3, Osaka. 安田寛「レジュメ」)。

日本ミッション、とりわけ大阪ステーションは、自給・自治こそミッションの最大の特色であり、学校（梅花女学校）にせよ、教会（浪花教会）にせよ、見事に自給路線を貫徹させている、との自負があった。だからこそ、レヴィットは一方で同志社を大阪に移転させ、日本人による自給の男子校にしたい、という願望を持ち続けた。おまけに大阪の人口や経済活動に比べると、京都は「死んだ町」も同然であった。宣教師への制約が少ない大阪にこそ、男子校はぜひとも必要であった（H. H. Leavitt to N. G. Clark, 1879. 2. 10, Osaka. 茂義樹「レジュメ」）。

この「二千ドル問題」の特色は、日本ミッションがレヴィット路線を拒否し、協力路線を選択、すなわち「大阪方式」ではなく「京都方式」をミッションの運営基準として選択したところにある。これを契機に京都ステーションはミッションを主導する立場に立ち始める。

その結果、宣教師活動の主体は学校教育となり、また日本人の自治を進めるよりも日本人との協力関係を築くことが運営の基礎に据えられるようになった。その意味でミッションにとって、一八七九年は明らかに「転換点」となった（「相互作用」四四二～四四三頁）。繰り返せば、同志社の教育活動は日本ミッション内部で「認知」されたばかりか、モデルとさえされたのである。

自給論をめぐって

けれども、レヴィットのような極端な見解こそ影を潜めたものの、その後も自給に関しては様々な意見が出た。たとえば、一八八五年のことであるが、関西の四人の宣教師が連名でボストンに対して、「我々のミッションは、教会に奨励している自給の度合いにおいて〔全世界の〕アメリカン・ボードのミッションの中では傑出しているばかりか、他のミッションを同一点に容易に導くものである」と。

さらに、日本人は外国人支配を嫌うので、「我々は運営委員会がインドや中国、トルコを見るような目で我々を見ないようにお願いしたい」とも要請する（以上、M. L. Gordon, J. L. Atkinson, J. H. DeForest and O. CaryJr. to N. G. Clark, 1885. 8. 31. 吉田亮「レジュメ」）。

教会に関しては、自給路線は命脈を絶たれてはいなかったことになる。彼らはこの時、一騎当千の「熊本バンド」たちの滾《たぎ》る独立心を、脳裏に思い浮かべはしなかったか。

ちなみに、ミッション出資のキリスト教週刊紙、『七一《しちいち》雑報』に関して、神戸のジェンクスは、日本のキリスト者は独立心がとりわけ旺盛で、外国人の指導や助言を喜ばないので、我々との間で「深刻な問題」が生じやすい、そのため「我々は多くの点で、他の宣教地域とは違った国にいる」との認識を有している、と述懐する（D. C. Jencks, Minutes of the Annual Meeting, Appendix, 1878. 6. 18～26. 吉田亮「レジュメ」）。

ところで、自給方針の堅持について、ボストンに要望書を提出した（先出の）「関西の四人の宣教師」中には、同志社の教員がひとり混じっている。ゴードンである。先にも示唆したように、京都ステーションにおける彼の位置は、他の同僚とやや違ったスタンスにあることが、ここからも確認できる。

なお、レヴィットの自給論についても付言すると、同志はいたものの、所詮、少数派であった。最終的にミッションの一致した意見には至らなかった。その点が、アメリカン・ボードの伝道方針（アンダーソン主義）に反対して、ミッションを辞任したトルコ・ミッションのハムリン（C. Hamlin）と大きく相違する点である（ハムリンについては、本書二四八頁以下を参照）。

ハムリンのアメリカン・ボード辞任は、結果的に「アンダーソン主義」の変更を持たらすのに大きな働きをした。少なくとも「伝道中心。教育、それも現地語での教育はあくまでも二義的」とするそれ以前の「伝道」主体の方針が変更され、「文明（教育）」路線にも応分の配慮をするという転換をアメリカン・ボードにもたらす一因となった。

それに対してレヴィットの場合は、アメリカン・ボードが、今ひとつの原則（自給主義）をあくまでも堅持することを強力に訴えて、辞職したにもかかわらず、方針の徹底までには繋がらず、かえって幹事から「極論」と退けられてしまった。レヴィットは、ハムリンにはなれなかった。

レヴィットの理想が実現するのは、これよりさらに後年のことである。一八九五年に組合教会総会が、アメリカン・ボードからの財政援助を謝絶することを決定（実行は翌年）するまで俟たねばならなかった。

二、アメリカン・ボードの伝道方針と新島襄
――トルコ・ミッションと日本ミッション――

「伝道」か「文明」か

アメリカン・ボードによる海外活動開始は、創立三年後の一八一三年である。マラタ・ミッション（Mahratta Mission, 西インド）の発足に始まる。以後、一八二六年にトルコ・ミッションにまで発展した（その後、次々と細分化され、最終的には五つのミッションが発足するや、しだいにヨーロッパ伝道が重きをなし、一八七〇年代にはトルコが、アメリカン・ボード最大の伝道地となった（吉田亮「総合化するアメリカン・ボードの伝道事業」九頁、三四頁、同志社大学人文科学研究所編『来日アメリカ宣教師』現代史料出版、一九九九年）。

それに対して、日本ミッション（一八六九年）は後発であった。にもかかわらず、国内的には統計上、一八八〇年代後半にいたって、他教派のミッション・ボードと比較しても、遜色ない規模にまで急成長した。そればかりか、アメリカン・ボードの海外伝道の面でも世界に広がる諸ミッション中、最多数の宣教師を擁える最大規模のミッションとなった。

たとえば一八八九年の統計では、男性牧師数、女性宣教師数（独身、既婚者とも）、教会数、教会員数、女子高等教育機関数、同在籍者数、神学生数、大学・高等教育機関在籍者数、キリスト教学校・大学在籍者総数のいずれをとってみても、最高数値を独占するにいたった（同前二頁、五頁）。

こうしたトルコから日本へという重点地区の変遷は、何に起因するのか。国内的には欧化主義の隆盛という追い風（特に女子教育に関する）、そして国外的には後述もするが、アメリカン・ボード総主事、クラーク（N. G. Clark）の伝道方針、すなわち日本伝道ならびに女性宣教師の重視が、まず挙げられよう。

ついで日本ミッションにおける教育事業、とりわけ京都ステーション（実態は同志社そのもの）、即ち同志社における学校教育の果たす働きも、無視できない。なぜなら、同志社（男子校、女子校に加えて京都看病婦学校、同志社病院）は一八八〇年代後半に至って、日本ミッションで最多数の宣教師（外国人教師）を抱える大所帯となったからである。

同志社のために、女性スタッフ三名の増員（派遣）をボストンに要請した際、ゴードン（M. L. Gordon）は、「次々と増員を要求する点で、日本ミッションはオリヴァー・ツイスト（Oliver Twist）のようなもの、と自覚しております」と断っているほどである（M. L. Gordon to N. G. Clark, 1888. 9. 4, Kyoto）。ツイストとは、チャールズ・ディケンズ『オリヴァー・ツイスト』の主人公で、金と欲に目がくらんだ中年男を指す。

アメリカン・ボードにおける教育事業の認知という点で言えば、先のゴードン発言は、京都ステーションが「教育ステーション」の色彩を濃厚に帯びていたことと無縁ではない。トルコから日本への比重の移動が、アメリカン・ボードの伝道方針、とくに伝道と教育をめぐる方針の変遷と無関係ではないことを考慮するだけでも、同志社の果たす「余地」が残されているのである。

そもそも他民族伝道に関しては、アメリカでは「文明化」（civilization）か「キリスト教化」（Christianization）か、をめぐって早くから論争が展開されていた（P. W. Harris, *Nothing but Christ,*

Rufus Anderson and the Ideology of Protestant Foreign Missions, p. 11, Oxford University Press, 1999)。アメリカン・ボードの歴史は、一面では教育の提供と伝道者育成の間で繰り広げられた「闘い」の歴史でもあった（F. F. Goodsell, *You Shall Be My Witnesses*, p. 2, A. B. C. F. M., 1959)。

したがって発足以来、一方で純粋に伝道に特化すべきという主張と、他方で広くキリスト教文明の啓蒙、普及（欧米化）をはかりたいという二つの主張、すなわち「伝道」(evangelism)と「文明」(civilizing)、なかでも「教育」（出版、医療、社会奉仕などを含む広義の）の間で揺れ動いてきた。

しかも教育に関しては、初等教育（common school）か高等教育（higher education）か、後者に関してはさらに伝道師・牧師（夫人）・教員養成か、それとも一般教育か、換言すると神学と科学全般のどちらを優先すべきか、また用いる言語は現地語か英語か、といった点で、さらに論議が分かれる始末であった。

アメリカン・ボードの伝道方針のこうした揺れに対して、日本ミッション（京都ステーション）が及ぼした影響は、この領域に止まらない。他にも「自給論」の方針転換に果たした働きを看過してはならない（吉田亮「日本ミッションのステーション――京阪神の事例――」、同志社大学人文科学研究所編『アメリカン・ボード宣教師研究』教文館、二〇〇四年)。

同論文を基礎に私も、その消息を同志社に即してつぶさに別稿で論及したが（拙稿「同志社とアメリカン・ボードの自給論――京都ステーションの攻防をめぐって――」『キリスト教社会問題研究』五三、二〇〇四年)、本稿で取り扱う主題は、その別稿と相関関係にあるばかりか、同じ根から発生した問題である。もしも両論考の検証が正鵠を得ているとするならば、同志社の働きと位置が、アメリカン・ボードの方針決定に対して持つ意味は、推測される以上に大きい、と言わざるをえない。

伝道方針の変遷と同志社

アメリカン・ボード伝道方針の変遷に関して言えば、十九世紀を通して、顕著な変化は二度あった。ひとつは一八五〇年代後半、そしていまひとつは一八七〇年代後半である。前者は一八五四年から翌年にかけて、インドやトルコなどのミッションをつぶさに現地視察したうえで決定された方針転換で、「アンダーソン主義」（後述するように伝道が第一義で、教育は付属的とする。しかも、現地語による一般教養中心）に基づく教育方針を徹底させた。

すなわち、教育の「現地語採用論」(the vernacular theory of education)を前面に打ち出し、入学者を信徒に限定したトレーニング・スクール（伝道師養成学校）を基本に据える体制である。

それに対して、後者の一八七〇年代後半の変化では、教育の果たす役割が再認識された。そればかりか、現地社会での需要が極めて高い英語・一般教育を伝道者養成教育の中に取り込む学校、すなわち高等神学校（Collegiate Theological Institute）やキリスト教大学（Christian College）が認知されるにいたった（以上、吉田亮「アメリカン・ボードの日本伝道・教育観」九三～九五頁、松下鈞《ひとし》編『異文化交流と近代化』大空社、一九九八年)。

以上のことを考慮に入れると、一八六九年の日本ミッション発足は、過渡期とは言え、アンダーソン主義がいまだ力を有していた時期に当たる。日本に派遣された最初の宣教師、D・C・グリーンに対する指示の中に、次の一条が含まれていたことに着目すべきである。「日本での働きは、直接的な福音宣教〔つまり直接伝道〕であり、文書伝道や教育活動〔つまり間接伝道〕ではない」（茂義樹

『明治初期神戸伝道とD・C・グリーン』一二三頁、新教出版社、一九八六年。傍点は本井）。

その意味では、同志社英学校（男子校）が発足する一八七五年の動向は、後述する一八八五年の動向と合わせて、注目すべきである。アメリカン・ボードは一八七五年十月の第六十六年会（シカゴ）で、「新しい文明」の形成には、それに相応しい指導者を養成するための高度なセミナリーやカレッジが不可欠である、との見解を発表し、それを機関誌でも追認した。

要するに、教育活動が伝道の一環として正当に位置づけられた結果、教育の重要性が公的に認められたわけである（芝野智子「一九世紀末期アメリカン・ボードの伝道・教育方針の形成」三七頁、三九頁、『キリスト教社会問題研究』五〇、二〇〇一年一二月）。間接伝道も伝道にほかならない、と見なすこうした変化に、同志社開校（同年の出来事である）の動向が、少なからず反映されてはいないであろうか。

なぜなら、第六十六年会がシカゴで開催された当時は、同志社開校の準備途上であった。翌一八七六年の第六十七年会（ハートフォード）は、同志社が創立されてから開催された初めての年会であった。ここでは同志社（新島襄）の影が前年以上に濃密に見出せる。すなわち、この年会では田中不二麿（夫妻、ならびに秘書）が来賓として壇上に登ったばかりか、田中が準備した英文草稿（An Outline History of Japanese Education）をハーディ(A. Hardy)が読み上げているのである。

田中は文部大輔《たいほ》という文部省を代表するポスト（文部卿は不在）にいた。ハーディは、アメリカン・ボードでは有数の指導者（運営委員会議長）であった。それらを合わせ考えると、第六十七年会の壇上に、彼らふたりが並び立つ光景は、あたかもアメリカン・ボードと文部省との「蜜月」を象徴するかのようである。

要するに、アメリカン・ボードが教育、それも日本の教育に入れ込もうとする熱意は、想像以上に大きい。男子校に続いて女学校の設立を構想していた、同志社の宣教師、デイヴィス（J. D. Davis）もこれを歓迎し、アメリカン・ボードが田中を登壇させたのは「先見の明」、と高く評価した。田中の帰国を俟って、デイヴィスは田中その人から女学校の認可を取ることを考慮していたからである（J. D. Davis to N. G. Clark, 1876. 12. 18, Kiyoto）。

これも、田中とハーディを仲介した新島襄あってのことである。新島が神学生時代に、「岩倉使節団」で渡米してきた田中（文部理事官）に「三等書記官心得」、ついで「文部理事官随行」としておよそ一年間、欧米で行動を共にしたことは、すでによく知られている。そのおり、田中にキリスト教の個人レッスンを熱心に繰り返した新島は、田中に関し、「彼は信仰告白こそしてはいないが、心中はすでに信徒も同然」との期待を表明していた（『新島襄全集』六、一〇八頁、同朋舎、一九八五年）。

一方、田中は一八七二年に新島の紹介で、新島の「養父」とも言うべきハーディ家に宿泊したことがある（同前七、四三頁、一九九六年）。それが田中とハーディの交流の端緒となった。

ただ、日本の教育に限定すると、同志社（男女各学校とも）にしろ、「神戸ホーム」（後の神戸女学院）にしろ、最初から英語を基礎に据えた教育を施し、しかも高等教育を志向した。ところがこの期にいたっても、アメリカン・ボードの側では、海外伝道において高等教育に力点を置くことに関しては、「伝道」路線重視の人たちに躊躇が見られた。

新島襄の恩師、シーリー（J. H. Seelye）は、その代表であった。彼ら反対者には、正統的ピューリタニズムから逸脱したハーヴァード大学が悪い見本となったために、教育ではなくて回心が、学問ではなくて伝道が、そして知識ではなくて信仰だけが、救いの原動力である、という信念、すなわち教育への根強い不信感が、底流にあった（*You Shall Be My Witnesses*, p. 49）。

こうした批判を抑えて、「文明」すなわち「教育」路線への変移――「伝道」が「文明」を包含する包括的な概念に変貌した、と言い換えることも可能であるが（William R. Hutchison, *Errand to the World*, p. 91, The University of Chicago Press, 1987）――が、実現した背景には日本だけでなく、トルコにおける教育実践の実績が大きい。

トルコのキリスト教学校については後述するが、五つの高等神学校やコンスタンチノープル（現イスタンブール）のロバート大学（Robert College）、中央トルコ大学（Central Turkey College）などが、大きな働きをした。少なくとも一八七〇年代後半のアメリカン・ボードの方針転換に限って言えば、こうしたトルコでの動きと並んで、日本ミッション、とりわけ京都ステーション（同志社）の動向も無視できない。

やや誇張して言えば、同志社の誕生と発展は、一面ではアメリカン・ボードにおける伝道方針転換の結果である、と同時に原因としての側面をも併せ持つ。両者間には相互作用が働いたのではないだろうか。

換言すれば、同志社の成功は、トルコと共にアメリカン・ボードの伝道・教育方針の転換（現地語による神学・伝道者養成から英語による神学・普通教育）に一役買ったばかりか、京都ステーションは、その恩恵を最大限に享受したのである。おりしもアメリカン・ボードは、アンダーソン（R. Anderson）からクラークへ、という総主事の「世代交代」期にあった。

新島襄とN・G・クラーク

アメリカン・ボードの伝道方針の変化、ないしは転換に関しては、以上見てきたような外的要因のほかに、内的要因もあった。「準宣教師」（a corresponding member）に指名されて帰国した新島襄、ならびに終始、彼の支援者であったハーディやクラークの存在を看過してはならない。とりわけ、日本ミッションならびにウーマンズ・ボード（Woman's Board of Missions. いわばアメリカン・ボードの女性宣教師部）の産みの親とも言うべきクラーク抜きには、同志社の発展はありえなかった。日本ミッションの誕生（一八六九年）が、ウーマンズ・ボードの発足（一八七〇年）とほぼ同時であったのは、同志社にとっては極めてタイムリーであった。

クラークについては後述するので、ここでは同志社の発足に関する彼の見解を紹介するに留めたい。クラークの前任者、アンダーソンは、三十四年にわたってアメリカン・ボード主事を務めた。一八六六年にそのポストを引いてからも、運営委員をなおも十年近く続けた。彼の指導力は、一八七〇年代に入っても、なんら衰えることはなかった。一八七五年に完全に引退して、ようやく「クラーク体制」とも言うべき新体制が、緒に就いた、と考えられる。それは奇しくも、同志社開校の年でもある。

行論上明らかなように、同志社の開校は即ち京都ステーションの新設である。かつて新島は留学中に、日本ミッションの開設をクラークに執拗に迫ったことがあった。京都ステーションの設置も、言うならば新島とクラークの合作という側面を持つ。

同志社開校の計画案が立ち上がるや、クラークは日本ミッションのデイヴィス（当時は神戸在住）に対して、学校（当初はトレーニング・スクール）設立案を「歓迎」し、運営委員会へ事業計画を取り次ぐことを約束した。その際、次のことを申し添えるの忘れなかった。

「知力を正当に伸ばすために、教育手段として授業に科学（science）を加えることが必要です。ギリシアの学園（Greek Academy）の入口の上に掲げられた『幾何学を知らぬ者を通すべからず』という故事には、すべての高等教育の大事な原理が含まれています。あなたは知的教育の手段として、純粋科学を教えなければなりません」と。

ここでクラークが神学（聖書）だけでなく、科学を教える重要性を認識している点は、着目すべきである。そのうえ彼は、「私たちは日本にキリスト教大学（college）が、設立されるのを喜びたい」と相当に踏み込んだ発言までしている。ただし現状では、資金不足のため早急な実現は至難、とも付言する（以上、N. G. Clark to J. D. Davis, 1875. 11. 6, Boston）。

クラークからこうした暖かい支援を受けて、同志社は出発する。誕生後の同志社は、国内では日本ミッションの牽引車としての働きを務めつつ、国際的にはトルコの諸大学と共に、アメリカン・ボードに高等教育のキリスト教的効果を再認識させ、新時代を切り開かせる大きな要因となった。

先に見た第六十七年会（一八七六年）の「蜜月」状態を捉えて、クラークは、「我々が日本での活動拡大を正当化するのに、大いに役立つだろう」との期待感を表明している。「日本での活動」と言う時、その中軸に同志社が含まれているのは、もちろんである。

女子教育にしても、同様である。「神戸ホーム」（一八七五年）に続いて、「京都ホーム」（一八七六年）が発足できたのも、クラークの指導力あってのことであった。すなわち、ウーマンズ・ボードが京都の女学校のために募った六千ドルの寄付が、同校の開校資金となったのであるが、その陰でクラークは、決定的な役割を果たした。同ボードが、一八七六年にアメリカ独立百周年記念募金を企画した際、募金額と寄付先に関して、「六千ドルを京都の女学校に」と進言したのは、クラークであった（N. G. Clark to D. C. Greene, 1877. 8. 17, Boston）。日本ミッションならびに女性宣教師の比重を、誰よりも高く評価するクラークならではの働きかけである。

こうした傾向は以後、強化されることはあっても、弱まることはなかった。特に一八八五年に至って「伝道」路線からの脱却、すなわち「文明」重視の点で顕著な動きがあった。この年のアメリカン・ボード第七十五年会（シカゴ）で、幹事のスミス（J. Smith）は次のような認識を示した。

創立七十五年を迎えたアメリカン・ボードの外国伝道は、いまや「新しい局面」（a new phase）に入った、今後の事業計画としては、伝道の他に教育、医療、女性への伝道を重点課題としなければならない、特に日本は「最も成功したミッション」である、と評価した（S. Judson, The future work of the American Board, pp. 438～443, *Missionary Herald*, Nov. 1885. 傍点は本井）。

後述するように、日本（同志社）はおりしも大学設立運動を展開中であった。これより十年前の年会（ラットランド）で、新島が海外伝道における高等教育の重要性を訴えたことを想起すると、京都ステーションがアメリカン・ボードの伝道方針の決定に何らかの感化を与えたことは、ここからも十分に推測可能である。

トルコ・ミッションとR・アンダーソン

ところで、アメリカン・ボードによるトルコ伝道に移ると、トルコ・ミッションと日本の結びつきは、意外に密である。そもそも同志社の開校は、トルコ・ミッションと不可分の関係にあった。

新島襄がアメリカから帰国して初めて参加した日本ミッションの会合は、一八七五年一月二十九日のミッション特別会議（神戸）である。ここでミッションは、新島が念願するキリスト教学校（トレーニング・スクール）の設立を決定した。注目すべきことにこの時、学校のモデルとされたのが、トルコの学校である。議事録にはこうある。

「ミッションは五千ドルの予算をミッションのトレーニング・スクール設立のために〔ボストンの本部、すなわち運営委員会に〕要求する。同校は、トルコにあるアメリカン・ボードの諸学校に類似したもので、伝道に携わる青年を最良に教育するために、科学（science）と神学を二つながら教える高等神学校（Collegiate Theological Institute）のようなものである」（O. H. Gulick, Minutes of Special Meeting, 1875. 1. 29, Kobe, 吉田亮教授提供。私訳。〔 〕は本井、以下同）。

行論上、確認しておきたいのは、この決議の要点が、次の三点であることである。

(一)同志社のモデルは、トルコの諸学校(高等神学校)とする。

(二)例の「ラットランド集会」(一八七五年の第六十五回アメリカン・ボード年会)で新島が、「日本にキリスト教学校を」と涙ながらに訴えて確保した五千ドル献金は、(日本側では早くから新島のものと理解されてきたが、実はそうではなく)アメリカン・ボードが管理する資金である。

(三)学校では「科学と神学を二つながら教える」、つまり神学だけでなく科学(一般教養)をも教えることが肝要である。

同志社の場合、まず五千ドルありき、である。後に見るように、帰国後の新島の任務として、ボストンの運営委員会は、ぎりぎりまで神戸の教会牧師（現実には大阪の教会であった）を最有力とみなしていた。それがラットランドで大きな変貌を遂げたのであろう。その点、新島の突発的とも言うべき、「文明」路線に立つラットランド発言に、運営委員会は募金方法にせよ、赴任先にせよ、一種の「抜け駆け」との印象をぬぐい切れなかったに相違ない。ある宣教師は、年会での新島発言は、「うっかり口を滑らせた」アピール、とさえ捉えているほどである（R. H. Davis toN. G. Clark, Jan. 2, 1879, Kobe. 日比恵子教授提供）。

要するに、新島が恒例（定例）の訣別あいさつに「便乗」して（と言うより、ありきたりのあいさつの代わりに）会衆にアピールした献金依頼は、異例の出来事であった。「反則行為」にもなりかねなかった。あくまでも伝道主体のミッションにとって、教育はいかなる崇高な目的があるにせよ、第一義的な目的とするわけにはいかなかった。そのうえ、個人的な募金は、組織としては望ましくなかったはずである。おりしもミッションは、多額の献金を必要とする伝道拡張計画を立てていたさなかであった（『新島襄全集』一〇、一八六頁）。

大会前、新島は自分のアピールに多少の懸念を覚えた。そこで、事前にハーディ（ミッション理事長でもあった）やミッション総幹事を始め、主だった人たちに自分の目論見を語り、彼らの意見を伺ってみた。彼らは最終的には「黙認」してくれたけれども、本心では教育目的のための献金アピールを心底から奨励するわけには、行かなかった（同前）。死去する直前の手紙で、新島は当時を追憶し、「誰も私に励ましの言葉をかけてくれる人は、いなかった」と述懐している（同前六、三六六頁）。事態は、この言葉通りであったはずである。

新島が言う「誰も」の中に、アメリカン・ボードの理事長（ハーディ）や総幹事（クラーク）が含まれていたことは、看過してはならない。なぜなら、新島や同志社の良き理解者となるクラークでさえ、当時はアンダーソン寄りの立場にいたことが、判明するからである。

トルコのキリスト教学校の沿革についても、アンダーソン抜きには語れない。彼は神学生の時から、アメリカン・ボードの本部（事務室）に出入りし、一八二二年にアンドーヴァー神学校を卒業してからは、準幹事として本部事務に従事し始めた。一八三二年には幹事となり、以後、三十四年間にわたってアメリカン・ボードの海外伝道を取り仕切った。彼の伝道方針は、時に「アンダーソン主義」と呼ばれ、永年、アメリカン・ボードの基本方針とされた。その要点をあげれば――

（一）福音の伝道をあくまでも第一とすべきで、教育や出版、医療などは、二次的な働らきと考えるべきである。

（二）伝道地の自給・独立を原則とする。

という二点に集約される（「アメリカン・ボードの日本伝道・教育観」一〇一頁、注四）。

アンダーソン主義は、新しい方針の樹立というだけでなく、実は従来の路線の確認とも言うべき面がある。アンダーソンが幹事として勢力をふるう直前のことであるが、機関誌（*Missionary Herald* Jan. 1830, p.2）は次のように指摘する。

「文明はキリスト教に先んじなければならない」という意見がくりかえし主張されているが、錯覚してはならない。「非キリスト教の人々を文明化する唯一の有効な方法は、福音を伝えることだ」と信じ続けなければならない、と（塩野和夫『19世紀アメリカン・ボードの宣教思想Ⅰ　一八一〇―一八五〇』六〇頁、新教出版社、二〇〇五年、傍点は本井）。

見られるように「文明」よりも「伝道」優先である。この背景には教育活動（ただし、初等普通教育が中心）に代表される文明化路線が広く定着しているという事情があった。それは、アメリカン・ボード発足以来の傾向であった。

世界各地（さしあたってインドほか六か所）に派遣された宣教師たちは、どこにあっても教育活動が有効な伝道成果を生むことを経験的に把みとった。そうした活動は、十九世紀半ばまで続く（同前、二九～三六頁）。ところが、不可解なことに、アメリカン・ボードは一貫して宗教方針の表題にそれを取り上げたり、支持者に対して教育活動をアピールしたことがない。すなわち、現場における活発な教育活動と、宣教方針におけるその貧弱な取り扱いとの間には、大きな格差が生じている（同前、五九～六〇頁）。

こうした傾向を受けて、アンダーソンは一八三〇年代に、「文明」路線に対して明白な警告を発するために、「伝道」路線を明文化した、と言えよう。これは明らかな方針転換であると同時に、従来の「文明」軽視路線の追認でもある。

前に見たパーカー（P. Parker）が、一八四七年にアメリカン・ボード宣教師を解任されたのも、このためである（本書二三三頁）。直接伝道よりも医療活動や米中外交に精力を費やすパーカーは、アンダーソンにとっては「ボードから取り除かねばならない存在」であった（同前、一七二頁）。医療や外交、出版などに比べて、伝道方針や伝道活動において教育の占める比重はきわめて高かった。この点は、ある意味、アメリカン・ボードの試金石であった。アンダーソンとて、頭ごなしに否定するわけにはいかなかった。

そこで、今少しこの点に関して補足する。「アンダーソンが直面した最重要課題は、教育であったが、英語教授（English-language instruction）には反対した」（*Nothing but Christ*, p. 8）。あくまでも聖書指導・伝道者養成を重視する教育、それも現地語優先の教育に固執した。なぜなら、英語を操れるようになった現地人は、とかく自国の人々や文化から遊離しがちであるために、信徒の拡大に直接、結びつかないからである。「英語を取得した人たちは、キリスト教入信から最も遠いように思えた」とアンダーソンは結論づける(*Errand to the World*, pp. 80, 83)。

この確固たる方針が、変更を余儀なくされたのは、トルコにおける教育実践の成果（後述）のためであった。こうした新しい路線をさらに強力に推進したのが、一八六六年にアンダーソンの後を襲って総幹事に就いたクラークである。そして彼に路線変更の確信をさらに強めさせたのが、トルコや京都におけるキリスト教学校の設立と発展ではなかったか。

ところで、アンダーソンと新島には意外な接点がある。アンダーソンはアンドーヴァー神学校出身であるので、新島の先輩にあたる。アンダーソンは、ボストンで行なわれた新島の按手礼（一八七四年九月二十四日）にも参加している（『新島襄全集』一〇、一八五頁、一九八五年）。さらに、「新島旧邸文庫」（同志社社史資料センター所蔵）にはアンダーソンの著作が三冊、保管されている。あるいはアンダーソンから直接、贈呈されたものか。

そのうちの一冊 (R. Anderson, *Foreign Missions: Their Relations and Claims*, third edition, Congregational Publishing Society, Boston, 1874) には、新島の署名が入っている。青鉛筆による書入れも、随所に見受けられるので、新島が読んだことは確実である。同書は一八六六年にアンドーヴァー神学校で行なわれたアンダーソンの講義が、ベースになっている。初期のアイルランド伝道の「欠点」に言及された叙述中、「もしそれが事実とするならば、説教よりも教育を優先したことは間違いであった」という箇所 (p. 84) に新島は下線を引く。そのうえ、欄外に一言、lack と書き込みをしている。「理解不足」とでも言いたかったのか。

書き込みの時期は特定できないが、新島は遅くとも同書が刊行された一八七四年には、すでにキリスト教学校設立の構想を固めていたので、教育を軽視するアンダーソンの見解には同調できなかったに相違ない。ちなみに、この書のアイルランド伝道の叙述は、よほど新島の関心を呼んだらしく、わざわざノートに相当の分量の書き抜きまでしている（『新島襄全集』七、二八六～二八七頁）。

今ひとつの所蔵本は、一八八〇年六月にボストンでなされたアンダーソン追悼会における追悼・告別説教を収録したもの (*Discourse commemorative of Rev. Rufus Anderson, D. D. LL. D.*, A. B. C. F. M., 1880, Boston) である。これにも新島の書き入れが、散見される。

ところで、ふたりの交流で興味深いのは、彼らが同じ神学校の先輩・後輩であるばかりか、サークル活動でもそうであったという点である。サークルは「兄弟団」(Society of the Brethren) という。S・J・ミルズたちこれに属するメンバーが、アメリカン・ボードの創設に果たした役割については、本書のプロローグでも触れたが（本書ix頁以下）、別のところで今少し詳しく紹介した（拙著『魂の指定席―新島襄を語る（六）』所収の「アメリカン・ボードの誕生―『千草集会』から『兄弟団』へ―」一三八～一五一頁）。

時には、「アメリカン・ボードは彼らの子ども」とさえ言われる。サークルの出身者たちは、「子どもを想う母親の気持で」アメリカン・ボードにいつも目を注いでいたからである。とりわけ、そのひとり、アンダーソンが総主事に就いてからというもの、「兄弟団」はアメリカン・ボードに対して強力な影響力を発揮し始めた。とりわけ、方針の決定や宣教師の選抜では顕著であった (Charles A. Maxfield III, The 'Reflex Influence' of Missions : The Domestic

Operations of the American Board of Commissioners for Foreign Missions 1810—1850, p. 246, A Dissertation to Union Theological Seminary, 1995)。

新島が加入した頃は、すでに有名無変化していたようである。しかし、このグループのメンバーであるという威光までもが、完全に消滅していたとは考えられない。その点では、新島はアンダーソンの後を追って、アメリカン・ボードの「王道」を歩む一人であったと言えよう。

トルコ・ミッションとC・ハムリン

さて、話しをトルコに戻す。日本ミッションと並んでクラークに大きな感化を与えたトルコ・ミッションの場合、日本ミッションの新島襄に匹敵するキーパーソンが、ハムリン（C. Hamlin）である。彼はコンスタンチノープルに一八六九年に設立されたキリスト教大学、ロバート大学の創立者にして初代学長である。ハムリンは、ボードイン大学（Bowdoin College, 一八三四年卒）とバンゴー神学校（Bangor Theological Seminary, 一八三七年卒）に学んだ後、一八三九年にトルコに派遣されたアメリカン・ボード宣教師であった。ボードイン大学卒業という点では、アンダーソンの後輩にあたる。

希望する赴任地は、中国かアフリカであったが、現実にはトルコに送られた。それも男子のためのキリスト教学校（seminary）設立が、主たる目的であった。赴任の翌年、さっそくベベクに学校（Bebek Seminary）——神学校ではなく、「セミナリー」、すなわちハイスクール」（*The National Cyclopaedia of American Biography*, Vol. 10, p. 491, University Microfilms, 1967）——を立ち上げた。まもなく同校は、貧しい少年たち——入学生は概して貧しかった（C. Hamlin, *My Life and Times*, p. 250, Congregational Sunday School and Publishing Society, 1893）——が働きながら自活しつつ、英語（現地語ではなくて）を学ぶ作業所（workshop）をも併設するに至った。ハムリンは、このセミナリーを高等教育機関にするのが夢であった。

その一方で、一八五七年ごろからコンスタンチノープルで大学構想が持ち上がり、ハムリンが学長候補に推された。この計画は、ニューヨーク在住のアメリカ人資産家、ロバート（C. R. Robert）から大口寄付、三万ドル（最終的には約四十万ドル）を得て一八六三年に実現した。注目すべきは、この設立にあたって、ハムリンがアメリカン・ボード宣教師を辞任したことである。ハムリンによれば、ひとつは先の男子校を他所に移転させるためであったが、いまひとつは、教育方針をめぐってアメリカン・ボード（アンダーソン）との間で食い違いが大きくなったためである（以上、M. N. Fincanct compiled, *The Story of Robert College Old and Now*, Rivised, pp. 4～13, Redhouse Press, Istanbul, 2001）。

さらに、ハムリンの作業所併設による自給政策も、アンダーソンにはセミナリーの世俗化と映った（*Nothing but Christ*, p. 129）。後年、ハムリンはこの争点について、「アンダーソン博士は、遠方におられるので、判断できる立場にはないと思った」と述懐している（*My Life and Times*, p. 278）。

ところで、ハムリンが挙げる二番目の辞職理由は、傾聴すべきである。要するに、「アンダーソン主義」との対立だからである。この点は広く知られた事実で、各種の人名事典にも明記されている。たとえば、「一八六〇年にハムリン氏は、外国語を排除して現地語で教育を行うというやり方に関して、アンダーソン幹事と意見を異にし、アメリカン・ボードとの関係を絶ち切った。そして自宅近くにロバート大学を設立する発起人となり、最初の学長となった」（*The National Cyclopaedia of American Biography*, Vol. 10, p. 492, University Microfilms, 1967）とか、「アメリカン・ボードと意見の不一致が長く続いたために、ハムリンは一八六〇年にべべク・セミナリーを辞め、帰国した」とある（*Biographical Dictionary of American Educators*, Vol. 2, p. 589, Greenwood Press, 1978）。

ハムリン自身も、アンダーソンの現地語優先に対して「私はそれに反対した」と断言する（*My Life and Times*, p. 371）。一方のアンダーソンは、「べベク・セミナリーは首都にあり、イスラム文明の中心に位置する。英語や英語圏の知識を始めとするリベラルな教育課程を持つ」と認識していた（Rufus Anderson, *Memorial Volume of the First Fifty Years Of the A. B. C. F. M.*, p. 320, Missionary House, 1861）。

「アンダーソン主義」への不満は、ハムリンだけではなかった。どのミッションでも、ハムリン同様に高等教育と英語採用に対する要望が、高かった。一八五四年から翌年にかけて、アンダーソンは、アメリカン・ボード運営委員（アンダーソンの在任は、一八四九年から一八九三年までの、実に四十四年間にもおよぶ）として同僚のタムソン（A. C. Thompson）と共に、インドやトルコへ十五か月にわたる長期視察に赴いた。アメリカン・ボード史上、「大視察団」(the "Deputation of 1854-1855") と呼ばれる史上空前の視察である。それも、海外の教育事業をつぶさに見、それが抱える問題を現地で調整するのが、主眼であった（*You Shall Be My Witnesses*, p. 53)。

ハムリンはこの機を捉えて、コンスタンチノープルでアンダーソンと膝を交えて、意見交換をした。結果は、「どちらも相手を説得できなかった」（ハムリン）。視察後にアンダーソンが辿り着いた結論は、持論の「現地語採用論」そのままであった。かねてから英語使用の重要性を認めていたハムリンの眼には、それは皮肉にも「革命的」な結論と映った。両者の溝は埋めきれないほど深く、そのためハムリンはこれより数年後（一八六〇年）、宣教師を辞任する（*You Shall Be My Witnesses*, pp. 53～55)。

ハムリンの辞任はパーカー（P.Parker）の辞任（一八四七年）に似ている。後者もまた、アンダーソンの宣教方針からはみ出すような医療活動や外交官活動に取り組んで、アメリカン・ボードから解任された（本書二三頁、二四七頁）。両者はともに、アンダーソン主義の犠牲者であった。

一方のアンダーソンは、「大視察団」（前述）により、伝道を最優先させる自己の信念をますます確固としたものにした。犠牲者は、パーカーやハムリンだけにとどまらなかった。

アンダーソンとタムソンが、長期にわたる海外視察をした結果、多数のミッション・スクールが閉鎖、あるいは開店休業に追いこまれた。さらにはアメリカン・ボードとの関係の遮断、英語教育の変更などを、余儀なくされた。アンダーソンは、インドなどでの教育活動は、明白に大きな間違い、と断定した（*Errand to the World*, pp. 80, 84)。

視察の波及効果は大きかった。それは、「アメリカン・ボード〔運営委員会〕の承認なしに、ミッションの教育制度がいきなりひっくり返えされた」点で、「一八五四年のクーデタ」とも呼ばれた（*Nothing but Christ*, p. 133)。ハムリンが言うようにまさに「革命的」であった。

自分が所属するミッションを閉鎖され、五百人を越える学校を「視察団の命令で」廃校させられたセイロンの校長（Royal Wilder）は、アンダーソンに抗議し、大著（*Mission Schools in India*,

1861）を刊行して、アンダーソン攻撃を試みた（*Errand to the World*, p. 97, 99, 151）。それでも、潮流の向きを一挙に変えることは無理であった。けれども、後述するように、こうした小さな反撃の積み重ねが、次第に効果を生むようになったことも事実である。

C・ハムリンとロバート大学

一方のハムリンには、宣教師を辞任して帰国した際、新たな出会いが生じた。ロバートとの邂逅である。ふたりは大学設立に関して、意気投合した。彼らが共同で設立するのが、ロバート大学である。同大で一八六一年から十六年間、ハムリンは学長を務める。けれども、やがてロバートとの不和が原因で退職し、帰国するにいたった（*Biographical Dictionary of American Educators*, vol. 2, p. 589）。

しかし、トルコ伝道への想いは消えなかった。母校のバンゴー神学校教授の折、アメリカン・ボードが展開するトルコ伝道に対する外部からの批判に対して、アメリカン・ボードを外部から、その機関誌上で擁護した。ハムリンは、なぜアメリカン・ボードは総予算の三分の一をもトルコ、しかも悲惨で衰退して行くトルコ帝国に注ぐのか、と世上よくなされる批判は底が浅い、と反論する。彼にとってトルコは、まさに「イスラム精神の玉座」に位置していた（C. Hamlin, Reasons for Prosecuting Missions in Turkey, pp. 295～296, *Missionary Herald*, Aug. 1880）。

ところで、ハムリンが発起人となったロバート大学は、創立時、アメリカ国内では賛成者を見出すのが、困難であった。ハムリンの募金活動に対して、ボストンの牧師たち、特にアンダーソンは否定的であった。採用言語にしても、（ハムリンの表現を借りれば）「現地語教育のみ」で良しとした。四面楚歌の状態であった。例外はハーヴァード大学であった（*My Life and Times*, p. 423）。ロバート大学に二百冊の図書を寄付してくれた（*The Story of Robert College Old and Now*, p. 13）。

それにしても、ユニテリアンに走る、と会衆派教会（したがってアメリカン・ボード）から白い目で見られたハーヴァード大学が、ハムリンの教育事業に好意を示したことは、暗示的である。さらに、ノースハンプトン（マサチュセッツ州）の著名な資産家（ボタン製造業者）、ウィリストン（S. Williston）が、一万ドルを寄付したのも目を引く（*My Life and Times*, p. 424）。彼は牧師の子で、アメリカン・ボードの有力支援者でもあった。ちなみに彼は、札幌に来たクラーク（W. S. Clark）や同志社のラーネッド（D. W. Learned）とは縁戚関係にある。

教授七人に学生四人で出発したロバート大学は、規模的には必ずしも祝福された発足ではなかったけれども、その後の発展は順調であった。五年でほぼ自給を実現させた（ibid., pp. 435～436）。一度は開学に反対したアンダーソンからも、高い評価を受けるにいたったのは、なんとも皮肉である。

その結果、（前述もしたように）それまでのアメリカン・ボードの海外伝道方針が、一転する一因となった。すなわち、「伝道」路線（しかも現地語優先）に立って西洋文明化を第二義的に考えてきた「アンダーソン主義」が、後退し始めるのである。

R・アンダーソンからN・G・クラークへ

こうした動きの中で、新たに登場した総幹事がクラーク（一八九四年まで在任）であった。彼は、その潮流をさらに強力に推し進めた。一八七一年、彼はアメリカン・ボードを代表してトルコまで足を運び、自分の目で現状を視察した。おりしも現地では、ロバート大学の成功に刺激されて、アインタブ（Aintab、今のGaziantep）

にキリスト教大学を設立する運動が、展開中であった。大学は伝道に大きく貢献する、との確信をクラークは抱くことができた。後にアメリカン・ボードは、正式にこの大学設立運動に関与することを決定した。

　こうして開設されたのが、トルコ中央大学である（以上、「総合化するアメリカン・ボードの伝道事業」三七〜三八頁）。

　クラーク自身、この新設大学を支持し、イェール大学のポーター（N. Porter）学長らと理事（すべてアメリカン・ボード関係者）のひとりとなった（Central Turkey College, p. 72, *Missionary Herald*, Mar. 1874）。大学の設立は一八七五年、すなわち奇しくも同志社の開校と同年である。その意味では、トルコの教育情勢が日本に喜ばしい波及効果をもたらしたことは、間違いない。

　この大学に関しアメリカン・ボード機関誌は、同志社開校の直前にこう報じる。「これはモデルと見なされている。教育・訓練法は大変注目され、論議されている。程度の差こそあれ、遠からずコピーされることは間違いない」と（E. E. Bliss, Robert College, *Missionary Herald*, Mar. 1874, p. 66）。はたせるかな、同志社はさっそくその「コピー」のひとつとなったわけである。

　トルコの教育機関が、同志社に感化を及ぼしたのは事実であるが、同志社と「コピー」には、やはり差異がある。たとえば、ロバート大学は、「アメリカ大学」と命名される可能性があったほど（*My Life and Times*, p. 434）、アメリカの州法で法人化された純然たるアメリカの大学である。最初の入学生四人はすべてアメリカ人であり、卒業生にはニューヨーク（the Board of Regents of New York）から文学士（B. A.）の学位が、授与されることになっていた。

　すなわち、「アメリカ以外で開校した初めてのアメリカの大学」なのである（*The Story of Robert College Old and Now*, pp. 1, 13, 20）。その点では、同志社とは明らかに性格を異にする（ちなみに現在のロバート大学はキリスト教とは無縁で、しかも二十歳以下の学生を対象とする大学進学校である。授業は英語である）。

　さらに中央トルコ大学も同様で、理事は全員がアメリカで指名された（Central Turkey College, p. 72, *Missionary Herald*, Mar. 1874）。興味深いことに、新島のアーモスト時代の級友（Charles Herbert Daniels）も、そのひとりである（William J. Newlin ed., *Amherst College Biographical Record of the Graduates and Non-Graduates*, p. 168, The Trustees of Amherst College, 1939）。

　これに対して、初期の同志社は、あくまでも「日本人（新島）の学校」（少なくとも官庁との関係では）でなければならなかった。

　こうしてトルコで始まった小さな動きがその後、世界的な潮流となったことは、ハムリンの自信を深める結果となった。一八九三年の時点で彼は、「私が予想した結果は、すべてその通りになった。くわえて例の〔現地語採用〕システムは、完全に破綻し、数え切れないほどの間違いを繰り返しながら、舞台から消え去った。アンダーソン博士は大変な権力者で、彼の間違いは比類のない有害をもたらした」と切り捨てた（*My Life and Times*, p. 414）。

　トルコで起きた変化は、セイロン・ミッションでも起きた。「大視察団」と呼ばれた先の長期海外視察（一八五五年）の結果、アンダーソンらの「勧告」（recommendation）に従い、三十年の歴史を重ねたセミナリー（Batticotta Seminary）が閉鎖された。セイロン・ミッションは三年後の一八五九年に、「勧告」通り現地語採用路線に従う神学校（Training and Theological Institution）を開校させた。

　けれども、「アンダーソン主義」は地元民の間では、全面的に歓迎されなかった。英語による教育を行うキリスト教大学への要望が、極めて高かったからである。結局、彼らの要望を満たすためには、一八六七年に新たなジャフナ大学（Jaffna College）の設立が必然であった（M. D. Sanders, The Batticotta Seminary, and the Proposed Jaffna College, pp. 19~20, *Missionary Herald*, Sep. 1870）。大学は十年後には、マサチュセッツ州法により法人化された。

以上の変化を明白に示す事柄は、アンダーソンからクラークへの世代交代期に起きた一連の出来事である。クラークの革新性は、明白である。アンダーソンとの今ひとつの大きな相違を挙げれば、クラークは日本ミッションの設立やウーマンズ・ボードの設立（女性宣教師の登用、派遣）にもすこぶる積極的であった。

前者に関し付言すれば、アンダーソンは、ハワイ、インド（スリランカを含む）、そしてトルコを三大伝道地と位置づけていた（*Errand to the World*, p. 7）。それに対し、クラークの場合は、明らかに日本伝道が主軸であった。

日本において、伝道は言うに及ばず、女性宣教師の働きやキリスト教女学校の設立が、男性や男子校に負けないほどの実績を残すことができたのも、クラークの理解と指導あってのことである。アメリカン・ボードが、独身女性宣教師の採用を決定するにいたったのが、日本ミッションの発足（一八六九年）直後（一八七二年）であったことは、日本ミッション（同志社）にとっては、なんとも好都合であった。

ただ、アンダーソンが教育、特に女子教育に全く無理解であった、と速断することは、事実に合わない。国内の事例ではあるが、彼は永年にわたってブラッドフォード・アカデミー（マサチュセッツ州の女子校）の理事、理事長であった。また、M・ライオン（Mary Lyon）による女学校（Mt. Holyoke Seminary）設立に対しては、強力な支援者のひとりでもあった（*The National Cyclopaedia of American Biography*, Vol. 10, p. 153, University Microfilms, 1967）。さらに彼自身は、確かにウーマンズ・ボードの設立に反対したものの、夫人が副会長になることには理解を示していた（坂本清音「ウーマンズ・ボードと日本伝道」一二六頁、『来日アメリカ宣教師』）。

以上の諸点を考慮に入れると、日本ミッションは総幹事交代の恩恵を最大限に享受したミッションであった。その後、アメリカン・ボードは、クラークの後任としてバートン（J. L. Barton）を総幹事に据える。彼は一九〇七年に教育を福音主義の拡大概念として捉え、制度的に認知するにいたった。二百万ドルを目標に「高等教育基金」（Higher Educational Work Endowment Fund）を一般会計（伝道用）とは別に設けた（*You Shall Be My Witnesses*, pp. 56~62）。「文明」路線の定着である。

新島襄とC・ハムリン

ところで、新島であるが、実はトルコと多少の人脈を有していた。アンダーソンやクラークだけでなく、タムソンやハムリンとも面識があった。まずタムソンであるが、新島が留学から帰国する直前にボストンで行なわれた新島の按手礼（一八七四年九月二十四日）に、タムソンはアメリカン・ボード運営委員のひとりとして参加した。それぱかりか、新島に対する先輩牧師からの「訓告」（charge）を病気のクラークに代わって担当した。例のラットランド集会（これより十五日後）以前、という点を割り引いても、新島がすでに決意を固めていた教育事業に関する言及が、「訓告」にはいっさい無いことに着目すべきである。

タムソンの立場は、ひたすら直接伝道重視である。彼はこう説く。

新島の「使命」(vocation) は「日本で福音を語ること」、それなしには新島の留学や按手礼は無意味である、考えられる進路は、(四月十九日に) 創立したばかりの神戸の教会牧師となることである、と (Charge to Mr. Neesima, by Rev. A. C. Thompson, D. D., *Missionary Herald*, Dec. 1874, p. 383)。こうした「伝道」一本槍路線の主張を新島は、はたしてどんな想いで聴いたことであろうか。

新島が二度目にタムソンに会うは、これより十年後である。保養のため渡米中に、オハイオ州コロンバスで開催されたアメリカン・ボード年会の折である。十月九日の日記に新島は、「ホテルと列車でタムソン博士の世話になる」と記す (『新島襄全集』七、二一〇頁)。十年にわたる新島の教育実績を運営委員のタムソンは、どのように評価したであろうか。

ついで後者のハムリンであるが、彼がバンゴー神学校教授を経て、一八八〇年から五年間、ミドルベリーカレッジ (Middlebury College, VT.) 学長のポストにあった時、ボストンで新島は会っている。一八八五年四月七日のことで、新島はたまたまボストン滞在中であった。この時、ハムリンは学生時代やトルコでの回顧を新島に語った。

新島はそれを日記に認めた (同前七、二二〇頁)。ふたりはお互いに初対面のはずであるので、この時の面談は、誰かの仲介によるものと思われる。新島を経済的に支援していたハーディ夫人 (S. H. Hardy) やベイカー夫人 (E. J. W. Baker) は、同時にハムリンの支援者でもあったので (*My Life and Times*, p498)、あるいは彼女らが両者を取り持ったのかもしれない。

さらに、新島とハムリン両者に関係する人物に、ウォッシュバーン (George Washburn) がいる。彼はアーモスト大学 (一八五五年卒)、ならびにアンドーヴァー神学校 (在籍一八五七年～一八五八年、および一八六二年～一八六三年) 出身のアメリカン・ボード宣教師という点で、新島の先輩にあたる。またロバート大学第二代学長であるばかりか、ハムリンの娘婿という点で、ハムリンの後継者、近親者でもある。

この娘婿の出現が、ロバートとハムリンの仲を裂く契機となり、ハムリンがロバート大学長を辞任する要因となるのは、なんとも皮肉である。ウォッシュバーンが学長をした期間は、一八七七年から一九〇三年までであるが、ハムリンはそれ以前の一八七三年には帰国している。以後は、単なる名目学長であった。したがって、実質的には同年からウォッシュバーンが、学長であった (*The Story of Robert College Old and Now*, pp. 20～21, 27)。彼の在職期間は、新島が同志社校長に就いていた期間とまさにぴったりと重なり合う。なんとも奇遇である。

それはともかく、ロバート大学と同志社は、かなりの共通因子を共有した教育機関、との認識が、ボストンでもなされていたのではなかろうか。「日本のアーモスト」と呼ばれた同志社ほどではないにしても、ロバート大学でも何人ものアーモスト大学卒業生が、教鞭をとっている。新島 (一八七〇年卒) 在籍前後の人物を挙げれば、グロスヴナー (Edwin A. Grosvenor, 一八六七年卒、一時帰国してアンドーヴァー神学校で学ぶ)、フォーブス (William Trowbridge Forbes, 一八七一年卒)、デイヴィス (W. V. W. Davis, 一八七三年卒、一年後にアンドーヴァー神学校に入学) がいる (A. D. F. Hamlin, Amherst Men in Robert College, pp. 195～196, *Amherst Graduates' Quaterly*, Vol. 16, Feb. 1924)。

ちなみに、アメリカン・ボードと一体のアーモスト大学は、海外での貢献として四つの大学を挙げる。ロバート大学、同志社大学、ベイルート・アメリカン大学 (レバノン)、それにオアフ大学 (ハワイ）である（ibid., p. 189）。これ以外にも、先述のジャフナ大学を加えることができよう。新島のアーモスト大学時代の級友に限っても、学長（Samuel Whittlesey Howland）や理事（Charles Herbert Daniels）が出ている。カエサリアに三十年以上、宣教師として在住した級友（James Luther Fowle）も、ジャフナ大に関与したはずである(*Amherst College Biographical Record of the Graduates and Non-Graduates*, pp. 168~169)。

　最後に、新島・ハムリン会談に戻れば、先述のウォッシュバーンのことが席上、話題になりはしなかったか。残念ながら、新島の日記からは判然としない。確立が高いのは、渡米中の蔵原惟郭《これひろ》（同志社での教え子）が、進学先の神学校を物色しているさなかであったので、新島がハムリン教授にバンゴー神学校入学の可能性について、打診したことである。新島は現実にこの直後、「バンゴワ之一教師」に面会して、蔵原の受け入れを「委託」している（『新島襄全集』三、三四九頁、三五四頁、一九八七年）。

　この「一教師」が、例えハムリンでなかったとしても、彼がこの件に関与していることは、ほぼ確実である。こうした新島、あるいはハムリンの斡旋が功を奏したのか、蔵原はその後、バンゴーに入学が許される（同前九上、二二九頁、一九九四年）。

　それにしても、アンダーソン時代にトルコのミッションで一時代を築いたハムリンと、クラーク時代に日本ミッションの立役者となった新島、という二人のキーパーソンが、直接面談した事実は、暗示的である。

　しかも、面談した一八八五年という時期は、アメリカン・ボードが展開する海外伝道において、トルコの時代が去り、日本の時代が到来しようとする、まさにその画期にあたっている。時代は「トルコから日本へ」であった。ふたりは、アメリカン・ボードの海外伝道において、教育の占める位置の高さについて意気投合したはずである。「伝道から教育へ」という方針転換に、大いに共鳴したふたりだからである。

　トルコでハムリンが果たした役割を日本で担ったのが、新島襄である。二人は共にアメリカン・ボードの方針の下にある宣教師であるので、その指示に従う義務を負う。反面、その実践と見識は、逆にアメリカン・ボードの基本方針決定に少なからぬ影響を与えた。彼らの言動は、アメリカン・ボードとの間で、相互作用を及ぼしあった典型であった。

第四章　神学館

一、同志社神学館の変遷
―三十番教室からクラーク神学館へ―

中井屋敷時代のキリスト教教育

同志社（男子校）の設立は一八七五年である。では、同志社神学校の開校は、いつか。

一八七五年十一月二十九日、新島襄とデイヴィス（J. D. Davis）は、アメリカン・ボード（A. B. C. F. M.）や山本覚馬らの協力を得て、「同志社英学校」を開校した。同校は、寺町通丸太町上《あが》ルの通称「中井屋敷」を仮校舎とした。これが現在の同志社大学の前身である。

この英学校開校をもって「同志社神学校創立」とする見解がある（「同志社大学部各学校入学心得」六三六頁、『同志社百年史』資料編一、同朋舎、一九七九年）。

しかし、学校の内実からすれば、とうてい受け入れがたい。実質的な神学教育が行われた形跡がないばかりか、学校としての体裁も整っていなかった。開校直後の同志社の実態に関しては、翌年四月にスタッフに加わったラーネッド（D. W. Learned）に証言がある。

「実に当時の同志社は、学校と称ふる程のものでなかったので、一定した学科もなければ、又、校舎もなく、そして只二十八人許《ばかり》の生徒が英語と数学とを学ぶ所であったのです」（河野仁昭編『D・W・ラーネッド　回想録』七頁、同志社、一九八三年）。

ここには、キリスト教教育の内実が、具体的に記されていないので、やはり「神学教育と称ふる程のもの」は、とうてい行なわれていなかった、と考えるべきである。こうした面をつぶさに検討するには、開校前の状況を見る必要がある。

新島襄と山本覚馬が連名で申請した「私塾」が、京都府庁に受理されたのは、一八七五年八月二十三日、そして文部省の認可を受けたのは、同年九月一日のことであった。京都府知事（槇村正直）は、京都府顧問（知事のブレーンである）、山本覚馬からの感化や説得が功を奏したのか、キリスト教学校の設立やキリスト教の授業にも好意的であった（J. D. Davis to N. G. Clark, Mar. 3, 1876, Kyoto）。

ところが、その後、京都府庁は、仏教勢力のキリスト教（同志社）批判勢力の台頭に押されて、認可当時の友好的な姿勢を硬化させ、校内での聖書授業を厳しく禁じてきた。

その契機は、デイヴィス一家の京都移転（十月十九日に神戸から）であった。この出来事が「反乱」勃発の危険性を惹起した、という懸念が、知事の周辺で起きた、とデイヴィスは見る（J. D. Davis to N. G. Clark, Feb. 15, 1876, Kyoto）。

彼によると、一家が京都に移住した「その翌日から」、知事は新島と会うのを避け始めた。さらに、入京の「その直後」、山本八重（覚馬の妹で、新島の婚約者）は、府立女学校（女紅場《にょこうば》）のスタッフを解職された（J. D. Davis to N. G. Clark, Feb. 20, 1876, Kyoto）。新島との婚約は、同月十五日なので（『新島襄全集』八、一四九頁、同朋舎、一九九二年）、それからわずか数日後のことである。けれども、正規の罷免書類の日付は、十一月十八日である（同前八、一五〇頁）。

また知事は、新島が申請した新人教師、テイラー（W. Taylor）やラーネッドの同志社雇用（京都居住）認可を忌避するようになった。「日和見的な知事のしわざ」、「いやがらせの遅延」である（J・D・デイヴィス著、北垣宗治訳『新島襄の生涯』一七九頁、同志社大学出版部、一九九二年）。そのうえ、中井屋敷の家主も「突然」、校舎賃貸契約を破棄したい、と言い出す始末である（J. D. Davis to N. G. Clark, Feb. 15, 1876, Kyoto）。

京都に移ってちょうど一か月後の十一月十九日の日記にデイヴィスは、こう認める。

「僧侶たちの反対運動は、市の役人たちの上に効果をあらわしているようだ。役人たちは、今までほどいい顔をしなくなった」と（『新島襄の生涯』六四頁）。

僧侶たちが、文部省トップ（文部大輔）の田中不二麿に請願書を出した効果も、すぐあらわれた。田中は、京都府知事に対して、「当分の間、校内で聖書を教えない」ことを新島に守らせるように、という指示を出した。新島はこの点に関して、知事に会って直接、協議したいと思ったが、知事は態度を硬化させ、新島を避けるようになった。

十一月中旬、府庁に出かけた新島との面談は、知事の不在や面談拒否のため、数回にわたって実現しなかった。ついに、十一月二十一日に及んで、知事から「明朝、府庁に出頭せよ。学校計画の中にある聖書とは何のことか、説明せよ」といった旨の書面が、寄せられた。

二十二日、両者の会談が、ようやく実現した。会談の中身は定かではない。新島の教え子、徳富蘇峰によると、槇村知事との会見は以下の通りである。

「槇村は、聖書を教科書として用ゆることは出来ぬが、これを修身書として語ることは、差支あるまい。若し強いて聖書を教へんとするなれば、教師個人の家に於て為す可きであらう　と云った」。

蘇峰は続けて、「これは槇村の言であるが、其実は東京の田中文部大輔が、その旨を内示したものであった。よって新島は槇村と妥協した」と述べる（徳富蘇峰『三代人物史』四九二頁、読売新聞社、一九七一年）。

たしかに、デイヴィスもそのことを直接、新島から聞き出している。九月に文部省で新島が田中に宣教師の雇用許可を直訴した際、田中は、「校内でキリスト教を教えてもいいが、現状は大衆の間でトラブルが起きる危険性がある。そのため、当分は校舎でない他の建物を確保するほうがいい」と進言したという。田中は、仏教徒たちから請願書を受けた際、同様の発言を知事にも伝えた。「校内で聖書授業はさせないように」との指示である（J. D. Davis to N. G. Clark, Mar. 3, 1876, Kyoto）。

知事との会談を終えた新島は、ただちにデイヴィスに向かい、「当分の間、聖書は学校では教えない、と約束した」と告げた。デイヴィスは新島に対して、会談の前に、その種の約束は絶対にしないように、と厳重に忠告していた。それだけに、デイヴィスは衝動的に京都に来たことを後悔し、神戸に戻ろうとした。

しかし、彼は辛うじてその衝動を抑えた。その時の衝激を彼は、ボストンのミッション本部の総主事、N・G・クラークに対して、こう伝えた。

「最初、新島氏がしたような約束をするくらいなら、自分の右手を切り落とす方がよいと考えました。けれども今では、町を去るよりは、この方が一層賢明な方法だったのではないか、と云う考え方に傾いています」と（J. D. Davis　to　N. G. Clark, Mar. 3, 1876, Kyoto. この箇所は、M・デイヴィス著・北垣宗治訳『宣教の勇者デイヴィスの生涯』一八〇頁、同志社、二〇〇六年、にも訳出されている）。

校内での聖書授業に関する規制

新島は開校を優先させるために、やむをえず、聖書の授業に関して妥協し、一札を入れざるをえなかった。「そのことを守る旨の確約書」(デイヴィス)が、十一月二十二日付けで府に差し出された(『新島襄の生涯』六五頁)。　新島が書き残すところによれば、「弊社創立之際ニ当リ、耶蘇聖経〔聖書〕ハ校内ニ於テ教授為仕間敷旨書面ヲ奉呈致し置候」という処置をとらされたのである(『同志社百年史』資料編一、一八頁、同志社、一九七九年。〔 〕は本井による注、以下同)。

翌日、この間の消息について、新島はボストンのハーディ(A. Hardy)へ次のように書き送る。「昨日、府庁に呼び出され〔カリキュラムから〕聖書を抹消する(blot out)ように命じられました」(『新島襄全集』六、一六九頁、一九八五年)。ただし、「校外」での聖書講義は、もちろん自由である。

ちなみに、先の書面を提出したまさにその日に、新島は京都府博物館用掛(一八七五年四月、最初の京都入りの際に任命)をも免じられた(同前八、一五〇頁)。府庁のキリスト教(新島)離れは、明白であった。

けれども、聖書講義や礼拝を欠くミッション・スクールはありえない。とりわけ、伝道を本務(使命)とするデイヴィスにとっては、とうてい守ることができない誓約(実質は規制)であった。したがって、彼は「聖書講義に関する臨時の禁止規則」と捉える(『新島襄の生涯』七四頁。傍点は本井)。しかし、その一方では、礼拝はともかく、「校内」の授業中、時には聖書の解説をした模様である。

少なくとも、外部者(とりわけキリスト教批判者)の目には、そう映じた。デイヴィス自身が言うように、京都の住民のうち、伝統宗教の関係者にとっては、「ザビエル以来」初めて入京した宣教師であるデイヴィスの出現は(J. D. Davis to N. G. Clark, Mar. 3, 1876, Kyoto)、太平の夢を破る驚天動地の出来事であったに相違ない。彼らは鵜の目、鷹の目で、デイヴィスや新島の一挙手一投足を監視していた、と考えられる。要するに、同志社は地元住民にとっては「招かざる客」であった。

こうした疑心暗鬼の世論の中で、同志社英学校は十一月末に開校に及ぶ。しかし、間もなく、デイヴィスが「校内」の授業で「頻ニ耶蘇聖経教授致シ候旨風聞」が、市内に広まった。新島とてこういった風評が「有之趣承知及候」と、認めざるをえなかった。

そのため、開校三か月目には、あらためて新島は釈明措置をとらざるをえなくなった。そこで一八七六年二月に、新島はいまひとりの同志社結社人、山本覚馬と連名で、かつての「誓詞」を再確認するため、以下のような書面(部分)を提出した。

「私共大政府ノ御旨令ヲ奉戴仕、兼テ校内ニ於テ耶蘇聖経教授ノ儀ハ、固ク禁止仕候間、右儀ニ付、御配慮無之様仕度候。且私共、許可無之学科ハ、決(シ)テ教授仕間敷ノ証書、教師(デイヴィス)ヨリ取置候間、私共儀、大政府ヨリ御許可無之上ハ、右教師ニ聖経ヲ以テ社校内ニ教授仕候事ハ、相許申間敷。若《もし》、私共万一、右ノ誓詞ニ違背仕候ハヽ、私共身分ニ於テ、相当ノ御所置可有之ト」(『同志社百年史』資料編一、一二七頁)。

なお、この「誓詞」の日付であるが、書面にはない。二月二十二日前後ではなかったか。なぜなら、この日、デイヴィスが同志社に対して「許可外の学科は教えない」旨の誓約書を出しているからである(『新島襄全集』八、一五三頁)。同書はおそらく、府庁に出す「誓詞」の添付資料として、不可欠ではなかったか。

これはデイヴィスにとって、校内での聖書講義に関して先に新島が知事に対して行なった妥協に続く衝撃、屈辱であったはずである。デイヴィスは、この一八七六年二月という時期を「同志社という事業そのものが、失敗に終わるかと思われた頃」、と回想する（『宣教の勇者　デイヴィスの生涯』一九四頁）。今度こそ、京都（同志社）から退去する意思をいったんは固めたのではないか。

その後、同志社は聖書規制を遵守したようである。たとえば、三月の時点でデイヴィスは、「道徳哲学、神学、旧約史などは校舎で、ハーモニー〔福音書比較論〕は毎日午前に新島氏の私宅で、そしてパウロ書簡は毎日午後、拙宅で教えています」と認めている（J. D. Davis to N. G. Clark, Mar. 3, 1876, Kyoto）。

それにしても、開校直後の科目にしては、整いすぎている感がするものの、以上の経緯を見れば、寺町の仮校舎、「中井屋敷」で本格的な神学教育やキリスト教教育が行なわれたとは、とうてい言えない。まして、仮校舎が神学館である可能性は、ゼロに近いと言わざるをえない。百歩譲って、神学教室に近いものがあるとすれば、初期の生徒（本間重慶）が、「聖書」と「神学」は新烏丸《からすま》通にあった新島の私宅（最初の借家）で行なわれた、と証言するように（『同志社校友同窓会報』一九二六年一〇月一五日）、むしろ新島やデイヴィスの私宅の方である。

初代神学館

それでは、同志社における系統的な神学教育が始まったのは、いつからか。結論を先取りすれば、一八七六年九月十八日以降であろう。この日、同志社英学校は、薩摩藩邸跡（現今出川キャンパスの辺り）に校舎を三棟（第一寮、第二寮、台所・食堂）、新築し、寺町から移転した。あい前後して、周知の「熊本バンド」の俊才たちが入学し、学生数もようやく数十人になった。

かくして、本格的な「開業」にようやくこぎつけることができたのであるが、これに比すれば、新島自身が認めるように、寺町での開校は、いわば「仮学校」にほかならなかった（『同志社百年史』資料編一、六八頁）。

ところで、「熊本バンド」の中でも、熊本洋学校を卒業して来た学生たちは、学力の程度も高かった。同志社は彼らのために、急きょ、「余科」を設置した。外国人教員（宣教師）たちは、これを「バイブル・クラス」（Bible Class）と呼んだ。『同志社九十年小史』（二二四頁、カニヤ書店、一九三〇年）は、神学校は「遠く其の源流にさかのぼれば」余科に至る、とする。他にも、これを「同志社神学校開校」とする記録がある（「同志社神学校入学心得」一九〇五年七月改正、『同志社百年史』資料編一、二九〇頁）。

しかし、神学校とみなすには、制度的、法制的にはもちろん不十分であり、あくまでも自称に過ぎない。しかし、未熟ではあるが、大筋では、実質的な神学校開校とみなしてよいであろう。では、「校内」における神学教育の実態は、どうであったのか。

その際、忘れてならないのは、「臨時」とは言え、「聖書教授に関する臨時の禁止規則は、依然として残っていた」という事実である（『新島襄の生涯』七四頁）。この点は、「私たちは役人や僧侶に憎まれています」と新島が明言する通りである。けれども、彼はすぐに「もはやこれ以上退却することはありません」と不退転の決意を表明する（『新島襄全集』六、一七五頁、傍点は英文原文ではイタリクス）。

その結果、私宅なら可能、との言い分を盾に、同志社は、「余科」設置を契機に、キャンパス隣接地に新島名義で民間家屋を購入し、神学教育を「校外」で行うことにした。

デイヴィスによれば、新しいキャンパスが旧薩摩藩邸跡にオープンする時点で、この偽装校舎（民家）を含めた三つの教室の使い方は、次のようである。一棟（第一寮）は寄宿舎に、もう一棟（第二寮）では「神学の主要な過程が教えられ、朝の祈禱会が行われ」ることに、さらに「第三の建物」（民家）では、旧新約聖書の釈義を教えることになる」という（『宣教の勇者　デイヴィスの生涯』二〇二頁）。

ここで問題とすべきは、「校内」の第二寮で「神学の主要な課程」が教授される、という点である。聖書講義を含むとすれば、これは明らかに規制の裏をかく処置と言えないだろうか。

三十番教室

「校内」での聖書講義規制を擦り抜けるために、同志社が用意したのが、「第三の建物」である。「旧新約聖書の釈義」を公然と説くことができる空間（実は教室）である。なぜか。「校外」にあるからである。形のうえでは、新島名義で購入したれっきとした私宅ではあるが、生徒たちから「三十番教室」と呼ばれたように、実態は歴然とした教室である。もともとは、いまの同志社アーモスト館管理人棟辺りにあった廃屋（元豆腐屋であったという）であった。

現在、そこは同志社キャンパスに組み込まれている。が、当時は、キャンパスから道路一本を隔てただけの、立派に「校外」であった。その写真の裏に新島自身が書き残した文言が、この間の経緯をよく物語っているので、引いておく。

「明治二十二年五月十日識ス　新島襄（明治九年、四十円を以て之を求む　同廿二年、三十円を以て之売却ス）此之写真ハ、即チ同志社三十番ト称セシモノニシテ、創立三、四年間ハ、校内ニ於テ公然聖書ヲスルヲ禁ゼラレタルヲ以テ、不得止、此家ヲ用ヒ、校外ノ聖書教場ト為シ、茲ニ於テ聖書ヲ教へ、神学ノ講義ヲ為シタルナリ。其後、病室ト為シタルモ、本年ニ至リ之ヲ売却スル事ニ為セリ」（同志社編『新島襄　その時代と生涯』六〇頁、晃洋書房、一九九三年）。

なぜ「三十番」と呼ばれたのか。不明である。通常、家屋地番に拠る、とされる。あるいは、第二寮の部屋番の続きとも推測できる。実際にここで学んだことのある徳富蘇峰は、一八七七年頃の授業体験を次のように語る。

「当時、政府の取締りが厳重で、聖書は同志社内にて教授する事を憚《はばか》り、同志社と道を隔てたる一小家屋――当時、それを三十番と称してゐたが、その三十番――で教授せられた。聖書の講義の時には、小さきストーブをめぐって、新島先生を中に囲んで、何《いず》れも聴いてゐたが、予は成可《なるべ》く後にすわり、先生には背をむけて、その講義中には外の事を考へてゐたから、その講義が何事であったかは、実は何等の印象も止めてゐない」（『蘇峰自伝』九三頁、中央公論社、一九三五年）。

さらに、この建物に関し、デイヴィスはこう記述する。

「この図版〔省略〕に示されている最初の神学館は、正規の校舎で聖書講義（Bible-teaching）ができるようになるまで、数年間にわたって（for several years）聖書の講義に用いられた。この古い三十番教室（this old No. 30）は、ブルックリンのクラーク夫人（Mrs. Clarke）が子息の記念に寄付した現在の綺麗な神学館〔二代目〕とは、きわ立って対照的である」（『新島襄の生涯』七八頁。原語は原書から本井が引用した。なお、クラーク夫人の原綴は、Mrs. Helen Stone Clarke である）。

この「校外ノ聖書教場」（新島）こそ、デイヴィスが明言するように「最初の神学館」である。ここで学んだ熊本バンドのひとり、海老名弾正《だんじょう》は後年の演説で、「古くて今にも倒れそうな建物」と回顧する。これを紹介するデイヴィスは、その建物を「最初の神学館」と明確に位置づける（J. D. Davis to N. G. Clark, Nov. 21, 1893, Kyoto）。

神学館を備え、熊本バンドが入学してから三年後の一八七九年六月十二日、同志社英学校は第一回卒業式を挙行する。最初の卒業生は十五人で、全員が余科生（神学生）、すなわち「熊本バンド」である。したがって、後にこれを「本校神学科卒業式」と位置づけることにも一理ある（「同志社学校一覧」五八九頁、『同志社百年史』資料編一）。しかし、いまだ自称、つまり未公認の課程であることは、「余科」となんら変わりはない。

府庁による授業視察

その後の消息は不明である。この時期には神学・キリスト教教育は、もっぱら「校外」の三十番教室だけではなく、「校内」の普通教室でも行なわれていた、と考えられる。

たとえば、キャンパス移転直後のデイヴィスの手紙である。「私たちは聖書を隣接する三つの校舎をひとつのユニットとして、学校で教えています」とある（J. D. Davis to N. G. Clark, Oct. 16, 1876, Kyoto）。この点は、開校前のデイヴィス案が、現実に実行に移されていることを示している。

「三つの校舎」（教室）とは、先にみたように第一寮、第二寮、それに三十番教室である。必ずしも、整然とした区分が行なわれてはおらず、むしろ三者が一体として利用されている感がする。それを傍証してくれるのが、府庁文書の「同志社視察之記」である。

これは、府の学務課による同志社視察報告書である。開校三年目を迎えた一八七九年五月、突然と言ってもよい学校視察（というより査察）が、定期的に開始されたのである。あるいは、反キリスト教的な風潮や世論に押されて、府庁の方で真偽を確かめるためにも、同志社視察を実行せざるをえなくなったのであろうか。

初回は五月二十八日である。デイヴィスが、「南舎」の一教室（校内である）で、「ホーリイ・バイブル」を講じている現場を役人に抑えられてしまった（『同志社百年史』資料編一、一二四頁）。

ついで、第四回視察（一八七九年十月）である。「門〔校門〕前ノ一弊屋」（三十番教室である）で、ラーネッド（D. W. Learned）が、「ゴスペル（教祖ノ伝）」を教える「ゴスペル科」を担当している。視察記には「此科ハ教則中ニナキ科ナレハ、表ニハ記載シアレトモ、之ヲ他ノ官ヨリ許可アリシ科目ト共ニ、此所ニ教ユルヲセズ（蓋シ遁辞）、自ラ別科ノモノナレハ、社長新島襄ノ抱家（当校本門、即チ球戦場ノ西北隅ニアリ）ニ於テスト」と記述されている（『同志社百年史』資料編一、一三一〜一三二頁）。

ここに「社長新島襄ノ抱家」とあるのは、新島名義の私宅、つまり「校外」の民家（三十番教室）であることを意味している。やはり、正科ではなく、別科として聖書が「校外」で教えられていることが、判明する。

さらに第七回の同志社視察が実施された一八八〇年一月には、視察役人は、「該校門前ノ東ナル一小屋」で医師でもあるゴードン（M. L. Gordon）による「人身生理学」の授業を観察している。この日の授業は、教室変更により、臨時にこの「小屋」を使用したという。基本的には、この建物が「生徒寄宿ノ一舎」と見なされている点は、注目すべきである（『同志社百年史』資料編一、一三六頁）。なぜなら、先に新島が、「其後、病室ト為シタル」と記していたところからも、三十番教室は、次第に生徒の寄宿舎、特に病人用の寄宿舎に変わりつつあったことが、見てとれるからである。

最後に、第九回視察（一八八〇年三月）によると、「該社本門前ノ一破屋」では、ゴードンの授業が行われ、翻訳聖書を手にした生徒が出入りしている。「正則」（英文聖書）ではなく、「変則即チ翻訳聖書」を教える科目（いわゆる「邦語神学科」）と観察されている（同前、一三九頁）。

その後は、しだいに学内における神学教育が黙認され、なし崩し的に学内で神学教育が行われるようになった。これに伴い、「三十番教室」が専用神学館である必要性は、徐々に低減する。つまり、学内の普通教室で神学教育が実施できるようになる。ただ、その時期は、定かではない。

三十番教室が神学館であった期間であるが、先に見たように新島によれば、「創立三、四年間」、デイヴィスによれば、「数年間にわたって」という。さらに初期の生徒、本間重慶の回顧によれば、「其後、遠からずして豫科の名義にて、本校内にて聖書も神学も漸次教ふる事に成った」という（『同志社校友同窓会報』一九二六年一〇月一五日）。けれども、「同志社視察之記」によれば、一八八〇年の時点では、三十番教室はまだまだ神学館の要素が強い。推測にすぎないが、一八八〇年代前半あたりが、移行期であろうか。後半、それも一八八九年には、完全に不用品扱いとなり、売却されていることは、前に見た。

新島記念神学館

さて、この三十番教室に続く第二代目の専用神学館が、「クラーク神学館」である。その誕生は、ある意味、「瓢簞から独楽《こま》」である。なぜなら、当初は「新島記念神学館」が建つはずであったからである。

一八九〇年一月二十三日、新島襄が大磯で死去した。同月二十七日に同志社キャンパスで執行された葬儀には、卒業生が大勢駆けつけた。その数は校友百六十二名中、実に七十人を越えたという。新島襄の人徳の大きさが、窺われる。彼らは翌日、円山《まるやま》の左阿弥で臨時集会を開催した。参加者は六十六名に上った。夜にはキャンパスに戻り、書籍館《しょじゃくかん》（現有終館）で議事会を開いた。実質的な校友会（それ以前は、アルムニ会）の誕生である（『同志社五十年史』三八一頁以下、カニヤ書店、一九三〇年）。席上、新島記念事業として次のことが決められた

(一)新島紀念神学館建築のために、五千円（募集事務費を除いて）を国内募集する。

(二)京阪神を始め、東京、上野《こうずけ》（上州）、中国、四国、九州、奥州の各地に委員二名を置く。ただし、本部事務は校友会委員が取り扱う。

(三)期間は一年間とする。

(四)米国でも普通学校維持のために、「新島先生紀念資金」（基金）として十万ドルを募集する。そのために同志社教員の中から一名（宣教師が望ましい）を米国へ出張させる（「同志社校友会綱領」同志社校友会、一八九〇年二月十一日、同志社社史資料センター蔵）。

実際の募金活動は、翌二月の十一日からであった。呼びかけに応じて、一八九〇年三月三日に最初の寄付者（二名）がこれに応じた。校友会では、寄付者名簿の作成に取り組んだ（「紀念神学館寄附金払込人名簿」同志社社史資料センター蔵）。

募金（新島記念資金のための）は海外をも対象とした。そこで、校友会からの要請に応える意味もあったのか、同志社教員のスタンフォード（A. W. Stanford）が、ボストンのミッション（アメリカン・ボード）本部へ校友会の動向をさっそく報じた。彼は、アメリカン・ボード日本ミッションの幹事（Secretary）でもあったので、

日本ミッションを代表する形で、ボストン本部の総主事、N・G・クラークに宛てて手紙を寄せた。

内容は、一月二十八日に開催された校友会で、次の三件が決議されたという。

①「新島記念神学館」(Neesima Divinity Hall) のために主として（国内の）教会の間で五千ドル（約五千円）募金に着手すること、

②大学設立資金のために十万ドルを海外で募金する、

③そのため宣教師一人、できればデイヴィスをアメリカに派遣してほしい、という三件である（A. W. Stanford to N. G. Clark, Feb. 20, 1891, Kyoto)。

一方、新島を知るアメリカの有志たちの中で、新島を記念する事業について、独自にあれこれ思い巡らす人がいた。その一人が、新島の「義兄」（恩人の三男）とも言うべきハーディ（A. S. Hardy）である。彼は、一八九〇年二月十一日に、新島記念案をアメリカン・ボードの運営委員会（理事会に相当）に提案した（A. B. C. F. M., Minutes of the Prudential Committee, Feb. 20, 1890. 以下、MPC)。ただし、中身の詳細は、不明である。

日本ミッションでも、同志社（京都ステーション）からの働きかけがあったからであろう、「新島記念学館」のために五千円募金に協力することを決めた。連絡を受けたボストン本部（運営委員会）は、この件を四月二十二日に承認している（MPC, Apr. 22, 1890)。

スタンフォードより少し遅れて、D・W・ラーネッドも、クラーク総主事宛の手紙（一八九〇年五月二十八日付）で募金を報じただけでなく、次のように進言に及んでいる。本部が新島記念神学館に関心を払ってくれることに感謝はするが、とうてい五千円では無理である。ぜひアメリカで同額の募金を進めていただきたい、と（D. W. Learned to N. G. Clark, May 28, 1890, Kioto)。

フリント夫人から五百ドルの寄付

アメリカ側でも、同志社や日本ミッションからの要請を受けて、募金活動が開始された。しかし、直接に新島を知る知己以外からの反応は、鈍かった。その中では、かつて新島がフィリップス・アカデミーに在学当時、夫（神学生であった）と共に新島の家庭教師役を買って出たO・H・フリント（O. H. Flint. 彼女の夫、E・フリント牧師はすでに死去）がした五百ドル寄付は、特筆すべきである。

一八九一年三月十九日、同志社教員会議は、フリント夫人への寄付感謝とフリント博士のタブレット（館内）設置を決定した（『同志社百年史』資料編一。*Doshisha Faculty Records*, p. 265, 同志社社史資料室、二〇〇四年）。ということは、五百ドルはフリント牧師の遺産である可能性もある。「米国フリント嬢」から五百ドルの入金があったのは、「紀念神学館寄附人名」によれば、一八九一年の六月二十二日のことである。

続いて、同志社社員会（理事会）も、同様の決議をした。一八九一年四月八日の議事録には、「フリント氏寄付金礼状之件、可決ス」とある。注目すべきは、これに付帯して、アメリカ募金を決めていることである。「[新島]神学館ノ為メ、寄附金ヲ募集スルコト　汎ク米国迄モ之レヲ募集スルコト」とある（「同志社々員会記録　自明治二十一年一月　至明治二十八年五月」A三—二—M二一—二八、同志社社史資料センター蔵)。

おそらくこの背景には、日本における募金が捗捗《はかばか》しくない、という事情があった、と思われる。一八九一年六月二十六日、同志社女学校卒業式の後、上賀茂の相模屋で校友会が、開催された。その折の報告では、「新島記念神学館」寄付金は、国内ではわずか三百余円止まりである。「校友が苦心して募った寄附金額は、不明」とされることもあるが（『同志社百年史』通史編一、六三一頁）、「紀念神学館寄附金払込人名簿」によっても、ひとまずはせいぜい三百円（以後の動向は後述）である、と言える。

新聞報道でも、国外寄付はたかだか一件で、米国女性（フリントのことである）からの五百ドル（約六百四十円）くらいである（『福音新報』一八九一年七月三日）。五千円を目標とした募金活動に着手して、まもなく一年半が経とう、という時点の成果にしては、あまりにも低すぎる。ところが、アメリカでの募金が、思わぬ展開を見せ始めた。予期せぬ方面から、一万ドルの寄付の声が、上がったのである。

クラーク夫妻からの寄付

相模屋で校友会が開かれた、まさに同日、アメリカではH・S・クラーク（Helen Stone Clarke）という女性が、早世した息子（この年一月に二十三歳で死去）を記念して、一万ドルを同志社の神学館のために寄付してもいい、と申し出た（H・S・クラークとN・G・クラークとは、何の血縁関係もない）。それを受けて、ボストンのアメリカン・ボード本部は、それを諒解した。会議の消息は、当日の会議録に明るいので、全文を訳しておきたい。

「〔N・G・〕クラーク総主事の説明後、次のことが票決された。

決議――日本の京都にある同志社神学部のホール建築のために、ニューヨーク州ブルックリン市のヘレン・ストーン・クラーク夫人が、アメリカン・ボードに一万ドルの寄付をすると申し出られた。付された〔三件の〕寄付条件ともども、感謝して受理した。条件とは、建物は家具工事を含めて寄付金額内で完成させること。バイロン・ストーン・クラーク神学館（the Byron Stone Clarke Theological Hall）と命名されること。館内のしかるべき場所にタブレットを掲げること。タブレットには、『この建物は、一八九一年一月に二十三歳で死去した、合衆国ニューヨーク州ブルックリン市のバイロン・ストーン・クラークを記念して建築された。神の言葉を学ぶことは、彼には大切なことだった』。

決議――〔アメリカン・ボードの〕会計は、上述の金額を受け取って、これをアメリカン・ボード日本ミッション会計に送金すること。日本ミッションは、寄付者が指定した目的と条件に則《のっと》り、これを使用すること」（MPC, June 26, 1891）。

アメリカン・ボード本部の会計はワード（L. S. Ward）、日本ミッションの会計は、神戸駐在のヒル（A. T. Hill）である。ボストンで委員会が開催されたその日、クラーク総主事は、ただちにスタンフォード（同志社教員、ならびに日本ミッション幹事）にこの件を手紙で伝えた。手紙には、先の記事録の写しが添えられている（N. G. Clark to A. W. Stanford, Aug. 6, 1891, Kyoto. いずれも同志社社史資料センター蔵）。

写しは、書記のストロング（E. E. Strong）がペン書きで作成した。末尾に「上述のものは、一八九一年六月二十八日に開催されたアメリカン・ボード運営委員会議事録のコピーである」との注がある。当日の運営委員会の会議録と照らしてみると、この写しは、極めて正確である。

同志社に保存されているこの封筒の裏には、後日、日本で記入された文言がある。それによると、この書簡は発信されてからちょうど一か月後（七月二十六日）に、京都のスタンフォードの許に届いたようである。比叡山で避暑中だったスタンフォードは即日、ただちにこれを同志社社長の小崎弘道、ならびに常議員たち（理事会常議員会）に伝えた。同時に寄附を正式に受諾する、との書類が必要であることを強調した。

スタンフォードが小崎らに宛てた手紙（同志社社史資料センター蔵）の本文は、以下の通りである。

「アメリカン・ボード運営委員会の公式会議録の写し、ならびにクラーク博士の手紙の写しをお送りいたします。同志社のために、神学館を建てる一万ドル寄附に関するものです。同志社サイドで緊急に行動に移していただくことが、望まれます。ただちに理事会を開き、この寄付について公式の行動をお示しください。

さらに、できるだけ早急に常議員会の公式決議の英文写しを私宛に送ってください。私がそれをボストンに送ります。理事会が寄付を喜んで受け取るのは、間違いないと思いますが、それでも正式な票決が望まれます。どうかこのことにただちに取り組んでください」。

クラーク総主事の斡旋

次に、この手紙に同封された「クラーク博士の手紙の写し」も、全文を紹介する。

「アッキンソン氏は、非常に明白に以下のように確信しています。当地の女性が、子息を偲んで神学館を建てるという計画を同志社理事会が保障するという確約を得るために、なんらかの明確な行動がとられる前に、まず同志社理事会の意見を聞く必要がある、と」。

ここに出るアッキンソン（J. L. Atkinson）とは、アメリカン・ボード派遣の宣教師で、同志社で教鞭を執っていた。たまたまこの年五月から二度目の休暇で帰米していた（同志社復職は翌一八九二年十一月）。クラーク主事はボストン本部で直接、アッキンソンに会い、直に同志社側の感触を探ったのであろう。この手紙は六月二十六日付けであるので、両者の会談は六月中旬のことか。手紙は続く。

「私にはさらに、あなた〔スタンフォード〕に提案したいことがあります。あなたがこの事柄を理事会に持ち出し、当地の女性が、家具・調度を含めた神学館建設のために一万ドルを出費したい、と申し出ていること。さらなる援助なしに、全面的に彼女の寄付だけで建てること。タブレットを掲示すること。タブレットの文言は、『この建物は、バイロン・ストーン・クラーク・ホールとして公式記録に記録され、広く知られるようになるべきこと』。

理事会に伝えていただきたい。この申し出にはいくつかの条件が、出されている、寄付者はこれらの条件が、注意深く満たされることに非常に厳格である、と。この寄付の件について、早急に理事会の表明をもらい、今後の会議のために返事をくださいませんか。

もし、理事会が神学校へのこの寄付を受理したくない、というのであれば、受理したい場所は、他にいくつでもあります。これが同志社の適当な設備を賄う資金を充実させるものであるように、私はこれまでずっと望んできました。

私たちはフリント夫人に手紙を書いて、神学館のために〔すでに〕寄付された五百ドルを、同様の名を冠した奨学金の立ち上げに振り向ける、ただし神学校の学生ひとりを終身、支援することに使うように提案いたしました。恐れ入りますが、神学館を建てるために、これまで日本で集めた金を、『新島文庫』（a Neesima Library）という名称で知られるようになる、必要な図書を備えることに振り向けることは、もちろん結構です」。

以上が本文である。クラークの手紙には、さらに追伸が続く。その中にも、重要なことが含まれる。

「〔追伸〕同志社の理事たちに、今回の寄付は、日本での活動に対する愛と共感の贈り物であることを力説してください。私はその事になおさら関心を抱きます。なぜなら、青年の母親が日本を選ばれたのは、私の要請と感化があったからです。彼女の関心は、最初、別の方向にありました。この寄付の件については、早急に進めていただきたいのです。

今朝、〔当地で研修中の同志社教員、〕森田〔久萬人《くまと》〕氏に寄付の件を話したところです。彼によれば、不審な点は一切ないようです。クラーク夫人の手紙から、銘文を書き写します。

彼女が言うには、タブレットは、館内のしかるべき所に掲げ、文言は以下の通りとする。

『この建物は、一八九一年一月に二十三歳で死去した、合衆国ニューヨーク州ブルックリン市のバイロン・ストーン・クラークを記念して建築された。言葉（the word）を学ぶことは、彼には大切なことだった』。

私はこれにふたつの文字〔つまり、of God〕を付け加えることを提案したいのです。そうすれば、必然的に『神の言葉（the Word of God）を学ぶことが、彼には大切なことでした』と読まれるからです。

もし、この寄付を受諾すれば、五千ドルがただちに私たちのところへ送金されます。そして一年以内に、もう五千ドルが送られてきます。このことに反対がなければ、早急に私宛に電報をください」（傍点は原文ではイタリクス）。

以上が、クラーク総主事の手紙（本文、ならびに追伸）の全文である。文面から、いくつかの新しい事実が判明する。

まず最初に、寄付者がつけた三つの条件は、極めて厳格に考えられている。したがって、建物の名称に関して、妥協の入る余地はまったくなかったと思われる。つまり、寄付を受託するか、新島の冠《かんむり》建造物を優先させるために寄付を拒否するか、という二者択一の選択しかなかった。

二つ目は、寄付者は日本（同志社）にこだわってはいない。むしろ「彼女の関心は、最初、別の方向にありました」とある。他の国、たとえばトルコに神学館を寄贈するつもりであったようである。それを同志社へ振り向けさせたのは、なによりもクラーク総主事の「要請と感化」によるものだった。クラークならではの配慮である。彼が生前の新島や彼が創業した同志社に寄せる好意は、非常なものであった。

この点は、当時から学内ではよく知られていた。学内誌にも、「始めはトルコに一事を企てんと考へ居られたる由なれども、幸ひ米国伝道会社〔アメリカン・ボード〕のくらるく博士〔クラーク総主事〕より、日本の同志社に〔新島記念〕神学館設立の必要あるを聞き、遂に一万弗を寄附して、此《この》建設を為し」た、とある通りである（『同志社文学』七四、三六頁、一八九二年九月。傍点は本井）。

第三に、フリントの寄付にもクラーク主事が絡んでいる。同志社校友会が、新島記念神学館建設の募金運動を始めた際、外国にも応募を呼びかけたことは、前述した。アメリカの窓口は、おそらくアメリカン・ボード、すなわちクラーク総主事であったはずである。したがって、彼女の寄付を他に振り向けるに際しても、クラーク総主事が介在し、現に動いている。

ちなみに、（先に見たように）フリント夫人の寄付を感謝するタブレットを作成、掲示することを、同志社理事会はいったん決議していた。しかし、寄付金が建物ではなく書籍購入に振り向けられたためか、結局、それは実現されずに終わった、と思われる。

第四に、神学館に掲げるべきタブレットの文言は、クラーク総主事が訂正している。単なる「言」ではなく、明白に「神の言」に代えるべき、との判断は、正しかった。

第五に、ボストンでは森田久萬人が、（アッキンソンと共に）同志社の最新情報を流す働きをしている。クラーク総主事としては、はからずも同志社の現役教員、それも日本人と外国人の双方から、必要な感触や情報を直接に、前もって入手する好機会に恵まれたことになる。

その後、一万ドルの寄付は、二年にわたって半額ずつ送金されている。実際の入金は、それぞれの五千ドルが、日本円にすれば、第一回が六、六八三・四九五円、二回目が七〇一四・八九二円となった（「建築費額報告書」湯浅治郎資料　Y―YJ―M二六、同志社社史資料センター蔵）。日本円では合計一万三千六百九十八円余である。ちなみに為替レートに関しては、一八八九年中は一・三二か一・三〇、一八九〇年中盤には一・一四以下になり、さらに下落中、とスタンフォードが報じている（A. W. Stanford to N. G. Clark, July 25, 1890, Hieizan)。

新島記念からクラーク記念へ

さて、スタンフォードからの要請に戻ると、それを受けた同志社では一週間後の八月三日午後七時に小崎校長宅で常議員会を開いた。もちろん、寄付を快諾している。次に紹介する当時の小崎の述懐は、ほぼ全員に共通したものと思われる。

「同志社校友会諸君は、故新島総長の死後間もなく、我日本にて五千円を募り、総長の為め紀念として神学館を建築せんと企てたるも、思はしく寄附金集まらず、一同大に心を痛めたる折しも、此寄附ありたるは、大に感謝せざるを得ざる所なり」（「同志社報告　明治二十四年度」七八頁、『同志社百年史』資料編一）。

実に、「渡りに船」である。デイヴィスも八月五日に避暑地からクラーク総主事に喜びを伝える。

「私たちは、神学館のための寄付に大いに感銘を受け、寄付を歓迎したく思います。〔中略〕このことは、同志社にとってのみならず、日本におけるキリストの大義のためにも、大いに役立つことと思われます」（J. D. Davis to N. G. Clark, Aug. 5, 1891, Hieizan)。

しかし、ブルックリンのクラーク夫人からの寄付は、新たな問題の発生に繋がった。なぜか。クラーク夫人の寄付を受け入れることは、「新島記念神学館」の計画が、白紙還元されることを意味する。新島の名前が消えることは、クラーク総主事にとっても、多分に気がかりなことであった。なにしろ、新島襄の後見者として、彼は新島の「アメリカの父」たるA・ハーディ（A. Hardy）と並ぶ、重要な後見人であったからである。

一方、同志社サイドでは、「新島記念神学館」問題に関して、常議員会が、次のような処置を講じることを八月三日の常議員会で同時に決めた。

「米国クラク氏ヨリ金壱万円ヲ寄附申来ル。但同志社神学館建築費トシ、クララ館ト唱ス。右、寄附ノ件ニ付キ、新島先生起念〔記念〕神学館建築委員ヘ万事照会スル事」（「同志社常議員会録事　自明治二十三年四月三日　至明治三十一年七月六日」一四三頁、『同志社談叢』四、同志社社史資料室、一九八四年三月）。

校友会としても、国内での集金がわずか三百円程度、という成果しか得られなかった手前、頭から反対はできなかったはずである。最終的には常議員会の決断を覆すことは、しなかったようである。とにかく、神学館を建てることを最優先させるために、名を捨て、実をとったわけである。ただし、これが正式に決定するのは、後述するように翌年である。

ついで、スタンフォードは、以上の経緯を八月六日にクラーク総主事に手紙（同志社社史資料センター蔵）で伝えた。総主事の手紙は六月十九日付、六月二十六日付と連続した。一万ドル寄付に言及しているのは、後者である。スタンフォードの手紙には、寄付への感謝と同時に、クラーク母子に関する詳しい情報がほしい、とある。とりわけ建物は両人のうち、はたしてどちらを記念するのか、息子は伝道準備中の神学生だったのか、その場合、どこの神学校か、についての情報を求めた。その返書は、解読ができないために、息子についての正確な情報は、ここからは得られない。

一方、小崎弘道は、七月二十六日にスタンフォードから寄付を知らされるや、すぐにボストンに書簡を送った。クラーク総主事からは八月二十一日付で返事（N. G. Clark to H. Kozaki, Aug. 21, 1891, Boston, 同志社社史資料センター蔵）が戻ってきた。主たる内容は、同志社社長就任の祝辞を除けば、「ベイカー遺産」（Baker Legacy）の使用、ならびにクラーク夫人からの寄付に関する二件である。前者は後に触れるとして、後者は、建物の名称に関する事である。

すなわち、「新島記念神学館」が消えて、「クラーク記念神学館」が誕生することの是非である。常に新島寄りの裁定をしてきたクラーク総主事としては、板ばさみ状態に立たされた。彼としても寄付は受け入れるものの、新島の名をつけた建物が建たないのは、校友会ともども、なんとも残念なことであったに相違ない。そこで、小崎には校友会（同志社）とブルックリンのクラーク家の両者を満足させるために、一種の妥協案を提示する。手紙の該当箇所を訳してみる。

「けれども申し上げたい私見が、もうひとつあります。ブルックリンのクラーク夫人による神学館建築寄付の受け入れに関して、いくらかの躊躇が〔同志社の側に〕あるかも知れない、と言われてきたことです。いくらかの躊躇と言うのは、神学館につけられる名前に関するものです」。

こうした情報は、先に見たアッキンソンや森田あたりから直接、いち早くクラーク総主事に伝えられたのかも知れない。同志社サイドの記録からは、そうした躊躇や不安は、少しも感じられない。少なくとも、ボストンの方では、これはかなり大きな障害と受け取られたようである。そこで、クラーク総主事は、解決案を提示する。

「さて、この問題はこう考えれば、解決しないでしょうか。新島神学校（the Neesima School of Theology）いう具合に、神学部に新島博士の名を冠すのです。ちょうど同志社にハリス理化学校があるように、新島神学校があっても、おかしくはありません。

建物は、ほんの付随的なものですから、ストーン・クラークの名前を使うか、あるいは単に神学館と呼んでもいいと思います。寄付者の名前をつけなければいけない、というわけでもありません。ただ、寄付者名はタブレットにしっかりと刻まれ、以下のことを記憶に留めなければなりません。その建物は、その心が神の大義に捧げられた青年を特に記念するために、さらには日本の神学教育発展のために建てられた、ということです」。

クラーク総主事は、新島の名を残すことに苦慮したわけである。すなわち、新島の名は、神学館にではなく（建物は、クラーク記念神学館と命名せざるをえない）、学校に付す、という解決策である。つまり、この際、両者を立てるために、「新島神学校」の「クラーク記念神学館」、にしたらどうか、との折衷案である。けれども、これを解読した同志社側の次の訳文は、微妙な点で本文の内容とは、差異が出ている。

「〔バイロン・ストーン・〕クラーク氏ノ名ヲ命スルノ故ヲ以テ、其寄附金領収ヲ躊躇セラルトノ事ナレバ、ハリス理科学校ノ如ク、新島神学校トシ、而シテ、ストーン・クラーク神学校トモ云ハル、モノトシテハ、如何ニヤ。尤モ、彼ノ青年ガ、日本ノ基督教ニ全心ヲ尽セシモノナル事ハ、記載セラルベシ」（「同志社々員会書類々集乙号」社務第四号、同志社社史資料センター蔵、A三―二―M二四～二九）。

この翻訳では、建物名に関して、クラーク総主事はあくまでも新島の名前を優先する、と受け取れる。そうではなくて、彼の本意は、建物名はバイロン・ストーン・クラークの名を取り、学校名は新島を取る、という一種の棲み分け的な処理である。寄付者が出した条件が「非常に厳格」であることを、誰よりも熟知していたのは、当のクラーク総主事であった。

一方、寄付を受ける同志社としても、クラーク総主事が出した解決案を受け入れなかった。寄付を受理する以上、「クラーク神学館」と命名するほか、選択肢はなかった。

その後の校友会募金

そこで、次の問題が発生した。新島の名を冠することをクラーク家に譲った形の校友会は、新しい問題に直面した。小額とは言え、「新島記念神学館」のために集めた募金の使い方である。特に大口はフリント夫人からの五百ドルである。（前述もしたが）同人の諒解をとった上で、建物ではなく、神学書の購入に充てることにした。けれども、それは、明らかな募金目的・使途の変更である（「同志社報告　明治二四年度」七七八～七七九頁、『同志社百年史』資料編一）。当時の理事会記録にも「新島総長紀念館寄付金（ヲ）神学館書籍費ニ変更セラレ度キ事ヲ、校友会へ請求スル事」とある。ちなみに、「神学館新築ハ万事、常議員と教員中ノ委員ニ委任スル事」との記述も見出せる（「明治廿一年一月　同志社々員記録　第壱巻」同志社社史資料センター蔵）。

その後フリント夫人から、「フリント紀念基金」（Flint Memorial Fund）設置案が、提示されたからであろうか、五百ドルは、神学館に備えるための神学書の購入に充当されることになった。

一方の校友会であるが、使途変更の件は、同意せざるをえなかった。一八九二年度の「同志社各学校現在特別資金勘定」では、「久《ク》良《ラ》留《ー》久《ク》神学館」とは別に「新島紀念神学館」の費目があり、千九十四円四十八銭六厘（フリントからの寄付六百三十五円を含む）が計上されている（「同志社廿五年度報告」同志社社史資料センター蔵）。

それが、翌年度には、特別資金勘定の名称が「新島紀念文庫（旧東寮内）」と変わり、その資金も千百六十一円六十四銭六厘（フリントからの寄付、六百三十五円を含む）に増額している。神学館建築とは別に、新たに文庫募金が行なわれたのであろうか。

他方、支出の方であるが、ドイツや英米の書物購入に充てられている（「同志社廿六年度報告」）。ただし、一八九四年度以降は、この特別資金は「新島文庫」と改称されて、フリント名義は表面から消える。この時点で、あるいは「新島紀念文庫」基金の残高は、「新島文庫」に一本化されたのであろうか。

さらに補足すると、一九〇七年に至って、「フリント紀念文庫」なるものが登場する。一九二八年度まで二百六十冊の書籍を購入している（『同志社百年史』通史編一、一五二二～一五二三頁）。この内、現存するのは、百五冊である。

さて、校友会から募金の使途変更の諒解を取り付けた後であろう、同志社（あるいは日本ミッション）は、正式の受諾書と礼状をボストンに送った。それがアメリカン・ボード運営委員会で披露されたのは、九月一日のことであった（MPC, Sep. 1, 1891）。

一週間後の九月八日、アメリカン・ボードは神戸のヒル（日本ミッション会計）に宛てて、神学館建築のために五千ドルをさっそく送金してきた（MPC, Sep. 8, 1891）。同月十二日、クラーク総主事はスタンフォードに対して、返書を認めた。「別紙」が同封されていない、とあるが、具体的にどのような文書であったのは、定かではない。

十月一日、教員会議で神学館建築委員にデイヴィス、湯浅治郎、ラーネッドの三名が指名された（*Faculty Records*, p. 272）。後に見るように、これに中村栄助が加わる場合がある。なぜ、三名の場合と四名の場合が並存するのかは、不明である。教員と社員（理事）を同数にするのが理想であれば、四名の場合の方が、バランスのとれた構成である。

なお、デイヴィスの対外的な働きに比べると、いまひとりの外国人建築委員のラーネッドは、工事半ばで休暇帰国しているくらいであるから、当初からデイヴィスほどには工事に深く関与したとは、とても思えない。

それはそれとして、建築委員の人選に戻ると、委員の選出の件は、さっそく二日後の十月三日に、ラーネッドからクラーク総主事に報告されている（D. W. Learned to N. G. Clark, Oct. 3, 1891, Kioto）。ちなみに、十月一日の教員会では、学校は理事と協議して、先にフリントから寄付された五百ドルの使用法を検討している（*Faculty Records*, p. 272）。ただ、後述するように、正式決定は、同月二十二日、二十九日の教員会議の席上である。

十月十四日、スタンフォードは、クラーク総主事に書簡を認め、前回、送付するのを忘れたクラーク神学館の「別紙」を同封した。ただし、その内容に関しては、相変わらず不詳である。

一方、ボストンでは十月二十日のアメリカン・ボード運営委員会で、クラーク夫人がアメリカン・ボードに一万ドルを寄付した、との報告がなされた（MPC, Oct. 20, 1891）。同月、アメリカン・ボードは、機関誌でもこの寄付の件を報じている。クラーク夫人が一万ドルを「アメリカン・ボード運営委員会へ送り、そこから同志社理事会へ送られた」とある。ちなみに、同志社卒業生たちの募金活動に関しては、「願いが財力を越えていた」ために「萎えてしまった」（languished）と分析している。記事の末尾には、ある日本人からの（次の）賛辞も紹介されている。

「クラーク夫人からの、実に寛大なこの寄付が、私たちにとっては『掌中の玉』とも言うべき神学部に贈られたことは、他のどんな贈り物にもまして、私たちのハートに特別の喜びをもたらしてくれます。それは長らく望んでいたものであり、必要なものでした。こんなに早く、またこんなに豊かに必要なものが備えられるとは、私たちは夢にも思いませんでした。寄付が私たちの心中に感動を引き起こしたことを寄付者が認識してくださることを望むばかりです」（*Missionary Herald*, Oct. 1891, p. 397, A. B. C. F. M.）。

ふたりのクラーク

以上のことから判明するように、アメリカン・ボード、とりわけクラーク総主事の働きは、神学館建築に際して不可欠であった。なぜなら、クラーク夫人に関しては、当初は同志社はもちろん、京都や日本の情報や知識は、無きに等しかったであろう。新島や宣教師を始めとして、同志社の関係者と相知る機会も皆無だった、と推測できる。

それでは、どうして同志社への寄付が実現したのか。デイヴィスの回答が、正鵠を得ている。後年（一八九八年春に）、彼は新聞への寄稿の中で、クラーク夫人の寄付はアメリカン・ボードあってのこと、と証言するだけでなく、力説もした（『基督教新聞』一八九八年三月二五日）。

さらにその出発点に「新島紀念神学館」構想があったことは、見逃してはならない。なぜなら、「同会〔校友会〕の熱意とその運動がなかったら、果たして〔神学館新築〕資金の寄附がえられたかどうかは、わからない」からである（『同志社百年史』通史編一、六三一頁）。

最後に指摘したいのは、当初からクラーク夫人が、同志社と何の交渉も持たなかったことについて、同志社側ではさまざまな憶測が飛んでいた点である。学内誌の次の記事がそれを暗示する。

「夫人に付、其愛子に付、語る可き事、色々あるに相違なしとすれども、誰れ之を知るものなく、同志社に寄附を送りて以来、未だ一片の書面も送りたる事なければ、今は之より外に語る事を得ず。只、同夫人には、何時か日本に来遊せんと、望み居らるゝ由を伝聞したれば、親しく夫人に接するの日あるも知る可からず」（『同志社文学』七四、三六頁）。

思うに、クラーク夫人にして見れば、寄付は同志社に宛てた、というよりか、アメリカン・ボードへ贈った、との認識の方が深かったはずである。したがって、窓口は同志社（たとえば、デイヴィス）ではなく、ボストンのクラーク総主事であったであろう。デイヴィスにしても、一度も直接に手紙をやりとりした形跡はない。

それにしても、クラーク家の情報は少なすぎる。両親の履歴同様、神学生といわれた子息の経歴や写真も入手できていない。彼の父親の名前さえ正確に掌握できていない。かろうじて Byron W. Clarke と推測できるだけである（*Missionary Herald*, Oct. 1891, p. 397参照）。ひとまず、Byron W. Clarke（父）と Helen Stone Clarke（母）の息子が Byron Stone Clarke である、としておきたい。

名前の特定を含めて、クラーク一家の究明は、同志社に課せられた今後の大きな課題である。

（注）本稿は、同志社大学神学部・神学研究科主催の講演会（二〇〇八年三月八日、クラーク記念館二階のクラーク・チャペル）での講演「神学館三代をめぐる秘話――クラーク記念館竣工に寄せて――」の一部分に加筆して、論文に仕立てたものである。

二、クラーク神学館の誕生
―新島記念館からクラーク記念館へ―

五つの重要文化財建造物

同志社今出川キャンパスには、五棟のレンガ建造物がある。いずれも十九世紀に建てられたもので、現在ではすべてが国の重要文化財に指定されている。それらが立ち並ぶ景観は、日本の大学の中でも屈指のものである。建築順に列挙すると、次のようになる。

（一）彰栄館（一八八四年竣工）
（二）公会堂（チャペル、一八八六年竣工）
（三）有終館（旧書籍館《しょじゃくかん》、一八八七年竣工）
（四）ハリス理化学館（一八九〇年竣工）
（五）クラーク記念館（旧クラーク神学館、一八九三年竣工。ただし、竣工式は翌年）

特筆すべきは、建築費の出所である。すべて、アメリカン・ボード絡みである。アメリカン・ボード抜きには、これらの文化財は存在しえなかった。ハードの面でも、同志社に対するミッションの貢献は、計り知れない。

具体的に言えば、（一）から（三）は、アメリカン・ボードが直接、建築費を負担している。それをボストン本部から引き出すことに尽力したのは、グリーン（D. C. Greene）である。設計を担当したのも、彼である。

彼は、公会堂の建築を立案、設計する時点で、資金について、こう語っている。「米国ノ一人、臨終、家金ヲ伝道会社〔アメリカン・ボード〕ニ寄附。其中ヨリ一部分ハ、日本伝道ノ教育費ニ定マリシ由」なので、宣教師の同僚から三千円も募れば、可能である、と（『池風清風日記』下、一一七五頁、同志社社史資料室、一九八五年）。

グリーンが当てにした「家金」とは、ニュー・ロンドン（コネチカット州）のオーティス（Asa Otis）が残した巨額な遺産である。遺族はそのうち約百万ドルをアメリカン・ボードに寄贈した。いわゆる「オーティス遺産（Otis Legacy）」である。

このうちの一部が、同志社に贈られてきたので、レンガ造りの三棟が出来上がったというわけである（この遺産については、本書三七七頁以下を参照）。

五棟のうちの残りの二棟は、アメリカン・ボードの関係者からの個人的寄附による。（四）は、ハリス（J. N. Harris）が、（五）はクラーク夫妻（Mr. and Mrs. B. W. Clarke）が、それぞれの建築費を寄贈した。

ハリスは、ニュー・ロンドンに住む富豪で、同志社との繋がりは、ラーネッド（D. W. Learned）の母親を媒介とする。彼女は同地で、ハリスの母親と同じ教会に所属する信徒仲間であった。彼女らの教会は、アメリカン・ボードや同志社と同一の会衆派であったことが、同志社に幸いした。ハリスその人についても、ある程度の調査はなされている（中西進「ジョナサン・ニュートン・ハリス伝等」、『新島研究』三八、同志社新島研究会、一九七一年一月を参照）。

オーティスといい、ハリスといい、同一の小さな町に住む信徒である。そこには、ラーネッドの父親が担当する会衆派の教会があった。ここが、言うならば、奇しくも同地における「同志社の窓」のような存在となった。後にラーネッドはこう回想する。

「私の父の家は、コネチカット州のニュー・ロンドンにあった。

この市は、同志社に二重の関係を持って居る。直接には、ハリスさんが理科学館を建てる金を寄附してくれたことであって、間接にはやはり同市のオーチスさんが、アメリカン・ボードに莫大な遺産を残して行ったので、アメリカン・ボードはその金で、同志社に三つの建物を建てるための基金を与へてくれるやうになったことである」(河野仁昭編『回想録D・W・ラーネッド』三五～三六頁、同志社、一九八三年)。

問題は、最後のクラーク夫妻である。夫妻が、ニューヨーク州ブルックリン市(現ニューヨーク市)に在住したこと、ならびに、亡き息子(Byron Stone Clarke)の死を悼んで、同志社に神学館の建築費(一万一千ドルを越える)を寄付したことは、よく知られている。しかし、それだけである。

彼らと同志社との接点は、まるで分からなかった。館名の由来となった息子の消息も同様である。ようやく二〇〇八年に至って、息子の経歴や肖像写真を始めとして、アメリカン・ボードとの関係、クラーク家の家族構成や墓の所在等が、分かり始めた(拙稿「B・S・クラークとは誰か―クラーク記念館の新資料紹介―」、『基督教研究』七〇の二、同志社大学神学部、二〇〇八年一二月)。

そこで本稿は、これまで知られなかったクラーク神学館誕生の背景と経緯を、いくつかの秘話を交えて明らかにしたい。

ブルックリンから来た一万ドル

一八九〇年、新島襄の永眠に伴い、記念神学館の計画が浮上した。しかし、校友会(同志社卒業生)主軸の募金活動は難航した。目標の五千円が、思うように集まらず、計画は頓挫寸前とあった。

ところが、翌年になって、がぜん、計画は現実味を帯び始めた。ブルックリン市(現ニューヨーク市)のクラーク(B. W. Clarke)夫妻が、そのために一万ドル(当時の円では約一万三千七百円に相当)を寄付すると申し出たからである。

つまり、校友会とはまったく違う方面から、思わぬ寄付が舞い込んだのである。校友会や同志社からすれば、「瓢箪《ひょうたん》からこま」である。これも、アメリカン・ボード(A. B. C. F. M.)のクラーク総主事(N. G. Clark)の配慮があってのことである(ちなみに、B・W・クラークとN・G・クラークとは、まったく別の家系である)。なぜなら、寄付者はそれ以前、同志社はもちろん、日本のことにはほとんど関心がなかったからである。それに対して、総主事はいつも新島、したがって同志社の良き理解者であった。

ところで、寄付者は同志社に対して、三つの条件を出した。その中に、建築費全額(当初は一万ドル)を寄付するので、建物には息子(B. S. Clarke)の名前をつける、という一項があった。そのため、それまでの「新島紀念神学館」(Neesima Divinity Hall)を建てるという同志社サイドの原案は、それ以後、「クラーク神学館」(Byron Stone Clarke Theological Hall)建築計画へと、大きな変貌を余儀なくされた。

さっそく、同志社はクラーク神学館のための建築委員会を立ち上げた。委員は湯浅治郎、中村栄助、ラーネッド(D. W. Learned)、デイヴィス(J. D. Davis)の四名である。前ふたりは、ともに京都のクリスチャン実業家で、同時に同志社社員(理事)であった。後のふたりは、アメリカン・ボード派遣の宣教師で、同志社では外国人教員の中核であった。委員長は不詳であるが、立場上、デイヴィスではなかったか。

なぜなら、建築に関して、活躍が目立つのは、湯浅とデイヴィスである。湯浅は、主として業者との交渉や会計面を担当した。アメリカ(アメリカン・ボード)との交渉や、建築家の選定・交渉は、デイヴィスの仕事であった。

設計はリヒャルト・ゼール

建築設計には、ドイツ人のリヒャルト・ゼール（R. Zeel）が指名された。湯浅は教員ではなかったので、デイヴィス抜きには校内、校外（国外も含めて）とも、重要な交渉は進められなかったと思われる。

ラーネッドは、工事途中（一八九二年六月）に休暇で帰国したこともあって（後任は、後に見るように小崎弘道）、デイヴィスに比べると活躍は目立たない。

さて、設計を託されたゼールであるが、一八五四年にドイツのエルバーフェルトに生まれ、長じて建築学を学んだ。一八七五年にベルリンのエンデ&ベックマン建築事務所（活動期間は、一八六〇年から一八九六年）に入社する。エンデ（H. Ende）とベックマン（W. Bockmann）は、それぞれ当時のドイツを代表する建築家であった。前者は美術アカデミー学長やベルリン工科大学教授、後者は短期間ではあるが建築家協会会長を務めている（堀内正昭『明治のお雇い建築家　エンデ&ベックマン』八二頁以下、井上書院、一九八九年）。

彼らが明治政府から招聘され、丸の内洋風化政策などに従事できたのは、政府内のドイツ派の筆頭である青木周蔵や　外務大臣の井上馨の存在と働きが、大きかった（同前、一七二頁）。

この建築事務所のメンバーとして、ゼールも一八八八年、日本政府から招かれ、お雇い外国人として日本の洋風建築の普及に尽力した。一八九三年三月に政府との雇用契約が切れるまで、司法省や東京裁判所などの建築を手掛けた。

日本政府との契約が満期終了した後、二年近い空白期間がある。その間の動向は、不明である。一八九四年十二月からは、明治学院に建築顧問教師として雇われ、同院のミラー記念礼拝堂などを設計する。一八九九年に結婚し、一九〇三年、帰国した。在日中の住居は、明治学院キャンパスでの生活を除いて、横浜居留地であった（堀内正昭・山田利行「リヒャルト・ゼールの経歴ならびに建築について――R・ゼール研究　その一――」三四七～三四八頁、『日本建築学会大会学術講演梗概集』二〇〇二年八月）。

以上の経歴からすると、一八九一年にクラーク神学館設計を手掛けたのは、お雇い外国人であった時期、それも末期とまさに重なる。来日する前の一八八〇年から一八八二年まで、彼は故国のドレスデン（旧ダンツィヒ。現在はポーランド）で、西プロイセン州議会議事堂の現場監督を担当している。写真で見る限り、クラーク神学館の外観は、それを簡素にした感がある（『明治のお雇い建築家　エンデ&ベックマン』一七三頁、二一三頁）。つまり、ゼールは、十年前の自分の作品をモデルにしたのであろう。

ゼールは、クラーク神学館を手掛けた後、明治学院に移り住む。同院教授のランディス（H. M. Landis）との結ぶつきが強かったから、と思われる。ランディスもゼールと同じ年に来日したアメリカ人宣教師である。来日前にベルリン大学に留学し、後にドイツ人女性と結婚するなど、ドイツに関心が深い宣教師であった。建築にも造詣が深かった。

一八九〇年竣工の明治学院旧神学部教室兼図書館（現記念館）は、彼の設計になる、と伝えられている。「建築に対して極めてすぐれた見識をもち、その生涯を通じて〔明治〕学院内の建物の建築には、異常なほど情熱を燃やした」（秋山繁雄『明治人物拾遺集』八七頁、新教出版社、一九八二年）。

こうした情報は、狭い宣教師サークルのことであるから、かなり知れわたった情報であった、と推測できる。したがって、デイヴィスあたりが、人脈を利用して間接的に、あるいは神学部教室設計の実績を評価して直接、ランディス本人に接近し、彼に設計を依頼した可能性も捨てきれない。

さらに他の場で検証したように、B・S・クラークとランディスとは、アメリカで交流があったものと思われる。歳もあまり違わないうえに、プリンストン大学の先輩・後輩の間柄だからである（拙稿「B・S・クラークとは誰か――クラーク記念館の新資料紹介――」『基督教研究』七〇の二、同志社大学神学部、二〇〇八年一二月を参照されたい）。だからこそ、亡き後輩のためにランディスは、一肌脱いだはずである。同志社が神学館設計者としてゼールに白羽の矢を立てたのは、このランディスの紹介あってのことであった。

建築へ向けて

さて、十月二十一日に及んで、いよいよ建築基本案の作成である。校長（社長）の小崎弘道宅で常議員会が開かれ、「神学館新築ノ件」が協議された。「集会場、図書及ヒ博物室、教場」など「総計九室」を想定した。建築場所は、二転、三転したと思われる。最終的に「第一寮、第二寮の跡ニ建築スル事」に決った（「同志社常議員会録事　自明治二十三年四月三日　至明治三十一年七月六日」一四四頁）。後述もするが、実は地盤不良の土地であった。

翌日（十月二十二日）の教員会議でも、場所の選定が協議され、前日の予定場所（つまりキャンパス東端）を追認している。すでに設計図、あるいはラフな見取り図や間取りといった建築案が、出来ていたようで、一週間にわたって図面や書類を校内で公開し、その間、各自の意見や反応を探ることになった。さらに、先に「新島紀念神学館」のために寄付されていたO・H・フリントからの五百ドルは、神学館ではなくて、別途五年間にわたって神学書を購入することになった（*Doshisha faculty records*, p. 272, 同志社社史資料室、二〇〇四年）。

その五日後（十月二十七日）、ラーネッドはボストンのN・G・クラーク（アメリカン・ボード総主事で、一万ドルの寄付を取り次いでくれた功績者）に宛てて、神学館の予定地、すなわちキャンパス東端の二つの寮を移動させた跡地に建築することを伝えた。

ちなみに、新島紀念講堂の場合、建築場所はどこが想定されていたのか。あるいは、現在のクラーク記念館と同一の場所であったかもしれない。前者の募金活動が、まだ展開されている一八九〇年の春の時点では、こう伝えられている。工事中であったハリス理化学館の雄姿が、現れ始めたころである。

「〔木造校舎を移転させた〕結果、学園の外観はすばらしくよくなった。いや、むしろ〔ハリス理化〕学館が竣工し、校地が整備された時には、と言うべきであろう。新島学長を記念するために、校友会が資金を募金中の神学館を建てるには、まだ余地がある。これまでの英語館〔彰栄館〕やチャペル、そして〔今回の〕科学館に、あらたに神学館が加われば、私たちの校地は、実に魅力的な様相を呈することになる」（Fifteenth Annual Report of the Kyoto Station, p. 25, A. B. C. F. M., 1891）。

次に、建築予定地を決議した後の動向である。二十二日の教員会議から一週間を経た十月二十九日に、再び教員会議が持たれた。この間、公開した建築案について意見を聴取し、基本的な建築案を承認した。スタイルについては、委員会に検討を任すことにし、委員が建築家と協議した結果を、今後の教員会議に提示して審議することとなった（*Doshisha faculty records*, p. 273）。

　翌十一月の三十日には、かねて校友会から会員に出されていた「新島先生紀念神学館」募金依頼書の通信費、三円四十二銭の負担をどうするか、という案件が、理事会に出された。審議の結果、学校負担となった（「決議書綴　自明治二十四年九月　至同二十五年七月」社史資料センター蔵、A一〇、四—一一、一四～一五）。この事実は、校友会の資金力が、本来の募金活動（目標は五千円）に耐えないくらい脆弱であったことを示している。

　したがって、「新島紀念神学館」に代わる神学館が、建築されることになったのに伴い、校友会による募金活動そのものも打ち切られるか、あるいは、学校の責任に委ねられた可能性が高い、と考えられる。しかし、事実は後述するように、そのどちらでもない。

　十二月十一日に及んで、クラーク総主事から同志社教員（アメリカン・ボード宣教師）、スタンフォード（A. W. Stanford）へ手紙（社史資料センター蔵）が寄せられた。ベイカー夫人（E. J. W. Baker）が、アメリカン・ボードに寄贈した遺産から六千ドルを同志社に送金する、との内容である。すでに夏に小崎宛にその使用法について指示があったが、相前後してクラーク夫人から、初回分の五千ドルの寄付があっただけに、両者は混同されやすい。たとえば、『同志社百年史』（通史編一、一四〇頁、同朋舎、一九七九年）にある次の記述、「B・W・クラーク夫妻から、神学館の建築費として六〇〇〇ドルの寄附が同志社になされた」は、明らかにミスである（六千円、であれば、まだしも可能性がないわけではない）。

　ちなみに、ベイカー遺産については、ニューヨークの新聞でも報道されている。それによれば、遺産総額は十七万八千七百七十ドルに上り、うち六千ドルが同志社に寄附された、とある（*The New York Times*, Jan. 21, 1891）。


越えて一八九二年である。年頭早々の一月三日、校友会委員から改めて「新島総長紀念募金」のアピール、具体的には「督促状」ならびに申込書が、校友に出された（「諸往復文書綴　自明治二十四年九月　至仝二十五年六、七月」同志社社史資料センター蔵、A一〇—三三、M二四～二五）。

　この時点で校友会が、なおも「新島総長祈念募金」活動を続行している点は、どう考えるべきか。神学館建築費については、全額をクラーク家が負担することが、寄付条件として決定、承認されている以上、募金は、建物費以外の用途のため、と推定せざるをえない。すでに前年八月に、同志社常議員会が校友会に、これまでの集金の使途について「照会」したことは、前に見た。さらに社員会（理事会）は、具体的な提案に及ぶ。すなわち、この年（一八九二年）の三月二十九日、社員会は次のような決議をした。

　「新島総長記念館寄付金〔ヲ〕神学館書籍費ニ変更セラレ度《た》キコトヲ校友会へ請求スルコト。但シ、五百円ハ洋書、四百円ハ和漢哲学書」とする（「同志社々員会記録　自明治二十一年一月　至明治二十八年五月」A三—二、M二一—二八、同志社社史資料センター蔵）。

　この時点で校友会による募金が、九百円であることが、明らかにされている。そのうち約六百円（五百ドル）が、フリント夫人からのものであることは、言うまでもない。つまり、国内募金は、いまだにわずか三百円程度である。

　ちなみに、国内募金の額に関して、従来から「寄附金額は不明」とされてきたが（『同志社百年史』通一、六三一頁）、専用の募金帳簿（社史資料センター蔵）まで保存されていることを思えば、はなはだ理解に苦しむ。帳簿上の募金額は、ほぼ三百円前後である。

　以上のことは、同志社側の記録「同志社報告　明治二四年度」

（七七八〜七七九頁）でも、大まかではあるが、次のようにまとめられている。筆者は同志社校長の小崎弘道、日付は一八九二年三月二十九日である。

（一）一八九一年七月から八月にかけて、クラーク夫妻から病死した子息を記念する神学館建築のために、一万ドルの寄付があった。

（二）そのため、校友会は新島記念神学館建築という当初の募金目的（目標は五千円）を変更した。そもそもクラーク夫妻の寄付は、校友会の募金そのものが「思はしく」なく、「一同大に心を痛めたる折りしも」の出来事であったために、「大に感謝せざるを得ざる」ところであった。

（三）フリント夫人が、先に校友会に寄付した五百ドルは、神学館の一室に設けられる図書室に備える神学書の購入に充てる。ここに至るまでは、何に振り向けるかを「一定する」のに、時間を要した。

（四）建築場所は旧第一寮・第二寮の跡とし、工事は来月（四月）早々に着手する。

このうち、（三）について補記すると、現存する「フリント文庫」には、Flint Memorial Fund というタイトルが付せられたシールが、一点一点、表紙裏に張られている（例えば、Franklin Carter, *Mark Hopkins*, Houghton, Mifflin and Company, 1892）。

いよいよ着工

一八九二年四月十一日、クラーク総主事への手紙が二通、京都で認められた。一通はスタンフォードが認めたが、文字が判読できない。もう一通はデイヴィスで、次に見るように、設計士（R・ゼール）に関する言及、ならびに工事費増額に伴う寄付の要請がなされている。

「次に先生に特に申し上げたいことがあります。ついに神学館の図面が、用意できました。〔政府から〕高給で雇われ、東京で官庁の建物をいくつか手がけているドイツ人建築家に図面を引いてもらえたのは、幸運なことでした。彼は任された仕事を正当な費用でしてくれましたし、図面はすばらしいです。

もしも手持ちの金銭で神学館を建てることができるなら、私たちの学校で一番立派な建物になると思います。建築上、第一級の外観をもった建物を建てることは、寄付者の願いを適えることになります。ざっと見積もったところでは、今の予算〔一万ドル〕では図面通りに建物を建てることは、まずもって無理か、と懸念しております。

もしも修正が必要なら、いくつかの部分〔特に修飾部分〕を削る必要があると思います。そうなれば、建物の外観が台無しになりはせぬか、と深刻に懸念しております。建物用地の地盤を固め、工事の準備をするのに、およそ一千ドルはかかります。

私はこの件を先生に提示いたします。先生がこの事実を寄付者に示し、必要な場合には使用できるような五百ドルの寄付を、さらにしてもらえる機会を彼女〔クラーク夫人〕に与えるのが、最善であると判断されますならば、彼女にそれができるようにしていただきたい、と願うからです。

たとえ、余分に五百ドルの寄付をいただいても、私たちは予算の枠内で建築するように全力を尽くします。しかし、それは建築上、容易ならぬ節約が必要です。

建物に取り掛かる工事は、できればこの手紙が先生に届く前に、着工したいのです。けれども、クラーク夫人の決心が出来しだい、電報を下されば、完成に向かって事を進められるように、建築契約は修正可能なようにしてあります。電文としては、『五』、もしくは、もし必要と判断されて彼女が五百ドル以上を捧げてくだされば、十までの他の数字がいい、と思います。送られてきた数字だけ仕事ができる、すなわち、数百ドルは図面通りに建物を完成させるのに必要、と判断されたうえ捧げられた、と私たちは理解いたします。

建物西〔正面〕の立面図を同封しますので、クラーク夫人に送ってください。私たちの新しいカレンダーに入れてある図面を、彼女はまだお持ちではありません」（〔 〕は、本井による補注。以下同）。

デイヴィスの手紙は、ここで終わる。設計者のゼール、ならびにミッション窓口のクラーク総主事との交渉は、もっぱらこのデイヴィスが受け持ったことが、判明する。以後、クラーク夫人に寄付増額の要請をするのは、もっぱらデイヴィスの仕事であった。

デイヴィスの要請は、功を奏した。五月十七日に開かれたアメリカン・ボード運営委員会で、クラーク夫人が一千ドルの追加寄付を行なったことが、報告されている（MPC, May 17, 1892）。寄付は都合、一万一千ドルになったわけである。

小嶋佐兵衛

四月末からは、いよいよ建築業者選定である。まず二十五日から三日間、校内の事務室で新築仕様書、ならびに絵図面を請負人に縦覧させた。入札は五月十日である。三日後の十三日、書籍館（現有終館）で、請負人、ならびに小崎弘道、デイヴィス、湯浅治郎、中村栄助の四人の社員（理事であり、建築委員）立合いのもとに、入札箱が開けられた。

応札した業者は全部で十社（企業は二社のみで、あとは京阪の個人大工）である。そのうち、最安値を出した京都の大工、小嶋佐兵衛が一万一千八百五十円（一説には、一万一千七百円）で受注した。ちなみに最高値は、萩捨次郎の一万九千円で、小嶋との差は実に七千百五十円である（「同志社廿六年度報告」同志社社史資料センター蔵）。

この小嶋は、同志社の近隣に住む町大工である。設計図裏面の書き入れによると、住所は京都市上京区室町通武者小路下ル福良町六番戸で、肩書きは「建築請負人」とある。彼は、すでに彰栄館の工事（一八八三年着工）にも従事した経験があるという。一八八九年のハリス理化学館の工事でも、施工を受け持っているので、早くから同志社に出入りしていたことになる。

工事契約に関して興味深いのは、「日曜日ハ休業スル事」の条項である（同前一二三頁）。だからであろうか、小嶋は同志社の理事（社員）のひとり（後述する松山高吉か）から、「同志社の仕事を取るには、クリスチャンになったほうがいい」と助言された、という。

そのため心進まぬまま、浄土宗から改宗して、キリスト教の洗礼を受けた、と伝わっている。「仕事のため、宗旨まで変えねばならぬとは、えらい世の中になったものだ」と嘆いていた、という。しかし、根っからのキリスト教批判者でもなく、娘（ふたりいた）はともに近くのキリスト教（聖公会）系女学校、平安女学院に通わせた。彼女たちの成績は、トップクラスであった（松井全《あきら》「小嶋佐兵衛について」、同志社社史資料センター蔵）。

ところで、小嶋の入信であるが、一八八九年五月五日に松山高吉牧師から受洗した、という（生島吉造・松井全編『続・同志社歳時記』一〇三頁、同志社大学出版部、一九七七年）。とすれば、京都市内の平安教会（組合教会）である。受洗は、ハリス理化学館の新築時期とまさに重なる。というより、まさに入札中の出来事である。

さらに、一八九六年に平安教会の会堂が新築される際、設計は横田勝治であるが、施工は小嶋が担当している。ふたりともここの教会員である。永眠者名簿の一九一九年の条にも、小嶋の名前が見出せる（『平安教会百年史』四八頁、三五〇頁、平安教会、一九七六年）。

一方、小嶋に授洗した松山牧師であるが、同志社で教鞭を執った り、社員（理事）を務めるかたわら、一八八七年には平安教会の牧師に就任した。のち、一八九六年に至って、平安女学院に移ると同時に聖公会に転宗した。

工事着工、ならびに定礎式

さて、神学館の工事に戻ると、契約書には七月二十日に着工すべき、とある（『同志社の近代建築』中、一二三頁）。それに先立つ六月十三日に「神学館建築地確定。直ニ縄張ヲ為ス」、と「同志社明治廿六年度報告」は記す。第一寮と第二寮を共に（今の）室町キャンパス（同志社予備学校があった）に移転させ、その跡地に神学館を新築しようというのである（「同志社明治二十四年度報告」七七九頁）。

工事は予定より早く、七月十日に開始された（「同志社廿六年度報告」）。工事は順調に進み、十月頃には石切中、と新聞報道されている。記事では、建物名からいまだ新島の名前が消えず、「新島先生紀念神学館」工事、とある（『基督教新聞』一八九二年一〇月七日）。

募金に関しては、この年十一月八日の入金が、国内募金の最後である。卒業生の吉田清太郎が一円を寄付したのを最後に、以後、「紀念神学館寄附金払込人名簿」は白紙のままである。つまり、「新島紀念神学館」の夢は、ここで完全に立ち消えたことになる。

十一月四日には定礎式である（「同志社報告　明治二五年度」七八三頁）。『基督教新聞』や『福音新報』は、一八九二年十一月十八日号で、午前八時開始の「紀念神学館」定礎式を報じる。式は小崎弘道校長（社長）が司り、祈禱の後、海老名弾正（日本基督《キリスト》伝道会社社長）が演説を披露、ついで湯浅吉郎（神学校教授で歌人。号は半月）が祝歌を朗読した。

さらに聖書を始め、湯浅吉郎の和歌などを小箱――「鉄函」一個（「同志社廿六年度報告」）――に入れて埋めた、と報道されている。が、もっと詳細なリストが、設計図裏面に書き込まれている。品目は、なんと十七にも及ぶ（竹内力男「クラーク記念館設計図」四七～四八頁、『同志社時報』五二、同志社、一九七四年九月、にも、再掲されている）。参考までに、埋蔵された品々を列挙してみる。

『聖書』、「米人クラーク氏寄附金の始末、及び建築の事」、「日本基督伝道会社報告書」、「組合教会一覧表」、「同志社設立の始末」、「同志社大学設立の旨意」、「同志社明治廿四年度報告」、「同志社明治廿四年より同廿五年に至る統計記」、「同志社各学校規則書」、「同志社々員姓名簿」、「同志社教員職員姓名録」、「同志社各学校生徒計算表」、『六合雑誌《りくごう》』、『基督教新聞』、『国民新聞』、『同志社文学雑誌』、J・D・デイヴィス『新島襄伝』。

このうち、ここで紹介すべき文書は、「米人クラーク氏寄附金の始末、及び建築の事」である。「同志社廿六年度報告」には本文が転載されている。この文書は一八九二年十一月四日付で、名義は建築委員、すなわちデイヴィス、湯浅治郎、中村栄助、小崎弘道の四人である。ここでラーネッドに代わって、小崎が入っているのは、この年六月にラーネッドが、二度目の帰国休暇をとっていたからであろう。以下、本文である。

「米国ブルクリン府ノバイロン・ダブリウ・クラーク夫人ハ、本年一月死去セル其子ノ紀念トシテ設立スベキ『バイロン・ストーン・クラーク神学館』ノ為メ、日本、京都、同志社へ米金壱萬弗ノ寄附ヲ為セリ。
東京、明治学院ランデス氏ノ紹介ニヨリ、独逸人ナルセール〔ゼール〕氏ハ、此建築ノ設計ヲ為シ、本年七月、地盤固メニ着手シ、本日爰《ここ》ニ定礎式ヲ行ス。日本〔基督〕伝道会〔社〕社長、海老名弾正氏、演説ヲ為シ、教授、エム・エル・ゴルドン氏〔M. L. Gordon〕、祈禱ヲ献ゲ、社長、小崎弘道、礎石ヲ置ク事ヲ司ル」。

以上である。なお、定礎式で海老名がした演説は、その後、多少の物議をかもした。その中身に関しては、日本側の記録では短い新聞報道だけである。「得意の弁で以て、昔日の神学校と今日の神学校とを対比して、以て神学生に一層の注意を促すの演説あり」とある（『福音新報』一八九二年一一月一八日）。しかし、これを聞いたデイヴィスには、極めて不満足な内容であった。デイヴィスは手紙で、その内容を紹介し、慨嘆する。

「海老名氏は定礎式において、集まった聴衆に向かって、新しい建物が古い建物とは違うように、この新しい神学館で教えられるべき神学は、『最初の神学館』であった古くて今にも倒れそうな建物〔三十番教室〕で教えられた神学とは、まったく違ったものであるべきだ、などと語りました。私は大変、悲しく思いました」（J. D. Davis to N. G. Clark, Nov. 21, 1893, Kyoto）。

デイヴィスにとっては、問題発言であった。「昔日の神学校」（初代神学館）で説かれた神学は、あまりにも保守的であるので、「今日の神学校」（クラーク神学館）では、現代的な新神学が講じられるべきである、との主張である。デイヴィスが説いてきた神学が、きわめて保守的であったことは、定評があった。

それはともかく、ついで、一八九三年に入り、三月三十一日に「同志社年次報告」が出された。そこには、クラーク神学館の建築の件が、次のように盛り込まれた。

「くらるく夫人、其亡児ノ紀念トシテ神学館新築ノ為、金貨壱万弗ヲ寄附シタルコトハ、前年〔一八九一年〕ノ報告ニ記載シタルガ、其后、直ニ之ガ新築ニ着手シ、六月十三日、縄張ヲ為シ、十一月四日、定礎式ヲ行ヒ、着々歩ヲ進メツヽアルナリ。
今日ノ処、爰《ここ》ニ七分通リハ出来シタリト云テ可ナリ。工事総費額予算ハ、壱万四千円許《ばかり》ナリシモ、地ナラシノ為メ、模様替ノ為メ、其他種々ノ予算外ノ支出アリテ、費用嵩ミタレバ、今日ノ処、到底壱万弗ヲ以テ竣工ニ至ラシムルコト六ケ敷《むずかし》カルベシ。
依《ヨリ》テ此事情ヲ明カニ申シ送リ、寄附者ニ向テ、其増額ヲ依頼シ置キタリ。此事ノ成否、未タ明カナラザルトモ、多分目的ヲ達スルニ至ランコトヲ信ズルナリ。此建築ニシテ竣工セバ、校中第一ノ美観タルニ至ラン。
此建築ノ設計ハ、東京明治学院ノらんです氏ノ紹介ニヨリ、専ハラ独逸人ぜーる氏ノ工夫計画ニ依ルモノニシテ、余ハ両氏ノ厚意ヲ以テ我校ノ為ニ尽サレタルノ労ヲ厚ク謝セザルヲ得ザルナリ」（『同志社報告　明治二五年度』七八三頁）。

ここから判明するように、この時点での進捗状況は、およそ七割の出来上りである。R・ゼールの設計により大きく立ち上がった建物は、「校中第一ノ美観」を呈するまでに仕上った。

一方で、工事費はすでに予算の一万ドル（約一万三千七百円）を超え、一万四千円に上った。家具工事などを計算に入れると、かなりの経費増が見込まれた。

そこで、再度、寄付増額をクラーク夫人に依頼せざるをえなくなった。「デビス氏よりよく其事情を米国に申送りて、更に金貨一千弗の寄附を受け」たのである。建築委員、デイヴィスが本領発揮する出番である（『同志社文学』七四、三六頁、一八九二年九月）。

工事の消息を伝えるデイヴィスの手紙

さいわい、デイヴィスが三月二十五日付でクラーク総主事宛に出した手紙（J. D. Davis to N. G. Clark, Mar. 25, 1893, Kyoto）に、その間の経緯が詳しく記されている。全文が神学館情報であり、資料として貴重なので、訳出する。

「バイロン・ストーン・クラーク・ホール、とりわけ図面通りにこの建物（正面の立体図は、すでにお送りしました）を完成させるには、おそらく資金がさらに必要であろう、と何か月か前に私たちは声明を出しました。クラーク夫人が寛大にも応えてくださったことについてお伝えする時期が、やって参りました。

工事は去る六月に、基礎から始められました。すぐに予期せぬ困難に遭遇しました。これまでの建物なら、古井戸を掘るとき以外はすべて、堅い地盤が見つかりました。しかし、今回の建物は、全面にわたって三フィートから六フィート、地下を掘ると、軟い泥灰土《マール》のような層《ベッド》に突き当たります。おそらく古い湖底でしょう。深さは六フィートから十三フィートあります。

この欠陥を矯正する唯一可能な方法は、ピッチを塗った約千二百本の松の小さな丸太を、基礎全体の地下に杭《くい》として打ち込むことでした。それらは、堅い地盤に着き当たり、それ以上は行けない所まで打ち込まれました。ともかくも適当な建築地が、ほかに全然見あたりませんでしたから、この地点に建っていた建物（第一寮と第二寮）を移転させるのに、一千ドルくらい使ってしまいました。

杭の先は、溝の底にある土で切断されました。杭の間のすき間すべてを小石で充填するために、小石が杭打ちで打ち込まれました。その上にセメントの基礎を打ちます。これでおよそ三百ドルの予期せぬ出費がかかりました」。

ここで明かされている地盤の悪さは、「建っている土地は、元沼地で、太い松の柱を打ち込み、その上に建てている」という、これまでの伝承（田中良一「同志社の明治建築案内」、同志社本部、一九六三年）を裏付ける。この伝承は、おそらく戦後の補強工事の時に判明した事実に基づいて、発生したと考えられる。

また、ここで挙げられている経費（総計約一千三百ドル）は、これまで知られていた「地所及地盤費　一千五百二円九十八銭一厘」に相当するものであろう（『同志社文学』七四、三五頁）。その内訳を言えば、「地所諸費」が一千円、「地盤杭木打栗石土砂費」が五百二円九十八銭一厘となる（「建築費額報告書」一八九三年九月付。湯浅治郎資料　Y―YJ―M二六、同志社社史資料センター蔵）。

手紙に戻ると、デイヴィスはついで、ゼールに言及する。これまた、新事実をいくつも含む、得がたい証言である。

「それから図面を引いてもらったドイツの建築家ですが、設計料は六百ドルはします。しかし、無料で作成してくれました。この建築家は、ゼール氏と言いますが、大いにこの建物に関心を示してくれ、去年の十二月にははるばる三百マイルかなたの東京から、工事や図面を現場で点検するためにやって来ました」。

ゼールの設計料は六百ドルであるにもかかわらず、それを無料にしてくれたうえに、現場監督にも駆けつけてくれた、という指摘は、看過できない。ゼールの好意と理解から、というべきであろうか。ただし、竣工後の「建築費額報告書」（湯浅治郎資料）では、「設計其他諸費雑費」が二百八十七円、「工事監督費手当」が三百三十五円となっている。一旦は辞退した設計料ではあるが、工事監督費同様、同志社は不十分ではあるが、支払ったものか。

さらに、デイヴィスはゼールの苦心について記述する。

「彼は建物を地震から護り、あらゆる方法で建物を堅牢、かつどっしりとしたものにするために、可能なすべてのことをしてくれました。これまで日本で何十年間も知られなかったような大地震対策として、建物全体を強固なものにするために、鉄道レールが使われたり、強度の鉄のタガが、床から床の間に、二階の上に、さらには塔屋の中に、といった具合に角から角へ対角線上に渡されました。このことがまた、この方面で最初計画していたよりも、二百ドルから三百ドルくらいの経費増になりました。

節約のために、建物の強固さと美観を損《そこ》なわない限りのあらゆる可能な方法で、細心の注意が払われています。小崎学長と衆議院議員の湯浅氏が、このことについて多くの時間を費やしています。私も彼らを助けて、私が持っているすべての思慮と経験を使ってもらうようにしてきました」。

ここでデイヴィスが指摘するように、地震はレンガ建築には弁慶の泣き所であった。日本ほどの地震国でないドイツでは、通常使用されない補強金具が、クラーク神学館には多用されたのも、このためである。一八九一年十月に発生した濃尾地震からまもない時期である、翌年七月からの工事であることが、その理由である。「ゼールはこの地震の被害を目の当たりにし、その翌年に設計したこの同志社クラーク記念館において、耐震構造を積極的に取り入れたのではないか」との推測は（鶴岡典慶「西洋建築の修復を通しての国際交流――重要文化財　同志社クラーク記念館」三〇頁、『木の建築』一六、木の建築フォラム、二〇〇六年一二月）、デイヴィスの証言により正鵠を得ていることが判明した。

さらに経費削減のために、小崎が湯浅と共に動いている、というのも貴重な指摘である。同志社社長の小崎は、決して名目的な建築委員ではない。

デイヴィスの手紙はさらに続く。

「その結果、工事は順調に運び、現在、建物の二階頂上まで進んでいます。二、三か月もすれば、すなわち多分六月までには終了する見込みです。日本において、と言えなければ、京都で断然、最も美しい建物になります。私たちは、これが『永遠に美なる、喜びに満ちたもの』になるよう望む、と同時に確信します。

契約した工事は、今のところ最初の寄付、一万ドル全額に加えて、さらに五百ドルばかりを必要とします。それ以外に、色の焼付け、ニスやペンキ塗装、その他こまごまとした出費があります。きちんとやれば、おそらく五百ドル近くかかると思います。家具や椅子、本棚、ストーブなどを調達する費用は、まったく見ておりません。

私は事柄を洗いざらい、先生の前に披瀝しました。理事たちが私に、手紙で〔先生に〕お伝えするように、と依頼した事柄なのですが、私たちに言えることは、次のことです。必要な額は、さらに一千ドルですが、五百ドルあれば、家具工事はひとまず終えられます。余分に一千ドルありさえすれば、家具工事は十分とは言えないまでも、建物全体を完成させることはできます。私たちに今できることは、現状をありのままお伝えすることです。

これまで述べてきた予期せぬ出費がなければ、家具工事に回すことができる一千ドルが残るゆとりが出る、と思います。クラーク夫人に寄付の追加を頼むのは、気が進みません。もし、彼女が実態ならびに必要性から見て、家具のために十分な追加寄付を明確な方法でしたいと思われるのでしたら、私たちは喜んで使わせていただきます。もし彼女が、追加の一千ドルは、まったく自分がする義務があると思われたならば、私たちは彼女の寛大な贈り物に、感謝の言葉と想いを心から捧げるだけです。そして家具が不十分な現状でやって行くために、できるだけのことはいたします。

敬具

J・D・デイヴィス」。

以上が、デイヴィスの手紙の全文である。要は見積り額の増大である。「予期せぬ困難」が、次々と発生したために、予算不足になった。このことは、従来からも（次に示すように）同志社の記録でも言及されてはいたが、具体的な中身は、ここまで鮮明ではなかった。

「地ナラシノ為メ、模様替ノ為メ、其他種々ノ予算外ノ支出アリテ、費用嵩《かさ》ミタレバ、今日ノ処、到底壹万弗ヲ以テ竣工ニ至ラシムルコト、六ケ敷カルベシ。依テ此事情ヲ明カニ申シ送リ、寄附者ニ向テ其増額ヲ依頼シ置キタリ」（「同志社明治二十五年度報告」七八三頁）。

さらなる追加寄附の要請

さて、四月八日には、いよいよ上棟式である。「夏期休業の末に及びて略《ほぼ》落成」ともある（「同志社報告　明治二六年度」七八七頁、『同志社百年史』資料編一）。ただし、なぜか翌月の五月二十三日のアメリカン・ボード運営委員会では、神学館はすでに竣工したと報告されている。さらに、この席上、クラーク夫人がこれまでの一万一千ドルのほかに、さらに家具工事のためになお五百ドルを追加したことも明らかにされている（MPC, May 23, 1893）。

今度もまた、「デビス氏、之を米国に申送りて、寄附の増額を乞へり」であった（『同志社文学』七四、三六頁）。クラーク夫人は、すべて自分たちの寄付金で建物を完成させることを条件にした以上、多少の出費（増額）はやむをえない、と判断したのであろうか。

追加寄付が届いたのは、七月十五日であった。同志社側の記録では、この日、同志社神学校へ「クラルク夫人」から「クラルク神学館建築費増加」として、一千六百三十八円八十四銭五厘が送金されている（「同志社明治廿六年度報告（II）」同志社社史資料センター蔵）。ただし、デイヴィスは、その前日にすでに情報を入手している。その日、クラーク総主事に宛てて、「クラーク夫人から追加の一千ドルの寄付が届いたこと、ならびにそれゆえ、私たちはほっとしたことを、喜んで報告させていただきます」とデイヴィスは記す（J. D. Davis to N. G. Clark, July 14, 1893, Kyoto）。

七月二十四日、デイヴィスはさらにクラーク総主事に礼状を送った。六月二十三日付クラーク総主事の手紙で寄付のことを知り、「これで助かりました」と礼を述べている（J. D. Davis to N. G. Clark, July 24, 1893, Hieizan）。

けれども、この間の資金不足は明白であった。六月六日にデイヴィスは、クラーク総主事に宛てて、再度、追加寄付の依頼をした。もうこれ以上は、クラーク夫人には依頼しにくいという状況であったので、他の方面からの寄付を得る方法が、考慮され始めている。

「依然として神学館の家具工事に必要な資金について言及される、先生のお手紙を拝受いたしました。もし、ストーン〔クラーク〕夫人が寄付してくれなければ、この目的のための資金を友人たちから得る努力をしてみよう、と言ってくださる先生のお申し出を感謝します。

建物は、今では経費をはるか超過しています。したがって、たとえクラーク夫人が約束された一千ドルの特別寄付をもってしても、家具工事に充てる資金がまったくなくなることは、断言できます。先生がコピーして彼女に送っていただいた私の手紙に応えて、彼女が家具工事のために、何ほどかを寄付してくださるならば、ありがたく思います。もしそうでなければ、特に先生にご面倒をかけないご友人で、この目的のために三百ドルを寄付してくださる方々がおられます。少なくても多くても、それも結構です」。

ついでデイヴィスは、クラーク総主事の労苦を鑑みて、「私たちは当地でできる限りの最善を尽くして、安い家具を建物に備えます。必要ならば、この目的のために使うことができる信託資金が少々、送られて来ております。ただし、もしもこの家具工事に使う必要がなければ、他の方面に使いたいところです。そこで、これを先生と主なる神に委ねて、神がご自身の方法で取り組んで下さるように祈ります」(J. D. Davis to N. G. Clark, June 6, 1893, Kyoto)。

さらに、後に見るようにこの翌年(一八九四年)に追加寄付が同志社に送られている。つまり、不足額が二度にわたって追加送金されたわけである。この結果、当初の予算、一万ドルを越える分、一千五百ドル(二千五百六十八円六十七銭五厘)も、クラーク夫人が負担している(『同志社百年史』通史編一、一四〇頁)。

この点に関して、注意すべきは、建築委員(というより建築会計担当であろう)の湯浅治郎が残したデータである。収入の明細が判明する。それには、第三回までの送金が、こう記録されている。

①六、六八三・四九五円、

②七、〇一四・八九二円、

③一、六三八・八四五円、　　計一五、三三七・二三二円。

これに利子(三九七・一八五円)と不用品売却代(七・一四〇円)が合算され、総入金は一五、七四一・五五七円となる。これに対して建築費は一六、〇三一・九八一円に上った。差し引き、二九〇・四二四円の赤字である。赤字のうち、アメリカン・ボードが二百円を立て替え、残りの九〇・四二四円を同志社が負担した(「建築費額報告書」)。

アメリカン・ボードが立て替えた分は、もちろんクラーク夫人が後に支払っている。その額は、立て替え分をはるかに超える五百ドルである。これが四回目(そして最後)の送金である。入金は一八九三年二月十四日で、日本円では、九百二十九円八十三銭となる(「同志社明治廿六年度報告(II)」A四―一―M二六)。

この間の経緯が多少、複雑であることが、デイヴィスの手紙(J. D. Davis to N. G. Clark, Nov. 21, 1893, Kyoto)からも判明する。「神学館の写真を何枚か同封いたします。少なくとも二枚をクラーク夫人に送ってください。私たちは、家具工事の代金を私たちの私的資金から前払いしました。年末までにさらに五千ドルを送る、とのクラーク夫人の約束を信じてのことです」。

「私たちの私的資金」とは、ミッション会計である。そこからさし当たって、二百円を仮払いした。その後、クラーク夫人の約束が実行され、補塡されたことは、言うまでもない。

彼女からの寄付金総額は一万六千二百六十六円二十六銭二厘となる。さらにこれに利息が加わる。これに対して支払いは、一万六千三百一円九十八銭一厘であった(『同志社文学』七四、三五頁)。「全額負担で建築」という寄付者の当初の約束は、立派に守られたばかりか、二百円を越える余剰さえ出ている。同志社の側では、五百ドルの追加寄付が実現すれば、「前の不足を支弁したる上、少くも四、五円は将来の修繕費に供するを得可し」と踏んでいたが(『同志社文学』七四、三六頁)、四、五円どころか、当初見込みを大幅に上回る余剰金が、出たことになる。

工事終了と竣工式

さて、建築工事に戻ると、建物は、一八九二年の夏休みの末にはほぼ落成した。さっそく九月の新学期(第一学期である)から授業に利用された(「同志社報告　明治二六年度」七八七頁)。詳しく言えば、九月十日に工事は終了した(「建築費額報告書」)。契約書では、七月十九日までに工事が終了しない場合は、一週間につき六十円の違約金を課す、とあったので(「同志社の近代建築」中、一二二頁）、主要工事は夏休み中に終えていたはずである。

九月十九日から、神学校本科・別科の授業が、新しい教室で始まった（「クラーク記念館設計図」四六頁）。もちろん、授業以外にも利用される。最初の催物は、講演会である。一八九三年十一月二十二日の夜六時から「神学講義会」が、神学館（二階の講堂であろう）で開催され、大島正健が「祈祷《いのり》」という講演を披露した（『基督教新聞』一八九三年一二月一日）。この大島は、周知の「札幌バンド」の一員で、新島襄との交遊から、新島の死後、札幌農学校から同志社に転じた。この夏に急死したG・C・フォーク（G. C. Foulk）の後任である（「同志社常議員会録事　自明治二十三年四月三日　至明治三十一年七月六日」一四七頁）。

この年も押し詰まった十二月十三日の朝、休暇で帰米していたラーネッドが復職した。彼は京都に着いたその日に、ボストンのクラーク総主事に、無事に日本に戻ったことを報告した。その手紙には、神学館が立派に竣工していた、ともある。建築委員であったにもかかわらず、後半は不在であったので、日本ミッション（京都ステーション）、さらには同志社を代表して建築工事に当たったのは、彼ではなく、デイヴィスであったことになる。

クラーク神学館が、正式に開館するのは、一八九四年三月三十日のことである。開館式（献堂式）は、午後一時に同志社チャペルで挙行された。校長の小崎は渡米中のため、校長代理の市原盛宏を始め、スタッフや来賓が多数、出席した。

式典では「本館の建築に関して、初より大に尽力せられたる」湯浅治郎が、工事の経過報告を担当した（「同志社報告　明治二六年度」七八八頁）。ここから日本人の建築委員では、湯浅が中軸であることが、判明する。夕方の六時からは、会場を神学館に移して、懇親会である（「クラーク記念館設計図」四七頁）。

ジェーンズの落とす影

ところで、献堂式（竣工式）に際して、デイヴィスはある不安を抱いていた。先の定礎式における海老名演説の再現を恐れたのである。当時、横井時雄を始め、有力なキリスト教指導者に育っていた「熊本バンド」は、総じて伝統的な保守神学に代えて、新神学になびいていた。

デイヴィスは言う。「献堂式に関して、私は固く沈黙を守っています。横井氏が渡米してくれ、少なくとも彼に演説を依頼することができないようになってほしい、と望んでいます」。定礎式での海老名演説を思い返すと、「献堂式をもつことに、あまり意欲が湧きません。横井氏が現在、書いたり、話したりしている種類の神学やキリスト教に神学館を捧げたくはありません。前に申しましたように、私はこの式典をこれまで〔会議の議題に〕持ち出したことがありません。少なくとも、横井氏が招待される範囲外に行ってくれるのを望むからです」（J. D. Davis to N. G. Clark, Nov. 21, 1893, Kyoto）。

この時点で、横井にはすでにイェール大学へ留学する話が進んでいたのであろう。デイヴィスにとっては、新神学の旗手はたとえひとりでも、同志社の周辺から、少なくとも竣工式の時点だけでも消えて欲しかった。実際、事はデイヴィスが望んだ方向に進みそうであった。竣工式は、デイヴィスの手紙から二か月後のことであった。デイヴィスは、「懸念はひとまず消えた」と手紙で安堵する。

「神学館の献堂式に関して、次のことをお伝えできるのは、うれしいことです。ついに日程が決定しました。一月三十日に宮川〔経輝〕氏とアルブレヒト氏（G. E. Albrecht）が演説をすることになりました。熊本バンドの側に、現在、新島〔襄〕氏に対する悪感情

(the feeling of disparagement) があることを考慮しますと、この式典をもって、新島氏の生涯と人格をあまり強調する機会とすることは、賢明ではないだろう、と思います。もっとも、私が演説するとしたら、大いにするだろうとは思います」(J.D.Davis to N.G. Clark, Jan. 20, 1894, Kyoto)。

新島に対する「悪感情」が何に起因するのか、にわかに計りがたいが、あるいは、神学的な見解の差異が要因か。一方、デイヴィスもほぼ同様の立場に置かれていた。それは彼自身が、熟知する。

デイヴィスの不安を理解するには、当時、彼がジェーンズ(L. L. Janes)を間に挟んで、熊本バンドと敵対的な関係にあった、という事実を把握する必要がある。

とりわけ一八九三年秋には、当のジェーンズが再来日し、意外にも京都に現れたばかりか、なんと同志社チャペルで連続講演をするという事態にまで発展した(詳しくは拙著『敢えて風雪を侵して』一五〇頁以下、思文閣出版、二〇〇七年、を参照)。それにしても、新島の名は、神学館そのものから消えただけでなく、竣工式の晴れの場でも、称賛するのが憚られるような、影が薄い存在になるとは、何と言う皮肉なことか。

館名に関して補足すると、英文の正式名称は、クラーク夫妻の寄付に伴う条件から、子息の名前にちなんで、Byron Stone Clarke Memorial Hall と命名された。日本語では「クラーク紀念神学館」とか、「久良留久神学館」、あるいは単に「神学館」と呼ばれた。

ボストンのクラーク総主事も、もちろんデイヴィスや亡き新島が直面する事態を正しく把握していた。デイヴィスの手紙によれば、折り返し、次のような助言が送られて来た。

「新島氏などに言及しながら、神学館の献堂礼拝のトーンに関して助言してくださった〔クラーク先生の〕お手紙を受理するや、ただちに私はそれを〔演説予定者の〕アルブレヒト氏に送りました。先生の主張は、私たちが献堂式の件についてあれこれ考えている時、私が神学校のスタッフに強い調子で行なったスピーチとまさに同一歩調です。

私はこう力説しました。この式典を、大いなる霊的な高揚の機会とすべきです。参加する牧師や伝道師、さらには私たちに注目し、同志社や組合教会の正当性に大きな疑いを抱いている他の教会や他ミッション、それに私たち自身のミッションにも、再び安心感を抱かせる機会とすべきです」(J.D.Davis to N.G.Clark, Feb.5, 1894, Kyoto)。

この竣工式については、さすがに新聞は、その消息を詳しく報じている(『基督教新聞』一八九四年二月九日)。式典の様子は、同志社の関係者からも発信された。「雷軒」という筆名(松浦政泰であろう)で、「同志社神学館の落成」という記事が新聞に出た。文中、開館式の招待状の文言も紹介されている(『基督教新聞』一八九四年二月二日)。

クラーク夫人への感謝状

続いて、二月五日にはデイヴィスが、(クラーク総主事を通して)クラーク夫人へ式典の報告をした。「式典に私は大変失望しました」とある。アルブレヒトの演説もそうであるが、宮川は三十分間、聖書の各書を「切りまくった」(cut and slashed)。結論部分で霊的な真理や生活に根ざす点を強調したことは、大いに評価できるとしても、新島と彼の業績への言及は、一切なかった。デイヴィスだけが、やっと祈禱の中で新島に触れた程度で、終わった。

夜の懇親会の演説は、昼に比べると、まだ救われた。それでも、デイヴィスが期待したような霊的な高揚は、もはや見られなかった。

遠くから参加したある日本人伝道師も、翌朝、デイヴィス夫人に「霊的な高揚を期待して来たのに、かえって引きずり下ろされた」と悲しそうに語ったという（J. D. Davis to N. G. Clark, Feb. 5, 1894, Kyoto）。

十五日には、同志社神学校校長代理の市原盛宏から、クラーク夫人に礼状が贈られた（「諸往復文書綴　自明治二十六年九月　至同二十七年七月」社史、A一〇―三、M二六～二七）。これまで未発表であるので、全文を紹介する（読み下しについては、本学人文科学研究所職員、竹内くみ子さんの協力を得た）。

拝白、御愛子紀念のため神学館建築費として金貨壱萬壱千五百弗、本社へ御寄附被成下、就ては御指定の目的に従ひ、早々工事に着手罷在候処、茲に全く其工を竣へ、去月三十日を卜して、開館の式を挙行致し候。

抑も本館の結構は、最も壮麗にして、一層本社構内の風致を相増し申候。加之、目下本館に出入する神学生徒は六十余名も之有、日々聖書及神学等の諸科を専攻致し居彼等は、将来我国伝道の志望を抱き居候ものに御座候得共、漸次我神学校の隆盛なるに随ひ、貴下が愛児紀念のために御寄付被下候御厚意の程は、本館と共に永く彼らを始め、我邦人の記憶に存すべきものと奉存候。

先は此度、工事落成の御報告を兼ね、右御礼まで、謹んで戴寸楮候匆々不尽。

明治廿七年二月十五日

クラルク夫人殿台下

同志社神学校長代理

市原盛宏　印」

これには、下書きが残されている。両者には大きな差異はない。ただ「茲に全く其工を竣へ」の前にあった「殆んど一ヶ年半の歳月を経て」が、なぜか省略されている。なお、アメリカに送られたはずの英訳文書は、下書き共々、保存されていない。

さて、クラーク神学館は、一九六三年の春、築七十年を迎えた。この時、新しい神学館（三代目。現行の神学館）が竣工したのを契機に、神学教育の拠点である役割を閉じた。

以後、「クラーク記念館」と改称され、「余生」を送ることになった。建物は現在にいたるまで、一貫して「同志社のシンボル」であり続けている。

第五章　体　育

一、体育の成立とミッション

同志社の体育と宣教師

同志社（当初は英学校）の「体育」は、宣教師のラーネッド（D. W. Learned）に始まる。彼は、こう証言する。開校の翌年（一八七六年）に、「校庭で簡単な体操（some simple gymnastic exercise）を始めています」と（D. W. Learned to N. G. Clark, Oct. 16, 1879, Kioto）。

彼が導入したのは、いわゆる「軽体操」（後の「普通体操」）で、簡単な器具を使用する点で、鉄棒などの設置器具を用いる「重体操」と区別されていた。

創立当初の同志社では「体育」は「音楽」とならんで課外の選択科目扱いであり、外国人教師（宣教師）が担当した。例えば、一八八〇年度の時間割でいえば、前者はゴードン（M. L. Gordon）、後者はラーネッドの担当である（拙稿「新島襄『自責の杖』事件の謎」上、五九頁、『同志社談叢』一三、一九九三年）。

しかし、たとえ課外とはいえ、同志社の体操の実施は全国的に見ても、きわめて早い。すなわち、一八七八年の東京における「体操伝習所」（初代の主幹は伊沢修二）に先立つばかりか、一八七六年八月に開校した札幌農学校における体操の開始と、ほぼ同時である。

さらに奇しきことに、実はこの三校の体操は、同じ水脈に淵源を持つ。すなわち、いずれもマサチュセッツ州アーモスト（Amherst）の町と密接な関係を持つ。これまでにも、日本の体育はアーモスト大学とその学長、シーリー（J. H. Seelye）を通して導入された、との指摘がすでになされていた（手塚竜麿『日本近代化の先駆者たち』一四頁、吾妻書房、一九七五年）。いわば「アーモスト・グループ」とでも言うべきネット・ワークの存在が、大きい。

後述するように、日本に体育を導入するのに尽力したアメリカ人は、シーリーを始めとしてすべてアーモストや教会関係者、それも教派で言えば会衆派（日本では組合教会派）であり、いずれもアメリカン・ボードの関係者でもあった。そして、同ミッションや同派と一心同体なのが、新島襄や同志社である点で、同志社は体育や近代スポーツに関し「宝の山」なのである（末光力作「新島襄と近代スポーツ」一一七頁、同志社編『新島襄――近代日本の先覚者』晃洋書房、一九九三年）。とりわけ、貴重な「宝の山」は、宣教師たち（外国人教師）が残した記録である。

体育の専門家でないにもかかわらず、ラーネッドは、ボストンにあるアメリカン・ボード本部の総幹事、クラーク（N. G. Clark）宛の書簡（一八七六年一〇月一六日付）で、こう告白する。

「〔同志社の〕少年たちが、ほとんど運動をしないのは、実に奇妙なことです。アメリカの学校の生徒たちがするようなゲームをすることなど、全く思いもしません。少しでも運動をさせたいと願って、校庭で簡単な体操を始めています」。

ラーネッドが体操と同時に紹介したゲームは、「球投げ」や「石蹴り」であったと思われる（『同志社校友同窓会報』四、一九一六年一二月一五日）。「球投げ」は、全校が二組に分かれ、毎日、午後四時から五時まで布製の球を投げ合い、当たれば、自分のハチマキをとるゲームである。最後の一人となるまで戦うのである（『創設期の同志社』四六頁、同志社社史資料室、一九八六年）。

ところが、「球投げ」がしだいに「球投合戦」として、ますます過激で危険なゲームに化した。このことに対して、一年ほどしたところで、ラーネッドはこれをやめさせるために、今度は短い棒を持たせて「兵式体操」を始めた、との伝承がある。が、それは、実際には短い棒（正確に言うと「球竿」）をもって身体を動かす体操であり、典型的な「軽体操」ではなかったか。兵式体操と誤解されたのは、「球竿」を「鉄砲の換りに」持たされたと思ったり、行進が軍事教練のように見えたからではなかったか（同前、四六頁）。

それはともかく「軽体操」は、アメリカではピアノに合わせて行われたので、同志社ではラーネッドが歌で代用した、と卒業生は証言する（『創設期の同志社』、四六頁、六六頁）。

使われた歌が"Jhon Brown's body lies"や"Yankee Doodle"であった、というのも興味深い（住谷悦治『ラーネッド博士伝』六七頁、未来社、一九七四年、『同志社五十年史』二七四頁、同志社校友会、一九三〇年）。

ラーネッドはまた、「フットボール」を紹介したとも自身、証言する（D・W・ラーネッド『回想録』五二頁、同志社、一九八三年）。事実とすれば、おそらく蹴球であろう。たしかに、ある在校生の一八八四年の日記のなかに、有志が注文した「蹴鞠（西洋品、一個八円許カ）」が届いたので、さっそくプレーした、との記述が見られる（『池袋清風日記』下、二〇三頁、同志社社史資料室、一九八五年）。

一方、同志社女学校（京都ホーム）でも早くから「体操」が取り入れられた。一八七七年五月の府学務課による同志社視察報告書によれば、校内にはすでに「運動所」があり、「体操ニ用ル木製ノ玉棒〔玉竿〕及ヒ投擲ニ用ル袋アリ。袋ハ木綿ヲ用ヒ、中ニ蜿豆ヲ入レタリ」とある（『同志社百年史』資料編一、一二五頁、同志社、一九七九年）。「軽体操」や「玉投げ」が行われていたことが、判明する。また、女学校ではこのほか、ゲームとしてすでにテニスを取り入れているのが、注目される（同前、一三〇頁）。一八八一年に体育（課外）を担当していたのは、女性宣教師のパミリー（H. F. Parmelee）である（Daily Program of Kioto Girls' School）。

同志社の体育館

ところで、同志社の体育に関し、最も注目すべき資料は、ラーネッドが一八七九年十一月十五日に記した書簡である。

「アーモストやイーストハンプトン（Easthampton）で行われているような軽体操の授業（regular exercises in light gymnastics）を現在、定期的に学生たちに施しています。学生たちは大変、興味をもって取り組んでいます。彼らのために役立っていると思います。授業が全天候で行えるように、今、実に簡単な体育館（a very simple gymnasium）を建設中です」。

この記述は、同志社の体育史上、重要な史実を三つ、提示している。すなわち、①最初の体育は「軽体操」である。②そのモデル校はニューイングランドにある二校である。③体育館を建設中である。①については既述した。②は後述するとして、先に③の体育館に移る。

ラーネッドの記述に基づけば、体育館の竣工は一八七九年の十一月か十二月である。翌年の報告書にも彼は、「昨年の秋」に体育館が竣工、との記録を残している（A. B. C. F. M., *Fifth Annual Report of Kioto Station*, May 1, 1880）。さらに、「そこで定期的に行われている体育（the regular gymnastic exercise）は、学生たちの関心を確実に捉え続けているように思われます。全校の学生たちの健康に寄与するように意図されていることは、明白です」ともある（W. W. Curtis, *School Report for 1881, Japan Mission*, A.

B. C. F. M., May 10, 1881)。

また、ラーネッドは後年の回顧でも、「名誉なことに、一八八〇年に私は体育館で体育を教える最初の教師となりました。体育館は〔中略〕前年の秋に建設されました」とする（D. W. Learned, *Fifty Years in the Japan Mission of the A. B. C. F. M., 1875-1925*, p. 120)。

府の学務課が一八八一年六月に同志社を視察したさい、この「体操場」には「唖鈴」が七十組、「オンス」（木環）が七十五個、備え付けられていたという（『同志社百年史』資料編一、一四八頁）。器具の数は、ほぼ全校の学生数に相当する。建物の大きさは六間に十一間（とすれば、広さは約二百十四㎡）であったという（『追悼集』三、三五三頁、同志社社史資料室、一九九一年）。

ちなみに体育伝習所（筑波大学の前身校のひとつ）のそれは、広さが約百二十九坪（約四百二十六㎡。建設費は五千三十四円）であった（今村嘉雄『学校体育の父　リーランド博士』二九頁、不昧堂、一九六六年）。後に見るアーモスト大学の体育館に、ほぼ匹敵する。規模では劣るとはいえ、時期的にいえば同志社の体育館は、札幌農学校の体育館（「演武場」）や「体操伝習所」のそれに遅れること、わずかである。

なお、関西に関しては、第三高等学校の前身である「大阪英語学校」が、古い。一八七七年三月に作成された同校の文書の中に、「体操室ヲ建ツ、其巾四間長七間」とある（能勢修一『明治体育史の研究』六七頁、逍遥書院、一九六五年）。その後、同校は「大阪中学校」と改称され、あらたに一八八一年九月三十日に体育館を竣工させる。新任校長の折田彦市の指示で、体操伝習所の体育館がモデルとされた（同前八〇～八一頁、一二七頁）。

この折田彦市は、大阪に赴任する前は伊沢修二の後任として、体操伝習所主幹（一八七九年十月から一八八〇年四月まで）を務め、後述するリーランド（G. A. Leland）に協力している。つまり、一八八〇年四月中旬に折田は、東京から「大阪専門学校」（同校はこの年末に大阪中学校と改称）の校長に転じたばかりで（「折田彦市履歴書」）、体育教育にもとりわけ関心が深かった。大阪専門学校が大阪中学校と改称するに際して、折田が「最急務」としたのも、生徒寄宿舎の建設、ついで「体操課」の充実であった。要するに同校の体操は、伝習所のそれを最も忠実に模倣したものであり（『明治体育史の研究』一二七頁、一三一頁）、「関西の体操伝習所」とでも言うべき位置に立っていた。

モデルとしてのアーモスト大学

次に、②の同志社体育のモデル校に移る。まず、取り上げるべきは、アメリカの教育史上、体育の先進校としてよく知られたアーモスト大学である。この大学が全米で初の体育を正規の学科に組み込んだのは、一八六〇年のことであった。同時に、全米でも先駆者的な大学体育館を建設し、専任教授（医師）をも迎えた。

その後、一八六一年度に就任した体育科第三代目の教授が、ここの卒業生でもあるヒチコク（E. Hitchcock）である。彼の指導により、アーモスト大学の体育は、全米で注目されるようになり、全国から見学者が殺到した。その数は一八六六年度には五千九百五十八人、それ以降も平均すれば、毎年、数千人に及んでいる（W. S. Tyler, *History of Amherst College during its First Half Century 1821-1871* pp. 401, 410ff, Clark W. Bryan and Company, 1873)。

新島襄が留学した時期は、もちろん体育が必修であった。当然、彼も受講生の一人であった。彼は家族に宛てた手紙の中に、「アーモスト大学校の畧図」を認めた。体育館とグラウンドを書き込んだまわりに、それぞれ注釈を加えている（『新島襄全集』三、五七頁）。

アーモスト大学の体育の見学者の中には、時に日本人も混じる。「岩倉使節団」の田中不二麿もその一人である。彼が新島の案内でアーモスト大学を訪ねたおり、体操実技を見たのが日本へ体操を導入する契機となった、という。新島によれば、その日は一八七二年四月二十五日で、ふたりはたしかに体育館を見学している。彼らはその前日には、W・S・クラーク学長の案内で、マサチュセッツ農科大学をも視察している（『新島襄全集』八、八九頁、同前六、一〇九頁）。

帰国後、文部省に戻った田中は、アーモスト大学のシーリー学長に、日本の体育教育（「体操伝習所」）を受け持つことができる適任者の紹介を依頼した。推薦されたのは、医師のリーランド（アーモスト大学出身）である。このことは、田中自身が後年の回顧で明らかにしていることではある。安田寛氏（山口芸術短期大学）の調査（一九九五年十月）でも、アーモスト大学（Amherst College Archives）が収蔵するシーリー宛ての、当時の何通かの田中書簡により、その事実が再確認されている。

リーランドが「日本の体育の父」と呼ばれているのは、体育史上、周知の事実である。彼が日本に着任した直後、文部省が出した『教育雑誌』八〇号、八一号、一八七八年一〇月、一一月）には、多久乾一郎の訳で「アメルスト大学校健康論演説」が連載されている（『明治体育史の研究』七二頁）。

ところで、アーモスト大学では一八七五年に体育に、関する報告書（いわば「軽体操」のマニュアル。英文タイトルは *Gymnastic Hand-Book of Amherst College*, 1875）を出版している。東京の国会図書館が架蔵する同書には“Mr. Tanaka from E. Hitchcock”という献呈の書き込みが、見出される（『学校体育の父　リーランド』二〇頁）。

モデルとしてのマサチュセッツ農科大学

アーモストには、いまひとつ大学がある。マサチュセッツ農科大学（現マサチュセッツ大学。UMASS）である。第三代学長（実質的には初代学長は、札幌に来たあのクラーク（W. S. Clark）である。彼もアーモスト大学の卒業生である。

一八七二年、このクラーク学長の案内で森有礼（駐米公使）は、マサチュセッツ農科大学を見学した。そのおり、たまたま軍事教練を見たのが、「兵式体操」を日本へ導入する契機になったという。この大学は、「アーモスト大学と体育学科が発展して生んだ娘」といわれるほど、アーモスト大学の体育の影響が濃密な大学であった（*History of Amherst College* p. 426）。「岩倉使節団」の正使・岩倉具視そのひともここを訪ね、クラーク学長に会っている（末光力作「新島襄と近代スポーツ」一一九頁）。ただ、体育を見学したかどうかは不明である。

クラーク側の資料でも、使節団の「一行」がこの大学を訪問し、「ライフル銃や大砲を使って教練している」さまを実地に見て、即座に日本への導入を決めた、という（本書二一四頁）。ただ、「一行」中に岩倉がいたとは、特定されていない。

それはともかく、一八六七年十月に開学したこの大学は、最初から「軍事教練および体育」を正課としていた。四年間を通して、「兵法」は「雄弁術」や「討論」とともに必修であった。最初の学生は約五十名、教授陣は四名であるが、そのうちのひとりは、フランス語、軍事教練および体育の教授である（ジョン・M・マキ著・高久真一訳『W・S・クラーク』一〇六頁以下、北海道大学図書刊行会、一九七八年）。

スタッフをまとめてひとつにし、新設の大学を軌道に乗せるにあたって、とりわけ体育やスポーツの面では、クラーク学長（在任は一八七四年に辞任するまで七年間）の力は、不可欠であったはずである。もともと彼は、戦争が好きであった。南北戦争のさいも、学生相手に義勇軍の募集を始めたり、教授でありながら、学生の軍事教練に加わって一緒に行進して、埃にまみれたりしている（同前、七〇頁以下）。

新設校であるマサチュセッツ農科大学の名前を一躍、高めたのは、ボート部が全国大会で優勝したことである。体育好きなクラークの肝入りがあったからに相違ない（同前、一三四頁）。

モデルとしてのウィリストン・セミナリー

さて、ラーネッドが同志社で目指した体操の、今一つのモデル校は、ウィリストン・セミナリー（現在はウィリストン・アカデミー）である。こちらは、アーモスト大学と相違して、日本では全くの無名である。同校はW・S・クラークやラーネッドの母校であるとともに、アーモスト大学の系列校とでも言うべき高等学校である。したがって、体育の先進校であった。

ラーネッドは体育に関し、次のように証言する。「〔同志社の体育館で行なった体育の授業では〕私はイーストハンプトンの学校で自分が学んだことを活用しました。同校ではグッデル先生（H. Goodell）から教わりましたが、先生は後に、マサチュセッツ農科大学の学長になられました」（*Fifty Years in the Japan Mission of the ABCFM 1875-1925*, p. 120）。

イーストハンプトンは、アーモストの郊外（南西二十余キロ）にある小さな村で、W・S・クラークが少年時代を過ごした所でもある。クラークは、新設されたばかりのウィリストン・セミナリーに、一八四一年に第一期生として入学した。そしてアーモスト大学に進学（卒業）した後、母校に戻り、二年間にわたってここで、化学と博物学を教えた。未来のクラーク夫人となる女性（Harriet K. R. Williston）もまた、この時期、同校の教師を務めている。

この学校は、ウィリストン（S. Williston）という資産家の寄付をもとに創立された、同地初の中等教育機関である。彼がとりわけ心を傾けたのは、このアカデミーとアーモスト大学で、両校の基金への寄付だけでも、五十万ドルに達するという。実に彼は、アーモスト大学の「養父」であった。もちろん、アメリカン・ボードの法人会員をも永年にわたって務めた（*History of Amherst College during its First Half Century 1821-1871* pp.568-569）。

ちなみにクラーク夫人となったハリエットは、このウィリストンの養女のひとりである。そして、ウィリストンはラーネッドの母親の伯父にもあたる。つまり、ウィリストンは二つの学校を精神的、財政的に結ぶだけでなく、ラーネッドとクラークをも結びつけるキー・パーソンなのである。

ラーネッドは、母親を早くに亡くしたこともあって、クラークに続いて、一八六四年にこのセミナリーに入学し、二年間、寄宿舎生活を経験した。当時、学生はせいぜい百八十人くらいであった。注目すべきことに、セミナリーの教師のほとんどが、（クラークのように）アーモスト大学の出身者で占められた。カリキュラムも、アーモスト大学がモデルであった。

ラーネッドの在学中（一八六四年から一八六六年まで）に教鞭をとった教師は、全部で九人いた。彼らはいずれもアーモスト大学の卒業生であり、その後、アメリカン・ボードの理事長や、幹事、あるいは他大学の学長、教授になっている（Notes on my life, 1848-1940, pp. 41~45）。要するに、同校はアーモスト大学に直結しているばかりか、アメリカン・ボードの人脈（アーモスト・グループ）にしっかりと組み込まれてもいるのである。

このウィリストン・セミナリーはアーモスト大学と同様に、体育に力を注いでいた。ラーネッドが入学した時（一八六四年八月）は、ちょうど体育館を建設中であった。最初の学期に体育館が完成してからというもの、体育の授業（regular gymnasium drill）が週四回、開始された。

ラーネッドたちを受け持った体育教師は、アメリカン・ボードからトルコに派遣された高名な宣教師の息子（H. Goodell）で、後にマサチュセッツ農科大学の学長になっている。ラーネッドが野球（ただし、生徒ではなく村民の）を初めて見たのも、このセミナリーであったという（D. W. Learned, Three Scores and Ten, 1846–1916, pp. 31, 35）。この学校には、「学校のスポーツ、もしくはゲームといったものは何もなく、ただ体育館で週に四回、半時間の体操があっただけです」とラーネッドは回想する（Notes on my life 1848～1940, p. 416）。

こうしてラーネッドは、アーモスト大学ならびにウィリストン・セミナリーをモデルにして、手探り状態で同志社の体操を始めたもの、と考えられる。一八七九年秋に同志社の体育館が完成した当座も、依然としてラーネッドが、体操を担当していた。彼自身はこう記す。

「体育館が昨年の秋に建てられ、一週に四回、教師のひとり〔ラーネッド〕の指導で軽体操が、定期的に行なわれる。これまで、随意であるにもかかわらず、学生の大部分が参加し、楽しんでいるようである」（A. B. C. F. M., *Fifth Annual Report of Kioto Station*, May 1, 1880）。

W・S・クラークと体操

一方、クラークが教頭（実質は校長）を務めた札幌農学校でも当然、体育は重んじられた。開校の折り（一八七六年）の規定によれば、全学年を通して毎週二時間の「練兵」が設けられている。これは「米国アマスト農科大学ニ倣」ったもので、日本における「兵式体操」の端緒とされている（『明治体育史の研究』一四九頁）。

開校の翌年（一八七七年）の春には、時間割がさらに細かく設定され、午後は「製図」（九十分）と並んで「軍事教練」（六十分）が毎日、実施されることになった（『W・S・クラーク』一九四頁）。

このとき、堀誠太郎（旧姓・内藤）というマサチュセッツ農科大学に三年間、学んだ人物が、クラークの助手――正式には「書記兼訳官」（蝦名《えびな》賢造『札幌農学校』三八頁、図書出版社、一九八〇年）――として、開拓使にいたことも、大いに役立ったことであろう（『W・S・クラーク』一四八頁、一六七頁）。

クラークは帰国にあたって、「武芸練習場」（体育館）の設置を開拓使に要求した（末光力作「新島襄と近代スポーツ」一一八頁）。これが今も「時計台」として残る「演武場」で、竣工は一八七八年の秋であった。命名はマサチュセッツ農科大学の「ドリル・ホール」（Drill Hall）にちなんだという（『札幌農学校』六四頁）。

同志社が最初の体育館を校内に建設するのは、この「演武場」が完成してからおよそ一年後のことである。あるいはクラークの助言が、あったのかもしれない。帰国後の彼が、ラーネッドに種々の資料を送ってくれた可能性も、捨て切れない。

日本の体育とミッション

以上、述べて来たように日本の「兵式体操」は、マサチュセッツ農科大学に範をとって、クラークによりまず札幌農学校で開始された。同様に「軽体操」は、田中不二麿がアーモスト大学の体操（こちらは、「軽体操」）を見たのが、日本への導入の契機となり、田中の依頼で、アーモスト大学卒のリーランドが日本に派遣されてきた。ほぼ同時に、ラーネッドは同志社に体育を導入した。

とすれば、「日本の学校体操のなかの普通体操と兵式体操とが、ともにアメリカのマサチューセッツ州のアマーストの地から生まれてきたことになり、興味深い」（遠藤芳信『近代日本軍隊教育史研究』六〇七～六〇八頁、青木書店、一九九四年）。

要するに、アーモストの体育は、キリスト教徒（会衆派信徒）によって、北海道の札幌農学校（W・S・クラーク）、東京の体操伝習所（リーランド）、そして京都の同志社（ラーネッド）の三か所に、ほぼ同時に移植され、受け継がれたのである。クラークはリーランドには大学の先輩である。と共にラーネッドにとっては、高校の先輩（しかも親類）である。彼らはいずれも、アーモスト（およびその周辺）における体育の授業を、ほぼそっくり日本に導入したことになる。

その際、田中不二麿や伊沢修二が音楽だけでなく、体育の導入にも、大きな足跡を残したことを看過してはならない。彼らが指導者をアメリカからリクルートする時に共通に頼りとしたのは、ニューイングランド在住のアメリカン・ボードの関係者であった。

日本における「音楽教育の父」たるメーソン（L. W. Mason）が、アメリカン・ボードと密接な関係にあったことは、最近の研究でますます明白になりつつある。一方、「日本の体育の父」たるリーランドの場合も、実は事情はほぼ同一なのである。要するに、日本に近代的な体育を導入する時期、ならびにネットワークは、音楽を導入するそれと、まさしく重なり合う。と言うよりも、音楽の導入に先立って、その地ならし（ネットワークの形成）を体育が果たした、とは言えないであろうか。

ちなみに、リーランドと文部省の契約が切れたさい、アメリカン・ボード日本ミッションは彼に対して、正規のメンバー（医師）として迎え入れたい、との申し出をしたが、彼はそれを受けなかった（同志社大学人文研ブックレット第三号所収の拙稿、六七頁。本書六一二頁以下に収録）。一方、メーソンは逆に、フリーになって以後、アメリカン・ボード日本ミッションに宣教師として雇用されて、再来日することを熱望した。ミッションはこれを承認しなかった（安田寛「L・W・メーソンの再来日計画とアメリカン・ボード日本ミッション」、『キリスト教社会問題研究』四四、一九九五年）。

結局、ふたりとも、日本で宣教師として働く機会を得られなかった。しかし、ともに会衆派の熱心な信徒であった点で、宣教師候補としての資格は、十分に備わっていた。他方、札幌のW・S・クラークは、信徒でありながらも体育の普及という点で、宣教師以上の足跡を残した。またラーネッドが宣教師であることは、言うまでもない。

日本の体育の成立と発展は、アーモストとそれを取り囲むミッション（アメリカン・ボード）を抜きにしては、考えられない。

二、日本における体育の源流
――水脈としてのアーモスト――

㈠　アーモストの体育

水脈としてのアーモスト

同志社の体育教育は、アーモストに遡る。その源流は、広くはマサチュセッツ州のアーモスト地方、狭く限定するとアーモスト・カレッジである。

アーモスト大学の体育と言えば、その構想は一八五四年に学長に就任したスターンズ(W. A. Stearns)の就任演説に始まる。一八六〇年にいたって、大学は保健体育科の担当者としてヒチコク教授(E. Hitchcock)を招き、全米の大学で最初に体育教育を始めた。

好結果を生んだために、たちまち全米で話題となり、多数の見学者が押し寄せるほどのモデル校となったことは、よく知られている(*A Guide to Amherst College*, p. 6, The Alumni Council of Amherst Collge, 1934)。

その方式は、「アーモスト原則(方式)」とも呼ばれる。その象徴が、ハード面ではバレット体育館(Barrett Gymnasium)、ソフト面では保健体育科と定期身体・体力測定である。ただ、この体育館が、時に全米初の大学体育館とされるが、それは正確ではない。大学自体が、次のように否定する通りである。

「バレット体育館は明白に、アメリカの大学体育館として最初のものではない。礎石を置いた一八五九年十月十三日から数えても、使用し始めた一八六〇年秋から数えても、そうである。そうではあるが、南北戦争以前に建てられた体育館で、現存する唯一のものである、と思われる。

さらに、アーモストは疑いもなく保健体育科(a Department of Hygiene and Physical Education)を導入した最初の大学である。一八六〇年代、新設の体育館は大変な人気であった」(Claude Moore Fuess, *Amherst The Story of a New England Collge*, p. 197, Little, Brown, and Company, Boston, 1935)。

アーモストの体育館は、アメリカ国内にある諸大学から注目の的となるだけではなかった。日本の学校体育のモデル校ともなった。これまでにも、日本の体育はアーモスト大学とその学長であるシーリー(J. H. Seelye)を通して導入された、と指摘されてきた(手塚竜麿『日本近代化の先駆者たち』一四頁、吾妻書房、一九七五年)。

今少し正確にいえば、アーモスト大学に止まらず、マサチュセッツ大学(UMASS)を含めたアーモストと、シーリーに代表される会衆派教会の関係者の双方にその淵源を求める方が、史実にヨリ近い、と言うべきである。

アーモスト大学における体育

さて、アーモストではヒチコクの影に隠れて存在感が薄いが、注目すべきは、W・S・クラーク(W. S. Clark)教授である。のちに札幌に来る、あのクラークである。体育館の建築に関しては、委員のひとりとして、大車輪の活躍をした。

建築費は一万ドルで、募金と借入金が半々である。建物は、寄付者であるB・バレット(B. Barrett)の名前に因んで、「バレット体育館」と命名された。

一八六一年度に就任した体育科三代目の教授が、ここの卒業生でもあるE・ヒチコクである。全学生が週に四日、一回三十分、教授の指導で体育を受けたのが、成功の主な要因である。全国から見学者が殺到した。その数は一八六六年度には五千九百五十八人にのぼった。それ以降も平均すれば、毎年、数千人（授業毎の数字は、十人以上）である（以上、W. S. Tyler, History of *Amherst College during its First Half Century 1821-1871*, pp. 401, 410ff, Clark W. Bryan and Company, 1873)。

新島襄が在籍した時期にも、もちろん体育は必修であったので、新島もヒチコクの体育を受講した。しかも、新島が受講した体育の授業には、毎回、必ず見学者がいて、彼の実技を観察していた。

彼は家族に宛てた手紙の中に、「アーモスト大学校の畧図」を認めて、こう記述する。「ジム子《ネ》ジアム」（体育館）には、「書生の身体を固め且つ腹ごなしを致すところ」との注釈をつけ、グラウンドには「書生の球遊する所」との説明を加えている。一方、本文でも「ジムネージャム」を、「此は身をかため、かつ書生の腹こなしをいたす所」と解説する（『新島襄全集』三、四五頁、五七頁、同朋舎、一九八七年）。

ところで、アーモスト大学の体育の発足と特色、とりわけ新島襄や同志社との関連については、すでにその一端は拙稿で紹介済みである。『外国人教師の目に映った百年前の同志社』（同志社大学人文科学研究所、一九九五年）や、拙稿「体育の成立とミッション」（松下鈞《ひとし》編『異文化交流と近代化』大空社、一九九八年）、拙稿「初期の同志社は体育の先進校――新島襄と運動・スポーツ」（『同志社時報』一二五、同志社大学、二〇〇八年四月）などを参照されたい（いずれも本書に収録）。

拙稿以外でいえば、木下秀明氏が早くに学会発表をしている。「Amherst College の体育実技の推移」（『日本体育学会』四一A、八一頁、日本体育学会、一九九〇年九月）というタイトルで、アーモスト体育が日本の体育教育に果たした役割を検証した。その後、拙稿を踏まえた研究も続いた。現状は「こうした研究成果は必ずしも、学界で十分な認知が得られているとは、言いがたい状態にある」（大櫃《おおびつ》敬史「アメリカン・ボード日本ミッションの活動と日本近代体育の成立――来日アメリカ宣教師関係文書をてがかりとして」一四頁、『体育史研究』二二、二〇〇五年三月）。

要するに、この課題は、さらに集中的に取り扱われるべきテーマである。他日、別稿（本書三〇八頁以下）を用意したい。

アンドーヴァーの体育館

新島がアーモスト大学で体育を受講したことは、比較的よく知られている。実はその前後に、新島が学んだ二つの学校、すなわち高等学校（フィリップス・アカデミー）や神学校（アンドーヴァー神学校）でも体育は重視されていた。両校は、いまで言うなら同一法人に所属する兄弟校であり、教派は同じ会衆派（Congregationalism）である。キャンパスも相互に隣接する。両校の間には垣根はなく、いわば一体である。だから施設も共同で使用されることがあった。体育館はその好例である。

体育館の建築は早かった。新島がフィリップス・アカデミーに入学するのは一八六五年の十月末であるが、その前後に体育館が建築（厳密に言えば、改造）されている。学校史にはこうある。

「一八六五年に新校舎計画が進められるや、理事会は、ブルフィンチ・ホールを神学校とアカデミーの生徒用の体育館に改造することを票決した。ボウリングやボクシングといった体育施設を備えた新しい体育館は、一八六七年二月十四日に使用され始めた。以後、ほぼ三十年間にわたって頻繁に使われたが、維持管理はお粗末だった。一八九六年には、不審火により内部がすっかり焼失してしまった」(S. J. Montgomery and R. G. Reed, *Phillips Academy, Andover*, p. 30, Princeton Architecture Press, New York, 2000. 傍点は本井)。

さらに当時の『学校要覧　一八六七年七月』(Catalogue of Phillips Academy, Andover, Mass, July, 1867, p. 24, Andover, July, 1867) にも、竣工したばかりの体育館と体育について、こうある。

「アカデミーには、大きくて十分に設備の整った体育館があり、専任教員が生徒たちにさまざまな種目の身体的訓練を施す。体育館を使用し、指導を受けるには、一学期につき一ドルを支払わなければならない」(井上勝也「新島襄の学んだニューイングランド、フィリップス・アカデミーと当時のカリキュラム」八一頁、一一三頁、『同志社談叢』九七、二〇〇六年二月)。

この体育館の新築が、決議される背景としては、アーモスト大学における一八六〇年のバレット体育館竣工、ならびにそれを契機とするアーモスト体育の隆盛が、挙げられると思う。体育館の効果の大きさや評判は、同じ会衆派系列の学園であるフィリップス・アカデミー(さらには隣のアンドーヴァー神学校)でも十分に認識されていたはずである。

ちなみに、新島は渡米直後、アンドーヴァーで見聞する多くの事柄に、カルチャーショックを受けている。運動、スポーツの場合でも、その例にもれない。江戸にいた父親に宛てた手紙には、次のような興味深いことが、報じられている。

「池の氷、厚き事二、三尺に至候故、人馬も無恙《つつがなく》往来いたし候。且《かつ》、女小供、銕《くろがね》の沓《くつ》をつけ、氷上を踏行致候。是《これ》は殊之外《ことのほか》面白き戯《たわむれ》にして、ある小供は三度の食事をも忘候ほどに御座候」(『新島襄全集』三、三二頁、同朋舎、一九八七年)。

新島も、馴れぬスケート靴をはいて、この「殊之外面白き戯」を体験したことが、窺われる。江戸の少年時代、「コマまわし、輪まわし、タコあげが大好きだった」野外派の新島は、ここでもスケートを試さずにはおれなかったはずである。

新島は子どもの頃を振り返り、「特に好きだったのはタコあげで、タコをあげに出ていくと、夕食時に帰宅することを忘れることが、しばしばであった。このことで甚だしく母に迷惑をかけた」と告白する(同前一〇、二六頁)。新島は、氷上で夢中になって遊ぶアメリカの子どもたちの姿に、かつての自分の姿を重ね合わせて、微笑ましく彼らを眺めていたことであろう。

なお、新島が言及する池は、実はキャンパス内にある。だから、新島には否応なく目にとまる風景であった。名前をラビット・ポンド(Rabbit Pond)という。現在の学園のキャンパス・ガイドには、次のような紹介がなされている。

「十九世紀の後半、ラビット・ポンドは、生徒はもちろん近隣の子どもたちにとっても、格好のスケート場であった」(*The Campus Guide Phillips Academy Andover*, p. 112, Princeton Architectual Press, New York, 2000)。

A・ハーディの貢献

ところで、先に引用したフィリップス・アカデミーの体育館改造に関する記述で、興味深い一件がある。工事に関して新島の「アメリカの父」、ハーディ(A. Hardy)が、深く関与していることである。彼の関与は、それだけに止まらない。

ブルフィンチ・ホール改造の直前のことであるが、ストーン・アカデミーという校舎が、一八六四年十二月二十一日に火災に遭った。理事会は新築を決議し、三人からなる建築委員会に検討と作業を委ねた。ハーディは学校会計として、またアンドーヴァー神学校教授を兼務するテイラー（J. L. Taylor）、ならびに校長のテイラー（S. H. Taylor）が、委員に選出された。ハーディは学園の理事長であっただけに、当然の人選である。

委員会は設計担当者として、カミングス（C. A. Cummings）を選んだ。「アカデミー・ホール」と命名されたこの建物が、竣工するのは、一八六六年二月九日（新島襄が入学してから、ほぼ七十日後である）であった（*Academy Hill The Andover Campus, 1778 to the Present*, p. 71, Princeton Architecture Press, New York, 2000)。

したがって、直後のブルフィンチ工事に関しても、理事長のハーディが、引き続き大きな指導力を発揮しているのは、当然である。

「アカデミー・ホールの竣工に伴い、理事会はブルフィンチ〔・ホール〕を体育館に改造することを決議した。〔設計担当者の〕カミングスの分析では、一階は体育には適さないので、アルフィーアス・ハーディに次のように手紙で提案した。

『二階の天井を取り除いて、屋根の骨組み《トラス》の間にある高さを利用すれば、きっとうまく行くと思われます』と。

こうした改造が実施された結果、建物は一八九六年に火災で内部が焼失するまで、体育館として使われた」（ibid., p. 77.〔 〕は本井。以下同）。

さらに、注目すべきことは、この体育館が、高校だけの専用施設ではなく、アンドーヴァー神学校（大学院）と共用である点である。いまだ現役として使用されていた一八九一年の時点で、アンドーヴァー神学校に関する紹介文には、こうある。

「体育館は、レンガ造りの二階建て建物。大きさは縦が四十フィート、横が九十フィート。以前はフィリップス・アカデミーの主要な教室であった。けれども、一八六六年以後、もっぱら現在の〔体育という〕目的に使われ、高校と神学校が喜んでいっしょに使用している」（G. G. Bush, *History of Higher Education in Massachusetts*, p. 245, Government Printing Office, Washington, 1891）。

神学校までもが、こうした体育館を必要とする教育環境は、先にも触れたように、アーモスト体育の成功を抜きにしては、考えられない。こうした環境整備は、実に新島がフィリップス・アカデミーに在学中に整えられたのである。したがって彼は、たとえアカデミーを修了する直前の一八六七年二月から六月までという短期間であったにせよ、在学中にこの体育館でボウリングを始めとする運動やスポーツを体験したはずである。とすれば、彼は学校体育を日本人として初めて経験した学生、と考えられる。

要するに大学時代はもちろん、その前後の段階でも、すなわちフィリップス・アカデミーとアンドーヴァー神学校（一八七〇年入学）の双方で、高校生、あるいは大学院生（神学生）として、この体育館で授業を受けたことは、特筆すべきである。

そうであれば、在米八年に及んだ留学の全期間を通じて、新島は何らかの体育授業を受け続けたことになる。新島と体育との距離は、意外に近いのである。

アーモスト体育の始まり

とはいえ、新島が本格的に正規の保健体育を受講したのは、やはりアーモスト大学である。そこで次に、この大学における体育教育の紹介に移りたい。ただ、体育全般を考察することは他日に譲り、本稿ではさしあたっては、その拠点となったバレット体育館に焦点を当てたい。

まず最初に、建築以後三十年におよぶ消息について、改めて関係記事を摘記しておく。主役はもちろん、スターンズ学長である。

「辣腕を振るったスターンズの感化を受けて、カレッジではひとつの非常に重要な科（department）が発足し、現在に至るまで大きな成功を収めた。保健体育科（a department of hygiene and physical education）である。スターンズ学長は、学生たちには身体上の鍛錬においては系統的な訓練が必要、との強い信念を持っていたので、この問題を理事たちの関心に訴えた。彼は理事たちに体育館を建て、体育の教授を任命するように強く要請した。彼の願いは実現した。

一八六〇年、主としてノーザンプトンのベンジャミン・バレット（Benjamin Barrett）の好意により、建物が竣工した。彼はこのために五千ドルを献金したので、彼の名前に因んで、バレット体育館と名づけられた。

ジョン・W・フッカー（John W. Hooker）が、この科の初代教授に選出された。しかし、二、三か月しか続かなかった。一八六一年にエドワード・ヒチコク博士（ヒチコク学長の息子であり、このカレッジ、およびハーヴァード・メディカル・スクールの卒業生）が、この科の教授に指名された。

彼は現在〔一八九一年〕までその職にあり、アーモストにおける体育が、優秀で有効なものである、と示すことに成功した。全米のどのカレッジも比肩できないと思われる。体育実技の定期的な練習が、すべてのクラス〔学年〕で必修化されている。

そしてその効果は、アーモストの学生たちが全般的に良好な健康や体力に恵まれている点に現れている。ヒチコク博士は、自分が置かれた場所に対して、類まれな能力を示してきた。彼は学生たちを肉体的な健康には不可欠の運動で鍛えるだけでなく、全般的に学生の福祉を絶えず見守ったり、気遣ったりしてきた。彼はまた学生たちの環境が、勉学や精神的、倫理的向上にとって最適なものになるように、必要な忠告や助言を与えてきた。

保健体育科の教授の働きは、カレッジにとって極めて貴重であった。今ではあらゆるカレッジで、その種の働きのモデルとなっている」（ibid., pp. 263～264）。

バレット体育館

次にバレット体育館であるが、主として同時代（とりわけ建築前後）の資料を紹介する。建築費や、規模、装備などの基本情報が盛り込まれている点で、いずれも貴重である。なお、この体育館は、日本でも体育開拓期の体育館のモデルとなったので、諸種のデータは参考になるはずである。

まずは、建築中の報告をアーモスト大学『カタログ』（一八六〇年）から摘出する。体育館（工事着工は一八五九年）に触れたアーモスト大学公式記録としては、初例であろう。

㈠「体育館―現在、工事中の建物は、まもなく竣工する。冬学期の始めまでには使用できるように準備が進められている。横幅五十フィート、奥行き七十フィートの二階建て石造りで、地下には倉庫がある。建築費は約七千ドルの見込みである。

この建物は、前面に横たわる〔キャンパスの中の林である〕カレッジ・グローヴ（College Grove）と関連させて使用されると、肉体的な訓練や修養（Physical exercises and culture）に素晴らしい機会を提供するであろう」（*Catalogue of the Officers and Student of Amherst College, for the Academic Year*, 1859-1860. 大橿敬史編著『リーランド博士全集』一、三八頁、紫峰図書、二〇〇三年）。

ここでは、Physical exercises という文言が使われている。これが、以後、アーモストの実践活動を通して次第に「体育」という用例に変化、定着して行く様子は、容易に推測ができる。

ちなみに、体育館の規模に関して言えば、ある日本側の記録には、広さは七十二フィートに五十フィート(四百三十五㎡)の「石造ノ二階家」、とある（真行寺《しんぎょうじ》朗生・吉原藤助『近代日本体育史』三一頁、日本体育学会、一九二八年）。

㈡次は、体育館が竣工したばかりの時点（一八六〇年）での学報(年報）である。

「体育館—一八五九年〔W・S・クラーク教授が、科学器具一式を確保するためにドイツに行ったことと並んで〕次にすべきことは、精神的な向上にとって、便宜がすべて確保されたので、〔肉体的向上のために〕体育館を建てることである。クラーク教授が、この件で疲れを知らぬ熱心さで取り組んだ。もちろん、事は進展した。

一万ドルに上る資金が確保でき、石造りの建物が建てられた。キャンパスの誇りと誉れである。器具はまだ整備されていないが、早期に実現されるであろう」(*Annals of Amherst College*, p. 48, 1860, Northampton, Amherst)。

ボーリング・アレイを設置

㈢同様に竣工時の報告（一八六〇年）である。以下、毎年の『カタログ』では当分、この種の記事内容が、繰り返し記述される。

「体育館—この建物は竣工したばかりで、使用できるように器具が装備された。横幅五十フィート、奥行き七十フィートの二階建て石造りで、ほどよい地下室がある。前面の〔キャンパス林である〕カレッジ・グローヴ (College Grove) や運動場と関連させて使用すれば、肉体的な運動や修養、レクレーション (Physical exercises, culture and recreation) に類まれな機会を提供するであろう」(*Catalogue of the Officers and Student of Amherst College, for the Academic Year, 1861-1861.*『リーランド博士全集』一、三八頁）。

㈣ついで、来校者や大学見学者のためのパンフレット（一八六二年）の案内である。

「体育館—『グローヴ』を通り抜けると、正面に『バレット体育館』という館名のついた地味な石造りの建物が、目に入る。最近、大学見学者の関心は、主としてこの建物の目的と、建物が象徴する〔保健体育〕学科の目新しさに集中している。

ボーリング・アレイを始め、ダンベル、スイング、ラダー、スピロメーターといった種々の器具が、どこか一クラスの正規授業で使われていると、それら自身が、ほとんどすべてを物語ってくれる。

現在、見学者は一週のうち、四日間、授業を実際に見学することができる。すなわち、月曜、火曜、木曜、金曜で、いずれも午前、ならびに午後である。通常の授業がなければ、見学者も、自由に器具を使って、自分で筋力を測定できる。

この施設は新設のため、教育関係者の間で非常な関心を巻き起こしている。そのため、一八六一年十一月の公式文書からその運営に関する報告 (a notice) を掲載しておきたい」(C. H. Hitchcock, *The Visitor's Guide to the Public Rooms and Cabinets of Amherst College with a Preliminary Report*, p. 16, Amherst, 1862)。

この「報告」（タイトルは、Vital Statistics of the Students at Amherst College.)は、この後に続くが、本稿では省略する。

ともあれ、竣工二年目を迎えた体育館と保健体育科が、世の注目を浴び始めている消息が、よく窺える。外国からの視察も、じょじょに増えたはずである。

これより十年後には、日本からも見学者があった。「岩倉使節団」の田中不二麿は、その一人である。彼が新島の案内でアーモスト大学を視察したおり、体操実技を見たことが、日本へ体操を導入する契機となったという。

たしかに、新島の日記によれば、一八七二年の四月二十五日に二人は同大学を訪ね、体育館を見学している。その前日には、W・S・クラーク学長の案内でマサチュセッツ農科大学を視察している(『新島襄全集』八、八九頁、同前六、一〇九頁)。

さらに、アーモストの体育館一階にボーリング・アレイが備えられていたことは、看過してはならない。新島は留守宅への報告で、学生たちの学生生活に触れ、「日に一度ツ、彼のジムネージアムに参り、球をころがし、色々の遊びを致し候」と報じている（『新島襄全集』三、四五頁）。

ここで言う「球をころがし」こそ、ボウリングである。学生の間で、もっとも人気のある種目であったという。「ボウリング・アレイの使用は、まったく学生の任意とした」とヒチコクは、明言する(Superior Instruction. Health of College Students.『リーランド博士全集』一、一一頁)。正課での運動ではなく、課外レクレーションの色彩が、濃かったようである。

おそらく、新島も級友から誘われて、（高校時代のアイス・スケート同様に）試みたに相違ない。とすれば、おそらく日本人としては、最初のケースかも知れない。

㈤最後に、時期は少し下るが、内部の器具や装置の説明が詳しいので、一八七五年の出版物から関係箇所を抜いてみたい。

「バレット体育館―ウオーカー・ホールの東側に立つ。ボストンのパークス（C. E. Parkes）の提案にかかり、一八六〇年に竣工した。体育館の名前はノーザンプトンに住むバレット博士にちなむ。彼は建築にあたって、主要な寄付者であったばかりか、その後の改造にも寄付をした。一八六九年に永眠した際には、体育館や保健体育科の維持のために、遺産から五千ドルを残した。

一階には私的な事務所、衣装部屋（体育スーツの収納のためか）、大部屋がある。この大部屋には、ボーリング・アレイやローリング・ウエイトのほかにも、リフティング・マシーンと大学の身体統計をとるための器具も備えられている。

二階は別々のクラスが行う体操のためのホールである。この部屋には、トラピザ、スインギング・リング、バチュール・ボード、跳躍ポール、障害物などのような通常の重装備器具が、備えつけられている。

授業は毎週の月曜、火曜、木曜、金曜にある。それぞれの時間は次の通り。一年生は午前八時、二年生は午前十時、三年生は午後四時半、そして四年生は午後五時から。

見学者のためには、ギャラリーが設けられている。授業は誰でも自由に見学できる」（C. S. Beardslee and G. A. Plimpton, *A Popular Guide to the Public Buildings and Museum of Amherst College*, p. 78, Amherst, 1875）。

G・A・リーランド

アーモスト大学は、同志社だけでなく、ヒチコクの教え子、G・A・リーランド（G. A. Leland）を通して、日本の教育行政にも決定的な影響を及ぼした。仲介役を担ったのは、田中不二麿と新島襄である。

岩倉使節団を介して田中と新島が深く交流したことは、すでによく知られている。帰国後、文部省に戻った田中は、在米中に新島から紹介を受けたアーモスト大学のシーリー学長に、日本の体育教育(「体操伝習所」)を受け持つ適任者の紹介を依頼した。

シーリーが田中に推薦した人物が、医師のリーランド(アーモスト大学出身)である。これは、田中自身が後年の回顧で明らかにしている。安田寛教授（現奈良教育大学）の調査により、アーモスト大学資料室（Amherst College Archives）が収蔵するシーリー宛ての、田中書簡（複数）からも、その事実が再確認されている。

　このリーランドが「日本の体育の父」と呼ばれている事は、体育史上、周知の事実である。彼が日本に着任した直後、文部省が出した『教育雑誌』（八〇号、八一号、一八七八年一〇月、一一月）には、多《た》久《く》乾一郎の訳で「アメルスト大学校健康論演説」が連載されている（能勢修一『明治体育史の研究』七二頁、逍遙書院、一九六五年）。

　また、興味深いのは、後に日本メソヂスト教会の指導者（監督）となる平岩愃保《よしやす》が、青年時代に体育伝習所（現筑波大学）の教師を務めたことである。一方でリーランドから体育を実習しながら、他方で、物理や化学と共に体育学を学生に教えた、という。後年の追憶に言う、「伝習所で体操を実習し、体育学を講究したことは、もってわたしが身体の健康壮健を構造するの基礎を立てえて、両《ふた》つながら共にはなはだ有益であった」と。彼には「体育論」と題する遺稿もある（『学校体育の父 リーランド』一〇一～一〇二頁）。

　アーモスト大学は、一八七五年に体育に関する報告書を出版している。いわば「軽体操」のマニュアルで、英文タイトルは *Gymnastic Hand-Book of Amherst College* である。東京の国会図書館が架蔵する同書には "Mr. Tanaka from E. Hitchcock" との献呈の書き込みがある（『学校体育の父 リーランド』二〇頁）。これは、アーモストと田中との結び付きを傍証する貴重な資料である。あるいは、後述するラーネッド（同志社教員）が、同志社で体操の手引きに使用したのも、これであったのか。

　以上のことから、ラーネッドが同志社に持ち込んだ体操が、アーモスト大学のそれであることは、ほぼ了解できる。しかし、疑問が残らないわけではない。アーモストにはいまひとつ、マサチュセッツ農科大学があるからである。初代学長は札幌に来たあのW・S・クラークで、彼もまたアーモスト大学の卒業生である。

　マサチュセッツ農科大学の体育、とりわけクラーク学長の肝入りについては、すでに（本書二一四頁）考察した通りである。アーモスト大学同様に、日本への影響も大きい。したがって、クラーク学長の存在に着目すれば、後述もするように、この農科大学が同志社の体操にとっても、モデル校である可能性が、ごくわずかでも出てくる。

同志社への感化

　以上の記述から判明したことは、日本に体育を導入するために尽力したアメリカ人は、シーリーを始めとしてすべて教会関係者、それも教派で言えば会衆派（日本では、組合教会派）であった。一方、新島襄や同志社は、そのいずれとも早くから緊密な関係を堅持してきた。同志社は組合教会とは表裏一体の関係であったから、なおさらそうである。

　これらのことを考慮に入れた場合、同志社が、体育やスポーツに関し先進的な地位に立つのは、むしろ自然である。同志社が、体育や近代スポーツに関し「宝の山」と言われる所以である（「新島襄と近代スポーツ」一一七頁）。「宝の山」のなかでも、とりわけ、貴重な資料と言えるのが、宣教師たち（外国人教師）が残した記録である。

(二)　ウィリストン・セミナリーの体育

イーストハンプトン

　宣教師と言えば、同志社で最初に体育（体操）の授業に取り組んだのは、宣教師のラーネッド（D. W. Learned）である。同志社の体育は、当然アーモスト大学をモデルとしたが、ラーネッド自身が同志社で目指した体操の場合、今一つのモデル校は、アーモスト近郊のイーストハンプトンにあるウィリストン・セミナリー（Williston Seminary）である。こちらは、アーモストと相違して、日本では全くの無名校である。結論を先取りすれば、同校はＷ・Ｓ・クラークやラーネッドの母校であるとともに、アーモストに匹敵する体育の先進校なのである。

ラーネッドは母校の体育に関し、次のように証言する。「〔同志社の体育館で行なった体育の授業では〕私はイーストハンプトンの学校で自分が学んだことを活用しました。同校ではグッデル先生(H. Goodell)から教わりましたが、先生は後にマサチュセッツ農科大学の学長になられました」(D. W. Learned, Fifty Years in the Japan Mission of the ABCFM 1875 1925, p. 120. unpublished)。

イーストハンプトンは、アーモスト近隣の小村、詳しく言えば南西二十余キロにある小村で、Ｗ・Ｓ・クラークが少年時代を過ごした村でもある。医師であった父親が、理由は不明であるが、開業を止め、家を売り払って一家してここに移り住んだのは、一八三五年の頃であった。クラークは一八四一年に新設されたばかりのウィリストン・セミナリー（現ウィリストン・アカデミー）に第一期生として入学した。

同校は、かくしてクラークの出身校となった。そればかりか、最初の勤務校でもあった。つまり、アーモスト大学を卒業した彼は、二年間にわたって（一八四八年から一八五〇年まで）化学と博物学をここで教えている。将来、クラーク夫人となる女性（Harriet K. R. Williston）もまた、この時期、同校の教師を務めていた。

ウィリストン・セミナリー

校名は、ウィリストン（S. Williston）という資産家の寄付で創立されたことに因む。同地初の中等教育機関である。ウィリストンは、この地で牧師（Paison Williston）の子として誕生した。父方の祖父も母方の祖父も、いずれも牧師という家系であるので、彼もフィリップス・アカデミー（新島が後に学ぶ学校である）から神学校（おそらくアンドーヴァー）へ進むことを考えた。しかし、視力の減退のため、やむなくアカデミーを中退した。

以後、商業に転じ、巨富を築いた。それを私的に使用することなく、生涯にわたって教育や伝道活動に寄付する。いわゆるフィランソロピストとなったわけである。寄付した金額は、およそ百万ドルにも上った（『Ｗ・Ｓ・クラーク　その栄光と挫折』一三頁、一七〜一八頁）。

このウィリストンが、とりわけ心を砕いた寄付先は、ウィリストン・アカデミーとアーモスト大学の二校である。両校の基金への寄付だけで、五十万ドルにも達するという。このことからも、両校への深い関心と繋がりが窺える。実に彼はアーモスト大学の「養父」であった。もちろん、ミッション（会衆派系のアメリカン・ボード）の法人会員をも、永年にわたって務めた（*History of Amherst College during its First Half Century* 1821-1871, pp. 568〜569）。

ちなみにクラークは、後にこのウィリストンの養女のひとり、ハリエット（Harriet）と結婚する。だから、クラークはラーネッドの遠縁にあたる。ウィリストン自身が、ラーネッドの母親の伯父にあたるからである。そのため、母親を早くに亡くしたこともあって、ラーネッドはクラークに続いて、一八六四年にこのセミナリーに入学して、二年間、寄宿舎生活を経験している。

当時、学生数はせいぜい百八十人くらいであった。注目すべきことに、セミナリーの教師のほとんどは、（クラークのように）アーモスト大学の出身者で占められた。そのために同校のカリキュラムが、アーモストをモデルにしているのは、言うまでもない。

ウィリストン・セミナリーの体育

ラーネッドが、ウィリストン・セミナリーに在学した期間（一八六四年から一八六六年まで）に教鞭をとった教師は、全部で九人いた。彼らはその後、アメリカン・ボードの理事長や、幹事、あるいは他大学の学長、教授になっている（D. W. Learned, Notes on my life, 1848—1940, pp. 41～45, unpublished）。要するに、同校はアーモスト大学に直結しているばかりか、アメリカン・ボードの人脈（ネット・ワーク）にも、しっかりと組み込まれていた。

このことを考慮に入れれば、後年（一八八六年十一月）にアメリカン・ボードの幹事のひとりであるスミス（J. Smith）が、かつての教え子である、同志社のラーネッドに宛てて、わざわざ次のように書き送った意味も、おのずから判明する。

「興味を持たれるでしょうが、私はウィリストン・セミナリーの理事をしております。今年は学校の働きと発展とを報告する学校訪問委員会の議長をしております」（J. Smith to D. W. Learned, Nov. 18, 1886, Boston）。

さて、体育に限定すれば、このセミナリーはアーモストと同様に体育に力を注いでいた。ラーネッドが入学した時（一八六四年八月）は、ちょうど体育館を建設中であった。彼が入学した最初の学期中に体育館が完成してからというもの、体育の授業（regular gymnasium drill）が週四回、開始された。

ラーネッドたちを受け持った体育教師は、（先にラーネッドが回顧していたように）トルコに派遣された高名な宣教師の息子（H. Goodell）であった。後にマサチュセッツ農科大学の学長になったほどの実力者である。ちなみにラーネッドが野球（ただし、生徒ではなく村民の）というものを初めて見たのも、このセミナリーであったという（D. W. Learned, Three Scores and Ten, 1846—1916, pp. 31, 35, unpublished）。

この学校には「学校のスポーツ、もしくはゲームといったものは何もなく、ただ体育館で週に四回、半時間の体操があっただけです」とラーネッドは回想する（D. W. Learned, Notes on My Life 1848～1940, p. 416, unpublished）。アーモストとまったく同じ時間割の組み方が、踏襲されているのも興味深い。ただし、アーモストのように専任の体育教師を揃えることは、さすがにできなかったと思われる。

W・S・クラークと体操

さて、先にも見たように、ラーネッドはウィリストン家を介してW・S・クラークとも縁戚関係にあった。この二人は、日本では一度だけではあるが、京都で会うことができた。クラークが札幌を引き揚げて帰国の途上、同志社を訪問したときである。宣教師館で一服し、お茶を飲みながら歓談したという（『W・S・クラーク』二四八頁）。一八七七年五月九日のことである。新島は翌月に、これをボストン（アメリカン・ボード総主事）のN・G・クラークに報じている。一方、ラーネッドは、さすがにその日のうちにボストンに書き送っている。

「アーモストの農科大学のクラーク教授が訪ねて来られ、蝦夷の仕事に関して実に興味ある話を我々にして下さいました。彼の地で教授は、農業大学を作る仕事に従事して来られました。教授のクラスの十六人全員が、キリスト者になり、契約〔イエスを信ずる者の誓約〕に署名を致しました。

それは、キリストを信じることを告白し、キリスト教的な生活を送ること、ならびに早急に教会に入会することを誓うものです。クラーク先生は、当初は青年たちに聖書を与えることすら、政府から禁じられたのですが、クラーク先生には、聖書なしでは倫理を教えられないことが分かりましたので、〔黒田清隆開拓〕長官は禁止命令を解きました」(D. W. Learned to N. G. Clark, May 9, 1877, Kioto)。

こうした交流を考え合わせると、ラーネッドが同志社で体操を開始する際、もしも必要な情報と助言を求めるべき相手がいたとしたら、それはこのクラークであろうことは、容易に推測できる。クラークこそ、ラーネッドの周辺にあって、アーモストにあるふたつの大学（アーモスト大学、並びにマサチュセッツ農科大学）だけでなく、イーストハンプトンの学校にも、深い関係を有する唯一の人物だからである。しかも、日本での教育実践（とりわけ体操）をも積んでいる、とあれば、クラーク以上の助言者はまず、見当たらなかったはずである。

なにしろ、クラーク自身が大変な運動好きである。少年時代を振り返り、「私はいつでも、誰よりも速く走り、幅跳びでも高跳びでも誰にも負けず、喧嘩は一番強く、泳ぎも一番うまかった」とか、「徒競走とか、何かの競走がある時は、一所懸命に練習をし、本番では必ず勝ってやるぞと頑張る」と誇らしげに述べている（『W・S・クラーク』二八頁）。

ここで挙げられた種目であるが、クラークがウィリストンの学校で受けた体育の授業内容の一端を、はからずも垣間見せてくれる。クラークはアーモストの体育（必修）では、「太い綱につかまって登るとか、木刀での軍事教練とか、フットボールとか、二百二十ヤードを三十秒で走る、といった運動をやった」という（『W・S・クラーク』三一頁）。

(三)　札幌、そして大阪の体育

札幌農学校の体育

ところで、以上見てきたアーモストの影響は、京都（同志社）に限らない。札幌、および大阪でも、その感化は顕著である。結論を先取りして言えば、同志社、札幌農学校、そして大阪英語学校の三校は、体操に関する限り、奇しきことに、実はそれぞれが、同じ水脈に淵源を持つ。すなわち、いずれもアメリカのマサチュセッツ州アーモストと密接な関係を持つのである。

まず、札幌の場合であるが、クラークが教頭（実質は校長）を務めた札幌農学校でも当然、体育は重んじられた。最初に制定された「諸規則」の学科中には、「体操・兵学および用兵学」が含まれている（蝦名《えびな》賢造『札幌農学校』四〇〜四三頁、新評論、一九九一年）。開校の折り（一八七六年）の規定によれば、全学年を通して、毎週二時間の「練兵」が設けられている。これは「米国アマスト農科大学ニ倣《なら》」ったもので、日本における「兵式体操」の端緒とされている（『明治体育史の研究』一四九頁）。

開校の翌年（一八七七年）の春には、時間割がさらに細かく設定された。午後は「製図」（九十分）と並んで「軍事教練」（六十分）が毎日、実施されることになった（『W・S・クラーク』一九四頁）。このとき、堀誠太郎（旧姓・内藤）というマサチュセッツ農科大学に三年間、学んだ人物が、クラークの助手——正式には「書記兼訳官」（『札幌農学校』三八頁）——として、開拓使にいたことも大変、好都合であったことであろう（『W・S・クラーク』一四八頁、一六七頁）。堀は学生として、母校の体育をつぶさに経験してきたはずである。

クラークは帰国にあたって、「武芸練習場」（体育館）の設置を開拓使に要請した（末光力作「新島襄と近代スポーツ」一一八頁）。これが今も「時計台」として残る「演武場」で、竣工は一八七八年の秋であった。命名はマサチュセッツ農科大学の「ドリル・ホール」（Drill Hall）に因んだという。階下には陳列室や教室が、そして階上には大広間と武器庫が作られた。この大広間が「練兵」に当てられたために、階下の教室はその振動に少なからぬ迷惑を被ったという（『札幌農学校』六四頁）。

　ちなみに、ドリル・ホールの一階に（クラークの帰国以後のことではあるが）、「英語と修心学」という特別教室が設けられているのは、興味深い。「修心学」はMoral Sciencesの日本語訳である。体育と徳育の調和を象徴する見事な設計である。

　一方、同志社が最初の体育館を建設するのは、この「演武場」が完成したおよそ一年後のことである。あるいはクラークの助言があったのかも知れない。帰国後の彼が、ラーネッドに種々の関係資料を送ってくれた、とも推測できる。

　以上のことを考慮に入れれば、次の指摘には、ラーネッドをつけ加える必要があろう。「札幌農学校や同志社英学校が創立当初からスポーツが盛んであったのはクラーク、新島襄を通してアマースト［アーモスト］の気風が根をおろしたためともいえよう」（『日本近代化の先駆者たち』二九二頁）。

大阪英語学校の体育館

　ついで、大阪の場合である。第三高等学校（現在の京都大学総合人間学部）の前身である「大阪英語学校」が、体育をカリキュラムに先駆的に取り入れている。とりわけ、体育館の建設は早かった。同校が一八七七年三月に作成した文書のなかに、すでに「体操室ヲ建ツ、其巾四間長七間」とある（『明治体育史の研究』六七頁）。

　その後、同校は「大阪中学校」と改称されるが、一八八一年九月三十日に体育館を竣工させている。新任校長の折田彦市の指示で、体操伝習所の体育館がモデルとされた（同前、八〇～八一頁、一二七頁）。この建物に関しては、設計図（同前、八一頁）や、写真、それにキャンパスの見取り図（「体操教場」とある）などが現存する（『舎密《せいみ》局から三高へ』展示会パンフレット、京都大学総合図書館、一九九五年一〇月）。

　ちなみに折田彦市は、大阪に赴任する前は、伊沢修二の後任として体操伝習所主幹（一八七九年十月から一八八〇年四月まで）を務め、前述したリーランドに協力した。つまり、一八八〇年四月中旬に彼は東京から「大阪専門学校」（十二月に大阪中学校と改称）の校長に転じたばかりであったので（「履歴書」）、引き続き体育教育にもとりわけ関心が深かった。

　大阪専門学校から大阪中学校への改称に際して、折田が「最急務」としたのは、生徒寄宿舎の建設、ついで「体操課」の充実であった。要するに同校の体操は、伝習所のそれを最も忠実に模倣したものであり（『明治体育史の研究』一二七頁、一三一頁）、「関西の体育伝習所」とも言うべき位置に立っていた。

　以上見たように、折田は東京、ついで大阪で体育教育の開拓者であった。その背景には、彼がアメリカ留学中にプリンストン大学などで体育やスポーツ、試合、運動などを身近に見たり、自ら体験したことが、大きな要素になっていると考えられる（彼の留学体験については、厳平『三高の見果てぬ夢――中等・高等教育成立過程と折田彦市』五四頁以下、思文閣出版、二〇〇八年、を参照）。

　折田が尽力した大阪中学校（大阪英語学校）体育館と並んで古いのが、同志社のそれである。後者は「実に簡単な体育館」ではあったが、関西では先駆的なものである。歴史的な建物のその後について付言すると、一九二七年の時点で、ラーネッドは次のように伝える。

「その後、この体操場は北部（現在の室町キャンパス、寒梅館あたり）に移されて、（同志社）予備校の教場に使用されてゐた。そして最近に、現在の運動場に移されたのである」（D・W・ラーネッド『回想録』四一～四二頁、同志社、一九八三年）。つまり、最終的には「講武館」（柔剣道場）に転用された、と考えられる。

普通体操と兵式体操

さて、結論である。日本の「兵式体操」は、マサチュッセッツ農科大学に範をとって、まず札幌農学校で開始された。それに対して、「軽体操」（普通体操）の方は、田中不二麿が新島とともにアーモスト大学を訪ねたおり、体操（こちらは、「軽体操」）を見たのが、日本への導入の契機となったという。

同志社における体操が、アーモストやウィリストン譲りの軽体操であったことは、何度も見た通りである。とすれば、「日本の学校体操のなかの普通体操と兵式体操とが、ともにアメリカのマサチュセッツ州のアマーストの地から生まれてきたことになり、興味深い」（遠藤芳信『近代日本軍隊教育史研究』六〇七～六〇八頁、青木書店、一九九四年）。

要するに、アーモストの体育は、キリスト教徒（会衆派教会）によって北海道の札幌農学校（W・S・クラーク）、東京の体操伝習所（リーランド）、そして京都の同志社（ラーネッド）の三か所にほぼ同時に移植、継承され、日本においても近代体育教育の支柱となったのである。

三、同志社体育の事始め

(一) 初期同志社の運動、球技

陸上競技

同志社は、体育の先進校である。同志社が、日本の体育・スポーツ史の領域でも、独自の地歩を占めていることは、これまでにもある程度、知られていた。

しかし、体育の起源や時期、あるいは初期の授業や運動などの消息に関しては、必ずしも正確に伝えられてきたわけではない。例えば、「開校と同時」に「陸上競技」を始めた、との次の伝承である。

「陸上競技の歴史は、明治八年（一八七五年）十一月の開校と同時に始まる。明治七年、東京築地の海軍兵学校(のちの兵学校)ではじめて開かれた遊戯会という名の運動会が、〝文明開化〃を叫ぶ血気盛んな当時の学生の間に、一つの流行を巻き起こし、わが同志社でも、十二名の学生が校祖新島襄を中心に、加茂の河原で走ったり跳ねたりした。

しかし、当時は西南戦争の血なま臭い匂いの残っていたころである。世間では〝同志社のキリスト教徒が戦のけい古をしている。いまに天草騒動の二の舞いをしでかすぞ〃といいふらすものもいて、府庁の密偵が学内へ潜りこんでくる有様。この運動会も二、三回で中止となり、せっかく芽生えようとしていたスポーツ振興の機運も、外からの圧力で途絶えてしまった。

もし、中止せずにそのまゝつづけられていたら、日本の陸上競技」の歴史は大きくかわっていたかも知れない」（『同志社スポーツの歩み』一六九頁、同志社スポーツ史編集委員会、一九六一年）。

これは最初、同志社の「陸上競技部」の沿革として紹介された。ついで『京都府百年の年表』（教育篇、京都府、一九七二年）に採録されたうえ、最近の『新島襄全集』（第八巻、一五一頁、同朋舎、一九九二年）にも踏襲されている。したがって、いずれも同志社の体育の起源を一八七五年十一月とする点で共通する。

しかし、残念なことに「遊戯会」（運動会）に関するこの記述は、典拠を欠くために、信憑性に疑問が残る。おそらく主として河邊久治の回顧（『同志社ローマンス』九九～一〇〇頁、警醒社、一九一八年）に依拠した、と思われるが、西南戦争後とある以上、一八七七年以後のことでなければならない。

ちなみに、下限は、一八八〇年五月以前である。なぜなら、河邊は徳富猪一郎（蘇峰）と同時に同志社を同月に中退しているからである。また、場所に関しても河邊は、「元三十番（教室）の裏手の方」と明記するので、河原ではなく今の同志社大学アーモスト館の敷地（この点は後述）である。さらに、一八七九年に始まる「府庁の密偵」（教育査察）の時期が、錯誤されていることからも、運動会ではなく（後述する）「球投げ」と混同されている可能性が高い。

運動会

なお、同志社名物の運動会が毎年、十一月三日に上賀茂《かみがも》神社の境内で開催されるようになるのは、一八八五年から、と伝えられて来た（『同志社ローマンス』三〇七頁、警醒社、一九一八年）。だが、すでに一八八四年には「加茂遊会奪旗戦争」が実施されている（『池袋清風日記』下、二〇六頁）。この点はむしろ「明治十七、八年の頃」とする『我等ノ同志社』（一〇四頁、一九三五年一〇月二七日、同志社校友会・同窓会）の方が正しい、と言うべきであろう。

そもそも上賀茂神社での運動会は、一八八一年の天長節に市内の三つの同志社系教会が、市内会員ならびに同志社の学生信徒を招待して開催した「親睦ノ遊歩」に始まった、と考えられる（『新島襄全集』二、五七二頁）。一八八五年の春（四月二十二日）にも、四条教会の会員五十余名が下鴨神社の境内で運動会を開き、蹴鞠、棒突き、綱引きなどのゲームを楽しんだことを、新聞は「洋教生運動会」として報道している（『日出新聞』一八八五年四月二四日）。

さらに、一八八六年の十一月三日にも、市内の四教会の関係者が、三百人ほど集って、下加茂《しもがも》神社の境内にある馬場で、「懇親会」（したがって必ずしも純粋な運動会とは言えないかもしれないが）を開いている（同前、一八八六年一一月五日）。おそらく恒例行事ではなかったか。とするならば、キリスト教とスポーツの繋がりは、予想以上に緊密である、と言わねばならない。

いまひとつ、伝承を紹介すると、青山霞村『同志社五十年裏面史』（三二八頁、からすき社、一九三一年）には、「熊本バンドが来たとき、同志社の運動は鞠投げであった」とある。これは、後述する「球投げ」のことを指しているが、同書が「同志社運動史の一部」との独立した項目を立てているのは、類書には見られぬ一大特徴と言えよう。

(二)「同志社体育の父」D・W・ラーネッド

同志社体育の父

これに反して、初期の同志社の学生生活に関しては、毎週の土曜休業（当初から週休二日制であった）が、近隣の各地へ遠出する日となっていたので、ことさら運動の時間を設けるまでもなかった、との伝承が、根強く信じられて来たのも事実である。

確かに、卒業生の回顧によっても、土曜休業の意味は、生徒間で正確に把握されていた。「母校は一週間、土、日の両日が休日であって、特に土曜は体育に、日曜は精神修養に使用する方針であったから、私達生徒は、土曜は大抵、三三五五、隊を組んで登山して、体力の鍛錬、健康の増進に努力したのである」（『麻生正蔵著作集』八二一頁、日本女子大学成瀬記念館、一九九二年）。

しかし、だからと言って、体育や運動が授業として取り組まれていなかった、というわけではない。決定的な事は、外国人教師のD・W・ラーネッド（D. W. Learned）が、体育の授業を担当して、平日にも規則的に運動が実施されていた事である。彼こそ、同志社が体育を導入するにあたってのキーパーソンなのである。

同志社の体育史の先駆者、とも言えるこのラーネッドについて、かつて、体育史のなかで次のように指摘されたことがある。

「明治一三年〔一八八〇年〕、同志社ではラネット博士自ら歩兵操練を指導した。これは直接〔陸軍〕外山学校の影響を受けたり、軍の要求から発したものではなく、一国の指導者たるべき学生に対する西洋人の意図から行われたものである。したがって、国家の側から直接学校に軍事教練が要求されたのは、それ以後である」（岸野雄三・竹之下休蔵『近代日本学校体育史』一四頁、日本図書センター、一九八三年）。

この指摘は、体育史の観点からラーネッドに言及した、という点では画期的なものである。が、彼が果たした役割はこれに止まらないうえに、行論上、明白になるように、歩兵操練（兵式体操）に関して史実に反する点が含まれているのは、惜しまれる。

そこで本稿では、これらの伝承に今一度、考証を加え、改めて同志社の初期体育を発掘しつつ、史実に迫ってみたい。同時に、今少し、視野を広げ、その源流を尋ね、それが日本の体育史におよぼした感化をも実証してみたい。

まず、先行研究であるが、同志社の体育・スポーツ史に正面から取り組んだ労作に、秦芳江「新島先生と体育」（『学術研究年報』二五Ⅲ、同志社女子大学、一九七四年一一月）と末光力作「新島襄と近代スポーツ」（同志社編『新島襄――近代日本の先駆者』、晃洋書房、一九九三年）がある。しかし、ラーネッドについては前者が、「明治十年頃のラーネッド教授による米国式亜鈴体操」を紹介するに止まったり（同書九九頁）、後者が何ら触れるところがないのは、極めて残念である。ラーネッドこそ「同志社体育の父」だからである。

軽体操の授業

同志社の体育の端緒に関し、史料的に確認が可能なのは、一八七六年である。始まりは、ラーネッドが開校の翌年、すなわち一八七六年の新学期（九月始業）に、校庭で始めた「簡単な体操」である。ラーネッドはこの年の十月に、「校庭で簡単な体操（some simple gymnastic exercise）を始めています」（D. W. Learned to N. G. Clark, Oct. 16, 1879, Kioto）とボストンのミッション本部に報じている。本部でこれを受理したのは、アメリカン・ボード（A. B. C. F. M.）の総幹事、クラーク（N. G. Clark）である。

この時、ラーネッドが同志社に導入したのは、いわゆる「軽体操」（後に「普通体操」）である。軽体操は「木環」や「啞鈴」、「玉竿」などの簡単な器具を使用する点で、「鉄棒」などの設置器具を用いる「重体操」と区別されていた。ただし、同志社では「体育」は、「音楽」とならんで当初は、課外の選択科目扱いである。

例えば、一八八〇年度（一八八〇年四月～六月）の時間割でいえば、前者はゴードン（M. L. Gordon）、後者はラーネッドの担当である（拙稿「新島襄『自責の杖』事件の謎」上、五九頁、『同志社談叢』一三、同志社社史資料室、一九九三年三月）。

しかし、たとえ課外とはいえ、同志社における体操の実施は、全国的に見ても、きわめて早い。結論的に言うと、同志社の体操は一八七八年の東京における「体操伝習所」（筑波大学の前身で、初代の主幹は伊沢修二）に先立つばかりか、一八七六年八月に開校した札幌農学校における体操の開始と、ほぼ同時なのである。

初代体育教師

さて、体育教育の専門家でもないラーネッドが、同志社に体操や球技を導入したのは、なぜか。その辺の消息や理由は、ミッション本部に宛てた彼の書簡（D. W. Learned to N. G. Clark, Oct. 16, 1876, Kioto）が、重要な手掛かりを与えてくれる。

「〔同志社の〕少年たちが、ほとんど運動をしないのは、実に奇妙なことです。アメリカの学校の生徒たちがするようなゲームをすることなど、全く思いもしません。少しでも運動をさせたいと願って、校庭で簡単な体操を始めています」。

「少年たち」のなかには、この学期に熊本洋学校から転校して来た、いわゆる「熊本バンド」も含まれる。熊本洋学校の教育課程の中には、体操はない。同校は全員が校内の寄宿舎に生活をしており、「夕食後は部屋にゐてもいゝが、校庭にて運動するのを旨とした」という（渡瀬常吉『海老名弾正先生』七九頁、龍吟社、一九三八年）。はたして、どういう「運動」であったのか。おそらく彼らは、熊本では体操とはおよそ無縁の生活を送っていたはずである。

それにしても、ラーネッドが先のように報じた一八七六年十月十六日、と言えば、今出川キャンパスが開校されてやっと一か月後のことである。寺町キャンパスの開校（一八七五年十一月）から数えても一年に満たない。同志社の体育の歴史は、実に同志社の歴史とともに古いのである。ラーネッドは後年にも、同志社の設立「当時、少年たちは体育やゲームとはほとんど無縁でしたので、その種の何かが必要に思われました」と述懐している（D. W. Learned, Three Scores and Ten, 1846-1916, p. 167, unpublished)。

　ちなみに、体育やゲームに関して、ラーネッドとまったく同じ所見を抱いた外国人（ドイツ人）に、お雇い外国人のテヒョー（R. R. H. Techow）がいる。彼は、「少年子弟ノ遊戯ヲ論シ、併セテ其健康及ヒ品行上ノ関係ニ及フ」と題した演説で、自己の見解を展開しているが、奇妙なほど、ラーネッドのそれと一致している（『大日本教育会雑誌』一七号、一八号、一八八五年三月三一日、四月三〇日）。彼は、一八八五年の時点でも、東京の空き地で「遊戯」を楽しむ学生や児童の姿を見かけた事がないのを、訝しく思っている（同前一七号、一〇頁）。そのため日本の学校（大学）の教師に、放課後には率先して児童や学生と遊戯を行うことを提案する（同前一七号、八頁）。

　その点ではラーネッドは、さだめし理想の教師であった。ただ、彼はひたすら学生の健康管理を思って、スポーツの紹介に努めたのであって、それ以上でもそれ以下でもない。誰もやらない以上、自分がやらなければならない、との言わば義務的な気持ちからである。その証拠に、彼は自分ではスポーツの愛好者ではなかった。平均的なアメリカ人が好んでするようなテニスやゴルフには、生涯を通じて無縁であった。ただ散歩だけは、これを欠かさなかった（住谷悦治『日本経済学の源流』二三頁、教文館、一九六九年）。

　スポーツとは疎遠ではあったが、ラーネッドは散歩だけでなく、書斎にダンベルや棍棒を常備して、体操を実行したほど、健康に留意した（『麻生正蔵著作集』八六四頁）。さればこそ、長命を享受できたのである。

ゲームの紹介

　ところで、ラーネッドは体操と同時に「ゲーム」の紹介者でもある。一体、どのようなゲームであったのか。「毎日学科の後に球投げを致し、両組に分れ、大に雌雄を争ひました。また、石蹴りも随分やりました」とは、ある卒業生（一八八一年卒の村上小源太）の追憶である（『同志社校友同窓会報』四、一九一六年一二月一五日）。それ以外のゲームは、卒業生の回想には見られないので、ひとまずラーネッドが紹介したのは、この「球投げ」、あるいは「石蹴り」である、と推測できる。

　「石蹴り」の方は、一時、学生の間で大流行をみた。とくに最上級生の山崎為徳《ためのり》（一八七九年六月卒）と最下級生の徳富健次郎（一八七八年九月入学）とは、ほとんど毎日これを楽しんだという（『同志社校友同窓会報』一四、一九二七年一一月一五日）。

　体育の観点から重要なのは、もちろん「球投げ」――「鞠投げ」との伝承は前に見た――の方である。全校が二組に分かれ毎日、四時から五時まで、布製の球を投げ合い、当たれば自分のハチマキをとる。こうして、最後の一人となるまで戦うのである（『創設期の同志社』四六頁）。

　学生は東西二組に分かれ、皆、喜んでこれに打ち興じたが、そのうち、玉の中に（後に見るように、当初は蜿豆を入れたが、豆に代えて）石を入れる者がいて、海老名弾正（一八七九年卒）などは、そのために前歯――一説には三本（『我等ノ同志社』一〇四頁、同志社事業部、一九三五年）――を折られたことがあった、とある卒業生（綱島佳吉）は回顧する（『追悼集』二、三一七頁、同志社社史資料室、一九八八年、『同志社五十年史』二七三頁、同志社校友会、一九三〇年）。当の海老名（後の弾正）は、「球戦争」は東西ではなく南北二組で争われたこと、小石を入れたのは松尾敬吾（一八八四年卒）であったことを補足・訂正している（『追悼集』二、三一九頁）。

「球投げ」における首領は、熊本バンドの金森通倫《みちとも》や市原盛宏、古賀啓吉であり、そのゲームは、熊本バンドが転校してきた時（一八七六年九月前後）の同志社の運動でもあった、との伝承がある（青山霞村『同志社五十年裏面史』三二八〜三二九頁、からすき社、一九三一年）。先述したように、熊本洋学校は体操とは無縁な学校であったがゆえに、彼らが同志社にこのゲームを持ち込んだ可能性は低い。ラーネッドが伝えるように、彼らも遊戯とは無縁であった。ただ、彼らの入学と同時に、球投げが導入されたかどうかについては、確証を欠く。あるいは、軽体操の方が早かったか。

この「玉投げ」に関しては、金森通倫の回想が、一番、詳しい。それによると、在学当時、「相撲」、「うさぎ狩り」、「山登り」などの種々の運動をしたが、「一番面白かったのは玉戦であった」という。玉は教師の夫人たちからもらった古切れでこしらえた。両軍には、それぞれ大将以下、左官、尉官、伍長、兵卒（一等から五等まで）がいて、一人につき玉を十個位、割り当てる。敵の玉に当たった者は、討ち死にし、ハチマキを解く。最終的には大将を打った方が勝利を占める、というゲームである。

そのたび毎に「評定官」が、大将以下の士官を選抜したり、兵卒の等級を定めたりする。一方の大将はたいてい、金森であり、他方は市原盛宏（「ザ・ワイズ」、つまり「賢者」の異名をとった）であったという（金森太郎編『回顧録――金森通倫　自伝』六八〜六九頁、アイデア出版部、二〇〇六年）。

学校側の扱いでは、この「球投げ」は、正規の授業の代替とされることも、あったようである。とりわけ、体育館の竣工前は、そうであったかも知れない。たとえば、一八七九年九月の時点では、「体操ハ放課後ニ玉ヲ擲《なげう》チテ、雌雄ヲ決スルコトヲ除クノ外、各生ノ任意ニ任ス」というのが、当局の態度であった（『同志社百年史』資料編一、一二九頁、同朋舎、一九七九年）。確かに、この競技の参加に関しては「学校の厳命」であった、との回顧がある（松浦政泰『同志社ローマンス』九九頁、警醒社、一九一八年）。しかし、前に見たように、一八八〇年度には、体育が課外とは言え、ラーネッドが受けもっているので、並行して実施されていた可能性も捨て切れない。

「兵式体操」ではなく、軽体操

ところが、「球投げ」はしだいに「球投合戦」としてますます過激で危険なゲームに化した。これに対して、一年ほどしたところで、ラーネッドはこれをやめさせるために今度は短い棒――長さは五尺ほど（『同志社ローマンス』一〇〇頁）――を持たせて「兵式体操」を始めた、との伝承がある。これを「恐く日本最初の兵式体操」、とするのは『同志社ローマンス』（一〇〇頁）と『同志社五十年史』（二七四頁）である。根拠は薄い、と言わざるをえない。

また同様に、「明治一三年（一八八〇年）、同志社ではラネット博士自ら歩兵操練を指導した」との前出の指摘は、この辺りの消息を言い表している、と思われるが、何を決め手に一八八〇年と断定したのかは、定かではない。

有り体に言えば、ラーネッドが教えたのは、兵式体操ではなさそうである。すなわち、それは、短い棒（正確に言うと「球竿」）をもってからだを動かす体操であり、典型的な「軽体操」と見るべきではないか。兵式体操と誤解されたのは、「球竿」を「鉄砲の代りに」持たされたと思ったり、行進が軍事教練のように見えたに過ぎない、と考えられる（『創設期の同志社』四六頁、同志社社史資料室、一九八六年）。行論上、明らかなように同志社における「兵式体操」の導入は、時期的に今少し後である。

ピアノに代えて歌で

ところで、「軽体操」は、アメリカではピアノに合わせて行われたが、同志社ではラーネッドが歌で代用した。本来、体操はピアノに合わせて身体を動かすのが、理想であるが、オルガンがやっと、という同志社では、ラーネッドの歌に合わせて身体を動かしたのであろう。これに関しては、ある卒業生の証言がある。

「〔ラーネッド〕先生から体操を習った事があった。球竿を四人でもって、それを詩〔歌〕に合せて動かした運動を教はった」（『創設期の同志社』六六頁）というのである。「真面目臭〔腐〕った人で、歌など歌ひさうも無いのに、運動場〔体育館〕に出て、大きな声で其頃流行した歌をよく歌った。私はひどく滑稽だ、と思った」。正式の運動着がないので、ラーネッドの服装も、「妙な格好」であった、という（同前、四六頁）。なお、当時、同志社では「運動場」が「体育館」を意味していたことは、後述する。

また、別の卒業生は、「今の東寮の東方に雨天体操場があり、其処で〔ラーネッド〕先生は、夕方生徒に体操を教えられたが、その時の子供心に記憶に残ってをる歌は、なんでも『ジョン、ブラン、ボデイライス〔中略〕』とかいった様に思ふ」（住谷悦治『ラーネッド博士伝』六七頁、未来社、一九七四年）。

一方、ラーネッドが体操の授業の際に歌ったのは、「ジョン・ブラウンズ・バディ」や「ヤンキー・デュードル」と言った「流行歌」であった、とされる事がある（『同志社五十年史』二七四頁）。正確に言えば、「軍歌」というべきであろう。すなわち、前者は南北戦争の際、歩兵が歌った軍歌で、歌詞は“John Brown's body lies, / Mouldering in the grave. / But his soul goes marching on. / Glory Hallelujha.”である。ジョン・ブラウン（John Brown）とは、奴隷制度の反対運動に従事して、死刑に処せられた人物である（『同志社五十年裏面史』三二九頁）。

フットボールを紹介

ラーネッドはまた、「フットボール」を紹介した、とも自身、証言する（河野仁昭編『回想録　D・W・ラーネッド』五二頁、同志社、一九八三年）。事実とすれば、おそらく蹴球（フットボール）であろう。

時期については、ひとりの在校生の一八八四年の日記が手掛かりとなる。すなわち同年十月三十一日に、「今日午后四時ヨリカ、此前有志輩注文シタル蹴鞠（西洋品、一個八円許《ばかり》カ）来リシ故、此運動遊ヲ礼拝堂ト彰栄館トノ間ノ広地ニテ始メタリ」（『池袋清風日記』下、二〇三頁、同志社社史資料室、一九八五年）。

これによれば、同月以前に何らかの形ですでに紹介されていたことになる。また、「広地」とある場所は、外国人教師が一八八五年に記した校地の見取り図によれば、“Exercise Ground”とされている（坂本清音・本井康博『外国人教師の目に映った百年前の同志社』同志社大学人文研ブックレット三、四七頁、一九九五年）。グラウンドとして利用されていたことが、判明する。

なお、フットボールの導入の時期に関して、一八九〇年前後、とするのは深井英五（一八九一年卒）である。後年の回顧である点、はたして正鵠を得ているのか、疑問が伴う。曰く、「洋式の競技や其他特別の支度を必要とする運動は、私の在学の終り方に蹴球が入れられた外に、絶無でありました」（深井英五『人物と思想』三三六頁、日本評論社、一九三九年）。

同志社女学校の場合

一方、同志社女学校（京都ホーム）でも早くから「体操」が取り入れられた。一八七七年五月に実施された府学務課の視察によれば、「東西翼ノ間ヲ運動所トシ、秋千〔空地〕アリ。又体操ニ用ル木製ノ玉棒〔玉竿〕及ヒ投擲ニ用ル袋アリ。袋ハ木綿ヲ用ヒ、中ニ豌豆ヲ入レタリ」とある（『同志社百年史』資料編一、一二五頁）。器具や用具からして、英学校（男子校）同様に、「軽体操」や「玉投げ」が行われていたことは、確実である。

この場合も、「京都ホーム」にはラーネッド夫妻が、建築当初から住み込んでいたので、おそらくラーネッドの進言が大きい、と考えられる。また、女学校ではこのほか、ゲームとしてすでにテニスを取り入れているのが、注目される（同前、一三〇頁）。ちなみに、一八八一年に体育（課外）を担当していたのは、パミリー（Parmelee）である（Daily Program of Kioto Girls' School）。

なお、同志社女学校の取り組みは、京都では極めて早い。この地の一部の小学校で一八八二年に女子に体操を教えた、との新聞報道もあるが（『東京日日新聞』一八八二年七月一〇日）、実際に「女子体操科」を設置するために（『朝野新聞』一八八五年二月二〇日）、「体操美容術」の講習を教師に受講させたのは、一八八五年のことである（『東京絵入新聞』一八八五年一一月一七日、以上『明治ニュース事典』二、三、毎日コミニュケーションズ、一九八六年）。府立高等女学校の場合、体操を盛んにするために、裁縫教室を取り壊して「体育場」を建設したのは、一八八七年の一月のことである（『日出新聞』同年一月一一日）。

さらに、一八九二年に至っても、京都市小学校長会が「小学体操科ヲ随意科トセズ、女子ニモ之ヲ課スコトヲ研調査シテ答申ス」とあるところをみると、普及は相当に遅れていた、と言わざるをえない（能勢修一『明治体育史の研究』一四六～一四七頁、逍遙書院、一九六五年）。

他府県のことではあるが、新島は一八八三年三月十四日に岐阜の女子師範学校を訪ねた際に、体操を見学している。「皆ダンベルヲ用ユ」と書き残しているので、軽体操であったことが判る（『新島襄全集』五、一七〇頁）。

㈢ 同志社の体育館

「運動場」の建設時期

同志社体育の先進性を象徴するのが、体育館である。ラーネッドは、竣工時期を一八七九年の「秋」、より具体的には十一月か十二月だったと回顧する（本書六二六頁）。

一方、同志社の側の記録（「同志社記事」）では、時期は今少し早い。一八七九年の「九月、運動場落成ス」とある（『新島襄全集』一、二三四頁）。ちなみにこの「運動場」はグラウンドではなく、前出の用語を借用すると、「雨天運動場」、すなわち体育館を指す。時には、体育館は「運動室」と呼ばれたりもする（『同志社ローマンス』一二六頁、典拠は『池袋清風日記』下、三七頁か）。

新島自身も、屋内体育館を「運動場」と呼ぶケースがある（『新島襄全集』三、三二一頁）。したがって、「同〔一八八一年一月〕廿九日　運動場ニテ花岡山第五紀念会ヲ催ス」と「同志社記事」（『新島襄全集』一、三二六頁）にある記事からは、時にグラウンドと誤解される。もちろん、体育館である。

それにしても、学校の記録ではこの「運動場」の完成の時期が、ラーネッドのものよりもなぜ二、三か月早いのか。もとより不明である。あるいは、着工が九月で、竣工が十一月であったのか。いずれにしろ、一八七九年の後半であることには、変わりがない。

したがって、第一回の卒業式（一八七九年六月）には間に合わなかったものの、第二回以降は、（創立十周年記念式や新島校長帰国歓迎会などの場合同様に）この体育館が式場となったことは、言うまでもない（『同志社ローマンス』、一二一頁）。

第二回の卒業式に関してはミッションの記録には、こうある。

「今年〔一八八〇年〕の祝賀会は、卒業生に会えるように来賓が招待され、幅広いものになりました。〔昨年のように〕わびしい丘〔円山《まるやま》の文阿弥〕へ出掛ける代わりに、体育館で行なわれました。ところで、この建物については一言されるべきです。それは、卒業式やその他の大きな集会ができるだけの収容力が、十分に備わっています。そこで定期的に行われている体育（the regular gymnastic exercise）は、学生たちの関心を確実に捉え続けているように思われます。全校の学生たちの健康に寄与するように意図されていることは、明白です」（W. W. Curtis, School Report for 1881, Japan Mission, ABCFM, May 10, 1881）。

なお、創立十周年記念式の会場については「東の運動場」とか（『追悼集』二、三一四頁）、「運動場」（『新島襄全集』一、一〇六頁）、あるいは「運動場ニ開カル」とするもの（『同志社百年史』資料編一、五八二頁）があるので、グラウンドで挙行された、との誤解が絶えない。卒業式当日はこの「運動場」に数百名が入場した、という（同前）。

体育館

そして、その場所であるが、先に「今の東寮の東方に雨天体操場があり」とあったように、また別稿（『外国人教師の目に映った百年前の同志社』四五頁）に地図で紹介したように、現在の同志社アーモスト館の敷地の一角（東北の角辺り）である。

『同志社ローマンス』にも、「三十番〔教室〕の東の運動場《うんどうば》」（三一〇頁）とか、「相国寺の門の東南に當る、藪際の没趣味な頑丈造りの旧運動室」（一二一頁）といった形で登場する。

なお、『回想録 D・W・ラーネッド』（四一頁）では「街の東側に立ってゐた体操場」との表現が見られるが、原文（所在不明）は"east of the street"ではなかったか。なぜなら、ラーネッドの元々の意図は、「相国寺の門前通りを挟んで東側に立つ体育館」であったはずである。

それはともかく、体育館の周辺は、これ以前から「玉戦場」として使用されていた（『同志社百年史』資料編一、一三一頁）。現に卒業生も、球投げを「元三十番教室の裏手」で行なった、との回想（前出）を残している。その点、体育館の設置場所としては、最適と考えられたのであろう。

府の学務課が一八八一年六月に同志社を視察したさい、体育館（「体操場ナリト云ウ」）には、「啞鈴」が七十組、「オンス」（木環）が七十五個、備え付けられていたという（同前、一四八頁）。器具の数は、ほぼ全校の学生数に相当する。

なお、体育館が当時、「体操場」とも呼ばれていたことは、学生のひとり、原田助《たすく》の日記（原田健編『原田助遺集』三五頁、私家版、一九七一年）からも傍証できる。

その大きさは、六間に十一間（とすれば、広さは約二百十四㎡である）あったという（『追悼集』四、三五三頁）。ちなみに体育伝習所のそれは約百二十九坪（約四百二十六㎡で、建設費は五千三十四円）である（今村嘉雄『学校体育の父 リーランド』二九頁、不昧堂出版、一九六八年）。後に見るアーモスト大学のそれに、ほぼ匹敵する。

規模では劣るとはいえ、時期的にいえば、同志社の体育館は札幌農学校の体育館（「演武場」）や東京の「体操伝習所」のそれに遅れること、わずかである。ただ、その後の事情は（一八八二年に入学した生徒の回想によると）、多少、変化している。「私達同級生六十名の生徒が入学した当時の母校には、体操の課業はなかったのである。而《しか》も、生徒は克《よ》く体操したのである。体操室もあるはあったが、極めて不完全なものであった。唯、鈴《アレイ》や棍棒があった。併《しか》し、私達は相互交代に教師となり、弟子となって、熱心に体操したのである」（『麻生正蔵著作集』八二一頁）。

兵式体操

以上から窺えるように、ラーネッドはアーモストならびに母校のイーストハンプトンをモデルにして、すなわちアメリカの中等・高等教育の体育の実践を参考にして、手探り状態で同志社の体操を始めた、と考えられる。彼が導入したのは「軽体操」であろう。

一八七九年秋に体育館が完成したのも、前にも触れたようにラーネッドの進言が大きかった、と思われる。竣工当座も、依然としてラーネッドが体操を担当していたことは、彼自身の回想で前に見たとおりである。彼が記した当時の報告書にも、こうある。

「体育館が昨年の秋に建てられ、一週に四回、教師のひとり（ラーネッド）の指導で軽体操が定期的に行われる。これまで随意であるにもかかわらず、学生の大部分が参加し、楽しんでいるようである」（ABCFM, Fifth Annual Report of Kioto Station, May 1, 1880. 傍点は本井）。

ところが、「軽体操」はまもなく「兵式体操」に変貌する。全国的に見れば、「兵式体操」の登場により、それまでの「軽体操」は「普通体操」と改称され、体操の主流を追われることになる。同志社における変化の要因は、ラーネッドの方針転換、というよりも、徴兵令改正である。一八八三年十二月二十八日、徴兵令に大改正が施され、私学の学生には徴兵猶予の特典がなくなった。

その結果、学生数の減少に対処する必要が生じたために、新島は早速、翌月（一月三十日）東京へ向かった。狙いは、もちろん有力者への陳情である。「当校ノ如キ私学校生モ、官公立学校ノ生徒ノ如キ合格ノ者ハ、徴兵ヲ免ルヽノ同権ヲ得ンニ在リ」との確信があった（『池袋清風日記』上、四八頁）。官公立に準じる私学にも同等の特典を与えてほしい、との「意見書」や、「操練科」を私学に設置することで、猶予の特権を入手したい旨の「請願書」を、彼はこの時、用意した（『同志社百年史』資料編一、二三七頁以下）。

新島は東京では、伊藤博文と大山巌（陸軍卿）、品川弥二郎、九鬼隆一、牧野伸顕、田中不二麿などに面会することを試みた。しかし、取り合ってもらえず、「内閣ノ輩ニ面接スルモ、最早セン無キ」ことを思い知らされる（『新島襄全集』八、二八三～二八五頁）。帰校後、新島は学生に対し、「政府の圧政」を語り、「好シ我同志社ハ仮令生徒悉ク去ルモ、依然トシテ此相国寺門前ニ建置クベシ」と堅い決意を披瀝している（『池袋清風日記』上、七五頁）。

そもそも「兵式体操」は森有礼文部大臣の発意であった。森は、その範をアーモストの大学（ただし農科大学の方である）にとった、とも言われている。すなわち、一八七二年、森がW・S・クラーク学長に案内されて、マサチュセッツ農科大学を訪問、見学したおり、たまたま軍事教練を見たのが、「兵式体操」を日本へ導入する契機になったという。

その後、彼は「教育論—身体の能力」と題する講演（一八七九年）の中で、国民の身体の能力を高めるには「強迫体操ヲ兵役ニ取リ」、「現ニ端西《スイス》其他ノ国ニ行ハル、所ノ兵式学校ノ制ヲ参酌シ、我国相応ノ制ヲ立ツルニ在リ」と主張するにいたる（大久保利謙編

『森有禮全集』一、三二八頁、宣文堂書店、一九七二年）。

㈣　同志社体育の変貌

森文部大臣が同志社視察

これに対する同志社の対応であるが、一八八五年の三月か四月に、森は東京の小崎弘道牧師（同志社卒）に対して次の指示を与えている。同志社が軍人ひとりを雇って学内で軍事教練を実施すれば、在学生は三年間の徴兵を猶予される、というのである（『新島襄全集』六、二六二頁）。

これを受けて、翌年（一八八六年）の一月二十三日に新島は森と会い（同前八、三七〇頁）、「歩兵操練科」の設置について直接、尋ねたところ、「殊之外手軽ニ引受」けてくれた。そこで、同志社はさっそく一月三十日に、文部省に宛てて徴兵猶予の特権を得る見返りとして、学内に「歩兵操練科」を新設する、との計画を提出した。新島は同科のために銃を五十挺か百挺位は購入する心積もりもした（同前三、三八一頁、三八三頁）。

こうした動きは、他の私立学校にも共通する。京都では本願寺系の学校が、はやくも二月に「文部省の達に基き」、体操時間に歩兵操練を導入することを決定した、との報道がある（『太平新報』一八八六年二月二一日）。後述するように、同校での実施は同年春のようである。

ちなみに、森が東京師範学校の体操科に「仮ニ兵式体操ヲ加」えたのは、前年の五月のことで、それまでの「歩兵操練」に代えて「兵式体操」がここに初めて登場したのである。この「兵式体操」が同校で本格化するのが、同年末のことである。同時にこの頃には、「体育伝習所」にも取り入れられた（『近代日本軍隊教育史研究』五八九頁以下）。

ところで、森文部大臣は一八八六年十二月二十八日に、わざわざ同志社を訪問している。京都に着いた翌日である。おそらく体操がらみであったと思われる。チャペルで学生たちに向かって、身体を強健にすることが、精神の鍛練に負けず劣らず肝要である、と説いた。ついでキャンパスで、「兵式体操」の模範演技をも視察した。当時の森は、この体操の普及に全力を傾注していた。もちろん、新島はこの機会を捉えて、徴兵猶予について陳情したはずである。

その点は、当日のラーネッド書簡が立証する。

「文部大臣の森氏が、今日、来校することになっています。新島氏は徴兵から学生を救うために彼に働きかけて、何らかの取り決めをすることで、事態を改善しようとしております（D. W. Learned to N. G. Clark, Dec. 28, 1886, Kiyoyo）。

ここにある「何らかの取り決め」は、おそらく実現しなかったことであろう。

新島の「年譜」によると、この年（一八八六年）、新島は東京で少なくとも二回（一月二十三日と五月十九日）、森を訪問している。来校の際の面談を含めると、三回である。会談の目的は、もちろん徴兵の件だけではなく、仙台に同志社の分校（宮城英学校）を開設するという、今一つ、大きな問題も緊急事であった。

さて、五月の会見では、一月に願いを出した「歩兵操練科」（実質的には「兵式体操」）の設置願いの取り扱いを新島は森に尋ねた。ここで判明したことは、文部省がそのまま打ち捨てている、ということであった。「依テ之ヲ促ス」と記す新島には、森の誠意のなさが、身に染みたことであろう（『新島襄全集』五、二六三頁）。

さらにこの時、判明したことが、今ひとつある。森が宗教教育に否定的な姿勢に傾斜している、ということである。これまた、新島とっては、新たな火種を背負い込むことになる、頭の痛い問題である。新島によれば、森はこの席で「政事、宗教ノ色ツケ教育」を廃し、「無色教育」を心掛けるように、との自論を披瀝したという。しかも「有害ト認ムレバ〔中略〕差止ムルモ知レス」との強権、ペナルティさえちらつかせた。新島はこの森発言を日記に記録したうえで、「○注意」と添え書きをしている（同前五、二六三頁）。たしかに、当時の森は、特定の政党や宗派のカラーで生徒を「色染とするもの」を、学校教育の現場から排除することに熱心であった（木村匡編『森先生伝』二一八頁、金港堂、一八九九年）。

このことは、看過してはならないポイントである。なぜなら、森の「兵式体操」への思い入れは、国家主義的教育や反宗教教育と表裏一体の関係にあるからである。かつてあれほどキリスト教に肩入れした森であるが、今や自身の変節、とりわけキリスト教に関する変節は、歴然としている。新島の「○注意」という用例には、新島の驚きと悲しみ、いや失望が、込められていたに相違ない。

文部大臣の森は、すでに昔の森――アメリカで新島が深く交流した外交官時代の森――ではなかった。

「歩兵操練科」の認可申請

さて、「歩兵操練科」の認可申請の件に戻ると、その後も遅々として進まなかった。見切り発車の形ではあるが、新島は早々とこの年（一八八六年）六月二十四日には在校生に対して、（九月の新年度から、であろう）「体操科ヲ教科中ニ編入ノ事」と通告した（『新島襄全集』一、二六二頁）。ここに「編入」とある以上、従来、ラーネッドが担当していた「体操」は、課外の選択科目扱いであったことになる。

全国的にみても、この一八八六年という年は、学校令の改正で体操が正課に取り入れられた年でもある（木下秀明『兵式体操からみた軍と教育』七二頁）。その点、『同志社五十年史』（二七四頁）が、同志社への「兵式体操」導入を一八八五年六月とする――典拠はおそらく『同志社ローマンス』三〇四頁であろう――のは、不正確である。

ところで、「体育科」であるが、九月に入っても、依然として認可は降りなかった。痺れを切らした新島は、六日に「御指令御催促書」を出して、督促した。在校生であった蘆花の記憶が正しければ、この秋学期（新年度）から「陸軍の下士上がり」が、体操を担当している（『黒い眼と茶色の目』一七四頁、二四二頁）。

正式の認可が降りたかどうか、は差し置いて、新聞でも同志社が「歩兵操練科」を設置したことが、十月に報道されている。担当教師は、武田丈治である（『日出新聞』一八八六年一〇月一〇日）。全文を引くと――

「●生徒の操練

京都同志社英学校に於て歩兵操練科を設けたるに付き、同校の教員、米国人ドクトル、ベルレー氏〔J. C. Berry〕は、米国大学校の検査法に倣ひ、該生徒の操練に耐《たゆ》るや否やの検査をなしたり。又昨日午後六時より、同校生徒を練兵教師、武田丈治氏が率て、叡山より唐崎三井寺へ遠行せり。尚ほ、同校にては操練科の追々進むに付、今度『スナイドル』銃数百挺を買入るよりなり」。

この武田は、陸軍二等軍曹で、この春から真宗本派本願寺教校で練兵教師を務めていた。同校では六月にスタッフをさらに一人（退役陸軍歩兵少佐の田中将基）、増員する計画、ならびにスナイドル銃を二百五十挺とエンピール銃を百挺、購入する計画が、立てられている（同前、同年六月十二日）。ところが、武田と山田はその後、御苑と二条離宮で体操をしたことをその筋から問題視され、八月末に本願寺校を解雇されている（同前、同年九月二日）。

同志社が、この武田を招聘して練兵の訓練を開始したのは、その直後、すなわち九月十三日であった（同前、同前九月一四日）。ちなみに、翌一八八七年一月の時点で新島は、「体操長竹田氏」なる人物に言及している（『新島襄全集』三、四四〇頁）。おそらく、先の新聞報道にあった「練兵教師武田丈治氏」と考えられる。

さらに、卒業生の深井英五も、このころあらたに「休職軍人」が招聘された、と回顧している。操練をする学生の服装や履物は、まちまちである（『創設期の同志社』一一五頁）。

この操練のために同志社は、近隣の御苑内を借り受けたようである（『同志社五十年史』一七四頁）。御苑の使用願いが出されたのは、この年（一八八六年）の十二月一日であり、六日後に許可の回答を得ている（同前一、二六九頁）。御苑内を「練兵場」として使用するのはいいが、なにせ服装がまるでバラバラときているので、「恰も百鬼夜行の行列」となり、通行人も驚きの目を見張ったという（『創設期の同志社』一四七頁）。

かくして、一八八六年九月の新学期に、兵式体操が導入された時点で、ラーネッドは体操の授業から完全に解放された、と考えるのが順当である。が、実は彼自身の回顧は、そうではない。「〔一八七九年の〕秋のうちに体育館が建てられ、わたしがそこでの体育を二年間、担当しました。〔中略〕当時は軍事教練は校内では実施されてはいませんでしたし、野球がポピュラーになるのもずっと後のことです」という（D. W. Learned, Three Scores Years and Ten, 1846-1916, p. 167）。

そうであれば、彼は一八七六年の新学期（九月）以来、一八八一年までほぼ六年間に渡って（断続的であったかも知れないが）体育に取り組んで来たことになる。それ以降、一八八六年までラーネッドが体育を担当していないとすると、同志社の体育はどうなっていたのか、疑問が残る。別の者が、受け持ったのであろうか。

それはともかく、「歩兵操練科」の認可申請であるが、一八八七年三月五日にも新島は文部省を訪ねた。前年に申請した認可の件をめぐって、担当官僚の折田彦市と「徴兵免除ノ事ヲ談」じている。そうであるとすると、やはり認可を待たずに見切り発車の形で操練科の設置に踏み切ったのであろうか。ちなみに、この時、新島が神戸から乗船した横浜行きの船には、森の一行の姿も見られた（『新島襄全集』五、二八七～二八八頁）。新島は東京では富田鉄之助に同行して、あらためて七日に森を訪ねている（同前五、二八八頁）。

徴兵猶予問題

今回の東京出張は、徴兵猶予の陳情が、主であった。新聞は、新島の「東上」の目的を次のように報じる。「同志社の学校を東京の五学校と同様、文部省の特別管轄下に置き、官府県立学校の如く徴兵猶予の特典を蒙《こうむ》らん、と諸事打合せの為めなりといふ」（『日出新聞』一八八七年三月十一日）。

「東京の五学校」とは五つの法律学校（専修、明治、東京専門、東京法学校、英吉利）を指すのであろうか。と言うのは、これらがいずれも帝国大学総長の管轄下に入って、文部省の特別監督を受けることが前年末（十二月四日）の「官報」で報じられているからである（同前、一八八六年十二月八日）。

ちなみにこれと相前後して、森文部大臣により、同志社が官府立学校と同等のものと認定される、との風評が流れていることも、確かである（同前、同年十二月十四日）。

ところで、この時期（正確に言えば四月五日）、同志社体操教師の武田丈治（竹田とある）が解雇されている。理由は不明である

(『同志社百年史』資料編一、七四三頁)。わずか二学期間の勤務であった。

さて、新島の東京出張に戻れば、文部省を相手に、「同志社ヲ官立校同等ト認ラル、ノ手段」を講じる一方で、軍事教練のために桂太郎陸軍次官に依頼して、銃器を安価に払い下げて貰うことも、新島の所期の目的であった(『新島襄全集』三、四五五頁)。また、改正された徴兵令では、教師、軍事教練、基金(五万円以上)の三点を満たせば、私立といえども、官立学校並に徴兵免除の特典が与えられる、と新島は理解している。

「教師スタッフは十分。軍事教練もすでに開始済み。ただ銃はない」。要するに同志社に不足するのは、銃と基金だけであった(同前六、三二一頁)。前者はなんとか自力で調達できる。難物は後者である。のちにアメリカン・ボードから五万ドルの寄付を得た時、新島の喜悦は最高潮に達した。

しかし、徴兵猶予の件は、一八八八年になっても決着を見ていない。七月二十一日に新島は改めて森を訪ね、猶予を得る方法について質している。森は三条件を挙げた。教科、商議会(理事会か)の権限(管理職の任免権)、それに基金である(同前五、三五三〜三五四頁)。

このとき、森の口からは、同志社を「高等中学」にすると同時に「専門科」を設けて内容の充実を図れば、卒業生を大学卒とみなし、「学士」の称号を与えてもよい旨の発言が飛び出し、新島を喜ばせている(同前三、六二一頁)。同志社との友好関係が、すっかり消滅したわけでもなさそうである。ちなみに新島と森との会見は、これが最後となった模様である。

八月十六日、新島は理事(社員)の中村栄助に、徴兵猶予の特典のためには、「矢張準官立校トナラネハナラヌモノカ」、また「準官立ノ名義ナクシテ」その特典に預かる方法がないものか、誰かに照会してみてほしい、と依頼している(同前三、六二四頁)。新島はこの頃、官立高等中学校と同等の特典を得る方法を富永冬樹にも照会したようである(同前八、五三七頁)。

九月三十日、新島は「徴兵猶予ノ特典ヲ与ヘラレン事ヲ要ス」という内容の手紙を徳富蘇峰と湯浅治郎に持たせて、森を訪問させた(同前五、三七六頁)。森の冷たい対応振りに蘇峰が憤慨したのは、この時の出来事か(『蘇峰自伝』二四六頁)。そうであれば、徴兵猶予問題は依然として未解決のまま、ということになる。

徴兵令は、何度かの小さな改正を経て、最終的には一八八九年一月二十一日に大改正を見た。学生の徴兵に関しては私立の場合、依然として徴兵猶予が認められなかった。

第二十一条は言う。「満十七歳以上満二十六歳以下」の者で、官公立学校を始め、「文部大臣ニ於テ中学校ノ学科程度ト同等以上トミトメタル学校」、もしくは「文部大臣ノ認可ヲ経タル学則ニ依リ、法律学、政治学、理財学ヲ教授スル私立学校」に在校する者は、「本人ノ願ニ由リ、満二十六歳迄、徴集ヲ猶予ス」と(松下芳男『徴兵令制定史』五四二〜五四三頁)。

同志社は、その後も苦難が続く。「兵式体操」の実施も、徴兵猶予の特典につながらなかった。兵式体操の担当者と言えば、最初の指導者に関して、「陸軍の下士上がり」とか、「休職軍人」とか伝えられている。『同志社五十年史』(二七四頁)は、「当時別科神学在学中の予備軍曹高木正則君」、ついで「予備憲兵大尉の早瀬松次郎」、さらに一八九九年以降は榎本栄に交替したという。

卒業生によると、高木が担当したのは予備校で、普通学校では同校上級生の浜田正稲が担当している(石塚正治「同志社時代の思出」、『同志社校友同窓会報』一九、一九二八年四月十五日)。ちなみに高木の同志社入学は、一八八四年九月である（『池袋清風日記』下、一一〇頁）。彼が御苑内の体操場で兵式体操を担当した時期を一八八五年六月とするのは、『同志社ローマンス』（三〇四頁）である。

また一八八九年頃、同志社が下鴨に購入した広い荒れ地を利用した体操もどきの授業が行なわれている。同地は一八八九年一月に購入した旧彦根藩屋敷跡で、場所は上御霊《かみごりょう》神社東側、広さはおよそ七千坪であった（『新島襄全集』四、二九頁）。そこへ学生たちが出掛けて、鋤《すき》や鍬で開墾する労働が、「体操科」の代替となったという。しかし、開墾作業自体は、長くは続かなかった（石塚正治「同志社時代の思出」）。なお、一八九〇年五月の時点で、高木（石川県出身）は別科神学科の三年に、そして浜田（高知県出身）は普通科の五年に在学している（『同志社百年史』資料編一、六一〇～六一一頁）。

同志社英学校は、一八八八年に改組されて同志社学院予備学部と普通学部になる。それぞれにも体操（週四回）が組み込まれている。後者のそれは、「普通体操」と「兵式体操」を併置する。一方、前者では一八九三年には「柔軟体操」（週五回）となっている（『同志社百年史』資料編一、五一三頁以下）。

ちなみに、同志社の学内雑誌『文学会雑誌』（二五頁、一八九一年一月三十一日）に「体操科の新機軸」と題する記事がある。一八九一年当時の消息を伝えていて、興味深い。

それによると、「本校の体育科」はこれまで週四時間の「兵式体操」であったが、「兎角不振の姿」なので、半分を「自由運動」とする。ベースボールやフットボール、器械体操、撃剣柔術といった種目から自由に選択できる。なかでも目新しいのは「農事運動」である。鞍馬口の大学敷地を五名一組で各組五十坪の土地を耕転するのである。先に紹介した体操の代替というのが、これに相当する。

この記事からも判るように、「兵式体操」は同志社ではなじみにくい体育であった。それにもかかわらず同志社は、「兵式体操」を実施することで、「中学校ノ学科程度ト同等以上トミトメタル学校」を目論んだ。結論的にいえば、これに基づき、徴兵猶予の特典を同志社が得たのは、これより十年後、すなわち一八九八年のことであった。その代償はあまりにも大きかった。社員会（理事会）が、「同志社通則」綱領の第六条を削除して、キリスト教主義を不明確にした見返りだからである。

これには校友会やアメリカン・ボードを始めとする諸団体から猛烈な反対運動が巻き起こり、ついに横井時雄総長ほか、社員全員の辞任にまで及んだ。結局、新体制により、綱領は復元され、さらに幸いなことに徴兵猶予の特典が取り消されるという事態にもならなかった（『同志社百年史』通史編一、四四五頁以下）。

かくして、十数年にわたって同志社を揺さぶった徴兵令問題も、これでようやく解決するにいたるのである。これが体操に与えた影響の分析は、今後の課題である。

第六章　長老派による京都伝道の開始

一、村岡菊三郎と室町教会

宗教的サンクチュアリー

キリスト教に特化した場合、京都はまるで会衆派の「サクチュアリー」（聖域）であった。一八九〇年前後まで、他教派の進出は見られなかった。ミッションで言えば、アメリカン・ボードの独壇場であった。

ひとつには、アメリカン・ボードが日本に進出した一八六九年当時、すでに横浜と東京を長老派や改革派が押さえていたことが大きい。これら先発組は、後発ミッションの京浜進出に対してけっして好意的ではなかった。むしろ反対する宣教師が多かった。

そこで、アメリカン・ボードとそれら他教派との間で、伝道範囲を調停する話が持ち上がった。「談合」めいた協議の結果は、文章化されることはなかった。そのかわり、「区割り」を暗黙のうちに尊重する、といういわば紳士協定が、相互に承認された。こうして、アメリカン・ボードは、いまだ宣教師不在の関西を伝道基盤とすることが決まり、以後、それが慣習となった。

関西にはいまだ宣教師がいなかった背景には、神戸の開港が、長崎や横浜よりも遅れたことがある。神戸の開港は、横浜より十年遅い一八六八年のことであった。一八六九年に横浜に着いたD・C・グリーンが、アメリカン・ボードの最初の日本派遣宣教師であることを思うと、はからずも時機が到来したと言えよう。

以後、最初の拠点（ステーション）を神戸に据えて、アメリカン・ボードは伝道に着手する。しかも、ほぼ独占である。すなわち、関西は、アメリカン・ボード以外の進出が、道義的に許され難い伝道地となったわけである。とりわけ同志社の本拠地である京都はそうである。

けれども、関西の重要拠点として、いつまでもそうした独占状態（他派から見れば、空白地帯）が許されるはずもなかった。会衆派（アメリカン・ボードや組合教会）が、関東進出を計り出したのに呼応するかのように、聖公会、ついで長老派などが京都に触手を伸ばし始めた。

とりわけ、日本最大のプロテスタント教派である長老派（日本基督一致教会）の動向は、重要である。同派は、新島襄が死期を迎える一八九〇年前後に、堰を切るかのように京都に日本人伝道師、ついで宣教師を送りこんだ。

同年一月二十三日に死去した新島襄は、こうした状況を見ることなく生涯を終えたことになる。彼の目の黒いうちは、長老派の京都伝道は実現していない。

しかし、まさに開始寸前の前夜であった。

長老派の「侵掠《しんりゃく》」を警戒

最晩年の新島は、長老派の「侵掠」（『新島襄全集』四、二七八頁、同朋舎、一九八九年）に神経を尖らせていた。「彼ノ侵掠手段ニ抵抗」（同前四、二六八頁）すべき地方は、さしあたっては関東、福島、越後であった。

新島が見るところ、「一致会（一致教会）ノ連中ハ、徒《いたず》ラニ西国《さいごく》上方《かみがた》ニ垂レ、関東ニ於テ長足進歩ノ計ヲ為サ、ルニ似タリ」であった。しかし、今後は違った。「今日（一八九〇年初頭）ニ至リ初メテ目ヲ覚《さ》シマ、吾人ノ線路内ニ入リ込マント彼此、計画ヲナシオル由、近頃、吾人ノ耳朶《じだ》ニ達セリ」。「近頃」とは、新島が永眠する一週間前のことである。彼は臨終の床にあっても、自ら気を引き締めざるをえなかった。「依《よっ》テ我カ輩ハ、本年コソハ充分、関東ニ力ヲ尽シ、我カ線路ヲ固タメ」ようと決意した（同前四、三四八頁）。

新島が長老派の攻勢をこれほど憂慮した背景には、いったい何があったのか。一八九〇年には、同志社神学校を出る卒業生が少数であるのに対し、明治学院（一致神学校）からは多数の卒業生が輩出するという情報を新島はつかんでいた。

「此ノ六月ニ至ラハ、明治学院ニハ二十名（最終的には十九名）ノ邦語（日本語神学コース）卒業生あり」との情報である。彼らは全国各地に派遣され、「我党（組合教会）之兄弟ヲ蚕食セントスル」かもしれない、と新島は憂慮した（同前四、三三五頁）。

関東地方で言えば、「此ノ六月（実は四月）ハ、一致教会ニハ二十ヨ名ノ神学卒業生ヲ可出候間、必ラス彼《か》ノ講義所（桐生の教会）ニモ人ヲ遣シ可申候」という懸念である（同前四、二八一頁）。

福島で言えば、「此六月ニハ、一致会（一致教会）ヨリ必ラス郡山、三春、福島あたりの伝道に着手するはず、という見通しである（同前四、二八八頁）。越後で言えば、「来六月ヨリ一致（教会）ヨリ着手セサル前、柏崎ヲ渡スハ、不得策ナリ」である（同前四、二九四頁）。

さらに、長岡伝道の将来を新島は憂えた。「一致会ハ、已《すで》ニ該地（長岡）ニ涎《よだれ》ヲ垂レ、隙ヲ伺ヒ、我本城迄モ奪ハント野心ナキ能《あた》ハス」（同前四、三二七頁）。「無礼ニモ長岡町ヲ侵掠セント計ラル、ノ由」と仄聞して警戒心を強めている（同前四、二六四頁）。

これに対し、組合教会は「人ナク、又金ナキヲ奈何《いかん》セン」というお寒い状態であった（同前四、三〇二頁）。新島は、守勢に立たされた。それでも京都は別格との安心感が、なかったであろうか。

新島には、自分の膝元の動静が、見えていなかった。彼の死を待っていたかのように、村岡菊三郎が京都に送りこまれるからである。彼は明治学院を卒業した十九名の神学生の中で、卒業生総代を務めた、いわばエース格であった。

新島流に言えば、こともあろうに、組合教会の本丸ともいうべき京都という「吾人ノ線路内ニ入リ込マン」としたのである。しかし、これは新島の関知しない出来事であった。

さらに問題とすべきは、村岡の京都伝道に関連して、アメリカン・ボードがとった態度である。村岡の京都伝道を助けるために京都に最初に定住した長老派宣教師、ポーター（J. B. Poter）に対してアメリカン・ボード宣教師（同志社教員）がとった態度、あるいは両者の交流にも注目すべきである。

この点については、D・W・ラーネッドを始め、M・L・ゴードンやボストン本部のN・G・クラーク、さらには、長老派の宣教師、J・P・ハーストなどの見解をすでに紹介した（拙著『京都のキリスト教』二三三〜二三五頁、日本キリスト教団同志社教会、一九九八年）。

村岡菊三郎

本稿(1)は以下、最初の定住伝道師である村岡菊三郎に焦点を当て、長老派の京都開教の消息を明らかにする。村岡は、植村正久と並ぶ一致教会の総師である井深梶之助（明治学院副総理）より指名されて、一八九〇年四月下旬に京都に最初に派遣された長老派（日本基督一致教会）の伝道師である。

彼の努力によって、京都における最初の一致教会系の教会（今日の日本キリスト教団室町教会）が創設された。つまり、京都伝道における同派の先駆者である。けれども、なぜか彼の痕跡はきわめて薄い。

大阪における女子教育史においても、事情はほぼ同一である。彼は一時、京都から大阪に移り、大阪女学院の前身、大阪一致女学校で、第三代の主幹（校長）を務めた。彼は、在職中に校名を「浪華女学校」と改称し、自ら初代主幹に就いた。要するに、大阪における初期キリスト教女子教育における開拓者のひとりである。

しかし、最近出版されたばかりの『ウヰルミナ物語——大阪女学院創立一二五周年記念誌』（大阪女学院、二〇〇九年）にも、村岡の名前はない。伝道師同様に、教育者としても、忘れられた存在である。女学校における在任期間が、一年足らずであったことも、響いていよう。

彼の名前が、女学院史に残っているとすると、同窓会名簿くらいである。それも、「旧職員」のひとりとして名前が挙がるに過ぎない（ウィルミナ女学校同窓会『会員名簿　昭和十三年五月現在』六頁、同同窓会、一九三八年）。ちなみに、住所は「サクラメント市ルート九」である。すでにアメリカの西海岸に転出している。

本稿は、不透明であった村岡菊三郎の京都、ならびに大阪における活動をできるだけ究明する。両者は、一体として叙述することが、望ましい。なぜなら、彼の京都伝道は、大阪での教育活動を挟んで、実は前後二回に及んでいるからである。

おいたち

村岡菊三郎は、九州人である。佐賀県東松浦郡玉島村字平原において一八六六年七月二日に生まれた。父・養益は福岡出身の漢法医であった。博多で開業中に玉島村から村医として招かれたので、一家して転住していた。菊三郎はこの地で養益の四人目の子（三男）として誕生し、少年時代をここで過している。一八八〇年、十五才の折、一家は再び福岡に戻った。

母は一八七三年、菊三郎が七才の時に病没し、博多の本岳寺に葬られた。

彼には兄が二人（素一郎と玄次郎）と姉がひとり（ます女）いた。なかでも長兄の素一郎は、菊三郎にとっては親代りの働きをする。菊三郎の自叙伝『結婚生活五十年』は、この兄に献げられている。[2]

素一郎は菊三郎より十五歳の年長で、一八五〇年十月に福岡で生まれた。[3]「融軒」と号し、漢詩文に長じていた。一八七八年二月、東京高等師範学校を卒業した。ちなみに、後に同志社に入学する柏木義円は、同年七月の卒業である。素一郎は卒業後、函館県から御用係准判任官として小学校教員（月俸二十円）に招かれた。のち学務課長心得や函館師範学校の監督（校長）、函館教育協会副会長の要職につく。

監督時代、福岡にまで出張し、生徒と教師とを募集したことがある。この時、前者には九名が、後者には四名の者が志願した。菊三郎少年も、生徒として入学を志願したひとりであった。

こうして菊三郎は、兄に引率されて九州から北海道へと渡ることになった。一八八一年五月初旬のことで、函館着は六月四日であった。兄の素一郎は東京で一行と別れ、函館には六月三十日に戻った。

函館に行く生徒には、旅費として二十五円が支給された。在学中は寄宿生として一円五十銭の給費が出た。卒業後は同地で小学教育に従事するという約束であった。

兄のもとで研鑽すること二年。一八八三年七月三十一日に菊三郎は、函館師範学校を晴れて卒業した。学校の記録には、「福岡県平民　村岡規矩三郎」とある。翌年六月四日には、月給十四円の四等訓導に任じられた。夏、辞令を土産に、彼は帰省した。

この時、菊三郎は婚約者（中野友子）に函館への遊学を勧め、周囲の同意をとりつけることに成功している。素一郎一家の存在に加えて、兄嫁の姉である雑賀あさ子が、遺愛女学校（開校は前年の二月一日。今の遺愛女子高等学校）で舎監をしていたのが、何かと好都合であった。

かくして友子は、これより四年間、遺愛女学校で宣教師たちからキリスト教的な訓育をみっちりと受けることになる。後年、はからずも牧師夫人として立つ素地がこの地で形成されたことは言うまでもない。(4)

キリスト教との出会い

菊三郎がキリスト教と出会うのは、函館においてである。最初の手引きは、ここでも素一郎であろう。素一郎は弟に先立って入信していた。

素一郎は東京に出張して、桜井ちかを函館師範学校の教師に採用したことがある。その時期は、弟たちを連れて福岡から函館に戻る際に在京した時であろう。「東京ニ於テ採用スル所ノ女教員（月俸金二十円）(5)桜井ちか」が来函したのが、一八八一年七月二十二日だからである。菊三郎に遅れること、一か月半であった。

桜井ちかは、夫と共にこの後、村岡兄弟にとって忘れられぬ存在となる人物であるので、ここで夫妻の北海道行きについて触れておきたい。

ちかは桜井女学校（今の女子学院）をこれより五年前に創設し、校長として活躍もしていたので、クリスチャン教育家としてすでに名を知られていた。ところが、一致教会の伝道師として働いていた夫の昭悳《あきのり》が、北海道伝道を志すようになった。そのため、終生わが身を捧げるつもりであった桜井女学校に、「名残をしくも」別れを告げ、「愛惜の涙にくれつゝ良人とゝもに」北海道へ渡ってきたのである。

渡道を決心してからというもの、彼女は夫とは別に「一の目的」、すなわち「該地の要所に一女学校を起」すことを目論んだ。そこで一八八〇年六月十四日付けで、時の開拓長官・黒田清隆に宛てて、「北海道札幌へ女学校設立仕度儀ニ付、保護御願」を提出した。しかし、ただちに却下されてしまった。

翌一八八一年の七月十五日に、ちかは東京都知事に、桜井女学校の校長代理に矢嶋楫子をあてることを届けた。そのあと、十六日にも函館へ向けて出発するはずであった。実際の乗船は二十日、出港は二十一日であった。函館着は先に見たように二十二日であった。同行したのは家族のほかに、赤心社々長の鈴木清と三人の学生であった。(6)

ちなみに、昭悳は北海道の開拓事業を目指す赤心社の後援者のひとりで、同社の東京委員をつとめていた。したがって、函館に移転後も、引き続き地方委員を引き受けている。(7)こうした鈴木清とのつながりから、昭悳が函館に来たのは、赤心社の委員としてであった、とも言われている。(8)

北海道での桜井夫妻の働きについては、不明なことが多い。

「北海道に至り、居を函館に占め、我良人は直接伝道に、従事し、我は師範学校女子部の教諭に務めたりき」とは、ちかの回顧である。(9)

ちかは赴任後の十月から、毎週水曜の午後に二時間ずつ女礼式と西洋料理とを教えた、という。一方、夫妻して大町に講義所を開き、十月八日にキリスト教徒親睦会を企画したり、十一月七日には函館基督教青年会を組織するなど、函館伝道に着手している。彼らの働きは、日本基督教会（長老派）による北海道伝道の端緒でもあった。

こうした努力が実り、着任二年後の一八八三年十二月七日には、待望の日本基督一致函館教会（今の函館相生教会）が設立されるにいたった。創立者の中に村岡素一郎の名も見られる。彼は桜井夫妻の感化を受けて、昭憲から受洗をしたのである。この年の受洗者は十九名を数える。素一郎はそのひとりではなかったか。(10)

素一郎と桜井夫妻との交流は、函館以後も続いている。たとえば、素一郎の長男・祥太郎（のちの学童。音楽家）が上野の音楽学校に在学中、大怪我をした時、その静養先は桜井家の一室であった。(11)

桜井夫妻の函館滞在は三年余で終った。昭憲が肺疾を病み、暖い地方で養生する必要が生じたため、一八八四年十一月に函館を去って高知へと転じた。ちかにとっては、女学校設立という「一の目的」を果たさぬままの転任であった。かなりの人の賛同を函館でとりつけながらも、「時遅未だ来らざりしにや」ついに空しい志に終ってしまった。(12)皮肉なことに、メソジスト教会が同地に遺愛女学校を設立したのは、彼女の函館時代のことである。

ちかが函館師範学校を辞職した時期は、学校側の史料では七月八日、本人の履歴書では十月となっている。夫の札幌転出に伴い、ちかも札幌師範学校に移った、とする記録もあるが、史実とは相違すると見るべきであろう。(13)

さて、菊三郎は伝道師の桜井昭憲や、彼から受洗をした兄の素一郎の勧めで、キリスト教に接近する。

一八八三、四年のころのことであるが、最初は桜井ちかから、ついでその紹介でS・C・スミスから菊三郎は英語の手ほどきを受けている。スミスからは聖書も習ったという。彼女はのちに（一八八七年）、札幌にスミス女学校（今の北星学園）を創った教育者である。当時は函館伝道を応援中であった。菊三郎は、スミスの親切と人格とに、大きな感化を受けた。

一八八五、六年ころの夏、服部俊雄（東京の新栄《しんさかえ》教会長老ならびに神田の英和予備校々長）(14)が函館伝道にやって来た。服部はこの時、美以《みい》教会（メソジスト教会。今の日本キリスト教団函館教会）で同教会の松本総吾牧師と共に講壇に立ち、「人生の目的」と題して話した。菊三郎は、「小学校の教員で、屁理屈斗《ばか》り言って居ったのであるが、縁者の勧めで聴聞に出掛けた」。彼にとっては初めて聞く説教であった。受洗後のことであるが、菊三郎はこの服部を「霊的の恩人」と呼んでいる。(15)

ところで、美以教会に菊三郎を誘った「縁者」は、誰か。雑賀あさ子の可能性が高い。彼女は「遺愛女学校の名舎監」であっただけでなく、一八八三年十二月に函館教会で受洗して以来、教会の会計をつとめたり、同地の婦人矯風会で活躍していた。(16)

こうして菊三郎は、雑賀が所属する美以教会の松本や服部、兄が加わった一致教会の桜井夫妻やスミスなどの指導を受けるにいたった。さらには押川方義《まさよし》（仙台教会牧師で仙台神学校長。一八八六年の夏期休暇を利用して、無牧の函館教会を応援したことがある）(17)の説教などの影響を受けて、「信仰心大に動いては居ったが、〔中略〕友人や先輩などに気兼ねして、信者になる決心が出来ないで居った」。

彼が受洗を決断するのは、上京後の一八八六年の暮のことである。周囲への気がねから解放されたため、「東京に至るや否や、直ちに自ら申出でて」洗礼を受けた。(18)

なお、菊三郎の函館時代で見逃せないのが、彼の姓である。当時、函館は札幌、根室と並んで北海道では徴兵が義務とされていた地域であった。彼は徴兵を避けて、そのまま同地で教育に従事したいとの願いから、一八八五、六年ころ友人の親戚で、函館郊外に本籍を有する坂口家の養子となった。同家とはそれ以前もそれ以後も、一度も接触したことがないという。菊三郎が村岡姓に復帰するのは新潟時代の末期（一八九六、七年ころ）であるから、ほぼ十年間というもの「坂口菊三郎」を名乗っていたことになる。(19) ただし、本稿では便宜上、村岡菊三郎で統一する。

明治学院に学ぶ

小学校の教師として、村岡はその後三等訓導となり、校長候補者として有望視されるまでになった。

ところが、一八八六年の暮（彼の記憶では翌年の暮）に「感ずる所あり」て職を辞し、上京している。そして直ちに、浅草の長老教会で小川義綏《よしやす》牧師から受洗した。(20) 兄や義姉に続いて、キリスト教徒となったわけである。

受洗後まもなく、小川牧師の勧めで伝道者になる決心をし、一転して明治学院神学部に入学する。(21) 一八八七年三月のことであった。(22) 後述するように、受洗はこの年の一月であろう。

明治学院と言えば、前身である英和預備校で兄の素一郎が教鞭をとったことがある。素一郎は一八八四年六月に函館師範学校を退職し、根室で再び奉職した（茅部《かやべ》、山越郡長として転任した、ともいう）。翌年、北海道を離れている。この年九月十八日に英和預備校に雇い入れ願いが出されている。同校の校長・服部綾雄の招きで漢学教師となったのである。(23)

問題は、函館に残された菊三郎の婚約者、友子である。親からの願いもあり、福岡に開校されたばかりの、同系列の福岡英和女学校（一八八五年五月開校。今の福岡女学院）に転校することになり、帰省した。(24)

さて、菊三郎の神学生時代に移ると、寄宿舎に住みこみ、学外での伝道活動にも熱心であった。

最初に籍を置いたのは、浅草教会である。受洗後一、二か月経つか経たぬうちに、年来の内紛が爆発するという事件が、教会内で起きた。それに伴ない信徒たちは、小川牧師の排斥派と擁護派に二分された。村岡は、ともに受洗した鷲津精一郎夫妻らと「何も様子を知らぬ」まま、「牧師擁護派に参加させられ」た。そして「正義派は、小川牧師を擁して、別に今の明星教会を創立した」のである。(25)

浅草教会から分離した信徒百二十三名が下谷《したや》に明星教会を建設したのは、一八八七年二月のことである。菊三郎の受洗年が一八八七年であることは確実である。受洗直後に内紛が生じていることから逆算すれば、受洗の月は一月ということになる。村岡は、「明星教会の為め、創立以来可なり尽したものだ」と自負する。教会は翌年の六月二十三日に、捧堂式（会堂竣工式）を行なっている。村岡の尽力も大きかったはずである。卒業後も、彼は新任地の京都からわざわざ上京して、一致教会の第六回大会に明星教会の代表（長老）として、出席している位である。(26)

明星教会のほかにも村岡は、出張伝道に力を入れた。土曜、日曜にかけて群馬県に出張し、伊勢崎教会の説教や後閑《ごかん》村の家庭集会を手伝う。時には栃木県の宇都宮教会の礼拝をも応援した。(27) さらに一八八八、九年の両夏、千葉県大森教会のために「聊か微力を尽した」。そのためには、「足鞋履きで土曜から出掛け」ている。(28)

明治学院での三年間にわたる研鑽が実り、一八九〇年四月四日、村岡は卒業式の晴れの舞台で、卒業生総代として答辞を述べる光栄を担った。同期生は一時は三十名ほどにもふくれたが、卒業にまでこぎつけたのは、十九名であった。翌年がひとり（多田素《しろし》）、その次が四人（小川豊吉ら）であることを思えば、村岡たちの学年は圧巻であった。同期生には、本稿に関連する田中義一や伊藤貫一のほかに、光小太郎、貴山幸次郎、沢尻喜久馬、今井健次郎などがいる。

卒業式を終えた若き伝道者たちは、十日から十三日まで赤坂教会での説教会にさっそく登壇している。村岡の出番は十二日であった。(29)

初陣《ういじん》の京都伝道

村岡の新任地は、京都であった。ちなみに、伊藤貫一は金沢、田中義一は伊勢崎へ派遣された。(30)

そもそも京都は、同志社を中心に「組合教会の縄張り圏内」の観があった。事実、アメリカン・ボードの宣教師、J・H・ベリーは、ミッション間のとりきめでは、京都伝道はアメリカン・ボード（組合教会）に一任されていたはず、と受けとめている。そこへ一致教会の京都進出である。

この件は、前年の秋には、ベリーたちにも知らされていた（J. C. Berry to N. G. Clark, Oct. 17, 1889）。京都伝道へ一致教会があらたに割り込むには、相当の覚悟と労力が必要であったはずである。

一致教会は、村岡が赴任する直前の一八九〇年二月からJ・B・ポーター夫妻（夫人はこの秋に帰国。送別会は十一月三日）(31)が助手の手塚誠哉とその家族、女性伝道師の岡部なを子（同志社神学生・岡部太郎の夫人）の協力を得ながら、開拓伝道に着手したばかりであった。なお、後に見るように、手塚は大阪一致女学校の理事として、村岡を助けることになる。

京都の講義所（伝道所）は西陣の一角、すなわち中立売《なかだちゅうり》黒門角に開かれた。その際、ポーター宅で親睦会が催されたが、十名前後の出席者があった。対外的には、明治学院の卒業式と奇しくも同じ日に、西陣の千本座で行なわれた大演説会が、伝道の皮切りと言えよう。開拓伝道は「初めより自給主義を取り、皆信徒の寄附を以て維持し居れり」という。(32)

そもそも西陣は、「無教育なる労働者の多き事と、人情の殊に険悪なるが為め」、伝道地としては「市内最難の地」であった。そのため、組合教会系の機関紙である『基督教新聞』（一八九二年二月五日、五月二日）が、「日本基督教会が市内最難の地（西陣）に着手せしは可祝の至りなり」と称讃している位である。組合教会も一八八四年ころから、千本通りに三か所の講義所を設け、西陣伝道に取り組んではいた（『池袋清風日記　明治十七年』上、二一一頁、同志社社史資料室、一九八五年）。

このように、船出したばかりの京都伝道、しかも困難な開拓伝道を強力に押し進めるには、一致教会としては有力な日本人伝道者を送りこむことが、ぜひとも必要であった。人選は井深梶之助が行なった。彼は卒業したばかりの神学生「十九人中より、特に選んで京都伝道の大任を」村岡に負わせた。(33)一致教会の指導者から、大きな期待をかけられての赴任であることが、よく窺える。

京都着任は四月下旬のはずである。五月二日の『福音週報』が、村岡の来任を伝えているからである。

当時の京都のキリスト教界の消息を、彼は次のように回顧している。

「僕は明治二十三年（一八九〇年）三月、明治学院神学部を終へ、スグ京都に任命され、西陣中立売黒門角に講議所〔講義所〕を開き、ポーター氏と共に日本基督派の伝道を開始した。夫《それ》が、今から四十年前の事なんだ。

新島譲〔襄〕先生が、其年の一月に昇天になった直後の事とて、伝道所に行っても、話に先生の事で持ち切って居った。僕の濡鞋を解いたのは、今出川室町上《あが》ル伊藤某の家で、今の梅花女学校々長・伊庭菊次郎の姉上の宅だ。伊庭君の如き、雪道を跣足《せんそく》で先生の柩を若王寺〔若王子《にゃくおうじ》〕山頂に昇ぎ上げた同志社生徒の一人で、足のムクミが未だに取れない、と云って悩んで居られた。

当時、京都の教会陣容はと云へば、第一に平安に松山〔高吉〕先生、四条〔今の京都教会〕に堀貞一氏、洛陽には津下《つげ》紋太郎君などが、学校の傍ら助けておった。同志社教会は、重《おも》に柏木義円氏が主任であったやうだ。組合派独占的縄張圏内の観があったが、京都には外に唯だ一箇、聖公会があるのみで、温厚な多川幾造氏が牧師であった。

同志社学生中には、日本基督派に属する人が可なり多かった。太田九三八〔九之八〕、金子武三郎（当時杉田）、湯谷《ゆや》磋《さ》一郎、南泰作（後の猪股）君などで、坂田貞一君（後の村井）は日本基督派であるに不係《かかわらず》、四条教会を手伝い、兵児帯《へこおび》結んで、飛んで居られた頃なんだ」(34)（傍点は本井）。

村岡は伊藤家で旅装を解いた後、室町一条上ルの尾崎宅に、ひとまず身を寄せた。五月には、中立売黒門角二十五番地の講義所に落ち着いている(35)。

新任の伝道師を迎えた信徒たちは、五月十七日に二回目の親睦会を兼ねて、歓迎会を開いた。ポーターや湯谷磋一郎を含めて、二十名の参加者があった(36)。

なお、この頃京都には、各地から転住した一致教会系の信徒、求道者が、学生を中心に三十四、五人もいた(37)。そのうち、同志社の普通科には南が、神学部には湯谷、金子、太田、坂田のほかにも、白石喜之助、白井胤録、松永文雄たちが在学していた。村岡自身も、唐津で伝道中の栗原賢明の長男（喜一郎）や、村田若狭守（村田政《まさ》矩《のり》。G・H・F・フルベッキから受洗した日本で二番目に早いプロテスタント受洗者）の孫・村田虎吉郎（後の信徒伝道者）を引きとって、同志社に通わせたこともある。

一方、村岡は着任早々、白石、白井、松永の三名に対し、明治学院への転校を強力に勧め、断行させている。同志社当局が困惑したことは言うまでもない。それ以外の学生たちは、坂田を除いて村岡をよく助けた。とりわけ太田は、書記と会計を兼務している(38)。その彼も、翌年七月には（湯谷磋も同時だが）同志社を卒業し、新宮に赴任している(39)。こうした同志社学生たちとの交流に関しては、他の所でも紹介した（拙著『京都のキリスト教』二三六〜二三八頁）。

さて、伝道師となってまもなく、村岡は『福音週報』（一八九〇年六月一三日、二〇日）に、「一致教会に属する宣教師の厚意を謝し、合せて告くる所あり」を寄稿した。内容は宣教師批判である。病院や学校、幼稚園といった「間接伝道」には干渉せず、よろしく日本人に任せよ、というのである。同労者のポーターのことが、脳裡にあったものか。

いずれにせよ、多少の反響を呼んだものらしく、「植村〔正久〕主筆から、『問題になってるぜ』杯《など》と言はれて、嬉しかった」と述懐している。なお、この中で村岡は、かねて親交のあった桜井ちかが校長をしていた桜井女学校を（名指しこそ、してはいないが）取りあげ、宣教師の干渉を免がれた例外的な存在として、賞讃しているのは、興味深い(40)。

さて、伝道の成果であるが、六月には早くも洗礼志願者が六名生れている。この頃、宣教師たちからの寄附五十円で、オルガンを教会に備えることができた。

最初の洗礼式は、（教会資料とは、くい違っているが）八月二十一日に行なわれ、ポーターが男三人、女四人に授洗をした。九月三十一日（三十日の誤まりか）には、さらに男女各三名がポーターから受洗した、と報じられている（ちなみに村岡は、この時はいまだ伝道師で、洗礼を授ける資格はなかった。彼が按手礼を受けて牧師となるのは、一八九三年横須賀時代で、山本秀煌《ひでてる》から受按した）。このほかにも、さらに七、八名の志願者がいた。このような「当春以来の優握なる天恩」に対して、十月三、四日の両日には、感謝会が持たれている。

この秋から村岡は、西陣の職工に対して伝道を開始した。西陣屈指の職工家・栗原家で、毎週水曜の夜に家庭集会が開かれることになった。数名から二十名の職工が集まり、村岡がポーターや手塚らと集会を分担しあっている。(41)

冬には（十二月十五日から）数日間の予定で、ポーターの発起による連朝祈禱会が催された。(42)京都で迎える最初のクリスマスへの準備であろう。

まずは、順調な滑り出しである。村岡も、「思ひの外教勢順調に進み」と回顧している。彼を側面から助けた二人、岡部なを子と太田九之八の働きも、大きかった。前者に関しては、「若《も》し、小生の京都伝道に何分かの成功があったと言ひ得るならば、其大部分は女史の働きの結果である」と感謝する。後者については、「忠実なる援助を惜まれざりしことは、数十年後の今日、尚忘るる能はざる感謝である」と評している。(43)さらに、赴任二年目には、同窓の田中義一に来援を求めている。これについては後述する。

信徒が増えるにしたがい、講義所は教会としての体裁を備え始め、時期は不明だが、仮教会と称するにいたった。一八九一年の春ころには、日本基督教会の浪華中会へ、加入を申請するまでになっている（ただし認可はされなかったようである）。夏には、かねて世話をしていた栗原喜一郎が病気のため、村岡につきそわれて唐津へ帰省している。(44)

ところで、村岡の京都時代に洗礼を受けた信徒たちの名前であるが、彼が挙げるのは、次の数名だけである。富永冬樹（京都裁判所長）夫人、水野幸吉（三高生。のちにニューヨーク総領事）、村岡養益・常子（菊三郎の両親）、岡田シズ（のちに内村鑑三夫人）とその母（好子）と妹（浜子）である。一方、教会の資料では、最初の洗礼式（一八九〇年八月二十九日と伝えられている）でポーターから受洗したのが、今井孫吉・タミ、河村市次郎・ツルの四人で、ほかに転入者がひとり（横浜源一郎）いる。(45)月日、人数とも、先に見た報道となぜか、食い違っている。

教会外の活動

村岡はこうした教会内部での直接伝道のほかに、他教会との結びつきや各種の社会活動にも、深い関心を寄せていた。この点は後年、感化院長として活躍する素地として、注目しておきたい。

一八九〇年の春、西陣の織物業が不況に陥いり、大きな社会問題となった。村岡の講義所は、この西陣の一角にあった。彼は着任早々であったにもかかわらず、さっそく市内の諸教会に呼びかけ、貧民救助を考える会を六月十六日に平安教会で発足させている。数日毎に米や衣服を支給する、というこれまでの「一時姑息の方法」に代えて、「永久に維持すべき資金」づくりを目指すことにした。

このプランは、ただちに実行に移された。「四条通りの朝日座に於て、京都で初めての大音楽会を開き、非常な盛況を極めた結果、四百円以上の純益を得、食事、医療等各方面の社会的慈善事業を長く継続して実行することが出来た」。(46)

新聞報道は、村岡の回顧と少し食い違っている。まず、『福音週報』（一八九〇年十月三日）によれば、この音楽会が開かれたのは九月二十日、会場は祇園館であった。司会は村岡、聴衆はおよそ四千人という盛会ぶりである。また、「基督教新聞」（一八九〇年十月三日）は、詳しいプログラムまで紹介したうえ、入場者は三千人以上、会場での寄附だけでも三十余円に達した、と報じている。なお、主催は京都基督教会連合貧民救恤《きゅうじゅつ》会である。

音楽会（京都貧民救恤会）に次いで、村岡はトルコ軍艦の見舞いに取り組んだ。この年の九月十六日に熊野灘でトルコの軍鑑が沈没し、五百八十一名が水死するという遭難事件が、突発した。京都の諸教会はただちに代表を送って、生存者を慰問することに決めた。組合教会からは堀貞一（四条教会）が、日本基督教会からは村岡が選ばれ、十月一日に神戸に赴いている。[47]

村岡を迎えて、京都のプロテスタント教界が、いよいよ協同、交流の度を深めていくさまがよく窺える。次の計画も、おそらく村岡が言い出したのであろう。

十月十一日には上賀茂で聖公会、一致教会、組合教会の信徒たちおよそ三百名を集めて、教会合同の親睦会が開かれた。市内では初めての試みで、以後、春秋に開催することが、話し合われている。この会では、村岡も一場の演説を行なっている。また、村岡と柏木義円（同志社教会）とが、「相撲を取り、勝ったり負けたり」して、小崎弘道夫妻たちに大いに笑われる、という一幕もあった。柏木義円は、前述のように東京高等師範学校で村岡素一郎と同学だったので（本書三二四頁）、菊三郎とのつながりは後々までも続いた。[48]

十一月二十五日からは帝国議会のために、市内連合祈禱会を始めている。第一回は四条教会が会場であった。村岡が司会をしているところから、彼が主唱した形跡が強い。[49]

その後、牧師、伝道師が一堂に会する合同教役者会が隔月に開かれたり、福音伝道会が組織されたりしている。後者は月に一度、講壇（説教）を交換し合うのが目的である。たとえば一八九一年十一月には、村岡は四条教会で、村田勤《つとむ》（四条教会）は日本基督仮教会で、それぞれ説教を担当し合う、という具合である。[50] ここでも、村岡の貢献は、大きかったはずである。

一八九一年の春には三回（四月十四日夜、十五日昼夜）にわたって、「西陣地方の伝道を拡張せんとて」、千本座で連合伝道集会が開かれた。聴衆はそれぞれ約六百人、二百人、四百人であった。十四日の集会では、村岡が司会をした。同志社のG・E・アルブレヒトや日本基督教会の桜井昭悳《あきのり》（敦賀教会）、組合教会の津下《つげ》紋太郎（洛陽教会）らが出演している。十五日には桜井のほかに、組合教会の村田勤（四条教会）、不破唯次郎（平安教会）、露無《つゆむ》文治（姫路教会）らが壇上に立った。[51]

秋（十月十七日）にも、四条南劇場（南座）で昼夜にわたって開かれた。この会は、佛教の壮士たちが妨害を加えて流血騒ぎとなったため、途中で散会となった。のちに見るように、村岡はこの時は結婚のため帰省中、と思われるので、日本基督教会からは、田中義一が出演している。[52]

市内の諸教会を打って一丸とする社会活動に関して、最後に紹介したいのは、濃尾大震災の救援活動である。中部地方を大地震が襲ったのは、一八九一年十月二十八日であった。市内のキリスト教界を代表してまず小崎弘道（同志社校長）が、ついで不破唯次郎が、慰問のため派遣された。三人目は救援金百円を携え、冬の野宿にも耐えられる者、というので、村岡（結婚直後であったが）に白羽の矢が立てられた。かれは垂井までは汽車で、そこから名古屋までは徒走で行き、救援活動に従事した。[53] 彼が伝道者としていかに信頼され、かつ体力にも恵まれているかを示す好例である。

このように、村岡は教派をこえて他教会との連合と協調を押し進める一方で、社会活動にも積極的であった。

父の死と村岡の結婚

京都時代、村岡の身辺には大きな変化が、ふたつあった。漢方医であった父親の死と本人の結婚である。

彼の父（養益）と継母（常子）は、息子の京都移転に伴ない、親子で同居（講義所でか）するようになった、と思われる。のち両親は、菊三郎の感化を受けて、共にキリスト教に入信した。西陣の人たちが西洋医よりも漢法医を、若い医者よりも老人を好んだので、養益は七十歳にして、再び開業手続きをとったという。

その父が、肺炎により卒然と召天した。一八九一年三月十一日のことである。葬儀は十三日に、息子が担当する講義所で営まれた。同所での最初の葬儀であろう。太田九之八が司会し、ポーターが説教をした。そのあと、若王子の山頂（現在の「同志社墓地」の近く）に葬られた。

ちなみに継母の常子は後年、大連で死去するが、菊三郎は遺骨を父と同じ墓地に葬った。菊三郎自身も自分で立てたこの墓に死後、埋葬されることになる。(54)

一方、村岡の結婚であるが、この年（一八九一年）の十月に、かねて婚約中の中野友子と、福岡英和女学校（現福岡女学校）の講堂で結婚式をあげた。同月二十四日、京都の二条講義所（この頃はすでに田中義一が牧会を担当）で結婚披露を行なった。会する者は新島襄未亡人（八重）、小崎夫人、不破夫人（ゆう）など、およそ百人であった。(55)

新婦の友子は、一八七一年七月十四日に福岡で生まれている。この時二十歳であった。菊三郎と同じく、実母とは早くに死別し、もっぱら祖母の春子に養育せられた。春子は村岡養益の姉にあたるので、友子は菊三郎にとっては、いとこの子（はとこ）であり、いわば「宿命的な結び合はせ」であった。彼女は結婚後、十人の子女（うちひとりは夭折）の養育にあたるかたわら、よく夫を助けた。

それにしても、結婚は急であった。友子はいまだ女学生であった。結婚を急いだのは、ほかならぬ、菊三郎が大阪一致女学校（今の大阪女学院）から招かれたからである。女学生の相手をするのに、独身ではなにかと不都合であるから、結婚をすませて赴任してほしい、との「学校側からの無理からぬ要望」に応《こた》えるためであった。(56)

大阪への引越しは一八九一年の十二月五日であった。京都伝道は、およそ二十か月間であった。初陣ではあったが、恩師の井深の期待通り、「京都伝道の大任」を立派に果たした、と言えよう。

村岡の尽力で、これまでの仮教会（中立売黒門角）のほかに、「二条通り〔麩屋町《ふやまち》角〕に今一ヶ所、講義所を増設し、同窓田中義一君に来援して頂くことになった。之《これ》が今の室町日基教会の前身である」。

二条に講義所を開いたのは、一八九一年の秋である。成果はむしろこちらの方が、あがっている。「伝道も追々好都合なれば、行々は新講義〔所〕の方が、本営となる事ならむ」と報道されている。信徒は、あわせて数十名となった。彼らは、大阪へ転出する村岡のために十一月に慰労会を開いた。(57)

参考までに翌年三月（村岡の転出後であるが）の時点での教勢を示すと、会員は七十余人に、礼拝出席者はおよそ四十人になっている。伝道にはハースト、田中義一、岡部なを子、手塚誠哉が従事している。四月に開かれる浪華中会へは、教会設立の申請を行なうことが、考慮されている。

急速な進展である。西陣の職工への伝道に力を注いでいたものの、一月のころには「一致教会講義所は、概ね官吏、教員、学生等によりて成り、其中の多数は、他より転会せし寄留者なり。会員総数五、六十名の中、当地にて受洗せしは、僅かに二十人計なり、と聞きぬ」という状態であった。一八九一年七月からこの年（一八九二年）六月までの受洗者は、二十一名に及んだ。

村岡の蒔いた種が、正規の教会（日本基督京都教会。会員七十八名）となり、浪華中会への加入が正式に認められるのは、一八九四年五月十三日のことである。(58)

〈注〉

(1) 本稿の作成にあたっては、次の方々に資料面で協力いただいた。アルファベット順に氏名を特記して、感謝したい（肩書きは、当時のもの）。有馬嗣郎園長（横浜家庭学校）、樋口進牧師（日本キリスト教団室町教会）、柏井創室長（日本キリスト教団史料編纂室）、吉住英和牧師（大阪女学院）。
なお、引用文に関しては、句読点、字体、段落などを読みやすくするために、改めた場合が多い。

(2) 以上、村岡菊三郎『結婚生活五十年』四～一四頁、東京・バプテスト出版部、一九四〇年（以下、『結婚』として引用）。なお、村岡の出身地を福岡市とするものがあるが（『基督教年鑑』一九三九年版、二三一頁、日本基督教会同盟、一九四〇年）、本籍地と解すべきであろう。

(3) 河野常吉編著『北海道史人名字彙』下巻、四三四頁、北海道出版企画センター、一九七九年。同書は村岡の没年を欠く。死去したのは大連で一九三二年七月であった（『結婚』一二四頁）。

(4) 以上、『結婚』一九～二六頁、三一頁。『函館師範学校第一年報(上)自明治八年一月　至仝十七年十二月』八頁、九頁、一七頁、二三頁、二八頁、三五頁、三八頁、四一頁、出版者・出版年ともに不明（以下、『第一年報』として引用）。神山茂『函館教育史』二頁、三十頁、函館文化会、一九七一年。『高等師範学校一覧・自明治三十四年四月至明治三十五年三月』二二八頁、二二九頁、高等師範学校、一九〇一年。

(5) 『第一年報』一二三～一二四頁。

(6) 以上、大浜徹也『女子学院の歴史』一一六～一一七頁、一一八～一一九頁、五五四頁、五六六～五七二頁、女子学院、一九八五年。

(7) 同前、一一三頁、工藤英一『日本キリスト教社会経済史研究』二六一頁、新教出版社、一九八〇年。

(8) 『図説　教育人物事典』下巻、九〇七頁、ぎょうせい、一九八四年。山崎長吉『北海道教育史』八七頁、北海道新聞社、一九七七年。

(9) 『女子学院の歴史』五五三～五五四頁。

(10) 以上、同前、一一九頁、『北のひとむれの歩み』一一頁、札幌北一条教会北海道中会歴史編纂委員会、一九八三年。福島恒雄『北海道キリスト教史』二一九頁、日本キリスト教団出版局、一九八二年。『結婚』三二～三三頁。

(11) 『結婚』二一頁、村岡菊三郎「桜井ちか子女史追悼補遺」（『福音新報』一九三〇年一月十六日）。

(12) 『女子学院の歴史』五五四頁。

(13) 同前、七二頁、『第一年報』三九頁、『図説　教育人物事典』下巻、九〇七頁。

(14) 秋山繁雄『明治人物拾遺物語』一三〇頁、新教出版社、一九八二年。

(15) 以上、村岡菊三郎「追憶三題」（『福音新報』一九二三年三月二十八日）、同「続教会今昔物語（一）、（下）」（『福音新報』一九三五年九月十九日、二十六日）。

(16) 『日本基督教団函館教会百年史』一一頁、一三頁、一四頁、一二六頁、日本キリスト教団函館教会、一九七六年。

(17) 『北のひとむれの歩み』四三頁。

(18) 『結婚』二三頁、村岡菊三郎「初学問答と洗礼準備――明治二十年頃受洗当時の我が記憶一、二」（『福音新報』一九二九年一月十七日）。

(19) 『結婚』五八頁。

(20) 同前、三二頁。

(21) 同前、三三頁。

(22) 村岡菊三郎「光、大石二君の死を悼む」（『福音新報』一九二五年二月一九日）。

(23) 村岡「続教会今昔物語(下)」（前出）、『北海道史人名字彙』下巻、四三四頁、『北海道教育史』八六頁。菊三郎は、鷲山弟三郎『明治学院五十年史』（一五〇～一五一頁、明治学院、一九二七年）には素一郎の名が落ちているので、記されるべきだ、と主張していた。

（村岡「桜井ちか子女史追憶補遺」〈前出〉、『明治学院九十年史』（七一～七二頁）と『明治学院百年史』（一一五頁、明治学院、一九七七年）には素一郎の名が記されている。

(24)『結婚』二六頁。

(25) 村岡菊三郎「教会今昔物語（一）――明治二十年前後の事共について――」（『福音新報』一九三五年六月十三日）、同「光、大石二君の死を悼む」（前出）。

(26) 山本秀煌編『日本基督教会史』九〇頁、一〇八頁、日本基督教会事務所、一九二九年。『基督教新聞』一八八八年六月二十七日。村岡菊三郎「星野光多氏の追憶」（『福音新報』一九三二年九月二十二日）。同「初期の明治学院（下）」（『福音新報』一九三九年七月二十日）。『結婚』三五頁。村岡の受洗年については、村岡「教会今昔物語（一）」（前出）、ならびに『静岡メソジスト教会六十年史』九六頁と九七頁との間の写真ページを参照。

(27) 村岡菊三郎「京都並両毛伝道回想記（承前）」（『上毛教界月報』一九三〇年六月二十日、以下、「回想記(三)」として引用）。

(28) 村岡菊三郎「馬場久成君の死を悼む」（『福音新報』一九四一年一月九日）、同「初代の明治学院（下）」（前出）。

(29) 以上、『福音週報』一八九〇年四月四日、十一日、『明治学院五十年史』二六六頁、『結婚』三四頁。『基督教新聞』（一八九〇年四月十一日）では、式が行なわれたのは四月三日、とある。

(30)『福音週報』一八九〇年四月四日。

(31) 同前、一八九〇年十一月二十八日。

(32) 以上、同前、一八九〇年四月二十五日、五月二日、六月六日、『福音新報』一八九二年三月四日、『結婚』三四頁、村岡菊三郎「京都並両毛伝道回想記」（『上毛教界月報』一九三〇年一月二十日、以下「回想記(一)」として引用）。

(33) 村岡菊三郎「井深先生の追憶」（『福音新報』一九四〇年八月二十九日）。

(34) 村岡菊三郎「松山高吉、平田義道両先生の追憶」（『福音新報』一九三五年三月二十八日）。

(35)『結婚』三四頁、村岡「回想記(一)」（前出）、『福音週報』広告、一八九〇年五月九日、一六日。

(36)『福音週報』一八九〇年六月六日。

(37) 同前、一八九〇年五月二日。

(38)『結婚』一六頁、三六～三七頁、村岡菊三郎「教会今昔物語(三)」（『福音新報』一九三五年六月二十七日）、同「京都並両毛伝道回想記（承前）」『上毛教界月報』一九三〇年三月二十日。以下、「回想記(二)」として引用）。

(39)『福音新報』一八九一年七月三日。

(40) 村岡「教会今昔物語(一)」（前出）。『女子学院の歴史』二一三～二一五頁。

(41) 以上、『福音週報』一八九〇年六月二十日、十月三日、十月十日。『静岡メソジスト教会六十年史』九六頁と九七頁との間のページ。

(42)『福音週報』一八九一年一月二日。

(43) 村岡「回想記(二)」（前出）。

(44)『福音新報』一八九一年五月二十二日、一八九二年六月十日。

(45) 以上、『結婚』三五～三六頁、『日本キリスト教団室町教会歴史年表』一頁、日本キリスト教団室町教会、一九八四年（以下、『年表』として引用）。シズの父（岡田透）は、京都地方裁判所の判事であった（内村美代子『晩年の父内村鑑三』二〇五頁、教文館、一九八五年）。

(46)『福音週報』一八九〇年六月二十七日、十月三日、『結婚』三八頁。村岡は、「此音楽会は、結果として物質的には三百余円の純益を得て、救済の実を挙げ、精神的には各教会の連絡共同の気分を高め、成功であった」とも述べている（「回想記(二)」〈前出〉）。『京都教会百年史』（一三〇頁、日本キリスト教団、一九八五年）もこの年、市内の教会が連合して、平安教会で京都救恤会を組織して、募金活動を始めたことを記している。

(47)『福音週報』一八九〇年十月十七日、『結婚』三七～三八頁。

(48)『福音週報』一八九〇年十月十七日、『基督教新聞』一八九〇年十月二四日、村岡「回想記(一)」(前出)。
(49)『福音週報』一八九〇年十二月五日。『基督教新聞』一八九〇年十二月五日。
(50)『福音新報』一八九一年十月二日。
(51)同前、一八九一年四月二十四日。
(52)『京都教会百年史』一三〇頁、『京都府百年の年表(六)宗教編』一三〇頁、京都府、一九七年。
(53)『結婚』四四~四五頁。ちなみに、この時大阪でもウィルミナ女学校や梅花女学校は「少々破損」を被った(『福音新報附録』一八九一年十一月六日)。また、大阪一致女学校で「大地震があった時、一人の教師が先頭に立って、ゆっくりゆれる階段を下り、おびえてかけ上ってくる生徒達を、両手を拡げてしっかりと抱いて、誰も怪我がなかった」と伝えられているのは、この時の地震であろう(A・E・ガーヴィン著・吉村英和訳「大阪一致女学校(浪華女学校)の歴史」一三頁〈『大阪女学院史研究』一、一九八四年所収〉。以下、「歴史」として引用)。
(54)以上、『結婚』三六頁(ここでは、養益の召天日を二月十一日とする)、『福音新報』一八九一年三月二十日、『年表』一頁、村岡「回想記(三)」(前出)。
(55)以上、『結婚』四五頁、『福音新報』一八九一年十一月十二日(これには、披露宴は十月二十九日となっている)。
(56)以上、『結婚』一七頁、四三頁。
(57)以上、『基督教新聞』一八九二年二月五日、『福音新報』一八九一年十月十一日、村岡「回想記(二)」(前出)、『年表』一頁。
(58)以上、『福音新報』一八九二年三月四日、『年表』一頁、『基督教新聞』一八九二年二月五日、七月二十九日。なお、ハーストは一八九二年の二、三月頃に来任したが、七月十五日には病気のため帰国する。帰米中だったポーター夫妻が、再び京都伝道を引き継ぐことになる。ポーターは、七月十七日には男女各一名に授洗している(『基督教新聞』一八九二年二月五日、七月二十九日)。

二、村岡菊三郎と浪華女学校

大阪一致女学校と桜井ちか・真木重遠

村岡菊三郎は、長老派（一致教会）が京都に最初に派遣した伝道師である。新島襄が死去した三か月後（一八九〇年四月）のことである。明治学院神学部を三月に出たばかりの新進気鋭の青年であった。

彼の働きの結果、市内二か所に講義所（伝道所）が誕生した。信徒も数十人に増えた。ところが、赴任二年目の十二月五日に、大阪に転出した。今度はキリスト教学校の教師になるためである。

京都から大阪へ移った事情を、村岡本人は後年、次のように促える。

「京都伝道一年有半の後、偶《たまたま》大阪一致女学校長・真木重遠《しげとう》氏、辞職せらるるに際し、同校主幹として校長事務に当るべく、植村〔正久〕、井深〔梶之助〕両先輩の推薦黙止し難く、不肖を省みず就任を承諾した」。

別のところでは、こうある。「偶々小生は、京都の伝道を田中義一君に譲り、同地〔大阪〕浪華女学校〔大阪一致女学校〕に先輩・真木重遠氏の後任として、主幹の職に就きし」。

井深と植村が、そろって彼を主幹に抜擢したのは、京都伝道、しかも「市内最難の地」西陣での開拓伝道で証明された力量に加えて、「函館師範学校を卒業、普通教育に従事した経験」を高く買ったためである(1)。

村岡には、大阪一致女学校は決して無関係の学校ではなかった。初代の主幹は、あの桜井ちかであった。村岡自身や兄の素一郎にとっては、旧知の人であった。「桜井女史、並に伝道者としての夫君昭憲《あきのり》氏とは、函館時代から少なからず恩顧に浴した関係」であるから、今回の人事は、「よくよくの因縁」と言ってよかった。

後年、桜井ちかの赴報に接した時、村岡は大阪時代を次のように回顧している。

「桜井氏夫妻、函館に赴任前、東京に今の女子学院（元は桜井女学校と言った）を創立し、後年、大阪に再び一致女学校を創設せられた。小生は明治二十四、五年（一八九一、二年）に掛け、誤まって植村、井深両先輩の推薦で、同校主幹として京都から渉って、真木重遠氏の後任となった。思へば不思議な縁である」(2)。

桜井ちかにとっては、大阪一致女学校の開校は、函館以来の「一の目的」の実現であったに相違ない。しかし、ここでの働きは、三年と続かなかった。「図りがたき世の中の常とて、此時已むを得ざる出来事に際会し、明治廿二年（一八八九年）四月、此校を退くこと、なりぬ」（『女子学院の歴史』五五五頁）。村岡が大阪入りをする二年前のことである。

なお、彼女の退職期に関して付言すれば、ちかを大洲《おおず》から招いた宣教師のA・E・ガーヴィンは、誤まって「一八九〇年」と記している（「歴史」一九頁）。また、ちか自身も履歴書にこう記す。「明治十九年〔一八八六年〕九月、大阪西成郡清堀村ニ於テ女学校ヲ設立シ、廿二年〔一八八九年〕五月マテ同校ニ於テ、教務ノ任ニ当ル」と（『女子学院の歴史』七二頁）。桜井淳司編『桜井ちか小伝——桜井女塾の歴史——』（一四頁）も、それに従っている。

さらに、大阪一致女学校二代目主幹の「先輩・真木重遠氏」と村岡のつながりも、密であった。「此の真木重遠氏と筆者〔村岡〕とは、因縁浅から」ぬ間柄であった、と自分でも告白する。

村岡が明治学院で学んでいた頃、真木は同じ教派の麹町教会を牧していた関係で、両者はなにかと接触する機会が多かったはずである。当時、「真木重遠氏と筆者〔村岡〕との三角関係」さえあったらしい。もっとも、その内容は定かではない。「後に詳記して見たい」と一度は記しながらも、「三角関係の記事を書く積りだったが、余り必要でないから擱筆する」と村岡は沈黙してしまった。伝道上の対立でも、あったものか。

そのせいか、真木に対する村岡の評価は、手厳しい。すなわち、東京時代の真木は、「大先輩の一人だと自任して御座った」し、「自分独りで天下の事は飲み込んで居るやうな顔付をして、その実は一向何も分っては居らぬような人らしかった」というのである。

これに対して、真木の死後のものは、トーンがやわらぐ。「真木重遠氏は井深、山本〔秀煌〕各先生方と共に大元老の一人であられたが、小生の浪華女学校〔大阪一致女学校〕就任前、同校々長であって、小生はスグ其後を襲いた縁もあり、個人としても永年、知遇を蒙ったお方であるが、奇骨稜々、容易に人に下らざる、一種の慷慨家で在られた[3]」。

主幹としての真木のことは、次の『福音週報』（一八九〇年八月二九日）からわずかに知られる。

○大阪通信

一致女学校は府下東成郡清堀村にあり。土地閑静、空気清涼にして、尤も学生の勤学と健康に適せり。且つ教場、校舎及び食堂に至るまで清潔なるは、余が実見して感したる所なりき。従来、同校には生徒と外国教師との間に、種々事情の通せざるより、入学生も少く、従って校運も余り進歩の状なかりしが、今回真木重遠氏を招きて、教授を委任し、兼て生徒の監督を托してより、師弟の調和も出来、内外人の情も通じ、生徒の不平も静り、校運も回復せり。之を機とし、校員一同は非常に奮発し、規則を改正し、更に数十名の生徒を募集する由なり。地方……《ママ》特に関西の父兄達よ、其愛嬢を同校に托せられよ。数年の後、淑徳俊秀の婦人となるや、余の保証する所なり。

○真木氏の人望

同氏が女学生に対する愛義兼行はれしを以て、生徒の氏を見る恰も慈母の如し。先般、夏季休業にて各々帰省するに際し、一同総代を以て、従来同校内には種々不平の事もありたれば、去就如何にせんと思ひ居りし事もありしが、今回氏が赴任来、是らの不平は全く消散したれば、帰校後は旧に倍し、一同勉強するは勿論、可成各自の知己をも誘導す可れば、氏も向後、一層の愛を以て妾を教へ玉へ、と涙をもて感謝したりと。又同氏は、教授の余暇には諸方の教会の依頼に応じ、十分尽力さるるを以て、信者一同は皆、満足の色あり。

ちなみに真木が麹町教会から大阪に移ったのは、この年の四月であったので、彼がただちに学校の改革に乗り出し、一応の成功をおさめたことが判る。九月頃、大阪南教会が真木に対し、校務のかたわら牧師を兼務してくれるよう要請した時、その返事は、「校務の都合に由り依頼しがたき[4]」であった。真木としては、主幹の職務に専念したかったのであろう。

翌年の閉校式（終業式）は、六月二十二日である。生徒の暗誦や朗読に加えて、真木の演説が行なわれた。会食のあと、T・T・アレキサンダー宅で親睦会が催された。新聞報道（『福音新報』一八九一年七月三日）には、こうある。「同校は目下、別に変動はなきも、生徒の幾分を増加したる、と其信仰の確くなりしは、喜ばしきことなり。尚、委員教師諸氏は、同校将来の方針に関し、協議を凝らし居らるる由」。

この時の「協議」には、主幹の辞任につながるような事が、含まれていたのであろうか。正確な時期は不明だが、真木はこの後（夏から秋にかけての頃）、青森県（東津軽郡青森町）へ転出している。

青森町の伝道は、この年の九月に着手されている。十月一日には、真木はミス・ウィンと共に、日本基督青森講義所（後の日本キリスト教団青森長島教会）を発足させている。(5) 翌年の『基督教新聞』（一八九二年一月二九日）の報道では「日本基督教会は昨年十月、老練なる真木重遠氏を〔青森に〕派遣し、新に伝道を始む。氏は講義所を浦町村に開き、熱心に働き居らるれば、他日、好果を見るを得ん」という。

この記事から、新年度の始業前後に、真木が大阪を去っていることが、判明する。女学校在任は、およそ一年半であった。

後任人事の件が、村岡のところに持ちこまれたのは、この夏のころであろう。植村と井深が「誤まって」彼を推薦したのが、決断の材料となったことは前にみた。赴任は結婚が前提、という「のっぴきならぬ理由」から、村岡は急きょ福岡へ飛んで帰り、中野家と協議する必要があった。(6) 十月に挙式、十二月五日には大阪に赴任、というあわただしさであった。この間の十一月には、濃尾大地震の救援活動で、走りまわっていたことを想起されたい。

ようやく緒についたばかりの京都伝道を、人手に渡す辛さを痛感したはずである。のち、大阪から古巣の京都に再び戻っていることが、それを十分に証明してくれている。

浪華女学校にて

一八九一年十二月、村岡は旧知の桜井ちかと真木重遠に次いで、第三代目の大阪一致女学校主幹に就任した。二十五歳の青年校長であった。

大阪一致女学校創設期の中心人物であるA・E・ガーヴィンが、「その後、彼〔真木重遠〕はその仕事を清水氏に引き継ぎました」と書き残しているので、(7) これまでは「清水氏」が第三代主幹とされてきた。村岡がすっぽりと抜け落ちているのである。思うにガーヴィンは、村岡が在任当時、直接伝道に従事するため女学校から一時離れていたため、村岡の印象が、極めてうすかったのであろう。

この年十二月二十日に発行の『つぼみ』第二四号（三八頁。これは、関西のキリスト系女学校同盟の機関誌）は、さっそく新校長の着任を次のように報じた。

「坂口〔村岡〕菊三郎は、是迄京都に伝道し居られしが、本月上旬、一致女学校の主幹として来任せらる。同校は真木氏去の後、主任を欠きしも、今や主幹其人を得たれば、自今、進歩の見るべきものあらん」。

村岡は結婚間もない妻と義弟（十三歳）、それに家政婦とを引き連れて、清堀村の女学校内にある校長住宅に移り住んだ。

主幹とはいえ、月給はわずかに十三円であった。独身で、しかも物価の安い函館において、小学校教師として十四円をとっていたことを思えば、四人所帯のやりくりは、一通りの苦労ではなかった。

主幹時代の業績であるが、村岡は自ら手がけたものとして、次の三つを挙げる。

㈠　校名を浪華女学校と変更したこと。

㈡　第一期卒業生を送り出したこと。

㈢　キリスト教色を鮮明にした規則改正を行なったこと。(8)

まず校名変更の件であるが、ここでもガーヴィンは記憶違いをおかしている。「真木氏は短かい在任期間の間に、学校の名称を浪華女学校と変更しました」と記している。[9]

真相は、村岡が次に書き残している通りである。

「彼〔村岡〕は、もともと主幹の名義であるから授業後、毎日、女教師・マ氏〔マクガイアー〕の室に於て、事務の打合せを為すを例とした。そして、彼としては一致女学校なる名前は、一致教会時代に用ひたもので、已《すで》に一致教会の名称が〔一八八九年に日本基督教会と〕改まった以上、校名を改称して、浪華女学校とすべし、とは彼の主張であった。

一方、マ女教師は、何も教会の名称の如何にこだはる必要はない、一致とは英語のユニオンで、誠に芽出度い意味がある、米国には教会にも学校にも沢山に用ひて居る、何も改称の必要ない、との主張で、少しも譲らない。

斯《か》くして毎日、同じ事を繰返して議論ばかりして、後には少々感情に馳せて行く恐れも、あるやうになって来た。

偶々理事会があるので、彼のみ之に出席して、改称の理由とする彼自身の主張と、マ女教師の反対意見とを具さに陳述して、理事会の決裁を仰いだ。当時、理事会員は宣教師・アレキサンダー、長老派北教会牧師・大石保、同長老・阿波松之助、手塚誠哉の諸氏であった。

終に熟議の結果、彼の主張を容れて、浪華女学校と改称の事に決定した。

そこで翌日、マ女教師と会見の際、理事会の決定の趣を報告に及ぶと、マ教師は『あゝさうですか。私個人としての考えはあるのですが、然し、理事会の決議とあれば、之に服従せねばなりませぬ』とて、一言半句の愚痴をこぼすでもなく、唯々として快諾された。夫ですっかり此の問題は解決した。

此の際に於けるマ女教師の態度の鮮かで、私見を棄てて公議に服する心得の厚き、流石は文明国の教育を受けた人だけの事があるわい、と後々まで痛く感心をさせられ、幾たびも公会の席上などで此の事実談を披露したことがある」。[10]

こうして大阪一致女学校は、村岡の発議で開校七年目にして、浪華女学校と改称された。その時期は、一八九二年四月一日とするものがあるが、[11]実際には今少し遅く、五月頃ではなかったか。浪華女学校が、五月中旬以降に、『福音新報』（一八九二年五月一三日以降）に改称広告を出し、天下に周知しようとしているからである。この校名は、一九〇四年にウィルミナ女学校と合併して消えるまで、これ以後十二年間存続することになる。ともあれ、村岡は自らの手で改称した浪華女学校の初代主幹となったのである。

次に第一回の卒業式に移る。村岡にとっても、もちろん初めてであったが、結果的に最後となった。

式は村岡の司式により一八九二年六月二十四日に行なわれた。東京から厳本善治が招かれた。その様子は『福音新報』（一八九二年七月一日）に詳しく報道されているので、ほぼ全文を引いてみる。

○大阪浪花女学校卒業式〔六月〕廿五日発

同校第一回の卒業式は、去る廿四日午後二時、同校講堂に於て挙行せられたり。折しも連日連宵《れんしょう》、降り頻りたる五月雨の空も麗かに晴れ渡りて、南風のそよそよと緑樹の露を掠《かす》めて吹き来つ□、袖を拂ひて心地よく、満天地の塵も洗ひ拭はれたるやう思はれて、櫟々《れきれき》と軋り来れる車聲も勇ましく、玄関には委員、来賓を迎えて、一々休憩室に案内せられたり。

定刻に至り、主幹坂口〔村岡〕菊三郎氏司会となり、聖書、羅馬書十二章を朗読。了りて祈禱、大石保氏。英語唱歌、卒業生。文章（教育）、卒業生・吉岡さだ子。英語演説（吾と吾霊魂）、同・坂本まつ。文章（婦人の責任）、同・鈴木はつ子。告別並に邦文、同・中山ます子。英歌独吟・坂本まつ子。演説・東京女学雑誌社長・岩本〔厳本〕善治氏。訣別の歌（邦文教師・中村良欽作）、卒業生。卒業証書授与、坂口〔村岡〕主幹。祝詞、来賓諸氏。祝文、生徒総代・和田ちま子。唱歌（東京・奥野昌綱氏寄贈）、卒業生。祝禱、アレキサンデル氏。

来賓は同主義の各女学校は勿論、近隣の各小学教員、生徒、天王寺警察署長、東成郡長代理、村長、内外諸宣教師、新聞記者、生徒の父兄、知己等にして、祝詞朗読者は郡長・弘道輔氏（代読、米田郡書記）、清堀村長、玉造高等小学校長等にて、又有名なる考古学者・鈴木真年翁は

　さとの名とともに照りそふ難波江や
　　千よろつ玉をつくりそめたり

とものせられたるは、同校所在の玉造てふことにちなみたるにや。又、殊に人の感を惹きしは、坂本嬢の英歌独吟と岩本〔厳本善治〕氏の演説なりき。今、其の大意を摘録せんに

此の数年来、女子教育の潮流は、一進一退、常に定まりたる所なきが如し。是れ畢竟、世人が真に女子教育の本旨を悟了せず、唯だ流行につれて動くものなれば、其盛大、亦喜ぶに足らず……〔原文通り〕又世人が女子教育に於ける謬點を列挙して、一々之を弁駁し、進みて氏が教育主義を説き、人各々長所あれば、之を養成発揮すべきを論じ、学問は学校のみにあらずして、社会か亦学校なるを説き……〔原文通り〕卒業生に向て尚曰《い》へらく、諸姉は此浪花女学校の活ける証人なり。日本に於ける女子教育の証人なり。諸姉の一言一行は、乃ち浪花女学校と女子教育の上に影響する所の強、且つ大なるを心に記すべき也、云々。

淳々たる其語、切々たる其辞、恰も慈父が子女の門出に諭誡するが如く、満堂粛焉として皆な流涕し、通信者自身も覚えず滴々襟を湿ほせり。又当日、同校生徒、教師一同、撮影せられたり。又同校の写真一枚ずつ来賓に頒たれたり。

中村氏新作の歌（二百四十九番の譜）〔歌詞は省略〕。

これによれば、第一期卒業生は吉岡さだ子、坂本まつ子、鈴木はつ子、中山ます子の四人である。村岡はなぜか、鈴木と吉岡しか挙げていない。前者はのちの細合夫人で、卒業後もしばらく母校で（したがって村岡のもとで）教師として働いた。後者は、キリスト教界の先輩の娘であるばかりか、明治学院での同窓生、伊藤貫一と結婚する。だから、村岡の記憶にながくとどまったのであろう。伊藤を追悼する文の中で村岡は「君の好配・さだ子夫人は、教界の先輩・吉岡弘毅先生の愛娘であって、老生が大阪〔の〕浪華女学校（ウィルミナ女学校前身）在職中、第一期卒業生としての出身者である」と述べている。[12] 彼女とのその後のつながりは、後述する。

村岡主幹が、三番目に挙げる規則改正についても補足しておく。反キリスト教的な色調が濃厚となったこの時期に、「基督教を標榜して規則改正を実行し得たことは、当時の社会情勢としては大手柄であった、との評を受けた」。それだけに、村岡にとっては、最後は学務課長に直談判して、承認させるなど苦労が大きかった。[13]

この改革は一八九二年の秋の始業に間に合うように進められた。新聞（『福音新報』一八九二年九月二三日）では次のように報じられている。

「浪花女学校にては今回、内外の組織を改正し、教授の方針を確定し、新に東京高等師範学校出身の米山さく子を聘し、教授を依託し、兼て寄宿舎一般の取締りを嘱託せり。

同校は従来、種々の運命に遭遇し、校運も従って退歩の勢なりしが、委員、教員諸氏が非常の苦心と勉強とにより今日に至り、愈《いよいよ》校基の確定するに至り、本年度に於ては已に十余人の新入生ありといふ」。

改正を終えた女学校は、新聞広告(『福音新報』一八九二年八月五日以降)を出して積極的に道を切り拓こうとしている。

本校ハ校舎完備、土地高燥、市街ノ雑沓ヲ避ケ、真ニ教育ノ良地ナリ。
本校ハ学科ノ程度ヲ低クシテ、之ヲ授クルニ老成ノ教師ヲ以テシ、務メテ応用ノ力ヲ養ハシム。
本校ハ次学年ヲ九月十一日ニ始メ、各科共入学ヲ許ス。志願者ハ八月中ニ願書ヲ出スベシ。
大阪府東成郡清堀村
私立 浪華女学校

以上が、村岡が手がけた三つの事柄の内容である。次に彼と係わりのあった生徒をふたり、紹介してみたい。

ひとりは元在学生の大河ぬい子である。病気のために中退し、この何年か養生中の身であった。一八九二年九月、ついに堺の自宅で息をひきとった。同月二十日に堺の教会で開かれた彼女の追想会には、およそ百名の参加者があった。村岡もひとつの役割(祈禱か弔辞)を担っている。

彼女は病床にあって、「一日も未だ曽て同校の事を忘れず」、永眠の際には自分の遺産を全部、女学校に寄贈するように、と言い残した。彼女の遺言に従い、遺産として百円が母校に献げられた。浪華女学校では、有志からさらに献金を募り、「大河文庫」を校内に設置することにした。十一月三日、一致教会系の浪華中会に所属する府下の教会が連合して親睦会を校内で開く機会をとらえ、開庫式も予定された。

ガーヴィンも、大河のことを次のように記している。「病気になってそう長くは生きられないと知らされた生徒が、父親にたのんで学校に百円を寄附いたしました。このお金は、彼女の教育費にあてるはずのものだったのです[14]」。

いまひとりは、中村という生徒である。

一八九二年の夏休みを利用して、村岡は唐津伝道(栗原賢明が担当)を応援したことがある。前にも触れたが、栗原の長男(嘉一郎)が、病気による帰省のため、村岡に同行したのはこの時である(京都の二条講義所では、五月三十日に栗原を送る会が開かれた)。村岡が郷里に近い浜崎で伝道集会をした折、ひとりの少女を托された。これが中村である。女学校に連れ帰ったが、彼女は卒業まで続かなかった。神戸近辺の遠縁の人に引きとってもらったという[15]。

浪華女学校と厳本善治

ところで、女子教育論者として高名な厳本善治は、浪華女学校にも深い関心を抱いていた。同校には、後に見るように明治女学校の卒業生がひとり(岸本りう)勤めていたこと、厳本自身が同校の第一回卒業式のために西下したことは、前に見た通りである。

このほかにも、浪華女学校と厳本に関する秘められたエピソードを村岡は伝えている。厳本伝に残る謎を解くカギにもなるので、関係部分を全文引いてみたい。

「厳本氏の盛名も、明治二十四年〔一八九一年〕(?)〔原文通り〕

の交、女学雑誌記者の名を以て関西・九州旅行に上られた時まで位を一期とし、夫《それ》からはどう言ふものか、ズンズン下り坂に向はれたやうである。

又、その頃、已《すで》に明治女学校の経営の為めには、夫から夫へとグレハマな事があったやうで、手も足も出ない程困り抜いて居られたらしい。そこで東京での失敗を関西で取り返し、何とかして今一旗挙げてみたいものとでも考へられたのか、夫とも色々な取巻き連にかつがれでもされたものか、何だか知らぬが、大阪［の］浪華女学校（今のウィルミナ女学校の前身）をスッカリ手の中のものにしやうとして、可なり見苦しい苦肉策を弄ばされたことがある。そして、見事に失敗された。此事は確かに、厳本氏程の人としては、千慮の一失とや謂《い》はましのみであったやうだ[16]」。

厳本が西日本を巡回したのは、一八九二年の春であった。三月二十四日に東京を発ち、中国、九州まで足をのばした。帰京したのは五月十二日である。五十日にもおよぶ大旅行であった。

関西での行動を見ると、三月二十七日に大阪青年会館での廃娼大演説会に出演したのを皮切りに、二十八日、引き続き同館で女子教育に関する演説をしている。二千名ほどの聴衆に向かって、当地では最も女子教育の必要がある、と力説した。

二十九日の午前中は、日本基督教会の有志者（村岡も含まれていたであろう）との懇談会、そして午後は、神戸での演説会に登壇している。三月三十日、大阪を発ち山陽に向かった。この間、浪華女学校に直接足を踏み入れたかどうかは、不明である[17]。

問題の「可なり見苦しい苦肉策」が、この時期に弄されたとするならば、まさに村岡の主幹時代と合致する。村岡が確実に事件の内情をつかんでいることから見ても、この期をおいてほかには考えにくい。あえて異論をたてれば、これより三か月後、卒業式に招かれた前後のこと、と考えられないこともない。が、こちらは、可能性はうすいのではないか。

この年の一月、明治女学校では創立者の木村熊二が校長を辞任し、信州に引き揚げてしまった。この前後は、教頭としての厳本の動きに世の耳目が集中したはずである。

けれども、厳本がただちに校長を引き継いだわけではない。彼は教頭職であるにもかかわらず、この大事な時期に、なぜか学校を長期間留守にして、旅行に出かけている。明治女学校は二か月近く、校長と教頭を同時に欠いたままであった。「どこまで行っても割り切れない疑惑が残る[18]」。村岡が明かす先のエピソードは、この疑問《ミステリー》を解くひとつのカギとはならないであろうか。

村岡が主幹を務めていた一八九二年は、厳本と『女学雑誌』との双方にとって、明白な変化と改革が見られた転換期であった[19]。浪華女学校の乗っとりに「見事に失敗」した厳本は、帰京後、これまでの仕事を新たな気持で再開したに相違ない。

東京に戻るや、ただちに雑誌の大改革に乗り出している。が、明治女学校の校長に就任するのは翌年の十二月のことである。これまで、彼の就任日は不明であったが、『福音新報』（一八九三年十二月二十九日）は、「前校長木村熊二氏辞任後は、校長を置かずして、岩本善治氏教頭となり、合衆共和なりしが、岩本氏同志会の推す所となり、遂に去る廿三日午後一時より、其就任式を挙行することとなれり」と報じている。

「教育者というよりは教育事業家であったのであり、多少、山師的で偽善的な要素があった[20]」との厳本評が、正鵠を得ているとすれば、「可なり見苦しい苦肉策」が実際にあったことも、十分推測できる。

それにしても、厳本が経営する浪華女学校の姿を想像するのも、興味深い。

再び京都へ

村岡は浪華女学校の校務のかたわら、日本基督教会浪華中会に所属する教会のためにも協力と尽力を惜しまなかった。

一八九二年四月八日、和歌山教会員が地元の紀国座で開いた演説会に出演している。来聴者は七百人をこえた。

また、大阪市の四教会が、日本基督教会の大会議員を浪華女学校に招待して、親睦会を十一月三日に開く計画が進められてもいる。準備会は村岡宅で持たれ、親睦会の費用も一部、女学校が分担することになっていた。浪華女学校と村岡は、浪華中会にとってセンター的な位置にあったことが判る。

十一月三日には、日本基督教会の指導者が、浪華女学校に勢揃いした。村岡とも個人的に親交のある植村正久、井深梶之助、山本秀煌、吉岡弘毅、大儀見一郎などの顔が見えた(21)。

このように女学校と中会双方にとって、村岡は大きな存在となったが、またもや京都に舞い戻ることになった。理由は定かではない。「事違與志の例に洩れず、一年立つか立たぬ中に、小生は再び京都に戻りし」とか、「廿五年〔一八九二年〕の暮、いよいよ再び京都伝道に従事することになった」と、本人は記す。要するに、「教育者としての大阪時代も、或事情で極々短い期間」で終ってしまったのである(22)。

年度途中の辞任であるのが、いかにも不自然である。教育方針をめぐり、宣教師たちと意見の対立でもあったものか。あるいは厳本事件の後遺症のせいか。残念ながら「或事情」は不明のままである。

この秋、『福音新報』（一八九二年一一月一八日）は、村岡がミッションの伝道師として古巣の西陣伝道にあたるため「不日着京」、と報じている。したがって、十一月中旬には大阪を去ったものと思われる。大阪では、正味十一か月半の主幹であった。函館時代の三年半にわたる教師生活と合わせて、学校教師としての生活は、都合四年半で終った。以後、彼は学校現場に戻ることは、なかった。

「斯《か》くて大阪を辞し、再び京都に舞ひ戻って見ると、京都は形勢一変して、先輩・吉岡弘毅牧師が大阪北長老教会〔高知教会〕から移って教会主任となり、田中義一君、亦た去って、米沢市伝道に従事することになって居った(23)」。

後述するように、女性伝道師・岡部なを子も転出しており、後任として九州〔大分県〕臼杵《うすき》から小川てつ子が、七月九日に着任していた。岡部は最も忠実な助手であっただけに村岡にとっては痛手であったに違いない。また、村岡は記してはいないが、この年の六月三十日には、後輩の中島粂《くめ》吉が、明治学院を卒業して、ただちに京都伝道に従事していたはずである。

京都の講義所は、いぜんとして仮教会であったが、翌春の教会設立へ向けての準備が、着々と進められていた。田中義一の尽力で教勢は伸びていた。秋ころの教勢は、会員が八十二名（市内の在住者は六十四、五名）、礼拝参加者が三十四、五名、そして日曜学校生徒が六十名である。九月二十四日には、田中の送別会がすでに行なわれていた。

ところが、後任の吉岡（すでに人事は、七月の時点で決定していた。ただし、来任は「本年中には」、であった）の赴任が、年末か年始にずれこむ、という。ポーターが、田中の赴任を延期してほしいとの願いを宮城中会に出したので、十一月末まで京都に留まれることになった。

一方、吉岡の高知教会辞任は十月三十一日、京都着任は十一月十日であった。吉岡は、赴任の途中、十一月二日から大阪北教会で開かれた日本基督教会大会に参加している。三日には先述した浪華女学校を会場にした親睦会にも、出席しているはずである。席上、村岡と吉岡は、京都伝道の抱負を語り合ったことであろう。他方、田中は、強力な後援者を得ることができ、また村岡と久々に旧交を暖めることもできた。後顧の憂いなく、彼が山形へ向かったのは、十二月十五日であった(24)。

吉岡のあとを追うように、村岡は京都入りをした。浪華女学校で第一期生として送り出した吉岡さだ子の父親（吉岡弘毅）と同じ教会で、牧会にあたることになろうとは、村岡とて予期しなかったことであろう。仮教会ではさっそく、二人の歓迎会を十一月二十六日に開いた。村岡は日曜学校教員をも兼ねることになった(25)。

ところで村岡夫人はこの時、身重であった。赴任の際は汽車をさけ、川船で伏見までのぼり、そこからは適当な駕籠《かご》が見つからなかったので、戸板に乗せられ、京都に運びこまれている。

ひとまず、旧知の教会員・岡田家に身を寄せ、それから講義所（中立売黒門角）の奥にある古巣の座敷に落ちついた。ここで長女（たま）を産んだのが、十二月十九日であった。村岡の父の看病と葬儀の際には、母代り、姉代りとなって、「何から何迄、萬事に行き届いたお世話になった」岡部なを子は、不在であった。夫（太郎）の越後長岡赴任に伴い、前年の六月二十九日にはすでに京都を離れて、いったん郷里の上田に帰っていた。代わって今回は、岡田夫人が泊り込みで出産を手伝ってくれた。

なお、岡田家ではこの時、娘（シズ）の結婚準備で大童だったはずである。結婚相手は泰西学館教頭の内村鑑三であった。式は（村岡たまが誕生した三日後の）十二月二十二日に、大阪の内村宅において「日本風の儀式」で行なわれた。村岡も立ち合ったのではなかろうか(26)。

二度目の京都伝道も、ながくは続かなかった。「京都に居ること一年そこそこで、再び井深先生の紹介の下に、相州横須賀教会に原沢紀堂牧師の後を襲ぐことになった」。横須賀赴任は、一八九三年九月十六日であった(27)。

以上の二度にわたる京都伝道を四十年後に振りかえり、村岡は、「何としても京都は、我家庭に取り忘れ難い土地である」と述懐する(28)。

後日談をひとつ紹介する。一九四一年四月二十七日、七十四歳になった村岡は、四十五年ぶりに室町教会の講壇に立った。「奉教五十四年の回顧と感激」と題して、「忘れ難い土地」での開拓伝道について熱心に語った(29)。この時、彼の胸に去来したものは、いったい何であったであろう。

浪華女学校その後

最後に、村岡辞任以後の浪華女学校について述べておきたい。浪華女学校の後任、第二代主幹として招かれたのは清水泰次郎であった。清水に関しては、これまで「清水氏(30)」という名前以上のことは、一切不明であった。現在、判明している限りの経歴は、『英学史研究』第二十号所収の拙稿「清水泰次郎について――同志社、浪華女学校時代を中心に――」、一九八七年）に譲りたい。清水は組合教会員であるので、村岡とは、とりたてて深いつながりがある、とも言えない。

一九〇四年、浪華女学校は青山彦太郎が主幹の時代に、ウィルミナ女学校と合併し、その名が消えてしまった。ウィルミナ女学校となってから一度、村岡は女学校を訪ねたことがある。一九三〇年のことである。

明治学院で後輩にあたる森田金之助がこの時、校長（就任は一九二五年）を務めていた。森田とは、一九二八年七月にロサンゼルスの日曜学校世界大会で、旧交を暖めたことがあった(31)。

「昨年［一九三〇年］帰朝の際、十一月下旬、恰も昨今の季節に大阪滞在中、ウィルミナ女学校森田校長の請に由り、同校で一場の講演を為し」た。ただ月日に関しては、留岡幸助宛ての書簡（十月末付）に「今二十二日は、朝ウィルミナ女学校に於て講演の宿約を果たし」と村岡が記すので、十月二十二日でなければならない(32)。

当時の村岡は、西海岸のサクラメントで伝道中で、たまたま十二年ぶりに帰国していた。

「浪華女学校時代、主幹として校長事務を取った縁を辿り、森田校長の招を受け、一場の演説を試みた。昔、教子であった人のお子さんが、今の生徒の中に交って居られたと聞いて、今昔の感を深ふした」。

「又た頃日、浪華女学校第一期の卒業生・伊藤貞子（吉岡弘毅先生の長娘で、同窓・伊藤貫一君の夫人）さんの長男・道夫君と森田現校長の愛娘との結婚披露の案内に與ったが、所謂、悲喜交々、四十年前の追憶に耽ること久之であった(33)」。

村岡が「事違與志の例に洩れず」主幹を辞してから、四十年近い歳月が流れていた。立派に成長した学校と生徒を目のあたりにして、彼の脳裡に去来したものは、はたして何であったであろう。

村岡のその後の歩みについても、付記しておく。

二度目の京都伝道のあと、横須賀教会、新潟教会（今の東中通教会）を歴任。その後、日本基督教会からメソジスト教会に転会し、上田、浜松、静岡の各教会を担当した。静岡教会時代、牧会のかたわら、いわゆる非行少年のための「自営学館」を独力で設立経営した。のち牧師を辞し、社会事業に専念する。さらに留岡幸助の推薦で、千葉県立感化院長を九年間務めた。

一九一八年、渡米してサクラメントやロサンゼルスの日本人教会（長老派、バプテスト派）で伝道活動を再開した。晩年は三度にわたり日本に帰国した。一九四四年十一月、帰国中に横浜家庭学園（園長の有馬純彦は娘婿）で召天した。同園で葬儀の後、新島襄が眠る京都東山の若王子に葬られた。享年七十八であった。

〈注〉

(1) 以上、『結婚』四三頁（本書三三三頁、注2参照）、村岡「光、大石二君の死を悼む」（『福音新報』一九二五年二月一九日）、同「回想記(三)」（本書三三四頁、注27参照）。

(2) 以上、ガーヴィン「歴史」一六頁、本書三三五頁、注53参照）、一九頁、『結婚』四三頁、村岡菊三郎「追憶三題」（『福音新報』一九二九年三月二八日）、『福音週報』一八九〇年八月一日。なお、これによれば、この七月には大阪一致女学校のガーヴィンとマクガイアーが、大洲の桜井家を根城に演説会などを行なっている。

(3) 以上、村岡「教会今昔物語(一)」（『福音新報』一九三五年六月一三日）、同「教会今昔物語(了)」（『福音新報』一九三五年七月四日）、同「十二年振り日本訪問の印象記」（『福音新報』一九三一年四月三〇日）。

(4) 以上、（『福音週報』一八九〇年五月二日、六月二七日、九月二六日。

(5) 以上、日本キリスト教団青森長島教会『唯み言に従いて——九十年のあゆみ——』一頁、日本キリスト教団長島教会、一九八一年。

(6) 『結婚』四四頁。

(7) ガーヴィン「歴史」二〇頁。

(8) 以上、『結婚』四七頁。

(9) ガーヴィン「歴史」二〇頁。

(10) 『結婚』四九～五〇頁。なお、理事の手塚誠哉は、いぜんとして日本基督京都仮教会の会員である。村岡が手がけた京都貧民救恤会の委員をこの頃も務めている（『基督教新聞』一八九二年七月二九日）。村岡からの依頼で、理事を引き受けたのであろうか。

(11)『大阪女学院百周年記念誌』一三一頁。

(12)『結婚』四七頁、ガーヴィン「歴史」一七頁、村岡菊三郎「伊藤貫一君の追悼」（『福音新報』一九四一年三月六日）。

(13)『結婚』四七〜四八頁。

(14)『福音新報』一八九二年九月二三日、一〇月七日、ガーヴィン「歴史」二三頁。

(15)『福音新報』一八九二年六月一〇日、『結婚』一六頁。

(16)村岡菊三郎「教会今昔物語(了)」。

(17)以上、『福音新報』一八九二年四月八日。

(18)藤田美実《よしみ》『明治女学校の世界』五七〜五八頁、青英社、一九八四年。

(19)同前、五八〜五九頁。

(20)『図説　教育人物事典』下巻、九二九頁。

(21)以上、『福音新報』一八九二年四月一五日、九月三〇日、『基督教新聞』一八九二年一一月一一日。

(22)『結婚』四七〜四八頁、村岡「光、大石二君の死を悼む」（前出）。

(23)『結婚』五〇頁。

(24)以上、『福音新報』一八九二年六月一〇日、八月一二日、九月三〇日、一〇月七日、一一月一八日。『高知教会百年史』四八頁、五二頁、日本キリスト教団高知教会、一九八五年。『基督教新聞』一八九二年七月二九日、一一月一一日。

(25)『福音新報』一八九二年一二月九日。

(26)以上、『結婚』四八頁、五一頁、『福音新報』一八九二年六月一〇日、一二月三日。『基督教新聞』一八九二年七月二九日。岡田夫人(好子)は一時、同志社で茶道を教えたことがあるという（内村美代子『晩年の父内村鑑三』二〇五頁、二〇七頁）。

(27)『結婚』五一頁。

(28)村岡「回想記(三)」（前出）。

(29)『年表』一一頁（本書三三四頁、注45参照）。

(30)ガーヴィン「歴史」二〇頁。

(31)以上、『大阪女学院百周年記念誌』二四頁、四八頁、大阪女学院、一九八四年。村岡菊三郎「米国通信」（『福音新報』一九二八年九月一三日）。

(32)村岡菊三郎「山口賢蔵君の追悼」（『福音新報』一九三二年一月一四日）、『留岡幸助著作集』第五巻、三七二頁、同朋舎、一九七八年。

(33)以上、村岡「十二年振り日本訪問の印象記」（前出）。伊藤貫一はこの時、合衆国のワッソンビル日本人教会牧師であった。一九三四年春に帰国し、ウィルミナ伝道所主任となった（『福音新報』一九三一年四月九日、一九三四年三月八日、四月二六日）。

《参考資料》

浪華女学校年表——村岡菊三郎主幹時代を中心に——

一八八六
九・　大阪一致女学校開校。初代主幹・桜井ちか子。

一八八九
四・　桜井ちか子、主幹を辞任して大洲へ。

一八九〇
四・　真木重遠（前麹町教会牧師）、第二代主幹に就任。
八・二九　「福音週報」が女学校、真木のことを報道。
九・　この頃、大阪南教会からの兼牧の依頼を真木、断る。

一八九一
六・二二　閉校式（終業式）ならびに親睦会（アレキサンダー宅）。
七・三　「福音新報」が女学校のことを報道。
七・　岸本りう、明治女学校を卒業。のち大阪一致女学校に就職。
九・　真木、（これ以前に）主幹を辞任し青森県でこの月から伝道開始。
一〇・一　真木、日本基督青森講義所を開設。

一〇・　村岡（坂口）菊三郎（日本基督京都仮教会伝道師）、大阪赴任のために福岡で結婚。
一二・五　村岡、第三代主幹に就任（月給一三円）。校内の校長住宅に住みこむ。
一八九二
三・二七　三〇日まで厳本善治（明治女学校長）、関西遊説。厳本による浪華女学校乗っとり騒動はこの頃か。
五・　この頃、校名を浪華女学校と改称。
五・一三　「福音新報」に改称広告（初出）。この頃の理事は、アレキサンダー、大石保、阿波松之助、手塚誠哉。
六・二四　第一回卒業式。来賓、厳本善治ほか。卒業生は、吉岡さだ子、松本まつ、鈴木はつ、中山ます子。
八・五　「福音新報」に生徒募集広告（初出）。
九・一一　新年度始業。中村某（佐賀県浜崎出身）入学（のち中退）。米山さく子（東京高等師範学校卒）が本年度から教師となる。
九・二〇　大河ぬい子（中退生）追想会（堺の教会で）。のち、遺産百円を女学校に献金。
九・二三　「福音新報」、女学校の規則改正、米山さく子、新入生（十余人）のことなどを報道。
一一・三　日本基督教会大会の親睦会（女学校）ならびに「大河文庫」開庫式（同）。
一一・　中旬頃、村岡、主幹を辞任して京都へ。
一一・　清水泰次郎、第四代主幹に就任。
一一・一八　女学校でミス・ホーメルと清水との歓迎会。
一一・二六　日本基督京都仮教会で村岡の歓迎会。
一八九三
一・二〇　「福音新報」、女学校の教師（七人。ほかに助教授二人）などを報道。
一八九七
九・　阿部虎之助、第五代主幹に就任。
一八九九
四・　青山彦太郎、第六代主幹に就任。
一九〇四
四・八　浪華女学校、ウィルミナ女学校と合併。主幹・青山彦太郎。
一九二五
四・一　森田金之助、校長に就任。
一九三〇
一〇・二二　村岡、ウィルミナで講演。
一九三八
同窓会『会員名簿』（五月現在）発行。旧職員に村岡の名がある。

第2部　北日本ミッション

第一章　越後における活動

一、アメリカン・ボードの越後伝道

関西に拠点

アメリカン・ボードというミッション・ボードは、ニューイングランドに住む組合教会系（会衆主義）のキリスト者たちが、創立の主軸となった。が、当初は長老派やメソヂスト派の信徒たちも参加する、超教派的なミッションであった。

最初の宣教師は、早くも設立二年後の一八一二年にインドへ派遣された。日本への派遣は、それよりはるかに遅れた一八六九年のことで、グリーン（D. C. Greene）夫妻が、最初に横浜に入港した。彼は翌年、活動拠点を兵庫（神戸）に変えた。以後、グリーンの後続者たちも次々とこの地に腰を据えたために、アメリカン・ボードの活動は、おのずから京阪神を中心とする関西が主たる領域となる。

では、なぜグリーンは関西を選んだのか。

実は、最初の任地をどこにするかはすべてグリーンに委ねられていた。そこで彼は当初、候補地を東京と横浜に絞って伝道地を考慮し始めた。結局は東京を選び、最初はホテル住まい、ついで借家を構えて落ち着いた。

しかし、彼に多少のためらいが、つきまとった。東京にはすでに他ミッションが進出しており、競合の心配があった。実際、アメリカン・ボード（会衆派）と並ぶ大教派である長老派のカロザース（C. Carothers）などが、東京伝道に先鞭をつけていた。

折しも、予期せぬ転機が生まれた。アメリカン・ボードから中国に派遣されていたブロジェット（H. Blodgett）が、日本に立ち寄ったのである。彼は「有無をいわせず」、グリーンを神戸に連行し、同地を視察させた。その結果、関西にはウィリアムズ（C. M. Williams）――それも長崎から大阪に転入したばかり――以外には、プロテスタント宣教師が皆無であり、伝道の必要性が高いこと、さらに気候がよいことなどが、判明した。グリーンはさっそく三月三十一日に、神戸に移った。

東京をあきらめた理由のひとつは、もちろん他教派との軋轢の懸念であった。大阪のウィリアムズが、グリーンの受け入れに好意的であったのに対し、京浜地方の長老派の宣教師の中には、アメリカン・ボードの東京進出を、一種の「割りこみ」のように受けとって、感情的に反発する者がいた。

以後、会衆派（組合教会）は関西、一方、長老派ならびに改革派は関東、といった一種の「地割り」が、ミッションの間でしばらく続くことになる。グリーンの神戸進出は、こうした地域分担の「黙契」のもとに行なわれた、とも言える。

こうした事情を考慮すれば、関東に近い越後の伝道責任を負うべき教派は、まず長老派、あるいは改革派であるのが自然、ということになる。が、現実には西日本に本拠を置くアメリカン・ボードが、（後に述べるように）他派に先んじて、この地に乗りこんでくるのは、実に興味深い。

グリーンの越後旅行

アメリカン・ボードのメンバーで、最初に越後に足を踏み入れたのも、グリーンである。これまであまり注目されたことのない事実なので、強調しておきたい。

グリーンは神戸で数年間、活動したあと、一八七四年六月に松山高吉（越後糸魚川出身の伝道者）とともに横浜に舞い戻った。ヘボン（J. C. Hepburn）などと、聖書の日本語訳事業に従事するためである。ちなみにこの時、ヘボンを助けたのが、高橋五郎という新潟県人であることも、興味深い。

グリーンの越後行は、この横浜転出中のできごとである。一八七五年の秋（十月か）であった。旅行を振りかえって彼は、「三週間におよぶ新潟への旅で、すっかり気分転換を」することができた、と書き残す。

当時、新潟港は開港地でありながら、開港された五港のうちで唯一、プロテスタント宣教師がまったく不在、という状況であった。このことを憂慮したエディンバラ医療宣教会（ＥＭＭＳ）所属のパーム（T. A. Palm）が、ようやくこの年の四月に、東京から移り住んだばかりであった。

このパームは、一八七四年五月に来日してからほぼ一年間、横浜や東京で日本語を学んだ。この間にすでにグリーンとの交流が、あったものと思われる。とすれば、グリーンの越後旅行は、松山や高橋たちの勧め、でなければ、「気分転換」とパーム訪問を兼ねていたはずである。

ただ、グリーンの記録から確認できるのは、ワイコフ（M. N. Wycoff）との接触だけである。ワイコフは、パームの着任以前から官立新潟英語学校の教師を務めていた。パームが適当な借家を見つけるまで同居を認めてくれたのは、この「親切なクリスチャンの友人ワイコフ夫妻」（パーム）であった。ワイコフはのちに、オランダ改革派の宣教師となって再来日するが、この時はいまだ平信徒であった。

ワイコフは、グリーンにも宿舎を提供したのかもしれない。横浜に帰宅後、グリーンはワイコフの学校と新潟師範学校に書籍を寄贈する手配を行なっている。アーモスト大学、シーリー教授（J. H. Seelye）の『教養あるヒンズー教徒への講演』（*Lectures to Educated Hindus*）を、アメリカからわざわざ取り寄せたのである。この本が選ばれた理由は、聖書が両校に、そして聖書辞典が師範学校に架蔵されているのを、グリーンが自分の目で確認していたからである。

ちなみにこの翌年（一八七六年）の一月に、グリーンは横浜でパームの消息について、次のように報じている。

パームは「医者というよりは説教家の才能を持っており、自身はバプテスト派だが、海や汚れた川で洗礼〔浸礼〕を施すことにより、改宗した人達の健康を損うよりは、むしろ水滴をかけることによって洗礼〔滴礼〕を授けるよう主張して、物議をかもし出している」と。要するにパームにとって、洗礼はバプテスト派が認める「浸礼」ではなく、他教派で一般的な「滴礼」であるべきであった。

越後伝道の開始

一八八三年十月、パームは初めての休暇を得て、一家してスコットランドに帰国した。帰国休暇は一年半もの長期におよぶため、その間の彼の事業——伝道所ならびに医療活動（パーム病院）——は、アメリカン・ボードに託された。

越後に近い京浜地方のミッションではなく、なぜ遠方のミッションが、指名されたのであろうか。前に述べた「黙契」にもかかわらず、関東のミッションは、どれも越後伝道に着手することを敬遠したのである。人的にも財的にも、ミッションに余力がなかったからであろう。このことは、はからずも、越後伝道の困難さを端的に物語っている。横浜や東京ほどの効果が期待しにくかった、と考えられる。

そこでパームは、アメリカン・ボードに打診を試みた。かねてこのミッションの代表的な医療宣教師であるベリー（J. C. Berry）――岡山で活躍中――に敬意を表していたので、交渉はベリーを介して行なわれた。最初はあまりにも遠距離のためにためらわれた。パームの熱心な願いと伝道地を北日本に広げる好機であるとの判断から、アメリカン・ボードは最終的には、新たに越後に宣教師を何人か送ることを約束した。

最初のメンバーは、ギュリック（O. H. Gulick）一家とギュリックの妹（J. Gulick）、それにデイヴィス（R. H. Davis）一家であった。彼らの着任は一八八三年十月十一日で、この日をもってアメリカン・ボード北日本ミッション（伝道拠点としては「新潟ステーション」）が実質的に始動する。

この北日本ミッションの設立にあたっては、諸種の事情から、それまで一本化されていたアメリカン・ボード日本ミッション（ステーションとしては神戸、大阪、京都、岡山）から切り離された形がとられた。要するに、形の上ではアメリカン・ボードの在日宣教師は新潟ステーションの開設を機に二分されてしまった。

当然、ギュリックたちは、この処置に対して、ボストン本部に抗議を申し入れた。が、詳しい消息が判明したのが着任後、ということもあって、どうにもならなかった。以後、一八九〇年に両者が統合されるまで、両ミッション間で少なからず摩擦が生じる、という皮肉な結果になった。

皮肉な結果といえば、パームの動向に関しても、ハプニングが生じた。休暇があけても、日本に戻れなくなったのである。理由は、「終末論」をめぐる神学上の見解の相違が、パームとミッションの間で明白になったことにある。結局、神学論争のすえパームは、自説に固執してミッションと対立し、結局、ミッション宣教師を辞任してしまった。

ミッションもパームの後任を日本に送らぬことを決定した。そのため、エディンバラ医療宣教会が越後で八年にわたって展開してきた事業は、パームの留守を預かるアメリカン・ボードに正式に移管されることになった。

アメリカン・ボードの側では、医療事業（パーム病院）の継承のためには、関西から医師のベリーを転出させる、という案も検討されたが、移籍は実現しなかった。

結局、あらたにアメリカから、医療宣教師としてスカッダー（D. Scudder）が姉とともに送られてきた。

ところが、日本の医療の現状を見たスカッダーは、日本では医療伝道の時代は終わったと判断し、早々に病院を閉鎖した。全力を伝道一般に注ぐべきだ、というのである。たしかに越後では、キリスト教の勢力は、目立たないほど小さかった。たとえば新潟県が編集した『稿本　新潟県史』（第六巻、三四〇頁、復刻版、国書刊行会、一九九一年）にも、ギュリックたちが赴任した翌月でさえも、新潟港における信徒――数十名がいたにもかかわらず――の動向に関して、「耶蘇教、漸々入レドモ、加持祈禱スルモノナシ」と切り捨てられている位である。

「パーム・バンド」が分裂

パームが突然、日本に戻れなくなったことは、アメリカン・ボードだけでなく、越後の信徒たちにも大きな衝撃となった。というのは、パームをとり囲む一群の信徒たち（本書では「パーム・バンド」と呼ぶ）は、経済的にパームに依存（というよりは寄生）している者が、中軸を占めていたからである。

パーム抜き、という予期しない形で、「パーム・バンド」の新たな指導者となったアメリカン・ボードは、「パーム・バンド」からみれば反りが合わないミッションであった。伝道方針が、パーム時代とはまるで違うからである。

アメリカン・ボードはかねて、日本での伝道活動において、次の二点を基本方針として重視していた。

(一) 教会（伝道活動）は、日本人の経済的負担により独立・自給されるべきである。

(二) 信徒は道徳的に浄らかでピューリタン的な生活を厳守すべきである。

「パーム・バンド」は、これらいずれの方針からも大きく外れた。金銭的にだらしなく、貧欲であるうえに、生活自体にも規律を欠いた。スカッダーはこうした人びとを「アンチノミアン派」(Antinomian party)と呼んだ。アンチノミアンとは、いちど神によって救われた者は、「十戒」などの戒律を守る必要はさらになく、自由（奔放！）に生きることが許される、という道徳・戒律不要論である。ここから信徒にあるまじき、無軌道な生活さえもが正当化されてしまう。端的にいえば、それは「放縦派」と同義である。

「放縦派」を核とする「パーム・バンド」は、アメリカン・ボードの伝道方針に反発し始め、一八八五年の始めには分裂の様相を呈した。アメリカン・ボードの指導のもとで新たに入信した信徒たちが、パーム時代の古い信徒たちと行き方を異にしたからである。新しく生まれた信徒集団は、教会の自給と清潔な信仰生活を理想とした点で、「禁欲派」と名づけることが妥当であろう。

かくして「パーム・バンド」は、「放縦派」と「禁欲派」という新旧二派に分裂せざるをえなかった。後者が「パーム・バンド」から「脱退」して、独自の行動をとり始めたのに対し、前者はそれを異端と見なして、「除名」するにおよんだ。

信徒集団の分裂という異常事態に直面して、アメリカン・ボードは困惑した。とりわけ、大阪のデフォレスト（J. H. DeForest）は、わざわざ海老名弾正《だんじょう》（群馬県・安中《あんなか》教会牧師）――新島襄の代理として――とともに、翌年（一八八六年）六月に越後に足を運び、二派の再統合に力を注いだ。

しかし、調停は手遅れであった。アメリカン・ボードから経済的に見捨てられた形となった「放縦派」が、援助を求めて、東京の長老派（一致教会）に急接近し、一致教会への入会をすでに申し入れたあとであった。そのため、デフォレストらの調停は失敗に終った。

地元からの申し入れに対して、一致教会はすでに五月十日の臨時会でこの件を協議し、交渉委員（安川亨）を越後に送ることに決めていた。安川は越後を訪ねたあと、五月二十二日に「入会を認めるべき」との報告をすでに一致教会に提出していた（「日本基督一致教会記録」第一部）。

ふたつの新潟教会

かくして「パーム・バンド」は二分され、「禁欲派」がアメリカン・ボード（組合教会）と結びつく一方で、「放縦派」は長老派（一致教会）に所属し、それぞれ反目をしながら完全に別行動をとるにいたった。ただし、長老派は、このために宣教師を越後にわざわざ派遣することは――これ以後も当分の間――しなかった。

「禁欲派」は、一八八六年七月に関西（大和郡山《やまとこうりやま》）から成瀬仁蔵を初代牧師として招き、十月二日に「新潟第一基督《キリスト》教会」（組合教会系）を旗揚げした。今の日本キリスト教団新潟教会の発足である。これに対して、「放縦派」も、二か月遅れの十二月四日に、「新潟一致教会」（一致教会系）を組織し、越後村上出身の地元医師、大和田清晴が、信徒たちの指導にあたることになった。

以上の経緯からわかるように、これ以前の「パーム・バンド」は、時に「新潟公会」とか「新潟教会」と呼んだり、呼ばれたりしてはいるものの、一度も正式な「教会」として組織されたことはなかった。この点は何人もの宣教師が、明言する通りである。

名目的な「教会」にとどまったという点で、それは「幻の教会」であった。あえて言うならば、かつての「パーム・バンド」は、出入りが自由な、規律や規則のきわめてゆるい「烏合の衆」に近い群であった。彼らは、パームの周辺に群がった信徒たち、という意味で「パーム・バンド」と呼ぶのが、歴史的にはもっとも妥当ではないか。

とすれば、「新潟一致教会」の後身たる今の東中通《ひがしなかどおり》教会（日本キリスト教団）が、その創立年月日を一八七五年四月十一日——パームが、越後に初めて足を踏み入れたその日である——と認定していることは、歴史的には問題を残している、と言わざるをえない。

成瀬・スカッダー時代

さて、新潟第一基督教会の初代牧師に招かれた成瀬仁蔵は、前任地の関西では、大和郡山教会の牧師や梅花女学校（今の梅花学園）の教師（実質的には主幹）を務めていた。それらの経験は、越後でも十分に活かされた。そのさい、彼の右腕となったのが、D・スカッダーである。彼ら二人により、越後のキリスト教界は黄金時代ともいうべき盛況を呈することになる。

彼らの働きのうち最大のものは、キリスト教系の二学校、すなわち新潟女学校と北越学館（男子校）の開校である。

スカッダーは、両校のために本国に教師（宣教師）の派遣を要請した。その結果、彼の両親を始めとして、大勢の者が太平洋を渡って来日し、これらの学校を助けた。最盛期の新潟ステーションは、十二名ものメンバーを擁した。アメリカン・ボードの在日ステーションとしては、京都ステーション（実は同志社）に次ぐ大所帯となったほどである。当時、新潟港が人口四万人前後の地方都市であったことを考えると、ひとつのステーションだけで十二名、とは異例の規模である、と言うほかない。

逆に、あまりにも外国人教師（宣教師）の勢力が有力でありすぎたことが、かえって問題視されることがあった。その好例が、例の「北越学館事件」である。学館の教頭に招かれた内村鑑三が、次いで同じく松村介石が、学園の内外で幅をきかす外国人教師に反発し、攻撃に転じたのが、紛争（事件）の要因であった。

ただし、北越学館も新潟女学校も、いわゆる「ミッション・スクール」ではない。宣教師が、校長や教頭、理事長（館主）、理事、発起人といった重要ポストのいずれにも名を連ねたことは、一度もない。とは言え、ミッションの支援抜きには、とうてい成りたちえないことも、否定できない。

なお、アメリカン・ボードは、私立長岡学校（現在の県立長岡高等学校）にも無償で外国人教師を数年間、派遣した。最初はスカッダー、ついでニューエル（H. B. Newell）が、その任にあたった。このため北日本ミッションは、長岡に「アウト・ステーション」（伝道所）を設置した。これは新潟港以外に宣教師が常駐する活動拠点としては、越後で唯一の例である。

ところで、教育事業に関して、成瀬とスカッダーは学校教育ばかりか、社会教育にも熱心であった。その典型は「越後基督教青年会」（YMCA）と「白十字社」（矯風団体）である。とくに後者は、廃娼運動に取り組んだ団体としては、越後では先駆的であったことが、記憶されるべきである。

成瀬はこのほかにも、「新潟教会婦人会」を設け、月例で公開講演会を開き、市民へ参加を呼びかけた。これにはアメリカン・ボードの女性宣教師も、講師として協力を惜しまなかった。この会は、宗教に限らずに幅広いテーマを選び、教会外からも各界の名士を招いて、女性の啓発をはかった点で、注目すべき存在である。

黄金時代から冬の時代へ

成瀬・スカッダー時代の頂点は、一八八八年である。この一年間に組合教会系の教会に新たに加わった人たち（受洗者）は、新潟第一基督教会が七十四名（会員数は百十八名となる）、中条教会が十四名、そして長岡教会が二十三名を数えた。「北越全体の伝道概略」という資料（同志社大学人文科学研究所蔵）の中の言葉を借りれば、まさに「新潟基督教会の全盛時代」、「基督教得意の時代」である。

ただし、新発田教会は誕生間もないためか、同年の入会者は二名にとどまる。しかし、翌年の一八八九年は十三名、一八九〇年は不明だが、一八九一年は二十二名である。その頂点は、他教会とやや時期を異にする（「新発田基督教講義所歴史大要」）。

「新潟基督教会の黄金時代」は、とりもなおさずアメリカン・ボード北日本ミッションの全盛期でもあった。ミッションが十二名ものメンバーをかかえたのは、まさにこの時である。

けれどもその後、櫛の歯をひくように、メンバーが次々と越後を去り始めた。一八九〇年前後には宣教師のほとんどが転出、あるいは帰国するにいたった。とりわけ、健康上の理由からスカッダー家の五人が、いちどに帰国したことは、越後のキリスト教界にとっては大打撃であった。

スカッダーの帰国後も、彼の日本復帰を望む声は高かった。とくに仙台に移っていたデフォレストは熱心で、自身、そのために尽力もした。が、諸種の理由で、実現することなく終った。

黄金時代の立て役者、成瀬仁蔵も、スカッダーに続いて、留学のためにアメリカに渡ってしまった。成瀬の渡米には、スカッダーから側面からの援助があった。

時は全国的にも大きな転換期にさしかかっていた。鹿鳴館に代表される欧化主義の波が引き、一転して国粋主義が、怒濤のごとく押し寄せる時代に突入したのである。キリスト教にとっては非常に厳しい保守反動期、いわゆる「冬の時代」の到来である。スカッダーに代わってこの期を耐え抜いたのは、ニューエル夫妻であった。

一八九四年には経営難から新潟女学校、北越学院（北越学館の後身）が、「休校」に追いこまれた。これ以前に長岡（アウト・ステーション）からニューエルが呼ばれ、手薄となった新潟ステーションの新しい支柱として、事態の好転に努めもした。が、時代の潮流に逆らうことは、もはやできなかった。

休校後も、ニューエルは旧職員らと、学校の再興を期して将来に備えた。彼は青年たちと青年会を組織したり、機関誌（『天籟』や『舟江評論』、『北越評論』）の発行などを手がけた。しかし学校の再開まではいたらず、結局、休校のまま廃校に追いこまれた。

明治期に新潟ステーションで活動した宣教師は、総勢三十名をこえる。そのうち在任期間がいちばん長いのが、このニューエルである。一九〇四年まで十七年間におよぶ。在日年数を見れば、四十三年にわたる。

彼は一九三〇年六月八日、定年退職のため神戸から帰国した。そのさい『基督教世界』（同年六月五日）に別離のメッセージを寄せた。

「日本は私共の『故郷』であります。日本の外に、地球上に私共のふるさとたる處はありません。私共の生涯の大半は、こゝで送ったのでありました。」（傍点は原文ではイタリックス）。

同紙にはさらに、次ぎの感謝決議文が載せられている。

ニウエル博士夫妻ニ対スル感謝決議

アメリカン・ボード日本ミッション宣教師、神学博士エチ、ビー、ニウエル氏夫妻ハ、明治二十年本邦ニ来任シ、新潟、松山両市ニ駐在スルコト三十有六年。大正十二年、本会ノ決議ニヨリ新タニ、ミッション・ステーションヲ京城ニ開始シ、大ニ期待スル所アリシガ、博士ハ推サレテ朝鮮伝道ノ重任ヲ荷ヒ拮据《きっきょ》七年、其徳望ハ各派教会ノ内外ニ重キヲ為《な》セリ。

博士ハ人格高クシテ、誠ニ基督教的紳士ノ典型タリ。其《その》本邦伝道ニ於《お》ケル功績ニ対シ、敬慕措ク能《あた》ハザル所ナリ。今ヤ同ボードノ規定ニ依《よ》リ、職ヲ退キ、帰国セラレントス。慈《ここ》ニ日本組合基督教会ニ代リ惜別ノ情ヲ述べ、併《あわ》セテ、アメリカン・ボードニ対シテ感謝ノ誠意ヲ表ス

昭和五年五月八日

日本組合基督教会

理事会

なお、スカッダーについて、詳しくは本書四三七頁以下を参照されたい。ニューエルについては、拙著『近代新潟におけるプロテスタント』(二〇八～二一〇頁、思文閣出版、二〇〇六年)で紹介した。

二、日本ミッションとの抗争

北日本ミッション[1]の成立

アメリカン・ボードは、新潟におけるエディンバラ医療宣教会(Edinburgh Medical Missionary Society)の事業を一八八三年の秋に引き継いだ。同宣教会の医療宣教師、パーム(Theobald A. Palm)は、休暇を得て「帰国せんとするに当り、当時岡山に在った〔アメリカン・ボード日本ミッションの〕ベリー氏に譲渡しの交渉を為し、又自ら京都同志社に赴き、デイヴィス氏に面会、新潟及び北越地方の伝道を委託した[2]」。

この時、医療宣教師のベリー(John C. Berry)は、後に見るように前向きの姿勢を示した。一方のデイヴィス(Jerome Dean Davis)は、「摂理に満ちた彼の地の声が大層強力なので、拒り切れない」と、やや消極的であった[3]。

パームは、バプテスト派の信徒であるにもかかわらず[4]、他教派のアメリカン・ボードに留守中の事業の引き継ぎを要請した。アメリカン・ボードの宣教師の中には、パームを「実質的には会衆派主義者(Congregationalist)」と見る者もいた。新潟進出に意欲的なミッションが、全国的に見ても他に見当らなかったことや、パームが来日以来、かねてベリーに私淑していたことが、引き継ぎを受諾した主たる理由であろう[5]。

一八八三年七月十日に、神戸のギュリック(Orramel H. Gulick)[6]宅で開かれた日本ミッションの特別会議で、新潟に新しくステーション(Niigata Station)を創ることが、正式に決定された。議事録(minutes)によれば、ベリーは岡山から賛意を示す書簡を送っている。

実は、この引き継ぎの件は、これより半年前の夏、日本ミッションのペティ(James H. Pettee)とケーリ(Otis Cary)が、新潟に立ち寄ったさい、パームから非公式に切り出されていた。

ペティ(岡山)は、関西を活動拠点とする日本ミッション(ステーションは京都、大阪、神戸、岡山)からあまりにも遠隔地のため、当初は新潟ステーションの設置に大きな疑念を抱いた。が、新潟からの要請があまりにも強いため、ついにそれを「神の声」と思うにいたった[7]。

こうして日本ミッションは、関西から新潟へメンバーを派遣することになった。九月三十日にはパームが新潟を去るため[8]、人選が急がれた。議事録によれば、五月九日に京都で最初に新潟の件が協議された時に、「デビス(Robert Henry Davis)[9]家ともう一家族」を、現地を視察させたうえで派遣することが、すでに全員一致で決議されていた。「もう一家族」が、ギュリック家と決定したのは、それから一か月以内のことであった。六月十一日に神戸を出発した下見隊に、ギュリックが妹(Julia A. E. Gulick)と共に参加しているからである[10]。

R・H・デイヴィスは一八七八年の来日以来、これといった特別の任務を神戸で見出しえなかった。自他ともに転任の必要性が、認められていた[11]。その点、ギュリックは五十歳という年齢に加えて『七一《しちいち》雑報』(日本ミッションが発行する日本初の週刊紙)の責任者であったので、最初から候補者にはのぼりにくかった[12]。ただ、たえずパイオニア精神にあふれるギュリックには、新潟に赴任すれば、毎年一回は北海道(とくに信徒が神戸から転出した浦河)へ出張できる、との望みがあった[13]。妹のジュリアの場合は、同居の母親の死

（五月二十四日）が、住みなれた神戸を去る決心をさせた[14]。

以上の三名に家族を加えた総勢十一名が、新潟ステーションの活動を始めたのが、一八八三年十月十一日であった[15]。

ところが、このステーションは、発足の時点から後々まで、日本ミッションとの間で複雑な確執を生む二つの問題をかかえこんでいた。人事問題とミッション設立問題である。

まず人事問題である。先に見た人選の背景には、ミッション内での相当に複雑な事情が、介在していたようである。たとえば同志社のデイヴィスは、神戸のR・H・デイヴィスとギュリックが、京都でのミッション事業（同志社）にまったく否定的で、ことごとに反対をくりかえす、との苦情をかねてから洩らしていた[16]。

さらにペティは、公表できないと断りながらも、先の人選ならば日本ミッションに打撃を与えずに新潟に人を送れる、と言明している。彼は新潟進出に賛成する私的な理由として次の三点をあげる。①会衆派の勢力拡充、②新潟に資産をもつことの有利性、それに③「人と資金との有効活用」(a better economy of men and money)、である。神戸のデイヴィスを教育活動から新しい仕事（伝道）にふり向ける好機会であるうえに、ギュリックの「英雄的な行為」(heroism) にも大いに期待が持てる、というのである[17]。

R・H・デイヴィスは、同僚たちのこうした雰囲気を敏感に感じとっていたようである。新潟を引き揚げて帰国した直後、日本ミッションに対する不満（後述）をいくつか洩らしている。その中に、自分たち（彼とギュリック）の「伝道方針のあやまりを罰するために」日本ミッションは、自分たちを新潟に追いやったのではないか、との憶測があるのは、見逃せない[18]。「やっかい者払い」した、とは、もちろん言い過ぎであるが、さりとてその要素を完全に否定し去ることもまた、困難であるように思う。

人事と並んで、ミッション設立問題もまた、大きな後遺症となった。新潟ステーションは、日本ミッションの五番目のステーションとして開設されたはずである。しかし、アメリカン・ボードの本部（ボストン）の方針は、日本ミッションとは別組織、すなわち「北日本ミッション」を新設して、それに所属させる、というのである。この食いちがいは、結論を急ぐ必要上、ボストンの総幹事、クラーク（Nathaniel G. Clark）からの承認を、電報で受けとったことに起因する[19]。九月九日に神戸で受理した本部からの電文は、日本ミッションが指定した「承認」（“Resolute”）ではなく、「承認、委細後便」（“Resolute: Details, Letter”）であった[20]。

三週間後に新任地に届いた「後便」で、初めて新ミッションの設立を知らされたギュリックとデイヴィスは、大きな衝撃を受けた。ギュリックは、日本ミッション中、分離を予想したものは皆無であろう、と述べた。デイヴィスと二人では、単独のミッションを形成できるはずはないから辞任したい、と激しく抗議した[21]。デイヴィスもまた、本部の方針を先に知らされていたならば、誰も新潟に来る者はいなかったであろう、と新ミッション設立に反対であることを、クラーク総主事に訴えた[22]。

この点は、日本ミッションの反応もほぼ同じで、「分離は遺憾」とのペティの所感[23]が、代表的なものと見てもよい。ただ、会計のジェンクス（Dewitt C. Jencks）だけは例外で、新潟のメンバーを始め、他の同僚がなぜ反対なのか、理解に苦しんでいる[24]。

同志社のデイヴィスはその中間的な反応を報じている。すなわち、新潟が日本ミッションから切り離されたのは、当初は「私たち全員の驚き」であったが、のちには、ほとんどのものが、分離策は賢明で摂理にかなっている、との受けとめ方をしている、という。というのは、両者間の距離と通信の不便さが、最大の障壁であるうえに、新潟のふたりは、京都での事業に反対なので分離した方が、お互いの「救い」である、というのである。[25]

それでは、なぜアメリカン・ボードは、新潟を日本ミッションから切り離したのか。この時、本部は財政難のため、ステーションの新設を認める余裕がなかった。日本ミッションからの強力な懇請(経費は一万一千ドル)にこたえるためには、「オーティス遺産」(Otis Legacy)を利用する以外にはなかった。ただ、この基金の使用に関しては、ミッションの新設のために、との条件がついていた。それゆえ、既設の日本ミッションとは別に、新たにミッション(北日本ミッション)を設立せざるをえなかった。[27]

こうして北日本ミッションは、一八九〇年に日本ミッションに統合されるまで、[27]七年間にわたって、他のステーションと特異な関係をもち続けることになる。この間、一八八四年一月の日本ミッション特別委員会で、両ミッションは年会を共通にし、またメンバーは本部の承認なしに相互に移動できる、との要求を本部に申し入れることを決めた。これを手始めに、[28]その後、何度も合同策が協議されている。[29]

興味深いことに、仙台ステーションの開設(一八八六年秋)のおりにも同種の問題が生じている。新潟のケースの反省からか、仙台は最初から日本ミッションに属した。[30]同地のデフォレスト(John K. H. DeForest)は、この狭い島国にはひとつのミッションで十分、との意見を有していた。仙台に続いて翌年、東京にグリーン(Daniel Crosby Greene)が京都(同志社)から転出すれば、新潟の孤立性は解消される、との見通しをたてていた。[31]

O・H・ギュリックの仙台進出問題

さて、T・A・パームは、十八か月間の帰国休暇があければ、一八八五年の春には、再び新潟に戻ってくるはずであった。けれども「終末論」が原因で、パームはミッション宣教師を辞任した。再来日できなくなったため、新潟における彼の事業は、伝道、医療(パーム病院)の両分野とも、全面的にアメリカン・ボードに移譲されることになった。

もっともパームは、ギュリックやベリーに対しては、日本に戻らない可能性、さらには戻っても仙台に転任したい希望を帰国前に表明していた。[32]R・H・デイヴィスもまた、一八八四年二月の時点で、パームが仙台に転出するかもしれない、と感じていた。[33]要するにパームは、たとえ再来日しても、かつて新潟で共に働いた押川方義《まさよし》が活躍する仙台で、共に伝道したかった、と考えられる。[34]

パーム辞任の知らせに誰よりも大きなショックを受けたのは、この押川ではなかったか。新潟時代から彼の生活・伝道費(月額三十円にものぼった)は、すべてパームの手を通して、パームの父親が牧するスコットランド教会が提供していたからである。[35]この点からみれば、押川が仙台に転出後に組織した教会(仙台教会)を、新潟の信徒たちが「仙台にある新潟分教会」と呼ぶことがあっても、不思議ではなかった。[36]

同様に、こうした経済的な裏づけがあったからこそ、押川は教派的には独立(ギュリックの言葉を借りれば、世界のどの教会とも関係をもたない「完全な独立性」perfect independency)[37]を保つことが、可能だったのである。これは、押川の特殊な教派性を語るさいには、看過してはならない点である。

押川はパームからの資金が打ち切られることを、一八八五年四月一日ころにパーム本人から、伝えられたようである。彼は急きょ(計画中の学校設立のための資金募集をも兼ねて)[38]東京に趣き、京浜地方の宣教師や日本人指導者たちと協議した。その結果、長老派の協力をとりつけることに成功したので、二十二日に東京を発ち、二十八日に仙台に戻った。[39] 以後、仙台教会は、急速に長老派色を強めることになる。

ちょうどこのころ、ギュリックは新潟から仙台への転出を企てていた。かねてより押川に魅かれていたギュリックは、パームの願いもあって、仙台行きを熱心に望むようになった。[40] そこで四月二十日に、ひとまず現地視察のため、仙台へ向けて出発した。あいにく押川は上京中であった。押川が戻ったのは、ギュリックが仙台入りをしてから四日目のことであった。両者の会談は、ようやく翌二十九日に実現した。

押川にはセクトをつくる意向はまったくなく、教会員ともどもギュリックの転任を歓迎してくれた。押川は、「ギュリックの来仙を前もって知っていたら〔援助を求めに〕わざわざ上京しなかったのに」とギュリックに洩らしたほどである。[41] ギュリックにとっても、経済的な支援を絶たれたあとの押川が、アメリカン・ボードやその外郭団体ともいうべき日本基督伝道会社に対して、新しい関係を求めてくれることが、最上の解決策と思われた。[42]

ところでギュリックは、クラークからの照会に対し、仙台行きの理由を二つあげている。[43] 決定的なのは、彼と家族の健康状態である。いまひとつは、仙台の重要性であった。

たしかにハワイで生まれ育ったギュリックにとっては、越後の冬は厳しかった。着任まもなく迎えた最初の冬には、すでに残留は無理、との結論に達していたほどである。[44]

三月三十一日に、在日アメリカ大使のビンガム（J.A. Bingham）に旅券の申請をした。[45] その一方で、ギュリックは、日本ミッションの特別集会（三月二十四日）に仙台の件を提案した。が、席上、審議はいっさい行なわれなかった。[46] 日本ミッションの反応は、意外に鈍かった。このあと、先述のように四月二十日に下見が決行された。ボストン本部の承認を受けないままの行動であった。

視察のさなか、ギュリックは日本ミッション会計のジェンクスに書簡を送り、仙台に移る決心と仙台の好印象を伝えた。ジェンクスは、かねての懸念がやわらぐどころか、かえって強められた、との印象を抱かざるをえなかった。そこで、指示を待つように、との電報を打ち返した。日本ミッションは、ギュリックの転出は認めるとしても、転任先は福岡、と考えていたからである。[47]

このとき日本ミッション中、ギュリックを支持したのは、弟のギュリック（John T. Gulick）[48] くらいである。[49] 在米中の新島襄は、北日本ミッションの拡張に意欲的であったので、クラークに宛てて、仙台と福岡を同時におさえる必要があることを再三訴え出た。[50] 新潟のギュリックにとっては、心強い味方であった。彼は新島の問題の書簡（抄）を入手したうえで、クラーク相手に両面作戦よろしく、仙台進出の件を熱心に交渉していた。[51]

このあと、四月の視察同様、日本ミッションとアメリカン・ボード本部の正式な承諾をとらないまま、ギュリックは家族と妹を引き連れて、五月二十一日に新潟を引き揚げ、仙台に向かった。二十七日に仙台入りをした彼らは、この時も押川や仙台教会員から暖い歓迎を受けた。これ以前にギュリックは、日本ミッションのアッキンソン（John L. Atkinson）やジェンクス、そして福岡で伝道中の不破唯次郎などから、仙台よりも福岡へ移るように、との手紙を受けとりながらも、決心を変えなかった。

とはいえ、正式の赴任は、六月中旬に予定されていた日本ミッションの年会（神戸）での協議をまたねばならなかった。ギュリックの見通しでは、仙台の方が福岡よりも有利であった。ひとまず仙台から関西へ引き揚げ、年会と避暑を終えたのち、秋から仙台で本格的な活動を開始する、というのが彼の当面の計画であった。[52] 帰阪の途上、六月五日にギュリックは、横浜でオランダ改革派のバラ (James H. Ballagh)、続いて東京で長老派のタムソン (David Thompson) と面談を重ねた。前者はアメリカン・ボードの仙台進出には、異議を唱えなかった。[53]

ギュリックの予期に反して、日本ミッションの年会(六月十五日)では、彼の転出先は福岡と決まった。その理由は、①健康のためなら福岡の方が温暖、②仙台は長老派との摩擦が予想される、③有能な青年信徒は九州出身者が多い、④福岡の方が関西に近い、⑤福岡の不破唯次郎夫妻(夫人はかつてギュリック家の一員)の熱心な招き、などであった。[54]

意外なことに、ギュリック自身も、この決定に対して感謝を表明している。むしろ自分よりもクラークの方が、「いくぶん失望した」のではないか、とさえ述べている。[55]

ギュリックは、七月に現地を視察したうえで十月中旬に福岡に移り住んだ。健康上、また共に行くべき同労者がいないため、今では仙台に行くのが最善とは思わない、と以前の考えを捨て去っている。[56] ちなみに彼は、この後も岡山、熊本と移り住み、最後はハワイで活動した。

こうしたギュリックの転変ぶりを新島は、「さまよえるユダヤ人」と厳しく非難する。[57] 当初、彼の仙台進出をボストンで聞いた新島は、かねてからの伝道拡張案が、いよいよ実現することを心底から喜んだ。[58] それもつかのま、日本ミッションが彼を福岡へ転じさせたことを知らされ、失望した。そればかりか、伝道事業を「こどもの遊戯」のように考えているミッションに対して、いきどおりを覚えた。[59] なにがなんでもギュリックに、仙台を死守させるべきであった。

「O・H・ギュリック牧師が、仙台にとどまる勇気や見識をもたなかったのは、残念である。氏はなぜ、仙台に行かれたのか。なぜ、そこにとどまらなかったのか。なぜ、あちこちと落ちつきなく動きまわるのか」、「彼の行動には、一片の識見も計画もない。日本ミッションはなぜあのような身勝手さと落ちつきのなさを、氏に許しておくのか」と手厳しい。[60]

新島には知らされてはいなかったが、実は北日本ミッションの中でも、ギュリックは「身勝手さ」を発揮していた。彼の仙台行きは、同僚のデイヴィスの反対を無視して、強行されたのである。[61] ギュリックは「勝手に」(at his own option) 新潟から「逃亡」(run away) したために、新潟の信徒にも悪影響を残す結果になった、とデイヴィスは伝えている。[62]

ギュリックはこの件に関し、デイヴィスと十分な協議をした。が、理解を得るまでにはいたらなかった。会計を務めていたデイヴィスが、仙台移転に伴う費用(四百ドル)の支出を拒否したため、ギュリックはやむなく日本ミッションの会計(神戸のD・C・ジェンクス)に支弁をかけ合わざるをえなかった。[63]

もともとデイヴィスの方にも、「日本ミッションでデイヴィスといっしょに仕事ができる人はいない」との風評が立つほどの事情があった。そのため、かねてからギュリックとのおりあいは、必ずしもよくなかった。[64] たとえば奨学金[65]やアメリカ聖書協会代理人[66]の件でも、衝突が見られた。そこへ仙台の進出問題が加わり、両者の対立は決定的となった。デイヴィスはこの時以来、当初の合併案をひっこめ、北日本ミッションと日本ミッションの分離の妥当性を、公然と主張し始めるにいたったほどである。[67] ちなみに新島は東北伝道にあたって、ふたつのミッションを別々の名称 (Central Japan Mission and Northern Japan Mission) で呼ばずに、「ひとつのミッション」(the Mission in Japan) と考えるべきだ、と本部に提言している。[68]

D・スカッダーの韓国伝道計画

ギュリック家の転出とちょうど時を同じくして、医療宣教師のスカッダー（Doremus Scudder）[69]が、アメリカから新潟に着任した。パームが希望したベリーの新潟赴任は、ベリーの拒否にあった[70]ので、パーム病院のためにあらたに医療宣教師が、必要となったのである。

スカッダーが、姉（Catharine S. Scudder）と共に訪日を希望していることが、ボストン（N・G・クラーク）から新潟（O・H・ギュリック）に知らされたのは、一八八四年二月であった。[71]人員不足に悩む北日本ミッションが、ふたりの新人に一刻も早く新潟に直行してほしいと願った[72]のは、当然である。彼らの着任は、予定より遅れに遅れ、しかもその任地も、一時は白紙にかえる、というありさまであった。[73]

ようやく一八八五年五月十三日に、スカッダーは姉を神戸に残して単身、転任準備のために新潟に足を踏み入れた。ひとまず、ギュリック家（旧パーム邸）の客となった。おりしも同家は、一週間後にせまった仙台へのひっこし作業で忙しく、スカッダーは荷造りの手伝いに励んだ。[74]ギュリックが新潟を去る前日、神戸からスカッダーの家財が届いた。彼は、空屋となったばかりの旧パーム邸で、荷ほどきにとりかかった。

スカッダーの任地に関して言えば、来日前のスカッダーの赴任予定地は中国であった。本人はむしろ、アフリカ（Bihe Station）を望んでいた。自分の祖先が奴隷主であったことが、主な理由であった。[75]一方、インドでながく伝道に従事したことで有名な父親（Henry M. Scudder）は、日本の大都市か、トルコのどちらかを勧めていた。[76]

任地が新潟と決まったのは、一八八四年一月のことで、姉も同時に宣教師を志願した。ここで記憶すべきことは、すでにこの時点でスカッダーが、日本での医療伝道に魅力を感じていないことである。[77]出発の予定は何度も変更された。最終的にサンフランシスコの出港が同年十二月十九日、横浜着港は翌年の二月五日であった。[78]

来日後の最初の一週間で、スカッダーの見解は、次に見るように大転換をとげた。[79]

彼はまず、京浜地方でヘボン（James C. Hepburn）を始めバラ、ノックス（George W. Knox）、ルーミス（Henry Loomis）など他教派の宣教師たちとの面会に努めた。その結果、「日本での医療伝道の時代は終った」という点で、彼らがはからずも一致していることが、判明した。

とりわけ、医療宣教師の先達たるヘボンから、「君はどうして医療伝道の仕事をしに、日本に来たのかね。その時期は、とっくに過ぎたのだよ」と忠告され、衝撃を受けた。[80]おりしも李樹廷《イスジョン》などの亡命韓国人との接触が深いルーミスにより、医療伝道地としては処女地である韓国に目をひらかれた。

次にスカッダーは関西に赴き、京阪神で日本ミッションのメンバーと意見の交換をはかった。医療宣教師のテイラー（Wallace Taylor）は、もはやこれ以上、医療宣教師は日本には不要という点で、ベリー（当時、休暇で帰国中）と一致していた。これに対し京都では、ゴードン（Marquis L. Gordon）を唯一の例外として、依然として日本を医療伝道の好適地と見なしていることが、判った。テイラーはこれをスカッダーから聞いて、この点が日本ミッションの欠点のひとつ、と指摘した。[81]

さらに関西で、スカッダーの新潟行きの心を鈍らせた人に、ショウ（Fanny J. Shaw）がいる。大阪のバルナバ病院の看護婦である彼女は、かつてパーム病院でパームを助けた経験があった。そのショウが伝えるパームの見解は、はからずもヘボンのそれと一致した。現にパーム自身も帰国前には、「日本は医療伝道に特に適した土地とは言えない」と断定していた[82]。

こうしてスカッダーの目は、新潟から韓国へと、決定的に方向転換をとげるにいたった。幸い、それより六週間後に、旧知のアンダーウッド（Horace G. Underwood, 長老派）が渡韓を計画していた。スカッダーはこの機会をとらえて、自費で現地を視察したい旨、本部に申し出た。ボストンの承認が、四月末までにとれなければ、やむなく五月には新潟に赴くつもりであった。

以上が、来日後の一週間に見聞したことに基き、スカッダーが到達した一応の結論であった。ちなみに彼の変心を耳にした新潟のギュリックは、北日本では依然として医療伝道の必要性がある、としてスカッダーの赴任を切に望んでいた。これに対し、必要であればベリーが、あるいはアメリカン・ボードの後援をえてパームが新潟に行くことを、スカッダーは提言した[83]。

スカッダーの心は、あくまでも韓国に向けられていた。このことに関し、クラーク宛てに進言することを、横浜のルーミスはスカッダーから依頼された。スカッダーはルーミスに対し、「あなたにお会いする前から（可能ならば）韓国に行くことを決めていた」と伝えたという[84]。

医師のテイラーもまた同様の依頼を、スカッダーから受けた。そこでテイラーは、次の諸点、すなわちスカッダーの所見は関係者、とりわけショウの感化で来日後に一変したこと、新潟ステーションが医師不在となるのが唯一の問題であること、ケーリ夫人はその解決策として、ベリーをアメリカから新潟に呼び寄せる、という提案をしていること、などをクラークに報じた[85]。

さて、スカッダーの韓国視察であるが、休暇を利用してテイラーも参加した。彼らはアンダーウッド（長老派）、アペンツェル（H. D. Appenzel, メソジスト派）と共に、三月三十一日に長崎を出港、四月十八日に帰港した。スカッダーは、「姉とふたりで行きたい。いや、行かねばならない、と言わざるをえません。資金があれば、アメリカン・ボードに頼まずに行きたいが、今の私は、ボードに依存せざるをえません」と旅行後に固めた決意をあらためて披瀝している[86]。

同行したテイラーもまた、アメリカン・ボードによる韓国伝道には積極的であった。彼は再びスカッダーの要請で、伝道地としての韓国について本部へ書き送った。

テイラーから見れば、スカッダーは性格、能力ともにすばらしいうえ、同地で働くにはまったく適した人材であった。韓国行きの動機も、十分首肯できるので、自分も若ければ同じ行動に移るだろう、との共感を示している[87]。

ところが、スカッダーの熱い祈りも、テイラーの進言も、効を奏さなかった。本部の返事は財政難のためか、「否」であった。その結果、スカッダーは五月に神戸から陸路で新潟に向った。その足どりは重かったに相違ない。準備期間を含めて六週間近くを「無駄に」過したことを、彼は残念がった[88]。

かりにこの時、スカッダーの韓国赴任が実現していたら、彼は韓国伝道に着手したアメリカン・ボードの最初の宣教師となったばかりか、全ミッションを通し、最初の医療宣教師たる栄誉を担ったはずである。

さて、スカッダーの新潟での活動であるが、こと医療伝道に関しては、当初から予測されたように、実に消極的であった。詳細は別稿に譲り[89]、結論だけを述べれば、パーム病院を赴任の翌年に廃止した。

自給政策と協力政策

パーム病院が閉鎖された翌日（一八八六年十月二日）、北日本ミッションは新潟第一基督教会を創設し、伝道活動を本格化した。[90] ここにいたるまでには、次のような苦闘があった。

パームが残した信徒たち（「パーム・バンド」と仮称）と北日本ミッションとの間には、最初から摩擦が絶えなかった。原因は、パーム・バンドの資質の悪さにある。この点が、他のステーションに見られぬ新潟の特殊性であった。

R・H・デイヴィスが伝えるところでは、パームは病院会計の黒字（最終年には千円）をわりあい自由に支出したため、パーム・バンドの中核には、彼に雇用された者や借金を負う者が、目立った。この手の「信徒」たちは、アメリカン・ボードに対しても、教会経費は全額ミッションが負担すべきである、と主張し続けた。パームのこうした「慈善的な」伝道方法は、教会外に相当知れわたっていた。デイヴィスらに対しても、借金の申込みや、金目当の受洗の申し出（なかには百マイル以上もの遠くから）が、たびたびなされた。このため、日本人を伝道師として雇用したくとも、いわゆる「ライス・クリスチャン」と誤認されて、佛教徒たちから非難を受けるだけであった。[91]

教会をたかりの対象と考える「ニセ信徒」、あるいは「にわか信者」たちは、生活の面ではアンチノミアニズム（Antinomianism、道徳不要論）を盾に酒、タバコはもちろん、さまざまな罪悪に浸り続けた。[92]「教会員たちはウソをつき、盗み、遊女屋に通い、祖先の霊をまつり、日曜礼拝を冒瀆し、姦淫を犯し」という有様であった。[93]「時には私たちは、まったく打ちのめされ、時にはあきらめて辞職し、アメリカに帰りたくなる」とのデイヴィスの嘆き[94]も、もっともであった。

パーム自身も帰国の前には、「新潟は特に『そこにサタンの座がある』（「ヨハネ黙示録」第二章十三節）と言ってよい場所」であり、伝道上「不毛の土地」であることを、認めていた位である。[95]

北日本ミッションは、パームに養なわれていた低資質の信徒たち（「アンチノミアン派」もしくは「放縦派」）と手を切り、新しく北日本ミッションの伝道方針のもとで教会に加わった人たち（「禁欲派」）を支援し始めた。パーム・バンドの分裂である。倫理的には高潔な生活を、経済的には自給的な教会運営を目指す「禁欲派」の動きが結実したのが、先の新潟第一基督教会（現新潟教会）の発足であった。

教会設立直後の十月十四日、デイヴィス家は急きょ新潟を発ち、神戸から十二月二十六日に帰国した。デイヴィスは、健康と七人の子供たちの教育のほかに、長老派に対する日本ミッションの（教会合同に関する？）態度、それに日本ミッションの財政政策を、帰国の理由としている。[96]

前にも触れたように、日本ミッションの非協力性は、デイヴィスにとって常に不満の種であった。たとえば、日本ミッションに関係する日本人信徒が、北日本ミッションを攻撃しても放置しておいたこと、自給論に基づき、アメリカン・ボードの資金を日本人のために使わないことに無理解であったこと、孤軍奮闘の自分たちに同労者を派遣してくれなかったことなど、いずれも共感の欠如を示すに十分である、という。[97]

不信の中では、とりわけ財政政策への不満と批判が、大きかったはずである。三年間の新潟伝道でデイヴィスが目標としたのは、霊的であると共に自給的な教会形成、という一点であった。[98] ところが、日本ミッションは（スカッダーの言葉を借りれば）「協力政策」

(cooperative policy)を採り、北日本ミッションの「自給政策」(self-support policy)と大きく対立した[99]。

もともとアメリカン・ボードは、日本ミッションの発足に際しては、「独立自給のキリスト教会」の形成を第一の目標とした。にもかかわらず、日本基督《キリスト》伝道会社（組合教会の伝道部会）の組織後、新島襄の影響もあり、徐々に自給色をうすめた。その結果、レヴィット（Horace H. Leavitt）や沢山保羅《ぽうろ》から批判を受けるにいたった。

両ミッションの財政政策に、食いちがいが表面化するのは、「バーム・バンド」の分裂過程においてであった。「禁欲派」が「アンチノミアン派」と分かれ、集会場の家賃や経常費を自己負担し始めたとき、「他のミッションの干渉や日本ミッションの後援者たちからの反対に出くわさなければ」、理想とする自給的な教会が実現するはず、とスカッダーは期待していた。

ところが、一八八六年六月にデフォレスト（仙台）が海老名弾正《だんじょう》（上州安中《あんなか》）と共に新潟を訪れ、日本ミッションの財政政策が紹介され、勧められた。その結果、「信徒たちは、自給の理想をまったく放棄して、アメリカン・ボードからの援助を熱望するようになった。かくして二、三か月前の勇気ある態度を、まったくひっくり返してしまった」[100]。このときデイヴィスとスカッダーは、デフォレストらに自分たちの主張を強く訴えた。が、最終的には次の四点を確認できただけで、結局、妥協せざるをえなかった[101]。

①日本ミッションが信徒に援助をしている以上、新潟の信徒だけを例外にはできない。

②日本ミッションと同一歩調をとらなければ、新潟以外の会衆派諸教会との一致は困難。

③日本ミッションよりも金をかけない北日本ミッション伝道策に対して、日本人指導者の中に強い偏見があり、その根絶は無理である。

④日本ミッションや日本基督伝道会社との協力関係は、新潟へ日本人牧師が派遣される可能性を大きくする。

北日本ミッションにとっては、これは明らかに政策の根本的な転換である。スカッダーにとっては、今回の妥協は、両ミッションの協調を最優先させるための譲歩であって、自給政策の誤まりを認めたわけでは決してなかった[102]。

それが証拠にスカッダーはこの直後、自説の正しさを論拠に、辞任を本部に申し出た。アメリカン・ボードの資金は、日本人への援助には一セントたりとも使うべきでない、というのが彼の基本方針で、H・H・レヴィットやデフォレストにも共通する見解だ、という。これからみれば、日本基督伝道会社のようにアメリカン・ボードが資金の八十%をも出資するような協力政策は、基本的にまちがっている。このため彼は、「自給に基づくミッション」、しかも日本以上に宣教師を必要とする任地、たとえば中国の山西（Shansi）ミッションへの転出を望むにいたった[103]。

八月の上旬、日本ミッションの年会で、スカッダー姉弟の辞任理由書が披露された。日本ミッションの伝道方法について誤解がある、と議事録には記入されている。関西の宣教師たちは、スカッダーからの批判を的はずれ、と考えたかったに相違ない。

かくして新潟赴任わずか一年にして、スカッダーの目はまたも外国（こんどは中国）へ向けられた。クラークも今回は、任地はともかく、許可を出さざるをえなかった。六月五日に電報（“Transfer”）を受理したスカッダーは、早速二、三日後に荷づくりを始める心づもりであった[104]。日本ミッションの財政政策は、デイヴィスに続いてスカッダーをも、新潟から追いやろうとしていた[105]。

これに対して日本ミッションの準宣教師たる新島襄は、協力政策の積極的な信奉者であった。「金を惜しむと最良の働き人を失う」との信念から、彼は名指しこそしてはいないものの、明らかにレヴィットの自給論を「あわれな近視眼的な政策」と痛罵した。[106]したがって、新島は新潟の信徒たちに対しても、「アメリカン・ボードは、どこまでも経済的な援助をする用意がある」と早くから言明して「アンチノミアン派」を喜ばせている。[107]

新島によれば、北日本ミッションの政策は、「とにかく独立自治を論じ、モニー〔money〕を出さぬことを手柄となす」まちがったやり方である。「惜しまずモニーを散する覚悟」が、必要であった。「伝道者雇入の為には、モニーがなくてはならず、新潟のミッショナリー先生方には、新潟県下一円に伝道拡張の見込はなきか」との新島の慷慨は、すでに見た新潟の特殊性――伝道師の雇用さえ「メシの種」との攻撃材料を反対派に与えかねない――の無知からきている。[108]

そのうえ、新島はどこまでも会衆派の人であった。一八八六年の始め、日本人の伝道者を高田（新潟県）に派遣する計画が、長老派にあるのを知るや、ただちにクラークとスカッダーに宛てて、「同地は当然、新潟〔北日本ミッション〕に所属」すべき地なので、早急に先手を打つよう要請した。[109]これに対してスカッダーは、「自給主義に基づく」教派ならば、誰でも歓迎したいと表明し、新島との隔の大きさを示した。[110]

自給政策を貫徹

以上からわかるように、自給政策は北日本ミッションの伝統であった。この点から見るとき、「禁欲派」が新しく組織した教会の初代牧師に、成瀬仁蔵を招いた意味は、大きい。彼は会衆派の中で、もっとも強く自給論を主張したレヴィットと沢山保羅の精神を、そっくり受け継いでいたからである。成瀬は、新潟の事情に詳しい「デフォレスト牧師の尽力と個人的な懇請によって」[111]選任されただけあって、新潟に赴任以後、自給を目指す教会形成に努力を傾け、デフォレストを満足させている。[112]

成瀬の師、沢山保羅はひと夏、新潟伝道に直接従事したこともあり、その自給論は北日本ミッションに大きな感化を与えた。[113]一方、レヴィットにも北日本ミッションで働く可能性があった。彼はあまりにも純粋な自給論のゆえに、日本ミッションの中で孤立した。ついに本部からの帰国命令により、一八八〇年にアメリカに呼び返されていた。[114]新潟での人手不足を解消するため、また持論である自給論に魅力を感じて、ギュリックは一八八四年二月に、このレヴィットをカーティス（William W. Curtis）と共に新潟に派遣してくれるようクラークに要請した。[115]

この直後、休暇で帰米中のベリーは、アメリカでレヴィットに会い、彼が依然として日本に心を寄せていることを確認した。そのうえで、クラークに対して、自分の思いを伝えた。北日本ミッションの願いをかなえるとともに、「自給の考えを実践したい、という彼らの願いを無視しようとする気持が、まったくないことをボードが示す」ためにも、レヴィットを新潟に送るよう進言したのである。[116]

この時、岡山のペティもまた、助け舟を出した。ギュリックやR・H・デイヴィスを含めたミッションの願いとして、レヴィットを日本（新潟）に再派遣してくれるよう、クラークに依頼した。ペティは、レヴィットをかつて帰国させるにいたった「過去」を忘れ、クラークとアメリカン・ボードの評議員会の「許し」を請いたい、とつけ加えている。[117]

理由は定かではないが、この時レヴィットの再来日は、結局、実現することなく終った。彼が加われば、「自給政策の砦」ともいうべき新潟ステーションは、その性格をさらに強めたことであろう。

次に、スカッダーの動向に戻る。九月に辞任が認められた時点では、その秋にスカッダー姉弟が、そして翌春にはデイヴィス家が、転出する見込みであった。ところが後者の健康状態は、越後の冬をとても越せないほど悪化していることが判明したので、転任の順序を逆にせざるをえなくなった。この冬、姉とただふたり残されたスカッダーは、決意をあらたに固めた。「もちろん私は、日本ミッションの一員になりたくはありません。北日本ミッション丸が意気揚々と来春、沈没するまで、この船にどこまでもしがみつくつもりです」と。(118)

スカッダーはデイヴィス家の見送りをかねて、神戸まで赴く機会をとらえて、日本ミッションのメンバーたちと自身の辞件問題を話し合うことができた。(119)その結果、留任を望む声が強く、また北日本ミッションが、正当と考える方法でまったく自由に活動することが許されたために、スカッダーの辞任はひとまず延期されることになった。「アメリカン・ボードの金庫をあてにしないから、留まって支援してほしい」との声が、日本人信徒から出ないかぎり、スカッダーとしては、それ以上の留任はありえなかった。(120)

一方、新潟第一基督教会の信徒たちにとって、宣教師がまったく不在となったこの秋は、財政問題を討議する好機会となった。協議の結果、先に決めた協力政策は、ひとまず翌春までその実施が見送られることになった。(121)

越えて一八八七年の一月、成瀬とスカッダーの説教を受けて、教会の役員たちは礼拝後、ミッションの援助を一切求めないとの「英雄的な決定」を行なった。ここにスカッダーは、辞任をとり消し、喜んで留任を決意した。(122)

こうして、スカッダーの二度目の辞任問題も、ようやく決着がついた。北日本ミッション丸の沈没、という最悪事態だけは、ともかくも回避されたのである。

スカッダーが留任を決めた一八八七年一月は、おりしも新潟に男子校（北越学館）と女子校（新潟女学校）を設立しようとの計画が、教会内でもちあがった時期でもあった。両校の設立運動にスカッダーは、最初から深くかかわらざるをえなかった。(123)

この年の春と秋にそれぞれ開校するふたつの学校のために、スカッダーは全力を傾けて協力者の応援を本部に再三再四求めた。その結果、彼の両親をはじめ、新たに十名もの多数のメンバーが、(124)アメリカから駆けつけた。新潟ステーションは、沈没するどころか、京都ステーション（同志社）に次ぐ大所帯にいっきに成長したのである。

かくして、一八八九年秋にC・S・スカッダーの病気のために、スカッダー家の人びと五人が帰国するのを皮切りに、日本ミッションへのメンバーの転出が続くまでの二年間、北日本ミッションは黄金期を迎えた。

ただ、スカッダー以後のメンバーは、財政政策に関し、必ずしも彼と同意見の者ばかりではなかった。一八八八年六月、スカッダー(125)が新婚旅行で不在中に、同僚のニューエル（Horatio B. Newell）(126)とアルブレヒト（George E. Albrecht）は、自給政策を「一挙に」廃し、教会のためにアメリカン・ボードの資金を援助することを決めた。スカッダーは、「新潟だけに新しい」この政策、すなわち他ステーションではすでに周知のあの協力政策の採用にはやはり同意できず、ミッションの伝道委員を辞任してしまった。(127)

一八九〇年、北日本ミッションは不幸な発足状況を乗りこえるために、ようやく日本ミッションと合併することができた。財政政策を始めとする両ミッション間の軋轢に、ようやくここで終止符が打

たれることになる。(128)

〈注〉

(1) 本稿は同志社大学アメリカ研究所の第一部門（アメリカン・ボード日本関係文書の総合的研究）研究会での発表（一九八六年十月二十五日および一九八七年六月二十七日）を再構成したもので、拙稿「T・A・パームとアメリカン・ボード北日本ミッション」（『潟』四、日本キリスト教団新潟教会、一九八七年）と補完関係にある。

(2) 湯浅與三『基督にある自由を求めて——日本基督組合教会史』（一九五八年）二〇〇頁、〔 〕は本井（以下同じ）。なお、詳しくは拙稿「T・A・パームの帰国とアメリカン・ボードの新潟進出」（『社会科研究』二二、新潟県高教研、一九七八年）を参照（以下「パームの帰国」として引用）。

(3) J. D. Davis to N. G. Clark, Jul. 16, 1883.

(4) 『天にみ栄え——宮城学院の百年』（宮城学院、一九八七年）六一頁、註七。

(5) 「パームの帰国」三四頁。

(6) 略歴は拙稿「ギュリック」（『新潟県大百科事典』別巻）を参照。

(7) J. H. Pettee to N. G. Clark, Jul. 11, 1883.

(8) 拙稿「医療宣教師パーム」上、下（『新潟日報』一九八三年九月二八日、二九日）。

(9) 略歴は拙稿「デビス」（『新潟県大百科事典』別巻）参照。

(10) R. H. Davis, Report of the Northern Japan Mission of the A. B. C. F. Mission, 1884（以下、N. J. M., First Annual Report として引用）.

(11) F. A. Lombard, Japan Mission History (unpublished typing), p. 103.

(12) 『七一雑報』は、ギュリックの転出により廃刊に追いこまれた（同志社大学人文科学研究所編『「七一雑報」の研究』三三頁、同朋舎、一九八六年）。

(13) O. H. Gulick to N. G. Clark, Aug. 2, 1883.

(14) J. Gulick to N. G. Clark, Jul. 16, 1883.

(15) N. J. M., First Annual Report.

(16) J. D. Davis to N. G. Clark, Nov. 19, 1883.

(17) J. H. Pettee to N. G. Clark, Jul. 11, 1883.

(18) R. H. Davis to N. G. Clark, Nov. 25, 1887.

(19) O. H. Gulick to N. G. Clark, Sep. 18, 1883.

(20) N. J. M., First Annual Report.

(21) O. H. Gulick to N. G. Clark, Nov. 28, 1883.

(22) R. H. Davis to N. G. Clark, Nov. 13, 1883.

(23) J. H. Pettee to N. G. Clark, Oct. 12, 1883.

(24) D. C. Jencks to N. G. Clark, Oct. 30, 1883, Dec. 8, 1883.

(25) J. D. Davis to N. G. Clark, Nov. 19, 1883.

(26) Lombard, *op. cit.*, p. 104.

(27) Ibid., p. 107.

(28) Minutes of a Special Meeting of Japan Mission, A. B. C. F. M. held in Osaka, Jan. 12, 1884.

(29) 例えばO. H. Gulick to N. G. Clark, Jun. 29, 1885, Sep. 20, 1886などを参照。

(30) J. K. H. DeForest to N. G. Clark, Oct. 5, 1886.

(31) Ibid., Aug. 26, 1886.

(32) O. H. Gulick to N. G. Clark, Feb. 18, 1884; J. C. Berry to N. G. Clark, Feb. 28, 1884.

(33) R. H. Davis to N. G. Clark, Feb. 20, 1884.

(34) 「パームの帰国」三七頁。

(35) O. H. Gulick to N. G. Clark, Apr. 11, 1885.

(36) 『七一雑報』一八八一年九月一六日。

(37) O. H. Gulick to N. G. Clark, Jun. 2, 1885.

(38) Ibid., Apr. 24, 1885.

(39) Ibid., Apr. 30, 1885.

(40) O. H. Gulick to Masayoshi Oshikawa, Nov. 4, 1884; Lombard, *op. cit.*, p. 110.
(41) 以上、O. H. Gulick to N. G. Clark, Apr. 24, 1885, Apr. 30, 1885.
(42) Ibid., Apr. 11, 1885.
(43) Ibid., Mar. 28, 1885.
(44) Ibid., Apr. 10, 1885.
(45) O. H. Gulick to J. A. Bingham, Mar. 31, 1885.
(46) O. H. Gulick to N. G. Clark, Apr. 10, 1885.
(47) 以上、D. C. Jencks to N. G. Clark, May 8, 1885.
(48) のちに（一八九〇～九一年）夫妻して新潟に移り、北越学館で教師を務めた。拙稿「新潟英学史事始め——ジョン・T・ギュリック」上、下（『新潟日報』一九八四年九月二日、四日）参照。
(49) J. T. Gulick to N. G. Clark, May 30, 1885.
(50) J. H. Neesima to N. G. Clark, Jan. 10, 1885, Jan. 12, 1885.『新島襄全集』六、二四八頁以下、同朋舎、一九八六年。
(51) O. H. Gulick to N. G. Clark, Apr. 10, 1885.
(52) Ibid., May 8, 1885, May 20, 1885, Jun. 2, 1885.
(53) O. H. Gulick to Masayoshi Oshikawa, Jan. 5, 1885, Jun. 9, 1885.
(54) O. H. Gulick to N. G. Clark, Jun. 16, 1885.
(55) Ibid., Jun. 29, 1885.
(56) Ibid., Oct. 28, 1885.
(57) J. H. Neesima to N. G. Clark, Oct. 28, 1885（『新島襄全集』六、二八五頁）。
(58) Ibid., Jun. 10, 1885（同前、二七〇頁）。
(59) Ibid., Jul. 30, 1885（同前、二七五～二七七頁）。
(60) Ibid., Oct. 28, 1885（同前、二八四頁）。
(61) R. H. Davis to N. G. Clark, May 21, 1885, Nov. 30, 1885.
(62) Ibid., Aug. 28, 1885, Nov. 7, 1885.
(63) O. H. Gulick, Apr. 10, 1885, Apr. 24, 1885, May 8, 1885.
(64) D. Scudder, Jan. 12, 1889、Lombard, *op. cit.*, p. 107.
(65) O. H. Gulick, Feb. 20, 1885.
(66) O. H. Gulick to H. Loomis, May 9, 1885.
(67) Lombard, *op. cit.*, p. 112.
(68) J. H. Neesima, Oct. 28, 1885（『新島襄全集』六、二八五頁）。
(69) 略歴については、拙稿「スカッダー」（『新潟県大百科事典』別巻）ならびに*Who Was Who in America*, 1943-1950 (Chicago, Marquis Who's Who, Inc., 1975), II, p. 476を、詳しくは拙稿「スカッダー家の人びと——L・L・ジェーンズと熊本バンドをめぐって」（『同志社談叢』七、同志社社史資料室、一九八七年）を参照。
(70) O. H. Gulick to D. Scudder, Mar. 2, 1885.
(71) O. H. Gulick to N. G. Clark, Feb. 18, 1884, Feb. 23, 1884.
(72) R. H. Davis to N. G. Clark, Apr. 21, 1884.
(73) O. H. Gulick to T. A. Palm, Aug. 30, 1884.
(74) O. H. Gulick to N. G. Clark, May 20, 1885.
(75) D. Scudder, Oct. 19, 1883, Nov. 4, 1883, Nov. 17, 1883.
(76) Ibid., Nov. 22, 1883.
(77) Ibid., Jan. 14, 1884.
(78) Ibid., Feb. 13, 1885.
(79) 以下、この件に関し、断わりのないものはibid., Feb. 13, 1885に基づく。
(80) D. Scudder, Report of the North Japan Mission for the year June 1, 1885 to May 31. 1886（以下、N. J. M. Third Annual Reportとして引用）。
(81) W. Taylor to N. G. Clark, Feb. 16 1885（以下、テイラー書簡は長門谷洋治氏の提供による）。スカッダーの理解に反して、ベリーは一八八九年末の時点でも、少なくとも京都では医療伝道の使命は認められる、と考えていた（J. C. Berry to N. G. Clark, Dec. 18, 1889）。
(82) *Quarterly Papers of the Edingburgh Medical Missionary Society*, May 1883 to Feb. 1887, p. 48.

(83) O. H. Gulick to N. G. Clark, Mar. 6, 1885.
(84) H. Loomis to N. G. Clark, Jul. 6, 1885.
(85) W. Taylor to N. G. Clark, Feb. 16, 1885.
(86) D. Scudder to N. G. Clark, Apr. undated, 1885.
(87) W. Taylor to N. G. Clark, Apr. 18, 1885.
(88) D. Scudder to N. G. Clark, May 21, 1885, Apr. 25, 1885, Jun. 28, 1885.
(89) 拙稿「アメリカン・ボード北日本ミッションの医療活動——D・スカッダーとパーム病院」(『地方史新潟』一五、新潟県地方史研究会、一九七九年)。
(90) 拙稿「宣教師の見た創立期の新潟教会」(『新潟教会報』一六、日本キリスト教団新潟教会、一九七六年)。
(91) R. H. Davis, Contribution towards Annual Report of the Northern Japan Mission of A. B. C. F. M. June 1, 1884—May 30, 1885 (以下、N. J. M., Second Annual Report として引用)。
(92) Ibid.,
(93) R. H. Davis to N. G. Clark, Apr. 8, 1886.
(94) N. J. M., Second Annual Report.
(95) *Quarterly Papers of Edinburgh Medical Missionary Society*, May 1879 to Feb. 1883, p. 307,『東中通教会史』(日本キリスト教団東中通教会、一九七五年) 五三〜五四頁。
(96) R. H. Davis to N. G. Clark, Nov. 25, 1887.
(97) Ibid.,
(98) Ibid.,
(99) N. J. M., Third Annual Report.
(100) Ibid., D. Scudder, Report of the Northern Japan Mission From August 1st 1886 to June 30th 1887 (以下、N. J. M., Forth Annual Report として引用)。
(101) D. Scudder to N. G. Clark, Jun. 18, 1886.
(102) N. J. M., Third Annual Report.
(103) D. Scudder to N. G. Clark, Jul. 9, 1885, Jun. 18, 1886, Aug. 14, 1886.
(104) Ibid., Sep. 8, 1886.
(105) 新島の新潟伝道へのかかわりについては、拙稿「新島襄と新潟伝道」(『新島研究』四七、同志社新島研究会、一九七六年)を参照。
(106) J. H. Neesima to A. Hardy, Sep. 1879, undated (『新島襄全集』六、一九三頁)。
(107) N. J. M., Second Annual Report.
(108) 拙稿「アメリカン・ボード北日本ミッションと沢山保羅」(『沢山保羅研究』六、梅花学園、一九七九年)、四七頁、以下、「沢山保羅」として引用。
(109) J. H. Neesima to N. G. Clark, Jan. 30, 1886 (『新島襄全集』六、二九六頁)、D. Scudder to N. G. Clark, Apr. 28, 1886.
(110) D. Scudder to N. G. Clark, Apr. 28, 1886.
(111) N. J. M., Forth Annual Report.
(112) J. K. H. DeForest to N. G. Clark, Aug. 26, 1886, Oct. 5, 1886.
(113) 詳しくは「沢山保羅」参照。
(114) 笠井秋生・佐野安仁・茂義樹『沢山保羅』(日本基督教団出版局、一九七七年) 一三〇頁。
(115) O. H. Gulick to N. G. Clark, Feb. 20, 1884.
(116) J. C. Berry to N. G. Clark, undated (Jun. or Jul., 1884). 長門谷洋治氏提供。
(117) J. H. Pettee to N. G. Clark, Jun. 17, 1884.
(118) D. Scudder to N. G. Clark, Sep. 17, 1886.
(119) Ibid., Oct. 8, 1886.
(120) Ibid., Nov. 25, 1886.
(121) N. J. M., Forth Annual Report,「沢山保羅」四三〜四四頁。
(122) D. Scudder to N. G. Clark, Jan. 25, 1887.
(123) 北日本ミッションの教育活動、とりわけスカッダーの働きについては、次の諸論考で考証ずみである。

「『宣教師レポート』に見る新潟女学校と北越学館」一～一九（『敬和』八九～一七一、敬和学園高等学校、一九七五～一九八八年）。

「私立新潟英学校から北越学館へ」（『敬和の教育』二、敬和学園高等学校、一九七九年）。

「北越学館仮教頭・内村鑑三の誕生」（同前三、一九八〇年）。

「D・スカッダー書簡に見る北越学館事件」上、下（『内村鑑三研究』一一、一二、内村鑑三研究会、一九七八年、一九七九年）。

「内村鑑三と加藤勝弥」（同前一六、一九八一）。

「北越学館事件をめぐる五つの英文資料」（同前一九、一九八三年）。

(124) スカッダー（Henry M. Scudder）夫妻、ケンドール（Eliza C. Kendall, のちにD・スカッダー夫人）、アルブレヒト夫妻、コザッド（Jane Cozad, のちにニューエル夫人）、コザッド（Gertrude Cozad）、ジャドソン（Cornelia Judson）、ニューエル、グレイブス（M. Louise Graves）を指す。

(125) 略歴は、拙稿「ニューエル」（『新潟県大百科事典』別巻）を、新潟での活動については拙稿「H・B・ニューエルのこと」（『いずみ』四五、日本キリスト教団長岡教会、一九八三年）を参照。

(126) 略歴は、拙稿「アルブレヒト」（『新潟県大百科事典』別巻）を参照。

(127) D. Scudder to N. G. Clark, Jan. 12, 1889.

(128) 全期間を通しての新潟ステーションのメンバーについては、拙稿「近代新潟の外国人――プロテスタント宣教師を中心に」（『にいがた』一七、新潟県立図書館、一九八二年）、ならびに拙稿『写真で見る新潟教会の歩み　一八八六～一九八六』（日本キリスト教団新潟教会、一九八六年）の附表を参照。

三、ふたつのミッション

――北日本ミッションと日本ミッション――

はじめに

アメリカン・ボードは、かつて日本にふたつのミッションを組織した。そのうち、後発の北日本ミッションは「誤解の産物」であった。このミッションの最初の「年次報告」(A. B. C. F. M., Annual Report of the North Japan Mission, 1884, 以下「第一年次報告」)を、メンバーのR・H・デイヴィス(Robert Henry Davis)は、次のように書き起こしている。

　当ミッションは、ボストン〔の本部にあたる運営委員会(Prudential Committee)〕からの電報(一八八三〔明治一六〕年九月八日付。翌日、神戸で受理)により組織された。しかし、電文を先に承知していたら、日本ミッションから切り離されてしまった私たちの誰もが、神戸〔ステーションから〕から新潟に向かわなかったであろう。

　実際、旧ミッションのステーション〔地方伝道拠点〕以上のものになろうとは、新潟に来て三週間経つまで知らなかったし、考えもしなかった。それ以後でさえも、その事実を誰もが認識し始めるのに、さらに三週間ほどを要した。しかもボストンからの手紙がようやく届いて、問題が解決するのに十分、明白になったのは、その後何週間もかかった。熟考し、叡知を求めて祈った結果、当地に留まり、私たちに課せられた業に取り組むことにした[1]。

北日本ミッションの「不幸」の始まりである。当初からボストンとの意志の疎通がうまく行かなかった。結果的に日本ミッションから組織上、「切り離されて」、ステーションとしては(実質的に五番目にあたる)新潟ステーションひとつだけで発足する、という特殊なミッションであることを余儀なくされたからである。

以後、一八九〇年代初頭に日本ミッションに統合されるまで、他ステーションとは分離された形の特異な地歩を占めることになる。にもかかわらず、新潟ステーションは、ともすれば最初から日本ミッションの一部であるかのように誤解されることが多かった。あるいは、北日本ミッションの存在自体が認識されるまでにはいたっていない、と言えよう。そこで本稿では、両ミッションが統合されるまでの北日本ミッションの独自の歩みについて、論じてみたい。

北日本ミッション設立の経緯

北日本ミッション新潟ステーションは、他ステーションとは設立の経緯を、まったく異にする。すなわち、設立の背景には他派のミッション・ボード、具体的にはエディンバラ医療宣教会(Edinburgh Medical Missionary Society)の存在が大きい。一八七五年以来、越後伝道に取り組んできた同派派遣の医療宣教師、パーム(Theobald Adlian Palm)から、越後における事業の譲渡の申し出がアメリカン・ボードになされた。譲渡を受け入れた経緯は、その後に成立するミッションの特質を明白に物語るので、(先に引用した)北日本ミッションの「第一年次報告」を、さらに詳しく見ておきたい。

一八八三年の初め、パーム博士夫妻はふたりとも休暇をとる必要があった。博士はかねて旧知の、アメリカン・ボード日本ミッションのJ・C・ベリー博士（John Cutting Berry）に書を寄せ、すべての業務、すなわち医療と伝道事業の双方を全面的に日本ミッションに委譲したい、しかし、前者は恒久的でなければ、休暇中だけでも、という条件をつけて、申し出た。ベリー博士は一八八三年四月二十四日付で、〔日本〕ミッションにパーム博士の書簡から、次の引用箇所を伝えた。

今一つご相談したいことがあります。それは〔アメリカン・〕ボードがミッション・ステーションとして新潟を確保したい、と望まれるかどうかです。ご存じのように、〔英国教会伝道教会 Church Missionary Society の〕ファイソン氏（Philip Kemball Fyson）が、当地を去られましたので、住居は売りに出されています。

他のミッションは現在のところ、当地で伝道する計画は、まったくなさそうです。ファイソン氏にしてみれば、どのミッション・ボードであれ、自分の住宅を購入して、そこで伝道を引き継いで下されば、喜ばれるだろうと思います。住宅には小さなチャペルがついています。どなたかが彼を継いで〔私の休暇後に〕私と協力し、そして私が彼らに協力する、それができれば理想です。これができないわけは何もありません。

教会と伝道のすべての業務を、〔アメリカン・〕ボードのひとりの宣教師にすっかり明け渡すことができれば、こんなに嬉しいことはありません。〔中略〕問題をご考慮のうえアメリカン・ボードの皆様にこれを謀《はか》る価値がある、と判断された場合、そうして下さい。お返事を早急にいただければ幸いです〔以上、パーム書簡本文。以下、年次報告〕。

上記〔このパーム〕の申し出を慎重に検討した結果、日本ミッションは、一八八三年五月に京都で開催された年次総会で、〔次のように〕決議した〔以下、決議本文〕。

われわれのミッションをあの重要な地域に招く、というパーム博士の書簡を考慮して、決議。

もしも〔神戸の〕R・H・デイヴィス氏と他の同僚とが、現地を視察後に、その地域を占めたいと願うならば、デイヴィスと彼の家族が他の一家族と共に、新潟市に転居することを承認する。

さらに次のことも決議。ミッション会計にR・H・デイヴィス氏と他の同僚が、新潟を視察する経費を支払うことを許可する(2)〔以上、決議本文。以下、省略〕。

「第一年次報告」はさらに続く。

以上の決議の最初の部分に従って、六月十一日――〔旅行許可証の申請事務などを考慮に入れれば〕これが出発できた最も早い日程であるが――にO・H・ギュリック（Orramel Hinckley Gulick）博士夫妻とミスJ・ギュリック（Julia Ann Eliza Gulick）、それにデイヴィスが視察旅行に出発した。

大部分は陸路であったために、金沢で長老派ミッションのウィン牧師（Thomas Clay Winn）夫妻に会うことができた。新潟に十日ほど滞在して、パーム博士や日本人信徒たちと協議した。彼らは、我々が到着した時に、お互いに全体協議をするために村々から集められた。その後、ギュリック夫妻とデイヴィスは帰路に就き、神戸には七月二日に戻った。

七月十日、神戸のギュリックの住宅でミッションの特別集会が招集された。この委員会は、視察旅行の報告を聞いたあとで、次のように票決した〔以下、決議本文〕。

決議。新潟はミッションの他〔のステーション〕から非常に遠隔地であること、交通が不便なこと、宣教師がそこに居住するさいに、必ず被らざるを得ない比類のない困苦〔等〕を考慮すれば、〔実際に転任する〕個々のメンバーに占拠を勧めるのに多少のためらいが生じる。けれども我々は、O・H・ギュリック氏とR・H・デイヴィス氏が家族とミス・ギュリックと共に提案されている、新しいステーションに転任することを心から承認し、彼らが楽しみを寄せている業務を支えるために、最も熱心な祈りと最善の努力で我々が追随することを、彼らに約束する。〔中略〕

さらに承認。

早急な行動が必要であったために、新潟で必要とされる建物のために詳細な見積もりを提出するのは、不可能である。

決議。新潟の建物のために一万一千ドル（その使用は〔日本〕ミッションの承認を受ける、との条件付き）の交付を要求する。確定した見積もりは、のちほどミッションへ提出する。

さらに決議。新潟占拠案について、賛成か反対かを電報で知らせてほしい、と運営委員会〔アメリカン・ボード本部〕に要請する〔以上、決議本文。傍点は本井〕。

〔日本ミッションの〕幹事〔Secretary,神戸のジェンクス、DeWitt Clinton Jencks〕が上記の決議や同時に承認された事柄（それらは、ギュリック氏が数年、〔『七一《しちいち》雑報』を始めとして〕関係して来た出版事業を、手放すことを可能とする）を送る、同じ〔船〕便で、ギュリック氏とデイヴィス氏はボストンの総幹事〔corresponding secretary, N・G・クラーク、Nathaniel George Clark〕に宛てて、長文の新潟訪問記やそこでの業務の状況、気候の状況、〔財産の〕所有の形態、そして、なぜ建築にそんなに大金が必要なのか、なぜ電報での回答が必要なのか、その理由を詳細に開陳した。

電報〔によるボストンからの回答〕は三週間ばかり待って、ようやく届いた。書簡がボストンに着いて、運営委員会が慎重な協議をするのに、普通かかると思われる期間よりも、長かった。回答が来るのを諦めた、ちょうどその時（九月九日、日曜の朝）に届いた。電文は、要請していた『了解』の一語ではなくて『了解。委細後便』であった。

付言された〔『委細後便』という〕文言をまったく懸念しないで、実際、心配など考えもせず、冬の到来（十一月の最初の頃か、それ以前）前に、新潟に落ち着くためには、時間不足であった。そのために、我々はただちに家具や調度品を梱包して、信頼すべき我々の業務代理人である〔ミッション幹事の〕ジェンクス氏に、まもなく下関経由で新潟に行く船に積み込むことを依頼して、次のように出発した。

〔要約すれば、デイヴィス一家（七人）、ギュリック夫妻、それにミス・ギュリックは敦賀で落ちあって、十月四日の夜、同地を出港した。〕通常の場合であれば、新潟に七日の朝早く上陸できたはずであった。しかし、風のため遅延した。風のため一時は何日間も、上陸や貨物を積むことができなかった。八日に〔富山県〕伏木《ふしき》港〔現高岡市〕で待機中に、酷い台風が一日中、我々に襲いかかった。我々全員の生命と船が助かったのは、恵み深い摂理のおかげであった。そのため新任地に到着したのは十月十一日の正午であった。[3]

越後に赴任するデイヴィスたちを襲った台風は、まるで新潟ステーションの不幸な「船出」を暗示するかのようであった。

ボストン側の動向（その一）

その間の消息については、北日本ミッション側の宣教師資料からすでに別のおりに解明を試みた。[4] 主たる論点だけを列挙すると、おおよそ次の通りである。

・北日本ミッションの成立経緯の特殊性、すなわち他派の伝道事業を継承することになったアメリカン・ボードが、越後に進出した具体的な消息。

・O・H・ギュリック（北日本ミッション）の仙台進出計画（結局は失敗）。

・D・スカッダー（Doremus Scudder,北日本ミッション）の韓国伝道計画（結局は未実現）と北日本ミッション辞任問題（理由は彼の純粋な自給論）。

・自給政策（北日本ミッション）と協力政策（日本ミッション）との衝突。

以上の北日本ミッションの側での分析を新資料、すなわちボストン側の本部資料で補足するためにまず、一八八三年秋の運営委員会の議事録（A. B. C. F. M., Minutes of the Prudential Committee）を紹介しておきたい。

・九月四日

アメリカン・ボードが新潟を占拠することを、日本ミッションが推薦する何通かの書簡が、提示された。長い協議の末、委員会の決定は、他日の会議に延期された。

・九月七日

日本ミッションが提案した新潟占拠の計画を、一致して承認。これは北日本に新しいミッションを作る手初めであることが〔同時に〕了解された〔傍点は本井〕。

・九月二十五日

日本ミッションの会計が、新潟に定住することを認められた宣教師たちの費用を支弁することを承認する。[5]

以上から、ボストンでは越後進出を認めた段階で、すでに「新しいミッション」（彼の北日本ミッション）の設立が前提とされていることが、判明する。これらの決議に従い、実際の交渉の窓口となったのは、N・G・クラークである。次に日本ミッションに宛てた彼の書簡を逐次、見てみたい。

まずは問題の「電報」（①）である。神戸にいた日本ミッション幹事、ジェンクスに宛てられている。

① D・C・ジェンクス宛て電報（一八八三年九月八日）

「一八八三年九月八日、午前一〇時　兵庫　ジェンクス　承認、委細後便」（五単語　@$二・八〇＝$十四）

電報を発信した同じ日、クラークは越後赴任が決定しているふたりの宣教師にも、二通の書簡（②と③）を寄せた。

② R・H・デイヴィス宛て書簡（一八八三年九月八日）

「今朝の電報ですでに承知された、と思いますが、新潟の計画を受け入れました。変更したのは、財政事情に合致させるためだけです。〔中略〕長い間ふさわしい機会〔職場〕を待っておられましたが、とうとうその時が来たように思います〔後略〕」（傍点は本井）。

③ O・H・ギュリック宛て書簡（一八八三年九月八日）

「私からの公式の〔財政の、の一語を消した上に書かれている〕書簡で、新潟を占拠する計画を運営委員会が承認したことを、承認されることと思います。その地で開始される大事業に大きな希望を抱いております。すでに〔パーム博士によって〕成し遂げられたこ

とが、役立ってくれましょう。〔中略〕

女性のための事業を、貴兄の妹〔J・ギュリック〕と一緒にしてくれる女性がいれば、と思っています。現地のことをすでに熟知し、大きな業績をあげられたパーム博士が、〔休暇後に〕新潟に戻って下さるように願っています。そうでなければ、博士は早急に医療の助手を確保される必要があります」(傍点は本井)。

続いて越後に赴任する前後のO・H・ギュリックが出した書簡に対する返信（④、⑤）である。この段階では、ギュリックはよもや自分たちが、日本ミッションから切り離されることになるなどとは、夢にも思わなかった。

④　O・H・ギュリック宛て書簡（一八八三年一〇月二二日）

「九月十八日付の書簡を受理しました。ただちに新潟に赴任するための準備をなさっているのを知って、とてもうれしく思います〔後略〕」。

⑤　O・H・ギュリック宛て書簡（一八八三年一一月一六日）

「十月十五日付の書簡を今朝、受理いたしました。〔中略〕大変、危険な目に遇われ、積み荷を大量に駄目にしながらも、無事に到着されたことを聞かされ、また心のこもった、暖かい歓迎を受けられたことを知り、とてもうれしく思います。〔中略〕

追伸。ジェンクス氏から、新潟の財政に関してお聞きになると思います。『新ミッション計画』を歓迎する、との返事がいただけるもの、と期待しております[6]〔後略〕」。

これらに続くのが次の書簡（⑥）で、O・H・ギュリックとR・H・デイヴィスの両者に宛てたものである。彼らは赴任して三週間後になって、ようやく事態の変化（「新ミッション計画」!）を認識し始めた。それを知った彼らが、「なぜ日本ミッションとは別組織なのか」との疑問と抗議をクラークに激しくぶつけたのは、自然である。それらに答えるためにクラークが記したものが、この書簡である。それゆえ、最も鮮明に事態の消息を明示する。

以下、要約を交えながら内容を紹介するが、あらかじめ指摘しておきたいことがある。

まず、クラークが北日本ミッション創設に関して挙げる理由の中にトルコのミッションとの比較が含まれている点である。新潟ステーションの開設は、トルコの事例（当時、国内に四つのミッションが並列していた）に従っているというのである。ここに来て、北日本ミッションの歴史は、京都ステーションの教育事業（同志社の設立）とまったく同様に、外国ミッション（とりわけトルコやインド）の視点から、読み解く必要があることが判明する。

さらに書簡では、日本ミッションからの分離は、あくまでも「便宜的なもの」とされている。このことも、看過できない。なぜならそれは資金源となった「オーティス遺産」(Otis Legacy) の制約に縛られざるをえなかったからである。

ここで言われた「便宜的なもの」という解釈について、あらかじめ触れておきたい。クラークは、越後の宣教師に出したこの手紙だけでなく、アメリカン・ボードの年次総会（一八八四年十月七日）でも、次のような公式見解を披露している。

「年度内に〔日本〕ミッションの一部が、伝道にとって特に好ましい機会が提供されている、越後地方の北東にある新潟に転出した。こうしてスタートした同僚たちは、北日本ミッションとして知られることになる新しいミッションに、便宜的に組み入れられた」(*Missionary Herald*, 1884. 11, p. 430, 傍点は本井)。

㈢　「オーティス遺産」

ついで、後者の「オーティス遺産」である。これは北日本ミッションの発足に、運命的な痕跡を残すことになるので、詳しい紹介が必要である。要するに、北日本ミッションは、電報が引き起こした「誤解の産物」であると同時に、「オーティス遺産の産物」でもあった点で、きわめて特異な存在である。

　なおここで、同志社が一八八三年から一八八七年にかけて、レンガ造り校舎三棟を建てるさい、その費用がすべて、この遺産から出ていることを想起されたい（本書一八一、二七二頁参照）。トルコの視点同様、日本のミッションにとって、見落としてはいけない視点である。

　「オーティス遺産（Otis Legacy）」は、一八七九年、オーティス（Asa Otis）の遺族からアメリカン・ボードに贈られた約百万ドルの寄付（過去最高額）であった。最初の一万ドルを受理したことが、同年三月十八日の運営委員会で報告されている（Minutes of the Prudential Committee）。オーティス（一七八六年二月十日～一八七九年三月十日）は、その直前に九十三歳で死去した信徒である。ニューロンドン（コネチカット州）在住の資産家で、同地の第一会衆派教会の会員（一時は執事）でもあった。

　彼が財をなしたのは、リッチモンド（ヴァージニア州）であったが、五十歳ころに引退して、少年時代を過ごしたニューロンドンに戻った。生涯、独身であったので、同居していた姪が唯一の相続人であった。彼女は、生前のオーティスに対して、遺言で思いどおりに遺産を処分することを勧めた（*Missionary Herald*, 1879. 5 pp. 168～169）。そこで彼は生前から関心が高かったアメリカン・ボードへの寄贈を決めたというわけである。総額は（近く受け取る）利子を含めて百万ドル近くが見込まれた（*Missionary Herald*, 1879. 11, p. 415）。

　当時、日本ミッションは本部の財政難のために、新年度は緊縮予算を組まざるをえず、前年の半額に減額することを決定していた。そこへこの遺産の寄贈である。本部からは四月に、「予算回復。新ステーション」（Estimates restored; New station.）との電報が舞い込み、予算は旧に復した[7]。

　北日本ミッションとの関連で指摘すべきは、遺産を贈られた直後の四月七日、アメリカン・ボード運営委員会は、受け入れ（使途）に関して明細な取り決めが必要、と判断し、五月六日に総額九十万ドルに関して、次のように取り決めたことである。預金と建築とに各十万ドル、教育に二十万ドル、そして現在地でのミッションの「拡張」（enlargement）とアフリカの新ミッション「建設」（establishment）と維持などに五十万ドルを配分する、というのである（Minutes of the Prudential Committee）。

　ただその後、九月二十三日になって、運営委員会はあらためて配分を考慮し直した。七十五万ドルを三等分して、教育（現地人伝道師の養成）、伝道（現在のミッションの拡張）、新ミッションの建設のそれぞれに遺産を使用することを決議した（Minutes of the Prudential Committee）。アメリカン・ボードの年次総会でも、その方針はそのまま採択された（*Missionary Herald*, 1879. 11, p. 410）。

　このうち、ミッションの「建設」枠からは、アフリカの新ミッション建設におよそ三千二百ドルが、さっそく支出された（*Missionary Herald*, 1880. 11, p. 425）。

　ところで、この枠こそが、北日本ミッションのある意味で「不幸な」境遇を生む結果、となったのである。つまり、後述するように、北日本ミッションの場合は、予算の配分上、ミッションの「拡張」予算（既に消化済み）ではなくて、新ミッションの「建設」予算（いまだ枠に余裕があった）の項目で、賄わざるをえなかった。

　アメリカン・ボードは、北日本ミッション創設事業に翌年（一八八四年）八月三十一日までに一万六百七十ドル四十六セントをつぎ込んだ。すべて「オーティス遺産」からの支出であった。

　これに対して、新潟ステーション以後のステーション開設、すなわち仙台（一八八六年）、熊本（一八八七年）、前橋（一八八八年）、松山（一八八九年）、津（同年）、東京（一八九〇年）、鳥取（同年）、宮崎（一八九一年）は、最初から日本ミッションに所属するステーションの一部として設置が認められている。すなわち日本ミッションの「拡張」扱いである。これに対して新潟だけは、新しいミッションの「建設」である。新潟のケースの特殊性が際立つ。

　北日本ミッションは、「オーティス遺産」の資金で新設されたミッションとしては、アフリカ中西部、アフリカ中東部、香港、山西(Shanse, 北中国)、北メキシコに続く六番目のミッションであった(*Missionary Herald*, 1883. 11, p. 445, ibid., 1884. 11, pp. 444～445. なお、香港ミッションについては、本書一九頁以下を参照)。

ボストン側の動向（その二）

それでは、クラーク書簡の本文（ただし、抄訳での引用と本井による要約）に入る。

⑥　O・H・ギュリックとR・H・デイヴィス宛て書簡（一八八三年一二月二七日）

　日本からの書簡を三通、いずれも十一月に受理した。

　『北日本ミッション』として知られることになる新しいミッションを形成する計画に伴う事情について、よりよく理解していただくために、ただちにお返事いたします。まず前提としてお知らせするのは、日本にこのように二つのミッションを設置するのに、新しい、あるいは変わったものはなにひとつない、ということです」。

　セイロン・ミッションに対するマドラ・ミッション（海峡ひとつを隔てて、五十年前に二、三人で設置）の例やトルコ・ミッションの例（最初はひとつで出発するが、最終的には四つのミッションに増大）を参考にされたい。

「従来、こうした取り決めがなされたのは、数箇の地域にいる宣教師たちの唯、便宜のためでした」。他のボードも中国に複数のミッションを設置している。理由があれば、当然のことである。トルコの四つのミッションは会計、出版委員会、文書活動の拠点が共通で、年次総会には各ミッションの代表が参加する。日本も（トレーニング・スクールを含めて）それが可能のはずである。代表が相互に年次総会に参加してほしい。「このように、二つは現実にはひとつであり、分割はまったく便宜的なものなのです。ここでの大きな理由は財政上のものです」。

　つまり「オーティス遺産」のうち、教育と「拡張」用の資金は使い果たし、新ミッション用の「建設」資金だけが、残ったのである。以下は、書簡の本文を引く。

　新潟のメンバーを二、三人、あるいは数家族に限定する考えはありません。将来、新潟の他にも条約改正後に開港され、人員増加が必要のはずだからです。〔ミッション分離に関して〕トルコの場合と同様に、考慮すべき一般的な理由は、次の三点です。

(1)　他のステーションと遠距離にあること。（ミッションが一つの場合）地方的な問題を判断するのに、考慮や情報（見解）交換、説明、理解に相当な時間を要する。

(2)　地域の特殊な問題は、別個に考慮するのが最善である。

(3)　ミッション間で一般的な原則の一致があれば、細部の差異は許される。

このほか、〔日本に特有の〕特殊な理由が、四つあります。

(1) 人材の配置上、新ミッションの設置は時機に適う。J・L・アッキンソン（John Laidlaw Atkinson）が近く復帰。日本に戻って事業を再開すれば、R・H・デイヴィスがフリーになる。O・H・ギュリックも、新聞〔『七一雑報』〕を放棄するので、新ミッションの要員たりえる。

(2) 新潟はすでに開教され、継承者を待つ。拡張の理由は十分ある。

(3) パーム博士等が始めた事業は、主として自給と聞く。デイヴィスもギュリックも、邪魔されずに持論〔自給論〕の展開が可能である。

(4) デイヴィスもギュリックも新人ではなく、すでに経験者であり、日本の事情通である。拡張について付言すれば、パーム博士の再来日不可に備えて、医師のD・スカッダーが姉と赴任予定である。パーム博士が再来日すれば、スカッダーを他地域にまわせる。彼はシカゴのH・M・スカッダー（Henry Martyn Scudder）の息子で、教育と使命感があり、有能である。婚約者（熱心な信徒で、十分な医学教育を受けた）が髄膜炎で死去したばかりだが、単身赴任をも決意している。姉が付き添う。以上の件は、私共が新潟の拡張を考慮している一例である。当書簡のコピーを日本ミッションにも送付する。

最後の(4)は、パームが残した医療活動（いわゆる「パーム病院」）の継承のために、あらたにアメリカから医療宣教師のスカッダーを（彼の姉とともに）北日本ミッションに派遣する、との約束である。

ちなみに、当初から医療活動を継承したことも、北日本ミッションの特質のひとつであるが、スカッダーは赴任後に、「日本では医療伝道の使命は終わった」と判断して、パーム病院の閉鎖を決断した[8]。一方、パームは休暇が明けても結局、再来日できずに終わった。

続いて別の書簡に移りたい。

⑦ O・H・ギュリック宛て書簡（一八八四年一月一〇日）

書簡（デイヴィスのも）を昨日、受理した。将来性のあるD・スカッダーを北日本ミッションに任命した。来る五月に医学教育を終え、新潟行きを希望している。彼はキャプテン・ジェーンズ（Captain Leroy Lansing Janes）夫人の弟である。

スカッダーは、かねてからShantung〔Shantong,山東か?〕を希望している。婚約者に死なれたので、代わりの同行者（姉）を確保した。姉は熱心な信徒である。かくて貴ミッションは予想以上に早く、二人目の独身女性を確保したことになる。彼の赴任の唯一の障害は、パームの再来日の可能性である。再来日できても、スカッダーを派遣する意義はある。『ミッショナリー・ヘラルド』（*Missionary Herald*）一月号にあるように、日本伝道、とりわけ北日本方面への拡張を模索中である。条約改正で他港が開港されるのを、期待している。〔中略〕

「日本での二つのミッションの関係について、先便で送った私の書簡に、貴兄とデイヴィス氏がまったく満足して下さる、と思います。また、この件に関するお二人の困惑の主要な点を、実際に先取りしたのでは、と思います[9]」。

なお、あらたに越後に派遣されるスカッダーが、日本ミッションとの間に摩擦を生ずるにいたることは、後述する。

ふたつのミッションを巡る問題

さて、先のクラーク書簡⑦によれば、ボストンの側では十分な対応をすべて行なった、との感触が窺える。「日本での二つのミッションの関係」については、北日本ミッションの宣教師たちから、十分な納得を引き出せた、とは思えない。が、デイヴィスはミッションとなったことを逆手にとって、クラークに増員を要求する。北日本ミッションを「名目」(in name) だけではなく、「現実の」(in fact) ものにせよ、と迫るのである (R. H. Davis to N. G. Clark, 1883. 12. 6)。

一方、日本ミッションの側にも不満が残ったことは、以後の日本ミッションの動向をみるだけでも、明らかである。一八八四年の諸集会の議事録には、以下の記述が含まれる。

・特別委員会（一月十二日）

午前　新潟の宣教師の地位 (status) 問題を協議。M・L・ゴードン (Marquis Lafayette Gordon) の動議で延期する。

午後　以下のことを決議。新潟の同僚を我々の〔日本〕ミッションから切り離す計画を聞いて、遺憾であること。日本に新しいミッションを創設することに関して、どんな財政的な取り決めを、ボードがせざるをえないとしても、それには少なくとも次の二点を含めることを、心からの希望として表明すること。一つは年次総会を合同でもつ規定で、年会に対してふたつのミッションの関係が、相互の協議のうえ明確に定められること。ふたつはボストン〔の本部〕に必要な照会をしなくとも、両ミッション間で人材を交換できるという規定。

・第十二回年次総会（六月六日〜十四日）

六月六日午後

ミッション議長のO・H・ギュリックは、北日本ミッションに関係していることを理由に、職務を拒否した（代わりにJ・D・デイヴィス、Jerome Dean Davis が議長に就任する）。北日本ミッションのメンバーで我々の会議に参加する者は、これ以上の行動をとらずに、準宣教師 (Corresponding members) と見なすことを票決。

六月七日午前

ゴードン博士（〔O・ケーリ、Otis Cary Jr.と共に〕両ミッションの関係を検討する委員）が以下の報告。北日本ミッションのメンバーは、日本ミッションの年次総会に準会員として参加し、毎年、伝道活動報告を行なう。その中には、相互に検討すべき事項を提案することも含める。日本ミッションは、彼らがあらゆる問題、特に教育や出版について年会や各種の委員会の場で、自由に意見を述べることを歓迎する。以上の報告を票決で承認。[10]

議事録から見るかぎり、「分離は遺憾」との見解は、日本ミッション、北日本ミッションを問わず共通している。実際には前者の一部には肯定論が見られた。

たとえばジェンクスは、越後の同僚がなぜ反対するのか、理解に苦しんでいる。また同志社のJ・D・デイヴィスは、当初は分離策に全員が驚いたが、しだいに摂理にかなったもの、との受け止め方が支配的となった、と述懐する。[11]

ともあれ、ふたつのミッションをめぐる問題は、変則的な「妥協」で解決を図ろう、とされたことが判明する。こうした組織的な分離は、その後、しだいに両者の間で、政策的な軋みが生じるに伴い、不幸な衝突にまで発展する。

その背景には、キリスト教界をめぐる西日本（とくに京阪神）と北日本との顕著な差異が存在する。

越後伝道の特殊性

越後伝道（医療伝道を含む）をパームから継承したギュリックらが、最初に直面したのは、越後伝道の特殊性であった。とくに西日本（京阪神）と比較した場合の困難性であった。「第一年次報告」に挿入されている前年のパーム自身の報告から、越後のキリスト教界の消息が多少とも窺える。この点は、その後、ふたつのミッションの伝道方針にも少なからぬ影響を与えることになるので、行論上、留意する必要がある。「第一年次報告」は次のように言う。

一八八二年にパーム博士は、次のように報告している。

「現在、ミッションに関連する教会員の数は総数で六十人（五人は他所で受洗して転入）である。そのうち、三十一人は新潟市内に在住し、二十九人は近郊に住む。第一回からの受洗者の総数では、八十八人となる。そのうち七人が死去し、十四人が他教会に転出、残る十二人は、除名となった。

説教が多少とも定期的に続けられているステーション（出張伝道地）の数は十三である。そのうちもっとも遠距離にあるのは、十七里（四十二マイル）先である。多くは援助の不足から放棄されたが、現在では地方の三か所だけで、定期的な礼拝がもたれている。

ステーションのうち、数か所はその発端が医療活動の斡旋を通して開かれた。キリスト教に対する偏見が、非常に強い場所が多く、伝道用に部屋を喜んで貸そうとする者を見つけることは、困難である」。

「自給はいまだ実現していない。過去一年で新潟の信徒から集めた献金の総額は、百二円九十四銭である。しかし、医療活動は自給以上で、伝道の出費を相当分、補ってもいる。

また、病院を通して数人が、教会に入会したばかりか、さらに多くの者がキリスト教の真理をある程度、受け入れ、誤解や偏見を取り除いたり、縮小したりした。一八八二年に診療所で治療をした患者の数は、二千九百五十人、入院患者は百五十一人、地方で日本人の医者に助言をしたケースが、百六十二人に上る〔中略〕」。

パーム博士は、新潟についてさらにこの報告書（すでに自由に引用して来た）で次のように言及している。

「この土地で最も繁栄している施設は、遊郭である。新潟は日本人の間でも、不道徳という点で悪名が広がっている。

その他の点では、新潟にミッションのステーションが存在していることに、特に異議を唱えることは全くない。むしろ何年もの間、住民の前にしっかりと置かれているにもかかわらず、彼らはキリスト教に対して無関心であり、それがキリスト教を捨て去ってもよい理由になっている。しかし、（およそ一千マイルの距離がある、函館と長崎の間にある）日本の西海岸における唯一の開港地である」(12)。

パームが帰国する前年になっても（すなわち赴任後七年を経ても）、越後では伝道に関して「自給」が実現していないことに止目すべきである。さらに「第一年次報告」は、アメリカン・ボードの立場から地元の信徒に対して厳しい評価を下す。

すでに知られていなければ、矛盾なく言えることがある。それは、アメリカン・ボード北日本ミッションが受け持った地域は、少なくとも越後に関する限り、またそれが従来私たちが知っている北西海岸のほぼすべてである限り、困難な場所である。おそらく日本人たちにとっても、そうであろう。

土壌は岩のように堅く、列をなして生い茂る欲望の雑草や、強固な偏見、それにほとんどあらゆる形の罪を負わされている。〔それに、ここは〕仏教の砦である。越後の親は、他所の親よりも頻繁に、娘たちを売春のために売り飛ばす。しかも、驚くほど安く売り飛ばす。

筆者〔R・H・デイヴィス〕が実際に聞かされたことだが、親たちは娘に関し、月給や継続した雇用よりも、将来の雇用を約束せずに少額の一時金を貰う方を選びたがるので、商人の娘を乳母として家庭で雇うのは不可能である、とのことである。

人々は貧しいので、これは売却でもないし、支払いもされない。「越後人は、日本の他地域に比べて、裕福で経済的に暮らし向きがよい」としばしば言われるが、同様の理由で、ある地区では合衆国の社会のある階層の間で見られる幼児殺しが、かなり広まっているようである。

また、越後人、とりわけほとんどの場合、激しい労働を余儀なくされている女性たちは、〔筆者が前にいた〕阪神地区に比べて知的に劣る。彼ら、とりわけ子どもたちは、上方《かみがた》（京都地方）よりも例外なくお互い同士や外国人に対しては、言動が粗野で、無作法である。

列をなして生い茂る罪と不信仰は、早急に根絶したいとは思うが、決して些細なものではない。新潟の町は、人口がおよそ四万人で、長さが一マイル以上の道路がある。その片側は、大きな寺院にずっと沿っていたが、一八八〇年の大火でほとんどが全壊した。

一方、ほとんど例外なく、最も立派な家屋は売春宿である。私たちに旅行が許された条約制限〔外国人旅行制限〕の南は、信濃川上流四十三マイルの長岡、北は二十八マイル先の中条《なかじょう》、さらに遠くの、佐渡のすべての港、といっても最短の港でも新潟から二十マイルある。この制限内には、少なくとも五十万人が住んでいる。越後全域では百五十三万人が、エジプトやパレスチナを六時から九時まで覆うのと同じくらい、濃い暗黒のなかに住んでいる。それから山が越後を下に見下ろしながら横断し、日本海に至るが、越後北部でも同じく日本海に臨んでいる。

これら両地区には、少なくとも、もう百五十万人が住んでいる。合わせると北西海岸では三百万人となる。この地域は、南は金沢（アメリカ長老派〔教会〕のセンター）、北は青森（アメリカ・メソジスト〔教会〕のセンター）、あるいはより正確には函館（というのは青森には宣教師が不在）の中間に位置する。[13]

自給政策をめぐって

こうした越後の後進性は、キリスト教徒の未熟さを生んだ。アメリカン・ボードの宣教師から見て、パームの残した信徒（「パーム・バンド」）は、金銭欲と情欲を克服できず、衝動的な生活から抜け切れなかった。彼らの中軸は、「アンチノミアニズム」（Antinomianism, 道徳不要論）の信奉者、いわば「放縦派」であった。

その点、アメリカン・ボードがあらたに獲得した信徒たちは、違った。キリスト教的な規律を尊び、教会財務に関しても「自給」を目指すタイプの信徒、いわば「禁欲派」であった。両派は水と油のように混じり合わなかった。

結局、北日本ミッションは「放縦派」とは手を切り、「禁欲派」

を支援して、独自の教会を組織するにいたった。かくして一八八六年に、越後の信徒集団（教会と自称）は二分され、前者は日本一致教会、後者は日本組合教会にそれぞれ加盟して、正規に教会として組織された。

こうした越後の特殊性は、西日本の宣教師たちの理解を越えた。越後でミッションの金銭をふんだんに支出して伝道に励むことは、信徒（とくに「放縦派」）の「たかり」を助長する結果につながる、との判断から、北日本ミッションでは厳しい「自給政策」（self-support policy）がとられた。

これにくらべれば、日本ミッションの財務方針は、積極的に経済的援助を施す（スカッダーの言葉を借りれば）「協力政策」（cooperative policy）にほかならず、容認できなかった。スカッダーは、「他のミッションの干渉や、日本ミッションの後援者たちからの反対に出くわさなければ」、越後では理想とする自給的な教会形成ができるはず、と期待していた。

ところが、「パーム・バンド」を相手に教会財務の方針をめぐって抗争を繰り広げていたおり（一八八六年六月）のことであるが、その調停に仙台ステーションのデフォレスト（John Kinne Hyde DeForest）が、東京の海老名弾正（本郷教会牧師）とともに越後に招かれた。そのさい、日本ミッションの財務方針があらたに紹介された。

越後の信徒たちはすぐさまそれに飛びつき、スカッダーを失望させた。日本ミッションとの協調を欠いては、越後伝道の将来はない、と判断した彼は、持論の自給政策を放棄せざるをえなかった。彼が越後からの辞任を申し出たのは、この直後である。日本ミッションの年次総会で彼の主張が紹介されたさい、日本ミッションでは、自分たちの伝道方針に関するスカッダーの「誤解」に批判が集まった。(14)

もともと北日本ミッションに結集した初期の宣教師には、自給論者が目立った。R・H・デイヴィスなどは、ミッション資金は一セントたりとも日本人のために使うべきでない、と極論する。また、スカッダーも、同様の強烈な自給論を盾に本部と論争し、結局、一度は越後からの撤退（自給政策をとる他ミッションへの配置転換）の承認さえ、勝ち取っているほどである。

日本ミッションとの違和感は、当初から存在したのである。この点を捉えて、R・H・デイヴィスは、自分たち（彼とギュリック）の「伝道方針のあやまりを罰するために」、日本ミッションは自分たちを越後に追いやったのではないか、とさえ推測する。(15) 自給論に基づいて、ミッション資金を日本人のために使わないことに対して、理解を示そうとしないのが、日本ミッションであった。越後のデイヴィスにとって日本ミッションの非協力性は、不満の種であった。たとえば、日本ミッションに関係する日本人が、北日本ミッションを攻撃しても、そのまま放置しておく。さらに圧倒的に少ない人数で孤軍奮闘する自分たちに、同労者を派遣してくれないことなどが目につく。(16)

先に見たように、ボストンのクラークは、北日本ミッションの分離を合理化しようとしていた。その理由のひとつとして、「パーム博士等が始めた事業は、主として自給と聞く。デイヴィスもギュリックも〔越後では日本ミッションから〕邪魔されずに持論〔自給論〕の展開が可能」である、といった発言を、クラークが説得材料にしていたのを、ここで想起しておきたい。北日本ミッションは、自給論者の新天地（開拓地）と見なされたのである。彼らの目には、日本ミッションの自給政策は、きわめて中途半端に映じた。

通常、自給政策こそ、アメリカン・ボードの財務政策としては第一の特色とされる。厳密に言えば、それは北日本ミッションのものである。ちなみにその程度の自給政策でありながらも、積極的な協力政策の主張者である同志社の新島襄――越後進出のさいもそうであった――から見れば、日本ミッションの方針は、同意しかねた。仙台ステーションの新設が、最初に問題となったおり、新島は資金を積極的に支出すべきことを説いて、言う。「中央日本ミッションが、いつもの（『自給』）システムや原則をちょっぴり曲げて、北日本ミッションを延長して仙台のような重要な地点をただちに占拠したとしても、なんら不名誉とはならないと思う」と。[17]

さらに、R・H・デイヴィスの言う「伝道方針のあやまり」には、彼らの教育論もおそらく含まれよう。と言うのは、彼らは教育活動（とりわけ「金食い虫」と言われた同志社）にミッション資金を用いることに、否定的であった。

前に同志社のデイヴィスが、北日本ミッションの分離に最終的に同意したのを見た。彼はかねてR・H・デイヴィスとギュリックのふたりが、ことごとに同志社の事業に反対する、と苦情を漏らしていた。したがって、ふたりを日本ミッション（同志社）から分離するのは、双方にとって「救い」である、と考えていたのも、事実であった。[18]

同志社のラーネッド（Dwight Whitney Learned）もまた、分離案を歓迎し、「心からの満足」を示したひとりである。彼は分離された越後のふたりに対しても、今回の処置により、彼らは自分たちがたえず批判を繰り返してきた同志社の責任から解放されるだろう、との期待を表明している（D. W. Learned to N. G. Clark, 1883. 10. 29）。

この点から、一八八四年に持ち上がったレヴィット（Horace Hall Leavitt）の再来日問題を見ると、問題がさらに鮮明になる。彼は純粋な「自給政策」論（したがって同志社にも批判的）のゆえに、日本ミッションでは異端的な（少なくとも少数派の）立場に立たされた。一八八一年にいたって、結果的に辞任して、帰国せざるをえなかった。

その彼が、再来日を希望したさい、赴任先として「自給論の砦」とも言うべき越後が挙げられたのは、自然な流れであった。少なくとも越後の宣教師たちは、それを希望した。現実には再赴任は実現にはいたらなかったが、たしかに彼を受け止める素地は、北日本ミッションには十分に備えられていた。[19]にもかかわらず、実現されずに終わったのはなぜか。

越後の宣教師たちは、ボストンに対して、レヴィットと共にカーティス（William Willis Curtis）の派遣をも要請した。これに対し、すでにスカッダー姉弟の派遣が決定している、という理由で、運営委員会は同年四月七日にこれを拒否した（Minutes of the Prudential Committee）。

ちなみに一八八八年の秋に、明石教会がミッションから資金援助を受けて会堂を建築したさい、ラーネッドはそれを、レヴィットの主張への立派な反証たりえると見た。今やスカッダー以外に、レヴィットの極端な自給論の支持者は皆無、と判断した（D. W. Learned to N. G. Clark, 1888. 11. 2）。

けれども大局的に見れば、狭い日本にふたつのミッションが並列し、折々に衝突を重ねるのは、好ましいことではなかった。それに、日本ミッションに不満を抱くスカッダーにとっても、日本ミッションの協力や一致なしには、越後の伝道が十分には進まない以上、共同歩調を取る必要があった。

彼が強固な自給論を引っ込めて、いったんはボストンの本部で認められた辞任を取り下げ、日本ミッションとの妥協を強いられたのも、このためであった。[20]

(八) ミッションの合同を求めて

ところで、北日本ミッションの初期の歴史は、一面では日本ミッションとの合同を求める歴史でもあった。

たしかに両ミッションの分離は、「便宜的に」なされたために、不合理な面が残された。たとえば、組織的にはともかく、運営面では両ミッションは、重なる部分が多かった。年次報告こそ別であるが、日本ミッションの年次総会は共通で、北日本ミッションの宣教師を混じえて開催されている。そのためか、各種委員会にしても、北日本ミッション独自の議事録は、残されていない。後述するように、ボストンからの送金も、神戸に住む日本ミッション会計（幹事）が、窓口となった。

したがって、早くも一八八四年の時点で、「分離は遺憾」との見解が、（前述もしたように）日本ミッション内部でもかなりの支持を得たことは、不思議ではない。

さらに翌年（一八八五年）の日本ミッション年次総会では、委員会――委員はゴードンとデフォレスト――を組織して、ふたつのミッションの「再統合」(reunion) を共同でボストンに要請することについて、北日本ミッションと協議に入ることを、決議している (Minutes of the Thirteenth Annual Meeting of the Japan Mission of the A. B. C. F. M.)。

ついで一八八六年に日本ミッションは、東京と仙台にステーションを設置する動きを見せた。日本ミッションから分離、という新潟の二の舞だけは、避けたかった。そのため日本ミッションとしては、東京と仙台へ転出する宣教師と、引き続き「ひとつの、そして同じミッションのメンバーとして」親密な関係を持続することが、望ましかった。さらに言えば、「ひとつのミッション」が東西両グループを包含するようになるため、さらに尽力するよう本部に訴えた(21)。

こうした動きに押されたかのように、ボストンの本部では翌年（一八八七年）二月一日に、合同の件を協議している。議事録によれば、その内容は、次の通りである。

「これまでのように北日本ミッションが、新設ミッション用に特に用意された資金〔オーティス遺産〕から費用を引き出す限り、新設のミッションとして留まるならば、少なくとも当面は、日本ミッションの要請に従って、後者のもとに置かれるべきである、との議論がなされた」(Minutes of the Prudential Committee)。

組織上は分離しているものの、事実上、日本ミッションに組み込まれる案が、検討されたわけである。

ちなみに当時は、（主として健康上の理由から、いち早く転出していたギュリック一族に続いて）北日本ミッションを辞任したR・H・デイヴィス一家が、ちょうど帰国途上であった。彼らがイギリスに滞在中との情報が、一月二十八日の運営委員会で、報告されたばかりであった。スカッダー姉弟の辞任も、決定していたとおりでもある。すなわち、後者が越後を去れば、新潟ステーションは無人となる。ちなみに、スカッダーが辞意を撤回し、北日本ミッションに留まる決意をしたことが、報告されるのは、三月一日の会議の席上である (Minutes of the Prudential Committee)。

それより一週間後の三月七日、運営委員会は、日本ミッションに次のような回答を寄せた。

「運営委員会は、貴ミッションの要請に賛同して、北日本ミッションを旧ミッションの管理下に置いた。旧ミッションに完全に統合するのは、最善とは思えなかった。〔中略〕財務の点で、北日本ミッションを帳簿上、依然として別のミッションとして置くのが、賢明と思われた。〔中略〕けれども当面は、協議、管理、そして援助にわたるすべての実際的な目的のために、〔運営〕委員会は北日本ミッションを旧ミッションの管理下に置く」。

「当面」の処置とは言え、分離が追認されたわけである。

これを受けた日本ミッションは、数名の有志が回状を廻して、両ミッションは名実ともに一体であるべきなので、運営委員会が自分たちを真っ二つに分裂させないように要求すること、ならびに「北日本ミッションを日本ミッションの一部に戻す（restore）」ことを要望する、と訴えた（Arthur Willis Stanford, Circular Letter, No. 216, 1887. 6. 17）。

かくして、仙台ステーション（東京ステーションの設置は見送られた）に関しても、（当初は日本ミッションの所属とされながらも）「名目的に」北日本ミッションの一部とされたのである。が、仙台も日本ミッションとの一致を熱烈に願望した。もちろん、日本ミッションもこれに同意した。本部に「私たちは、できるだけ早期に、ふたつのミッションを合同させるという北日本ミッションの熱烈な懇請を、心から支持する」と伝えた[22]。

先の回状を受けてのことであろう、夏にいたって年次総会で日本ミッションは、北日本ミッション（メンバーはスカッダー姉弟だけである）からの「熱い願い」を受けて、両者の合併（北日本ミッションを日本ミッションのステーションとすること）を決議して、本部にその承認を求めた（Abridged Minutes of the Fifteenth Annual Meeting of the Japan Mission of the A. B. C. F. M. Held on Hieizan, Aug. 1887）。日本ミッションとしては、ふたりだけで新潟ステーションを守る、というスカッダーの勇気ある決断に応える必要も、あったはずである。

この年の十二月二十七日に運営委員会は、前年に発足した仙台ステーションを北日本ステーションに所属させることを決定した（Minutes of the Prudential Committee）。拡大への一歩である。しかし、クラークの扱いは、ふたつのミッションではなく、あくまでもひとつ、であった。彼にとっては、それはあくまでも会計上での処理問題であった（N. G. Clark to D. W. Learned, 1888. 1. 19）。

二年後の一八八九年四月二十六日、北日本ミッションのアルブレヒト（George Eugene Albrecht）夫妻が、日本ミッション（同志社）から招かれて、京都に転じることが決まった。それを承認した同じ運営委員会の席上で、「日本におけるふたつのミッション間に存在する関係」が、あらためて問題にされた。おそらく別組織であることの不合理性が、露呈したために、あらためて問題提起が、なされたのであろう。ただこの時は、結論には至らず、総幹事と会計に再検討が委ねられた（Minutes of the Prudential Committee）。

そうこうするうちに、京都（同志社）にいたグリーン（Daniel Crosby Greene）の東京転出問題、すなわち東京ステーションの新設問題が発生した。日本ミッションはこれをボストンに要請した。実はグリーンは、（前述の一八八六年だけでなく）一八八〇年にも東京へ転出を図ろうとしたことがあるが、翌年一月二十五日の運営委員会で拒否されている。したがって正確に言うと、今回は「三度目の正直」であった。

運営委員会は五月二十一日にこれを議題に取り上げた。が、容易に結論が出ず、ようやく半年後の十二月十日に転住を認めた。運営委員会の側では、今回の認可は、ただちにステーションの設置許可を意味するものではない、との理解であったが、実質的にステーションの発足であった[23]。

この時の議決によれば、グリーンの所属は北日本ミッションとし、あわせて上州（一八八八年発足の前橋ステーション）も北日本ミッションの管轄下とされた。同月十七日の運営委員会では、たまたまアメリカに帰国中のグリーンが、すばやくこれに「心から同意」したことが、報告されている（Minutes of the Prudential Committee）。仙台ステーションの吸収に続いて、北日本ミッションは統合（廃止）どころか、拡大路線を指示されたわけである。

なお、上州について補足する。同地におけるアメリカン・ボードの働きは、東京のそれと並んで、それ以前は京都ステーション、すなわち日本ミッションの所轄とされてきた（Annual Report of the work of the A. B. C. F. M. in Japan, Ending April 30th, 1889）。

おわりに

さて、両ミッションのその後であるが、統合されたことは事実である。けれども、その時期については、不透明である。従来は、一八九〇年とされてきたが[24]、運営委員会の議事録には、それに該当する記事がない。

手掛かりは、アメリカン・ボードの年次総会で公表された「オーティス遺産」（Otis bequest）の会計報告である。それによれば、一八九〇年度には、北日本ミッション（約二・六万ドル）を含めて六つのミッションに合計、約八万ドルが支出されている（*Missionary Herald*, 1891. 11, pp. 478〜479）。ところが、翌年度の支出は、四ミッションに止まり、北日本ミッションは削除されている（*Missionary Herald*, 1892. 11, p. 467）。つまり一八九一年九月から翌年八月までのどこかの時点で、廃止（統合）された——少なくとも「オーティス遺産」からは対象外と見なされた——と考えられる。

これを裏付けるのが、北日本ミッションへの送金方法の変更である。かねてボストンからの送金の窓口は、日本ミッションの会計（最初はジェンクス、ついでラーネッド、三番手はヒル、Arthur Thompson Hill）に一本化されていた。そうした取り扱いは、一八九一年八月十一日まで続く。

すなわち運営委員会は、同日、神戸のヒルに日本ミッション（八千ドル）とは別に、北日本ミッションの予算（千五百ドル）を送金している。こうした送金方法は従来、ほぼ毎月、変わらなかった。が、新年度に入った翌月二十九日以降は、日本ミッションの予算（六千ドル）だけが送金されるようになった。これとは別途に直接、越後に送金された形跡はないので、おそらく一八九一年度を限りに北日本ミッションは廃止され、日本ミッションに統合されたのであろう（Minutes of the Prudential Committee）。

しかし、日本ミッションへの以後の送金額は、それ以前と比較して、一本化されたにしては増額が目立たない。依然として従来の金額程度に止まるので、新潟ステーションの資金の出所（「オーティス遺産」に代わるもの）に関しては、多少の疑問が残る。さらに一八九三年九月五日の運営委員会の議事録には、「昨年までオーティス遺産の資金で支えられたが、今では日本ミッションに合併されている」とある。この合併時期も、不可解である。

ともあれ北日本ミッションは、日本ミッションとのさまざまな軋轢を経て、発足八年目の一八九一年八月に日本ミッションに統合された、と考えられる。ボストンの運営委員会がとった分断政策への、永年にわたる批判が、ついに功を奏したのである。

さらに両ミッション間の抗争にしても、同様である。抗争は、北日本ミッションにたまたま自給論者が集中したことに起因する。そのうえ関西と越後との間での信徒たちの質の相違が、それを増幅させた。北日本ミッションが目指そうとした自給政策は、全体として日本ミッションよりも純粋な取り組みであろうとした。ただ、それがもっとも実現しにくい場所のひとつで試みようとしたのが、実に、皮肉である。

かくして、名実共に（仙台や東京と共に）日本ミッションにひとつのステーションとして組み込まれた新潟ステーションは、日本ミッションとの一体性をようやく確保した。この新潟ステーションは以後、一九三〇年代のマコール（Clarence Field McCall）夫妻にいたるまで、断続的にではあるが、宣教師が派遣され続けた。発足以来の延べ人数は四十数名に上った。その間、初期に見られた衝突が、陰を潜めたのは言うまでもない。

〈注〉

（1）拙稿「新潟関係のアメリカン・ボード資料」、『潟』一三、日本キリスト教団新潟教会、一九九六年、一二七～一二八頁、傍点は原文では下線。〔　〕は本井による注（以下同じ。本書四九五頁以下に再録）。

（2）同前一三四～一三六頁。

（3）同前一三六～一三八頁。

（4）拙稿「アメリカン・ボードの日本伝道」（本書三五一頁以下に再録）。

（5）「新潟関係のアメリカン・ボード資料」一四八頁。

（6）同前一五四～一五五頁、傍点は本井。

（7）A. B. C. F. M., *Fragments of Fifty Years*, 1869～1919, p. 21.

（8）「新潟関係のアメリカン・ボード資料」一五五～一五六頁。

（9）同前一五六頁。

（10）同前一四六～一四七頁。

（11）「アメリカン・ボードの日本伝道」一二五頁。

（12）「新潟関係のアメリカン・ボード資料」一三三～一三四頁。

（13）同前一二八～一二九頁。

（14）「アメリカン・ボードの日本伝道」一三一～一三二頁。

（15）同前一二四頁。

（16）同前一三一頁。

（17）『新島襄全集』六、同朋舎、一九八五年、二五〇頁、傍点は原文ではイタリック。

（18）「アメリカン・ボードの日本伝道」一二五頁。

（19）同前一三三頁、一五二頁。

（20）同前一三一頁。

（21）F. A. Lombard, A History of the Japan Mission of the American Board, p. 115, unpublished. 傍点は原文では下線。

（22）Ibid., pp. 115～116.

（23）Ibid., p. 116.

（24）Ibid., p. 116.

四、アメリカン・ボードと沢山保羅
――越後伝道をめぐって――

はじめに

アメリカン・ボード北日本ミッションにとって、沢山保羅《さわやまぽうろ》はキーパーソンである。

彼は大阪における浪花教会や梅花女学校の創設者として日本キリスト教史に名を残す。新島襄と並ぶ、初期会衆派教会（組合教会）の指導者でもある。ただ、若くして亡くなったことも手伝って、新島に比べて、存在感は薄い。そのうえ、関西を活動拠点にした関係から、北日本ミッションとは無縁、と思われがちである。

けれども、こと開拓期の越後伝道に関する限り、事情は異なる。その貢献度はむしろ、新島を凌ぐとさえ言いえる。理由は次の三点である。

まず、第一に、新島が一度も現地を踏むことなく終わったのに対し、沢山は当地に乗り込んで、現実に伝道に従事している。一八八四年夏のことで、避暑かたがた、ひと夏を越後伝道に過ごした。

この時、沢山はこの地の信徒たち、すなわち「パーム・バンド」と括《くく》ることができる信徒群に、実に大きな感化を及ぼした。彼の越後滞在中に、県北にある村上の信徒たちが、教会の設立に漕ぎつけた一事からも、そのことは明白に窺える。

さらに、この夏、彼が越後で披瀝した演説や説教は、沢山伝の中では特筆されている。優れて特異な挿話として一種、神話的に語り継がれているほどである。越後伝道にかける熱意と尽力が、尋常でなかったことが、判明する。

第二は、教会会計の運営に関して、沢山が堅持する教会自給論である。越後に赴任した宣教師たちの主張もまた、同じく自給論であった。その典型は、スカッダー（D. Scudder）である。沢山は、はからずもスカッダーたちの持論を側面から補強する働きをしたわけである。

越後の信徒たちにとっては、教会財政を他に仰がず、自分たち（教会員）で全面的に負担すべきだ、と説くスカッダーや沢山の主張は、「アキレス腱」であった。

その結果、「パーム・バンド」は、スカッダーや沢山の主張に組みする側と、反対する側の二グループに分断されることになった。教会自給論は、信徒群の分裂をもたらした点で、決定的と言えるほどの作用をしたのである。沢山が、自己の後継者と目していた成瀬仁蔵を初代牧師として新潟の教会に送り込んだことも、そのことを何よりも雄弁に物語る。当時の成瀬は、恩師である沢山譲りの強烈な自給論者であった。

最後に、恩師の推薦を受けて越後に乗り込んだ成瀬の働きである。彼が、中軸となって設立した新潟女学校に関しても、沢山の影響は無視できない。沢山はすでに大阪に戻っていたために、越後で初の、しかもキリスト教主義学校の設立運動に直接、関与することは、もちろんなかった。しかし、かつて沢山や成瀬が校長を務めた梅花女学校が、この女学校のモデルとなったことは、容易に推測できる。

新潟女学校は、当初から「新潟の梅花女学校」を目指した。教師の一人には、梅花女学校の卒業生（杉江田鶴《たつ》）が招かれた。経営的に自給路線を貫こうと尽力したことも、成瀬校長を通して沢山の影響が及んでいた証拠である。

要するに、成瀬も設立に係わったキリスト教主義男子校、北越学館が、「越後の同志社」を目指して、同志社（新島襄）と密接な関係を有したのと、すこぶる対称的である。

以上の三つの要因のうち、本稿は最初のふたつを扱う（三番目の新潟女学校に関しては、拙著『近代新潟におけるキリスト教教育』ですでに取り上げた）。なかでも第二の教会財政政策は、「パーム・バンド」にとって分裂をもたらした「躓《つまず》きの石」となっただけに、慎重な分析が必要である（本書、三六五頁以下を参照）。

繰り返して述べれば、この政策には、アメリカン・ボードが密接に絡んでいることに注目すべきである。一八八三年にあらたに越後に設置されたアメリカン・ボード北日本ミッションは、教会会計に関しては、スカッダーにしろ、ニューエル（H. B. Newell）にしろ、総じて沢山やレヴィット（H. H. Leavitt）が説く自給論（本稿では「自給政策」）を是とした。

一方、関西に拠点を置くそれまでの日本ミッション（創立は一八六九年）では、ほとんどの宣教師（準宣教師であった新島襄を含めて）が、援助論（本稿では「協力政策」）に立っていた。

つまり、沢山やレヴィットは、日本ミッションでは「異端」とも言うべき少数派であった。それが北日本ミッションに至るや、一転する。彼らの主張はがぜん「導きの星」、主流派となった。

要するに、財政政策をめぐって、日本におけるアメリカン・ボードのふたつのミッションは、それぞれきわめて対照的な立場に立ったことになる。この点、沢山と新島もまた、相互に対立する立場に置かれたことになる。新島だけでなく、沢山保羅が越後伝道に果たした役割に焦点を当てる意味は、意外に大きいと言える。

なお、本稿は、三十年前に『沢山保羅研究』六（一九七九年）に発表した拙稿「アメリカン・ボード北日本ミッションと沢山保羅」（拙著『近代新潟におけるプロテスタント』所収）の第二節、第四節、第五節を新資料に基づいて、再構成したものである。

㈠　越後における夏季伝道

北日本ミッションが沢山保羅を越後に招く

八年半近く越後伝道に取り組んだパーム（Theobald Adrian Palm）は、一八八三年の秋に休暇を得て、スコットランドに帰国した。彼はエディンバラ医療宣教会（Edinburgh Medical Missionary Society）から派遣された医療宣教師であった[1]。

この間、彼が洗礼を授けた者は、延べ百四名とも[2]、百五名とも[3]伝えられている。このうち、パームが帰国する直前の一八八三年六月の時点では、越後全域に六十四名が現住していることが知られている。地域別に見れば、新潟区（新潟港）の三十三名、中条《なかじょう》の九名、それに村上の八名が目につく[4]。

中条の信徒たちは、パームが伝道中の一八八〇年七月十一日にいち早く教会組織を整えた[5]。村上がそれに続いて、一八八四年八月に教会を発足させることは、本稿で見る通りである。問題は新潟区の場合である。信徒たちは自ら「新潟教会」と呼び、他から「新潟公会」とも呼ばれることが多かったので、便宜的に教会扱いされるのが通例であった。

ところが、その実態は烏合の衆同然で、規則も秩序もなかった[6]。パーム自身も報告書の中で、時には「教会」（church）と呼ぶものの、教会を設立した、との記述はない。「群」（band）とか「集団」（company）と呼ぶことが多い。したがって本稿でも、彼にならって、「パーム時代の信徒の群」を「パーム・バンド」（Palm Band）と呼んでおきたい[7]。

パームの帰国（九月）に伴い、この「パーム・バンド」の指導は医療活動（パーム病院）と共にアメリカン・ボードに託された。そこで日本ミッションのギュリック（Orammel Hickley Gulick）と彼の家族、妹（Julia Gulick）、それにデイヴィス（Robert Henry Davis）とその一家とが、翌十月に神戸から赴任し、新潟区に北日本ミッション（新潟ステーション）を設立した[8]。

一行を迎えた数十名の信徒のうち、新潟区に在住するのは、三十名ほどであった。彼らは新しい宣教師たちの着任三日目に、パーム病院で共に礼拝を守った[9]。

こうして、それまで特定の教派と結びつくことがなかった「パーム・バンド」は、アメリカン・ボードと接触することにより、同志社との結びつきを強め、会衆派（のちに日本組合基督教会）の色彩を濃くしていく。これがこの翌年に、沢山保羅や同志社の神学生たちにより、この地で夏季伝道が行なわれる背景である。

さて、ギュリックは赴任五か月後に、大阪にいる弟のトーマス[10]（John Thomas Gulick）を介して沢山に宛てて、次のような書簡を書き送った。

「新潟に一か月間、ご都合がよろしければ二か月間、滞在して下されば、当地の伝道にとって大きな恵みです、というのが私たち宣教師と地元の何人かの信徒の結論です。

私たちは六月の第二週〔の六日から十四日〕に開かれるミッションの年会に参加するため、大阪に赴く予定です。会議の終了後にそのままか、あるいは六月十五日ころに、ご一緒に新潟に戻ることができれば、もっとも好都合ではないでしょうか。部屋はパームの残した病院〔パーム病院、あるいは大畑病院とも呼ばれた〕の二階に一部屋、快適なのがあります。食事は病院でもとれますが、拙宅でおとりになるのが、一番便利ではないでしょうか。

教会堂はパーム病院から半マイルのところにあり、人力車で行けます。新潟の夏は有馬ほどは涼しくはありませんが、大阪よりは過しやすいと思います。

もしも新潟に来ていただけるならば、デイヴィス氏と私が旅費や滞在費を含めて、全額を負担いたします。

当地に滞在し、信徒たちに語って下されば、主の恵みのもとに、伝道上、大きな効果があらわれることと思います[11]」。

沢山保羅、越後へ

大阪のミッション年会には、ギュリックと共にデイヴィスもはるばる越後から参加した。会議後ただちに越後に向かう、という当初の予定は、六月下旬にくり下げられた。沢山が相変らず体調をくずし、バルナバ病院（大阪）に入院していたことが、一因であった。

六月十九日、ギュリックは神戸からバルナバ病院気付で沢山に、次のような内容の手紙を寄せた。

デイヴィス氏は今朝、敦賀港に向け出発。夜十時の船で新潟港に戻る。自分たち夫婦は、明日は三田《さんだ》へ出張。次の火曜（二十四日）には大阪に戻っているはず。来週の中頃（二十四、五日頃）、もしくは後半に、敦賀から出る船便がある。風邪を直し、来週は元気な姿を見せてほしい、と[12]。

六月二十一日には浪花教会で、「近日の中、沢山氏が越後の新潟へ二ヵ月程避暑せらるる筈の為」送別会が開かれている[13]。六月二十七日には次のような報道が、全国に流された。

ミッションの年会参加のために越後ステーションの宣教師たちは、五月末に大阪に向けて発った。彼らは自分たちの不在中に「弱き信徒の信仰」が、いくぶんなりとも衰えるのではないか、との心配もあった。しかし、越後に戻るさいには、「有名なる大阪の沢山保羅氏」が、一行に同伴して越後入りをするので、信徒たちは「恰《あた》かも大旱《ひでり》に雲霓《あめ》を望むが如《ごと》き思ひ」で宣教師たちの帰りを待っていた。

沢山が来れば、もちろん「大説教会」が開催されることになっている、と（『東京毎週新誌』一八八四年六月二七日）。

下旬に入って沢山の健康は、多少とも回復したのであろう。日時は不明であるが、かねての計画通り沢山は、ギュリック夫妻と共に初めての越後旅行に出発した。[14] 沢山は娘を同伴した。経路は帰途同様[15]、大津から琵琶湖を北上したあと、長浜から敦賀へは汽車、敦賀からは汽船で新潟港に入った、と考えられる。

沢山は新潟港に近い大畑町に建つパーム病院の二階に身を寄せた。「避暑」（静養）が越後行きの目的であったからである。

当時、この病院を担当していたのは、日本人医師の親子（大和田清晴・虎太郎）であった。大和田清晴の次男（猪之平《いのへい》）は、「当時、〔沢山〕先生は、予が父の当直医たりしパーム病院の一室にありて、その病軀を静養され居れり。予等の家族も、同病院に住居せり」と回顧している。[16]

もっとも大和田清晴は、必ずしも医療技術が高度とはいえない。おまけに大阪の専門的な看護婦が不在であったので、医学的な見地から見る限り、バルナバ病院ほどには恵まれた環境では決してなかった。ちなみに、パーム病院の看護婦であったショウ(Fanny Jarris Shaw)は、すでにバルナバ病院へ転出していた。また、パーム病院のためにアメリカン・ボードが、医療宣教師（スカッダー）を派遣するのは、この翌年のことである。[17]

沢山の「避暑」には、いまひとつの目的が付随していたことは、先のギュリック書簡からも明白である。この点、浪花教会の記録には、「牧師沢山氏伝道のため、越後新潟へ派出相成」と明記されている。[18]

同志社の神学生たちが越後へ

沢山より数日遅れて、京都から二名の神学生が、越後に向かった。夏季伝道に従事する、同志社の足立琢《たまき》と山中百《はげむ》である。同志社から同地に送られた最初の神学生である。[19]

ふたりが同志社の寄宿舎を出発したのは、七月一日の早朝である。友人の池袋清風はこの日の日記に、「七時前カ、足立琢氏、今ヨリ発足ストテ、吾尚在寝、蚊帳《かや》外ヨリ告別シ、越後新潟ニ往ケル」と記している。[20] 足立はこの池袋から、『二約釈義叢書』二冊と『第一東京演説』を借り出して行った。[21]

さらに同月四日の夕方には、越後出身の三輪礼太郎が、帰省のため寄宿舎を発っていることも、池袋の日記から判明する。

「夕飯、五時過食堂ニテ、三輪ト会ス。曰ク、唯今ヨリ発車シ、近江ノ湖ヲ経、陸路ヨリ帰郷ス、トテ急キ去レリ。三輪礼太郎ハ越後与板ノ豪商ノ子。明治十二〔一八七九〕年秋、同志社ニ入校シ、休夏ト雖《いえども》、未《いまだ》一回モ帰郷セズ。常ニ在寮ニ在リ」。[22]

三輪はこの五年間、一度も帰省しないばかりか、池袋の友人「百数十名中ニ、稀ナル不信者」であった。この年、同志社に吹き荒れたいわゆるリバイバル（信仰復興）のあと、ようやく五月四日に入信したばかりであった。[23]

この夏、池袋の室友が、三輪と同郷（与板）の大宮貞之助（季貞）であったことを考えると、[24] 彼の周辺には越後の情報が自然に集まって来たに相違ない。

さて、三輪より一足先に京都を発ったふたりの神学生は、七月五日の朝、無事に新潟区に着いた。一段落をした八日に、足立は池袋に安着の書簡を寄せた。当時の教界の様子を伝えていて貴重なので、池袋による「要略」を紹介しておきたい。

「昨日〔七月十三日〕午食時、越後新潟県新県〔潟〕区学校町デビス氏〔宅〕ヨリ、足立琢氏、七月八日午前十一時発ノ書翰ヲ吾ニ

送レリ、其要略

本月一日朝、愛兄ニ別ヲ告ケ、八日ノ間ニ二百里ヲ隔チ、昨五日午前七時着港セリ。而シテ曾テ知ラザリシ邦域ニ来リ、神ノ兄弟ヲ見、欽喜ス。翌安息日〔七月六日〕。彼《かの》新潟公会〔会堂〕ニ会ジ、午前十時ヨリ其説教ヲ開キ、此会員兄弟姉妹〔パーム・バンド〕三、四十人ニ面晤《めんご》シ、甚親切。又午后二時ヨリ、私立〔パーム〕病院ニ往キ、兄姉ト共ニ聖晩餐ヲ守リ、〔パーム〕病院生徒十六、七歳ノ者三名受洗アリ。又宵八時半ヨリ、前ノ会堂ニテ、不信者ノ為ニ説教ヲ依頼セラレ、山中兄之ニ当レリ。信者ノ数ハ当区内ニテ男二十七、八人、女十二、三人、過半ハ病院生徒。

仮牧師ハ真部〔俊三〕氏ト云フ人也。宣教師ハ、ギユリキ氏、デビス氏、女教師ジユリヤ氏ノ三人。又当教会ノ伝道地ハ村上、中条、新発田《しばた》、水原《すいばら》、村杉、三条、燕、巻、長岡、及ヒ佐渡ヵ島等也。此等各五、六乃至《ないし》八、九人ノ信者アリ。余等二人ハ着港後、古町《ふるまち》五番町秋田屋旅店ニテ寄寓ス。

教師ヲ始メ信者一般、ゴルドン氏ノ来臨ヲ望ム事、大旱ノ雲霓《うんげい》ヨリモ切ナリ。氏着セバ、基督教《キリスト》大説教会ヲ開キ、積年ノ迷夢ヲ警攪センモノト目今預備中。此説教終リ次弟、山中ハ中条ニ、予ハ村上ニ往クニ決ス[25]」。

これによれば、同志社からさらにゴードン（Marquis Lafayette Gordon）を迎えて、演説会が開かれることになっていた。足立はゴードンの日本語教師であった、と伝えられているので、おそらく足立からの招請であろう。

地元の『新潟新聞』（一八八四年七月十日）も、七月一日から八月三十一日までの二か月間に、北陸路を新潟区まで巡歴するために、ゴードンが旅行免状（パスポート）を取得した、との報道を流している。予定では、七月十四日ころに「新潟ヲ向ケ発足」するはずであった[26]。けれども彼が越後入りをしたとする記録が、どこにも見当らないので、なんらかの理由で、実現せずに終ったらしい。

活動を開始

沢山と神学生たちの活動は、いよいよ七月七日から本格化した。「昨夕〔七日〕ヨリハ、信者ノ為ニ〔パーム〕病院ニ於テ一週間ノ祈禱会ヲ開キ、幸ニ沢山兄ハ大患ヲ厭ハズ、昨夕ヨリ熱心、祈禱ノ勧ヲナサレタリ」とは足立の報告（「要略」）である[27]。

「大患ヲ厭ハ」ぬ沢山保羅の姿勢に、感銘を受けたからであろうか、参加した信徒たちは、「殆んど蘇生の心地」がした、という。八日目（七月十五日）には感謝祈禱会と定期親睦会が同時に開かれ、四十余名が出席した。はなはだ盛会であった。沢山と同じ病院内に住む大和田猪之平が、次のように報じる沢山の「清談」は、この時の一連の祈禱会中のものであろうか。

「一夕、予は父に侍して先生の清談を聴く。先生は談、興に入りて、星光燦然《さんぜん》たる蒼空を指し、第三の天は彼の星の群の外ならんか、との頗る詩的の談話などもありき[28]」。それにしても、「病を冒して二百里外の遠地に来[29]」た沢山の健康は、相変らず優れなかったようである。

この頃、沢山は大阪のコルビー（Abbie M. Colby）に手紙で近況を伝えた。彼女から比叡山の避暑地でそれを見せられたデフォレスト（John H. DeForest）は、「新潟に無事着かれたと聞き、皆んなで喜んでおります。コルビーが先生のお手紙を見せてくれましたが、彼の地の信徒たちに出会え、信仰と救い主が必要であることを強められた由、うれしく存じます」との書き出しで始まる書簡を、八月二日に沢山に書き送った[30]。なお、このコルビーには、後述するように、越後へ転出する可能性が、のちに生まれる。

　ところで、先に見た連続祈禱会の最中のことであるが、足立と山中は、ギュリックと真部俊三（新聞報道では、「新潟公会の仮牧師」）の二人に同行して長岡に赴き、七月十一日の夕方に野本旅館で説教会を開いている。聴衆はわずか三十名ほどであった。

　一連の祈禱会が終った翌日（七月十五日）には、この四名にあらたに地元の伝道師と信徒（坂田忠五郎と井上敦美）が加わり、新発田の北辰館で演説会が開かれた。来会者は二百名をこえた。プログラムは次の通りである。

開会の主意　坂田忠五郎
外教を入るるの可否を論ず　山中　百
信仰の説　井上　敦美
上帝の存在　真部　俊三
真正の救い　足立　琢
田は熟せり　O・H・ギュリック[31]

　七月十九日には当初の予定通り、足立は村上に移った（山中が中条に転じたのも同じ頃であろう）。村上の信徒たちのかねての願いが、ギュリックの尽力でようやくかなえられたのである。

　以来、日曜と水曜ごとに、信徒宅において説教会を開き、常に百名をこえる市民を集めている。その結果、同地では市民が三人以上集まれば、必ずキリスト教のことが話題になる、とまで言われるにいたった。このことは、京都のデイヴィスの耳にも届いていた[32]。

　そして三十一日にはいよいよ沢山が村上に乗りこみ、四、五日間滞在して、足立を応援した。八月三日の日曜には、信徒たちと共に聖餐式を守った。この時、沢山が信徒たちに対して、独立教会の緊要性を説いたことは、後述するように村上の教会史上、大きな意味をもつ[33]。

　ところでこの三日には、洗礼式もとり行なわれたはずである。同地出身の大和田清晴の次男、猪之平（のちに武田猪平《いのへい》）がこの日に受洗（場所は不明であった）しているからである。大和田猪之平は従来、パームからこの日に受洗したとされてきた[34]。パームは前年にすでに帰国しているので、村上で沢山保羅から授洗をした、と見るのが、もっとも自然である。のちに見るように、この月末に彼が沢山に同行して京都へ赴き、同志社に入学するのも、沢山の勧めが大きかった、と思われる。

新潟区の演説会

　八月の下旬には、二か月にわたった夏季伝道の総決算として、新潟区と村上でこれまでにない規模の公開演説会が、企画された。

　まず新潟区であるが、二十一日の午後七時から古町八番町の湊座を借り切って、開会された。入場は無料で、二日前から『新潟新聞』にも広告が掲載された。当夜の演題と出演者（出演順）は、次の通りである。ただし、村上に滞在中の足立は、都合により欠席した[35]。

耶蘇の宝血は生命の泉　山中　百
耶蘇は必ず勝つ　三輪振次郎
宗教心　沢山　保羅
聖書は文明の基礎　R・H・デイヴィス
邦家の基　足立　琢
良心と十字架　井上　敦美

この演説会での沢山の講演は、沢山伝の中でも、もっとも知られたものであろう。当時、すでに全国的にも注目されていたことは、東京の『自由新聞』(36)がこれを報道していることから窺える。

聴衆の数は六百余名、六百から七百名、六百から八百名、八百名、千三百余名、二千名、と報告者によって大きな開きがある。(37)この中には、何名もの僧侶が混じり、出演者に対して相当激しい野次を浴びせかけた。ところが、沢山だけはなんら抵抗にあうことなく、演説をやり終えることができた、というので、特筆されている。その根拠は、『福音新報』の次の報道に求められよう。

「新潟市〔区〕の某劇場に於て、基督教大演説会の開かるゝや、僧侶の反抗甚だしく、数名の弁士、尽く罵詈嘲笑の裏に埋没せられ了りぬ。然るに、最後に沢山氏が壇上に立って、屢時無言の儘、手を延べつつ満場を睥睨《へいだい》するや、鼎の湧くが如く、さしも騒々しき劇場も、俄然水を打てるが如くなりて、誰一人言を発するものなく、始より終迄、全会静粛し、さながら一種の精神的奇跡か、と想はるゝ斗りなりし、と云ふ(38)」。

この記事はその後、大和田猪之平（武田猪平）の次の回顧と共に「一種の精神的奇跡」物語として、事実以上に脚色される典拠となった。

「予が先生の人品にうたれたるは、明治十七〔一八八四〕年八月十七日の夕なりき。同夕は越後国新潟湊座なる劇場に於て、基督教大演説会ありて、先生は六、七名の弁士の一人たりき。年は明治の十七年たり。日本海の浦風すさみ、欧化主義の暖潮、未だ寄せ来らず。佛教の一城砦たる北越の事なれば、排外的気焔あたる可からず。されば耶蘇宗に対しては、絶対的反対なり。

同夜は佛徒、団を作り、該会を妨害して、喧擾を以て葬り潰さん、と計画せるなりき。聴衆は場に溢れ、立錐の地なきまでとなれり。然も開始の始より喧騒を極め、凡んど何れの弁士も、聴ゆべくも非ず。一人一人、葬り潰されぬ。

最後に先生は痩軀を以て壇上に立てるときも、同じく騒然、雑然として、この弁士をも葬り去らんとせり。然るに先生は、毅然として壇上に峙立し、粛如として手を延ばし、暫らく聴衆を静止しつつありしに、一同仰いでその風貌に接せるとき、一種の権威は先生の身近にかがやけり。驚異せる聴衆は、数分にして全然手を翻へせる如く静穏となりぬ。かくて先生は、朗々たる音声を以て其思想を陳述さる。

同夜の先生の演説は、『宗教論』なる題にて、人心の根底にある宗教心を明かにし、進んで基督教を紹介されたるなりき。別に卓越なる議論にも非ず。又、先生は別に雄弁家にも非ず。然も之を傾聴せる二千の群衆は、恰もサイナイの聖山〔シナイ山〕を降りつつあるモーセを仰げるイスラエルの民衆を思はしめぬ。当夜の印象は、予にとりては、昨夕のそれの如く活如として眼前にあり(39)」。

大和田は、ここにも記すように、この演説会で沢山の謦咳に直接に接しているだけに、彼の記述はきわめて信憑性が高い、と考えられてきた。ところが、二十六年後の回想でもあり、日程や聴衆の数、演題、出演順などに記憶違いが見られるので、注意を要する。

この点は、山中百（当日の出演者）の回想とて、同様である。

「私の学校〔同志社〕時代に、新潟で大和田〔清晴〕さんが病院をひらいて居った。〔沢山〕先生は一夏、静養旁、避暑に来られて居った。私は学生であったが、速水藤助氏の義父にあたる千葉氏〔足立琢〕と二人で、其処へ伝道に行ったことがある。或る晩、芝居小屋をかりて、大演説会を催した。

其時、千葉君はもと僧侶出身であったので、色々佛教などの例を加へて話した。私は西洋文化とキリスト教と云ふ題で話した。佛教の盛んな土地であったので、僧侶達などが真先になって妨害し、弁士をたたき出せなどと叫び、一時、混乱に陥った。
其時、先生がお立ちになって、聴衆を暫く見廻された。今までいきり立った聴衆は、直ちにシーンとして、静まってしまった。そして終まで、先生の話を謹聴したのである。信者も又一般の人々も、一種の力を感ぜしめられた」[40]。

ここには、あきらかに村上での演説会（後述）との混同や錯誤が見られる。

それでは、実際は、はたしてどうだったのか。各種の記録のうち、もっとも客観的と思われる『自由新聞』の記事によれば、この演説会の実態は、おおよそ次のようである。

会場につめかけた聴衆は六百余名で、そのうち一割近くは妨害者であった。そのため、最初に出演した二名（山中と三輪）に対しては、野次などの妨害がもっとも激しく、一時は場内が騒然となった。とりわけ、「耶蘇は必ず勝つ」との挑戦的な演題を掲げた三輪振次郎は、あまりの野次の激しさに、最後まで演説をやりとげられず、途中で降壇せざるをえなかった（ちなみに、三か月前に受洗したばかりの三輪礼太郎は、彼のいとこにあたる。この夏、京都から与板に帰省中であったので、振次郎の演説をこの場で聴いていた可能性がある）[41]。

続いて演壇に立った沢山（最後の弁士ではない）に対しては、「聴衆は沈黙静坐、感服して聴き居たるものの如し」とある。「宗教心」と題して彼は、「宗教心は、人生固有の者なる事より、人間の最大目的は未来にあり。現世は未来に於て幸福を享有すべき地をなす者なる」旨を説いた。最後は、「人間の身体は遠く逝くの後と雖も、魂は永く消滅せざる者なり」と結んだ。

四番手のデイヴィスは、いまだ十分に日本語に通じているとは言い難いものの、演説の内容は非常に理解しやすかった。お目当ての外国人（宣教師）の話がすんだためか、最後の弁士である井上の演説が始まったころには、聴衆の九分通りまでが退場してしまった。したがって、妨害もいっさいなく、会場は静まりかえった。

以上が当日の実情と思われる。ギュリックもこの報道記事を裏づけるかのように、「出演者の何人かは、静粛に拝聴されたが、他方、ほかの人たちの話や意見は、一部の人から騒々しくはあるが、人の良い反対意見〔野次か〕を引き出すことになった」と記している。また、さらに一層騒々しい反対者の中に僧侶が何人か混じっていた。彼らは、多少とも身分を隠すために帽子をかぶり続けていた、とも指摘する[42]。さすがの仏教徒らも、沢山の話には「沈黙静坐感服して聴き」入る以外には、なす術《すべ》はなかったようである。

この日、演説会を無事に終えた後と思われるが、ギュリックは浪花教会の会員たちに書を寄せた。沢山の今回の越後訪問が、西日本の教会と越後の信者の間の扉を押し開く手助けとなってくれることを期待する、と伝えた[43]。

ギュリックにとっては、公開演説会の成果は満足のいくものであった。数年前までは、伝道師に石が投げられ、中条の場合のように、会堂がコレラ騒動にまきこまれて、暴徒により破壊されるような土地柄であることを思えば、野次の妨害はあったものの、劇場でのキリスト教集会を堂々と開催できるようになったことは、それ自体、越後では一時代を画する出来事である、というのが彼の率直な感想である[44]。

村上における演説会

続いて八月二十五日には、場所を村上に移して、同種の演説会が催された。夜の八時から三時間にわたって、超満員の聴衆を前に次の五人が熱弁をふるった。

祈禱　真部　俊三
佛教論　足立　琢
神の存在　大和田清晴
基督教の感化力　O・H・ギュリック
十字架の功徳　山中　百
基督教の証拠　R・H・デイヴィス(45)

出演者のひとり、足立は同志社に入学する前は僧侶であったために、彼の「佛教論」は、「感情を露骨にあらわした聴衆」から複雑な反応が示されたことであろう。(47)

会場の大竹芝居場につめかけた聴衆は、およそ千二百名であった、と地元では伝えられている。(47) これに対してギュリックは、七百名から九百名、別の折には千名と推定している。(48) デイヴィスによれば、聴衆が窓の外まで立ち尽し、なかには屋根にのぼって、上の窓を通して中の演説を聴きとろうとした者さえいたことは確かだが、千二百という数字は誇張だという。それでもすべての演説を、通して聴いた者だけでも八百名は下らず、しかもほとんどの人が興味深く耳を傾けた、と書き残す。会衆の一部には妨害者もいたが、出演者や演説を積極的に拒否する、というよりも単なる興味本位の妨害が多かった、とも伝えている。(49)

いずれにしろ、空前の大集会であった。足立による地道な夏季伝道が、住民の間に一種のキリスト教ブームを巻き起した結果であろう。

こうして、新潟区と村上における二回の演説会が成功裡に終った結果、越後における反キリスト教的な偏見が打ち砕かれ、県民が福音を受け入れる途が大きく開かれる望みを、宣教師たちは抱き始めた。(50)

ところで、新潟の集会では僧侶をも感服させた沢山が、村上の演説会に登壇していないのは、なぜか。彼の健康が思わしくなかったからであろうか。けれども、沢山の影響という点では、新潟よりもむしろ村上の方が大きかった。演説会に先だち、村上の信徒たちは沢山の勧めにこたえて、教会を正式に組織したからである。

村上教会の設立

七月から八月にかけての数日間、沢山が村上に出張した効果は、てきめんであった。彼が信徒たちに独立教会の必要性を力説したために、にわかに教会設立の気運が盛りあがり、八月二十三日には新潟区と中条から、宣教師ふたりと信徒の代表がさっそく招かれ、具体的な協議に入っている。

会議は夕方から夜中の十一時まで続いた。まず、この地におけるキリスト教の沿革と教会設立に対する地元の信徒たちの希望を聞いた。次に彼らの信条、契約、教会規則の審議に移り、ただちに教会の創設が票決された。そして最後に、洗礼志願の四名に対し、試問(質疑応答)が行なわれた。

翌二十四日には、はやくも教会設立式である。デイヴィスが祈禱、聖書の朗読、説教および聖餐式を担当した。四名への授洗は、ギュリックが行なった。(51) この時の新入会員は、佐藤運造・その夫妻、小田きん、永野清住である。(52) 教会員への勧めは、村上教会ゆかりの大和田清晴が受けもった。(53)

こうして村上教会は、十五名の会員(うち男十名、女五名)で正式にスタートを切った。設立式の日の夕方、教会はさっそく公開集会を開き、およそ百七十五名の会衆を集めた。席上、三名の日本人が説教を説いた。(54)

前に紹介した大竹芝居場での大演説会が開かれたのは、この翌日のことである。

　以上のことから判るように、村上教会の設立にあたっては、沢山保羅が決定的な役割を果たした。越後のキリスト教界では、中条教会（一八八〇年七月十一日創立）に次ぐ二番目の教会であった。しかも、沢山の説く自給論にもっとも忠実な教会という点では、中条以上に注目すべきである。

　ギュリックは、村上の教会員たちを、「越後で最もまとまりがある有望な信徒の群」と絶讃する。[55] スカッダーも、「アメリカン・ボードが持つ越後で最良の教会」と称えている。[56] さらにデイヴィスも同意見で、[57] 越後における信徒の評判は村上、中条、新潟区の順で高いばかりか、[58] 国内的に見ても、村上ほど有望な地域はまずないだろう、とさえいう。村上は「パーム・バンド」の優等生であった。

沢山保羅と神学生たちが関西へ戻る

　かくして各地で大きな成果を生んだ夏季伝道も、八月下旬の公開演説会で事実上の幕をおろしたことになる。秋の新学期が近づくと共に、関西からの応援者は、帰り支度にとりかかり始めた。

　ギュリックは八月二十二日に大阪の本間重慶に宛てて、沢山がまもなく大阪に戻ることを伝えている。実際の帰阪は、それより一週間後であった。沢山から受洗したばかりの大和田猪之平は、同志社に入学するため八月二十九日に新潟区を発った。[59] この点は大和田自身が後に、「予は同志社に入学せん為、〔沢山〕先生に携へられ、同年〔一八八四年〕八月の下旬を以て新潟を発し、汽船に投じて京都に向ふ」と回顧している通りである。[60]

　ちなみに、父親と共にパーム病院で働いていた虎太郎（猪之平の兄）も、この夏に軍医を目指して上京した。[61] 大和田清晴の身辺は、この頃、急に寂しくなった。

　沢山の帰宅は、九月一日であった。「予は先生の握手と祈禱に送られ、京都停車場にて先生と幼女に分袂し、先生よりの在学生二名へ宛たる紹介書を懐にして同志社に投ぜるは、今より廿六年前の九月の始日なりしと記憶す」とは猪之平の回顧である。[62] 彼の記憶が正しいことは、同日の池袋の日記からも明白である。「此時、沢山保羅氏新潟ヨリ帰ラレタル由、其序ニ彼地信者、新入生徒□名列来リ入寮」とある。[63]「新入生徒」とは、もちろん大和田猪之平であるが、ほかにもいたのであろうか。

　ふたりの神学生の帰寮は、往路と同様に沢山の一行よりは、やはり一週間ほど遅かった。彼らが新潟区を去った日は特定できない。同志社に戻ったのが、九月十一日の午後であることは事実である。[64] とすれば、新潟区を発ったのは六、七日の頃であろう。ギュリックは、神学生たちの越後伝道を六、七週間[65]とも、七週間[66]とも書き残すが、実際には沢山同様に、（ただし一週間ほど遅れて）ほぼまる二か月間、夏季伝道に従事したことになる。

　全国各地で伝道にあたった神学生たちが、同志社に戻るのを待って、九月二十六日に市内の京都第二教会で夏季伝道報告会が開かれた。他の神学生に混じって、中条伝道については山中百が、そして村上伝道に関しては足立琢が報告を述べた。[67] もとより内容はつかみようがないが、越後伝道の特殊性（後述）が、京都の信徒や神学生たちに初めて明らかになったことであろう。

　翌二十七日、足立は池袋に対して、進路についての助言を求めた。村上教会、三田《さんだ》教会（兵庫）、船枝教会（丹波）の三教会から伝道師として招かれていて、選択に迷っていたからである。最終的には池袋の助言に従って、いずれの教会にも行かず、同志社での勉学をさらに継続する道を選びとった。[68]

　ここで注目したいのは、村上教会の人事のことである。

村上では八月に教会が、正式に発足した。同地は外国人の旅行区域外であるために、新潟区の宣教師が自由に出張することが難しい。そのうえ、冬には航路が閉鎖されるために、訪問が至難となる。それゆえに村上に定住できる日本人伝道師は、不可欠の存在であった。以前にも地元の信徒（青山正光）が、伝道者の代わりとして働いていたが、教会設立と共に、専門的な訓練を受けた伝道師を外部から迎える必要が生じてきた。その候補者として、実地にその働きを見ることができた足立に白羽の矢が立てられたのは、きわめて自然であった。

だが、足立は動かなかった。この時の拒否にもかかわらず、翌年（夏か）にも再度——今度は同志社の勧めもあったという——村上教会は足立に対して就任を要請した。が、この時も足立の拒否にあっている。教会の中にアメリカン・ボードに対して、おもしろくない感情が存在していたことが、失敗の原因であった、ともされている。二度目の努力が水泡に帰してからというもの、村上の信徒の間には、会衆派（アメリカン・ボードや同志社）を頼みとせず、長老派へ移ろうとの気運が、急速に盛りあがり始めた[69]。

こうした動きの背景には、村上出身の大和田清晴や加藤勝弥[70]といった有力信徒の影響があったことを、無視してはならないであろう。いずれにせよ、この教会は創立時にはきわめて会衆派色の濃厚な教会であったが、「パーム・バンド」の分裂のさいには、結局は長老派（一致教会）の方を選択することになる。その遠因が、足立をめぐる伝道師人事の不満にあることだけは、確実である。

夏季伝道をふりかえって

ところで、足立と山中とが同志社に戻ったころには、沢山はまたもや病床に伏す身となった。九月七日には、自身の浪花教会で洗礼式を行なうなど、「越後ヨリ帰坂后一周間余ハ、壮健ニテ教会ノ事務ニ尽力」していた沢山であった。「其后漸々病気ニ相成リ」、十月には「全ク病床ニ打臥」す身となった[71]。夏季伝道、あるいは長旅の疲れが、出たのであろうか。いずれにしろ、越後伝道は、彼にとって主要な対外活動の最後の機会となってしまった。

沢山を越後に招いたギュリックは、沢山を大阪に送り返したあと、沢山の貢献を総括して次のようにいう。「高潔な敬虔さ、真理への献身ぶり、そして霊的なテーマが持っている深渕を明晰に説き明かす術とが、教会員を彼のもとに引き寄せ、私たちすべてにとって励みとなった[72]」。

一方、沢山を送り出した浪花教会の側の記録には、「彼地方より初めて伝道相成、まことに主の大なる御恵みの顕れ〔読解不能につき中略〕の顕れた由。実に一同、感謝奉り候事[73]」とある。

ギュリックはさらにのちに、沢山の越後伝道をふりかえって、こう述懐する。「献身の勧めを確信をもって語る沢山の説教と教会員の交わりは、その後も引き続きすばらしい効果を生みました。また彼が短期間ながら村上を訪れたことが、彼の地の信徒たちの信仰を強めるのに役立ったばかりか、独立した教会を組織するのに、力になりました」と[74]。

沢山の越後訪問から一年後にも、沢山の名は信徒たちの胸の中に、しっかりと刻印されていた。一八八五年にあらたに越後に着任したスカッダーは、沢山に宛てた書簡（同年八月二十七日）で次のように伝えている。

「先生は私のことをすっかりお忘れのことと思います。暫時大阪に滞在して彼の地の〔梅花〕女学校を見た者には、先生を忘れることはありえません。〔中略〕当地の信徒の間では、先生のお名前は大阪と同じ位、親しみがあります。しばらくの間〔越後に〕滞在されたさいに、先生が真の友人を実に大勢作られ、先生がこの地でなされましたように、われらの主に一層献身しようとの実に真摯な願いを、何人もの人の心中に起されたことは、先生にとって大きな喜びが湧き出る源泉であるに相違ありません。

私たちは、この地方にちょうど先生のような人材、すなわち日本の信徒の側に、先生が特権とされてきたように、自己否定という大原則のために自分を用いてきた人物が必要であるのを感じます。主がそのような人物を、ご自身のご計画の中で私たちのために起して下さることを祈ります。〔後略〕(75)」。

この時のスカッダーの願いは、願いだけで終らなかった。すなわち「パーム・バンド」には「自己否定という大原則のために自分を用いてきた」沢山のような人材が越後にも不可欠、との願いは、これよりちょうど一年後に、成瀬仁蔵の来任となって実現する。成瀬を迎えて、新潟区の「パーム・バンド」は、初めて正式の教会（新潟第一基督教会）として組織されるのである。

沢山は越後から帰阪後は、主だった活動もできないまま病床につき、そのまま三年後には召天した。宮川経輝《つねてる》は沢山の生涯をふりかえり、こう評する。「其病軀を提げて遠く北越の地に道を伝へ、且《か》つ教会の独立自給を標榜して苦戦奮闘されたるの事蹟は、我組合教会全体の士気を振作し」た、と(76)。沢山の訃報が成瀬に伝えられた時、会津若松教会の綱島佳吉がたまたま成瀬宅に寄寓していた。綱島は「成瀬君を助けて県下を遊説し、〔新潟〕女学校設立に応援」していたさ中であった(77)。

「新潟の梅花女学校」を目指した新潟女学校が、成瀬らの尽力で開校したのは、沢山の死からわずか二か月後のことであった。

㈠の〈注〉

(1) パームの来日については、『天にみ栄え　宮城学院の百年』（宮城学院、一九八七年）三二～四八頁を、彼の越後赴任については拙稿「T・A・パームによる新潟医療伝道の開始」（『社会科研究』二三、新潟県高教研、一九八〇年）を参照。

(2) 「東京毎週新報」一八八三年一〇月二六日。小崎弘道編『日本組合基督教会』七八頁（日本組合基督教会本部、一九二四年）もこれに基づく。

(3) パームによれば一八八二年までに八十八名が、そしてデイヴィスによれば一八八三年には十五名が受洗した（R. H. Davis, Report of the Northern Japan Mission of the A. B. C. F. Mission, p. 7. 以下、N. J. M., First Annual Report, 1884として引用、およびR. H. Davis to N. G. Clark, May 19, 1884）。

(4) O. H. Gulick to N. G. Clark, Jul. 16, 1883.

(5) 拙稿「パーム・バンドの教会形成——明治前期・越後北部におけるキリスト教の展開」一、二、三（『潟』五、六、七、日本キリスト教団新潟教会、一九八八年～一九九〇年）参照。

(6) D. Scudder, Report of the North Japan Mission for the year June 1, 1885 to May 31, 1886, p. 1（以下、N. J. M., Third Annual Report, 1886として引用）。

(7) 拙稿「アメリカン・ボード北日本ミッションと沢山保羅」四頁。「パーム・バンド」が、パームの新潟時代（一八七五年～一八八三年）には新潟区において教会を正式に設立していないことについては、拙稿「『パーム・バンド』の生成と分解——越後におけるプロテスタント教会の形成——」（『キリスト教社会問題研究』三八、同志社大学人文科学研究所、一九九〇年）を参照。

(8) 北日本ミッションの設立については、拙稿「T・A・パームの帰国とアメリカン・ボードの新潟進出」（『社会科研究』二二、新潟県高教研、一九七八年）、同「T・A・パームとアメリカン・ボード北日本ミッション」（『潟』四、日本キリスト教団新潟教会、一九八七年）、同「アメリカン・ボードの日本伝道　一八八三〜一八九〇――日本ミッションと北日本ミッションとの抗争を通してみた――」（『同志社アメリカ研究』二四、同志社大学アメリカ研究所、一九八八年）を参照。

(9) N. J. M., First Annual Report, 1884, p. 19.

(10) トーマスはのちに、北越学館の教師として越後に来たことがある（拙稿「新潟英学史事始め――ジョン・T・ギュリック」上、下、『新潟日報』一九八四年九月二日、四日）。

(11) O. H. Gulick to P. Sawayama, Mar. 15, 1884（『沢山保羅研究』七、一六三〜一六四頁、梅花学園、一九八四年）。〔　〕は本井（以下同）。

(12) Ibid., Jun. 19, 1884（同前、一六七〜一六八頁）。

(13) 『福音新報』一八八四年六月二五日（傍点は本井）。

(14) O. H. Gulick to N. G. Clark, Sep. 4, 1884.

(15) 足立宇三郎「沢山保羅の病歴」一三六頁（『沢山保羅研究』二、梅花学園、一九六九年）、武本喜代蔵・古木虎三郎『沢山保羅伝』序（武田神黙）六頁（警醒社、一九一〇年）。

(16) 『沢山保羅伝』序（武田神黙）五頁。

(17) パーム病院とアメリカン・ボードとの関係については、拙稿「アメリカン・ボード北日本ミッションの医療活動――D・スカッダーとパーム病院――」（『地方史新潟』一五、新潟県地方史研究会、一九七九年）を、スカッダーについては同「スカッダー家の人びと――L・L・ジェーンズと熊本バンドをめぐって――」（『同志社談叢』七、同志社社史資料室、一九八七年）を参照。

(18) 足立宇三郎、前掲論文、一三六頁。傍点は本井。沢山が「新潟へ開拓伝道旅行」をしたのは「九月七日より廿五日までの間」と氏がここで述べているのは、明らかに事実に反する。

(19) これより早く一八七七年に同志社の学生が越後で夏季伝道をしたとの指摘があるが、典拠は示されていない（『日本組合基督教会史』四八頁）。

(20) 『池袋清風日記明治十七年』下、七頁（同志社社史資料室、一九八五年、以下『池袋日記（下）』として引用。

(21) 同前、一三三頁、『池袋清風日記（明治十七年）上』二七一、二七九頁（同志社社史資料室、一九八五年）、以下、『池袋日記（上）』として引用。

(22) 『池袋日記（下）』一二頁。

(23) 『池袋日記（上）』一一〇、一二八、二〇〇頁。

(24) 『池袋日記（下）』一二頁。

(25) 同前、一九-二〇頁。

(26) 同前、二七頁。

(27) 同前、三〇頁。

(28) 『沢山保羅伝』序（武田神黙）五頁。

(29) 『福音新報』一八八四年八月六日。

(30) J. H. DeForest to P. Sawayama, Aug. 2, 1884（『沢山保羅研究』七、一六九頁）。

(31) 『福音新報』一八八四年八月六日。

(32) *Missionary Herald*, 1884, p. 521.

(33) 以上、『福音新報』一八八四年八月一三日。

(34) 内田政雄編『天上之友』二、五〇頁（日本組合基督教会教師会、一九三三年）。『基督教新聞』（一九二五年三月一二日）の略歴では、一八八四年五月に新潟教会でO・H・ギュリックから受洗、となっている。

(35) 『福音新報』一八八四年九月一〇日。ギュリックは足立を出演者の中に含めたり（O. H. Gulick to T. A. Palm, Aug. 30, 1884）、含めなかったりしている（*Missionary Herald*, 1884, p. 520）。また、『新潟新聞』の広告では、当日のものでさえ一番手に真部俊三の「知行の別」をあげている。その一方で、三輪振次郎の名を欠く。突然の変更でもあったものか。

(36) 『自由新聞』一八八四年八月二七日（同復刻版五、一九五頁、三一書房、一九七二年）。

(37) 典拠は順に、『自由新聞』一八八四年八月二七日、*Missionary Herald*, 1884, p. 520; O. H. Gulick to T. A. Palm, Aug. 30, 1884; O. H. Gulick, A Contribution towards the Annual Report of the North Japan Mission June, 1885（以下、N. J. M., Second Annual Report I, 1885 として引用）、『福音新報』一八八四年九月一〇日、『沢山保羅伝』序（武田神黙）四頁。
(38)「沢山保羅年譜」五一～五二頁（『沢山保羅研究』五、梅花学園、一九七六年）。
(39)『沢山保羅伝』序（武田神黙）二～四頁。
(40) 芹野與太郎『祈の人　沢山保羅』一三〇～一三一頁（日曜世界社、一九三〇年）。
(41) 三輪家の人びとのうち、三輪兄弟（振次郎・源造）にとって礼太郎および三輪永・石は、それぞれいとこにあたり、いずれも同志社に学んだ（『新島襄全集』三、七九二～七九三頁、同朋舎、一九八七年）。三輪礼太郎については、『追悼集I――同志社人物誌　明治十年代～明治四十年――』（同志社社史史料室、一九八八年）二〇九～二一〇頁参照。
(42) O. H. Gulick to N. G. Clark, Sep. 4, 1884. これを再録した *Missionary Herald*, 1884, p. 520 は expressions の次に of dissent を欠落させている。
(43) O. H. Gulick to members of Naniwa Church, Aug. 21, 1884.
(44) O. H. Gulick to N. G. Clark, Sep. 4, 1884.
(45)『村上基督教会八十年の歩み』三頁（日本キリスト教団村上教会、一九六二年）。
(46) O. H. Gulick to N. G. Clark, Sep. 4, 1884.
(47)『村上基督教会八十年の歩み』三頁。
(48) *Missionary Herald*, 1884, p. 520 ; N. J. M., Second Annual Report I, 1885.
(49) *Missionary Herald*, 1884, pp. 520～521.
(50) O. H. Gulick to T. A. Palm, Aug. 30, 1884.
(51) 以上、*Missionary Herald*, 1884, p. 520.
(52)『村上基督教会八十年の歩み』六頁。なお、同書ではデイヴィスが八月二十日に授洗したことになっている。
(53) O. H. Gulick to N. G. Clark, Sep. 4, 1884.
(54) *Missionary Herald*, 1884, pp. 520～521.
(55) O. H. Gulick to T. A. Palm, Aug. 30, 1884.
(56) N. J. M., Third Annual Report, 1886, p. 11.
(57) R. H. Davis, Contribution towards Annual Report of the Northern Japan Mission of A. B. C. F. M. June 1, 1884－1885 May 30, p. 8（以下、N. J. M., Second Annual Report II, 1885 として引用）。
(58) N. J. M., First Annual Report, 1884, p. 27.
(59) O. H. Gulick to T. A. Palm, Aug. 30, 1884.
(60)『沢山保羅伝』序（武田神黙）五頁。なお、『近江八幡教会七十五年史』五〇頁（日本キリスト教団近江八幡教会、一九七七年）をも参照。
(61) O. H. Gulick to T. A. Palm, Aug. 30, 1884.
(62)『沢山保羅伝』序（武田神黙）七～八頁。
(63)『池袋日記（下）』一〇五頁。
(64) 同前、一二二頁。
(65) O. H. Gulick to N. G. Clark, Sep. 4, 1884.
(66) O. H. Gulick to T. A. Palm, Aug. 30, 1884.
(67)『池袋日記（下）』一四七頁。
(68) 同前、一四八～一四九頁、二三三頁。なお、足立琢のその後について一言すれば、彼は新島襄の姉の娘と結婚し、速水琢厳と改姓した。一人娘の静栄は、速水（秋保）藤助と家庭をもった（『同志社教会九十年小史』二二九～二三〇頁、日本キリスト教団同志社教会、一九六六年）。一八八七年度および翌年度には、同志社女学校の教員を務めていた（『同志社百年史』資料編一、三二八頁、三三二頁、同朋舎、一九七九年）。一八八九年に他界した（『追悼集I――同志

社人物誌　明治十年代～明治四十年――』二七頁)。

(69) 以上、N. J. M., Third Annual Report, 1886, pp. 9, 11～12.

(70) 加藤については、拙編『回想の加藤勝弥――クリスチャン民権家の肖像――』(キリスト新聞社、一九八一年)を参照。

(71)「沢山保羅年譜」五二～五三頁。

(72) O. H. Gulick to N. G. Clark, Sep. 4, 1884.

(73) 足立宇三郎、前掲論文、一三六頁。

(74) N. J. M., Second Annual Report I, 1885.

(75) D. Scudder to P. Sawayama, Aug. 27, 1885(『沢山保羅研究』七、一八四頁)。

(76)『沢山保羅伝』序(宮川経輝)四頁。

(77)『基督教世界』一九一一年一月五日。

(二) 自給論と「パーム・バンド」

「パーム・バンド」の体質

夏季伝道と並んで、沢山保羅の教会自給論は、「パーム・バンド」に大きな感化を与えた。その影響ぶりを見る前に、まず「パーム・バンド」の資質を捉えておく必要がある。

パームが新潟区に残した信徒たちは、他の地方、例えば京阪神の信徒たちとは、決して同質ではなかった。その点は、新潟区に初めて足を踏み入れてからわずか三日にして、足立が次のように鋭く見抜いている通りである。

「当地信者ハ、未タ真正ノ生命ヲ得サリシ故、品行モ善良ナラズ、今回ノ〔一連の祈禱会での〕祈禱ニテ、聖霊ノ感応アラント信ス」。

信徒たちの生活規律の乱れは、もちろん日本有数の港町である新潟区の風俗に起因している。足立は続けて、「其他風土人情ハ、凡テ頽敗シ、飲食、淫乱、肉欲、容易ニ制スル能ハザル景況、殊ニ日本全国ニ名ヲ轟シタル第一ノ者ハ、越後ノ淫婦也、ト諺ニ云フ如ク、土人ノ女色ヲ嗜《たしな》ム、飲食ヨリモ甚シキ者アリ」と冷静に分析している(1)。

住民の「頽廃」ぶりと、「品行モ善良ナラズ」という信徒たちに肌身で触れて、関西からの伝道者たちは、越後伝道の困難さと特殊性を、今さらのように思い知らされたに相違ない。

この点は、彼らの前任者たちにも、共通して言えることである。たとえば、パームを助けていた押川方義《まさよし》は、結局は新潟区から仙台へと活動拠点を移した。彼の地でたちまち仙台教会や仙台神学校を創設するなどの活躍を示したから、彼の選択は間違ってはいなかった。彼によれば、仙台には「越後(新潟県)の人々の無気力さと著しく違うものがある」という(2)。

彼の師であるパームはさらに明白に、こと伝道に関しては、この地は「特に不毛である」と結論づけている。その理由は、「新潟は特に『そこにはサタンの座がある』〔ヨハネの黙示録」二章十三節〕と言ってよい場所」であり、「反キリスト教、反外国の感情が、他に比べてより強い」から、としている(3)。

こうした風土に加えて、パームの慈善的な伝道方針が、信徒の「無気力さ」と「善良ナラザル品行」をさらに助長したことも、否定できない。というのは、パーム病院がもたらす黒字を、パームは伝道資金として、当初は比較的自由に、言うならば、ばらまくかのように使ったために、パームの周辺(病院と教会堂)には金銭目当ての「にわか信者」や「にせ信徒」が、群がるようになった。

たとえば、一八八二年の時点で、パームによる総受洗者八十八名のうち、十三・五パーセントにあたる十二名が、パームから除名されていることが(4)、ひとつの有力な証左となろう。また、新潟区の

「パーム・バンド」中、「五人に一人強」の者（数では数名）が、パームの帰国の年にさえ、なおかつパームに生計を依存している。彼らの借財は、ひとりあたり五十円から五百円にものぼったという[5]。

かくしてパームは、キリスト教的な慈善事業は、この日本では「望ましくない」と断定した。「キリスト教会においても、自給独立の気風（a spirit of self-support）を起すことが大切であることを考えますと、キリスト教の病院の中に、乞食を養うような仕組み（a pauperizing system）をもちこむことは禍い」である、と結論づけた[6]。

「彼が外国人であり、したがって金持ちであろう、と考えられるという事実から、不純な動機をもつ求道者がやって来て、ある程度独立心を失わせ、キリスト信徒の間での自立の精神の発展を妨げています」というパームの分析には、彼自身の苦い反省がこめられていたはずである[7]。

パームのこうした分析を裏づけるかのように、パームの伝道は「金貨を釣餌となして貧民を釣る」やり方である、といった住民からの批判が、地元紙に投書となってあらわれたことがある[8]。「誤解」は現実には相当巷間に広まっていたのである。もちろん投書に対しては、貧民に無料で治療、施薬したことはしばしばあるが、「未だ曽て金貨を賦与して、耶蘇信徒を買求せし事なし」とパームはただちに反論している[9]。

「にわか信者」とアンチノミアニズム

パームは慈善的な伝道方針の誤まりを認めて、伝道法を変更したにもかかわらず、「パーム・バンド」の体質は、そのままの形でアメリカン・ボードに引き継がれた。そのことは、足立の手紙にあったように、新潟区の信徒（約四十名）の「過半は病院生徒」であったこと、および足立が迎えた最初の礼拝（七月六日）での受洗者三名が、いずれも「病院生徒十六歳ノ者」であったことからも、推測が可能である。「キリスト教の病院の中に乞食を養うような仕組み」の弊風が、依然としてまだ残存していたのであろう。

新潟区の「パーム・バンド」の体質は、ここに見るように、信徒の大半がパーム病院の関係者である、という点に大きく左右される。すなわち、教会が病院と一体であることから、種々の問題が派生してくる。

のちにアメリカン・ボードがパーム病院を閉鎖するのは、もちろん医療伝道の使命はすでに終った、とするスカッダーの判断に基づく[10]。が、同時に、パーム病院に寄生するような形で、北日本ミッションや宣教師の財布をあてにするような信徒たちとは絶縁する、ということも考えられていたに違いない。

新潟区の信徒たちの評判が、中条や村上よりはるかに落ちるのは、港町とパーム病院のなせる業であった。

「パーム・バンド」はこうした体質のゆえに、結局はアメリカン・ボードから切り離されることになる。新潟区を何度も訪れ、事情に詳しい仙台のデフォレスト（John Hyde DeForest）は、この間の経緯を次のように語っている。

「新潟における〔パームの〕事業は、混乱した状態のままでミッション〔アメリカン・ボード〕に引き継がれた。信徒の多くは、主としてパーム博士の援助を受けて生活しており、自給や他者に対する犠牲的な奉仕の念に欠けている。〔中略〕新しいミッションの宣教師たちは、教会を浄化し、自給の理想を実現しようとして、現実に教会を二分し、脱退した会員の方を支持した[11]」。

このデフォレストの陳述を、もっともよく証言するのはR・H・デイヴィスである。

病院に巣くう「乞食」や「不純な動機をもつ求道者」にパームが苦しめられたように、デイヴィスもまた、同種の悩みを訴えている。彼はパームがとっていた財政政策（money policy）のために、越後各地から、時には百マイル以上もの遠くから、借金を申し込みにくる「求道者」や、「金をくれれば洗礼を受けてやろう」と平気で申し出る「信者」の訪問にとまどいを隠していない。[12] こうした「ライス・クリスチャン」は当時、全国各地に共通してみられた現象ではある。越後ではそれがとりわけ他より著しかったうえに、さらに港町の風土の中で、低俗な生活態度と表裏一体の関係にあった点に特色がある、と言うべきであろう。

金銭欲にとりつかれ、「にわか信者」として病院や教会にもぐりこんだ人たちは、教会生活においても欲望に流された、放埒な生活をやめなかった。彼らは従来の生活を入信後も改める必要がないことを「信仰」的に理由づけるため、いわゆる「アンチノミアニズム」（Antinomianism,道徳不要論）にとびついた。ひとたび信仰の恵みによって救われた以上、十戒などの律法は、もはや守る必要もない、というのである。こうして、信徒にあるまじき種々の悪行に走り、無軌道な生活をくり返す者が、「パーム・バンド」の中に巣くうことになる。デイヴィスにとっては、彼らこそまさに信徒の「面汚し」であった。[13]

神を知らぬ住民が、「罪深い娯楽と金銭とを好み、忌まわしい色欲で堕落した」人たちであるとすると、[14] 教会員たちもこの地では、平気で「ウソをつき、盗み、遊女屋に通い、祖先の霊をまつり、日曜礼拝を冒瀆し、姦淫を犯し」、という有様であった。[15]

デイヴィスはこうした暗い状況の中で、「パーム博士に〔経済的に〕もっとも援助されていた人たちが、信仰の点でも愛の実践の点でも最も弱く、私たちの伝道にとって最大の障壁になっている」と慨嘆する。おまけに、日本人の伝道助手を雇用したくとも、「メシのため」に雇われたとの誤解と軽蔑を佛教徒などの反対派に与えてしまうために思うにまかせなかった。[16] 関西の信徒たちとのあまりの差に、デイヴィスは、「時にはまったく落胆し、時には伝道をあきらめ、辞職して帰国したい、と思うことがある」と嘆息する。[17]

「パーム・バンド」の分裂

以上でほぼ新潟区の「パーム・バンド」の資質と性格が、浮き彫りされたことと思う。同時に、それゆえにアメリカン・ボードとの衝突が避け難いことも、容易に推測できよう。

北日本ミッションは発足当初より信徒たちにふたつのこと、すなわち外部からの援助を当てにしないで、自給方針を貫くことと、ピューリタン的な倫理と規律を生活の中で厳守すべきこととを、熱心に奨励した。この方針は、パームの甘い慈善政策に慣らされた「パーム・バンド」にとっては厳しすぎた。彼らにとっては、パーム時代のように、ミッションが伝道経費を負担するのは、むしろ当然のことであった。[18] この意味で、自給問題は（生活規律と並んで）「パーム・バンド」のアキレス腱であった。

こうして両者は正面から衝突し、ついには「パーム・バンド」の分裂へとつき進むのである。

スカッダーによれば、彼が赴任した一八八五年五月（沢山たちの夏季伝道の翌年である）には、新潟区の「パーム・バンド」はすでに明白に次の三派に分裂していた。

まず最初のグループは、「禁欲派」とでも呼ぶべき二十名ほどの一派である。彼らは北日本ミッションの指導のもとで、あらたに教会に加わった者がほとんどで、旧「パーム・バンド」の者は、わずか一、二名（真部俊三はそのひとり）にすぎなかった。この派は、より良い教会組織や明白な信条、契約、規則などを望むと共に、信徒としての生活を清く保つことを強く支持していた。

第二は「中間派」で、ほとんどパーム時代の改宗者から構成されていた。このグループは表面的には禁欲派と共同歩調をとってはいるものの、日和見的で、いざという時には、当てにすることができなかった。

第三は「アンチノミアン派」（the Antinomian party）あるいは「放縦派」とでも名付けられる人たちで、その指導者は公然とアンチノミアニズムを提唱し、かつ実践に移している。デイヴィスから信徒の「面汚し」と極めつけられたのはこの派のことで、全員、パームから受洗したふるい信徒、しかもバンドの中核にいる人たちである。パーム時代の後期には、パームの信頼さえ失なっている[19]。

以上の三派の間には、当然さまざまな軋轢が見られた。最大の山場は、一八八五年の暮から翌年にかけての衝突であった。この時、第一派と第二派とが連合して、第三派を懲戒しようとの動きが生じた。が、折しも第三派の「放縦派」が、「スキャンダル」を引き起し、中間派がそれに巻きこまれたため、制裁は失敗に終った。

教会内で起きたこのスキャンダルは当然、「禁欲派」の激しい非難の的となった。それだけにとどまらず、これが外部にも洩れたため教会自体が反対勢力から厳しく糾弾されることになった[20]。

「禁欲派」と「放縦派」との抗争

ここにいたって「禁欲派」は、他の二派と離れて、しばらく別行動をとることを決意した。もっとも彼らとて、性急に分離を強行したのではなく、最初は教会内での改革をめざした。

この年（一八八六年）三月八日にスカッダーは、「真の信仰をもった人たちが、全き浄化の必要性と神のみに寄り頼むことの大切さを、認識し始めています。一連の夜の祈禱会が〔中略〕開かれています」と報じている[21]。この「小さき群」こそ「禁欲派」の萌芽なのである。「パーム・バンド」を改革せんとする彼らの行動は、他のふたつのグループに、対抗措置をとらせることになった。すなわち、後者（第二派、第三派）は前者（「真の信仰をもった人たち」たる第一派）を除名するにいたったのである。

ついに「パーム・バンド」は二分された。

ところで、分離の直接の契機となったスキャンダルとは、何であったのか。これに比べると「使徒言行録」中のアナニヤとシモン・マゴスのそれも、とるに足らない、とまでスカッダーは断言する[22]。

彼によれば、「放縦派」のリーダー、陶山昶《すやまとおる》が起した金銭の窃盗事件が、含まれるらしい。陶山はパーム時代にはミッションの不動産の管理をまかせられていた実業家（最初はパームの日本語教師）であったので、北日本ミッションとの間で、資産の譲渡などをめぐって紛争でもあったものか。陶山は新潟県人としてはパームから最初に受洗した人物である。「パーム・バンド」中の最古参であった。それだけに、大和田清晴や真部俊三などと並んで、地元出身の伝道助手として、当初からパームを助けてきた。それゆえ、「パーム・バンド」内における位置は高かった[23]。

なお、パーム病院が名目上、彼の名儀で登記されていることをとらえて、陶山を「パームのスポンサー」と誤認しやすい[24]。実はパームこそ「陶山のスポンサー」なのである。

ちなみに、一八八七年十一月にいたって、彼が発起人となって大和田清晴らの協力を受け、私立病院（新潟共立病院）の設立が企てられている。設立にかかわった人は、主として信徒たちであった、と伝えられている。おそらくパーム病院の再興として企画されたのであろう。パーム病院の関係者が主軸であった旧「パーム・バンド」、とりわけ「放縦派」は、陶山たちのこの時の計画に大きな期待を寄せたはずである。[25]

北日本ミッションは「禁欲派」を支持

さて、「パーム・バンド」の分裂を目の当りにして、北日本ミッションは二者択一を迫られた。伝道方針から判断して、第一派の支援以外は考え難かった。「禁欲派」は、自分たちの費用で講義所（伝道所）を別に借り受け、その維持費を自己負担し始めた。宣教師たちは、念願の自給方針に基づくピューリタン的な教会の礎石が、ようやくにしてしっかりとここに据えられようとしているのを見て、喜びを禁じていない。[26]

一方、北日本ミッションから見放された形となった旧「パーム・バンド」（第二派と第三派）は、急ぎ長老派（一致教会）へと接近した。大和田からの要請を受けた一致教会は、北日本ミッションに何の相談もなく、さっそく安川亨を東京から新潟区に派遣してきた（安川は五月十日には、高田に滞在していることが明白であるので[27]、その後、新潟区にまわったのではないだろうか）。この時、長老派は資金援助を餌《えさ》に、北日本ミッションからさらにふたつのアウト・ステーション（村上と中条）をも「さらっていく」だろう、とスカッダーは見ていた。

一致教会と結びつく長老派の宣教師は、東京においてデフォレストに会い、分裂した「パーム・バンド」の和解にデフォレストが万一成功すれば、自分たちは越後には進出しない、と約束したという。[28]が、新潟区では大和田たちと安川の間で事前の交渉が、妥結したのであろうか、五月十六日には、「パーム・バンド」は「越後新潟基督教会総代　執事　大和田清晴」の名で、日本基督一致教会への加入を申請した。[29]

パーム時代には特定教派と結びつくことのなかった「パーム・バンド」は、こうして一部は長老派（一致教会）と、残りは会衆派とそれぞれ連合し、教派色を明白にして対峙《たいじ》することになった。

一致教会の安川亨に少し遅れて、六月初めには会衆派のデフォレストと海老名弾正《だんじょう》（新島襄の代理）とが新潟区に繰り込んで来た。主として財政問題を「禁欲派」と協議した。その結果、北日本ミッションにとっては衝撃的な方針の転換が、もたらされた。[30]

北日本ミッションの「自給政策」

もともと北日本ミッションの宣教師、たとえばデイヴィスにとっては、越後伝道の目標は霊的で自給的な教会の形成、というただ一点にあった。スカッダーも、同様である。

ところが、教会財政に関して言えば、いまひとつの日本ミッションは、（スカッダーの言葉を借れば）「協力政策」（cooperative policy）をとり、北日本ミッションが基盤としてきた「自給政策」（self-support policy）とは、大きな対立を見せていた。

元来、日本ミッションもその発足にあたっては「独立自給のキリスト教会」を第一の目標としたのである。日本基督伝道会社――資金の大半はアメリカン・ボードが毎年、寄附――が組織されてからというもの、新島襄（日本ミッションの准宣教師でもあった）の影響もあって、徐々に自給方針を緩和した。これに対して、レヴィットや沢山保羅から、強い批判を受けるにいたったことは、よく知られている。

したがって、「禁欲派」が「放縦派」ときっぱりと手を分かち、集会場の家賃や経常費を自己負担し始めた時、「他のミッション〔日本ミッション〕の干渉や日本ミッションの後援者たち〔日本人指導者など〕からの反対に出くわさなければ」、自分たちが理想とする自給的な教会が、新潟区に実現するはず、とスカッダーが期待するのも、無理はなかった。

ところが、六月に新潟区にまで出張したデフォレストと海老名が、日本ミッションの「協力政策」を信徒たちに紹介したばかりか、熱心に勧めさえした。その結果、「信徒たちは自給の理想をまったく放棄して、アメリカン・ボードからの援助を熱望するようになった。かくして、二、三か月前の勇気ある態度〔自給政策〕を、まったくひっくり返してしまった」。

思わぬ事態の進展ぶりに、デイヴィスとスカッダーは、デフォレストと海老名に激しく抗議をした。けれども、越後だけを例外的に考えるわけにもいかず、また他地域の諸教会（会衆派）との友好を維持するためにも、共同で歩調を合わせることが必要である、と説得され、やむなく妥協せざるをえなかった。(31)

スカッダーの辞任問題（その一）

財政政策の転換は、スカッダーにとっては大きな衝撃であった。彼は他との協調を優先させて妥協したものの、自説の正しさをいぜんとして信じていた。それゆえ、このあと北日本ミッションからの辞任を申し出た。

彼はレヴィットと同様に、アメリカン・ボードの資金は、日本人への援助には一セントたりとも使うべきではない、との持論を変えなかった。彼から見れば、日本基督伝道会社のように、アメリカン・ボードが資金の六割、時には八割をも出資するような「協力政策」は、基本的にまちがっている。このため彼は、「自給に基づくミッション」で日本以上に宣教師を必要とする任地、たとえば中国の山西（Shansi）ミッションへの転出を、望むにいたった。ついに、六月五日にはボストンのミッション本部から、スカッダーの転出を承諾する旨（ただし、任地は未定）の電報が届いた。実に「協力政策」は、スカッダーを日本から追いやる要因になった。

八月上旬、日本ミッションの年会で、スカッダーおよび姉(Catharine Scudder) の辞任理由書が披露された。議事録には、日本ミッションの伝道方法について誤解がある、とだけ記されている。かつてレヴィットを、自給論のゆえに帰国させることになった関西の宣教師たちは、今度もスカッダーから出された批判を的はずれ、と考えたかったに相違ない。(32)

新島襄の「協力政策」

この点、新島襄は違った。日本ミッションの宣教師たちと同一線上に並んでいた。いや、准宣教師として、誰よりも積極的に「協力政策」を支持していた。

「金を惜しむと最良の働き人を失う」との信念から、彼は名指しこそしないものの、明らかにレヴィットの自給論を、「あわれな近視眼的な政策」と痛罵した。したがって、新島は「パーム・バンド」に対しても、「アメリカン・ボードは、どこまでも経済的な援助をする用意がある」と早くから言明して、「放縦派」を喜ばせた。(33)

新島によれば、北日本ミッションの政策は、「兎角《とかく》独立自治ヲ論シ、モニー〔マネー〕ヲ出サヌ事ヲ手柄トナ」す点で、まちがったやり方である。もっと「惜シマス、モニーヲ散スルノ覚悟」が、必要であった。「伝道者雇入ノ為ニハ、モニーナクテハナラス。新潟之ミショネリー先生方ニハ、新潟県下一円ニ伝道拡張之見込ハナキカ」といった彼の慷慨(34)は、すでに見た越後伝道の特殊性――伝道師の雇用さえ、反対派に「メシのため」といった攻撃材料を与えかねない――の無知から来ている。

さらに、「日本人ハ決して乞食魂情ハ持タヌモノナレバ、トルコ人ナドト同視セラレス、此一、三年、全県下一円拡張之為ニ惜シマス、モニーヲ散スルノ覚悟アルベキ旨」と新島は進言する。[35]彼にはパーム病院や「パーム・バンド」の中に、「乞食魂情」が充満していることなど、及びもつかなかった。

したがって、新島にはレヴィットの自給論以上にスカッダーのそれは、理解をはるかにこえたものであった。次の一事が、それを十分に証してくれている。

この年（一八八六年）の始め、長老派の側に日本人伝道者を越後（高田）にあらたに派遣する計画があるのを察知するや、新島はただちにミッション本部（ボストン）のクラーク（Nathaniel George Clark）総幹事、ならびにスカッダーに向かって、こう訴えた。「同地は当然、新潟（北日本ミッション）に所属」すべき地なので、会衆派（アメリカン・ボード）としても早急に先手を打つように、と懇請した。この時、スカッダーは、「自給主義に基づく」教派ならば、誰であっても越後に歓迎したいと表明し、新島との隔の大きさを見せた。[36]

スカッダーが自給論を盾にミッションからの辞任を申し出たことも、新島の眼には「小供ノ遊戯」、すなわち単なるわがままか、あるいは忍耐不足としか映じなかった。「スカタル氏ハツラク共、該地ニ殿」るべきであり、「夫レ、事ヲ創メ、些少ノ困難ニテ落胆シ、軽軽敷モ之ヲ引揚クルハ、小供ノ遊戯ノ如シ」なのである。[37]

以上のことから明らかなように、デイヴィスやスカッダーに典型的に見られるように「自給政策」は、北日本ミッションの生命であった。このミッションが最初から「自給の基礎の上に」活動を開始したことは、成瀬仁蔵も認めるところである。[38]この点から見る限り、北日本ミッションと「パーム・バンド」との対立は、最初から不可避であった、と言わざるをえない。

要約すれば、パームがかつて「彼が外国人であり、したがって金持ちであろうと考えられるという事実から、不純な動機をもつ求道者がやって来て、ある程度独立心を失わせ、キリスト教徒の間での、自立の精神の発展を妨げています」と認めたように、「パーム・バンド」の体質は、「協力政策」と容易に結びつきやすかった。なかでも「放縦派」こそ、その典型であった。一方、これに反発して、「自立の精神」に基づき、自給的な教会の形成をはかろうとしたのが、「禁欲派」である。「自給政策」を是とする北日本ミッションが、後者を選ぶ決断をしたのは、きわめて自然である。

成瀬仁蔵を初代牧師に招く

この「禁欲派」が、新しく組織した教会の初代牧師に成瀬仁蔵を招いた意味は、大きい。彼は会衆派の中で、もっとも強く自給論を主張した二人、レヴィットと沢山保羅の精神を、ほぼそのまま純粋な形で受け継いだ伝道者だからである。晩年の成瀬自身が、生涯の恩人としてこのふたりの師を挙げていることからも、[39]このことは確実である。

成瀬は、越後のキリスト教界の事情に詳しいデフォレストの周旋により、新潟への赴任が決まった。デフォレストの期待にたがわず、成瀬は新潟区では自給を目指す教会形成に精力を傾注して、デフォレストを満足させている。[40]自給という点では、翌年に成瀬たちが開校した新潟女学校も同様で、自給主義に立脚する「梅花女学校と同じ基礎のうえに」建てた、と成瀬は述懐している。[41]

ところで、デフォレスの尽力もさることながら、成瀬の招聘にもっとも与って力があったのは、浪花教会の沢山牧師であった。デフォレストが人事の件を、沢山と浪花教会にはかった結果、「全く清教徒の様」な成瀬の選任が決定した、という経緯があった。[42]

成瀬は奈良の郡山《こうりやま》教会時代から、酒やタバコをいっさい飲まず、またそれを信徒たちにも熱心に奨励した。信徒たちからは厳しすぎる、との反発をくらうことがしばしばあった[43]。沢山はそうであればこそ、成瀬が「禁欲派」の教会にふさわしい、と判断したのであろう。成瀬は当時を次のように回顧する。

「〔沢山による越後伝道から〕二年後〔の一八八六年〕にこの新潟の教会は、存亡にかかわる危機〔パーム・バンドの分裂〕を迎えた。教会は沢山〔保羅〕の〔浪花〕教会からひとりの伝道者を招こうとしたが、いろいろの事情から彼〔成瀬〕はためらい、あきらかに決断できなかった。沢山氏は重病であった。〔中略〕けれども氏は、自分から離れて新潟教会へ赴任するよう、その友人を快活に、そして勇気をふるい起して説得した[44]」。

沢山はこの年、入院生活を送っていた。伝道活動は主としてデフォレストが、代行していた。ついに四月十六日、続いて二十二日にも沢山は牧師辞職願を教会に出した。願は翌月の二十三日にようやく受理され、三十一日をもって正式に辞任が成立した。

その後、九月九日に亀山昇が牧師に就任するまでの無牧期間、浪花教会および梅花女学校の責任は、沢山の後継者と自他ともに目された成瀬（当時、大和郡山教会牧師）の双肩に、重くのしかかろうとしていた[45]。

北日本ミッションが成瀬に牧師就任を依頼したのは、実にこうした非常時のことであった。彼にしてみれば、師たる沢山の許しなしには、とうてい関西を離れられるような状況ではなかった。彼の逡巡には十分な根拠があった。この頃のことと思われるが、沢山は成瀬に宛てて、次のように書き送っている。

「今夕、大和田〔猪之平〕君を集会に差出申候。同君は教師には無之故、如何哉と存じ候へ共、越後伝道の事に付、教師、牧師等の前に陳述致させ候間、差出候間〔以下略[46]〕」。

沢山は越後出身の神学生を、あえて集会（会衆派の牧師会か）に参加させ、越後伝道の重要性を代弁させたのであろう。

最終的に成瀬は、恩師のこうした説得と祈りによって、越後行きを決意した。沢山は自分の病状が予断を許さぬことを熟知しながらも、一番弟子を手元に置くことをせず、越後へ行くことを熱心に勧め、かつ「勇気をふるいおこして説得」した。この時、沢山の脳裏には、これより二年前の夏に、娘と共に伝道に駆け巡った北越の大地と信徒たちの顔が、鮮やかな輪郭を描いてよみがえっていたに相違ない。当時の体験から、関西とは比較にならぬほど困難な越後伝道を託すには、成瀬以外には考えられなかったことであろう。

沢山はこの弟子を口で説得しただけでなく、自ら病軀を押して、身体全体でその重要性を伝えようとした。成瀬がいよいよ大阪を発つというその日、早朝にもかかわらず、沢山はわざわざ駅まで足を運び、成瀬に激励の言葉をかけ、見送った。沢山は当時、病室での面会さえ禁じられている絶対安静の身であった。

越後伝道にかける沢山の期待と祈りは、文字通り命がけであった。成瀬にかけられたこの時の師の言葉は、いまにも絶えそうな弱々しい病人が発する言葉ではなく、いつもながらのキリスト者の勇気と活力に満ちた力強いものであった[47]。

これが、この師弟の地上での別れとなった[48]。成瀬にとっては、北越伝道は沢山の遺言となったわけである。ちなみに成瀬は、遠隔地であったためか、沢山の葬儀に参列できなかった。そのため、迫りくる沢山の告別式に備え、成瀬は浪花教会の役員から、沢山の履歴をあらかじめ認めるよう頼まれていた（沢山夫人の葬儀では、成瀬が履歴を朗読している）。沢山を語るに、成瀬以上の適任者は、ほかに見当らなかった[49]。

新潟第一基督教会

こうして成瀬仁蔵は、沢山の志を全身で受けとめ、言うならば沢山の身替りとなって越後に妻と共に赴任した。一八八六年七月――これまでは八月と伝えられてきた――のことである。[50]

新任牧師を迎えたのは、わずか二十名ほど（一説には十余名）[51]の信徒であった。[52]沢山たちが二年前に訪れた時には、新潟区におよそ四十名（「男二十七、八人、女十二、三人」との足立の報告を想起せよ）の信徒が在住し、その後何人かの受洗者――一八八四年度だけでも新潟区で九名[53]――が生まれていることを考慮に入れると、「パーム・バンド」の分裂により生まれた「禁欲派」は、あきらかに少数派であった。

彼らが新たに借家をした集会場は、八畳二間のささやかなものであった。他方、「放縦派」も、この借家から「石を投げれば、ほとんど届くほどの所に」[54]すでに講義所を移転させていた。狭い区内にわずかふたつしかない、しかも以前は一体であり、今は相互に敵対するプロテスタントの講義所が、こともあろうに近接して並び立つ有様を現実に目の当りにして、若き伝道者は、今さらのように越後伝道の特殊性を思い知らされたことであろう。

成瀬夫妻は、かつて沢山が一夏を過したパーム病院に居を定め、それからわずか一か月半の間に、「数度」にわたって沢山へ逐一、近況を書き送った。[55]

十月二日には、いよいよ新潟第一基督教会（現日本キリスト教団新潟教会）が設立された。成瀬が初代牧師に就任した。新潟区における最初（越後では中条、村上に次いで三番目）の教会である。これまで烏合の衆同然であった「パーム・バンド」は、ここで初めて教会としての秩序を備えることになる。

教会は、成瀬やアメリカン・ボードとのつながりから、この年、会衆派に所属する諸教会が結成したばかりの「日本組合基督教会」に加盟した。会員は、八月に成瀬から受洗した三名と成瀬夫妻を含めて二十四名であった。[56]

成瀬からの報告に対し、病床の沢山は、「伝道之事業、都合宜敷、遂ニ此度、教会設立ニ相成候段、芽出度奉存上候」と祝意を表している。[57]沢山がかつて越後に滞在中、村上でこそ彼の主張が効を奏して、教会設立の運びにいたったものの、「パーム・バンド」の膝元たる新潟区では、その動きが実らなかっただけに、沢山の喜びもひとしおのはずであった。

ところでこの頃、新潟第一基督教会は、堺で伝道中のコルビー――デフォレストとともに、大和郡山時代の成瀬をいちばん助けた――へ招聘状を送っている。沢山もこの移動には賛成で、しかも本人も「実ハ其気ニ成リ居られ」と伝えられていたが、どういうわけか実現せずに終った。[58]

デイヴィスの帰国

教会の発足を見届けたあと、R・H・デイヴィスは冬の到来前に家族と帰国することになった。もはや越後の冬に耐えるだけの健康も失なわれていた。すでに前年に転出していたO・H・ギュリックと共に、北日本ミッションの創立メンバーであっただけに、同労者のスカッダーや成瀬にとっては、痛手であった。とくに後者に関していえば、「余、初て新潟に来りし時、只一人の朋友ありし」[59]と後に回顧しているところから判断すると、神戸でながく働いていたこのデイヴィスが、成瀬にとっては関西時代からの唯一の知己であった可能性が高い。

デイヴィスの帰国は、「健康上の配慮」からであった。[60]事実、医師でもあるスカッダーから見て、「まったく疲れきってい」たことは確かである。[61] けれどもデイヴィスは、健康を回復してからも、再び日本の土を踏むことはなかった。[62] そればかりか、帰国後まもなくアメリカン・ボードを辞任さえしている。

デイヴィス本人は、帰国の理由として健康のほかに、さらに次の三つを挙げる。すなわち、七人の子供たちの教育、長老派に対する日本ミッションの（未信徒の死後の裁きをめぐる、いわゆる「アンドーヴァー論争」に対する）態度、それに日本ミッションの財政政策、の三つである。見られるように、日本ミッションへの不信感が底流にあることが、判明する。

彼は越後に派遣されるさいに、はやくも次のような憶測をしていた。ギュリックと自分は、自給論を奉じている点で、他の宣教師とは色調を異にする。それゆえ、日本ミッションは自分たちの「伝道方針のあやまりを罰するために」ふたりを神戸から遠く越後へ追いやったのではないか、と。

それ以来、日本ミッションの非協力性は、デイヴィスには、たえず不満の種であった。たとえば、日本ミッションに関係する日本人信徒が、（財政政策などをめぐって）北日本ミッションを攻撃しても、彼らを咎めずに放置しておく。自分たちが自給論に基づき、アメリカン・ボードの資金を日本人のために使わないことに、まるで理解を示そうとしない。あるいは孤軍闘争する自分たちに同労者を補充してくれない。これらは、いずれも共感の欠如を示すに十分である、と。[63]

不信の中では、とりわけ財政政策への批判が大きかったことは、明らかである。デイヴィスをミッションから追いやった隠れた要因は、実にここにあると言うべきであろう。[64]

スカッダーの辞任問題（その二）

デイヴィスが帰国したのは、新潟第一基督教会が設立されたわずか十二日後の十月十四日のことであった。注目すべきは神戸までスカッダーが、姉と同行していることである。[65] スカッダー姉弟が新潟区に戻るのは、ようやく十一月後半であった。[66] 北日本ミッションは、一か月以上にわたって、宣教師不在という異常事態を迎えた。

スカッダーがあえてその挙に出たのは、デイヴィス家の見送りかたがた、医薬品を神戸で購入する必要があったからである。[67] だが、主因は別にあった。例のミッション辞任問題である。

前述したように、すでに六月に彼の辞任は承認されていた。この時点では、秋に転出する予定であった。が、その後、デイヴィス家の健康状態が、越後の冬をこせないほど悪化していることが判明したので、スカッダーの出発の方を、翌春まで延ばさざるをえなかった。この冬、姉とただふたり、越後に残されることになったスカッダーはそれでも、「もちろん私は日本ミッションの一員にはなりたくはありません。北日本ミッション丸が、〔全メンバーの転出により〕意気揚々と来春に沈没するまで、私はどこまでもこの船にしがみつくつもりです」と、日本ミッションへの抵抗を表明している。

スカッダーは関西で、辞任問題を日本ミッションのメンバーたちと協議することができた。その結果、留任を望む声が強く、また北日本ミッション（すなわちスカッダー個人）が正当と考える方法で、まったく自由に活動することが許されたため、スカッダーは辞任をひとまず延期することにした。それでも、「アメリカン・ボードの金庫をあてにしないから、留まって支援してほしい」との声が、日本人信徒の側から出てこない限り、それ以上の留任はありえない、とスカッダーは考えていた。[68]

宣教師の転出や辞任、不在が続いたこの秋は、越後の教会の信徒たちにとっては、財政問題を討議するための絶好の機会となった。

事態の過半がここに起因するため、会員たちは真剣に自給の件を話し合った。その結果、ひとたびはとり決めた「協力政策」を、ひとまずは翌春まで実施を見送ることが、決議された。十一月に越後に戻ったスカッダーの眼にも、教会員の変化は顕著であった。[69]

ところで前に見たように、「信徒たちは自給の理想をまったく放棄して、アメリカン・ボードからの援助を熱望するようになった。かくして何か月か前の勇気ある立場を、まったく逆転させてしまった」とスカッダーを嘆かせはしたが、現実にはいまだ彼らは、ミッションから経済援助を受けてはいなかった。教会員たちは、「自給政策」の転換を決議したとはいえ、収入の十分の一を献金する決意を、まだ捨て去ってはいなかった。[70]

したがって、教会の創立の時点（十月）でスカッダーは、自給こそ実現してはいないものの、「新潟教会のメンバーほどリベラルな信徒の集団が、日本のどこかほかに見られるだろうか」と高く評価するにいたった。

スカッダーから見て、自給の点でも進展が見られた。すなわち、一八八六年十一月一日から翌年の四月一日まで、自分たち姉弟が新潟区に留まる限り、個人的な献金により教会会計の赤字を補なうので、教会はミッションに対し一セントの援助も要請する必要はない。自分たちが抜けたあとは、新しく教会に加わる信徒たちの献金で、まったく自給が可能となる見通しである。このことは、一年前の状況と比較すれば「天と地ほどの」開きがある、と。[71]

その後、事態はスカッダーが望む方向へと、好転し始めた。越えて一八八七年一月二十三日には、成瀬とスカッダーが熱をこめて教会員に訴えた結果、アメリカン・ボードの援助にはいっさい依存しない、という「英雄的な決定」が、役員会でなされ[72]、その後、教会総会でも承認された。[73]以前の「自給政策」を再び採用したことになる。今回は、他の伝道所（新発田と長岡か）にも適用される点が、注目されてよい。もちろん、宣教師の個人的な献金が、ミッションの援助とは別物であることは、これまで通りである。[74]

こうした再度の方針転換により、スカッダー姉弟の辞任、すなわち「北日本ミッション丸の沈没」という最悪の事態だけは、回避された。[75]スカッダー自身は、宣教師が全く不在のまま越後を去るよりも、同地に留まることの方を選び、教会員たちを喜ばせている。[76]

新潟第一基督教会の「自給政策」

さて、スカッダーにより自給が実現すると見込まれていた四月になっても、教会財政はいぜんとして厳しかった。この月の収入は、新潟区に住む会員十五家族が合わせて十円、それにスカッダー姉弟が二円、合計十二円がすべてであった。一方、支出のうち、成瀬には八円が支給されている。彼は生活費の不足分を、パーム病院の部屋の賃貸やアルバイトで補なう必要があった。スカッダーはこの教会会計を見て、「自給とはいえないと思う」と述べている。[77]

翌月に新潟女学校が開校してからは、校長を兼務した成瀬に、俸給が学校から出るようになったからであろうか、教会からの支給は、六円五十銭に減額されている[78]。当時の月給は十二円とも伝えられているので、校長給は五円五十銭であったのか。

教会収入は十六円五十銭（うち二円は、相変らずスカッダー姉弟から）となり、牧師給と三円の経常費を差し引いても、月に七円の余剰が出るにいたった。この結果、新たに開拓した長岡の伝道所のために、定住の伝道師をひとり雇うことが可能となった。すべての会員の家庭が、それぞれ五円から十五円の収入しかないことを思えば、毎月十数円を会員献金に頼ることは、かなり厳しかった。今度はスカッダーも、「今では自給と呼んでもいいように思う」と評価する。[79]

それでも、自給論者のスカッダーにとって、教会の将来は決して楽観を許さなかった。「この教会とこの地区の自給政策を待ち受けているのは、決して意気揚々たる途ではない。茨の途であるように私たちの眼には映る」と彼は述懐している。「禁欲派」は、あえて「茨の途」を選びとったのである。[80]

この細くて険しい途を共に歩む牧者として、成瀬仁蔵はうってつけの指導者であった。スカッダーからも、「日本における自給論者のひとり」と認められた成瀬は、スカッダーの良き理解者であった。[81]このふたりが連合して、教会員に熱心に自給論を説いたことが、自給路線に戻るという「英雄的な決定」を持たらす直接の要因となったことは、前に見た通りである。

成瀬の自給論が、師の沢山およびレヴィットからの直伝であることは言うまでもない。沢山にとっては、自給問題をアキレス腱とする新潟区の教会には、自己の分身ともいうべき成瀬以外、適任者は考えられなかったはずである。スカッダーはこの成瀬を評して、「気高くて無欲の人」、大阪の多くの人の心の中に、レヴィットだけが喚起することのできた「あの熱狂的な信仰が結実」した人物、と捉えている。

一方、牧師に就任してから一年後、成瀬はスカッダーに対し、自給の決断は自分にとって神の声であった、今後もひき続き維持したい、と伝えている。[82]

レヴィットと北日本ミッション

ところで、日本ミッションの中で、例外的に「自給政策」を一貫して主張し続けたのがレヴィットであることは、広く知られている。彼には北日本ミッションで働く可能性が、一時ではあったが生じている。

「宣教師レービット氏ガ、独立教会ノ説ヲ主張スルニ就テ、教師仲間ト説ガ合ハヌ。付テ米国アメリカンボールドヨリ帰省セヨ、トノ」指令が出て、強制的に帰国させられたのは、一八八〇年四月のことであった。[83]

ところが、北日本ミッションの発足後、メンバーの補充が遅々として進まぬことに業を煮やしたO・H・ギュリックは、一八八四年二月にいたって、カーティス（William W. Curtis）とレヴィットを越後に派遣していただきたい、とクラーク総幹事に要請した。レヴィットに白羽の矢を立てたのは、単なる人手不足の解消からではなく、その自給論にギュリックが魅かれたためである。[84]

その直後、休暇で帰米中の日本ミッションのベリー（Jhon Cutting Berry）は、アメリカでレヴィット本人と直接、面談した。レヴィットが、いぜんとして日本に心を寄せていることを確認したうえで、クラークに対し、次のように進言した。すなわち、北日本ミッションからの増員の願いをかなえると同時に、「自給の考えを実践したいという彼らの希望を、アメリカン・ボードは無視する気持がまったくないことを示す」ためにも、レヴィットの再派遣は必要である、と。[85]

この時、岡山のペティ（James H. Pettee）もまた、ギュリックやR・H・デイヴィスを含めたミッションの願いとして、レヴィットを日本（越後）に再派遣するよう、クラークに懇請している。ペティは、レヴィットをかつて帰国させるにいたった「過去」を忘れ、クラークとアメリカン・ボードの運営委員会に「許し」を請いたい、とも付け加えた。[86]

北日本ミッションが熱烈に希望し、同時に日本ミッションのベリーやペティが、自分たちの過失を悔いて、側面から要請してくれたにもかかわらず、レヴィットの再来日は、実現せずに終った。

もし彼が加わっておれば、北日本ミッションが、「自給政策の砦」としての性格をさらに強固にしたことは、まず間違いない。こうした経緯を考慮に入れると、成瀬は沢山ばかりか、レヴィットの身代り役としても期待されていたことになる。

㈡の〈注〉

(1)『池袋日記（下）』三〇頁。
(2) G・F・フルベッキ（五十嵐善和訳）『日本プロテスタント伝道史 明治初期諸教派の歩み（下）』六〇頁（日本基督教会歴史編纂委員会、一九八五年）。
(3)『東中通教会史――創始と現在――』五四頁（日本キリスト教団東中通教会、一九七五年）。
(4) N. J. M., First Annual Report, 1884, p. 9.
(5) Ibid., 1885 II, pp. 4～5.
(6)『東中通教会史』七二頁。Proceedings of the General Conference of the Protestant Missionaries of Japan, held at Osaka, Japan, April, 1883, p. 320（以下、Osaka Conference として引用）。
(7) 同前、四七頁。
(8)『新潟新聞』一八八七年九月二六日。
(9) 同前、同年十月二日。
(10) 詳しくは、拙稿「アメリカン・ボード北日本ミッションの医療活動――D・スカッダーとパーム病院」参照。スカッダーは病院の閉鎖を、海老名弾正（安中教会）やデフォレスト（仙台ステーション）と協議の上で決定した。デフォレストは記す。「スカッダー博士が病院の業務を中断するという決定を下したことは、賢明だと思います。私も勧めました。彼の地の公立の医学校や病院は、十分に医療活動を行なうことができます。スカッダー博士の〔医療〕活動が、近隣の村や町から、なにほどかのものを生みだし、したがって福音の知識を広げることになるのは、まちがいありません。しかし、それでもなお、彼の関心は直接伝道にある、と思われます。語学力にもすばらしいものがあります。そして、ここ日本においては、キリスト教がどんどん普及していますので、福音を聞きたがっている何千人もの人に説教する用意ができている人が、今でさえ必要なのです。だから、彼が語学にもっと力を入れ、伝道活動を押し進めてほしいと思います（J. H. DeForest to N. G. Clark, July 16, 1886)。
(11) F. A. Lombard, Japan Mission History, Vol. 1, p. 113, unpublished typing. 傍点は本井。なお、これはデフォレスト書簡（前注）からの抄録であり、関係箇所の全訳は拙稿「越後伝道とJ・H・デフォレスト」を参照。
(12) N. J. M., Second Annual Report II, 1885, pp. 6～7.
(13) Ibid., 1886, p. 2.
(14) Ibid., 1885 II, p. 8.
(15) R. H. Davis to N. G. Clark, Apr. 8, 1886.
(16) N. J. M., Second Annual Report II, 1885, pp. 5, 7.
(17) Ibid., p. 8.
(18) Ibid., pp. 4～5.
(19) 以上、Ibid., 1886, pp. 1～2.
(20) D. Scudder to N. G. Clark, Mar. 8, 1886.
(21) Ibid., デイヴィスによれば、一連の祈禱会は二月の第一日曜日から、ミッションが「パーム・バンド」からいっさい手を引いたことに起因する。五分の二ほどのメンバーが、ミッションに同調して別行動をとるにいたったのである（R. H. Davis to N. G. Clark, Apr. 8, 1886)。
(22) Ibid., Oct. 8, 1886.
(23) 陶山については、拙稿「新潟県におけるキリスト教の開拓者――陶山昶・斌二郎をめぐって――」(『長岡郷土史』二五、新潟県長岡郷土史研究会、一九八八年、本井康博・西八條敬洪編『長岡教会百年史』、日本キリスト教団長岡教会、一九八八年に再録）を参照。なお、陶山昶は夫人（たせ）と共に、同志社に学んだ最初の新潟県人でもある。

(24) 蒲原宏「新潟共立病院」（『新潟県大百科事典』、新潟日報事業社、一九七九年）。

(25) 新潟共立病院については、拙稿「新潟県におけるキリスト教の開拓者」を参照。

(26) N. J. M., Third Annual Report, 1886, p. 3.

(27) 『新潟新聞』一八八六年五月一二日。

(28) 以上、N. J. M., Third Annual Report, 1886, p. 4. デフォレストによれば、東京で長老派のノックス（G. W. Knox）と会見したさい、後者は、「新潟伝道にはタッチしたくない」気持が強かったという（J. H. DeForest to N. G. Clark, July 16, 1886）。

(29) 『東中通教会九十年史』三〇～三一頁（日本キリスト教団東中通教会、一九六六年）。

(30) 以下、主として N. J. M., Third Annual Report, 1886, pp. 5～7 に基づくが、詳しくは拙稿「アメリカン・ボードの日本伝道　一八八三～一八九〇」、ならびに拙稿「越後伝道とJ・H・デフォレスト」を参照。

(31) 以上、拙稿「アメリカン・ボードの日本伝道　一八八三～一八九〇」。デフォレストのこの時の調停案について、詳しくは拙稿「越後伝道とJ・H・デフォレスト」を参照。

(32) 同前。

(33) 同前。

(34) 一八八九年十二月十六日付広津友信宛新島襄書簡（『新島襄全集』四、二七一頁、同朋舎、一九八九年）。

(35) 同前。傍点（丸）は原文通り。

(36) 拙稿「アメリカン・ボードの日本伝道　一八八三～一八九〇」。

(37) 一八八六年九月二日付小崎弘道宛新島襄書簡（『新島襄全集』三、四二〇頁、同朋舎、一九八七年）。

(38) J. Naruse, A modern Paul in Japan, p. 68（『成瀬仁蔵著作集』一、日本女子大学、一九七四年）。

(39) 綱島佳吉「愛はすべてのものの力なり」六〇五頁（仁科節編『成瀬先生伝』、桜楓会出版部、一九二八年）。

(40) 拙稿「アメリカン・ボードの日本伝道　一八八三～一八九〇」。デフォレストは、コルビーと共に郡山教会時代の成瀬をもっともしばしば応援していた（深井虎蔵「成瀬先生の思ひ出」七五頁、『成瀬先生追懐録』、桜楓会出版部、一九二八年）。デフォレストと成瀬との交流については、拙稿「越後伝道とJ・H・デフォレスト」を参照。

(41) J. Naruse, op. cit., p. 565.

(42) 『成瀬先生伝』八三頁。

(43) 深井虎蔵・前掲論文、七〇頁。

(44) J. Naruse, op. cit., p. 565.

(45) 「沢山保羅年譜」五七～六二頁。

(46) 『祈の人沢山保羅』七五頁。

(47) J. Naruse, op. cit., p. 565.

(48) 『成瀬先生伝』八三頁。

(49) 『沢山保羅研究』七、四六、六一頁。

(50) J. H. DeForest to N. G. Clark, July 16, 1886.

(51) 加藤聲之助「私の見たる知りたる成瀬先生」七五頁（『成瀬先生追懐録』、桜楓会出版部、一九二八年）。

(52) J. Naruse, op. cit., p. 565.

(53) N. J. M., Second Annual Report II, 1885, p. 9.

(54) D. Scudder, Report of the North Japan Mission From August 1st to June 30th, 1887, p. 1（以下、N. J. M., Forth Annual Report, 1887 として引用）。

なお、長老派に走ったこの派が、一致教会（東京第二中会）に入会を許され、正式な教会（新潟一致基督教会、現日本キリスト教団東中通教会）として出発したのは、一八八六年十二月四日のことである。この点については、拙稿「『パーム・バンド』の生成と分解」参照。

(55) 一八八六年十月十二日付成瀬仁蔵宛沢山保羅書簡（『沢山保羅研究』七、五二頁）。

(56) 拙稿「宣教師の見た創立期の新潟教会」（『新潟教会報』一六、日本キリスト教団新潟教会、一九七六年）。

(57) 一八八六年十月十二日付成瀬仁蔵宛沢山保羅書簡（『沢山保羅研究』七、五二頁）。

(58) 一八八六年十月二十四日付成瀬仁蔵宛沢山保羅書簡（『沢山保羅研究』七、五四頁）。翌年七月頃にも、コルビー赴任の話しが出たようである（J. H. DeForest to N. G. Clark, July 14, 1887）。

(59) 『成瀬先生伝』一〇八頁。

(60) N. J. M., Forth Annual Report, 1887, p. 2.

(61) D. Scudder to N. G. Clark, Oct. 8, 1886.

(62) F. A. Lombard, *op. cit.*, p. 113.

(63) 以上、R. H. Davis to N. G. Clark, Nov. 25, 1887.

(64) 拙稿「アメリカン・ボードの日本伝道　一八八三―一八九〇」参照。ちなみに、デイヴィスの帰国には、デフォレストも絡んでいた。後者が提出した「パーム・バンド」の調停案への反発が、デイヴィスに帰国を決断させる直接の契機となった。一八八六年六月初めのことである（詳しくは拙稿「越後伝道とJ・H・デフォレスト」参照）。

なお、当のデフォレストは、さらに次のことを明らかにしている。「私は彼〔デイヴィス〕との関係では、友人の立場をとっています。〔中略〕彼は能力の高い人であり、熱心で自己犠牲に富むキリスト者です。仕事のやり方のために、敵を何人も作りました。私たちの指導者の何人かに不信を抱いていたために、仕事〔の範囲〕は相当に狭められてしまいました。彼はどんな形であれ、あらゆる不道徳に対して勇敢に、時には無鉄砲にたち向かいます。他の兄弟〔宣教師仲間〕に対しても、当の本人が悔い改めるまで、おだやかにその人に対抗するというやり方は、いっさいとれません。

新潟伝道ではほとんど一人切りで、重い責任を負ってきました。清潔な教会を作りたい、と願うあまり、健康が著しく損なわれました。私は彼に休暇をとって帰国し、アメリカで日本との関係を将来どうするかを決めるよう勧めてきました」（J. H. DeForest to N. G. Clark, Oct. 5, 1886）。

(65) D. Scudder to N. G. Clark, Oct. 8, 1886.

(66) N. J. M., Forth Annual Report, 1887, p. 2.

(67) D. Scudder to N. G. Clark, Oct. 8, 1886.

(68) 拙稿「アメリカン・ボードの日本伝道　一八八三〜一八九〇」。

(69) N. J. M., Forth Annual Report, 1887, p. 2.

(70) Ibid.

(71) Letter of D. Scudder to N. G. Clark, Oct. 8, 1886.

(72) Ibid., Jan. 25, 1887.

(73) Ibid., Feb. 1, 1887.

(74) N. J. M., Forth Annual Report, 1887, p. 4.

(75) Ibid.

(76) F. A. Lombard, op. cit., p. 113.

(77) D. Scudder to N. G. Clark, Apr. 9, 1887.

(78) 加藤聲之助「私の見たる知りたる成瀬先生」七七頁。郡山教会での成瀬の俸給は十二円（うち四円は基督伝道会社からの援助）であった（深井虎蔵「成瀬先生の思ひ出」六九頁）。

(79) N. J. M., Forth Annual Report, 1887, p. 5. なおこの結果、「〔新潟〕第一基督教会にては白石村次〔村治〕氏を伝道者に雇っ」た（『基督教新聞』一八八七年九月一四日）。彼の長岡赴任は、六月十九日であった（拙稿「新潟県長岡地方におけるキリスト教の展開」一〇頁、『社会科研究』二四、新潟県高教研、一九八二年）。続いて七月初旬に、同志社神学生の広瀬（辻）孝次郎が、新発田に招かれた（『基督教新聞』一八八七年九月二一日）。彼の場合は日本基督伝道会社が経費を負担した（同前、同年九月一四日）。

(80) Ibid.
(81) Ibid.
(82) 以上、D. Scudder to N. G. Clark, Jan. 23, 1887.
(83) 「沢山保羅年譜」三五〜三七頁。
(84) O. H. Gulick to N. G. Clark, Feb. 20, 1884.
(85) J. C. Berry to N. G. Clark, Jun. or July, 1884（日は不明）。
(86) J. H. Pettee to N. G. Clark, Jun. 17, 1884.

㈢　沢山保羅と北日本ミッション

「新潟の浪花教会」

以上述べてきたところから、新潟第一基督教会は理念の上では、沢山やレヴィットの自給論の系譜を、成瀬を通してかなり純粋な形で引いている、と見ることが可能である。

さらにまた、沢山と成瀬が牧した浪花教会は、自給論と並んで、禁酒・禁煙を厳守するなど、極めてピューリタン的な生活を尊ぶ教会である。このことを考慮に入れた時、「禁欲派」の教会としての新潟第一基督教会は、浪花教会をモデルとして教会形成がなされた、とも言えるであろう。

そうであれば、創設期における新潟区の教会にとっては、沢山は実に「隅の親石」であった。スカッダーは越後伝道の先駆者として、五人の宣教師（パーム、ファイソン Philip K. Fyson, ブラウン Samuel Robins Brown, ギュリック、デイヴィス）と共に、三人の日本人、沢山保羅、押川方義、成瀬仁蔵をあげている[1]。

沢山の影響と貢献は、以上のことに尽きない。次に見るようにさらに広く、深かった。

沢山保羅とファイソン

一八八三年の春、大阪において諸ミッションの在日宣教師を集めて集会（Osaka Conference）が、開かれた。前年まで越後で伝道にあたっていた英国教会宣教協会（Church Missionary Society）のファイソンも、横浜から参加した。この時、彼は、すでに越後行きが決定していたR・H・デイヴィスに対し、今では徹底した自給論を受け入れるにいたったことを、告白している。と同時に、越後でとった慈善的な伝道方法（パームも最初はこれを採用していたことを想え）が、まちがっていたことを認め、それゆえに同地から離れたくはなかった、と心中を吐露した。

越後伝道の先駆者が、直接伝えるこの時の反省と忠告が、新任地での伝道策（当然、自給論に基づく）を構想中のデイヴィスにとって、指針づくりに大きな力となったことは、まず疑いない。

ちなみにファイソンは、この会議で発表された沢山の自給論に、心底から共鳴した。そして、ただちに自費でそれを『日本教会費自給論』として出版、配布した。この一事に、彼の共鳴ぶりの大きさが、いかんなく発揮されている[2]。

沢山保羅とパーム

ファイソンだけでなく、さらにパームの場合にも、自給論への転換という点で、沢山の感化が考えられないであろうか。

パームもまた、この宣教師会議で、「医療伝道の位置」という題を与えられて、自説を発表している。ただ彼は、なんらかの理由で会議に出席できなかったので、かつての同労者であるファイソンが、代読をした。

これまで再三、紹介したパームの苦い反省は、この席で公表された。すなわち、キリスト教的な慈善事業は、日本では好ましい結果を生まない。だから、「キリスト教の病院の中に乞食を養うような仕組みをもちこむことは、禍い」である、との見解である。[3] パームは全国から宣教師が集る機会を捉えて、「協力政策」ではなく、「自給政策」こそが、日本では肝要であることを、自己の経験から公言したのである。

　パームと沢山が、この会議で顔を合わすことはなかった（それ以前にも面談したとの記録はない）。が、はからずも席上の主張は、両者とも期せずして軌を一にした。肝胆あい照らす、とでもいうべき両者のこの時の一致は、単なる偶然であったのか。パームはあらかじめ、沢山やレヴィットの主張を何度となく聞き及んでいた、とは考えられないであろうか。自給論への転換という点で、沢山の影響がまったくなかったとは、とても思えない。

沢山保羅と新島襄

　このように沢山の主張は、直接的には成瀬に対して、そして間接的にはファイソン（場合によっては、さらにパーム）を通して初期の北日本ミッションの宣教師たちに、大きな影響を与えた。北日本ミッションが、（成瀬が言うように）「自給の基礎の上に」その活動を展開したことは、もとよりデイヴィスやギュリック、スカッダーなどの年来の持論に基づいたからではある、しかしレヴィット、ファイソン、パームなどの自給論と並んで、いやそれ以上に、沢山のそれが、彼らの主義の正当性を確固としたものにするのに、大きな力となったことであろう。デイヴィスたちは、パームやファイソンなどの先駆者たちの轍を踏むことはなかった。むしろ、最初からピューリタン的な生活信条と自給方針を貫く形で教会形成に励み、それらを教会の発足後も原則として継承した。このことは、沢山の影響抜きには、語れないように思われる。

　沢山と並び称せられる組合教会の指導者、新島襄の感化は、こと自給論に関する限り、沢山にはおよばない。むしろ新島が負の効果しか与えかねなかったことは、すでに論じた通りである。

　新島は、自己が信条とする積極的な「協力政策」が、こと北日本ミッション（越後伝道）に関する限り、そのままの形では通用しにくいことを、ついぞ認識することがなかった。新島の言葉を借りていえば、「パーム・バンド」、とりわけその中核たる「放縦派」は、彼が日本ではついぞ見かけることのなかった人たちであった。そればかりか、トルコ人並みの「乞食魂情」を持った信徒たちであった。これこそが、越後伝道の特殊性であった。

　新島は、ついにこの点を、終生見抜くことができなかった。ひとつには、沢山と相違して、「パーム・バンド」の実態に現地において肌身で触れる機会が、新島には与えられなかったからであろう。

㈢の〈注〉

（1） N. J. M., Forth Annual Report, 1887, p. 17.
（2） Ibid., 1884, p. 6.
（3） Osaka Conference, p. 309.

第二章　宣教師たち

一、越後の宣教師たちと新島襄

はじめに

越後におけるキリスト教伝道は、カトリック、プロテスタントを問わず、宣教師の働きを抜きには語れない。プロテスタントでいえば、とりわけ、成瀬仁蔵が新潟第一基督教会（現在の日本キリスト教団新潟教会）の初代牧師として、一八八六年に新潟に招かれるまでの期間が、そうである。すなわち日本人の有資格者伝道師（牧師）が不在であった時期は、宣教師にほとんどを負っていた、と言っても過言ではない。もちろん、押川方義《まさよし》や吉田亀太郎、井上敦美、陶山昶《とおる》といった日本人伝道者の協力も、不可欠ではあった。

ところが、組合教会（会衆派）に関して言えば、そもそもミッション（アメリカン・ボード北日本ミッション）による開拓伝道が起点となっているために、成瀬の赴任以前はもちろん、赴任以後も、宣教師の活動は顕著であり、中軸的な要素であった。この点は、他教派の伝道と比較するときには一層、組合教会の大きな特徴として指摘することが、可能である。要するに宣教師の働きに触れずして、創立期の新潟教会の歴史は語れないのである。

そこで本稿では、成瀬の赴任前後に焦点を合わせ、初期の越後キリスト教史を彩った何人かの宣教師を、教派を問わず取り上げ、彼らの足跡に光を当ててみたい。ただ、すべての領域をカバーすることは不可能なので、主として新島襄との係わりに限定しておきたい。なぜなら、組合教会の指導者としての彼の足跡は、宣教師たちのそれとともに、歴史上、看過することが許されないからである。

新島自身は、直接に当地を訪ねることは一度もなかった。彼が越後伝道に果たした役割の概略は、別のおりに述べたので再述は避ける（例えば、拙稿「新島襄と新潟伝道」、『新島研究』四七、同志社新島研究会、一九七六年を参照）。本稿は宣教師と新島との交流、という視角から、内容豊かで悠久の越後キリスト教史の一断面を、できるだけ鮮やかに切り取ろうとする試みである。

以上の視角に立つ本稿は、したがって対象とする時期も、自ずから限定されざるをえない。すなわち下限は新島の死去、すなわち一八九〇年であり、上限は、最初の宣教師が越後に足を踏み入れた一八六九年である。

S・R・ブラウンとM・キダー

越後に定住した最初の宣教師（さしあたってはプロテスタントに限定）は、ブラウン（S. R. Brown）である。彼は妻とキダー（M. Kidder）を同伴して、横浜から当地に移り住んだ。厳密に言えば、ブラウンは「宣教師」として来港したわけではなく、官立の新潟英学校の「教師」として、そしてキダーは名目上、彼の「娘」としてやってきた。

彼らの越後在住は、一八六九年十月から翌年七月までのわずかな期間に限られた。それは、ブラウンが教師の枠からはみ出して、宣教師として振る舞い始めたことに起因する。その点、彼はどこまでも宣教師であった。禁制のキリスト教を、自宅で学生たちに説くという誘惑に、抗しきれなかったのである。

ブラウンとキダーは、オランダ改革派に所属する。一方、新島襄は終始、会衆派（組合教会）の忠実な一員であったので、彼らの交流は決して深くはない。しかし、キリスト教信徒（牧師）の数が極めて限定された当時にあっては、かなり早い時期に、つまりブラウンたちの訪日前に、彼らの間では教派を越えた交流が芽生えている。

アメリカに留学中の新島は、日本の家族などと交信する際には（未だ一面識もない）横浜在住のブラウンの手を借りていた。たとえば、新島は横浜の浜田彦蔵（ジョゼフ彦。国籍はアメリカ）に対して、「父への手紙をブラウン牧師か誰か他のアメリカ人に送ってもらえないだろうか」と、書簡の取り次ぎをアンドーヴァーから依頼に及んでいる（『新島襄全集』六、一二頁、同朋舎、一九八五年）。

これは一八六七年四月十一日のことである。新島は父（民治）宛に浜田への紹介状を認め、書簡（三月二十九日付け）と共に、日本に向けて投函した。返書は浜田かブラウンに依頼するように、というのである。それ以降も「此ブラウンと申人」が万事取り計らってくれるだろう、との期待が込められていた（同前三、三八～三九頁）。

ブラウンは、新島のこの期待に応えた。「この件（日本との交信）でトラブルが発生しないように、横浜にいるあるアメリカ人が、忠実な日本の友人を使って、彼〔父〕に私の書簡を届けてくれました」と新島は感謝する。新島民治はその場で大急ぎで返書を認め、使いの者に持たせた。アンドーヴァーにそれが届いたのは、この年の秋（十月）のことであった（同前六、二二頁）。ちなみにブラウンの「忠実な日本の友人」とは、粟津高明（安食鍵次郎）である（同前九上、六頁）。

さて、このブラウンは、一八六七年七月に一時帰国する。新島との直接の接触が見られたのは、この間のことである。すなわち、ブラウンは家族とともにアーモストに新島を訪ね、当地に一泊した。もちろん、新島にとっては初対面の客人であった。ブラウン家は七月一日には再び日本に向けて発つ予定であったので、おそらく訪日の挨拶を兼ねての訪問であったに相違ない。一方、新島は彼らに日本への写真や書簡を託した（同前六、五二～五三頁）。

新島がブラウンに託した書簡は、弟（双六《そうろく》）宛てのもの（六月十五日付け）と父親宛てのもの（同月十六日付け）の二通である。後者にはブラウンに関し、次のように記されている。

「此人は先達《せんだって》而、アーモス〔ト〕学校迄小子を見舞いに参り、一日一夜迄逗留被成、色々と日本の事を小子と相談仕候」とか、「以前日本ニ八年程御逗留被成候ひしに、先生兎角、日本人好の人ニし而、又々横浜に帰り、一斉を日本人の為ニ力を盡んと申居候」といった記述である。さらに、弟の双六が、一年でも二年でも、このブラウンについて英学を学ぶことができれば、というのが新島の希望であった（同前三、七四～七六頁）。

ブラウンのアーモスト訪問は、よほど新島に大きな衝撃を与えたようで、新島は当時、使用していた教科書の余白に、「若《も》しブラウン〔死〕したれば、小子何かせん」といった書き込みを残している。この時、ブラウンは、新島に日本伝道の協力者（というより助手）となってくれるように申し入れたようである。

さすがにこれには、新島は拒絶反応を示している。「小子ブラウン氏の為にアメリカへは参らず、只独立一個の教師と為り、国家人民の為、独一真神の子、耶蘇の為に国を辞し、家を去、アメリカへ参る」と書き残す（島尾永康「新島襄と自然科学」、北垣宗治編『新島襄の世界』一六一頁、晃洋書房、一九九〇年）。

さて、ブラウンの再来日であるが、アメリカ出発は予定よりも一か月近く遅れ、サンフランシスコを出港したのは、八月四日であった。出国の直前、彼はニューヨークで日本政府から、「お雇い外国人」としての招聘を受けた。越後の男子校（官立新潟英学校）での教授依頼である。「又々横浜に帰り、一斉を日本人の為ニ力を盡ん」と決意していたブラウンには、伝道のことしか胸中にはなかったと考えられるので、彼にとっては、最初は思いがけない要請であったかもしれない。一方、彼が所属するミッションも、直接伝道が可能となるまでの経過処置、という条件で、これを認めた。

この時、ミッションは「新しい試み」として、初めて独身女性を派遣することも決定した。白羽の矢が立てられたのが、キダーである。日本に発つ前の晩、キダー家（南アーモスト）は新島を招いて、日本行きを決意した娘の前途を祝した。

ブルックリン（ニューヨーク州）で教師をしていたキダーは、友人たちの反対を押し切っての訪日であった。一行は八月二十七日に、横浜に着港した（『キダー書簡集』二四〜二六頁、フェリス女学院、一九七五年）。新島によれば、来日したときの彼女の資格は、「教育宣教師」（a missionary teacher）であったという（同前六、七〇頁）。

ブラウンやキダーたちが、江戸から越後に向かったその道中で、安中を通過した際、新島の家族に面会した消息は、すでに北垣宗治『新島襄とアーモスト大学』（三九四頁以下、山口書店、一九九三年）に詳しいので省略したい。また、短期間に終わったが、越後における彼らの活動についても、それぞれの書簡集に詳しいので割愛したい。

新　潟

ブラウンとキダーの新潟赴任は、新島に新潟を初めて印象づけた出来事として看過できない。新島はアーモストからアンドーヴァーの旧友に宛てて、「横浜から新しく開港された新潟〔原文はイタリクス〕へ、陸路で横断したブラウン氏の旅行」について知らせている。

その末尾には、次のような追伸が、記されている。

「新潟は日本の北西の海岸に位置し、江戸からほぼ西北西にあります。大きな地図帳で見つけることができると思います。佐渡島のちょうど反対側です」（『新島襄全集』六、七〇〜七一頁）。

なお、新島とブラウンの交際に関して付言すると、それ以前の交誼に比較して、帰国以後の新島とブラウンの係わりは、驚くほど薄い。活動の拠点や教派を異にしたことが要因であった、とも考えられる。それにしても意外である。わずかに判明しているのは、新島の帰国（一八七四年十一月）のおりの交渉位である。

新島が長い留学生活を終えて横浜に上陸したさい、出迎えた宣教師としては、グリーン（D. C. Greene）、バラ（J. H. Ballagh）、ルーミス（H. Loomis）らが知られている。はたしてブラウンやキダーが出迎えたかどうかは、不明である。

新島は横浜のルーミス（グリーンの義弟）の家庭に宿泊し、この夜は英米人の祈禱会に招かれた（同前八、一三〇頁）。あるいはブラウンやキダーも、その会に顔を見せたのではなかろうか。新島は三日間、横浜に滞在する、という当初の予定を切り上げて、故郷の安中に向かったので（同前六、一五三頁）、たとえブラウンやキダーらと再会できたとしても、十分な面談ができたとは思えない。

横浜にいたキダーは、書簡でこう述べている。「新島は〔先月二十八日に〕家族に会うために田舎〔安中《あんなか》〕へ行きました。キリスト教の教えを聞くためにやってくる人が、あまり大勢なので休む間もないほどだ、と当地の宣教師に書いて寄こしました。またアメリカの伝道協会〔アメリカン・ボード〕の宣教師として派遣される任地、大坂へ行く前に、今の所〔安中〕にどのくらい留まって、これらの人々を教えることができるか、と尋ねてきました」（『キダー書簡集』六八頁）。

「当地の宣教師」とはグリーンである。新島は彼宛てに十二月十五日頃に発信している(『新島襄全集』六、一一五頁)。ということは、新島とブラウンの交際は、さして密なものではないことになる。

T・A・パーム

ブラウンたちが横浜に戻った後、越後では数年間にわたって宣教師不在の状態が続いた。開港地であるにもかかわらず、である。それを苦慮して、単身(横浜で新妻と乳児とをなくした)であえて乗り込んで来たのが、パーム(T. A. Palm)である。彼はエディンバラ医療宣教会が派遣した医療宣教師で、一八七五年から一八八三年まで新潟港に拠点を置き、伝道と医療活動に励んだ。

その結果、百名前後の信徒が生まれた。記憶しておくべきは、次の二点である。

ひとつは、彼のもとでは、信徒たちは一度も正式に「教会」として組織化されることはなかったという点である。そのため、当時から「新潟教会」とか「新潟公会」とか呼称される(あるいは自称する)ことが普通であったが、厳密に言えば、「パーム・バンド」と呼ぶのが、適当であろう。

ふたつは、パーム自身はバプテスト派であったが、それに固執せず、教派的にはむしろ独立教会に近かったという点である。したがって、日本にすでに進出していた特定のミッションとの結び付きは、ほとんど見られなかった。

このパームは一八八三年九月に初めての休暇をとって、家族(越後で再婚)を伴って、一時帰国をした。しかし、自他共に予期しなかったことが故国で発生した。再来日ができなくなったのである。「終末論」をめぐってミッションと対立し、その結果、ミッションから除名されたからである。興味深いのは、この見解の故に、パームと新島の間で一度きりの接触が、生じるのである。

一八八二年六月十一日の日記に、新島は記す。

「パーム氏(新潟)ヨリ一ノパンフレト投来ス。是ハ氏ノ霊魂不朽ノ神ノ恵ナルヲ論スルモノナリ」(『新島襄全集』五、一八一頁)。

パームが新島に送った小冊子は、『不死は人間固有の権利か、それとも神からの恵みか』(*Is immortality man's birth-right or the gift of god in Christ?*)というタイトルがつけられた、霊魂不滅を説いた私家版である。いまも新島旧邸に保存されている。刊行年月日の記載はないが、おそらくこの年の発行であろう(『新島旧邸文庫所蔵目録』二九頁、同志社大学図書館、一九五八年)。

ふたりはそれまでも一度も面識がなかった、と考えられる。パームとしては新島のような有力者を味方につける必要が、あったのであろう。自己の見解が異端的でないことを信じて、この小冊子を作成に及んだ、と考えられる。

新島がこれに対してどういう感想をもち、どういう反応を示したのか、残念ながら不明である。新島だけでなく、同志社の教授であるラーネッド(D. W. Learned)も、これに目を通した形跡がある。というのは、翌年に再来日したデニング(W. Dening)に関して、ラーネッドが次のように書き残すからである。

「函館のデニング氏が、日本に戻って来ました。ミッション(CMS)との関係を絶って、独立した委員会に支援されています。彼は『キリストにある生命』論の積極的な鼓吹者です。新潟のパーム博士も、同様の見解を保持しています」(D. W. Learned to N. G. Clark, April 26, 1883, Kioto)。

新島にとっては、この霊魂不滅論は、一八八七年にアメリカン・ボードを襲った「アンドーヴァー論争」の先駆けでもあった。同年、アンドーヴァー神学校(新島の母校)では、「フューチュア・プロベーション〔future probation〕之説」(いわば「死後の救い」をめぐる論争）が有力となり、いわゆるアンドーヴァー派の人たちが、ことごとくアメリカン・ボードから排除される、という事態が生じるにいたった。そのため、このミッションとは別箇に、宣教師を派遣する案や、同志社とは別の神学校を日本に創設する企画が、がぜん持ち上がり、新島を慌てさせた（『新島襄全集』三、四九三頁）。その意味では、デニングやパームが抱いた霊魂不滅論は、後年、新島にとっては、対岸の火事と見なして安穏としては、おれなかったはずである。

R・H・デイヴィスとO・H・ギュリック

パームは異端的な見解を抱いた、との理由で、エディンバラのミッションから除名され、再来日ができなくなった。そこで問題となったのが、越後に残された信徒集団（「パーム・バンド」）と彼の病院（パーム病院）である。

結論的に言えば、一八八三年の秋にいたって、関西を拠点としていたアメリカン・ボード日本ミッションが、これらを継承することになった。その結果、前者の指導のために、デイヴィス（R. H. Davis）一家とギュリック夫妻、彼の妹が関西から、そして後者の医療活動のためには、あらたにアメリカから医師のD・スカッダー（D. Scudder）が姉（K. Scudder）と共に派遣されることになる。これが、アメリカン・ボード北日本ミッション（新潟ステーション）の発足である。

この発足に対しては、異論も出た。いかにパームからの好意的な申し出があったとはいえ、従来からの伝道地（ステーション）からは、あまりにも遠隔地である、という理由で、消極的な反対論が宣教師の一部から出た。日本ミッションの幹事で、神戸にいたジェンクス（W. C. Jencks）は、積極派のひとりだったので、なぜ他のメンバーが消極的なのか、理解に苦しんでいる（W. C. Jencks to N. G. Clark, Oct. 30, 1883, Kobe）。

一方、新島は、といえば、例によって積極論者で、この時も「熱烈に」（strongly）越後への進出を支持した（F. A. Lombard, Japan Mission History, Vol. 1, p. 103, unpublished）。彼はR・H・デイヴィスに個人的に、「越後の重要性」について、次のように説いたという。

「あなたが〔越後に〕行って下さることは、うれしい。たとえアッキンソン氏（J. L. Atkinson）やデフォレスト氏（J. H. DeForest）が、伝道に従事するために大阪や神戸に早急に戻って来なくても、これらの都市には日本人の伝道者が何人もいて、かなりの程度にまで伝道を行なうことが可能である。しかるに、越後では宣教師たちの応援がなければ、やっていけない」と（R. H. Davis to N. G. Clark, July 13, 1883, Kobe）。

新島の勧めもあって、越後にステーションが設置された。それに伴い、これ以後、同地のキリスト教界は俄然、教派色（組合教会色）を強めることになり、その結果、新島の指導を仰ぐ機会も、多くなって行く。

新島の最初の係わりは、関西の宣教師たちが、越後に赴任した直後に見られる。越後（与板）に帰省中の同志社学生（三輪振次郎）に宛てて、新島は早速、指示を与えている。

「扠《さて》神戸より先日、二宣教師新潟へ相移り候間、自然該地〔与板〕ニ御出張有之候ハヽ、御面会且諸事御忠告等奉希候」。

また、「越後ハ土地も広く人民も多く資産ニも富ミ、他日大ニ為すあるの地と存候間、越地之為可然人物を得度候」とも記して、日本人伝道者の派遣にも心を砕いているさまが、窺える。その第一候補者は、鎌田（原田）助《たすく》である。「随分御地ニ向クヘキノ人物」と思われるので、三輪にも側面から説得するように、と勧める（『新島襄全集』三、二四八～二四九頁）。

結局、原田の赴任は実現しなかった。一八八六年の秋に成瀬が関西から着任するまで、当地には日本人の有資格伝道者（つまり牧師）は不在であった。その分、宣教師への期待は、すこぶる大きかった。ちなみに原田はのちに（一八八七年に）、北越学館が創設された際、初代の教頭（実質的な校長）候補にも挙げられたが、本人が留学の道を選んだので、これも実現するには至らなかった。

さて、新潟ステーションが発足した翌年、一八八四年の十二月に小崎弘道が主軸となって東京（警醒社）で発行していたキリスト教系新聞（週刊）が、経営危機に陥った。小崎から救いを求められた新島は、全国の伝道地に「マキチラシ」、伝道の「パイヨネア」(pioneer) たらしめてはどうか、との進言を行なっている。「別テ新潟、岡山辺の宣教師」には、数十部ずつ取り寄せてもらうよう依頼してはいかがか、とも言う（同前三、三一七頁）。岡山と並んで、越後への期待が相当なものであることが、判明する。

一八八四年に新島は静養のため、ヨーロッパを経由して、渡米した。静養のかたわら、日本伝道の構想は彼の胸中でどんどんと膨らみ、具体的な指示を日本の伝道者たちに次々と与えている。とりわけ、東北伝道構想に熱中した。例えば翌年の夏、新島はアメリカから東京の松山高吉（糸魚川出身）に宛てて、出張伝道の依頼に及んでいる。夏休みの休息を兼ねて新潟、村上、新発田、高田、糸魚川あたりを巡回してほしい、というのである（同前三、三四一頁）。

おりしもこの頃、ギュリックは諸種の理由で、越後から仙台への転出を試み、いったんは同地で住宅まで確保した。しかし、結局はミッションの承認がとれず、九州へ転じた。

かねて、仙台における伝道拠点の確保に執心していた新島は、ボストンでギュリックの行動を知らされ、その無定見ぶりに立腹するあまり、「さまよえるユダヤ人」と激しく非難した。「彼の行動には一片の識見も計画もない。日本ミッションは、なぜあのような身勝手さと落ち着きの無さとを、氏に許しておくのか」とか、日本ミッションは伝道をまるで「こどもの遊戯」のように考えている、と手厳しい言葉が並ぶ（拙稿「アメリカン・ボードの日本伝道　一八八三～一八九〇」一二七頁、『同志社アメリカ研究』二四、同志社アメリカ研究所、一九八八年）。

ギュリックに去られたR・H・デイヴィス、さらにはギュリック一家と入れ替わるように、越後に赴任したスカッダーやその姉の尽力もあって、一八八六年十月には、待望の教会が正式に組織された。これが「新潟第一基督教会」である。最初の牧師として、大和郡山から成瀬仁蔵が呼ばれた。教会の発足を見届けてから、デイヴィス一家は帰国した。パーム時代からの古い信徒たち（「パーム・バンド」）との抗争に疲れたことが、帰国を決意した一因である。

さらにスカッダーとともにデイヴィスは、教会財政策に関し、熱烈な「自給論」の支持者でもあった。ミッションの資金を日本人や日本人教会に与えることに終始、反対であった。そのため、アメリカン・ボードが、教育事業（要するに同志社）にあまりにも多くの資金を使い過ぎることに、かねてから批判的（この点ではギュリックも同様）であった。つまり、新島とは明らかに反対サイドに立っていた。それを考慮に入れると、ふたりはともにアーモスト大学に学んだ間柄ではあったが、デイヴィスと新島との関係が親密であった、とは到底言えない。

それでも新島は、二度目の渡米のおり（一八八五年八月）、わざわざデイヴィスの両親を実家（デラウェア州ミルフォード）に訪ね、一週間、滞在している。その間、土地の長老派教会で、三百人ほどの会衆を前に説教を披露している（『新島襄全集』六、二六四～二六五頁）。

スカッダー家

O・H・ギュリックやR・H・デイヴィスの後を受けたD・スカッダーは、パームが残したパーム病院をまもなく閉鎖して、ひたすら伝道に専心するにいたった。

彼は姉とともに成瀬に協力して、新潟第一基督教会の伝道を助けたばかりか、一八八七年には関係者と協力して新潟女学校と北越学館の設立を実現させている。前者は「越後における梅花女学校」を、そして後者は「越後における同志社」を目指した、と言われるだけに、同志社や新島との距離がにわかに縮まったことは、間違いない。

たとえば、五月に開校した新潟女学校の場合、開校式に新島を京都から迎える、との新聞報道が地元で流れたほどである（『新潟新聞』一八八七年四月二八日）。また北越学館が開校した翌月（同年十一月）に、新島は越後への出張を計画した。そのことは、彼がある手紙の中で、「近々新潟県ニ出張之積に」、と記していることからも明白である（『新島襄全集』三、四九三頁）。

いずれも実現には至らなかったものの、これらは新島の関与がにわかに強まったことを端的に示している。

ところで、スカッダー家と新島の関係は、実はアメリカですでに始まっていた。一八八五年の十一月六日、新島は在米中であったので、シカゴにH・M・スカッダーの家を訪ね、二泊した。同家はD・スカッダーの実家であると同時に、シカゴ有数の教会でもあった。もともとスカッダー家はアメリカの教界、とりわけ会衆派教会（組合教会）では一種の名門で、一族が宣教師として世界各地で活躍した有力な家系である。現に父親のスカッダーは、インド伝道で大きな足跡を残している。

新島はこの家庭でH・M・スカッダーの娘の一人に会っている。彼女は、「熊本バンド」の生みの親として著名なL・L・ジェーンズ（L. L. Janes）の夫人として、滞日経験があっただけに、話が弾んだに相違ない。

彼女は帰国後、不倫を理由に夫を告訴した。この裁判のために、ジェーンズは、ほぼ手中にしていた同志社教授のポストを奪われる結果となった。

新島がスカッダー家を訪ねた時には、すでに離婚が認められ、かつてのジェーンズ夫人は、子どものうち三人の娘を引き取って、実家に戻っていたところであった。滞在の二日目（七日）には新島は、彼女と共に本屋に行ったり、彼女の弟が働いている職場を訪ねたりしている。

八日の日曜日には、新島がスカッダーの教会で話をする機会が、もちろん設けられた。九日にはシカゴ神学校にも足を運んだ（同前八、三六〇～三六一頁）。

D・スカッダーが、今一人の姉と共に越後に赴任したのは、この年の二月、すなわち新島の先の訪問よりも九か月前のことである。つまり、新島はスカッダー家のふたりの子どもが、アメリカン・ボードの宣教師として日本に赴任した、との情報をアメリカで得て、わざわざシカゴに足を運んだのであろう。

奇しきことに、H・M・スカッダーは、夫人とともにこれより二年後の一八八七年、越後の息子からの要請に応えて、自費で越後の伝道・教育活動の応援に駆けつけている。それにしても、D・スカッダーは越後で女性宣教師と結婚するので、一時は新潟ステーション（十二名）は、スカッダー家が五人を占める、という大所帯となった。

北越学館

H・M・スカッダー夫妻は、すでに退職中であった。が、子息の要請ではるばる越後に来たのは、なぜか。教会に加えて北越学館と新潟女学校という二つのキリスト教系の学校が、日の目をみたにもかかわらず、外国人スタッフが決定的に不足したからである。応援部隊を得て、この時期、新潟ステーションは、十二名の宣教師を擁する大ステーションに成長した。人数の点では、京都ステーション(すなわち同志社)に次ぐ大所帯となった。

さて、新島はこの北越学館が設立される過程で、「熊本バンド」(特に同志社第一期卒業生)の中から教頭(実質は校長)を指名するように発起人たちから依頼された。が、人事は難航した。原田助や伊勢(横井)時雄らの名が上がったが、辞退されたため実現には至らなかった。

結局、アメリカから帰国したばかりの内村鑑三に白羽の矢が立てられたことは、よく知られている。内村はミッション(宣教師)・教会と学校とを完全に切り離そうとした。それが「北越学館事件」の発端である。新島はこれとは逆に、「ミショント学校ハ、密接之関係ヲ有セシメオク」ことが肝要、と捉えていた(『新島襄全集』四、八頁)。

ところで、ようやく確保した内村であるが、就任式の直前に先の持論を盾に、一度は辞退を申し出た。結局、「仮教頭」として一年を限りとして就任、という妥協が、はかられた。そのため新島は、すぐさま後任探しにとりかからねばならなかった。

次の候補者は、内村も推薦する小谷野敬三(在米)であった。彼はアーモスト大学で新島や内村の後輩にあたり、新島が学んだアンドーヴァー神学校を卒業するところであった。新島は彼に宛てて、「新潟学校(北越学館)ハ宣教師三人アリ。別ニ三、四の日本教員アリ。当校長(仮)ハ加藤勝弥ト申人ニシテ、新潟ニハ随分人望アル人ナリ」と書き送った。が、事は思いどおりには、運ばなかった(同前三、五九七頁)。

内村と宣教師たちが衝突した「北越学館事件」の際、新島は内村を「周旋」した責任上、調停役としての働きを期待されたことは、言うまでもない。たとえばスカッダーは、館長の加藤勝弥と共に新島と交渉を重ねた。内村が東京に舞い戻った直後に、スカッダーは新島に宛てて、後任人事の件を依頼に及んでいる(拙稿「北越学館事件をめぐる五つの英文資料」一二七～一二九頁、『内村鑑三研究』一九、一九八三年。新島と加藤の交渉経緯については、拙稿「新島襄と加藤勝弥」、北垣宗治編『新島襄の世界』所収、晃洋書房、一九九〇年を参照されたい)。

なお、この年(一八八八年)の春、新島は東京で「新潟県下伝道皇張計画」なるものを練っているが、この中には教頭人事も含まれていたのであろうか(『新島襄全集』三、五七二頁)。

ちなみに「熊本バンド」のひとりがこの前後、越後で活躍、しかも反キリスト教の立場で活動しているのは、誠に興味深い。赤峰瀬一郎である。彼は熊本でL・L・ジェーンズから受洗した信徒で、同志社にも学んだが、まもなく棄教したようである。

新潟では新潟学校の教諭を務め、『新潟新聞』(一八八九年四月九日)に「尋常中学校論」を寄稿している。そのなかで彼は、北越学館とキリスト教の関係に触れて、「耶蘇教主義の学校にして耶蘇宣教師と耶蘇教信徒を以て其の職員を構成」している、と攻撃している。その一方で、宗教や政党に偏らないのは、「独り我が新潟学校」のみ、との自負を披瀝している(『新潟新聞』一八八九年二月二八日)。

一致教会（長老派）との軋轢

先に見た新島の「新潟県下伝道皇張計画」に基づいてのことであろうか、一八八八年の夏には、四名の伝道者が同志社から派遣されて来た。すなわち、定住者として新発田に原忠美、同じく五泉に坂田忠五郎、それに学生の夏季伝道者として広津友信（新潟）と広瀬孝次郎（新発田）である（『新島襄全集』三、六二五頁、『基督教新聞』一八八八年八月一日）。

日本人の伝道者として初めてこの地に赴任、定住した成瀬は、この時期にはすでに牧師を辞任して、新潟女学校の校長に専念していた。

なお、成瀬の後任牧師問題について触れると、最終的には同志社神学生の広津に白羽の矢が立てられた。一八八九年三月のころ、スカッダーならびに越後出身で、同志社に学んでいる数名の神学生が動いたようである。当初は、ある女学校の教頭に、との依頼も同時に広津に持ち込まれている。広津としてはかねての計画もあり、この時点ではどちらにも乗り気ではなかった（『新島襄全集』九下、七八六頁）。

さて、新島にとって越後は、他教派の「侵略」から何としても死守すべき地であった。彼はどこまでも会衆主義者（Congregationalist）であった。越後伝道に関して、新島はさしあたっては高田を他教派（ひとまずは一致教会）から防御すべき拠点、と確信していた。

一八八六年のことで、すでにアメリカン・ボードが越後伝道に乗り出してから三年が経過していた。新島は一致教会の側の動きを牽制して、ボストンのミッション本部に次のように報告する。

「一致教会が日本人伝道者をひとり、高田に送り込もうとしているそうです。当地は当然、新潟〔ステーション〕に所属すべき領域です。新潟の同労者〔宣教師仲間〕が、早急に手を打って占拠しないならば、越後の重点地区は他の団体〔ミッションや教派〕に押さえられてしまいます」（同前三、一九六頁）。

これを受信したミッション総主事のクラーク（N. G. Clark）は、一致教会に対抗して早急に高田伝道に着手するように、D・スカッダーに進言したようである。ところが、新島はその後、仙台への進出問題に直面して、その主張を変えざるをえなかったと思われる。なぜなら、仙台はすでに一致教会が開拓し始めており、組合教会があとから割り込む形となったからである。その間の消息は、スカッダーがクラークに宛てた書簡に明らかである。

「先生は再度、高田のことを話題にされていますね。つい最近、新島氏から熱心な手紙をもらいました。この〔北日本〕ミッションに所属する私たちが、高田から長老派を追い出したり、彼の地の長老派を不愉快にさせたりしないために何もしないように、とのことでした。彼がこうした要請をするのは、仙台にはすでに長老派がいるにもかかわらず、日本ミッションがそこへ進出しようとしていた（もしくは、それを目的とした、計画を協議中であった）からです。

それゆえ、先生の要請は新島氏のものとはむしろ正反対ですから、私たちを途方に暮れさせるように思います。もっとも、私たちは手不足のために、高田のことで時間を割くことはできません。そのうえ、教派を競う時代は終わりました。個人的には、自給（self-support）を基盤とした同労者〔宣教師〕であれば、誰でも喜んで歓迎いたします」（D. Scudder to N. G. Clark, June 18, 1886, Niigata）。

高田に次いで新島を苛つかせたのは、長岡である。一八八九年、新潟第一基督教会の出張伝道地である長岡に、一致教会が乗り出す計画をキャッチした新島は、にわかに神経を尖らせ始めた。甥で養子の新島公義（奈良伝道中）に彼はこう慨嘆する。

「将来必ラス、一致会〔一致教会〕ニハ非常ノ勢力ヲコメ、我党〔組合教会〕ト競争セラルベキハ必然ノ事ニシテ、已ニ近比〔近ごろ〕該会伝道委員ハ新潟県下ヲ経歴シ、無礼ニモ長岡町ヲ侵掠セント計ラル、由、〔中略〕乍去、我カ自由主義ヲ拡張セン為メニハ、少シ位ハ心棒モセネハナラヌ」（『新島襄全集』四、二六四頁）。

「一致会ヨリハ、一ノ伝道者ヲ該地〔長岡〕ニ送リ、弥《いよいよ》侵掠ノ手段ヲ施シ候よし。彼来ルヤ否、直ニ組合〔教会〕中ヨリ已ニ分離シテ、該会ニ加入セント計ルモノアル由。畢竟スルニ、彼レ我カ会ノ異分子ヲ誘導スルニ相違ナシ。是レ我党ニ向ヒ為ス可カラサルノ行為ナリ」（同前四、二七八頁）。

「無礼ニモ」とか「侵掠」といった文言に、新島の抱いた怒りの大きさがよく窺える。後に新潟に赴任した広津は、こうした教派間の抗争を「長岡競争事件」と呼んでいる（同前九下、一一九三頁）。

D・スカッダーの自給論

ところで、先の書簡に見られるように、スカッダーは会衆主義という点では、新島ほどにはこだわりがない。同様に、自給の面でも両者の懸隔は、予想以上に大きい。両者の比較は、新島の教派意識を探る手掛かりともなる点で、きわめて興味深い。

スカッダーは、「アメリカン・ボードの資金は、一セントたりとも日本人（伝道者や教会）への援助に使うべきではない」という徹底した自給論の信奉者であった。この点では、同僚であるR・H・デイヴィスや大阪ステーションのレヴィット（H. H. Leavitt）と同じ立場に立っていた。

先にデイヴィスの辞任の要因について触れた通り、自給論はデイヴィスの持論であった。スカッダーもまた、一時は自給論に基づいて、辞任を決行し、自給論に立つどこか他のミッションへの転出を希望した位である（最終的には撤回して、越後に残留した）。

これに対して、新島にとっては、「金を惜しむと、最良の働き人を失う」という信条から判断して、スカッダーやデイヴィスが主張する自給論は「あわれな近視眼的な政策」にほかならなかった（拙稿「アメリカン・ボードの日本伝道」一三二頁）。一八八六年にスカッダーが辞任（越後からの撤退）を決意した際、新島は、「新潟引揚之一点」は「小供ノ遊戯ノ如し」、と酷評した。彼にとっては実にこの点こそが、「小生ミッションニ向ヒ、尤モ不同意千万ナル所」であった。

「スカタル〔スカッダー〕氏ハ、ツラク共該地ニ殿リトナリ、之ヲ支へ、他之可然人物之参ル迄被待候方至極得策ト存候」。彼が見るところ、「宣教師方ハ多ク好人物、差シ当リノ障壁ノ為ニ百年後ノ策ヲ誤ルハ、決シテ賢シコキ仕事ト申サレズ」。しかし、「新潟ヲシテ今日迄孤立セシメシハ、甚時機〔ヲ〕取失ヒタル仕事」、との反省から、東京の小崎弘道に対して、スカッダーを手紙で支えてほしい、と訴えた（『新島襄全集』三、四二〇頁）。

以上のことから判るように、北日本ミッションは、（最初のメンバーたるO・H・ギュリックもそうであるが）スカッダーやデイヴィスの持論に基づいて、その財政政策を自給的にしようと努めた。新島の目には、それは誤った政策と映じた。「是迄新潟之ミッションハ、全敗ト云トモ可ナリ」と断言している（同前四、三三九頁）。

「伝道者雇入ノ為ニハ、モニー〔money〕ナクテハナラデ、新潟之ミショネリー先生方ニハ、新潟県下一円ニ伝道拡張之見込ハナキカ否カ、是迄ノ経歴ニヨレハ、兎角独立自治ヲ論シ、モニー〔money〕ヲ出サヌ事ヲ手柄トナシテ、少シモ拡張之事ニ着目セス、実ニ無神経、無経綸〔ノ〕アスピレーション事ト密ニ痛歎仕居候事モ有之候」というのが、新島の率直な感慨であった。そのため、成瀬の後任者として着任した広津友信（新潟第一基督教会の第二代伝道者）を通じて、「此一、三年、全県下一円拡張之為ニ、惜シマスモニー〔money〕ヲ散スルノ覚悟アルヘキ旨、小生ヨリ呉々彼先生方へ御勧申候ト御伝言被下度候」と要請した（同前四、二七一頁）。

要するに、新島は伝道の拡張に関しては、いつでも積極的な支持者である。そのために必要な経費は、いくらでも惜しまない、という積極的な財政策の信奉者であった。こうした彼の姿勢は、死に至るまで揺るぎはしなかった。その証拠に、死の一週間前にも、新島は広津友信（新潟）に宛てて、同じ事を繰り返し要請している。

すなわち、他のミッションが虎視眈々と進出を狙っているこの危急存亡の時でさえ、越後の宣教師たちが、「教会が金を出すべき」とか、「自治の精神を奮い起こせ」といったような「迂闊ノ事」を言い続けるのは、極めて不合理である。それ故に、今日の状況を彼らに十分に判らせて、「ミショネリーノ眠を覚ま」すことが、必要である。「是非、宣教師ニ勧め、新潟伝道之為ニハミッションモニー〔mission money〕を使用否活用致され候様」尽力されたい。それが駄目ならば、「小生午不及、貴県下之伝道ニハ応分之御加勢可仕候」ゆえに、「モニー〔money〕不足ノトキハ、御送金可申候」とまで説く（同前四、三三九頁）。

D・スカッダーと教会合同運動

新島と越後の宣教師、とくにスカッダーとの懸隔は、教会の財政策（自給論）に止まらない。両者は教会合同運動に対しても、対極的な立場に立つ。スカッダーが一致教会との合同に非常に熱心であったのに対し、新島は終始、慎重な、あるいは消極的な姿勢を貫こうとした。

その際、他の地域には見られない特殊性が、越後のキリスト教界にはあった。それは、全国的な規模での合同に先駆けて、越後では二つの「新潟教会」、すなわち新潟一致教会（一致教会派）と新潟第一基督教会（組合教会派）とが、いち早く一八八九年四月三日に合同を実現させたことである。両教会がもとは、ひとつの集団（「パーム・バンド」）であったことが、合同を生み出す大きな要因となったことは否めない。

しかし、逆から見れば、それだけに合同はできたとしても、内実には複雑な要素が抜けきらなかった、と考えるべきであろう。その点は、長岡組合教会の伝道師、白石村治が、「可惜猶病根、依然として其の中〔新設の合同教会〕に滞り居候」と報じている通りであったと思われる（『新島襄全集』九下、八三三頁）。

しかし、それにしても、全国的に類例を見ない成果であることは間違いない。そしてその成果は、スカッダー（父子）の働きを抜きにしては、語れないこともまた、事実である。

「合同は日本をキリストに捧げることであり、その日も近い。分裂は日本を悪魔に捧げることである」というのがD・スカッダーの信念であった。彼は越後での実績を引っ提げて、ただちに隣の上州――新島の出身地であり、（スカッダーが見るところ）「合同反対の砦」であった――へ説得の旅に出かけた。各個教会を巡回するだけでなく、彼は四月一日に前橋で開かれた組合教会関東部会にも臨席している。その記録には「新潟ヨリ□スカッダル氏来ラレ一致□組合々併ヲ求メラレタリ」とある（拙稿「スカッダー家の人びと」七四〜七五頁、『同志社談叢』七、同志社社史資料室、一九八七年）。

スカッダーは、以上の事柄を踏まえたうえ、今度はいよいよ新島へのアピールに精力を傾注させた。スカッダーは、組合教会の最有力の指導者である新島が、合同反対派の陰の指導者でもある、と判断したのかもしれない。おそらく、上州の教会を巡回して、スカッダーは新島の圧倒的な支配力、すなわち「合同反対の砦」を陰で動かすのは新島に相違ない、との実感を肌身で感じたのであろう。

たしかに、合同運動の際に反対派の砦となったのは、主として新島のお膝下である同志社教会を始めとして、上州や東京の諸組合教会、さらには徳富猪一郎が率いる民友社であった。このうち上州で言えば、新島は不破唯次郎や杉田潮、杉山重義などに、盛んに合同反対運動の指示を送り続けているのは、隠れもない事実である（同前四、四五～四八頁、六〇～六一頁、六三～六五頁）。

四月（の初旬であろう）に合同推進の訴えをスカッダーから書簡で示された新島は、中旬に私見を書き送った。それだけでは不十分、と判断した彼は、一週間後に改めて書簡を書き継いだ。合同に対して自分が慎重にならざるをえないのは、組合教会の「自由制度」(free system) を守ることがどこまで可能か、それを見極めることが肝要である、と判断するからである、と。彼自身の言葉を引用すると――

「私はどこまでも自由の礼讃者であることをお伝えする必要があります。中央集権の権力に対してたえず反対しております。頑固で狭隘なセクト主義者である、と私を攻撃する人もおります。少しも意に介しておりません。むしろ私は単純で広く、かつヨリ融通が利いて、ヨリ機械的でない制度の方を好みます。これは私のこれまでの態度でしたし、今後もその通りです。〔中略〕

ふたつに分裂した教会〔「パーム・バンド」〕をひとつに戻された、輝かしいお手柄には心からの祝福を送ります」（同前六、三五四～三五五頁）。

新島は、現実に越後の教会を合併させた手腕（もっとも新島は「パーム・バンド」のことは知らされてはいなかった、と思われる）を、一方で高く評価しながらも、他方で自説を譲ることは到底、考えられなかった。

ところで、この時の回答（一度目のものか二度目のものかは、不明）について新島は、直接に松山高吉に次のように語った、と伝えられている。「過日新潟なるスカツター氏より申来りし事ありし故、憲法中二、三ケ處、委員三人に尋問せざれば、如何に了解して宜しきか定め難きよしを以て答へたる」（佐波亘編『植村正久と其の時代』三、七二二頁、教文館、一九六六年）。これを受けて松山は、新島のこの述懐が、世間に誤解として流布し、その結果、新島を教会合同の「不同意者異説家の如く思う人もありやも難計」という（『植村正久と其の時代』三、七二二頁）。

なお、教会合同運動について、さらに二つのことを付言しておきたい。ひとつは、この一件に関する限り、スカッダー父子はどこまでも一心同体で、行動的であった。この年（一八八九年）の二月八日、父親のH・M・スカッダーは合同委員会に宛てて私見を発表している。その内容は、一致教会側に、これ以上の譲歩を期待すべきではないこと、そして合同教会の信条は、できるかぎり緩やかなものにすべきであること、の二点である。この文書には「私は上記に同意する」とのD・スカッダーの一文が添えられている（H. M. Scudder, To the Committee on the Union of the Itchi and Kumiai Churches of Japan, Niigata, Feb. 8, 1889)。

いまひとつ、着目すべきは、広津友信が熱心な合同反対派のひとりであった、という点である。同志社の神学生時代、すなわち越後に赴任する以前の同志社教会時代から、合同運動では終始、師の新島の意を汲んで行動した。その人物が、成瀬の後任として越後にやって来たのである。その結果、広津の所説をめぐっては教会の内外で少なからぬ摩擦が生じたのではなかろうか。そのことは、新島宛の広津の書簡からも、窺える。

例えば、赴任直後の十一月十五日付けの書簡には、こうある。自分が当地に来て「驚キ且不快」に思ったことは、松村介石（北越学館教頭）を始めとして、新島および自分のことを「誤解」している人たちが、いることである。なかには新島が上州や東京の教会員を「煽動」しているのはけしからぬ、と息巻いているのがいる、というのである（同前九下、一一三八～一一三九頁）。たしかに松村は、新島に対しても直接に「教会一致、不同意」の真意を書簡で問うている（同前九下、九二八頁）。

Ｈ・Ｂ・ニューエルと新島襄（一）

教会（新潟第一基督教会）の設立後、ふたつの学校（新潟女学校と北越学館）が、相次いで開校された。これらにともない、新潟ステーションは、決定的な人手不足に陥った。Ｄ・スカッダーの呼びかけに呼応して、新たに十名もの応援部隊が、アメリカから駆けつけた。すでに牧師を引退していたＨ・Ｍ・スカッダーとその妻（Ｄ・スカッダー、Ｋ・スカッダーの両親）、ニューエル（H. B. Newell）、アルブレヒト（G. E. Albrecht）夫妻はその代表である。

ニューエルは新島の死後、松山や京城（現ソウル）に移って活躍した。その間、同志社理事に一九〇八年十一月に就任する（『基督教新聞』一九〇八年一二月三日）。けれども新島の在世中は、長岡及び新潟を主たる活動拠点にしていたために、新島との接触は極めて限られていた。

ニューエルは京城時代、新島の記念会（同志社で一九二四年一月二十日に開催）に韓国から駆けつけ、次のように語った。ニューエルが新島について発言した数少ない事例である。

「私が先生にお目にかゝることの出来たのは、私がシカゴの神学校で勉強してゐる際、先生が来られて話をしてゆかれた時と、其の後明治廿年〔一八八七年〕初めて日本に参った時、京都に於てと、前後二度に止りますが、中学校時代夙《つと》に父より聞き親しみ、『新島』〔Neesima〕のことを『ニサイマ』と呼んでおりました。

又先生と親愛深かりしアーモスト大学、シーリー校長〔学長〕より、幾度となく、先生の平生を悉しくし、やがて私が日本へ参る導きとなりました。以来現在に至るまで、私には先生の御徳が泌みこんで行くばかりなのであります」（『追悼集』二、二九六頁、同志社社史資料室、一九八八年）。

二度目の渡米のおり、新島がシカゴのスカッダー家に滞在中に、シカゴ神学校に足を運んだことは前述した。実は留学を終えて帰国する途次も、新島はこの神学校を訪ねたが、所在地がわからず、目的を果たすことができなかった。一八七四年十月二十一日のことである（『新島襄全集』八、一二七頁）。

二度目にあたる今回の挑戦は、案内者がいたので、神学校を探しあぐねる心配はなかった。一八八五年十一月九日、新島は神学生の前で三十分ほどスピーチ（おそらく日本伝道への誘いであろう）をしたあと、彼らと親しく握手をしている（同前八、三六〇頁）。ニューエルも、その場にいた一人であったことになる。

ニューエルはこの時、日本行きの気持ちを新島により高揚されたのではないだろうか。それでなくとも、新島はアーモスト大学の先輩に相当したので、シーリー始め、いろいろと情報は手に入れていたものと考えられる。

中学生のころから新島の名前を聞き及んでいたニューエルとしては、新島は尊敬すべき指導者のひとりであった。その意味では、北越学館教頭として、内村鑑三の後任者となった松村介石との対話は、興味深い。松村教頭が同志社の教育方法に反発して、独自の教育を手掛けようとした際、ニューエルは思い余って、こう詰問したという。

「君は同志社をどう思うか。君は新島先生より偉いと思っているのか」と。これに対して松村は、こう答えた。「それは分からない。けれども今の宣教師学校はすでに時代遅れとなり、日本を教化する大勢力たりえない。同志社も新島先生も今、この松村から学ばないかぎり、前途に望みはない」。ニューエルはこれを聞いて、憤然としたという（拙稿「新島襄と松村介石」一七～一九頁、『新潟キリスト教史研究』四、一九九二年）。

ちなみに松村は、早くから宣教師には批判的であったので、北越学館時代も持論に固執して、さまざまな攻撃を加えている。たとえば、キリスト教系の新聞に投書して、「外国宣教師は気楽なる商売なり」と公言して憚らなかった。ただし、さすがに本名ではなく、この時は「北越・愛国子」の筆名を用いた（『基督教新聞』一八九一年七月一〇日）。あるいは、聖礼典にあたっても松村は、宣教師のような「教会員外ノ者」が執行することを快く思わなかった（『新島襄全集』九下、一二〇五頁）。

松村と内村は、宣教師嫌いで共通するものの、前者は後者とは相違して、教師として学校のスタッフに宣教師を加えることには、何の抵抗も感じない。むしろ、学生募集のセールス・ポイントとして、不可欠の存在と見なしていた。したがって、スカッダーたちが抜けたあとの補充を、ただちに新島に懇請している。ペッドレー（H. Pedley）夫妻がカナダから、そして岡山からケーリ（O. Cary）夫妻が応援に駆けつけるまでの間、短期間でいいから、同志社からバートレット（S. C. Bartlett）を借りるわけにはいかないか、と要請した（同前九下、一〇四二頁）。

結局、ケーリの赴任は実現しなかったので、長岡のニューエルが新潟に廻ることになった。そして長岡には、別の外国人教師が派遣される手筈になっていた（同前九下、一〇八五頁）。が、これも実現にはいたっていない。以後、長岡にはアメリカン・ボードの宣教師は、ひとりも派遣されなかった。

H・B・ニューエルと新島襄（二）

ニューエルは一八八八年から十数年にわたって、最初は長岡、次いで新潟に定住した。長岡に在住していた間、伝道（長岡組合教会）はもちろん、教育の面でも地元に貢献した。特に私立長岡学校では夫妻して英語教師を務めた。学校での評判も「随分宜しき」状況で、学校は彼のために千数百円をかけて、住宅を新築してくれた。学校との契約はいたって簡単で、「只々無給にて働く故、毎朝の講話〔出席自由〕を為して、基督教の道徳を教ゆる事を許す」といった内容である。ただ、「北越学館事件」が勃発してからは、その余波が長岡学校にも波及し、ニューエルには「甚《はなはだ》気の毒」なことになった（『新島襄全集』九下、八三二頁）。

広津友信が、成瀬牧師の後任として、一八八九年十一月に新潟に赴任した時、ニューエルは早速、長岡から彼に書を寄せ、歓迎の意を表した（同前九上、一一三八頁）。

一方、新島であるが、組合教会の伝道者として、長岡に派遣された白石村治や時岡恵吉に対して、新島は度々、書を寄せた。その中にニューエルに言及する箇所が散見される。まずは白石宛の一八八八年四月の書簡である。

「外国教師には、充分内国兄弟の意見を知らしめ、教師を孤立せしめず、又独断の諸業を為さしめず、県下大体の運動は内国人の計画するものと為し、教師をして直接に之を助けしめは、至極なり」（同前四、八八頁）。

長岡の「外国教師」は、ニューエル以外、不在である。要するに越後伝道は宣教師にまかせず、日本人主導で行くべきだ、と言うのである。

次いで、この秋に白石を継いだ時岡に宛てた書簡である。

「ニュエル氏ニセマリ、新潟県下運動ノ為ニハ、同氏ニ充分ニ活發ナル経綸ヲ立テ、区々〔長岡〕中学ニ教ユル位ニ止ラス、傍兄弟ノ大運動ニ一大助力ヲ与ヘ、セメテハ入用ナルモニー〔money〕位御周旋被致候様、辺ス辺スモ御工夫アリ玉ヘ、播カヌ種ハハエヌトノ理ヲ、同氏ニモ合点アリタキモノナリ」（同前四、二六九頁）。

こちらは名指しの忠告である。要点は教会の財政策である、例の自給論に対する批判が、再び展開されている。また、新島から見て、中学校の英語教師以上に伝道師が負うべき事業は、「大運動」であった。とは言え、ニューエルへの期待は大きかった。先の書簡にも追伸として、「尚々、ニュエル氏ニ宜シク」との一句を書き添えるのを、新島は忘れなかった（同前四、二七〇頁）。

この年（一八八九年）、六月にアルブレヒト夫妻とグレイヴス (M. L. Graves) が、そして九月にスカッダー一家の五人が、それぞれ新潟ステーションを去った。以後、ニューエルに対する周囲からの期待は、いやが上にも高まらざるをえなかった。九月にようやく後任者のひとり、H・ペッドレーがカナダから着任した。

十二月に新島は広津に宛てて書簡を送り、ニューエルの見解を質した。従来、新潟ステーションが重視してきた自給論について、「長岡ノニューエル氏、又此度来新ノ――氏（名ヲ忘ル）〔H・ペッドレー〕ニハ如何ニ御考候ヤ」と改めて照会をした。そのうえで、「此一、三年、全県下一円拡張之為ニ、惜シマスモニー〔money〕を散スルノ覚悟アルヘキ旨、小生ヨリ呉々御先生方へ御勧申候ト御伝言被下度候」との伝言を依頼した（同前四、二七一頁）。

なお、このニューエルは、（次で取り上げるアルブレヒトと同様に）自給論に関しては、スカッダーやR・H・デイヴィスほどには強硬な姿勢をとらなかった。そのためか、彼は新潟に移ってからも、長岡の教会の募金のためには尽力している。一八八九年の末にシカゴから四十五円の寄付が、教会に寄せられたのは、ニューエルの斡旋による、と考えられる。さらに彼は、甲鎧《こうがい》剱類を教会に寄付すれば、それらをアメリカに送って販売し、売り上げを教会建築費にあてることができる、とも考えていた（同前九下、一二二三頁）。

新島がニューエルに言及した最後は、死（一八九〇年一月二十三日）の直前の二通の書簡（広津宛てならびに時岡宛て）である。内容は、前者が書簡の受理、後者が返信できない詫びである（同前四、三四一頁、三五三頁）。

G・E・アルブレヒト

アルブレヒトは、D・スカッダーの要請を受けて来日した宣教師のひとりである。北越学館仮教頭の内村鑑三が、宣教師や成瀬仁蔵と正面衝突した例の「北越学館事件」では、タカ派の代表格として内村と対峙したのが、彼であった。内村に抗議して、同僚の教師であるコザッド (G. Cozad) と教師を辞任した。その直後、一面識もなかったにもかかわらず、彼は内村を学校に周旋した新島に宛てて、「事件」の調停を依頼に及ばざるをえなかった。今、関係箇所を引用すれば、次の通りである。

「個人的には拝眉の栄にいまだ浴してはおりませんが、あえてこの手紙を、内村氏の声明〔の写し〕と一緒に先生に送らせていただきます。先生が当地における私どもの業に、心からの関心を示され、私どものために大いに祈っていて下さることを、存じております。先生は落胆されるでしょうが、順風満帆の私どもの業を、内村が

黒雲で被ってしまったこと〔事件〕に関心がおありだろう、と存じます。〔中略〕

私たち外国人教師は、学校がもとの状態に戻るまで、辞職することにいたしました。〔中略〕

彼〔内村〕のような考えを抱いている者は、キリスト教主義の学校を、決して創り上げることはできませんし、宣教師と一緒には絶対にやっていけません。

真正のキリスト教のためのこの闘いに勝利するために、もしも先生が内村氏か加藤勝弥氏〔館長〕に対して、個人的に書簡で助言し、私たちを助けて下さることができれば、心から感謝申し上げます」（拙稿「北越学館事件をめぐる五つの英文資料」一二四～一二五頁）。

この要請に対して、新島がどのような回答をアルブレヒトに寄せたのかは、残念ながら不明である。あえて推測すると、返書は出されなかった可能性が高い。多忙な新島としては、交渉の窓口としては、主として館長に絞らざるをえなかったことに起因しようか。

ちなみにアルブレヒトは、「事件」終了時に、かねてスカッダーと伝道方針などを異にすることもあって、京都ステーション、つまり同志社に教授として転出する。新島が死去する半年前（一八八九年六月）のことである。同志社では教授として、ドイツ語、ドイツ文学、新約聖書、聖書釈義を担当した（『同志社百年史』資料編二、七二頁、同志社、一九七七年）。

一時、北越学館でともに働いたことのある松村教頭から見れば、アルブレヒトは「事件」以来、「色々と間違ひ来り、何か自らが失敗して、此の地を去る如き」感情を抱いて、同志社に転じたようで気の毒である、と同情を寄せている。松村はアルブレヒトを好人物と見てはいたが、議論が激しくなると、直ちに相手を敵視する欠陥があった、と指摘する（『新島襄全集』九下、九二七頁）。

ところで、同志社に転じたアルブレヒトであるが、新島は大学設立運動のため、すでに東京に出張中であり、その後もそのまま帰校することなく、翌年始めに大磯で他界している。京都（同志社）でアルブレヒトと新島とが、直接に接触する機会は、ついに訪れることはなかった。つまり、アルブレヒトは結局、生前の新島には一度も面会できなかった。

G・コザッド

最後にコザッド姉妹である。姉はJ・コザッド、妹はG・コザッドという。いずれも独身女性宣教師であった。彼ら以前の独身女性としては、先に見たキダー、J・ギュリック、ならびにケンドール(E.J. Kendall.夫に先立たれた)、K・スカッダーがいる。また同期の同労者としては、グレイヴスやジャドソン（C. Judson）がいる。このうち、ケンドールは新潟でD・スカッダーと、またJ・コザッドは長岡でニューエルと、それぞれ結婚して家庭に入った。

G・コザッドは、男子校の北越学館で英語の授業を担当した。そこへ「北越学館事件」（一八八八年）の勃発である。同僚のアルブレヒトの勧めがあったのであろう、ふたりして内村に抗議して十月十八日に辞職した。そして二十四日にいたって、アルブレヒトからの依頼に基づき、新島に葉書で事件の推移を伝えた。要旨は、加藤館長が、今まで内村に騙されていたことに気づき、「断固とした立場」（内村を辞職させる決断を指すのか）に立つに至った、というのである（文面は拙稿「北越学館事件をめぐる五つの英文資料」一二六～一二七頁を参照）。

彼女は、新島の死後三年目に、神戸女子神学校（現聖和大学）に転じた。それ以後、新潟ステーションは、細々と維持されるにすぎない極小所帯に終始した。

二、スカッダー家の人びと
――L・L・ジェーンズと「熊本バンド」と――

㈠ はじめに
㈡ スカッダー家の人びと
系　譜
ハリエット・スカッダー（ジェーンズ夫人）
キャサリン・スカッダー（カティ）
ヘンリー・スカッダー・ジュニア
ドレマス・スカッダー
新　潟
ハワイ
㈢ ジェーンズ夫妻の離婚訴訟
訴訟のあらまし
ハリエットの「病気」
シカゴ事件
㈣ ジェーンズをめぐる女性たち
ロビンソン（ネリー）
アンナとスーザン
ハリエット
カティ（キャサリン）
フローラ
㈤ 離婚訴訟の余波
「熊本バンド」（同志社・組合教会）とアメリカン・ボード日本ミッション
「熊本バンド」とアメリカン・ボード北日本ミッション（スカッダー家）
小崎弘道とドレマス・スカッダー

㈠ はじめに

「九州の肥後の熊本からスカッダー博士の娘とその夫が、二十名の学生と祈禱会を開いた、というニュースが届いた。この冒険から、有名な『熊本バンド』が成長した[1]」。

W・E・グリフィスは、こう記す。彼のような宣教師とこれを読む読者にとっては、「スカッダー博士（の娘）」（H・M・スカッダーの娘、ハリエット）は、「その夫」（L・L・ジェーンズ）よりも、はるかに知名度が高かった。

とは言え、「ジェーンズ夫人が日本でなした業績の広範囲にわたる影響」強調するあまり、「主として夫人の尽力で」、「熊本バンド」の人たちが、キリスト教に導き入れられた（*Missionary Herald*）、とするのはあきらかに 行き過ぎである[2]。これは極端な例としても、もともとスカッダー家はアメリカのキリスト教界、とりわけ宣教師間では、周知の名門であった。これに対し、ジェーンズは無名の存在であった。

ジェーンズは、熊本在住五年後に同志社のJ・D・デイヴィスに初めて書信を寄せた際、「おそらく私のことをおききになったことはなかったでしょう」と書いた。受けとったデイヴィスもまた、「筆跡は見たことはないし、名前も知らなかった」という状態であった[3]。要するにジェーンズは、今も昔もアメリカではほとんど何も知られていない[4]。

ところが、日本キリスト教史では、両者の知名度はまさに逆である。ジェーンズは、「熊本バンド」を育てた偉大な指導者として、その名が栄光に包まれている。それに対し、スカッダー家は、知られるところ誠に少ない。『植村正久と其の時代』でさえも、われわれのスカッダーを他教派のF・S・スカッダーと誤認している位である。かりに知られているとしても、「熊本バンド」の立場からわずかに言及されている程度である。なかには「のろわれた一族」としての面が、もっぱら強調されたりする。

本稿は、これまでとりあげられることが少なかったスカッダー家の人びと、とりわけ日本に関係のあった人たちを正面に据え、その実態に迫ることを主な狙いとする。同時に、スカッダー家の立場から、ジェーンズならびにその弟子たち（「熊本バンド」）に光を照射してみたい。両者の関係を究明することは、ジェーンズ像をさらに鮮明に浮き彫りにするだけでなく、同志社の歴史にとっても興味深い史実を提供してくれるはずである。

さらに、本稿の視点からジェーンズを見ると、人間的な側面が浮かび上る。「熊本バンド」、とりわけ同志社英学校の最初の卒業生たち十五人が、とかくジェーンスを英雄視したり、時には偶像化したりすることがあるので、夫人サイドから分析を進めることに意味がある。

なお、本稿は筆者による次の発表を再構成したものである。

①「新潟英学史のひとこま　スカッダー家の人びと――D・スカッダーを中心に――」
日本英学史学会第二十一回全国大会特別講演（一九八四年十月七日、新潟大学医療技術短期大学）。

②「スカッダー家と新潟」
新潟県プロテスタント史研究会創立記念講演（一九八六年五月二十五日、日本キリスト教団新潟教会）。

③「アメリカン・ボード北日本ミッション――D・スカッダーをめぐって――」
同志社大学アメリカ研究所宣教師研究会（一九八六年十月二十六日、同志社大学アメリカ研究所）。

②、③は、一九八五年に刊行されたF・G・ノートヘルファー教授のジェーンズ伝（*American Samurai*）に多くを負うている。本稿でもこの労作の成果を、各所で利用させてもらったことを記して感謝したい。

㈠の注

（1）W・E・グリフィス著・渡辺省三訳『われに百の命あらば』二一六頁、キリスト新聞社、一九八五年。

（2）F. G. Notehelfer, *American Samurai：Captain L. L. Janes and Japan*, p. 228, Princeton University Press, 1985（以下、*Janes* として引用）。

（3）F. G. Notehelfer, Leroy Lansing Janes and the American Board, pp. 10, 11（同志社大学人文科学研究所キリスト教社会問題研究会編『日本の近代化とキリスト教』新教出版社、一九七三年所収）。

（4）*Janes*, Preface xi.

㈡　スカッダー家の人びと

系譜

スカッダー家の家系は次の通りである。[1]

初代　トーマス・スカッダー（Thomas Scudder）

一六三五年にイギリスのケント州からセイラム（マサチュセッツ州）に移住した。すなわち、スカッダー家は一六二〇年の「ピルグリム・ファーザーズ」に続く初期のピューリタン移民の血をひく。

二代　ベンジャミン・スカッダー（Benjamin Scudder）

三代　ヤコブ・スカッダー（Col. Yacob Scudder）

四代　ナタニエル・スカッダー（Nathaniel Scudder）

プリンストン大学出身の医学博士。大陸会議やプリンストン大学理事会などでも活躍した。G・ワシントンとも親交があった。独立戦争で戦死。妻（Isabella Anderson）はK・アンダーソン（Col. Kenneth Anderson）の娘。

五代　ジョゼフ・スカッダー（Joseph Scudder）

ニュージャージー州の富裕な地主であった。

六代　ジョン・スカッダー（Dr. John Scudder）

プリンストン大学（B.A., 一八一一年）とコロンビア大学（M.D., 一八一五年）を卒業後、最初の医療宣教師として一八一九年にアメリカン・ボードからインド（最初はセイロン、ついでマドラス）に派遣された。アメリカン・ボードが、インドへ伝道者を送り始めたのは一八一二年であるが、本格的にはJ・スカッダーを嚆矢とする。[2] 妻（Harriet Waterbury Scudder）も宣教師であった。

スカッダー家の海外伝道（それもアジアにおける医療伝道）の道は、このジョンによって拓かれ、以後三代にわたってインドを中心に海外での伝道活動が、展開されることになる。

一族が今日まで海外伝道に従事した年数は、総計では実に七百年をこえるという。

曽孫のキャサリン（後出）によれば、ジョンは最初の子どもたち三人をインドで失なった。十人の子供が生き残り、そのうち九人までもが、医療宣教師としてインドに戻ったという。

七代　ヘンリー・スカッダー（Henry Martyn Scudder）[3]

スカッダー家の中では、もっともはなばなしい伝道をくりひろげた。日本との係わりが生じるのも、このヘンリーからである。

一八二二年二月五日、セイロンのバンジテリボで生まれ、十歳まで同地で少年時代を送る。一八三二年に帰国し、ニューヨークのハドソンに住む叔父のもとで教育を受けた。一八三六年にウィリアムズ大学に入学するが、翌年、ニューヨーク大学に転じ一八四〇年に卒業（B.A.）した。

その後、ユニオン神学校に学び、一八四三年に卒業。同年、ロッチェルで伝道に従事し始めた。按手礼を受けて正規の牧師となったのも、この年である。一八四四年四月、結婚。翌月、新婦を伴ない、アメリカン・ボードの宣教師としてインドへ戻った。これは、海外伝道に従事する宣教師の子弟が、海外に派遣された最初の例であった。孫（キャサリン）によれば、ヘンリーは四番目の子で、上の三人はいずれもインドで亡くなった。

ヘンリー夫妻は、最初はマドラスで働いた。一八五〇年にはアーコットに移り、ミッションを組織した。このアーコット・ミッションは、のちにメンバー十一人すべてを、スカッダー一族が占めるという程、スカッダー家とインド伝道とは密接不離の関係となる。ヘンリーはこの間、マドラスの英語医学校で医学を修め、一八五三年にニューヨーク大学で医学博士号を取得した。

一八五八年、健康を損ねたため休暇を得て帰国したが、そのさい神学博士号を与えられる。その後一八六六年にいたって、健康上インドで働くことを断念し、アメリカに引き揚げた。最初は一八六四年から一八六五年までジャージィーシティの改革派教会を、ついで一八六五年から一八七一年までサンフランシスコのハワード長老派教会を、その後は一八七一年から一八八〇年までブルックリン（ニューヨーク州）の中央組合教会をそれぞれ担当した。

サンフランシスコでは、赴任後ただちに会堂を移転させ、千三百人収容可能の大会堂を竣工させた。地元では、「スカッダー博士の新教会」として、新聞を始め市民の話題となった。給与は当初から年俸六千ドル、という高額であった。

さらにブルックリンでも牧師としての手腕を発揮し、当初三、四百人の会員を、二年半の間に千二、三百人（日曜学校の生徒は千二百人）に増加させている。その結果、彼の教会は全米の組合教会中、第二の大教会となったという。

一八八三年、健康のためシカゴのプリマス組合教会に転じ、一八八七年まで四年半の間、在任した。ここでも毎年およそ百名の会員が入会した、と伝えられている。

一八八七年六月、六十六歳にもかかわらず、新潟にいた息子のドレマスの要請を受け、訪日を決意し、プリマス教会を辞任した。共に新潟で働くことになるG・E・アルブレヒト夫妻とともに、一八八七年六月二十五日にサンフランシスコを出発し、七月十二日に横浜に着港した。十七日の日曜には、さっそく横浜海岸教会の礼拝に出席し、J・H・バラから会衆に紹介されている。新潟着任は十月八日であった。[4]

ちなみに、青年時代に新潟で活動した今泉真幸《まさき》によれば、ヘンリーは「伝道上の野心家」で、娘婿のジェーンズに「対抗」して、新潟で伝道上の成果をあげようとした、という。[5]

この指摘は、行論上、記憶に値する。新潟でヘンリーに会った内村鑑三（北越学館仮教頭）の眼には、「インドに行った有名な宣教師」と映じている。[6]

ところでこの時の夫妻の赴任は、「自費にて」なされたものであった。[7]当然、ミッションとの関係が問題視されたはずである。アメリカン・ボード北日本ミッションの「第六年次報告」（一八八九年）では、夫妻とも「準宣教師」(corresponding member) として扱われている。また、のちに新潟で教会合同が問題となったとき、ヘンリーは「相談員」(consulting member) として、新潟ステーション合同委員会に側面から助言する立場をとった。[8]

さて、ヘンリー夫妻の訪日は、地元の新潟では大きなニュースであった。『新潟新聞』（一八八七年九月二十三日、二十七日）は、宣教師としては異例の小伝を掲載し、あわせて次のように市民に報じた。

「蓋し氏は、抜群有功の牧師の中に列する者なるべし。神明若し其寿を全うせしめば、他日、日本に於《おい》て大なる功を立つべきや疑を容れざる所なり。氏にして此国に在れば、大なる給料を得、高き名声を受くべきものなるに、今此の地位を去て日本に赴き、道の為に残年と余財とを犠牲に供せんとまで決心したるは、既に亜米利加全洲の人の感歎する所なり。氏の如き老ひたる人々にして此の如くなれば、他の少壮なる人の多く之に従ひ、異教国に赴き、其の畢生の才能と気力を出して伝道に従事せんことは、期して待つことを得べきなり」。

キリスト教界も、もちろんこれに刮目《かつもく》した。『基督教新聞』（一八八八年九月二十六日）はヘンリーの略歴に付して、「米国にては近世の偉人と呼ばれたる位のビーチャル氏（Henry Ward Beecher）にも次ぐ、との評判ある」と伝える。

こうした評価や讃辞は、決して日本だけのものではない。母国においても「サンフランシスコやブルックリン、シカゴにおいて、もっとも有力で光輝に満ちた、かつもっとも信仰深い牧師のひとり」と評された。[9]

妻のファニー (Fanny Lewis Scudder) は、マサチュセッツ州ワルポールで一八一九年八月に、ジョン・ルイス (John Lewis) の娘として誕生した。彼女の家系も、ウェールズからニューイングランドに移り住んだ初期の移民家族のひとつで、一六三五年以来ワルポールに定住している。家系は代々、農業と鉱業に従事する者が多かった。また、インディアンとの闘いや独立戦争、いわゆる一八一二年戦争に加わった者もいる。ファニーとヘンリーの結婚は、一六三五年にニューイングランドに移り住んだ、ふたつの移民家族の血をひく者同志が、期せずして結び合わされたことを意味する。

ヘンリーは一八九五年六月四日にウィンチェスター（マサチュセッツ州）で、妻は一九〇〇年十一月にウォーホルン（同州）で没した。

次に、ヘンリー夫妻の日本での働きをまとめてみる。

ヘンリーの貢献としては、まず新潟第一基督教会（いまの新潟教会）への応援があげられよう（教会合同への係わりについては後述）。それ以外では、北越学館での講義がある。彼は毎週、「キリストの生涯」を生徒に説いた。強制でないにもかかわらず、ほとんどすべての生徒が聴講したという。夫人も、新潟女学校で隔週に聖書の講義を行なった。これにも大部分の生徒が、忠実に出席した[10]。

夫妻は、これらふたつの学校（いずれもキリスト教主義）のために、母国の関係者に支援を求めることにも熱心であった。たとえば北越学館に設けられていた「パーム奨学金」の募金である。この基金の不足をブルックリンの中央組合教会が献金で補なってくれたのも、夫妻の訴えからであった。また、北越学館が中心となって計画した、新潟初の公立図書館案（結局は実現せずに終ったが）には、シカゴのプリマス教会から献金が寄せられた。これは同教会の前任牧師であるヘンリーの発案による。さらに同教会のある女性信徒は、女学校に「精功なる楽器」（オルガンか）を寄贈してくれた[11]。

ヘンリーの名声を慕って、学校や教会の外部からも講演の依頼が寄せられた。新潟始審裁判所長の富田禎二郎（新潟女学校の発起人のひとり）が中心となり、新潟女学校を会場に毎月、学術講演会（入場料は五銭）が開かれた。好評のため、一八八八年三月からは、月に二度に増やされた[12]。

のちに新潟教会の役員となった家田作吉は、青年時代にこの講演を聞いたひとりで、その想い出を教会史に寄せている。それにしたがえば、有力な県会議員の山際七司《しちし》を始め、地元の有力者も数多く参加した。同志社出身の中島末治（北越学館教師）が通訳を担当し、好評を博している[13]。

こうしたことからも判るように、地方都市の小さな学校が、アメリカ人の教師、それも博士を擁することは、市民にとって大きな驚きであったに相違ない。

ヘンリーは、東京でも講演を求められている。一八八八年の十月、彼は三週間にわたって六回におよぶ連続講演を行なった。『基督教新聞』（同年十月三日）の講演会広告は、「米国にて有名の伝教者にして、曾てブルクリン、シカゴの両所の大なる教会の牧師たることもある雄弁の大家」と謳う。

講演は十月の五日、九日、十七日、二十三日、二十六日、三十一日の六回で、会場はいずれも厚生館であった。演題は次の通りである。

一、宗教の秘議
一、神の存在
一、万有より来たる神の智識
一、人性および黙示より来たる神の智識
一、イエス・キリストより来たる神の智識

初回の講演会は、開会三十分前にはすでにかなりの聴衆が集まり、定刻には「楼上楼下、立錐の地なしとは此事ならん、と思はるる程」の入りであった。フルベッキが司会をし、横井（伊勢）時雄が祈禱を担当するという豪華な布陣である。演説が終るや、要旨がただちに新聞に掲載された。人気の程が窺がえる[14]。

こうした活動も、娘（キャサリン）の病気により中断され、一家そろって帰国せざるをえなくなった。この点、ヘンリーは「日本に来るに際しては、殆んど日本を以て老後の一大戦場となし、遂に骨を此地に埋むるの覚悟あるものの如く聞へたるに拘わらず、数年〔実際は二年〕を経ず、又家を挙て米国に帰」国した、とする浮田和民（「熊本バンド」のひとり）の記述[15]は、ヘンリーの帰国理由を明示していないので、誤解を招きやすい。

八代　ヘンリー・スカッダーの子どもたち

八代目にあたる子どもたちのうちで、日本で働いたことのある者はハリエット（長女）、キャサリン（カティ）、それにドレマスの三人である。ほかに可能性のあった者としては、ジュニアがいる。この四人に関しては項をあらためて述べたい。

ドレマスの娘（Katharine Fraser）が語るところによれば[16]、子どもは全部で十人いた。けれども先の四人以外は、ほとんど知られておらず、わずかに次の二人のことが、判る程度である[17]。

ジョン・スカッダー（John L. Scudder）エール大学の卒業生（一八七四年クラス）で牧師。

ファニー・スカッダー（Fanny Scudder）のちにクレアモントのH・オードウェイ（Henry C. Ordway）と結婚した。彼はエール大学でドレマスの同級であった。

筆者は一九八一年八月八日に、マサチュセッツ州ウィンチェスターにあるワイルド・ウッズ墓地のスカッダー家の墓碑を訪ねた。不思議なことに、墓には四人の名前しか記されていなかった。参考までに全氏名をあげてみる。

正面

Henry Martyn Scudder (1882. 1. 5—1895. 6. 4)

Fanny Lewis Scudder (1819. 8. 6—1900. 11. 30)

Harriet Scudder Janes (1847. 5. 4—1885. 12. 30)

Catharine Sophia Scudder (1850. 9. 15—1890. 2. 14)

右面（正面に向かって）

Henry Martyn Scudder Jr. (1852. 3. 23—1892. 6. 21)

Dora Freude Scudder (1858. 4. 11—1895. 1. 31)

左面

Doremus Scudder (1858. 12. 15—1942. 6. 23)

Mabel Bosher (1873. 10. 9—1951. 12. 10)

裏面

Eliza Jane Canfield (Ruth Canfield Scudder, 1859. 6. 17—1914. 6. 26)

Stephen Scudder (1897. 12. 13)

Dorothy Scudder (1899. 7. 4—1900. 1. 20)

ドレマスの先妻、二番目の妻、それに先妻との間に設けた二人の子どもの名前が刻まれていることから、ドレマスの関係者が建てたものと推測できる。次女のキャサリン本人は、墓碑の存在すら承知していなかった。

ハリエット・スカッダー（Harriet Waterbury Scudder. L・L・ジェーンズ夫人）

スカッダー家で最初に来日したのは、ハリエットである。ジェーンズ夫人として、一八七一年から一八七六年まで熊本に住んだ。

ハリエットは一八六八年の一月二日、父の牧するハワード長老派教会（サンフランシスコ）で父の司式のもと、ジェーンズと結婚式をあげた。彼女はジェーンズよりも九歳の年上で、ジェーンズは再婚であった。だからであろうか、ふたりの結婚は当初、周囲の者からこぞって暖く祝福されたものでは、決してなかった[18]。

そもそものなりそめは、不明である。が、スカッダー一家がサンフランシスコに移る一八六五年以前から、両者は接触していた可能性がある。ふたりを結びつけたのは、ジェーンズのいとこ（アンナとスーザン）であろう。

アンナは早くも一八五九年一月のあるパーティの席上で、当時インドから帰国中のヘンリー（のちに見るように、ヘンリー夫人はこの時、九番目の子をニューヨークで出産）に出会っている。ちなみにこの会には同年十一月に日本に向けて出発するS・R・ブラウン夫妻も、出席していた。

アンナは姉のスーザンと共に、ニューヨークで早い時期にヘンリーの説教を聞いたことがある。あるいはこの時のできごとかもしれない。姉妹はその時、ヘンリーの説教にすっかり魅了されている[19]。したがって、サンフランシスコに転住したジェーンズに、ハワード長老派教会を積極的に推薦したのもこの姉妹であった可能性が、極めて大きい。

ジェーンズがオレゴンからサンフランシスコに移ったのは、一八六七年の春であったから、ハリエットとの出会いから結婚（翌年の一月）までは、かなり急であった。ジェーンズは、結婚直後の二月一日には陸軍を正式に除隊している[20]。

結婚と同じく、サンフランシスコからの転出も性急であった。一月中旬にはジェーンズ夫妻は、アンナとスーザンが住むコンスティテューション島（ニューヨーク）に移り、同地に九か月間も滞在している。後述するような、いとことジェーンズとの複雑な関係を想えば、同地は新婚旅行先としてはおよそ似つかわしくなかった。

けれども、どうしても行かざるをえない場所であった。ジェーンズがいとこに預けておいた、亡き先妻が残した赤ん坊が、瀕死の重症であったからである。赤ん坊をめぐる新郎、新婦、それにふたりのいとこのそれぞれの葛藤は、赤ん坊が九月に亡くなるまで続いた[21]。

育児から解放されたジェーンズ夫妻は、一八六八年の秋、ようやくニューヨークを離れ、フィラデルフィアで新しい生活を始めることができた。十一月二十七日、長女が誕生した。一八六九年の春には、家族はセイント・デニス（メリーランド州）に移り、農園を開いた。秋に同地を訪ねたヘンリーは、娘の結婚に対してかなりの理解を示すようになり、翌月から毎月百ドルを娘夫婦に送ることを約束している[22]。

夫妻が熊本行きを決断するのも、この農園時代である。彼らに訪日を勧めたのは、ヘンリーであった。スカッダー家の伝統からすれば海外、それもアジアに出かけることは、むしろ好ましかったはずである。

そもそも熊本洋学校が、教師としてアメリカの軍人、それも陸軍の退役将校を希望するにいたったのは、アメリカの留学経験がある横井太平《だいへい》の強い願いからであった。彼は野々口為志とともに、かつて長崎にいたフルベッキに人選を依頼した。

フルベッキは一八六七年にオランダ改革派の外国伝道局（ニューヨーク）幹事であるJ・M・フェリスに書簡を送り、熊本の要望をとりついだ。熊本側の希望は既婚者で、年俸は三千六百ドル（住宅つき）であった。が、容易に適任者が見出せなかったため、交通費支給と三年目の年俸増額（四千八百ドル）という条件が追加された[23]。

フェリスはひき続き、関係者に求人を依頼した。「有名なる宣教師」（小崎弘道）であるヘンリーもこの時、依頼を受けたひとりであった。ヘンリーはまず、娘婿のジェーンズを最初の候補者として想い浮かべた。メリーランドのジェーンズのもとへこの話しが伝えられたのは、一八七一年の早春であった。

当初はしぶっていたジェーンズではあったが、岳父を始め、グラント将軍（当時は大統領）、フェリス、ジョゼフ（妻の叔父で、ブルックリンの牧師）などの有力者が強く勧めた結果、「二ヵ月余り熟考の末」、ついに熊本行きを決意するにいたった。かくしてジェーンズは、「夫人の縁故によって」（徳富蘇峰）熊本に来ることになった。農園の経営が思うにまかせなかった、という経済的な事情も、背景にあったはずである。(24)

ハリエットが夫とふたりの子ども（長男は一八七一年四月に生まれたばかり）と共にサンフランシスコを出港したのは、一八七一年八月一日であった。H・ケプロンやT・ホフマン、B・C・L・ミュラーといったお雇い外国人と同船であった。

以上のことから明らかなように、ジェーンズに熊本洋学校という畢生の檜舞台を与えた「恩人」は、岳父のヘンリー・スカッダーであった。牧師としてのヘンリーの生き方そのものも、ジェーンズの眼には大きく映じていたであろう。

ちなみに熊本の教師館では、彼はヘンリー・マーチンという牧師の肖像画をかかげていた。ある日、海老名弾正《だんじょう》が伝道者になるための準備をジェーンズに問うたところ、ジェーンズはこの肖像を指しながら、「神の教の役者、真に如是」と評して、伝道者の苦悩と喜びとを語ったという。(25)どこかで岳父のイメージを重ねてはいなかったか。

さて、その熊本時代であるが、妻のハリエットの働きは、残念ながら詳しくは伝えられてはいない。子どもは新らしく二人与えられた。夫人は近所の女性たちに、ミシンや編物、料理、英語などを教えた、と伝えられてはいるが、ジェーンズほどには、日本人の教育に熱心ではなかったようである。洋学校の男子生徒の姉妹たちを教育してほしい、と夫から依頼されても、当初、夫人は協力的ではなかった。

けれども徳富蘇峰は、湯浅初子と横井宮子が「ゼンス夫人の門人」であったことを証言する。また、浮田和民のように、「婦人は良人に劣らず、大に女子教育に従事せんと謀りしかども、事遂に成らざりし」と指摘する者も、一方ではいる。(26)

行論上、興味深いのは、蘇峰の証言である「元来チェーンスは軍人出身ではあり、豪快磊落であり、神と其の妻とを恐るる以外には、何者も恐れなかった」（傍点は本井）とか、「ゼンスの妻は、ニューヨークの牧師スコッダーの女《むすめ》にて、可成りの家柄であり、なかなか気強い女にて、ゼンスも夫人にはあまり頭があがらなかった」（傍点は本井）と伝えている。(27)

ジェーンズは熊本洋学校での契約を終えたあと一年間、官立大阪英語学校で英語教員として働いた。大阪に赴任したさい、彼は教え子を多数送りこんだ同志社を訪ねた。すなわち、一八七六年十月十七日、熊本から神戸に着いたジェーンズ一家は京都へ赴き、かつての生徒たちに会ったり、J・D・デイヴィス、新島襄らと会見した。

同志社の宣教師や新島襄は、ジェーンズの力量を高く評価した。大阪の学校との契約が終りしだい、彼を同志社に招くことを決めた。けれども、ジェーンズは家族の健康上の理由もあって、ひとまず帰国することにした。医療宣教師のJ・C・ベリーが同行して一八七七年五月六日に日本を去った。ベリーによれば、ジェーンズは目の治療が必要であり、ハリエットはチフス（ただし回復期）にかかっていた。なつかしいサンフランシスコに六年ぶりに帰港したのは、五月二十八日であった。(28)

キャサリン・スカッダー（カティ。Catharine Sophia Scudder）

一八八五年二月四日、ハリエットに次いで妹のカティが来日した。弟のドレマスといっしょで、新潟ステーションに属した。(29)

『ミッショナリィ・ヘラルド』（一八八五年一二月号）は彼らの

着任を次のように報じた。

「昨年の年次報告以後、北日本ミッションはH・M・スカッダー博士の子息と娘を加えて強化された。博士は昨年、日本に関する報告を提出され、またご自身、インドで宣教師としてながく働かれた。博士の家系は、海外伝道がすでに伝統となっている」。

カティは新潟女学校や新潟第一基督教会などを助けたが、元来が病弱なためその働きも限られていた。一八八九年九月に一家して帰国せざるをえなくなったのも、両親の年令と健康面の心配もあったが、そもそもはカティの健康が最大の理由であった。十月にサンフランシスコに戻り、一家五人でしばらくパサデナに住んだ。帰国四か月後の二月十四日、結核のため同地で没した。享年三十九。生涯、独身であった。[30]

・ヘンリー・スカッダー・ジュニア（Henry Martyn Scudder Jr.）

ジュニアは一八五二年三月二十三日に父の任地、インドで生まれた。長じて医療宣教師となり、父と共にインドのアーコット・ミッションで働く。先述のように同地のメンバー十一人すべてが、スカッダー家で占められたことがある。のちに述べる理由のために宣教師を辞任し、先に帰国していた両親（シカゴ）のもとに寄寓するが、妻の急死に遭遇した。ほどなくダントン夫人の養女と再婚するが、「シカゴ事件」（後出）を引きおこしたために、一八九二年六月二十一日に獄中で自らの生命を断った。ジェーンズ夫妻とのつながりから、熊本藩は一時、このジュニアを医者として招くことも考慮したという。[31]

ドレマス・スカッダー（Doremus Scudder）

スカッダー家の中で、日本でいちばん大きな働きを残したのは、このドレマスである。訪日の回数は、四度にのぼった。

母校のイェール大学に残された資料[32]と娘（次女）からの聞き取りから、ドレマスの経歴をまず年譜形式で示してみたい。

一八五八・一二・一五　帰国中のヘンリーの九番目の子としてニューヨークで誕生。インドで幼年時代を過した。のち、ジャージィーシティ（ニューヨーク州）で数か月、サンフランシスコで五年半を過ごす。さらにブルックリンに移り、アデルフィ・アカデミーを終えた。

一八八〇　イェール大学卒業（B. A.）。

一八八〇―八二　ユニオン神学校に学ぶ。

一八八一―八二　コロンビア医科大学に学ぶ。

一八八二―八四　ノースウェスタン大学医学校（シカゴ医科大学）に学び、医学博士号を取得。

一八八四　半年間、シカゴのマーシー病院でインターン。

一八八五・二　姉（カティ）と共に、アメリカン・ボードの医療宣教師として訪日。

一八八五・五　神戸で按手礼を受け、牧師となる。姉と新潟ステーションに所属。

一八八七・七・一二　新潟で働くために、両親が来日。

一八八八・六・二一　新潟で同僚のケンドール（Eliza Jane Kendall）と結婚。夫人は以前一八八二年に、医師のH・ケンドールと結婚するが、三年にして死別。一八八七年七月十七日、宣教師として新潟に赴任していた。[33]

一八八九・九・二一　病気のカティにつきそって一家して帰国し、しばらくパサデナで静養。

一八八九―九二　シカゴ勤労者教会の牧師に就任。教会はドレマスの働きを称えて、のちに名称を「ドレマス組合教会」と改称した。このころからドレマスは、社会科学の各種学会に入会し、この方面での活動を開始する。
一八九二―九五　ブルックリン東組合教会の牧師。
一八九五―一九〇一・一二・一五　ウォーバン第一組合教会牧師。牧会のかたわら、マサチュセッツ国内伝道協会の幹事のひとりとして出版活動にも従事。
一八九七・一二・一三　長男（Stephan）が誕生するが、直後に没する。
一八九八　ウィットマン大学から名誉神学博士号を受ける。
一八九九　最初の著書（*Our Children for Christ*）を刊行。
一八九九・六・四　長女（Dorothy）が生まれるが、翌年一月二十日に没。
一九〇二　ハワイでの日系移民伝道に転身。
一九〇二―〇三・五・八　訪日し、ハワイの日系移民の国内調査に従事。
一九〇三―〇七　ハワイアン・ボード幹事。
一九〇四―一六　ハワイアン・ボード機関誌（*The Friend*）の編集長。
一九〇七―一六　セントラル・ユニオン教会（ホノルル）牧師。
一九〇九―一五　ミッド・パシフィック協会の副会長（一九一五―一九一六は会長）。
一九一〇　二冊目の著書（*The Passion for Reality*）を刊行。
一九一四・六・二二　夫人が召天。
一九一六・一・二五　ホノルルでボッシャー（Mabel Ethelyn Bosher）と再婚。夫人はラドクリフ大学の卒業生で、カワイアハオ学校長を務めていた。
一九一六・一一・二七　来日し、一八―一八年まで東京ユニオン教会の牧師。
一九一七・一一・九　次女・キャサリン（Katherine）、聖ロカ病院で出生。
一九一七　機関誌（*Far Eastern*）の編集に従事。
一九一八・九・二四―一九・七・二五　アメリカ赤十字日本支部幹事としてシベリアで活動。
一九一九・八　ホノルルへ戻る。
一九二〇・五―二二　ボストンに移り、ボストン地区教会連合幹事。
一九二二　交通事故のため引退し、クレアモント（カリフォルニア州）へ移り、近隣の教会を応援。
一九二五―二六　フランス、インド、中国、日本（一九二六年夏に六週間）などを歴訪。
一九四二・七・二三　プエンテ（カリフォルニア州）で脳出血のため逝去。享年八四。
以上の経歴からただちに分かることは、ドレマスが生涯の大半を日本人のために捧げたことである。とりわけ、新潟時代とハワイ時代にそれが顕著であるので、次に項をあらためて詳しくみてみたい。

新　潟

ドレマスは新潟において、最初は姉のカティとふたりで、後半は両親と夫人を含め一家五人で、他の宣教師と共に北越伝道に尽力した。
ドレマスがそもそもこの地に派遣されたのは、医療活動のためであった。すなわち、T・A・パーム（エディンバラ医療宣教会所属の医療宣教師）が、一八八三年九月三十日に帰国したあと、新潟に残された彼の病院（パーム病院）と信徒集団――「パーム・バンド」と仮称――とは、アメリカン・ボードに管理と指導がゆだねられた。伝道の方は阪神からO・H・ギュリック夫妻（オラメル）――のちに見るように彼とはハワイでも共に働くことになる――と彼の妹のJ・ギュリック（ジュリア）、それにR・H・デイヴィス夫妻が転任し、数十名の信徒たちを指導し始めた。

けれどもパーム病院の方は、あらたに医師を招く必要が生まれた。そこで一八八五年にアメリカから呼ばれたのが、ドレマスであった。彼に会ったオラメルは、「宣教師として類まれな有望人材」と激賞している。実際、ドレマスは何事にも誠実であった。

たとえば、同僚との関係で言えば、R・H・デイヴィスは協調性に欠けるところがあり、「日本ミッションの宣教師の中で、彼と一緒に仕事ができる者は、誰もいない」とまで言われていた。オラメルが新潟から転出したのも、健康上の理由だけではなく、このデイヴィスとの不和が原因であった、とも言われている。

ところがドレマスは、デイヴィスにも受けがよく、デイヴィスは自分の子供にドレマスと命名した程である。シカゴの教会が「ドレマス教会」と改称されたことと並んで、ドレマスの人となりをよく示す一事である。

そのドレマスにとって実は、新潟は最初から希望する任地ではなかった。というのは、来日後、京浜地方で日本の医療制度の充実ぶりを実際に見聞するにつれ、また先輩の医療宣教師の意見を聞くにつけ、中国か韓国で医療活動をすべきだ、と思い始めたからである。

現実にも、彼は訪日直後の四月には、調査と視察のため韓国へ渡ってさえいる。が、アメリカン・ボード（本部）の承認がとれず、やむなく五月に新潟に向かった。ちなみに、この時、韓国への赴任が実現しておれば、ドレマスはおそらく彼の国におけるアメリカン・ボード最初の宣教師として、名を残したことであろう。[34]

ともあれ、新潟でのドレマスの最初の任務は、「パーム病院」での医療活動であった。これについてはすでに別の機会に詳述したので、重複はさけたい。[35]ただ結論だけを再述すれば、彼はパーム病院の維持には消極的で、まもなく病院を閉鎖し、伝道活動に専念する。興味深いことには、医学博士のドレマスが八十四年にわたった生涯の中で、医師として現実に働らいたのは、このパーム病院におけるわずか一年ほどの期間にすぎなかった。

そのためか、アメリカン・ボードの医療宣教師としては、まったく陰がうすく、忘れられた存在である。日本ミッションではA・H・アダムズ、ベリー、M・L・ゴードン、W・テイラーの四人を医療宣教師として扱い、ドレマスは（所属が北日本ミッションのためか）除外される場合がある。[36]

次にドレマスは、宣教師として新潟第一基督教会の創設（一八八六年十月二日）と一年後の会堂建築に対して、強力な支援を与えている。創立時の教会員は、牧師の成瀬仁蔵と夫人を除けば、わずか二十四人であったから、財政の点でも宣教師の果たした役割は大きかった。一八八七年十月十六日、教会堂の献堂式の中で、ドレマスは成瀬と握手をしているが、これが彼の「公衆へのデビュー」であった。[37]ドレマスの伝道活動についても、別稿で詳しく論じたことがあるので、これ以上たち入ることはしない。[38]

新らしく指摘しておきたいのは、次の一点である。この教会（組合教会）が近隣の新潟一致教会（長老派）と合併した時、スカッダー父子が少なからぬ貢献をしていることである。全国的な組合・一致両教会の合同運動が進められる中で、新潟のふたつの教会は、全国レベルでの合同に先がけて、一八八九年四月三日にいち早く合同を実現させた。[39]

このことは合同運動中、特異な例と言わねばならない。ふたつの教会はもともとパーム時代にはひとつの集団（パーム・バンド）であっただけに、関係者の間には、分裂に至らせた悔いが残っていた。とりわけ、ドレマスが着任のころは、まさに分裂が表面化しようとする矢先であった。「両会の信徒一同皆、前非を悟り、スカッダル氏の如きも亦曾て自ら為せることの当を得ざりしを悔ひ、今度充分調和に尽力せられ、弥々合併の運びとな」ったのである。[40]

ドレマスは合併の意義と喜びとを、次のように表わしている。

「父は統合のために一生懸命働いてきた。私たちはこの地区の合同を、できるだけ活用して日本の他の地区を説得したい、と思う。合同は、日本をキリストに捧げることであり、その日も近い。分裂は、日本を悪魔に捧げることだ。

五月に全国的な合同がなされる徴候がみられることを、神に感謝したい。

私は上州へ合同問題をもち込むために行く。上州は今日まで合同反対のとりでになっている。困難な仕事だが、主が共にいまし給うことを信じている」[41]。

ドレマスはこの言葉通りに、さっそく上州に赴いた。新潟での成功をバネに、上州の教会合同を実現させ、それを突破口にして全国的な合同にもちこもう、というドレマスの意気ごみが、伝わってくる。彼は四月三日の新潟教会合併式典に出ることをあきらめ、四月一日に前橋教会で開かれた組合教会関東部会に臨んだ。

群馬側の資料には、「新潟ヨリスカッダル氏来ラレ、一致 組合々併ヲ求メラレタル」とある。[42] さらに七日には、原市《はらいち》教会の説教会に、続いて九日には、伊勢崎教会での上毛基督教徒親睦会にも、デフォレスト（仙台）と共に顔を出している。[43] 当然、教会合同への熱い訴えが、なされたはずである。

ドレマスは他方、「合同反対のとりで」たる上州に決定的な影響力をもつ新島襄に対しても、書信で説得を試みた。けれども新島は、いぜんとして慎重な姿勢を崩さない。「私はどこまでも自由の礼讃者であることを、お伝えしなければならない」とドレマスに応答する。[44]

ちなみにこれより三年前、ドレマスが教会自給論を根拠に「新潟引揚」を希望したさい、新島はこれを「小供ノ遊戯ノ如シ」と酷評した。「スカタル氏ハ、ツラク共該地ニ殿リトナリ之ヲ支へ、他之可然人物之参ル迄、被待候方、至極得策ト存候」と述べた。[45] 教会の自給に関しても、両者のひらきは大きかった。

これに対し、こと教会合同に関する限り、スカッダー父子は一体であった。一八八九年の二月八日、ヘンリーは合同委員会に宛てて英文の印刷物で所信を表明した。これは、その直前の一月二十五日に出された小冊子（デイヴィスとラーネッドが、それぞれ反対論と賛成論とを陳述）を念頭においてのことではなかったか。

その内容は、一致教会にこれ以上の譲歩を求めることはできない、合同教会の信条はできる限りゆるやかなものにすべきである、というのである。ヘンリーのこの文書には、「私は上記に同意する」とのドレマスの一句が添えられており、ふたりの立場が完全に一致していることを、示している。ちなみに、合同問題に関し、「過日、新潟なるスカッター氏より申来りし事あり」と新島が言うのは、この文書を指すのであろう。[46]

ところでヘンリーは、「日本組合諸教会に贈るの書」（同志社人文科学研究所所蔵）を同年に作成している。これは、「スカッダル氏が其の家を携へて日本越後に来り、大に一致組合両派の合同を翼図するや、組合諸教会に一書を印行して文を送りし」、と浮田和民が記す文書であろう。[47]

新潟での実績があるだけに、スカッダー父子の運動は、他には見られない説得力がこめられていたはずである。

かかわらず、全国的な合同はついに失敗に終った。さらに不幸なことには、彼らの帰国後、新潟の教会はまたもや分裂し、組合教会と日本基督教会（一致教会の後身）という元の鞘におさまった。ふたつの新潟教会は、再び相克と摩擦をくり返し始めた。

さてドレマスは、以上の医療活動と伝道活動のほかに、さらに教育事業にも大きな力をふるった。新潟女学校と北越学館である。

両校は、新潟第一基督教会がアメリカン・ボードならびに同志社や梅花女学校と協力して、一八八七年に開校したキリスト教系の中等教育機関であった。ドレマスは発起人として名前を表面に出すことこそしなかったが、実質的には阿部欽次郎や加藤勝弥と並ぶ創立者のひとりであった。

スカッダーの呼びかけによって、両親をはじめ総勢十名にものぼる援軍をアメリカから迎えることにも成功した。この結果、北日本ミッション（新潟ステーション）のメンバーは十二名となり、京都ステーションに次ぐ大世帯にふくれあがった。この時が、新潟ステーションの最盛期である。その立役者こそ、ドレマスであった[48]。

新潟キリスト教史の黄金時代とも言うべき当時の様子は、キリスト教界外部の者の目にも、次のように映じている。

「当時北越伝道は大に気勢挙がり、米国宣教師スカッダー氏一族が、新潟に来て北越学館を設立し、一方には成瀬仁蔵氏は、新潟教会の牧師として伝道をしながら、女学校を設立して、北越に於ける女子教育の魁をなし、智識を〔と〕信仰、学校と教会、両者併行して、北越の天地に米国式の新社会を実現せん勢であった。さしもに仏教の盛である越後の精神界も、面目一新するかも知らない、と噂せられたものであった[49]」。

教育事業へのドレマスの係わりについては、すでにある程度解明されているので、詳しくは別稿に譲りたい[50]。ここでは内村鑑三との交渉について触れるにとどめる。

北越学館の教頭に内村鑑三を招く交渉を、直接に担当したのは、ドレマスである。したがって、いわゆる「北越学館事件」の渦中にあって、内村と日本人信徒、宣教師との関係をなんとか調停しようと渾身の力を傾けたのも、彼である。

一方でタカ派的なアルブレヒトを説得しつつ、他方で、ハト派的な立場で内村と折衝したり、自分たち宣教師たちの誤りをも率直に批判するなど、誠実な態度で事態の収拾にあたろうとしたことが、彼の書簡からよく窺える[51]。

ドレマスだけでなく、ヘンリーもまた、事件の解決のために努力を惜しまなかった。内村を新潟に「周旋」した新島襄に対して、事件の調停を書面で依頼してもいる。新島は、ヘンリーを「老スカダ先生」、ドレマスを「若スカダ君」と区別する[52]。

新潟女学校と北越学院（北越学館の後身）が、一八九二年に「休校」（結果的には廃校）に追いこまれたのは、もとよりいくつかの原因が考えられる。スカッダー家の五人が、帰国のため学校からそろって手を引かざるをえなかったことも、一因であったことは疑えない。

ドレマスはまた、神学生の養成にも積極的であった。ギリシャ正教から転入会してきた高橋鷹蔵《ようぞう》（ニコライ神学校卒）に奨学金を与えて同志社に入学させている。高橋はのちに「宣教師ドリマス・スカッダー氏は恩人として、隆二〔鷹蔵〕の生涯に忘るる事の出来ない人となった」と自伝に記す。

ちなみに高橋は、一八八八年八月下旬、内村鑑三が北越学館に赴任した直後に、友人ふたり（村田平三郎と加藤聲《せい》之助であろう）と同志社に入学し、同じ下宿で共同生活を始めた。三人の神学生は、十二月一日に北越学館事件に関して声明書を連名で出した。自分たちは内村の所説と人となりにつぶさに接したうえで新潟を去ったので、事件は十分予想できた。と主張する。[53]

このように多方面にわたって活躍したドレマスを失なうことは、新潟の信徒たちにとって、大きな痛手であった。一八八九年九月十日、教会員は「今般スカッター氏、其《そ》ノ令姉ノ病痾《びょうあ》ノ為《ため》、帰国セラルルニ付、送別会ヲ開」いた。集う者は百名をこえた。大和田清晴や加藤勝弥らが、送別の言葉をのべた。この席で、「大日本新潟基督教会信徒、謹ミテ米国伝道会社委員諸君ニ陳ス」で始まる、アメリカン・ボードへの感謝状が託された。その中では、ドレマスと姉の働きが、高く評価されている。これには英文の翻訳も添えられた。

受理したボードは、さっそく『ミッショナリィ・ヘラルド』でこれを紹介した。英文の方には、ドレマスと姉のことが「すばらしくて、親切で熱心な宣教師たち」と表現されている。こうした感謝状が地元の信徒たちから送られたケースは、新潟ステーションでは彼ら以外にはない。[54]

ハワイ

一九〇一年十二月に、ウォーバンでの牧会生活を切りあげて、翌年からドレマスは、海外伝道を再開するにいたった。ハワイ諸島に住む日系移民に対する伝道である。新潟での四年にわたる経験（姉の病気のため不幸にも中断された）が、彼を再度、日本人伝道へと駆り立てたのであろう。後述するように、さっそく小崎弘道をハワイに招いて、巡回伝道をさせている。なお、新潟ステーションにいたO・H・ギュリックも、ドレマスよりひと足早く一八九四年からハワイで伝道活動に就いていた。

ハワイ伝道を着手するにあたって、ドレマスは一九〇二年に、移民調査のため来日し、主として移民の出身地を歴訪した。懐かしい新潟をも九月に訪れている。翌年一月には、大阪での組合教会牧師会でハワイ伝道について訴えている。その後、中国（丸亀は三月九日）、四国、東北、関東（藤岡は四月二十一日、高崎も同月か）、北陸へと足を伸ばした。ホノルルに戻ったのは、五月八日であった。[55]

ドレマスはハワイに戻るや、次の提案を日本連合共励会に対して行なった。すなわち、横浜と神戸に周旋委員を在住させ、帰国した移民たちに、それぞれの帰省先の教会を紹介すべきである、という案である。これは彼が、日本各地を巡回して得た調査結果に基づいた確信であったに相違ない。[56]

彼は一九〇三年の夏以降、ハワイアン・ボードの幹事だけでなく、アメリカン・ボードの協力委員となった。[57]一九〇四年の年賀状（新潟教会所蔵）では、自らを「出稼人の友」と称している。

日本人伝道に注ぐドレマスの熱意は、日本で働いている宣教師たちには、頼もしく見えたはずである。一九〇四年四月に開かれた日本ミッションの年会で、[58]彼らはハワイからドレマスを日本に招くことを、決議するにいたった。理由は定かではないが、これは実現することなく終わった。

同年十二月、ドレマスは帰国した。内国伝道会社と交渉の末、日本伝道のため、年額一万六千円を同社から引き出すことに成功している。[59]

一九〇五年、ハワイを訪れた山口金作は、「布哇《ハワイ》だより」でドレマスを次のように紹介した。「壮年有為の宣教師。学識の如何は存ぜず候得共、先づ一と通り最近の思想には通ぜらるる趣にて、加ふるに氏も、事務的才能に富まれ、中々機敏に働かれ居申候」（『基督教世界』一九〇五年四月二〇日）。

人物評としてなかなか的確である。たとえば、「一と通り最近の思想には通ぜらるる」点についてみると、彼はもともと社会科学に関心が深かった。次女によれば、教会の奨学金の関係で（彼が十人中九番目の子供であることを想え）、やむなく医学と神学を専攻せざるをえなかった、という。先に見た経歴からもわかるように、新潟から帰国後は、ロイヤル・エコノミック・ソサエティ（ロンドン）を始め、社会科学系の各種学会に加入している。のち赤十字活動に参加し、ロシア革命直後のシベリアで難民救済に乗り出したり、ミッド・パシフィック・インスティテュートの役職を、八年間務めたりしているのも[60]、その延長線上のことと考えてもよい。

　また、ドレマスの「事務的才能」について言えば、自著としてはわずか二冊しか出版していないが、ジャーナリストとしての才覚にも恵まれていた。ハワイアン・ボードの機関誌（*The Friend*）の編集長を十二年間務めたほか、『ファー・イースタン』（*Far Eastern*）の編集に一年、『オープン・フォーラム』（*Open Forum*）の編集に二十年間、携わった[61]。

　さて、ドレマスは一九〇五年の九月下旬から翌年一月まで帰国（休暇か）をした[62]。

　一九〇七年からは、ハワイアン・ボード幹事をいとこのF・S・スカッダー（Frank S. Scudder）に譲り、ホノルルのセントラル・ユニオン教会の牧師となった。F・S・スカッダーは、オランダ改革派教会に属する宣教師で、一八九七年からしばらく長野で働いたことがある[63]。

　翌年、ユニオン教会を訪ねて英語で説教をした宮川経輝は、「同教会は、当地最大の教会にて、牧師は曾《かつ》て新潟地方に伝道せられたるスカッダー博士なり」と書き残している[64]。

　一九〇九年の四月二十一日、辻密太郎が牧するリフエ教会で、ドレマスは聖餐《せいさん》式の司式を担当した。また五月三十日に行なわれた奥村多喜衛の按手礼式（マキキ教会）では会衆への勧めを行なっている[65]。こうした仕事もまた、ドレマスにとっては大切であったに違いない。

　さらに日本人のアメリカ帰化問題では、ドレマスはつねに日本人のよき理解者であった。

　ハワイに住む小沢孝雄という人物は、カリフォルニア大学で三年間、法律を学んだ経験から、現行法によっても帰化が可能である、との自信を深め、一九〇二年と一九一四年に帰化の申請を行なった。一九一四年十月十六日にも、あらためてホノルルの合衆国地方裁判所に申請をした。この申請に対し、日本人の多くが支援の側にまわったのは、当然として、「アメリカ人の有力者の中でも、スカッダー博士を筆頭に、日本人を理解する人々の後援があった」。

　けれども、ドレマスのような支援者は少数にとどまり、裁判は原告の敗訴（一九一六年）に終わった。小沢はこれに満足せず、翌年、最高裁に控訴した。が、ここでも帰化不能との判決（一九二二年）が出されたため、帰化運動はこれを限りに中断されてしまった。帰化が認められたのは、戦後の一九五二年のことである。ドレマスの先見性は、高く評価されてよい[66]。

㈡の注

（1）*History of the Class of 1880.* Yale College, pp. 231〜232（以下、*History*として引用）。

（2）ICUアジア文化研究所編『アジアにおけるキリスト教比較年表』七頁、九頁、一九頁、創文社、一九八三年。

（3）*Yale Obituary Record of Graduates Deceased during the year 1942〜43* (Yale Alumni Record Office) pp. 10〜11（以下、*Yale Obituary Record*として引用）。*James*, pp. 82〜83, 292 n. 32,『新潟新聞』一八八七年九月二三日、二七日、『天上之友』第一編、一三七〜一三八頁、日本組合基督教会教師会、一九一五年。

（4）『新潟新聞』一八八七年七月五日、二〇日。『基督教新聞』同年七月二七日。*Missionary Herald*, Jan. 1888, p. 27.

（5）松川成夫・本多繁「明治二十年代におけるキリスト教主義学校の一側面――北越学館・新潟女学校について――」六四頁（『宣教研究』一、日本基督教団宣教研究所、一九六八年。以下、「一側面」として引用）。

（6）『内村鑑三全集』（岩波新版）第三六巻、三〇〇頁、一九八三年。

（7）「一側面」四八頁。『基督教新聞』一八八七年七月二七日。

（8）H. M. Scudder, To the Committee on the Union of the Itchi and Kumiai Churches of Japan, Niigata, Feb. 8, 1889.

（9）*James*, p. 292 n. 32.

（10）以上、本井康博「『宣教師レポート』に見る新潟女学院と北越学館」五、一三（『敬和』一〇三、一四一所収。以下、「宣教師レポート」として引用）。

（11）以上、「宣教師レポート」一一、一二（『敬和』一三五、一三九所収）。『新潟新聞』一八八七年一〇月六日。

（12）『新潟新聞』一八八八年二月一九日。

（13）『聖業七十年の歩み――日本基督教団新潟教会略史――』五〇頁、同教会、一九五六年。

（14）以上、『基督教新聞』一八八八年一〇月三日、一〇日、一七日、二四日、三一日。

（15）浮田和民「帰郷後のヂエンス先生」一二一頁（『日本ニ於ケル大尉ヂエンス氏』警醒社書店、一八九四年。以下、「ヂエンス先生」として引用。なお〔 〕は本井（以下同）。

（16）一九八一年八月二日、コネチカット州におけるキャサリンとの会見による聞き取り情報。

（17）*Yale Obituary Record*, p. 11.

（18）*James*, pp. 88~89.

（19）*James*, pp. 83, 84, 296 n. 9.

（20）*James*, p. 82. 退役の時期から判断して、一八七一年にジェーンズはアラスカ赴任を命ぜられた、とするのは（「L・L・ジェーンズ」九三頁。『近代文学研究叢書』第一〇巻所収。以下、「L・L・ジェーンズ」として引用）、史実に反する。この伝聞は徳富蘇峰『三代人物史』（五〇三頁、読売新聞社、一九七一年）によるのであろう。

（21）*James*, pp. 90~92.

（22）*James*, pp. 89, 94.

（23）*James*, pp. 104~106.

（24）*James*, pp. 106~108. 小崎弘道『七十年の回顧』一〇頁。警醒社書店、一九二七年。「L・L・ジェーンズ」九四頁。「ヂエンス先生」一一八頁。『三代人物史』五〇三頁。

（25）*James*, pp. 107, 109. 海老名弾正「ヂェンス師に就《つい》ての所感」一〇五~一〇六頁（『日本ニ於ケル大尉ヂエンス氏』所収）。

（26）*James*, pp. 228, 322 n 62.「L・L・ジェーンズ」一二六頁、一三一頁。徳富蘇峰『蘇峰自伝』六一頁、中央公論社、一九三五年。なお、三井久著・竹中正夫編『近代日本の青春群像』九〇頁、九四頁、日本ＭＣＡ同盟出版部、一九八〇年をも参照。

（27）『三代人物史』五一二頁。『蘇峰自伝』五三頁。

（28）*James*, pp. 210, 219. 川村・坂本・長門谷「ＪＯＨＮ　Ｃ・ＢＥＲＲ　書簡リスト（上）」一六~一八頁。

（29）本井康博「アメリカン・ボード北日本ミッションと沢山保羅」二四頁（『沢山保羅研究』六所収。以下、「沢山保羅」として引用）。

（30）*James*, p. 230, *Missionary Herald*, Nov. 1889, p. 430. ibid., Dec. 1889, p. 549.

（31）*James*, p. 315 n. 44.「ヂエンス先生」一二一頁。ただし、死亡日は、スカッダー家の墓碑にしたがった。

（32）前出の *History*, pp. 231~232.

（33）『天上之友』第一編、一九八頁。

（34）以上、「沢山保羅」二四~二五頁。本井康博「D・スカッダー書簡に見る北越学館事件（下）」八四頁、九三頁（注）三四（『内村鑑三研究』一二、一九七九年四月）。

(35) 本井康博「アメリカン・ボード北日本ミッションの医療活動――D・スカッダーとパーム病院――」(『地方史新潟』一五、新潟県地方史研究会、一九七九年)。
(36) ユネスコ東アジア文化研修センター編『資料　御雇外国人』一九三～一九四頁、小学館、一九七五年。
(37) 本井康博「宣教師〔D・スカッダー〕の見た創立期の新潟教会」(『新潟教会報』一六、日本キリスト教団新潟教会、一九七六年八月)。
(38) 詳しくは「沢山保羅」参照。
(39) 「新潟教会史」第一巻(新潟教会所蔵)。
(40) 『基督教新聞』一八八九年四月一〇日。
(41) 中井和世「新潟教会史　明治編①」一〇四頁(新潟教会『潟』一、日本キリスト教団新潟教会、一九八四年)。
(42) 「教会日誌」三号、一二一頁(『甘楽教会百年史』、同教会、一九八四年)。
(43) 『原市教会百年史』六九頁、同教会、一九八六年。『基督教新聞』一八八九年四月一七日。
(44) J. H. Neesima to Rev. Doremus Scudder, April 16, 1889, Kobe(『新島襄全集』六、三五四頁)。
(45) 小崎弘道宛の新島襄書簡(一八八六年九月二日付。『新島襄全集』三、四二〇頁、同朋舎、一九八七年)。自給論の差違については「沢山保羅」四二一～四八頁を参照。
(46) H. M. Scudder, To the Committee on the Union of the Itchi and Kumiai Churches of Japan, Niigata, Feb. 8, 1889. 佐渡亘編『植村正久と其の時代』三、七二一頁、教文館、一九七六年。森中章光編『新島襄先生詳年譜』(改訂増補版)三四三～三四四頁。
(47) 高橋虔「日本組合基督教会年表(三)」一五二頁(『キリスト教社会問題研究』二〇、同志社大学人文科学研究所、一九七二年)。「ヂエンス先生」一二〇頁。
(48) 「一側面」五二～五三頁。「宣教師レポート(九)」(『敬和』一二九)。
(49) 高橋鷹蔵『御手のまゝに』一四四頁、警醒社書店、一九一七年。
(50) 「宣教師レポート」、本井康博「新島襄と加藤勝弥――北越学館をめぐって――」(『同志社談叢』創刊号、一九八一年)、同「内村鑑三と加藤勝弥――北越学館事件をめぐって――」(『内村鑑三研究』一六、一九八一年)、同「私立新潟英学校から北越学館へ」(『敬和の教育』二、一九七九年)、同「北越学館仮教頭・内村鑑三の誕生」(同前、三、一九八〇年)、同「D・スカッダー書簡に見る北越学館事件」(『内村鑑三研究』一一、一二、一九七八年、一八七九年)などを参照されたい。
(51) 「D・スカッダー書簡に見る北越学館事件」。
(52) 「新島襄と加藤勝弥」一一〇頁。
(53) 『御手のまゝに』一五二頁。「一側面」七四～七七頁。
(54) 「新潟教会史」一(新潟教会所蔵)。*Missionary Herald*, Jan. 1890, p. 7.
(55) *History*, p. 233. O. Cary, *A History of Christianity in Japan. Protestant missions*, pp. 202～203(以下、*A History of Christianity* として引用)。『基督教世界』一九〇三年一月二二日、三月一九日、四月三〇日、六月一一日。杉井六郎『遊行する牧者――辻密太郎の生涯』二九一頁、教文館、一九八五年。
(56) 『基督教世界』一九〇三年一月一四日、七月二三日。
(57) *History*, p. 233.
(58) 『基督教世界』一九〇四年四月一四日。
(59) 同前、一九〇五年二月九日。
(60) *Yale Obituary Record*, p. 11.
(61) Ibid.
(62) 『基督教世界』一九〇五年一一月三〇日。
(63) *A History of Christianity*, p. 203. 『植村正久と其の時代』四、四五五頁。後者の「補遺・索引」の「スカッダー(F. S. Scudder)」(三四頁)には、混乱が生じている。H・M・スカッダーやD・スカッダーもF・S・スカッダーと見なされている。
(64) 『基督教世界』一九〇八年八月二三日。

(65) 同前、一九〇九年七月二九日。『遊行する牧者』三七二頁。
(66) 以上、ハワイ日本人移民史刊行委員会編『ハワイ日本人移民史』三三七〜三三八頁、布哇日系人連合協会、一九六四年。

(三) ジェーンズ夫妻の離婚訴訟

訴訟のあらまし

スカッダー家は、ジェーンズ夫妻の離婚訴訟を通して、ジェーンズと緊迫した関係に立つにいたった。これまで未公開であった関係史料をもとに、ノートヘルファー教授が明らかにされたところによれば、事態の推移はおおよそ次の通りである。

一八七七年五月二十八日、サンフランシスコに上陸するや、ジェーンズ一家はただちにニューヨークに向かった。そこで夫妻は別れ、ジェーンズはコンスティテューション島（アンナとスーザンが住んでいた）で、夫人と子どもたちはシェルター島（ハリエットの両親が、夏の家をもっていた）で、それぞれ別々の生活をしばらく送った。夫人は両親のもとで、五番目の子（Eliza Paul）を出産した。ジェーンズの方は、その後、住みなれたメリーランドの農場へ移り、秋に家族を迎え入れた。(1)

けれども、このしばらくの別居生活は、ハリエットに「気違いじみた嫉妬」を抱かせる結果となった。もともとハリエットには、夫の女性関係に関し妄想を逞しくするという病癖が、あったようである。訪日前にも――ジェーンズによれば「結婚生活の大半」にわたって――夫と家政婦や近隣の女性たちとの関係のことで、夫を責めたことがあった。夫妻の両家族とも、このことには早くから気づいており、彼女の「病気」として受けとめるようになった、という。(2)

帰国後、出産まじかのころであるが、ハリエットの「病気」が再発したのか、彼女は両親に対して、夫の不倫を訴え出た。熊本に滞在中、夫はひとり、ないしは複数の女性と定期的に性的な交わりをもった結果、いまわしい梅毒におかされた。家族は彼をできるだけ避けるために、家の中で隔離生活をせざるをえなかった、というのである。

彼女はさらに、こうも主張した。熊本に着任するや、日本の風習にしたがって、藩主から夫に対し、若くてきれいな女性が、ハリエットの目の前に提供された。それに対し、夫は決して拒否したり、憤ったりはしなかった、と。(3)

七月には――出産を約二週間後に控えたころ――ジェーンズに対するヘンリー（岳父）の態度は、ジェーンズの初婚の事情（後述）も複雑にからみあって硬化し、娘の主張を全面的に受け入れるようになった。彼はいやがるジェーンズを無理やり医者に連れて行き、血液検査を受けさせた。そのさいヘンリーは、ジェーンズに対し、偽名を用いるよう強く迫った、ともいう。

検査の結果は、シロと出た。にもかかわらず、ヘンリーはあくまでも娘の言い分の正当性を疑わなかった。それには、どの時点なのか判然としないが、ジェーンズがヘンリーに対して、いったんは「訴えられている以上のことにさえ、自分には罪がある、と告白した」こと、ならびに娘のカティの「証言」（後述）が大きく物を言う。(4)

翌年（一八七八年）の春、ジェーンズがアメリカン・ボードの宣教師として、日本（同志社である）に戻る準備を始めたおりも、ヘンリーはなおも、熊本時代のジェーンズの行動に大きな不信感を抱いていた。五月一日付でヘンリーは、ジェーンズに書を送り、自己の罪を認めないならば、アメリカン・ボードに事実を通告する、と伝えた。

ヘンリーのこの「脅迫」から、ほぼ半年たった九月十七日になって、ジェーンズはようやくアメリカン・ボードに対し、「家庭の事情」で訪日が遅れることを告知する。「私たちは全員、肉体的には元気です。が、五年間の〔日本での〕隔離された生活や妻の重病、六歳の息子の腸チフス、それに長旅直後の出産からくる緊張は、相当大きなものがあります」(5)とも伝えた。

　ジェーンズは、なんとかスカッダー家との関係を修復しようと懸命の努力を重ねた。対立はとうとう裁判にまで発展した。訴えたのは、スカッダー家の方であった。一八八二年九月一日、ヘンリーは娘の告訴状を添えて、離婚訴訟に乗り出した。日本での「不道徳行為」と「性的な不貞」が、離婚請求の主なる理由であった。スカッダー家は、メリーランドで一流といわれる弁護士を雇った

　九月二十五日になって、ヘンリーは、アメリカン・ボード総幹事のN・G・クラークに宛てて、「ジェーンズ大尉は気が狂っている、と確信するようになってから、かなりたちます」と書き送った。それに対してクラークは、スカッダー家に全幅の同情を寄せたうえ、「ジェーンズ大尉は気が狂っている、と確信します。少くとも精神がバランスを失なったもの、と考えます」と答えた(6)。

　ヘンリーは、熊本時代のジェーンズに関する情報を、教え子の「熊本バンド」や日本にいる宣教師（医師を含めて）から集める努力もしてみた。結果は、はかばかしくなかった。「其後ヂエンス氏夫人より、〔熊本洋学校の〕先輩の或る者に、怪むに堪へたる報道もあり」と浮田が述懐するのは、これに関連した事柄なのであろうか(7)。

　訴訟はだらだらと二年間も続いた。一八八四年十一月十日、ようやく判決が下り、離婚が認められた。判決は、スカッダー家の全面的な勝利でもなかった。

　とりわけ、スカッダー家が、訴えの主たる原因とみたジェーンズの不義に関しては、伝聞証拠がしりぞけられ、父親として不適格である、との証拠は何もなかった、とされた。さらに、ジェーンズに養育費を負担させる一方で、五人の子どもを全員引き取ることを要求したのに対し、二番目までの子どもは父親に、残りの三人が、母親の手に委ねられたにすぎなかった。

　けれども、とにもかくにも離婚が合法的に認められたことは、スカッダー家にとっては勝訴を意味した。判決が出た一週間後、ドレマスはクラークに宛てて、次のように家族の喜びを報じた。

「私たち全員は、神がハリエットに勝利をもたらし、下の子どもたち三人をとり戻して下ったことを、喜んでおります。上の子どもたち二人も、自分たちの自由意志で母親のもとに戻るべきです。私たちは近い将来、それが実現する、と確信しております。ハリエットにとっては、泣き明かした夜は長かったのですが、喜びの朝は夜明けをまたず、始まっております」(8)。

　ジェーンズにとって不幸なことは、裁判の相手が妻ではなく岳父、それもアメリカのキリスト教界では高名なヘンリーだったことである。ヘンリーの主張には誰もが、尊敬と敬意を払って耳を傾けた。そのヘンリーに刃向かったジェーンズは、それだけで「ならず者」の烙印を押されても、やむをえなかった。おまけに、判決が離婚を認めたことは、ただちにジェーンズの「罪」を確実なものにした(9)。

　こうした展開の中で、アメリカン・ボードや宣教師たちが、ジェーンズに対してとりえる態度は、全面的な沈黙であった。

　ここでも、ジェーンズとスカッダー家との間で、知名度に決定的な差が見られたことが、大きく物を言った。O・ケーリは、ジェーンズを支持してほしい、との「熊本バンド」からの要求を拒ぞけたひとりである。その理由として、次のような事情をあげている。

「たとえば、ジェーンズの無実を信じていたとしても、彼についてわれわれが何かを発言することは、彼にとっては不利になるばか

りである。なぜなら、アメリカでは、ジェーンズ大尉《キャプテン》のことを聞いたことのある比較的わずかな人たちだけが、告訴を知っているにすぎない。何かを発表することは、告訴を一般の人に広く知らせるばかりか、スカッダー家に対して同情的に発表すると、ジェーンズ大尉には不利になろう」。

こうした沈黙は、ジェーンズの日本での業績を、軽視ないし無視することにつながった。そのことは他面で、ハリエットの「業績」を過大評価することにつながるのは、明白であった。『ミッショナリィ・ヘラルド』が、ジェーンズ夫人の死亡記事の中で、使われた文言を想起してほしい。そこでは、「熊本バンド」は「主として夫人の尽力で」育てられた、との過大評価が下されていた。

スカッダー家の内部においても、同じような評価の転換が見られたとしても少しも不思議ではない。浮田によれば、かつてヘンリーが新潟で刊行した「一書」（「日本組合諸教会に贈るの書」か）の中に、「曾て氏が令嬢〔ハリエット〕の日本に来りしことありて、遺勲今に著明なる旨を公然記載せり」という。

なお、読者はここで、ヘンリーは「伝道上の野心家」で、ジェーンズに「対抗」して、新潟で伝道の成果をあげようとした、との今泉真幸の回顧（前出）を想起されたい。[10]

かくしてジェーンズは、離婚訴訟を契機に、アメリカン・ボードの関係者の間では、その存在が葬り去られてしまった。三井久は、「この事件において、アメリカン・ボードの当局者たちは、スカッダー博士に同情して、ジェーンズに対し何ら同情も好意も示さなかった」と断言する。一八八〇年代の後半、アメリカン・ボードにとっては、彼はもはや死者同然であった。

デイヴィスを始め、アメリカに帰国した宣教師たちは、誰ひとりジェーンズに接触をしようとはしなかった。再来日後は、同志社の「救世主」とも言うべき位置が約束されたその人は、思いもかけず帰国中に「ならず者」に転落した。「時間の問題」とみられていた同志社への赴任は、いっきょに吹き飛んでしまった。[11]

小崎弘道は、ジェーンズの再来日を不可能にした「家庭の紛議」を、次のように端的に表現する。「其事情は、舅スカッダア博士との不和が原因して夫妻間の破綻となり、遂に夫人が死亡した為である」と。[12]

思えば、ヘンリーの口利きで日本（熊本）行きの幸運を捕えることができたジェーンズは、今度は同じその人により、二度目の日本（同志社）行きの道を閉ざされてしまった。何という皮肉であろう。ジェーンズの栄光と挫折（実際、これ以後のジェーンズは幸運から見離されている）を決定的にした者こそ、ヘンリー父娘であった。もっとも、厳密にみれば、キリスト教の理解や教育観に関し、ジェーンズ自身はアメリカン・ボードの宣教師たちとの差異を意識していたので、――「後年彼の神学思想はかなり放漫になった」との指摘もある[13]――訴訟の有無にかかわらず、同志社への就職がすんなりと実現していたとは、必ずしも言い難い。

ハリエットの「病気」

ジェーンズの生涯を栄光から挫折へと転換させる契機となったのは、ハリエットの「病気」である。夫妻のそれぞれの家族が、早くからそのことに気づいていたことは、前に見た。彼女は訴訟の間、プリマス教会（シカゴ）に転任した両親のもとで過した。判決のおよそ一年後（一八八五年十二月三十日）に、脳出血により急死した。浮田は、「怪異なる一朝の病に罹りて、程なく世を去りし」と伝えている。[14]

ドレマスとカティは、姉の悲報を新潟で聞き、悲しみを深くした。

ドレマスは翌年、クラークが訪日することを知らされて、道中、自分たちの両親を訪ねてくれるよう頼んでいる。「私たちの愛する姉・ジェーンズ夫人を失なって、両親が大変苦しんでいるのを先生はご存じのことと思います」と新潟から書き送った[15]。

これより四年後の一八八九年四月四日、ジェーンズをアーン・アーボルに訪ねた横井時雄は、次のような訪問記を『基督教新聞』（一八九〇年三月十七日）に寄せた。

「先生さきに本国に帰るや否や、細君の神経病にかかるが故を以て、自ら五人の子女を養育し、其間実に言ふに忍びざるの艱難に遭へり。然れども今や、細君は死去し、長女すでに二十歳斗りになりたれば、先生の頭上頑雲稍開けて、将《まさ》に希望の太陽を仰ぎ見んとするの有様となれり」（傍点は本井）。

浮田もまた、ハリエットの「精神の錯乱」を指摘する。

「顧ふにヂエンス夫人は、日本に来るの以前より Prolapsus Uteri〔子宮脱〕の難症ありて、該症は往々精神の錯乱を生ずる所の病患なりとす。況《いわ》んや夫人が、日本に在ること五年の久しき他に、何の交際もなく鬱然、熊本の僻地に住し、最も憐むべき婦人の境遇に立ちしこと、察するに余りあり。

而《しか》して、婦人は良人《おっと》に劣らず、大に女子教育に従事せんと謀りしかども、事遂に成らざりしが如きは、有為の才幹ある夫人に於て、其の失望如何なりし乎《か》を知るに足れり。

当時、ヂエンス先生と其の夫人との不和、往々外聞に漏れし事は、吾人が之れを知るのみならず、吾人が敬愛する旧洋学校幹事、野々口為志氏の如きは、吾人よりも詳かに知悉せるる所なりとす[16]」（傍点は本井）。

一八九二年七月、D・C・グリーンもまた、横井や浮田と同様の見解を表明している。

「ジェーンズ夫人は、病的に疑い深くなり、この件〔夫の不貞〕につき、おそらく偏執狂的になったのでありましょう。病的な精神から生まれた、なかば妄想を事実として表現した、というのが、こういった事情のもとでは、もっとも考えられやすい説明です。他の点では夫人は精神の均衡を逸することが、おそらくまったくなかったので、父親は娘の供述をすんなりと信じてしまいました[17]」。

ハリエットの「神経病」、「精神の錯乱」、「偏執狂」といった「病気」が、先に見た「気違いじみた嫉妬」に触発されて、メリーランドで再発し、いっきに訴訟にまで発展した、とグリーンは考える。この指摘が、おそらくもっとも合理的な説明であろう。とりわけ、次にみる「シカゴ事件」と重ね合わせると、この説明は一層、説得力を増してくる。

ただ、ジエーンズの方にも、同種の「病気」が一時期みられたことも、事実である。彼は最初の妻が死去したあと、一八六五年からほぼ二年間、オレゴンの要塞で司令官を務めたことがある。しだいに精神が不安定となり、行動も常軌を逸するようになってきた。当時の記録には、「妻の死と宗教的な興奮とが、ジェーンズ大尉の脳を変えた」とか、「いくつかの点で彼の行動は、異常であった。人びとは『かれは気が狂った』と言う。妻の死と宗教的な興奮のためにしばらくの間、精神が異常であった、と聞いている」と記されている。

結局、この「極度の惑乱」が原因で、彼は除隊を求められた[18]。ジェーンズはこうした傷心の中でサンフランシスコに出、ハリエットに出会ったのである。

「シカゴ事件」

ハリエットの離婚訴訟に次いでスカッダー家を襲った悲劇は、

「シカゴ事件」である。そのあらましは、次の通りである。

ハリエットの弟のジュニアは、父にならい一時、インドで医療伝道に従事していた。のち帰国したが、妻が急死したので、シカゴでダントン夫人の養女と再婚をした。

ところがある日、ダントン夫人が、何者かの手により棍棒で撲殺される、という衝撃的な事件が、家庭に生じた。事件は、家政婦の証言にもとづき、ジュニアが殺人罪の嫌疑で逮捕（一八九二年三月四日）される、という意外な展開を見せた。彼は同時に、遺産を手に入れるために、ダントン夫人の遺言書を偽造した、との疑いをもかけられた。

公判では弁護士たちが、「発狂」を根拠に応戦に努めた。が、事件はその間に、ジュニアがモルヒネを服用して、六月二十一日（墓碑による）に獄中で自殺をする、というさらに衝撃的な結末を招いた。

彼の自殺に関して当局者は、彼を獄に見舞った誰かが、薬を手渡したに相違ない、と結論づけた。「誰か」とは、ヘンリーかドレマスのいずれかである。ふたりとも医者の立場を利用すれば、モルヒネを入手することが可能だからである。「名門宗教家」で起きたスキャンダルに終止譜を打つための処置、と考えれば、その動機は十分すぎた。

事件の衝激波は、大きかった。「此の事の世間に流布するや、事名門宗教家の上に繋るを以て、怪聞四方に喧伝」する、という有様で、かの『ニューヨーク・タイムズ』までもが、およそ二週間にわたって六回も事件を報道した。

スカッダー家がジュニアの発狂を主張するのに対し、事が遺産相続に関する以上、世論の同情を得ることは困難であった。浮田によれば、同志社のＪ・Ｄ・デイヴィスは数少ない同調者のひとりであった。とりわけ、ジュニアがインドでの伝道活動から手を引かざるをえなかった理由を考慮に入れると、発狂の根拠は、なおのこと薄くならざるをえなかった。

インドでジュニアと共に働いていた宣教師たちは、一八八〇年八月に、同僚のジュニアの辞職をミッションに申入れた。ミッションがこれを受理したので、ジュニアは辞任のうえ帰国した。主たる理由は、高利貸を始めとして、金銭上の紛争と不正であった。[19]

この「シカゴ事件」が、先の離婚問題に与えた影響は、決して小さくはなかった。「熊本バンド」を主体とするジェーンズの擁護派にとって、事件は「スカッダー家の腐敗」を白日のもとに曝《さら》しただけでない。かつて師に加えられた攻撃が、「不正」そのものであることを、あらためて世間に証明してくれたことになる。「熊本バンド」の面々は、この事件に勢いづけられて、アメリカン・ボードの在日宣教師たちに対し、ジェーンズの無実のために、あらためて行動を起すように要請した。[20]

けれども、結果は芳しいものではなく、ジェーンズの弟子たちの失望を買うだけであった。とりわけ、浮田の不満は大きかった。離婚訴訟のさいには、宣教師は誰ひとり、ジェーンズを弁護しなかった。それに対し、「シカゴ事件」の時には、デイヴィスを始めスカッダー家を支持する者が「甚だ多く」いるのは不可解だ、というのである。

たとえば、モンゴメリーは『インディペンデント』紙で、ジュニアの無実を弁じている。ルーミスもまた、『ジャパン・メイル』で同種の主張を展開しているばかりか、ダントン家を誹謗さえしている、という。あげくのはてに、スカッダー父子は、これらの支持者を後楯に、ジュニアの性行には一点の瑕瑾《かきん》もない、と言い張ったうえ、あたかも「宗教上の殉難者となすが如き、自賛自愛の報告書」

を出して、シカゴを去った、と浮田は糾弾する。

実際、事件後三年にして、ヘンリーは他界したが、まるでこの事件はなかったかのように扱われている。この世に立派な業績と名声を残した「現代の偉人」のひとりとして、栄光に包まれたままこの世を去っているのは、不可解である、と浮田は見る。

浮田にしたがえば、このヘンリーこそすべての元凶であった。あたかも視界からゆっくりと消え去るように、ジェーンズが社会的に葬り去られたのは、「嫉妬深い老スカッダー博士の妨害」以外には考えられない。ヘンリーが恩師の離婚訴訟で押し通した強引なやり方は、「シカゴ事件」の際の対応と同じ根から出たものである。「精神的な窃盗」、「精神的な殺人」そのものではないか、と非難する。(21)

(三)の注

(1) *James*, pp. 219, 221, 225.
(2) Ibid., pp. 222, 225, 342 n. 35.
(3) Ibid., p. 222.
(4) Ibid., pp. 222～223, 224, 343 n. 42.
(5) 以上、ibid., pp. 221, 224.
(6) 以上、ibid., pp. 226～227.
(7) Ibid., pp. 226, 228～229.「ヂエンス先生」一一六頁、一一八頁。
(8) 以上、*James*, pp. 226, 345 n. 61.
(9) Ibid., pp. 227～228.
(10) 以上、ibid., pp. 228, 347 n. 76.「ヂエンス先生」一二〇頁。
(11) 以上、*James*, p. 228.「ヂエンス先生」一一六～一一七頁。三井久著・竹中正夫編『近代日本の青春群像』六〇頁、日本YMCA同盟出版部、一九八〇年。
(12) 『七十年の回顧』一〇二頁（傍点は本井）。
(13) 「L・L・ジェーンズ」一二五頁。ジェーンズのキリスト教信仰について詳しくは *James* の第九章（キリスト教）を参照。
(14) *James*, pp. 228, 230.「ヂエンス先生」一一九頁。
(15) D. Scudder to Rev. N. G. Clark, March 8, 1886, Niigata.
(16) 「ヂエンス先生」一一八～一一九頁。
(17) *James*, p. 231.
(18) Ibid., pp. 78～80, 阪田寛夫「ジェーンズ大尉」一〇七頁（『季刊創造』四、聖文社、一九七七年）。
(19) 以上、*James*, pp. 230, 346 n. 72.「ヂエンス先生」一二一～一二二頁。
(20) *James*, pp. 230～231.
(21) 以上、ibid., p. 230.「ヂエンス先生」一二四頁。

(四)　ジェーンズをめぐる女性たち

これまでの記述から明らかになったことは、ヘンリーやクラークの主張とはまさに逆に、「気が狂っている」のはジェーンではなく、妻のハリエットの方であった。とすれば、ジェーンズの「不義」は、夫人の単なる「妄想」にすぎないことになる。

それでは、ジェーンズの側に、誤解を招くような行為が一切なかったか、というとこれは別問題である。もちろん、夫人が告発するように、熊本時代に日本人女性が当局者からあてがわれたとか、密通の結果、性病にかかった、と見ることは許されない。けれども、来日の前後を通じて、ジェーンズが行くところ、女性問題がひき起されない方がむしろ珍らしい、というのもまた、否定できない。

ロビンソン（ネリー）

ジェーンズは生涯に三度、妻を迎えている。最初の妻はH・F・ロビンソン（愛称はネリー。Helen F. Robinson）といい、クエイカー教徒で富裕な商人の娘であった。ネリーは一八六二年十二月十一日にジェーンズと結婚した。二年後の十二月十五日に肺結核で他界している。

不思議なことに、ネリーについてはジェーンズがほとんど語っていないので、知られるところ誠に少ない。先に述べたことが、彼女に関するほとんどすべての情報である、と言っても過言ではない。これすらも、家族についての宣誓書を提出する義務上、ようやく説得されて、恩給の当局者にジェーンズが提出したものである。

ジェーンズは、親しいいとこ（アンナとスーザン）以外には、ネリーのことを口外してはいない。初婚に関する限り、公式の記録と言えども、彼はかたくなに記入を拒否する。ハリエットとの結婚をあげるにとどめる。F・ジェーンズがまとめた『ジェーンズ家』（一八六八年）には、ジェーンズの兄弟に関係する婚姻関係が、すべて正確に記述されながらも、なぜかジェーンズの結婚については、何の記述もなされていない。ジェーンズの息子（Elisha Paul）さえも、サンフランシスコでスカッダー博士の娘と結婚した、とだけ聞かされているにすぎない。(1)

なぜにネリーとの初婚を、これほどまでに秘そうとするのか。実に不可解である。いとこには例外的にその秘密を洩らしはした。が、その彼女たちにも、「ご承知のように、君たちにはネリーについてあまり多くを話してこなかった」と自身、述べている位である。

それではその分、ハリエットのことが多く伝えられたかと言うと、これまた逆である。通常は沈黙が守られた。ある時などは、ハリエットとネリーを比較し、後者の謙遜さ——熊本時代のジェーンズが、「神と其の妻（ハリエット）とを恐るる以外には、何者も恐れなかった」と言われたことを想起されたい——を好んでいることを示唆する手紙を、熊本からアメリカのいとこに送ったりしている。どこまでも疑問の残る初婚ではある。(2)

ネリーはジェーンズに大きな感化を与えた、とも言う。独身時代の彼は、軍人にありがちな「相当の放縦生活」を送っていた。が、結婚と同時に生活態度を一変させ、「全く清教徒的の人物」になった、と伝えられている。これはひとえにクエイカーの伝統の中で育てられたネリーの感化によるもの、と周囲には受け取られていた。(3)かりにこれが事実とすれば、ネリーの死によって、彼が「極度の惑乱」状態に陥ったことも、十分説明がつくのではなかろうか。

アンナとスーザン

アンナとスーザン（Anna B. Warner & Susan Warner）は、「ワーナーの姉妹たち」として、十九世紀のアメリカ文学界では、いずれもその名が知られた作家であった。妹のアンナは作詞家でもあり、讃美歌の「主われを愛す」（四六一番）は、日本でもよく歌われている。花岡山で、「花岡山バンド」が「奉教趣意書」に揃って署名した時、彼らは日頃の愛唱歌であるこの讃美歌を山上で歌った。ジェーンズが、生徒たちに好んで歌わせていたのであろう。生徒の中で、この歌の作詞家が、師のもっとも親しい女性のひとりであることを知る者はもちろん、誰もいなかった。

姉妹の父、H・ワーナー（Henry Warner）は、ジェーンズの叔父にあたるので、ジェーンズにとって、姉妹はいとこであった。ワーナー家はニューヨークからコンスティテューション島に移り住んでいた。そこはウェストポイント（陸軍士官学校）の真近かであったから、ウェストポイントの学生時代から、ジェーンズは、ワーナー家にたびたび足を運んでいた。(4)

この姉妹、とりわけ妹のアンナは、ジェーンズの人生に巨大な刻印を残した女性である。ジェーンズがアンナに急速に接近し始めるのは、ネリーの死後である。ネリーとの死別の寂しさ（同時に彼は「極度の惑乱」状態の中にいた）から逃れるために、と同時に、ネリーが残した赤児の世話を誰かにみてもらうために、ジェーンズがワーナー家で過ごす時間は、徐々に増して行った。彼はアンナの前で、ようやく心の平安を回復することができた。

アンナ自身も少くとも一時は、ジェーンズの子どもの母親代りを務めもした。彼女はジェーンズよりも十三歳、上であった。が、ふたりの間に愛情が芽生えたとしても、少しも不自然ではなかった。現にジェーンズは、当時「愛情」と「信頼」を彼女に「誓った」、とさえ回顧している。その内容は、おそらく結婚の約束を意味していたであろう。さらに、彼が西海岸へ行く前に婚約することが決まっていた、と解釈することもできよう。

しかるに、ジェーンズが西海岸で、再婚の相手に選んだのは、ハリエットであった。アンナとの約束は、どうなったのか。アンナとスーザンが、大きな衝激を受けたのは言うまでもない。(5)

ワーナ姉妹の研究者たちの間でさえも、ジェーンズの破約はこれまでまったく知られていなかった。のちにアンナは、ある短篇小説の中で、自分に似せた女主人公を登場させている。その主人公は、ながい婚約期間中のある日、自分の婚約者が他の女性と結婚したことを、新聞紙上で初めて知る。

ジェーンズの娘で作家のアイリス（Iris Janes）もまた、破約あるいは婚約破棄といったもめ事が、父親とワーナー家との間に確実にあったことを、証言している。(6)

それにしても、いかに先妻との子が重症とは言え、結婚したばかりの再婚者を連れ、ワーナー家（そこにはジェーンズの再婚により、もっとも傷つけられたアンナとスーザンがいた）にジェーンズが落ち着くというのは、誰の目にも不自然極まりない。

ジェーンズ夫妻は、いまやワーナー家にとっては招かざる客ではなかったか。前述したように、ジェーンズにヘンリーを紹介したのがアンナであることを想えば、一層その感が強い。スーザンはそれまで続けていた日記を、一八六七年十二月三十一日限りで「突然」中断している。ジェーンズが再婚する二日前であった。(7)

ハリエット

ハリエットとは再婚であった。出会いから結婚までが、なんともあわただしい。しかも、世をときめく「スカッダー博士の新教会」（前出）の娘にしては、あまりにも事がひそやかに進められたのが、妙に目につく。

最初、ヘンリーが娘の結婚に対して、必ずしも賛成でなかったことは前に述べた。熊本においては、「ヂエンス先生と其の夫人との不和、往々外聞に漏れ」たことも見た。ジェーンズは、勝ち気なハリエットにおさえつけられたからか、謙遜だった先妻のネリーを時にはなつかしみ、両者を比較することがあった。そのためか、家庭生活は、徐々に困難さを増し加えて行った。(8) 意見や気質の差に加えて、ハリエットが持病（子宮脱）をもっていたことも、ひとつの要因たりえたであろう。

ハリエットは熊本で二人の子を設けた。そのうちルイス（Lois Harriet Janes）は、ミシガン大学に在学中の一八九四年四月十一日に自から命を断った。理由は定かではない。両親の離婚でもっとも大きな苦悩を受けていたのは、彼女であった。思わぬ離婚の余波に、ジェーンズは衝撃を受けたはずである。

けれども、ここで付言しておきたいことは、あの離婚訴訟のさなかでも、そして判決が出されたあとでも、ジェーンズは決してハリエットを責めてはいない、という事実である。むしろ彼女には愛情を最後まで注いでさえいる。憎むべきは、娘の発言を病気のなせる技と見なかった父親のヘンリーである、というのであろうか。(9)

カティ（キャサリン）

ハリエットの妹、カティは生涯、独身であった。生来、病弱なため両親あるいは姉か弟と同居するのが、普通であった。

一八六九年、彼女は十九歳のおりに、メリーランドでジェーンズ夫妻（前年に結婚したばかり）と生活を共にしたことがある。ジェーンズはこの時、彼女に言い寄り、離婚訴訟で使われた言葉を借りれば「はれんちなプロポーズ」をした、というのである。ジェーンズは、プロポーズの件は強固に否定はしたものの、「一時的な興奮」から、「あまりにも親しすぎるふるまい」が一度あったことを、公判で認めている。そして、この件については、十分に謝罪をすませたこと、カティも彼も大いに後悔をしたこと、妻やヘンリーからは許しを得たことを、あわせて強調した。

カティが、このできごとを父親に告白したのは、なぜかこれより数年後の一八七五年になってからである。この時の告白は、後年に起きた姉の離婚騒動で、ジェーンズに問題行動があったことを、ヘンリーに信じさせるに十分な「証言」となったことは、否定できない。(10)

フローラ　Flora Oakley

ハリエットと離婚後九年にして、ジェーンズが三度目の結婚相手に選んだのが、フローラである。結婚は一八九三年七月二十四日のことであった。ジェーンズはすでに五十六歳、フローラは三十五歳であった。

フローラには身寄りがなかった。彼女は一八九一年にミシガン大学を卒業しているので、いずれも同大学に学んでいたジェーンズの子供四人のうちの誰かの紹介で、知り合うようになったもの、と思われる。ルイス（のちに自殺をした）を始め子どもたちはみな、ふたりの結婚を暖かく支持した。(11)

小崎弘道の尽力の結果、ジェーンズには第三高等学校の教授の地位が与えられた。彼は喜び勇んで、新婦のフローラと共に一八九三年九月に再度、京都に足を踏み入れた。

娘のルイスが、かつての両親の離婚を苦にしてか、自から生命を断った、との知らせが京都に届いたのは、翌春のことである。フローラは出産まぎわであったので、ことのほか不安を高めた。が、さいわい五月十六日には、男の子（Phil）を無事に出産した。(12)

四年後の一八九八年一月二十八日（一説には七月二十八日）に、夫妻はさらに女の子（アイリス）を恵まれた。フローラは三十九歳、ジェーンズは六十一歳であった。夫妻は一八九六年には鹿児島へ移り、一八九九年に帰国した。(13)

彼らが京都から九州へ転任するころ、デイヴィスはジェーンズに関する下品な噂を耳にしている。京都の有力紙のひとつが、名前こそあげてはいないが、明らかにジェーンズと分かる書き方で、女性問題をひき起したことを報じた、というのである。報道によれば、ジェーンズ（と思われる人物）がある日本人女性と恋愛関係に陥り、近く子供が生まれる。そこで件の女性の友人たちが、ジェーンズに補償を要求したが、父親になるべき者は金がなく、大いに困惑している。

「これが本当かどうか、私は知らない」と当のデイヴィスは補足している。しばらくのちの書簡で、デイヴィスはさらに次のように伝えている。ジェーンズ夫妻はあの報道事件以来、お互いに口をきいていない。ホテルの従業員も、そのことは確認している。

「歴史はくりかえす」のではないか、と心配している。このことは夫人が孤児であるだけに、とりわけ悲惨である、と。[14]

デイヴィスの懸念に反して、歴史はくりかえさなかった。ただ、帰国後の夫妻が、地域社会から受け入れられずに終ったことは、事実である。

帰国後のジェーンズを訪れた小崎によれば、「彼は何時も自国の非を挙げて攻撃する為、隣人等よりは偏人として待遇され、一人の友もなく淋しく世を渡られ、交際して居るのは近き葡萄園に働く一支那人と日本人、及村の牧師の三人丈であった」。[15]

ジェーンズは最後まで日本を三度《みたび》、訪れることを夢見ていた。が、ついに実現せずに終った。「われわれ家族みんなは、大変元気です。けれども寂しいのです。カリフォルニアでは、よそ者です。〔中略〕アメリカ、少くともカリフォルニアよりも日本の方が、故郷のような気がいたします」と「熊本バンド」に心中の苦しみを吐露する。この時、彼はかつての教え子たちに対して、自分をもう一度日本に招いてくれるよう最後の陳情を行なった。が、効果はなかった。

なぜ日本から招聘状がジェーンズのもとへ送られなかったのかは、謎である。そればかりか、「熊本バンド」のうち、誰ひとりとしてこの時のジェーンズの訴えについて、書き残している者がいない。さらについ最近まで、ジェーンズのこの手紙は、公表されなかったばかりか、これを受理したことを認める者さえ、ひとりもいなかった。これまた、不可解である。[16]

晩年、ジェーンズは不遇であった。最後の頼みの綱とも言うべき熊本時代の教え子たちからも見放された、と言うべきか。その兆は二度目の来日、とりわけ次に見る同志社での講演事件あたりにすでに芽生えている。

たとえば、宮川経輝は第三高等学校時代のジェーンズを最初の一年に四回（しかもそのうちの三回は、講演事件の前）訪問しただけで、あとは没交渉なのである。[17] かくして彼は、カリフォルニアばかりか日本においても、「よそ者」に一歩一歩近づきつつあった。

不遇な晩年を送ったジェーンズにとって、フローラは唯一の慰めであったはずである。彼女は都合六年間、夫に連れ添った。

一九〇九年、七十二歳の誕生日を迎えたその日（三月二十七日）、ジェーンズは地上の生涯を閉じた。死因は心臓病と老衰であった。フローラは、遺言にしたがって、夫の灰を子どもたちと林の中にまいた。[18]

ジェーンズの死を最初に知った日本人旅行者は、これより五か月後にジェーンズ家を訪れた宮川経輝であった。[19]

㈣の注

（1）*Janes*, pp. 58～59, 285 n. 16, n. 18.
（2）Ibid., pp. 58, 172.
（3）『三代人物史』五〇五頁。
（4）*Janes*, pp. 57～58, 332 n. 73.
（5）以上，ibid., pp. 76, 85, 90.
（6）以上，ibid., pp. 6, 90～91, 290 n. 7.
（7）以上，ibid., pp. 90, 286 n. 23.
（8）以上，ibid., pp. 89, 295 n. 66.
（9）以上，Janes, pp. 222～225, 258, 295 n. 66, 354 n. 3.
（10）以上，ibid., p. 222.
（11）以上，ibid., pp. 258, 347 n. 82, 353 n 37, 354 n. 3.
（12）Ibid., pp. 232, 258.
（13）Ibid., pp. 257, 258, 353 n. 37, 354 n. 5.
（14）Ibid., p. 353 n. 37.
（15）『回顧七十年』二〇一～二〇二頁。
（16）*James*, pp. 259, 260～261, 335 n. 12.
（17）「ジェーンズ大尉」一〇六頁。

(18) *James*, p. 268.
(19) 『基督教世界』一九〇九年九月九日。

(五) 離婚訴訟の余波

ジェーンズとスカッダー家とが、離婚をめぐって抗争したことは、日本にも波及した。その後、一方で「熊本バンド」とアメリカン・ボードとの、他方で「熊本バンド」とスカッダー家との対立を生むことになった。これは事件の余波としては、むしろ当然のことであろう。「熊本バンド」が同志社と組合教会に対して果たした圧倒的な役割を想う時、彼の離婚訴訟が日本キリスト教史におよぼした影響は、決して看過できるような小さなものではない。

「熊本バンド」（同志社・組合教会）とアメリカン・ボード日本ミッション

「熊本バンド」にとって、ジェーンズ夫妻の離婚訴訟とシカゴ事件は、スカッダー家への信頼をいっきょに失なわせる出来事であった。そればかりか、これらの事件に対して、在日宣教師たちが示した態度は、アメリカン・ボードへの不信を決定的にする契機ともなった。新島亡きあとの同志社と組合教会は、「熊本バンド」により指導されていたので、事態は同志社（組合教会）とミッションとの対立にまで発展した。

それでなくとも、一八九〇年を境に日本のキリスト教界は、社会的にはいわゆる反動期を迎え、苦境に立たされていた。したがって、この期のミッションは、国粋主義という外患に加えて、「熊本バンド」という内憂を同時に抱えこむことになった。

同志社とミッションとの抗争は、ジェーンズがその種を蒔いた。小崎弘道の周旋で京都の第三高等学校に職を得たジェーンズは、近くの同志社の学生たちから招かれて、三度にわたって学内で講演を行なった。彼は、壇上で生徒たちを「わが友」と呼びかける一方で、宣教師たちを「わが敵」と呼ぶほど、宣教師攻撃の激しい講演をくりひろげた。[1]

小崎は、宣教師に対するジェーンズの敵意は、例の離婚訴訟に起因する、とみる。

「ヂェーンスは此不幸（離婚訴訟）中、宣教師の同情、援助を得るであらうと思ったのに、彼等は却て敵なるスカッダア博士に同情し、ヂェーンスに対しては何ら友誼的書面を送らなかった為、彼等の偏頗を怨む事甚しく、自然之《これ》に敵意を挾み、攻撃する様になった」。小崎自身は、この事は「誠に不幸の至」である、と客観的に評している。[2]

第一回の講演のあと、デイヴィスは「戦闘はここに開始された」と宣言した。どこにあってもタカ派的なG・E・アルブレヒト――例の「北越学館事件」で内村鑑三と激突したのは彼であった――は激怒して、自らの辞任を強硬に主張した。

こうした宣教師たちの反対にあって、校内に「大悶着」（小崎）がまき起った。予定されていた四回目の講演は、中止された。それも、学校当局者――「熊本バンド」のひとり、市原盛宏が校長代理――が宣教師からの中止要求を聞き入れた結果ではなく、生徒たちがデイヴィスと協議のうえ、直接ジェーンズと談判して、はじめて中止が決まる、という有様であった。[3]

この事件から判明するように、ジェーンズと、彼のかつての教え子たちが要職を占める同志社当局とは、いうならば一心同体である。ジェーンズが宣教師に対して抱く憎悪は、「熊本バンド」にも当然のように伝染した。講演事件は、はしなくもこのことを露呈させた。

この講演事件は、宣教師の住宅地問題と並んで、同志社とミッションとの分離を決定的にした。それは、組合教会とミッションとの関係にも、影響をおよぼすこととなった。

組合教会がミッションへの依存から抜け出し、自給を決議したのは事件の翌年、一八九四年のことであった。さらに一八九六年には同志社はアメリカン・ボードと手を切り、独立を敢行した。宣教師（外国人教師）は全員、同志社を去った。「双方の間に意見の衝突を来し、精神上融和を欠いた」とは、当事者でもあった小崎弘道の回顧である。(4)

同志社の宣教師たちは、「熊本バンド」から自分たちに向けられた敵意を、早くからジェーンズの離婚訴訟と結びつけていた。たとえばO・ケーリが言うには、一八九三年初頭に開かれた教会会議で宣教師批判を展開したのは、ひとりの例外を除いて、すべて「熊本バンド」の伝道者であった。ケーリは、「熊本バンド」が最近にいたって、自分たちに対して抱き始めた「不快感」は、ジェーンズ——いまや「熊本バンド」の「偶像」——のことに直接に関係していることを、見抜いている。

デイヴィスもまた、同じころ、「「熊本バンド」の者たちとの話し合いを通して、自分たち宣教師に分かることは、ジェーンズ大尉の事が多くの場合、いたるところで紛争の底流となっている」ことである、と明確に「紛争」の原因の核心をとらえている。

したがって、宣教師たちがしだいにこう考えるようになるのも無理はない。ジェーンズの名誉を回復するために努力することが、自分たちと「熊本バンド」の悪化しつつある関係を、改善するひとつの方法である、と。(5)

「熊本バンド」とアメリカン・ボード北日本ミッション（スカッダー家）

「熊本バンド」とスカッダー家が、直接的に接触した例はまれである。が、いちどだけ北越学館の教頭人事をめぐって、両者は係りをもったことがある。

一八八七年十月十五日、「新潟の同志社」をめざした北越学館が、新潟に創設された。初代教頭には「熊本バンド」のひとりを新島襄が指名することになっていた。ちなみに同時期に仙台に開校した同志社分校の宮城英学校（後に東華学校）には、「熊本バンド」の一員である市原盛宏が初代の副校長に就任した。

新潟に対して新島は、まず海老名弾正《だんじょう》を推薦したもようである。海老名は前年の新潟第一基督教会の創立式典にはるばる東京からかけつけて以来、新潟をすでに二、三度訪れていた。それだけに、教会にとっては「熊本バンド」の中ではもっとも近い存在であった。

直接の交渉は、旧知のドレマスが行なった。ドレマスはパーム病院の閉鎖を決めるさいにも、海老名を相談相手のひとりに選んでいた。「スカッドルという宣教師（これは私に縁もある人であるが）が私に来て呉れと言った」と海老名は書き残している。「新潟に行けば待遇も良し」とあって海老名の心は大いに動いたが、すでに熊本行きを決心したあとだったので、この人事は実現せずに終った。

その後、海老名が「札幌バンド」の内村鑑三を推したので、ドレマスは在米の内村に招聘状をさっそく送った。内村は胸中、「一喜一憂」しながらも、「断然」、電報で拒否の返答をした。開校数か月前の五月末か六月始めのことであった。

夏になり、「熊本バンド」の横井時雄の名が挙がった。横井小楠の嫡子という、知名度の点でも学館にとっては大きな魅力であったはずである。招聘状は八月二十日に送られた。横井はこの時、同志社教員から熊本へ転任するはずであった。が、家庭内に不幸が重なったため、七月に義弟にあたる海老名が、身代りに熊本に赴任した。そして横井が上京して、海老名が転出した後の本郷教会の牧師を引き継いだばかりであった。したがって、横井教頭の可能性は、最初から極めて小さかった。結果はやはり否であった。

こうして教頭人事が暗礁に乗りあげたまま、開校一か月前となった。ドレマスは、「教頭の件は現在、まだ未解決で、あと二、三か月はそのままでしょう」と言わざるをえなかった。結局、彼の言葉通り、北越学館は専任の教頭を欠いたまま、開校式を迎えてしまった。

二年目の一八八八年に入って、原田助《たすく》に白羽の矢が立てられた。この年に同志社を卒業予定の原田は、留学の方を選択したので、新潟行きは実現しなかった。この年三月五日の彼の日記には、「新潟北越学館教頭ノ招聘ヲ辞退シ、愈々エール大学留学ノ件ニ関シ協議スル」とある。内村への招聘が、前年に引き続き再度なされたのは、この後のことである。紆余曲折の結果、ようやく内村の就任が決まった。[6]

難産の末ようやく誕生した内村教頭も、在任数か月で辞任した。いわゆる「北越学館事件」である。

内村が東京に舞い戻ったのは十二月十八日であった。二十一日にはドレマスは、館長の加藤勝弥と連名で新島に宛てて、「教頭のみ頼む」と後任人事の件で打電をした。三十日にも電報が打たれている。内容は、中島末治の後任の件と並んで、小崎弘道と協議のうえ、大至急、新潟に新教頭を派遣してもらいたい、返事は電報でトレマスまで願う、というものであった。[7]

年があけた一八八九年一月一日、加藤は新島宛ての書簡で、森本(松村)介石の名を後任教頭の候補者として初めてあげた。ところが、四日には加藤は、新島への電報で、「内村やめた。(どうぞ)浮田頼む」と別の候補者を指名する。十一日にも再度、「どうぞ、浮田、頼む」という同じ要請をくりかえし電報で訴えた。新島には加藤のこの要求は「法外之注文」であり、「浮田氏を差シ上クル事ハ決シテ出来」かねた。[8]

たとえこの要求が「法外之注文」でなくとも、指名された浮田和民自身が承諾することは、考えにくかったに相違ない。この数年間というもの、ジェーンズの離婚訴訟やシカゴ事件を通して、もっとも激しくスカッダー家を攻撃し続けた人こそ、浮田であったからである。熊本時代の恩師が「嫉妬深い老スカッダー博士の妨害」により、社会的な生命を断たれた不当性を、彼は執ように訴え続けていた。こともあろうに、そのスカッダー家と新潟で共に働くことなど、彼にはおよそ考えにくかったはずである。

可能性のない浮田の代わりに、新島は福島の綱島佳吉と共に森本介石を想い浮かべた。同時に、在米の小谷野《こやの》敬三の可能性をも探り始めた。

このうち最終的には、森本介石が二代目の教頭に就任した。[9]「熊本バンド」の名前は、何名かあげられたものの、今回も実現にはいたらなかった。候補者それぞれにもちろん事情があったことではあるが、人事交渉の背景に、「熊本バンド」とスカッダー家の敵対的な関係が介在していた。このことに思いおよぶ時、交渉の成立は、最初から至難の技であった。

小崎弘道とドレマス・スカッダー

とは言え、「熊本バンド」の中でジェーンズの離婚訴訟やシカゴ事件の余波から比較的に自由なのは、小崎弘道である。彼はできるだけ客観的な立場をとろうとしているように見える。そのことは、ジェーンズとスカッダー家のさまざまな摩擦にもかかわらず、彼がスカッダー家、とりわけドレマスとの交流を終生、維持していた一事からも窺える。

小崎とドレマスのそもそもの出会いは、定かではない。記録に残されている限りでは、小崎が東京第一基督教会（いまの霊南坂教会）の牧師に再就任したおりの式典が最初である。すなわち、一八八六年十一月十二日（ドレマスの来日は前年）、ドレマスは小崎の就任式で牧師への勧めを行なった。さらに同夜、両人は番町教会設立のための話し合いでも、席を同じくしている。[10] ドレマスが大切な式典の中でこうした役割を担うからには、両者の交流は、ドレマスの来日直後から始まっていたのであろうか。そうであれば、小崎には浮田に典型的に見られるようなスカッダー家への敵意は、最初から薄い、と見るべきであろう。

これより二年後の一八八八年十月、ヘンリーが東京に呼ばれて六回にわたる連続講演（前出）をしたおりのことである。ドレマスは高齢の両親に付きそって上京した。おりしも、ちょうどこの頃に来日した女性宣教師のM・F・デントンが、東京でこのドレマスと会う機会があった。[11] ドレマスは東京で小崎とも旧交を暖める機会に恵まれたはずである。なぜなら、この連続講演を企画したのは、小崎その人である、と考えられるからである。

小崎は当時、警醒社の責任者を兼ねていた。この出版社が中心となって講演会のための寄附金を募集した。彼は、池本吉治や竹越与三郎、江前義資と共に、募集広告に名前を連ねた。[12]

寄附金の第一回報告によれば、日本橋教会を始めとして、都内の教会（すべて組合教会以外である）ならびに会場での献金を合せても、なお不足が少々生じている。[13] 第二回の報告にいたって、初めて組合教会に所属する番町教会と東京第一基督教会からの献金が、記されている（ただし赤字幅は増大）。[14]

これらふたつの教会が、いずれも小崎と深いつながりのある教会であることは、言うまでもない。小崎は関係機関をあげて、ヘンリーのために講演の場を提供したことになる。ちなみに本郷教会の横井時雄が、初回の講演会のおり、祈禱を受けもったことは前に見た。

さらに一九〇二年の夏に小崎夫妻は、ハワイアン・ボードの招きで、ハワイ在住の日系人のために初めて巡回伝道を行なった。「此招聘はスカッダア博士〔ドレマス〕の斡旋による所が多かった。同博士はチェーンス夫人の弟にて、先年宣教師として来朝し、三、四年間、新潟に滞在し、北越学館の設立等に尽力した人であるが、其頃は布哇《ハワイ》伝道会社〔ハワイアン・ボード〕の幹事であった」と小崎は書き残す。現実にハワイアン・ボードは、小崎のために旅費を二百五十ドル支出している。なお、この当時、O・H・ギュリック（新潟ステーションにおけるドレマスの前任者）も、同ボードの「日本部の主任」であった。[15]

小崎はハワイから帰国した翌一九〇三年に、海外伝道のための伝道者を育成するために、自己の霊南坂教会の中に東京伝道学校を設置した。ハワイアン・ボードと移民会社から資金援助が得られたからである。ドレマスの貢献は、この面でも大きかった。この伝道学校は、設立五年にして廃校された。ハワイアン・ボードの献金が途絶えたことが、主要な理由である。[16]

小崎が一九〇五年七月（開校二年目）に作成した「東京伝道学校報告」（新潟教会所蔵）によれば、前年六月までに寄せられた寄附金は、次の通りである。

移民会社有志	一、一〇〇円
ハワイアン・ボード	九五〇円
霊南坂教会	二四円五六銭
老人会	一一円五〇銭
村井吉兵衛	一〇〇円

このうち、ハワイアン・ボードからの寄附金は、もっぱら奨学金と書籍代に充てられた。他からの寄附金は、教師の謝礼や交通費、

それに寄宿舎費、伝道所の経費に用いられている。「経費の一事は、始より頗る困難を極めたるも、幸に有志の同情と寄附により、今日に至る迄、壱銭の負債もなく、之を維持するを得たる」ともある。

寄附金のうち、移民会社有志とハワイアン・ボードからは、それぞれ毎年、六百円の献金が約束されている。小崎は、「今後も永く経〔継〕続するもの」と楽観的である。ドレマスが当初約束した献金が、なぜ数年にして中絶したのか。その結果、「資金を得る道がなかった為、布哇よりの資金途絶と共に廃校[17]」せざるをえなくなった。この理由は明記されてはいない。

おそらく、ドレマスがハワイアン・ボードを去り、ホノルルのユニオン・チャーチの牧師に就任したことが、関係しているのであろう。ともあれ、小崎とドレマスは、ハワイの日本人伝道にかける情熱の点では、好一対をなしている。

小崎がハワイ伝道に心おきなく出かけられるためにも、スカッダーは配慮を忘れなかった。小崎の留守中、霊南坂教会に木村清松《せいまつ》牧師（新潟県五泉《ごせん》出身）を送ったのも、ドレマスであった。「私に彼を紹介したのは、スカッダア博士と、姑なる岩村元子の両人であった」と小崎は書き残す[18]。

一九〇五年八月に、小崎夫妻は西海岸に住む日本人の伝道のため再び渡米している。今度はアメリカン・ミッショナリィ協会の招聘であった。「此紹介者は、前と同じスカッダァ博士であった[19]」。

見られるように、小崎弘道は「熊本バンド」の中では、もっともスカッダー家に近い存在であった。小崎はこの伝道旅行の途次、ライトにジェーンズを訪ね、旧交を暖めた。これが、小崎と恩師の最後の面会となった[20]。

㈤の注

(1) *James*, pp. 239, 243, 248, 252.

(2) 『七十年の回顧』一〇一頁、一〇二頁。

(3) *James*, pp. 239, 242, 248. 『七十年の回顧』一〇一～一〇二頁。

(4) 『七十年の回顧』九六～九七頁、九九～一〇〇頁、一〇二頁。

(5) *James*, pp. 232, 348 n. 5.

(6) 以上、「北越学館仮教頭・内村鑑三の誕生」七六～七八頁。海老名弾正「内村君と私との精神的関係」三二一～三二三頁（鈴木俊郎編『追憶集 内村鑑三』、淡路書房、一九四九年）。原田健編『原田助遺集』六二頁、私家版、一九七一年。

(7) 「新島襄と加藤勝弥」一一二頁、一一八～一一九頁。

(8) 同前、一二二～一二四頁。

(9) 同前、一二三～一二五頁、一二六頁。

(10) 飯清・府上征三編著『霊南坂教会一〇〇年史』一二六～一二七頁、同教会、一九七九年。

(11) F. B. Clapp, *Mary Florence Denton and the Doshisha*, p. 37, Doshisha University Press, 1955.

(12) 『基督教新聞』一八八八年一〇月三日。

(13) 同前、一八八八年一〇月二四日。

(14) 同前、一八八八年一一月四日。

(15) 以上、『七十年の回顧』一七五頁。『遊行する牧者』三二四頁。

(16) 『七十年の回顧』一八一～一八二頁。

(17) 同前、一八三頁。

(18) 同前、二一五頁。

(19) 同前、一九二頁。

(20) 同前、二〇〇～二〇三頁。

三、ジョン・T・ギュリック

――新潟英学史事始め――

今秋（一九八四年）、新潟市は日本英学史学会全国大会を迎える。「英学」とは、開国後の日本に英語を通してもたらされたさまざまな学問を指す。

そこで、この機会に、新潟に関係のあった英学者をひとり紹介したい。宣教師で進化論者のジョン・T・ギュリック（John Thomas Gulick）である。

多士多彩な一族

岩波の『西洋人名辞典』（増補版、一九八一年）には、ギュリックが三人並ぶ。ジョン、ルーサー、それにオラメルである。ルーサーとオラメルとは、われらがジョンの兄にあたる。

『来日西洋人名事典』は四人のギュリック、すなわち、ジョンとオラメルのほかに、ジュリアとシドニーをとりあげる。ジュリアは妹、シドニーは甥《おい》である。見られるように、一族は多士多彩である。

ギュリックの父母は、いずれもヨーロッパからニューイングランドへ渡った初期移民の血を引く、熱心なピューリタンである。なかでも父は、三十歳でミッション（アメリカン・ボード）からハワイ王国へ宣教師として送られ、ハワイ伝道に一生をささげた。

ギュリックは、父の任地・カウアイ島で一八三二年に誕生した。兄弟はほかに六人、姉妹はジュリアだけである。八人の子どものうち、ジョンを始めとして七人までもが、父のあとを追って、宣教師となる。さらに、オラメルとジュリア、それにジョンは新潟にも一時、住むことになる。

二十五年にわたった在日伝道

ギュリックは、ニューヨークのユニオン神学校時代、この地に来た岩倉使節団を見たことがある。また、日本に開国を迫るペリーやハリスの動きにも刺激され、日本に目を向けるようになった。

宣教師の任地として「日本かアフリカか」と迷った末、一八六二年四月に自給伝道者として来日するにいたった。キリシタンはいまだ禁制で、在日宣教師は八人にすぎなかった。

一年半後、父親と同じミッション（アメリカン・ボード）から正式に宣教師として中国へ派遣されるまで、横浜のS・R・ブラウン（のちに新潟最初の宣教師となる）の住宅である成仏寺に寄寓した。

中国とモンゴルで伝道すること十余年。一八七七年、神戸に転じ、来日中のオラメルやジュリアと一緒に働けることになった。以後、一九〇〇年にミッションを去るまで、在日生活は関西を中心に二十五年にもおよんだ。

進化論を再検討

ギュリックは、幼いころからハワイの自然の美しさに魅せられていた。チャールス・ダーウィンの著作に触れるや、島の陸貝（アカティネラ）を収集することに、異常な興味を示すようになった。十四歳で「午後のすべてを貝のケースの整理にあてた」、と書き残すほどの熱中ぶりであった。陸貝の研究を進めるうちに、彼は、島はもちろん、谷ごとに種が異なっていることに着目し、ダーウィンの進化論に再検討を加え始めた。

その結果、進化の原因として自然淘汰という外的要素をダーウィンは重視するが、隔離という別の要因も無視できないこと、生物の個体内部にも進化の要素が存在すること、などをギュリックはあらたに主張するようになった。

このふたりは、一度だけロンドン近郊のダーウィン宅で会ったことがある。一八七二年夏のことである。会見前、ギュリックからの手紙に対し、ダーウィンは病弱にもかかわらず、「当地であなたにお目にかかり、標本のいくつかを見せていただければ、大変うれしく思います」と答えた。

名誉理学博士号

「討論は、ダーウィンが私との会見を続けるために、夕食に誘ってくれたほど彼を魅了した」とギュリックは、のちに回想している。「会見の終わりに、ダーウィンは私に、自分ひとりの研究にとどめないように、と言って、『本にまとめろ、まとめろ』とくり返し勧めた」とも言う。

だが、ギュリックが進化論の研究に専念できたのは、六十八歳で伝道界を引退してからである。一九〇五年にようやく「種と習性との進化」をまとめることができた。その見解は、「宿命論や決定論を否定し、自己決定の要素が存在することを重視する、という点に特色があった。そして、これが、進化論のゆえに宗教を否定するのではなく、逆にその重要性を強調する彼の主張となってあらわれた」（渡辺正雄『日本人と近代科学』、岩波書店、一九七六年）。

一九二三年、肺炎のためホノルルで永眠した。生前、名誉神学博士号と名誉理学博士号が贈られていた。キリスト教と進化論の調和を目指した彼には、最もふさわしい学位である。

大阪から新潟へ

ギュリック一家が、大阪から新潟に転じた理由は、夫人によれば次の通りである。

「二人の宣教師の死亡と、メンバーのやむをえない移動のため、新潟のミッションは若い男やもめと赤ん坊、それに二人の独身女性だけとなりました。（中略）新潟のような隔てられた地に、そのような構成ではとてもミッションはやって行けません。だから私たちは、一時的にせよ、この地に来ることを申し出ました」。

一家は一八九〇年九月五日に大阪を発ち、信州を経由して十一日に新潟に着いた。

十四日の『新潟新聞』は、さっそく、「博士ギウリキ氏は、今閏及び令息令嬢を携へて、此度来港せられたり」と報じた。ちなみに、この「令息」（アディソン）は、後年、生物学者となり、父親の伝記〔本書六〇七頁以下を参照〕を残している。

ギュリックが来港する七年前、兄のオラメル一家と妹のジュリアが住んだ市内西大畑のパーム病院は、この時すでに解体されており、代わりに南山《なんざん》に新しい宣教師館が二棟、建てられていた。彼らはそこに入った。

北越学館での働き

「ジョンはここのキリスト教主義の男子校・北越学館で教え、いろいろの機会に講義をし、時々は説教もします」と夫人が伝えるように、ギュリックの主な任務は、教育であった。自身も、「日に三時間の授業と、外部の仕事をいくつかしています」と書き残す。

彼は、大阪では同系統（会衆派系）の泰西学館で英文法や英会話、討論を担当していた。新潟の授業も、ほぼ同様の内容ではなかったか。なお、両校で共通に教えた教師は、ほかに内村鑑三がいる。彼もまた、キリスト者にして生物学者であった。

ところで、北越学館では、時あたかも機関誌、『北光会雑誌』が創刊されようとしていた。創刊号（十一月）と第二号（十二月）には、「哲学博士ギュウリック」の寄稿「生物界の進化」が載った。さらに、翌年（一八九一年）の第七号と第八号にも彼の論考、「進化論と基督教との関係」が出た。

八号以外、現物が発見されていないので、これ以上のことは不明である。おそらく、彼の文章は毎号、ページを飾ったのではあるまいか。なにしろ、地方の学校が「哲学博士」を擁することは、大変な誇りであったから。

ロマネスとの交流

次に注目すべきは、進化論者のジョージ・ロマネスとの文通である。ダーウィンの教え子である、スコットランドのこの学者との交流は、新潟赴任前から始まっていた。両者は、一度だけロンドンで相触れる機会があった。それ以外は、文通が交際のすべてであった。

往復書簡は数十通にも及ぶ。短期の新潟時代だけでも、それぞれ四通ずつ書き送っている。なかでも、信仰と進化論の関係を尋ねられて、ギュリックが「キリスト教と理性的生活の進化」なる小論を新潟からロマネスに寄せたことは、注目に値する。

というのは、これが契機となったのであろう、ロマネスは二十年間も離れていた信仰に、立ち返ったからである。ロマネスの死後、『六合雑誌』（百七十五号）は、「ローマ子《ネ》ス博士の宗教思想に就きジョン・チー・ギュリキ氏の書翰」を紹介する。

新潟から大阪へ

ギュリックが新潟に赴任して八か月後の一八九一年五月二日に、後任のW・L・カーティス夫妻が、仙台の東華学校――同志社の「仙台分校」とも言うべきキリスト教学校――から着任した。その前日、ギュリックの送別会でも開かれたのか、北越学館の教師や学生たちとギュリックは、記念写真におさまっている。

その後、ギュリック家は新潟を引き揚げた。五月二十五日付で大阪からロマネスに書信を送付しているので、五月中には大阪の旧宅に戻った、と思われる。ただ、夫人によれば、六月に福島、仙台、日光を経て帰阪した、とあるので、場合によっては六月の可能性も残る。

いずれにせよ、新潟での滞在は、当初の予定通り短く、わずか八、九か月でしかなかった。そのため、ギュリックの痕跡は新潟ではきわめて薄い。

ギュリック研究の第一人者・渡辺正雄教授（新潟大学人文学部）は、アディスンのギュリック伝をすでに十数年前に翻訳済みである。出版を引き受ける出版社は、いまだにない〔その後、一九八八年にいたって、雄松堂出版から『貝と十字架　進化論宣教師J・T・ギュリックの生涯』として出版された〕。

ギュリックに対するこうした冷遇ぶりを身近に見るにつけ、英学史の一層の研究と普及が必要であることを痛感する。

四、医療宣教師・パーム
――帰国百年をめぐって――

一八七五年に着任

この一九七五年九月三十日は、T・A・パームが新潟を去って、ちょうど百年にあたる。

パームは、スコットランドのエディンバラ医療宣教会が、日本に派遣した医療宣教師である。新潟には、一八七五年四月十五日に着任。二十七歳の青年であった。以来、八年五か月にわたって、開港直後の新潟で、医療とキリスト教伝道に尽くした。

けれども、なにしろ一世紀以上も前のことである。彼の存在は、今ではほとんど忘れ去られている。

幸いなことに、彼の地のミッションの機関誌に、パームが新潟から母国に出した手紙が掲載されていることが、近年の調査で明らかになった。その結果、今では、かなりの程度まで、新潟での彼の事跡をあきらかにする道が開かれた。

ところが、である。こと、帰国の日程、とりわけ、月日に関しては、決定的な資料がなく、これまで諸説ふんぷんであった。

離日の日に関しては、先の資料に予定が明示されているので、推測が可能である。すなわち、一八八三年の十月十八日に横浜から出港し、ロンドンには十二月十三日に着港するはずであった。

現実の行程がはたして、この通りであったのかどうか。船会社や横浜税関の記録が失われているため、すぐには確認できない。が、先の機関誌上で、一八八五年春の記事と覚しき中に、「十八か月前に」パームは新潟を去った、と報じられているので、ほぼ予定通りの日程であった、と見なすことができる。

問題は、新潟を離れた日である。パーム自身が一切触れていないので、他の文献を渉猟《しょうりょう》する以外にない。ようやく最近にいたって、『東京毎週新報』（一八八三年十月十九日、二十六日）に次の一節を見出した。

「パーム氏には去月卅日、社寮丸にて神戸へむけ出発せり」。

パームが新潟を発った日が、一八八三年の九月三十日であったことが、これで確定した。興味深いのは、横浜へ直行せずに、神戸へ向かっていることである。社寮丸は、敦賀と新潟を結ぶ三菱の定期船であった。

わざわざ関西に立ち寄る必要があったのは、なぜか。後任の宣教師たちは、関西に拠点を置くアメリカン・ボードと呼ばれるミッションに属していた。パームは、とりわけ、神戸のO・H・ギュリックと最終的な打ち合わせをする必要があった。ギュリックは、この夏、下見のためすでに一度、新潟にパームを訪ねていた。

ギュリック側の資料によれば、パームが神戸のギュリック宅を訪れたのは、十月二日のことであった。パームは夫妻して、健康上の理由から帰国を望んでいた。ギュリックの目にも、パームはやつれはてていた。

ところで、パームの帰国は、正確に言えば、療養のための一時帰国であった。休暇を一年半、故国で過ごした後、パーム夫妻は、元気な姿を新潟市民の前に、再び現わすはずであった。

だから、家財道具や医療器具などは、そのまま残しての里帰りであった。病院の方は、助手で信徒の大和田清晴が、伝道の方は関西の宣教師たちが、留守中、それぞれ代行してくれる手はずになっていた。

行形亭《いきなりや》で送別の宴

けれども、その後、パームの休暇中に、予期せぬ出来事が生じてしまった。ミッション（医療宣教会）の理事たちとパームの間で、ある神学教義に関して、見解の相違が表面化した。このため、パームは同会を脱退せざるをえなくなり、日本への再派遣は、急きょ取り止め、となった。

そうした結末が待っていようとは、夢にも思わずに、新潟の人びとは、パームの帰国の日が近づくと、送別会を企画し始めた。先の『東京毎週新報』によれば、会はパームの伝道助手・陶山昶《とおる》をはじめ、数人が発起人になり、九月二十五日の午後四時から、西大畑のパーム病院にほど近い行形亭で開かれた。

発起人たちは、あらかじめ『新潟新聞』に広告を出し、有志の参加を広く募った。六十銭ほどの会費にもかかわらず、集う者は八、九十人にものぼった。

席上、信徒たちは、連名で「感謝状」をスコットランドのミッションに贈り、これをパームに託した。これによれば、パームから洗礼を受けた者は延べ百四人、治療を受けたものは四万余人にも達した、という。

「帰任」するはずが――

送別会から五日の後、パームは新潟を離港して、敦賀に向かった。そこから神戸を経て、十月十八日ごろに横浜から帰国した。

同行したのは、新潟時代に再婚した妻（イサベル・マリー）と一歳六か月になる娘（アグネス・マリー）、それに、家政婦である曽川志げという女性（不詳）であった。

帰国後は、まず帰省して肉親に再会し、のち、日本での経験を医学論文にまとめたり、ミッションのために働くことになっていた。

そして、休暇があければ、パームは、「愛してやまぬ日本」に当然、「帰任」するはずであった。

ところが、パームは、日本に戻れなくなった。新潟の信徒たち――「パーム・バンド」と仮称――には大ショックであった。ミッションへの嘆願も効を奏さなかった。

結局、新潟に残した家財道具は、後任者から送り返された。一部は、パームを助けた日本人（大和田清晴、陶山昶、真部俊三、菅井倉吉）に贈与された。ミルクを絞るために飼っていたヤギ四匹は、そっくり後任の宣教師に譲られた。

絆つないだ木村清松

かくて、新潟とパームとを結ぶ絆《きずな》は、突然、断ち切られてしまった。が、完全に、というわけではない。

その後、イギリスにパームを訪ねた新潟県人が、いたからである。五泉《ごせん》出身の牧師・木村清松《せいまつ》がその人である。実弟の岩村清四郎牧師が著した『基督に虜はれし清松』が、近年（一九八二年）、キリスト新聞社から復刊されたので、八面六臂《ろっぴ》の彼の活躍ぶりは、私たちに再び身近なものとなった。

木村は、一九二〇年の春、二度目の海外伝道旅行のため、横浜を出港した。

彼の『世界を旅して』によれば、この旅行の途次、彼はロンドン郊外の小村（ケント州アイレスフォード）にパームを訪ね、一晩、止宿している。

時に一九二〇年十月二十八日。今を去る六十三年前のことである。パームが新潟を去って、三十七年が経過していた。かつての青年医師は、すでに七十二歳であった。

ロンドン郊外で開業

帰国時のパームは、ミッションから離脱して、イギリス各地で医療に従事した。最後は一九〇六年からアイレスフォードで開業した。木村の目には、一介の「田舎医者」と映じた。パームは、近くの駅まで、一マイル半の道のりを自転車で、木村を迎えに出た。

ふたりは、おそらく初対面であろう。木村は、新潟の北越学館でキリスト教に初めて触れ、十七歳で入信。仙台神学校（今の東北学院）で押川方義《まさよし》の指導を受け、伝道者として立つにいたった。

したがって、木村から見れば、たとえ面識はなくとも、パームは偉大な先人であった。そればかりか、木村が終生、師と仰いだ二人の伝道者、押川方義と吉田亀太郎とは、かつて新潟でパームの指導を受けながら、パームを助けたことがある。

この夜、パームは孫弟子とも言える木村を相手に、「霊的な話」を繰り広げた。また、かつての同労者である押川や吉田、それに石黒（忠一郎）や稲沼（不詳）のことをしきりに尋ねたりした。

なかでも、押川が話題の中心であったろう。彼は、これより先、パームを前任地のウィグトンに訪ねてさえいる。一八九〇年の冬、と思われる。現在、県北の中条《なかじょう》教会（日本キリスト教団）に残されているパームの家族写真は、この時、押川が持ち帰ったものではなかろうか。

押川はパームを訪ねて、次のような会語を交わした、と伝えられている。

「先生、もう一度、日本においでになりませんか」。

「もう日本もすすんできましたから、わたくしを要することはないでしょう」。

尽きぬ日本の思い出

木村の訪問は、押川のパーム訪問から、三十年後のことである。おそらく押川の勧めがあったのではなかろうか。

木村の訪問記によれば、パーム家の室内には「貧弱な日本品」が飾られていた。行形亭での送別会で贈られたはずのせんべつ品であったのか。

また、パームは「古い日記」を持ち出して、新潟時代のことを得意そうに話し続けた。彼の生涯にとっても、新潟の八年半は、光まばゆい日々であったに違いない。

家族は、昔と変わらぬ三人で、妻も娘も健在であった。新潟では、生後間もなかった娘は、三十八歳になっていた。未婚のため、猫をわが子のようにかわいがっていた。

名ごりは尽きなかったが、翌朝、木村はパーム家を辞した。別れに際して、写真を数枚撮った。惜しいことに、木村清松『世界を旅して』（警醒社書店、一九二一年）に収録されたもの以外は、今はすべて変色している。パーム家の三人は、客人を駅までそろって見送ってくれた。

家財などの遺品は散逸

それより八年後。パームは、七十九歳で没した。妻も、半年後に不帰の客となった。八十三歳であった。

娘のアグネスは、その後も独身を貫いた。一九七二年、九十二歳の折、新潟からひとりの訪問客を迎えた。蒲原宏氏（県立ガンセンター新潟病院副院長）である。

彼女にとっては、五十二年ぶりの越後ゆかりの客人であった。この時の会見記は、以前、新聞（『新潟日報』一九七二年十二月一、二日）に掲載された。

両親をしのぶ品々は、二枚の写真を除いて、娘によってすべて処分されていた。新潟から送り返された家財はもちろん、「貧弱な日本品」も「古い日記」も、いずこにか散逸したままである。

今は、その娘も他界し、すべては沈黙のかなたへ追いやられてしまった。パームが帰国して、百年という歳月が流れたのである。

第3部　資料紹介(ミッション年次報告)

第1章　京都ステーション年次報告
（1876年～1891年）

第2章　北日本ミッション年次報告
（1883年～1893年）

第一章　京都ステーション年次報告（一八七六年〜一八九一年）

一、はじめに

（一）凡例

・この資料は、同志社大学人文科学研究所・第三研究「アメリカン・ボード宣教師と日本社会（一八六九年〜一八九五年）」班の例会（二〇〇三年六月二十七日、啓明館）において発表した際のレジュメ資料である。
・発表題は、「京都ステーション年次報告から見た京都ステーション」。アメリカン・ボード京都ステーションの設置から新島襄の死去直後に至る十七年間（一八七五年〜一八九二年）の消息について、京都ステーション英文年次報告（Annual Report）に基づいて、紹介をした。ただし、一八九一年度の報告は、所在不明のために、欠落している。
・英文年次報告の全訳でも抄訳でもなく、内容紹介を第一義にした。
・年次報告の本文で取り上げられている事柄については、記事の長短にかかわらず、少なくとも事項（見出し）として列挙した（ただし「東京・東部セクション」や同志社記事については例外あり）。
・表（統計）は省いた。
・要するに記事索引的な要約である。したがって、論文等に引用の場合は、原文に当たられたい。
・＊＊は解読不能、もしくは原文やコピーの脱落箇所を示す。
・第八〜十一年度（一八八二年〜一八八六年）はステーション年次報告に代えて、アメリカン・ボード年会報告にある「日本ミッション」中の京都ステーションの部分を紹介する。
・第九年度（一八八三年〜一八八四年）に関しては、日本ミッションの議事録をもあわせて紹介する。
・この時期の年次報告中のキリスト教伝道や教会記事に関しては、拙著『京都のキリスト教』（同朋舎、一九九八年）で、かつて部分的に本文を訳して、紹介したことがある。

（二）京都ステーションの特色

・年次報告記事に見るミッションの意図と特色
ミッションは、京都に何を期待したのか
京都ステーションの特色
①内陸部に伴う諸問題（宣教師の居住、旅行パス、学校設立主体）
②学校主体（男子普通学校、男子神学校、女学校、看護学校）
③地域社会（伝統社会）、他宗教との軋轢
④新島襄
⑤医療伝道
⑥府庁の姿勢
⑦大所帯
⑧学園教会

（三）主な記事内容

・記載されているもの
人事・動向（健康）
伝道①（市内―ステーション・ワーク）
市内四教会
自給問題

学園教会（京都第二教会、すなわち同志社教会）
伝道②（府内―アウト・ステーション・ワーク）
北部　亀岡、宮津など
南部　伏見、八幡《やわた》、淀など
伝道③（府外―滋賀、北陸、関東）
滋賀　大津、彦根、八日市、長浜、近江八幡《はちまん》など
北陸　敦賀、福井など
群馬　安中《あんなか》教会など
東京　霊南坂教会、番町教会、本郷教会
他教派の動向
教育（同志社関係校など）
福井　英学校計画（feeder）
自給問題（奨学生）
その他（オルガン、医療伝道、公開講演会など）
・記載されていないもの
京都博覧会など

二、一八七五年（第一年次報告　一八七五年六月～一八七六年五月）

（一）年間の顕著な出来事
学校の開校、宣教師の居住許可――　J・D・デイヴィス（一年）、D・W・ラーネッド、（三年）、W・テイラー（三年）。

（二）学校設立運動と宣教師の入洛
経緯
O・H・ギュリック（一八七二年～一八七四年に山本覚馬と接触）、M・L・ゴードン（山本覚馬へ『天道遡原』）、新島（一八七五年夏から居住、夏に文部省で田中不二磨と交渉）、槇村正直（学校を認可し東京政府に請願、一八七五年九月）、J・D・デイヴィス（十月に東京政府から一年間の居留許可、E・T・ドーン夫人と十月二十一日に入洛）。
開校と宣教師居留に対して仏教徒、神道家（総数約一万二千人）が東京政府に陳情、京都の政情不安を懸念する中央政府は田中、槇村を通じて「当分、校内の聖書講義は禁止」と通達、槇村正直「聖書講義は私宅では可。比較宗教学を始め道徳科学の授業は可」、D・W・ラーネッドとW・テイラーの入洛許可は遅延（三月二日に東京政府へ申請、三月八日許可）。
新島、山本覚馬が聖書授業に関し誓約した結果、D・W・ラーネッドとW・テイラー（F・A・スティーブンスも）の居留（三年間）が許可。W・テイラー（三月十六日入洛）、F・A・スティーブンスは大阪残留、D・W・ラーネッド（四月一日入洛）、A・J・スタークウェザー（四月十日入洛）。

（三）男子校
開校
十一月二十九日。校舎は借家。生徒八人中、信徒は七人。順調な発展。現在、寮生二十六人、通学生もほぼ同数。
キリスト教活動
寮生のほぼ全員と通学生の多くが、最初から多かれ少なかれキリスト教に関心、毎週、教師宅（複数）で日曜礼拝と祈禱会（ほぼ全員が定期的に参加）、祈禱会の際には聖書類を校内で販売、売れ行き好調。
授業
新島宅で毎日、「共観福音書比較検討《ハーモニー》」授業（二～十八人）、ほぼ修了。J・D・デイヴィス宅で毎日、「ヘブライ人への手紙」、

「ガラテヤ人への手紙」から「テサロニケの信徒への手紙（二）」の授業（十人～十二人）。「キリスト教証拠論」を含め、道徳科学の授業は校内で毎日実施。

E・T・ドーン（十二月に着任）が、英語クラスで旧約聖書史を *Live upon Live, Precept upon Precept* を使って教授。その他の教科―E・T・ドーンが声楽の授業（日本初）、初歩的な洋学の授業を新島襄、J・D・デイヴィス、W・テイラー、D・W・ラーネッドが担当。

（四）市内伝道

新島（自宅で夏に礼拝を日曜午後に開始、当初の日本人会衆は五、六人、現在は約五十人）。J・D・デイヴィス（自宅で十一月中旬から日曜午前に礼拝。当初の会衆は五、六人、現在は約八十人）。E・T・ドーンは、アメリカ公使の斡旋で博覧会開催（三月十六日から百日間）中の居留が許可、三月に市内東部に借家し、日曜午前に礼拝開始、現在は日本人十五人～四十五人。

僧侶の反対でキリスト教への関心が高まり、冬季には礼拝や祈禱会への参加者増加、千人以上で知識人が過半、トラクト類は千五百部以上配布（一度に一、二部）、日本語の福音書、中国語訳の新約聖書、『天道遡原』を校内で多数販売・貸与、冬には市内八軒の主要な本屋が、聖書類を数千部販売。

御所で博覧会（三月に新島襄が聖書展示の許可をとる、米国聖書協会のL・H・ギュリックが、四十か国語の聖書を確保、同志社学生が連日、千五百人の見学者に説明）。

（五）聖餐式、洗礼式、結婚式

一月二日に市内初の聖餐式と山本八重の洗礼式（参列者は約五十人）。

一月三日、新島と八重の結婚式（参列者は日本人約三十人）。

（六）医療伝道

W・テイラー（別途に医療報告。彦根で医療伝道開始、初回は約百人、費用は現地負担）。

三、一八七六年（第二年次報告　一八七六年六月一日～一八七七年六月一日）

（一）執筆者　D・W・ラーネッド

（二）年間の顕著な出来事

市内最初の教会を組織。トレーニング・スクールの最初の校舎建築。京都女学校〔同志社女学校〕開校。

（三）トレーニング・スクール〔同志社英学校〕

一年前はわずかに寮生三十人、仮校舎、恒久な校舎建築への不安、学内組織化は未着手、生徒にカリキュラムの観念無し、聖書クラスは二組のみ（ひとつは週一度の神学講義）、聖書クラスは校外の教室〔三十番教室〕、今の変化、昨年のミッション年会で校舎新築を許可、ミッション年会から戻ると、J・D・デイヴィスが図面を引く、六月十五日に建築契約、六月二十日に整地、九月十二日に竣工、十八日に献堂、W・テイラーが夏中、工事監督、総工費は校外の建物を含めて約三千二百円、装飾無しの実質的建築、すでに寮生は定員に近い、西南戦争がなければ、収容力は大きかろう、早急に建増しが必要。

聖書規制は撤廃されず。新島名義の建物があるので規制はないも同然、聖書クラスは五組、ほかにJ・D・デイヴィスの神学クラス、カリキュラム整備の結果、ほぼ全生徒がクラス分け、授業(recitation)は定期化・迅速化、ジェーンズの学校の卒業生に授業を委託して、我々の負担は軽減、科学・英語部門はできるだけ英語を使用、教科書はすべて英語、生徒も英語に慣れられる、聖書・神学クラスは依然として（今後も）日本語、説教では大衆に分かる日本語を使うよう生徒を指導、届いたばかりの教科書は大助かりで値段も適当、トラクト協会から図書室用書籍が贈呈。

年間の総〔延べ?〕寮生は八十五人、先学期の生徒数は六十四人（普通科四十八人、特別神学科十六人、無所属八人）、奨学生二十一人が種々の仕事、予期せぬ発展で余分の出費が今後必要、約三十人が伝道志望、四十三、四人が教会員、その他の大半も信徒、二十五人が定期的に説教。

（四）女学校

十一月に生徒二人で女学校を開校、すぐに熊本から二人、現在は寮生七人（熊本二人、伊勢二人、京都三人）に通学生四人、A・J・スタークウェザー「生徒は学業、信仰とも進歩、日本語を読めなかった生徒も『ヨハネによる福音書』がすらすら読める」、新島八重、J・D・デイヴィス夫人、D・W・ラーネッド夫人に授業を助けてもらう。A・J・スタークウェザーが全責任。

同志社カンパニーによる女学校開校は二、三週間で東京政府から許可取得、A・J・スタークウェザーを助けるミス・ダイヤー(Dyer)の赴任を待望、J・D・デイヴィス宅は広いが、本校舎が必要。

（五）市内伝道

十一月二十六日、十二月三日、十二月十日に三つの教会を設立、広がりと責任の点から三箇所（間隔は約一マイル）に分散、十二月十七日の合同礼拝には宣教師も参加、三つの教会はいずれも日曜午前に礼拝、月曜夕方に求道者会、火曜夕方に祈禱会、二つの教会で日曜夕拝と日曜学校、三つの教会は第一月曜夕方に伝道集会（missionary concert）と年二回、合同礼拝（聖餐式）。

教会組織時の総会員は六十一人（受洗三十二人、熊本での受洗十六人、転入十三人）、現会員は六十四人（女性十人）、自給が理想、会員は日本人仮牧師を立て、必要時には宣教師の助言を受けて運営、礼拝献金（青年の出張伝道費に充当）を実施、四月に中国飢饉のため、最近は西南戦争のために特別募金、過去五か月の献金累計は五四・〇五ドル。

三つの教会以外にも、J・D・デイヴィス邸で日曜午後に礼拝、以上の四か所の礼拝は暦（無料のチラシ）で宣伝、その他、J・D・デイヴィスやW・テイラー、青年が市内各地の多数の私宅で説教（出席者は時に四十人以上）、現在の市内説教所は二十五、週一回の女性集会（八重や女性宣教師が指導）が四カ所、J・D・デイヴィスは月に一回、教会員から伝道消息を聞き取る。

（六）地方伝道

八日市（大津から三十マイル）、彦根、大津、亀岡（丹波）、伏見の五か所で定期集会（月一回以上）、彦根が最有望で費用の一部は現地負担、前回は五回の礼拝、うち二回は同地の生徒のため（教師が参加を奨励し、報告《レポート》を課す）、同志社生徒による丹波、奈良、琵琶湖周辺、伊勢、敦賀への休暇伝道に約二十人が参加、費用は聖書協会、次の夏季伝道はより長期化。

（七）その他

最上級生はなお二年在学、彼らの雇用方法は来年、慎重討議が必要。

市内初の日曜学校が七月九日に開設、公立小学校は日曜休業にあらず、秋に夕拝の前に子ども集会開始、現在三組、二十五人から五十人。他に小規模の子ども集会が二つ、毎月の礼拝予定表が二か所で公示。

オルガンが到着、A・J・スタークウェザーが活用。遺憾な事がふたつ、①ドーン夫妻が離任、音楽や聖書の授業、説教、人格で生徒に感化、②医療活動が中断。

四、一八七七年（第三年次報告　一八七七年六月〜一八七八年六月一日）

（一）執筆者　D・W・ラーネッド

（二）スタッフ人事

一八七七年十月にH・F・パーミリー、J・ウィルソンが着任し、暫定のパスポートで居留、正規のパスは取得できず、W・テイラーは医療行為を府庁に反対され辞職し、離京準備中、残るはJ・D・デイヴィス（一八八一年秋まで）、A・J・スタークウェザー（同）、D・W・ラーネッド（来年三月まで）、D・W・ラーネッド夫人は年間病弱、J・D・デイヴィスとW・テイラーは子どもの重病（今は回復）で疲労。

（三）トレーニング・スクール

ミッション年会の投票で決まった新築の校舎〔第三寮？〕はすぐに満杯、工事費と備品費は一二五〇円、外部献金（九八・七五円）は岡山一三・五〇円、二年生一三・五〇円、彦根一二・五〇円、大阪二八円、京都の教会四一・二五円。

寮の収容力は百余人でほぼ充足、生徒百九人（寮生九十八、通学生十一）、学年別（聖書組十六人、四年六、三年八、二年二十七、一年四十六、不定六）、出身県二十一（滋賀三十二人が最多）、過去五か月間にミッションから四七〇・六〇円（三三八・五〇円は教師給与）。

（四）学校

〔W・S・〕クラーク学長らから百ドル相当の本が寄贈、十一月にようやく土地購入、翌月、校舎工事、まもなく竣工、今は工費不明。

生徒数十四（寮生十三、通学生一）、順調な発展、特に信仰面や学業面、

（五）ステーション・ワーク（市内三教会）

教会三、牧師〇、統計表（会員八〇、増加二五、減少八、献金九九・一八、仮牧師・市原盛宏、新島襄、森田久万人、ミッション補助・W・テイラーが第三教会担当）。

第三教会はE・T・ドーン宅から九月に都心に移転、反対した周辺住民は今では出入り、同教会に三九・五〇ドル貸与（一〇・一三ドル返済済み）。

第二教会（新島宅）、第一教会（D・W・ラーネッド宅）は寺町今出川に会堂を借家、十ドル貸与（五ドル返済済み）、現在家賃は自弁、聖餐式以外、宣教師から独立、J・D・デイヴィス宅（一月に移転）や市内数箇所でも定期的説教。

（六）アウト・ステーション・ワーク

教会一（安中、会員三十、男二十二、女八）、海老名弾正（現住）の尽力で四月に組織、他に大津、彦根、八日市、亀岡（丹波）に毎週伝道師、大津伝道は有名故、省略、他も順調、彦根と亀岡にキリスト教系会社設立、彦根では宣教師が行かなくても八十から百人が日曜礼拝に、来年には教会。

五、一八七八年（第四年次報告　一八七八年六月〜一八七九年六月一日）

（一）執筆者　D・W・ラーネッド

（二）教師の赴任（府知事の反対）と働き

H・F・パーミリー、J・ウィルソンの入洛を知事が拒否、全員退去に発展か、知事は秋にやや軟化、M・L・ゴードンの滞在(十一月、十二月)を許可、一月に拒否、D・W・ラーネッドのパスポート延長問題に波及、新島襄が外務省へ陳情、省内に同志社への誤解(新島が解く)、二月に許可(一八八四年三月まで)、M・L・ゴードンのパスポートを再度、申請(未回答)。

とにかく人手不足(同志社と日本語学習で手一杯)、女性宣教師は女性のためにいい働き、J・D・デイヴィスと新島が彦根と八日市へ二回出張、新島襄は安中へも、新島は頭痛、D・W・ラーネッド夫人は夏に函館で療養、他は健康。

(三) ステーション・ワーク(市内三教会)

教会三、牧師ゼロ、会員数七十四、増加十、減少十三、献金八三・一三、第一教会(自給)、第二教会(新島宅の移転で好立地)、第三教会(ミッションが経済支援)、総じて沈滞。

女性伝道に指導者が必要、宣教師夫人とA・J・スタークウェザーが努力するが、伝道対象の女性が多いわりには時間不足、最近第三教会関連の仕事が有望、そのための伝道師が望ましい、学生が暫定的に働くが時間不足、学生は三分されて信徒と伝道、学生と市内信徒を別々の教会に組織すべき、との意見が広がり反対し難い、第二教会(将来は学校チャペル)に学生を集中させ、市内信徒は第一と第三に、との提案、一方では学生伝道に好都合、他方では市内信徒の責任意識向上、役人が第一教会の礼拝を偵察。

(四) アウト・ステーション・ワーク

教会三、牧師二。明細は安中(四十六人)、彦根(十一人、本間重度)、八日市(九人、須田明忠)。安中伝道は新島襄が開始(一八七四年十一月)し、三十人位の集団結成、うち八人が現会員、海老名弾正が行くまで新島の書簡と本が手引き、一八七八年三月に三十人で教会組織、昨夏に市原盛宏が二か月滞在し、女性二人を女学校に連れて帰る。

八月に八日市の会員が＊＊＊〔判読不能〕。我々の学校の生徒が一八七六年十二月に八日市伝道開始、以後不定期的に継続、W・テイラーも医療伝道、五月に最初の受洗者(W・テイラーが瀕死の病人に授洗)、須田明忠(第一期入学生)が冬に赴任、経費は地元民と伝道会社が折半、まもなく八人(W・テイラーの授洗者を含む)で教会を組織、日野も伝道者が居れば有望。

六、一八七九年(第五年次報告 一八七九年七月～一八八〇年五月一日)

(一) 執筆者 D・W・ラーネッド

(二) スタッフ人事

M・L・ゴードンに居留許可、九月に入洛、H・F・パーミリーは暫定パスポートで一冬滞在、知事が彼女の居留に反対、新島襄がA・J・スタークウェザーのパスポート延長(女学校での勤務)を含めて東京で交渉。

今年の分担は昨年同様、H・F・パーミリーはパスポートがないので授業は無理だが、説教法の指導に貢献、J・D・デイヴィス(中国へ転地して回復)以外は健康。七月に政府が資金問題で新島に警告、実は二年前に政府が直接に、又間接に(スパイを使って)問い合わせてきた事柄、噂だけで萎んだ。

この危機の副産物として、ステーション費用は現在(アメリカン・ボードやミッション会計を介す代わりに)、A・ハーディと新島襄を通して送金されてくる賃料(rent)へ、この変化は実質的よりも形式的だが、有利、新島を信頼、A・J・スタークウェザーのパスポートは、J・D・デイヴィスのパスポートに含まれるので、来秋までは居留可能。

（三）ステーション・ワーク（市内三教会）とアウト・ステーション・ワーク

市内教会三（会員百一人、年間受洗者二十三人、献金一〇九・六八ドル）、アウト・ステーションは亀岡、八日市、彦根、安中、東京、牧師四。東京の教会（九人が十二月十三日組織、小崎弘道を牧師に。移転、小崎がYMCA組織）、安中教会（海老名弾正が十二月七日受按、病弱、生徒が援助中）、彦根（変わらず）、

（四）学校（トレーニング・スクール）

教師七人（新島、外国人三人、日本人三人）が週会で調和的に運営、組織的にも人的にも充実、生徒も進歩、特別援助金で化学・哲学備品を購入。

宗教面では残念な事に二人が罪で退学、宗教に無関心な生徒も、二、三人が退学の気配、大勢が自発的に福音、使徒書簡、旧約聖書のクラスに毎日出席、生徒十一人が教会に入会、十人ばかりが級友の指導のため連日正午に祈禱会、昨年の課程変更の結果、今年は神学生不在、我々の力は英語・科学授業に集中。

昨秋に体育館、週一回の軽体操の授業、選択だが大勢が受講、卒業式会場に好適。

三か月の特別聖書・神学コース（今学期）に二十八人（五人が伝道師）。岡山五人、京都四人、神戸三人、三田《さんだ》二人（一人は明石の仮牧師）。

その他六人、J・D・デイヴィスが神学、M・L・ゴードンが音楽と説教、D・W・ラーネッドがローマ書、新島が「ヨハネによる福音書」を担当、その他地質学。

トレーニング・スクールの経費（一六七一・一〇ドル）、内訳は教師四一三・八〇ドル、雇用人二九五・二〇ドル、修繕費等二一四・四〇ドル、建築費六五三・七〇ドル、書籍九四・〇〇ドル、授業料（三一九・三〇ドル）を超える出費六〇四・一〇ドル、食料費の値上がりによる寮費改訂は生徒に打撃、賄い人の供与は学校支弁。

七、一八八〇年（第六年次報告　一八八〇年五月〜一八八一年五月一日）

（一）執筆者　D・W・ラーネッド

（二）メンバーの動向

平安な年

昨年は学校に関し、変革と妨害がない初めての平安な年、従来は敵対的な知事の干渉を懸念したり、学校の根本的な変革に振り回される、一昨年は新島が十年刑で投獄の危険性。

J・D・デイヴィスの休暇

J・D・デイヴィス（六月に疲労困憊）が休養のため一月に家族とスイスへ、この四年間の働き（当初は独り、今は最年長者としての責任、最初の神学科の指導）で過労、中国や日本では疲労回復は無理、二、三年間かける根本的な変化が、健康な復帰には必要、彼の長期休暇中に学校の責任と神学授業を分担して、復帰後も彼の負担を軽減したい。

居留パス

A・J・スタークウェザーのパスポート更新とH・F・パーミリーのパスポート許可が実現、知事は反対、だが中央政府（Council of State）が許可、知事〔槇村正直〕は最近転出、後任者〔北垣国道〕はよりリベラル、公立小学校を日曜休業に、日曜

学校に有益、

（三）学校（トレーニング・スクール）

我々の主力は学校、M・L・ゴードンは心理学、神学、キリスト教証拠論、算術、生理学、福音書、修辞学を担当、それ以外にルカによる福音書の注釈書執筆と仏教研究、彼は夏休みに安中と東京の教会訪問。D・W・ラーネッドは政治経済学、自然哲学、歴史、使徒書簡を担当。新島襄は秋に地方伝道（岡山、四国、九州）、冬も希望したが公務のため不可、春は神学科で福音書、詩篇を受け持つ。

生徒総数百二十、特別神学科二十、英語科九十（一年生二十八、二年生十二、予備組四、三年生十三、四年生十五、五年生十八）、神学科の一八七九年卒業生中、牧師は四、教師（ミッション・スクール）が六、伝道師三、残り三（帰省して熊本で働く、学業継続、その他）。

去年六月に英語科〔余科〕から初の卒業生四人、来る九月まで丹波や鳥取で伝道して、神学科入学を待つ、一人は未信徒（今は京都で聖書を勉学中）、来月（六月）英語科の卒後生十八人、一人以外は信徒で伝道志望、前年の卒業生と合わせて神学科（最初の正規組）に。

教科分担はJ・D・デイヴィスが神学と歴史、M・L・ゴードンが牧会神学と算術、心理学、地理、福音書、修辞学、生理学などD・W・ラーネッドが政治経済学と自然哲学と教会史、使徒書簡、三人の日本人教員は英語科の初、中級を担当、交代で一期毎に伝道、が事故で今年は実行不可、今年の卒業生中に一、二人教師候補。

今年の教務はすべて順調、校内に伝道心、聖書研究心が横溢、物理学の授業に好都合な哲学（philosophical）装置を購入、生徒・教師用の書籍増加、学校経費は年間一一八八・三五ドル、授業料収入二三二・三〇ドルを引いた差額九五六・〇五ドルはミッション負担、経費内訳は教師四四三・〇〇ドル、＊＊一二六・〇〇ドル、生徒雇用二五七・六〇ドル、税他二二四・〇〇ドル、特別改善一三七・七五ドル。

日本人教師が市内で毎月、公開講演会、毎回数百人、講師は数名（新島襄、澤山保羅《ぽうろ》を始め日米教員と市外の一、二人、上級生、大阪の宣教師）、講演目的は市民啓発と学校の働きの紹介、学校の歩みを振り返ると、校舎新築と熊本生徒の入学（一八七六年九月）まで組織化、この五年間で学校の性格が確立し、名声が国中に広がる。

最初の卒業生や神学科以外にも各地で伝道に従事する中退青年が多い、学校の最初の計画は、明白に五年課程の神学校（科学と神学を並行学習）、その後の経験で変更、五年の科学課程と二年の神学課程に分離。

この利点は大、なぜなら英語科の卒業生は伝道には若すぎる、神学科への進学者は四年以前に選択を迫られたら、神学を取らぬ、正規の神学科（今年の秋に開設）は英語科の卒業生だけでなく、広く開かれている。

春には特別（日本語短期神学）クラス、長期充実化の必要性、学校の最重要の働きは説教者・牧師養成だが他方で他の職域でキリスト教的な働きをする青年を英語・科学面で訓練すること、官立学校の卒業生にそうした人材を見出すことは無理（東大卒業生六百人中、信徒は皆無）。

（四）ステーション・ワーク（市内三教会）

市内伝道は例年通りで変化なし、最重要なのは山田良斉の第三教会仮牧師就任、牧師給は教会がほぼ自弁、公立学校の日曜休業化が日曜学校に好機会、第一、第二教会は大きな変化なし、ただ第一教会は移転したが、まもなく放棄か。

新島邸は狭隘故、第二会堂新築の計画、H・F・パーミリー（第三教会援助、公立病院で奉仕するが二度で中断、新島〔八重〕夫人が継続）、A・J・スタークウェザー（第一教会援助）、市内南東部の住民（キリスト教に関心）宅での週一回集会は継続、南西部の書店で集会を維持、聖書販売は良好、特に神社の祭礼で聖書販売《コールポーター》が好結果。

J・H・デフォレストが彦根教会（本間重慶牧師）応援、彦根と長浜の信徒（長浜出張費以外に月三円負担）が牧師給を負担、両地とも有望（長浜は好立地）、春に生徒数名が彦根に出張し、劇場で八百から九百人に演説。

昨年導入した特別神学科を今春継続、三十人（岡山九、今治五、福岡三、その他十三）が入学、担当はM・L・ゴードンが神学、説教法、新島襄が福音書、詩篇、D・W・ラーネッドが使徒書簡、昨年組（一九？）中、伝道師十、再入学九、多数は教会や支持者が学校に送る。

（五）アウト・ステーション・ワーク

亀岡（堀貞一が担当、信徒は第三教会に入会）と八幡で継続、他にも市内近郊村、安中教会は周辺伝道、東京教会の小崎弘道が昨秋に東京で開催した野外公開礼拝が当地の信徒をも刺激、同種の集会を〔北垣国道〕知事（前任者とは大違い）が許可したばかり。

小崎弘道氏は『六合雑誌』（日本人主体）創刊者のひとり、仏教徒と神道家が京都で『両教雑誌』創刊、協力してキリスト教に反対、危機感に襲われた編集長がキリスト教への攻撃と罵詈。

八、一八八一年（第七年次報告　一八八一年五月〜一八八二年五月一日）

（一）執筆者　D・W・ラーネッド

（二）スタッフ人事

増強、D・C・グリーン一家が赴任して日本語神学科（促成邦語神学科）を秋にも開設可、英語科に入れない伝道師志望者には大きな救い、現在の科と並行させるのが望ましい、両科の生徒が反目せずに仲間意識を、劣等科と見られないように適切なスタッフ配置。

（三）女学校（その一）

病気のH・F・パーミリーに代わってA・Y・デイヴィスが一・五か月、女学校で代講。

（四）トレーニング・スクール

六月に英語科の十八人が卒業、十六人が受洗、その後一人受洗、秋に英語神学科（三年課程）発足、十八人中、三人は病欠、三年は短すぎるが長期化には問題点、当初は二年課程（生徒の希望で三年に）、M・L・ゴードンとD・W・ラーネッド、D・C・グリーンが旧約、D・W・ラーネッドが教会史、二年次には新約と神学、三年次は道徳哲学、説教法と牧会法、聖書神学、預言書、明細は未定、この旧英語科クラスは昨年十八人（全員、教会員）でスタート、うち一人退学、一人棄教、二人は休学、卒業は七人。

春の特別（神学）クラスは大勢の生徒で始めたが、病気と雑多な構成ゆえに進展せず、伊勢（横井）時雄の感化大、今年は編成の意味がなく設置せず、再開するなら昨年より慎重に、設置の可能性は状況次第。

今年の生徒（含休学）は予科四、一年生三十六、二年生二十四、三年生十八、四年生十一、五年生十一、小計（英語科）百二、神学科十八、総計百二十八。

秋に新寮（二千円、六十四人用）、秋にチャペル工事、現学期始めに竣工、礼拝と集会、式典に好都合、全生徒がここで毎朝礼拝、年間受洗生徒は二十二人。

山崎為徳《ためのり》氏（二年間、教師）の死去は大打撃、学者・教師・信徒として立派、彼の理想の教育は信仰と学問を並行、山崎の死去のため伝道に出るはずの森田久萬人氏は残留、欠員のため上級生が下級クラス担当。

望遠鏡確保、年間経費は教師五七一・三九ドル、賄い一三〇・六五、奨学金二一三・〇七、図書一七・五〇、修繕他四八・四六、燃料四六・三八、臨時費一五八・八五、特別クラスの寮費補助七・七七、（支出）合計一一三八・七〇、（収入）授業料三一五・六〇、（差額）アメリカン・ボードの負担九二三・一〇、一八八〇年より五〇・〇〇ドルの負担増、授業料は八三・〇〇増、＊＊の減少五五・〇〇。

生徒の三分の一は奨学生で、支給額七一・〇〇はいわば慈善、全経費から慈善部分、神学生への援助と特別改善費を引けば残金は一〇〇二・〇〇（年間学校経常費、うち授業料は三分の一以下）、授業料は月額五〇銭（学期二・五〇円）に値上げ、入学金も設ける、上級生に漢文クラス設置。

（五）ステーション・ワーク（市内三教会）

五月に市内芝居場で公開講演会、好成績、僧侶を刺激、仏教徒が数回の演説会で夏まで対抗、当方も一度講演会で対抗、僧侶が妨害活動、福沢諭吉の教え子が東京から出演し、市民を脅す、秋に沈静、反対勢力は数冊のトラクトを作成して箱舟などの旧約の最初の部分を攻撃。

教会は三つともよき集会場所を確保、第二教会はJ・M・シアーズ氏の寄付で元の学校敷地に夏に会堂新築、外観や費用はともかく好立地、第一教会はほぼ自前で小会堂新築、第三教会は借家を改造。

第二教会の日曜学校はM・L・ゴードンの感化で大改善し、学校（同志社）の生徒が多く集まる、説教は学校教師が交代で、宮川経輝氏が第一教会辞職、後任は神学生、宮川の転出は京都全体の教界にも損失。

三つの教会以外にも二、三の定期礼拝、芝居場での公開講演会（青年が担当）は月例、聴衆も増加、信徒が増えたので市内・校外の直接伝道の可能性が増えた。

京滋の住民百万人中に他派宣教師が入る可能性小、一八九〇年に国会開設の宣言、政治に携わる青年の教育が必要、同時に我々の課題は伝道師養成。

（六）女学校（その二）

生徒数（年度始め三十八、最大値四十六、現在四十五）、うち通学生＊＊、新入生十二、受洗者六、教会員十六、洗礼志願者・求道者十七。

完全自活者二十七、一部援助者十八（内十一は完全援助）、半分援助者七、「完全自活」は宿泊と授業料だけを意味する、援助者は最低一日に二時間の仕事、寮費は月二・五〇円（賄いの人件費は含まず）。

六月の日本語科卒業予定者は五人で全員信徒で助教、二年制の予備科、三年制の日本語科、四年制の英語科あり、英語学習者は二十八、生徒の健康状態は良好で向上。

三年間指導的教師であった宮川経輝氏は牧会〔大阪教会牧師〕に転職、後任は学校（男子校）の上級生何人かを雇用。

アメリカン・ボードからの援助金　四三二・七一ドル（教師給二五八・四一、燃料三八・〇〇、寮母と裁縫教師三九・七七、修繕・臨時費九六・五三）、以上は授業料を除く、私的な奨学金一〇一・三六。

九、一八八二年（第八年次報告　一八八二年五月～一八八三年五月一日）

（一）執筆者　D・W・ラーネッド、D・C・グリーン、A・J・スタークウェザー（？）

（二）メンバーの動向

J・D・デイヴィスが健康を回復し、家族と現場に復帰、皆から歓迎。

女性宣教師がミッションの集会に参加して投票することに関して、M・L・ゴードンが報告、女性の仕事に関すること以外は、アメリカン・ボードの規則上認められない、と委員会は判断、この制限内では女性は従来から投票してもよい。

（三）第七三回アメリカン・ボード年会報告「日本ミッション」中の京都ステーション

三つの教会は活発、学生の働き、第二教会の日曜学校（百人、スタッフ、カリキュラム）。

J・クック講演会、以後公開講演会、アウト・ステーション（亀岡に新生会、安中教会に新牧師、自給、会堂新築、東京の教会は苦戦、リバイバル）。

十、一八八三年（第九年次報告　一八八三年五月～一八八四年五月）

（一）ステーション年報　（M・L・ゴードン）欠

（二）日本ミッション年会議事録から

目次

①委員会―北日本、伝道委員会、④女性の投票、小崎氏への出版援助、ボストンからの品物注文、⑤、⑥京都女学校停止（休校）、⑦神戸女学校拡張、W・テイラー博士が帰米、J・E・ダッドレーが転地療養、ミッション集会でのアメリカン・ボード、O・H・ギュリック一家の赴任地、新ステーションの住宅、⑨E・タルカットの復帰、アメリカン・ボード招待の更新、日曜礼拝、⑫⑭予算、役職、⑮統計。

内容

①議長はD・C・グリーン、午後二時開会、回覧状一七一～一七三の報告、J・T・ギュリックが、新聞発行報告を含む出版委員会報告を朗読。

④女性の投票権。

⑤委員会（D・C・グリーン、M・L・ゴードン、J・H・デフォレスト）は次を決議、京都女学校（同志社女学校）は特殊な環境のせいで絶えず批判されてきた、教師の努力を無にする批判。

⑥教師の辞任を承認、女学校の停止に関し、同志社と取り決める権限を、京都ステーションに付与することを決議。

⑦神戸に高等な女学校を設置するのが望ましい、神戸女学校（神戸女学院）は場所の変更が望ましいので、土地代七千ドル、建築費（備品費）二千ドルを運営委員会に要請、神戸女学校に英語・漢文コースの専修科（post graduate course）を新設することを

決議、現校舎・土地は一年間学校の使用に賃貸、学校に関して予備課程にクラス新設をしないと決議、運営委員会に対して神戸女学校に早急に音楽教師と一般教育教師を確保するよう要請、A・Y・デイヴィスは北海道へ保養に行くべきと決議。
⑨委員会（M・L・ゴードン、J・H・デフォレスト、J・L・アッキンソン）はE・タルカットの再来日を希望、アメリカン・ボードの代表が来日してミッションを視察・助言してほしいとの昨年の決議を再確認。
⑩H・F・パーミリーに復帰を希望すると伝えることを委員会に要請、委員会（J・D・デイヴィス、J・T・ギュリック）は神戸ユニオン教会の六月十四日の礼拝説教をG・オルチンが担当と報告される、新島襄とO・H・ギュリックが聖餐式を司式、付表として⑪一八八六年の職務表、⑫⑭予算、⑮統計、⑰目次を付ける（文責・D・C・グリーン）。

（三）第七十四回アメリカン・ボード年会報告「日本ミッション中の京都ステーション」

　女学校（その目的、十四人が受洗、自活三十三人、奨学生十人）、トレーニング・スクール（百六十八人、徴兵令の影響、リバイバル、二十七人が教会に入会、学校経費千八百九十円、半分は授業料、奨学金三百円）。

十一、一八八四年（第十年次報告　一八八四年～一八八五年五月）

（一）ステーション年報（M・L・ゴードン）〔省略〕

（二）第七十五回アメリカン・ボード年会報告「日本ミッション中の京都ステーション」

　特色は京都トレーニング・スクールの存在、J・D・デイヴィスから学校報告の紹介（沿革、信徒学生、卒業生、今や政府から信頼、新館、入学生、受洗三十九人）。

　女学校（三十一人）、諸教会――発展、第四教会が組織、市内の伝道所、夏季伝道（二十か村）、安中教会、県議会（四十人）に信徒議員が五人、常置委員（五人）中、三人が信徒。

十二、一八八五年（第十一年次報告　一八八五年～一八八六年五月）

（一）第七十六回アメリカン・ボード年会報告「日本ミッション中の京都ステーション」

　教育主体、トレーニング・スクール（秋は二百二十五人、春は百六十四人）、予備学校（六十五人）。

　M・L・ゴードン（J・C・ベリーが代行）とJ・D・デイヴィスが帰国、新島襄がアメリカから帰国、同志社創立十年記念式。宗教的雰囲気は良、受洗二十七、集団退学（九人）騒動、女学校（九月に再開、生徒三十人から四十二人へ、洗礼志願者七、知事が称賛）、仙台に京都学校方式で学校〔宮城英学校、後に東華学校と改称〕、社会的・政治的変革の時期。

十三、一八八六年（第十二年次報告　一八八六年～一八八七年五月三一日）

（一）特徴

　二つのセクション（京都と東京）、新設教会三（二つは自給）、既設四教会が自給化、京都の学園教会（牧師給は学校負担）を除けば、十四教会中、非自給は一。

昨年より大進歩、上流社会にキリスト教への関心が拡大し、入信者や求道者が増加。

（二）京都セクション

昨夏の新チャペル竣工に伴い第二教会から学生を引き上げて学園教会を組織、弱小化した第二教会は第一教会と合併し旧第二教会堂で礼拝（弱体故に教師、学生が補助、同教会の年間（一～十二月）受洗者は十三、会員八十二、学園教会の受洗者三十三、会員百八十九。

第三教会は無牧、昨夏〔六月、福島転出のため綱島佳吉が〕辞任、礼拝参加者は約百人、市内のミッションチャペルや淀町（元生徒が日曜学校）でも礼拝。淀には会堂、牧師の見込みあり、受洗者二十九、会員八十九、第四教会（竹原〔義久〕牧師）は今年自給、日曜学校は九十以上、会堂倍増計画、受洗者十八、会員七十七、大津伝道も担当。

以上の四つの教会は毎週二回、慈善会（販売品の製作作業）、C・M・ケイデイ夫人が料理学校、市内の教師のための英語クラス、唱歌クラス、昨夏にM・C・レヴィットが矯風活動に着手（現在も宣教師が継続）。

市外では丹波第一教会（船枝、無牧、学生が応援）、受洗者十七、会員五十六、日曜学校八十、八日市教会（西尾文貞牧師、彦根教会と協力）は、受洗者一、会員十二、日曜学校八。彦根教会（自給、〔本間重慶〕牧師の進退問題）、年間入会者十、会員四十六、日曜学校五十。長浜教会（堀〔貞一〕牧師、自給）が敦賀伝道（伝道会社が一名派遣）、堀夫人が死去、増加十、会員三十八、日曜学校四十。

福井に伝道師（伝道会社）、学校計画（仙台、新潟に続いて）、問題は宣教師派遣、同志社の生徒補給基地（feeder）に。

（三）東京セクション〔伝道地以外の詳細は省略〕

教会は東京に第一（小崎弘道）、番町（同）、本郷（海老名弾正）、群馬に安中（杉田潮）、甘楽（久保田〔栄〕）、原市（新原俊秀）、松井田（須田明忠）、前橋（不破唯次郎）、福島に福島（綱島佳吉）と若松（山岡邦三郎）。

十四、一八八七年（第十三年次報告　一八八七年四月～一八八八年三月）

（一）メンバー（二十一人）　男性九人、女性十二人（独身五人）

（二）地区（西部と東部）〔東部は省略〕

（三）領域（七か所）　京都、近江、越前、若狭、宮津、丹波、美濃。

（四）勢力（七教会）

日本語が可能な男性は現在二人のみ、他に二人は休暇で一時不在、女性が淀、伏見、大津に定期伝道、年間の定住牧師は堀貞一（長浜）のみ。

最近松山高吉牧師が平安教会（第一教会と第三教会が合同）に着任、学園教会（金森通倫）、第四（竹原義久）、村上〔太五平〕が丹波・丹後伝道、敦賀に伝道師、同志社（昨年の増員七十九人、今年に入って五十八人）。

〔同志社〕病院と看護学校〔京都看病婦学校〕の宗教活動も活発、第一教会と第三教会が合併して平安教会に、牧師就任式（松山高吉）と会堂増築式、夢はレンガの会堂（千名）。

第四教会も会堂改修、両教会ともリバイバルの感化、平安教会が淀伝道支援、淀の信徒十五、第四教会は伏見伝道（女性集会は独身女性宣教師）、大津（信徒二十）で教会設立の機運。

八日市は不振、同教会支援のため堀貞一、松山高吉、竹原義久の三氏が、現地で今週協議、彦根、長浜（堀）は順調、敦賀伝道も含めて会員が倍増（敦賀は受洗者十五）。

福井は十年間無牧。丹波と丹後（四箇所に小会堂）、信徒百二十（半数は昨年の受洗）。近く伝道師、神学生が京都市内で夏季伝道、日曜夕拝が西部の私塾で半年、M・L・ゴードンも同校で聖書研究会、平安教会で月曜礼拝。

十五、一八八八年（第十四年次報告　一八八八年三月～一八八九年四月三〇日）

（一）執筆者　M・L・ゴードン（幹事）

（二）メンバー（二十三人）　男性十八、女性十三人（独身五人）。

（三）東部の伝道〔東部セクション。詳細は省略〕

活動地点は、東京―霊南坂、番町、本郷、上州―安中、原市、松井田、甘楽《かんら》、下仁田、西群馬（高崎）、倉賀野、沼田、ツカワ、藤岡、大宮（秩父）、前橋、オゴウ〔利根郡白沢村尾合?〕、大間々、原町、尻高〔吾妻郡高山村〕。

（四）西部の伝道（京都）

同志社教会（無牧）の祈禱会と日曜学校は順調、平安教会（松山高吉）は活発、自給、淀伝道も、四条教会（無牧）は自給、新牧師〔堀貞一〕が赴任予定、伏見伝道を四条が伝道、松原も維持、YMCAが組織された。

（五）西部の伝道（琵琶湖）

大津に伝道会社が伝道師派遣、信徒三十、牧師が来れば自給教会可能、近江八幡は伝道会社が担当、今年、教会（二十人）が組織され、瀕死の八日市教会を吸収、彦根（堀貞一）。

（六）西部の伝道（北陸・府下）

敦賀は指導者が必要。福井は会堂新築、増員二十、伝道会社が担当。丹波教会（留岡幸助）は広範囲、会堂三、借家三。

十六、一八八九年（第十五年次報告　一八八九年～一八九〇年四月）

（一）執筆者　M・L・ゴードン（幹事）

（二）メンバー（二十七人）　男性十三人、女性十四人（独身六人）。

（三）特徴

伝道伸び悩みの要因は、空前の政治熱（憲法発布と総選挙）、教会合同運動の論争と運動失敗、新島襄の死など。一方で、〔第一回〕夏季学校（同志社、L・D・L・ウィシャード）が盛会。

（四）西部の伝道（京都）

同志社教会は無牧、受洗者七十、神学生に伝道熱、市内に数か所の伝道所、新校長の小崎弘道が牧師就任か。

平安教会は松山高吉の指導で活発、満堂、日曜学校二、淀の他に最近御幸町などに伝道所、完全自給、しかしミッションが伝道師給と御幸町伝道所を補助、S・C・バートレットやD・W・ラーネッド夫人、A・W・スタンフォード夫人が日曜学校教師、L・リチャーズ〔看護師〕が淀に定期出張。

四条教会は堀貞一牧師の就任以来、隆盛、会員整理（改心、除名）、負債処理のため財政を刷新、会堂移転・新築案、松原伝道所はミッション（G・E・アルブレヒト）が支援、寺町松原に新伝道所、伏見ならびに新田にも伝道所、堀貞一やベリー夫人、M・L・ゴードン夫人、M・E・ウェンライト、日本人バイブル・ウーマン二名が女性伝道、A・W・スタンフォードが日曜学校教師。

第三高等中学校（昨年、〔大阪から〕当地に移転）の信徒の働き、田村〔初太郎〕教授（オベリン卒）やT・ギュリック博士の指導で、借家で集会、五月に教会〔現洛陽教会〕創設の計画。

長老派の一家〔村岡菊三郎〕とアメリカ監督教会（AEC）の伝道師一、二名が加わり、京都のキリスト教勢力は増大、カトリックは大伽藍を建築したばかり、献堂式に知事や高官が招待され、酒が振舞われた。

（五）西部の伝道（府下、琵琶湖、北陸）

丹波教会は留岡〔幸助〕の働きで盛況、会堂三、綾部や福知山（中島力造の出身地）にも伝道、元藩主〔九鬼隆備〕が伝道費支援、神戸のM・J・バローズが支援。

彦根教会の牧師〔堀貞一〕が京都に転任、後任は神学生（卒業後）の見込み。長浜教会は新任牧師の頑張り、順調。大津は亀山昇牧師が尽力、信徒に若い官吏たち、伝道会社が担当、自給の見込み、J・C・ベリーが定期的に出張。三雲と水口《みなくち》では、関西鉄道会社の信徒たちへの伝道、スタンフォード夫人が同地を訪問、近く大津の信徒が伝道。近江八幡教会は伝道師（同志社卒）が伝道中、伝道会社が担当。

福井は伝道会社により伝道師定住。寺院への感化二件、①住職が仏像を寺から出し、偶像批判開始、②他にもひとりが、絶対禁酒主義を宣言。

（六）東部の伝道（東部セクション。詳細は省略）

活動拠点は、東京―霊南坂、番町、本郷、上州―安中、原市、松井田、甘楽、下仁田、西群馬（高崎）、倉賀野、沼田、ツカワ、原町、前橋、藤岡、佐野。

十七、一八九〇年（第十六年次報告　一八八九年～一八九〇年）

欠（所在不明）

十八、一八九一年（第十七年次報告　一八九一年～一八九二年三月三一日）

（一）京都について（委員会による記事）

省略

（二）執筆者

G・E・アルブレヒト（一八九二年四月）

（三）丹後、丹波

丹後、丹波、山城、近江（以上、百五十万人）の周辺に美濃、尾張、若狭、越前。

尾張の名古屋（日本で第四位の人口）で伝道会社が開拓伝道、杉山重義牧師が約三十人の信徒を生む。濃尾大地震で損害を受けた岐阜の大垣で「同志社救助隊」（The Doshisha Relief Corps）が活動。伝道師の富田元資が岡山県津山から大垣へ転住し、救済と伝道に従事。

伝道会社は、福井にも伝道師派遣。他教派が先に進出。若狭には、監督ミッションの伝道師が独りいるのみ。

丹後から近江までの地区の信徒は、一年で昨年度よりも約二百人増加、献金も二千五百円から四千円に増額。

宮津教会設立（一八九一年四月。会員三十人）、峰山・網野地区にも昨年教会（十六人）、舞鶴で七人が受洗、丹波教会の消息、亀岡に集会所確保、ヒドコロにも二番目の集会所を建設中、丹波で信徒増（五十人に増えた）と献金額（九百十八円）。

(四) 京都市

歴史の旧い三教会はいずれも、市内に伝道所を一、二持ち、神学生が活動の補助、夏休み中の神学生（六十八人）の活動の結果、信徒が五十人以上も誕生。

同志社学園教会（the Doshisha College Church）は学園の生ぬるさを反映、平安教会は松山高吉牧師を同志社（教授）に送り出し、後任に不破唯次郎を迎えた、四条教会（京都第四教会）はプリマス・ブレズレン派の罠により有力信徒を複数失うが、村田勤牧師の指導で奮闘中。

洛陽教会（T・ギュリック博士）は、自給に向かって健闘中、会堂建築計画も、山城地方では、神学生が六か所で開拓伝道に着手、都合、十六か所となる、これまでに三十八人以上が受洗し、神学校新卒者を迎えて南山城教会を設立することを計画中。

(五) 近江

湖東に三つの教会、いずれの地も、東京・神戸間の鉄道開通に伴い経済的に衰退、草津で七人が受洗、水口が最有望で、二十一人が受洗、湖西でも二か所で神学生が尽力。

第二章　北日本ミッション年次報告
（一八八三年～一八九三年）

一、一八八三年（第一年次報告他）

(A)「新潟ステーション第一年次報告」
(B)「日本ミッション議事録」
(C)「アメリカン・ボード運営委員会議事録」
(D) F・A・ロンバード『日本ミッションの歴史』（第一巻）
(E) N・G・クラーク書簡

(A)、「新潟ステーション第一年次報告」

《解説》

ここに訳出したのは、アメリカン・ボードの「北日本ミッション」(North Japan Mission)、すなわち「新潟ステーション」(Niigata Station) の最初の「年次報告」(Annual Report, 一八八三年年次報告) である。報告者はメンバーのひとり、宣教師のR・H・デイヴィス (R. H. Davis) で、執筆は一八八四年の八月ころと思われる。送付先は、アメリカン・ボード本部の運営委員会 (Prudential Committee) の窓口である総幹事のN・G・クラーク (N. G. Clark) である。ボストンでの受理は、九月二十二日。

通常の年次報告は、該当する一年間の業務を記して、統計とともに提出することが、義務づけられている。が、本報告の特色は、初年度の年次報告とあって、通常の年間業務報告のほかに、長文の沿革が記述されていることである。

すなわち、新潟ステーションは、それまでの神戸、大阪、京都、岡山といった先発組（いずれも、「日本ミッション」である）のステーションとは、まったく異なった発足をしている。アメリカン・ボード以外の他ミッションから業務を移管された、という極めて特殊な歴史的経緯を踏んでいる。

その結果、越後の初期キリスト教史が、ここでは簡潔にまとめられている、という思いがけない副産物が生じている。それゆえに、この報告書は、それ以降のものに比べて、格段に長文で、詳細であるばかりか、内容的にも高い価値をもつ。

一八八三年度

新潟、越後、日本

（アメリカン・ボード北日本ミッション報告）

R・H・デイヴィス牧師、R・H・デイヴィス夫人、O・H・ギュリック牧師 (O. H. Gulick)、A・E・ギュリック夫人、ミスJ・A・E・ギュリック

(一)　はじめに

当ミッションは、ボストンからの電報（一八八三年九月八日付け。翌日、神戸で受理）により組織された。しかし、電文を先に承知していたら、日本ミッションから切り離されてしまった私たちの誰もが、神戸から新潟に向かわなかったであろう。実際、旧ミッションのステーション以上のものになろうとは、新潟に来て三週間たつまで知らなかったし、考えもしなかった。それ以後でさえも、その事実を誰もが認識し始めるのに、さらに三週間ほどを要した。

しかも、ボストンからの手紙がようやく届いて、問題を解決する

のに十分、明白になったのは、その後何週間もかかった。熟考し、叡知を求めて祈った結果、当地に留まり、私たちに課せられた業に取り組むことにした。なぜなら主の助けがあれば、もっともうまくやれそうであった。とりわけ運営委員会が、この分野で必要とする人材を早急に母国で見い出し、人手の補強をしていただきたい、という私たちの願いを確約してくれたので、そう判断した。

ある集団がある分野に入り込む場合、その目的は他者が耕した所に種を蒔くか、他者が種を蒔いた所を栽培するか、それとも他者が辛抱強く一致してもたらした収穫を刈り取るか、のいずれかである。その際、先駆者に対して彼らの業績を十分に、かつ正直に認めることが、まさに正当である。できるならば、そうした耕作や種蒔きが始められた際に、その分野の状況がどうであったか、そして最初の人たちが、土壌を検査してその判断を下したかどうかを知ることも、望ましい。

告白すれば、新潟は居住地として、世界で最悪ではない。新潟の冬は風が唸り、しばしば雪が降り、たえずぬかるみはするものの、普通の人の精神の場合、想像を飛翔させるよりも、歴史や過去や現在を振り返ったりするのに役立つ。したがって、この報告書を読んだり聞いたりされる場合、地味で平凡な事実だけを期待されたい。大部分はすでに多少とも十分に周知されている。

すでに知られていなければ、矛盾なく言えることがある。それはアメリカン・ボード北日本ミッションが受け持った地域は、少なくとも越後に関する限り、またそれが従来私たちが知っている北西海岸のほぼすべてである限り、困難な場所である。

おそらく日本人たちにとっても、そうであろう。土壌は岩のように堅く、列をなして生い茂る欲望の雑草や、強固な偏見、それにほとんどあらゆる形の罪を負わされている。〔それにここは〕仏教の砦である。越後の親は、他所の親よりも頻繁に、娘たちを売春のために売り飛ばす。しかも驚くほど安く売り飛ばす。

筆者が実際に聞かされたことだが、親たちは娘に関し、月給や継続した雇用よりも、将来の雇用を約束せずに少額の一時金を貰う方を選びたがるので、商人の娘を乳母として家庭で雇うのは、不可能である、とのことである。人々は貧しいので、これは売却でもないし、支払いもされない。「越後人は日本の他地域に比べて裕福で、経済的に暮らし向きがよい」としばしば言われる。同様の理由で、ある地区では合衆国の社会のある階層の間で見られる幼児殺しが、かなり広まっているようである。

また、越後人、とりわけほとんどの場合、激しい労働を余儀なくされている女性たちは、〔筆者が居た〕阪神地区に比べて知的に劣る。彼ら、とりわけ子どもたちは、上方《かみがた》（京阪神地方）よりも例外なく、お互い同士や外国人に対しては言動が粗野で、無作法である。

列をなして生い茂る罪と不信仰は、早急に根絶したいとは思うが、決して些細なものではない。新潟の町は人口がおよそ四万で、長さが一マイル以上の道路がある。その片側は大きな寺院にずっと沿っていたが、一八八〇年の大火で、ほとんどが全壊した。一方、ほとんど例外なく、最も立派な家屋は、売春宿である。

私たちに旅行が許された条約制限〔外国人旅行制限〕の南は、信濃川上流四十三マイルの長岡、北は二十八マイル先の中条、さらに遠くの、佐渡のすべての港、といっても最短の港でも新潟から二十マイルある。この制限内には少なくとも五十万人が住んでいる。

越後全域では百五十三万人が、エジプトやパレスチナを六時から九時まで覆うのと同じくらい濃い暗黒のなかに、住んでいる。それから山が越後を下に見下ろしながら横断し、日本海に至るが、越後北部でも、同じく日本海に臨んでいる。

これら両地区には、少なくとも、もう百五十万人が住んでいる。合わせると、北西海岸では三百万人となる。この地域は、南は金沢（アメリカ長老派〔教会〕のセンター）、北は青森（アメリカ・メソジスト〔教会〕のセンター）、あるいはヨリ正確には函館（というのは、青森には宣教師が不在）の中間に位置する。

(二)　歴史的点描（その一）

（十一ページ七行目までの以下の叙述に関しては、〔一八八〇年の宣教師〕『大阪会議』の公刊議事録である『日本におけるプロテスタント・ミッションの歴史』に主として負う〔デイヴィスによる注〕）。

筆者が確認できた限り、新潟に居住した最初の宣教師は、S・R・ブラウン牧師（神学博士）〔S. R. Brown〕とミス・キダー〔M. Kidder〕（現在は改革派教会ミッションのE・R・ミラー夫人〔E. R. Miller〕）を含む彼の家族であった。

新潟は佐渡の戎港《えびす》〔現両津港〕を除けば、外国人の居住が許された唯一の開港地であるので、上記の地域の中心地と見なされている。しかし、彼らは宣教師として住んだわけではない。「新潟学校の教師として、文部省により招聘された」。一八六九年のことである。ミス・キダーは翌年、〔ブラウン一家と〕横浜に戻った。

ブラウン博士自身は、学校で二年間にわたり、よき働きをして横浜に戻った〔事実は、キダーとともに一八七〇年に帰浜〕。彼が住んだ住居には、現在は越後の知事が住んでいる。

ブラウン博士がどのようなキリスト教的な働きをしたのか、私は知らない。直接伝道がなされた、とは思えない。しかし、実に善良で熱心なキリスト教徒であったので、新潟に居た二年間〔実は八か月〕に彼の生活を通して、少なくともキリスト教に好意的な、なんらかの良き印象を与えずにはおかなかったに相違ない。

一八七四年の四月か五月に、アメリカ・メソジスト監督教会ミッション（A. M. E. M）のS・R・マクレー牧師（神学博士）〔S. R. McClay〕とM・C・ハリス牧師〔M. C. Harris〕とが、新潟と佐渡を訪問した。ただし、とんぼ返りの訪問であったようで、成果はほとんどなかった。ハリス氏は前年十二月十四日の、そしてマクレーは前年の六月十一日の来日だったので、ふたりとも説教ができなかった。が、この訪問でふたりは、この地が困難な場所であることを確信するにいたった。さらに、もっと見込みのある地域に定住したい、と思ったのではなかろうか。

それまで新潟には、純粋に伝道のために宣教師が誰も住まなかったのはもちろん、訪問さえしなかった。けれども、一八七四年という年は、のちに当地で辛酸を嘗めて定住するふたりのプロテスタント宣教師が来日した、という点で記念すべき年である。イギリス聖公会（C. M. S.）のP・K・ファイソン（P. K. Fyson）とエディンバラ医療宣教会（E. M. M. S.）のT・A・パーム（T. A. Palm）である。

彼らは五月に来日し、日本語の習得のためにしばらく東京に留まった。パーム博士は、首都にしばらく滞在中、夫人〔出産に伴い夫人と赤子〕に先立たれる、という不幸に遭遇したので、単身で仕事に取り組まねばならなかった。

一八七五年にパーム博士は、東京から新潟に移った。最初の宣教師になるために、新潟を伝道地に選んだのである。彼はロンドンにおいてアシュス牧師（博士）（Asyus）のもとで、牧師としての教育を受けた。同様にエディンバラで、医学教育を受けた。〔正規の牧師になるための〕按手礼は受けてはいないが、医療の分野と同様に、すぐさま伝道界に飛び込んだ。

『雨森《あめのもり》〔信成〕氏が毎日、パーム博士の家で約三か月間、説教をした。彼は今は改革派ミッションに所属しているワイコフ氏（M. N. Wycoff）が、福井で教師をしていたときの生徒である。説教の結果、反対も生じたが、多大の関心も喚起された。

一八七五年の終わりに、横浜の日本人教会に要請がなされたのに応えて、押川方義《まさよし》氏が新潟に送られた。同地では、幸運にも着手された伝道に新たに取り組んだ。押川氏はS・R・ブラウン牧師（博士）やバラ牧師（J. H. Ballagh）について神学を研修中で、按手を受けた横浜の教会長老である。』

同じ年に、イギリス聖公会のパイパー牧師（J. Piper）が、〔パームに同行して〕新潟を訪ねた。そしてファイソンの赴任により、同ミッションが〔新潟に〕開かれた。かくして最初のミッション以後、数か月を経ないうちに、二番目のミッションが開かれた。

しかしながら、ファイソン氏が公開説教を開始したのは、一八七六年一月になってからであり、最初の授洗は、十一月であった。けれども、すでに述べたように、本格的な伝道は、一八七五年の中頃に始まった。パーム氏は、まもなく数人の改宗者を生み出し、はやくも一八七六年の一月には十一人が受洗した。この日から信徒の数は徐々に増え、ついに一八七八年には組織された教会〔実は組織されないままの「パーム・バンド」〕がひとつと教会員が二十八人いる、と報告できるにいたった。

信徒になった何人かは他所に転出した。〔たとえば〕ひとりの視覚障がい者は遠く、東京の北西百十五マイルの上田へ移り、同地でたった三人の受洗者のひとりに数えられている。彼の地では、一八七五年の後半に教会（およそ三十人）を組織するために、思いがけなくも改革派ミッションが、ちょうど呼ばれたところであった。

一八八〇年九月に押川氏は東京の北方、東海岸の仙台に移った。彼はおよそ五年間〔越後で〕、パーム博士に心から協力した。仙台では外国〔ミッション〕の支配や外国〔ミッション〕からの援助に依存しない、独立した活動を始めた。ただ、伝道師たちではなく押川自身の給与は、パーム博士の父親が牧師を務める、オランダのロッテルダムにあるスコットランド教会から得ている。

新潟でのパーム博士の説教所は、同時に診療所でもあった。しかし、この市での彼の医療行為は、一八八〇年七月の大火で、中断されてしまった。大火により、パーム博士自身の住宅を始めとして、市内のかなりの部分が損害を受けた。しかし、市内及び近隣の伝道は、医療活動の中断やその後、押川氏が転出したにもかかわらず、活発に続けられた。

一八八一年には、病院と診療室のために新しい建物が建てられ、以前よりも好条件で医療活動が再開された。一方、市内及び近隣での説教も、好調に継続され、病院での説教も毎日、行なわれるようになった。

一八八二年にはイギリス聖公会は、新潟での事業に関し、次のような報告書を作成した。

「新潟では日曜の礼拝が、定期的になされて来た。平日には市内のあちこちで、説教がなされて来た。近隣の田舎では、出張〔伝道〕が行なわれて来た。信徒や求道者を導くために、聖書研究会がいくつも作られた。

しかし、七年近くもの間、忍耐力があってへこたれない、祈りに満ちた努力が重ねられた（ファイソン氏は、一八七六年一月に〔伝道に〕着手し、一八八二年六月に去った）にもかかわらず、受洗者の数は小さかった。全部合わせても、成人十人である。ファイソン氏が（旧約聖書の翻訳のために）横浜へ転じたことで、このステーションからヨーロッパ人がひとりもいなくなってしまった」。

日本人の伝道者〔牧岡鉄弥〕が、一八八三年の八月まで留まった。

けれども、イギリス聖公会の業は、実質的には一八八二年に放棄された。洗礼を受けた十名の信徒のうち、何人かは死去し、何人かは転出した。

一方、伝道者〔牧岡〕は現在、東京で聖公会の教職のための研修を受けている。その結果、〔新潟に残る〕信徒はたった二人しかいない。ひとりは罪に陥り、ひとりは組合教会〔新潟第一基督教会の前身〕への加入を志願中である。

ファイソン氏はまた、ちょうどこの市の郊外にあたる近隣の村に、「ぼろ着の子どもたち」のための学校を開いた。信徒のひとりが管理をしていたが、その女性は現在、組合教会に入会を申請中である。学校の生徒は少年が七十八人、女子が二十二人であった。彼らは教室で開かれる安息日学校〔日曜学校〕にも出席していた。

けれども、閉校されたその日以来、安息日学校に出席するのを止めた。そうしたことがなければ、ファイソン氏の働きが収穫を生むことは、現実にはほとんどなかったであろう。それでもなお、彼の耕作や種蒔きは、私たちにとって助けになる、と確信して期待することができよう。彼はキリスト教的な生活の高度な形を説いたり、禁酒問題について確固とした態度を示したり、私たちの聖なる宗教の基本的な教義について書かれた、キリスト教のトラクトを沢山、配布した。

彼の説教を覚えているという人や、いまだ信じるまでには至らないが、それは良い教義である、と認めている人について、すでに時折、あちこちで聞くことがある。この地方で収穫の時が到来したら、少なくとも何人かには、強い印象が及ぶであろうと、そして良き種子はすべてが無駄になるわけではない、と疑い無くわかるであろう。

〔R・H・〕デイヴィス氏家族とが住宅を確保できたのも、ファイソン氏のお陰である。小さな子ども〔五人〕を抱えた大家族が住める家が、必要であった。もしもそのような家が見つからなければ、私たちが移動したあの時期に（ちょうど長い冬が近づいた時であった）、〔神戸から〕新潟に移住することは、不可能とは言えないまでも、かなり困難であった。

㈢　歴史的点描（その二）

一八八二年にパーム博士は次のように報告している。

「現在、ミッションに関連する教会員の数は総数で六十八（五人は他所で受洗して転入）である。そのうち、三十一人は新潟市内に在住し、二十九人は近郊に住む。第一回からの受洗者の総数は八十八人となる。そのうち七人が死去し、十四人が他教会に転出、残る十二人は除名された。

説教が多少とも定期的に続けられているステーション〔出張伝道地〕の数は、十三である。そのうちもっとも遠距離にあるのは、十七里（四十二マイル）先である。多くは奨励不足で放棄されたが、現在では地方の三か所だけで定期的な礼拝が、もたれている。ステーションのうち、数か所はその発端が医療活動の斡旋を通して開かれた。キリスト教に対する偏見が、非常に強い場所が多く、伝道用に部屋を喜んで貸そうとする者を見つけることは、困難である」。

「自給はいまだ実現していない。過去一年で新潟の信徒から集めた献金の総額は十二円九十四銭になる。しかし、医療活動は自給以上で、伝道の出費を相当分、補ってもいる。また、病院を通して数人が教会に入会したばかりか、さらに多くの者が、キリスト教の真理をある程度、受け入れ、誤解や偏見を取り除いたり、小さくしたりした。一八八二年に診療所で治療をした患者の数は二千九百五十人、入院患者は百五十一人、地方で日本人の医者に助言をしたケースが百六十二人に上る」。

「病院の助手たちに、医学上の問題に関して私的に教えたこと以外、教育事業を手掛けることは、一切なかった。出版事業も次の二冊を出した以外には一切、しなかった。ひとつは、教会員の務めに関する小冊子で、英語から押川氏が翻訳した。いまひとつは、ルカによる福音書の第十五章で、口語で書かれたトラクトである」。

パーム博士は、新潟についてさらにこの報告書（すでに自由に引用して来た）で、こう言及している。

「この土地で最も繁栄している施設は、遊郭である。新潟は日本人の間でも、不道徳という点で悪名が広がっている。その他の点では、新潟はミッションのステーションが存在していることに、特に主張をすることは全くない。むしろ何年もの間、住民の前にしっかりと置かれているにもかかわらず、彼らはキリスト教に対して無関心である。それがキリスト教を捨て去ってもよい理由になっている。しかし、（およそ一千マイルの距離がある、函館と長崎の間にある）日本の西海岸での唯一の開港地である」。

(四) 移管された業務

一八八三年の始め、パーム博士夫妻はふたりとも休暇をとる必要があった。博士はかねて旧知の、アメリカン・ボード日本ミッションのJ・C・ベリー博士（J. C. Berry）に書を寄せた。全ての業務――医療と伝道をすっかり、前者は恒久的でなければ、〔休暇中だけ〕一時的でも――を日本ミッションに移管したい、と申し出た。ベリー博士は一八八三年四月二十四日付けで、〔日本〕ミッションにパーム博士の書簡から、次の引用箇所を伝えた。

「今一つご相談したいことがあります。それは〔ベリー〕先生の〔アメリカン・〕ボードが、ミッション・ステーションとして新潟を確保したい、と望まれるかどうかです。ご存じのように、ファイソン氏が当地を去られましたので、住居は売りに出されています。他のミッションは現在のところ、当地で伝道する計画は、まったくなさそうです。

ファイソン氏にしてみれば、どのミッション・ボードであれ、自分の住宅を購入して、そこで伝道を引き継いで下されば、喜ばれるだろう、と思います。住宅には小さなチャペルがついています。どなたかが彼の代わりを継いで、〔私の休暇後に〕私と協力し、そして私が彼らと協力する、それができれば理想です。これができない訳は何もありません。教会と伝道とのすべての業務を、先生のアメリカン・ボードのひとりの宣教師にすっかり明け渡すことができれば、こんなに嬉しいことは、ありません。

いまだ多くのことが、自由に言えないのですが、もうひとつの考えも、浮かんでいます。それは、もしも新潟の業務が他人の手でうまく継続されるようであれば、休暇から戻ってからは、日本のどこか別の港で新規に仕事を始めてもいい、というものです。

問題をご考慮のうえで、アメリカン・ボードの皆様にこれをはかる価値がある、と判断された場合、そうして下さい。お返事を早急にいただければ幸いです」。

上記の申し出を慎重に検討した結果、日本ミッションは、一八八三年五月に京都で開催された年会で、〔次のことを〕決議した。

「われわれのミッションをあの重要な地域に招く、というパーム博士の書簡を考慮して、決議。

もしもR・H・デイヴィス氏ともう一人の同僚が、現地を視察後に、その地域を占拠したい、と願うならば、デイヴィスと彼の家族が他の一家族と共に、新潟市に転居することを承認する。

さらに次のことが決議。ミッション会計に、R・H・デイヴィス氏と他の同僚が、新潟を視察する経費を支払うことを許可する」。

次のことも同時に承認された。〔ボストンの〕運営委員会が新潟の必要性を忘れないためにも、ここに採録する。その必要性は〔この時点で〕はっきりと予見されているように、当時よりも〔新潟に進出後の〕現在の方が、そして引き続き七月十日に神戸で開催されたミッションの会議で、真実と思われた以上に、ヨリ真実でさえある。

「一方、九州の島にステーションを少なくともひとつ、新設することもミッションの強い願いである。

「さらに一方、現有勢力ではここ〔新潟〕に正当に人材を充当することも、将来、決議される上記のステーション〔九州〕に人を派遣することも、無理である。我々の業務の需要から言えば、両者は早急に開設されるべきである。

決議。運営委員会にできるならば今秋、新しく四家族を〔日本に〕派遣することを要請する。京都学校〔同志社〕に係わる業務に必要な人材とは別に、である。」

次のこと（これもここで言及される価値がある）も決議された。

「決議。パーム博士と、新潟における彼の業務に関して、協力的な関係を作るために我々を招く、という最近のパーム博士の書簡に答えて、ベリー博士がパーム博士に、次のような保証内容を伝えることを、要請する。

パームの書簡が示している、寛大でキリスト教的な精神への我々の感謝、彼が我々のミッションによって受けている高い評価、そして今後の調査で新潟を入手することが賢明と判明した場合、彼との関係は業務上、友好的で相互に有益なものになろう、との我々の確信」。

以上の決議の最初の部分に従って、六月十一日に――〔旅行許可証の申請事務などを考慮に入れれば〕これが出発できた最も早い日程であるが――O・H・ギュリック博士夫妻とミスJ・ギュリック、〔R・H・〕デイヴィスが、視察旅行に出発した。

大部分が陸路であったために、金沢で長老派ミッションのウィン牧師夫妻（T. C. Winn）に会うことができた。新潟に十日ほど滞在して、パーム博士や日本人信徒たちと協議した。彼らは、我々が到着した時に、お互いに全体協議をするために村々から集められた。その後、ギュリック夫妻とデイヴィスは帰路に就き、神戸に七月二日に戻った。

七月十日、神戸のギュリックの住居で、ミッションの特別集会が招集された。この委員会では視察旅行の報告を聞いたあとで、次のように票決された。

「決議。新潟は〔我々の〕ミッションの他〔のステーション〕から非常に遠隔地であること、交通が不便なこと、宣教師がそこに居住するさいに必ず被らざるを得ない比類のない困苦を考慮すれば、〔実際に転任する〕個々のメンバーに占拠を勧めるのに、多少のためらいが生じる。けれども我々は、O・H・ギュリック氏とR・H・デイヴィス氏が家族とミス・ギュリックと共に、提案されている、新しいステーションに転任することを、心から承認する。彼らが期待を寄せている業務を支えるために、最も熱心な祈りと最善の努力で我々が追随することを、彼らに約束する」。

ミス・ギュリックの協力者として、ミッションの独身女性が少なくとも一人、自発的に行くことについて、非常に強く要請がなされた。それに新しい地域には、女性の働き人が緊急に必要であったので、ミッションはさらに票決した。

「決議。ミス・グールディ（M. E. Gouldy）とミス・ドーディ（A. Daughaday）が、新しいステーションへ移行する問題を、祈りを込めて考慮することを勧める」。

さらに〔次のことも〕承認。

「決議。新潟を占拠する案は、前回の年会で要請された少なくとも二人の女性が、できるだけ遅くならないうちに派遣されることを、最重要にする、という事実を運営委員会に着目してもらいたい」。

さらに承認。

「早急な行動が必要であったために、新潟で必要とされる建物のために詳細な見積を提出するのは、不可能である。

決議。新潟の建物のために一万一千ドル（その使用はミッションの承認を受ける、との条件付き）の交付を要求する。確定した見積は、のちほどミッションへ提出」。

「さらに決議。新潟占拠案について、賛成か反対かを電報で知らせてほしい、と運営委員会に要請する」。

〔日本ミッションの〕幹事〔神戸のジェンクス、D. C. Jencks〕が、上記の決議や同時に承認された事柄（それらは、ギュリック氏が数年、〔『七一《しちいち》雑報』を始めとして〕関係して来た出版事業を手放すことを可能とする）を送る、同じ〔船〕便で、ギュリック氏とデイヴィス氏は、ボストンの総幹事〔N・G・クラーク〕に宛てて、新潟の長い訪問記やそこでの業務の状況、気候の状況、〔財産の〕所有形態を伝えた。さらに、なぜ建築にそんなに大金が必要なのか、なぜ電報での回答が必要なのか、その理由も詳細に開陳した。

電報〔による回答〕は、三週間ばかり待って、ようやく届いた。書簡がボストンに着いて、運営委員会が慎重な協議をするのに普通、かかると思われる期間よりも、長かった。回答が来るのを諦めた、ちょうどその時（九月九日、日曜の朝）に届いた。電文は、要請していた「了解」の一語ではなくて、「了解。委細後便」であった。

付言された〔「委細後便」という〕文言をまったく懸念しないで、実際、心配など何もせず、冬が到来する（十一月の最初の頃か、その）前に新潟に落ち着くためには、時間不足であった。そのため我々は、ただちに家具や調度品を梱包して、信頼すべき我々の業務代理人である〔神戸在住のミッション幹事の〕ジェンクス氏に、まもなく下関経由で新潟に行く船に積み込むことを依頼して、次のような行程で出発した。

デイヴィス夫人と五人の子どもは十月一日、デイヴィス氏は十月二日〔に出発し〕、京都で家族に追いつき、当日の夜、家族と共に敦賀に到着した。同地で四日の朝に、ギュリック夫妻と落ち合った。夫妻は神戸を前日〔三日〕に発った。同日〔四日〕の夜に船が出発する直前に、ミス・ギュリックと落ち合った。

彼女は、敦賀からの電報に答えて、四日の朝早く神戸を発った。通常の場合であれば、新潟に七日の朝早く上陸できたはずであった。しかし、風のため遅延した。風のため一時は何日間も、上陸や貨物を積むことができなかった。八日に〔富山県〕伏木《ふしき》港で待機中に、酷い台風が一日中、我々に襲いかかった。我々全員の生命と船が助かったのは、恵み深い摂理のおかげであった。そのため新任地に到着したのは十月十一日の正午であった。

このことに関して触れないわけにはいかないのは、神戸の禁酒会のL・G・ランキスト（L. G. Landkist）とW・V・ギュリック（W. V. Gulick）である。彼らのおかげで、神戸での梱包と長い冬の到来前に新潟に落ち着けたことを、感謝したい。彼らはまた、旅費のほかには、いかなる補償をも受け取ろうとしない。旅費もギリギリのものにしてくれた。実際、日本人が同じルートで行く場合よりも、安く設定してくれた。

(五) パーム博士から移管された業務の内容

パーム博士は医療と伝道の活動を、一八八二年の報告書（すでに自由に引用した）を作成してからも、英国に向けて出発する時

（我々が到着するおよそ二週間前）まで継続した。パーム博士には、彼の伝道事業の移管を受理することに対する、〔アメリカン・ボード〕運営委員会からの称賛と共に、我々の決議は十分に伝えられた。

　前年末以来、〔帰国までの間に〕六十人から七十五人へと彼の改宗者の数は増大した。ほとんどが新潟や中条、村上の住人で、それぞれに正規に選ばれた執事（deacon）がいた。新潟と中条には小さいながらも、実に快適な会堂が備わっている。また、新潟には伝道師（evangelist）として数年間、雇用された青年〔陶山昶《とおる》か〕がいた。

　〔パーム〕病院は大和田〔清晴〕博士が、東京の官立医科大学を最近、卒業した息子〔大和田虎太郎〕の助力を得て、管理していた。父親〔清晴〕は数年間、パーム博士の忠実な助手を務めただけでなく、福音を公に説く際の助手でもあった。特に教会が受け持っていた〔パーム病院での〕夜の礼拝が、そうであった。一方、パーム博士は牧師として、朝の説教を常時、自分で受け持った。

　仙台の押川〔方義〕氏の業務に関しては、いまだ彼を訪ねていないし、パーム博士とその継承者である我々からは大部分、独立しているので、移管された業務として、それを報告することは一切しない。

　それでも我々は遅かれ早かれ、彼と友好関係に入ることを、まったく諦めたわけではない。もしもそうした遠隔地にまで業務を延ばして、協力する機会が与えられたならば、すなわち、もしもパーム博士が日本に戻った際、押川氏（パーム博士は、深く愛すべき兄弟と見なしている）に協力するために、新潟に定住することを決断しないで、越後の業務を全部、我々に委ねるならば、である。

　押川氏は一八八三年六月に我々がパーム博士を訪ねた際、新潟にいた。その際、ここに移住してパーム博士の業務を引き継ぐように、とりわけ熱心に勧めた日本人の一人である。彼はその時、全く友好的であった。

R. H. D. Davis 印鑑（R・H・デイヴィス）

年間活動報告

㈠　伝道の開始

　パーム博士は、一八八三年九月に神戸と英国へ向けて新潟を〔船で〕去った。

　十月十一日、R・H・デイヴィス、O・H・ギュリックの両氏とその家族、それにミスJ・A・ギュリック（J. A. Gulick）は、新潟に着いて、キリスト教信徒たちから暖かい歓迎を受けた。信徒の代表は、税関で彼らと会った。

　最初の日曜日には業務は開始され、市内に住むおよそ三十人ほどの教会員と聖餐式を守った。

　十二月には新潟の教会員たちにより、一週間の祈禱〔会〕が捧げられた。これに続いて一月五日から週間祈禱〔会〕が始められ、十二日に終了した。三度目の週間祈禱〔会〕は四月に開始され、二十六日に終わった。

　この最後の週間〔祈禱会〕で、特に祈りの対象となった熱い願いは、先月に中央日本の教会に現れた聖霊の恵みが、自分たちにも現れるように、というものであった。この集会では、市内会員のほとんど全員の参加が、見られた。ながく教会を悩ませて来た紛争は、解消されたように思え、実に熱心な嘆願の精神が、支配的であった。

　水曜日の祈禱会のほかに、伝道集会として日曜日の夕方の礼拝が、教会の七人の男性により、定期的にうまく維持されてきた。

　毎回の伝道集会では、十五人から三十人の一群が、路上から興味を引き付けられて戸口から入り、礼拝中立ったまま聞いている。

戸口で立ったまま説教に耳を傾ける一団がいる、という現象は、おそらく日本のあちこちで繰り返されるものであろう。日本ではホール、あるいは説教所は、往来と同じレベルにあり、戸口に床を張らないスペース〔土間〕が残される。このスペースに入ってそこに立っても、集会に参加したとは、到底考えられていない。靴や木沓《げた》を脱ぎ、清潔なマット〔畳〕に上がって、腰を落とす。それが集会に参加した、という正式な行為なのである。単に戸の内側に立ち、危険な時にはいつでも飛び出せたり、あるいは随意に退却するのとは、全く違う。

これは、どの聴衆にも見られる。彼らは、純粋に異教徒的で、指図されない人たちである。通りすがりの職人、使い走りの少年、お上《のぼ》りさん、〔風呂敷〕包みをもった腰の曲がったお婆さん、背中に赤子を背負った八歳か十歳の子ども、通りすがりの浮浪者、熱心な仏教徒、キリスト教徒がどのように礼拝するのか、何が語られるのか、をただ知りたがっている裕福な男性、いまだ外国人を見たこともなく、外国人の変わった演説を聞いたこともない男性、しかし何にも増して、小さなオルガンの心地いい音色に捉えられた通行人—これら全ての人たちが、玄関に群がり、静かに立ち、大部分は礼拝の終わりまでいる。最後に一人ひとりに小さいトラクトを手渡し、キリスト教の最初の原則を説明するか、光にいたる道を指し示すのが、常である。

㈡ 安息日学校（日曜学校）

十二月に安息日学校が組織された。大人の信徒を二クラスに分け、ひとつは初心者と青年、いまひとつは子どもたちのクラスとした。これはキリスト教教育事業の実に重要な右腕、とならねばならない。ささやかな出発だが、実に手間がかかる。しかも、依然として出発にすぎない。出席者の平均は三十人だった。通常、三十分間、〔賛美歌を〕歌うことから始めている。

㈢ 伝道所（アウト・ステーション）

当港は条約制限〔外国人旅行制限〕が広大であるうえに、十二隻の小船が、支流を含めて往来する日本第一の大川〔信濃川〕が、堂々たるハイ・ウェイを形成している。〔各地の〕伝道所の活動〔巡回〕には、非常に好都合である。

昨秋には九か所を訪ね、それぞれの箇所で礼拝を守った。ひとつを除いてすべての場所には、すでにひとり以上のキリスト教信徒がいるので、我々の礼拝はやりやすい。将来、キリスト教の施設が発達する際の核となるであろう。

今春、メンバーのうち三人が、伝道所のうち最重要の四か所を訪ね、礼拝を守った。

㈣ 長岡

この市は二万四千人の人口を擁し、越後で第二である。我々の南、四十三マイルに位置し、条約制限の範囲内にある。信濃川の河川交通の起点でもある。これまでこの市は、福音の教えが近付くのが特に困難な地であることが、分かっている。その理由は、僧侶の影響と人々の偏見、それに仏教の教学を教える学校の存在である。

今年、新潟から農科大学〔農学校〕が長岡に移転したのに伴い、学長と教授を含めて、実に有力なキリスト教信徒が五人、この地に転出した。彼らは現在、集まって礼拝をしている。今後、中央ステーション〔新潟〕から度々、出張が行われ、市内伝道が開始されそうな見通しに、我々は喜んでいる。頑固な異教都市に、最初の橋頭堡を確保するのに長年、労苦してきた人でなければ、繁栄し、プライドの高いこの場所に、六人の信徒を手初めに送り込んだその価値は、十分には分からないであろう。

　将来の収穫が保証されるためには、働き人の側で継続的な種蒔を行うことが、現在、唯一の条件のように思われる。毎日、汽船がこの川を上るので、新潟からこの市や川沿いの他の重要な場所へのアクセスは、容易である。

㈤　中　条

　中条は我々の北東、二十八マイルの所にある小さな都市で、パーム博士の尽力で小さなチャペルが建てられている。信徒は九人おり、ひとりの熱心な、興味深い男性が指導している。ここではこの執事(deacon)の熱心な働きで、日曜礼拝が定期的に維持されている。この小集団は、自分たちでは教会を形成している、と考えている。ここでは教会の聖餐式は、宣教師が訪問したときに守られている。

　昨秋、ここでひとりの視覚障がい者が、信仰を告白して〔教会に〕入会した。聖句を聞くのに七、八十人の人たちを集めるには、一日の案内だけで十分である。これだけの人が、我々が訪問するたびに、夕方の説教を聞きに来る。

　四月に我々がそこで過ごした日曜日は、日本の他の地域では決して経験したことのなかったような年祭が、守られた日であった。すべての周辺地域にいる馬のために祈る祭りの日であった。我々が聞いた所では、その日、飼い主たちは、礼拝をするために五十頭程の馬を馬の神を祭る神社に集合させる。そのうち、華やかに着飾った何頭かが、教会の側を通り過ぎたが、信徒たちはちょうど聖書研究の真っ最中であった。

　きれいに飾りつけた馬を一同に集める、飼い主たちが酒をちょっぴり一緒に飲む、神社の前で手をたたき、数語呟く、聖職者〔神主〕と施設〔神社〕の維持のために寄付〔賽銭〕を行なう、人間と馬とが共同で楽しい祝日を過ごす―以上が、馬の宗教的な祭りの全貌である。

　すべてこれらは、馬の健康保持に繋がるのだそうである。〔祭り〕全体はヨリ進んだ地域での田舎の家畜あるいは馬の展示会（ショウ）をちょっぴり異教的に戯画したもの、と特徴つけられよう。

　宗教の名のもとでの行楽、宗教の代理となるある種の下らぬ迷信、動物を比較する機会、少額の寄付を捧げるための共通の対象物、単調な田舎の農民たちの生活の中での一日の変化〔娯楽〕、これが馬祭りである。

㈥　村　上

　隔日に出発する、川に横たわる小さな汽船に乗り、広い川〔信濃川〕の河口を発つ。汽船は河口の砂州で急停止する。船の喫水は五フィート二インチであるが、この地点の今日の深さは、ちょうど五フィート一インチである。すこしばかり竿で押したり、さらに喘ぎながら、無事に海に出る。

　海岸に沿って北に向かって四十三マイル、四時間ばかり航海すると、海岸の小さな窪地に着く。そこはきれいな川〔三面《みおもて》川〕の河口で、十二月には鮭で一杯になる。ここで砂浜に上陸し、一時間歩けば、絵のように美しい村上市に着く。人口は約八千人である。

　市はかつては大名の城で、大勢人がいた丘の陰に隠れるように位置する。もう一方は、ほとんど川岸に触れんばかりである。この川の水は雪を頂いた山から、流れ出している。日本の小都市のなかでは、最も美しい都市である。

　ここでは、この地域〔越後〕で最も活発な伝道が行なわれている。

最近、五人が新たに加わり、市内信徒の数は一三人となった。彼らは我々を暖かいあいさつで迎えてくれる。ここで〔洗礼〕志願者を試問して、五人を〔教会員として〕受け入れ、聖餐式を執行した。

二晩にわたって、日本人助手と外国の教師が語る新しい宗教の真理を聞くために、二百人の聴衆が旅館のありとあらゆる場所に夕方、詰め掛けた。伝道所の伝道としてこれ以上、将来性のある地区は日本では、捜し出すのが困難であろう。

㈦ **その他の開放地〔佐渡〕**

以上、特に列挙した場所は、新潟からほんの一日以内の行程にある場所で、聴衆がすぐに集まって来る。

我々の河口から二時間、航海すれば、条約制限内に佐渡という大きな島がある。住人は十万三千人で、信徒は一家族しかいない。この島を訪問する時間はまだないが、島は帝国の金山の中で、最大の生産を誇ることで有名である。人口はハワイ王国の二倍である。ここには主の冠にはめ込まれるべき、いまだ錬磨されていないダイヤモンドがある。

東京や大阪を除けば、新潟から行く場合以上に、一日の行程でヨりたくさんの教会員の所に行ける所が、他にあるかどうかは、疑わしい。

腐りやすいこれらの収穫を刈り入れるために、働き人はどこからやって来るのだろうか。

㈧ **統　計**

一八八四年五月三十一日迄　新潟。

新潟教会

年間の信徒増加数　信仰告白	一〇人
転　会	一人
男性会員	五三人
女性会員	三三人
会員総数	八六人

〔居住地別信徒数〕

新潟市内会員	三四人
中条市内会員	九人
村上市内会員	一三人
上記以外に居住する会員	三〇人

㈨ **追伸〔補充〕**

諸教会の書記が送ってくれた統計は、不完全なので送付できない。しかし、我々の記録では年間の洗礼者数は、次の通りである（R・H・デイヴィス）。

	受洗	転入	除名	脱退
新潟	九人	二人	一人	一人
村上	五人	一人		
中条	四人			

Ⓑ「日本ミッション議事録」

《解説》

次に紹介するのは、北日本ミッションが成立する前後、すなわち一八八三年から翌年にかけてのアメリカン・ボード日本ミッションの関係資料である。年会、特別（臨時）委員会、ならびに回状の中から、新潟ステーション関係の記録を抜粋する。記録者（書記）は日本ミッション幹事のD・C・ジェンクス（神戸ステーション）である。「　」で引用した部分は原文通りであるが、その他は本井による要旨《まとめ》である。それぞれ注記もしたが、本文の一部は先に取り上げた「新潟ステーション第一年次報告」にも再録されている。

㈠ 第十一回年会議事録

◆一八八三年五月四日～十二日　D・C・グリーン宅（D.C. Greene）、議長　J・H・ペティー（J.H.Pettee）、書記　D・C・ジェンクス（D.C.Jencks）

◇五月八日

午前　新潟と福岡にステーションを新設する問題を長時間、討議の後、休会（昼休み）。

午後　パーム書簡に基づき、新ステーション設置案を再協議。二家族の派遣と、視察旅行の費用の支払いを承認。九州にもステーションは必要。四人の来日を要請（決議の本文は「新潟ステーション第一年次報告」に再録）。

◇五月九日

午前　パームに宛てて感謝状を送ることをベリーに要請することを決議（決議の本文は、「新潟ステーション第一年次報告」に再録）。

◇五月十一日

午後　「運営委員会に対して、〔関西に〕計画中の医学校に同意するなら、医師をひとり、派遣することを要請。医師は日本語を学びながら、パームの要請に協力して、新潟での医療活動に暫定的に従事する」。

㈡ 非公式（特別）委員会議事録

◆一八八三年七月十日　O・H・ギュリック宅、議長　D・J・デイヴィス、書記　D・C・ジェンクス

◇七月十日

午前　議長が新潟を視察した委員に報告を求める。R・H・デイヴィスとO・H・ギュリックが、新潟市の興味溢れる説明をし、ステーション設置賛成案を表明。全体的な意見交換のあと、休会。

午後　欠席のベリーの書簡（新潟の業務を承認）を書記が代読。討議の後、以下の決議。不利な条件は多々あるが、二家族（R・H・デイヴィスとO・H・ギュリック）とミス・ギュリックの派遣を承認。二人の独身女性の派遣も必要。建築費の見積もり（決議の本文は「新潟ステーション第一年次報告」に再録）。

㈢ 回　状

◆一八八三年七月十一日　神戸発・第一一〇号、書記　D・C・ジェンクス

◇七月十一日

運営委員会からの回答（電文）〔の文言〕を決定。新潟ステーション設置に賛成の場合は「承認」（"Resolute"）、承認しない場合は「不承認」（"Disappoint"）とする。新潟に関するメモは、次の通り。

「新潟の教会員数三十三人、候補者二人　＝三十五人
他の（七～八つの）村の教会員数　三十一人
ファイソン氏の英国監督教会の教会員数　三人
新潟地区の合計　六十九人
仙台の教会員数　五十～六十人

仙台地区の信徒総数　百十八
越後の人口　百五十三万人
佐渡　十万三千人
条約制限内の人口　四十万～五十万人

パーム博士に対してのみ、特例（病気）の場合には、地方政府は条約制限外への許可証が出せる。〔その場合は〕北方へ二十五マイル、南方へ四十三マイル、条約制限区域を延長できる。

新潟は開港地であるが、土地利用の「特権」〔居留地〕はない。

領事を始め、外国人の官僚は不在。

平均気温は　冬三十五・〇、春五十一・二、夏七十五・二、秋六十・二。

年間の降雨　六十七日、降雪　二十七日。

新潟は日本最大の信濃川の縁に位置する。川はコネチカット川に比較されよう。

緯度は約38N、経度は139E」。

(四) 非公式（特別）委員会議事録

◆一八八四年一月十二日　G・オルチン宅（G. Allchin）、議長　J・H・デフォレスト（J. H. DeForest）、書記　D・C・ジェンクス

◇一月十二日

午前　新潟の宣教師の地位（status）問題を協議。M・L・ゴードン（M. L. Gordon）の動議で延期。

午後　「以下のことを決議。新潟の同僚を、我々の〔日本〕ミッションから切り離す計画を聞いて、遺憾であること。日本に新しいミッションを創設することに関して、どんな財政的な取り決めを、アメリカン・ボードがせざるをえないとしても、それには少なくとも、次の二点を含めることを、心からの希望として表明すること。

一つは、年会を合同でもつ規定である。年会に対してふたつのミッションの関係が、相互の協議のうえ明確に定められること。ふたつは、ボストン〔のアメリカン・ボード本部〕に必要な照会をしなくとも、両ミッション間で人材を交換できる、という規定」。

(五) 第十二回年会議事録

◆一八八四年六月六日～十四日　大阪市ホール、議長　J・D・デイヴィス、書記　D・C・ジェンクス

◇六月六日

午後　「ミッション議長のO・H・ギュリックは、北日本ミッションに関係していることを理由に職務を拒否」。代わりにJ・D・デイヴィスが議長に。「北日本ミッションのメンバーで我々の会議に参加する者は、これ以上の行動をとらずに準宣教師（Corresponding members）とみなす」ことを票決。

◇六月七日

午前　ゴードン博士（〔O・ケーリ、O. Cary　と共に〕両ミッションの関係を検討する委員）が以下の報告。北日本ミッションのメンバーは、日本ミッションの年会に準会員として参加し、毎年、伝道活動報告を行なう。その中には、相互に検討すべき事項を提案することも、含められる。日本ミッションは彼らがあらゆる問題、特に教育や出版について、

年会や各種の委員会の場で、自由に意見を述べることを歓迎する。以上の報告を票決で承認。

(C)「アメリカン・ボード運営委員会議事録」

《解説》

次に取り上げるのは、ボストンにあるアメリカン・ボード本部の運営委員会の議事録である。当時の議長は、新島襄のアメリカにおける「養父」とも言うべきA・ハーディ（A. Hardy）である。総幹事はN・G・クラークである。運営委員会は頻繁に開かれてはいるが、報告題、協議題とも多岐にわたるため、北日本ミッションに関する記録は、予想外に少ない。

一八八三年

◇九月四日

「アメリカン・ボードが新潟を占拠することを、日本ミッションが推薦する何通かの書簡が、提示された。長い協議の末、委員会の決定は、他日の会議に延期された」。

◇九月七日

「日本ミッションが提案した新潟の占拠の計画を、一致して承認。これは、北日本に新しいミッションを作る手初めであることが、〔同時に〕了解された」。

◇九月二十五日

「日本ミッションの会計が、新潟に定住することを認められた宣教師たちの費用を、支弁することを承認する」。

(D) F・A・ロンバード『日本ミッションの歴史』（第一巻）

《解説》

四番目は、自身がアメリカン・ボードの宣教師であると同時に、同志社大学で英文学の教授をも務めたF・A・ロンバード（F. A. Lombard）の手になる記録である。彼の『日本ミッションの歴史』(Japan Mission History) 全二巻からの抜粋である。

原本は七百ページを越える大著で、タイプで打たれた未公刊本である。作成年月日の記入はない。多岐にわたる日本ミッションの全貌に目配りがなされ、それらが要領よくまとめられた好著である。

さらに一番の特徴としては、個々の宣教師の書簡はもちろん、ミッションやアメリカン・ボードの議事録を参照、引用するなど、第一次資料を駆使している点が挙げられよう。その意味では、ミッション史の先駆的な作品と位置づけることが、可能である。

見出し項目は原著にはない。今回、便宜的に設定した。

(一) パームから引き継ぐ

一見、資金なしに仕事をするように思われたけれども、〔日本〕ミッションは、壮大なものへの希望を投げ捨てたくはなかった。それゆえ、一八八三年の年会で、新潟にステーションを新設する問題に真剣に取り組んだ。

新潟は大変、保守的な都市である。土地の価値は高く、外国人は不動産を保有できない。にもかかわらず、特別のパス・ポートなしに宣教師が住める「開港地」である。

エディンバラ医療宣教協会は、市内での活動をまさに撤退させようとしているようであった。その代表であるパーム博士は、「実質的には会衆主義者（Congregationalist）」であり、彼が〔帰国休暇から〕戻った際、医療活動に専念できるように、アメリカン・ボードが業務を継承することを願った。この機会は、摂理にかなったように思えた。

ミッションのメンバー中、何人かは、地方分散を望んでおり、新しい活動分野が他者のために用意されるべきであった。O・H・ギュリック氏はミッションの新聞〔『七一《しちいち》雑報』〕を刊行する責任からは解放されていた。生まれつきのパイオニアなので、征服すべきどこか新しい分野がほしかった。

R・H・デイヴィスは五年間、神戸にいたが、独自で独立した仕事を、ひとつも見い出せないので、活発な伝道活動を喚起するなにか新しい刺激を、必要とした。一般的な理由もさることながら、このような特定の理由からして、新潟の占拠は望ましかった。新島襄氏も熱心にこの動きを支持した。そして、ギュリック氏もデイヴィスも、現地を訪問後、この冒険に取り組む用意ができた。〔傍点は本井〕

(二) 誤解の産物

パーム博士は、新潟を去る前に事態を取り決めたかったので、ある程度、急ぐ必要があった。新潟に進出する許可を電報で、というミッションの要請で、ボードは同意を示す約束の電文である「承認」(Resolute) の後に、「委細後便」(details letter) の文言をつけた。

これで十分、と判断されたので、ただちに運動が開始された。パーム博士は九月〔三十日〕に新潟を去り、後任の新人たちは、十月十一日にこの都市に入った。

そのあと、ボストンから詳細な書簡が来た。その趣意は、少なからぬ基金〔オーティス遺産、Otis Legacy〕がなければ、財政的に困難なので、ミッションの要望に基づいた適切な行動を取ることができない、その基金はミッション新設のために準備されたもので、拡張は新しいミッションを建設する、という了解のもとに、日本での拡張を可能にした。

日本では誰も、そんな不測の事態を予想できなかったので、別のミッションを作るという考えを、喜ぶ者はひとりもいなかった。〔ボストン本部の〕総幹事のクラークから、新しい地域は同盟〔日本ミッション〕と係わりあうことから自由であるので、自分の好みにあっている、との書簡をもらったギュリックでさえも、そうである。直後にも、もう一通、書簡が届いた。新潟からは十一月十三日にボストンに返事が送られた。

「もしも、それら〔ボストンからの書簡〕が神戸を発つ前に届いていたら、そのまま全員が、そこに留まったでしょう。あなたの電文は『承認。委細後便』ではなくて、『後便を待て』と読むべきでした。誰ひとりとして、また我々が尋ねたミッションのどのメンバーも、『後便』が我々を切り離し、私たちだけでミッションを形成させる、といったようなミッションの計画の極端な変化を意図していたとは、まったく考えもしませんでした」。

十一月二十一日に〔R・H・〕デイヴィスは、分離に対する反対をいくらか取り除き、実現可能と思われる計画を提案した。

「第一。お手紙を拝読したところでは、ふたつのミッションを完全に独立させるのでなければ、財政的な独立が言われています。もしも運営委員会が、ジェンクス氏（当時は旧ミッションの会計）を為替手形などを受け取る、我々の代理人として任命されるお積もりなら、私はそれを受け入れる用意はあります。

次に。完全な独立の代わりに我々を、日本ミッションの準宣教師 (Corresponding Member) として考えていただきたい、と要求いたします」。

特定の反対に加えて、ギュリック氏は、たったふたりでひとつのミッションを形成するのは、明らかに無理である、なぜなら、見解の相違を始めとする問題は、そうした状況では解決されえないから！と主張した。

「宣教師ふたりでは、ミッションを形成できないし、また形成いたしません。微小なミッションの試みが、北日本で作られようというのならば、私は候補者としては立ちません。それに参加するつもりは、まったくありません。これまでにも試みは、何度かありましたが、失敗に終わっています。そんな企てに余生を浪費する気持ちは、全然ありません。そんな試みに進んで志願したくはありません」。

ふたりで（あの特定のふたり）、ではなく、一人でミッションを形成する方が、明らかに機能する！ギュリック氏は、ミッションに少なくとも四人のメンバーが所属するまで、分離することを待つべきだ、と主張する。

(三) 分断されたミッション

日本ミッションは、一八八四年一月十二日の特別〔臨時〕会議で、次のことを決定した。

「以下のことを決議。新潟の同僚を、我々の〔日本〕ミッションから切り離す計画を聞いて、遺憾であること。日本に新しいミッションを創設することに関して、どんな財政的な取り決めをアメリカン・ボードがせざるをえないとしても、それには少なくとも次の二点を含めることを、心からの希望として表明すること。

一つ目は、年会を合同でもつ規定である。年会に対してふたつのミッションの関係が、相互の協議のうえ明確に定められること。

ふたつ目は、ボストン〔の本部〕に必要な照会をしなくとも、両ミッション間で人材を交換できる、という規定」。〔以上は、再掲〕

おそらく誰をも騙せないごまかしを図ろうとして生まれた北日本ミッションは、一八八四年二月にボストンに財政見積もりを送付した。五月十九日には最初の報告〔年次報告書〕を作成し、次のように緊急の補充要請を行なった。

「協力者について深く悩んでいます。日本人の伝道者は、特に外国の金で雇われている場合には、金目当てで説教する人、と異教徒から見なされているので、実情に合いません。――月給を引き出すために、しなければならない説教をする。――外国人は『外人』と軽蔑はされているが、しかも誠実に説教することに関しては、なお信用がある。一方、外国人から給与を支払われている日本人伝道者は、自分の宗教や国家を裏切る者、と見なされたり、飯のために外国人に身売りした、単なる雇われ者と思われたりする」。

北日本ミッションの評価に関して、ボストンは以下のことを指摘して、多くの疑問を挙げた。彼らは冒険のコストが分からなかったか、それとも十分に計算しなかった。その点で、ミッションの報告書の中からは、孤立した、保守的な地域における何か地方的な困難さだけでなく、新しいミッションの確立を、少なくとも試みる価値のあるものにする人たちの、何か気質といったものが、読み取れる。人材補充の訴えは、退けられた。一八八四年四月一日に総幹事のクラークは、京都のJ・D・デイヴィスに書簡を送った。

「レヴィット氏（H. H. Leavitt）を送ってほしい、との新潟からの書簡を、手にしています。彼らを激励し、分離したミッションであることに、彼らが満足できるように幾分、慎重に言い表された私の文章に言及しています。京都や伝道の他の方法に関して、貴兄が採用した計画や処置をめぐって、絶えまない争いから貴兄や他の人たちを解放するために、新潟の同僚が、分離したミッションを設立することが、気掛かりでした。

新潟の同僚にとっては、京都の責任から解放されることが、救いであるだろう、とずっと思っておりました。彼らが北日本ミッションの中で、もしもあるとすれば、のことだが、彼ら特有の見解を抱くことに、私もまた全く異論がありません。彼らの側で実際の経験を積めば、現在、もっている極端な所見は、正されると思います。——我が委員会は現在、一層の発展がなされるまでは、北日本ミッションを取り決めた分以上に拡張することは賢明である、とは考えてはいません」。

(四) 対策

一八八四年の日本ミッション年会は、六月六日から十四日まで大阪で開催された。あらかじめ議長に選出されていたO・H・ギュリックは、「北日本ミッションに関係をしている、との理由で」〔議長につくのを〕拒否した。ミッションは、こう決議した。

「北日本ミッションのメンバーで我々の会議に参加する者は、これ以上の行動をとらずに、準宣教師 (Corresponding members) とみなす」ことを票決。

そして、「北日本ミッションと協議し、ふたつのミッションのこれからの関係について、計画を報告する」二人 (〔M・L・〕ゴードンと〔O・〕ケーリ) から成る委員会が、任命された。この委員会は後に、次のような勧告を作成し、採択された。

「北日本ミッション〔のメンバー〕は、日本ミッションの年会に準会員として招待され、毎年、伝道活動報告を行うことが、求められる。その中には、相互に検討すべき事項を提案することも、含められる。日本ミッションは、彼らがあらゆる問題、特に教育や出版について、年会や正規の委員会の場で十分に、また自由に意見を述べるために、彼らを招待する」。

ふたつのミッションの間では、運用法がこのように考案されたが、状況は最良の状態でも変則的であった。それはすぐに忘れられ、一八九〇年にふたつの団体の統合が、認められてからは、日本ミッションの概略でも、決して言及されなかった。おまけに新潟自体も、内部は平和ではなかった。ギュリック氏は正しかった。と言うのも、彼ら二人では、ひとつのミッションを形成できなかったから。

(E) N・G・クラーク書簡

《解説》

日本ミッションと同様に、北日本ミッションからボストンへの通信 (報告) は、ほとんどの場合、アメリカン・ボード総幹事のN・G・クラークに宛てられる。紙幅の都合上、クラークからの返信は、主としてT・A・パーム、ならびに北日本ミッションの設置問題に絞って、訳出 (それも大部分は要約) しておきたい。後者の件に関する本部 (運営委員会) の見解は、以下の第六書簡、つまりO・H・ギュリックならびにR・H・デイヴィス宛て書簡 (一八八三年十二月二十七日) に最も鮮明に示されている。

これに従えば、日本ミッションとの分離は、あくまでも「便宜的なもの」である。資金源となった「オーティス基金」の制約がもたらしたものであることも、明言されている。

それにしても、クラークが挙げる理由の中に、トルコのミッションとの比較があることに着目しておきたい。つまり、新潟ステーションの開設は、トルコの事例に従っているというのである。この点は、同志社（京都ステーション）の開校が、トルコの神学校をモデルにしていたことと、好一対をなす。

㈠　**D・C・ジェンクス宛て電報（一八八三年九月八日）**

「一八八三年九月八日、午前十時　兵庫　ジェンクス　承認、委細後便」（五単語@$二・八〇＝$一四）

㈡　**R・H・デイヴィス宛て書簡（一八八三年九月八日）**

「今朝の電報で、すでに承知されたと思いますが、新潟の計画を受け入れました。変更したのは、財政事情に合致させるためだけです。〔中略〕長い間ふさわしい機会を待っておられましたが、とうとうその時が来たように思います〔後略〕」。

㈢　**O・H・ギュリック宛て書簡（一八八三年九月八日）**

「私からの公式の〔財政の、の一語を消した上に書かれている〕書簡で、新潟を占拠する計画を運営委員会が承認したことを、承知されることと思います。その地で開始される大事業に、大きな希望を抱いております。すでに〔パーム博士によって〕成し遂げられたことが、役立ってくれましょう。〔中略〕

神のお召しは本当に摂理にかなったように思えます。女性のための事業を、貴兄の妹〔J・ギュリック〕と一緒にしてくれる女性がいれば、と思っています。土地のことをすでに熟知し、大きな業績をあげられたパーム博士が、新潟に戻って下さるように願っています。そうでなければ、博士は早急に医療の助手を確保される必要が、あります」。

㈣　**O・H・ギュリック宛て書簡（一八八三年一〇月二二日）**

「九月十八日付けの書簡を受理しました。ただちに新潟に赴任するための準備をなさっているのを知って、とてもうれしく思います〔後略〕」。

㈤　**O・H・ギュリック宛て書簡（一八八三年一一月一六日）**

「十月十五日付けの書簡を今朝、受理いたしました。〔中略〕大変、危険な目に遇われ、積み荷を大量に駄目にしながらも、無事に到着されたことを聞かされ、また心のこもった、暖かい歓迎を受けられたことを知り、とてもうれしく思います。

同様に『親愛なる医師』〔パーム〕が、これから一年半後に、おそらく戻って来られることを知り、うれしく思います。〔中略〕アメリカを経由して〔日本に〕戻られるパーム博士に、お会いしたく思います。〔中略〕追伸。ジェンクス氏から、新潟の財政に関してお聞きになると思います。『新ミッション計画』を歓迎する、との返事がいただけるもの、と期待しております〔後略〕」。

㈥　**O・H・ギュリックならびにR・H・デイヴィス宛て書簡（一八八三年一二月二七日）**

書簡三通、受理（いずれも十一月）。「『北日本ミッション』として知られることになる新しいミッションを形成する計画に伴う事情について、ヨリよく理解していただくために、ただちにお返事いたします。まず前提としてお知らせするのは、日本にこのように二つのミッションを設置するのに、新しい、あるいは変わったものはなにひとつない、ということです」。

セイロン・ミッションに対するマドラ・ミッション（海峡をひとつ隔てて、五十年前に二、三人で設置）の例やトルコ・ミッションの例（最初はひとつ、最終的には四ミッションに増大）を参考にされたい。「従来、こうした取り決めがなされたのは、数箇の地域にいる宣教師たちにとって、ひたすら便宜のためでした」。

他のミッション・ボードも、中国に複数のミッションを設置。理由があれば、当然のこと。トルコの四つのミッションは会計、出版委員会、文書活動の拠点が共通。年会には各ミッションの代表が参加。日本も（トレーニング・スクールを含めて）それが可能。相互に代表が年会に参加することが望まれる。

「このように、二つは現実にはひとつであり、分割はまったく便宜的なものなのです。ここでの大きな理由は財政上のものです」。新ミッション用の資金は大量に残る。教育と拡張用の資金は使い果たす。新潟のメンバーを二、三、あるいは数家族に限定する考えはない。将来、条約改正後に新潟の他にも開港され、人員増加が必要になるはず。〔ミッション分離に関して〕トルコの場合と同様に考慮すべき一般的な理由は、以下の三点。

①他のステーションと遠距離。（ミッションが一つの場合）地方的な問題を判断するのに考慮、情報（見解）交換、説明、理解に相当な時間を要する。

②地域の特殊な問題は、別個に考慮するのが最善。

③ミッション間で、一般的な原則の一致があれば、細部の差異は許される。

さらに〔日本に特有の〕特殊な理由が四つ。

①人材の配置上、新ミッションの設置は時機に適う。J・L・アッキンソンが近く復帰。日本に戻って事業を再開すれば、R・H・デイヴィスがフリーになる。O・H・ギュリックも新聞〔『七一雑報』〕を放棄するので、新ミッションの要員たりえる。

②新潟はすでに開教され、継承者を待つ。拡張の理由あり。

③パーム博士等が始めた事業は、主として自給と聞く。デイヴィスもギュリックも、邪魔されずに持論〔自給論〕の展開が可能。

④デイヴィスもギュリックも新人にあらず。経験者であり、日本の事情通。

拡張について付言すれば、パーム博士の再来日不可に備えて、医師のD・スカッダーが姉と赴任予定。パーム博士が再来日すれば、スカッダーを他地域にまわせる。彼はシカゴのH・M・スカッダーの息子で、学識と使命感を持つ有能な人材。婚約者（熱心な信徒で、十分な医学教育を受けた）が髄膜炎で死去したばかりだが、単身赴任を決意。姉が付き添う。

以上の件は、私共が新潟の拡張を考慮している一例。当書簡のコピーを日本ミッションにも送付。

㈦　O・H・ギュリック宛て書簡（一八八四年一月一〇日）

書簡（デイヴィスのも）を昨日、受理。将来性のあるD・スカッダーを北日本ミッションに任命。来る五月に医学教育を終え、新潟行きを希望。キャプテン・ジェーンズ夫人の弟。スカッダーはかねて Shantung〔Shantong, 山東か?〕を希望。婚約者に死なれたので、代わりの同行者を確保。姉は熱心な信徒。

かくて貴ミッションは、予想以上に早く二人目の独身女性を確保。彼の赴任の唯一の障害は、パームの再来日の可能性。再来日できても、スカッダーを派遣する意義あり。『ミッショナリー・ヘラルド』一月号にあるように、日本伝道の拡張を模索中。とりわけ北日本方面へ。条約改正で他港が開港されるのを期待。〔中略〕

「日本での二つのミッションの関係について、先便で送った私の書簡に、貴兄とデイヴィス氏がまったく満足して下さるだろう、と思います。また、この件に関するお二人の困惑の主要な点を、実際に先取りしたのでは、と思います」。

二、一八八四年（第二年次報告）

《解説》

アメリカン・ボード北日本ミッション（新潟ステーション）の第二年次報告は八枚に及ぶ書類で、冒頭に次のような題が掲げられている。

Contribution towards Annual Report (Second Year) of The Northern Japan Mission of A.B.C.F.M. June 1, 1884~May 30th, 1885.

執筆者はR・H・デイヴィス（R. H. Davis）で、執筆の時期は一八八五年八月と付記されている。初年度のメンバーであるギュリック（O. H. Gulick）一家は、デイヴィス一家を置いて早くも転出した。当初の計画では仙台であったが、現実には九州に転じた。その後、新たにスカッダー姉弟（C. S. Scudder, D. Scudder）がアメリカから派遣されてきた。D・スカッダーは医療宣教師である。T・A・パーム（T. A. Palm）が越後に残した病院（いわゆるパーム病院）での医療業務を担当するのが、当初の来日目的であった。

この年度の年次報告は内容的には、実に貴重である。まず、アメリカン・ボードに新潟の事業（医療と伝道）を託して、休暇で一時帰国していたパームが、日本（新潟）に戻れなくなった理由、さらにそれが越後の信徒集団（いわゆる「パーム・バンド」）に及ぼした影響を明示しているからである。その点でこれは、「パーム・バンド」がもっている性格――およそ自立と自給に遠く、主軸となるメンバーはミッションに寄生的で、その生活も非道徳的――を究明するさいに、不可欠の資料である。

さらにこの年度の報告で注目すべき点は、ミッションの財政方針をめぐる論争（すなわち援助路線か、自給路線か）に触れていることである。

まず、越後伝道の開拓者であるパームの財政方針（とりわけ初期の）であるが、自給路線に立つアメリカン・ボードとは、明らかに相違する。そのために、最終的には「パーム・バンド」が分裂する大きな一因となる。興味深いのは財政方針に関して、パームと同一路線に立つ新島襄の立場が、ここに紹介されていることである。

彼の主張は一方の「パーム・バンド」には百万人の加勢に等しく、他方の北日本ミッションにとっては、ありがた迷惑以外の何物でもなかった。

ちなみに、パームより少し前に新潟を去った、英国聖公会宣教会（C. M. S.）のP・K・ファイソン（P. K. Fyson）も、財政方針に関しては、当初はパームと同一であったことが、ここで明らかにされている。彼が刊行した『自給論』のパンフレットは、内容の点で沢山保羅《ぽうろ》のそれに通じるものがある。前者が、越後伝道の反省の上に構成されたものであることは、看過してはならない。

さらに、この地の信徒に見られる「アンチノミアン」（道徳律不要論）の傾向が、彼らの信仰生活を退廃的なものにしていることも、ミッションにとっては、悩みの種であった。彼らの貪欲な生活が、金銭的に、ミッションに依存する――要するに「たかり」！――先の傾向と裏表をなすことは、言うまでもない。

彼らの「信仰」生活の実態は、この年次報告で生々しく述べられている。この点はさらに次年度の報告でも、再述される。

実に「パーム・バンド」の中核は、こうした信徒らしからぬ信徒――さしずめ「放縦派」――が支配的であった、と言わざるをえない。金銭面と倫理面の両面に、越後伝道の特殊性があったことに着目すべきである。その点、デイヴィスのように関西――神戸を起点とするアメリカン・ボードの先進地――から赴任した宣教師たちの嘆きは、とりわけ深かったはずである。

なお、訳出にあたっては、訳注を〔　〕内に入れたうえに、段落を適宜増やし、さらに小見出しを便宜的につけた。以下、本文である。

カトリックの活動

昨年〔一八八三年度〕の年次報告を執筆した折り、私たちの前に開かれた広大な領域として、日本北部のことを記した。それ以後〔一八八四年五月に〕、アメリカのデサイプル派（基督教会）派遣のスミス氏（G. T. Smith）とガースト氏（C. E. Garst）が、新潟から百四十マイルほど北の秋田に定住した。スミス氏は、不幸にも妻と幼児とを亡くす不運に見舞われた。

さらに、ヨリ緊急性の高い領域〔新潟〕の内部のことであるが、カトリック教会が大変、活発である。もっとも、まださしたる成果を挙げたわけではない。カトリックはここ新潟に〔ドルワール・ド・レゼー（Drouart de LeZey）ほか〕二人の司祭を定住させ、相当大きな建物を二棟、学校用に建設した。また古い会堂を取り壊して、新しいものを建築中〔竣工は一八八五年九月〕である。「修道女」〔シャルトル聖パウロ修道所会〕がふたり、まもなく学校を受け持つことになっている。

その結果、私たちの改宗者〔信徒〕は、少年のための英学校を開く意志がないかどうか、私たちに打診している。彼らは少女に教育が必要であるということは、まるで考えたことがない。と言うのは、この点に関しては、真の開化の面で中央日本の信徒よりもはるかに遅れているからである。

大谷法主の来新と知事の交替

大谷さん（Otani San）は、京都の仏教寺院の一派である本願寺の高位の僧侶だが、この地域を訪問し、新潟に何日か滞在した。京都に巨大な伽藍を新設するための募金が、目的である。伝えられるところでは大成功のようで、資産家のひとりが一万円〔一万ドル〕を捧げた、という。けれども、たとえ噂半分としても、倫理的には彼の来新は呪いである。彼の一行は、高級な売春宿のひとつで僧侶に接待されて、一晩に三百円を使ったというし、大勢の貧民は、彼が入浴した湯を飲んで、心を清浄にしようとしたという！

いまひとつ、将来的に私たちの活動に影響を及ぼしそうな出来事がある。新しい知事〔篠崎五郎〕の着任〔一八八五年四月十八日〕で、吉と出るか凶と出るか、いまだ明白には見ることができない。前の知事〔永山盛輝〕は〔一八七五年十一月七日から一八八五年四月十八日まで〕二期務め、ちょうど再指名されたところである〔知事は住民に選出されるのではなく、帝国政府から指名される〕。彼〔永山〕は老人で、罪に深く染まり、キリスト教にひどく敵対していた。彼はパーム博士〔T. A. Palm〕の病院〔いわゆるパーム病院〕から患者を遠ざけようとし、キリスト教の宣教師や信徒を認めようとはしなかった。そして顔と権威をキリスト教に背けていたので、県庁の役人は誰も、私たちの教えを尋ねてみよう、とはしなかった。

新知事もまた薩摩の出身だが、ずっと若い。彼は長年、政府に警察の長として仕えたり、また神戸で他の高い位置にいたので、前任者よりも、キリスト教に対してはるかに好意的だろう、と思われる。これは私たちだけでなく、私たちの信徒も、また地方新聞〔『新潟新聞』など〕の編集長たちや、先に言及した県庁の役人も期待している所である。それでも私たちは、岡山の知事〔キリスト教の理解者として知られた高崎五六〕が同地の宣教師に示した共感の半分も、期待してはいない。それにしても、〔知事の〕交替は感謝である。新人は前任者よりも悪かろうはずがない。おそらく百倍は良いものと考えられる。

注目すべきいまひとつの事は、新潟は開港地にもかかわらず、当地に居住するひとりを除いて現在、外国人の住居は一軒しかない。例外は、先に言及したふたりのフランス人司祭と私たち、すなわちR・H・デイヴィスと家族、それにD・スカッダー博士と〔彼の姉である〕ミス・C・S・スカッダーである。

パームの再来日をめぐって

前回の年次報告以後、判明したことが、さらにひとつある。それはエディンバラ医療宣教会〔E. M. M. S.〕が、パーム博士を日本に再派遣しない、という決定を下したことである。理由は同協会の理事たちが、終末論に関する彼の見解を容認することが、できなかったからである（その終末論とは、悔い改めることなく死去した者は、すべて二度目の試練に遭う。また最後の審判前に悔い改めない者は、滅びる。さらに人間の精神は、不死ではない、という内容である）。

けれども、パーム博士のキリスト教的な性格の高潔さを、弁護する私たちの側から見ると、次のように言わざるをえない。すなわち、彼は自己の神学的な関心を、公然と多くは示してこなかったために、当地の教会員が、彼が約束どおり戻れない真の理由を知らされた時、中にはパーム博士の信条がそうしたものであることに驚きを表明する者がいた。彼の見解に共鳴する者は、誰もいなかった。何人かは、積極的に反対を表明した。

パーム博士が不在であったことが、私たちの初年度の活動に影響を及ぼした。したがって、彼が確実に戻って来れないことは、それ以上に大きく影響するであろう。すでに幾人かの信徒に、実に深刻な感化を与えている。

パーム博士は気前よく金銭を用いた。それが彼の病院活動からあがる利益（彼が当地にいた最後の年の利益は、一千円であった）であったことは、確実である。〔その結果〕彼の信徒五人につき一人以上が、多かれ少なかれ、彼の雇われ人であるか、金額にして五十円から五百円の負債を彼に負う者か、のどちらかである。

写しを〔アメリカン・ボードの〕本部に送ることを、私が約束した手紙が一通、エディンバラ医療宣教会へ複数の者によって、送られた。それを彼らのために英語に直したのは、私である。手紙を書いた人たちは、パーム博士に〔経済的に〕サポートされていた人たちであり、他の人たちは大部分、それに署名するのを拒んだことを、後で知った〔ちなみに以上の事実から、書簡の内容は、再来日を懇請すると同時に、負債の免除に関するものであることが、推測できる〕。それゆえ、それは公平な表現ではないので、写しをまだ〔そちらに〕送っていない。

「パーム・バンド」の性格

パーム博士にもっとも援助されていた人たち〔信徒〕は、現在、信仰の点でももっとも弱く、愛の点でももっとも冷淡なように思える。彼らは教会の活動にとって、最大の障害となっている。彼らは私に、次のような発言さえぶつける。

すなわち、自分たちがパーム博士に従っていたときは、彼が教会の支出を支払ってくれたのだから、もしも現在、自分たちがアメリカン・ボードに従うならば、ボードが教会の修理費や経常費のすべてを支払うべきである、と。新島〔襄〕氏からも、「アメリカン・

ボードは費用に関して、どこまでも援助する用意がある」との発言が飛び出し、信徒たちを騒々しくさせている。

よくよく調査して見ると、ファイソン氏〔かつて新潟に在留した英国聖公会所属の宣教師〕も、金銭を気前よく使っていたことが、判明した。彼は不完全な学校〔俗に貧民学校として知られている〕を経営したが、成果は何もなかった。日本人教師〔女性〕は、彼の教会の会員であった。彼女さえ、〔ファイソンの帰国後〕一年以上も前に入会の申請をしたが、〔私たちが支える当地の〕組合教会に受け入れられなかった。彼〔ファイソン〕は、貧民に米を供給したほか、秋には布団〔寝具〕を与え、春にはそれを買い戻したりして、何人かを自分の礼拝に来させようとした。

私の日本人助手と私は、ファイソンが活動していた市内地区では、彼の金銭の匂いがあまりにも強いことが分かったので、説教活動を再開するのは、いまだ賢明ではない、と判断している。けれども、来たるべき冬の間には、伝道できることを願っている。

しかし、ファイソン氏が、最後には自己のミスを認めたために、新潟を離れたくない、と思ったことは、触れておくべき価値がある。彼が一八八三年〔四月十六日から二十一日まで〕に大阪で開かれた全体会議〔諸教派の宣教師が結集したいわゆる大阪会議〕で、筆者〔R・H・デイヴィス〕に言ったことは、自分は日本人の自給に関して実に急進的な見解を抱くにいたった。日本人を援助するのは、教会堂を建てる時だけである、という考えである。彼が言うには、〔大阪会議で〕沢山保羅が読み上げた『自給論』〔the Essay on Self-Support〕(『大阪会議』〔Osaka Conference〕二九一～三〇五頁)こそ、この同一人物が、自費で日本語で印刷し、配布したものなのである。

ファイソンの同僚〔英国聖公会宣教会所属〕である大阪のワレン牧師〔C. F. Warren〕から直接、確認したところによると、ファイソン氏は〔越後における経験から金銭に関する〕見解と実践を転換させたことにより、新たに東京で始めた活動で優れた成果をあげている。

〔パームやファイソンが当初、採用した〕金銭方針の結果、私たちのところには金を借りに来たり、洗礼に際していくら支払ってもらえるのか、といったことを問い合わせる訪問客が、少なくない。彼らは全員が新潟の市民、というわけではない。そればかりか遠方の、時には百マイル離れた村からやって来るのが、いたりすることが、しばしばある。彼らはまた、こうした遠隔地から私たちに手紙を寄越して、自分たちに勧めてくれたら、洗礼を受けるためにすぐさま新潟にやって来る、と書いて来る。仏教の僧侶たちも、〔ミッションの〕金の使われ方を知ったうえで、種々の方法で私たちに対してその事実を使って来る。

〔日本人の〕伝道師を雇い、外国の金で彼らを派遣すると、本心からではなく、米〔生計〕のために働いている、と異教徒たちから思われ、軽蔑を買うことにしかつながらない。

アンチノミアン主義が支配的

伝道上、いまひとつ困難なことは、ほとんどの信徒の誰にでも、アンチノミアン〔道徳律不要論〕の精神が、強く存在することである。「信仰による恵みにより救われたならば、十誡を守る必要はもはやない」と彼らは言う。その結果、信徒たちはサケ（米のウイスキー）を飲み、タバコを吸い、安息日の神聖さを汚すキリストの弟子となる。一、二のケースでは、逃亡した売春婦をかくまう者や、部分的には売春宿の支援者であったり、質屋や米取引に関する法を破る者であったりする。

要するに越後では、キリスト教の評判は、良くない。とりわけ新潟ではそうであり、中条では少しまし、村上ではさらに良好である。

これらのことは、私たちにはすべて不利である。それらは私たちを悲しませ、不安にさせる。私たちの心は痛む。時にはすっかり落胆し、時には〔伝道を〕投げ出して、辞職し、アメリカに帰りたいと思いたくなる時がある。けれども、使われている手段は人間のものであるが、大目的は神のものである。

ここには大勢の人がいる。何百万もの人たちが、神を知らずにいる。彼らは罪に満ちた快楽の愛好者であり、忌まわしい欲望で堕落し、金を好む者である。「結局、異教徒が求めるのはこれらであり、金を好むことが、すべての悪の源泉である」。それでもキリストは彼らのためにも死なれた。彼らに福音を説かねばならない。もし私たちがそれを行なわなければ、それをする人は誰もいない。ギュリック氏〔O. H. Gulick〕は、私たちの許を去った。スカッダー博士と姉とは、まだ日本語が使えない。したがって伝道の準備を進めるためには、私たちにはもう一家族〔の宣教師〕と独身女性が二、三人、早急に必要である。

兄弟たちよ、どうか私たちのために祈っていただきたい。

R・H・デイヴィス

三、一八八五年（第三年次報告）

《解説》

北日本ミッションの第三年次報告（一八八五年）は、一八八六年七月二十九日に医療宣教師のD・スカッダーによって執筆されている。原タイトルは次の通りである。

Report of the North Japan Mission for the Year June 1, 1885 to May 31, 1886.

年次報告は二十三頁に及び、目次をつけると次のようになる。

第一部、伝道
(1)三都市にある教会（新潟、村上、中条）
(2)その他の地区の教会（高田、長岡、三条、五泉、燕）
(3)まとめ

第二部、医療
(1)パーム病院の廃止をめぐって
(2)三条での医療活動

さて、この年度の報告書に関して、あらかじめその特色を挙げておきたい。第一部では、なんと言っても「パーム・バンド」の抗争と分裂である。渦の中にいた当事者によって、生々しく描写されていることが、特筆されるべきである。

スカッダーは、この信徒集団の内部対立を細かくは三派（第一派から第三派）、大きくは二派（第一派・第二派と第三派）に分けて叙述する。彼の意向を汲んだ言い方をすれば、最終的には「禁欲派」（第一派）と「放縦派」（第二派・第三派）との衝突、と捉えることができる。要するに、前年の年次報告でR・H・デイヴィスが報じていた軋轢は、ついにここに来て明白に分派した。片や組合教会、片や一致教会にそれぞれ所属し、独自の歩みを始めようとするのである。

さらに、信徒集団の分裂に際し、それ以前、つまりこの時点では、村上教会を除いては、正規に教会が組織されていないことにも、着目すべきである。特に新潟市内の信徒集団の場合がそうである。このことは、新潟市内における「教会」の発足時期の特定に、決定的な意味を持つので、特筆すべきである。

報告書にもあるように、第一派（「禁欲派」）はこの夏に成瀬仁蔵を奈良から牧師として招き、秋に「新潟第一基督教会」を正式に発足させる。これが、現在の新潟教会（日本キリスト教団）であることは言うまでもない。第二派・第三派（「放縦派」）は少し遅れて「新潟一致基督教会」を組織した。前者は組合教会、後者は一致教会という全国組織に加入する。

かくして、教派的には独立した信徒集団であった「パーム・バンド」（時に「新潟公会」とも呼ばれる）は、ここに来てついに二分され、それぞれ教派色を鮮明にするにいたる。要するに、この報告書は、教会が正式に組織される寸前の新潟市内のキリスト教界の状況をリアルタイムに明示にする。

次に第二部の医療部門であるが、この箇所はかつて拙稿「アメリカン・ボード北日本ミッションの医療活動――D・スカッダーとパーム病院――」（『地方史新潟』一五、地方史新潟研究会、一九七九年九月）で、詳細な解説を付して、全訳を紹介した。今回も、基本的にはそれを利用した。

詳しい背景説明は、同稿に譲るが、要するにスカッダー（彼のそもそもの来日目的は、パーム病院の継承にあった）は、来日後、医療伝道の使命は日本では終わった、との判断に基づき、パーム病院の閉鎖を決断し、伝道活動に専念するにいたる。パーム病院の継承と廃止に関するまとまった資料は、アメリカン・ボードの側では、これ以外にはない。

なお、「パーム・バンド」の日本人指導者（伝道者）であった大和田清晴が、医師としてこの病院の管理をパームの留守の間、任せられていたことが、バンドの分裂、すなわちバンドとボードとの軋轢に、微妙な影響を与えていたことは、容易に推測できよう。

なお、パーム病院の発足の経緯については、拙稿「T・A・パームによる新潟医療伝道の開始――パーム・バンドとパーム病院の誕生をめぐって――」（『社会科研究』二三、新潟県高等学校教育研究会社会科部会、一九八〇年二月）を参照されたい。

ともあれ、この報告書は、伝道と医療の両面で、パームの事業の性格を明示する。それだけでなく、その後の経緯（アメリカン・ボードによる継承）をも、詳述する。この分野における複雑な経緯を鳥瞰させてくれる点で、新潟キリスト教史上、一級の資料である。そればかりか、教派の選択をめぐる衝突として、極めて興味深い事例を提供してくれている点で、日本キリスト教史から見ても、貴重である。

第三年次報告

この年度は北日本の活動にとって、辛い一年であった。この試練は、来たるべき佳《よ》き日の前兆である、と確信する。便宜上、報告書は〔伝道と医療の〕二項目に分けられる。

㈠　伝　道

この項は、以下の二部門からなる。最初の部門は、越後にある三個のいわゆる教会〔いわゆる、と限定付きで、教会とされている点に注目〕に関する報告である。三教会のひとつ、村上の教会は、教会としてかつて〔一八八四年八月に正規に〕組織された。いまひとつの部門は、県内の他の市や村の伝道に関する内容である。

Ⓐ　三教会に関すること

⑴　新　潟

三派間の抗争

ここは伝道の大部分が実施されている中心的なステーションであるので、必然的にもっとも重要である。当地の教会は、教会としてはこれまで一度も組織されなかったが、教会と自称しているので私たちのミッションでも、そのように取り扱ってはいる。規則は何もない。規律もない。会員は好きなように歩き回っている。

この報告書の起点である昨年六月には、明白に三派に分かれていた。まず第一派は、アメリカン・ボードの宣教師の許で改宗をした人たちから成り立っており、これにパーム博士によって教会に導き入れられた者が一、二人加わる。この党派は、ヨリ良い教会組織や信条、契約、それに必要な時には懲戒処分がとれるような秩序を守る規則を望んだ者たちの集団である。同派は同時に、教会員の生活が清潔であることに固執する党派でもある〔言うならば『禁欲派』〕。

それから第二派というか、中間派がある。これは表面上は第一派に同調するが、いざと言う時には、信用を得ることができなかった。この派のメンバーは、ほとんどパームの指導で改宗した者である〔言うならば、『中間派』〕。

第三派は、教会の中のアンチノミアン派（道徳律不要論者）で、リーダーはあからさまにアンチノミアニズム（道徳律不要論）の原理を教え、祈り、そして実践した〔言うならば『放縦派』である〕。彼の追随者の生活もまた、信徒の名前の面汚しとなった。この派のメンバーは全員が、パームが牧会していた時の受洗者であったが、後半期には、パームからも信頼されなくなった。

以上の三派の間には、多かれ少なかれ、たえず衝突があった。一八八五年の後半あたりから一八八六年の一月にかけて衝突は、第一派と第二派が、第三派を懲戒しようとする動きへと発展した。が、ここぞと言う肝心な時に、第二派のメンバーが、自分たちの信徒の性格を汚すような出来事に巻き込まれたので、懲戒処分は失敗に帰した。

この大事な時に、教会員の不祥事が異教徒の間で悪評となった。教会内部で冒された行為のために、教会自身が非難を受けるにいたったのである。そこで、第一派のメンバーは当分の間、別個に集会をすることを静かに決断した。彼らは、教会内の伝道は当時、見込がないと判断し、それゆえ自分たちが戻るためには、事態の改善が必要だ、と考えた。

信徒集団からの分離と除名

〔一方、〕当時、教会堂に残って、集会をしていた人たちは、別個に集会をしていた者たちを除名することに、突き進んだ。私たち宣教師は、二派に分裂した党派のいずれかを選択せざるをえなくなったが、分派した人たち〔と共に彼ら〕の新しい伝道所で、活動をすでに始めていた。この伝道所は、分離した人たちが借家し、維持費の全額は彼らが支払った。

ここで以下のことを付記しておきたい。それは、自給の原則に基づき、永続的で強固な活動を築き上げられる明るい見通しが、今や立ち、そして、もし他のミッションのメンバーから邪魔されず、またアメリカン・ボード日本ミッションのメンバーから反対を一切受けない限り、この成果が現れるだろう、というのが私たちの見解だ、ということである。

この大事な時に、教会に残る古い党派〔第三派〕は、長老派（むしろ、横浜と東京に本部がある一致教会）を訪ねて、自分たちを拾ってもらうように要請した。これに応えて長老派は、私たちに何の相談もなく、安川〔亨〕氏という名の日本人牧師を送り込んできた。この党派が長老派に捕らえられることは、当然のように映ったが、長老派は財政方針〔つまり積極的な援助主義〕によってアメリカン・ボードからさらにふたつの伝道所〔村上と中条〕もさらうことが、できそうであった。

ちょうどこの時に、私たちは〔大阪ステーションの〕デフォレスト牧師（J. H. DeForest）と〔京都ステーションの〕新島〔襄〕牧師を招いて、新潟と中条と、それに他にも一、二の場所で、一連の集会を開こうとした。私たちがこれをしたのは、ひとつはふたりが〔関西から〕仙台に行く途上で、私たちに実に近かったからである。いまひとつは、伝道方法を話し合い、現在の〔自給〕方針を継続する限り、当地には新人を〔関西、すなわち同志社から〕期待できないのかどうかを、本当に知りたかったからである。

一方、長老派は東京でデフォレスト氏に、彼が当地の二派を和解させるならば、自分たち（長老派）は新潟に行かない、と語った。かくしてお分かりのように、デフォレストの来新の他にも、私たちが期待していたものとは違う要素が、生まれた。基盤となるべき共通のキリスト教的な絆が、何も存在しないために、一致させようとするすべての試みは、もちろん失敗に終わった。

援助方針と自給方針

けれどもデフォレスト氏がやって来たことが、当地の信徒のひとり――おそらくひとり以上――の願いに新しい生命を、吹き込むことになった。彼はアメリカン・ボード日本ミッションで採用されている援助方針（the cooperation Policy）の効果を知った。また、少数の信徒は、長い活動の末にこの〔北日本〕ミッションの自給方針（the self-support policy）を心から受け入れようとしていたように見受けられた。

けれども、伝道者を八割対二割の〔割合で補助するという〕基盤で送ってほしいとの願いが、強いことが判明した。この新しい見方は海老名〔弾正〕氏がやって来て、陳述したことで一層、強められただけであった。海老名氏は〔来新できなくなった〕新島氏の代理としてデフォレスト氏に勧められて来新した。

彼らと協議をしたい、と願って待っていた機会は、こうして与えられた。その結果、日本ミッションの援助方針の受け入れを拒否する限り、当地での〔北日本ミッションの〕活動は、日本におけるボード〔アメリカン・ボード日本ミッション〕の活動と、あらゆる面で切り離されなければならない、という意見が、今や堅い確信にまで強められた。

デフォレスト氏のあら捜し、とはとらないでいただきたい。彼はいつもそうであるように、すべての困難さを通して実に気高いキリスト教的な精神を発揮した。困難さは〔むしろ〕日本人のリーダーたちとの間にある。

〔これまでの自給方針を変更して、日本ミッションの援助方針を採用せざるをえなかったのは、主として次の四つの理由による。〕

〔ひとつは〕他のミッションは、働き人を私たちより北方の蝦夷の島へ、またすぐ近くの〔会津〕若松へ、そしてさらに遠方の仙台へ送って、手を広げた。この結果、越後の領域は、真に包囲されるにいたった〔こと〕。

〔二つ目は〕当地の信徒が、日本人の粘り強さで、私たちを日本ミッションの基盤〔援助方針〕に着かせよう、と決心した〔こと〕。

〔三番目は〕日本人リーダーたちは、私たちが当地で試みるいかなる努力に対しても、眉をしかめ続ける。その一方で、私たちは京都のトレーニング・スクール〔同志社〕から人材を得ることが、期待できなかった〔こと〕。

〔最後は〕私たちは京都の学校に、人材等を依存せざるをえない。だから、知恵の点でも、活動上のしかるべき調和に関する点でも、日本人の願望に譲歩して、日本ミッションの〔援助〕方針を採用する以外に、選択肢はまったくないように思えた〔こと〕。

この方針に基づいて、海老名氏か小崎〔弘道〕氏が、越後で一か月を過ごすことになっている。また、〔大和郡山教会牧師の〕成瀬〔仁蔵〕氏が、新潟で働くためにやって来るはずである。彼は当市で〔初めて正規に〕組織されることになっている教会の牧師になる見通しである。

方針が転換したからといって〔、誤解しないでいただきたい。〕私たちの以前の自給方針が、正しくなかったとか、この国でキリスト教会を建設する最善の方法ではなかったとか、状況が違えば私たちの方針は、成功に導くことはできない、といった新しい確信が、私たちの心のなかに生まれたのだ、という風には、仮初めにも思わないでいただきたい。

こうした紛争の最中にあっても、その間、たえず新潟では信徒の数に増加が見られた。昨年の秋、デイヴィス氏は青年ひとりと四人の女性を受け入れて、洗礼を授けた。その後、青年は東京に転出し、また女性のひとりは北海道へ、もうひとりは新発田へ行った。他の女性ふたりは、当地に残っている。

四月にもデイヴィス氏は、若い官吏に授洗したが、彼はきっと仕事を忠実にやるに相違ない。現在、さらにふたりの〔洗礼〕志願者がいる。青年のカップルで、ふたりとも良家の出で、数か月間、〔私たちから〕指導を受けていた。

信徒のこの集団〔禁欲派〕は、会堂の家賃〔月額、およそ三円五十銭〕と牧師給与のために毎月、六円五十銭〔の献金〕を約束した。これは素晴らしいことであり、大半の信徒にとっては収入の十分の一を捧げることになる。

この一年の間に信徒のひとりが、当市に聖書販売店を開店させた。ここでは大阪と神戸にある〔キリスト教系書店、〕福音社のプランに則って、あらゆる種類のキリスト教書籍が販売される。この店の良き効果は、当市だけでなく県内でもすでに現れ始めている。

この年、越後は三回、耶蘇退治、すなわちキリスト教の反対に見舞われた。彼らはあらゆる方法で、福音に対する反抗をかきたてようと必死である。私たちが知りうる限り、彼らの努力は、自分たちが攻撃している主義〔キリスト教〕を助けるだけである。

(2) 村　上

この市の人口は、およそ一万人である。昨年十月にデイヴィス氏と私が訪問したところ、そこの教会は良好な状態にあることが、判明した。その後、中心的な会員のひとりが、妻を何の理由もなく、ただ妄想だけで離縁した。私は十一月に教会を訪ね、間違いを起こした会員の前で、彼の義務を示そうと努めた。

この事件は、だらだらと長引いたが、三月になってデイヴィス氏が、他の信徒の助けもあって、この男の家族を説得することに成功した。その結果、件の男性は妻の復縁に同意するにいたった。

前回の訪問の時に、ふたりの女性が入会した。その後、五月に海老名氏と私がこの市を訪ね、信徒たちと実に楽しく過ごした。ここの信徒は、いつでもとても活発であった。彼らはこれまでに二度、京都〔同志社〕から牧師を確保しようと骨折ったが、成功にはいたらなかった。どうやらこの地の日本人〔信徒〕には、ミッション〔アメリカン・ボード〕に敵対する感情がありそうだからである。

二度目〔の招聘〕が失敗した後、といっても私たちと彼らの関係はずっと実に緊密であったのであるが、彼らの間で長老派に移行する話が出始めた。このことが起きたのは、ちょうど一年前に、京都の邦語神学校〔同志社〕の最近の卒業生である足立〔琢《たまき》〕氏の招聘が、拒否された直後のことである。足立氏は〔夏季伝道として村上伝道の経験があり、〕信徒たちに自分を招聘するように勧めていた。

この地の信徒たちが、なぜ長老派のことを当然のように考え始めたか、を理解するには、少しばかり説明が、あらかじめ必要である。

一年以上も前のことであるが、村上の住民で加藤〔勝弥〕氏という名の資産家が信徒になり、〔R・H・〕デイヴィス氏から洗礼を受けた。ほとんどそれと同時に、彼は渡米の目的を抱いてこの県を去った。この目的は実現にはいたらなかった。

彼は東京に落ち着いてから便宜上、自然な流れで〔近隣の〕長老派の教会〔数寄屋橋教会〕に加わった。ほどなく彼は、長老〔教会代表役員〕に選ばれた。

彼はすぐに妹夫婦を始めとするかねての知己に、資金援助をするから自分の教派に来るように、と誘い始めた。この誘いに乗ったのが、青山〔正光〕氏という青年と彼のふたりの兄弟、それに母親と義理の姉妹であった。彼らは十五人の会員しかいないこの教会では、主軸ともいうべき家族であった。この〔青山という〕青年は、パーム博士から洗礼を受け、博士によって東京の長老派神学校〔東京一致神学校〕に派遣され、同校を卒業したばかりである。〔加藤からの〕勧誘は、一時は拒否された。が、最近、組合教会サイドから牧師を確保する道がすべて閉ざされた、と会員たちは判断した。その道を諦めて、長老派の交わりへの加入を申請することを、決意した。これには、私たちと別れた当市の人たち〔放縦派〕から、長老派に対して〔越後に〕来てもらうように、と一緒に要請することを強く頼まれたこと、ならびに加藤氏が彼らのために〔長老派の〕牧師を見つけ出そうと約束してくれたことが、付随する。が、彼ら自身が認めるところでは、後者が主たる理由である。

もちろん、すべては低次元の動機である。そして長老派に加入を認めてほしいという要請は、外国宣教師の団体ならばどこからも、拒絶されてしかるべきものであるし、またそうなるだろうと思われる。けれども不幸にも、日本では宣教師の団体は、こういう事柄では決定的な発言権を有しない。今となっては長老派が、加入を申請した越後からの全員の受け入れを拒否する機会は、ほとんどない。

この〔村上〕教会は、アメリカン・ボードが越後に有する最良の教会であった。改善すべき事柄は多々あったが、ここには将来伸びるための基盤が、立派にあった。思うに、もしもボードが仙台へ〔の進出をめぐって〕あれ以上のことを行なわなかったならば、この教会が、あのような動機で長老派の立場に受け入れられる見通しは、まるで立たなかっただろう、と考えられる。

これ以上のコメントはしないつもりであるが、ただひとつ付け加えたいのは、これらの信徒が、依然として私たち宣教師とは実に昵懇な関係にある、ということである。彼らの伝道師〔青山か〕は、一週間前の日曜〔七月二十五日〕の夕方に、新潟の兄弟〔禁欲派〕に説教をしてくれたばかりである。もちろん、こうした調和を維持するのが、私たちの務めである。

(3) 中　条

この場所へは、村上への旅行が行われる時には必ず立ち寄られた。〔この一年〕受洗者は出なかった。信徒のリーダーが、ひどい罪に陥ったが、それによってヨリ良好な生活状態が生み出された。この地の信徒の集団も、新潟の知己〔放縦派〕から共に一致教会、すなわち長老派教会へ移行するように嘆願されている。

この中条教会は、キリスト教的な性格と影響力という点では、いつも大変に弱かった。会員たちは、長老派の事柄では、近くの村上の隣人たち〔村上教会員〕と行動を一にすることを、決めていた。後者があの教派〔長老派〕へ移行することを結論づけたので、この信徒の集団も同様に、動くことは疑いない。ここでもまた、南部日本〔西日本〕から牧師を確保する試みが、二度、なされたが、空しかった。

当地の喜ばしい出来事としては、七人の少年たちの集団（クラス）がある。昨年の夏以来、礼拝に定期的に出席している。彼らは学校の友だちから、狭量ないじめをたくさん受けてきたが、すべての反対に敢然と立ち向かうように一致団結している。彼らは年長の信徒から指導を受けており、遠からず教会に入会するものと期待されている。

(B) 県内の他の市町村

高田と長岡

高田。高田はデイヴィス氏と彼の〔日本語〕教師〔神戸から同行した松井有三か〕が、一度訪ね、そこで礼拝を行なった。

長岡。ここではデイヴィス氏が、官吏や知的職業人とバイブル・クラスを隔月に一度、開いてきた。その運動からはいまだ、改宗者はひとりも生まれていないが、大勢の人の手に聖書が置かれ、これからの伝道のために、希望が抱ける開教となった。

三　条

三条。ここではデイヴィス氏が毎月、説教活動を行ってきた。聴衆が集まらないとか、関心が見られない、ということはまるでない。が、住民の性格は他都市ほどは、良好ではない。聖書はほとんど売れず、聴衆は議論好きである。

けれども、福音はすでに定着するために市内に入り込んだ。長岡と同じように、信徒の家族〔医師の藤沢某〕が一組いるが、この医師と彼の妻は、聖書や生活の方法に関して深くは知らないとは言え、自分たちがもっている光に恥じない生活をしているように思われる。このことは、日本では大変、大事なことである。

五泉《ごせん》

五泉村。ここへはデイヴィス氏が彼の〔日本語〕教師と一度、その後、彼の教師と私の教師が一度、訪問した。これは若くて富裕な紳士〔松田国太郎〕の招聘による。彼は父親の放蕩生活から教えられて〔キリスト教の〕真理を追求した。大変に熱心な求道者だったように思われる。現にすでにキリストを受け入れているように思われる。彼は私たちの新潟の信徒の集団（バンド）〔すなわち禁欲派〕に加入を申請している。彼は東京に滞在していた間中、メソジスト教会で洗礼を受けた友人〔五泉出身の古田喜一〕から指導を受けていた。

この地にはまた、数人の教師や彼らの妻たちの間で、熱心で思慮に富む関心が見られる。将来の伝道にとって、実に希望に満ちた場所のように見受けられる。キリスト教の書物も、たくさん売れた。

燕

燕。ここには信徒が二人、住んでいる。ひとりは官吏である。最近、デイヴィスの教師と私の教師が訪ねた。数人の村民が静かに聖書を学んでいる。あらたに関心をもった人たちが、デイヴィスの教師から、数日前に聖書を買った。短い滞在ではあったが、福音を述べるのに当地の土壌は十分な備えがされている、との報告がもたらされている。

(C) まとめ

結論としては、キリスト教に対する〔新潟〕市内の官庁の雰囲気が変化したことが、十分に認められる。前の長官〔知事〕は、外国人と外国の宗教に対して、実に厳しい憎悪者であった。〔それゆえ〕彼の部下たちは、当然、同じような感情を示した。

一方、現在の官庁の長官は好意的で、その結果、大勢の官吏が現在、関心を見せ始めている。彼らはキリスト教のことを聞いたことはあるが、これまでは慎重な理由から、キリスト教に関心を向けることを抑制せざるをえなかった。この変化が、当地の教会の将来を十分に物語っている。

新潟のキリスト教に悪名をもたらしていた人たち〔放縦派〕は、その行動によって教会形成に当然、悪い評判を印象づけることになった。彼らから最近、私たちが分離したことも、大勢の社会のヨリ良好な人たちが、軽蔑するようになっていた宗教を、好意的に評価するように仕向ける効果を、間違いなく生み出した。

公然と彼らから分離したことによって、彼らがとっていたような邪悪な行為は、キリスト教を真に告白することとは調和しない、ということを明白に宣言したことになった。

どこであれ、他教派が旧党派〔放縦派〕を引き取り、彼らにキリスト教会の名称がもっている力を与えるようなことがあれば、当地の〔キリスト教的〕真理にとって、不幸な日になろう、と私たちには思われる。けれども最近の話では、日本の長老派〔一致教会〕は、彼らの受け入れれを決定した、とのことである。それでも、神がこれを退けて下さることを祈りたい。

(二) 医　療

パーム病院の廃止をめぐって

医療の分野に関しては、報告すべきほどのことはあまりない。新潟に赴任してみて、私は〔パーム〕病院が、日本人医師の大和田〔清晴〕医師の管理のもとにあることを知った。パーム博士が、彼に医療活動を全面的に委ねたからである。パーム博士から次のような〔ふたつの〕指示が来た。

ひとつは、病院をアメリカン・ボードに委譲するという意味の指示、〔もうひとつは、〕大和田医師と病院の建物・土地の所有者に対して私たちを以後、新潟におけるエディンバラ医療宣教会の全財産を委任された管理人として見なすことを、正当と認める旨の指示が来るまでは、大和田医師をパーム博士の管理人と見なすのが当然であると考えられる〔、という指示である。〕。〔したがって〕私は、その通りに行なった。

彼〔大和田〕から医療活動の援助を依頼されたので、成果に関する限り、そのために費やされる時間は、実際には浪費だと思われたが、友好関係を壊さないためにも、協力することに同意した。病院には医薬の在庫が一定量必要だったが、当時、在庫がなかったので、私が〔北日本ミッションの医療用に〕いただいた百ドルを譲渡することを、〔本部に〕お願いした。

五月中旬まで、私は請われるまま週に二回〔火曜と木曜に〕病院へ出向いた。五月中旬になって、委譲が完了した旨の書類がパーム博士から届いたので、そのことを大和田医師に通知した。大和田医師は、医療技術の面でも性格全般の面でも、治療の際の助手として最適任者であることを、自ら示すことができなかったので、私が医療活動を続けなければならなかった。同時に私は、彼に対して、その月の末にはおそらく解雇することになろう、と予告した。

まもなく、新潟における病院と診療所の活動をいかにすべきか、という問題が起こり、解決を迫られた。私たちは何か月も熟考して、確固とした答えを用意しようとした。決定するにあたっては、〔仙台に行く途上に来新した〕デフォレスト博士と〔東京から来た〕海老名牧師に助言を仰いだ。

ようやく達した結論は、次の通りだが、〔ミッション本部の〕運営委員会で承認をお願いしたい。すなわち、病院を閉鎖し、これまで病院と診療所で行なわれてきた医療活動を中止するのが最善である、というのである。簡単にその理由を述べると――

(1) 病院は考えられる必要性を、少しも満たしてはいない。市内には立派な公立病院がふたつある。十分に教育された有能な医師団を抱え、付属の医科大学も盛況である。

(2) 病院は担当の医師〔スカダー〕から、もっと報いの大きい伝道活動が行なえる時間を奪っている。

(3) 病院の事業は、所詮、伝道活動を直接に生み出す源泉ではない。福音を受け入れる道を備える先導者としての役目を果たす時は、すでに終わっている。

他にも理由は挙げられるが、以上で十分であろう。

パーム病院の財政

病院の財政について、一言する。パーム博士は、病院の財政上の事柄は、すべて大和田医師が処理することになっている旨の言葉を残していった。大和田医師は、〔O・H・〕ギュリック氏にも〔R・H・〕デイヴィス氏にも、決算書をいっさい提出せず、ただ純益だけを手渡すことになっていた。何か月かは黒字であったが、それ以外は赤字であった。

デイヴィス氏と私は、何度も協議をした末に、エディンバラ医療宣教会に対して、次のように考えるのが最も妥当である、との結論に達した。すなわち、病院の財政上の責任を私たちが取り始めた期日は、実際に病院が私たちの手に委ねられる日時（その当時は未定であったが、後に一八八六年六月一日と判明）よりも、むしろもっと先の一八八五年八月一日（この日は、私が病院に通い始めた日である）と考える、というものである。したがって、アメリカン・ボードは、エディンバラ医療宣教会から当然、次のものを受け取るべきである。

(1) 一八八五年一月一日現在の病院在庫の医薬品の評価額。

(2) 病院内の外科用器具の評価額。

前者に関しては、ひとつの問題があることが判明した。つまり、一八八五年八月一日現在、病院にあった医薬は、二種類から構成されていた。

まず一種は、医療宣教会がイギリスで購入して、パームに送付した。その価格はパーム博士の送り状からすべて判明する。もう一種は、病院の収益の中から当地で購入された医薬である。昨年八月現在のこちらの医薬品の額は、十分に計算することが不可能である。金額はそう多くはなく、一八八五年八月から一八八六年六月までの間、病院の変則的な経営のために、アメリカン・ボードが財政的な損失を受けたことを考慮に入れると、まったく無視していいか、と思われる。

エディンバラ医療宣教会所属の医薬品の評価額　一二五・〇〇ドル
器具の評価額　二〇七・〇〇ドル
計　三三二・〇〇ドル

大和田医師の助手が、評価額といっしょに私に差し出した器具の明細書〔不明〕をも添付する。

それでは、一八八五年八月一日から一八八六年六月一日にいたる病院の財政状態はどうであったのか。

○一八八五年八月一日時点での医薬品
エディンバラ医療宣教会の在庫分の評価額　一二五・〇〇ドル
アメリカン・ボードが購入した在庫分の評価額　一一九・五六ドル
〔病院〕収益から購入された未知の分
計　二四四・五六ドル

○一八八五年八月一日から一八八六年六月一日までに使用された医薬品
エディンバラ医療宣教会の在庫からの評価額　三五・〇〇ドル
アメリカン・ボードの在庫からの評価額　一九・八五ドル
〔病院〕収益から購入された未知の分からの評価額
計　五四・八五ドル

○一八八六年六月一日現在の在庫分
純益　三三・六五ドル（①）
エディンバラ医療宣教会の在庫の評価額

アメリカン・ボードの在庫分の評価額　九〇・〇〇ドル
　九九・七一ドル
病院収益の在庫分の評価額　五五・〇二ドル（②）
　計　二七八・三八ドル

①この数字は多少、変わる。というのは、金額は日本円だから、金と交換される際には現在、計算されているレートがそのまま当てはまることは、十中八九までありえないからである。

②この額が多額にのぼるのは、ひとつには医療宣教会とアメリカン・ボードが所有していた薬品を原料にして、多量のチンキ剤を製造したために、薬品が増えたという事実、いまひとつは治療費を使って大和田医師がこの一年間に医薬品を購入したこと、による。

これを見れば、一年間にわたってかなり良好な成績を示している。これらの数字は、来月まで著しく変わることはないと思われる。来月末には、委員会の承認が得られれば、病院は閉鎖されることになっている。

医薬品はミッションの医療用に保管しておくことが可能である。それ以外の不要なものは、〔J・C・〕ベリー博士のトレーニング・スクール〔京都看病婦学校〕で使うために博士の許に送るか、日本の商人たちに売却するか、それとも運営委員会が私を他の任地〔ミッション〕へ移したいと考えるならば、私がそこへ持って行くか、のいずれかである。そのいずれもが可能である。ボストンからの指示を待つ。

器具の中には昨年の八月以来、現在もまったく使用していない私の特殊な器具一式もすべて含まれる。それらは他の地域でも立派に役に立つ。器具の管理は、注意がたえず必要であるから、処分に関しては喜んで指示を待ちたい。

三条での医療活動

まだ報告していない事柄に、ささいな出張医療の件がある。今年の三月、三条の信徒の医師〔藤沢某〕のたっての懇請で、同地を月に一度、訪問し始め、彼の患者の治療をして、彼を助けている。月に一度の訪問が三月、四月、五月と続き、それ以降は月に二度になった。

すでにこれまでに、同地で八十六人の患者に対して百十二回の治療を実施した。数回、この医師の病院で夕拝がもたれた。しかし、医療活動が、治療を受けた患者を礼拝に誘うのに幾分かでも効果を上げている、とは思えない。私の訪問はすべて三条の医師が経費をまかなった。

最後に一言することを許されたい。過去一年にわたり、日本のこの地域〔越後〕における医療伝道の現状を見るにつけ、一年以上も前に〔横浜の医療宣教師、J・C・〕ヘボン博士から言われた意見に、私自身も同調するようになった。当時、博士はこう言われた。

「君はどうして、医療伝道の仕事をしに日本に来たのかね。その時期は、とっくに過ぎたのだよ」。

パーム博士の業績が、この地域の反キリスト教的な偏見を打破するのに、どんなに大きな働きをしたか、これは疑う余地はない。けれども、そのような援助の時代は、幸いにも過ぎ去った。越後でさえも反キリスト教的な偏見は、もはや伝道の妨げとはなっていない。

敬具
ドレマス・スカッダー

一八八六年七月二十九日、新潟

四、一八八六年（第四年次報告）

《解説》

北日本ミッションの第四年次報告は、一八八七年六月に執筆された。初めて活字として印刷されているのが、特徴である。無署名であるが、執筆者はD・スカッダーと考えられる。すでにO・H・ギュリックに続いて、R・H・デイヴィスも転出（前者は九州へ転勤し、後者は帰国）しており、新潟ステーションのメンバーは、スカッダー姉弟のふたりだけであった。

原タイトルは次の通りである。

Report of the North Japan Mission, From August 1st 1886 to June 30th 1887.

この年度、すなわち一八八六年八月から翌年六月までの期間は、新潟教会にとっては注目すべき時期である。「パーム・バンド」の分裂の結果、生じた一派（「禁欲派」）が「新潟第一基督教会」という名称で、教会を正式に発足させた年だからである。

最初の牧師は、奈良の大和《やまと》郡山から招いた成瀬仁蔵で、越後のキリスト教界が初めて迎えた有資格の日本人牧師であった。彼は牧会のかたわら、赴任直後から女学校（新潟女学校）と男子校（北越学館）の設置に向けて、動き出した。

前者の新潟女学校は一八八七年五月二十一日に、そして後者の北越学館は（この後）同年十月十五日に開校されている。いずれもアメリカン・ボード、ならびに新潟第一基督教会が設立に深くかかわったので、この年度のミッション報告書にも相当の紙面が割かれている。なお、年次報告のこの部分に関しては、拙稿「『宣教師レポート』に見る新潟女学校と北越学館」一、二（『敬和』八九、一九七五年十二月一日、同前九十、一九七六年一月一日）でかつて紹介したことがある。

一方、アメリカン・ボードにとっては、どうか。財政方針の相違などに起因する「パーム・バンド」の分裂騒動を乗り越え、組合教会やキリスト教系学校の発足にこぎつけたものの、皮肉にも新潟ステーション自体は、メンバー不足に悩まされることになった。

しかし、それも上述の教育事業のためにこの後、北日本ミッションには次々と新しいメンバーがアメリカから送り込まれ、新潟ステーションは一転して、一時は京都ステーション（同志社）に次ぐ大所帯となる。

㈠ はじめに

「パーム・バンド」が二派に分裂

この地方〔越後〕の伝道の状況は、この報告書が開始された時点では、順調そのものである。〔いわゆる自称〕教会は十五人の市内会員を擁するが、いまだ〔ひとつの教会として正規に〕統合されてはいなかった。市内には長老派、すなわち日本一致教会により拾われたばかりのライヴァル教会の一団がいた。カトリックと仏教徒は、当市のプロテスタントの衰退を喜んでいた。

ライバル教会は、組合教会の信徒の小さな一群が借りた、十二フィート平方の小さな二部屋から、石を投げれば届くような至近距離の所に建物をもって来て、据えつけた。彼らはこうすることによって、自分たちの教会を魅力的なものにするのに、何の努力も必要としなかった。

この地域の宣教師は、早くここを去って、伝道を誰かほかの者に手渡すことを考えていた。不信徒の間では〔キリスト教への〕関心は無いに等しく、ヨリ教養のある階級の者たちの中では、まったくの無関心か、嘲笑的な態度が見られた。信徒たちは自給の考えをまったく放棄し、アメリカン・ボードからの〔金銭的〕援助をひたすら願った。かくして〔自給方針という〕数か月前の勇気ある立場を完全に覆してしまった。こうしたことのために状況は、悲観的なものになった。

新潟以外では、村上の活発で小さな教会が、組合教会の牧師を〔同志社から〕確保できないことに絶望して、ついに〔ライバル教派の〕一致教会派に入ることを決定した。近隣の中条教会も、同様の道を考慮中である。長岡中学校〔長岡学校〕が閉鎖されたために、同地の求道者の一群は散り散りになった。見通しは大変さびしい。

それでも励まされる状況が、いくつか目につく。当市の小さな集団（バンド）〔禁欲派〕は、そもそも自分たちが旧新潟教会の不名誉な人たち〔放縦派〕と分離した原因である、キリスト教的な高い〔倫理的な〕生活の水準を維持する決断を下した。少数のこれらの信徒は、また収入の十分の一を神に捧げる決意も、捨てなかった。

その後、三人の新しい志願者が、教会への入会を認められた。ひとりは良家の青年で、近隣の町である五泉の資産家〔松田国太郎か〕である。

さらに、〔大阪在住のJ・H・〕デフォレスト牧師の尽力と個人的な要請のおかげで、大阪〔奈良県大和郡山教会の〕成瀬仁蔵牧師が、当地の信徒〔禁欲派〕から牧師となる招聘を受け入れて、当地へ赴任する途次にあった。彼は八月の聖礼典に間に合うように当市に着き、三人の新しい会員〔松田国太郎や阿部欽次郎ら〕に洗礼を授けた。

教会の設立と宣教師の帰国・辞任

これに続いて、教会組織の計画がしだいに実現し、十月二日には二十四人の会員で教会が実現した。十月十四日にはR・H・デイヴィスが、家族と帰米するために神戸へ発った。これはまったく健康上、必要な措置であった〔実はほかにも、子供の教育問題や、越後伝道への失望も、要因であった〕。

一時、他の外国人の働き人〔スカッダー姉弟〕も自分たちの辞任〔理由は自給方針を放棄して、援助方針へと切り替えた北日本ミッションへの失望〕に関して、〔日本ミッションと〕協議を行なうために南部〔関西〕へ引き揚げた〔・したがってその間は、新潟ステーションはメンバー不在となった〕。

すべての宣教師が不在、というこの期間は、信徒の小さな群れ（バンド）――最近、新潟第一基督教会と名づけられた――には、反省と将来の見通しのための時間をもつ機会となった。春には去る、との宣教師〔スカッダー姉弟〕の決断と、これが外国〔ミッション〕の金銭を使う、という問題に起因していることを、承知しているので、彼らは自分たちだけで十分に問題を協議することができた。その結果、各自の心に静かな変化が生じた。

宣教師たちは、十一月の末に戻った時に、この変化にすぐさま気づいた。アメリカン・ボードの金銭は、いまだまったく使われていなかったので、過去の取り決めにより協力計画〔援助方針〕は、翌春まで延期された。

その間、規模では県内で三番目、影響力では二番目の市である長岡と五泉が、緊急の伝道の要請を持ち込んできた。〔新潟第一基督〕教会は、その力を宣教師と組んでこれを実行するのであろうか、それとも当時、アメリカン・ボードから資金の八割を受け取っている日本組合教会の日本人伝道協会〔日本伝道会社〕に、この伝道を実行するための援助を求めるのであろうか。

同意を引き出す見込みは、ほとんどなかったが、最後の努力として宣教師たち〔スカッダー〕は、前者の計画を提案した。日本における自給の使徒のひとりである牧師の成瀬氏は、これにまったく同意して、賢明に、そして祈りつつ教会員の前に持ち出した。ほとんど予期に反して、と言っても熱心な祈りに反して、というわけではないが、人々は自分たち自身の伝道を行うことを、喜んで決定した。

結果はただちに現れ、その日、つまり九月十九日から伝道はたえず発展し、最大の予想さえも全く越えている。それ以後の変化を忠実に記録することは、現在、時間不足のために行なえない。

(二) 市内伝道の努力

新潟第一基督教会の動向

この報告書の起点となる時期〔一八八六年八月〕には、小さな説教所〔新潟第一基督教会〕では、およそ二十人の人々が礼拝に参加していた。出席者は着実に増え、現在では午前中は八十人以上を、そして夕方は六十人を数える。これだけの会衆がいるので、会堂は大変、手狭になって来ている。

当初は〔キリスト教への〕関心は、教会員の家族に限定されたが、市内の大勢の県庁役人や、男子校、女子校、師範学校、阿部〔欽次郎〕の英語学校〔私立新潟英学校〕の生徒、その他多くの市内の在住者を、しだいに取り込むまでになった。

この地の最良でもっとも思慮に富む人たちに、手が差し伸べられている。教会の内でも外でも、新会堂への需要が認められる。会員たちは、新会堂のために、二百人が座れる安価な建物を建てようと決意している。

一月の聖礼典で三人が、三月にはひとり、そして五月には八人の会員が加えられた。そのうち三人は転入会、ひとりは信仰を取り戻した信徒、さらに他のひとりは名目だけの信徒であったが、当地でキリストの真の信仰に導かれた。ふたりの子どもも受洗した。村田〔平三郎〕氏という名の、気高い青年信徒が、長老の一人をしているが、彼が住んでいる下宿屋で毎週、聖書研究会が開かれてきた。

この集会の成果が二つある。その家の女主人と彼女の息子たち、そこに下宿している他の青年がふたり、改宗したこと、ならびにこの地方で初めて禁酒下宿が生まれたこと、である。その使命が果たされたので、集会は最近、県庁の役人の家に移された。彼は家族や友人たちと、熱心に真理を探究しているところである。

週に二回、聖書研究会が阿部氏の英語学校で開かれてきた。その結果、阿部氏夫妻と同校教師の増子〔喜一郎〕氏が改宗した。後者はすぐに、北京の日本公使館で下級ポストに着くために赴任した。いまだ信仰を公には告白してはいない〔が、受洗が近い同校の〕少年が数名、いるものと確信する。そのほか、年長の役員の家庭でいまひとつ、聖書研究会が開かれてきた。将来性は実に有望である。その一方で、市内のほかの地域と商人の家庭で、同種の集会が毎週、開かれている。

以上のささやかな篝火《かがりび》は、このように市内のあちこちで輝いており、大勢の者をキリスト教の真理へと引きつけている。二月中に、教会はどの事業においても、アメリカン・ボードの金銭を一切受け取らないこと、市内伝道も地方伝道（アウト・ステーション）も、自給方針で実行すること、を正式に決定した。

この方針は、ここに住む宣教師たちが自分自身の資金から支出する個人的な寄付を拒むものではない。その意図は、宣教師も日本人信徒と力を合わせて、彼らの経験を共有し、個人的な手本〔を示すこと〕により、慈善の事柄だけでなく、他のキリスト教的な恩寵の点でも、彼らを導こうとするためにできるだけ努力することにある。

この結果、当地に住む外国人〔スカッダー姉弟〕は、〔一旦は決意した辞任を取り下げ、〕引き続き残留することに決めた。

　女性の間での伝道が、精力的に開始された。参加者の大変多い女性集会〔新潟基督教会婦人会〕が組織され、〔教会への〕新入会員の確保に貢献している。将来の見通しは実に明るい。この分野の伝道で実に頼もしい特徴は、女子師範学校で現在、見られる関心である。同校ではこのミッションの女性宣教師〔C・S・スカッダー〕が、最近、招かれてアメリカの女性に関する連続講義を行った。同校からは数人の少女が、毎週の礼拝に何回か参加した。

　さらに世論の動向を示すものとして、市のファースト・レイディたちが加入している女性の社会的サークルが、この地の女性宣教師を講師に招いたことが、挙げられる。宣教師はこの招聘を受け入れたが、それはキリスト教の問題を紹介するすばらしい機会となった。

　〔新潟第一基督〕教会は、数名の貴重な会員を失った。東京やその他へ転出したからだ。こういう風にしてこの初期の時点で、多くの必要な勢力が奪われて行く。現在、この地域の現住会員の総数は、二十九人（〔成瀬〕牧師夫妻を除いて）で、そのうち二十二人が新潟に居住している。この一年を通して、〔県外の〕他地域へ転出した会員は七人、県内の遠隔地へ転出したのは、二人である。その一方で、三条で実に熱心に働いた忠実な医師が、死去したばかりである。他の地域から転入した者は、二人の新人だけである。

成瀬仁蔵と新会堂

　教会は現在、牧師としてN〔仁蔵〕・成瀬氏を擁している。給与は、月額六円五十銭である。彼は新しくできた〔新潟〕女学校の校長でもあるが、それに自分の時間を相当程度、注いでいて、同校から給与を受けている。この六円五十銭〔の人件費〕を越える教会の毎月の出費は、およそ三円に達する。現在、毎月の余剰〔繰り越し〕が約七円ある。そのうち六円を、長岡のために日本人の伝道師を雇うのに使うことを、教会は決定した。

　この十六円五十銭のうち、二円〔おそらくスカッダー姉弟が寄付〕を除くすべては、現住の教会員の献金による。教会員は十五の家族に属し、それぞれの家庭の毎月の所得は、五円から十五円までばらばらであるが、この金額を越えるのは二家族だけである。

　最近、現住教会員は、新会堂に向けて百円以上の金額〔を捧げること〕を熱情こめて誓った。当地の当たり前の習慣でもあるが、土地は借地されるはずである。建築費がおよそ二百円の、外見は控えめの教会が、すぐに建てられるであろう。現住でない会員が、これに二十円を加えるだろう。信徒でない人たちと他の友人たちが、残りを埋めてくれる、と思われる。地主は現在、大変に困惑していて、売ることができない。借地が買えるようになりしだい、教会は購入するはずである。

　計画はすでに整えられ、金銭は必要な時には、計画にしたがって調達されるであろう。市内会員が約束した先の金額のうち、ほとんど全額は来月、現金で支払われることになっている。残りは、一年に及ぶ月払いで支払われるケースが、たった一件ある。

　洗礼の志願者が数人いる。そのうち三人か四人が、次の聖礼典で受け入れられるだろう。また、秋の教会の献堂式では、大勢の入会者がありそうである。新しい建物は、市内の最も便利な場所に位置するはずである。

　私が思うに、教会はかなり自給、と呼べそうである。言い忘れたが、次の聖礼典で入会を志願しているひとりは、ギリシャ教会〔ギリシャ正教〕の日本人伝道師〔高橋鷹蔵《ようぞう》〕である。彼は〔東京にある〕同派の〔ニコライ速成〕神学校の卒業生で、しばらくこの地方の二か所〔長岡ほか〕で働いてきた。

㈢ 伝道所（アウト・ステーション）活動

長　岡

〔県内の〕伝道所は、長岡（人口二万五千人）、三条（一万二千人）、五泉（八千人）、新発田（二万八千人）、中条（八千人）を含む。冬と春の期間、これらすべての場所に訪問がなされた。その間、長岡では、四人の教会員を含むふたつの信徒の家族が、転出した。彼らは社会的地位が高く、影響力も幅広い。また資力に富んでおり、あらゆる方法で伝道に協力できるし、そうしたいと考えていた。〔したがって〕大変な損失であった。

けれども主《しゅ》は、その地に高潔な医師〔土屋哲三〕を起こして下さった。彼は十人の家族と毎日、聖書を研究しており、まもなく洗礼を受けたい、と希望している。そして関心のある他の同志と共に、新しい伝道師の白石〔村治〕氏のために、伝道所を〔確保することを〕約束した。

この青年〔白石〕は、〔上州の〕原町で働いていたが、当市を経由して彼の将来の任地〔長岡〕に着いたばかりである。彼は気高くて、熱心、それに忠実な働き人である。その働きは神から大層、称賛されてきた。長岡から多くのことが期待できる。この地ではこの一年の間に二人の入会者が生まれ、さらに農学校から二人の学生が現在、洗礼を待っている。

三条と五泉

三条はこの地方では、最高に困難な地である。藤沢医師の死により、唯一の信徒を失った。彼は長年、〔キリスト教的〕真理のためにあらゆる辛苦に耐え、たえず自分の病院をオープンにして、礼拝を開いてくれた。この〔藤沢の死の〕結果、当市〔の伝道活動〕は一時、閉鎖されるであろう。しかし、この忍耐強い受難者の感化は、効果を表わすはずである。三条はそれでも、教会とその忠実な信徒の群れ（バンド）を持つであろう。

五泉は明るい場所のひとつである。〔松田を始め〕若くて熱心な信徒がふたりおり、最近、新潟のＹＭＣＡの支部が組織された。〔新潟市内の小学校に勤務する教員で〕新潟〔第一基督〕教会〔に所属する信徒〕の加藤〔聲《せい》之助〕氏が今夏、そこで働くであろう。数年に及ぶ伝道の初穂が、次の聖礼典で摘み取られるはずである。若い一人の教員が、洗礼を志願している。

新発田《しばた》と中条《なかじょう》

新発田には四人の信徒がいる。この〔越後〕地方では、三条に次いで最も困難な場所であった。最近、これらの信徒たちは、他から発破をかけられて、数人の青年がキリスト教を学んでいる。さらに、ＹＭＣＡの支部を設立する準備が、進められている。来るべき冬には、当市が魅力的な場所になることは、疑いない。

中条は、長老教会に入るのか組合教会に入るのか、投票で決めることができず、ふたつの党派に分裂しかねなかった。そこで、くじが投げられ、後者を選ぶことになった。かくして大多数〔の会員〕は、自分たちの願いを実現することができた。

当地の教会の会員は十六人で、ひとりは最近の受洗者である。教会は自給とは言い難い。牧師がいないうえに、牧師を支えられないからである。教会の状況はどの道、これ以上述べる必要はない。半ば眠っているようである。この市は、新発田から十マイルしか離れていないので、ひとりの伝道師が、両方とも合わせて伝道することが、可能である。

以上の伝道所（アウト・ステーション）では、過去七か月の間に三人の受洗者があった。これは決して大きな成果ではない。私たちはやがてやって来る刈り入れの準備をしているところである。これまでは、種蒔きであった。

中条から五マイル離れた所に、人口が約千人の大変興味深い町がある。荒井浜といい、最近、〔伝道が〕開かれた。この場所には信徒が三人いる。そのうちのひとり、妻であると同時に今ひとりの母親でもある女性は、最近、改宗したが、牧師や宣教師を授洗、もしくは聖礼典を執行するために呼ぶことができる前に亡くなった。けれども、彼女は友人を元気づける信仰の輝かしい記録を残した。この町は大変に豊かだが、キリスト教には大変、敵対的である。私たちは当地での良き成果を、探し求めている。

㈣　ＹＭＣＡ運動

越後基督教青年会の設立

三月の中頃、若い役員の村田〔平三郎〕氏と〔先に述べた〕禁酒下宿に住む彼の友人たちが、ＹＭＣＡ〔設立〕問題を声高に唱え始めた。最初から必要性に適っていることが明らかだったので、組織化はすぐに成就した。三十八人以上の会員で出発したが、すぐに五十人に増え、現在では当市で七十人を数える。〔その他〕五泉に二十人の会員を擁する支部がある。新発田でも同規模の支部が発足する。

この協会の集会では、当市の教育界の指導的な人物が、科学や政治、社会の問題について講義する。一方、〔同会会長でもある〕成瀬氏や阿部氏、それに市内に居住したり外からやって来たりする宣教師や日本人伝道者が、宗教的な主題について講義をする。

協会の歴史は浅いが、活発である。来秋には劇場〔芝居場〕で大衆向きの集会を連続して始め、活動を広く拡張させることになっている。会員は最も広く目を開かれた、市内の大勢の青年たちで構成されている。その姿勢は、会員の入会資格をあまり厳格にしない、という開かれたものである。それゆえこれらの青年だけでなく、学校の教師や新聞の編集者、その他の人たちが、キリスト教の感化のもとに置かれるようになっている。賢明なキリスト教的管理のもとに置かれているので、同会の将来には大きな期待が抱かれているし、熱心な祈りがそのために捧げられている。

㈤　キリスト教学校――〔新潟〕女学校

設立の動き

この分野の働きを論じるにあたっては、当地には記録されねばならない特異な性格と歴史があるために、簡潔には述べられないことを、許していただきたい。

昨年〔一八八六年〕の秋、成瀬氏が新潟にやって来て、キリスト教主義の女子校を創りたいと思ったが、教会や地域内に主だった人物が見当たらなかったり、新潟〔第一基督〕教会に大変、嫌な評判がたったりしていたために、機が熟すまでやむを得ず延期を勧告せざるをえなかった。けれどもこの問題は、非常に真剣な祈りの対象となった。それまでにも、教会で祈りがなされていたので、機が熟すまでそれほど長く待つ必要はなかった。

昨年の暮れ、裁判長のポストに移動があり、ロンドンのキングズ・カレッジのかつての卒業生である富田〔禎二郎〕氏が、当市にやって来た。彼はイギリスに滞在中、キリスト教に接触するようになり、いまだ公に告白した信徒ではないが、私たちは彼が心の中にキリストを受け入れており、まもなく公然とキリストを告白するようになる、と信じている。彼は成瀬氏と同藩〔長州藩〕で、当地の外国人を知りたがっていたので、私たちと接触するようになった。

一方、彼の母親と娘は、教会に通い始めた。女子校の件が話題にのぼると、彼も同じことを考えていることがわかった。

次に知事〔篠崎五郎〕と副知事に話がもちかけられた。知事の東京の友人たちに援助を乞うことによって、しだいに関心が深められていった。

ちょうどこの頃、メイン州ポートランドの『クリスチャン・ミラー』紙に掲載され、さらに〔横浜の〕『ジャパン・メール』紙上で嘲笑されたR・H・デイヴィス牧師の〔越後からの〕手紙が、地方新聞〔『新潟新聞』など〕にも顔を出すようになった。このことは、もうひとつの摂理に導かれた出来事であった。

というのは、ふたつの日刊紙が、これをテキストとして取り上げ、〔越後の遅れた文化状況を指摘した〕デイヴィス氏の率直さに謝意を表する一方で、この県の後進性について、声高に説法をしたからである。かくして、進歩的な人たちに子弟のためのキリスト教主義学校の開設を求める機会が、与えられた。

まもなく企画された女子校のために勧進帳（寄付帳）が作られた。二、三週間の運動の結果、一千四百円以上が集められた。

開校式

五月二十一日に開校式が催された。このような目的のためにこれほど多数の会衆が、一か所に集まったことは、新潟県ではかつてなかった。出席者の中には知事、裁判長、副知事、市内の新聞編集長、県の高官、県の十七の郡の代表者、何人かの大実業家、教育の指導者――教育長だけは当地に不在のために欠席――、信徒以外のその他の大勢の実力者、それに代表的な女性が何人か、含まれていた。

式は新校舎が完成するまで、県から貸与された〔営所通にある仮の〕校舎で行われた。この集会では、キリスト教の賛美歌が歌われ、祈りが捧げられ、キリスト教教育の意義が参列者に入念に説かれた。彼らの大部分は、当地でこの時、初めてキリスト教の礼拝に個人的に接触した。この集会の効果は、はるか遠方まで及んでいるに相違ない。

現在の状況

この学校の学則には、校長は信徒であること、ならびに聖書を教えること、という条項が、含まれる。組織は民主的である。一定額以上の寄付をした者は、誰でも評議員を選ぶ権利がある。評議員会は、校長と幹事を除いて五人からなる。この五人のうち、ひとりは毎年選ばれる。さらに、高額の一定額を寄付した者は、役職につく資格がある。学校の卒業生もまた、もし選出されれば、法人の一員となる特権と光栄に与かれる。

学校はどんな額の寄付でも、喜んで受け取っている。最も貧しい信徒でさえも、自分たちの小遣いを献金するのを、誇りにしている。ある小学校の教師などは、六円の月給で七人の家族を養うかたわら、月に十銭を寄付している。彼はまだ洗礼を受けてはいない。確かにこの学校は、前途に望みがあるに相違ない。

五月二十三日に二十五人が入学を志願した。これを書いている時点では、生徒は四十名にのぼっている。最初の学期〔春学期〕は六月三十日に終わり、秋の学期は九月一日頃始まる。その頃、新しい教師〔宣教師〕が来てくれるはずである。今までは当地に在住の女性宣教師〔C・S・スカッダー〕が、英語の教師を務めてくれた。

秋には学校が拡張し、盛んになる兆候が至る所に見られる。〔仮開校として〕現在の学期が始められたのは、ひとえに学校が始まるのを見たいあまり、九月まで待てない人たちを満足させるためである。

㈥　男子校〔北越学館〕

ブラウンと阿部欽次郎

この動きを理解するためには、二、三年前に溯る必要がある。新潟に住んだ最初の宣教師は、S・R・ブラウン牧師である。彼は十七年前頃〔一八六九年〕に、当市の学校のひとつ〔官立新潟英語学校〕で〔英語を〕教えるために、家族とミス・キダー（今の東京在住のE・R・ミラー夫人）を伴って、当地にやって来た。

最も成績のよかった生徒のひとりに、阿部欽次郎という名の少年がいた。彼は新潟に住んではいるが、米沢の大名町の位の高い一門に属している有名な医者〔阿部宗益〕の息子である。ブラウン博士が一年ほど新潟に滞在した後、横浜に戻る時、若い阿部は英語の勉強を続けるために、彼に同行した。彼はブラウン博士のもと〔横浜修文館〕で三年間、英語の勉強を続けた。

この期間中、彼は多少、キリスト教のことを学んだが、その知識は主として旧約聖書の史書に限られていた。けれども、東京大学〔工部大学校〕に入学してまもなく、H・スペンサーの不可知論が大変に持て囃されていた時期だけに、キリスト教の本質をほとんど知らず、またその真理を教えられることもないままに、彼はベインや、ミル、スペンサーといった学者の見解の熱烈な信奉者となった。

しかし、ブラウン博士との交わりを通して、彼は非常に長い期間にわたってほとんど毎日、接触した博士の清潔な家庭生活と高潔なキリスト教的性格から、多分、無意識のうちに影響を受けていた。そして、彼を取り囲む祈りも、彼の気づかないうちに、将来の彼の性格を形成した。

私立新潟英学校の開設

三年間、大学で学んだ後、自由党が結党されようとする時期に新潟に戻って来た。彼〔阿部〕は、民衆を啓発したいという野心に燃えていたので、彼らを教育したいと願い始めた。とりわけ当時、日本の他地域よりも、はるかに遅れているように思えたこの地方の人たちに、真の自由と真の進歩の意味を教えたい、と願い始めた。

最初は県の役人として、次には県の学校〔新潟学校〕の教師として務めながらも、彼はたえず自分の決意をもち続け、ついに一八八四年の二月に、ひとつの回状を公表して、民衆の大学の設立計画と、そうした教育機関の必要性、それに主として不可知論の著述から成り立っている教育課程や、県の有力者に一万円の寄付を訴えること、などを明らかにした。

これに応じた者は、誰もいなかった。彼は落胆した。が、挫けることなく、自分が望みをかけた学校を創ることを、ただ独りで決意した。彼は〔一八八五年に〕同時に生徒でもあるふたりの教師助手〔ひとりは増子喜一郎〕と十七人の生徒で、学校〔私立新潟英学校〕を始めた。

二年後、彼は節約によって、二百人の生徒を収容できる大きな校舎を購入できたので、八十人の少年といっしょにそこに移転した。

阿部はこの期間、自由について研究して行くにしたがって、聖書的キリスト教が、真の自由の基礎であらねばならない、と確信するにいたった。

ひとたびこう確信すると、彼はただちに新潟に在住している宣教師〔D・スカッダー〕に自分の学校で英語を教えることと、生徒にキリスト教を教えること、を依頼した。当初はこの要請の前半だけが聞き入れられた。彼がしきりに成瀬氏と宣教師に、新約聖書を自分や友人、生徒たちに説明してもらいたい、と繰り返すので、このふたりは承諾して、それ以来ずっと、彼の学校で隔週に聖書研究を開いている。

阿部欽次郎と家族との入信

ここから次のステップ、すなわちキリストを自分自身の救い主として受け入れ、キリストにまったく自分を明け渡すようになるまでは、ほんの短い距離であった。

そして今や、非常に長い間、高慢な上流階級に虐げられてきた民衆に、真の自由を教える学校を創る、という以前の決意は、真の自由の源泉であるキリストの真理に基盤を置く民衆の大学を、他の人と協力して創りたい、というさらに気高い決意にまで高められていった。

阿部夫妻が、まずしなければならないことは、自分たちとふたりの小さな子どもたちを、主に捧げることであった。真の愛国心から、彼は百二十人の男子生徒のいる自分の学校と、この世で彼が持っている全財産――彼の校舎――を、永久基金の手初めとして差し出した。そして自分自身は、主導権を握りたいという欲望をすべて捨て、熊本の「少年」〔いわゆる「熊本バンド」〕のひとりを新しい「北越学館」（ノース・クロッシング・カレッジ）――学校は越後の古い名前をとって、こう命名されることになっていた――の教頭〔実質的には校長〕として呼ぶことに、同意した。

加藤勝弥の協力

青少年の高等教育のために、キリスト教主義学校を建てるという運動は、この段階にまで来た。発起人たちの計画に広がりと安定をもたらせるためには、この地方全体で広く知られ、指導者として認められている資産家が、なお必要であった。神の知恵によりそのような人物が、前から備えられていた。実にタイミングよく、東京のある教会〔数寄屋橋教会〕の長老〔代表役員〕である加藤勝弥という人が、現われてきた。

この青年（というのも、まだ三十三歳である）は、越後の北の果て〔村上〕に住む豪農階級に属している裕福な一門の跡取り息子である。十四歳の時、父親が亡くなり、その遺産といくつかの町〔板屋沢村〕の世襲代表者のポストを相続した。彼は大変に利発な少年だったので、大名や他の友人たちに勧められて学校を辞め、自分の公のポストに就任した。明治維新の頃のことである。

維新後も、行政上の変化によって、ポストからポストへ移らざるをえなかった。けれども、勉強する暇はほとんど与えられなかった。とは言え、この時期に物事を処理する心得を身につけたことが大いに役立って、彼は漢文の知識が不十分、というハンディキャップにもかかわらず、彼を知っているすべての人から、現在の高い評価を受けることができた。

彼はこの地方の議会〔県会〕に〔一八七九年の〕開設以来、選ばれていた。熱意と不屈の気力でまもなく議員のなかで最高の地位〔常議員〕を勝ちえた。〔北辰〕自由党が〔一八八二年に〕設立されると、彼は心から喜んで入党し、ただちに党内で大変重要なポストに着いた。彼は性格が大変に寛大だったから、自分の財産を自分の住んでいる地域の人たちや、自分の党を前進させるために使った。

彼は同胞がいまだ真の自由を理解することを知らなかった時代に、自由のために熱心に働いた〔自由民権家であった〕ので、権利を守るのに汲々としていた政府から〔一八八三年の高田事件で〕容疑をかけられた。

その時の体験は、彼には分別を教えてくれる、辛くはあるが大変に有益な教訓となった。彼が〔新潟市内の〕大畑町にある〔パーム〕病院で、あの熱心な宣教師のパーム博士の口から、〔彼の母親が？〕最初に聴いたキリスト教にさらに接近するようになるのを、助けることになった。加藤氏は以前の教えの成果が、今や実を結び、一八八四年の五月にR・H・デイヴィス牧師から洗礼を受けた。

彼は少年の頃の教育が不十分だと感じていたので、東京に行き、アメリカへ渡る準備をしよう、と決意した。そしてアメリカに渡れば、同胞の発展に役立つために〔一八九〇年の〕帝国議会の開設に間に合うように帰国することを考えながら、真の自由の実際的な意義を学ぶことに関して、特別な見解を抱いて、数年間、勉学にあたりたい、と考えていた。

東京では加藤氏はアナポリス海軍兵学校の卒業生で、熱心な信徒である帝国海軍の世良田〔亮《あきら》〕少佐と接触した。このことが彼をさらに一歩、前進させることになった。というのは、愛国的なこの海軍少佐は、この友人〔加藤〕に私たちのアメリカの大学のやり方で民衆の大学を生国の越後に建てるという野心を、徐々に吹き込むことに成功したからである。

この決意をしてからというもの、加藤氏は英語の基礎を固めるのに忙しく、また商才を発揮して資産を増やしたり、母親や夫人とともに、他の人をキリストに導くために骨折って、目覚ましい成果を挙げたりした。

阿部、加藤、松田三氏による開校準備

この頃、彼〔加藤〕は、阿部氏がこの県のキリスト教主義大学の土台として、自分の学校を差し出す決意をしたことを知った。ただちに彼はこれを神のお召しとして歓呼して迎え、すぐさまこの良き業を助けて、前進させた。

その後、この二人は、五泉の富裕な信徒で、日本あるいはその他のどこででも最も高貴な青年のひとりである松田〔国太郎〕とともに、確固とした事業ベースで新しい大学を創立する計画を立てた。加藤氏と松田氏は、ただちに〔自分たちが出資して〕非常に衛生的な状態にある約三・五エーカー〔約四千二百坪〕の土地の購入に着手した。

次に加藤氏は、東京の所有地の一部分を〔学校に〕贈与した。この土地は、現在では二千円以上の価値があり、将来たえず値上がりすることは、確実である。

以上の人は、このように熱意だけでなく、現実にはこの大学のために自分を殺す心構えも、明白に身につけており、この地方の進歩的な人たちの勧誘を開始した。加藤氏からの報告によれば、彼は旧友たち（全員が援助を約束した）から熱狂的に迎えられてはいるが、新しく関心を持ち始めたこの人たちが、キリスト教主義学校がどのようなものであるか、を知る機会があるまでは、寄付に関しては多くは期待できそうにもない。

それでも、学校はすべての経常費の支払いを保証するのに十分な資産を、かなり豊富に与えられ始めており、多くの裕福な支持者が得られるであろう。すぐに百五十人から二百人の生徒も集められる、という。

いよいよ秋に開校

有能な日本人が招聘され、教頭の肩書で実質的には校長職を、引き受けることになっている。加藤氏は名目上の校長〔肩書は館長〕となるはずである。彼の名前は、県内のどこででも信用があり、どんな巨額の寄付よりも、運動に対して価値がある。

校舎、寄宿舎、食堂、礼拝堂は夏中に建設され、学校は九月〔実際は十月十五日〕に開校される。〔中島末治ほか〕最も優秀な日本人教師が何人か雇われた。さらに五人の宣教師（男性三人と女性二人〕が、常時〔専任として〕授業をすることが期待されている。

そのためには、宣教師のひとりは、伝道に打ち込む必要があるので、〔来月の七月に着任予定のG・E・〕アルブレヒト氏以外に、新しく二人の男性とひとりの女性とが必要である。〔近く来日予定の〕H・M・スカッダー〔スカッダー姉弟の父〕の仕事は、もちろん学校の枠外である。

〔アメリカン・〕ボードは、これらの愛国的な日本人信徒の間で展開されているこの目覚ましい運動に、全力をあげて協力する必要性を、認識することが望ましいと思う。

㈦　教会の旧党派

分裂から再統合へ

前述したようにこの派の人たちは、東京の長老教会に教会として加入を認められた。これは昨年の十一月か十二月〔実は十二月五日〕のことであった。彼らにすべてが委ねられた冬の間、反省の季節が与えられた。〔新潟〕第一教会を設立するために分離した人たちは、これらの人たちを心に留めて祈り、今年の始めには彼らとの交流が、始められた。

分離が各自の心の中で、その作用をもたらしたことが、判明した。神の霊が彼らに働き、まもなくふたつの教会〔新潟第一基督教会と新潟一致基督教会〕は共通の集会を、いま一度開き始めた。それから再統合の計画が第一教会により立てられた。が、まだ賢明に実行されるのが不可能であることが、判明したので、押しつけることはしなかった。

四月に長老派の伝道師が、彼ら〔新潟一致基督教会〕に送りこまれ、彼らの状況をさらに一層、改善することに成功した。それ以来、数名の会員が増加し、また主犯者が盗んだ金の一部である十五円を、宣教師たちに戻した。この金は、良心的な金銭はボードの会計に戻さないほうが最善である、という先例にしたがって、借財を残して死去した〔三条の〕藤沢医師の娘を援助することに、捧げられた。

その結果、その教会〔新潟一致基督教会〕では、前より大変に良好な状態が、支配的となっている。この教会は、まもなく第一教会からの再統合への誘いに応じる用意がある。そして両者とも、鍛えられてきた過去の試練に終止符が打たれて、未来の喜びと勝利に預かるだろう、と私たちは確信する。

四人の伝道志願者

年間を通じて、教会は必要な働き手を神に嘆願してきた。〔教会の〕会員は〔延べで?〕百人に上った。これまでに四人が伝道に献身した。神の霊はこれらの四人を選んだが、そのうちの三人はそれぞれ百人に等しかった。というのも、彼らは私たちの最上のえり抜きだからである。

牧会のための勉強を最初に決意したのは、五泉の松田〔国太郎〕である。彼はその町で最も富裕な資産家のひとりの跡取り息子である。彼は気高い青年で、純粋ですばらしい生活を送っており、卓越した精神の持ち主である。自分の目的を熱心に追い求めるのと同じくらい、資産に関しても気前がよい。彼は〔阿部欽次郎や加藤勝弥と並んで〕男子校の三人の設立者のひとりである。

二番目は、〔教会の〕青年役員の村田〔平三郎〕である。彼は卓越した組織力と演説の能力を持つ。彼が働いている県庁では、一貫して忠実な信徒として皆に知られている。

三番目は加藤〔謦之助〕氏で、この地方の師範学校の卒業生である。彼は素晴らしい将来性の点で、先のふたりに遅れを取る者では決してない。

以上の三人は、秋に〔開校される〕男子校に入って、英語を勉強する、と同時に神学コースを取るはずである。四人目は新しく回心した者である〔氏名は不詳〕。

来年度、教会員の数が大幅に増えることは、間違いない。会員三十二人の教会が、最も高潔な青年を三人、福音の伝道に捧げていることを考えると、〔教会の〕現状は、福音伝道に生命を吹き込んでくれる精神に対する、確かに大変に楽しい注解となっている。

(八)　分析〔おわりに〕

越後伝道成功の四つの要因

私たちは〔越後伝道の成功という〕この驚くべき話の解答を、どこに求めればよいのであろうか。精神的なものを科学的に研究している者ならば、もちろん次のような〔四つの〕ものに解答を見い出さざるをえないであろう。

すなわち、〔①〕日本人の性格、〔②〕この地方でこれまで注目された〔文化の〕後進性と対になっている、日本中に見られる特異な発達、〔③〕敬愛する英雄的な兄弟であるパーム博士と〔同時期に〕彼の同僚であった宣教師のファイソン〔を始めとする〕、〔パーム以前の〕ブラウン、〔それにパームを引き継いだ〕ギュリック、デイヴィス〔といったアメリカン・ボードの宣教師たち〕と彼らの家族、それに〔パームを助けた〕押川〔方義〕、〔パーム以後の〕沢山〔保羅〕、成瀬〔仁蔵〕のような強力な日本人の働き手を含む他の人たちの忠実で滅私的な働き、〔④〕それに短い叙述にも一時の研究にも、あまりにも多すぎる他の多くの些細な影響の複合。

けれども、これらすべての要素がなぜ、まさにこの時期に複合したのであろうか。その答えを求めようとすると、それなしには他のどんな要素も、無効になってしまうひとつの主要な要素が、あるように思われる。それはレンズのような要素で、私たちが信じる神の摂理の中で、影響のすべての光を束ねて、ひとつの焦点に集め、利益と成功の炎を生み出した。これは一致した祈りの要素である。あまり類例は多くはないが、ある程度までは新潟地方は祈りの中心であり、その円周は大変、広かった。

昨年の秋、宣教師のメンバー〔スカッダー姉弟〕がそこに戻ったとき、〔関西の〕日本ミッションのすべてのメンバーは、続けて一致して祈りを合わせたので、新潟の宣教師は励ましを受けた。その祈りは、単なる熱情以上のものであった。

一月のニューヘイブン〔コネチカット州〕の集会で、ひとりの女性が新潟のケースを取り上げた。この世をキリストに勝ち取るのにたくさんのことをしたい、と念願している多数の献身的な信徒の女性が、この〔越後〕地方のために、祈禱を一週間続けることを誓った。

こうした祈りの中から、ひとりの新しい宣教師〔氏名不詳〕が私たちの女学校に来てくれることが、直接、生まれた。ここ〔越後〕にいる者が決して忘れてはならないのは、この誓約のことを知り、はるか離れた〔人たちの〕願いの力を感じることが、なんという感激をこの地の小さな信徒の集団のすべての心の中に送り込んでくれることか、ということである。

それからシカゴの教会やジャージィ市の教会が同時に、そしてその他、見知らぬ土地の諸教会が、声を合わせてくれるということがあった。当地の小さな教会での一週間の祈禱は、厳しくて辛いものであった。その直後、朝六時から三十分の祈禱会が毎日、開かれ始め、数か月間、続けられた。それぞれの会員は、交わりのために毎日、祈りの課題を発表し、書留め、家に持ち帰った。

この一連の正規の集会を終えるのが最善、と思えた時に、祈りの対象となった未信徒の名前と、一致した祈禱の対象となったものとは、教会のふたりの会員によってすべて注意深く書留められ、その写しがそれぞれの信徒に渡された。また名前を挙げられた〔祈りの〕対象物に対して、共通した祈りを家庭で毎朝、一致させるために相互の契約が結ばれた。

私たちの新会堂、ふたつの学校、六人の新しい宣教師、長岡〔白石村治〕と五泉〔坂田忠五郎〕の働き人、四人の伝道師志願者、それに満堂の会衆や新会員、広範囲に広がった関心、そして一致の精神、これらはこうした一致した祈禱の産物であることを確信する。

この地方のことを、実にいとおしく心にかけてくれてきたミッションと母国の友人にとって、これはなんと心躍ることではないか!

けれども、すべてが明るいわけではなく、すべての願いが聞かれたわけではない。さらにふたつの用件が、持ち上がっている。このミッションの前には、ヨリ大きな機会が広がっており、以前に倍する懇請に対する要求も、徐々に増大している。たしかに上述の記録の中には、この素晴らしい人たちと伝道に対する一層大きくて、広い祈りを鼓舞するものがある。

新潟、一八八七年六月

五、一八八七年（第五年次報告）

《解説》

ここに紹介するのは、「新潟ステーション第五年次報告」（A. B. C. F. M., Fifth Annual Report of the Niigata Station, 1888）の全文である。記入日の記述はないが、おそらく一八八八年の六月ころと考えられる。

本文は二十二頁にわたり、活字印刷されている。執筆者の署名はない。内容は多岐にわたるが、主として伝道と教育の分野に二分される。

まず伝道面であるが、「パーム・バンド」の分裂騒動を乗り越えて、前年に正規に教会の設立にこぎつけた新潟第一基督教会が、成瀬仁蔵牧師を中心に、順調な滑り出しを見せ始めた頃である（ただし成瀬は校長職に専心するために、この年度内に牧師を辞任する）。それだけでなく、周辺地域への伝道、すなわち新発田、長岡、中条、五泉、佐々木などの伝道が、熱心に取り組まれていることも、判明する。

新潟第一基督教会は、当初から越後における会衆派（アメリカン・ボード系）の中心的な教会（伝道センター）として、「新潟第二基督教会」、「新潟第三基督教会」の発足に向けて尽力する大きな責任を負うていた。当時、県内ではもうひとつの大教派である長老派の一致教会（日本基督教会）が、新潟港と村上に教会を設置して、伝道を展開中であった。

新発田や中条などの伝道所（アウト・ステーション）に関する伝道報告に続いて、この報告書は一章を割いて女性活動の報告に当てる。そうした活動が可能となったのも、女性の宣教師が増えた結果であろう。

また新潟第一基督教会の特色のひとつでもある社会的活動が、すでに初発から顕著であることも、見逃せない。つまり、新潟教会婦人会、白十字会（矯風団体）、越後基督教青年会（ＹＭＣＡ）の発足である。白十字会（矯風団体）は、越後基督教青年会と同様に、信徒が主導し、各地に支部を設けて、主として廃娼運動と禁酒禁煙運動に果敢に取り組んだ。

さらにこの年度は、北越学館と新潟女学校というふたつのキリスト教学校が新潟第一基督教会を基盤として開校した。それだけに、教育面の記録が、年次報告の半分を占めているのが、特徴である。初年度は空席であった北越学館の校長（名目は教頭）には、アーモスト大学を卒業した内村鑑三が、新島襄の周旋で赴任することが決定した。

ステーションは、メンバー数が地方都市としては空前の十人を数え、大所帯となった。それもD・スカッダー（D. Scudder）の懇請に応えて、牧師を引退していた彼の両親やE・C・ケンドール夫人（E. C. Kendall, 夫の死後、独身で赴任し、越後でD・スカッダーと結婚）、G・E・アルブレヒト（G. E. Albrecht）を始めとして、大勢の援軍がアメリカから駆けつけたからである。したがって、この報告書も、彼のペンによる可能性が、最も高い。

ちなみにH・M・スカッダー夫妻が、次に見るように「準宣教師」（corresponding member）扱いであるのは、自費で赴任したからである（A. B. C. F. M., Minutes of the Prudential Committee）。

これ以前には、新島襄が「アメリカ人でないから」、つまり外国人（日本人）であるために準宣教師として帰国したケースがある。彼の場合は、ミッション会議での議決権はないが、給与はアメリカン・ボードから支給された。H・M・スカッダー夫妻の場合は、給与も議決権もない、という形をとった、と考えられる。「名誉会員」(Honarary Member) が適当、と判断した者さえいた (G. E. Albrecht to N. G. Clark, July 18 1887, Yokohama)。

それにしても、H・M・スカッダーはアメリカ有数の名門宣教師家系の出で、自身も一時、インドへ宣教師として派遣されたことがある。それに来日以前から、日本との係わりは深かった。特に娘のハリエット (S. Harriet) が、例の「熊本バンド」を育てた夫のL・L・ジェーンズ (L. L. Janes) と共に熊本に数年間、滞在したことがあるので、日本への関心は高かったはずである。

さらに、スカッダー(父)が、たまたま北日本ミッションが設立された一八八三年には、アメリカン・ボード日本ミッション委員会の委員長に就任しているのも、奇遇である。一八八四年秋のアメリカン・ボード年会では、委員長として日本伝道に関して総括と所見を述べている (*Missionary Herald*, Dec. 1884, p. 499)。

したがって、彼が日本へ向けてシカゴを発つときの送別会(三月二十二日)は、当日、ボストンのアメリカン・ボード本部で開かれたアメリカン・ボードの運営委員会で報告されている。そのうえその後、本部が彼をわざわざ招いて送別会を開いているのは、異例と言うべきである (Minutes of the Prudential Committee)。

ちなみに、アルブレヒト夫妻が、H・M・スカッダー夫妻に同行して越後にきたのは、同じシカゴに住む牧師として、スカッダーの決断にすばやく反応した結果である (G. E. Albrecht to J. Smith, Mar. 19 1887, Chicago)。

本稿の訳出に際しては、訳注は〔 〕に入れた。また、段落と小見出しとは、便宜的につけた。また主として後半の部分(教育部門)は、かつて訳出して『敬和』一三五、一三九、一四一(一九八〇年七月一日、一九八一年一一月一日、同年一月一日)に連載した旧稿を参考にした。

新潟ステーション第五年次報告

メンバー

G・〔E・〕アルブレヒト牧師、G・〔E・〕アルブレヒト夫人、D・スカッダー牧師(医学博士)、H・M・スカッダー牧師(医学博士、神学博士)、H・M・スカッダー夫人、H・B・ニューエル牧師、ミス・L・M・〔M・L・〕グレイヴス、E・C・ケンドール夫人、ミス・K・スカッダー、ミス・C・ジャドソン(〔原〕注・H・M・スカッダーとH・M・スカッダー夫人とは準宣教師)

はじめに

この一年は、この地域の伝道活動の歩みのなかでは、もっとも活動的な一年のひとつであった。この地域に派遣された宣教師が、七月だけで六人、横浜に到着した。H・M・スカッダー牧師(博士)夫人、G・E・アルブレヒト牧師夫妻、ミス・M・L・グレイヴス、E・C・ケンドール夫人である。さらに十月には、H・B・ニューエル牧師とミス・C・ジャドソンとが、加わった。状況を支配するには、この大所帯でも不適格であるほどまでに、この一年で業務が拡大した、と告白せざるをえないことが、端的に一年の歴史を物語っている。

㈠ 伝道――新潟市

ふたつの市内教会の合同問題

年間を通して、当市のふたつの〔新潟〕教会〔長老派教会と会衆派教会〕を合同させる努力が、しばしばなされた。が、私たちの長老派の兄弟たち〔教会〕は、無牧ではあるが、いまだ私たちと合同することに同意していない。きたるべき組織的な合同（organic union）が、ふたつの教会にとって、私たちがそのために長い間、祈ってきた結果を、きっと確保してくれるもの、と確信する。喜ぶべきことに、長老派の教会は、一年間に多数の加入者を得た。

新潟第一基督教会（会衆派）に紛争

私たちの教会の一年は、衝突と成長の一年であった。昨年の初夏に発生した紛争が、しだいに発展し、小人数の信徒たちが分裂寸前にまでいたった。その結果、教会の直接伝道の働きは、すべて水の泡となった。私たちは何か月も祈り、説教をした。が、効果はまるでなかったようであった。

けれども、最近の八週間を見ると、おそらく春の伝道旅行の結果であろう、平安が回復し、新しい役員が選出されて、いまや教会は当市や伝道所（アウト・ステーション）で、活発に伝道を展開している。

アルブレヒトたちの赴任

Ｇ・Ｅ・アルブレヒト夫妻が、小さな女児を連れて当市に九月九日に〔アメリカから〕到着した。アルブレヒト氏は、通訳を通して説教をする仕事にただちに熱心に取り組んだ。一方、アルブレヒト夫人は、〔新潟〕女学校で何組かの授業をもった。

十月八日には、そのほかの宣教師たちが〔アメリカから〕到着し、ふたつの学校〔北越学館と新潟女学校〕とふたつの教会が主催して歓迎会を開いたのを皮切りに、冬の運動（キャンペーン）が開始された。

十月十六日の日曜日には、〔会衆派〕教会の新しい役員が選出された。仙台〔ステーション〕の〔Ｊ・Ｈ・〕デフォレスト牧師が説教を担当し、日本人であれ、外国人であれ、おびただしいほどの名前が、この場のプログラムに花を添えた。同日の午後、十八人が洗礼を受けて入会した。こうして、教会の前に新しい道が開かれた。

長岡教会が新潟第一基督教会から分離

十一月に〔伝道師の〕白石〔村治〕氏と長岡の宣教師〔ニューエル〕、それに何人かの教会員との間で紛争が起きた結果、両派の間で長岡〔教会〕が、新潟〔第一基督〕教会から独立するのが賢明である、と決定した。

以来、正式に教会として組織されはしなかったが、同市の信徒たちは独自に行動してきた。伝道師の白石氏は、一部は彼らに支えられ、一部は日本人であれ、外国人であれ、この〔新潟〕市の友人たちに支えられている。

成瀬仁蔵牧師が辞任

十二月三十一日に私たちの忠実な牧師であり、同時に〔新潟〕女学校の校長である成瀬〔仁蔵〕牧師が、教会のポスト〔牧師〕を辞任した。十七か月の牧会の間、彼は教会の人たちが忘れられないような働きを教会に残した。彼が依然として〔新潟女〕学校の校長に止まっているのは、うれしいことである。

長岡の分離と、牧師不在が解消されないことが、同時に起きたために、教会は深い眠りに陥った。ただ内部の紛争で、眠りを破られることはあった。礼拝が日曜日と平日に一度行われるほかは、組織だった伝道は、行なわれなかった。

〔しかし〕それぞれの会員は積極的に働いた。ふたつの学校は、リバイバルの精神で満たされていた。これが新入会員の増加につながった。彼らがついに紛争の種を沈黙させるのに十分な勢力を、呼び集めてくれた。

無牧ではあるが、教会はただちに関心を、伝道に向け始めた。説教所〔伝道所〕が下町の外れに設置された。そこは何年もキリスト教の感化が、一切見られなかった場所である。宣教師の寄付が、再び要請された。しばらく空《から》であったミッション財政が、補充された。

教会はミッションに〔ミッション資金で〕白石氏を採用してほしい、と依頼した。その代わり、かつての紛争の再現を防止するために、〔人件費以外の〕その他の伝道費用は自己負担する、と約束をした。ついで教会は、新しい会員を見張るための監視委員会(Watch Committee)と新しい牧師を選ぶ委員会のメンバーを、選出した。

まもなく、確保したいと願っていた牧師を支えたり、市内のすべての伝道を行なうにも、教会員はどこであれ、外部からの援助は一切、受け取らないことになっている。

伝道の拡張と自給論をめぐって

当市に限定された働きのほかに、教会は地域〔越後全体〕のために牧師ひとりと、五泉のために伝道師ひとり、を確保したい、と熱心に願っている。同志社神学校の今年のクラスに在籍する原〔忠美〕氏に対して、前者のポストを受け入れるように、また京都の日本語科コース〔同志社神学校邦語神学科〕を六月に卒業する坂田〔忠五郎〕氏に五泉に来るように、とそれぞれに招聘がなされた。

これらふたりのほかにも、同志社神学校の学生を一、二名、夏〔夏季伝道〕のために確保したい、と考えられている。

教会は単独では、これらすべての負担を負い切れないと感じているので、日本伝道会社に一人分の援助の要請をしている。これは〔自給路線を尊重してきた〕教会の歴史上、初めてアメリカン・ボードの援助を受け入れることにもつながる。教会員のなかには、すべての負担を単独で負いたい、との大変に強い感情がある。さらに教会が支払いたいと考える伝道師たちの給与を確保できるならば、日本伝道会社に対しては、いかなる要請も行なわない。こうした強い決意は、付言しておく必要がある。

この大切な時期に教会が援助を要請して、以前の〔自給の〕立場を放棄する方がよいのかどうか、をめぐって見解の相違が生まれる余地がある。けれども〔ミッションなどの外部からの援助に頼りがちな〕日本の伝道の状況では、そのような行動を避けることは、不可能であった。

会員は百二名に増加

六回の聖礼典で七十四名が洗礼を受け、五人が転入会した。昨年の二十二名に対して現在、百二名の現住会員がいる。そのうちふたつのキリスト教学校〔北越学館と新潟女学校〕の学生が四十三名、官立の女子師範学校の学生が一名含まれる。それ以外の加入者は、官吏、教師、商人、労働者、そして彼らの家族が主たる者である。

礼拝は朝晩、行なわれ、平均して前者には百五十名、後者には五十名の出席者があった。説教は、成瀬氏や他の日本人信徒たち、外国の宣教師――中島〔末治〕氏が、しばしば巧みな通訳をした――が行なった。

安息日学校(日曜学校)

安息日学校が最近、〔北越学館の〕加藤〔勝弥〕校長の管理のもとで、完全に組織化された。この安息日学校は三部門に分かれる。ひとつは教会で集会し、平均して四十五名の出席がある。二つ目は男子校〔北越学館〕で、三つ目は〔新潟〕女学校で開かれる。すべて合わせて百五十名以上の学生が、出席する。

未信徒の子供たちを教会学校に引きつけることには、いまだ成功していない。

教会会計

年間の会員数の増加の半数以上が学生であったので、財務上の増加は、会員数のそれとは比例しなかった。新しい教会のために、一握りの会員が百二十九ドルを支出したので、彼らの何人かは、何か月も負債を抱えることになった。不幸にも、その後に紛争が起きたので、献金は一時、減少を示した。

七月一日以来の日常経費は八十八ドルにのぼった。〔一方〕宣教師からの献金は十八・八十ドルであった。後者の額は、教会員の現実の献金を代表するために、相当に大きくならざるをえない。教会員の多くは、紛争の時期に長岡や他の場所の伝道を、通常の教会の方法ではない方法で援助した。五月一日までの献金総額は、二百三十六ドル（金貨）であった。

㈡　中　条

中条教会は沈滞から覚醒へ

昨年の年次報告のさい、この教会は沈滞していた。活気を与える唯一の兆候は、毎月初週に、午前六時から開かれる祈禱会であった。七月に一人の男性が転入会した。その時から一月まで、見るべき進歩はまったくなかった。例外は私たちの年次報告にたびたび登場する一組の少年たちで、彼らはすべての礼拝に、今も忠実に参加している。

ほとんど毎月、〔新潟から〕宣教師が他の伝道所〔アウト・ステーション〕と同様に、当市を訪問した。真冬になって、ついに教会は眠りから覚め始めた。二月五日に八人が受洗した。そのうち三人は町内での有力者、残る五人は少年である。少年のうち四人は、実に何年も教会に常時、通った例のクラスの子どもたちである。

三月と五月にはさらに加入者があり、会員数は三十人となった。〔その結果〕教会の性格が、変わった。飲酒と喫煙が追放され、街中がキリスト教の話題で深く動かされた。最近二か月間の聖書の売上は、比例的にみれば地域〔越後〕のどの市よりも多かった。教会は牧師をほしがっており、そのために資金を集めている。この夏には、同志社〔神学校〕の学生のひとりを雇うはずである。

㈢　五　泉

坂田忠五郎を確保

ここは美しい場所に位置している小さな町で、伝道の中心として重要性を増し始めた。一昨年と昨年に、ふたりの熱心な青年が教会に加入したほかに、〔今年は〕十二人の新しい信徒が加えられた。新潟へ二家族が転出しなければ、現在、二十人の現住会員が、この地にいることになる。この集団は、真に増大することを熱烈に願望している。会員たちには真の独立心が染み込んでおり、新潟教会の援助を受けて、坂田氏を招いて、自分たちの伝道師にすることができた。

㈣　長岡とその周辺

白石村治とD・スカッダーが着任

私たちの基準で見る限り、おそらく昨年の長岡伝道は、現状ではかなり成功した、と考えられる。

一八八七年七月から現在まで、三月を除いて教会に新会員が加えられなかった月はなかった。現在では現住会員は三十人で、ほかに休眠中の八名を加えると、この教会に関係する者は全部で三十八人となる。教会は日の目を見てから、一年もたっていない。

今年は伝道に三つの要素が加わった。ひとつは、伝道師の白石氏が定期的な仕事を始めたこと。ふたつは、D・スカッダー博士が幅広く行なった巡回の一環として毎月、訪問したこと。そして最後は、新潟ステーションの宣教師が、〔私立〕長岡学校の〔英語〕授業を担当するかたわら、〔長岡伝道に〕協力したこと。

劇場で公開講演会

これらにつけ加える必要があるのは、おそらく劇場〔芝居場〕での特別の講演会であろう。年間に数回、開催され、新潟ステーションのすべてのメンバーが、そのどれかに出演した。

こうしたおりには、午後には女性集会が開かれ、夕方には説教会が大きな劇場で開催される。夕方の説教会には、平均しておよそ六百名の出席者があり、福音のやさしい話に概して最も熱心な関心を示した。

キリスト教に対する反対

当市では依然として福音の進歩に対して、多少とも反対が見られる。教会員のなかでは、数名が現在でさえ、福音のために執拗な罵りと迫害とを被っている。

けれども、一般的に将来の見通しは、きわめて希望にあふれている。市内では大勢の者が、熱心に真理〔キリスト教〕を追求しているが、それは驚くべきことである。一方、〔長岡〕学校では御《み》言葉が、積極的に支持する立場へ決定的な反対がなされたにもかかわらず、勝利を得た。

長岡学校

〔長岡〕学校での特別の仕事が開始されたのは、十月であった。D・スカッダー博士が、同校で毎日、礼拝を行なう特権の代わりに、〔無料で英語を〕教えてほしい、との招聘を受けたことを活用した。

けれども、彼は伝道や〔医療などの〕他の仕事があるので、〔十二月の〕学期末に校務を諦めざるをえなかった。一月にニューエル氏が後任を務めた。彼は白石氏の友好的な援助や協力を受けて、朝の礼拝を続行した。

年始には教師や百二十人の学生中、信徒は皆無であった。教会での礼拝に自発的に出席する者も、ほとんどいなかった。

けれども、現在では三人の学生が、ここの教会の会員であるし、ほかにも数名が、両親の断固たる反対さえなければ、洗礼を受けるはずである。そして、もしも外見に何らかの価値をおくならば、教師のひとりを含めた大勢は、「王国〔神の国〕から遠くはない」。

学生のひとりが、牧師になる準備を始めた。こうして彼は、キリストの感化をさらに広めてくれるに相違ない。一年間に学校の学生数は百五十人近くに増加した。彼らの四分の三が、今では礼拝出席の常連である。

長岡農学校

教会の宗教的な活動は、週一回の祈禱会と日曜日の四回の礼拝から成り立っている。後者は午前中の聖書研究会と祈禱会、それに午後と夕方の礼拝である。いずれもかなりの出席者がある。

その多くは当地にある農学校の青年たちで、そのうち十人がこの教会とつながっている。当地に適任者が配置されさえすれば、この学校自体は、伝道にとって実に魅力的で有望な分野である。

年間を通して新潟ステーションのひとり以上が、一時的にこの仕事に従事することは、不可能であった。新潟での需要がたえず増え続け、緊急であるので、現状の人数では、この程度のわずかな援助ですら、来年は約束できない。

同時に来年、改善しようとしないのは、やり方として拙いだけでない。今年、獲得した有利な地歩を、精力的に改善しようとしないならば、業務の大幅な後退にもなろう。

長岡伝道の将来性

当市は人口三万人で、かなり良好な中央に位置している。この国の平均的な市より豊かで、大きな学校が数校ある。かなり広範囲にわたる勢力圏の中心でありながら、この小さな教会のほかには、キリスト教の伝道はいっさい行なわれていない。

けれども、この二、三か月間に市内と、青年のためのふたつの学校内で、強力な足掛かりが得られた。適切な指導のもとに、早期に多くの果実が得られるうれしい見込みが、大いにある。そして現在の伝道を推し進め、拡張させるのは当然として、女性の間でのキリスト教的で教育的な働きの分野も広く、着手、展開されるの待っている。

小千谷《おじや》、栃尾、与板、柏崎

小千谷、栃尾、与板、柏崎といった近隣の市からも、来援の招聘が実に熱心に来ている。それよりさらに小さな市や町も、たくさん援助と光りを求めて、手を差し伸べて来る。

仕事量から言えば、一家族と少なくともふたりの助手〔独身宣教師〕が担当する以上のものがあるので、彼らの赴任が待たれる。が、その勢力だけでは、増大する需要にはまったく不十分であろう。

仕事をするために来てくれる宣教師がおれば、何人かの市民が宣教師の家族のために相応しい住宅を建築したい、という誠に実のある招聘が、この地から来ている。そしてこの申し出を受理して、摂理から見て非常に広く開かれたこの領域を支配することを促す現実的な理由は、いくつもある。

㈤　新発田

広瀬孝次郎、村田平三郎、そして中江汪

昨夏、同志社の広瀬〔孝次郎〕氏が当地でひと夏働き、キリスト教への一般の関心を、大いに巻き起こすことに成功した。これに続いて、村田〔平三郎〕氏が二、三週間、働いた。その結果、またひとつにはふたりの種蒔きの働きの後を、私たちが続けて指導できなかったために、紛争が発生し、長老派と会衆派の二派に分裂しかねなかった。が、摂理のもとに、それは回避された。

この六週間、中江〔汪〕氏が新潟教会の支援を受けて、当市で働いている。教会員は四人から、洗礼者を加えて八人になった。当市は困難な領域であることが分かった。それでも来年は、確実に前進する、との兆候がいくつかある。

軍人伝道

気高くて熱心なひとりの青年兵士が、兵舎にいる千五百人の仲間の中からやって来て、キリストを告白した。彼が同僚に対して熱心に働きかけた結果、十人以上がこっそりと聖書を読んでいる。指揮官は部下が聖書を兵舎に持ち込むのを禁じていたので、聖書を読むのは、危険なことであった。

以上の場所以外に燕、柏崎、佐々木、与板、津川、栃尾、弥彦、佐渡にも信徒がいる。人口の多いこの島を除いては、これらすべての都市を、日本人や外国人伝道者が訪問すべきである。毎週のように新しい招聘が私たちのもとに来るが、現在の不十分な人員で応じるのは、不可能である。

伝道旅行と幻灯機

この年間の伝道のまとめで、特別伝道旅行と女学校での連続講義に触れないのは、不完全である。冬の間、特別の伝道旅行が、五泉と長岡に向けて行なわれた。それぞれ劇場で一連の集会が、大規模に開かれ、これらの場所を覚醒する効果があった。新発田も、その後まもなく後に続いた。

春休みには地域〔越後〕全体の旅行が、行なわれた。弁士は七人の日本人と六人の宣教師（男女半々）であった。遠隔の八か所を訪問し、各地で二晩か三晩、集会が開催された。これらの集会は十分に宣伝され、手に入る限り最大の劇場で開催されたので、いずれも聴衆で満たされた。かくして、それまでキリスト教のことをまったく聞いたことがない何千もの人々に接近することができた。

シカゴの友人から貰った幻灯機は、大勢を引きつけ、キリストの生涯を目に見える形で提示するのに、実に効果的であることが判明した。日刊紙が演説の報告を掲載してくれたので、これらの演説の感化が何千もの読者に広げられた。

その結果、越後全体が動かされ、いくつかの都市の市民感情に明白な変化が生じた。もうひとつの結果は、仏教徒の動揺にも見られる。彼らはこの地域に有能な説教者を最近、派遣してきた。全県下の寺院の前に仏教の〔以下、一行欠〕掲示が、ぶら下げられているのが見られる。

新潟女学校での連続講演会

当地の主任裁判官〔新潟始審裁判所長〕富田〔禎二郎〕閣下が、女学校〔以下、一部不明。を会場に、講演会？〕を発足させた。〔滞英生活の経験がある〕彼自身は、いくぶん真理〔キリスト教〕に感化されていたので、キリスト教の礼拝に一度も出たことがない上流の資産家階級が、キリスト教と接触するようになるのを見たくて、H・M・スカッダー博士に、キリスト教に関する一連の講演を、科学的見地から隔週に行なってほしい、と依頼した。

要請は喜んで聞き入れられ、現在、二か月以上にわたって、女学校に上流階級の代表的な聴衆が集まり、これらの講演を聞いている。中島〔末治〕氏が細心の注意を払って、通訳を担当している。完璧な出来栄えである。

当市の日刊紙は、伝道に心から共鳴したので、苦労の末発表された後、手元の原稿にさらに手を入れたこれらの講演は、活字になり、地域全体に送られた。この講演会は、富田氏の要請で入場料として五銭が徴収された。収益は女学校のために使われることになっている。この計画は、日本での新しい仕事のやり方であり、将来、有望である、と確信する。

㈥　女性の仕事

新潟ステーションの女性メンバー

このステーションのふたりの女性は、家事を担当しているために、仕事が何度も不可避的に中断されざるをえなかった。また、一年の過半を病床に伏したので、この分野の仕事に専念できなかった。その結果、女性の仕事は、悲しいことにダメージを受けた。

他の三人の女性は、授業に従事してきた。けれども時間と精力が許す限り、彼らはすべて（H・M・スカッダー夫人も含めて）〔日本人〕女性を訪問したり、女性集会に参加したり、あらゆる可能な方法で女性に感化を与え、支援しようとしたりした。女性の仕事を援助しようと努めた。

女性集会

昨年、自分たち女性が、いかに最もよく相互に助け合えるか、という問題を考えるために、女性だけを対象としたパーティと集会を一緒にしたものを開催したところ、およそ四十人の女性が参加した。前年以来、顕著な増加を示したことになる。前年は似たような会合には、二十人の参加者しかいなかった。

女性の入会者

一年を通して、新潟や伝道所（アウト・ステーション）では少女や女性の間から、教会の新入会員が四十八人生まれた。そのうち十五人は私たちの女学校からで、教師ふたりも、含まれる。

伝道所への出張

昨年、アルブレヒト夫人が五泉を訪ね、女性集会を開いた。ごく最近、他の者が長岡で似たような機会を経験した。けれども、こうした目的で伝道所を訪ねてほしい、との度重なる要請は、断らざるをえなかった。そうした場合、「私たちは皆さまをお待ちしているのです」という言葉が、私たちに何度も何度も返ってくる。

伝道旅行

けれども、四月の休みに特別の努力がなされ、ケンドール夫人、ミス・グレイヴス、ミス・ジャドソンが、紳士たち〔男性宣教師〕に同行して五泉、新発田、中条、長岡――ひとりは遠く村上まで――を訪ねた。宣教師たちは〔日本人〕女性から心から歓迎され、通訳を介して彼らに講演をした。

新発田では、男女を含めて大勢が聞きに来た。ここでは信徒は数名に過ぎない。そのうちのひとりは若い兵士で、兵営の仲間を誘って、女性の集会に参加することを許された。集会ではふすまが外され、群衆が無秩序になだれ込んだ。ほかの場所でも男女が入り混じった会衆が、宣教師の話を聞きに熱心に集まった。

長岡に着くとすぐに、通常の集会のほかに、四十名から五十名の土地のトップ・レイディたちに、「教育」と題して話をすることになっている、と知って彼らは驚いた。講演は準備時間が不足して、十分な余裕がなかったにもかかわらず、指定された時刻に間に合った。

女性宣教師の増員要請

そのような集会の場合、事後の指導ができたり、この地域の女性の仕事のためにまったく専念できる独身の女性〔宣教師〕が、大いに必要とされている。その仕事は、実に魅力的な分野を表わしている。ミッションが今年〔次年度〕、この特別の仕事をする準備がすでにできている人を誰か、私たちのステーションに指名してくれるよう希望する。

新潟教会婦人会

新潟教会の女性たちの何人かが、伝道のための団体〔新潟教会婦人会〕を発足させることを、提案したのを受けて、そのための集会が開かれたことを付言する。けれども、この団体の組織化は、他教会の何人かの会員の協力を得るために一時、延期された。うれしい結果がすぐに達成され、伝道のための団体が組織されることが、望ましい。

越後基督教青年会（ＹＭＣＡ）

この組織は、崩壊の兆候を見せ始めていたので、秋には根本的に変革され、改定された。〔その結果〕新しい命が注ぎこまれ、非キリスト教的な要素は、団体の支配を左右する力を奪われた。団体は教会の会堂の献堂式に関連して、劇場での大規模な集会を開催して、設立を祝った。集会の参加は良好で、目玉はアルブレヒト氏が毎月行うキリスト教の教義に関する講演である。活動する会員は四十三人を数える。

(七)　白十字会

この年、この団体〔矯風団体〕が発足し、現在〔支部をあわせて〕この地域で七十八人の会員を擁する。主として青年層が対象であるので、福音の普及にとって、大きな助けであることが判明した。ほとんど、あるいはまったく集会は開かず、活動は静かに進められており、清潔〔廃娼〕と禁酒に広く影響を及ぼし始めている。

(八)　男子校〔北越学館〕

加藤勝弥館長

昨年の年次報告で予想されたこの学校〔北越学館〕のいくつかの輝かしい見通しは、十分に実現された。このことを、神への心からの感謝をこめて認める。

加藤勝弥氏は、館長という至難の立場に立つ人物として、適任であることが、判明した。そして、彼の気前の良さばかりか、その行動力や商才、影響力、知名度もまた、学校の成功に大いに貢献してくれた。二千円ものすばらしい寄付だけでなく、彼は一年を通して終始、自分の時間をすべて無償で提供し、熱意を込めて、一心に働いた。

開　校

学校は一八八七年十月十五日に、正式に開校した。地域全体からの代表的な人物が、校舎を埋めた。私たちの教会の牧師である成瀬氏が、司会をした。祈禱が捧げられ、Ｈ・Ｍ・スカッダー博士が要望により、「聖書」について話をした。

こうして、未来永劫にわたって明確で確固としたキリスト教的基礎が、ただちに据えられた。その他の演説もすべて、明白なキリスト教的性格を帯びていた。

こうして学校は、この地域の最初のキリスト教主義男子校として、出発した。

教師陣

教師陣は、献身的で自己犠牲的な校長である阿部〔欽次郎〕氏、同志社の卒業生で校務のほかに、宣教師の通訳として実に貴重な働きをする中島氏、私立村上学校で教師を務めていた漢文教師の児玉〔金八郎〕氏、そして数学教師のカガミ氏（彼は一月に辞任したために官立新潟学校の卒業生である山本氏が後を継いだ）である。

外国人教師は、Ｈ・Ｍ・スカッダー博士、Ｄ・スカッダー博士、ミス・グレイヴス、ニューエル氏、それにアルブレヒト氏である。けれどもニューエル氏は、一年の大半を長岡学校での仕事に費やした。

課程と学科

課程は二年の予科と四年の専科にわたり、英語、漢文、ドイツ語、数学、自然科学、歴史、地理が含まれる。そして卒業時には、学生が東京の帝国大学に入学可能な学校にすることが、意図されている。

今年は、予科二組と最初の専科二組が設置されただけであるが、今年の二年生は、来年には三年生になる。漢文、英文解釈、地理、万国史、数学（代数および幾何）の授業を日本人教師が行なう。これに対して、宣教師は英語、講読、文法、会話、作文を教えてきた。ミス・グレイヴスはまた一時、音楽の授業を行なった。最近、帝国陸軍の旧軍人による軍事教練が入ってきた。

Ｈ・Ｍ・スカッダー博士は、毎週一回、「キリストの生涯」について講義をした。強制してもいないのに毎回、ほとんど全校の学生を引きつけた。

学校財政

これまでキリスト教の支持者が、実に少数であった地域で、このように明白なキリスト教的性格を帯びた学校が、ただちに歓呼の声で迎えられるとは、当初はありえないこと、と考えられた。開校時の学生数と同様に、寄付金がそのことを示しているように思えた。しかし、神の恵みを受けて、人々の共感が着実に拡大した結果、学生数も寄付金も増大した。

昨年の十月に、学校は学生数七十九人で開校した。毎月の支出が百三十五円であるのに対して、授業料や入学金の収入は九十円程度に過ぎなかった。この結果、校友が建物や永久基金に寄付してくれた基金から、余分に四十五円が必要であった。

今年の三月までには収支が均衡し、五月一日以来、授業料収入は学校の全支出を賄ったうえ、月二十円の剰余が出るようになった。学生が増加するのに比例して、収入も増えているので、学校財政の将来は保証されている。校友の寄付金は、今後はすべて新しい建物や改修工事、基金などに使える。

パーム奨学金

これに関連して付記したいのは、年々、学生ひとりを支えるのに十分な利子を生む奨学金が、設けられたことである。学校の発起人たちは、寄付者たちと協力して、受給者に授業料免除の恩典を与える。

この奨学金は、適切にもあの高貴な宣教師〔エディンバラ医療宣教会が越後に派遣したＴ・Ａ・パーム〕――彼は多年にわたり、この地域で労苦したにもかかわらず、ほとんど収穫がなく、その仕事は〔五年前に〕私たち〔アメリカン・ボード北日本ミッション〕に引き継がれた――に因んだ名前がつけられている。奨学金は、この地域全体で敬愛された人物を記念して、「Ｔ・Ａ・パーム奨学金」と呼ばれている。

パーム氏もまた、この目的のために多額の献金をした。残りは〔元セントラル組合教会牧師だった〕Ｈ・Ｍ・スカッダー博士や他の後援者を介して、ニューヨーク州ブルックリンのセントラル組合教会が捧げた。そのうちに、他にも奨学金が設けられ、立派であるが貧しい青年たちが、キリスト教主義に基づくリベラルな教育を受けられるようになる、と思われる。

学生の増加

学校の財政上の発展にもまして喜ばしいのは、学生数の増加と、この地方で学校が獲得した名声であった。昨年の十月、七十九名の学生で開校したが、今では正規〔昼間部〕の学生が百五十五名、夜学部の学生が三十三名いる。

夜学部は官庁や他の所で雇用されている青年たちからの執拗な要請に応えて、十一月一日に開講された。多くの者は、それ以外の方法ではキリスト教に接触させてきた。以来、これらの青年たちをキリスト教に触れることは、ほとんどなかったであろう、と思われる。

学生数が最も増えたのは四月のことで、昼間部の現在の総数の四分の一以上に相当する四十名が、あらたに入学を志願した。

新潟尋常中学校の設立計画

この直接の原因は、当市ならびにこの地方に「尋常中学校」を一校、創立することを、県議会が否決したことにある。

何年か前にこの地方の知事は、市民の自由な寄付金によってその種の学校を設置しようと尽力したが、失敗に終わった。そのため知事は、必要な資金を税金によって賄うことにした。この議案が県議会に提出されたのは、一八八七年十二月であった。

十一月二十八日、加藤館長は県議会や市議会、新潟の弁護士会、医師会に所属する人たちを全員、学校に招き、教育講演を聞いてもらった。

まず、県議会議員で、学校の「発起人」のひとりでもある萩野〔左門〕氏が、「北越学館の主義」について話した（「北越学館」は、英語では「カレッジ・オヴ・ザ・ノース・クロッシング」である）。次に要望により、引き続きH・M・スカッダー博士が、指定された中心的な議題について、巧みな演説を行なった。演題は「高等教育機関は私立か、公立か」であった。

議案は県議会に提出されたが、ある技術的なミスのために、知事に差し戻された。

公立中学校の設立計画が頓挫

かくして検討のための時間的余裕が生じた。加藤館長と彼の同労者たちとは、学校を可能な限り最上の秩序だった状態にするためと、校友の輪を広げるために、まったく骨身を惜しむことなく、努力を傾注した。

そうこうするうちに、彼自身が県議会に選出された。四月の県議会に再度、議案が上程されると、投票総数六十三のうち、賛成はわずか四票だった。県民は自分たちの代表者を通して、私立の高等教育の方に賛意を表したことになる。

公立弥彦学校が廃校

県議会はさらに勢いづいて、知事に対して当地から二十二マイルほど離れた弥彦にある公立〔弥彦〕中学校の閉校を要求した。当市とこの地域にある私立学校のことを考慮に入れると、弥彦の中学校は県民に不必要な負担を与える、というのである。知事はこの要請に応じた。したがって、地域全体の高等教育は、私たちの学校の前に屈したわけである。

今春に突然、四十人もの学生が増えたのは、このためである。とは言え、いまだ弥彦の学校からは、ひとりも学生を受け入れていない。たとえ志願者がいても入学させる余裕はない、と思われる。

しかし、学生の多くは、秋に当校入学を希望している。新潟にもっとも近い高等学校は、金沢〔四高〕、仙台〔二高〕、東京〔一高〕に設置されており、当地の学生を吸収するには遠すぎる。もし私たちの学校が、同程度の施設を備えるようになれば、なおのことである。

新年度の学生と教師陣

それゆえ、次年度の始業時には、多数の学生増が約束されている。現在の百八十九人が十中八九、二百八十九人か三百人に膨れ上がる、と見込まれる。これまで延び延びになっていた新しい建物が、早急に立てられる予定である。少なくとも寮と教室は、そのはずである。

校長に内村鑑三

新しい教師たちも雇われる。交渉はすでに終わっているが、カレッジの校長（President）として、内村〔鑑三〕氏を獲得した。彼はアメリカの大学を出た日本人の中で、もっとも有能で献身的である。この取り決めにより、〔館長と校長を兼務した〕加藤氏は、校長の名称を譲って、理事長（Director）を名乗ることになる。学校の経営権は彼が握る。

新年度の外国人教師

宣教師の教師の増強が、絶対に必要である。特定の者にしろ、順番にしろ、私たちのひとりを長岡の学校にまわし、そしてＤ・スカッダー博士を伝道に対する多くの絶え間無い要請と医療活動とのために、学校の仕事から解放するとなると、残る外国人教師はわずか二人となる。

しかも、その二名は日本語の初歩のところで、依然として苦闘している。二百人から三百人の学生に対して、教師の絶対数が不足していることは、目に見えて明白である。女子校にひとり、長岡のために既婚の宣教師がひとり、そのほかこの学校（北越学館）のために、少なくとももうひとりの教師を、ぜひともお願いしたく思う。そうすれば、二百人から三百人の学生数の学校に対して、四人の外国人教師が揃うことになる。

学校のキリスト教的性格

学校の中での、あるいは学校を通して行なわれたキリスト教活動について直接、述べることが残っている。私たちは単なる教師としてよりも、宣教師としてここにいる、と自認している。最初から学校のキリスト教的性格は確実に保証されていた。〔十二人の〕「発起人」〔理事でもある〕の半数以上〔実際は八人〕は、そして〔六十六人の〕「校友」の十分の九以上〔実際は五十六人〕は、未信徒である。が、学則により、学校はキリスト教と聖書にしっかりと結びつけられている。地域全体にあまねく「キリスト教学校」として、知れ渡っている。

校内のキリスト教的活動

毎朝、三十分の礼拝で学校が始まる。礼拝ではひとりの教師が短い講話をする。外国人教師は、ヨリ親密な接触とキリスト教的な感化を考慮に入れ、学生たちを週に一度、あるいは隔週に自宅に呼ぶ。ミス・グレイヴスは、バニヤンの『天路歴程』を何人かの学生と読んでいる。こうした働きは、良き実を結ぶ。

校内の信徒数

創立時には八十人の学生のうち、信徒はわずかにひとりであった。現在では昼間部の学生百五十六人中、三十四人が洗礼を受けたキリストの僕《しもべ》である。

他方、かなりの数の者が、次の聖礼典（洗礼式）で受洗を志願している。上級生の何人かは、市の郊外に最近、設置された新しい伝道所（mission place）で熱心に活動中である。

日曜学校（安息日学校）

安息日学校が十一月中旬以来、〔校内で〕開かれている。それは教会堂の収容力が小さいために、男子校と女学校の学生はもちろん、教会の安息日学校の生徒さえ入り切れないからである。同時に、恥ずかしいために教会にまだ足を踏み入れられない人たちを、引きつける意図もある。出席者の平均は、ほぼ五十人である。

図書館の計画

北越学館の理事と教授会が管理する公共の図書館を、この市に設立するという提案が、感謝と喜びのうちに受け入れられた。この計画は、シカゴのプリマス教会からの寄付金と同教会の前任牧師の熱意とにより企画されたが、どの実行方法が最上かは、まだ検討中である。

けれども市議会が、この目的のために広大な信濃川の川岸近くで、現在、大きな神社〔白山《はくさん》神社か〕が建っている古い寺の境内の願ってもない場所――市の最良の場所である――を提供してくれる、という取り決めを、してくれるものと思う。位置が決まりしだい、耐火建築が建てられるはずである。

日本人との協調

この部門の報告を終えるにあたって、日本人の友人たちと私たちとの間に見られた喜ばしい調和と友情に触れないのは、恩知らずである。

赴任の時に私たちを歓迎してくれた人たちの好意が、一年を通して私たち全員に示された。私たちは当地の兄弟たちから全幅の信頼と、すべての事柄において心からの協力とを受けた。それらは学校の繁栄と神の国建設のために役立った。と同時に、当地での私たち自身の仕事が、うまく運んだり、喜びとなったりするのに、少なからず貢献してくれたことも、事実である。

(九)　女学校〔新潟女学校〕

四人の少女が女学校入学を目指して団結

一年半前、もっともリベラルな精神を有する、この市の数名の紳士が、新潟に女学校を一校創設しよう、という決意を固めた。この地方では、女子教育はこれまでのところ軽蔑されてきたばかりか、実に乱暴なやり方で妨害さえ受けた例が、いくつかあった。

一例を挙げれば、近隣の町〔長岡〕で起きた一連の悲劇がある。その町は、それ自体、進歩的な運動が始められても、おかしくないほどの教育の中心地である。その地で女学校のことが世の耳目を引き始めるや、四人の若い娘たちが、教育を受けられなければ自殺をする、との決意を固めて、団結した。

四人はそれぞれ辛抱強く、熱心に努力を重ねても、親類の承諾が取れない場合には自殺する、との誓約を厳粛に立てて、お互いに団結し合った。彼女たちは何か月もの間、教育を受けたい、という希望を出しながらも、聞き届けられなかったので、四人のうち二人は、誓いを果たしてしまった。

三人目は厳しく責め立てられたために、一時的に精神異常に陥ってしまった。四人目は現在、当市〔の女学校〕で教育を受けている。そのことも、そのような恐ろしい代価を払ったすえ、ようやく勝ち得たものである。

私たちの学校が、将来を見通す天賦の才を備えた少数の人たちの心と頭の内に、まず存在し始めたのは、女子教育に対する意識が、このような状態にある時であった。

開校

創立の試みは最初、失敗に終わった。資金は集まらず、親は娘を学校、とりわけ校長と発起人の何人かが信徒である学校へ、喜んで送ろうとはしなかった。

しかし、滑り出しでつまずいた、と思われた運動は、徐々に好感をもって受け入れられ、一八八七年五月に、この地域の知事〔篠崎五郎〕、副知事〔大書記官〕たち〔近藤幸正と永沢正常〕、裁判長

〔富田禎二郎〕、その他の有力者たちの支援のもとに、実際に開校に漕ぎ着けた。

彼らは学校を財政的に援助すること、を約束してくれ、自身、多額の寄付をするだけでなく、地域全体を遊説して、多くの寄付を集めたり、寄付を懇請してくれたりした。

学生の増加

開校式から夏休み前の終業式までのわずか何週間という間に、開校当初の二十五人という最初の小さな学生の群れ（信徒はそのうちわずかに二人）が、四十四人に増えた。

一八八七年九月、学校はさらに五人の学生を迎えて、再開〔始業〕された。遅々とはしているが、評判の点で着実に進展している証拠である。その発展振りは、毎月、新しい証拠〔新入生〕が現れてくることからも、わかる。

私たちはそのことで、「主に感謝して勇気を持て」と言いたくなる。学校の成長を押さえようとする反対が強かったことを考えると、なおさらである。

教師陣

十月に新しい宣教師が到着するまで、アルブレヒト夫人が初めての土地で新しい家庭を築く心配りをしながら、学校のすべての英語の授業を担当した。

校長の成瀬氏は、彼の妻と他の三人の日本人教師〔野村はぎ子、長谷川さく、西村早枝〕と共に、四年課程の一年次に配置された英語以外の全教科を、忠実に担当した。

宣教師たちが新しく着任し、ケンドール夫人とミス・ジャドソンとが教師陣に加わった。一方、アルブレヒト夫人が解放された。

新校舎

新校舎が、すでに絶対に必要になっている。寮もどうしても必要であった。およそ三千円の必要資金は、日本人が約束した。そのうち二千五百円はすでに確保されており、快適な八部屋を有する建物が建てられた。階下の部屋のうち、裁縫室を始めとする三部屋は、夜には迅速に整えられて寮となり、現在、寮母と教師ひとり、それに学生十人が住んでいる。少なくとも収容力を倍増することが、来年〔九月の新学期〕から必要である。

来年度の学生と外国人教師

どこから見ても、来年度の学生数は、百人をかなり越える見通しである。この数は、全くの初心者から、すでにかなり英語力のついた者まで、何段階にも分かれた者を含む。

また来年は、クラス増が避けられない。したがって、少なくとも外国人教師のひとりは、部分的にでも校務から解放される必要がある。それを考慮に入れると、来年の業務を成功裡に進めるためには、今ひとりの英語教師が、どうしても必要である。

女性宣教師館

校舎に隣り合って、外国人の女性教師のための家が、まもなく建てられる。その結果、教師たちは、学生たちとさらに親密に接触でき、ヨリ多く人格的な影響を及ぼしたり、学生たちの家事生活を、実際に監督することが、可能となる。

教　科

第一年次の学習は、英語読本、英文和訳、英作文のほかに、日本史、地理、数学、絵画、書道、裁縫、唱歌が含まれる。唱歌は外国人教師のひとりが、担当している。

校内のキリスト教活動

現在の学生の出身地は、九つの町に及ぶ。学生の中には、官吏の妻や娘、仏教の僧の娘が数名いる。

キリスト教に対する関心が、学生の間に高まりつつある。彼らのほとんどは、最初から真理〔キリスト教〕を喜んで聞こうとしていた。

H・M・スカッダー夫人は、新潟に赴任直後から隔週に、聖書の講義を連続して行なってきた。大部分の学生が、忠実に出席している。

二月二十五日から、日曜学校が校舎で開かれてきた。出席者は平均して五十八であった。

一八八五年〔の開校時〕には二十五人の学生中、信徒はわずか二人であったが、今では九十五人中、二十二人が信仰を告白した信徒である。その他の者も、キリスト教のことを真剣に考えている、と確信する。

日曜学校に通ってはいるが、女学校には関係していない女性が二人、この前の聖礼典で〔新潟第一基督教会に〕入会した。忠実な信徒である年長の学生二人もまた、しばらく熟慮したうえで、自国民の間に伝道することに生涯を捧げる意志があることを、表明した。

私たちは、これが広範囲にわたる仕事の始まりに過ぎないことを、願うと共に、そう確信する。

おわりに

この報告書を終えるにあたって、大いなる主の恵みと、一年間のこの地域に見られた聖霊のすばらしい働きの印に対して、在天の父なる神に感謝したい。それらの多くの印は、上述のように記録に残された。けれども、当地でこの一年を過ごした者しか、あらゆる面で聖霊の感化がたえず増大するのを、証言する特権を知ることができない。この時代に、越後のような領域で働くことが許された私たちにとっては、神の恵みは偉大である。

財政の概要

残念ながら五月十五日までのこの地域全体の財政報告書を出すことはできない。一八八七年の各種の項目の概要を付則する。(次ページ〔下〕の表を参照)

男子校のために支出された額、すなわち七三三・九七ドル〔※〕と二九六・〇二ドル〔※※〕は、一八八七年中に学校の経営――〔経常費は〕収入を越えた――、古い校舎の修繕、それに将来の校地用の土地購入のために、実際に使用された額だけを示す。アメリカン・ボードには、〔資金援助の〕要請は一切なかった。

〔中条以下の〕伝道所〔アウト・ステーション〕はそれぞれ、新潟教会が日本伝道会社に出した金額〔寄付〕の恩恵に預かった。それぞれがいくら受け取ったのかは、計算できない。したがって、上掲〔の数字〕は、それぞれが実際に献金した額を示しているに過ぎない。

財 政 の 概 要（1887年）

	1　日本人の働き		2　学校維持		3　建　物		
	教会維持	ミッション	男子校	女学校	教会堂	男子校	女学校
新　潟	98.33	15.20	733.97※	321.18	129.20	296.02※※ 228.00	1064.00
新　潟	9.12	24.32			152.00		76.00
中　条	14.88						
五　泉	26.60						
長　岡	18.93						
新発田	13.68						
総　計							

	4　計（アメリカ・ドル）
新　潟	2657.90（日本人の寄付） 228.00（阿部氏が寄付した旧校舎）
新　潟	261.44（宣教師らの寄付）
中　条	14.88（日本人の寄付）
五　泉	26.60（同　上）
長　岡	18.93（同　上）
新発田	13.68（同　上）
総　計	2993.43（阿部氏の寄付を含めると3221.43）

六、一八八八年（第六年次報告）

《解説》

アメリカン・ボード北日本ミッションの第六年次報告（Sixth Annual Report of the Niigata Station）を全訳する。

同書は八枚からなり、署名はないが、D・スカッダーの原稿と考えられる（ただし、代筆のために筆跡は彼のものではない）。作成の時期は一八八九年五月中旬のころ、と推測できる。

一部は、以前にO・ケーリ（O. Cary）「続『内村鑑三と新島襄』」（『基督教研究』第二八巻第三・四号、一九五五年一〇月）に紹介された。教育部門に関しては、一九七七年に私訳で『敬和』一〇三、一一六、一一七（一九七七年六月一日、一九七八年一二月一日、一九八〇年一月一日）で紹介したことがある。

一八八八年の新潟ステーションでの最大の特徴は、ふたつのキリスト教学校のために、大勢の応援スタッフがアメリカから駆けつけた結果、総勢十一人という大所帯になったことである。この中から、二組のカップル（D・スカッダー夫妻とニューエル夫妻）が生まれる、という副産物も見られた。

伝道面では、新潟第一基督教会が基盤となって創設されたふたつの学校（北越学館と新潟女学校）のおかげで、学生間の伝道が盛んとなったことが、まず指摘できる。そのため、新潟の教会は礼拝の平均出席者が百八十名を数える、という盛況を示した。牧師を辞任した成瀬仁蔵の後任が容易に見つからず、無牧状態であった、にもかかわらずである。

これには教会合同の影響も考えられる。と言うのは、「パーム・バンド」の分裂から、一度はふたつの新潟教会、すなわち会衆派（組合教会）と長老派（日本基督教会）の教会が別々に組織化されたが、この年四月に（この報告書が作成された前の月である）スカッダー一家などの尽力で、統合（「パーム・バンド」の復活！）されたからである。新しく生まれた超教派的教会の名称は、教会が出した新聞広告にしたがえば「新潟基督教会」である（『基督教新聞』一八八九年五月一日）。ちなみにこの年次報告は、「〔新潟〕独立教会（Independent Church）とする。

この独立教会が生まれた背景には、もちろん全国的な規模での教会（教派）合同運動があった。地方レベルの教会で、教派合同が実現した例は、他にはあまりない。その意味でも新潟のケースは、きわめて特異である。

その一方で、新潟教会は、越後における会衆派諸教会のセンター的な役割をも兼ねたので、新潟ステーションの宣教師たちは、新潟教会と共に新発田、中条、長岡、五泉、柏崎などの近隣の伝道所（アウト・ステーション）の応援に、引き続き熱心である。

教育面に関しては、北越学館（男子校）と新潟女学校の存在が大きい。このほか、長岡にある二校（いずれもキリスト教学校でないにもかかわらず）、私立長岡学校（現在の県立長岡高等学校）と農学校にも、キリスト教的影響が見られた。

この年度の最大の出来事は、内村鑑三仮教頭と外国人宣教師を中心とするキリスト者教師との対立、すなわち「北越学館事件」である。「事件」は内村の辞任で終わったが、ステーションの側にも波紋が生じ、G・E・アルブレヒトが辞任して、京都ステーション（同志社）へ転出する結果となった。彼が、内村に対するスカッダーの対応を批判したために、ステーション内部で対立が生じたことが、主因である。

内村の後任には松村介石が選出され、学校は一時的に落ち着きを取り戻す。「事件」の後遺症に悩みながらも、ステーションにとっては、ようやく希望の光がさし始めたことになる。しかし、先取りして言えば、その後、松村もまた宣教師との間で、内村と似たような衝突を繰り返す。

なお、「事件」について詳しくは、次の拙稿を参照されたい。すべて拙著『近代新潟におけるキリスト教育』（思文閣出版、二〇〇七年）に収録した。

・「D・スカッダー書簡に見る北越学館事件」上、下（『内村鑑三研究』一一、一二、一九七八年、一九七九年）
・「内村鑑三と加藤勝弥――北越学館事件をめぐって――」（『内村鑑三研究』一六、一九八一年）
・「北越学館事件をめぐる五つの英文資料」（『内村鑑三研究』一九、一九八三年）
・「北越学館事件をめぐって」（新潟県プロテスタント史研究会編『明治教育秘史　新潟女学校と北越学館』、新潟日報事業社、一九九〇年）
・「新島襄と加藤勝弥――北越学館をめぐって――」（北垣宗治編『新島襄の世界』、晃洋書房、一九九〇年）
・「新島襄と松村介石――北越学館をめぐって――」（『新潟キリスト教史研究』四、一九九二年）
・「内村鑑三と松村介石、そしてアメリカン・ボード――ふたつの『北越学館事件』――」（『キリスト教社会問題研究』四四、一九九五年）
・「松村介石と北越学館」（『新潟キリスト教史研究』五、一九九六年）

それでは次に、本文（小見出しは原文にはない）を訳出する。

〔　〕は本井による注である。

メンバー

G・〔E・〕アルブレヒト牧師、G・〔E・〕アルブレヒト夫人、H・B・ニューエル牧師、D・スカッダー牧師（医学博士）、D・スカッダー夫人、H・M・スカッダー牧師（医学博士、神学博士）、H・M・スカッダー夫人、ミス・G・コザッド、ミス・J・コザッド、ミス・L・M・〔M・L・〕グレイヴス、ミス・C・ジャドソン、ミス・K・スカッダー（〔原〕注・H・M・スカッダーとH・M・スカッダー夫人とは準宣教師）

㈠　伝道

はじめに

今年、このステーションの伝道は、宣教師が期待したほどには配慮が認められなかった。〔ふたつの〕学校は最良の力を必要とした。この分野の仕事がそれにもかかわらず、すべてのステーションで進歩を見せたことは、それゆえに大きな喜びの源泉である。

新潟

新潟では無牧にもかかわらず、〔新潟第一基督〕教会が着実に地歩を進めた。平安と調和が支配的であった。日曜礼拝は出席者が多かった。祈禱会では、ふたつの学校〔北越学館と新潟女学校〕の学生が多数、参加した。これは昨年、改宗した青年たちが、堅い信仰を有していることを、明示している。

教会は、伝道では新発田と五泉の兄弟たちを援助してきた。夏には、柏崎伝道だけでなく、一時期は長岡をも援助した。

一年を通して、教会はたえず牧師が得られるように祈ってきた。

二度にわたって、教会の祈りが聞かれたかに思えたが、希望は再度、失望に終った。

ふたつの新潟教会の合同

一年を通して最も喜ばしい出来事は、長い間、願い、そして祈ってきた、当市のふたつの〔新潟〕教会〔すなわち新潟第一基督教会と新潟一致基督教会〕の合同である。両教会は、真のキリスト教的合同をなしてひとつとなった。合同は決して一方が他方を飲み込むのではなく、双方が寛大な愛をもって、相手に譲歩するものである。

これが、両教会が所属してきたふたつの団体〔日本組合教会と日本基督教会〕のヨリ大きな〔全国的な〕合同の先駆けとならんことを、祈りたい！　それは祈りから生まれる合同である。宣教師たちは、それを祈り求めてきた。

新年に両方の教会をそれぞれ代表するふたりの青年が、当市の神の民が合同するように、との祈りに導かれた。すぐに彼らは共に行動するように、他の教会員を誘った。それから彼らは、両方の教会で集会を開催することを発表した。祈りは拡大し、神はそれを聞いて応えられた。

合同した教会が、一週間にわたって感謝会を開いたのは、不思議ではない。同様に宣教師たちの心も、喜びで満たされた。両方の教会とも、〔それぞれの組織である〕長老会（presbytery）や組合（conference）から名誉ある脱退を要請して認められ、「独立教会」を組織した。この教会は、日本合同キリスト教会（United Church of Christ in Japan）が結成されしだい、それに加盟することになっている。

およそ二百人の現住会員は、気持も精神もひとつになっているので、教会活動のあらゆる面のすべてにおいて、新しい発展が期待できる。すでに十八か月間、求めてきたことではあるが、教会の現在の祈りは、牧師を得ることである。

安息日学校〔日曜学校〕は、かなり大勢の大人を引きつけている。その一方で、依然として子どもの不足に苦しんでいる。彼らをどのように引き込み維持するかは、このステーションがいまだ解決していない問題である。

越後基督教青年会と白十字会

ＹＭＣＡは、男子校〔北越学館〕を襲った紛争〔北越学館事件〕に苦しめられ、現在は休眠状態である。

白十字会（White Cross Society）は、定期的に月例集会を開いてきた。また劇場での集会にも、かなりの参加者があった。会員は地域全体で百人を超える。

女性のための運動

女性のための働きは、どの部門よりも男子校の紛争のマイナスの影響を、受けなかった。〔むしろ〕前の年よりも活発であった。最初から女性たちは心をひとつにして、共に仲良く働いてきた。毎週の祈禱会は、主として近隣の祈禱会のならわしに従って、各家庭持ち回りの招待会、という形で開かれた。結果は良好であった。

初冬以来、日曜の午後に聖書研究と祈禱のための集会が、Ｄ・スカッダーの家庭で開かれた。それは、教会に来ていない女性の出席を確保するのが、明白な目的である。もちろん、信徒の女性も歓迎されるが、「入場券」の持参が、義務づけられている。つまり、教会に通う習慣をもたない女性をひとり連れてこなければならない。およそ五十人の違った人が、これまでこの集会に参加した。

現在、「お仕事会」（Work Society）が結成され、伝道資金を集めるために、週に一度集まっている。市内のレイディたち〔女性宣教師〕には〔県内から〕招聘がたくさん寄せられる。

ふたつの教会の合同が実現したために、この分野の働きにも新しい力が与えられ、四十名を超える献身的な女性の信徒の一団が、加えられた。伝道所（アウト・ステーション）も訪問した。

とりわけ春休みには、ミス・グレイヴスとミス・Ｇ・コザッドとが、二人の日本人女性〔バイブル・ウーマン〕と共に、いくつかの伝道所を巡回した。

独身の女性宣教師たちは、〔新潟〕女学校の何人かの教師と上級生に助けられて、二、三か月前に日曜学校を市内の下町で始めた。そこは、教会がこれまでまったく開拓したことがない地である。今では毎週、老若を問わず百人以上の魂が、子供たちに関心を抱かせて、彼らを獲得できるようにやさしい言葉に置き換えられた福音のメッセージに耳を傾ける。

五　泉

伝道所の仕事は、かなりの程度うまく行なえた。

五泉は最近まで、同志社邦語〔神学〕科の卒業生である坂田〔忠五郎〕氏が牧師を務めていた。彼は今は仙台〔東北〕地方の水沢〔金ケ崎《かねがさき》〕での仕事の責任を負うために赴任した。

この町〔五泉〕の信徒たちの気前のいい献金は、三十％増えた。

長　岡

長岡は伝道所の中でもっとも重要で、恒久的なステーションとするべきである。ニューエル氏が昨年に引き続き〔長岡学校の教師を務めながら〕ここで働いている。彼は九月〔の新学期〕にこのポストに戻ることになっているが、しかし、今度は、もはや独身ではない。新潟〔ステーション〕は〔ニューエルと結婚して長岡に転出する〕ミス・Ｊ・コザッドを失って寂しくなるが、ケンドール夫人を迎える特権にあずかれて、長岡と共に喜びを分かち合うであろう。

当市の教会への支援は、新潟教会から東京の番町教会へと移り、現在では後者が、伝道師の給与の大半を負担している。この前の冬以来、教会の内部組織が完全に整えられたので、計画的な献金と同様に、教会の働きも以前よりはるかに満足すべきものになった。その後、劇場を借りた集会と女性のための集会が、一年の間に開催された。

十二月には〔キリスト教に対する〕多少の反対と公然たる敵意が勃発した。その結果、家主がこれ以上、貸すことを拒否したので、説教所〔会堂〕を失うことになった。二か月の間、礼拝は個人の家で行なわざるをえなかった。この出来事は、一方では活発な活動への熱意をいくぶんか挫いたが、他方で人々〔信徒〕の力を会堂建築の必要性へと向けた。

長岡の青年

新たな仕事の特徴としては、青年会〔ＹＭＣＡ〕の結成がある。毎週、日曜日の午前に、宗教的な話題に関する意見の交換を行なっている。

当市の〔長岡〕農学校は、教授のひとりが率いているが、信徒は誰もいない。この学校の青年のグループから、土地の宣教師〔ニューエル〕の指導のもとに、聖書の教義を学習するクラスを作ってほしい、との誘いがきた。その結果、そうしたクラスが組織されたが、今では教会の定期的な聖書研究会と合併された。同会は宣教師が指導する、四十名からなる興味深い集団で、ほとんどが青年である。

長岡学校

この〔長岡〕学校は、名前、目的ともキリスト教的ではないが、ニューエル氏の〔英語の〕授業と宗教的な活動を共に歓迎してきた。とりわけ聖書が読まれ、神の恵みが祈り求められる毎朝の礼拝が、そうである。

けれどもこの礼拝だけが、百六十名の在校生の周囲にある唯一の宗教的な感化であるので、学生の間に回宗者がまだひとりも生まれていないのは、あながちそれほど不思議なことでもない。

キリスト教的女学校設立への機運

学校は外国人教師のために千七百円を調達して、大変に使い勝手のいい住宅を建ててくれるなど、積極性と好意を示してくれた。もしも誰か外国の女性が、経営を引き受けてくれるならば、いつでも女学校を建てて支援する用意がある、という一群の有力者がいる。私たちは、そのような学校が設立されるべきである、と信じる。外国人の協力者があと二人、この仕事のために必要である。

中　条

中条は飼い主のいない〔牧師不在の〕羊の群れであるが、会員数をほぼ倍増させた。〔新潟ステーションの〕宣教師たちと新発田の原〔忠美〕伝道師が、ときおり訪問すると、いずれも心から歓迎される。

この小さな教会の献金は、およそ五十％増加した。このことは、伝道に対する会員たちの関心〔の高さ〕をよく物語っている。

彼らは牧師を確保するために、懸命の努力を続けている。最近、そのために月額五円を約束した。それは、最初から自分たちの献金額を二倍にすることである。

新発田

新発田は数の上では弱いが、可能性では豊かである。捧げるという点では、当市の十八の信徒は、他の地域の信徒たちの後塵を拝するわけでない。昨年はひとりあたり三円六十銭を捧げた、と報告されている。

信仰を告白して教会に入会した者は、四名に過ぎないが、そのうち三人が兵営〔新発田連隊〕の兵士である。人口は一万三千人を超え、この地域で四番目の大きさの都市である。二千人ほどの兵士からなる兵営がある。したがって、この都市は伝道にとって重要なひとつのセンターである。

原氏は昨年、同志社を卒業してからこの地域に入り、善良な心で働いている。とりわけ兵士たちに福音の真理への関心を抱かせるという点で、成功している。

ミス・G・コザッドは、最近、当市の女性のために集会を隔週に開き始めたところ、女性だけでなく、男性をも引きつけている。

柏　崎

夏休み中、同志社の学生が柏崎で〔夏季〕伝道を行なった。卒業後には戻って来て、一万人近い当市の伝道を引き受けることが、期待されている。

㈡　学　校

北越学館の移転

〔一昨年、寺裏通一番町で開校した〕男子校は、今年度の始め〔一八八八年九月十一日〕から日本海を見下ろす〔砂〕丘の上〔現在、新潟市学校町二番町の新潟中央高等学校〕に建てられた、新しくて広々とした校舎に移っている。新しい校舎、寮、それに食堂が、昨年の九月までに二千八百円以上をかけて竣工した。この結果、学校の資産の総額は、三千二百円となった。

「北越学館事件」の発生

今年の学校の仕事は、宣教師の教師のみならず、日本人教師たちが意図していたところとは、逆の方向へ学校をもって行こうとした校長候補者〔内村鑑三を指す。正式の肩書は仮教頭〕のために、悲しいまでに妨害されてしまった。

話し合いが友好的に行なわれても、何の効果も生まなかった。そこで、日本人信徒の教師たちと宣教師の教師たちは、ついに納得のいく協定が結ばれるまで、やむなく学校を欠勤することにした。

発起人と教師の間に見られる意見の食い違いは、自然と学生の間にも広がった。〔発起人の大部分が県議会議員のために〕政治が利用され、そのために騒ぎが大きくなって、学校が二つに割れなかった、と言えば、ウソになる。

内村鑑三仮教頭の辞任

その後、十二月末になって、校長〔内村〕と、彼が自分の意見を支持させるために招聘した教師たち〔実弟の内村達三郎と荘島熊六〕は、辞職した。日本人信徒の教師と外国人教師たちは、ただちに自分たちの仕事を再開する必要に迫られた。それは再建の仕事であり、いまだ完了していない。

外国人とキリスト教に対する敵愾心《てきがい》は、再び影を潜めたが、学生数の点で、学校はいまだ昨年の水準を回復するまでには至っていない。地域の人たちから、これまでのような評価を受けることは、まだ期待できない。

松村介石の教頭就任

四月に松村〔介石〕氏が教頭としてやってきた。このことは、学校に新たな力を与えてくれた。すぐれた牧師であり、またごく最近まで、近くの山形地方にある一流の学校〔山形英学校〕の校長であった彼は、人々から信頼されており、学校が以前、有していた力を回復するために、皆とうまく協調している。

これまでとは幾分違った方法が、取られるかもしれない。全員の確固とした目的は、学校がリベラルなキリスト教教育を施す、という学校設立の宣言に、忠実であろうとすることである。

〔北越学館事件でスカッダーと対立した〕アルブレヒト氏が、京都〔の同志社〕へ移り、ミス・グレイヴスが一年の休暇で「南部」〔西日本〕に留まることになるので、校務にとって増員が絶対に必要である。

夜学校

昨年の夜学校は廃校となった。レイディー〔女性宣教師〕のうち三人は、信徒たちが設立した、学生が七十人ほど（大部分が県庁の官吏や店員）の、ある私立夜学校〔新潟英語夜学校〕において、それぞれ週に一度、教鞭をとっている。

新潟女学校の現況

女学校は、男子校に吹き荒れた騒動の巻き添えを、食ってしまった。〔学生〕数の上では、学校はまったく増えてはいない。が、この市と地域にキリスト教学校に対する敵愾心が、広まったにもかかわらず、学校はその地歩を守り、着実な歩みを見せた。それだけでも、感謝と励みが湧いてくる。

学生の数は、昨年とほぼ同数の九十四人である。朝夕の礼拝は出席者が多く、きちんと守られている。二人の学生が、まもなく受洗する。一方、ほかにも三人が、同じステップを踏むために、両親の同意を待つばかりである。これらの学生は、いまだ明白には信徒の立場をとってはいない他の学生たちと共に、先述した〔女性宣教師が二、三か月前に始めた〕下町の日曜学校に、特別の関心を示しており、学校には有益である、と感じている。二十五人ほどの学生を収容できる新しい寮が、およそ三百円の費用をかけて建設された。全額、日本人の寄付で賄った。

学校の〔こうした〕良き働きを見て、入学志願者が徐々に増えているので、もっと大勢の学生が良さを慕って学校に来る、と思う。ミス・コザッドが、〔長岡のニューエルと結婚するために〕この秋に当地を去るので、学校の教師陣に欠員が生じる。その穴は、早急に埋める必要がある。

㈢ 一八八八年十二月三十一日までの一年間の統計

① 教会

地名とステーション		新潟	五泉	長岡	中条	新発田	計
確定した説教所の数		1	1	1	1	1	5
平均出席者数		180	20	30	30	14	274
教会数		1	0	0	1	0	2
自給		1	0	0	1	0	2
年間の組織化		0	0	0	0	0	0
会員	男性	75	7	33	22	7	144
	女性	42	7	10	8	3	70
受洗入会		65	3	18	14	4	104
転入会		11	0	5	0	0	16
死亡		1	0	0	0	0	1
除名		3	0	0	1	0	4
牧師数		0	0	0	0	0	0
伝道師数		0	0	1	0	1	2
日曜学校の平均出席者		96	0	20	6	6	128
献金総額(円)		149.95	35.50	92.00	30.02	36.00	344.17
備考		会員の大半は学生					

［注］上述の献金は、教会と慈善のためのものに限定される。これ以外に、校舎などへの献金が記録されるべきである。すなわち、新潟は3,614円、長岡は1,825円である。前者は主として信徒からである。

② 学校

学校名		北越学館	新潟女学校	長岡学校（※※※）	計
教師数	外国人	5	2	1	8
	日本人	4（※）	5	7（※※）	16
	助手	0	0	0	0
学生平均数		130	60	135	325
受け入れ総数		114	94	153	361
各科別	予科	114	53	0	167
	専科	0	41	153	194
	神学科	0	0	0	0
受洗者数		30	12	3	45
学内信徒数		25	28	4	57
建物数		3	2	1	6
自給		可	可	可	3
ボード援助		0	0	0	0
授業料総額		1,343.60	434.65	835.00	2,613.25

注※　このうち2人が未信徒。
注※※　すべて未信徒。
注※※※　学校はアメリカン・ボードと直接、関係をもたない。

七、一八八九年（第七年次報告）

《解説》

ここで紹介する年次報告は、印刷された次のパンフレットの四十二頁から四十八頁までの全訳と、六十一頁から六十四頁までの統計表の部分訳（越後関係部分のみ）である。

Annual Report on the Work of the American Board of Commissioners for Foreign Missions in Japan (Tokyo, 1890)

前者は、新潟ステーションの幹事（Secretary）であるG・コザッドが認めた報告書（Seventh Annual Report of the Niigata Station）で、一八八九年五月から翌年の五月ころまでを扱う。

伝道面でのこの年度の最大の特色は、合同教会の一年目の動向である。前年（一八八九年）の四月に、ふたつの新潟教会が合同して「新潟基督教会」が誕生したことは、前に見た。この年次報告（統計の部）では、教会の名称は「新潟独立教会」（Niigata Independent Church）とされている。

そのさい創立年が一八七六年、と記されている点は、注目すべきである。なぜなら、その年はT・A・パーム時代、それも第二年目に溯るからである。つまり、この超教派的な「新潟独立教会」は、一八七六年に創立した、と伝承される「新潟公会」（実際は、正規の組織化ではなかったので、「パーム・バンド」と呼んだ方が史実に近い）の再興として捉えることが、可能なのである。その意味でも、「パーム・バンド」の復活である。

この点にこそ、越後における教会合同運動の特異性がある。合同により、会員は二百二十三人を数え、地方教会としては堂々たる教会へと成長したわけである。けれども、どの教派にも属さない独立教会になったとは言え、伝道師には同志社卒業生の広津友信が、（新潟第一基督教会初代牧師の成瀬仁蔵の後を受けて）招聘されたので、どちらかと言うと、組合教会系（アメリカン・ボード）色の強い教会であった。

先回りしてその後の動向に触れておくと、新島襄などの反対もあって、合同運動は全国的には結局、頓挫せざるをえなかった。したがって、合同運動が成功し、「日本合同キリスト教会」が創設された暁には、それに加盟することになっていた新潟の合同教会も、教派合同の失敗という全国的な潮流の余波を受けて、再び元の教派に復帰するようになる。すなわち再分裂である。

次に新潟ステーションの伝道面で挙げるべきは、スカッダー一族（五人）の帰国である。K・スカッダーの病気を理由に一族、とりわけD・スカッダーが（広津の赴任の直前に）越後を去ったことは、ステーションや新潟基督教会、北越学館などに計り知れない打撃を与えた。越後の信徒たちは、彼の働きの大きさに感激して、彼の帰国にさいし、アメリカン・ボードに感謝状（英文）を贈った。執筆者は不明である。参考までに日本語に訳しておきたい。

新潟、九月十二日、一八八九年

アメリカン・ボードへ

私たちが心から敬愛するミス・カティ・スカッダーとドレマス・スカッダー博士は、イエス・キリストのために熱心に働くためにアメリカン・ボードの命を受けて、当地に来られて以来、四年が経過しました。その間、お二人は、もっとも完全な率直さと確信、我らの主の完全な福音を抱いて大変熱心に働かれ、町から町へと説教をして巡回されました。

言葉や風習、感情、習慣、宗教の違いは、お二人の伝道活動には大きな障害でした。けれども、不屈の精神と我らの主に対する忠誠により、これらの敵に打ち勝たれ、地域全体〔全県下〕にキリスト教の感化をきわめて強力なものとされました。

これは、スカッダー一家から私たちへの、きわめて貴重な贈り物です。私たちはそのことを忘れることができないし、天国まで携えて行く、と思います。主の恵みと聖霊により、また大変にすばらしくて親切で、熱心な宣教師を派遣して下さったアメリカン・ボードのご好意により、キリスト教の感化は、このようにこの地域にあまねく非常に強力なものとなった、と私たちは確信いたします。

今や私たちは、子どもたちが親を愛するように、私たちが愛したスカッダーご一家と悲しくもお別れをする時を迎えました。私たちはお二人とアメリカン・ボードに対して、筆舌に尽くしがたい実に多くの感情と感謝を覚えます。

新潟教会

なお、K・スカッダーは元来、病弱であったが、越後の厳しい天候で、さらに身体を悪化させたのであろう。帰国四か月後の一八九〇年二月十四日、静養先のパサデナで結核のために死去した。生涯、独身であった。

三月十一日、ボストンで開催されたアメリカン・ボード運営委員会の席上、彼女が岡山孤児院へ送った献金（二十ドル）が、報告されている（A. B. C. F. M. Minutes of the Prudential Committee）。委員会に報告された同院への献金としては、二番目に当たり、きわめて早い。おそらく彼女自身の遺言か、あるいは日本への最後の奉仕として遺族が、彼女の意を汲んでなされた行為であった、と思われる。ちなみに彼女の死後、D・スカッダーの再来日の強い希望が、越後から巻き起こったのは、自然である。それほど、彼の人気は絶大であった。

伝道面の最後に指摘したいのは、例年に増して、沼垂《ぬったり》、長岡、五泉、中条、新発田、与板といった周辺地域の消息が、記述されていることである。伝統的に一致教会（長老派）が担当する村上教会の消息には一切、触れられていない。それは、独立教会になったとは言え、新潟基督教会は（アメリカン・ボードと同様に）依然として組合教会系、と考えられていたことを物語る。

教育面では、「北越学館事件」の後遺症を乗り越えようとする努力が、松村介石教頭のもとで顕著である。最後の統計は、新潟ステーションの関係部分の紹介に留め、その他の箇所は省略した。

メンバー

ミス・G・コザッド、ミス・C・ジャドソン、H・B・ニューエル牧師、H・B・ニューエル夫人、H・ペドレー牧師、H・ペドレー夫人（一八九〇年五月十七日に死去）、D・スカッダー牧師（医学博士）（在米）、D・スカッダー夫人（在米）、ミス・K・スカッダー（〔帰米後〕死去）、ミス・I・V・スミス

人事異動

過去一年の間に、多くの予期せぬ変化が、ステーションを襲った。アルブレヒトと家族は京都〔ステーション、つまりは同志社〕、そしてミス・グレイヴスは神戸へ移った。秋〔の新年度〕に仕事が始まるこれからという時に、スカッダー一家〔五人〕の転出〔帰米〕という、思いがけなくも悲しいことが起きたために、一度に五人がこの地域から抜けてしまった。そのうちのひとり、ミス・K・スカッダーは、以後、早くも意気揚々と終の住処へと旅立ってしまった。

私たちはもっとも愛する、聖別された同労者のひとりを失ったのを、悼まざるをえない。

〔転出したり、帰米したりした〕彼らの代わりに、当地の男子校〔北越学館〕を手伝うために、カナダからペドレー氏夫妻がやって来たり、京都〔京都看病婦学校〕からミス・スミスが転出してきたおかげで、私たちの勢力は、あわや壊滅しそうな状態から救われた。

残されたのは新人ばかり

こうしたすべての変化のために、とりわけ経験豊かな働き手が全員、この地域から引き揚げ、一年の仕事を新米の集団で始めたために、二年以上の経験をもつ者は、メンバーの中に誰もいない。その結果、誰も日本語で公的な仕事を行なえなかったので、〔年度末のこの〕年次報告が、バラ色のものになることはない、と推測するのは、難しくはなかったであろう。

これが実情である。私たちが責任を負っている仕事が、自己の立場を固守したとさえ報告できれば、私たちには喜ばしい。仕事の概況は、昨年と同様である。特別に関心が高い点は、ふたつ、つまり新潟と長岡である。

伝　道

主力を教育に注ぐ必要があったので、伝道の機会は依然として少なかった。が、少なくとも〔次のような〕機会はあった。

㈠　新　潟

〔新潟〕教会

この教会は昨年、長老派と会衆派の教会の合同により独立した。二年間以上待ったうえ、ついに同志社神学校の卒業生である広津〔友信〕氏の働きを確保した。彼の指導力のもとで、ヨリ完全な合同が達成された。一年の大半は〔教会〕内部の問題と準備に費やされた。この教会が、良き管理のもとに速やかに、この地域の教化に強力な要素となるのは、疑いない。

教会は自己の出費のほかに、年間を通して新発田の教会の働きに財政的支援を注いできた。会員は二十九名の増加で、うち二十一名は、日曜学校の生徒たちが、信仰を告白して入会した。

日曜学校

市内では三つの日曜学校が、定期的に維持されてきた。教会での日曜学校には、七十人の参加者がある。〔成人の〕男女と、そして子どものための聖書研究会があり、参加者の大半は、ふたつの〔キリスト教〕学校の男女学生である。

ミス・ジャドソンは、〔新潟〕女学校の教師たちと、時には教会の女性たちに助けられながら、都心でミッションの日曜学校を開いてきた。参加者数の平均は六十人である。

三つ目〔の日曜学校〕は、教会の二人の青年が、宣教師たちの協力を得て、維持してきた。参加者数の平均は三十人である。この日曜学校から派生した形で、近隣の貧しい子どもたちのために、小さなデイ・スクール（昼間学校）が開かれてきた。

ＹＭＣＡ

九月に〔Ｌ・Ｄ・Ｌ〕ウィシャード氏が当市を訪問してから、ＹＭＣＡが復活し、再組織化された。ミッション付属の小さなチャペルを改修し、この団体が利用するために整えられた。現在では実働会員が三十人である。準会員がほかに八人いるが、ほとんどが男子校〔北越学館〕の学生である。

毎週、日曜日の午後に集会が開催される。出席者数の平均は五十人である。中には、多くの未信徒の男子学生や、仏教学校の青年僧侶が多数、含まれる。すでにこれらの青年僧侶の中から、二人がキリスト教を受け入れ、洗礼を志願している。集会は祈禱、聖書研究、牧師あるいは学校〔北越学館〕の教師による講演から成る。

この他、祈禱と献身のための集会が、しばしば信徒会員により開催される。読書室と宗教書を備えた小さな巡回図書室もオープンし、団体の外部で、広範囲の影響を及ぼしつつある。

白十字会

今年度のＹＭＣＡの活動は、当市の白十字会のエネルギーを、ほとんど吸収してきた。もっとも、月例の〔白十字会の〕集会には、かなりの参加者があった。けれども、この働きに対する真の関心は、年間を通して大いに増大した。そしてこの地域における社会的な悪弊を除去するために、ヨリ組織だった努力が、払われている。

女性のための働き

年度当初の何か月かの間、ミス・スカッダーの世話で、女性のための働きが忠実に、そして成功裏に実施された。彼女は〔秋に一家で帰国するために〕出発するその日まで、時間と精力をこの仕事に注いだ。彼女にとっては、それほど大事な仕事であった。

家庭訪問や祈禱会、それに聖書研究会が継続して行なわれた。そのほかに、彼女とＤ・スカッダー夫人（前のケンドール夫人）が、地域全体を巡回する〔伝道〕旅行に数回、出掛けた。けれども、〔スカッダー一家が帰国した〕秋以降、教会の女性たちは、自分たちの働きに指導者が必要であることを、強く感じてきた。

私たちの小さな集団〔新潟ステーション〕の勢力の中では、日本語を使える者は誰もいなかった。とにかく全員がすっかり学校の仕事に飲み込まれているために、誰も自分の時間を女性の働きに注ぐことが、できなかった。けれども教会の女性は、牧師の指導のもとに、聖書を研究する集会を定期的に開催してきたし、裁縫のクラスも維持してきた。彼女らの努力で、教会の大規模な増築がなされ、自分たちや日曜学校には大変、便利になった。

沼　垂

この一年間、新潟での（in）働きではなく、新潟の（of）働きとして、この地で活動が継続された。沼垂はおよそ一万人の人が住む市で、〔信濃川をはさんで〕ちょうど新潟の対岸に位置する。〔伝道が〕困難で、将来性のない場所である。

十月の中頃、ミス・スミスが通訳と共に、伝道用に借りた部屋で集会を開いて、当地の伝道を開始した。宗教的な講演に続いて往々、女性のための編み物クラスが持たれる集会が、土曜日の午後に定期的に開かれてきた。正月以来、新潟教会の青年がひとり、ミス・スミスを助けてきた。

集会は市の郊外にある部屋で開かれてきた。最近、もっと中心部に移ったので、現在の参加者は多い。平均して子どもを含めておよそ百五十人で、そのうち何人かは、時に新潟教会に出席した。

男子校

もしも大きな前進が、大きな励ましを意味するならば、確かに男子校に大きな励ましを感じるべきである。昨年の破滅の一歩手前から、大いなる隆盛状態に立ち直ったからである。しかも、その変化はそれほど大きくも、突然でもなく、恒久的な変化である。

学生は百二十人から百八十人に増加した。理想的な状態ではないが、学校の財政的基盤は、かつてないほどに良好である。蔵書はたえず増加し、現在は八百冊くらいになっている。

けれども、現実に見られた精神の改善ほどには、数的には大きくなってはいない。

昨年、〔政争の一面を有した北越学館事件で〕あれほど重要な働きをした政治の問題は、長い闘争が続いた後、かなりの数の学生を失う原因となったが、今では学校から消えた。

反キリスト教的な精神は、多くの学生の熱心な探求心に道を譲った。大勢の学生がすでに教会に加入したわけではないが、多数が熱心に聖書を学んでいる。年間を通して、五組の聖書研究会を外国人教師が指導し、熱心な真理の探求者を大勢集めた。

学校に関連して、官吏や商業階級の青年のために、夜学校が維持された。三人の宣教師が、これを助けてきた。

女学校

新潟女学校は今年、主として病気と死亡により、在校生がわずかに減った。最上級生のひとりの夭折には、悲嘆にくれざるをえなかった。彼女は限りなく美しくも、自己犠牲的なキリスト教的性格の持ち主であった。

その死は、喜びに満ちたものであったので、以前はキリスト教に反対であった家族の全員が、彼女の最期を栄光に包んだあの光を、探求するようになった。

学校は図書購入のために、寄付を募ってきた。冬学期の始業以来、すでに保有しているわずかな図書のおかげで、週に一回、学生と教師が集会を開くようになった。その目的は文学的であり、偉大な男女の人物研究であり、道徳性や人格形成の問題の討議にある。

年間に九人の女学生が、洗礼を受けた。

㈡ 長岡

長岡教会

この教会は数か月間、無牧であった。十一月にK・トキオカ〔時岡恵吉〕氏を迎えた。彼は大いに尽力して、教会員を奮起させ、霊的な生命に至らせたり、かなりバラバラであった教会の状態をひとつになるように団結させた。彼は数か月間、当地で働いたあと、いくつかの不幸な出来事のために、仕事を止めざるをえなかった。

彼の後任はJ・マツダ〔松田順平〕氏である。とりわけ青年の間で、すばらしい働きが見込める。

教会員が建物〔会堂〕を所有することが、現在の緊急事のひとつである。と言うのも今年、仏教徒側の執拗な抵抗のために再度、礼拝のための借家を失ったからである。

当市の教会活動に、新しい要素が加わった。長老派のミッション代表として、同派の伝道師〔沢尻喜久馬〕がやってきた。ひとえに主の御用をするために、当地にやってくる働き手は、すべて歓迎する。しかし、キリストはある時、「私は平和をもたらすためにではなく、剣をもたらすためにやってきた」とおっしゃったけれども、主《しゅ》がそれを言われたのは、弟子に対する最後の偉大な使命を伝える場ではなかったことを、私たちは記憶している。

ちょうどこの周辺を見渡すと、この地域で四つの大きな都市が、伝道開始を待っているのがわかる。そこで、基礎が全く敷かれていない都市よりも、むしろこの市が選ばれた新しい動きに、もうひとつの動機を読む人たちが、必ずいるものである。

年間を通して聖書研究への異常な関心が、教会に満ちていた。教会へ新しく入会した人は、わずかひとりしか記録されていない。が、現在の会員は、必ずヨリ知的な仕事になるもののために、ひとつひとつ基礎を築きつつある。

長岡学校

定期的な日曜学校のほかに毎週、聖書の他の部分を学ぶために、二クラスの集会が開かれる。ニューエル氏も日曜日午後に、長岡学校の学生のために聖書研究のクラスを一組、開いてきた。ニューエル夫人も、農学校の学生たちと似たようなクラスを持ってきた。

ニューエル氏は例によって、〔長岡〕学校で仕事を継続してきたが、仕事量がいくぶん増加した。朝の礼拝は週に三度持たれ、学生の約半分が定期的に参加した。各種の理由から、なかでも主たるものは米価の倍増と他の品物の値上がりであるが、大勢の親が子どもたちを学校へやることが、できなくなった。学生数は、昨年の百六十人に対して、約百人に落ち込んだ。

けれども学校は、昨年よりもヨリ秩序だって組織化され、理事会と校長が新しくなった。校長は師範学校の卒業生で、有能な人材である。現在、学生数は比較的に少数ではあるが、学校の見通しは、一年前よりも実際によくなっている。しかしながら、学校の側にはキリスト教に対する共感はこれまでのところ、ほとんどない。

女性のための働き

新しい仕事の特色は、女性の間でのそれであった。ニューエル夫人は毎週土曜日に編み物を教えたり、聖書を語ったり、一般的に宗教的感化を与えるためのクラスを開いてきた。家庭訪問が行なわれ、日曜日の聖書研究会も開かれた。後者は大勢の者に、キリスト教への関心を向けさせる手段となった。

与　板

与板でも同種の仕事が月に一度、行なわれた。こうした集会には、信徒でない人たちが、大勢かなりの関心を示してきた。

㈢　五　泉

当地で過去、数年にわたって継続されてきた伝道は、比較的に活発な会員が、何人か転出してしまったうえに、残った者たちが無関心であったために、ほぼ頓挫した。これを復活させる望みは、ただひとつ、新潟教会の精神的一致と活発な援助にあるだけである。同教会は手を差し伸べることを、始めたばかりである。将来、よきものが生まれてくることを祈りたい。

㈣　中　条

中条は、引き続き茨のなかのバラである。牧師もいなければ、年間を通した訪問〔出張伝道〕もなく、外部からのあらゆる種類の援助もなかった。けれども、盛況な日曜学校と定期的な日曜礼拝、それにこの地方全域におけるよい評判を維持することで、よく自己の立場を保持し続けた。

今年の回宗者はひとりだけ、とこの地から報告を受けているが、後退した歩みは、まったくなかった。もっとも有望な活動の兆候は、活発なＹＭＣＡで、教会の影響下にあって、盛況である。

㈤　新発田

新発田はＨ・ハラ〔原忠美〕氏が、今では二年近く、継続して奉仕している点で幸運であった。教会はたえず成長を見せている。八名がこの一年間に洗礼を受けたが、教会員の特別の関心は、子どもたちの大きな日曜学校のあたりに集中してきた。子どもたちは当然のように、次々と教会の会員になる見込みを有している。

教会統計
新潟関係〔仙台ステーションと熊本ステーションは省略〕

教会		新潟ステーション			新潟独立〔教会〕	総計
都市		長岡	中条	合計	新潟	(含新潟※)
設立		1887	1880	2	1876	3
県		新潟	新潟		新潟	
牧師、伝道師(受按年) 伝道師開始〔赴任〕		時岡　恵吉（伝道師） 1889			広津　友信（伝道師） 1889	
伝道師数		1	1	1	2	
定期的な説教所数		1	1	2	3	5
平均会衆者数		40	22	62	170	232
自給		1	1	1	2	
会員	男性	40	20	60	149	209
	女性	11	6	17	74	91
	合計	51	26	77	223	300
入会	〔信仰〕告白	1		1	21	22
	書類〔転入会〕	6		6	8	14
	合計	7		7	29	36
転出	死亡	2	1	3	3	6
	書類〔転出会〕	6	4	10	9	19
	除名	0	0	0	0	0
	合計	8	5	13	12	25
子どもの受洗	今年度					
	合計				7	7
日曜学校	学校数	1	1	2	3	5
	平均出席者	30	35	65	150	215
年間献金総額		57.00	35.00	92.00	161.50	343.50

注※　新潟の組合教会と長老派教会は、1889年4月に合同して、独立教会となった。〔しかし〕新潟教会は新潟ステーションと深い繋がりを有するので〔便宜的に〕表示した。

兵営〔新発田連隊〕の兵士たちの間に伝道することに対する関心は、衰えていない。しかし、日曜学校の方が、今年はむしろ眺望のきく位置を占めた。教会員の増加という結果は見られなかったが、原氏が後年になって、最も豊かで、最も熟した、そして最大の収穫をもたらしてくれる仕事の進むべき進路を、選び取ったことを確信する。

㈥　与　板

これは私たちの伝道所（アウト・ステーション）のリスト上、新しい名前であり、いまだほとんど名目だけのステーションも、同然である。しかし、ここでは年間を通して、かなり定期的な礼拝が行なわれてきた。隔週に長岡の伝道師が集会を開き、月に一回、〔長岡の〕ニューエル夫人と彼女の助手〔バイブル・ウーマン〕が、女性集会を開いた。

当地では、仏教の僧侶たちが門徒たちに、集会に参加することを禁止する、との公的な警告を発するなど、大変な公然たる反対に遭遇した。けれども〔礼拝の〕定期出席者である市長と警察署長〔いずれも三輪家の人か。前者は三輪振次郎か〕の親切な協力を得て、大変に愉快な集会が、いくつか開かれた。現在は、教会員はたった二人〔三輪振次郎夫妻か〕である。正当に育成されれば、まだまだ盛んな教会になりえる。

幹事　G・コザッド

亡きK・スカッダーへの感謝決議

理　由

神はご自身の神秘的な計画のもとに、愛するミス・スカッダーを私たちのメンバーから取り去るのが、適当と考えられた。それゆえ、

決　議

栄光と不死へ彼女が早くに召されたことは、私たちの狭い視野には、残念な悲嘆の種のように思えるけれども、私たちはそこに神のよき導きを認める。私たちはこの機会を捉えて、彼女の真の価値、気高い献身、勇敢に事に当たるエネルギー、それに輝くキリスト教的な性格に対して、私たちの高い評価と心からの感謝を記録する。それらすべては、彼女の同僚の心をたえず元気づけ、彼女の生涯が、捧げられた仕事に光を注いだ。

決　議

これらの決議は、このステーションの記録〔議事録〕に記述されるだけでなく、このステーションの年次報告でも印刷されるべきである。そしてその一冊は、この〔新潟ステーションの〕仕事で彼女に協力した彼女の両親〔H・M・スカッダー夫妻〕と弟〔D・スカッダー〕とに送られる。

ステーションを代表して、

幹事　G・コザッド

日本伝道会社報告
（一八八九年四月一日〜一八九〇年三月三日）

新潟関係〔長岡のみ。他は省略〕

都市（長岡）、地域（越後）、伝道開始（一八八八年）、伝道師（時岡〔恵吉〕）、伝道所（主・一、従・〇）、会員（男性・四一、女性・一一、合計・五二）、受洗した子ども（〇）、年間受洗者（五）、書類による転入会（六）、書類による転出（四）、死亡または除名（二）、純増加（五）、純減少（〇）、非住民（一七）、洗礼志願者（三）、日曜学校平均（四一）、説教の会衆者（三七）、祈禱会参加者（一二）、献金（八二・〇〇）、伝道師給与〔教会負担分〕（〇）

学校名		北越学館(※)	新潟女学校(※)	長岡学校(※※)	合計
創立		1887	1887	1873	
教師数	外国人	3	2	1	6
	日本人	6	4	8	18
	助手	2	2	0	4
年間学生数	平均	150	55	100	
	全体	170	78	130	378
	寄宿生	48	23	35	106
	昼間部	122	55	65	242
	予科	159	20	30	209
	専科	11	58	70	139
	英語神学科	0	0	0	0
	日本語神学科	0	0	0	0
年間受洗者数		7	9	0	16
学内信徒数		30	24	0	54
卒業生総数		0	0		0
建物数		3	2	4	9
献金(円)		500			500
ボード援助		0	0	0	0

注※　新潟の両校は、私立のキリスト教学校で、宣教師関係〔宣教師給与〕を除いては自給である。女学校では和裁と洋裁を教えている。

注※※　長岡学校は歴史の古い私立で、自給である。宣教師の教師用に学校が洋風の住宅を提供している。

八、一八九三年（第十一年次報告他）

(A)「新潟ステーション　一八九三年次報告」
(B)H・B・ニューエルの越後報告（その一）
(C)J・D・デイヴィスの越後出張報告
(D)H・B・ニューエルの越後報告（その二）
(E)H・B・ニューエルの越後報告（その三）
(F)H・B・ニューエルの越後報告（その四）
(G)杉田潮の越後巡回日誌

はじめに

越後のキリスト教界、とりわけ新潟教会（組合教会）は一八九三年度、「天国から地獄へ」の転換に遭遇した。それを端的に示すのは、ふたつの大事件、すなわち学校の閉鎖と教会の分裂である。

まず、前者であるが、一八八七年に新潟第一教会（現新潟教会）はアメリカン・ボード北日本ミッションの協力を仰いで、自ら設立母体となって、ふたつのキリスト教学校を設立した。男子校の北越学館、女子校の新潟女学校である。

このため、一時は北日本ミッションは十二名もの宣教師を抱える大所帯となった。そこへ廃校である。両校とも「休校」（実質的には廃校）されたのが、この年の四月である。かつて宣教師、教員、男女学生であふれ返るような盛況を示した新潟第一教会は、瞬く間に潮が引くように衰退した。

次いで後者の教会分裂である。一部の会員が退会、分派して、いわゆる「二七《にしち》教会」を新たに設立した。これに追い打ちをかけるように、新潟（組合教会）の伝道師（藤原直信）が、自らも退会して「二七教会」に転じた。まさに「弱り目にたたり目」である。

新潟教会は、これ以前にも、紛争があった。前任牧師の堀貞一が、伝道師として招聘した海老名一郎と確執を生じ、その結果、両者を一挙に失う、という不幸に見舞われたばかりであった。それだけに、藤原が引き起こした混乱は、教会にとっていわばご難続きであった。

要するにこの年度は、四月一日の両校「休校」宣言で幕をあけ、三月四日の「二七教会」の創立で幕を閉じる、という重苦しい一年であった。

教会の分派、そして「二七教会」の設立に関しては、教会員相互の対立が直接の原因である。その底流には、内村鑑三の感化があったとも伝えられている。さらには、内村が引き起こした「北越学館事件」にまで要因を遡及させる説もある。

たしかに、聖書研究会として現在にまで存続するかつての「二七教会」は、内村の影響を深く受けてきた。近年の担当者、木村泉氏は、かつて内村を経済的に支援した木村孝三郎の孫にあたる。

さらに「二七教会」の創立者のひとり、大橋富作（後に伯父の正吉を継いで、正吉を名乗る）も生涯、内村を師と仰いだ。彼が古希を記念して出版した『放蕩息子の譬講義』（北光社、一九三〇年）には、無教会派の指導者、黒崎幸吉が序文を寄せている。その序文の中には、次のような一説がある。

「同兄〔大橋〕は長年月の間、内村先生より学ばれし結果、同兄の信仰の中に一点の虚偽を止めず、宗派的束縛の跡なく、勢力拡張の為にせんとする卑しき心情なく、唯だ純なる福音に対する、純なる信仰の立場に立って居らるる事が、此の書の到る所に表はれて居るのであって、私は茲に本書の独特の貴さを感じしめられた次第であります」（同書三頁）。

以下、新潟教会を含む越後伝道の消息を、アメリカン・ボードの資料を中心に見てみたい。(A)のアメリカン・ボードの年次報告を中心に、そこで言及されたものを関連資料として六点—(B)から(G)まで—を順次紹介する。

(A)「新潟ステーション　一八九三年次報告」

《解　題》

まず最初に紹介するのは、「新潟ステーション年次報告　一八九三年四月一日〜一八九四年三月三十一日」(Niigata Station Report Apr.1, '93—Mar. 31, '94) の全訳である。署名はH・B・ニューエル、H・ペドレーのふたりであるが、筆跡から見て、執筆は後者である。

注目しておきたいのは、年次報告のタイトルが年により異なる。具体的に言えば一八八三年から一八八六年までとそれ以降では、不統一である。前半は「北日本ミッション」、後半は「新潟ステーション」とある。これは「北日本ミッション」の特殊性を表わしている。つまり、ステーションが唯一つ「新潟ステーション」のみ、というミッションの特殊性から、「北日本ミッション」と「新潟ステーション」は、いわば同義語なのである。

ただ、違いがあるとすると、「北日本ミッション」は、一八八三年に創立されてから七年後の一八九〇年に「日本ミッション」に吸収・統合されているので、「第七年次報告(一八八九年)」が最後の報告書と、考えられる。それに対して、「新潟ステーション」は、それ以後も「日本ミッション」のステーションとして存続しているので、年次報告書は、一八九〇年以降も作成されている。

今回、紹介するのは、「北日本ミッション」が消えてなくなって、三年を経た時点での「新潟ステーション」の動向を報じる報告書である。実質的には「第十一年次報告書」である。一八九〇年(第八年次報告書)から一八九二年(第十年次報告書)までの報告書は、いまだ入手できていないので、時代的には前後するが、「第十一年次報告書」を先に紹介する。

さて、この年度(一八九三年度)の「新潟ステーション」の構成は、ニューエル夫妻とペドレー夫妻という二家族だけの寂しい構成である。ほかにはウーマンズ・ボードから派遣されていたC・L・ブラウンがいるが(新潟在任は一八九九年から一九〇四年まで)、アメリカン・ボードの年次報告書には署名はない。いずれにせよ、小人数であることに変わりはない。このことが、ステーションの置かれた状況をよく示している。

なお、小見出しは訳出にあたって便宜的につけた(以下同)。

新潟ステーション年次報告

一八九三年四月一日〜一八九四年三月三十一日

はじめに

このステーションに関連する事業は、全般的に今年度は全く満足行くものではなかった。今年度は、驚きの連続であった。当地では平安か調和が待ち望まれたのに、不調和が広がってしまった。教会員がわずかだが増えたのは、思いもかけない場所であった。

新潟教会

新潟教会(組合教会)は、数量的には私たちの分野(新潟ステーション)では最大であるが、今年度はわずかに二名の会員増にとどまった。その一方では、会員の減少は多数であった。したがって教会は、成長ではなく、崩壊状態と言ってよい。

一八九三年三月にふたつの学校〔新潟女学校と北越学館〕が閉鎖されて以来、大勢の貴重な会員であった教師や学生たちが去ってしまい、教会は大変な影響を被った。おまけに、まもなく牧師〔藤原直信〕と伝道師がふたりとも退職してしまったので、この状況は一層悲惨なものになった。この結果、教会は正規の指導者を欠いたままになり、内紛により分裂してしまった。

六月に〔夏季伝道者として〕同志社〔神学校〕の学生〔羽田浪之紹〕がやって来て、とくに市内の二か所にある伝道所で働いてくれた。両所とも当時、教会の伝道の一環として運営されていた。

教会はそれまで、実質的には自給されていたが、ステーションに〔伝道師を雇う〕援助を求めてきた。教会は伝道師をひとり招聘し、八月に着任した。

私たちはこれらふたり〔牧師と伝道師〕とは、実に気持ちよく共働し、どこから見ても今年度は、うまく行く兆候が感じられた。〔ところが〕個々の教会員の中で対立が生じたために、聖霊が正当に働くことが妨げられた。

内部での一致の欠如は、外部へ積極的に打って出る伝道を、すべて殺す結果になった。さまざまな派閥を和解させようとする試みが何度もなされたが、いずれも成功しなかった。

二月十八日に突然、家族とともに三人――全部で七人――が脱退し、新しい教会〔二七《にしち》教会〕を設立した。正式の設立は三月四日であった。

〔新潟〕教会の牧師も、二月の後半に辞職し、のちに新しい団体(the “Ni-Schichi Kyokwai”)からの招聘を受け入れて、彼らの牧師となった。彼がそうした行動をとったがために、以前彼から指導を受けてきた〔新潟教会の〕人たちは、彼に対して痛ましいほど辛く当たり出した。市内の〔伝道所の〕伝道師も、二月始めに辞職して、彼の耳にはより快く響いた、と思われるような東京からの申し出を受理した。

以来、教会は説教者が不在のままに置かれたので、市内在住の宣教師たちが、教会の中の一、二の奉仕者と協力しながら、その働きを担っている。

上述の状況では当然のことであるが、今年度は教会活動と呼べるような本来の活動は、ほとんど行なえなかった。

私たちは、「人の怒りでさえも主の賛美にされる」主の力の顕示を待望し、祈っている。

市内伝道所

市内の違った場所にあるふたつの伝道所は、〔教会の〕分裂までは、教会の責任で運営されていた。分裂の際、教会は維持する責任をステーションに転嫁した。ステーションは責任を引き受け、中断することなく伝道所の仕事を、継続して行なった。六月から二月まで、これらの場所は前に言及した同志社神学校の学生が受け持った。

彼は有能で意欲的な人であることが、分かった。まもなく近隣の人たちの心をしっかりと摑《つか》むにいたった。ちょうどそのおり、東京の牧師を助ける助手〔伝道師〕として、東京へ行くという魅惑的な申し出が、飛びこんできた。

彼がこの申し出を受託して以来、説教者に大きな変化が生じた。しかし、集会はきちんと継続され、参加者の数と関心も、たえず増大した。

沼《ぬっ》垂《たり》

新潟から〔信濃〕川を越えた都市は沼垂で、人口は一万人である。

同地は実質的にこれ以前は、キリスト教的な感化を受けてこなかった。しかし一月に一軒を借家して、伝道所向きに改装した。二月十一日に最初の集会が開かれた。かなりの反対と妨害を被り、家屋と家具に相当の損害が生じた。

けれども毎週、日曜日の夜に集会が継続された。いつも大勢の聴衆が詰めかけた。三月には四夜連続して特別集会が持たれ、平均して二百名を越える聴衆があった。日曜学校も開かれたが、こちらも三クラスを合わせて、平均して約百名の参加者があった。

新発田

現在、私たちの分野〔新潟ステーション〕では、熟練の伝道師〔原忠美〕がいる。原氏は当地に六年近く前に赴任し、年齢と経験を重ねるごとに責任感を増し加えてきた。彼は疑い無く成長著しい人である。

当地では、とりたてて関心が高かったわけではないが、伝道は着実に進められ、あらたに四人の会員が加えられた。彼らはいずれも新発田の住民ではないが、佐々木〔豊栄《とよさか》〕や葛塚から遠く離れた町の伝道に係わっていた。昨年の年次報告で、牧師になる準備をするために学校〔同志社か〕へ行った、と報じられた青年は、依然として勉学を続けており、今も新発田の旧友たちとの文通を、怠ってはいない。

原夫妻には、幼児の男の子の死去は悲しい損失である。そのために夫妻は、他のクリスチャンと一層近くて、より同情的な関係を築くことができた。彼らの数人は、キリスト教の事業のいくつかの部門で、とりわけ牧師に協力的である。

中条

中条では、教会員は悲しいくらい未組織の状態にある。昨年十一月まで、彼らは伝道師によって牧会されていた。けれども彼の働きは、まったく満足の行くものではなかったので、辞職してどこかへ転じた。彼が辞職する前の何か月の間、教会は彼の給与を支払うために借金せざるをえなかった。その結果、彼が他に転じる時には、相当の負債がたまっていた。

このこと以外にも、次のふたつの事柄、すなわち会員が伝道師に失望したこと、ならびに指導的な会員の支持を失ったことが、小集団に実に落胆的な感化を及ぼした。日曜礼拝は無視され、祈禱会は実質的に中断された。月一回、宣教師が訪問する時だけ、人々が幾人か出てくる、といったありさまである。

けれども、ひとりの青年が日曜学校教師として、その役割に忠実に踏みとどまった。毎週日曜日に彼の周辺に三十人から四十人の少年を集めて、聖書の勉強をしている。彼が堅く留まっている以上、私たちは希望を失わない。他の何人かの会員が、自分たちの状況を理解し始める兆候が、すでにいくつか見られる。

黒川と関

中条から二マイル離れた黒川は、伝道にとって今では大変に有望なセンターである。当地の信徒の数は少数であるが、中条の隣人〔信徒〕たちと違って、年間を通して熱意を高水準にまで持ち続けた。

ほぼ毎週、集会が開かれてきた。宣教師が巡回する時には、いつも二十五人から三十五人の聴衆が確実に集まり、熱心に耳を傾ける。

現在の黒川の緊急課題は、教会堂であるように思われる。会堂建築の願望は、前から表明されている。けれども、小集団の財力は限られている。外部の援助なしには現在、彼らの願望を実現することは、不可能であろう。

この関連で関村のことをつけ加えておきたい。宣教師が同村に二度、巡回を行なった。そこはここ〔新潟〕から十マイル離れており、新潟からくっきりと見える山並みの麓にある低い丘の間に位置する。二度とも百人を越える人々が、宣教師の演説に礼儀正しく聞き入った。

五泉と新津

五泉と新津は、ほぼ同じくらいの人口で、一年の大部分を通して、ひとりの伝道師〔吉田小四郎〕が牧会してきた。吉田氏は四月〔十四日〕に、前の新潟女学校の卒業生〔湊コマ〕と〔五泉で〕結婚した。同時に六人の新会員が、この教会に迎えられた。

その後、夏の間は何も注目すべきことはなかった。けれども秋になって、霊的な事柄に関して会員の側に不注意が増大する、ということが明白になった。吉田氏自身、このことを察知したが、静観しながら仕事を続けたところ、十一月になって、東京の近く〔武蔵調布〕にある孤児院〔暁星園〕で関連する仕事をする、という招聘を受けた。

彼はこの招聘に応じ、一月に出発した。その結果、二か所〔五泉と新津〕とも、新潟から人的な供給を受けることになった。

教会の青年は、〔機織りが盛んな〕土地の慣習にしっかりと縛られている。毎月六回、市が立つ日だけ、仕事は早上がりで、そうでない日は、毎晩遅くまで働かなければならない、という点で、五泉は特殊である。それゆえ、説教はこれに準じて準備しなければならない。

吉田氏の転任以来、毎月二回の市の日は、新潟から説教者を招いて、説教のために使ってきた。三月には新しい伝道師を招くことが、決定したが、この年次報告がカバーする時期の終わり〔三月三十一日〕までには、適任者はいまだ確保されていなかった。

長岡、与板、小千谷《おじや》

長岡は私たちの分野に含まれているが、完全に、というわけでない。というのは、伝道師〔岡部太郎〕が日本基督伝道会社〔組合教会系の伝道組織〕から支援されているからである。けれども、長岡の市外にある与板と小千谷というふたつの町に伝道する手段は、私たちが支給している、という意味では、長岡は私たちのものである。

与板は〔信濃〕川沿いに長岡の下流、九マイルの所にある。小千谷は同じく上流、十マイルの所にある。〔小千谷伝道の始まりの記事については『ミッショナリー・ヘラルド』一八九三年九月号の三六六頁を参照〕。

岡部〔太郎〕氏は、長岡教会の定まった仕事と、長岡市の下町にある説教所での仕事のほかに、小千谷で毎月二日を、そして与板で四日を過ごす。前者では、説教のほかに聖書研究に関する質問者のクラスをひとつ担当する。また後者では、かなりの数の信徒の集団がいて、説教所を用意している。

年間三人の大人が洗礼を受けた。その一方で、転出による減少が深刻である。

柏崎と出雲崎

柏崎では教会がたえず成長している。が、信徒の数は決して増えない。真部〔俊三〕氏は冷静に「自分は全国のために働いている」と考えて、満足している。というのは彼は、自分の仕事の成果である信徒が、次から次へと教会に入って来ては、まもなく他の地域へ去って行くのを、満足げに眺めているからだ。

年間を通して、洗礼を受けて入会した信徒が七人、そして書類による転入会がひとりいた。後者は女性で、この教会に入会した最初の女性である。彼女以外の会員は、すべて男性である。こうした状況を改善するために、バイブル・ウーマン〔女性伝道師〕が、まもなく当地に派遣されてくることになっている。青年たちの母親や姉妹、妻たちの間で、実に実り多い仕事がなされる見通しである。

昨年の六月、出雲崎で伝道を開始しようとする試みが、なされた。同地は〔柏崎の〕沿岸十五マイル北にあり、当地〔新潟〕のアウト・ステーションとなった。けれどもあまりにも遠隔地すぎて、成果をあげる活動をするには、アクセスが困難であることが、判明した。そこでこれは十二月に放棄された。

その時の望みは、近い将来、伝道師が十五マイル南の柏崎に派遣されるというものであった。それは現在、〔実現し〕、同地〔柏崎〕から月に一度、定期的に〔出雲崎への〕訪問が、なされている。

三　条

三条は六月に私たちのアウト・ステーションのリストに加えられた。越後では五番目に大きい都市で、私たちが伝道している場所のなかでは、三番目に大きい。「生き馬の目を抜く」という諺が、三条商人に当てはめられている。このことに、抜け目ない市民の性格が、端的に表わされている。

さらにここには、越後でもっとも盛大な仏教学校があり、そのことが当地に広がっている宗教感情を示している。ここは商業都市であり、徹底的に仏教的なので、キリスト教の壮大で急激な発展など、誰もここでは求めてはいない。けれども、定住する決意を固めたひとりの伝道師が、今や働きを始め、神の恵みにより教会がこれから組織されようとしている。

ここには現在、信徒がひとりいる。新潟女学校の元の学生である。新たな改宗者がひとり、洗礼を受ける準備をしている。その一方で、大勢の求道者が、聖書を定期的に勉強している。

女性の仕事

女性のための仕事は、決して例外的な経験というわけではない。前年までの日曜学校は、女性のひとりが助手とともに、市内の貧困地域で見事に継続してきた。平均して出席者は、約六十人であった。

女性の集会とバイブル・クラスは、今年度のある時期、継続された。家庭訪問も、少なくとも女性のひとりにより熱心に行われた。他の人は自分ができることを行なった。

バイブル・ウーマン〔五味梅子〕と牧師夫人は、献身的で熱心である。前者は、自分の仕事のほかに、教会の日曜学校の子どもの大きなクラスを一緒に受け持ったり、一年のある時期、沼垂の日曜学校で教えたりした。

レイディ〔女性宣教師〕のうち、ふたりはアウト・ステーションを二、三度訪問した。これが女性の仕事のなかでは、もっとも愉快な特色のひとつである。

中条では女性たちは、自分たちの指導者を失ったばかりか、自分たちの心まで失ってしまったようで、独立してからはほとんど、あるいはまったく何も行なわない。けれども宣教師がその地を訪問して、集会を開く際には、依然として相当数やってくる。

けれども黒川では、女性たちはしっかりと目覚め、熱心にバイブル・ウーマンを求めている。彼女たちは『イエスの生涯』についてのハーパーの教訓を、大変興味深く学んできた。善き女性はこれら両方の場所で有利にたやすく働けるだろう。私たちはそうした女性を待望している。

新発田の女性たちは、伝道師夫人の援助が得られる点で幸運である。彼女は数年間、大阪女学校〔梅花女学校〕の教師だった。〔女性〕集会は大いに改善されたし、彼女は聖書に対するより知的な関心を、彼女らに喚起させよう、と努力中である。

五泉と新津では、信徒の女性たちは少数で、散らばっている。そのうえ真の指導者がいないので、ほとんど何の進展も見られないのが、不思議でもなんでもない。ここもまた、バイブル・ウーマンが開拓するのを、待っている領域である。

長岡では、伝道師夫人が訓練を受けた働き手で、十二月に健康上の理由で去らねばならなかった時まで、集会は定期的に行なわれ、信徒とそれ以外の人たち、双方の出席者も多かった。それ以来、東京で多少ともこの種の経験を積んだことがある、教会の年配の女性の指導のもと、彼女らはかなり一致団結している。

現在まで女性宣教師は、ほとんど私たちの分野のこの仕事に注目してこなかった。しかし、訪問をヨリ系統的に行なう計画が、今は作成されている。

柏崎では、どのような種類のものであれ、女性のために特別の仕事を開始する、あるいは継続しよう、とする試みは、まったくなされてこなかった。けれども、私たちの分野ではそうした仕事が、真にヨリ必要とされる場所は、ほかにほとんどない。こうした認識のうえに立って、新潟でこの二年間働いてきたバイブル・ウーマン〔五味梅子〕を、この場所に転出させることにしている。

私たちの仕事で有益であるばかりか、興味深い今年度の特長は、伝道者会（Evangelists' Association）〔越佐組合教役者会〕の結成である。一年に二度、開催されることになっている。最初の会議は、七人の伝道師と二人の〔越後〕地方宣教師が集まって、〔新潟で〕十一月の上旬〔七日〕に開催された。次回は五月に予定されている。

そうした会議の利点については、くどくど言う必要はない。伝道する者が全員、直接顔を合わせ、自分たちの共通の関心について話し合い、相互に助け合うにはどうするのが最善であるかを計画し、仕事を一本化し、そして主の王国の発展のために最も効率的に働く、といった利点がある。

五月には、〔同志社神学校教授のJ・D・〕デイヴィス博士の訪問を受ける、という恵みに預かった。先生は二週間滞在された間に、主だったアウト・ステーションをすべて巡回された。先生が来てくださったことは、私たちに全員にとっては霊感であった。そして、高齢とあふれる熱意が見事に一致している、という善き実例が、私たちの若い伝道師の心に深く印象づけられた。

秋〔十月〕にはさらに、経験豊かな前橋〔教会〕の杉田〔潮《うしお》〕牧師が、来訪するというよろこばしい出来事があった〔本書五九二頁以下を参照〕。彼も伝道所の一方の端から他方の端まで巡回し、毎日夜はどこかで説教し、日中は信徒のいくつかの集団に会った。彼は謙虚な心や強烈な熱意を持ち、どんな階級の人たちにも徹底した共感を示すので、全員の心をつかみ、こちらにもう一度来ることができれば、暖かい歓迎を受けるであろう。

新潟は開港地のために、〔宣教師が〕住むのに滞在許可証が要らない。それゆえ、伝道のためには広範囲で必要な分野であるばかりか、実に好都合な分野となっている。ここに住むふたりの宣教師は、便宜上、分野を自分たちの間で分けてはいるが、それでも気持ちも手も足りない状態である。

独身女性がひとり、ここでの女性の仕事を担当しているが、ふたり分の女性の時間と精力に十分相当する、と思われる。もうひとり、女性が必要だし、その余地もある。

ホレイショ・B・ニューエル
ヒルトン・ペドレー

以上で、新潟ステーションの年次報告の本文は、終わる。以下、この本文中に言及されている事柄に関し、ミッションの関係資料を中心に六点、補足する。

(B) H・B・ニューエルの越後報告（その一）

《解　説》

まずはこの時期、ペドレー、ブラウンとともに、ステーションを支えたニューエルの報告である。彼の書簡から、学校の「休校」宣言についての記述を紹介する。新潟で一八九三年四月四日に執筆され、ボストンのN・G・クラーク（アメリカン・ボード総幹事）宛てに発信された。学校が休校となった直後の書簡だけに、当事者の手になる資料として貴重である。さらに、堀貞一と海老名が引き起こした確執についても、詳しい。

学校の休校の理由

〔前略〕　前に私が先生にお伝えした記述のために、三月三十日の終業式（日本ではご存じのように、ほとんどすべての学校の卒業式は春に行なわれます）でもって、私たちのふたつの学校〔新潟女学校と北越学館〕は「五年間」休校する、と阿部〔欽次郎〕校長が発表したことを知って、おそらくびっくりされることと思います。

こうした結果に至った理由の中には、遠い過去に淵源をもっているものがありますが、現在の進路は、ごくごく最近に決定されたものです。といっても、決して性急に決められたわけではありません。私たちは年中、実際にはそうした可能性のもとに住んでいる、と思われるからです。

阿部氏はついに東京に行って、教育界の何人かの指導者やその他の人たちと協議いたしました。当地に戻ってから、ここでもっとも近い関係者と協議して、三月の後半ごろに結論を出し、それを三十日に初めて公的に発表いたしました。

理由のいくつかは、一八九二年度の〔アメリカン・ボード日本ミッション〕年次報告の概況の中にある教育活動（七三頁～七四頁）で述べられております。さらに、地方的で明白な性格を帯びたその他の理由としては、規模が大きく、設備も十分に整えられた、魅力的な公立学校〔県立新潟尋常中学校〕が、私たちの学校のほぼ隣に新設されることが、あげられます。

一年以上も前に、当地にある私たちの学校〔北越学館〕を継続することを決定した時には、〔新潟か長岡か、でもめた〕公立学校の予定地は、長岡の側に決定していましたので、〔今回のような〕競合は予想もされませんでした。けれどもその後、長岡の予定地はくつがえされ、私たちの学校のすぐ隣の土地が、校地として購入されました。

初等公立学校の教師たちも、実際に買収されて、私たちの学校に反対し、卒業生をできるだけ多く、公立中学校へ送りこもうとしました。こうして、生徒を私たちのもとに来させないあらゆる手段が、講じられましたから、私たちの供給〔生徒〕の泉は、止められました。さらにそれ以上に、地方のマスコミから実にしつこくて情け容赦のない、中傷的で下品な反対が、私たちの学校に向けられました。

こうした間違いを新聞で正す機会は、私たちには全く提供されませんでした。その結果、世論は私たちに対して、偏見を持つようになりました。疑い無く、現在の日本の風潮では、人々は喜んで偏見をもとうとしています。しかし、このことが、子どもたちを私たちのもとに寄越さない理由の兵器庫を、備える状態となっています。

もうひとつの困難性は、両校〔新潟女学校と北越学館〕に経験豊かで分別があり、キリスト教学校に理解がある一流の教頭を、確保することです。たしかに阿部氏は、人物は立派で、忠実で熱心です。が、そうした学校に必要な「掌握力」を持っているとは、言い難いのです。彼自身も、力のなさは十分に自覚しています。私たちは、そうしたポストに向く適任者を探す努力をしてきましたが、今のところ、成功しておりません。

教師たちもかなり若くて、経験不足です。彼らは皆、教育に関する限り、人に対して性格にしろ能力にしろ優れてはいるのですが、新しい公立学校が揃えたような、もっと経験豊かな教師に比べると、どうしても不利なのです。

学校再建計画

そこで現在の計画は、ふたつの学校を暫定的に閉鎖し、現在の教師を大学や特別の学校に送って、さらに徹底的な準備をさせ、特殊な分野を教える経験を多少とも積ませ、卒業してから、〔新潟に〕戻って〔学校を〕再開する、というものです。現在、すでに私たちの学校の卒業生の中で、三人のすばらしい青年が、大学に学んでおります。彼らは、ここ越後にキリスト教の学校を設立するために、自分たちに必要な準備をする、というひとつの目標に向かって、勉強しております。

五年は長いように思われます。けれども、それが確固とした、そして〔新潟には実に大切な〕同質の基礎を置く手段となるならば、有効に使われると思います。

そうこうするうちに、阿部氏は教育の方法と人材について研究するようになり、新しい計画に関心を持ってもらうよう、友人たちにできるだけのことをはたらきかけていますし、そのための資金を徐々に集めています。

〔クリーヴランドの〕コザッド氏や他の人たちの尽力で、昨年、相当の金銭が、これらの学校に注がれました。しかし、この金銭を支払う前に私は、もしも学校が特定の期間内に閉鎖されるようなことがあれば、学校の資産を売却して金銭を私に返却する、という協定を結びました。これはすでに実行に移されることになっており、すべてを売却した金額を、新しい学校が準備できるまで、利子をつけて蓄える手筈となっています。

長岡と〔そこでの〕実に魅力的な仕事とから離れて、ふたつの学校における特別な仕事のために、当地に参りましたが、一年もたたないうちに、このように両校が廃止されるのを見るのは、大変に残念なことです。心中には多くの疑問が、自然と湧いて参ります。今、どんな将来が、私たちのために用意されているのかを見るのは、不可能です。実際、私たちには将来のことを、ほとんど考えられません。「一日で十分」というのが、この国では全く真実です。

新潟教会の紛争

最近の教会の状況もまた、幾分驚くべきものでした。現状は堀〔貞一〕牧師が辞職し、昨日、家族と東京へ向けて当地を去りました。一方、過去のある期間、多少とも教会に起きた混乱の責任者である海老名〔一郎〕氏は、私たち〔新潟ステーション〕の伝道師を解雇されました。が、独立した立場で当市での仕事を継続しようとしています。このことが、教会の分裂に繋がるのかどうかは、いまだわからないままです。

海老名の立場は、少しばかり特異なものです。一年前、彼は堀牧師から呼ばれて、堀の教会〔新潟教会〕で彼を助けました。ペドレー氏と私は、海老名を呼ぶことに固執しないように、と熱心に堀を説得いたしました。というのは、海老名は前年に高松でかなり芳しくない評判をとったので、混乱が生ずることを、懸念したからです。

けれども、堀は彼を呼ぶことに固執して、教会の承認を正式にとらないで呼びました。堀は自分に海老名を制御できる力が十分ある、と過信し、海老名に自分の力が及ぶところをおそらく見せたかったのでしょう。海老名が来ないように、私たちは全力を注ぎ、この事柄において、堀がどのような役割をはたすのか、を巡って彼とかなり自由に話し合いました。

私たちは、仕事のうえでの調和を破りたくなかったので、自分たちの意見を譲りました。海老名が来た時には、彼を歓迎するのに協力し、彼を伝道師のひとりとして処遇し、〔ミッション費用から〕給与も支払いました。

けれども堀は、無意識のうちに手に負えない乱暴者を手に入れました。海老名は堀には強すぎることが、分かりました。たちまち混乱が生じました。今までにも二度、堀は辞職寸前の機会がありましたが、もう少し持ちこたえました。けれども三月には、辞職しました。多くの者は、海老名も辞職すべきだ、と思いました。こうして海老名の立場が問題となって、浮上してきました。

教会員たちは、自分たちが決して呼んだわけでもないので、彼とは無関係である、と主張いたします。海老名に給与を払っていないので、自分は無関係だ、と堀は主張いたします。私たちも招聘に反対しましたから、技術的には無関係です。けれども実際には、彼に給与を支払ってきた点で、不確かではあるが、彼と関係があるのは私たち〔ミッション〕です。

そこで私たちは、教会に対して、引き続き彼を自分たちの牧師(堀の後任者です)、あるいは伝道師と見なしてほしい、と要請いたしました。けれども拒否に遭い、かえって海老名を解雇してほしい、との要請を私たちが彼らから逆に受けました。新潟には組合教会は唯ひとつしかなく、私たちは兄弟として、その教会と一緒に協調して働かなければならないので、この教会が受け入れない伝道師を、私たちは当市の組合教会伝道師として雇うことはできない、という立場を私たちはとりました。

その際、私たちはビショップ〔メソジスト教会における監督〕のような権力を行使することは、主張も希望もしなかったので、私たちにできることは唯ひとつ、海老名に私たちとの関係を断つように依頼することだけでした。彼には強力な仲間が、教会の中にいましたが、彼らは少数派です。彼の現在の立場が、最終的に何を意味するようになるかは、予測するのが困難です。

最近、体調が良くないのですが、もしも健康が許せば、今週、私は一週間かそこら、越後の巡回旅行に出発いたします。最近、熱烈な招聘を何件か受けていますので、行かなければならない、と考えています。

五月十五日から〔同志社教授のJ・D・〕デイヴィス博士が十日間、私たちと一緒にいてくださることになっています。その後、〔東京・本郷教会牧師の〕横井〔時雄〕氏が、やってくるかもしれません。私たちは皆、デイヴィス博士が来られるのを、大変楽しみに待っております。

前述いたしましたように、〔C・L・〕ブラウン以外、〔新潟〕ステーションのメンバーの健康状態は、良好です。

敬　具

H・B・ニューエル

(C)　J・D・デイヴィスの越後出張報告

《解　題》

次は、京都(同志社)から出張して越後のアウト・ステーション(伝道所)を巡回したJ・D・デイヴィスの訪問記事である。彼はなによりも越後の豊かさと広大さ、そして美しさに感じ入ったようである。京都からボストンに送られた彼の書簡は、抜粋されてアメリカン・ボードの機関誌（月刊）に活字となって世界に紹介された。

日本ミッション――越後

北部〔北日本〕の訪問を終えたデイヴィス博士は、京都から〔一八九三年〕五月十六日に次のように〔ボストンの本部に〕書き送ってきた。

「最近、越後を旅行して強く印象づけられたことは、日本には『伝道未開拓の地方が、まだまだ非常にたくさん残されている』という事実であった。この地は帝国の中で、もっとも広大で豊かな地方のひとつで、よく肥えた真っ平らな沖積平野〔越後平野〕は、およそ七十マイルかける二十マイルの広さがあり、そのほかに山に囲まれた豊かな谷がいくつもある。人口は百五十万である。

新潟は、日本の五つの開港地のひとつで、越後の海岸のほぼ中央に位置する。宣教師はパスポート〔旅行許可証〕なしで、自由にほぼ全域を旅行できる。

組合教会は、柏崎に伝道師をひとり確保している。柏崎は越後の南端方面にあり、人口は一万五千人である。新潟から四マイルの長岡（人口は三万人）にも、伝道師がひとりいる。新潟から東に二十マイルの新発田（人口は二万人）にもひとり。そこからさらに北の中条にも、ひとりいる。そしてやはり内陸部の五泉にも、ひとりいる。一方、新潟は現在、牧師不在の教会である。

長老派〔日本基督教会〕の伝道師は、南西の端〔高田〕にひとり、長岡にひとり、そして新潟にひとりいる。

以上が、この地域で伝道しているプロテスタントの勢力の全てである。私たち〔アメリカン・ボード〕の勢力としては、二組の家族と独身女性ひとりが、新潟に居住している。いくつかの人口一万人の都市や何百もの町村が、何も手をつけられていない状態のままである。

こうした状態は、帝国全体で見られる。日本では、キリスト教は依然としてほんの一部分に伝えられただけである。働き手を十倍にする余地がある。たとえ十倍になったとしても、日本をキリスト教化するには、何十年もかかるであろう。

過去、四か月間に西は日向、北東は越後まで旅行してみて、確信したことがある。人々はどこでも福音を聞く用意がある、ということである。全員が進んで受け入れる、というわけではないが、どこにも熱心な聴衆がいる。そうした人たちに福音を説き、その後で質問を受けたり、答えたりするのは、大きな喜びである。

私がいたる所で感じた喜びが、ひとつある。過去三か年に講壇や出版物、風潮を支配した議論や新しい理論〔新神学〕に感化を受けて信仰告白をした信徒が、少数いる。彼らは現在では、何でもかんでも疑ってかかり、冷たくて実りのない、あるいは全く行きづまった状態でいる。

それに対して、全国のどこにも見い出される大多数の信徒は、霊的な真理、すなわち魂の糧に飢え渇き、求めている。こうした信徒の小集団に会い、私に可能なかぎり、生命のパンを与えるのは、私の人生でもっとも深い喜びのひとつであった。

二、三年前に尋ねられた質問のほとんどは、哲学的で神学的であった。現在では、質問は各人の生活や働きに関する、実際的で霊的なものである。これは実際、誠に喜ばしい兆候で、もしもこの精神に糧を与えて養うことができるならば、そしてなによりも、聖霊を日本の幼い教会のうえに豊かに注ぐことができるならば、日本のキリスト教化は、すみやかに実現する、と思われる。

長岡

越後の旅はまた、私に日本の大いなる美しさを印象づけてくれた。直江津から北に車〔人力車〕で向かったおり、片側には海、反対側には雪に覆われた、列をなす高い山並みという景色は、雄大さではともかく、その美しさは、決してスイスに負けるものではない。

長岡に行ったのは、四月十五日であった。街中には雪が依然として十五フィートから二十フィートも積もっていた。屋根から除雪された雪は、屋根よりさらにずっと高く積み上げられていた。

この町に住む三万人の人たちは、五か月近くこのように雪の下に埋もれた生活を送ってきた。私が訪ねたときには、ほぼ一軒ごとに病人がひとりいた。私がそこにいた夜、およそ三百人が雪の下からやってきて、福音に耳を傾けた。

帰途、直江津から東京まで車で旅行したが、ユニークな旅であった。四月二十五日であった。最初の二十マイルは雪の中で、耕地はまだ一フィートから四フィートの雪で覆われていた。別の二十マイルは、果樹の花が咲く果樹園の間を走った。

それから浅間山の山麓を巡り、碓氷峠を越えたさいには、激しい吹雪であった。その後、東京までは穂先が波打つ大麦畑であった。

日本で大いに必要なのは、外国人にしろ日本人にしろ、伝道する者が、救い主がされたように何百万の人たちの魂の価値と危険を十分に認識して、彼らに生命と救いの福音を伝える、という大きな望み以外には、ほかのものをすべて忘れることである」。

デイヴィス博士は、彼が体験したいくつかの特別の喜ぶべき事柄について触れ、そのひとつについて次のように述べている。

「〔全国で〕牧師や伝道師の大多数は、愛や精神、信仰、それに熱心な働きを示している。組合教会に関係して伝道に従事している者は、およそ百五十人である。そのうち約二十人は同志社〔神学校〕の英語神学課程〔本科〕の卒業生であり、四十五人は四年制の特別課程の卒業生である。この課程が完全に組織されてから、ここを出たのは三クラスで、人数にして全部で四十人である。私が昨年の二月の時点で調査したときには、死去したひとりと、校務のために同志社に戻ったひとりを除いて、誰もが伝道に従事している」（*Missionary Herald*, Aug. 1893, pp. 320~321）。

(D) H・B・ニューエルの越後報告（その二）

《解　題》

J・D・デイヴィスの越後訪問の後、ニューエルは次のような報告をボストンに送った。ボストンではこれを機関誌に引用して、全世界に紹介した。

ただし、編集者により省略された部分が散見する。全訳は、松井愛美《なるみ》『十日町教会八十年史』上、一一～一七頁、日本キリスト教団十日町教会、二〇〇九年）でなされている。

内容としては、堀貞一と確執を引き起こした海老名一郎の動向が含まれる。それ以上に注目すべきは、新潟県中魚沼地方のキリスト教開教に関する消息である。これまで一九〇六年とされてきた十日町の開教は、実は一八九三年であることを明示する点で、この報告書は貴重である。

H・B・ニューエルの越後報告

〔前略〕さて、デイヴィス博士はここに来られ、去って行かれました。遅かれ早かれ、この地域への旅行（最初のものです）については、博士から報告がそちらに行くものと思います。〔以下の私見は〕ありきたりの見解、とお考えになるに違いない、と思いますが、博士の訪問は、私たちには感動でした。

博士のパスポート〔滞在許可証〕が十日間しかなかったことが、大変残念だった、とだけ言っておきます。十日間のうち、ここ新潟に四日を費やし、残りは博士のために私たちが集会を準備したアウト・ステーション（伝道所）を訪ねることに費やされました。

今回の旅行では、私は博士に同行できませんでした。残念ですが、健康が許さなかったのです。けれども、ペドレー氏が同行されました。博士の訪問は、多くの面で効果がありました。おそらくなかでも大きいのは、同志社のために数名の学生を確保したことです。というのも、少なくとも二人〔の志願者〕は、博士が来られたことと密接な関係がある、と思われるからです。〔中略〕

デイヴィス氏が当地におられる間に、私たちがほかにも話し合ったことの中に、将来の私たちのステーションの見通しと、それにおのずから付随する私たちの住宅問題が、ありました。博士の判断は、新潟ステーションには、伝道を専用に行なう少なくとも二家族と独身女性がふたりは必要なので、住宅〔の新築〕を諦めるべきではない、というものです。

博士はまた、G・コザッド〔ニューエルの義姉〕を当地での仕事から切り離して、〔西日本に転出させて〕しまうのは間違いであった、と言われます。彼女を越後に戻すか、あるいは何らかの方法でその穴を埋めるか、そのどちらかを選ぶべきである、また女性のための住宅は、そっくりそのまま維持すべきである、と言われます。

〔中略〕

以前に、堀氏の辞任と出発について書いたと思います。この面では新たな進展は全くありません。教会が海老名〔一郎〕氏を当地ではいらないと決定した後で、彼は当地に残って、教会から独立して伝道する、と決めました。私は大変拙い決断だ、と思います。ちょうど今は、彼は大変静かにしていますが、それは教会が自分の目的にかなうようになったときに、いかにすべきか、を彼は知っているからです。〔後略〕」(H. B. Newell to N. G. Clark, Apr. 28,1893, Niigata)。

(E) Ｈ・Ｂ・ニューエルの越後報告（その三）

《解　説》

続いて、「年次報告」（一八九三年）の本文中に「小千谷の開教」を伝えている、と紹介されている『ミッショナリー・ヘラルド』の記事全文である。報告者は、これもニューエルである。なお、この書簡の要旨は、かつて本井康博・西八條敬洪編『長岡教会百年史』（一〇四頁～一〇五頁、日本キリスト教団長岡教会、一九八八年）で紹介したことがあるが、今回は全訳をする。十日町の開教について言及する資料としても、貴重である。

Ｈ・Ｂ・ニューエルの越後報告

ニューエル氏は最近、越後の町々を巡回した行なった伝道について〔ボストンに〕報じてきた。おそらく新潟か長岡からの通信であろう。

五泉と村松

「五月中頃に私は五泉に行き、吉田〔小四郎〕氏とそこの伝道所で二度、特別集会を開いた。いずれもかなりの入りであった。

それから私たちは村松へ行った。人口七千五百人の都市で、五泉からおよそ三、四マイルの所にある。そこでは、これまで一度もキリスト教が説かれたことはないが、前途は有望そうであった。

信徒がふたりいることが分かり、まもなくこの都市で定期的な伝道を開始することができるのは、ほぼ確実であろう。すばらしい場所である。歴史のある城下町なので、人々の生活水準は、〔日本の〕平均よりもかなり高い。

そこから私は、五泉からおよそ五マイル西の新津にひとりで行った。そこへは吉田氏が月に二度、説教に通っている。同市には十人の信徒がおり、午後に私の旅館で静かな集会を開いた。彼らは伝道師が定住してくれることを、大変熱心に願っている。現状では、いまだそのための費用をわずかしか集めることができずにいる。けれども彼らは、市内の真ん中に伝道所を借り、自分たちで家賃を払いたい、と申し出ている。毎週、定期的にそこへ行ける人を誰か手配したい、と考えている。〔中略〕

将来性のある都市・小千谷

長岡で二度の集会を開いた後、私は岡部〔太郎〕氏と〔信濃川〕上流の小千谷に行った。人口は一万人で、およそ十マイルの距離である。長い間、私は伝道のためにそこへ入りたいと強く思っていたが、長岡に住んでいる間は、パスポート〔旅行許可証〕を取るのが難しくて、果たせなかった。そして〔新潟に転住してからは、今度は〕長期間、学校〔北越学館〕を離れることが、今までできなかった。けれども現在、学校はなくなり、越後のどこへでも行けるパスポートも取得できたので、長い間の夢をある程度実現することができるようになった。

小千谷には〔組合教会の〕信徒が三人、長老派〔日本基督教会〕の家族が一組〔山本晋〕、それにメソジスト教会の会員〔野口俊作か〕がひとり、住んでいる。後者は私たちの準備を大いに手助けしてくれた。そして特別の神意としか思えないような方法で、信徒ではないが、私たちの計画に大きな関心を示してくれるようになった富裕で人望のある青年と、出会うことができた。彼は自分の費用で私たちのために芝居場を借り、集会を広く宣伝してくれた。その結果、聴衆は千人以上集まり、謹聴してくれた。

岡部〔太郎〕氏は、いつも喜んで演説を行う人であるが、この時はいつもよりも立派な出来であった。彼がそのような好印象を抱いてくれたのは、うれしいことである。というのは、今後は月に二度、小千谷に行く手筈が、とられたからである。あれほど幸先よく開かれた新しい伝道地に、豊かな恵みがあるように、と私たちは望み、祈っている。

葛塚、長岡、十日町

そこから私は、新発田郊外の葛塚に行った。ここは〔新発田教会の〕原〔忠美〕氏の伝道地のひとつである。その後、長岡に行った。長岡に住んでいる岡部氏は、すばらしい伝道を行なっている、類いまれな精神の持ち主である。二週間、私は岡部氏と柏崎の真部〔俊三〕氏といっしょに伝道した。二人の紐を長くし、その杭を強めるのに役立つことが、できたと思う。

私たちは次に、さらに十五マイル上流を溯り、十日町に行った。人口六千人の町で、すばらしい絹織物が、大量に生産されることで大変有名な地方である。織機から生み出される製品は、大量にシカゴの世界博覧会に出品された。私たちの訪問が、半年に一度の大規模な市がちょうど開かれている時期と、かち合ったのは、むしろ不幸であった。市の期間、東京やその他すべての購買地から、商人がやってきて、冬の間に作られた製品の買い付けをする。

町はよそから入りこんできた人で満ちあふれているため、宿を見つけるのが至難で、私たちはやっと場末の小さな旅館に宿泊することができた。それよりましな旅館は、すべて宿泊客であふれかえっていた。私たちは公的な集会を開催することに関しては、全く何もできなかった。

けれども、かねて当地にいるはずだ、と思っていたひとりの信徒を捜し出せた。また思いがけなくも、もうひとりと出会うことができた。彼らを通して私たちは町のことや当地の伝道の可能性について多くを知りえた。ふたりは夕方、祈禱会のために私たちの旅館にやって来た。

次の日の夕方、うれしいことに、相当数の青年や教師、その他の人たちと面談することができた。彼らはキリスト教について、ヨリ詳細に尋ねるためにやって来た、実に知的な質問を投げかけ、私たちの説明を謹聴した。この種の会話は、真夜中近くまで続いた。彼らは去る時、再度、あるいはもっとしばしば訪問するように、との実に心温まる誘いの言葉を残していった。

したがって、十日町の伝道を始めるのは困難ではないが、唯一の問題点は、岡部氏が〔長岡から〕定期的に訪ねるには遠すぎるし、私たちには現在、伝道師をひとり派遣するだけの費用が十分ない、という点である。

十日町で二晩を過ごした。中間の日は七、八マイル離れた小さな山村〔外丸村〕に、隔絶して住むひとりの信徒〔を訪問するの〕に使った。切り立った崖や雪の広がりを何度も越えるのは、実に困難で、山腹の棚状に突き出た所に位置する小村に着いた時には、私たちはほとんど疲れ切っていた。

私たちが通った道は、春の雪解け水で荒れ狂う大きな川を越えてさらに進み、上流に行けば険しい山が、下流に行けば片側が深い渓谷の麓に至る。そして次の山の中腹を、およそ五百フィート登ると、約八百人が住む村に着く。

私たちを迎えてくれた男性は、町の知識人で、小学校の教頭をしていた。彼の話はかなり長かったが、興味深かった。〔信徒間の交わりがないにもかかわらず〕彼は依然として信仰を堅持し、誠実な信徒であった。彼以上に有利な特権をたくさん持った大勢の信徒にとっては、まさに模範である。

与板と柏崎

さらに二、三日、岡部氏といっしょにいた間に、私たちは長岡に新しい伝道所を設置した。その後、九マイル下流の与板にも行った。そこへは岡部氏は月に二度、定期的に行っている。与板で私たちは、大入りの集会を開いた。私は岡部氏に別れを告げ、柏崎に行って、真部氏を助けた。

彼は善良で忠実な伝道師であり、教会の会員の多くを転出で失う、という不幸に見舞われながらも、彼は『自分は日本全体のために働いている』と思うことで、自分を慰めている。私はふたり〔の信任〕に洗礼を授け、真部氏と共に三回、集会を開いた。そして、下町に新しく伝道所を設ける計画を立てた。

それから私たちは、海岸部を北上して出雲崎（人口は六千人）まで行った。そこには、日本でもっとも有名な油井が何本もあり、ペンシルバニア州から来た数名のアメリカ人専門家の指導を、受けている。ここで私たちは、五百人の聴衆を集めて、最初のキリスト教説教集会を開いた。おそらくこれまでは、〔一度も〕開かれたことがなかった、と思われる。真部氏が今後、ここを自分の伝道地のひとつにすることは、疑いない。

三条と巻

〔新潟へ〕帰宅する途中、三条に立ち寄った。〔信濃〕川沿いにある、人口およそ一万人の都市で、新潟と長岡の中間にある。私は当地とその周辺で、伝道を開始する手筈を整えた。また新潟のちょうど真南にある巻（人口五千人）は、郡役所の所在地であり、信徒がひとりいる。

現在、この郡では、私たちは全く伝道を行なっていないが、ここでも伝道を始めたい、との期待を抱きながら、将来いつか集会が開けるような手配をした。〔後略〕」(*Missionary Herald*, Sep. 1893, pp. 365～367)。

(F) H・B・ニューエルの越後報告（その四）

《解　説》

ニューエルの報告を続けて訳出する。『ミッショナリー・ヘラルド』に掲載されたものである。

新　潟

ニューエル氏は、新潟の教会内部で、何か感情のもつれがあったために新しい教会が組織された、と報じてきた。

「沼垂で始めた伝道は、順調に進み、最近ではおそらく私の唯一の慰めとなってくれている。この危機〔教会分裂〕が発生する前に、沼垂伝道をなんとか格好をつけることができたのは、うれしいことである。

二月十一日に開設したおりには、およそ百二十五人が出席した。次の日曜には二百五十人、この前の日曜は二百六十人であった。そんなに大勢の人が、継続してやってくる、とはほとんど期待していなかった。その一方では、引き続き永続的な印象を与えることができるように望み、祈っている

私は与板と長岡を五日間訪ねてきたばかりである。集会を四回開き、延べ百七十人の参加者を集めた。長岡では、ひとりに洗礼を授けた」。

ニューエル氏の報告によれば、油井が掘られ始めて以来、長岡で新規のビジネスに新しい生命が注がれ、「この市は日本のピッツバーグになることが、確実視されている」という。この一年間に十一の精錬所が建造され、新しく発見された油井に、何十万ドルもが投資されている (*Missionary Herald*, June 1894, p. 240)。

(G) 杉田潮《うしお》の越後巡回日誌

《解　説》

最後は、前に見た資料（本書五八三頁）が言及した杉田潮の巡回日誌である。キリスト教系新聞で詳しく全国報道されているので、参考までに転載しておきたい。

杉田潮の越後巡回日誌

柏　崎

十月九日、午前六時、前橋発。午後三時、直江津に着し、同日午後八時発の汽船に搭じて、柏崎に着す。十日滞在し、昼間は有志家を訪問し、夜八時より講義所に於ける説教会に臨む。新潟より藤原直信、ペッドレーの二氏来られ、共に説教せり。聴衆百五十余。

此地は真鍋俊造〔真部俊三〕氏の働かる丶所にして、戸数二千位。信徒は皆青年にして十四、五名。伝道師と共に力を合せて働らけり。

此日以後、藤原、ペッドレーの二氏は、今回の巡回につきて各所に同伴して、共に説教せられ、大いに助力を与へられたり。

長　岡

十一日、長岡に赴き、午後七時より撃石館に於て説教会あり。此地は随分冷淡なる所にして、且つ雨天なりしにも係らず、七十余の聴衆あり。其中に町内の重立ち人々、及び中学生等を多く見受け

たり。此地は戸数五千余にして、信徒は是迄には随分多かりしも、四散して、現在数は僅か十二名に過ぎず、伝道師岡部太郎氏、非常の熱心を以て働き居らるゝを以て、将来大に望なきにあらず。

与　板

十二日、降雨を冒して与板に到る。此地は三輪新次郎〔振次郎〕氏の郷里にして、今回の巡回の為に、同氏の尽力非常なりしを以て、希有の盛大なる説教会をなすを得たり。午後七時より開会し、聴衆二百以上。我一行の外に岡部氏も来られ、其他にも弁士ありて、都合六名演説し、凡そ三時間も掛りたれど、皆極めて静粛に謹聴せり。戸数千二百、信徒八名。岡部氏常に長岡より出張して、伝道せらる。

三　条

十三日、三条町に到る。此地は仏教熱心者の多き所なるが、本年五月頃より新伝道に着手し、伝道師は茂木平三郎氏なり。戸数二千余。午後一時より演説会を開きしに、此日亦、雨天なりしも、六、七十名の来聴者あり。

新　潟

十四日朝、新潟に向て出立。午後着。教会執事其他を訪問す。

十五日、安息日なるを以て新潟会堂にて午後十時より説教す。会衆凡そ五十名。此地は北越の中心にして、最も枢要の場所たり。教会は堀〔貞一〕氏辞職以来、暫らく牧師を欠き居りしも、藤原直信氏を聘してよりは、追々集会者も増加し、将来有望なり。

伝道師羽田浪之丞〔紹〕氏は牧師を助け、又市中に二ヶ所〔古町と島〕の講義所を開きて、専ら之に任じ、又沼垂に伝道せる五味〔梅子〕姉は、婦人伝道師〔バイブル・ウーマン〕として婦人間に尽さる。現在、信徒数九十余名。此日、午後七時より此地信徒諸君、余の為に親睦会を開かれ、茶菓の饗応などありて、甚だ盛会なりし。

五　泉

十六日、羽田氏と共に五泉に赴き、夜講義所にて説教す。三、四十名の来聴者あり。此地は吉田小四郎氏の伝道せらるゝ所にして、信徒は此地、及び村松町（五泉より一里）にも新伝道を試み居れり。

新発田

十七日は新発田にて、午後七時より講義所に於て説教会あり。此日、説教者は余一人にて、前後二回説教せり。来り会する者、凡そ五十余名。此地は原忠美氏の働かるゝ所にして、戸数二千以上。信徒総数四十名。内数名の青年は、原氏を助けて共に働らけり。

中条・村上

十八日、中条に到る。此所は是まで茂木平三郎氏働らき居られしが、同氏三条町へ転ぜられし後は、無牧なり。午後七時より会堂にて説教会。聴衆三十名程。戸数は千計《ばかり》にて、信徒は黒川地方に散在せるものを合せて四十名位。

十九日、羽後酒田に向て航せんと欲し、村上町に赴きしに、北海暴《あ》れて出船なくして一泊せり。此地に在る日本基督派の伝道師、今中健次郎氏の依頼によりて、午後七時より会堂にて説教したり。

翌日に至りて暴浪尚甚だしく、到底酒田に赴く能はざるによりて、本意なく引返して、再び中条町に帰り、信徒の尽力によりて求道者八名の来訪ありたれば、二時間余を宗教上の質問、談話等に費し、此地に一泊す。

二十一日、中条町を立ちて、新発田を経て新潟に着す。

新潟

二十二日、安息日。午前十時より新潟会堂にて説教す。此日、会衆五十余名。午後、信徒及び有志者を訪問す。

二十三日、天気晴朗。直江津行きの汽船に乗じて、帰途に上り、直江津に一泊して

二十四日に前橋に帰着す。

今回の巡回に就ては、各地とも非常に尽力せられ、巡回中の多日数は、降雨勝《がち》なりしにも係わらず、到る所に盛会なる事を得たるは、謝するに余りある事なり。

概して越後地方の於ける伝道は、内国中困難にして、容易に進歩せざるの趣あれども、何れも枢要なる場所に着手せるのみならず、唯中条は無牧なれども、其他の各所は皆教役者を得て、手も揃ひ居る有様なれば、久しく忍耐して忠実に働らきなば、将来に於ては必ず良結果あるを疑はず。

殊に各地とも、将来に望あるは、青年に在るが如くなれば、青年会等を組織して、青年間の働を活発ならしむる如きは、同地方に於ける尤も大切なる事と信ぜらる。

又同地方は、未だ各地に通ずる汽車の便なく、海路も亦至って不便なれば、教役者及び信徒の交通に難く、従て地方協同の運動をなす事の如きは、意の如くならざるは、伝道上大なる不利益なり。若しこの不便なきに至らば、北越伝道上、一層の活気を添ゆべしと思はる」（『基督教新聞』一八九三年十一月三日）。

《補》アメリカン・ボード機関誌が紹介する越後地図

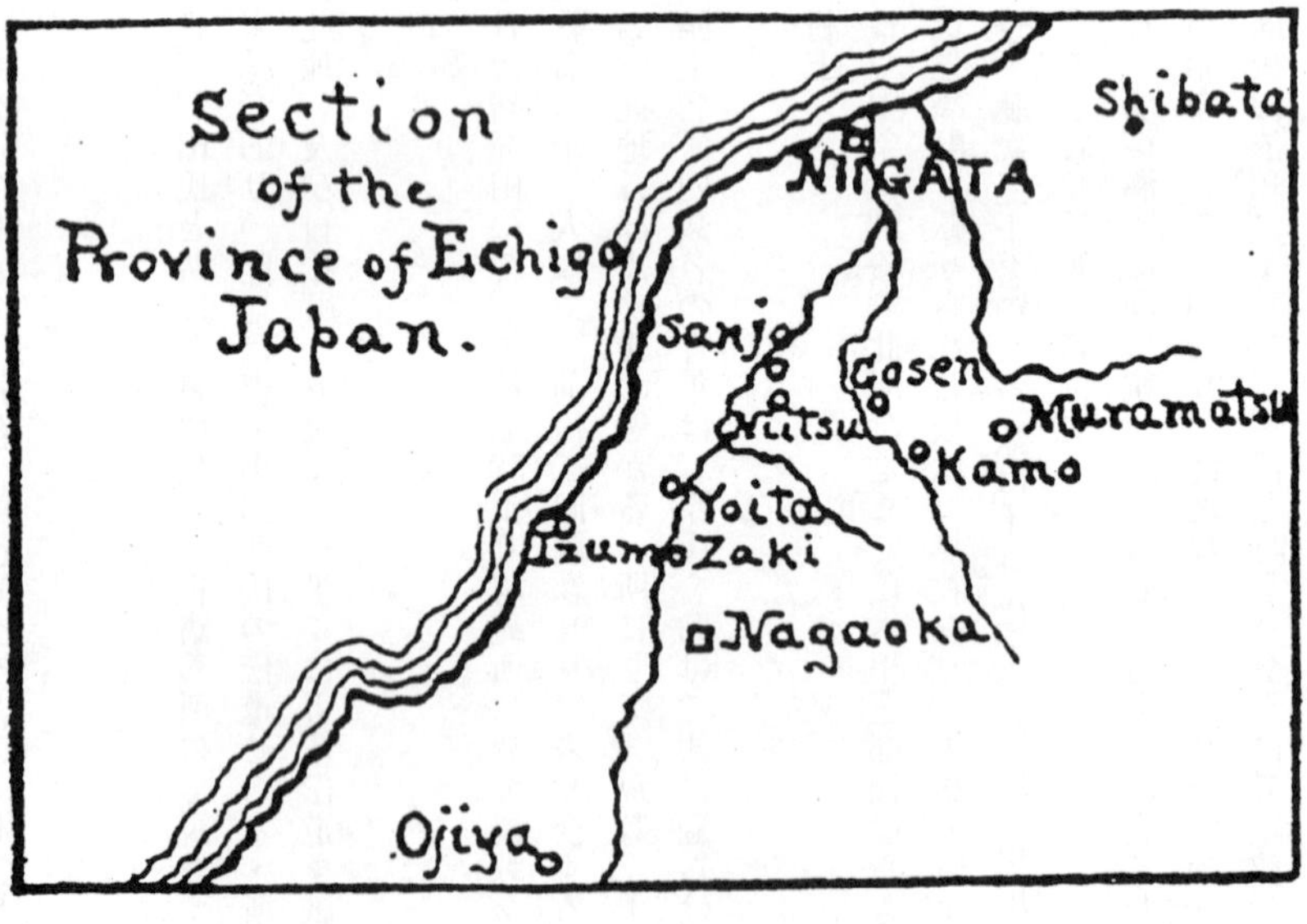

(*Missionary Herald*, Sep. 1893, p. 366)

第4部　その他

第一章　書評と文献紹介

一、上州におけるアメリカン・ボード
『アメリカン・ボード宣教師文書
――上州を中心として――』

新島学園女子短期大学新島文化研究所編訳『アメリカン・ボード宣教師文書――上州を中心として――』（新教出版社、一九九九年）

はじめに

アメリカン・ボードに関する著作が二冊、今年（一九九九年）に入って相次いで刊行された。一冊は新島学園女子短期大学（現新島学園短期大学）新島文化研究所編訳『アメリカン・ボード宣教師文書――上州を中心として――』（新教出版社、一九九九年二月一五日、以下「本書」）である。もう一冊は、同志社大学人文科学研究所編『来日アメリカ宣教師――アメリカン・ボード宣教師書簡の研究――』（現代史料出版、一九九九年三月三一日）である。前者は資料集、後者は論文集である。

　アメリカン・ボードを日本語の書名に冠した本格的な著作は、これまで一冊もなかった。それだけに、両書がほぼ同時に、しかも新島襄ゆかりのふたつの学園から出版されたことは、奇しきことである。なかでも「本書」は「日本語で書かれた最初のアメリカン・ボードの著作」として日本キリスト教史学で先駆者たる位置を占める。本書の意義はまずここにある。

　英語圏での出版は別にして、日本で発行された英語文献となると、先例がある。ほかならない、本書の原本となった *Letters and Materials of the American Board of Commissioners for Foreign Missions: Joshu Province, Japan*, Niijima Cultural Research Institute, 1987（以下「原書」）がそれである。十二年前のこの書が今回、翻訳されて本書となった。

　『来日アメリカ宣教師』の出版にかかわったひとりとして、その経験をもとに本書、ならびに原書の紹介を試みたい。

ミッション研究の歩み

　隅谷三喜男氏（東京女子大学長）が、日本キリスト教史学におけるミッション資料の重要性を指摘したのは、一九八二年のことであった（『基督教と教育の接点』、日本ＹＭＣＡ同盟出版部、一九八二年）。

　けれども、アメリカン・ボード（創立一八一〇年）に限れば、日本におけるミッション研究の歴史は、けっして浅いわけではない。細々とした歩みではあるが、すでに四十年以上の歴史を持つ。

　先鞭をつけたのは、一九五五年から翌年にかけて、ハーヴァード大学に留学した川村大膳《だいぜん》氏（関西学院大学教授）である。「アメリカン・ボード日本布教書の研究」（『関西学院史学』五、一九五九年）を世に問うたのが、研究の端緒である。

　続いて氏は、「アメリカン・ボード日本布教報告書の研究」（『関西学院大学共同研究紀要I　明治研究』、一九六七年）を発表した。

　同時に同氏は、この研究のためにハーヴァード大学ホートン図書館（Houghton Library）が保有するアメリカン・ボード関係資料（ただし、一八九五年までの）を一九五五年に写真撮影し、マイク

ロ・フィルム（ポジ）の形で日本に持ち込んだ。これは、日本キリスト教史学上、先駆的な貢献であった。

やがて同志社大学人文科学研究所も、同じフィルム（ネガ）を所持する幸運に恵まれた。こうして関西を中心に第一次資料を駆使するアメリカン・ボード研究の道が拓かれた。茂《しげる》義樹氏（梅花短期大学教授）のD・C・グリーン研究はその典型である。

一方、同志社大学（アメリカ研究所）も動き出した。

「日米交渉史におけるアメリカ思想の研究」と題する部門研究を設置し、一九七六年十一月以降、十年以上にわたって月例の研究会を開いてきた。研究会は、宣教師の書簡をフィルムから紙焼きし、宣教師別に書簡集として製本した。それらは十分に活用、分析されたとは言えないが、ともかくも研究会の成果は、二冊の小冊子として結実した。

北垣宗治編『アメリカの宣教師の活動とその背景』（『同志社アメリカ研究』別冊四、一九七九年）と北垣宗治・井上勝也編『アメリカの宣教師の活動とその背景』二（『同志社アメリカ研究』別冊六、一九八二年）である。編者はともに同志社大学教授である。

これに対して関東では、長老派や改革派系の宣教師書簡の解読、訳出が高谷道男氏（明治学院大学教授）によって精力的に行なわれた。しかし、アメリカン・ボードに関しては、ほとんど手つかずであった。そのなかにあって、この面でも隅谷氏の働きは顕著である。

同氏は川村氏とほぼ同時の一九五六年に、ホートン図書館でアメリカン・ボード資料を確認、閲覧、調査した。

そのうえで、一九七八年に再渡米したおり、その一部を複写して持ち帰った。一九八二年に発表された氏の「同志社問題とアメリカン・ボード」（『基督教と教育の接点』所収）は、その成果の現われである。

出版にいたるまで

けれども一般的に言って、資料上の制約は、おのずから研究につきまとった。それを一挙に解消してくれたのは、一九八〇年代に入ってからの資料の公開と普及、すなわちマイクロ・フィルム (Papers of the American Board of Commissioners for Foreign Missions, Research Publications, Inc.) の市販である。これにより第一次資料に接近することが容易に可能となり、ミッション研究は新段階に入った。しかも、従来、関西学院大学や同志社大学が保有していたマイクロ・フィルムが、一八九五年までの資料に限定されていたのに対し、一挙に一九二九年まで（ただし個人書簡は一九一九年まで）の資料を披閲することが、可能となった。

こうした新しい変化を受けて、さっそく隅谷氏は、一九八三年、東京女子大学学長のおりに（自ら所長を兼務する）同大比較文化研究所に総合研究III「日本キリスト教史の研究」班を設置し、マイクロ・フィルムを活用する共同研究に取り組んだ。このとき、集められた研究員は、次の五人である。

隅谷三喜男、工藤英一、塩入隆、原誠、本井康博。

この研究会では、後者のふたり（原と本井）が主としてアメリカン・ボードを受け持つことになった。しかし、残念ながらこの研究会は数回、開かれただけで、研究成果を形の上で残すことなく終った。工藤氏（明治学院教授）の死去（一九八七年）についで、隅谷氏が東京女子大学を退職するにいたったからである。

けれどもこのとき、原氏（新島学園女子短大助教授）はマイクロ・フィルムを同研究所から借り出し、高崎（新島学園女子短期大学）へ持ち帰った。この資料から上州関係のものを抽出して、タイプ起こしをしたのがイェーツ氏 (S. Yates) である。その成果は、後に

Letters and Materials of the American Board of Commissioners for Foreign Missions: Joshu Province, Japan の出版となった。

宣教師の手紙も、時代が新しくなるにつれ、タイプライターによる記述が登場してくる。とはいえ、手書きの宣教師文書を解読するのは、はなはだ手数のかかる作業である。とくに悪筆の文書や殴り書きの記録、あるいは縦横に（つまり二重に）上書きされた手紙などの場合、途方に暮れるのは、経験者なら誰しも身に覚えのあるところである。この点、イェーツ氏の功を讃えたい。

同志社大学の取り組み

一方、関西では神戸女学院史料室が、アメリカン・ボード資料、とりわけ女性宣教師の手紙の解読に着手した。一九八三年創刊の『学院史料』（年刊）には、その成果が次々と公表され始めた。

ついで、一九八九年に同志社大学は、かつてのアメリカ研究所における宣教師研究を継承するような形で、しかしメンバーと研究方法とを一新したうえで、「日本におけるアメリカン・ボード宣教師文書の研究」に関する月例の共同研究会（代表・吉田亮氏）を発足させた。研究会の運営としては、アメリカ研究所が遭遇した共同研究の行きづまりを打開するために、あらたに宣教師書簡を分担して分析し、読み合うことを基本に据えた。

そのさい、分析の対象は日本からの通信だけでなく、ボストンにいるアメリカン・ボード総幹事（N・G・クラークやJ・L・バートン。本書では「主事」）との往復書簡を逐一、見て行くことにした。さいわい、ボストンからの通信物も、現在はマイクロ・フィルムで簡単に検索、閲覧できるようになった。

そればかりか、その中には日本ミッションのメンバーの間に回覧された「回覧書簡」(circular letter) や年次総会を始め、ミッション諸会議の議事録も含まれる。このほかにも研究会は、ハーヴァード大学ホートン図書館から、ボストンで毎週、開催されたアメリカン・ボードの運営委員会（新島襄の「養父」とも言うべきA・ハーディは長く、この議長であった）の議事録をマイクロ・フィルムの形で入手したので、ボストン側の動向をも視野に入れることを心掛けた。

さらに一九九〇年代に入ると、小《こ》檜《ひ》山《やま》ルイ氏（東京女子大学教授）により女性のミッション・ボードの研究が進められ、『アメリカ婦人宣教師――来日背景とその影響――』（東京大学出版会、一九九二年）となって結実した。これに刺激を受けて、同志社の研究会でもアメリカン・ボード系の女性ミッション・ボード、すなわちアメリカ東部、中部、ならびに西部のウーマンズ・ボード（本書では「婦人伝道会」）を始めとする三つのミッション・ボードの研究に弾みがつき、各種の資料を収集し始めた。

独身の女性宣教師の場合、女性団体のミッション・ボードにも報告書を提出しているだけに、その資料は貴重である。また、アメリカン・ボードの『ミッショナリー・ヘラルド』(*Missionary Herald*) に相当する機関誌 (*Life and Light for Woman*) には、アメリカン・ボード の宣教師書簡には見当たらない書簡が紹介されていることも、判明した（もちろん上州関係の記事も散見される）。

こうした経緯を経て、発足以来十年にして、研究会は今年（一九九九年）の四月にようやく中間的な果実として、『来日アメリカ宣教師』を刊行することができた。続いて共同論文集の続編だけでなく、宣教師の書簡集（往復書簡）を何冊かに分けて刊行することが、次の目標である［ちなみに、これより五年後の二〇〇四年に『アメリカン・ボード宣教師――神戸、大阪、京都ステーションを中心に――』を教文館より刊行した］。

「編訳」の特徴

さて、『アメリカン・ボード宣教師文書』に戻って、その内容であるが、実に豊富である。そこには「同志社を無視して」、「この地に」（一見、上州のように受け取れるが、原書では in this country, p. 128）キリスト教主義大学を設立する計画案が出された、という興味深い事実が、前橋の宣教師によって明らかにされている（本書一八六頁）。

これはほんの一例にすぎない。そのほかにも本書は「前橋ステーション」以外の宣教師の記録をも、丹念に拾っている。「前橋ステーション」に限ってみても、これまで上州地方のミッション資料に関しては、藤岡一雄氏（共愛学園中・高等学校教諭）の開拓的な業績が、ほとんど唯一のものであった。

それだけに、ヨリ包括的な資料が身近なものとなったことで、キリスト教史は言うにおよばず、教育史（学校史）や地域史、社会史、女性史などの面でも、研究の進展が大いに期待できるようになった。

ところで今回、訳出された本書は、十二年前の原書の単なる翻訳ではない。「編訳」とあるように、今回あらためて編集をしなおして、相当多数の訳注、写真が挿入された。いくつかの「付属資料」も、巻末に付された。本書の価値は、この「編訳」作業により一層高まった。

ところで、原書に関して言えば、手書き書簡をタイプ化する、という作業だけでも、実に労力を要する大変な作業ではあるが、それだけにその編集が雑であるのは、なんとも惜しい。担当者本人も、「粗雑なコピー」と自省されてはいるが（本書九頁）、推定部分（原書では*）や読み取り不能の箇所（原書では*****、本書では………の印で表示）が目につき過ぎる。もとの書簡にあたってみると、その大半は、決して判読不可能とは言えない。むしろ「復元」可能な箇所の方が多い。

そのさいに気づいたことであるが、書簡（文書）をもとのマイクロ・フィルムで確認したくても、マイクロ・フィルムに付された書簡（文書）番号が省略されているために、照合するのは容易でない。通し番号がほしかった。

おまけに原書では、基本的なデータが恣意的に省略されている場合がある。本書の「差出人不明」に分類されている諸文書（本書二八〇頁～三〇〇頁）は、実はもともと「不明」ではなく、編者が「省略」とした場合が、ほとんどである。

参考までに「差出人不明」とされる八つの文書の執筆者は、マイクロ・フィルムで読めば、次の通り明白である。

①J・H・デフォレスト、②同前、③G・M・ローランド、④署名なし（タイプ打ちのために、書体からも判別不可能）、⑤S・C・バートレット、C・A・クラーク、⑥D・W・ラーネッド（幹事）、⑦同前、⑧D・C・グリーン。

さらに原書は、英文のうえに非売品であった。入手する方法は、きわめて限られていた。

それに対して、本書はひろく一般の流通ルートに乗せられただけでなく、読みやすい訳文と興味深い写真や「付属資料」のおかげで、「読める」資料集に変身した。その意味では、ようやく広く活用される素地が、できたわけである。

この面での本書の貢献は、大である。専門領域を異にする翻訳者に感謝したい。

さらに翻訳者に「土地勘」があるだけに、「上州を中心として」編まれた本書の翻訳が、地域史として見た場合、安心して読める内容となった点も、大きな収穫である。

「編訳」に伴う問題点

本書は原書を「再構成」している点で、いわば「改訂版」である。そのため、原書の不備がいくぶんか補訂されている。ただし、その反面、そこにあらたな問題が生じていることも否定できない。そのいくつかは、原書の編集上の問題点に起因する。

「改訂版」では書簡の配列が時系列となり、読みやすくなった。そのかわり、原書との照合が煩瑣になったことは、否めない。ときには絶望的な気分に陥る。原書の書簡（文書）に通し番号がないだけに、翻訳書簡のそれぞれに原書の掲載頁を（　）内にでも付記すべきではなかったか。要するに、同一資料をテキストにしているMFと原書、本書という三つの資料集が、それぞれ簡単に照合できないのである。

次ぎに、訳注の充実振りは、本書の特徴である。ただし、書簡毎の訳注の場合、同一項目（したがって同一の説明）が何度も登場して、はなはだ目障りである。D・C・グリーンの個人情報（履歴など）に関する注は、少なくとも九回、登場する。N・G・クラーク、共愛学園は八回、七回である。それぞれに内容の重複が目につく。おまけに、巻末の「人名・事項解説」（これ自体、大変な労作である）が、書簡毎の訳注よりもさらに詳しい注となっている。そうであれば、本文中では「—を見よ」という指示だけですんだのではないか。

第三に翻訳の一部が、原文通りでないのも気になる。たとえば、引用符（〃 〃）で囲まれている原文を地の文に混ぜてしまう、という処理がされている箇所がある。たとえば、本書十九頁上段の一、二の可決事項は、原書（p. 16）では引用符に収められている。元の執筆者は、ミッションの「臨時委員会」で決定したことを、議事録の本文をそのまま引用する形で、第三者的に報告しているのであって、自分の言葉で報告しているわけではない。「凡例」に従って、当然「　」で処理すべき箇所である。

あるいは下線部の取り扱いである。原文の下線部を「凡例」通り、通常はゴチック活字にしながらも、ときにはそれを無視したり（本書二八〇頁以下、原書は pp. 7ff）、ときには傍点で処理をしたり（本書三五七頁）といった具合で、一定しない。反対に、別の箇所では、原文に下線が引かれていなくても、ゴチック活字になっている場合（たしかにその方が読みやすいのだが）も見られる。

また、書簡に付されたStrictly private や Private の取り扱いである。本来、宣教師が本国に書き送る書簡は、公的な性格を有し、機関誌や委員会での公開、公表を前提とする。しかし、私的な場合には「極秘」（Strictly private）、あるいは「公開不可」（Private）と注記する。その場合は、「正式な報告書」ではなくなる（本書一一五頁）。ミッションや同僚を批判、ないしは攻撃する場合に、しばしば利用される手である。それだけに執筆者の本音が聞ける、はなはだ刺激的な「きつい」内容であることが多い。

ところが、本書では両者の区別が厳密ではなく、ともに「親展」扱い（本書九六頁、一〇〇頁、一一九頁など）されている。時には「公開不可」が無視（省略）される場合があるのは（たとえば本書一一九頁）、不可解である（原書 p. 101 には Private とある）。案の定、この書簡は、ある事件をめぐって、自分を「犯人」（guilty one）扱いするな、という抗議の書簡であって、自分を「罪深いもの」（本書一一二頁）と懺悔する内容の書簡では、けっしてない。

第四に、本書に限らずこの種の著作では、外国の地名や外国人（宣教師）名の日本語表記が大きな問題である。『来日アメリカ宣教師』の編集過程でも、それは避けて通れない議論であった。「古典的」な例をとれば、Amherstをめぐる「アーモスト」か「アマースト」か、の論争である。今後、アメリカン・ボードの研究が、全国的な広がりを持てばもつほど、どこかの時点で、統一表記の必要性が問題になる時期が、来るであろう。

同志社大学の研究会では、共同論文集のためにひとまず統一見解を出した。たとえばAlbrecht, Atkinson, Dudley, Searle, Parmeleeはそれぞれアルブレヒト、アッキンソン、ダッドレー、ソール、パーミリーと表記することを事前に確認した（『来日アメリカ宣教師』巻末六頁の一覧表を参照）。

それに対して本書では、それらはアルブレクト、アトキンソン、ダドリ、サール、パーメリーとある。これは一定の表記が決定、あるいは定着するまでの小さな混乱で、いわば自然な許容範囲内であろう。しかし、こと本書に関して言えば、拙著『京都のキリスト教』（同朋舎、一九九八年）所収の宣教師集合写真を本書口絵頁の最後に転載するようなときに混乱が生じる。「キャプション」（宣教師名の呼び方）も、そのまま転用されているからである。

なお、カタカナ表記に関連して、本書で使用される用語（専門術語）にも目を向けたい。ミッション特有の用語に関しては、「訳注」、あるいは「解説」のところで、最低限の説明が必要であろう。例をあげれば、「組合主義」（Congregationalism）、「会衆派ボード」（Cong.Board）、「主事」（Corresponding Secretary）、「秘書」（secretary、本書一三〇頁）——「書記」ともある（本書一九頁）——、「バイブル・ウーマン」（Bible woman）、「宣教区」（Station）——「ステーション」ともある——、「運営委員会」（Prudential Committee）、「臨時委員会」（Ad Interim Committee）、「支所」（out-station）、「回覧書簡」（circular letter）——「回状」ともある——、「バイブル・ハウス」（Bible House）、「日本ミッション」（Japan Mission）、「コングリゲーショナルハウス」（Congregational House）、「コングリゲーショナリスト」（the Congregationalist）、「宗教書籍行商人」（colporteur）、「婦人伝道会」（Woman's Board of Missions）——「婦人ボード」ともある——などである。

その他、紛らわしいものに「ユニオン（長老）教会」（二三頁）——原書ではUnion (Presbyterian) Church (p.73)——や「月例コンサート」（monthly concert, 本書二八二頁、原書p.8）がある。前者は各派の宣教師たちが、京浜地方や神戸などで共同創設した、いわゆる「ユニオン教会」（超教派である）とは、もちろん相違する。特定の教派色を鮮明にして、「一致教会（長老派〔日本基督教会〕）」と訳した方が、誤解が生じない。後者は「音楽会」（コンサート）——本書六八頁はこれである——と言うよりも、「月例祈禱会」の性格が強い。ときには"concert of prayer"とも呼ばれる。アメリカン・ボードでは募金の点から、国内各地で（とくに青少年を対象に）月例で開くことが奨励されている。『ミッショナリー・ヘラルド』にはこの祈禱会の月別のテーマが、毎号のように掲げられ、それに対して祈りを集中するように勧めている。

第五に、書簡ごとのMFの元の番号（リール、ならびに書簡の）と、巻末に「索引」（とくに人名）がほしかった。いずれも原書にはないだけに望蜀の言であることは、承知の上である。が、「略年表」や「地図」、「主要参考文献」、「解説」があらたに付されただけに、今一歩を進めて、「人名索引」がつけられなかったのか、とつい期待してしまう。

将来に向けて

以上、いくつかの評価点と問題点を指摘した。今後、新島文化研究所がさらにボストン側の資料（女性ミッション・ボードの資料を含めて）の収集に努められることを、願わずにおれない。その一部、とりわけ公刊された「年次報告」などは、日本でも入手可能である。一八八九年度以降、上州関連の報告（本書では十九世紀のものとしては、一八九四年度のみである）がほぼ毎年、掲載されている。そうした資料を積極的に収集したうえ、将来は共同研究にまで進展させ、資料集や論文集という形で、さらなる成果を学界に提示していただきたい。

今後、同種の研究活動が、群馬だけでなく各地で深められて行けば、アメリカン・ボード（さしあたっては日本ミッション）の「総合研究」が、可能となる。宣教師が地域を越えて移動、交流している以上、その研究も「全国的」にならざるをえない。本書に散見される京都や同志社（とくに「同志社問題」）に関する新資料に接して、その感はいよいよ深まるばかりである。

かつて徳富蘇峰は師の新島襄に向かって、同志社大学設立運動を「Provincial ノ事業」から「天下ノ〔national〕事業」へ進めよ、と忠告したことがあった（『新島襄全集』九頁、三五七頁、三九一頁）。本書に始まる研究が、同じ軌跡を辿ることを願う。

二、アメリカ人による初の同志社史
『アメリカン・ボードと同志社――一八七五〜一九〇〇――』

ポール・F・ボラー著、北垣宗治訳『アメリカン・ボードと同志社　一八七五―一九〇〇』（新教出版社、二〇〇七年二月）

ボストンからの視点

この書（*American Board and the Doshisha 1875～1900*, University Microfilms, Inc., 1968. 以下、訳書を同書と呼ぶ）は、アメリカ人の手になる最初の初期同志社史である。そればかりか、この分野における博士論文（イェール大学の Ph.D.、一九四七年）の嚆矢でもある。最大の特色は、ハーヴァード大学やボストンのコングリゲーショナル図書室などが所蔵するアメリカン・ボード資料や、遺族が保有する宣教師書簡・日記などを駆使して、詳細な分析がなされている点にある。

今でこそ、マイクロフィルムなどの普及により、日本においてもこの種の手法は、可能である。日本プロテスタント史でも常道になりつつある。本書は、すでに半世紀前にそれを試みた点で、極めてユニーク、かつ先駆的である。

著者のP・F・ボラー（Paul F. Boller）は、ボストンに軸足を置いて、分析の焦点を同志社に当てる。したがって、日本、とりわけ京都を視点にした従来の歴史叙述とは、明らかに相違する同志社像を鮮やかに顕示することに、成功している。

こうした「ボストンから」同志社を見る視点は、私たちに新たな視野と大いなる刺激を与えてくれる。以下、興味深い論点を五つ、紹介する。

ラットランドと神戸

(一) ごく小さな事柄であるが、例のラットランド集会（一八七四年のアメリカン・ボード年会）で、新島が集めることに成功した募金額である。アメリカン・ボードの資料に基づいて、「その場で約三千五百ドルの約束が与えられた」とボラーは記す。これに対して訳者は、「通常、五千ドルと言われている」との訳注を挟んでいるように（同書、二四頁）。同志社サイドの見解とは、食い違う。

真相はどうか。結論を言えば、五千ドルは、あくまでも伝説である。史実はボラーの説に近い。使う資料の差が、金額に反映されている。私見については、拙稿「ラットランドの五千ドル――新島伝説を追う――」（拙著『ひとりは大切――新島襄を語る(二)』思文閣出版、二〇〇六年）を参照されたい。

(二) J・D・デイヴィスが、神戸で開いていた学校が、同志社に繋がる存在である、という指摘も、重要である。デイヴィスは、神戸での実践を通して、新島が帰国する前から、すでに「新島の考え方に類似した」教育観を、固めつつあった。ここから、日本では神学以外の学科（非神学系の科学《サイエンス》）をも併せて教える大学程度の神学校が必要である、という構想が導き出されて来る（同書、三一頁以下）。これが、新島の大学構想と重なることは、明らかである。

同志社はミッション・スクールか

(三) 大きな論点は、初期同志社がミッション・スクールであったのか、それとも日本人の学校なのか、をめぐる問題である（同書、一八三頁）。

訳者の北垣宗治氏は、著者の見解を要約して、同志社は確実に「ミッションの学校」（ミッション・スクール）であって、「日本人の学校」ではなかった、と総括する（同書、二九〇〜二九一頁）。

けれども、著者はいま少し細かい留保をつける。ミッション・スクールであったことは事実であるが、「同志社はいかなる意味においても、純粋なミッション・スクールではなかった」という限定である。神戸女学院（の前身）が、「宣教師が完全に管理する典型的な宣教師の事業」であったのに対して、同志社は「最初から日本人とアメリカ人の共同作業」であった。そうした性格を帯びざるをえなかった要因は、京都が「いわゆる開港地から外れたところに位置していたため」である（同書、八頁）。

こうした留保をつけずに、宣教師たちは同志社をもっぱら「トレーニング・スクール」と呼んでいたとか、それに対して、日本人の側では、当初から日本人の学校、すなわち「同志社」と考えていた（同書、四五頁）と速断するのは、問題がある。このギャップは、大きい。とは言え、宣教師たちは、学校名として「一八八八年になってはじめて、『同志社』を用いるようになった」というボラーの指摘は、正しくない（同書、四六頁）。

これは、一八八八年の初頭から、アメリカン・ボードは同志社の経営権を日本人（同志社理事会）に譲渡した、というミッション決議（同書、八三頁）に引きずられた見解である。ちなみにD・W・ラーネッドなどは、こうして同志社は「ミッション・スクールであることをやめた」とまで断言する（同書、八四頁）。

（四）さらに、この書では、新島襄永眠以後の同志社の動向が、ボストンの視点から、するどく分析されている。とりわけ、「綱領削除問題」である。すなわち一八九〇年代に同志社が、最大の支援団体であるアメリカン・ボードと相克し、分離、協調を繰り返した抗争である。その過程の分析は、秀逸な歴史叙述がなされている。

両者間の問題は、単に一《いち》学園内の問題にとどまらない。時の政府要人、外交関係者を巻き込んで、政治・外交問題化しようとした。同志社内部に限定しても、社長（今の総長）人事をめぐる熾烈な抗争は、海外資料を読み解いて、初めて真相が見えてくることが、判明する。

デイヴィスたちが三好退蔵（判事）、西園寺公望（文部大臣）、大隈重信（首相）、伊藤博文（元首相）といった時の要人たちに接触し、その協力と指導をつぶさに仰いだ消息を、この書は活写する（同書、一六一頁以下）。この間の「息詰まるほどの攻防」の描写は、訳者が「解題」（二八九頁）で述べるように、まさに「本書の圧巻」である。

「信託」をめぐる抗争

（五）同志社とアメリカン・ボードとの対立をめぐっては、さらに重要な指摘が加わる。それは、日本人（同志社）とアメリカ（ミッションや宣教師）の間で起きた抗争の底辺には、歴然として横たわる大きな素因がある、との指摘である。

「信託」（trust）概念の有無、あるいは食い違いである（同書、四四頁）。アメリカン・ボードは、同志社を終始、アメリカン・ボードの「被信託人」と見なす（同書、八四頁）。だから、問われるべき争点は、同志社による「信託義務違反」、ならびに「信託資金の流用」であった（同書、一八二頁）。

この点を明瞭に示すのが、ハリス理化学館（ハリス理化学校）の資金をめぐる対立である。資金を寄贈したJ・N・ハリス自身には、信託の観念が強固にあった。理化学校は、同志社に付託した「信託財産」であった（同書、一六三頁）。自分が理化教育のために寄付した資金を、他の方面（たとえば、同志社普通学校の運営資金）に流用するのは、いわば契約違反であった。

不幸なことに、信託観念が世界でもっとも発達したのが、欧米であるのに対し、日本人の信託観念は、非常に「弱い」、とボラーは見る。だからアメリカン・ボードが、この件をたとえ裁判に持ち込んでも、日本の法廷で勝訴する可能性は、低かった（同書、一九〇頁）。

それでもアメリカン・ボードは、「信託を裏切った」同志社の理事たちに、「信託の神聖さ」をくりかえし力説した（同書、一九二頁、一九六頁）。同志社当局者は、同志社紛争の中から、信託の本質が何であるかを、初めて学んだことになる（同書、二三一頁）。

詳細は省くとして、紛争はひとまず決着した。それまでの「同志社通則」（一八八三年制定）に代わって、「寄附行為」が一九〇〇年に新民法に則って制定された。注目すべきは、信託の条件もある程度、これに盛り込まれた点である。アメリカン・ボードはこれを捉えて、「日本で承認を受けた、法的に宣言された初めての信託」と評価する（同書、二〇八頁）。

こうした信託を視点とする歴史叙述は、実は『同志社百年史』（通史編一、四七三頁以下、同志社、一九七九年）で、すでに行なわれている。藤倉皓《こう》一郎教授が「外国人の財産相続問題」という章でこれを扱う。日本側における先駆的な指摘なので、ボラーとの比較の意味からも、再論しておきたい。

藤倉教授によると、同志社とアメリカン・ボードとの間で繰り広げられた財産相続をめぐる対立における最大の争点は、同志社の「信託違背」にあった。そもそも「信託財産」という考え方は、「きわめてアメリカ法的」である。それゆえに、アメリカン・ボードの主張が、日本の裁判所で説得力をもつ可能性は、極めて低かった。

内外の批判をあびて同志社の理事たちは、一八九八年に総辞職をした。事態はようやく収拾に向かった。翌年、維新政府が誕生して以来、最大の外交問題であった懸案の条約改正（不平等条約の改正）が実現し、新民法が施行された。同志社は組織を改めて財団法人となり、同志社財団寄附行為証が、定められた。その中に、次のことが謳われた。

「本証ニ記名スル拙者共ハ、右保管財産ノ管理方ヲ委託セラレ居ルモノナルニヨリ、右寄附者ノ趣旨ヲ遵守シ、右同志社通則ニ基キ、（中略）同志社財団ヲ設立」する。さらには、寄附資金の流用を禁止する条項も、設けられた（『同志社百年史』通史編一、四七五〜四七六頁、傍点は本井）。

藤倉教授は、最近も同志社と同志社アーモスト館の関係に関して、同趣旨の持論を展開する。「新島襄以来の同志社とアーモストとの絆の基本には、信託という考え方がある。この『信託』という考え方が、日本になじみがなく、理解されないために、誤解や齟齬《そご》が、生じやすいのである」。

信託を定義すれば、「ある目的をもって託された資産を、受託者（trustees）が目的に従って管理・運用するための法的手段」となる。これに従えば、同志社アーモスト館は、アーモスト大学が一定の目的のために同志社に委託した財産である。したがって、委託された同志社の側には、信託目的に反することなく、管理・運用する義務がある。

ところが、日本人の場合、そうした信託観念には馴染みが薄い。したがって、同志社は、アーモスト館はアーモスト大学から貰ったもの、と判断する。貰った以上は、同志社の都合によって、どのようにでも使っていい、と考える。

この食い違いは、極めて大きい（藤倉皓一郎「コール学長とケーリ館長との往復書簡を通して見た両大学の関係」四五〜四六頁、同志社大学人文科学研究所編『同志社大学とアーモスト大学との交流史』同志社大学人文科学研究所、二〇〇八年二月）。

ボラーの後姿を捉える

以上、この書の内容的な特色について五点、挙げた。それぞれの素描からも窺えるように、いずれの点でも第一次資料、とりわけミッション資料のもつ有効性が、最大限に発揮されている。『同志社百年史』（全四巻）の刊行以後、同志社史の研究においても、近年に至って、十九世紀から二十世紀に至る時代を分析する必要性が、ようやく指摘され始めた。じょじょに研究成果が表れ始めたところである。

同志社は（藤倉教授のような例外を除いて）半世紀を経て、ようやくボラーの後ろ姿を捉え始めたのである。

最後に著者について付言する。ボラーは、一九一六年生まれであるので、この書は著者が三十一歳、気鋭の折の作品である。彼はイエール（大学、大学院）に学んだあと、ダラス、ボストン、フォートワース（テキサス州）など数校の大学で、歴史学を講じた。引退後は、テキサス・クリスチャン大学名誉教授となった。

日本への関心は、戦中に海軍の日本語学校で日本語を学び、その後、海軍の翻訳者としてホノルルやグアムなどで勤務した体験に始まる。後半生は、大統領制に関する分析で知られ、著作はベストセラーズともなった。

さて、今回の日本語訳は、北垣宗治氏（同志社大学名誉教授）の労作になる。同氏が、三回に分けて、日本語訳を『同志社談叢』（一八〜二〇、同志社社史資料室、一九九八年〜二〇〇〇年）に連載するにあたって、八十一歳の著者は、「日本版へのまえがき」（本書にも収録）を訳者に届けた。惜しむらくは、本書の刊行を見ることなく、著者が二〇〇四年に死去したことである。

　訳者の北垣氏は、英文学を専門とする傍ら、早くから新島襄・同志社史の研究を手掛けてきた。その点、本書の訳者としては、最適任者である。これまで、J・D・デイヴィスやA・S・ハーディによる新島伝を始め、英語文献の翻訳に精力を傾注してきた。最近も本書と並行して、M・デイヴィスによるデイヴィス伝の日本語訳を上梓したばかりである（本書、一六八頁以下を参照）。

　さらに、北垣氏は現在、『同志社談叢』（年刊、同志社社史資料センター）にP・V・グリーシー（P. V. Griesy）の博士論文、「同志社の土着化　一八七五〜一九一九」（The Doshisha: the Indigenization of an Instituion）の日本語訳を連載中である。完結の暁には、本書に続いて一本となることを期待したい。

三、進化論と信仰のはざまで

『貝と十字架――進化論者宣教師 J・T・ギュリックの生涯――』

アディソン・ギュリック編著『貝と十字架―進化論者宣教師　J・T・ギュリックの生涯』（渡辺正雄・榎本恵美子訳、雄松堂出版、一九八八年）

ジョン・トーマス・ギュリック（一八三二年―一九二三年）の伝記が、翻訳・出版された。早くから科学史の面から彼の紹介に努めてこられた渡辺正雄東京大学名誉教授が榎本恵美子氏と取り組まれた労作である。

　原著はギュリックの子息で、生化学者のアディソンが編集した *Evolutionist and Missionary JOHN THOMAS GULICK*（The University of Chicago, 1932）である。

　ギュリック家は宣教師の家系として有名で、海外、とりわけハワイ、中国、日本、スペインでのキリスト教伝道に熱心であった。そのうち、来日がもっとも早いのが、このJ・T・ギュリックで、一八六二年のことである。来日後しばらくは、横浜でS・R・ブラウンの食客となった。

　当時はアメリカン・ボードが、いまだ日本伝道を開始する前であったので、ギュリックは家庭教師や写真術で自活せねばならなかった。つまり、一八六九年に来日するD・C・グリーン以前の消息が、垣間見られる点で、本書は興味深い。

　本書には横浜で彼が習得した写真術の成果が、何枚か収められている。写真史の上でも貴重である。とりわけ、一八六二年七月に彼が江戸で撮った侍の写真は、極めて古い。「その都市で撮影された最初の写真」と自身は書き残す。

　翌年、中国に渡り、アメリカン・ボードの宣教師として、十余年活躍した。その後、再び日本へ戻り一八九九年まで、大阪を中心に教育（泰西学館が有名）と伝道に兄や妹などと共に従事した。

　彼のユニークさは、なんといってもキリスト教と進化論という「二束の草鞋」をはき続けたことにある。宣教師の子としてハワイに生まれ育ったことが、彼の眼を大自然に向けた。彼は、早くから陸貝の収集と研究に熱中した。以後、キリスト教と調和しがたいと考えられていた進化論をめぐって、右手に「貝」、左手に「十字架」を握りしめ、両者の統一的理解に生涯をかけた。

その結果、ついにはあのチャールス・ダーウィンをして、その主張に「絶大なる興味と感嘆の念」を抱いた、と言わしめるほどになった。そのことは、本書に収められたダーウィンのギュリックあて書簡に明瞭に窺える。

なお、原著は五五六頁もの大冊であるため、翻訳は伝記的部分(第一、二部)にとどめられた。それでもA５判で四四二頁にも上る。第三部(生物学上の業績)、およびアディソンによる「回想」、「著作目録」、「索引」は翻訳されていない。

著者のアディソンは、九十一年におよんだ父親の起伏の多い生涯を、「記録と聞きとりとにより描写」(原著の副題)せんとして、当時の書簡やメモ、日記類をふんだんに活用した。この点は、歴史的資料としても、本書の文献的価値を高める。

訳者の多年にわたる努力により、学界の共有財産に今また貴重な一冊が加えられたことを、感謝したい。今後、各界で広く読まれることを願ってやまない。

四、アメリカ人による日本プロテスタント史

『日本におけるプロテスタントの始まり
——初期三十年——』

Winburn T. Thomas, *Protestant Beginnings in Japan The First Three Decades 1859–1889*, Charles E. Tuttle Company, Tokyo and Rutland, VT, 1959

来日宣教師として

この書は、イェール大学に出された博士論文(Ph. D.)である。審査した教授(K. S. Latourette)は、序文にこう記す。

「日本のキリスト教に関心を抱く者にとって、この書は啓発的な著作となるであろう。日本のキリスト教を研究しようとする未来の歴史家は、誰しも本書が不可欠であることを、知るであろう」。

それから、ちょうど五十年が経過した。アメリカの学生や大学院生はいざ知らず、少なくとも日本の研究者にとっては、フルベッキ(G. H. F. Verbeck)や、リッター(H. Ritter)、ケーリ(O. Cary)の著作ほどには知られていない。同書は依然として「未知」の部類に入る。著者のW・T・トーマス(一九〇九年～一九八一年)が一時期を過ごした京都、とりわけ同志社大学でも、事情は変わらない。

最近、永眠した竹中正夫氏(同志社大学神学部名誉教授)は、彼の「先輩」学友である。トーマスの本の書評で、こう紹介する。

「トーマスは京都に長く滞在し、学生基督教運動や社会的基督教の運動に励んだ人であり、現在〔一九五七年〕インドネシアにて宣教師として、東南アジアの教会の発展の為、尽力している」(竹中正夫、書評、『基督教研究』三〇の三、一〇四頁、一九五七年一〇月)。

トーマスは日本に宣教師としてやって来た。キリスト教への圧力が高まろうとする一九三三年のことである。七年後、彼は日米開戦を前にして帰国を余儀なくされた。「先輩」格の宣教師、フランク・ケーリ(Frank Cary)が、研究上のよき手助けをした。

トーマスの著作としては、この本のほかに以下のものがある。

Daikichiro Tagawa, *Church and state in modern Japan*, translated by Winburn T. Thomas; 〔edited by Kikutaro Matsuno〕. Kyo Bun Kwan (Christian Literature Society of Japan), 1939. Winburn T.Thomas and Rajah B. Manikam, *The Church in Southeast Asia*, Friendship Press, 1956.

一八八三年が画期

さて、この書の中身であるが、著者による分析は、一八五九年から一八八九年までの三十年間を対象とする。すなわち、最初のプロテスタント宣教師の来日から、逆風を迎えようとする時期までを、扱う。その間、一八八三年を画期とする（p.156）。これ以後、キリスト教は繁栄の時代に入る、とする。キリスト教が国教のように思われ、政治家が教会の設立を助ける。そして、宣教師がどこでも、もてはやされる。

こうした一八八三年を画期とする捉え方は、けっして新しくはない。たとえば、早くにケーリ（O. Cary）は、一八八三年をこう特定する。

日本では、一八八三年は防衛的なキリスト教が、拡張していくキリスト教へと、明確に変化した年である、と（O. Cary, *A History of Christianity in Japan*, II, p. 164）。さらに具体的には、この年、大阪でプロテスタント宣教師会議が、そして東京で日本人信徒の親睦会が開催されたことが、象徴的である。ひとつの「転換点」を意味する（P・F・ボラー著、北垣宗治訳『アメリカン・ボードと同志社』七三頁、新教出版社、二〇〇七年）。

キリスト教にとって、こうした順風が吹き去るのが、一八九〇年代である。著者自身が体験した一九三〇年の日本は、キリスト教にとっては、さながら一八九〇年代の再来、再現である。戦前の日本で自ら体験した状況を下敷きに、彼がもしも一八九〇年代の「冬の時代」を分析すれば、はたしてどういう結論が出たであろうか。興味深い。

それはともかく、トーマスの分析は、アメリカン・ボード（会衆派）に偏らない。長老派や改革派などにも、公平な目配りをする。ここでは、あえて組合教会や同志社、新島襄などに関する記述を、見ておきたい。

新島襄への評価

まずは、新島襄への評価である。

「新島襄は、説教者としても、また同志社の設立者としても、名声を博した。彼は、いくつかの地区で、日本におけるキリスト教の最高指導者と見なされた。彼は、官界において影響力があったので、アメリカン・ボード日本ミッションの働きに関する数多くの問題で、主導権を発揮することができた」（p.94）。

もちろん、分析されているのは、新島ひとりではない。

「ニューイングランドでなされたものは、日本でも再生産させなければならない、というのが、新島の確信であった。これは、組合教会の中では、ほとんどドグマとなった。アメリカン・ボードのもとで、宣教師がもっとも集中した地区〔ステーション〕は、同志社であった。ここ〔京都ステーション〕は学校であって、熊本バンドを育成して組合教会にした」（pp. 74〜75）。

ニューイングランドと新島との緊密な結びつきは、大事な指摘である。さらに、新島以外の指導者にも、言及する。

「新島襄や沢山保羅《さわやまぽうろ》、熊本バンドがいなければ、キリスト教の歴史やアメリカン・ボード日本ミッションの歴史は、まったく違うふうに読まれたであろう。これらの人たちが、教会に係わったので、教会には信望や、熱心で有能な指導力が備わった。彼らは、逆に自分たちと同じタイプの人間、すなわちサムライを惹きつけた。サムライの多くは、新日本の国務で突出した存在であった」(p. 73)。

新島や沢山の周囲に群がったサムライは、熊本バンドの面々が典型であった。彼らが主としてサムライの出自であったことが、日本のプロテスタントに及ぼした感化を、左右する要因ともなった。

「ミッション・スクール」について

次に注目すべきは、「ミッション・スクール」についての見解である。

「日本のミッション・スクールについては、どう考えても同志社が最初である。最大規模であり、内容ももっとも総合的である。一八九〇年までに大学（university）のステイタスを得たのは、同志社だけである。

厳密に言えば、同校はミッション・スクールではない。アメリカン・ボードに関係する宣教師たちが、神学校を創るという自分たちの計画を、新島襄の計画と合流させた。新島は、ニューイングランドにあるいくつかの指導的なカレッジが、アメリカに対して有するものを、日本に対して持つような学校のヴィジョンを抱いていた。

かなりの数の宣教師が、京都で同志社を作り上げるのにスタッフとして、新島に協力した。けれども、一八七五年十一月のそもそもの始めから、同志社は日本人の学校だった。アメリカ人教員が〔神戸や横浜のような〕条約港以外で住むための許可を取るためには、ミッション・スクールと言うよりも、むしろ日本人としてのステイタスが当然、前提となった。

管理だけでなく、支援の点でも、同志社はまた他のミッション・スクールとは、違った。しかしながら、新島が〔アメリカン・ボード〕日本ミッションの協力宣教師（associate missionary）として給与を貰っていることも、忘れてはならない。〔一八七五年の開校から、永眠する〕一八九〇年に至るまでずっと、学校の管理に関しては、D・C・グリーンやM・L・ゴードン、J・D・デイヴィス、そしてD・W・ラーネッドが、重要な働きをした人たちであった。

同志社の力は、一面では、多数の外国人教員に帰すことができる。彼らは、多くは英語であるが、優れた型の教育を提供した。けれども、他面では、同志社は日本人の学校である。新島が創設者である〔新島学長から、同志社創立者という名誉を剝奪するとしたら、他のふたりの名前、すなわち山本覚馬とJ・D・デイヴィスを共同創立者として、一組にひっくるめる誠実さが、必要であろう〕。

立地や、仏教の砦にキリスト教学校を設立する許可について、官僚と交渉したのは、新島である。強烈な反対を受けながら、学校がじっと耐え忍ぶことができたのは、彼の名声と能力のおかげであった。

運営費の大半に当たる授業料に加えて、日本人支援者から大きな寄附が、懇請され、寄せられた。卒業生の団体〔校友会〕が、学校を支えるために、多少とも責任を負い始めた。資産は、同志社として知られた日本人の団体がこれを保有した。学校の管理は、教員全体に委ねられた。理事会は、日本人そのものである。〔一八九〇年一月に永眠した〕新島総長の後任は、小崎弘道であった。それゆえ、学校のリーダーシップは、設立の日から〔今日に至るまで〕日本人の掌中に握られている」(pp. 101~102)。

以上が、トーマスの「ミッション・スクール」観である。同じ宣教師であっても、D・W・ラーネッドの見方（本書四六頁、一二四頁以下、一三九頁を参照）とは、明らかに見解を異にする。ただ、学校設立を日本人（新島襄）との共同事業である、とする点は、ラーネッドに近い。

「アメリカン・ボードの〔日本〕ミッションは、神学校（seminary）を創りたいという案を、新島のキリスト教カレッジ案と提携させ、一八七五年十一月に同志社を開校させた。最初の卒業生〔熊本バンド中の十五人〕は、神学の訓練を受けた」（p. 105）。

同志社病院と京都看病婦学校

三番目に見るべきは、医療活動・教育である。とりわけ、病院に関しては超教派的な、すなわち他教派との共同事業として病院を建てる構想が、当初、アメリカン・ボードにあった。しかし、この方式はいくつかの反対に遭って、実現しなかった。トーマスが、長老派の反対要因を三つ挙げているのは、貴重である。

「うまく行った医療事業のひとつは、京都の看護学校〔京都看病婦学校〕で、一八八七年にジョン・C・ベリー（J. C. Berry）が創設した。当初、彼は学校と診療所を国際的にするために、アメリカで支持を得ようと努めた。けれども、駄目であったので、同志社付属として設立した。

一八八七年十一月の病棟と寮の献堂式には、京都府知事が来賓に名前を連ねた。長老派はベリー〔アメリカン・ボードの医師〕と共同ですることを拒否した。理由は三つである。私立の看護婦は、日本人の生活と習慣に合わない。設備の整った官立病院が、どの市でも設立されている。医療奉仕は、もはや宣教師にとって主要な領域ではない、というのが、反対理由であった」（pp. 131～132）。

京都の反対勢力

最後に、京都ステーション（同志社）に対する京都市民の反対についての記事である。仏教系新聞からも関係記事を拾うなど、貴重な資料である。

「新島襄は、宣教師を同志社の教師として京都で住まわせるために、彼らのパスポートを取得しようとしたが、地方で大変な困難を経験をした。彼が学校の目的と組織を東京の外務省副大臣に説明すると、反対は止んだ。

京都市民は区役所から、宣教師の家庭を訪問したり、キリスト教の説教所〔伝道所〕に出向いたりしないように、と通知されていた。あるフランス人カトリック宣教師は、一八八三年に京都の仏教徒の学生、百二十人に殴打された。プロテスタント諸教派を特徴付けるために、ある仏教系刊行物は、彼らは『羊の衣を着た狼』とか、『金はあるが、無智に苦悩』、『大昔の規則に従っているくせに、従わない人をバカと見なす』と言う。

けれども、『開導新聞』はこう言う。反対するのは大変危険なので、僧侶は宣教師を追っ払うか、それとも彼らを仏教に改宗させるか、このどちらかを選択せざるをえない、と。『明教新誌』は、時代精神を研究し、仏教を国家の変貌する要請に適応させることの方が、効果的な反対方法である、と確信した」（pp. 48～49）。

第二章 講演

同志社体育の開拓者・ラーネッド

寺町キャンパス

最初に、これをご覧下さい。アメリカン・ボード派遣宣教師で同志社教員である、ラーネッド（D. W. Learned）が書いた地図（**資料①**）なんです。これは書かれた時期が、はっきりしているだけに貴重です。一八七六年の六月十五日、つまり開校七か月目の同志社ですね。同志社の地図としては、おそらくもっとも古いものでしょう。

さらに、これが貴重なのは、寺町キャンパスと今出川キャンパスとが、一枚の地図におさまっている点です。つまり、中央を南北に走るのが寺町通りで、これに面した、今の新島会館や「新島旧邸」の所に、最初の校舎が“School”Ⓐとして出ています。そして現在の今出川キャンパス（“School land”とあります）の所Ⓑにもふたつの建物、つまり「第一寮」と「第二寮」が、すでに記入されています。

ただし、今出川の方はまだ図面の上だけのもので、実際は影も形もなかったはずです。「今日」建築の契約が交わされたばかり、とラーネッドが手紙でミッション本部に伝えているからです。

さらに今、使用中の校舎（借家です）は、「来月」には取り壊されることになった、ともあります（N・G・クラークに宛てた一八七六年六月十五日付ラーネッド書簡。以下、日付のみ）。そのため新校舎が急きょ必要になった、と思われます。

ミッションの議事録によりますと、開校前の計画では、今出川キャンパスの校舎は、日本人の寄付で建てることになっています。しかし、借家契約した最初の校舎の明け渡しが、予定していた時期よりも早まったためか、自前の校舎を建てる時期も、当初の建築計画から見ると早まったのではと、考えられます。そのため資金のメドがたたなかったはずです。結局、費用はミッションが全額を、負担したようです。

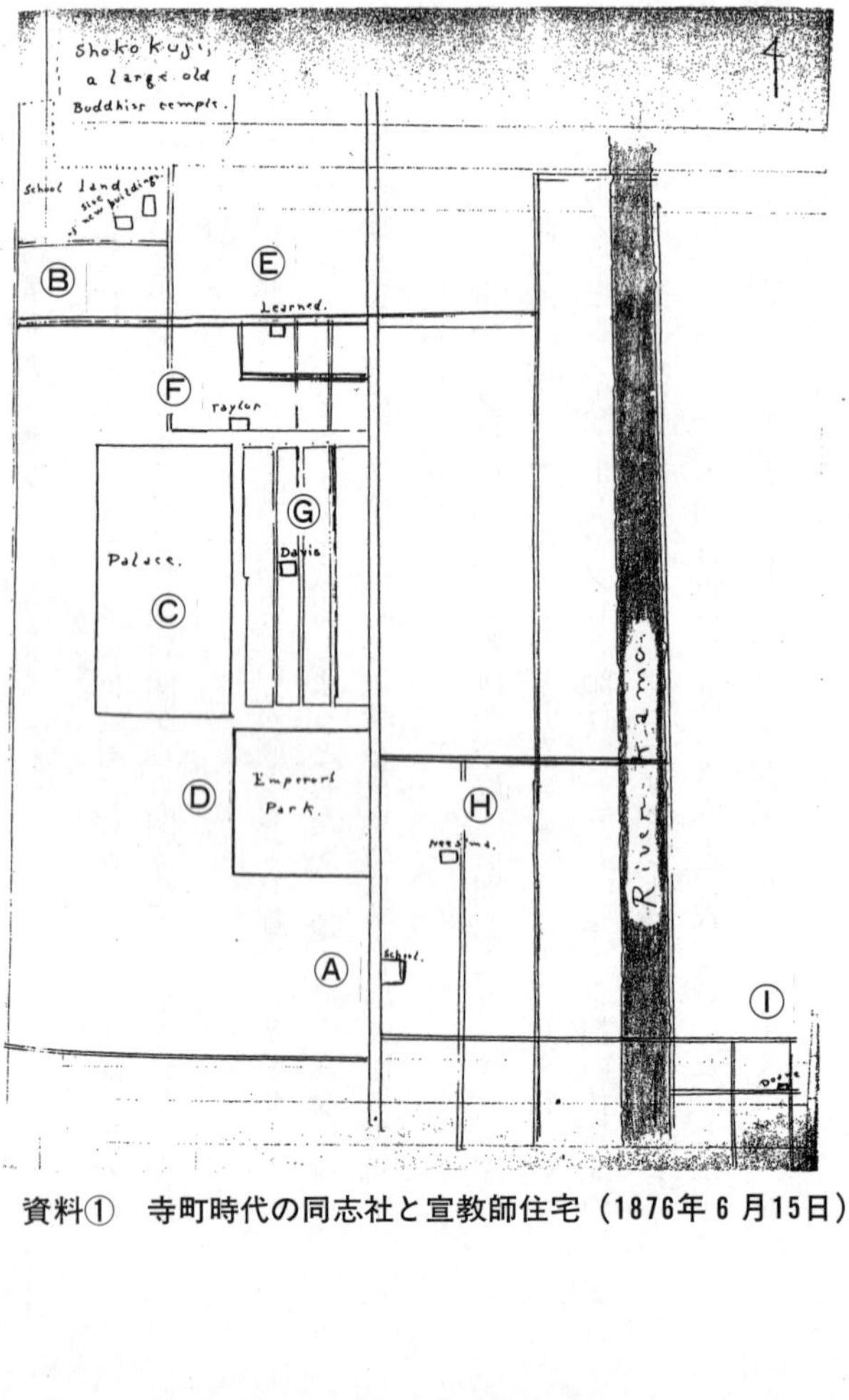

資料①　寺町時代の同志社と宣教師住宅（1876年6月15日）

初期の宣教師館

そのほか、この地図からは「御所」の周辺に、教師たちの住宅が点在しているのが、お分かりかと思います。まだ「御苑《ぎょえん》」が整備される前のことですから"Palace"とある所Ⓒが「京都御所」、そして"Emperial Park"と記された場所Ⓓが、「大宮御所」や「仙洞御所」です。

北から順に見ていきますと、ラーネッドⒺ、テイラー（W. Taylor）Ⓕ、デイヴィス（J. D. Davis）Ⓖ、新島襄Ⓗ、それに右下隅にドーン（E. T. Doane）の家Ⓘがあります。最後のドーンの住宅は、複写の関係で黒ずんでいて見えにくいのですが、よく見るとちゃんと書き入れてあります。これらは新島家を含めて、みんな借家です。ちなみに、ラーネッド家の前を東西に走っているのが、今出川通り、右端に見える黒っぽいタテの帯が鴨川です。

デイヴィスが借りたのは旧柳原邸で、同志社女子部の「発祥の地」です。今は御苑内の「饗宴場広場」の一角ですから、誰でも簡単に行けますが、「京都和風迎賓館」の建設予定地に組み込まれていますので、迎賓館（二〇〇五年四月に開館しました）が出来上がれば、もはや出入り自由、と言うわけには参らないでしょうね。

それはともかく、宣教師たちが借り入れたこれらの住宅の半分は、教会（当初は「公会」と呼ばれています）をも兼ねています。要するに「家の教会」ですね。ラーネッドの屋敷が「京都第一公会」、新島襄の借家が「京都第二公会」、そしてドーンの家が「京都第三公会」と呼ばれました。いずれも同志社が開校された、ちょうど一年後にオープンしています。

これら三つの教会は、今の同志社教会と平安教会の共通の母体です。その前身のひとつを立ち上げたのが、ラーネッドです。彼の家庭が、初期には教会の集会場であったことは、話の展開の上からも、ご記憶願います。

今出川キャンパスの男子校と女学校

次に、もう一枚の地図、と言うよりは見取り図（資料②）ですね、このスライドをご覧下さい。残念ながら、誰がいつ書いたのかは、不明なんです。宣教師の手紙の中に混じっておりました。これもとても珍しいもので、今日が日本初公開のはずです。

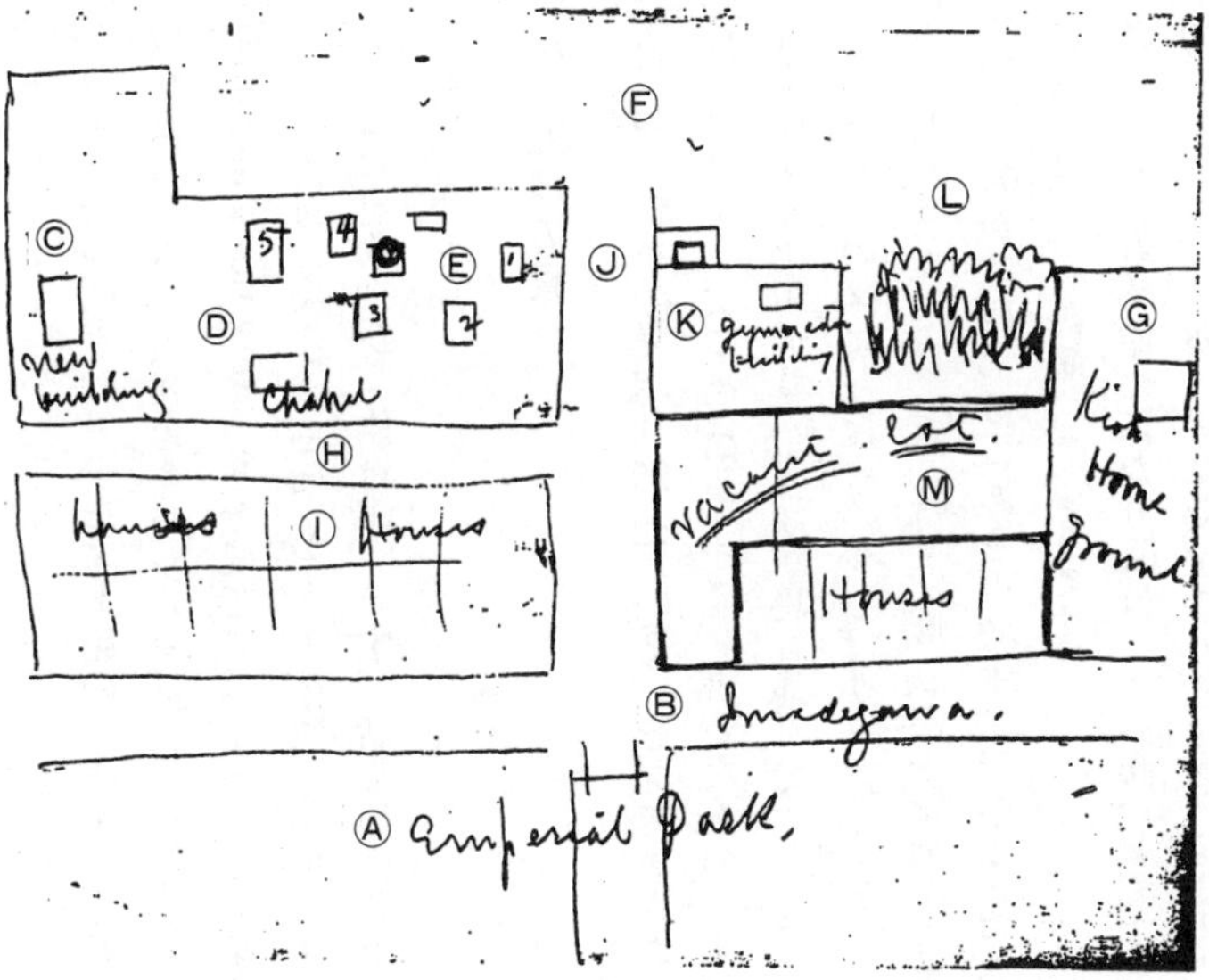

資料②　1884年頃の同志社男子校・女子校

南には“Emperial Park”Ⓐがあります。その北を今出川通りⒷが東西に走っていますから、今の御苑であることが分かります。そして、西の方、つまり左端に“New building”Ⓒとあるのが「彰栄館」です。

だからこの図の作成時期は、これが建った一八八四年ころのもの、と言えます。その右の方に“Chapel”Ⓓとあるのは、今のレンガ造りの「公会堂」ではなくて、初代の木造建築のチャペルです。

このチャペルの北から北東にかけて、番号をふった五つの建物Ⓔが並んでいます。以上の七つの建物がある区域、変形したL字型の区域ですが、これが旧薩摩藩邸跡です。つまり、今の今出川キャンパスのそもそもの始まりです。

男子校キャンパスの東半分を占める一番から五番までの建物は、教室と寮を兼ねます。それぞれ「第一寮」、「第二寮」などと数字で呼ばれました。この後も一八八六年秋の「第八寮」まで、ここに並んで建てられます（一八八七年八月十八日付）。

中央を南北に走るのは御苑から相国寺《しょうこくじ》Ⓕに通じる道路です。そして右端の“Kioto Home”Ⓖ、すなわち「キョート・ホーム」は同志社女子部です。女子部はこのように当初から今出川通りに面していますが、男子校のキャンパスの方は、未だ今出川通りに面しておりません。

L字型のキャンパス（旧薩摩藩邸跡）の南を東西に走っているのが「石橋通り」Ⓗです。この通りと今出川通りの間を埋めているのが“Houses”Ⓘ（民家、というより公家屋敷）です。今は「冷泉《れいぜい》家」を残して、石橋通りも民家もすべて本学のキャンパス、つまり今出川キャンパスに組み込まれています。

さて、この見取り図でもっとも注目すべき所は、ここ、今のアーモスト館のあたりです。第一寮と道をはさんで向かい合っている小さな建物です。これは最初の神学館と言われる、いわゆる「三十番教室」Ⓙです。

その南、つまり今の同志社アーモスト館の一画を同志社はすでに買収しており（おそらく最初のキャンパス拡張でしょう）、学校はここに“Gymnasium building”Ⓚを建てています。その東隣りは竹藪《やぶ》Ⓛでしょう。南は“vacant lot”Ⓜですから、空地です。後でも述べますが、この建物Ⓙが「体育館」です。話しの都合上、ぜひ記憶に留めておいて下さい。

チャペルと五棟の寮

では、次頁の三枚目の見取り図（**資料③**）を見ていただきます。上端が同志社教員のグリーン（D. C. Greene）が書いたものです。相国寺、最下段が今出川通り、右端が烏丸《からすま》通りです。

時期的にはさっきの図よりほんの少しばかり遅く、その分、多少の違いが出ております。ひとつは、変形した十字型の“Proposed New Building”Ⓐが北西部分にある点です。形から見て、「書籍《しょじゃく》館《かん》」、つまり現在の「有終館」のようです。

そう言えば、今の有終館のあたりⒷは、この時、まだキャンパスではありませんから、当初は、彰栄館Ⓒの北に建てる予定だったのでしょう。ラーネッドはこの地Ⓑを四角で囲んで、「売地」と書きこんでいます。したがって、この見取り図が一八八五年ころのものであることも、ここから判明いたします。

今ひとつは、彰栄館と旧木造チャペルⒹの間が、“Exercise ground”（運動場）Ⓔとなっている点です。第一寮Ⓕから第五寮Ⓖまでは、前の資料②と変わりがありません。ただ、“kitchen”（台所と食堂）Ⓗがきちんと書かれています。さらに、ちょっと見にくいですが、右端Ⓘに「道路のこちら側の細い用地は、学校のもの。体育館が、北東部に位置している」と記入されています。

ちなみに、最初の校舎である第一寮Ⓕと第二寮Ⓙは、今の「クラーク記念館」が建てられた時に移築されます。が、前者はその後、老朽化して解体され、現在では地上からすでに姿を消しております。が、第二寮の方は今の室町キャンパスに移築されたあと、女子部にさらに移されます。「新島館」として女子部で寮や教室として活用されたあと、実は「築九十六年」の時、この田辺キャンパス（現京

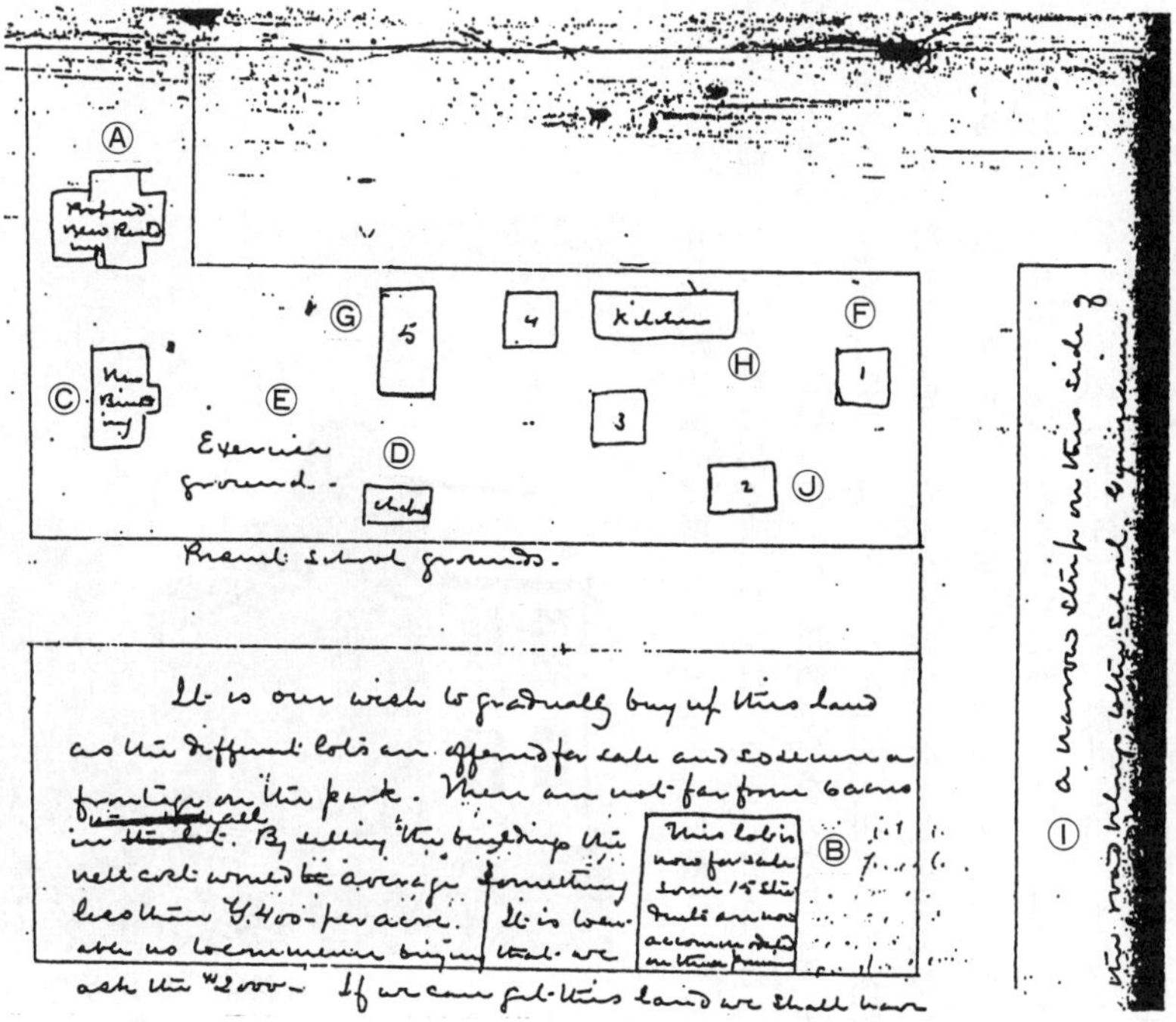

資料③　1885年頃の今出川キャンパス（上半分。下部は京都御苑）

田辺キャンパス）にいち早く移築されております。一九七二年のことです。田辺に何かを建てないと、売り主の近鉄あたりからクレームがつきそうだったのか、よく分かりませんが、とにかく今出川キャンパスの最初の建物が、田辺でも建造物の第一号になった、と言うのは、なんとも奇しきことですね。

ただ、その後に開校された同志社国際中学校が、体育館を建てる時に又々、解体され、現在は、その資材が国際中・高の片隅に積み上げられたままになっています（その後、同志社大学の京田辺キャンパスで保管中）。

新島を語る場合によく引き合いに出される、例の「自責の杖」事件をご存じですね。あの現場はここの一階の集会室でした。また十五人の「熊本バンド」（いわゆる「余科」生）を世に送り出した、第一回の記念すべき卒業式が執り行われたのも、この建物でした。

そういう意味でも、これは同志社にとっては、どこまでも重要文化財です。一刻も早く、再建され、その勇姿を見せてほしい、と願わずにはおれません。

解体と言えば、初代のチャペルは、後に同志社予備校（室町キャンパスにありました）の校舎に転用されますが、その後、これまた解体されます。その時の古材は、一九一三年に建てられた同志社事務室に使われた、というより、「この建物は後、増築して学校の事務所に建て直された」とラーネッドは述べています（D・W・ラーネッド『回想録』三五頁、同志社、一九八三年）。

黄金の十年

四枚目のスライド（**資料④**）に移ります。比叡山をバックにした三つの校舎です。手前から「彰栄館」、「公会堂」（チャペル）、それに「ハリス理化学館」です。それまでのバラック造りの木造校舎に

くらべると、存在感が圧倒的に増して、まさに「偉観」の一言に尽きます。地方から同志社に出て来た学生は、まるでアメリカの東海岸にでも留学したような気分に、なったのではないでしょうか。

三棟のレンガ造りの皮切りは、もちろん一八八四年の彰栄館です。その後こうしたレンガ造りの立派な校舎が、次々と姿を現わします。

二年後の一八八六年には、「公会堂」が竣工します。このチャペルに関して、今日は珍しいものをお目にかけます。これも日本初公開ですが、建物の平面図（**資料⑤**）です。設計を担当したグリーンが、一八八四年十二月二十六日付けの書簡とともに、ミッション本部（ボストン）に送ったスケッチで、翌月二十六日に受理されています。図面中央にタテに並ぶ細かい数字、見えづらいですが、これは座席（収容者）の数です。合計すると、一階だけで四百五十五人を収容できます。

このチャペルに続いて、一八八七年には「書籍館」（初代図書館で、「しょじゃくかん」と読みます）が、建設されました。チャペルよりも完成が遅れたのは、今の敷地――「売地」でした――が急に手に入ったことにより、建築計画が練り直されたからでしょうね。

さらに一八九〇年には「ハリス理化学館」、そして最後は一八九三年（竣工式は翌年一月）に「クラーク神学館」（今のクラーク記念館）、といった具合に、レンガ造りが続きます。

要するに、同志社にある「重要文化財」の建物の竣工は、すべてこの十年間に集中しております。まさに「黄金の十年」ですよね、これは。このことも、ラーネッド抜きには考えられません。詳しく

資料④　レンガ造りの三棟

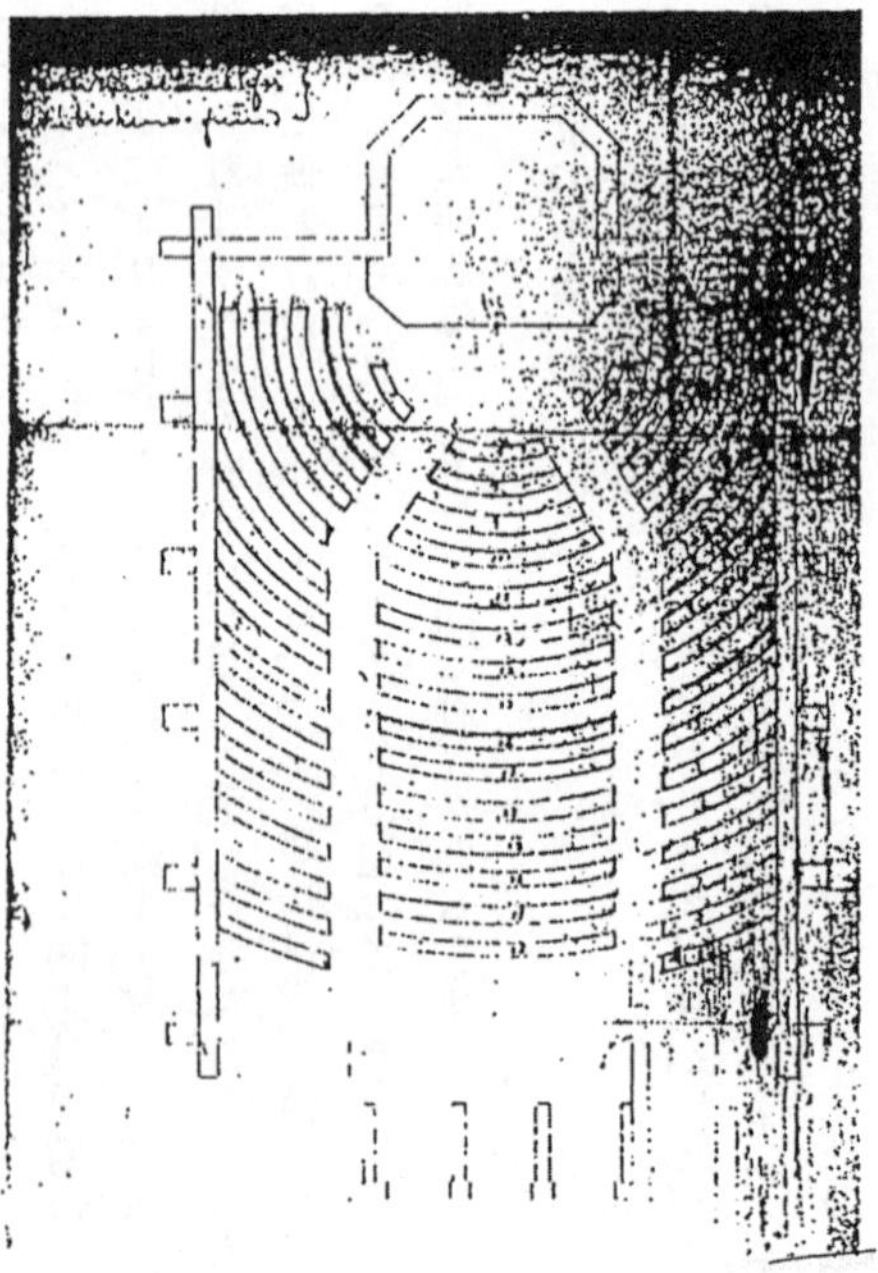

資料⑤　チャペルの１階平面図
（1884年12月26日）

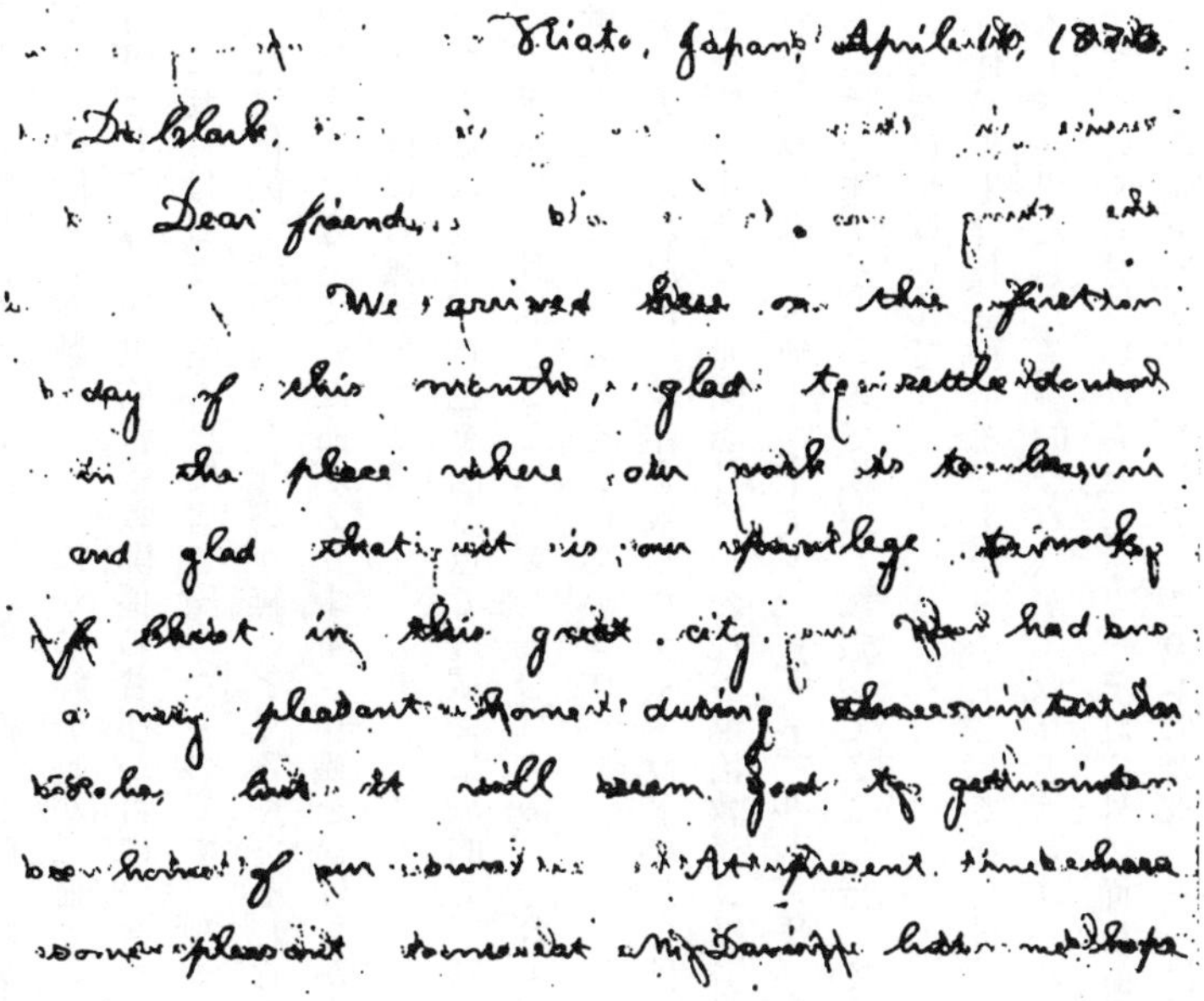
Kioto, Japan, April 14, 1876
Dr. Clark,
Dear friend,

資料⑥　京都（Kioto）発のラーネッド第1信（1876年4月14日付）

は後に述べます。

ラーネッドの手紙

最後の写真はラーネッドの自筆の手紙（**資料⑥**）で、ボストンに宛てて京都から出された最初のものです。

日付が一八七六年四月十四日となっていますから、京都に着いて二週間後のものです。宛て名は、ごらんのようにクラーク（N. G. Clark）です。ボストンにあるアメリカン・ボード本部の総幹事です。初期の宛て先は、ほとんどがこのクラークです。

ラーネッドは几帳面で筆まめな人ですから、何百通もの手紙が残っています。そのうち、本学の人文科学研究所に置かれたアメリカン・ボードの研究会で、これまでに解読が終わったのは、やっと五百通くらいです。

彼の書体は、ご覧のように癖がありますね。同志社に学んだ徳冨蘆花《ろか》（本名は健次郎）は、いまだハイティーンの時ですが、ラーネッドの『天主教論』（一八八五年）や『路加《るか》傳註釈』（一八八七年）の翻訳を手伝ったり、彼の授業を取ったりもしています。

だから、その書体には慣れ親しんでいます。蘆花の目には、「ボウフラの踊った様な右上がりの、小さな学者らしい文字」、あるいは「小さい雅趣のある字」と映っています（『黒い眼と茶色の目』三一頁、六八頁、二四一頁、四五七頁、新橋堂、一九一四年）。皆さんはどう思われますか。

同じく学生であった中瀬古六郎という人は、一時、この文字を真似て「ギリシャもどきの字形」になった、と言います（住谷悦治『ラーネッド博士伝』五六頁、未来社、一九七三年）。やっぱり、ラーネッドが元々はギリシャ語の教師だったからでしょうか。

試しにこの手紙の冒頭の部分を訳しますと――

「今月の一日に当地に到着いたしました。私たちの仕事を始めることになる任地に落ち着くことができ、うれしく思います。この偉大な都市で、キリストのために働けるのは、うれしいことに私たちの特権です」。

彼の場合、この時の「初心」が、半世紀後の同志社離任まで見事に終始一貫しています。そのことは、おいおい理解していただけるもの、と思います。

ラーネッドの著作と研究

さて、そのラーネッドに関してですが、手紙とは裏腹に、彼が残した回顧文の類いは、在職期間が長かった割りには極端に少ないですね。わずかに最近（一九八三年）、同志社がまとめて『回想録』として発行したものがある位です。いくつかをかき集めても、ご覧のようにこんなに薄い小冊子です。

それに対して、生前に彼が公刊した著作は、かなりの数にのぼります。種類としては、聖書の注解書が約三十冊、教会史が数冊、キリスト教関係書が数冊、そのほかに経済書が二冊といった具合です。分野としては、圧倒的に宗教関係の著作が目につきます。

これらは必要に迫られて書き綴ったものです。神学生や伝道者、それに信徒が読む適当な類書が無いと見るや、それらの刊行を自分の使命、と考えていた節があります。知識をひけらかす、と言う趣味は、彼には無縁ですから。

要するに彼は、自己を語る点では誠に禁欲的で、寡黙そのものです。手紙にも私的なことは必要な場合にのみ、それも最低限にしか触れない、という姿勢を貫いています。

一方、これだけの著作を残したラーネッドにしては、研究書に恵まれていません。元同志社総長の住谷悦治教授（経済学部）が書かれた『ラーネッド博士伝—人と思想』（一九七三年、未来社）があるだけです。重たいのですが、頑張ってここに持ってまいりました。こんなに分厚いんです。

住谷先生は社会科学者ですから、主として社会科学の分野でラーネッドが果たした先駆的な貢献が、取り上げられています。したがって、いくら分厚いからと言って、それ以外の面をも含めてラーネッドの全貌を把握することを、この本に要求するのは、筋違いと言うものです。

ただ、現在の私から見て、はなはだ残念なのは、ラーネッドが書いた手紙が、ほとんど使われていないことです。ハーヴァード大学に保存されている彼の書簡類は当時、すでに利用が可能な状態にあったのですから、それらをお使いになったら、もっと生き生きとしたラーネッド像が描けたのに、と思わずにはおれません。

ふたつのエピソード

実際、彼の記録の中には時々、ハッとさせられるような事柄が、転がっています。同志社のいわゆる「正史」からは、こぼれ落ちている事柄なんです。一世紀を経て、自分の手紙が同志社に「里帰り」し、今日のような使われ方をするとは、ご本人もよもや予測しなかったでしょうね。

ふたつ、紹介しましょう。ひとつは、一八七七年十一月十四日の書簡です。創立当初の同志社は、きわめて厳しい校則を持っていました。寮内で窃盗を犯した学生が出て、退学処分を受けた。ところが、他の寮生たちが、学校当局に揃って願い出た、と言うのです。ぜひもう一度、彼に勉学のチャンスを与えてほしい、自分たちが全員で彼を信仰に導くから、と。これが功を奏して、件の学生は復学を許されています。

もうひとつは、ひとりの学生がクリスマスを前にして、新島校長に酒を飲んだことを「自首」いたしました。いつ酒を飲んだかと言うと、なんと何か月も前の夏休みなんです。それも学内の寮ではなく、帰省中のことです。東京に遊学している学生たちに勧められて、二度ばかり飲んでしまった、と言うのです。「自白」さえしなければ、まずは絶対にバレない事実でしょう。それが良心の呵責に耐え切れなくて、彼の方から新島のもとに駆け込んだと言うのです（一八八二年十二月十八日付)。

この二例から分かるように、初期の同志社の校風は、大変に宗教的と言うか、倫理的でした。学園教会と学園とが、一心同体の関係にあったからこそ、こう言う雰囲気が、おのずから醸されたんでしょうね。

ところで私なんか、自首して来た学生に対する処分に関する新島の対応に大変、興味があります。新島という人は、教育者であると同時に宗教者でした。校長としては、校則違反に対しては断固たる態度をとらねばならない。が、牧師としては「あなたの罪は赦《ゆる》された。あなたの信仰があなたを救った。安心して行きなさい」と言って、帰したいところでしょうね。さだめし、身を裂かれるようなジレンマの立場に立たされたのでは、と想像したくなります。

宣教師から見た新島校長

それはともかく、他の外国人教師にも、例えばデイヴィスの手紙にも思わぬ「掘り出し物」が時に散見されます。たとえば新島のことをボストンの本部に宛てて次のように率直に書いた手紙です。

「新島氏は、神学教授には向いていない。初歩的な仕事ならこなせそうだけれども」と言うのです(一八七八年二月二十三日付)。これはおそらく新島自身の告白に基づいているんじゃないでしょうか。というのは、同志社開校の寸前(三日前です)になって、新島校長はデイヴィスにこう言った、と伝えられているからです。「他にやれる人がいるのなら、自分は降りたい。神学校で教えたくない。伝道に専念したい」と(一八七五年十一月二十五日付)。

さらに、デイヴィスの別の手紙(一八八〇年三月一日付)ですが、岡山に出張伝道中の新島に関してこうもあります。かい摘まんで言えば、「彼の地で大変、好成績をあげている。彼はこういう仕事には向いている」と言った内容です。

このほかにも、ほかの場所で前に紹介したことですが、カーティス(W. W. Curtis)と言う宣教師が、教会や学校の経済的「自給」に関する問題をめぐって新島と論争した末、「もう金輪際、この件では、新島と口をきかない」と息巻いています(N・G・クラーク宛の一八八一年二月二十三日付カーティス書簡)。

ラーネッド自身も、例の「自責の杖」事件のさい、新島の処理の仕方に不満を表明したことが、あります(拙稿「新島襄『自責の杖』事件の真相」下、一〇七頁、『同志社談叢』一四、同志社社史資料室、一九九四年)。

ラーネッドやデイヴィスを含めて、同僚の外国人教師から見た新島観は、おおむね好意的なのです。それでも時には今、見たような辛口の人物評が混じります。他の文献にはまず出ないような事がポロッと出る。宣教師の書簡を読む楽しみは、こういう所にもある、と思います。

ラーネッドの評判

では、当のラーネッドの人物像はどうか、と言いますと、これまた、いろいろの評判が立っています。しかし、卒業生たちの思い出では、期せずして一致する点があります。「学者」としては同志社では最高、しかも「人格者」である、と言う点です。これは衆目の一致するところです。時には「聖人」とか「仙人」呼ばわりされます。(『創設期の同志社』五七頁、一一〇頁、一五六頁、同志社社史資料室、一九八六年)。

たとえば、蘆花です。同志社を舞台にした小説、『黒い眼と茶色の目』の中で、「協志社(同志社)宣教師の中で、学者と名のあるラールニングさん」と持ち上げております。

別の所では、学者は学者でも「真面目に頓狂な学者」で、学生の前で「真顔で放屁《ほうひ》」したり、勉強時間に学生が来て邪魔でもすると「あなた、もう、お帰りなさい」と平気で追い返したりした、と描写しております（四五七頁）。

一騎当千の例の「熊本バンド」たちも、ラーネッドだけには脱帽です。バンドの中で指導的な位置にいた小崎弘道さえ、「孰《いず》れの教授に対しても、不平不満のみ多く、何一つ満足したことはなかった。斯る際に当って、私共が最も尊敬していたのはラーネッド教授のみ」と断言している位です（『ラーネッド博士伝』五二～五三頁）。

その一方で、「聖人」とか「仙人」と見なす人さえ、卒業生のなかには見受けられます。もっとも、時間厳守（その徹底振りは後述します）をするあまり、「変人」、「奇人」視する学生が、いたのも事実です。

それでも、グリーンのように、学生たちから授業をボイコットされたり、ついには退学者を出す事態にたち至った、と言うことはありません。授業の面では、相当の信頼を受けていたようです。

ただ、日本語はもちろん、英語でさえも分かりにくい発音だったようで、これには学生も大いに閉口しております。これに関しては、愉快な話が伝わっています。ある時、京都から丹波へ伝道に行って、日本語で説教したところ、土地のひとが、「先生の英語は所々、日本語に似ていて分かりやすい」と言ったとか（『ラーネッド博士伝』六八頁）。おおいにありえる話ですね、これは。

来日前のラーネッド

それはさておき、日本に来る前のラーネッドの路歴を、紹介しておきます。彼は一八四八年十月にコネチカット州のキャンタベリーで生まれています。新島より五歳、年下と言うことになります。父親が牧師をしていた関係で、その後ニューロンドン（この地名も記憶に留めておいて下さい）に移り住んだようです。

イェール大学とその大学院を卒業しますが、『回想録』（二〇頁）によれば、同期生の中で上位五人に入る成績だったようです。

もちろんこれは、彼の謙遜にすぎません。同級生によれば、ラーネッドの席次は「常に首席、又は次席」であった、といいます（『ラーネッド博士伝』八頁）。

イェールの大学院を出た後は、地方（ミズーリー州）のセイヤー大学のギリシャ語・ギリシャ文学の教授として二年間、勤務します。いずれニューイングランドにある伝統校に戻ることが、夢であったようです。最終的にはイェールでしょうね。彼の家系からは、イェールの学長が三人も出ていますから。

それが就職二年目の一八七五年の夏に、アメリカン・ボードを通して同志社の教授として招聘を受け、日本行きを決断します。その間の消息や日本を志望した理由は、定かではありません。彼が日本で働くことを決意した頃は、同志社は未だ開校される前のことで、海の物とも山の物とも分からぬ時期です。そのことを考慮に入れると、あえて未知数の、しかも異国の新設校に賭けるラーネッド（すでに博士でした）の心意気が、なんとなく伝わって来ますね。

訪日を決断した彼は、そのために急いで、按手礼を受けて正式に牧師となります。ついでほとんど同時に、フロレンス（Florence）という女性と結婚いたします（一八七五年七月十四日付）。この若夫婦（本人は二十七歳。夫人はほんの十八歳です）にとって、オリエントへの旅路は、さながら新婚旅行のようなものでした。

サンフランシスコから横浜経由で神戸に着いたのが、一八七五年の秋、正確に言いますと十一月二十六日です。同志社が開校する、ちょうど三日前のことです。彼らは直ちに京都に入り、先に京都に入っていたデイヴィス一家と合流したかったのですが、パスポート（京都居住許可）が取れない。仕方なく「神戸ホーム」（神戸女学院の前身である女子ミッション・スクール）に身を寄せて、日本語の勉強などをしながら、ひたすらパスがおりるのを待ちました。

ラーネッド、京都へ

開校一か月の時点でようやく仮免許が取れたので、暮れ（十二月二十九日）から正月にかけて十日間ほど、京都に滞在することができました。おそらく夫妻して、デイヴィス邸（旧柳原邸です）に泊まったもの、と思われます。

この時、大阪から伏見港までは、淀川をのぼる川舟を利用します。なんと奇しくも新島が、大阪から同船しております。これが二人の初対面です。

元日には、新島にデイヴィスを加えた三人で、比叡山に登っています。彼ら三人は、山頂から古都を見下ろして、どんなことを語り合ったのでしょうか、興味ありますね。

翌二日には、山本八重が受洗し、三日には新島と八重との結婚式が行なわれています。いずれもデイヴィスの借家でのことですから、ラーネッドも参加しております。古都の正月をあれこれ見聞した後、いったん神戸に戻っています。

正規の居住パスが取れたのは、それより三か月後の一八七六年三月でした。ただし、三月十五日から向こう三年間限りです。四月一日に夫妻して入洛したことは、前に見た通りです。半世紀以上にわたる彼らの同志社生活が、こうして始まります。

ラーネッドは、適当な借家が見つかるまで、ひとまずデイヴィス家の厄介になります。十日遅れて、女性宣教師のスタークウェザー（A. J. Starkweather）も入京し、やはりデイヴィス邸に同居いたします。同家は部屋数が五十とも百とも言われていますから、割り引いたとしても、スペースとしては十分だったのでしょう。

当時はアメリカ人、それも「耶蘇《ヤソ》」に家を貸してくれる市民は、京都ではそうはおりません。かりに契約までこぎつけても、相手がクリスチャンだとわかるとすぐ破談です。ラーネッドの場合、そういうことが三度続きました（『回想録』一二頁）。結局、今の女子部の南方向かい、今は御苑の中ですが、そこにラーネッドがやっと借家できたのが、五月十五日のことです。借家探しに実に一か月半、かかったことになります。

ここに移ってラーネッドは、さっそくハンコを作っています。「ラル子《ネ》ド」と彫らせています（一八七六年六月十五日付）。その後、今出川通りをはさんで向かいの二條家跡に、女子部（いわゆる「京都ホーム」です）が移ってきますので、彼はそこにしばらく住み込みます。「京都ホーム」はスタクウェザーが、デイヴィスの借家で始めた女子塾です。

ラーネッドが女子部の隣接地を購入し、自前の宣教師館を建てて入居するのは、それからしばらくのことで、場所は女子部の東側です。そこは、最終的には女子部のキャンパスになりますが、今、同志社女子大学の体育館（二〇〇八年に新しい純光館になりました）や同窓会館、幼稚園がある所ですね。と言うことは、ラーネッドが半世紀を越えて住んだ場所は、半径百メートル程の円内に限られます。ちなみに後に紹介するように、幼稚園もラーネッド家の敷地内で生まれます。

日本に帰化することも

さて、入洛後三年にして、居住パスの再交付と言う難問題が、ゴードン（M. L. Gordon）を新たに雇う件とともに、浮上してきます。さすがのラーネッドも、一時はほとんど絶望し、パスのいらない神戸へ転出することを、真剣に考えます。どうやら京都府知事の槇村正直が、同志社に対する態度を一変させ、外国人教師の増加に反対しているらしい、とラーネッドは受け止めています。

同志社での仕事を「天職」のように考えて、校務に打ち込んでいた彼は、この時、京都に残れるものなら何でもする覚悟でした。治外法権を放棄すること、さらには日本に「帰化」することさえ、考慮しております（一八七九年二月八日付）。

最近、同志社が古書店から購入した槇村知事宛ての新島書簡は、ちょうどこの時期のもの（同年二月三日付）です。新島はこの件のためわざわざ東京へ赴いて、森有礼《ありのり》を通じて外務卿の寺島宗則に懸命に陳情します。その結果、知事の添書があればＯＫ、との回答を引き出すことに成功しました。そこで新島は知事に対して、宣教師雇用の必要性を力説し、添書の件を頼みこんでおります。

それが功を奏して、二月十七日にようやくパスが取れました。ラーネッド自身は、可能性はあるとしても万分の一、とほとんど諦めかけていました。京都に残るために、帰化する覚悟をすでに固めていましたので、ほんとに安堵の胸を撫で下ろすことができました（一八七九年二月付）。

ところで、帰化してまでも京都に残りたい、とそこまでラーネッドが望んだのは、なぜだったんでしょうか。実は、その背景には「自分以上に同志社で働きたいと思っている者は、ほかにはいない」との自負と誇りがありました（一八七八年三月七日付）。

それを客観的に立証してくれるデータもあります。日本ミッションの他のメンバー（宣教師）は、ほとんどの者が何年間に一度は、一年間の休暇を得て、帰国するのを楽しみにしていました。それとは対照的に、ラーネッドの場合は、半世紀の間に「里帰り」したのは、たったの二回だけです。一回目と二回目との間は、なんと三十年も開いています。いくらなんでも少なすぎます。外国人教師でありながら「同志社人」に成り切っていた、と言ってもウソではない数字です。

のちに彼はこうも言っています。「青年が好きで、彼らの心を捕らえる術を知っている者にとっては、同志社のような日本の学校で下級生クラスを教えることほど愉快で、ためになるものはありません」と（一八八三年七月一日付）。世にはいわゆる「はまり役」と言うのがあります。ラーネッドに対する同志社教授こそ、まさにそれにぴったり、という感じです。要するに天職というか、「相性」がよほどよかったのでしょうね。

受け持った教科

さて、開校一年後の一八七六年の秋に、同志社は寺町丸太町上《あが》ルから、かつての薩摩藩邸跡に移ります。自分の土地に自前の校舎、さしずめ「自社ビル」と言ったところですが、二棟の校舎と食堂を建て、授業を始めます。学生も熊本洋学校からの転校生（いわゆる「熊本バンド」）が、その数は三十人とも四十人とも言われますが、大挙して入ってまいります。同志社は雑然とした私塾から、ようやく学校らしくなります。ラーネッドは、実質的にはこの時が同志社の開校、と見ています。それまでの寺町キャンパス時代は、いわば助走というか、「仮開校」のようなもの、と言うのでしょう。

寺町時代に、と言ってもラーネッドは赴任が遅れましたから、春学期だけです。彼が受け持ったのは毎日、午前中に二コマだけ、幾何（学生二人）と算術（六人）のクラスでした。ちなみに数学は彼の得意科目らしく、四ケタか五ケタの自乗くらいは、暗算でこなした、と言います（『創設期の同志社』二八〇頁）。

算術教師を皮切りに、以後は「何でも屋」です。専門のギリシャ語は言うにおよばず、英語、人文科学、社会科学、自然科学、体育と実に広範な分野にわたっています。五十年間に彼が教えた教科を、ざっと拾い上げてみますと――

英語（読本）、英文法、英会話、ギリシャ語、ヘブライ語、ラテン語、神学、聖書（旧約、新約）、聖書地理、教会史、歴史、英国史、キリスト教史、修辞学、自然哲学、精神哲学、政治学、経済学、国際公法、算術、幾何、三角法、物理学、天文学、地質学、体操。

多いですね。今風に言うと「スーパー講師」です。こういう教師がひとりいてくれると、時間割を組むのも、実に楽でしょう。ここに挙げたうち、「経済学」は住谷先生の先ほどの研究書で、すっかり有名になりました。が、こうして担当教科を羅列してみますと、経済学すら“one of them”で、かなり色あせて見えてしまいます。

事実、前にも触れましたように、数ある彼の著作のうち、経済書はたった二冊だけです。圧倒的に多いのは、もちろん神学や聖書の分野です。ところが、この面に関して言えば、門外漢の私にはよくわからないことが多いのですが、「牧師」、あるいは「聖書注解者」や「神学者」としての彼の評価は、まだまだ不十分です。

いち早く「体操」を教える

で、今日もそれは脇に置いたままで、お話しを進めます。まず、宗教以外の面で強調しておきたいのは、「体操」です。これまでにも、「体操までも教えました」と自分で証言しておりますから（『回想録』一二頁）、これ自体は、さほど珍しくは、ありません。問題は、いつ頃から、どんな風に始めたか、です。

ラーネッドの手紙には、なんと、今の今出川キャンパスの中心部（薩摩藩邸跡）に移った翌月（したがって一八七六年の十月ですね）に「簡単な体操」(some simple gymnastic exercise) を校庭で教え始めた、とあります（一八七六年十月十六日付）。当時の用語で言うと、「軽体操」(light exercises) と呼ばれたヤツで、「亜鈴」や「棍棒」、「球竿《きゅうかん》」と言った簡単な用具だけを、使用する体操です。後に「普通体操」と改称されますが、木馬や鉄棒などの設置器具を使わない点で、「重体操」と区別されています。

この点は、卒業生の証言もあります。「球竿を四人でもって、それを詩《うた》に合わせて動かした運動」などをラーネッドから習った、と言います。正課ではなく、放課後の選科（しかし、全校参加）として四時から五時位まで行なわれています。器具も球竿だけでなく、しだいに棍棒や亜鈴なども、完備されていったようです（『創設期の同志社』四六頁）。

あとでお話しするように、アメリカ、たとえばアーモスト大学では、体操は楽器を使って拍子をとるのが、普通でした。日本（体操伝習所）でもピアノに合わせて体操をやっております（今村嘉雄『学校体育の父リーランド』三八頁、不昧堂書店、一九六八年）。ところが、同志社ではピアノがなかったためか、「歌に合わせて」やっております。教師が「口三味線《くちじゃみせん》」で間に合わせたのでしょうね。

体育教師でもないラーネッドが、そもそもこの軽体操に取り組み始めた動機は、何か。日本の学生たちが、運動や健康管理にあまりにも無頓着すぎる、それが大変、気になったこと、ならびにアメリカの子供たちがするようなゲームをして遊ぶという考えが、まったく欠けていることに、驚いたからです（一八七六年十月十六日付）。

フットボールや玉投げも紹介

そこで、ラーネッドは、生徒たちが身体を動かすためにやむなく「遊戯」（ゲーム）も同時に教えたようです。同志社で「フットボール」を紹介したのは自分だ、と『回想録』（五二頁）で打ち明けております。アメ・フットやラグビーではなく、おそらく「蹴球」（サッカー）でしょう。初期の卒業生も、在学中のスポーツと言えば、「遠足、登山、フットボール位」と言った証言を残しています（『創設期の同志社』四頁）。

巷間では、サッカーは一八七三年に「工学寮」のイギリス人教師が、日本に初めて紹介したことになっています。ラーネッドはこれより多少、遅れをとるとは言え、同志社のスポーツの歴史において、彼が果たした功績は、今少し評価されてもいいような気がします。

このほか、彼が導入した遊戯のひとつが、「玉投げ」であったことも、卒業生が明かしております。校内の「球戦場」（グラウンドでしょう）で土、日を除いて平日の四時から五時まで、全校が二組に分かれて闘います。玉を当てられた者は殺されたので、鉢巻きを外して行く、というルールです。どちらかの組の最後の一人が殺されるまで、ゲームは終わりません。

そのための玉は、新島夫人（八重）の発案で、古布に布団綿を石のように堅く入れたものを、女子部（同志社女学校）の生徒が作った、と伝えられています。さすが、戊辰戦争で従軍経験のある八重らしい発想ですね。ある学生は、この玉で「打ち合い」をして遊んだ、とも回想しています。

しかし、しだいに過激な「殺伐の運動」となり、目玉をひどく腫らす、といった危険なケースが出始めました。そこで、一年ほどしてラーネッドは、木の棒を鉄砲代わりに持たせた「兵式体操」を導入します。

この時も彼は、格好がおかしいだけでなく、拍子をとるためだったのでしょう、当時はやった流行歌を歌ったそうです（『創設期の同志社』四六頁）。

アーモスト方式の体育を導入

ところで、ラーネッドは何を参考にして同志社で体操を始めたのでしょうか。答えは、彼の手紙の中にありました。アーモストやイーストハンプトン（Easthampton）でやっているような「軽い体操」（regularexercises in light gymnastics）を定期的に実施している、学生たちもこれに興味を示している、と報じております（一八七九年十一月十五日付）。

アーモストと言えば、もちろん新島襄が学んだ学校ですが、同校はアメリカで体育教育がもっとも盛んな学校として知られていました。一八六〇年頃、全米で最初に保健体育科、体育専任教授、体育館などを揃え、体操を必修科目としております。新島がそこに留学中に書いたキャンパスの見取り図（『新島襄全集』三、五七頁）にも、もちろん体育館（『ジム子《ネ》ジャム』）が「書生の球遊する所」として、ちゃんと入っております。体育は必修でしたから、新島も受講したはずです。はたして何を習ったのか、想像するだけでも楽しいですね。

もう一つのモデル校であるイーストハンプトン（マサチュセッツ州）は、日本では無名です。同地にあるウィリストンという男子校（Williston Academy）のことです。ラーネッド（それに札幌のW・S・クラーク）の母校です。この高校もアーモストに劣らず、体育やスポーツに熱を入れました。要するに、ラーネッドは、自分が高校時代に受けた体育を想い出しながら、京都で体操を試みたのです。

日本における学校体育の父・リーランド

教科書風に言えば、わが国の本格的な体育教育は、東京（神田一ツ橋）の「体操伝習所」に始まります。今の筑波大学の前身です。これが出来たのが一八七八年十月のことで、体育館などの諸施設が一八七九年の春に完成しています。（今村嘉雄『日本体育史』三四一頁、不昧堂出版、一九七〇）。教師としては、リーランド（G. A. Leland）という医師が、お雇い外国人として来日しています。

彼は、田中不二麿の要請にもとづき、アーモスト大学のシーリー学長（J. H. Seelye）が推薦した体育の教師です。

田中は一八七六年に二度目の渡米をしたとき、「アームスト大学附属体操学校〔バレット体育館のことです〕の整備せるを目撃」し、体育の重要性に目を開かれた、幸に大学長〔のシーリー教授〕は曽《そう》識《しき》の人なれば、是《これ》と商議す所あり、竟《ここ》に該校出身のドクトル・リーランド氏を聘すること〻なれり」と回顧しております（『開国五十年史』上、七三一頁、開国五十年史発行所、一九〇八年）。

田中と言えば、彼をアーモスト大学に最初に案内したのが、「岩倉使節団」に協力した、留学中の新島であることは、比較的よく知られています。田中本人の回想にも出ております。「当時、留学生富田鉄之助氏、予が為に能く通弁の労を執れり。又、予は在米中新島襄氏を伴ひて、米国諸州を巡視し、転じて欧土に航行し、各国の教育制度を探討し、大、中、小諸種の学校を視察せしが、其益する所のもの、亦鮮からざりき」（同前、七〇七頁）。

とりわけ、リーランドの母校、アーモスト大学を視察した効果は、絶大でした。リーランドは、新島がアーモストを卒業した一八七〇年に入学していますから（『学校体育の父　リーランド』六一頁）、新島の後輩にあたります。

このリーランドは、アーモスト大学体育主任のヒチコク教授（E. Hitchcock）の教え子に当たります。だから、リーランドが日本に導入した体操は、明らかにアーモストの体育方式です。

もってアーモストの影響の大きさが分かろうか、と言うものです。日本で最初、と言われる体育伝習所の体育館も、ひな型はアーモストのものです。

で、ラーネッドもこのアーモストをモデルにして、同志社で体操を始めました。その時期が、東京におけるリーランドの取り組みよりも早い、という点に注目して下さい。なにも経済学だけじゃないのです。体育の分野でも、彼は立派にパイオニアなんです。リーランドが日本における「学校体育の父」ならば、ラーネッドは立派に「同志社体育の父」と言えましょう。

ちなみに、リーランドは三年契約（当初の契約は二年）の職責を果たしたのち、ヨーロッパで研修を積んでから帰国しております。その間に、次のような興味深い出来事がありました。

伝習所での務めが、当初の契約通り二年で切れようとする一八八〇年の秋のことでした。アメリカン・ボード日本ミッションは彼を「ミッションの医師」として確保したい、と動き始めました。医療宣教師のM・L・ゴードンが彼に打診をしたところ、その職務に就く気持ちがすぐにはない、との回答が返ってきましたので、この計画は日の目を見ることなく終わりました。もっとも、同志社の教師ではなく、任地は熊本が想定されていたようです（一八八〇年九月二十七日付M・L・ゴードン書簡）。

この時、ミッション本部（ボストン）のクラークの側では、リーランドが日本政府との契約期間を一年延長したことを、すばやく摑んでおり、ゴードンに対して、採用は「問題外」と回答しています（一八八〇年一〇月二日付N・G・クラーク書簡）。

それにしても、この時にアメリカン・ボードが、リーランドを日本で採用できておれば、同志社の体育の内容も、大きく変わっていたことでしょう。

同志社は体育の先進校

　それはそれとして、その後、同志社の体操もしだいに雨天対策が必要になります。日本ミッションの議事録を見ますと、一八七九年の六月に開かれた年会で、同志社が体育館とチャペルを建てることを認めています。

　その五か月後、ラーネッドは手紙の中で、「ごく簡単な体育館」(a very simple gymnasium) を建築中、と伝えております（一八七九年十一月十五日付）。翌年の報告書に彼が、「去年の秋に体育館を建設」と記入しているところを見ると、十一月の末、あるいは遅くとも十二月には完成したもの、と思われます。そこでは教師の一人（おそらくラーネッド）が週に四回、軽体操を指導していること、随意科目にもかかわらず、実に多くの学生が参加し楽しんでいること、が書き添えられています（「京都ステーション年次報告」一八八〇年五月一日付）。

　同志社の体育館は、東京の体操伝習所の体育館（これは、一八七九年四月に竣工した国内第一号です）よりも、わずかに遅れはしました。が、私学の同志社が、単なる英学校にもかかわらず、早くに体育館を備え、教科として軽体操を教えたことは、日本の体育史の上で見逃すことが出来ない事実です。

　ちなみに、初代の木造チャペルの竣工は、一八七九年の十二月ですから、体育館も相前後して完成したことになります。チャペルと体育館とが、ほぼ同時に揃うことにより、同志社は急に学校らしくなったはずです。いわゆる「徳育」と「体育」のための施設が、ほぼ同時に備えられたのは、誠に異色、と言えませんか。

　なお、体育館の正式な名称は不明です。学校の記録にも見当たりません。体操伝習所では「体操教場」と呼ばれました（『日本体育史』三四一頁）。同志社では学生から「雨天運動場」（『ラーネッド博士伝』六七頁）とか「雨天体操場」（『黒い眼と茶色の目』二五一頁）、「体操場」（『原田助遺集』三五頁、私家版、一九七一年）、「運動室」（『池袋清風日記』下、三七頁、同志社社史資料室、一九八五年）と呼ばれたりしています。完成後は校内で一番、収容力がありますから、創立式典や卒業式などの諸集会にも利用されました。この田辺キャンパスにある体育館みたいな感じです。

　日本ミッションの「一八八一年度学校報告」（同年五月十一日付）にもこうあります。体育館で定期的に行う体育の授業は、学生の関心を引いている、体育は彼らの健康維持に役立っているように身受けられる、といった具合です。

　それから、体育館が建てられた場所にも、興味をそそられます。先ほどスライドでご覧いただいた所ですが、現在の「同志社アーモスト館」の敷地の一角です。アーモスト館ですよ。これはなんとも奇遇ですね。今の同館前庭あたりも、一時は「球戦場」だったのでしょうか。たとえそうではなくとも、日本の体育教育において、東の体操伝習所と並んで、ここがアーモスト大学の体操方式をいち早く日本に導入した所、とはなんとも愉快ですね。

その後の体操と体育館

　それ以後、いつ頃までラーネッドが体操を受け持ったのか、詳しいことは不明です。ただ、一八八〇年の春に入学した原田助《たすく》（のちに同志社総長になる人で、一八八三年まで在学します）にもラーネッドは体操を教えています（『回想録』一二頁）。

　だから、体育館が出来てからもしばらくは、体操を受け持っていることだけは、確実です。

　一八八六年に再入学した徳冨蘆花によると、新学期（九月）から

「陸軍の下士官上り」が、「徒手体操」を始めております。そして、年末に文部大臣の森有礼《ありのり》が来校したさいには、選抜された学生たちが「寮間の芝生」で模範演技をして見せた、と言います（『黒い眼と茶色の目』二四二頁、一七四頁）。

その後の体育館ですが、一時、同志社予備校の校舎として使われます。今の室町キャンパスの所です。さらに現在の同志社中学校（今出川キャンパス）のテニス・コートの辺りに再び移転した、と言います（『回想録』四二頁）。とすると、後に「講武館」（柔剣道場）になった可能性があります。

それから、運動場の位置も気になります。当初の場所は、まるで不明なんです。一八八五年頃にグリーンが描いた同志社の見取り図（**資料③**）では、先に見ていただいたように、彰栄館の東のあたり一体が、“Exercise ground” となっておりましたね。それから二年後の一八八七年の新学期（九月）には、「金網を取り付けて運動場もよくなった」と今度はラーネッドが、報告をしています（一八八七年九月十四日付）。

なお、運動場や体育館建設の発案者は、今のところ不明ですが、あえて推測すれば、最初の体育教師であるラーネッドの可能性を捨て切れません。が、これは今後の調査課題のひとつです。

健康管理

それにしても、なぜ牧師のラーネッドが、これほどまでに体育に深い関心を寄せたんでしょうか。この答えは、割に簡単に出せそうです。彼自身、健康管理に人一倍、と言うよりは、やや異常とも見える程の神経を払っているからです。ある所で彼は「健康管理こそ成功の基礎である」と学生たちに説いています。

これこそは、まさに彼自身に当てはまることです。五十余年間の勤務を、健康に恵まれて立派にやりとげられたのも、また、生来、体質が虚弱であったにもかかわらず、長寿（実に九十五歳という長寿）を保てたのも、すべて「規則的生活と日々の散歩」のおかげ、と自分でも感謝しています（『回想録』一一〇～一一一頁）。

彼は体操教師を止めてからも、毎日、時間になれば、たいていは午後四時ですが、必ず散歩します。もし来客があれば、追い返すか、それとも来客をおいたまま散歩に出掛けてしまう。それはもう、徹底しています。散歩に限らず、すべて時間厳守です。几帳面で規則的、「まさに時計のような人」なんです（『創設期の同志社』五八頁、一五六頁、一八〇頁）。

ちなみに新島も、御苑の中を乗馬で運動したり、「四時の体操時間」になると和服に靴を履いて毎日、散歩した時期がある、と言います（同前、八二頁）。

しかし、新島とて、ラーネッドの散歩や時間厳守の徹底振りにはとても及びません。自分の勉強時間に食い込んだ学生を追い返したことは、前に見た通りです。学生が約束の時刻に三分遅れて訪問したら、ラーネッドが出て来て、「もうラーネッドさん、いません」とドアを自分で閉めた、とも伝えられています（『創設期の同志社』五八頁）。学生の間では、学校の時計が狂うことがあっても、ラーネッドの出入りには寸分の狂いがない、ともっぱらの評判でした（『ラーネッド博士伝』五九頁、六三頁）。

こんな具合に、時間や健康に留意する彼のことですから、学生たちの運動や体育のことにもひと一倍、関心を寄せたのも十分に頷けます。ラーネッドか「同志社体育の父」と言えるのなら、この田辺にある「デイヴィス記念体育館」（Davis Memorial Gymnasium）が、「ラーネッド記念体育館」と命名されていたとしても、ちっともおかしくはありません。

「蛙の子は蛙」と言いますが、グレイス（Grace）という彼の長女は、同志社女子大の秦芳江教授のご指摘によれば、女子部で体操を「専任」で教えた最初の教師だそうです。とすれば、ラーネッドは親子二代にわたって、同志社の体育に大いに貢献したことになります。

「音楽」の授業

ところで、ラーネッドがまったく手掛けていない教科のひとつに「音楽」があります。同志社の男子校で、最初に音楽を教えた教師はE・T・ドーンです。京都にオルガンを持ち込む程、音楽好きな宣教師でした（『回想録』四三頁）。ある学生はこの「非常に音楽の名人」から、初めて音譜を教わった、と言っています（『創設期の同志社』四二頁）。一八七七年の場合、十人の学生が声楽を習っています（一八七七年三月八日付デイヴィス書簡）。

　将来の伝道者は、賛美歌が歌えなくては話になりませんから、ドーンが帰国した後は、M・L・ゴードンという宣教師が、担当しております。放課後に課外で行われた選択科目です。最初は七名の学生を相手に「唱歌」を教えています（『同志社百年史』資料編二、一二九頁）。

　先ほど見たように、軽体操には拍子をとるために音楽が必要でした。もちろん礼拝のためには、音楽は不可欠のものです。その点、デイヴィスは音楽のことを再三、ボストンのミッション本部に対して手紙で報告しています。が、なぜか体育に関しては、まったく沈黙しております。

　一方のラーネッドは、音楽には体育ほどの関心がなかったようで、非常勤講師ならいざしらず、専任をあらたにひとりとってまで教える、という発想はありません。

　その証拠に、メーソン（L. W. Mason）という音楽教師、彼は「音楽取調掛《とりしらべがかり》」、今の東京芸大の基礎を作ったお雇い外国人ですが、再来日を希望します。その彼を同志社に呼ぶか呼ばないか、の話があった時に、ラーネッドは反対する側に立っております（一八八四年一月二十八日付）。もしメーソンが来ておれば、同志社は東京芸大とは言わないまでも、宗教音楽の一大教育センターになったのでは、と勝手な想像をしたくもなります。ちなみに、リーランド（体育教師）のミッション招聘に関して、ラーネッドがいかなる態度をとったかは、不明です。

キャンパスの景観とレンガ造りの建物

　さて、ラーネッドの功績は、以上の体育で終わるわけじゃありません。今日のお話しで、もうひとつ強調したいのは、同志社のレベルを内面、外面の双方からアップさせたこと、それが彼の大きな功績であるという点です。

　まず、外面のことからです。彼ほど外面的な発展に意欲的な教師はおりません。キャンパスの拡張、つまり隣接地の買収。今のように今出川通りまで校地が拡大したのは、彼の発言力が預かって力になったはずです。これに校舎や寮を増やし、設備や機器を整えることが、加わります。そのさい、いかにもラーネッドらしいのは、校舎の美観とキャンパスの景観を向上させるうえで、すこぶる意欲的なのです。

　ラーネッドは、キャンパスの景観に細心の注意を払う人でした。そのため、こういう嘆きが、つい口をついて出てきます。同志社に「美しい校庭」がないのは残念だ。自分が学んだイェール大学は、今でこそ気の利いた校舎を建てるばかりか、木や草、花で校庭を美しく飾ることに、細心の注意を払うようになったが、自分の在学中は美を無視する、という欠点があった。願わくは、同志社も同じ欠点を共有しないように、と（『回想録』五三頁）。今、ラーネッドがこの田辺キャンパスを見れば、どんな反応が返ってくるでしょうね。百二十年たって、やっとそれらしいキャンパスが生まれた、と言ってもらえますでしょうか。

キャンパスの景観の中でも大事なのは、建物の美観です。さきほど、スライドで見たようなレンガ造りの校舎は、どうやらラーネッドの提唱らしいのです。その根拠はこうです。

新しい校舎が必要になった時、彼はボストンの本部に、建物をレンガで建てるように、執拗に迫っています。しっかりした造りで美観も良い建物は、同志社の存在を周囲に知らしめ、学校の名声を高める効果がある、との確信が、彼にはありました。ただ、愉快なことに、寮はこれまで通りの「バラック」（木造兵舎）で構わない、と付け加えています（一八八三年五月十八日付）。

この件は、ラーネッドがこれを本部に陳情する直前、日本ミッションでも討議されています。ミッション会議へは、同僚のゴードン（医者でもあります）が提案しています。協議の結果、レンガ造りを承認し、資金として六千五百ドル（駄目なら石膏造りで四千五百ドル）を本部に請求することを、決定しています。議事録によれば、賛成九人に対し、反対が三人出ているのも見逃せません。

反対したメンバーの氏名は不明ですが、実は新島（彼はミッションでは準メンバーですから、ミッション会議での議決権はありません）も、消極的な姿勢のようでした。で、ラーネッドは後年、わざわざ新島の所見を引用しています。こうです。「煉瓦《レンガ》や漆喰《モルタル》がどんなに沢山あっても、私の貧しい趣味には合わない。私は内部的の洗練をいたく望んでいる。というのは〔それこそが〕煉瓦や石や漆喰よりも、心ある日本人の尊敬を買うものがある」から（『回想録』四〇頁）。これは「精神主義」とでも言うべき新島の一面を、よく表していますね。

彰栄館の鐘と時計

七月になって、さいわいにもボストンの本部から承認の回答が、電報で返ってきました。この結果、誕生するのが、最初のレンガ造り、つまり「彰栄館」です。ラーネッドは六千五百ドルあれば、石で縁取りしたレンガ造りの三階建が可能、と返事をしています。当初は、建物の美観と寮生の収容力を同時に高めるために、三階建てにし、最上階を寮にする計画でした（一八八三年十二月二十日付）。が、出来上がった「彰栄館」は二階建てで、おまけに鐘も時計もついていませんでした。

それでも後に、彼はこの当時を振り返り、「初めて煉瓦の建物を与へられた〔中略〕。京都市に於ける煉瓦の建築物の最も古いものの一つ〔中略〕、当時、煉瓦の建物は実に珍しきもの」と回顧しています（『回想録』三六頁）。よほどうれしかったに違いありません。

建物が完成した後、ラーネッドが次に執着したのが、これに相応しい鐘と時計をつけることでした。再三にわたって本部に要望を出しています（一八八四年七月二十八日付）。建築の時には、そこまで予算を回す余裕など、なかったのでしょう。が、そのためのスペースだけは、最初からとってありました。建物の美観の上からはもちろん、また「人間時計」のごときラーネッドの性格からしても、学校の「標準時」が、なんとしても必要であったに違いありません。

ちなみに、鐘がチャイムの役割を果たすようになるまでは、タイム・キーパーのような当番学生（あとでも出ますが、「鐘打ち」と呼ばれている奨学生の仕事です）が、時間を知らせる係となっています。木板を、宣教師は「バンギ」（板木）呼んでいますが、それを木の槌で叩いて時を知らせる、というやり方です（『創設期の同志社』二四七頁）。

彰栄館の時計を送る、との知らせが、ボストンから来たのは一八八七年の夏でした（同年七月十六日付）。実際に届いたのは、秋です（同年九月十四日付）。ゲインズ（M. R. Gaines）が書いたものによれば、時計のことは神戸のミス・タルカット（E. Talcott）の手紙（本部宛て、一八八五年一月二十日付、二月二十三日付）にも出ています。同志社の新校舎用（こちらは一八八六年に竣工したチャペルでしょうか）に時計が、アメリカの時計会社から寄付された、というのです。

「レンガで建てないのは大きな間違い」

さて、話しは少し溯ります。時計と鐘が彰栄館に取り付けられた前後に、二番目と三番目のレンガ造りの建物が竣工します。「チャペル」（公会堂）と「図書館」（書籍館）の二棟です。いずれの場合も、ラーネッドは前にも増して、レンガ造りに強力にこだわります。ざっとこんなふうにです。

「図書館（兼教室）は、［木造なら］五千五百ドルでも建つが、レンガ造りの方が、学校の評判と名声を高めます。学校の良さは、もちろん外観にはよりません。が、かなりの程度、評判を左右し、学生を引き付けます。チャペルもぜひ同じ造りを認めていただきたい」と。さらに「美観の良い建物を造らないのは、大きな間違い」とまで断言しております（一八八五年三月二十六日付）。

これより少し前、一八八四年の年末に日本ミッション特別会議が大阪で開催されます。この席で寮（二棟）に四千ドル、レンガ造りの図書館に一万ドル、同じくレンガ造りのチャペルに五千五百ドル、そのほか現在の木造チャペルを大食堂に改造し、トイレを付設するのに八百ドル、以上、建物の予算だけで二万ドルをこえる援助を、本部に申請していることが、議事録から判明いたします。

この時の本部からの回答は、大変に厳しかったようです。これを受けて、一八八五年三月二十四日のミッション特別会議で、再度の申請を本部にすることを決めております。図書館（兼教室）一万二千ドル、チャペルに五千五百ドル、がそれです。見逃せないのは、「壊れやすい安物を造るのは、賢明ではない」との判断が、ここでなされていることです。つまり日本ミッション内部では、レンガ造りがもはや「常識」となりつつあります。

ラーネッドも、ミッションとは別に、個人的にペンを執って、ミッションからの再申請を援護射撃いたします。それが先の書簡で、特別会議の二日後に書かれています。この訴えは見事に功を奏し、本部から特別予算が、認められました。承諾の回答を得たラーネッドが、さっそく礼状を認めたことは、言うまでもありません（同年四月十八日付）。これら二棟の定礎式の折り、いずれもがレンガ造りであること、設計は同僚のグリーンであること、も報告しています（同年十二月十九日付）。

建築資金はニューロンドンから

ラーネッドは、建築の資金を集める点でも、不可欠な働きをしております。最初のレンガ造りの三棟は、いずれもアメリカン・ボードが持っている「オーティス遺産」（Otis Legacy）からの特別寄付なんです。

オーティスさん（Asa Otis）という人は、ニューロンドンの資産家です。ニューロンドン（コネチカット州）と言えば、ラーネッドの両親が住んでいる街です（『回想録』三五～三六頁）。

オーティスが亡くなったのは、一八七九年三月のことで、享年九十二でした。実業で儲けた巨富が、遺言により教育と伝道のために諸団体に寄贈されました。一説にはアメリカン・ボードは、そのうちおよそ九十万ドルを受け取った、とされます（一八七九年十一月六日付田中不二麿宛A・ハーディ書簡）。ミッションの記録では百万ドルです（本書三七八頁）。この中から同志社へ建築資金が、送られてきたのです。

資金については、通常、設計者のグリーンが、三棟の建築費も調達したことになっています。が、オーティス遺産から援助が来たことを考えると、ラーネッド絡みでなければ、実現はよほど困難だったはずです。

四棟目のハリス理化学館となると、もっと直接的な関係が出てきます。ハリス（J. N. Harris）という人は、オーティスさんと同様にニューロンドン在住の実業家で、同地の市長や州議会議員をも務めた、これまた相当の資産家です。ハリスは京都や同志社のことは、まったく知らなかったはずです。その彼が、わざわざ京都の同志社を選んで、巨額の寄付をしてくれたのは、なぜか。これまたラーネッド（あるいはラーネッド家）抜きには考えられません。

それを裏書きしてくれるラーネッドの証言が、あります。「ハリス氏が〔同志社英〕学校に関心を抱くに至ったのは、母がハリス夫人と親しかったから」と言うのです（一八八九年三月二十七日付）。卒業生の中瀬古六郎も、「ラーネッド先生のおかげで、先生の同郷の士、J・N・ハリスより、我等はハリス理化学校を建てていただいた」と感謝しております（『ラーネッド博士伝』五六頁）。

ちなみにハリスとラーネッドは、ニューロンドンでは同じ教会（第二組合教会）に所属する信徒（会員）であったので、ラーネッドの「仲介で」ハリスが寄付をした、とも伝えられています。さらに、ハリスは、アメリカン・ボードの役員でもありました（中西進「ジョナサン・ニュートン・ハリス伝等」二七～二八頁、『新島研究』三八、新島研究会、一九七一年一月）。ラーネッドの父親（牧師です）が、かつてそこの教会で伝道していたことを考えますと、ラーネッド家とアメリカン・ボードを介して初めて、ハリスは同志社とつながるのです。。

五棟目のクラーク神学館も、アメリカン・ボード絡みです（本書二七〇頁、二七三頁）。ただ、建築に関するかぎり、ラーネッドの係わりが一番うすい建物です。しかし、ここが長年にわたって、神学校教授としての彼の主たる職場というか、活動拠点になりました。つまり利用の点では、もっとも関係の深い建物なんです。

要するに、ラーネッドは同志社の長い歴史のなかでも、「黄金の十年」とも言うべき一時代に特に深く係わった人、と言うことになります。お手元にあります『同志社の文化財建築物』と題したパンフレットは、「新島旧邸」と共に、この時期の五つのレンガ造りの建物を、紹介したものです。

そこにはグリーンの名前はあっても、ラーネッドのことは一切、出てきません。故意に無視された訳ではありません。彼が「陰の功労者」であることが、ごく最近まで、つまり彼の手紙を解読するまで分からなかっただけのことです。同じことは、オーティスについても言えます。もっと顕彰すべきですね、同志社としては。

奨学金と奨学生の労働

外面を飾る話はこれ位にして、次に学校の内面を向上させ、充実させるために、彼が払った努力について話を進めます。

まず、学問や研究のレベル・アップのために、ラーネッドが心掛けたこと、それは、優秀な日本人教師を採用するのに、金を惜しんではいけない、と本部を説得することでした（一八八三年七月二十三日付)。本国から教員(宣教師)が来る場合、一級の人物に限ること、これは言うまでもありません。専門知識だけではなく、日本語を学習する意欲もまた大事だ、と訴えています。

さらに、優秀な学生、とりわけ優れた神学生を集めるためにも、特別な出費(要するに奨学金です)を借しむな、と繰り返し言っています。

奨学金については、ミッションの本部でも疑問があったようです。これに対しては、ラーネッドにも言い分がありました。学生に金銭的な援助を一方的にしっぱなし、と言う訳ではない、援助の見返りとして、それに見合った「労働」をしてもらっている、と回答しています。今で言うアルバイト、という発想です。

一八七七年度の場合、全校生八十八人中、なんと二十四人が援助の対象となっており、毎月の出費は九十二ドル五十セント(一ドルがほぼ一円の時代です)にも上っています。仕事の内訳は経理が三人(各五ドル)、助教が十一人(各四ドル)、単純作業に十八人(各三・五ドル以下)といった具合です(一八七七年十月十九日付)。

さらに、同じ頃のデイヴィスの手紙(同月十二日付)によれば、単純労働の中身は、司書、門番、食料の買い出し、校庭・樹木の手入れ、タイム・キーパー(鐘がアメリカから来るまでは、先述した板木叩きです)、教室の清掃、出席簿の管理、食事当番といった多岐にわたる仕事です。

これらに対し、十か月にわたって、ひとり平均、月三ドル六十三セントが、支払われています。五ドルあれば、まずまずの生活が十分にエンジョイ出来た時代ですから、苦学生にはなんともありがたい制度でした。ただし、成績が八十点以上、という条件がついていました(『創設期の同志社』二四七頁)。

これがアルバイト、というよりも奨学金であった証拠に、ある学生などは、鉛筆一本のために、寺町二条(校内の寮から千数百メートル以上あります)まで買い物にやらされています(『ラーネッド博士伝』八一頁)。労働の義務もさることながら、まず援助ありき、です。ラーネッドも、単純作業は「苦力」(クーリー)に頼んだ方がもちろん安上がり、と認めています。

この辺りが、福沢諭吉から批判されるんでしょうね。キリスト教系の学校、とりわけミッション・スクールの学生たちは、恥知らずな「字を知る乞食」だ、と。

学生の援助に関しては、同志社女子部(女学校)でも事情は、同じです。ミッションが立てた年間の女学校予算のうち、なんと五分の一が、学生への援助に使われていますから。

だから、ミッション本部から見れば、京都の学校は「金食い虫」です。授業料をもっと上げて自給せよ、と言ってくるのもわかります。ラーネッドはこれに対しても、「アーモスト以上の自給は無理」と割り切っています(一八八一年五月二十日付)。アーモストは今でも大変な「金食い虫」ですよ。

「第三寮」に最初の図書室

学問的なレベル・アップと言えば、図書館を落とす訳にはまいりません。ここでもラーネッドの貢献は、抜群です。実は図書室そのものは、一八八七年に独立した建物が出来る十年も前に、校舎の一角にオープンしています。すなわち、寺町から今出川近くに移転した翌年(一八七七年)のことですが、六月の日本ミッション年会でその必要性が決議されています(「議事録」)。これを受けて、デイヴィスも、本部に直接、訴えております(同年七月七日付)。

それから四か月後の十月に竣工したのが、「第三寮」です。この一階に初めて図書・読書室が設けられたことが、デイヴィス(同年九月四日付）やラーネッドの手紙（一八七八年一月八日付）に出ております。

その名称ですが、『同志社百年史』（資料編一、一二四頁、同朋舎、一九七九年）によれば、「書籍縦覧室」とか「書籍室」と呼ばれていたようです。「書籍」は「しょじゃく」と読ませていたのでしょうね。中味は洋書、そのほとんどは神学書ですが、数百冊を備えている、とあります。一八八四年に東京大学の加藤弘之総理が、お供を数名引き連れて来校した時も、わざわざ第三寮にまで足を運び、「書籍室」を見学しています（『池袋清風日記』下、三六頁）。

ラーネッドは、容れ物作りだけでなく、書籍を揃えることにも極めて熱心で、毎年のように購入費を本部に掛け合っています。例えば一八八七年の場合は三百ドル、といった具合です（同年九月二十七日付）。なによりも彼自身が「本の虫」でした。

彼の図書館通いは「学内随一」で、借り出し冊数の点でも、他の追随を許さなかった、と元図書館長が証言しています（『ラーネッド博士伝』一六八頁）。自分の本も、利用したあとは大半、図書館に寄贈するのが慣わしのようで、風呂敷に十冊ばかり包んでは、たびたび持ち込んでいます（加藤延雄『私と同志社』五二頁、私家版、一九八〇年）。

「田辺の顔」・ラーネッド記念図書館

その点、京田辺キャンパスにある「かんむり建造物」三棟のうち、「ラーネッド記念図書館」の名前は、まことに彼にピッタリのネーミングだ、と感心しております。おそらく北垣宗治教授の発案じゃないでしょうか。

ちなみに残る二棟、すなわち「デイヴィス記念館」（体育館）と「新島記念講堂」（チャペル）のどちらかに、ラーネッドの名前がつけられても、実はおかしくありません。先ほど紹介しましたように、とりわけ体育館にも、よく似合います。あるいは、開校以来生え抜きの神学校教授（兼牧師）、という点を考えると、礼拝堂（講堂）に彼の名前がつけられても、悪くはありません。

しかし、いちばんピッタリ来るのはやはり図書館でしょうね。本学の広報課が出している『同志社大学通信　*One Purpose*』の最近号（一〇三号、一九九五年六月一日）は、「田辺キャンパス開校　十年特集」号です。

中にキャンパスについてのアンケート調査が載っております。「よく利用する施設・場所」では、ラーネッド記念図書館がトップ、それも二位の生協食堂の三倍程の票を集めています。さらに、「好きな建物」となると、図書館はダントツで、他は勝負になりません。「好きな場所」でも、これまた図書館前の芝生が、ブッチギリの独走状態です。二位につけているのも、図書館です。ラーネッドがこうしたアンケート結果を知ったら、さぞかし喜んだことでしょうね。

今や、ラーネッド記念図書館は「京田辺の顔」であり、キャンパスのランドマークになりました。すっかり田辺に溶け込んでいます。ラーネッドは、同志社が大学（大学令による）に昇格した時（一九二〇年）の「初代学長」でもあります。二重の意味で田辺を代表することにならないでしょうか。

ラーネッドのモットー

それはそれとして、この図書館の正面玄関の壁に、大きな文字で彫られている文言に注目して下さい。彼のモットーです。“Learn to live and live to learn.”とあります。「生きるために学べ、そして学ぶために生きよ」です。最近、大学が新聞広告などを出すときによく引用されますから、時々、新島襄の言葉、あるいは聖書の言葉と間違われたりします。

これは若王子《にゃくおうじ》の「同志社墓地」にある彼の墓にも刻まれています。元々は同志社女専の卒業生、教員である萩原芳枝さんのメモ帳にラーネッドが記した一文で、実は後半部分があるのです。このあと“Commit thy way unto the Lord. Psalms, 37: 5. Dwight W. Learned. Kyoto, June 7, 1895”と続きます（『ラーネッド博士伝』八五〜八六頁）。

「旧約聖書」の「詩編」第三十七章五節にある「汝の道を主にゆだねよ」という聖句ですね。今日は特にこの日付に着目していただきたい。本日は一九九五年の六月十二日、すなわちラーネッドがこれを認めてから、ちょうど百年と五日目に当たります。

百年前、ラーネッドが歩もうとしていた道そのものが、「主と同志社とにゆだねた」見事な生き方の典型であった、と思わずにはおれません。一九二二年、学制が制定されて五十年を記念した式典が行われた際、彼は文部省から「教育功労者」として表彰されました。外国人としては彼ひとりでした（手塚竜麿『日本近代化の先駆者たち』七頁、吾妻書房、一九七五年）。この陰にはもちろん、夫人（フロレンス）の支えがあったことを、忘れてはなりません。

そこで、彼女についても少し紹介しておきます。彼女は内助の功だけでなく、社会的な分野でも、大きな足跡を残しています。フロレンスは、現在の同志社幼稚園の前身である出町幼稚園を、デントン（M. F. Denton）から受け継ぎ、自分たちが住む宣教師館の敷地（今は同志社女子大学のキャンパス）の一角に園舎（今出川幼稚園）を建てて、出町《でまち》（河原町今出川）から移転させています。

卒園生の一人に経済史学の泰斗、大塚久雄先生（東京大学名誉教授）がおられます（「経済学修士」である私の修士論文は、大塚史学の受け売りです）。お父さん（大塚英太郎さん）は同志社の古い卒業生ですし、お母さん（大塚美禾《みか》さん）も同志社女子部で学ばれています（『大塚久雄著作集』一〇、一一〇〜一一二頁、岩波書店、一九八〇年）。その関係から、この幼稚園を選ばれたのでしょう。

この大塚先生によると、ラーネッドはときおり幼稚園に来ては、祈られた、といいます。園児の真ん中で「謙虚に祈られる、巌のような博士の姿」は、園児の心にいつまでも焼き付けられました（大塚久雄『社会科学と信仰と』一五八頁、みすず書房、一九九四年）。

訣別の言葉

ラーネッドは、良き伴侶であったこの夫人と共に、ほとんど一生を同志社に捧げ尽くしました。同志社を去るにあたって、ラーネッドは訣別の言葉、と言うより後輩たちへの「祈り」を残しています。

「キャンパスを美しくすることは大変、大切です。しかし、最も重要なことは、もちろん『同志社スピリット』です。すなわち、神と祖国とのために真理を学び、正義を行おうとする熱望です。教師は言葉と行ないにより、蘊蓄《うんちく》を傾けて真理を教える、学生は兄弟姉妹の集まりとして、卒業に備えるために学生生活を最も有意義なものとすることが、大切です。

同志社を出るすべての人たちが、高遠な抱負を持ち、生涯、天なる御父《おんちち》のお導きのもとに生きるように、と祈ります」（『回想録』五三頁）。

皆さま、図書館を利用なさる時、時々で結構ですから、立ち止まって正面玄関のメッセージをしばしの間、見上げて下さい。先生の祈りの声をそこから聴き取って下さい。

それができれば、さぞかしラーネッド先生も天上で喜んで下さるのではないでしょうか。

ご清聴、ありがとうございました。

質疑応答

質問　ラーネッドは、在職中たった二回しか帰国しなかった、と言うことですが、宣教師の休暇はどうなっていたのですか。

本井　宣教師には、いわゆる「サバティカル」(sabbatical)という有給休暇制度がありました。日本ミッションの場合、病気は別にして、ほぼ十年に一回、つまり勤続十年の者に一年間、帰国休暇が与えられる、という制度です。が、ここに落ち着くまで、当初は何年目に与えるのか、どこで(帰国せずに、例えば、北海道で)休暇を過ごすのか、といった問題を巡って、論争がありました。

ラーネッドのように、たびたび帰ることの必要性をあまり認めなかったり、特に帰りたいとも思わない、といった人も、いることはいますが、やはりこれは少数派ですね。ラーネッドは、ある時、この件については、きちんとした規定が必要である、自分は十年毎が妥当と思う、との意見を述べています(一八八〇年一月三日付)。

年数や期間に長短はあっても、今の宣教師にも大体この制度が、適用されているようです。この外、帰国しない年は毎年、休暇として宣教師たちは夏休みをきちんと取るのが、普通です。どこで「避暑」をするのか、ということが議論になります。避暑地として山中湖や軽井沢、野尻湖が有名ですが、アメリカン・ボードの場合、ごく初期には比叡山の山腹にテント村を作りました。ここに全国から宣教師が集まって来るわけですから、その機会を利用してミッションの「年会」が、並行して開かれたりしました。

休暇に関連してつけ加えますと、宣教師給与には、家族手当や日本語手当と並んで、健康手当がちゃんと含まれています。さすがですね。これに加えて、ラーネッドの場合は、並はずれた健康意識が備わっています。

「先生は、食事、運動、睡眠、休養等、凡そ健康で有るに必要なる条件を、一々堅く守られた」といいます。「平素は食後、御所苑内を散歩せられ、夏季休暇には比叡山に天幕《テント》生活を楽しまれ、又、時々、遠足を試みられた」人です(『ラーネッド博士伝』六三頁)。

ここに、ラーネッドが同志社体育のパイオニアたりえた要因が、隠されています。

(第三十五回公開講演会、「外国人教師の目に映った百年前の同志社」、同志社大学田辺キャンパス・多目的ホール、主催・同志社大学人文科学研究所、一九九五年六月一二日)

第三章　文献リスト

新潟県プロテスタント史に関する拙稿・拙著

本書の刊行でひとまず、新潟県プロテスタント史研究に区切りをつけ、いよいよ軸足を京都（新島襄・同志社研究）に移したい。これを契機に、一九七五年から二〇〇九年までに作成した関連論考を一覧表にまとめておく。

いずれも大勢の先学や同学の士に助けられての作品である。あらためて学恩を感謝したい。今後は、これらの成果が、貧しくはあっても後学の研究一助となり、この分野の研究を一層発展させることにつながれば、それ以上の喜びはない。

収録に際しては、発表以後、刊本（拙著単行本）に収録したものについては、それぞれの文献末尾にアルファベットと数字（最初のページ数）で明記した。アルファベットは、次の著作を示す。

A　拙著『近代新潟におけるプロテスタント』（思文閣出版、二〇〇六年）

B　拙著『近代新潟におけるキリスト教教育』（思文閣出版、二〇〇七年）

C　本井康博・西八條敬洪編『長岡教会百年史』（日本キリスト教団長岡教会、一九八八年）

D　拙著『アメリカン・ボード二〇〇年　同志社と越後における伝道と教育』（思文閣出版、二〇一〇年）

以下のリストから明白なように、かなりのものが単行本に再録されているので、アクセスの面で使いやすくなっている。先の四冊（AからD）のほかに、自由民権家・加藤勝弥に関しては、拙編『加藤勝弥――クリスチャン民権家の肖像――』（キリスト新聞社、一九八一年）でまとめた。

以上の五冊に再録していない既発表のものが、その他わずかではあるが、残されている。それらについては、今後とも拙著新刊に収録するように努めたい。

㈠全般にわたるもの

①新潟プロテスタント史物語、一～三（『新潟地区ニュース』、日本キリスト教団関東教区新潟地区委員会、一九八六年一一月一日、一九八七年七月七日、一九八七年一二月二〇日）　B五七、二一二

②女の街・新潟のプロテスタント――「はね駒」に寄せて――（『潟』三、日本キリスト教団新潟教会、一九八六年一二月二〇日）

③庄内と越後――初期プロテスタント史における交流――（『創立百周年記念誌』、日本キリスト教団荘内教会、一九八八年六月一八日）　A三四七

④日本組合教会の新潟県伝道（新潟県プロテスタント史研究会編『新潟県キリスト教史』上、新潟日報事業社、一九九三年十二月二〇日）

⑤戦後のキリスト教ブームと賀川豊彦（新潟県プロテスタント史研究会編『新潟県キリスト教史』下、新潟日報事業社、一九九四年一二月二〇日）

・私の新潟県キリスト教史――文献目録――（『新

潟県キリスト教史研究』八、新潟県キリスト教史研究会、一九九九年六月二七日）　D六三六

㈡事典の項目

①阿部欽次郎、アメリカン・ボード北日本ミッション、アルブレヒト、内村鑑三、エブラール、押川方義、柏木義円、加藤勝弥、加藤俊子、木村清松、ギュリック、スカッダー、聖友女学校、高田女学校、高橋五郎、（R・H・）デビス、ドルワール、成瀬仁蔵、新潟教会、新潟女学校、ニューエル、ファイソン、（クララ・）ブラウン、北越学館事件、松田国太郎、松村介石、松山高吉（『新潟県大百科事典』別巻、新潟日報事業社、一九七七年九月三〇日）

②阿部欽次郎、加藤勝弥、加藤俊子、敬和学園、佐渡、スカッダー、聖友女学校、高田女学校、長岡学校、長岡教会、新潟教会、新潟公会、ニューウェル（ニューエル）、北越学館、松村介石、女子独立学校、新潟女学校、パーム、東中通教会、新発田教会、陶山昶、高田教会、中条教会、真木重遠、ファイソン、村上教会、吉田亀太郎、ワイコフ（『日本キリスト教歴史大事典』、教文館、一九九八年二月二〇日）

㈢T・A・パームについて

①T・A・パームの帰国とアメリカン・ボードの新潟進出（『社会科研究』二二、新潟県高等学校教育研究会社会科部会、一九七八年三月三一日）　A二一

②T・A・パームによる新潟医療伝道の開始――パーム・バンドとパーム病院の誕生をめぐって――（『社会科研究』二三、新潟県高等学校教育研究会社会科部会、一九八〇年二月二九日）　A三

③スコットランドから新潟へ――パーム先生の伝道――（『せいとの友』三月号、日本基督教団出版局、一九八一年三月一日）

④医療宣教師パーム――帰国百年をめぐって――上、下（『新潟日報』、新潟日報社、一九八三年九月二八日、二九日）　D四七二

⑤「パーム・バンド」の生成と分解――越後におけるプロテスタント教会の形成――（『キリスト教社会問題研究』三八、同志社大学人文科学研究所、一九九〇年三月九日）　A三三

㈣新潟女学校、北越学館について

①「宣教師レポート」に見る新潟女学校と北越学館、一～一九（『敬和』八九～一七一、敬和学園高等学校、一九七五年一二月一日～一九八三年十月一日）　B六二、一三一

②D・スカッダー書簡に見る北越学館事件、上、下（『内村鑑三研究』一一、一二、キリスト教図書出版社、一九七八年十月二〇日、一九七四年四月二〇日）　B一五九

③新潟におけるキリスト教主義教育の軌跡（『敬和の教育』一、敬和学園高等学校、一九七八年五月）　B八一

④私立新潟英学校から北越学館へ――阿部欽次郎と増子喜一郎とをめぐって――（『敬和の教育』二、敬和学園高等学校、一九七九年七月二〇日）　B三

⑤北越学館仮教頭・内村鑑三の誕生――帰国から就任まで――（『敬和の教育』三、敬和学園高等学校、一九八〇年十月三〇日）　B九九

⑥北越学館事件をめぐる五つの英文資料（『内村鑑三研究』一九、キリスト教図書出版社、一九八三年四月二〇日） B一八二
⑦新潟女学校開校秘史（『新潟日報』、新潟日報社、一九八六年六月六日） B五二
⑧北越学館事件をめぐって（新潟県プロテスタント史研究会編『明治教育秘史――新潟女学校と北越学館――』、新潟日報事業社、一九九〇年五月一〇日） B一一一
⑨新島襄と松村介石――北越学館をめぐって――（『新潟キリスト教史研究』四、新潟県プロテスタント史研究会、一九九二年六月一五日）
⑩森村市左衛門と女子教育（『もりむら』八六、森村商事株式会社、一九九五年一月）
⑪内村鑑三、松村介石、そしてアメリカン・ボード――ふたつの「北越学館事件」――（『キリスト教社会問題研究』四四、同志社大学人文科学研究所、一九九五年一二月二〇日） B一九二
⑫松村介石と北越学館（『新潟県キリスト教史研究』五、新潟県プロテスタント史研究会、一九九六年七月三一日） B二〇五

(五)成瀬仁蔵について

①越後における成瀬仁蔵（新潟県プロテスタント史研究会編『明治教育秘史――新潟女学校と北越学館――』、新潟日報事業社、一九九〇年五月一〇日） B三三
②成瀬仁蔵と新潟女学校――カリキュラムの変容をめぐって――（『新潟キリスト教史研究』三、新潟県プロテスタント史研究会、一九九一年五月一五日） B四三
③成瀬仁蔵のアメリカ留学――女子教育者への旅立ち――（『潟』八、新潟教会、一九九一年一二月二三日） A一九四
④越後女性史の成瀬仁蔵――新潟基督教会婦人会をめぐって――（『潟』八、新潟教会、一九九一年一二月二三日） A一六五

(六)加藤勝弥について

①新島襄と加藤勝弥――北越学館をめぐって――（『同志社談叢』一、同志社社史史料編集所、一九八一年二月二八日） B二一九
②内村鑑三と加藤勝弥――北越学館事件をめぐって――（『内村鑑三研究』一六、キリスト教図書出版社、一九八一年四月二〇日） B二五一
③加藤勝弥のこと――「恐ろしき経験」（鑑三）をめぐって――（『内村鑑三全集』一八、月報、岩波書店、一九八一年九月二四日）
④『回想の加藤勝弥――クリスチャン民権家の肖像――』（キリスト新聞社、一九八一年一二月一一日） B二六五
⑤自由民権ここにあり（『キリスト新聞』、キリスト新聞社、一九八二年二月二七日）
⑥加藤勝弥ノート――研究の現状と課題――（『地方史新潟』一九、新潟県地方史研究会、一九八二年七月三〇日）
⑦自由民権運動とキリスト教――加藤勝弥を中心として――（新潟県プロテスタント史研究会編『新潟県キリスト教史』上、新潟日報事業社、一九九三年一二月二〇日） B二六八

㈦加藤俊子について

①カルヴィニズムと職業教育――女子独立女学校をめぐって――（『キリスト教史学』四二、キリスト教史学会、一九八八年一二月二五日）　B二八三

㈧新島襄について

①新島襄と新潟伝道（『新島研究』四七、同志社新島研究会、一九七六年一一月二九日）　A一二三

②新島襄と越後長岡伝道――会津的世界への共感――（『新島研究』六一、同志社新島研究会、一九八一年八月二三日）　C七三

③新島襄と広津友信（『同志社時報』八八、同志社、一九九〇年一月二三日）　A二一三

④新島襄と加藤勝弥――北越学館をめぐって――（北垣宗治編『新島襄の世界――永眠百年の時点から――』、〈再録〉晃洋書房、一九九〇年十一月一〇日）　B二一九

⑤新島襄と長田《おさだ》時行（『潟』一〇、新潟教会、一九九三年一二月一九日）

⑥新刊紹介・北垣宗治『新島襄とアーモスト大学』（『新潟日報』、新潟日報社、一九九四年六月一九日）

⑦新刊紹介・北垣宗治『新島襄とアーモスト大学』（『英学史学会会報』七四、日本英学史学会、一九九四年九月一日）

⑧越後の宣教師たちと新島襄――越後キリスト教史の一断面――（『潟』一三、新潟教会、一九九六年一二月二二日）　D四二一

㈨アメリカン・ボード北日本ミッションについて

①アメリカン・ボード北日本ミッションと沢山保羅――新潟伝道の開始から教会設立まで――（『沢山保羅研究』六、梅花学園沢山保羅研究会、一九七九年一月一八日）　A一二七、D三九〇

②アメリカン・ボード北日本ミッションの医療活動――D・スカッダーとパーム病院――（『地方史新潟』一五、新潟県地方史研究会、一九七九年九月三〇日）　A八三

③近代新潟の外国人（『にいがた』一七、新潟県立図書館、一九八二年三月二〇日）　A一〇九

④新潟英学史事始め――ジョン・T・ギュリック――上、下（『新潟日報』、新潟日報社、一九八四年九月二日、四日）　D四六九

⑤スカッダー家の人びと――L・L・ジェーンズと熊本バンドをめぐって――（『同志社談叢』七、同志社社史資料室、一九八七年二月一二日）　D四三七

⑥T・A・パームとアメリカン・ボード北日本ミッション（『潟』四、新潟教会、一九八七年一二月二〇日）　A五三

⑦アメリカン・ボードの日本伝道　一八八三～一八九〇――日本ミッションと北日本ミッションとの抗争を通して見た――（『同志社アメリカ研究』二四、同志社大学アメリカ研究所、一九八八年三月一九日）　D三五八

⑧J・H・デフォレストとD・スカッダー――越後の伝道と教育とをめぐって――（『潟』九、新潟教会、一九九二年一二月二〇日）　A六八

⑨J・H・デフォレストと越後伝道――「パーム・バンド」の分裂と教会形成とをめぐって――（『潟』九、新潟教会、一九九二年一二月二〇日）　A九五

⑩アメリカン・ボードの越後伝道（新潟県プロテスタン

ト史研究会編『新潟県キリスト教史』上、新潟日報事業社、一九九三年一二月二〇日）　D三五一

⑪新潟関係のアメリカン・ボード資料（『潟』一三、新潟教会、一九九六年一二月二二日）　D四九五

⑫アメリカン・ボード北日本ミッション年次報告　一八八四年度～一八八六年度（『潟』一四、新潟教会、一九九七年一二月二一日）　D五一五

⑬アメリカン・ボード北日本ミッション年次報告　一八八七年度（『潟』一五、新潟教会、一九九八年一二月二一日）　D五四三

⑭アメリカン・ボード北日本ミッション年次報告　一八八八年度～一八八九年度（『潟』一六、新潟教会、一九九九年一二月一九日）　D五六〇

⑮アメリカン・ボード北日本ミッション――日本ミッションとの協調と確執――（同志社大学人文科学研究所編『来日アメリカ宣教師――アメリカン・ボード宣教師書簡の研究　一八六九～一八九〇――』、現代史料出版、一九九九年三月三一日）　D三七三

⑯アメリカン・ボード資料に見る越後伝道――一八九三年度～一八九四年度（『潟』一七、新潟教会、二〇〇〇年十二月二四日）　D五七七

(十)新潟教会（日本キリスト教団）について

①宣教師の見た創立期の新潟教会（『新潟教会月報』復刊一六、新潟教会、一九七六年八月八日）

②九三年振りの里帰り――新潟教会最古の写真――（『新潟教会報』二二一、新潟教会、一九八一年三月二二日）

③年表・新潟教会の歩み――一九七七年度～一八九四年度（『潟』一、新潟教会、一九八四年一二月二三日）

④年表・新潟教会の歩み、二――一九六〇年度～一九七七年度（『潟』二、新潟教会、一九八五年一二月二二日）

⑤宍戸元平――新潟教会第八代伝道師――（『潟』二、新潟教会、一九八五年一二月二二日）　A三七八

⑥『写真で見る新潟教会の歩み　一八八六～一九八六』（新潟教会、一九八六年十月一二日）

⑦年表・新潟教会の歩み、三――一九五二年度～一九六〇年度――（『潟』三、新潟教会、一九八六年一二月二〇日）

⑧長田時行小伝――新潟教会第十一代牧師――上、中、下（『潟』一〇、一一、一二、新潟教会、一九九三年一二月一九日、一九九四年一二月二三日、一九九五年一二月二四日）　A四〇六

⑨日本組合教会の新潟地区伝道（大正期）（新潟県プロテスタント史研究会編『新潟県キリスト教史』下、新潟日報事業社、一九九四年一二月二〇日）

⑩同志社速成邦語神学科の第一期生たち――長田時行とその同級生――（『潟』一一、新潟教会、一九九四年一二月二三日）　A四七九

⑪長田時行と新潟県内伝道――大正期・新潟県下の組合教会――（『潟』一二、新潟教会、一九九五年一二月二四日）　A三九五

(十一)長岡教会（日本キリスト教団）について

①新潟県長岡地方におけるキリスト教の展開――パーム

の伝道開始から教会の設立まで――（『社会科研究』二四、新潟県高等学校教育研究会社会科部会、一九八二年二月二七日）　C四五

②白石村治のこと――長岡教会初代伝道師――（『いずみ』三九、日本キリスト教団長岡教会、一九八二年一一月二一日）　C五七

③H・B・ニューエルのこと――長岡時代を中心に――（『いずみ』四五、長岡教会、一九八三年一一月二〇日）　C一五

④米山貞次郎のこと（『いずみ』五一、長岡教会、一九八四年一一月一八日）　C一一〇

⑤倉永巍と土屋静（『いずみ』五六、長岡教会、一九八五年一二月二二日）　C八七

⑥佐竹篤――幻の長岡教会伝道師――（『いずみ』五九、長岡教会、一九八六年七月六日）　C九三

⑦松田順平のこと（『いずみ』六一、長岡教会、一九八七年三月二九日）　C七九

⑧福島伝道にかける夢――新島襄と松田順平――（同志社編『新島襄―近代日本の先覚者』、晃洋書房、一九九三年）

⑨新潟県におけるキリスト教の開拓者――陶山昶・陶山斌二郎をめぐって――（『長岡郷土史』二五、長岡郷土史研究会、一九八八年六月一一日）　C三〇

⑩（共編）『長岡教会百年史』（日本キリスト教団長岡教会、一九八八年一〇月一六日）

⑪若き日の逢坂信忢――無教会から救世軍へ――（『長岡郷土史』二七、長岡郷土史研究会、一九九〇年五月一九日）　A四九二

⑫若き日の逢坂信忢（続）――新潟組合教会から長岡組合教会へ――（『長岡郷土史』三〇、長岡郷土史研究会、一九九三年五月八日）　A四九二

⑬中越地方における日本組合教会について（新潟県プロテスタント史研究会編『新潟県キリスト教史』上、新潟日報事業社、一九九三年一二月二〇日）

⑭長岡のキリスト教（大正期）（新潟県プロテスタント史研究会編『新潟県キリスト教史』下、新潟日報事業社、一九九四年一二月二〇日）

(十二) 村上教会・中条教会・新発田教会（日本キリスト教団）について

①中條教会、ただ今、発掘中（創立百周年記念式典プログラム、日本キリスト教団中条教会、一九八〇年一一月二日）

②越後新発田のキリスト教――新発田教会の創立前後――（『新潟キリスト教史研究』二、一九八八年七月二〇日）

③パーム・バンドの教会形成――明治前期・越後北部におけるキリスト教の展開――一、二、三（『潟』五、六、七、新潟教会、一九八八年一二月二五日、一九八八年一二月二四日、一九九〇年一二月二三日）　A三二八

④下越地方（新発田・中条・村上）における教会形成（新潟県プロテスタント史研究会編『新潟県キリスト教史』上、新潟日報事業社、一九九三年一月二〇日）　A二四五

⑤下越地方のキリスト教（大正期・村上、中条、新発田、

水原）（新潟県プロテスタント史研究会編『新潟県キリスト教史』下、新潟日報事業社、一九九四年一二月二〇日） A二九〇
⑥越後村上のキリスト者群像（『新潟キリスト教史研究』八、一九九九年六月二七日）

⒀佐渡について

①佐渡のキリスト教――プロテスタント伝道の始まり――（『社会科研究』二五、新潟県高等学校教育研究会社会科部会、一九八四年二月二〇日） A三三七

⒁敬和学園高等学校について

①（共編）『敬和学園 その歩み――創立十周年記念――』（敬和学園高等学校、一九七七年一一月三日）
②新潟におけるキリスト教主義教育の軌跡――敬和学園の系譜――（『敬和の教育』一、敬和学園高等学校、一九七八年五月一五日） B三

⒂その他

①柏木義円（『日本「キリスト教」総覧』、新人物往来社、一九九六年一月九日）
②柏木義円が嘘をついた話一、二、三（『基督教世界』三五四一、三五四二、三五四三、基督教世界社、一九九五年六月一〇日、七月一〇日、八月一〇日）
③にいがたの一冊―― *Ryokan the Great Fool*（『新潟日報』二〇〇九年八月三〇日）

おわりに

本書は、新潟プロテスタント史「三部作」の一冊です。しかも、「三部作」の最後を締めくくる作品です。ちなみに、前の作品は、次のふたつです。

『近代新潟におけるプロテスタント――日本キリスト教団新潟教会創立百二十年記念――』(思文閣出版、二〇〇六年)

『近代新潟におけるキリスト教教育――新潟女学校と北越学館――』(思文閣出版、二〇〇七年)

三作目の本書については、後者の「おわりに」(二九五頁)で、次のように予告しました。

「さすがに、三作目は来年[二〇〇八年]、というわけには参りません。[中略]でも、いずれ約束通りに、アメリカン・ボード研究の一環として、近代新潟でミッションが果たした役割を明らかにしたいと思います」。

数年をかけて、伝道編、教育編に続くミッション編の出版に、ようやく漕ぎつけることができました。この結果、近代、さしあたっては十九世紀の新潟地方におけるプロテスタント(とりわけ会衆派)の潮流は、大筋だけでも辿りやすくなりました。

とはいえ、本書は、「三部作」の終結であるだけでなく、一方で新たなスタートでもあります。なぜなら、前の二作にはない意図をもうひとつ込めたからです。対象を新潟だけに限定せず、むしろ広く、ミッション(アメリカン・ボード)が日本で果たした役割についても、論究しました。具体的に言えば、京都です。さらに言えば、同志社をもうひとつの研究対象にいたしました。理由はふたつあります。

ひとつは、新潟と京都とを対比すると、キリスト教史上、興味深いことがいくつかあることが、判ったからです。いまひとつは、私がこれまで進めてきた同志社史に関する研究成果の中に、アメリカン・ボードを扱った論考が意外に多いことです。そのため、それらをこの時点で合わせて集大成しておくことが、今後の研究のために好都合である、と思えたからです。

本書に収録した旧稿で、もっとも古いものは、今から二十六年前のものです。すなわち、本書は、この二十数年間に私が発表してきた関連論考を一本にまとめたものです。採録に当たっては、すべてにわたって必要最小限度の手直しを加えました。が、所見や内容に関しては、目立つような訂正はしておりません。その一方で、手薄な分野に関しては、あらたに何編かを書き下ろしました。

こういった出版経緯からすぐに予測できるように、以前の二作同様に、繰り返しや重複が多いのが、本書の欠点です。それぞれの論考を折々に独立した作品として発表したために、全体を通して見た場合、論文のスタイル（たとえば、注の入れ方）に統一性を欠くという欠点が、目立ちます。その反面、どの一編を取り上げてみても、独立した「読み物」として、楽しんでもらえるはずです。この点、読者の諒解をお願いするしだいです。

今後の展望としては、新潟から京都に軸足を移し、いよいよ同志社史や新島襄研究のまとめの作業に入りたい、と考えています。その際にも、引き続きアメリカン・ボードの資料が有効、不可欠なのは、言うまでもありません。

この資料は、ほんとうに「宝の山」です。無尽蔵な収穫が、期待できます。さらに近年、全部で三千三百点あまりもの新しい資料の存在が、明らかになりました。日本ミッションの会計（幹事）を務めていたD・C・ジェンクスが、神戸で受理した手紙や報告書、メモ類です。煩雑な分類作業を遂行しながら、資料を整理された伊東豊教授によりますと、D・W・ラーネッドを始めとする京都からの通信物が、全体の二十パーセント強を占める、といいます（伊東豊「『アメリカン・ボード日本ミッション関連資料』（仮題）の概要について」、『山形大学紀要（人文科学）』一七―一、二〇一〇年二月）。したがって、これは同志社史の分析には、不可欠の材料になりそうです。それらの分析作業は、今後の大きな課題のひとつです。

そのラーネッドは、日本ミッションの誕生日を一八六九年の十月七日とします（本書九頁）。ちょうど百四十一年前の今日のことです。記念日である今日は、この「おわりに」を記すのにもっとも相応しい日である、と思います。日本ミッションの創設が、ボストンの本部で決議されてから、翌月には、早くも最初の宣教師が横浜に到着しました。D・C・グリーン夫妻です。十一月三十日のことでした。本書の刊行も、まさにその日に合わせたいと現在、本文の校正と索引の作成に鋭意、努力中です。

ことしの秋をさらに特別な秋《とき》とするために、本書の出版と合わせて、アメリカン・ボード創立二百年を記念する事業も計画いたしました。十月二十九日に学内のクラーク・チャペル（同志社大学クラーク神学館）で、本学人文科学研究所が主催する公開講演会です。アメリカン・ボードゆかりの建物で、そうしたイベントができるのは、本当にうれしいことです。

当日は、研究会メンバーでもある坂本清音氏（同志社女子大学名誉教授）が同志社女学校における女性宣教師たちの貢献を、そして同じく私が同志社男子校における男性宣教師たちの働きを紹介します。ちなみに、同志社女子大学はすでに今年の春に、記念出版を終えております。『女性宣教師「校長」時代の同志社女学校（一八七六年～一八九三年）――アメリカン・ボード宣教師文書をベースにして――』（上巻、同志社女子大学、二〇一〇年三月）が、それです。

拙著の出版、執筆に関しては、いつものことですが、今回も同朋舎印刷を始め、実に多くの方々から、ご支援とご指導を賜りました。研究者に関しては、とりわけ学内のふたつの研究会、すなわち人文科学研究所の第三研究会、ならびに同志社社史資料センターの新島研究会（現在、両者とも、代表者のお鉢は、私に回って来ております）において、資料や調査、研究、知的刺激の点でいつも助けられ、大きな力を与えられています。感謝です。

出版費用の面では、同志社大学の研究費の一部を使わせていただきました。あわせてお礼を申し上げます。

二〇一〇年十月七日

アメリカン・ボード日本ミッションの誕生日に

本井康博

旧稿（タイトル・掲載誌）一覧表

はじめに

「アメリカン・ボードの源流を訪《たず》ねて」『同志社時報』一二五（二〇〇八年四月）
「『アメリカの京都』から『日本のボストン』へ」（『京の毒談と変見』（ユニプラン、一九九六年）

第一部　日本ミッション

第一章　京都ステーション

一、書き下ろし
二、書き下ろし
三、「京都ステーションの特異性」（同志社大学人文科学研究所編『アメリカン・ボード宣教師——神戸・大阪・京都ステーションを中心に　一八六九〜一八九〇——』（教文館、二〇〇四年）
四、「京都博覧会とアメリカン・ボード——京都ステーション（同志社）への道——」（『キリスト教社会問題研究』四五、同志社大学人文科学研究所、一九九六年一二月。拙著『京都のキリスト教——同志社教会の十九世紀——』Ⅰの(1)に再録、日本キリスト教団同志社教会、一九九八年）
五、「宣教師・新島襄の誕生」（拙著『京都のキリスト教』Ⅰの(2)
六、「京都ステーションとしての同志社——日本ミッションのトレーニング・スクール——」（同志社大学人文科学研究所編『来日アメリカ宣教師——アメリカン・ボード宣教師文書の研究——』現代史料出版、一九九九年）
「同志社は誰のもの——第一回英学校卒業式をめぐって——」（『同志社時報』一〇一、同志社、一九九六年三月）
七、書き下ろし

八、書き下ろし

九、書き下ろし

第二章　宣教師たち

一、「闘う宣教師の戦績簿」（書評『宣教の勇者デイヴィスの生涯』）（『同志社時報』一二一、二〇〇六年一〇月）

二、「D・W・ラーネッド」（『日本「キリスト教」総覧』（別冊歴史読本・事典シリーズ二六、新人物往来社、一九九六年一月）

三、「新しき『自責の杖』事件の時は来たれり――新島襄とD・W・ラーネッド――」（『新島研究』八八、同志社社史資料室、一九九七年二月）

四、「新島襄とJ・H・デフォレスト――ラットランドから仙台へ――」（『キリスト教社会問題研究』四二、一九九三年七月）

五、「新島襄とW・S・クラーク――アメリカン・ボードと『札幌バンド』をめぐって――」（『キリスト教社会問題研究』五二、二〇〇三年一二月）

第三章　ミッションの伝道方針

一、「同志社とアメリカン・ボードの自給論――『二千ドル問題』と『八千ドル問題』の攻防をめぐって――」（『キリスト教社会問題研究』五三、二〇〇四年一二月）

二、「アメリカン・ボードの伝道方針と新島襄――トルコミッションと日本ミッションを対比して――」（『キリスト教社会問題研究』五四、二〇〇五年一二月）

第四章　神学館

一、「同志社神学館の変遷――三十番教室からクラーク神学館へ――」（『基督教研究』七〇の一、同志社大学神学部、二〇〇八年六月）

二、「クラーク神学館の誕生――設計から竣工まで――」（『基督教研究』七一の一、二〇〇九年六月）

第五章　体　育

一、「体育の成立とミッション」（松下鈞《ひとし》編『異文化交流と近代化――京都国際セミナー――』（大空社、一九九八年）

二、「日本における体育の始まり――水脈としてのマサチュセッツ――」（『キリスト教社会問題研究』五七、二〇〇八年一二月）

三、書き下ろし

第六章　長老派による京都伝道の開始

一、未発表旧稿の手直し

二、同前

第二部　北日本ミッション

第一章　越後における活動

一、「アメリカン・ボードの越後伝道」（新潟県プロテスタント史研究会編『新潟県キリスト教史』上、新潟日報事業社、一九九三年）

二、「アメリカン・ボードの日本伝道　一八八三～一八九〇――日本ミッションと北日本ミッションとの抗争を通してみた」（『同志社アメリカ研究』二四、同志社大学アメリカ研究所、一九八八年三月）

三、「アメリカン・ボード北日本ミッション――日本ミッションとの協調と確執――」（『来日アメリカ宣教師』

四、未発表旧稿の手直し

第二章　宣教師たち

一、「越後の宣教師たちと新島襄――越後キリスト教史の一断面――」（『潟』一三、日本キリスト教団新潟教会、一九九六年一二月）

二、「スカッダー家の人びと――L・L・ジェーンズと熊本バンドをめぐって――」（『同志社談叢』七、同志社社史資料室、一九八七年二月）

三、「J・T・ギュリック――新潟英学史事始――」上、下（『新潟日報』一九八四年九月二日、四日）

四、「医療宣教師・パーム――帰国百年をめぐって――」上、下（『新潟日報』一九八三年九月二八日、二九日）

第三部　資料紹介（ミッション年次報告）

第一章　京都ステーション年次報告（一八七六年～一八九一年）

はじめに　「京都ステーション年次報告」（同志社大学人文科学研究所・第三研究「アメリカン・ボード宣教師と日本社会」発表レジュメ、二〇〇三年六月二七日）

一～十八　同前

第二章　北日本ミッション年次報告（一八八三年～一八九三年）

一、「新潟関係のアメリカン・ボード資料　一八八三年度」（『潟』一三、一九九六年一二月）

二、「アメリカン・ボード北日本ミッション年次報告　一八八四年度～一八八六年度」（『潟』一四、一九九七年一二月）

三、同前

四、同前

五、「アメリカン・ボード北日本ミッション年次報告　一八八七年度」（『潟』一五、一九九八年一二月）

六、「アメリカン・ボード北日本ミッション年次報告　一八八八年度～一八八九年度」（『潟』一六、一九九九年一二月）

七、同前

八、「アメリカン・ボード資料に見る越後伝道　一八九三年度～一八九四年度」（『潟』一七、二〇〇〇年一二月）

第四部　その他

第一章　書評と文献紹介

一、「書評『アメリカン・ボード宣教師文書　上州を中心として』」（『新島学園女子短期大学紀要』一八、新島学園女子短期大学、一九九九年一二月）

二、「書評『アメリカン・ボードと同志社　一八七五～一九〇〇』」（『本のひろば』五九二、キリスト教文書センター、二〇〇七年九月）

三、「書評『貝と十字架――進化論者宣教師、J・T・ギュリックの生涯――』」(『日本英学史学会報』五八、日本英学史学会、一九八九年五月)

四、書き下ろし

第二章　講演

一、「アメリカン・ボード宣教師、ラーネッドの場合」(『外国人教師の目に映った百年前の同志社』(人文研ブックレット三、第三十五回講演会、同志社大学人文科学研究所、一九九五年一〇月)

第三章　文献リスト

一、「私の新潟県キリスト教史――文献一覧」(『新潟キリスト教史研究』八、新潟キリスト教史研究会、一九九九年六月)

アメリカン・ボード200年
同志社と越後における伝道と教育活動

2010年11月30日発行
定価：本体5,000円（税別）

著　者　本　井　康　博
発行所　株式会社　思文閣出版
〒606-8203
京都市左京区田中関田町２－７
電　話（075）751－1781（代表）
印　刷　㈱図書印刷　同　朋　舎

ISBN978-4-7842-1543-0

著者・著作紹介

■本井康博（もとい やすひろ）
同志社大学神学部教授。神学博士（同志社大学）。1942年、愛知県生まれ。専攻は近代日本プロテスタント史。主要著書は、次の通り。

□新潟県キリスト教史
『回想の加藤勝弥――クリスチャン民権家の肖像』（キリスト新聞社、1981年）
『写真で見る新潟教会の歩み　1876～1986』（日本キリスト教団新潟教会、1986年）
『長岡教会百年史』（共著、日本キリスト教団長岡教会、1988年）
『新潟女学校と北越学館』（共著、新潟日報事業社、1990年）
『新潟県キリスト教史』上、下（共著、新潟日報事業社、1993、1994年）
『近代新潟におけるプロテスタント』（思文閣出版、2006年）
『近代新潟におけるキリスト教教育――新潟女学校と北越学館』（思文閣出版、2007年）

□同志社教会史
『同志社教会創立120年記念誌』（共著、日本キリスト教団同志社教会、1996年）
『京都のキリスト教――同志社教会の19世紀』（日本キリスト教団同志社教会、1998年）
『同志社教会　1901～1945』（共著、同志社教会、2001年）
『同志社教会　1945～2000』（共著、同志社教会、2006年）

□同志社史
『同志社山脈――113人のプロフィール』（共著、晃洋書房、2002年）
『新島襄と建学精神』（同志社大学、2005年）
『私立大学の源流』（共著、学文社、2006年）
『鼓動　Doshisha Album 130th Anniversary』（共編、同志社大学、2007年）

□新島襄研究
『新島襄の世界』（共著、晃洋書房、1990年）
『新島襄　近代日本の先覚者』（共著、晃洋書房、1993年）
『新島襄と徳富蘇峰』（晃洋書房、1998年）
『現代語で読む新島襄』（共編著、丸善、2000年）
『新島襄全集を読む』（共著、晃洋書房、2002年）
『新島襄の交遊』（思文閣出版、2005年）
『新島襄の手紙』（共編、岩波文庫、2005年）
『千里の志――新島襄を語る（1）』（思文閣出版、2005年）
『ひとりは大切――新島襄を語る（2）』（同前、2006年）
『錨をあげて――新島襄を語る（3）』（同前、2007年）
『敢えて風雪を侵して開く――新島襄を語る（4）』（同前、2007年）
『元祖リベラリスト――新島襄を語る（5）』（同前、2008年）
『魂の指定席――新島襄を語る（6）』（同前、2009年）
『ハンサムに生きる――新島襄を語る（7）』（同前、2010年）
『新島襄　教育宗教論集』（共編、岩波文庫、2010年）

DA

DE

E

FA

FU

U

V

W

YA

YO

Z